陕西省考古研究院田野考古报告第 65 号

陕西省明长城资源调查报告

陕西省考古研究院 编著

第一册

文物出版社

图书在版编目（CIP）数据

陕西省明长城资源调查报告/陕西省考古研究院编著．
—北京：文物出版社，2015.12
ISBN 978－7－5010－4198－5

Ⅰ.①陕…　Ⅱ.①陕…　Ⅲ.①长城－调查报告－
陕西省－明代　Ⅳ.①K928.77

中国版本图书馆 CIP 数据核字（2014）第 301765 号

陕西省明长城资源调查报告

编　　著：陕西省考古研究院

责任编辑：冯冬梅
责任印制：张道奇
出版发行：文物出版社
社　　址：北京市东直门内北小街 2 号楼
邮政编码：100007
网　　址：http：//www.wenwu.com
邮　　箱：web@wenwu.com
经　　销：新华书店
印　　刷：北京君升印刷有限公司
开　　本：889×1194　1/16
印　　张：105.5
版　　次：2015 年 12 月第 1 版
印　　次：2015 年 12 月第 1 次印刷
书　　号：ISBN 978－7－5010－4198－5
定　　价：1260.00 元（全四册）

_____

《陕西省明长城资源调查报告》
编纂委员会

主任委员： 赵　荣

副主任委员： 刘云辉

委　　员： 井剑萍　郝宝仓　刘宝琴　周魁英　焦南峰
刘云峰　赵　强　贾　强　王炜林　孔　昱
李　岗　成江海　李　博　董智安　张竹梅
呼天平　赵力彬　王晓国　赵　淮　王永红
冯建伟　马树义　王改户　李国栋

主　　编： 段清波

副　主　编： 李　恭　李　岗　乔建军　王　沛　袁继民
李增社　于春雷

项目领队： 段清波

项目组成员： 李　恭　李　岗　乔建军　王　沛　袁继民
李增社　于春雷　刘　军　薛　蕾　吕永前
李雪峰　李　超　马峻华　刘晓东　郭富强
王春波　李　峰　韩喜东　马雨林　梁亚东
霍海鹏　陈　毅　牛新龙　张扬军　岳岁军
何抚顺等

摄　　影： 牛新龙　梁亚东　王　沛　李雪峰　袁继明
李　峰　李增社

绘　　图： 牛新龙　岳岁军　薛　磊　刘晓东　王春波
郭富强　马雨林　霍海鹏

封面摄影： 王　沛

序　言

　　长城是历史留给我们独一无二的历史文化遗产，是中华民族伟大精神的象征。1987年，长城以悠久的历史、磅礴的气势、绵延万里的雄姿以及独特的历史、科学和艺术价值，被联合国教科文组织列入世界文化遗产名录。

　　陕西是中华文明的重要发祥地，在中国历史上长期作为政治、经济、文化中心，具有极为重要的地位。在陕西榆林、延安、渭南三个市的16个县（区）境内保存着从春秋战国、秦汉至明代丰富的长城遗迹。它既是一道独特的历史文化遗存，也成为北部地区中原农耕文明与北方游牧文明长期对峙、民族交流融合的历史见证。

　　2006年，国家文物局根据国务院《关于加强文化遗产保护的通知》精神，制定了《长城保护工程（2005～2014年）总体工作方案》，明确了长城保护工程的总任务和总目标。2007年4月，国家文物局在全国涉及长城遗迹的15个省（自治区、直辖市）正式启动开展长城资源调查工作，力争在五年内完成摸清长城家底，建立长城记录档案、地理信息数据等工作，为下一步实施长城保护工程打下坚实的基础。

　　按照国家文物局《关于合作开展长城资源调查工作的通知》的总体部署，陕西省政府高度重视，组织陕西省文物局、陕西省测绘局联合开展明长城资源调查工作。两局迅速成立了陕西省长城资源调查工作领导小组和项目办公室，由主要领导亲自挂帅，直接领导组织陕西长城资源调查工作。

　　根据《全国长城资源调查工作总体方案》的工作要求，陕西省文物局制定了《陕西省长城资源调查工作方案》，调查工作由陕西省考古研究院具体负责实施，秦始皇兵马俑博物馆、西安半坡博物馆、榆林市文物研究所、延安市文物研究所、西北大学文博学院、西安建筑科技大学等文博机构、科研单位和大专院校共同参与，抽调50多名专业人员组成五个调查队。陕西省测绘局为调查工作提供了1∶50000地形图、1∶10000地形图及正射影像图等资料。经过充分准备，2007年4月10日，陕西省文物局和陕西省测绘局共同签署了《关于合作开展陕西省长城资源调查及文物保护测量协议书》，同时举行了"陕西省长城资源调查工作启动仪式"。

　　陕西明长城资源调查从 2007 年 4 月至 2008 年 12 月，历经近两年的风霜雪雨，调查队员们凭着坚韧不拔的奋斗精神，克服山高路远、交通不便等困难，踏遍了榆林市、延安市明长城沿线的 7 个县（区）、81 个乡镇，以及连接东北内蒙古自治区和山西省境内、连接西南宁夏回族自治区、甘肃省境内的部分区域，对明长城及其附属建筑等文化遗存进行了规范科学、认真严谨的测量，记录采集了大量翔实的信息数据资料，整理形成近 5000 份田野调查登记表。调查队运用现代科学测量技术手段和地理信息系统，结合传统的文物考古调查方式，圆满完成了陕西境内的"大边"、"二边"明长城调查任务，完成了 398 段长 1100 余千米的墙体，1497 座单体建筑，115 座关堡，52 处相关遗存，45 座营堡的野外调查和资料整理工作，取得了丰硕的成果。

　　通过调查，全面准确地掌握了陕西省境内明长城的规模、分布、构成、走向及其时代、自然与人文环境、保护与管理等基础资料，获取了长城沿线及两侧各 1000 米范围内的基础地理信息数据和专题要素数据。通过调查，获得了包括文字、照片、录像以及测绘等大量第一手资料，全面掌握了明长城的保存状况，首次完成明长城长度的精确量测，新发现了一批长城遗迹，取得了多项研究成果。同时，此次调查也培养了一批研究长城、保护长城的业务人才，必将成为今后长城保护管理方面的中坚。此次长城资源调查的基础信息资料，必将为今后我省长城保护、研究、管理、利用等工作奠定坚实的科学基础。

　　在调查期间，省政府主管领导、省文物局同志们多次亲临调查第一线，现场指导、安排部署长城资源调查工作，慰问看望一线队员；多次组织召开省内外专家评审会、工作讨论会、中期质量检查会，确保了陕西省长城资源调查工作高水平、高质量完成。2009 年 4 月，陕西省明长城资源调查工作顺利通过了国家文物局长城资源调查项目专家组的全面检查验收。

　　2009 年 4 月 18 日，国家文物局、国家测绘局在北京八达岭长城举行了明长城资源调查数据发布会，明长城整体总长 8851.8 千米。陕西段明长城长达 1100 余千米，跨越山区、荒漠、沙漠和草原等多种地理环境，不仅是全国明长城中建造时间最早，也是西部长城建造的典范。

　　长期以来，陕西省委、省政府非常重视长城的保护工作，取得了显著的成效。目前已有 32 处长城遗迹和相关遗存被公布为文物保护单位，其中全国重点文物保护单位 2 处，省级文物保护单位 22 处，市县级文物保护单位 8 处。各级政府在长城保护工作中投入了大量人力、物力和财力，设立了专门的保护管理机构，建立了长城"四有"档案，实施了一批长城抢救保护项目。在明长城资源调查基础上，陕西省将加大明长城保护力度，镇北台款贡城、易马城、榆林卫城南段、榆阳区牛家梁—麻黄梁段明长城抢险加固等多个长城保护工程将相继开工实施；《陕西省明长城保护总体规划（大纲）》已经国家文物局批复同意，规划将对榆林、延安两市区域内的 1100 余千米明长城遗址的保护、管理和展示利用工作具有重要的指导意义。

　　同时我们也清醒地认识到，长城的保护是一项涉及社会经济发展、城市建设、群众生产生活等多个方面、复杂艰巨、紧迫繁重的综合工程。目前长城依然面临各种人为和自然因素破坏的威胁，个别地方和部门急功近利，片面追求局部经济效益，忽视长城保护，法治观念淡漠，不履行审批程序违规建设，造成长城破坏的事件屡有发生。

　　当前我国经济建设高速发展，长城保护迎来了难得的历史机遇，同时也面临着前所未有的挑战。要按照依法管理是关键、规划优先是前提、健全体系是基础、科学保护是保障的工作思路，切实做好长城保护工作。

　　各级政府要严格执行《中华人民共和国文物保护法》和《长城保护条例》，提高长城保护意识，坚决遏制惩治任何破坏长城的违法行为；加快长城保护规划编制工作，科学合理地划定长城保护范围，避免建设性破坏；建立健全长城保护管理体系，进一步明确保护标志，建立管理机构、群保网络和管理设施，完善长城档案资料。同时以长城资源调查为契机，加大考古调查力度，推动开展长城历史文化价值、整体防御体系、保护技术方法、机构管理模式等全面综合研究；建立长城数据库和地理信息系统；保护项目要全面规划，分步实施，抢险加固优先，重点段落维修展示。

　　20 年前，邓小平倡导的"爱我中华，修我长城"掀开了长城保护的新篇章，如今保护长城就是保护历史，就是守护文明，就是传承文化已成全社会的共识。保护长城对于保证我国文化安全，构建和谐社会，建设中华民族共有精神家园，尤其是在我国经济社会高速发展的今天具有非常重要的现实意义。因此，我们有责任、有义务做好长城保护的各项工作，绝不让长城在我们手中"缩水"。

　　是为序，并向参与长城资源调查的所有人员和长城保护工作者致以崇高的敬意！

陕西省文物局局长　李　烨

2010 年 12 月

目　录

第一册

第二册

第三册

第四册

插图目录

地图目录

彩图目录

前　言

　　本报告是经国务院批准、国家文物局组织实施的《长城保护工程（2005～2014 年）总体工作方案》中长城资源调查之陕西省明长城资源调查报告。此次调查是首次开展的前所未有、规模最大、参与人数最多、耗时最长、成果最为丰富的全面和系统的长城调查，陕西省明长城资源调查是与其他有明长城分布的 9 个省、自治区、直辖市协同开展工作的，调查自 2007 年初全面展开，历时两年。

　　古代长城是冷兵器时代由政府组织修建的对外防御性军事工程，由墙体、单体建筑（敌台、马面、烽火台）和附属建筑（营堡等）构成。我国长城的历史，上起战国，下迄明代，时间跨度长达 2000 多年，先后 20 多个政治实体在其边境修建的长城分布于东北、华北和西北，范围涉及 15 个省、直辖市、自治区。与国外最早的公元前 5 世纪长仅 5 千米的希腊长城、2 世纪全长约 200 多千米的哈德良长城、1 世纪长 580 余千米的德国长城、东欧大地上长约 1000 千米的红蛇长城、15 世纪长约 15 千米的印度长城相比，中国古代的长城，其使用时间之长，分布范围之广，结构之复杂，文化内涵之丰富，世罕其匹。

　　长城作为一种线性文化遗产，具有丰富的综合性文化内涵，已经成为中华文明的象征。1987 年，长城因其独特的历史、艺术和科学价值，被联合国教科文组织整体列入《世界遗产名录》。

　　历代虽然都有一些关于长城或多或少的文献记载，但这些记载多数都是概略性的，在经历千百年的风雨沧桑之后，长城这一具有鲜明民族特色的历史文化资源已经发生了很大的变化，在当代社会经济快速发展的前提下，全面了解历代长城的保存现状、历代长城的体系、影响长城保护的因素等，已成为摆在我们面前的迫切需要。

　　陕西省境内的明长城是明代九边之一延绥镇（榆林镇）的边防军事工事，是为了防御南下的蒙古骑兵而建造的。长城自东向西经过榆林市的府谷县、神木县、榆阳区、横山县、靖边县、（延安市）吴起县、定边县 7 县区，地处毛乌素沙漠东南边缘以及白于山地。延绥镇防区东隔黄河与山西镇相接，西与宁夏、固原二镇相接，其东北临黄河西岸的数千米边墙现归内蒙古自治区准格尔旗管辖，余下部分全在陕西省境内。（地图一）

　　陕西省明长城由东北—西南走向的大边长城和二边长城两道防线组成。大边长城由连续性的墙体和附属建筑构成；二边长城为铲削式，由烽火台、山险和水险构成，二边长城早于大边长城一年修建。经过调查，两道长城的防线总长 1170200 米，共有 1497 座单体建筑、115 座关堡和 52 处相关遗存以及 45 座营堡。其中大边长城墙体为 375 段，574055.7 米，有马面 405 座、敌台 503 座、烽火台 366 座、关 68 座、堡 37 座、相关遗存 35 处；二边长城墙体为 22 段，596182 米，有敌台 30 座、烽火台 195

座、关 2 座、堡 8 座、相关遗存 17 处。

第一节　调查的组织与过程

经过数百年风霜雪雨的侵蚀和历史的积淀，明长城已经成为历代长城中规模最大的线性文化遗产。为全面掌握历代长城的相关资料，国家文物局制定了"长城保护工程（2005～2014 年）"总体工作方案，提出争取用较短时间摸清长城家底的目标。据此，陕西省文物局根据国家文物局的指示，与陕西省测绘局合作开展对陕西省明长城资源的调查工作。2007 年初，陕西省文物局组织相关文博机构和高校的专业人员，对境内的明长城资源进行了首次大规模的系统调查。此次调查由陕西省考古研究院承担野外调查工作和调查资料整理工作，长城量测数据采集由国家测绘局第二地形测量队承担。

一　前期准备工作

（一）主要任务

1. 调查任务

此次调查的任务是陕西省境内的明代长城资源，主要分布在榆林市府谷县、神木县、榆阳区、横山县、靖边县、定边县和延安市吴起县 7 个县区范围内，东北与内蒙古自治区明长城相接，西南与宁夏回族自治区和甘肃省明长城连接。

2. 调查思路

调查伊始，我们就提出以"课题带动调查"的思路，目的是为了在调查过程中充分调动队员们的主动性，要求在调查时将对长城资源的调查、研究、保护三者结合起来进行。为此，制定了以下课题的计划。

课题一：二边长城的相关问题。目前，对于明代延绥镇二边的分布走向情况一直没有定论，众说纷纭，通过这次调查进行了三方面的研究：一是明二边长城的性质与作用，对明代二边长城防御性质形成完整的认识；二是明二边长城修建的规律与防御的形式；三是二边、大边、营堡三者之间的关系。

课题二：明长城沿线的自然环境。拟进行三方面的研究：一是通过对明长城所处区域的整体环境包括地质、地貌、水文、气候、土壤、动植物资源等的调查，对陕西省明长城所处区域有宏观认识；二是对明长城各遗迹单位所处小环境的调查，研究长城各类遗迹建造环境的规律性；三是明长城所处区域整体环境与局部环境的变化。

课题三：明长城遗迹的内在系统性。在调查过程中，要求队员们不仅要将长城沿线的烽火台、敌台、关堡纳入调查范围，还要将从长城通向内地的烽火台纳入调查范围，全面地掌握以长城为中心的军事防御、信息通信系统以及运作方式。

课题四：三十六营堡的综合研究。设立了专门调查沿长城分布的集军事、边境贸易、政治、社会等为一体的三十六营堡的调查队，在国家要求的基础上进行更细致和深入的工作，期望通过调查能对这一特殊的城镇其产生、发展及作用的研究有突破性的进展。

课题五：明长城沿线区域文化人类学调查。在访问中要求队员们除了了解相关长城信息外，还要有意识地了解当地聚落的文化人类学信息。

（二）组织机构

1. 组织机构

根据《全国长城资源调查管理办法》和《全国长城资源调查工作总体方案》的有关规定和要求，为加强对长城资源调查工作的领导，推动长城资源调查工作的顺利开展，更好地完成陕西省长城资源调查任务，陕西省文物局与陕西省测绘局会同长城所在市人民政府、文物行政管理部门成立了陕西省长城资源调查工作领导小组和陕西省长城资源调查项目管理办公室。

长城资源调查工作领导小组负责研究解决陕西省长城资源调查工作中的重大问题，确定陕西省长城资源调查的指导原则和工作方针，决策有关重大事项，组成人员如下。

组　　长：赵　荣（陕西省文物局局长）

　　　　　白贵霞（陕西省测绘局副局长）

副组长：刘云辉（陕西省文物局副局长）

　　　　　李朋德（陕西省测绘局副局长）

　　　　　井剑萍（榆林市人民政府副市长）

　　　　　郝宝仓（延安市人民政府副市长）

　　　　　刘宝琴（渭南市人民政府副市长）

成　　员：周魁英（陕西省文物局文物保护处处长）

　　　　　刘云峰（陕西省测绘局基础测绘管理处副处长）

　　　　　赵　强（陕西省文物局文物保护处副处长）

　　　　　成江海（渭南市文物局局长）

　　　　　李　博（榆林市文化文物局局长）

　　　　　呼天平（延安市文物局副局长）

　　　　　焦南峰（陕西省考古研究院院长）

　　　　　赵　龙（陕西省测绘产品质量监督检验站站长）

　　　　　陈向阳（国家测绘局第二地形测量队队长）

　　　　　赵力彬（国家测绘局第一航测遥感院院长）

　　　　　王晓国（陕西省基础地理信息中心主任）

长城资源调查项目管理办公室负责组织和协调各有关部门实施长城资源调查工作，组织项目有关单位制定工作方案，协调陕西省长城资源调查工作的进度计划和质量控制，组成人员如下。

主　　任：周魁英（陕西省文物局文物保护处处长）

　　　　　刘云峰（陕西省测绘局基础测绘处副处长）

成　　员：孔　昱（陕西省文物局文物保护处副调研员）

　　　　　李　岗（陕西省文物局文物保护处副研究员）

　　　　　赵　淮（陕西省测绘局基础测绘处高级工程师）

　　　　　王炜林（陕西省考古研究院院长助理）

　　　　　冯建伟（国家测绘局第二地形测量队工程部主任）

　　　　　马树义（榆林市文物局文物科科长）

　　　　　王改户（延安市文物局文物科科长）

　　　　　李国栋（渭南市文物局文物科科长）

强有力的领导和管理机构为陕西省长城资源调查的顺利进行提供了组织保证。

2. 调查队的组成

（1）陕西省明长城资源调查项目

田野调查队伍由陕西省考古研究院、秦始皇兵马俑博物馆、西北大学文博学院、半坡博物馆、榆林市文物研究所、延安市文物研究所等单位抽调相关业务人员组成。总领队为段清波，负责调查队的全面事务。调查队由五支分队构成。

一队：队长李恭，成员有张卫星、闫宏东、姬翔月、马圣雄、高云昊、乔建新等。

二队：队长段清波，成员有牛新龙、张扬军、于春雷、岳岁军、何抚顺等。

三队：队长王沛、袁继民，成员有刘军、薛蕾、吕永前、李雪峰、李超、马峻华等。

四队：队长乔建军，成员有刘晓东、郭富强、王春波、李峰、韩喜东等。

五队：队长李增社，成员有马雨林、梁亚东、霍海鹏、陈毅等。

后期参与调查工作的人员还有张振峰、刘澄宇、刘定、梁坤、冯永荣、朱园田，参与调查资料整理的人员还有李先霞、郭建静、杜德新、刘英、杨方方、任宝磊、储清磊、赵志强、杨丙君等。

（2）陕西省明长城测量项目

该项目总指挥为陈向阳，项目负责人为冯建伟，下设技术组、质量组、资料组、后勤保障组。

项目技术组：组长王永红，成员有贡学安、赵文普、徐健、李海泉，作业员25人。

项目质量组：组长卢志华，成员有苟建雄、高虎。

项目资料组：组长贡学安，成员有张元文、马丽华。

后勤保障组：组长曾跃渠，成员有张天武、侯丽华。

（三）编制工作方案

1. 调研工作

在开展实地调查工作之前，先期对陕西省明长城的分布、走向、保存现状、研究状况作了调研。2006年底，组织相关专业人员赴榆林市进行实地调研，对明长城的相关情况有了大致的了解。在此基础上，编制出长城调查工作的实施方案。

利用已经掌握的明长城分布资料并结合有关文献，和测绘部门合作在1∶50000地形图上标定大边长城走向，确定大边长城的初步位置；结合1998年版《中国文物地图集》（陕西省分册）和艾冲《明代陕西四镇长城》的研究成果，在1∶50000地形图上标定二边长城的走向，确定二边长城的初步位置，形成1∶50000长城资源调查工作计划用图。

2. 编制工作方案

2007年4月，由陕西省文物局和陕西省测绘局合作制定的《陕西省长城资源调查总体工作方案》上报国家文物局与国家测绘局，方案中明确了陕西省长城资源调查的工作目标、组织机构、工作任务和成果要求、调查对象及工作内容、长城资源田野调查工作进度与时间安排、长城资源测量工作进度与时间安排、项目主要承担单位简介、工作经费预算等内容。该方案获准实施。

（四）人员培训

人员培训由国家级和省级两个层面分别来进行，省级培训包括理论和现场两部分。

1. 国家级培训

2007年3月9~19日，陕西省文物局和陕西省测绘局派出9名同志参加在北京居庸关举办的"全国长城资源调查培训班",以优异的成绩获得结业证书。

2. 省级培训

（1）理论培训

2007 年 4 月中旬，在榆林市举办了陕西省长城资源调查培训班。省级培训班结束后，所有队员都完成全部培训课程，取得优异成绩，并获得陕西省长城资源调查资格证书。

2007 年 5 月，测绘部门对参加明长城测量的测绘专业技术人员进行了专业培训，重点是基本比例尺地形图控制、调绘，DLG 成图技术、数据库编辑技术等。2008 年项目重新启动后，又进行了 3 次较大规模的技术培训，针对 2008 年本项目的技术变化作了详细的培训，使作业人员做到了对新要求、新思路的理解和掌握，统一了认识。

（2）现场培训

2007 年 5 月下旬，组织正式参加长城资源调查的全部队员，在府谷县集中开展试点调查，其目的一方面是巩固培训成果；另一方面是希望通过试点调查发现问题，及时进行弥补和改进，确保所有调查人员均能较好地掌握调查工作的技术要求。

（五）制度保障

1. 财务管理制度

为顺利地开展长城资源调查，制定了《陕西省长城资源调查财务管理制度》，专款专用，由专人负责全队的财务管理，严格按照报账制度逐级签字报销。

2. 资料管理制度

在开展工作前针对此次调查，制定出《陕西省长城资源调查资料管理制度》，由于长城调查资料涉及国家机密，所以在队内实行资料专管制度，明确责任人。对调查所使用的地形图、调绘片实行严格的管理，要求工作人员不得随意外借、丢弃；对调查过程中形成的原始记录资料及时交由专人管理保存。还对参与资料整理的人员进行资料安全、保密教育，非资料整理人员不经总领队批准不得接触资料，并对负责保管资料的人员及其他全体调查人员进行资料安全与保密的教育。

3. 专家咨询制度

明长城所在的榆林、延安两市，历史上就是农牧业交错分布的文化地带，历朝各代在此多修筑有军事防御工事，后代长城有在前代长城基础上建造的现象，在此次长城调查中就涉及长城遗存的断代、定性以及走向问题；同时由于长期以来的风霜雨雪冰冻及不同时代人们的生产生活活动，对长城的保护造成相当大的影响，影响长城保护的病虫害等都需要进行深入的研究后方能确定。为此聘请了相关领域的专家担任长城资源调查的咨询专家。

在省级培训期间，曾邀请长城研究专家景爱先生，榆林市地方学者、原榆林市文物保护研究所所长康兰英先生对涉及明长城相关文物方面的问题作了讲解。专家咨询制度保证了长城调查采集资料的完整性、正确性和科学性。

4. 检查验收制度

对于田野调查获得的长城调查资料，实行严格的检查验收制度。调查中产生的原始记录资料由分队长检查验收，以确保资料的完整性；整理后的资料先进行省内自查验收，省级自查合格后再申请国家长城资源调查项目组组织的专家进行国家级的检查验收，确保资料的真实性和完整性。

（六）后勤保障

1. 经费

对长城资源调查的经费，实行专款专用的原则，由国家提供的经费及时地下拨到项目实施机构——陕西省考古研究院和国家第二地形测量队，保证了长城调查工作的有序顺利展开。

2. 设备

按照国家的要求，为每支调查队配备 IBM 笔记本电脑 1 台、PDA&GPS 数据采集设备 2 套、测距仪 1 台、Nikon—D80 照相机 1 台、钢卷尺 2 个、皮尺 2 个。为调查队员配备调查背包 1 个，记录本、笔若干。测绘方面投入和配备了全数字摄影测量系统 12 台（套）、DELL 台式电脑 12 台、IBM 笔记本电脑 3 台、Hp500 绘图仪 1 台、Canon LBP—1120 打印机 2 台。

3. 装备

为方便工作，为每支调查队配备越野车一辆、整理箱若干，为调查队员每人配备包括野外工作服、运动鞋、帽各一套。

经过前期精心的策划和细心的准备，陕西省明长城调查工作得以按时开展，项目实施过程中进展顺利，于 2008 年 11 月结束全部野外调查。

二　田野调查工作情况

（一）确定调查范围

1. 辖区内调查范围的划定

陕西省明长城分布于陕西省北部，南北纵跨榆林、延安两个地级市，东隔黄河与山西省河曲县相望，西至宁夏回族自治区盐池县，覆盖面积约 28000 平方公里。按照国家的相关要求，初步划定的明长城调查范围包括大边、二边长城的墙体及沿线两侧各 1000 米范围内所有的单体建筑、关堡、相关遗存，还有自东向西沿大边、二边长城分布的规模较大的军事性营堡——三十六营堡。具体地理位置为东经 107°15′00″~111°08′00″，北纬 37°10′00″~39°25′00″。测区横跨高斯 3°分带的第 36 带和 37 带，中央子午线分别为东经 108°和东经 111°。

2008 年 8 月，国家文物局文物保护与考古司世界遗产处副处长刘华彬带领相关专家到陕北检查明长城资源调查工作；根据检查组的意见，决定将陕西省境内上述调查范围以外大边、二边之间以及长城墙体与营堡之间的单体建筑、相关遗存也纳入调查范围，进行补充调查。

2. 陕西省与相邻省调查范围的划定

陕西省境内明大边长城以连续墙体的形式，东北与内蒙古自治区境内明长城相接，西南与宁夏回族自治区境内的明长城连接；二边系铲削长城，主要以烽火台和山险组成，东端自黄河西岸开始，隔河与山西省相对，西南通到定边县饶阳水堡，与甘肃省固原县内边烽燧线相接。经过和相邻省（自治区）文物与测绘部门的共同协商，与内蒙古自治区、宁夏回族自治区和甘肃省准确地划定出彼此的调查测量范围。

（二）确定技术路线

本次调查严格按照国家文物局和国家测绘局制定的技术路线执行，根据陕西省的实际情况及调查过程中的一些具体情况适当调整后开展工作，工作过程中坚持相关规范与标准，实行调查与测绘同步、严格数据整合程序的技术路线。

（三）工作流程

1. 田野调查工作流程

陕西省长城资源田野调查工作的整体流程是：从准备接受任务开始，首先对境内明长城大体分布情况和以前的调查情况进行初步调研；然后组织人员进行培训学习；培训后再开展野外实习调查；总结经验教训后正式开始调查。调查过程中对采集的各类资料进行初步整理，野外调查结束后，再对资料作全面系统的整理，将整理后的所有表格、图纸、照片等调查资料按照要求录入数据采集系统；撰写《陕西省明长城资源调查报告》和《陕西省明长城资源调查工作报告》。

按照国家的要求，调查工作以县为单位进行。在对拟参加调查的工作人员进行集中培训后，将5支分队全部集中到府谷县进行试点调查，其中一队负责营堡调查，二队负责二边调查，三、四、五队负责大边调查。在试点调查中随时集中整理资料，讨论工作流程得失，不断改进工作方法。府谷县试点调查完毕后，又采取集中起来的方式，对府谷县调查过程中的经验、问题和教训进行互相交流，努力使各队在熟练掌握手册要求的基础上，基本上对一些定性问题的认识达成一致，然后制定和完善下一步调查工作的流程，确定资料采集的统一标准。

试点结束后，采取分县进行调查的方式，其中一队负责全线营堡的调查，二队负责神木县境内长城资源调查，三队负责靖边县和吴起县境内长城资源调查，四队负责定边县境内长城资源调查，五队负责横山县境内长城资源调查；榆阳区境内长城调查工作是在其他县调查完毕后重新调整人员组队调查的。

在分县调查过程中，统一按照先调查大边后调查二边的顺序；各县调查按照从东向西的顺序开始工作；调查过程中对在调查范围内的调查对象（墙体、单体建筑、相关遗存等）同时进行调查。

具体调查的工作流程，是赴现场调查，途中进行采访；到达现场开始采集数据，用GPS定位，并在地图上、航片上找出相应的位置；确定工作编号和序号，用罗盘定向；拍照、测量并进行记录；详细描述调查对象及其周边环境情况并画线图；结束采集任务。

室内资料整理工作流程是，依据现场记录在电脑上用WORD填制调查登记表，对所采集的数码照片资料进行挑选、命名、注明、编号，将线图扫描后用CAD软件处理；冲洗胶片照片并命名编号；将上述数码资料导入"长城资源调查数据采集系统ArcGIS"，结束资料整理任务。

2. 量测工作流程

在量测过程中采用设计中的第三种方案进行长度量测工作，即在立体量测环境下直接量测墙体；精度评价采用量测野外实测点的方法获得（作业员对外业实测的各类控制点按照加密网进行立体量测，获得一组量测值，通过统计得到该作业员在该区域网的实际量测精度，作为本网每个点的量测中误差，进而计算每段长城的长度精度，再计算整体长度精度）。

（四）主要工作过程

1. 野外调查

为了使全体队员更进一步掌握调查程序和要求，采取了先试点积累经验，然后再展开大规模调查的方式开展工作。

野外调查试点工作于2007年5月21日开始，对府谷县境内明长城资源进行调查。全部队员分为5个小队，以1:10000调绘片为单位分段进行调查，截至2007年6月10日，结束府谷县长城资源的调查工作，期间对包括大边68000米、二边76800米、单体建筑共234座、关堡10座、营堡5座、相关遗存 11 处等进行了调查。然后将全体队员集中在榆林市进行统一整理，将所有已调查对象的资料统一按类排序编码。

2007 年 7 月，开始以县为单位分县进行调查，到 2007 年 11 月，结束对神木县、横山县、靖边县、吴起县境内长城本体的野外调查工作。此时由于天气变得十分寒冷，已经不适合继续野外作业，尚未完成调查的定边县野外调查工作暂停，全面转入对已完成调查工作的县区长城资源调查资料的初步整理。

2008 年 4 ~ 11 月底，完成对榆阳区大边长城、二边长城和定边县二边长城、烽燧线等全部调查工作。

2. 室内整理及验收

对调查中获取的调查资料，先后经过三次整理。

第一次是 2007 年冬季，组织调查人员对府谷县的调查资料进行整理，主要是将资料内详细描述部分中不规范之处规范化，将原始记录中没有全部列入调查登记表的内容重新录入，将数据录入错误之处改正，将照片、图纸命名不规范的部分规范化。经过一个多月的努力，到 2008 年 1 月府谷县的调查资料基本整理完成。

第二次室内整理是 2008 年 3 ~ 4 月，组织人员集中对已经采集完毕的资料进行系统的分县整理。

第三次室内整理是 2008 年冬季。此次整理主要是将整理过的 word 文字资料、JPG 照片资料、CAD 线图导入"长城资源调查数据采集系统"。10 月，派出工作人员和测绘部门的工作人员一起工作，协助测绘部门对调查对象进行定位、定性，以确保明长城测量工作的精确和正确。

2008 年 11 月 15 日，国家文物局、国家测绘局验收专家组在陕西省考古研究院泾渭基地对陕西省第一阶段明长城资源调查的成果进行了检查验收，验收以县为单位，对府谷、神木、榆阳、横山、靖边、吴起、定边 7 县区共 398 段明长城的长城墙体登记表、长城墙体 GPS 登记表、长城墙体相关位置示意图等内容进行了抽查，检查验收的数量占总量的 13.3% 。按照明长城《国家级检查验收制度》质量等级的规定，验收组认为陕西省明长城资源调查墙体类成果为合格，成果及数据记录完整、准确，数据相互关联，无严重缺陷，达到测绘的要求。

2009 年 4 月 22 日，陕西省文物局组织专家组对陕西省明长城调查资料进行了省级验收，与会专家一致认为资料翔实合格，通过验收，随即申请国家项目组进行验收。

2009 年 4 月 27 日，国家文物局长城资源调查项目组组织专家组对陕西省明长城调查资料进行验收，验收后认为资料合格。

3. 测量工作情况

在野外调查过程中测绘部门派专家到现场指导，进行数据采集，确保采集过程中的科学性。2008 年 7 月，长城调查队将田野调查资料移交给国家测绘局第二地形测量队（陕西省第三测绘工程院），测绘部门开始测绘工作。量测过程中按照如下步骤开展工作：

因文物编码较长，现有立体量测软件不能满足，为了便于区分各类墙体和各种属性，重新进行属性组合编码，共计分为 90 个新编码；

全数字加密成果的区域网，由作业员本人进行空三导入建立模型；

采用 PSK 模拟设备加密的区域网，由作业员本人进行手工内定向、相对定向和绝对定向，建立立体模型，由另一名作业员或者检查员进行检查，主要检查内定向、相对定向、绝对定向是否满足规范要求，绝对定向坐标值是否输入正确；

立体量测阶段，每个立体量测点配备作业员一人，协助进行墙体表、调绘像片的查找对照，顺便做现场检查，确保一次量测准确，属性分割点准确定位；

为了便于控制复测精度，编制了复测检查软件，使作业员可以检查自己每段长城的复测问题，发现不合格，及时重测；

为了便于检查和统计作业人员的量测精度，编制了精度统计和计算的软件，对每个作业员每个区域网均进行量测精度统计，为最终的长度精度统计做好准备；

完成量测后，请文物部门人员对陕西省明长城的大边和二边长城逐段、逐点进行核实确认，并签字认可。

2008 年 11 月 21 日，测绘工作成果通过国家测绘局的检查验收。

第二节　延绥镇历史、地理概述

分布于陕北地区的陕西省明长城，属被列为"九边重镇"之一的延绥镇管辖，所以陕西省明长城也称延绥镇长城，是延绥镇防区的军事防御设施，目的是为了防御来自河套地区的蒙古骑兵侵扰。

一　区域历史概况

构成陕西省明长城防御体系的墙体、附属建筑和三十六营堡，分布在今榆林市和延安市的 7 个区县，分别是府谷县、神木县、榆阳区、横山县、靖边县、定边县和吴起县。明长城的分布范围在北纬 39°22′~37°17′，东经 111°04′39″~107°41′之间，高程 700~1910 米；最东和最北点在府谷县，与内蒙古自治区明长城相连，最南点在吴起县，最西点在定边县与宁夏回族自治区盐池县的明长城相接。

据史料记载，夏商时，明代延绥镇的部分地区（今神木县、府谷县、佳县等地）在雍翟族境内，周代为雍州白翟的一部分，后为秦国上郡地。公元前 221 年秦统一六国，始皇分天下为三十六郡，上郡是其中之一。

三国时期，上郡、西河郡为匈奴占据，未设置郡县。东晋时期，匈奴王赫连勃勃在统万城（今靖边县白城子）建立大夏国。427 年，北魏灭大夏，设立统万镇，太和十二年（488 年）改设夏州。

隋开皇三年（583 年），仍设夏（治统万）、长（治长泽，今靖边县境内）、绥（治龙泉，今绥德县城）、银（治儒林，今横山县境内）四州；大业元年（605 年）将绥州改称上州，三年撤销州制，设立朔方、雕阴二郡。

隋末唐初，本地为地方豪族梁师都占据，自称梁国，僭皇帝位。贞观二年（628 年）师都被灭，唐复设银、绥、夏三州，均属关内道。开元十二年（724 年）在本区东北部增设麟州（治所今神木县杨城）。天宝元年（742 年）撤州设上郡（今绥德）、银州郡（今党岔）、朔方郡（今白城子）、新秦郡（今杨城）。乾元元年（758 年）撤郡，复设绥、夏、银、长四州。元和十五年（820 年）宥州治所由内蒙古鄂托克旗迁到今定边县境内。后唐庄宗李存勖将府谷县升州（今府谷县）。

五代时期设有夏州（领朔方、德静、宁朔三县，均在今靖边县境内）、银州（领真乡、开光、儒林三县，在今米脂、佳县境内）、麟州（领新秦、连谷、银城，在今神木县境内）、府州（今府谷县）、绥州（领绥德、龙泉、延福、城平、大斌五县，在今绥德、清涧、吴堡、子洲境内）。

北宋时，属永兴军路（初名陕西路），绥州、宥州被西夏占据，熙宁三年（1070 年）收复，宋哲宗时期（1086~1100 年），得失无常。宋高宗南渡后，又沦为金有，属鄜延路的一部分，设绥德州、晋宁军（佳芦砦），大定二十二年（1182 年）撤军设绥德州、晋宁州（二十四年改佳州）。元代绥德州、佳州属延安路，绥德州领清涧、米脂二县，佳州领神木、府谷二县。

明初，该地属延安府管辖，永乐初，弃守东胜，移治延绥，在该地设延绥镇。明成化七年（1471年），在长城一带设置榆林卫；九年，镇治迁至榆林。弘治十八年（1505年）九月设立东路神木道，领佳州、府谷、神木三州县，中路榆林道领绥德、米脂、清涧、吴堡四州县，西路靖边道领保安（今志丹县）、安定（今子长县）、安塞三县，包括榆林市的定、靖、横三县。

清雍正年间，设有榆林府和绥德直隶州两个省辖行政区。辛亥革命后，1913年废府州制度，设榆林道。后又废道，各县由省直辖。中央红军到达陕北后，1937年陕甘宁边区政府成立，榆林市除榆阳区外，各县先后解放，在原苏维埃政权的基础上建立人民政府。

中华人民共和国成立后，该地归属榆林地区和延安地区管辖，后分别改为榆林市和延安市。

陕西明长城一线位于毛乌素沙漠东南边缘和黄土高原最北端的交界地带，这种地理环境分别对应着游牧半游牧和农耕的经济生活，该区域历来是农业经济和游牧经济发生强烈互动的地带，早在战国后期的秦昭王时代，该地就修建了用来"御胡"的战国秦长城，这条长城经过秦统一和西汉初年的修缮和沿用，一直是南方的农业经济体和北方匈奴游牧经济体的分界线，隋代也曾在该地修建长城来防御突厥南进，明代修建长城时就曾经部分沿用隋代和汉代、战国长城的基址。

总之，延绥镇明长城是在不同时期综合发展的一种结果。

大体而言，延绥镇长城防御体系建造过程分为五个阶段，他们是正统年间的初创阶段，成化时期筚路蓝缕的体系建设阶段，正德、嘉靖年间的丰富完善阶段，隆庆、万历时期的补充建设阶段，万历后对长城的修葺阶段。

1644年清军入关，延绥镇长城作为军事建筑设施结束了它的历史使命。

清代延绥镇长城虽然不再作为军事防御设施，但它仍作为蒙汉之间的界限标识。康熙三十六年（1697年），清廷将沿府谷、神木、榆林、横山、靖边、定边6县长城以北50里的范围划为禁留地，土地所有权归蒙古族所有，但蒙汉两族人民均不得定居其中，在南部宽10~15里的区域内适合耕作的地方，由汉人承租耕种，这类地称作"雁行地"、"伙盘地"或"伙场"。史载当时租种蒙古土地的"民人出口种地，定例春出冬归，暂时伙聚盘居，因以为名。""而凡边墙以北，牌界以南地土，即皆谓之伙盘，犹内地之村庄也。"[1]牌界即在明长城之外50里内，或3里或5里垒砌石堆以限之，之外为蒙古游牧区域。乾隆元年（1736年），在榆林议定各县直北禁留地永远章程，于旧界外各拓二三十里不等，准汉民照旧给租耕种，蒙汉地界即以此定案至今。

晚清至民国期间，感于国是内外交困，长城被纳入边疆研究和军防研究的范畴，它以其独特的功能和姿态被看做民族的象征。

经过数百年风霜雪雨的侵蚀和历史的积淀，明长城已经成为规模最大的线性历史文化遗产。

二　区域地理环境概况

陕西省明长城位于鄂尔多斯台地和毛乌素沙漠东南缘、鄂尔多斯西南荒漠草原南缘与黄土高原北部过渡地带。东接河东山西省的偏头关，西南沿鄂尔多斯台地和毛乌素沙漠东南缘抵白于山，又沿白于山北麓向西，然后偏向西北，抵鄂尔多斯西南荒漠草原的宁夏回族自治区界。

长城沿线地势由西向东倾斜，西南部平均海拔1600~1800米，其他各地平均海拔1000~1200米。

---

〔1〕（清道光二十一年）《神木县志·建制志上》卷三，第三十七册，凤凰出版社，2007年，第487页。

地貌分为风沙草滩区、黄土丘陵沟壑区、梁状低山丘陵区三大类，大体以长城为界，北部是毛乌素沙漠南缘风沙草滩区，南部是黄土高原腹地，沟壑纵横，丘陵峁梁交错。

　　长城以北的毛乌素沙漠是中国大沙区之一，位于陕西省榆林市和内蒙古自治区鄂尔多斯市（伊克昭盟）之间，包括内蒙古自治区的鄂尔多斯市南部、陕西省榆林市北部风沙区和宁夏回族自治区盐池县东北部，总面积为3.98万平方公里。地名起源于榆林市靖边县海则滩乡毛乌素村。毛乌素沙区主要位于鄂尔多斯高原与黄土高原之间的湖积冲积平原凹地上。出露于沙区外围和伸入沙区境内的梁地主要是白垩纪红色和灰色砂岩，岩层基本水平，梁地大部分顶面平坦。各种第四系沉积物均具明显沙性，松散沙层经风力搬运，形成易动流沙。毛乌素沙地海拔多1100～1300米，西北部稍高，达1400～1500米，个别地区可达1600米，东南部河谷低至950米。

　　毛乌素沙区年均温6.0℃～8.5℃，1月均温9.5℃～12℃，7月均温22℃～24℃，年降水量250～440毫米，集中于7～9月，占全年降水60%～75%，尤以8月为多。降水年际变率大，多雨年为少雨年2～4倍，常发生旱灾和涝灾，且旱多于涝。夏季常降暴雨，又多雹灾，最大日降水量可达100～200毫米。沙地东部年降水量达400～440毫米，属淡栗钙土干草原地带，流沙和巴拉（半固定和固定沙丘）广泛分布，西北部降水量为250～300毫米，属棕钙土半荒漠地带。

　　长城一线区域雨季短而集中，最大降水出现于7、8月，年降雨量400毫米左右，7月降水极差可达195～332毫米，光照充足，水热资源缺乏，属中温带半干旱气候。极端最低平均气温-23℃，降水量400毫米等雨量线以北，沙丘遍布，气候干旱，雨雪稀少，多风沙，无霜期短，冬季严寒，负积温高达600℃以上。农作物一年一熟，农耕地多集中于沙丘之间的滩地与河谷两岸的滩地，主产耐寒的杂粮，牧业比重大。

　　长城以南的黄土高原是世界上最大的黄土高原，明长城在本省的走向为东北—西南向，所经区域可分为三个明显的自然景观单元，即东部黄土沟壑地景观、中部长城内外流沙草滩地景观和西部风沙碱滩盆地景观。黄土区的基本特征表现为以塬、梁、峁为主体的沟间地和以各种沟壑组成的河沟地；流沙草滩地带气候干燥，沙土广布；风沙碱滩盆地为温带风沙化干草原—淡栗钙土地带，风力资源丰富，水力侵蚀微弱，盐池分布广泛，气候比较干冷，植被稀疏矮小，以耐旱耐寒的干草原和沙生植被为主。

　　陕西省黄土高原河流众多，沟壑纵横，沟壑面积约占总土地面积的50%。长城一带主要的河流有黄河、黄甫川、清水川、孤山川、窟野河、秃尾河、榆溪河、无定河、芦河。白于山以东部分河流都是东南流向，白于山北麓河流是东北或西北流向。河水主要来源于降水，降水分布的特点是南部多、北部少，山区多、平原谷地少。因此，径流的分布规律是自南向北减少，山区大于平原区。（图一）

第三节　延绥镇长城沿革

　　由于陕西明长城所处位置多在毛乌素沙漠和黄土高原的交接地带，这两种地理环境分别适应游牧和农耕两种不同的社会经济形态，随着不同时代气候环境变化而导致的经济形式南北迁移，遂形成区隔两种社会经济形态的长城地带，这一地带也是这两种经济形态发生密切关联的区域。早在秦昭王时期，就在该地修建了用来"御胡"的战国秦长城，经过秦始皇的沿用和西汉初年的修缮完善，长城地带一直是作为与北方游牧民族之间的分界线而存在，隋代也曾在该地修建长城防御突厥，调查资料表明，明长城修建时就曾经部分沿用过隋长城和更早的汉代、战国时代的长城基址。

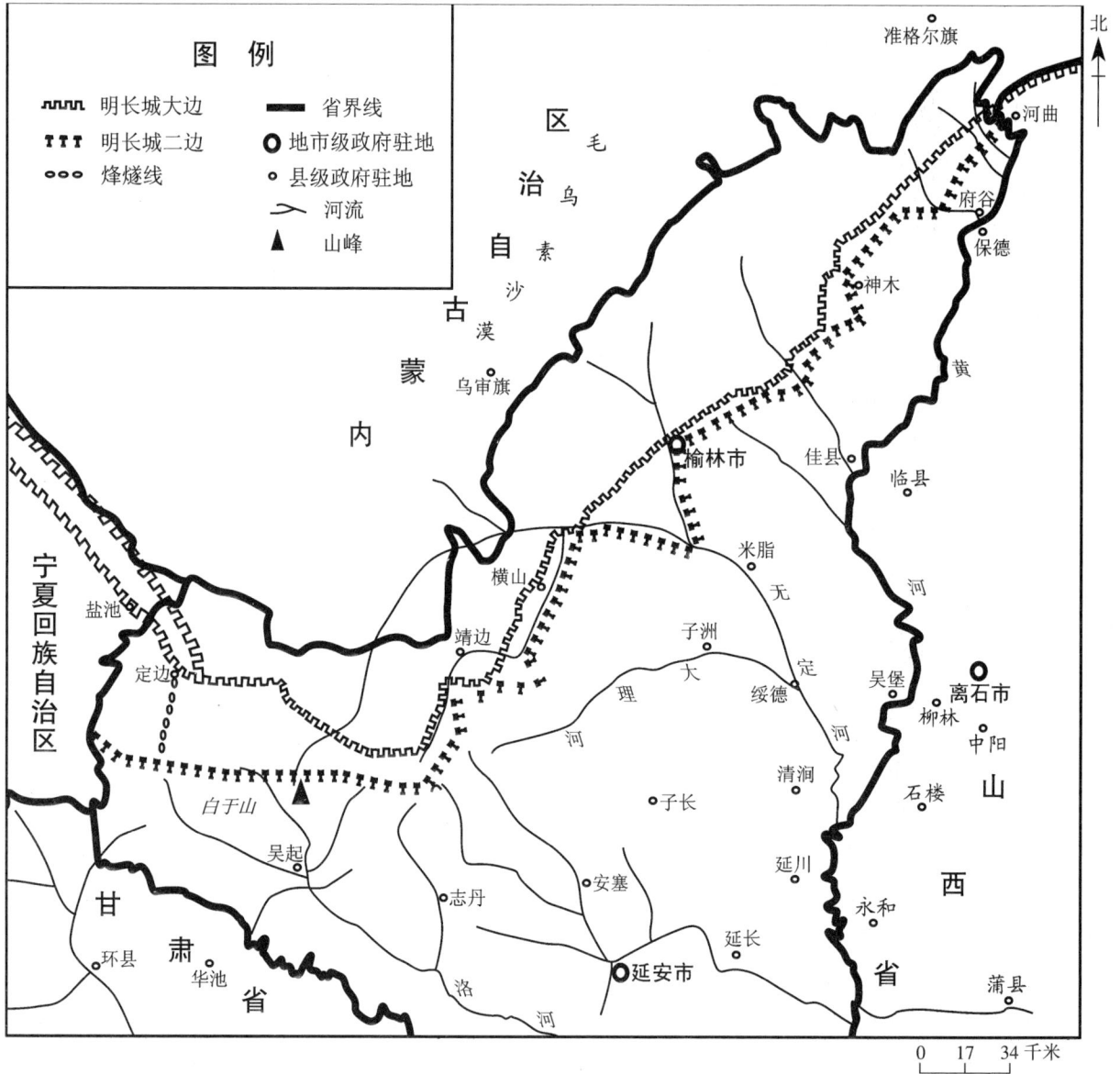

图一　陕西省境内历代长城分布示意图

明长城的本体部分是连绵不断的防御性墙体，个别地段依据地形地势会利用自然险或者对自然险部分加以人工整修使其具备防御功能，同时还有营堡、马面、敌台、烽火台、关、堡、品字窖、挡马墙、壕堑等相关的辅助建筑设施与之配合，由它们和墙体共同构成明朝北部边疆的防御体系。

延绥镇明长城是一个由连绵不断的墙体及墙体上的马面、敌台、墙体内外广布的烽火台和墙体后方的营堡共同构成的立体防御系统，这一系统是在不同时期随着边界敌我双方进退态势、防御实践的经验教训、建筑理念和实践等方面综合发展的一种结果。

一　河套地区历史地理状况

内蒙古自治区阴山以南、明长城以北的地区，"战国时属赵，秦为上郡九原地，沿河筑城，蒙恬、扶苏所经营者为县三十有余。汉置五原郡，主父偃所谓河套地肥沃，外阻河，蒙恬城之，内省输运戍漕，广中国之边备者是也。魏晋因之。五胡时苻坚、赫连夏迭有其地。隋置胜州榆林郡，更于沿边筑长城焉。唐初置朔方军，北与突厥以河为界；中宗时从张仁愿之请夺取漠南地，始于河北筑三受降城，绝突厥南寇之路。唐末拓拔思恭、思忠以讨黄巢功，赐姓拜爵，奄有宁夏绥、丰、胜、宥、麟诸州府。延五代及宋，遂封国为西夏。元灭西夏，置宁夏行中书省。旋并入甘肃省。"[1]

秦朝统一全国后将呈"几"字形的黄河以南地区称作"河南地"，到了明代，明朝人站在己方的地形立场上，将内蒙古自治区伊克昭盟地区的黄河两岸、长城以北地区形象地称为河套。《明史》中首先出现"河套"的称呼，"古无河套之名。自明筑长城，东起皇甫川，西抵宁夏花马池，弃长城以北三面环河之地于外，遂以河套名之"[2]。

由于明长城以北的河套地区在中国历史上一直处于中原王朝与游牧政权的拉锯之中，宋代以后该地甚至成为彼此之间的边缘化区域。这一局面的形成，与中原王朝政治中心东移有关，也与该地区自然条件、经济形势、地缘政治密切相关。而西北地区干燥的大陆季风气候成为这一地区早期沙漠化的推动力量，沙漠化与干燥、寒冷的气候使得河套成为生态环境较为恶劣与脆弱的地区；随着气候变化和南北双方政权的此消彼长，该地区经济形态不断地发生着农牧交替的变化，愈到晚近的阶段，该地文明的发展愈加迟缓，甚至衰退。这种经济特征的多变性和混杂性，使以农耕为基础的中原王朝和以游牧为基础的游牧政权都不可能将该地作为自己的核心经济区域，当然也不会将该地作为己方的核心统治区域。加之河套的地形具有强烈的封闭性，四周以山河为天然地理屏障与外地隔绝，在不同的历史阶段都处于地缘政治的边缘地区。明朝建立、元蒙退出中原后，河套地区正处在这种边缘化的状态[3]。

明朝初年的北边防御体系构建中，呈现出重东轻西的战略态势，防御的重点放在山西、河北，而河套地区的防御体系相对而言比较薄弱，形成这一态势的原因有两个，一个是当时退居到阴山以北的蒙古人尚没有大规模南下进入河套，对于明朝的军事压力不大；二是河套本身的地理环境为毛乌素沙漠和库布齐沙漠地带，漫漫的黄沙与北侧的黄河本身就构成一道天然的屏障阻隔着北人南下。

而其实元朝和明朝都对河套地区缺乏强有力的行政管理。元朝占领原来西夏的版图后，最初虽然设立了宁夏行中书省，但不久便废除这一建制，这一地区归属察罕脑儿管辖，中央政府仅具有象征性管理的意味，这可能和西夏经营该地，使得这里沙漠化日趋严重，不适合以游牧经济为主要经济方式的蒙元政府产生兴趣有关。明朝在统一过程中在该地没有遇到有规模的抵抗也可见一斑。明初因为担心居住在该地的蒙古族和退居漠北的蒙古族联手，出台了空置河套的政策，"（洪武）四年，大将汤和兵攻察罕脑儿，擒猛将虎臣镇军将谢成等降其众，河套遂墟。"[4]不仅将蒙古族驱出河套，而且还将居住在该地的汉族内迁，即所谓"吏民内徙"[5]，"其沙漠非要害之处，当毁其城郭，徙其人户于内地"[6]，企图在河套北缘造成无人区，形成防御蒙古部落南下的缓冲地带[7]。这一政策其实是自北宋开始实施保守的墟边战略的继续，完全有别于秦、汉、唐时代的移民实边政策，宋、明两代君主寄希望通过这一策略，使得游牧部族失去进攻中原的桥头堡。

〔1〕 伊志：《明代弃套始末》，《禹贡半月刊》1935 年第 2 卷第 7 期。
〔2〕 伊志：《明代弃套始末》，《禹贡半月刊》1935 年第 2 卷第 7 期。
〔3〕 赵现海：《明长城的兴起——14 至 15 世纪西北中国军事格局研究》第一章第二节，《中国长城博物馆》2007 年第 4 期。
〔4〕 （清）谭吉璁撰，刘汉腾、纪玉莲校注：《延绥镇志》卷三，三秦出版社，2006 年，第 35 页。
〔5〕 （明）伊更：《两镇三关志》卷三，国家图书馆藏。
〔6〕 台湾研究院历史语言研究所校勘：《明实录·明太祖实录》卷六六，上海书店出版社，1982 年影印本，第 1679 页。
〔7〕 王天顺：《河套史》，人民出版社，2006 年，第 340 页。

二　延绥镇长城修建的历史背景

（一）明蒙之间的互动关系

元朝灭亡后，退回漠北的蒙古分裂为兀良哈、鞑靼和瓦剌三大部落，明洪武十一年（1378 年）蓝玉率明军攻打北元，蒙古分为鞑靼和瓦剌东西两大对立部落，随着北元系鞑靼蒙古势力逐渐衰弱，瓦剌系蒙古在彼此的争夺中渐渐占据上风，瓦剌系蒙古活动在蒙古大漠的西北部，鞑靼活动在蒙古大漠的东南部，形成东西对峙的格局。

瓦剌属元朝阿里不哥系蒙古，实行分封制的阿里不哥系蒙古居住在蒙古高原西部肯特山以西地区，由于忽必烈与阿里不哥争夺皇位的历史矛盾，该系蒙古一直与元朝不合。15 世纪 20 ~ 50 年代的瓦剌蒙古到了脱欢、也先父子掌权时期，在父子执政的 40 多年中，他们在统一蒙古大漠过程中对鞑靼蒙古贵族大加杀戮，使得该部族日渐衰微，在随后的年代里，瓦剌蒙古依然保持对鞑靼蒙古的高压态势。

正是在这种情况下，鞑靼蒙古为躲避瓦剌蒙古的打击，在明朝的宣德、正统年间，不得已开始越过阴山向蒙古的边缘地带——河套地区迁徙，于是也才有了日趋严重的明朝与鞑靼蒙古在该地区的军事冲突。

明朝方面，明初的北部防线在大同镇所属的东胜诸卫的北部边界一带，即沿阴山、黄河，西接宁夏一线布设军事防御力量；洪武二十五年（1392 年），在河套地区设立东胜前、后、左、右、中 5 个卫所，在河州东受降城以东建东胜城，有效地震慑了北遁的蒙古部落，这一态势历经洪武、永乐、洪熙、宣德数朝 50 余年而鲜见变化；自惠帝建文、成祖永乐间，"以东胜孤远难守，调左卫于永平，右卫于遵化，而墟其地"，东胜诸卫所迁徙后，河套地区的形势慢慢地发生了变化。正统初年，蒙古游牧部落开始越过阴山小心翼翼地进驻河套地区，到了成化年间，"后东胜内迁，失险，捐米脂、鱼河地几三百里。"[1] 随着敌我形势的变化，原来属于内地的延绥一带已然变成边防前线，河套南部的榆林、米脂一带被逐渐强大的游牧部落占据。形势的变化使得明朝开始加强在延绥北线的防御，建造了一些防御性的墩台、堡寨。

自洪武元年（1368 年）开国之后的七八十年间，延绥镇一带的军事形势基本上属于和平安定状态，后来随着东胜诸卫等军事防御堡垒的弃守，游牧的蒙古部族也渐渐地开始越过阴山南下并居住在河套地区。游牧民族离开原来居住的地区南下，除了政治军事原因外，还有一个很重要的原因是气候出现干冷化倾向。

鞑靼蒙古入河套还有环境的因素，由于西夏王朝的开垦而沙漠化严重的河套地区在被空置抛荒几十年之后，环境有所好转，史载当时明朝军民经常在该地区樵牧打草，甚至开垦农田；同时，整个气候在逐渐变得寒冷干燥，漠北草原已经不足以供养牲畜，鞑靼蒙古才不得已南迁，寻找新的草地，并寻求和明朝进行贸易以获得生活物资的机会[2]。

从明朝初年开始，气候又进入新一轮的寒冷期，成化十年（1474 年）到正德十二年（1517 年）的 43 年间，寒冷气候达到顶峰，仅长江三角洲地区就出现多次太湖结冰封冻、黄浦江冰厚数尺以及苏

〔1〕（清）张廷玉等：《明史》卷九一《兵志三》，中华书局，1974 年，第 2235 ~ 2237 页。
〔2〕依据竺可桢《中国近五千年来气候变迁的初步研究》文中所说的"方志时期"显示明朝年间我国的天气大体是：温暖冬季是在 1550 ~ 1600 年之间，寒冷冬季是在 1470 ~ 1520 年和 1620 ~ 1720 年。

北的大寒事件，干冷的气候造成游牧民族自北而南波浪式的南进。于是乎，迫于生存压力的蒙古部族便频繁南下，企图寻找新的生活资源，不可避免地来到农耕文明区域，而明朝政府在与生俱来的敌对心理下产生的严防死守政策，使得南下的蒙古部族期望和平地获得生活资料变得艰难无比，在此状况下就产生了蒙古部族掳掠农业区域的高潮，明长城就是在这一压力下应运而生的。

蒙古军队采取快速机动的战术，不断地通过陕北地区进入陕、甘、宁和山西等内地，至宣德年间，明政府才开始改变此前北边防御策略中实施的"重东轻西"防御对策，对陕北的军事防御开始重视起来，自东向西构建一批旨在以营堡为依托消灭入侵蒙古军队为目的的防御体系。

明英宗正统初年，为防御这些南下的游牧民族对陕北的侵扰，都督王祯筑造了榆林卫城和部分营堡墩台。"土木之变"后，明朝的北部边防形势日趋紧张，自英宗天顺六年（1462 年）开始，延绥镇北部的蒙古毛里孩、阿罗出、孛罗乎等部落相继开始有规模地进入河套，但直到宪宗成化元年（1465年）才开始实施大规模的"盗边"行动[1]，在此之前虽说延绥镇一带驻兵不多，但边境形势总体上还算稳定。

成化初年，毛里孩"通贡"的请求，被朝廷判断为"无约而请和者，谋也"，遂决定"不许"，致使毛里孩部藉此借口，越过黄河大举进犯大同。至此，延绥北边的军事防守形势开始变得真正的严峻起来，南渡黄河的蒙古部落，一年更甚一年频繁地向延绥、宁夏、固原一带发起侵犯高潮，用兵人数也逐年增加，危害程度逐年加剧。与河东防御形势不同，进入河套的蒙古部落互不相属，各有雄长，彼此涣无统摄[2]。

据相关文献[3]，成化元年，蒙古部落 7 次侵犯府谷堡、安边营、西墩梁、黄甫川、高家堡等地；成化二年（1466 年），蒙古部落 20 余次侵犯庆阳、环县、神木、保德、花马池、榆林、黄甫川、平凉、固原、静宁、隆德、开城、华亭等地；成化四年两次进犯；成化五年（1469 年）七次进犯延绥一带；成化六年，几乎每月都发生进犯的战事，不断侵犯延绥所属的保安、安塞、宁塞、安边、葭州以及宁夏等地，榆林的双山堡一年之内遭到三次进犯；成化七年（1471 年），游牧部落 12 次进犯延绥一带的红山墩、怀远堡、定边营、榆林城、木瓜山、孤山堡等以及宁夏、固原等地；成化八年，定边营、安边营、固原、平凉、宁夏等地一年多次遭到游牧部落的烧杀抢掠。

和愈演愈烈的侵略相比，延绥的边备从设施、布防到军队数量，以及守边将士的战争意识形成严重的滞后状态。成化初年，延绥一带边备薄弱，兵部尚书王复受命巡查后，认为"险隘俱在腹里，而境外临边无有屏障，止凭墩台城堡以为守备。"而仅有的 24 处城堡，因为时势已经发生巨大的变化，已经无法适应变化了的形势，"原设地方或出或入，参差不齐，道路不均，远至一百二十余里，近止五六十里，军马屯操反居其内，人民耕牧多在其外，遇贼入境，传报声息仓猝，相接比及调兵策应军民，已被抢虏，达贼俱已出境。虽称统领人马，不过虚声应援。及西南直抵庆阳等处，相离五六百里，烽火不接，人民不知防避；其北面沿边一带墩台，皆稀疏空阔，难以瞭望。"于是他和守边将领商议后，提出"议临边府谷等一十九堡，俱系极边要地，必须增置挪移"的移堡计划，具体计划是"将府谷堡移出芭州旧城，东村堡移出高汉岭，响水堡移出黑河山，土门堡移出十顷坪，大兔鹘堡移出响铃塔，白洛城堡移出砖营儿，塞门堡移出务柳庄"；并在高家堡至双山堡，双山堡至榆林城，宁塞营至安边营，安边营至定边营，各自交界地方增建"崖寺子、三眼泉、柳树涧、瓦渣梁"四座营堡。以期达到

〔1〕（清）谭吉璁撰，刘汉腾、纪玉莲校注：《延绥镇志·地理志》，三秦出版社，2006 年，第 35 页。
〔2〕（清）雍正：《陕西通志·艺文二·涂宗濬请开市赏》卷八六，三秦出版社，2006 年。
〔3〕转引自（日）松本隆晴：《试论余子俊修筑的万里长城》，《大同高等专科学校学报》（社会科学版）1994 年第 1 期。池内宏：《明代满蒙史料——蒙古篇》，台湾文海出版社有限公司，1975 年。

"随其形势，以为沟墙必须高深，足以遮贼来路，因其旧堡广其规制必须宽大，足以积粮草容人马，庶几墩台稠密而易于瞭望，烽火相接而人知防避，营堡联络而缓急易于策应，声势相倚而可以遥振军威。"[1]

蒙古军队采取快速机动的战术，不断地通过河套地区进入陕、甘、宁和山西等内地。作为关中地区的门户，延绥一带的军事压力日益严重，在东部长城依次修筑后，至宣德年间政府才开始考虑在西部地区修筑长城，对陕北的军事防御开始重视起来，并自东向西构建一套以营堡为依托、旨在抵御入侵蒙古军队为目的防御体系。

从正统年间开始至弘治以前，尤其是成化年间，在中央政府、地方军政首脑的支持组织下，延绥镇自东向西建造了34座营堡，并且对部分营堡的位置实施挪移迁建。这些营堡在地理位置的选择上注重军事防守的需要，多建在易守难攻的山畔要地，水源充足，有利于己方的交通供应，至此相对严整的营堡攻守兼备的防御体系得以建立。

但随着来自于河套蒙古部族的军事压力不断增大和增强的情况下，呈点状分布的营堡防御体系很容易被蒙古军队绕行穿越，甚至分散包围和各个击破。明朝方面就在营堡之间空隙的其他交通道路上建立小的防御设施——墩台和小型关堡，迫使蒙古人只能开辟新的交通道路继续南下寻找生活物资，明王朝在这一带面临的军事压力并未减小，反而随着气候的继续恶化而日渐增大。疲于应付的现实使得朝廷和边关将领开始思考另外一种如何更加有效的防御策略。

（二）明朝的对蒙政策

明朝在河套的政策是一贯的，就是"弃套"，创造无人区，形成天然的防御带。尽管屡有大臣提议"复套"，但终也未能实施。

气候的变化，使得蒙古南下成为必须；河套地区生态的恢复和明朝的放弃，使得蒙古重新进入河套成为可能；而明朝对于蒙古敌对的边疆政策，使得双方的冲突成为必然。

针对蒙古部落南下阴山牧马河套的现状，对于如何防范游牧部落的南侵，成化时期朝廷中明显地分成守与战两派，主战派以兵部尚书白圭、总制关中军务的都御史王越为主，主张"搜河套，复东胜"，将蒙古部落"驱出河外，沿河筑城堡，抵东胜，徙民耕守其中"，但"搜河套"战略受河套地区地形条件和西北财政状况的制约，因而皇帝和中央各部对其的支持力度和热情日益式微。

以抚宁侯朱永、礼部侍郎叶盛为代表的防守派在朝廷的政策制定中慢慢地占据上风，他们主张"增兵守险"，以图远谋。在此战略的主导下，此间虽然朝廷也曾发兵征讨，但在主张以防御为主的将帅带领下，"大抵坚壁示持重，岁费粮仗以万计"，这种消极的防御策略，并没有换来积极的效果，反而致使"敌益骄"。

如何能有效地加强边疆的防御，又能将财政压力控制在国家可以接受的程度，是边防前线军政首长和朝廷大臣们殚精竭虑、着力思考的一个大问题。此时，发生了一场战争，间接地促成了延绥镇长城的修建。成化九年（1473年），总督王越、总兵许宁、巡抚余子俊、游击周玉等率轻骑，昼夜兼驰三百余里奔赴红盐池，趁满鲁都和孛罗忽并寇韦州之际，取得"擒斩三百余级，获杂畜器械甚众，尽烧其庐帐而还"的战绩。

这场战役的胜利对河套地区而言，有一项意想不到的成果，就是赢得将近20年时间的和平，延绥

〔1〕 台湾研究院历史语言研究所校勘：《明实录·明宪宗实录》卷三六，上海书店出版社，1982年影印本，第716页。

镇的军事形势得以缓解。直到弘治八年（1495 年）才又一次发生"北部复拥众入河套住牧"的现象[1]。

这种消极的防御策略，并没有换来积极的效果，因为蒙古部落的物质需求仍然存在，需要获取更多的消费资料，所以他们想方设法突破防线南下去抢掠必须的生活资料，也就有了蒙古部族"坏墙而入"的记载。延绥镇长城的建造在明代的北部防务战略中有着重要的地位，引发了朝廷上下关于边防政策的巨大争论，后来成为整个西北乃至山西北边防御工事的模仿对象。

（三）关于界石问题

明朝前期，君臣对于河套局势的看法虽然各有主张，但在对于蒙古人侵掠原因的认识上却大体能够一致，即认为内地军民外出耕牧是引来蒙古部族内侵的主要诱因。史书记载，"后以守土职官，私役官军，招引逃民，于界石外垦田盈利，因而招寇"[2]，成化年间巡抚余子俊也说"越境种田，引惹贼寇"[3]。

正统初年，为了防止内地居民的农耕活动受到侵扰，明政府镇守陕西都御史陈镒受命在延绥镇东西 2000 里的驻防区内（农牧交接地带）埋立界石，作为军民耕种的北界；在界石的北侧修建榆林等 24 座营堡，在营堡以北二三十里处修筑一些瞭望墩台；营堡以南二三十里一线之内为军民耕作的区域[4]。

成化八年，延绥巡抚右副都御史余子俊联名吏部右侍郎叶盛、总督军务右都御史王越，向朝廷建言："成化初以来，毛里孩之众乃敢深入，抢掠攻围墩堡，盖以先年虏我汉人，以杀戮恐之，使引而入境，久留河套。故今日贼首孛罗合乩加思兰相继为患，卒不可除。臣等谨以增兵守险，可责近效，可保久安之事。上闻一延绥沿边地方，自正统初创筑榆林城等营堡二十有三，于其北二三十里之外，筑瞭望墩台，南二三十里之内，植军民种田界石，凡虏入寇必至界石内，方有居人，乃肆抢掠。后以守土职官，私役官军，招引逃民于界石外垦田营利，因而召寇。七年六月内因总兵巡抚官之议，乃依界石一带山势，随其曲折，铲削如城，高二丈五尺；川口左右，俱筑大墩，调军防守，以为一营，永逸之计。然未尝拟奏，借役民夫而守备城堡，客兵多不过千人，不可供役，乞敕所司，申戒总兵巡抚等官严加禁约，自后敢有仍于界石之外，私役军民种田召寇者，官必降调，逃民即彼充伍。"[5]

最初为保障军民开荒种田安全所立的界石，慢慢地被沿线军民视若无睹，越界种田的事例愈演愈烈，也由此而导致边患频生。正是在这种情况下，保卫内地军民耕牧就成了当时边防大事，成化年间的修墙举措就成为加强驻防区安危的重要选择。长城墙体的构建，不仅在于阻挡蒙古部族牧骑南下掠夺，也在于保障内地居民的农业生产。

（四）延绥镇物资供应的压力

成化初年，延绥一带额定的官军数量为 12500 人；从成化五年（1469 年）开始，随着进驻河套的蒙古游牧部落南侵的频率和力度逐渐加大，明朝政府不断地调兵遣将，成化六年达到 47800 人[6]，到

〔1〕（清）谭吉璁撰，刘汉腾、纪玉莲校注：《延绥镇志·地理志》，三秦出版社，2006 年，第 37 页。

〔2〕《皇明世法录》卷六八《边防·陕西》。

〔3〕《明经世文编》卷六一《余肃敏公文集·地方事》，中华书局，1962 年，第 495 页。

〔4〕《国朝献征录》卷三八《兵部尚书余肃敏公子俊传》。

〔5〕台湾研究院历史语言研究所校勘：《明实录·明宪宗实录》卷一〇二，上海书店出版社，1982 年影印本，第 1994～1995 页。

〔6〕转引（日）松本隆晴：《试论余子俊修筑的万里长城》，《大同高等专科学校学报》（社会科学版）1994 年第 1 期。

成化八年兵力上升为"边兵共八万之上，马亦七万五千余匹"的规模[1]。

大量军队进入延绥地区加入防务，并没有改变日趋恶化的边境形势，同时还引发了与军队直接相关的军饷问题。而榆林从明初以来，"原无额设田地，一应粮草，俱系腹里人民供给，输运甚艰"[2]，在转运粮草过程中，因为"道路险阻，不通车载，肩负背任，辛苦万状"，造成了"百姓咨怨，逃亡过半"的严重社会问题[3]。

看来持续增加兵力并不是一项完备的策略，在此情况下，才有了成化八年余子俊担任巡抚以后积极倡导修建边墙的选择，余子俊修筑边墙之前曾给朝廷上奏计算了修边与否的费用问题，原文实录如下：

巡抚延绥右副都御史余子俊等奏：虏寇自成化五年以来相继犯边，累次调兵战守，陕西、山西、河南供馈浩繁。今边兵共八万之上，马亦七万五千余匹，略计今年运纳之数止可给明年二月。且今山陕之间旱蝗所伤，秋成甚薄，每银一钱止籴米七八升，豆一斗，买草七八斤，财力困穷，人思逃窜，倘不预为计虑，恐后患复生。如此，虏今冬不北渡河又须措备明年需费，姑以今年之数计之，截长补短，米豆每石俱作直银一两，共估银九十四万六千余两；每人运米六斗，共用一百五十七万七千余人；每草一束直银六分，共估银六十万两；每人运草四束，共用二百五十万人；往回两月约费行资二两，共费八百一十五万四千余两；脱用牛驴载运所费当又倍之。盖自古安边之策，攻战为难，防守为易。向者奏乞铲削边山一事，已尝得旨，令于事宁之后举行。窃计工役之劳，差减输运战斗之苦，欲于明年摘取陕西运粮军民五万，免徭给粮，倍加优恤，急乘春夏之交、虏马罢弱不能入寇之时，相度山界，铲削如墙，纵两月之间不能尽完，而通寇之路已为有限，彼既进不得利，必当北还，稍待军民息肩，兵食强富，则大举可图。其宁夏等边，又在守将各陈方略，倘以所见未合，仍事战守，须预备刍粮，以防不给。如虏能悔过入贡，乞听辅等遣使招徕之。事下兵部，言：供馈事，乞移文户部措置。铲削山势，恐虏已近边难于兴作，宜令辅等勘议可否施行。如虏能效顺入贡，速具以闻。上曰：修筑边墙乃经久之策，可速令处治，虏酋如不来入贡，亦不必遣人招之[4]。

三 延绥镇长城的营建过程

明代延绥镇长城是一套完整的防御体系，但它是在不同时期逐步建造完成的，得以最终形成以墙体、烽燧以及营堡、关堡和军寨等组成的集信息传递、军事组织、后勤供应等一体的军防系统。

对于以农耕产业立国的中原王朝而言，如何处理与北方地区游牧部落的关系问题，从来都是王朝政治中的主要工作内容之一，在守势时期，中原地区军民处心积虑的问题是如何防御以来去迅捷见长的游牧部落的侵犯。

明朝延绥镇一带边防危机的出现是从正统年间开始的，正统二年鞑靼阿罗出等部南下黄河，进入河套地区，时任延绥镇都督的王祯领兵开始筑建榆林城（时称榆林寨），同时利用旧有的一些营堡扼控主要的通道，并在营堡以南栽立界石，建立了初步的防御体系。

后来由于蒙古人往往通过营堡间的空隙南下，遂又在营堡北侧设置一些瞭守墩台，也对一些营堡根据实际需要增建挪移，墩台也逐渐密集，形成更密实的防线。

〔1〕 台湾研究院历史语言研究所校勘：《明实录·明宪宗实录》卷一〇八，上海书店出版社，1982年影印本，第2109页。
〔2〕 台湾研究院历史语言研究所校勘：《明实录·明宪宗实录》卷七七，上海书店出版社，1982年影印本，第1493页。
〔3〕 台湾研究院历史语言研究所校勘：《明实录·明宪宗实录》卷八八，上海书店出版社，1982年影印本，第1717页。
〔4〕 台湾研究院历史语言研究所校勘：《明实录·明宪宗实录》卷一〇八，上海书店出版社，1982年影印本，第2109页。

但是到了成化年间，蒙古部族南下进犯的现象呈愈演愈烈的恶化状态，已有的防御设施已经不能满足战事的需要，有鉴于成化初年蒙古部落的屡屡犯边，朝廷上下对延绥镇的防御系统开始格外关注，于是时任延绥镇巡抚的余子俊（1429～1489年）联络朝廷上下的相关志同道合者，积极向朝廷建议，创筑以墙体为依托的防御工程体系，由此开创明朝北边防务体系中中西部大兴长城防御工事的先河[1]。

大体而言，延绥镇长城防御体系建造过程分为四个阶段，它们是正统年间的初创阶段，成化年间的长城体系建设阶段，正德、嘉靖年间的丰富完善阶段，隆庆、万历年间的补充建设阶段。

（一）正统年间的初创阶段

正统初年，蒙古游牧部落开始越过阴山进驻河套地区，随着敌我形势的变化，原来属于内地的延绥一带已然变成边防前线，河套南部的榆林、米脂一带被逐渐强大的游牧部落占据。形势的变化使得明朝开始加强在延绥北线的防御，建造了一些防御性的墩台、堡寨。

直到明宪宗成化之前，在延绥镇一带设立的营堡有24座，《明史·兵志》记载是25座营堡。这些营堡的连线也就是后来成化年间余子俊修建铲削二边的分布线，这些营堡分别是：府谷堡、东村堡、响水堡、土门堡、大兔鹘堡、孤山堡、柏林堡、白洛城堡、塞门堡、神木堡、龙州城、怀远堡、清平堡、镇羌堡、平夷堡、威武堡、镇靖堡、清平堡、波罗堡、高家堡、双山堡、清水营、宁塞营、安边营、定边营，并在营堡以南栽了一系列军民种田界石。

与此同时，为加强对游牧部落进犯的监测，沿着24座营堡一线的内外，还修建了一批旨在传递军情信息的烽火台。

（二）成化年间的长城体系建设阶段

随着时代发展、军事形势的演化，已有的军事防御设施慢慢地无法适应已经变化了的形势，从成化初年开始，历任延绥军政长官均从不同的角度检讨过已有的延绥镇防御系统，认为在防御设施和兵力部署两方面均存在着严重不足或者有致命的缺陷，尤其是正统以来建造的营堡不在一条相互关顾的线上，个别相邻的营堡相距太远，一旦发生战事，不能及时有效地呼应和支援，他们建议将一些营堡迁移，成化元年（1465年）的延绥参将都指挥同知房能，成化二年的延绥纪功兵部郎中杨琚、兵部尚书王复，成化三年至成化七年担任延绥巡抚的王锐，均提出过大致相同的建议，并且移建营堡的方案也得到朝廷的认可和实施。为了有效地组织前线防御，正统年间，延绥镇还修建了控制交通要冲的榆林卫城。

但是从实际效果看，增建和移建营堡的措施并没有带来预期的效果，王锐在担任延绥巡抚的四年间虽然实施了王复的建议，但蒙古游牧部落的入侵程度和次数并没有获得想象中的减弱，成化七年，兵部尚书白圭以蒙古部族"相机寇乱，民遭涂屠"为由上书皇帝，明宪宗以"秦刚、王锐在边年久，废弛边务尤甚"为由，将巡抚王锐和镇守太监秦刚、总兵官房能三人革职、投监[2]。

1. 筑造长城计划的提出与实施

如何改变延绥镇日渐处于被动应付的军事局面是当地军政首长日夜苦思的大事。成化二年兵部尚书王复和镇守延绥、庆阳等处的将军们，就曾提出沿边一带"随其形势以为沟墙，必须高深，足以遮贼来路"的建议；成化七年不幸被革职下狱的延绥巡抚王锐也于成化六年曾提出"榆林一带营堡，其

〔1〕　牟复礼、崔瑞德编：《剑桥中国明代史》，中国社会科学出版社，1992年，第249页。

〔2〕　台湾研究院历史语言研究所校勘：《明实录·明宪宗实录》卷九〇，上海书店出版社，1982年影印本，第1745页。

空隙之地，宜筑为边墙，以为拒守"的筑墙方案[1]。成化七年四月，在第一次搜套暂停后，陕西巡抚马文升（1426～1510年）提出在一些交通险要的地方"筑垣墙、敌台"的设想[2]。

成化七年（1471年），年42岁曾在户部供职，后担任西安知府、陕西左布政使的余子俊以副都御史衔受命来到陕北，巡抚延绥，当此之时，延绥前线从防御设施到军队数量，还有后勤供应方面，均存在着疏漏之处，他的前任王锐虽然鞠躬尽瘁，但因为无法有效地改善陕北的战事形势，被解除职务。余子俊可谓是临危受命，他在充分考虑到此前防御策略的经验教训基础上，尤其是考虑到调集大量军队所带来的军事效果和社会效果不佳的情况下，在王复、王锐建议的基础上向朝廷郑重提出全线修建长城的建议。

成化七年七月，余子俊向朝廷提出建造边墙的建议，"延、庆边疆山崖高峻，乞役山西、陕西丁夫五万，量给口粮，依山铲凿，令壁立如城，高可二丈五尺；山坳、川口，连筑高垣，相度地形，建立墩堠，添兵防守。八月兴工，九月终止，工役未毕则待来年，庶几成功，一劳永逸。"但兵部经过商议，认为修建边墙的时机并不成熟，一是民力困顿，一是延绥土壤环境不佳，"往因巡抚右副都御史王锐建议，欲于川空之处，修筑高垣，已尝取旨令，会议举行，余子俊等复欲凿山设险为策固良，但缘边之民，频年以来，不遭杀虏即困征输，丧乱逃亡凋敝已甚。今需极力抚安，难以重加劳役，况延绥境土，夷旷川空，居多浮沙，筑垣恐非久计，凿山之事，宜伺寇警稍宁，督令边城军卒以渐图之，兵力不足，止可量调附近兵民为助。"受兵部意见的影响，宪宗皇帝从体恤民力的角度考虑，认为"当审度民力姑缓之"[3]。

成化八年三月，余子俊联合吏部右侍郎叶盛（1420～1474年）、总督王越（1423～1498年）在成化七年提议的基础上又一次提出筑造边墙的建议。兵部仍然不完全认可余子俊等人的建议，他们认为"惟修筑边墙，其令本地官军以渐整理，不许借役于民"[4]。

成化八年九月，余子俊又一次向朝廷申请建造长城。为了获得朝廷上下的支持，曾供职户部熟悉国家财政状况的余子俊，主要是从减少每年边备所需庞大的军费开支角度来阐述筑造边墙必要性的，因为按照成化八年的军费开支状况，每年延绥镇一年的军费开支需米豆费94.6万两白银，草料费60万两白银，粮草运费815.4万两白银，共计970万两白银。而明朝是古代历史上财政状况最差的朝代之一，国力强盛时期的嘉靖朝每年的财政收入是200多万两白银，其后的万历朝张居正时期每年的财政收入是400多万两白银，可想而知，明宪宗看到这份奏折时该当何想。

盖自古安边之策，攻战为难，防守为易。向者奏乞铲削边山一事，已尝得旨，令于事宁之后举行。窃计工役之劳，差减输运战斗之苦，欲于明年摘取陕西运粮军民五万，免徭给粮，倍加优恤；急乘春夏之交，虏马罢弱不能入寇之时，相度山界，铲削如墙，纵两月之间不能尽完，而通寇之路已为有限。彼既进不得利，必当北还。稍待军民息肩，兵食强富，则大举可图。其宁夏等边，又在守将军各陈方略。倘以所见未合，仍事战守，须预备刍粮，以防不给；如虏能悔过入贡，乞听辅等遣使招徕之[5]

面对这份报告，兵部仍以"铲削山势，恐虏已近边，难于兴作，宜令辅等勘议可否施行，如虏能效顺入贡，速具以闻"为由，认为不可施行，但明宪宗经过权衡利弊后，审时度势地决定立即筑造边

〔1〕 台湾研究院历史语言研究所校勘：《明实录·明宪宗实录》卷九〇，上海书店出版社，1982年影印本，第1745页。
〔2〕 台湾研究院历史语言研究所校勘：《明实录·明宪宗实录》卷九〇，上海书店出版社，1982年影印本，第1753页。
〔3〕 台湾研究院历史语言研究所校勘：《明实录·明宪宗实录》卷九三，上海书店出版社，1982年影印本，第1782页。
〔4〕 台湾研究院历史语言研究所校勘：《明实录·明宪宗实录》卷一〇二，上海书店出版社，1982年影印本，第1997页。
〔5〕 台湾研究院历史语言研究所校勘：《明实录·明宪宗实录》卷一〇八，上海书店出版社，1982年影印本，第2109～2110页。

墙，"修筑边墙，乃经久之策，可速令处治"。铲削山崖、筑造墙体的建议于是才得以批准而实施[1]。

虽然在明宪宗的直接支持下，余子俊得以在成化九年春天开始实施他的计划，但在实施过程中，却又是一波三折，在断断续续中总算完成了边墙的建设。三月开始，在五万民工的劳作下，至六月已完成东西两路铲山为墙的工作；但到了六月因为大旱，巡按陕西监察御史苏盛以"百姓困于供馈"为由，"乞暂止此役"，奏请朝廷停建进行中的铲削边墙工作，期望待秋成之后，"俟年丰无事然后量起人夫修理"[2]，工程被迫辍止。九月，平虏将军总兵官宁晋伯刘聚、参赞军务左都御史王越等建议恢复建墙的举措，并建议迁建新兴堡、永济堡、安边营等营堡的位置，使之更能利于战守和粮草供应，因兵部尚书白圭回乡休假，该建议获得兵部左侍郎李震和朝廷的同意[3]。与此同时，当年九月余子俊还把延绥镇的治所实施战略性的迁移——从绥德卫城迁往防御的前线榆林卫城。

成化十年（1474年）春，余子俊再次组织四万军队将士，在不到三个月的时间内，先后完成南北两道边墙的建设工程。

"奏修筑边墙之数，东自清水营紫城寨，西至宁夏花马池营界牌止。铲削山崖及筑垣掘堑。定边营旱地仍筑小墩，其余二三里之上，修筑对角敌台，崖寨接连巡警，险如墩台，及于崖寨空内适中险处筑墙三堵，横一斜二，如箕状，以为了空避箭及有警击贼之所；及三山、石涝池、把都河俱添筑一堡，凡事计能经久者始为之，役兵四万余人，不三月功成八九，而榆林、孤山、平夷、安边、新兴等营堡，尤为庄丽；又移镇靖堡出白塔涧口，绝快滩河之流，环镇靖堡之城，阻塞要害。其界石迤北直抵新修边墙内地，俱已履亩起科，令军民屯种，计田税六万石有余。凡修城堡一十二座，榆林城南一截旧有，北一截创修，安边营及建安、常乐、把都河、永济、新兴、石涝池、三山马跑泉八堡俱创置；响水、镇靖二堡俱移置。凡修边墙东西一千七百七十里一百二十三步，守护壕墙崖寨八百一十九座，守护壕墙小墩七十八座，边墩一十五座。"[4] 从这份成化十年（1474年）闰六月，余子俊向朝廷汇报延绥镇长城的修建过程和成果奏章中可以得到这样的结论，成化十年闰六月前，延绥镇的大边、二边长城均已完成。

当年十二月，做事谨慎的余子俊还请求朝廷派员来延绥视察新建的长城防御体系[5]。

2. 成化年间长城的规模

陕西省境内的明长城由南北两道防线组成，起自境内东北部的府谷县黄河西岸，向西南经过神木县、榆阳区、横山县、靖边县、吴起县以及定边县，和宁夏的明长城相接，大边位于二边之北，由连绵不断的墙体和墩台、营堡等构成。

余子俊修建的延绥镇长城全长1770里，全线由墙体、山水险、墩台和营堡崖寨等构成，初步形成有机的防御体系，成化以前顾此失彼的局面大为改观。全线建造了819座军寨、78座敌台、15座墩台；对原有营堡中的12座进行了整修，创建了新安边营，新修建了建安、常乐、把都河、永济、新兴、石涝池、三山跑马泉等8座城堡；并将响水、镇靖两座城堡进行了迁建。而《明史·余子俊传》的记载稍有出入，其中记载新建了11座营堡。

延绥镇大边长城自余子俊创建以后，其后继任的延绥镇军政长官虽说均有过多少不同、长短不一的修缮举措，但延绥镇长城的布局、走向，基本上维持着余子俊成化年间建筑时的态势。

〔1〕 台湾研究院历史语言研究所校勘：《明实录·明宪宗实录》卷一〇八，上海书店出版社，1982年影印本，第2110页。
〔2〕 台湾研究院历史语言研究所校勘：《明实录·明宪宗实录》卷一一七，上海书店出版社，1982年影印本，第2258页。
〔3〕 台湾研究院历史语言研究所校勘：《明实录·明宪宗实录》卷一二〇，上海书店出版社，1982年影印本，第2322～2325页。
〔4〕 台湾研究院历史语言研究所校勘：《明实录·明宪宗实录》卷一三〇，上海书店出版社，1982年影印本，第2467～2468页。
〔5〕 台湾研究院历史语言研究所校勘：《明实录·明宪宗实录》卷一三六，上海书店出版社，1982年影印本，第2547页。

余子俊所筑延绥边墙的长度，各种文献记载的数值差异颇大。《皇明九边考·榆林镇》为920余里，《九边考·镇戍通考》为1105里，《明史·兵志》为1200余里，《边政考·榆林图记》为1500里有奇，《明史·余子俊传》、《明通鉴》、《榆林府志·名宦志》等均为1770里余，《边政考·北虏经略·余子俊》及《延绥镇志》记载为2000里。

明长城沿线分布有30多座营堡，《延绥镇志·地理志》记载了相邻营堡之间的距离。其中靠近大边墙的城堡有29座，最东侧的黄甫川堡东距黄河20里，最西的盐场堡至宁夏界10里。这29座城堡的间距相加，总和是1080余里。据此可证，《皇明九边考·镇戍通考》所记大边墙总长1105里比较接近实际长度。

3. 关于大边长城的建造时间及建造者问题

历来人们对延绥镇铲削二边长城系余子俊督造的看法没有异议，但对大边长城建造的时间和建造者，数百年来人们对此却有不同的认识。

文献上没有关于大边长城创建年代以及组织者的明确记载，或者说文献记载的内容相互有所抵牾，正因为如此，便形成迄今关于大边长城的建造年代和建造组织者有两种观点的数百年疑案[1]，一是以《皇明九边考》和《明史》为代表，谓大边长城系明宪宗成化年间巡抚余子俊督造；一是以《读史方舆纪要》卷六一和《明世宗实录》卷一二七为代表，认为大边长城是明孝宗弘治年间巡抚文贵建造。

力主大边长城是弘治年间巡抚文贵所建的明代文献，仅见于文贵担任延绥巡抚（1503～1506年）30年之后的嘉靖十年王琼的奏章。

嘉靖十年（1531年）闰六月，总制陕西三边兵部尚书王琼上书中央，"计度榆林东中二路大边六百五十六里，当修者三百十里；二边六百五十七里，当修者二百四十八里。因言二边乃成化中余子俊所修，因山为险，屯田多在其外，大边弘治中文贵所修，防护屯田，中间率多平地筑墙，高厚不过一丈，可坏而入，今当先修大边，务得大边补塞，必使葺垒深险墙垣高厚，计用丁卒万八千人，乞发帑金十万，以今年计定，明年二月兴工。"[2]嘉靖十年九月，在答复王琼的奏章时，户部提出"延绥边墙在二边，犹因山为城易于战守，乃大边则沙漠平漫即城暂而守，然外无墩台之固，内无策应之兵势，不久长故。先朝余子俊修筑二边迄今尚在，而文贵所修大边则荡然无复存者。"[3]艾冲认为清代《读史方舆纪要》中的说法源于《明世宗实录》，"抚臣文贵以屯田多在边外，于是修筑大边，防护屯田，而以子俊所筑者为二边。"艾冲对这种说法进行过深入的研究，他否定了大边是文贵建造的说法[4]。同时，认为延绥镇大边长城是余子俊所建的观点得到历史文献的明确支持。无论是《明宪宗实录》卷九三、卷一〇一、卷一〇八、卷一二〇、卷一三〇、卷一三一，还是《明孝宗实录》卷二一六、卷二一七，《明武宗实录》卷二五，均表明大边长城属余子俊建造的确凿无误，我们据此得出大边长城是余子俊于成化九年冬季至成化十年闰六月之间建造的认识。

余子俊修建延绥镇长城的时间顺序是：

成化九年（1473年）三月至六月，完成东西两路的长城（二边），因大旱停工；

成化九年九月，余子俊等延绥将士对盘踞在红盐池一带的满都鲁等三部游牧巢穴进行了围剿，致使鞑靼诸部畜产荡尽，相顾痛苦而去，"寇以捣巢故远徙，不敢复居套。内地患稍息，子俊得一意兴役。"满都鲁等北遁后，延绥地方得到一段和平时期的机遇。九月，平奴将军总兵官刘聚、左都御史王

〔1〕艾冲：《明代陕西四镇长城》，陕西师范大学出版社，1990年，第22页。

〔2〕台湾研究院历史语言研究所校勘：《明实录·明世宗实录》卷一二七，上海书店出版社，1982年影印本，第3028～3029页。

〔3〕台湾研究院历史语言研究所校勘：《明实录·明世宗实录》卷一三〇，上海书店出版社，1982年影印本，第3095页。

〔4〕艾冲：《明代陕西四镇长城》，陕西师范大学出版社，1990年，第22～27页。

越等建议恢复建墙的建议，获得兵部同意，同月余子俊迁镇城到榆林；

成化十年（1474 年）春，余子俊组织四万将士修建长城（大边），不到三个月的时间完成任务；

成化十年闰六月，余子俊向朝廷报告工程完成。

从成化十年闰六月余子俊给朝廷的奏章看，此时延绥镇已经完成了长城和移建或新建营堡的任务。他所报告"铲削山崖及筑垣掘堑"实际上包括了今天我们看到的以铲削形成的二边长城和由墙体和自然险构成的大边长城。从余子俊组织的施工周期看，其时间段只有成化九年的三月到六月和成化十年春天不到三个月的时间，前后共两次。这或许可以说明，成化九年余留的中路铲削二边长城和大边长城是在成化十年春天不到三个月的时间内完成建造的，而大边长城之所以在较短的时间段内得以完成，或许是因为大边长城是在隋长城的基础上修建的，虽然我们还不能准确地说明大边长城和隋长城之间详尽的修葺关系，但在此次调查过程中，我们分明在靖边县、横山县和榆阳区的部分明大边长城上看到早期长城的影子[1]。

得出大边长城也属余子俊督建的观点，主要来自于《明宪宗实录》卷一三〇所载余子俊的奏章中的一句话，即"其界石，迤北直抵新修边墙内，地俱已履亩起科，令军民屯种，计田税六万石有余。"这里的新修边墙即指二边之北的大边，因为二边所在的界石一线在南，大边在北，界石以南属于原耕作者继续耕种的土地，只有界石以北到新修的边墙之间属新开发的土地，也只有新开发出来的土地才能"令军民屯种"，从而每年能新收六万石有余的田税。这样的话，新修的边墙无疑就是大边长城了。

弘治年间的巡抚文贵没有参与大边长城的修建，还有一直接的文献记载可以证明，《明孝宗实录》卷二一六中，弘治十七年（1504 年）九月文贵本人呈交朝廷的奏章，以及一年后的弘治十八年十二月，文贵本人向明廷汇报改建延绥墩台的报告，根本未提及筑长城之事。据《明武宗实录》卷二五，正德二年（1507 年）四月，陕西巡按邢缵请求明朝皇帝嘉奖文贵等人在延绥"更置砖墩"之功，只字未提建造"大边"长城之事，因为是时"大边"长城早已存在。但是至明武宗正德五年（1510 年）刘瑾垮台后，和刘瑾关系密切的文贵被御史弹劾，"假修墩台，盗国财凡数十万，而太半输之权门。"后因明武宗皇帝的关照，以"已致士，免究。"[2] 这就充分说明文贵仅对长城沿线的一些墩台进行了改建，并未对大边进行过创建。

延绥镇大边和二边是一个有机的整体，是前后修建的，始于成化九年，成于成化十年。

（三）正德、嘉靖年间的丰富完善阶段

余子俊在成化年建造的相对完善的长城体系，在相当的一段时间内发挥了有效的防御作用。

明孝宗弘治年间担任延绥巡抚的文贵，他于弘治十六年（1503 年）至正德元年（1506 年）在任，期间曾经对长城沿线一些有重要据点作用的墩台共 147 座进行了改造，为坚固起见，墩台外侧包砖。弘治十七年（1504 年）九月，"巡抚延绥都御史文贵上边墩样式，谓旧墩易于颓坏，因以意造砖墩，四面作窗，可以放箭而房不能近。上从其议，命如式建造，务俾坚久。"[3] 一年后，他向朝廷报告，完成了榆林城等处新式墩台的建造，这些新式墩台"易以砖木，中空外竖，多留箭窗铳眼"，"修过榆林城等处新式墩台凡百四十七座，先是各边墩台，多前代之旧，土脉深厚且坚实，砖石不如。"[4] 稍后的正德二年（1507 年），陕西巡抚邢缵因此建议朝廷嘉奖文贵等人，朝廷采纳后奖赏文贵"银二十

〔1〕　艾冲：《余子俊督造延绥边墙的几个问题》，《陕西师范大学学报》（哲学社会科学版）1986 年 1 期。
〔2〕　台湾研究院历史语言研究所校勘：《明实录·明武宗实录》卷六七，上海书店出版社，1982 年影印本，第 1484～1485 页。
〔3〕　台湾研究院历史语言研究所校勘：《明实录·明孝宗实录》卷二一六，上海书店出版社，1982 年影印本，第 4063 页。
〔4〕　京都大学文学部编纂：《明代满蒙史料·明实录抄·蒙古篇5》卷八，满蒙史料刊行会发行，1958 年，第 197 页。

两，文绮两袭"[1]。

弘治之后的正德、嘉靖年间，由于通往固原一带的通道成为明军防御的重点地段，也由于延绥一带长城地处沙漠边缘致使工程构造本身存在问题，先后有三边总制杨一清、王廷相、王琼、唐龙、刘天河等对延绥镇长城进行了修缮和改建，也由此导致西段长城布局随之变化，定边营附近变化尤多。但是，虽然前线将领频频发起修缮长城的动议，却由于朝政腐败，国力疲敝，使得长城的修缮、改造工程进展缓慢，数十年间长城的修缮处于断断续续当中，个别地段的工程一再返工，而计划中的中段、东段长城则没有得到修缮。

正德二年（1507年）三边总制杨一清主持修缮宁夏河东至定边营之间的长城，计划东起石涝池堡，西至宁夏横城（今宁夏灵武县北），长约300里。工程首先从横城铺开，仅修建了40里，由于太监刘瑾作梗，杨一清被迫称病辞职，工程遭遇搁置。嘉靖初年，杨一清进入内阁，又极力主张续建，王廷相受命，再度修建，但"亦皆低薄草率"。

嘉靖十年（1531年）总制王琼改变计划，采取"沿营划堑"规划方案，计划从西北自宁夏清水营向东南经兴武营、花马池到定边营之间，南端至定边营南马跑泉，修建了总长度为44里墙壕并举的长城工程，工程自嘉靖十年春三月开始，秋七月告成，在四个月的时间内修建了44里的长城，"凡城东南抵大山口二十一里一百三十五丈，西北抵境上二十二里一百四丈五尺。凡墙高二丈、底厚如之，顶一丈三尺。墙外三丈为堑，深一丈六尺，口阔二丈，底阔一丈五尺。凡堑深二丈，口阔如之，底阔一丈八尺。堑内堤高一丈，底厚三丈，顶一丈五尺。每里周庐敌台各一。"[2]

唐龙接任总制后，为阻挡蒙古部落入犯甘肃环州、庆阳等地，计划修建自定边营向南、将新旧长城连接起来的工程，"自干沟定南八墩至石涝池堡宁朔墩一十七里无墙处，筑高厚新墙，以杜干沟深入之路……又于宁朔墩至永济堡地名昌平墩九十余里，俱依旧墙，帮筑高厚，以卫旧安边孤悬之势，则新安边、永济、石涝池、新兴、三山等营堡，俱有保障，环庆等处亦免惊虞。"[3] 该计划得到朝廷的认可，不久唐龙调离陕西，在后任刘天和的实施下，于嘉靖十五年（1536年）完成了自干沟南八墩至宁朔墩之间的17里长城；自宁朔墩向东至吴起县境的永济堡昌平墩之间工程也同时完成，该段长城实施的是铲削干沟以及在干涧中掘堑筑堤工程，工程掘堑45里，夯筑堤墙和垛墙75里，建筑土墩、月城15座，铲削后的30里干沟西岸，"陡峻深曲"，壁立如城，在沟岸上夯筑高五尺的垛墙，安置弗朗机等火器；在45里干涧中"挑挖壕堑一道，口阔二丈，底阔八尺，深二丈；内筑堤高一丈，堤上亦筑垛墙五尺，配置弗朗机火器；干涧西侧余子俊之铲削旧边，因日久颓废，也重新铲削；在干沟、干涧墙壕的西侧，每五里筑打高固土墩一座，俱宽大月城，勾五百兵马栖止。"[4]

与此同时，自宁朔墩向东至吴起县境的永济堡（今周湾乡内）昌平墩90里之间，将已有的二边长城重新修缮，"俱依旧墙，帮筑高厚"。

嘉靖二十五年（1546年）之后，延绥镇长城再没有大的修缮行动，虽然总督曾铣曾经雄心勃勃，计划收复河套和分时分段修缮延绥镇长城，此时大边长城"东自黄甫川起，西至定边营止，延袤一千五百余里，岁久倾颓，余址间存，不异平地"[5] 建议在三年时间内将定边营到龙州堡、龙州堡到双

〔1〕 台湾研究院历史语言研究所校勘：《明实录·明武宗实录》卷二五，上海书店出版社，1982年影印本，第0668页。
〔2〕 榆林地区地方志指导小组：《榆林地区志·定边营墙堑碑记》，陕西地方志丛书，西北大学出版社，1994年，第402页。
〔3〕 《明经世文编》卷一八九《唐鱼石集》，中华书局，1962年，第1951页。
〔4〕 《明经世文编》卷一五七《刘庄襄公奏疏》、卷一〇四《梁端肃公奏议三》，中华书局，1962年，第1572～1580页、第935页；台湾历史语言研究所校勘：《明实录·明世宗实录》卷一八三、卷一九〇，上海书店出版社，1982年影印本，第3888页、第4007～4010页。
〔5〕 台湾研究院历史语言研究所校勘：《明实录·明世宗实录》卷三一八，上海书店出版社，1982年影印本，第5924～5925页。

山堡和双山堡到皇甫川的西中东三段分年修缮，这一规划初期也受到嘉靖皇帝的首肯，但后来在嘉靖皇帝和严嵩的极力反对下，不仅边墙没有得到修缮，曾铣本人更是被逮捕处死[1]。

嘉靖二十七年至三十三年（1548～1554 年），后继总督王以旂虽然在一定程度上实施了前任的计划，但由于没有获得朝廷的有效支持，仅修缮了西段长城自定边营瓦渣梁墩向东 30 里的一段长城。但王以旂"在镇六年，修延绥城堡四千五百所。"[2]

自嘉靖三十四年（1555 年）五月开始，总督贾应春重新致力于长城的修建，至嘉靖四十年（1561 年）六月开始，前后断断续续五六年，才将修缮的长城延伸到位于靖边县城南 15 里的镇靖乡白塔涧口镇靖堡，此后边境形势恶化，修建工程被迫辍工，直到隆庆元年（1567 年），西段长城尚有"四十余里"没有完成修建[3]。前后历时 20 余年，到隆庆年间，经前后数任总督的努力，才完成了从定边营到位于今靖边县镇靖堡东 20 公里的龙州乡龙州村龙州堡之间的西段长城修缮工程。而中东两路长城的修缮始终没有进行[4]。

（四）隆庆、万历年间的修缮阶段

隆庆、万历期间的 50 余年是延绥镇长城修缮的一个高潮时期，自建成后一直没有得到修缮的中路、东路大边长城，此时在王遴、张守中的主持下得到整修，长城面貌为之改观。万历后期长城沿线的营堡在巡抚涂宗浚的主持下，均得到加固处理。

中路大边长城的整修是从榆溪河西岸开始的。隆庆元年（1567 年），巡抚王遴修筑了榆溪河西岸中河至保宁堡的一段长城，保宁堡是延绥镇三十六座营堡中设立最晚的一座，位于榆林西南 30 余里的古梁城，嘉靖四十四年（1565 年）创设。隆庆四年（1570 年）五月，总督陕西三边侍郎王崇古"请修复延绥、定边、宁夏、横城等处大边……兵部覆议从之。"[5] 之后，由巡抚郜光先督造了红石峡以西至长乐堡 30 余里的长城工程；接着，东北起自保宁堡，西南抵波罗堡大川口（无定河北岸）间 50 余里大边长城得到重建。隆庆六年（1572 年）六月，朝廷批复同意了三月郜光先修筑东中路大边长城的申请，要求"陕西三边及时修筑边墙、城堡、墩台，务期坚固垂久，不旷时靡费。"[6]

隆庆四年至六年（1570～1572 年），东路长城从建安堡至皇甫川数百公里的长城，在神木兵备道副使张守中的经营下全部修缮完成，张守中因此被擢升为延绥巡抚。

万历元年至二年（1573～1574 年）底，张守中完成延绥镇城的加固工程后，又开始全力整修西接镇靖堡东抵建安堡的中路 300 余里的大边长城[7]。此段长城所经区域河溪众多，地面砂砾掺杂，黄土缺少，施工难度较大，张守中亲临现场，经过周密规划，"凡石砌大河口二，土筑大河口四，石券水洞暗门八十有三，水口四十有五，水眼五十有一，水道四百三十有二"，此次施工解决了城墙跨河的难题，因为排水问题导致毁墙的现象得到控制。然后又开始全镇大边及附属设施的全面整治，因边为墩，因墩置院，因地筑寨，补修改移，重新配置，"修墩墉一百有四，墩院四百八十有四，寨城五十有九"[8] 约三万军丁承担了这项艰巨的工程，这是明长城建造过程中的又一个高峰，大边经过张守

〔1〕（清）张廷玉等：《明史·曾铣传》卷二四〇，中华书局，1974 年，第 5387～5388 页。
〔2〕（清）张廷玉等：《明史·王以旂列传》卷一九九，中华书局，1974 年，第 5267 页。
〔3〕台湾研究院历史语言研究所校勘：《明实录·明穆宗实录》卷四，上海书店出版社，1982 年影印本，第 119 页。
〔4〕（明）张四维：《延绥镇修边记》。
〔5〕台湾研究院历史语言研究所校勘：《明实录·明穆宗实录》卷四五，上海书店出版社，1982 年影印本，第 1138 页。
〔6〕台湾研究院历史语言研究所校勘：《明实录·明神宗实录》卷二，上海书店出版社，1982 年影印本，第 31 页。
〔7〕台湾研究院历史语言研究所校勘：《明实录·明神宗实录》卷一六，上海书店出版社，1982 年影印本，第 472～473 页。
〔8〕（明）张四维：《延绥镇修边记》。

中的重建，形成楼橹相望、雉堞相连、屹然雄峙的局面。

张守中经营延绥期间，不仅着力修建完善长城军防工程，还在管理上建立制度加强防守，万历元年八月，"安插墩军，仿先抚臣余子俊每墩置墩院，令墩军随带妻小，不但守边，兼亦自防其家，杜脱逃旷离之弊。"[1]

万历年间直到明末，延绥镇长城再没有大规模的修建，仅有巡抚涂宗浚清除长城积沙和砖包城堡工程的实施。至万历三十六年（1608 年），完成了包括双山堡在内的中路各城堡用砖石包砌外壁的工程。又次第完成东路、西路的城堡包砌砖石工程[2]。至此三十多营堡焕然一新。

涂宗俊在延绥期间还主持扩建了镇城附近的款贡城和款塞台（后改为镇北台）。红山市口为隆庆五年（1571 年）创建，是蒙汉民族易货贸易的场所，原有的城墙低薄，墩台低矮，既不便于管理市场，又不利于安全，在此情况下，涂宗浚用一年零四个月对其改造，新修建的款贡城"宽大坚固，堂构周匝"，城垣用砖包砌。款塞台"高明壮丽，河山在望"，台身高达七丈，据说登台瞭望，"可及虏地百里之外"，成为今天陕西省长城的标志性建筑。

明朝末期，长城因风雨剥蚀，土沙掩埋，已失去应有的屏障防御作用，当地军民沿长城内外，挑壕挖堑各一道，深丈余，阔一丈八尺，又在长城外边口挖品字坑若干。

四　延绥镇的军事管理

明代全国共设 15 个省，陕西省辖今陕西省及宁夏回族自治区、甘肃省的大部和青海省的东部。明朝中期政府在北部边境相继建立辽东、蓟镇、宣府、大同、山西、延绥、宁夏、甘肃、固原 9 个军事总镇，后来又增加昌平和真保二镇，最后增加山海、临洮二镇总为 13 镇。其中明陕西境内长城沿线上就设立了五座军镇，包括延绥镇（陕西榆林）、宁夏镇、甘肃镇、固原镇（跨连宁夏、甘肃），以及后置的临洮镇。五镇长城东起今陕西省府谷县的黄河之滨，西止甘肃省嘉峪关，蜿蜒 4500 多公里，由此构成明长城防线的西北段。

延绥镇是陕西五镇中设立较早的一个军镇。明初，沿阴山、黄河一线的北边军防地带属山西行都司所属的东胜诸卫管辖，而延安卫、绥德卫一线为内地，属陕西镇守的辖地。这种状况历经永乐、洪熙、宣德诸朝不变，直到明英宗正统年间才开始发生变化。从《明史》中正统年间右副都御史陈镒、右都御史王文受命巡查延绥军务看，此时延绥已经升格为九边重镇之一[3]。这是因为，由于此前东胜诸卫内迁，致使阴山以北的个别游牧部落越过阴山、黄河进入河套，对关中等地的安全造成巨大的隐患。面对发生变化的局势，迫切地需要强化延安卫、绥德卫地区的军事防御力量和组织系统，在此形势下，明英宗正统二年（1437 年），延、绥二卫独立成为军事镇守区域[4]。

现今的陕西省明长城即为明代的延绥镇长城。

（一）延绥镇的设置

陕西五镇并不是同时设立的，虽然《明史·兵志三》载："元人北归，屡谋兴复。永乐迁都北平，

〔1〕 台湾研究院历史语言研究所校勘：《明实录·明神宗实录》卷一六，上海书店出版社，1982 年影印本，第 0472 页。
〔2〕 （清）谭吉璁撰，刘汉腾、纪玉莲校注：（康熙十二年）《延绥镇志》卷一《地理志》，三秦出版社，2006 年，第 28 页。
〔3〕 《皇明大政纂要》卷二一。（清）张廷玉等：《明史》卷一五九《陈镒传》、卷一六八《王文传》，中华书局，1974 年，第 4332、4516 页。
〔4〕 艾冲：《明代陕西四镇长城》，陕西师范大学出版社，1990 年，第 4 页。

三面近塞。正统以后，敌患日多。故终明之世，边防甚重。东起鸭绿，西抵嘉峪，绵亘万里，分地守御。初设辽东、宣府、大同、延绥四镇，继设宁夏、甘肃、蓟州三镇，而太原总兵治偏头，三边制府驻固原，亦称二镇，是为九边。"似乎延绥设镇最早，但据艾冲的研究，上述文献有错讹之处，以陕西五镇而言，其设立时间依次为宁夏、甘肃、延绥、固原、临洮。

明洪武二年（1369 年），明军攻陷延安路后，将之改为延安府，辖三州十六县，后又增设延安卫、绥德卫，延绥之名即源于此。洪武末年（1398 年），甘肃、宁夏已经各成一镇，但延绥一带仍属内地。这种现象历永乐、洪熙、宣德诸朝不变，一直到正统初年才有改变。

（二）延绥镇沿革

明初，沿阴山、黄河一线的北边军防属大同镇所属的东胜诸卫管辖，大同镇东胜卫控制了库布齐沙漠东侧沿河的通道，宁夏镇则控制了毛乌素沙漠西侧沿河的通道，其间是河套无人区，由漫漫黄沙形成的天然屏障。由于空置河套政策的影响，蒙古诸部不断地进入河套，使得东胜成为一座孤城，无法有效地扼控蒙古骑兵南下，遂失去了边防重镇的作用。正统年间遂将东胜诸卫裁撤，此举使得游牧部落得以更加无障碍地南下黄河进入河套，对内地正常的秩序造成严重的冲击，而延绥一带正处于游牧部落南下关中的要冲，其防御的重要性于是开始受到朝廷的重视。

正统初年，鞑靼火筛部占据河套。正是在这种情况下，迫切地需要强化河套南侧延安卫、绥德卫一线军事防御力量和组织机构。明英宗正统二年（1437 年），延、绥二卫从陕西脱离出来独立成镇就成为一种军事管理的必然选择[1]。其设置的时间可能在正统二年[2]，延绥镇署都督府驻绥德，由朝廷派遣都指挥同知、监察御史各一名掌管延绥军政，不久改为由陕西按察副使代之；设镇守总兵一员[3]，是本防区最高军事长官，驻镇城，统辖全镇军马，下辖延安、绥德、东胜、庆阳 4 卫；当时延绥镇沿长城一线共建有 18 座堡寨，并在榆林寨设千户所。正统三年（1438 年）又改为由陕西右副都御史兼掌延绥军政。天顺初年（1457 年）鞑靼孛来率军屡屡侵扰延绥，于是将延绥镇都察院所设的右金都御史参赞军务官职改为巡抚，由朝廷派遣巡抚延绥镇右副都御史一员执掌全镇军政。

成化七年（1471 年）榆林置卫后，延绥镇巡抚统辖延安、绥德、榆林三卫和延安府军政。成化九年（1473 年）巡抚余子俊将延绥镇治所向北迁往边境前线的榆林卫城，因而延绥镇又称榆林镇。此后，终明一代未变。

（三）延绥镇的组织机构

延绥镇的军事机构也是随着变化了的形势而逐步完善的。

按照明代兵制，延绥镇归兵部统辖，全镇分为东、中、西三路，路下管辖若干营堡，营堡管辖一定数量的墩台和相应长度的边墙防御，每墩台驻守一定数量的士兵。

镇设总兵，驻镇城，延绥镇镇城初设在绥德卫，成化九年（1473 年），移治榆林卫，总兵统辖全镇兵马；副职是协守副总兵，统领官兵 3000 名，负责协助主将策应本镇各路与驰援邻镇的防御。明代后期，巡抚职权进一步扩大，拥有指挥标兵、部署防务、惩处将领诸权，而总兵职权渐受制

---

〔1〕　艾冲：《明代陕西四镇长城》，陕西师范大学出版社，1990 年，第 4 页。

〔2〕　《皇朝大政纂要》卷二一。（清）张廷玉等：《明史》卷一五九《陈镒传》、卷一六八《王文传》，中华书局，1974 年，第 4332、4516 页。

〔3〕　（清）张廷玉等：《明史·杨信传》卷一七三，中华书局，1974 年，第 4612 页。

约，成为巡抚的附庸。

军镇之下又分为若干路，路是次一级的防御单位，设参将一员，开府于某重要城堡，统领本城堡及所属堡寨戍军，负责本地段的战守事宜。延绥镇防区自东向西分为三路，即东路、中路和西路，每路各设参将一名。东路负责皇甫川堡至建安堡段防务，参将驻神木营城（今神木县）；中路负责双山堡至清平堡段防务，参将驻保宁堡（今榆林县芹河乡境内）；西路负责龙州堡至饶阳水堡段防务，参将驻安边营城（今定边县新安乡驻地）。另外，还设游击将军驻孤山堡。隆庆、万历时期曾在定边营城添设协守延绥定边等处地方副总兵。

路下的防御单位是城堡，数量不一，每座城堡设操守一人，统领本城堡和所属长城、墩台堡寨戍军，各墩墩军并各带妻子，常驻一墩，随军屯垦[1]。

堡寨或崖寨、墩台是各镇的基层防御单位，堡寨听从操守指挥，每堡寨设把总或操守一人，负责堡寨附近若干里长城及墩台的瞭望守卫；每墩台部署墩军5名（男性），负责瞭守事宜。

此外还设游击将军数员，统领游兵三千。

延绥镇的行政事务机构组织基本和军事组织并行。

与军镇总兵相对应，镇设有巡抚（巡抚延绥都察院），掌军政（设巡抚都御史一名），巡抚都御史衙门（抚院）与总兵府并列，巡抚职权较大，除赞理或提督本镇武备，与总兵商处战守军务事宜外，巡抚在行政方面还掌管屯田、粮饷、行政、监察、弹劾和升黜等事务。开始阶段巡抚是为协助总兵而设的，并兼地方政务，主管行政、人事、监察、后勤保障和营造长城等事务，并与总兵一起商处战守军务，后来巡抚的地位得到上升，慢慢发展到开始节制总兵，成为总揽一镇军政事务的长官。

与路相对应的建制是道，与军事长官参将相对应的设兵备道，相应东、中、西三路设立三道，弘治十八年（1505年）将延绥镇下属的东、西、中三路，分别改为神木道、靖边道、榆林道，各设兵备道一员，除掌管沿线营堡外还兼有署理地方政务的职责[2]，其行政级别大体和路平行。此外延绥镇还设按察副使一名，掌额饷；中路按察司，设按察佥使，掌粮运屯田水利；东路、西路各设通判一员，掌粮运屯田等；另设火器火药制造局，设局造大使、副使各一员；还有榆林卫儒学、经历司等。

营堡设坐堡官，进行日常管理事宜。

另外，明代还有委派太监任镇守内臣的制度，这一制度自永乐初年（1403年）开始，朝廷向北方诸镇派驻太监，用以牵制各镇武将，其后随着时事的变化，直到嘉靖十八年（1539年）才废除这一制度。

到明代后期，由于战事不断升级，为了统一调度，在军镇之上设立总制，后改称总督，统辖相邻几个军镇的军事。北部沿边共设立蓟辽总督、宣大总督和三边总督等，延绥镇与宁夏镇、甘肃镇、固原镇及后来设立的临洮镇归三边总督节制，总督驻固原。

具体设置情况见延绥镇路、营堡及长城、墩台一览表。

（四）延绥镇的兵力来源

延绥镇的守军由三部分构成，即主兵、客兵和土兵。

《延绥镇志》载营堡（座）、墩台（座）、边垣（里/步）统计表

镇	路/道	营　堡	墩台数量	边垣长度	所属县域
延绥镇	东路	黄甫川堡	28	30 里 210 步	府谷县
		清水营	32	32 里 200 步	
		木瓜园堡	32	33 里 154 步	
		孤山堡	50	37 里 250 步	
		镇羌堡	29	45 里 119 步	
		永兴堡	39	62 里 86 步	神木县
		神木堡	60	75 里 86 步	
		大柏油堡	17	27 里 330 步	
		柏林堡	26	43 里 16 步	
		高家堡	44	42 里 238 步	
	中路	建安堡	23	20 里 81 步	榆阳区
		双山堡	40	30 里 45 步	
		常乐堡	37	18 里 176 步	
		延绥镇城	74	31 里 358 步	
		归德堡	腹里		
		鱼河堡	腹里		
		镇川堡	腹里		
		保宁堡	36	20 里	
		响水堡	22	19 里 276 步	横山县
		波罗堡	35	35 里 47 步	
		怀远堡	27	43 里 37 步	
		武威堡	26	34 里 321 步	
		清平堡	31	31 里 269 步	
	西路	龙州堡	25	34 里	靖边县
		镇靖堡	43	47 里	
		镇罗堡	10	30 里	
		靖边营堡	32	45 里	
		宁塞堡	54	54 里 280 步	吴起县
		把都河堡			
		柳树涧堡	48	33 里 236 步	定边县
		新安边营	17	12 里	
		旧安边营	51	33 里 23 步	
		新兴堡	11	7 里	
		砖井堡	22	17 里	
		石涝池堡	14	9 里 274 步	
		三山堡	8	5 里	
		定边营	77	54 里	
		盐场堡			
		饶阳水堡			
计	3	39	1120	1112 里 152 步	7

主兵是地方职业军，指当地卫所的士兵、各营堡墩台的守军（带有眷属定居的军户），他们担负着常年的守边任务，其中有一部分属军户子孙世袭，多为战俘或罪囚，这些军士社会地位极低，所从事的任务也最繁重。

客兵是内地各省轮流戍边的轮班客军，是内地各省的卫所，每年依照规定选派一定数量的兵员赴长城防守，期满轮替。

土兵就是民兵，是由长城沿线及附近州县民户组成的土军，采取耕战结合的方式，农闲季节参加军事训练，战时充兵。

在军队管理方面，本镇各级军事长官负责各自职责范围内所有军队的管辖；行政上各兵丁分别隶属于各自所在卫所，其粮饷给养也由所属卫所承担，具有双重管理的性质。

明代后期，出现了一种南兵北戍的现象，即从南方征调兵士到北方进行戍守，这样的现象在延绥镇同样存在，其中有常州府（今江苏省常州市）来的兵丁作为主兵常驻此地戍守[1]，但数量不详。

（五）延绥镇守军数量

由于资料的关系，我们无法掌握明代延绥镇在不同时期完整的驻军数量，从零星的资料看，总体上随着边防局势的恶化，驻军人数愈来愈多。

成化二年（1466 年），据兵部尚书王复言，延绥军队人数为 32000 多名[2]。

成化六年（1470 年）五月，据参赞军务右副都御史王越的奏条，延绥驻兵为 47800 名，包括常驻军和增调的客兵[3]。

营堡兴筑年代、指挥官及驻兵人数一览表

兴筑年代	驻屯地	指挥官	军兵数（名）
正统二年（1437 年）	安边营	左副总兵刘玉、参将钱亮	兵 5500
正统四年（1439 年）	高家堡	右副总兵刘聚	兵 3500
成化五年（1469 年）	龙州城	宣府游击将军许宁	兵 4000
天顺年间（1457～1464 年）	怀远堡	署右都督白玉	兵 2500
成化二年（1466 年）	清平堡	都指挥李浪	兵 1000
正统二年（1437 年）	定边营	参将周海	兵 2500
成化二年（1466 年）	镇羌堡	右参将神勇都指挥王宣、指挥李勇	兵 1500
成化二年（1466 年）	平夷堡	指挥陈云	神机、本堡兵 1300
正统二年（1437 年）	双山堡	都指挥康永	兵 1000
成化五年（1469 年） 成化五年（1469 年） 成化二年（1466 年） 成化十一年（1475 年）	威武、镇靖、清平、宁塞诸堡	副总兵林盛	宁夏兵 5000

---

〔1〕　于春雷：《陕西榆林明长城新发现"阳圪墩石碑"考》，《文博》2008 年第 3 期。
〔2〕　台湾研究院历史语言研究所校勘：《明实录·明宪宗实录》卷三〇，上海书店出版社，1982 年影印本，第 586 页。
〔3〕　台湾研究院历史语言研究所校勘：《明实录·明宪宗实录》卷七九，上海书店出版社，1982 年影印本，第 1553～1554 页。

续表

兴筑年代	驻屯地	指挥官	军兵数（名）
正统十年（1445 年） 正统二年（1437 年） 成化十一年（1475 年）	波罗、安边、靖边诸营堡	参将白金	甘、凉、庄浪兵 4000
正统二年（1437 年） 成化九年（1473 年） 成化三年（1467 年）	孤山、柏林、清水营堡	属都指挥王玺	代州、偏头官兵 2000
正统二年（1437 年）	榆林城	参赞军务王越、抚宁侯朱永	兵 12000 有奇

到成化八年（1472 年）兵力上升为"边兵共八万之上，马亦七万五千余匹"[1]。

嘉靖二十年（1541 年），延绥镇总兵力 44984 名，其中总兵官统正兵 11413 万，协守副总兵及东西路游击将军各统奇兵、游兵 3000 名，共 9000 名驻镇城；东路参将部（神木营）1780 名，所辖 8 城堡 4972 名；西路参将部（新安边营）1193 名，所辖 12 城堡 7738 名；中路 11 城堡 7956 名。军士来源，正兵有延安、绥德、榆林、庆阳 4 卫 35102 人，西安、潼关、守山、南阳等 7 卫及颖上千户所派出的客兵 9882 名。

嘉靖二十一年（1542 年），驻守延绥镇的军官数量为，总兵、副总兵各 1 员，参将、游击各 2 员，东路、西路各 1 员，都指挥 6 员，指挥 57 员，千户 92 员，百户 165 员[2]。

嘉靖二十六年（1547 年），守军达 49220 名[3]。

"按《明会典》，延绥居天下九边之一，地方蒙套防御要冲，当时编制官兵 55379 名，马骆驼 33150 匹，沿边各营堡为守瞭军，马兵步兵等名目。"[4]

至隆庆三年（1569 年），延绥镇实际兵力达 51611 名，后又增至 80169 名[5]。至崇祯中，延绥兵力降至 45140 名。

（六）延绥镇长城的墩台管理

明代沿边各地均以烽火传递边关警讯，各地有大致相近的传递规则，烽火台的构造和布局也较之前代更加严密，管理也更加规范，永乐时就开始关注烽火台的建设问题，"各处烟墩，务要增筑高厚。于烟墩上收储五个月粮食、柴薪，并置药弩于上，就于烟墩旁边开井，井外围墙与烟墩平齐，使外面望之，只是一个烟墩，不知其中有井。务要坚厚，勿致坍塌。"[6] 嘉靖二十四年（1545 年），巡按黄洪毗上疏提议："各路建设墩台连属内地，使东西毕达。有军处，每墩拨军五名住居，其下架炮传烽，无军处佥居民五名，免其差役，有警时给以口粮，一体传报。其墩须高广其制，上盖平房二间，周以女墙，置以军器、炮药"，顾炎武在《昌平山水记》记载："每一二里铃柝相闻为一墩，每墩军五人主

〔1〕 台湾研究院历史语言研究所校勘：《明实录·明宪宗实录》卷一〇八，上海书店出版社，1982 年影印本，第 2109 页。
〔2〕 陕西省地方志办公室：《陕西通志·政事职官》，三秦出版社，2006 年，第 1951 页。
〔3〕 （明）魏焕：《皇明九边考·榆林镇》卷七，《中国西北文献丛书》第 79 册，兰州古籍书店，1990 年。
〔4〕 曹颖佥：《延绥揽胜》，史学书局，1945 年，第 93～100 页。
〔5〕 艾冲：《明代陕西四镇长城》引《明督抚年表》卷三《陕西三边·延绥》和《天府广记》卷一八，陕西师范大学出版社，1990 年，第 55 页。
〔6〕 （清）谭吉璁撰，刘汉腾、纪玉莲校注：《延绥镇志》之《兵志·烽火》，三秦出版社，2006 年，第 85 页。

望，每路传烽官一人，有警举烽，左右分传，数百里皆见"，[1] 经过长期的实践，沿边传烽遂形成一套相对一致的规则。

这次调查时在府谷县木瓜乡阳洼村发现一块万历四年（1576年）的碑刻，碑文显示对墩台的管理如下：

本守二十墩西去永宁二十一墩一里零三十七步

计开常州守瞭墩军五名一名刘奉妻□氏一名赵□□妻所□一名李生妻郭氏一名杨文斌妻仝氏一名王宗妻蒋氏

器物黄旗一面锅五口瓮八口梆二个盔五顶甲五付弓箭三付刀三把□□十根生铁□尾炮一位百胜钅召三□三眼炮一杆小铁炮一个铅子四十个火草一个火线五十条

该碑和前些年在甘肃省高台县境内发现的"深沟儿墩"碑刻文字内容几乎一致，表明陕西四镇的烽火台管理可能采取了大致相同的制度，深沟儿碑文为嘉靖十年（1531年），碑文如下：

墩军五名□：丁□妻王氏，丁海妻刘氏，李良妻陶氏，刘通妻董氏，马名妻石氏。火器：钩头炮一个，线枪一杆，火药火线全。器械：军每人弓一张，刀一把，箭三十支，军旗一面，梆铃一副，软梯一架，柴堆五座，烟皂五座，擂石二十堆。家具：锅五口，缸五只，碗十个，筋十双，鸡犬狼粪全。嘉靖十年十月二十一日立[2]。

明代对于长城沿线墩台（包括敌台、马面、烽火台）管理的各种条例、政令例由道（路）长官及兵备道下发，而不是操守与坐堡官。而日常的管理直接由所属营堡操守和坐堡官负责，墩军不得擅离职守，有事须向所属营堡操守和坐堡官禀明，所有公家器物都有等级，不得遗失，否则军法重治。"敢有下墩回家及虽近墩而不在墩者，无贼至，捆打一百，割两耳；有警，军法示众，该管官捆打、穿耳、连坐"[3]。彼此的墩台之间视能有效和快捷地传递情报为原则设置，"每二里筑立墩台一座，每座四面，根脚各阔三丈，高三丈，对角做悬楼二座，长阔各六尺"[4]，"大约相去一二里梆鼓相闻为一墩，每墩设军五名"[5]，"每二里余筑打墩台一座"[6]。

墩军是带着妻子共同戍守，目的就是减少士兵逃亡现象，墩军部分生活用具由官家供给。墩军的具体职责就是瞭守、修补所在军事工事和屯田。

沿大边墩台的分布大体就是间隔半里至1里，视地形险易而定；边墙至营堡之间联系的烽火台多是间隔2里，并且与营堡的距离都是奇数里，并以此命名，如三里墩、五里墩；而营堡通往镇城或通往内地的墩台多是间隔10里，多以里数命名，如二十里墩等。

（七）延绥镇的烽火管理

明代传递信息主要依靠驿站和烽燧，在沿边进行简单的敌情示警之类的信息传递都是用烽火，明代为此专门制定了详尽的烽火制度。

据《延绥镇志·兵志》记载，明代延绥镇采取的烽火制度是：

遇警，日则举烟，夜则举火，鸣炮；以沿边传至镇城，若不退，每一时，照前举行一次。如出境，日举空烟，夜举空火，不鸣。其三五十骑至百骑，日则悬黄旗一，夜则悬灯笼一；二三百骑至五百

〔1〕（明）顾炎武：《昌平山水记》（卷下），北京古籍出版社，1980年，第30页。

〔2〕李怀顺：《明万历〈深沟儿墩碑〉考释》，《华夏考古》2005年第2期。

〔3〕（明）戚继光：《纪效新书·守哨篇》卷一七，见《中国兵书集成》（18），解放军出版社，1995年，第583页。

〔4〕《明经世文编·余肃敏公文集》卷六一，中华书局，1962年，第487页。

〔5〕（明）戚继光：《练兵实纪》卷六《杂集·车步骑解》，见《中国兵书集成》（19），解放军出版社，1994年，第692页。

〔6〕《明经世文编·史督抚奏议》卷一六六，中华书局，1962年，第1689页。

骑，日则悬青衫一，夜则悬灯笼二；六七百骑至千骑以上，日则悬皮袄一，夜则悬灯笼三；五七千骑至万余骑，日则悬青号带一，炬烟一，夜则悬灯笼四。

东路烟火：一把，则为皇甫川、清水营、木瓜营、孤山；二把，则为镇羌、永兴；三把，为神木、大柏油、柏林；四把，为高家堡、建安；五把，为双山地界，双山墩起至常乐瓦窑坡墩止；八把，为榆林城永昌墩起保宁镇疆墩止。

西路烟火：一把，则为新兴、砖井、石涝池、三山、定边、盐场、饶阳水；二把，为把都河、柳树涧、新安边、旧安边；三把，为镇靖、镇罗、靖边、宁塞；五把，为波罗、怀远；六把为湘水；七把为保宁；八把为榆林城永昌墩起保宁镇疆墩止。[1]

五　延绥镇长城的防沙治沙

万历以后对长城的修葺主要就是墙体沿线治沙和给墩台、营堡包砖，此外再无大的举措。

明延绥镇长城的中西段斜亘在毛乌素沙地的东南侧，该地自然植被本身就非常脆弱，在各种因素的综合作用下，沙漠化倾向年复一年变得严重起来。从毛乌素沙漠演变的总体趋势上看，这一沙漠化的过程并非自明代开始，也不是从明代才开始变得严峻起来，事实上这一现象大约是从夏代之前就开始的，沙漠化的原因是自然和人为的综合结果，某种程度上自然因素更剧烈些。

毛乌素沙漠化是一个持续发展的过程，随着气候的变化这一发展历程的强弱快慢有所不同，从无定河上游的米沟湾地层剖面分析，15 万年以来毛乌素地区经历了 27 个沙漠的堆积时期，同时也经历了取代沙漠沉积的 27 个河湖沼泽和古土壤发育的时期，尤其是在全新世的一万年内，这种沙漠期、间沙漠期的变化共发生了 5 次[2]。

神木县大保当新华遗址属于进入夏代纪年的一处遗址，现在属于沙漠草滩区，周围黄沙遍地，遗址地表之上陶片随处可见，因受到后代强烈的风蚀和水土流失的影响，文化层丧失殆尽。经过发掘，发现遗址是直接建立在黄土之上的，但遗址的个别地点文化层之下有一层纯净的黄沙，遗址的堆积中也含有沙粒，说明不仅夏代之前这里就已经开始沙化，而且夏代期间该地仍然持续着沙漠化[3]。

宋夏对峙时期，气候持续保持寒冷，14 世纪后半叶至 20 世纪初，关中为冷干气候[4]，以关中为代表的冷干气候必然也是长城地带气候的症状，陕北甚至表现得要更为剧烈。干旱是该地区发生次数多、影响面积广、危害最严重的气象灾害。以宁夏地区为例，自 1470 ~ 1948 年 478 年间，发生干旱的年份达 176 次，约三年一遇，其中大旱年 50 次，约十年一遇，并且宁夏的干旱还有连年干旱的特性，在 1470 ~ 1980 年的 510 年中，发生连年干旱 47 次，其中两年连旱 27 次，三年连旱 12 次，四年连旱 1 次，五年连旱 3 次，六年连旱 4 次[5]。

自明代以来，毛乌素沙漠分布的南界，发生过显著的南移现象，毛乌素沙地南部地区流沙分布的基本格局在过去的 500 年间并没有过变化，仅仅是在个别地段出现了局部的、小规模的流沙扩展现象[6]。倒是自然因素影响了流沙分布界限的分布。虽然明清以来人类活动极大地影响了这一地区的环

〔1〕　（清）谭吉璁撰，刘汉腾、纪玉莲校注：《延绥镇志》之《兵志·烽火》，三秦出版社，2006 年，第 85 页。
〔2〕　李保生等：《150Ka 以来毛乌素沙漠的堆积与变迁过程》，《中国科学》（D 辑）1998 年 1 期。
〔3〕　陕西省考古研究所、榆林市文物保护研究所：《河套地区先秦两汉时期文化、生业与环境研究系列报告之一——神木新华》，科学出版社，2005 年。张忠培：《河套地区先秦两汉时期文化、生业与环境》，《中国文物报》2000 年 6 月 18 日。
〔4〕　朱士光、王元林、呼林贵：《历史时期关中地区气候变化的初步研究》，《第四纪研究》1998 年 1 期。
〔5〕　中国自然资源丛书编撰委员会：《中国自然资源丛书·宁夏卷》，中国环境科学出版社，1995 年，第 217 ~ 218 页。
〔6〕　邓辉：《人类活动的影响导致了毛乌素沙地向南扩大吗》，《陕西师范大学学报》（哲学社会科学版）2007 年第 36 卷第 5 期。

境演变，不合理的土地开垦利用，破坏了表层的全新世土壤，使得其下的末次盛冰期的古沙丘活化，但这些只是流沙产生比较次要的一个因素，北来风沙是最主要的沙源[1]。

文物考古资料显示，随着秦汉开拓北方边境的实施，屯边和军防活动风起云涌，使得陕北地区的沙漠化在该时段内是相当明显的。在榆林地区沿着明长城分布的21座秦汉城址，规模相仿，多数城址尚能发现残存的夯土城墙迹象，城垣的周长多在2500米左右[2]；大保当东汉壁画墓发掘时，发现墓道的壁面属黄土，但是非后代扰动的墓道填土中却存在大量的沙粒，夯土层中夹杂有薄沙层，城墙外的壕沟中存在黄沙和淤泥间隔分布的九层堆积。这些情况都说明秦汉之前这个地区沙化现象就已经存在，秦汉阶段仍然存在沙化的进程，甚至是比较严重的沙化过程[3]。只是我们依据现有的考古资料无法得出明长城沿线沙漠化的具体进程和程度而已。

但是毋容置疑的是，长城地带沙漠化在明代是一个严重的时期，干旱的气候、沿边以及河套内部大量的人为活动导致北方地区自然环境恶化。明朝北部沿边的军事建筑工程破坏了植被和地表土层；明军的定期烧荒，"烧荒，每年十月，副将及都指挥分领骑兵三千余人入山后河套点火烧草，"破坏了边墙外草原的生态环境[4]；嘉靖年间，王琼"奉敕本边官军出境烧荒，恐所在主兵寡少深入失利，行令调到延绥、固原兵马防护出境。东自定边营起，西至横城堡止（今宁夏回族自治区灵武县临河乡），东西三百余里，俱于十月初九日一起出境。焚烧野草，因以大震军威"[5]。军屯破坏了边墙内侧的生态环境，人口激增对贫瘠的土地和脆弱不堪的生态环境带来很大的压力。

河套内部蒙古人口日益增多，马匹、牛羊等的过度放牧，也使得本来就脆弱的生态环境进一步恶化，过度的屯垦，加之自明代中后期围绕长城而发生的连年战争，更加导致长城地带环境风貌发生剧烈变化，脆弱的生态平衡被严重打破，植被的覆盖率不断减小，沙土裸露，来自于长城西北侧的浮沙随着冬季季风不断地向东南移动，流沙的前锋受到长城的阻挡，积年累月在长城外侧堆积起来，越堆越高，大明王朝北边军事防御赖以凭借的长城，渐渐地变得低矮起来。延绥镇长城自余子俊成化十年（1474年）建成以后，到正德、嘉靖已经是"花马池东至延绥，西至横城堡，横亘四百余里，黄沙野草，弥广无际。"[6]嘉靖二十五年（1546年），定边营一带余子俊当年所筑的大边长城，"岁久倾颓，余址间存，不异平地"[7]。到了万历中后期，风沙使得包括女墙在内高2.5~2.7丈的边墙，几乎全部被掩埋。"万历二年（1574年）以来，风壅沙积，日甚一日，高者至于埋没墩院，卑者亦如长堤大坂。一望黄沙漫延无际。筹边者率意扒除，以工费浩大，竟尔终止，以致房骑出入，如履平地。"延绥中路长城被风沙壅埋的现象尤为严重，到了万历三十七年（1609年），距离长城修建仅仅125年，"中路一带，东自长乐堡起，西至清平堡止，俱系平墙大沙，间有高过墙五七尺者，甚有一丈者。"[8]

为了使长城发挥其应有的作用，恢复它巍峨的雄姿，时任巡抚涂宗浚积极组织力量，借调东西两路班军2000余人，又招募饥民数百，从万历三十八年三月始，前后劳作六个月，"用车五百余辆，尽力扒除内外积沙，边墙复出如旧"[9]，清除了246里长城沿线的沙丘，重现长城风采。接着，涂宗浚

　　〔1〕孙继敏、丁仲礼、袁宝印：《2000B.P.来毛乌素沙地的沙漠化问题》，《干旱区研究》1995年第18卷第1期。
　　〔2〕国家文物局主编：《中国文物地图集·陕西分册》，西安地图出版社，2000年，第112页。
　　〔3〕孙周勇、杨水田：《对榆林地区汉代以前环境的一点思考》，《陕西历史博物馆馆刊》第15辑。
　　〔4〕弘治：《宁夏新志·宁夏总镇·差役》，天一阁藏明代方志续编（七二），上海书店，1990年。
　　〔5〕王琼：《北虏事迹》，《中国西北文献丛书》第103册，兰州古籍书店，1990年，第136页。
　　〔6〕《花马池志迹·历代沿革表第一》，陈渭泉主编：《中国西北文献丛书》第一辑卷五二，兰州古籍书店，1990年。
　　〔7〕台湾研究院历史语言研究所校勘：《明实录·明世宗实录》卷三一八，上海书店出版社，1982年影印本，第5924~5925页。
　　〔8〕《明经世文编》卷四四八《涂司马抚延疏草》，中华书局，1962年，第4932页；（清）谭吉璁：（清康熙十二年）《延绥镇志》校注本卷一《地理志》，三秦出版社，2006年，第45页。
　　〔9〕（清道光）《榆林府志》卷二一《兵制·边防》，凤凰出版社，2007年。

又命令各堡官军在长城以北遍栽蒿类植物，以图固定流沙。

延绥镇长城自建成后虽然在一定程度上阻绝了蒙古部族南下的脚步，但即使在成化和弘治年，长城以及所依托的三十六营堡也没有完全解除陕北地区的防御困境，蒙古骑兵不断地以他们迅猛的冲击力不仅考验着长城的坚实程度，也考验着沿边军民的神经承受能力。

六　延绥镇长城的地位

长城是世界上最大的文化遗存，纵向延续达两千余年，横向分布达数千公里。长城有一个不断发展完善的过程，且当时当政者也会根据具体长城段所处位置不同而轻重有别。

（一）陕西省明长城在长城历史中的地位

延绥镇长城在明代是被用来防御河套地区的蒙古部族，拱卫延绥鄜庆即关中一带防线。该边墙修筑之时，延绥地方官员与中央官员都对边墙（长城）的修建有了相当深的认识，所以在成化七年（1471年），兵部会以民力困顿为由否决了余子俊修边墙的建议。

依据成化八年叶盛、王越和余子俊的奏议看，在修建长城的工程开始之前，他们这些主持人员已经有了一整套关于长城修建、分布和构成的方案。成化十年余子俊关于延绥镇长城修筑的报告说明，延绥镇长城作为一个比较成熟和相对完善的体系已经形成。这种成熟完善就体现在长城分布的连绵不绝，对内和对外都有相应的措施以确保边境的安全，长城体系各要素的分布位置以确保各单位可以随时互通声息，相互策应。

相对早期长城，明长城是陕西省境内历代长城中最成熟和最完善的防御工事，处于长城发展历史的巅峰阶段。

（二）陕西省明长城在明代十三镇长城中的地位

明朝是以顺天府（今北京）为政治中心的，整个明代长城都是以北京为中心来布局的建构严密的防守体系，目的就是为确保京师的安全。

从分布地理形势上看，明长城以北京为中心，共可分为四个层级，由内向外分别为第一层级：蓟镇（包括山海镇和昌平镇）长城、保定镇长城；第二层级：辽东镇长城、宣府镇长城、大同镇长城和山西镇长城；第三层级：延绥镇长城、固原镇长城、临洮镇长城；第四层级：宁夏镇长城、甘肃镇长城。

延绥镇长城是处于整个体系中的第三层级，是属于比较次要的长城，体现在修筑工艺上稍显粗疏，全部是夯土筑成，只在后期用砖石包砌了营堡和单体建筑，与蓟镇的砖石长城相比有明显的差别。

但具体到不同的时间段，明朝对整个北部边疆的重视程度是不一样的。明初至正统二年（1437年），延绥一带是内地，虽有卫所，但都不是冲要之处。正统二年至成化九年（1473年），延绥已经是边地，但由于河套内的蒙古人数量仍相对较少，且没有统一的指挥，所以这一代的防御压力也不是太大，其在整个北部沿边的地位也不是很重要，朝廷和兵部都不同意地方官员修筑边墙的建议，也是基于同样的原因。成化九年至万历后期，作为京师外围第三层级防线，延绥镇不停地在改善防御水平。万历后期，明朝对蒙古部落的政策中，贸易通商等和平交往的比重越来越大。同时，东北女真人崛起，对明朝的威胁也日益严重，并且建立后金国，明朝北部边境的防御中心就转移到东北辽东镇和山海镇一带，延绥镇就变得更加不重要了。

第四节　陕西省明长城研究现状

　　相对历代长城而言，明长城的文献资料是最为丰富和翔实的，陕西省明长城有关状况在《明史》、《明实录》、《皇明九边考》、《边政考》、《九边图说》、《延绥镇志》、《秦边纪略》等文献中均有大量的记载，这些资料构成我们研究明长城的基础文献，使得我们对陕西省明长城的修建背景、修建过程、走向、布局、结构、沿用与修缮等都有相对明确的认识。

　　在九边长城研究中，延绥镇长城的研究呈现出起步较晚、研究内容单一、参与人数较少的特点，20世纪70年代之前，几乎很少见到相关的研究成果，仅是在涉及明朝北边防御体系时提及而已。

　　历代长城的研究内容大体可分为田野调查、长城本体研究和长城地带历史人文地理及自然环境研究三大部分。

一　长城遗迹的田野调查成果概述

　　延绥镇明长城的田野调查开展的并不多，比较大的调查是20世纪80年代的文物普查和本次的长城资源调查。

　　最早进行调查的是清人梁份，他是17世纪中国著名地理学家，曾三次亲赴西北边区，进行过艰苦的实地考察，写成《西陲三书》，其中《秦边纪略》就记载了他对我国西北地区长城的见闻。新中国成立后的很长一段时间里，有关长城的学术活动一直处于停滞状态，直到近几十年来尤其是20世纪七八十年代，长城调查、发掘和研究才开始逐渐活跃，但该阶段的长城调查、研究基本处于分散和自发的状态。1979年文化部文物局召开了中国第一次"长城保护和研究工作座谈会"，会后有长城修建的省、自治区、直辖市都不同程度地组织力量对辖区内长城进行了普查，对现存的长城遗址进行了测量绘图，对它们的历史沿革进行了考证，在重点地区进行了发掘和清理，这些成果基本收录在文物编辑委员会所编的《中国长城遗迹调查报告集》[1]中，该报告集是第一部以田野调查为基础开展长城研究的论文集，但涉及延绥镇长城的调查几乎没有。受这次会议的影响，各地文物考古机构开始进行点上的田野调查，这些调查活动，一定程度上改变了长城研究的局面，同时一些历史地理学者也深入考察了不同地域的长城，使得涉及长城本身的研究问题得以深化。"长城保护和研究工作座谈会"10年之后，1989年首届中国长城学术研讨会在山海关召开，期间长城研究有了新的发展和变化，除调查考证长城遗址、遗迹外，还广泛涉及政治、经济、民族、军事、地理、建筑以及长城的修复、保护和长城旅游资源开发等诸多领域，这反映了长城研究不断向纵深和整体综合的方向发展，达到了一个新的高度。但延绥镇长城似乎并没有开展相关田野调查研究工作。

　　20世纪80年代开始，延绥镇长城的调查研究才有了实质性的进展。

　　第二次全国文物普查的机遇使得延绥镇长城的基本面貌及保存现状得以显现，调查最主要的成果是首次将各个地区及各个时期的长城走向和分布标注在较大比例尺的地图上，进而从宏观上对长城的分布和走向有了清晰的认识，对其年代也有了基本认知，其成果是显著的[2]。

---

　　〔1〕　文物编辑委员会编：《中国长城遗迹调查报告集》，文物出版社，1981年。
　　〔2〕　国家文物局主编：《中国文物地图集·陕西分册》，西安地图出版社，1998年，第112～113页。

化名华夏子的三位作者经过两年的徒步考察，形成《明长城考实》[1]，分省市地区，逐县逐段详细考察记述所见长城遗址的形制、结构、位置、布局、走向及有关遗物，并结合正史、方志等历史文献和当地居民口碑回忆，记述该地曾经发生的战事、故事。本书不仅因将历史文献与实地考察紧密结合而显示出较高科学性、准确性，并因此而具有特殊的学术价值，而且为学术界进一步考察研究明长城提供了大量宝贵的第一手资料，从而具有很高的史料价值。

艾冲的《明代陕西四镇长城》[2] 是第一部对明长城西北段进行全面系统研究的专著。作者用实际考察与文献资料相印证，系统地介绍了明长城西北段延绥、宁夏、甘肃、固原四镇长城的兴建、修葺和重建的沿革；并对这段长城的兴建与分布、四大军镇的建立及组织机构、守卫长城的军队营地——城堡、守军数量的变化、长城地带军用通道的布局等诸多前人较少涉及的方面进行了重点探讨。该研究最大的特点是把长城当作包括城堡、墩台、关口、交通道路和兵力配备在内的整体军事防御体系进行总体性的综合考察研究，从而揭示描绘出以长城为主体的明西北防区综合性防御体系的全景画面。

二　长城本体的研究概况

延绥镇明长城的研究因为基于田野调查开展得较晚和不足，影响到对其深化和系统的研究。20世纪30年代王国良针对历史文献中关于历代长城文字含糊、缺少精确调查统计和时代及地理概念错误而导致混乱谬误的状况，将文献相互参照详加考辨，并将古今地名进行考辨，对历代长城位置、建筑年代与沿革进行讨论，同时开创了明长城"九边"研究的模式，为今后明长城的研究范式奠定了基础[3]。1941年寿鹏飞在其著作《历代长城考》中，对历代长城的年代、位置、沿革以及起讫点详加考证，书后还附有历代长城路线图。与此同时，朱庆永在《明代九边军饷》中对明代"九边"相关问题展开专题研究[4]。伊志在《明代"弃套"始末》中对明长城的历史和军事方面开展相对系统的研究[5]。此外还有吴缉华的《明代延绥镇的地域及其军事地位》[6]。

新中国成立后，随着长城在人民心目中的地位逐渐上升，学术界也逐渐开始关注长城研究，与之前不同的是，在传统历史文献研究长城本身和与之有关的政治、经济、军事、文化内容的基础上，其他学科相继介入，其中长城地带的民族和文化变迁对长城南北的区域文化影响深远，国内外的一些学者也从多角度陆续开展了对于此方面的研究。

主要从军事战略战术以及作战兵器和战争形式的角度研究长城的论述，当属1991年解放军出版社出版的由《中国军事史》编写组编著的内部资料《中国军事史·兵垒》，作者依据历代文献资料，结合现代考古发现，系统地论述历代兵垒发展演变的情况，并对其特点和发展变化的原因进行探讨研究。阐述了生产力的发展、兵器的改进和发展、战术战法的变化以及战争性质、规模等因素与筑垒、构筑长城之间互相影响的辨证关系。作者分别从战国时期野战筑城迅速兴起导致点、线结合防御工程——长城的出现以及秦、汉长城的位置、修筑原因、结构特点及其在边防中的作用进行研究，还就隋代长城的情况、金代界壕（长城）的兴建和蒙（元）军在长城沿线的作战等方面进行了详细的阐述。

---

〔1〕 华夏子：《明长城考实》，档案出版社，1988年。

〔2〕 艾冲：《明代陕西四镇长城》，陕西师范大学出版社，1990年。

〔3〕 王国良：《中国长城沿革考》，商务印书馆，1930年。

〔4〕 朱庆永：《明代九边军饷》，《大公报·经济周刊》1935年6月8日，第130期。

〔5〕 伊志：《明代"弃套"始末》，《禹贡半月刊》1935年第2卷第7期。

〔6〕 吴缉华：《明代延绥镇的地域及其军事地位》，《第二届亚洲史学家会议论文集》，1962年。

与此相类似的还有《古垣沧桑》[1]。此书是一部概述历代长城沿革、不同时期的起讫段落以及当时的战争态势、设防目的和作用的专著。全书分战国长城、汉长城、北魏和东魏长城、北齐长城、北周长城、隋长城、金界壕、成吉思汗边墙质疑、明长城九部分。本书对古代关隘城塞、防御体系以及古人利用山川险要得失的考辨研究是为了向军事部门提供以古鉴今的参考，因而有其特殊的视角，并因此而具有特殊的价值。

景爱的《中国长城史》[2]从长城的起源开始，包括战国齐、楚、魏、赵、中山、燕、秦长城，秦汉长城，北魏、北齐、北周、隋、唐长城，辽、金边壕，一直到明长城和清代柳条边，是目前所见较系统和全面的有关长城史的研究专著。景爱在其姊妹篇《长城》[3]中，以实际调查为依据，与历史文献和前辈研究成果相互参证对比研究，订正谬误，提出新说，使其成为较为全面、系统、完整论述长城历史的学术专著。需要指出的是，本书除进一步阐述了长城的定义及长城的政治性、军事性、文化性外，还对长城本体与长城附属设施提出了不同见解，更主要的是对有关长城的名词、术语进行了规范化的尝试，对长城建筑传统和工艺操作技术，以及长城关隘和工程管理制度，也作了有益的探讨，为长城的深入研究提供了有益的基础。

延绥镇长城研究成果是近十多年来才逐渐出现的，但是数量也不多，代表性的成果有：

艾冲的《余子俊督筑延绥边墙的几个问题》[4]、《明代延绥镇长城建置考论》[5]、《陕西定边县唐凹村长城碑考实》[6]及其《中国的万里长城》[7]，肖立军的《九边重镇与明之国运——兼析明末大起义首发于陕的原因》[8]，南炳文译松本隆晴的《试论余子俊修筑的万里长城》[9]，袁占钊的《陕北长城沿线明代古城堡考》[10]，徐淑惠的《论明代成化时期对河套蒙古的防御措施》[11]，胡凡的《论明代蒙古族进入河套与明代北部边防》[12]，还有吕静主编的文集《榆林长城研究》[13]，周松的《明洪武朝陕北边防及其特点》[14]，张萍的《明代陕北蒙汉边界区军事城镇的商业化》[15]，李大伟的《明代榆林建置年代问题探讨》[16]。对延绥镇长城进行建筑学研究的主要是天津大学张玉坤教授的团队，如张玉坤、李哲的《龙翔凤翥——榆林地区明代长城军事堡寨研究》[17]，舒时光的《明代陕北长城沿线土地利用的空间分布与变化特点》[18]一文对明代延绥镇长城的修建分布等问题也有一定的研究，赵现海的《明长城的兴起——14至15世纪中国西北军事格局研究》[19]一文对延绥镇长城的分布格局作了详细的分析。

〔1〕 北京军区司令部作战部编著：《古垣沧桑》，北京军区内部刊印，1983年。
〔2〕 景爱：《中国长城史》，上海人民出版社，2006年。
〔3〕 景爱：《长城》，学苑出版社，2008年。
〔4〕 艾冲：《余子俊督筑延绥边墙的几个问题》，《陕西师范大学学报》（社会科学版）1985年第1期。
〔5〕 艾冲：《明代延绥镇长城建置考论》，《西安教育学院学报》1987年总第2期。
〔6〕 艾冲：《陕西定边县唐凹村长城碑考实》，《文博》1990年第3期。
〔7〕 艾冲：《中国的万里长城》，三秦出版社，1994年。
〔8〕 肖立军：《九边重镇与明之国运——兼析明末大起义首发于陕的原因》，《天津师范大学学报》（社会科学版）1994年第2期。
〔9〕 （日）松本隆晴撰文、南炳文译：《试论余子俊修筑的万里长城》，《大同职业技术学院学报》1994年第1期。
〔10〕 袁占钊：《陕北长城沿线明代古城堡考》，《延安大学学报》（社会科学版）2000年第4期。
〔11〕 徐淑惠：《论明代成化时期对河套蒙古的防御措施》，《大同职业技术学院学报》2002年第1期。
〔12〕 胡凡：《论明代蒙古族进入河套与明代北部边防》，《西南师范大学学报》（人文社会科学版）2002年第3期。
〔13〕 吕静主编：《榆林长城研究》，三秦出版社，2004年。
〔14〕 周松：《明洪武朝陕北边防及其特点》，《中国边疆史地研究》2005年第1期。
〔15〕 张萍：《明代陕北蒙汉边界区军事城镇的商业化》，《民族研究》2003年第6期。
〔16〕 李大伟：《明代榆林建置年代问题探讨》，《延安大学学报》（社会科学版）2005年第6期。
〔17〕 张玉坤、李哲：《龙翔凤翥——榆林地区明代长城军事堡寨研究》，《华中建筑》2005年第1期。
〔18〕 舒时光：《明代陕北长城沿线土地利用的空间分布与变化特点》，北京大学硕士学位论文，2006年。
〔19〕 赵现海：《明长城的兴起——14至15世纪中国西北军事格局研究》，北京师范大学2007年博士后研究工作报告。

自 2007 年由国家文物局和国家测绘局共同主持的"全国长城资源调查"项目开始以来，学术界在获得长城基本调查资料和数据的同时，以本次长城资料调查为基础的阶段研究成果也已开始出现。

一些初步的研究成果主要是几位参加调查工作的研究生的论文。如《陕西榆林明长城新发现"阳圪墩石碑"考》[1]、《明次边长城研究》[2]、《线性文化遗产保护管理研究——以陕北地区秦汉长城为例》[3]、《明大同镇长城防御体系研究》[4]。

三　长城地带历史人文地理及自然环境演变研究概况

长城研究最重要的内容之一是探讨以长城地带为轴线引发的民族关系以及民族之间文化交流的模式，对此学者们也有一些研究著述。20 世纪 70 年代之后，侯仁之在对西北沙漠地区的历史地理考察中，也对长城地带的环境与文化变迁做过深入探讨，著有《历史地理学的理论与实践》[5]，其中有《从红柳河上的古城废墟看毛乌素沙漠的变迁》、《从考古发现论证陕北榆林城的起源和地区开发》等，透过古城废墟和河道水系变迁等表面现象，结合历史文献、考古发现，深入研究我国古代农耕民族与游牧民族交汇地带不断沙化、大幅度南移的原因，既研究自然生态环境本身的变化，也研究这种变化与历史上人的活动和周围事变的内在联系，揭示其中固有的规律，对西北沙漠地区带有开拓性的历史地理考察研究，对于探索长城与生态环境变迁的辨证关系，全面认识和评价长城的历史作用，具有重大参考价值。还有顾琳的《明清时期榆林城遭受流沙侵袭的历史记录及其原因的初步分析》[6]。

札奇斯钦所著的《北亚游牧民族与中原农业民族间的和平战争与贸易之关系》[7] 是此研究的一项代表作，作者认为无论在自然还是文化方面，亚洲大陆自远古以来就分成了两个不同的世界，而长城线正是建筑在它们之间的分水岭上。长城南北的生态环境差异，孕育了两个不同的游牧和农业的文化及社会。在这两个文化不同的社会之间，贸易是必须存在的，有贸易就有和平，没有贸易必有战争。作者把农牧两种政权间的关系概括为下列几个类型：（1）以武力流血的手段掠边，夺取物资；（2）以武力为后盾，要求物资输入；（3）凭靠战争的胜利，获得物资供应；（4）以结盟为手段，达到物资供应的目的；（5）因边防不固，致被掠夺；（6）在武力压迫下，以物资的供应换取和平；（7）以经济的手段达成控制的效果；（8）以物资供应，达成军事上保边的目的。而在方式上则视双方力量的消长，可分为赏赐、入贡、赠与、纳岁币、婚嫁、贸易、关市七大类别。作者另外著有《蒙古文化与社会》[8] 一书，站在长城外的角度研究描绘游牧民族及其与农业民族关系的历史，为本课题的研究提供了一个新的视野。

姚大中在《古代北西中国》[9] 中，在宽广的文化社会背景下考察了农牧民族之间的对立和冲撞、战争与和平。作者对不同时期长城的性质、功能、用途及其演变作了详尽考察，认为长城最初为国境线，是战国列国出于相互间对抗需要而构筑的大规模防御工事，秦汉长城是拓展新领土政策中的一个

〔1〕 于春雷：《陕西榆林明长城新发现"阳圪墩石碑"考》，《文博》2008 年第 3 期。
〔2〕 许慧君：《明次边长城研究》，北京师范大学博士论文。
〔3〕 杨丙君：《陕北地区秦汉长城保护管理研究》，西北大学硕士论文，2010 年。
〔4〕 尚珩：《明大同镇长城防御体系研究》，山西大学硕士论文，2010 年。
〔5〕 侯仁之：《历史地理学的理论与实践》，上海人民出版社，1979 年。
〔6〕 顾琳：《明清时期榆林城遭受流沙侵袭的历史记录及其原因的初步分析》，《中国历史地理论丛》2003 年第 4 辑。
〔7〕 札奇斯钦著：《北亚游牧民族与中原农业民族间的和平战争与贸易之关系》，台北政治大学出版委员会，1973 年。
〔8〕 札奇斯钦著：《蒙古文化与社会》，英文版于 1979 年出版，中文版于 1987 年 11 月在台湾商务印书馆印行。
〔9〕 姚大中：《古代北西中国》，三民书局，1981 年。

环节，目的是"全面隔断草原—耕地，也便代表了农业汉族最大利用空间的设定"，北魏时期，长城始转变为防御性质的工事，至明则成为"全出乎'防胡'要求的消极与被动性国防线长城"，而"长城工事南移，站在防御立场是正确的。最基本的理由，缩短补给、运输路线，可以使戍守长城时，人力、物力供应都便利得多，这样的设计，才能充分发挥'防胡'作用，也便是为什么长城转变为守势或防御时，长城线必须陪伴向南迁移的原因。"

姚从吾在《东北史论丛》[1]中认为，"中国文化与民族发展的次第，是自北而南的。边疆民族的入侵以北方与东北方的南下为主潮，甚至说我国的历史是由北方、东北民族与中原文化交织而成的。长城，奠基于秦代，显耀于两汉，形成隋唐以后中原文化对东北与北方边疆民族势力消长的关键。它可以说是中原汉民族的前进基地，也可以说是中原民族与儒教文化的门户。"

长城不仅是中华民族的遗产，更是全人类共同的文化遗产，以明长城最为突出。因此，海外学者对长城的关注也是很高的。在海外学者的研究中，以日本学者的成果最为丰富。早在20世纪三四十年代，就有学者对明代的军制及边防问题进行研究，如山崎清一的《明代兵制の研究》[2]，论述了各地都司、行都司的设置时间与管辖范围；二战后，日本学者对九边的研究有了较大的发展，主要有和田清的《东亚史研究·满洲篇》[3]、《东亚史研究·蒙古篇》[4]；田村实造的《明代の九边镇》[5]和《明代の北边防卫体制》[6]，该书简要论述了明代九边总兵镇守制度与巡抚制度建置时间；萩原淳平《明初的北边レーっいつ》[7]，论述了洪武时期，明、元战事及明对北元的策略，并探讨了"靖难之役"中兀良哈三卫所起的作用，其《明代蒙古史研究》[8]一书则全方位探讨了明代军事制度的各个层面，对于都司卫所、总兵、巡抚、总督、经略诸制度皆有探讨；山根幸夫《日本关于中国东北史的研究》[9]对日本学术界关于九边问题的研究作了回顾；松本隆晴《明代北边防卫体制の研究》[10]是一本论文集，围绕明蒙关系及明代北边军事制度之演变、屯田、马市、边墙等问题展开探讨。

在香港曾召开过一次长城历史文化研讨会，国内很多学者与会参加，会后出版《中国（香港）长城历史文化研讨会论文集》[11]。

西方国家对明代九边进行研究的主要是美国，其特点是对九边问题的关注多附属于对长城的关注和研究上。如亨利·西瑞斯（Herry Seyruys, c. i. c. m）《明代北部边防地带塔楼研究》[12]（*MING STUDIES·Spring*, 1982）。该文用多种资料详细勾勒了明朝在九边修筑墩台等军事设施的过程；阿瑟·威尔准（Arthur N. Waldron）《长城：从历史到神话》[13]，该书探讨明朝围绕九边防御所形成的权力格局，广泛征引国际学术界的研究成果，对美国学术界的九边研究影响甚大。

19世纪末20世纪初，大量外国旅行家涌入中国，其中对明长城进行全程徒步考察的当属 W. E. 盖

〔1〕 姚从吾：《东北史论丛》，正中书局，1959年。
〔2〕 （日）山崎清一：《明代兵制の研究》，《历史学研究》九十三、九十四号，1940、1941年。
〔3〕 （日）和田清：《东亚史研究·满洲篇》，东洋文库，1955年。
〔4〕 （日）和田清：《东亚史研究·蒙古篇》，东洋文库，1958年。
〔5〕 （日）田村实造：《明代の九边镇》，《石滨显古稀纪念东洋学论丛》，1958年。
〔6〕 （日）田村实造：《明代の北边防卫体制》，《明代满蒙史研究——明代满蒙史料研究篇》，京都大学文学部，1963年。
〔7〕 （日）萩原淳平：《明初的北边レーっいつ》，东洋史研究，1960年。
〔8〕 （日）萩原淳平：《明代蒙古史研究》，东洋史研究三十二，同朋舍，1980年。
〔9〕 （日）山根幸夫撰文，顾铭学译：《日本关于中国东北史的研究》，《社会科学战线》1997年第6期。
〔10〕 （日）松本隆晴：《明代北边防卫体制的研究》，汲古书院，2001年。
〔11〕 《中国（香港）长城历史文化研讨会论文集》，长城（香港）文化出版公司，2002年。
〔12〕 （美）亨利·西瑞斯：《明代北部边防地带塔楼研究》，*MING STUDIES·Spring*，1982年。
〔13〕 （美）阿瑟·威尔准：《长城：从历史到神话》，Cambridge University Press，1992年。

洛，他是 20 世纪初美国著名旅行家、英国皇家地理学会会员，他受过严格系统的地理学专业训练，并对中国的历史文化抱有浓厚的兴趣。他 1903 年首次来到中国，1905 年就被誉为"在世最伟大的旅行家"。此后他又数次来中国考察，其中对长城进行了一次专项调查，他从东部渤海之滨的山海关走到西北的戈壁沙漠，盖洛率领的考察队利用镜头和文字，细致入微地记录了有关长城的传说和沿线的风土人情，向人们真实地展示了当时中国长城的风貌。这也是 20 世纪初叶，由西方人所做的全球第一次徒步考察中国明长城全线的真实记录。盖洛考察结束后写成《中国长城》[1] 一书。盖洛的这次考察，虽未结合历史文献做深入研究，但却开创了徒步长城调查的先河。

此外，还出版过两部词典性质的长城书籍。《长城百科全书》[2] 主要依靠全国长期从事长城及相关学科研究的专家、学者共同编写，运用百科形式，在广泛收集国内外长城研究资料的基础上，对长城学各个分支学科进行系统的研究，力求使全书及其各个组成部分都能达到科学性、知识性、实用性的相互统一，高度综合和总结各学科有关长城研究最新成果，满足全面、正确地认识长城的社会需要，通过整理分类并写成条目，为长城学的发展提供一部真正体现出严密科学性、丰富知识性的工具书。

其次是《长城词典》[3]。该书将长城的历史沿革，现存长城遗址、关堡、建筑、长城沿线的城镇、名胜古迹和传说，以及与长城有关的历史人物、诗词、文献、题词等内容，分别收集、选取、编纂，洋洋大观，内容丰富，全面系统。全书分为十个部分，即长城沿革、长城遗址、长城关堡、长城建筑、长城沿线历史名城、长城沿线览胜与传说、长城与历史人物、长城诗歌、长城文献、长城题词，以充实的内容，比较全面系统地概述了长城的全貌，向人们展示了长城历史文化的灿烂光辉。

综上所述，我们对围绕长城的相关研究作了梳理，现在所见到有深度的长城研究专著还很少，许多有关长城的重要问题，如长城的定义、定性、起源、演变，长城与天险、边壕的异同，长城的保护、开发利用与管理等，均缺乏深入细致的研究，这是缺乏全面的基础性资料造成的。

第五节　明长城资源调查成果概况

陕西省境内明长城由大边长城和二边长城两道修建时间有先后、走向基本平行的长城组成。两年来我们共对 398 段长 1170077.7 米的长城，1497 座单体建筑，115 座关堡，52 处相关遗存，45 座营堡等开展了合乎国家规范要求的调查。其中明大边长城墙体 375 段 574055.7 米、马面 405 座、敌台 503 座、烽火台 366 座、关 68 座、堡 37 座、相关遗存 35 处；明二边长城墙体 22 段 596182 米、敌台 30 座、烽火台 195 座、关 2 座、堡 8 座、相关遗存 17 处。

通过此次调查，我们掌握了营堡与长城墙体、单体在防务上相互协作的具体关系。调查清楚了明代延绥镇大边长城的分布和保存现状，调查清楚了二边长城的分布规律、走向以及防御方式等，调查清楚了明代对前代防御建筑的改造利用情况。

全部墙体中自然险部分长 644884 米，占总长度的 56.2%。其中大边墙体中自然险部分长 51574 米，占大边总长度的 11.2%；二边墙体中自然险部分长 593310 米，占二边总长度的 99.5%。

明长城在不同的地理环境中有着不同的建造特征。在府谷县、吴起县以黄土梁峁沟壑为主的环境中长城以夯筑为主，夯土来源是本地黄土，土质比较纯净，并利用自然险共同形成防御体系；单体建

〔1〕　（美）W. E. 盖洛著，沈弘、恽文捷译：《中国长城》，山东画报出版社，2006 年。

〔2〕　中国长城学会编：《长城百科全书》，吉林人民出版社，1994 年。

〔3〕　林岩、李益然主编：《长城词典》，上海文汇出版社，1999 年。

筑外侧包砖较多。而在神木县以山地沟壑为主的环境中，比较多的是利用自然悬崖沟壑与夯筑墙体一起形成防御体系；墙体以黄土夯筑为主，但是包含有大量的料礓石，部分墙体用片石或石块垒砌；单体建筑包石多于包砖。在榆阳区、横山县、靖边县沙漠区中修建的长城以夯筑为主，夯土中夹杂有大量的沙土；单体建筑以包砖为主，少见或不见包石。在定边荒漠草滩地区修建的长城夯筑而成，夯土中包含有少量细沙，盐碱含量较大；单体建筑外侧多包砖。

大边长城沿线共经过当今的 42 个乡镇。它们是府谷的麻镇、哈镇、清水乡、赵五家湾乡、木瓜乡、庙沟门镇、三道沟乡、新民镇；神木县的店塔镇、麻家塔乡、神木镇、解家堡乡、高家堡镇、乔岔滩乡；榆阳区的大河塔乡、麻黄梁镇、牛家梁镇、榆阳镇、芹河乡、红石桥乡；横山县的波罗镇、横山镇、赵石畔镇、塔湾镇；靖边县的黄蒿界乡、海则滩乡、杨桥畔镇、龙州乡、镇靖乡、杨米涧乡、新城乡、中山涧镇；吴起县的长城乡、周湾镇；定边县的郝滩乡、学庄乡、安边镇、砖井镇、贺圈镇、定边镇、盐场堡乡、周台子乡。

二边长城共经过 39 个乡镇。有府谷县的黄甫镇、清水乡、木瓜乡、孤山镇、新民镇；神木县的神木镇、解家堡乡、高家堡镇；榆阳区的大河塔乡、麻黄梁镇、牛家梁镇、榆阳镇、鱼河镇；横山县的党岔镇、响水镇、波罗镇、横山镇、赵石畔镇、塔湾镇；靖边县的杨桥畔镇、高家沟乡、龙洲乡、乔沟湾乡、镇靖乡、天赐湾乡、杨米涧乡、大路沟乡、新城乡、中山涧镇；吴起县的五谷城乡、长城乡、周湾镇；定边县的学庄乡、武峁子乡、新安边镇、杨井镇、油房庄乡、王盘山乡、冯地坑乡。

一　大边长城现状

陕西省明大边长城总长 574055.7 米，占陕西省明长城总长的 49%。经过数百年风雨侵蚀和人为活动的影响，整体保存一般，现存遗迹共有四种：墙体、单体建筑、关堡、相关遗存。

（一）墙体

墙体是大边长城的主体部分，连绵不绝，串联沿线各个单体形成一道防线，分布在沿线 7 县区，总长 573895.7 米。其中府谷县段长 68014 米，分布在县北西部；神木县段长 84885.7 米，分部在县中南部；榆阳区段长 78603 米，分部在区东南部；横山县段长 75275 米，分布在县北西部；靖边县段长 90960 米，分布在县东南部；吴起县段长 19108 米，分布在县北部；定边县段长 157050 米，分布在县东北部。依据墙体的构成材料可分为 5 大类：土墙、石墙、山险墙、山险、河险。各县区分布情况如下表。

陕西省明长城大边各县区各类型墙体分布统计表　　　　　　单位：米

墙体类型 \ 分布县区	府谷县	神木县	榆阳区	横山县	靖边县	吴起县	定边县	总计
山　险	0	32947	0	5560	0	0	13067	51574
山险墙	300	2388	0	0	0	0	0	2688
石　墙	600	6454.3	0	0	0	0	0	6454.3
河　险	1560	3690	1292	5800	0	0	347	12689
土　墙	65554	39406.4	77311	65915	90960	19108	143636	501890.4
总　计	68014	84885.7	78603	75275	90960	19108	157050	573895.7

1. 土墙

指以土夯筑而成的墙体。陕西省明大边长城墙体基本以土墙为主，此次调查中，土墙全长501890.4米，各县区都有分布。

全线土墙夯土以黄土为主，府谷县、神木县大部、靖边县一部分、吴起县及定边县部分墙体夯土中夹杂有黑垆土或者红色胶土，神木县少部分、榆阳区、横山县、靖边县部分墙体夯土中包含有比较多的沙石，定边县部分墙体夯土中盐碱含量较大。墙体夯层厚0.04~0.25米，以0.12~0.18米为主，包含物以料礓石为主，部分包含有小石子，部分还包含有陶片，小部分墙体在夯土层之间夹杂有片石和石块。土墙下宽0.3~16米，其中以3~8米为主；上宽0.2~6.2米，其中以1~3米为主；高0.07~17米，其中以0.5~10米为主。

全部土墙基本呈脊状锯齿形或驼峰形。墙体受到的自然影响中，位于东部以及白于山区黄土梁峁丘陵地的墙体，多受山体崩塌的影响，当地居民耕种墙体附近的土地以及修筑道路都对墙体有一定的影响，黄土地区沟壑发育则是墙体最主要的破坏因素；位于中部沙漠地区的墙体，多受流沙掩埋的影响；而在西部盐碱含量较高的区域，盐碱化是墙体面临的最大影响。墙体受到的人为活动的影响中，修筑道路和耕种土地是对墙体最主要的影响，榆阳区共有大约7000米墙体被道路占用作路基。

2. 石墙

以石块构筑而成的墙体。石墙全长6454.3米，90.85%分布在神木县，府谷县只有600米。

神木县石墙用片石砌成，大部分是全部片石垒砌，有一段墙体是用片石垒砌两侧，内部用石块或片石堆砌填充。石墙依据其剖面可分为两种类型：A型，剖面下宽上窄，多筑在比较平缓的地势处，底宽1.5~4.7、顶宽0~3.4米，两侧高度相差不大或者相同，在0.6~6米之间。部分墙体顶部存女墙痕迹，女墙内收0.2米，宽0.7、高1米。B型，剖面上宽下窄，多筑在陡峭山坡上，下宽0~0.5、上宽0.2~5米，只有面向进攻一侧壁立高峭，在0.5~9米，另一侧与地面齐平。

石墙所处都是岩质山坡地，主要破坏因素是山洪的冲刷，当地组织的植树造林活动，墙体片石被拆作垒植树坑用，对墙体有很大的影响。

3. 山险墙

利用自然险要经人为加工而成的墙体。山险墙全长2688米，分布在府谷县和神木县，其他县区没有山险墙分布。全部山险墙都是在山险的基础上加以人工改造成为起防御作用的墙体，壁立高差较大，在0.3~15米之间。以其改造方法可分为两种类型：A型，山险加以人工铲削而成，府谷县境山险墙和神木县境山险墙东段都是这种类型，这种类型所处为土质山地；B型，山险加以人工增筑补缺而成，只有神木县境山险墙西段是这种类型，这种类型所处为岩质山地，增筑部分所用材料以片石为主。山险墙都位于山地，故山体崩塌滑坡对墙体的影响最大，沟壑发育对墙体也有一定影响。

4. 山险

利用自然山地险要而成的防御形式。山险全长51574米，大多分布在神木县，占全部山险的63.24%，横山县、定边县只有一小部分。山险都位于山地，山体滑坡崩塌对山险的影响较大，沟壑的发育经常导致山险的消失；神木县境山险东段，地下矿藏的开采导致地表的开裂塌陷等严重影响山险的存在。

5. 河险

利用自然河流险要而成的防御形式。河险全长12689米，分布在府谷、神木、榆阳、横山、定边五县区，以横山和神木两县分布最多，靖边、吴起两县没有河险分布。

（二）单体建筑

单体建筑是长城的重要组成部分，是单独建造为达到防守、传信目的的实体建筑。此次共调查了1286座。依据其功能可分为三大类别：马面、敌台、烽火台。各县区分布情况如下表。

陕西省大边单体建筑统计表 　　　　　　　　单位：座

单体建筑 ＼ 分布县区	府谷县	神木县	榆阳区	横山县	靖边县	吴起县	定边县	总计
马　面	25	18	97	62	69	3	134	408
敌　台	59	140	74	15	28	38	149	503
烽火台	131	65	45	46	55	3	30	375
总　计	215	223	216	123	152	44	313	1286

1. 马面

指依墙而建的单体建筑，主要目的是为加固墙体并能侧面打击进攻者。全线共调查马面408座，主体都是夯筑，夯土以黄土为主，有的夹杂有沙土，包含物有料礓石、碎石、陶片等，有的夹杂有大量的石块和片石，夯层厚0.06～0.23米。其中328座平面呈矩形，34座圆形，46座不规则形，其中159座包有砖石。底部边长4～22.7米，以6～11米为主；顶部边长0.5～15米，以5～8米为主；高0.8～12米，以4～9米为主。

2. 敌台

指依墙而建或距离墙体30米以内独立的单体建筑。全线共调查敌台503座，主体部分夯筑，夯土以黄土为主，有的夹杂有沙土、红胶土，包含物有料礓石、碎石、陶片以及生活遗物等，有的夹杂有大量的石块和片石，夯层厚0.06～0.3米，以0.1～0.18米为主。其中443座平面呈矩形，103座圆形，57座不规则形。少部分敌台是在原来圆形台体的周围增筑成矩形台体，其中169座包有砖石。底部边长0.3～24.8米，以7～15米为主；顶部边长0.3～22米，以5～10米为主；高0.5～14米，以4～10米为主。有2座敌台的尺寸超出上述数据，分别是榆阳区镇北台敌台和定边县惠楼村7号敌台。

敌台一般选择在小区域内具有战略意义的高处。在长城的某一区段内，综合各种防守因素的条件下，敌台的规模一般体量雄伟，夯层坚实。敌台在长城内外均有分布。是否建造夯土基座以及基座上的围墙，与形状没有必然的关系，台体外侧包砖并不是一个普遍的现象，有极少部分台院发现有火炕的痕迹。

3. 烽火台

指单独建筑，以传递信息为主要目的的单体建筑。全线共调查烽火台375座，主体大都夯筑，夯土以黄土为主，有的夹杂有沙土、红胶土，包含物有料礓石、碎石、陶片以及生活遗物等，有的夹杂有大量的石块和片石，夯层厚0.06～0.3米，以0.1～0.18米为主。大部分平面呈矩形，有127座包有砖石。底部边长2.8～38米，以5～15米为主；顶部边长0.4～27米，以4～13米为主；高1.4～15米，以5～12米为主。

所有单体均受到程度不同的风沙侵蚀，尤其是位于沙漠区和荒漠草滩区的单体建筑，其西侧和北侧都有较深的风蚀窝，最深达1米；大部分包有砖石的单体建筑都被当地居民拆掉；神木县东部的单体建筑受到最大的威胁是地下矿藏的开采导致地表所引起的开裂塌陷。

因为台体坍塌的原因，多数底部无法观察到是否包石砖，根据调查情况推断，许多台体曾包石或包砖，以下部包石、上部包砖为主。部分台体外侧至今仍能清楚地观察到竖向的几何形沟槽，这些沟槽是为了台体外侧的包砖能和台体紧密结合而特意挖刻的。

（三）关、堡

关堡是长城的重要组成部分，是为驻兵、防守而修建的围墙建筑。依据与墙体的关系可分为两大类：关和堡。各县区分布情况如下表。

陕西省大边关、堡统计表　　　　　　单位：座

关、堡＼分布县区	府谷县	神木县	榆阳区	横山县	靖边县	吴起县	定边县	总计
关	5	11	17	17	11	4	3	68
堡	5	3	7	7	2	2	8	34
总计	10	14	24	24	13	6	11	102

1. 关

指依托于墙体、筑有城围的屯兵地。共有68座。关的围墙都是夯土筑成，其中有57座平面呈矩形，11座平面呈不规则形。其中有3座依长城墙体而建。边长10～210米。

这些依托长城墙体而建造的关面积一般不大，从分布的位置上看一般位于平衍易于交通之处。

2. 堡

指不依托于墙体、筑有城围的屯兵、居住地，共有34座。堡围墙都是夯土筑成，其中30座平面呈矩形，3座平面呈不规则形，1座平面呈圆形。边长19～314米。

（四）相关遗存

相关遗存是指长城墙体、单体建筑、关堡以外的其他与长城有关的遗迹。此次调查中共发现35处。各县区分布情况如下表。

陕西省大边长城相关遗存统计表　　　　　　单位：处

相关遗存＼分布县区	府谷县	神木县	榆阳区	横山县	靖边县	吴起县	定边县	总计
相关遗存	8	13	3	8	1	0	2	35

二　二边长城现状

陕西省明二边长城总长596182米，是余子俊主持"铲削山崖，及筑垣掘堑"修成的，现存遗迹可明确判断属于当时边墙的共有四种：墙体、单体建筑、关堡、相关遗存。

（一）墙体

经过数百年风雨侵蚀和人为活动的影响，二边长城的大部分墙体漫漶不可辨认。二边分布在沿线 7 县区，府谷县部分长 76920 米，起自墙头乡黄河西岸尧峁村，从县中部穿过，大部分沿孤山川、新城川分布；神木县部分长 99801 米，从县中部穿过，大部分沿永兴川、窟野河、柳沟、李家洞沟、秃尾河、扎林川沿岸分布；榆阳区部分长 90190 米，从区中部穿过，大部分沿扎林川、常乐河、榆溪河分布；横山县部分长 99420 米，从县西北部穿过，大部沿无定河、芦河岸分布；靖边县部分长 111071 千米，从县东南部穿过，大部分沿芦河、白于山岭分布；吴起县部分长 23460 米，从县北部穿过，沿白于山岭分布；定边县部分长 95320 千米，从县中南部穿过，沿白于山北麓山前分布，止于三山堡北侧三山口村。依据形成墙体的外观形式可分为三大类别：土墙、山险墙、山险。

陕西省明长城二边各县墙体长度统计 单位：米

墙体类型 ＼ 分布县区	府谷县	神木县	榆阳区	横山县	靖边县	吴起县	定边县	总计
土　墙	0	0	0	0	2541	0	230	2771
山险墙	0	96	0	0	0	0	0	101
山　险	76920	99705	90190	99420	108530	23460	95090	593310
河　险	0	0	0	0	0	0	0	0
总　计	76920	99801	90190	99420	111071	23460	95320	596182

1. 土墙

总长 2771 米，只在靖边、定边两县有分布。土墙全部是在自然基础上夯筑而成，夯土以黄土为主，夯层厚 0.08～0.12 米。墙体底宽 1.4～4、顶宽 0.5～2、高 1.2～5.1 米。墙体由于风雨侵蚀，剥落严重，同时受到当地居民生产生活的影响，损坏严重。参照 1996 年的立体影像，可以发现靖边县有一段 1400 米的夯土墙消失。

2. 山险墙

总长 101 米，分布在神木县。山险墙是在岩质山险的基础上垒砌片石而成，占本县二边墙体的 0.62%，地处黄土梁峁丘陵宽谷区，位于永兴沟南岸边缘，依山体而建，外侧是陡峭的山崖。墙体高 4～6 米，人工垒砌部分上宽 0.5～2、外高 0.8～3 米。整体保存一般。个别段出现倒塌、开裂，有一宽 5 米的水冲豁口。自然坍塌和流水冲刷是主要的破坏因素。

3. 山险

总长 593310 米。山险顺山体沟壑河流形成自然屏障，由于历年来山体崩塌、洪水、风雨的侵蚀和种植作物等因素，使大部分山险消失不存。史载二边是"铲削山险"，铲削痕迹不复辨认。

（二）单体建筑

单体建筑是长城的重要组成部分，二边长城的单体建筑兼具防守和传递信息的作用，全线共有 225 座。依据其修建目的可分为两大类别：敌台、烽火台。各县区分布情况如下表。

陕西省二边单体建筑统计表　　　　　　　　单位：座

单体建筑 ＼ 分布县区	府谷县	神木县	榆阳区	横山县	靖边县	吴起县	定边县	总计
敌　台	0	20	0	0	5	0	5	30
烽火台	38	27	24	41	38	6	21	195
总　计	38	47	24	41	43	6	26	225

1. 敌台

共有 30 座。其中 29 座系夯土筑成，夯土以黄土为主，少部分夯土中夹杂有黑垆土或沙土，包含物以料礓石为主，有极少量的骨头和陶片，夯层厚 0.04～0.2 米。

有 4 座敌台建有围墙，5 座有夯土基座，1 座外有包石。有 19 座平面呈矩形；9 座平面呈圆形，其中 1 座是石砌环形；2 座平面呈不规则形，都是由矩形或圆形台体坍塌形成。底部边长大多 2.3～16、顶部边长 0.5～12、高 2.8～10 米。

2. 烽火台

共有 195 座。台体全部系夯筑而成，夯土以黄土为主，有极少部分为胶土夯层和沙土夯层相间，包含物以料礓石为主，有极少量的瓷片、碎砖瓦、沙石等，夯层厚 0.04～0.45 米，以 0.08～0.18 米为主。

共有 20 座烽火台有围墙，其中府谷县 1 座，是两个小夯土台体以围墙连接成对角状，可能就是史籍所载的"对角敌台"；10 座外侧包有砖石，54 座有夯土基座。有 135 座平面呈矩形，42 座平面呈圆形，18 座平面呈不规则形，都是由矩形或圆形台体坍塌后形成。台体底部边长 4～31 米，以 6～14 米为主；顶部边长 1～20.3 米，以 4～10 米为主；高 2～12 米，以 4～8 米为主。

（三）关、堡

关、堡是长城的重要组成部分，全线共有 16 座。各县区分布情况如下。

陕西省二边关、堡统计表　　　　　　　　单位：座

关、堡 ＼ 分布县区	府谷县	神木县	榆阳区	横山县	靖边县	吴起县	定边县	总计
关	0	2	0	0	0	0	0	2
堡	0	0	0	4	0	0	4	8
总计	0	2	0	4	0	0	4	10

1. 关

共有 2 座。全部分布在神木县。1 座平面呈矩形，夯土筑墙，长 12.2、宽 9.5、高 0～2.8 米；另 1 座平面呈不规则形，石块砌墙，长 41、宽 38、高 0.5～5 米。

2. 堡

共有 8 座。分布在横山、定边两县。5 座堡平面呈矩形，1 座呈圆形，2 座呈不规则形。夯土筑墙，边长 25～70、高 0～8 米。

（四）相关遗存

相关遗存是指上述三种遗迹以外的其他与长城有关的遗迹，共有 18 处。各县区分布情况如下。

陕西省二边相关遗存统计表　　　　　　　　单位：处

相关遗存 ＼ 分布县区	府谷县	神木县	榆阳区	横山县	靖边县	吴起县	定边县	总计
相关遗存	4	11	0	3	0	0	0	18

三　三十六营堡概况

　　陕西省明长城沿线还分布着规模较大的军事性驻军据点，被称为"三十六营堡"，这些营堡位于大边长城和二边长城之间，每座营堡负责一段墙体和相关墩台的瞭望攻守任务。长城沿线的防御性营堡分成东、中、西三路，建安堡以东为东路，双山堡至清平堡为中路，龙州堡以西为西路。东路诸堡大部分皆在神木、府谷两县境内，这里的秃尾、窟野、孤山、清水等河川都是鞑靼不时出入的道路，由这几条河谷东南行，必然会威胁黄河沿岸及河东各地。龙州堡以西为延绥西路，关系着延安和庆阳两个方面的安危，游牧诸部的南下抢掠，除了榆林一路外，就是越过横山山脉指向延安，一般都是就近拆毁边墙而入，重点是在镇靖、新城、宁塞诸营堡间，所循的都是前代的军事通道。中路以榆林卫城为中心。可见，明代在长城沿线构筑城堡具有十分重要的军事意义。

　　此次调查的"三十六营堡"共 44 座，外加绥德城 1 座，共计 45 座营堡。三十六营堡所处的自然地理环境，分为山坡型、河川型、草原型和山坡河川型四大类。营堡的平面形制，分为正方形、长方形、圆形、不规则形四类；营堡的平面格局，可分为中心十字形、棋盘方格形等。对所有营堡的马面 116 座、敌楼 12 座、角楼 101 座、瓮城及城门 52 座、水门 4 处、护城壕 1 处、中心楼 17 座、庙宇 2 处、民居 8 处，另有附属的烽火台、敌台 31 座等进行了全面的调查。

四　保护管理现状

（一）保护机构

　　按照属地管理的规定，陕西省明长城墙体、附属建筑及营堡等长城设施分别归属行政区划的各县区级文物管理部门管理。只有镇北台、红石峡、榆林卫城和易马城设有专门的文管所，分别归属榆林市文化局和榆阳区文化局。

　　另外，全线尚有一处社会团体——神木县长城保护协会，对神木县城北侧及西侧的 4 座敌台主持修复后实施简单的看护管理。

（二）保护标志

　　全部调查对象中，有明确保护标志的只有 10 处，没有整体的长城保护标志。

（三）保护范围及建设控制地带

　　只有少数的长城及附属建筑设有保护标志，划定有保护范围和建设控制地带。绝大多数调查对象没有明确的保护范围和建设控制地带。

（四）记录档案

全线仅有榆林卫城、镇北台、红石峡、易马城 4 处有明确保护范围的长城遗址有记录档案，其他的都没有记录档案。

五　人文环境概况

陕西省明长城沿线主要经过榆林市府谷县、神木县、榆阳区、横山县、靖边县、（延安市）吴起县、定边县。当地居民以汉族为主，经济以煤炭、石油、天然气等能源开采为主，农业在当地经济中仍占有相当大的比重。当地贫富差距巨大，两极分化严重。

长城沿线地处中西部结合地带，位于陕甘宁蒙晋五省区交界之处，承接东西南北交通之枢。有神（木）延（安）铁路、包（头）神（木）铁路和神（木）朔（州）复线铁路，有包（头）茂（名）高速公路和青（岛）银（川）高速公路在境内交叉，其中包（头）茂（名）高速公路榆（林）靖（边）段是首条沙漠高速公路。

明长城沿线 7 县区共有人口 210 万人，当地居民以汉族为主，另有少数回族集中在靖边和定边两县，还有少量蒙古族、藏族、满族等。其中城镇人口 50.5 万人，占 15%，农业人口 286.5 万，占 85%。现在有很多农村人口进城务工，多留下老年人，很少有年轻人，这种现象在山区尤为突出。

六　量测工作成果

陕西省境内明长城项目依据已有的 1∶10000 和 1∶50000 基础地理信息数据分析，计划生产图幅数量 356 幅，经过 2007~2008 年度文物部门野外田野调查后，发现部分二边长城无论是从资料还是实地调查资料看，无法辨认出其走向和布局。按照过去的资料最初认定的长城两侧 1000 米范围内的生产图幅数量为 311 幅，在立体量测阶段，根据文物部门的实地调查成果，最终认定全部长城墙体分布的图幅为 255 幅，地理信息数据生产最终涉及的图幅数量为 343 幅。

根据陕西省第三测绘工程院的量测成果，陕西省明长城大边表面长约 622 千米，投影长约 608 千米；明长城二边表面长约 596 千米，投影长约 590 千米。

第一章

府谷县明长城资源

第一节　府谷县明长城资源综述

一　府谷县环境

府谷县位于陕西省最北端，陕、晋、蒙三省区交界处，东经 110°22′～111°14′，北纬 38°42′～39°35′，长城横贯县境北部，全县面积为 3212 平方千米，辖 20 个乡镇，364 个村，人口 21.57 万。

县境地处蒙古高原和黄土高原东北部的接壤地带，总体地势是西北高东南低，全县地势由西北向东南倾斜，自第四纪以来，受外力地质作用和人为活动的影响，区内植被稀少，水土流失严重，土地贫瘠，地形支离破碎，沟壑纵横，形成特有的半干旱黄土—风沙地貌。

西部是覆盖着薄层片沙的黄土梁峁区，约占全县面积的 10%，有各种流动、固定、半固定新月形沙丘及沙丘链、长条形沙垄和沙滩、平缓沙地，交错分布。沙丘、沙垄一般长数十米到百余米，高者 10～30 米、低者 3～5 米，受西北季风的影响，沙丘每年向东南移动 3～8 米，府谷县西部明大边长城就分布在东南部，属寒冷干燥风沙区；中部是黄土梁峁丘陵沟壑区，约占总面积的 70%，地面覆盖着薄厚不等的黄土和红土层，梁峁起伏，沟壑纵横，地面支离破碎，流水侵蚀剥蚀严重，水土流失严重，属寒冷干燥丘陵沟壑区；东南部黄河沿岸是寒温半干旱黄土峡谷丘陵区，约占总面积的 20%，河谷切入基岩，峡谷阶地相间，岸高谷深，相对高差多 100～200 米。全县有大小河流 62 条，主要有黄河、黄甫川、孤山川、清水川、石马川等。

全县属北温带半干旱大陆性季风气候，冬季受蒙古高压和极地冷空气影响，天气寒冷干燥，多西北风，气温低降水量少；夏季受蒙古低压和太平洋副热带海洋气团影响，炎热多雷阵雨；秋季暖湿气团和干冷气团交替出现，初秋常有连阴雨，10 月份后气温迅速降低，降水显著减少。府谷县的地理位置和地形，使得该地气候具有冷暖、干湿，四季分明，冬夏长、春秋短，雨热同期，太阳辐射强，日照时间长，气温变化剧烈等特点。年平均气温 9.1℃，气温年较差 32.1℃～32.5℃，全年平均日较差 11.2℃。属 400 毫米降水线的边缘地带，降水量不足，平均年降水量为 453 毫米，无霜期 170 天左右。

二　府谷县沿革

夏商时期府谷属要服地，在雍州翟族境内；西周属固阳榆中地，为雍州白狄的一部分；春秋时仍为白翟，属晋国；战国时为固阳榆中地，先属魏国后属赵国；秦为上郡地（治所在榆林南）。

西汉时境内北部设富昌县（今古城乡所在地，属西河郡），王莽改名为富成县，东汉撤销，辖地并入平定县（今内蒙古自治区准格尔旗南部和陕西省府谷县西部）。魏晋时为匈奴占据，东晋属大夏国赫连氏。北魏为五原郡固阳并永安郡地；北周为银城县（今陕西省神木县北部并府谷县）。隋为银城县，隋开皇十年（590 年）在北部设富昌县（当时境内长城以北为榆林郡，治所在今内蒙古自治区准格尔旗境内，长城以南属雕阴郡，治所在今绥德县境内）。唐初废富昌县，设府谷镇，属胜州（治所在今内蒙古自治区鄂托克前旗南），开元后分别设银城、新秦二县，属麟州（治所在神木县）；五代后唐天祐七年（910 年）升府谷镇为府谷县，天祐八年（911 年）升为府州领府谷县。

受辽国的侵扰，迁址至得人堡，即今府谷县城；后汉升设永安军，乾祐元年（948 年）仍设府州，周显德元年（954 年）复设永安军。

宋代仍为府州，领府谷县。徽宗崇宁元年（1102 年）改为靖康军，政和五年（1115 年）赐名荣河，又改为保安军，置麟府路军马司，以太原府代州路钤辖领，属河东路；靖康元年（1126 年）割让麟府丰三州与西夏。绍兴九年（1139 年）夏人陷府州。

金贞元（1153～1155 年）以后从西夏收复。正大三年（1226 年）复设府谷县，增设建宁县（故城在府谷县西北 70 里）。

元初复建府州，领府谷县，至元六年（1269 年）州废，并建宁县入府谷县。

明为府谷县，属延安府葭州，洪武六年（1373 年）废，十三年复置县。

清仍为府谷县，初属延安府，雍正三年（1725 年）改属葭州，乾隆元年（1736 年）改属榆林府。民国时期为府谷县。1948 年 11 月全县解放。1958 年并入神木县，1961 年复分置为府谷县至今。

三　府谷县明长城概况

府谷县明长城是在 2007 年 5～6 月由全体调查队员进行调查的，有段清波、李恭、张卫星、闫宏东、姬翔月、马圣雄、乔建新、高云昊、朱文龙、牛新龙、张扬军、于春雷、岳岁军、王沛、刘军、薛蕾、吕永前、李雪峰、乔建军、刘晓东、郭富强、王春波、李峰、李增社、马雨林、梁亚东、霍海鹏、陈毅等。全部调查资料于 2007 年 12 月～2008 年 1 月由李超、李先霞、郭建静、杜德新等全面整理。

府谷县境内明长城东北起自黄河西岸，连接内蒙古自治区准格尔旗明长城，呈东北—西南走向，西南连接神木县明长城。在本县境内长城墙体全长 144934 米，有单体建筑 253 座、关堡 10 座。（地图二）

府谷县明长城整体保存较差。对长城造成破坏的自然原因是风沙侵蚀和风雨侵蚀；人为原因主要是村民的生产生活活动，尤其是拆取砖石和取土。对长城造成威胁的主要是地下矿藏的开采和地面建设的影响；自然风雨风沙侵蚀也是长城保存的一大威胁。该县长城属于府谷县文物管理委员会办公室保护管理，1985 年府谷县成立文物管理所，编制 3 人，隶属府谷县文化局。1990 年文管所更名为文物管理委员会办公室，设有主任、副主任、书记等职务，现有编制 26 人。目前，对于全县长城的保护标志、保护范围及建设控制地带和记录档案均无。

长城线上的转角楼村 3 号烽火台、龙王庙 1 号敌台保护较好，1981 年被列为县级重点文物保护单位。

第二节　府谷县明长城大边

府谷县境内长城大边东起竹里台村，与内蒙古自治区准格尔旗长城大边相接，距黄河西岸约 2.9 千米，与山西省河曲县长城隔河相望，西至新民乡陈峁村，与神木县境内的大边长城相连，其间经过麻镇、清水、赵五家湾、木瓜、庙沟门、三道沟等乡镇。长城由墙体、单体建筑、关堡和相关遗存组成，其中墙体长 68014 米，有单体建筑 215 座、关堡 10 座，另外有相关遗存 8 处，采集文物 1 件。府谷县长城墙体主要用夯土筑成，单体建筑底座大多为内部夯土、外包砖石，砖石几乎全被拆除，长城墙体北侧由于常年受西北风雨冲刷，大多形成坡状，长城墙体南侧仍坚固挺立，夯土层清晰可辨。

一　墙体

府谷县明长城大边墙体分为土墙、河险、山险墙和石墙四种类型，共 60 段计 68014 米，占陕西省明长城大边总长的 43.6%，保存 28651 米，消失 39363 米，整体呈东北—西南走向。

其中，土墙为 56 段计 65554 米，占该县墙体总长的 96.4%，占全部大边土墙长度的 14.7%，保存 25481 米，消失 38772 米；为自然基础上以黄土为主夯筑而成，包含物主要为料礓石、小石子，另有一些夹杂黑垆土或沙子、陶瓷片、瓦片等，夯层厚 0.01～0.2 米，以 0.05～0.18 米为主；墙体底宽 0.3～9 米，2～6 米者占绝大多数；顶宽 0.2～3.2 米，以 0.2～1.4 米为主，个别如砖厂梁长城 1 段、桃阴梁长城 1 段、引正通村长城顶宽约 3 米；高 0.7～10 米，以 1～5 米为主，个别如王家梁长城 5 段、王家梁长城 2 段、麻二村长城 2 段高 6～10 米。地处黄土梁峁丘陵地带，沟壑发育及常年的风雨侵蚀是其损毁的主要原因，此外，当地居民在墙体附近的耕作活动及人为破坏也是其破坏的重要原因之一。

河险共 2 段计 1560 米，占该县墙体总长的 0.3%，占全部大边河险长度的 12.3%。常年的河水冲刷及水土流失造成的河床变宽是其损毁的主要原因，同时，开垦农田、种植庄稼、部分地带的取土等也对河险造成了一定的破坏。

山险墙现仅存 1 段计 300 米，占全部大边山险墙的 11.6%，壁立高达 15 米。石墙 1 段计 600 米，占全部大边石墙的 8.7%，仅存 6 米，消失 591 米；墙体两侧为片石垒砌、中间填以黄土和石块，顶宽 1.8～2.3、高约 1.4 米。常年的风雨侵蚀是其损毁的主要原因。

墙体分段叙述如下：

（一）竹里台村长城 1 段（6108223382101170001）

该段墙体位于麻镇竹里台村。地处黄土梁峁丘陵宽谷区，周边地势相对平缓，沟壑遍布，为荒坡地。墙体起点到止点长 101 米，存 66 米，消失 35 米。整体呈东—西走向。属于夯筑而成的土墙。（图二）

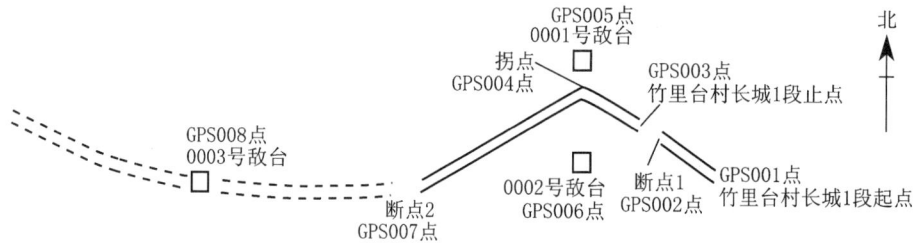

图二　竹里台村长城 1 段位置示意图

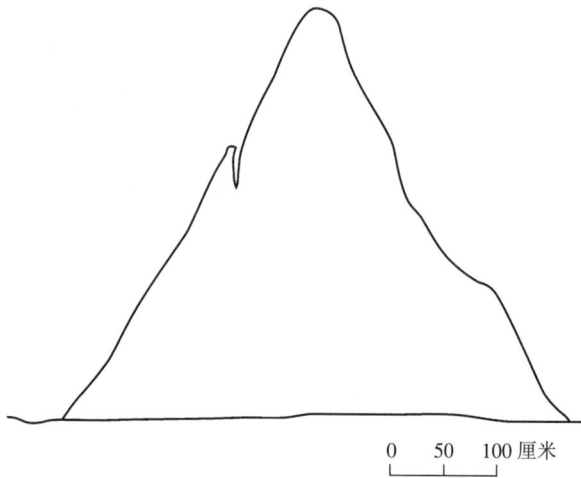

图三　竹里台村长城 1 段墙体剖面图

起点位于麻镇竹里台村双敌台东侧台地东，高程 1023 米；止点位于麻镇竹里台村双敌台东侧冲沟畔，高程 1022 米。

整体保存一般。墙面因雨水冲刷侵蚀而剥落，墙体上有动物洞穴；竹里台村长城 1 段至 2 段间有一条 35 米的水冲沟致墙体消失。

墙体顺山势而建，随台地山坡走势东高西低。距起点 66 米处为断点，墙体存在，为大致呈东—西走向的土墙，自然基础上夯筑而成，夯土夹杂有黑垆土和黄土，夯层厚 0.09～0.15 米，底宽 5、高 3～5 米；断点至止点消失，长 35 米。（图三）

墙体东距黄河 2.85 千米，西 1.2 千米为黄甫川，自北向南流，为黄河补给型河流。四周为深沟、陡坡，只有羊肠小道可通行。

（二）竹里台村长城 2 段（610822382101170002）

该段墙体位于麻镇竹里台村。起点东距黄河 2.95 千米，地处黄土梁峁丘陵宽谷区，周边沟壑遍布。墙体起点到止点长 1329 米，保存 349 米，消失 980 米。整体呈东—西走向。属于夯筑而成的土墙。（图四）

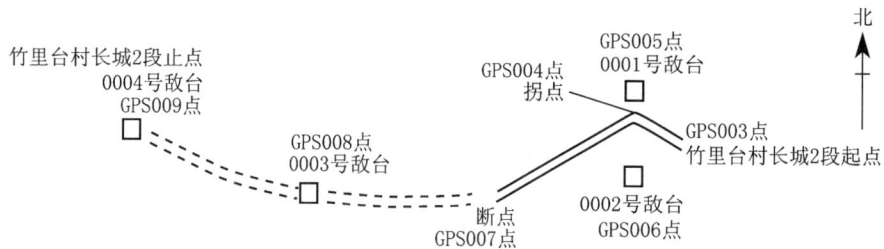

图四　竹里台村长城 2 段位置示意图

起点位于麻镇竹里台村双敌台东侧冲沟畔，高程 1022 米；止点位于麻镇竹里台村双敌台西侧山坡下，高程 914 米。

整体保存较差。因地处黄土梁峁丘陵宽谷区，墙体两侧水土流失严重，使部分墙体出现滑坡。墙体也因常年受雨水冲刷侵蚀而坍塌严重，有多处动物洞穴，生长的植物对墙体造成一定程度的破坏，部分消失。

起点至拐点墙体大致为东—西走向，拐点至断点的墙体为东北—西南走向，断点至止点的墙体为东—西走向。拐点南偏东63米为竹里台2号（0002号）敌台，拐点北10米为竹里台1号（0001号）敌台。起点西北0.103千米为拐点，墙体存在；拐点西南0.246千米为断点，墙体存在；断点西980米为止点，墙体消失。

墙体夯土筑成，土质为黄土，夯层厚0.05～0.12米，高1～5米，剖面呈斜三角形。（图五）

墙体断点西0.48千米处为竹里台3号（0003号）敌台；止点处为竹里台4号（0004号）敌台。西1千米为黄甫川，自北向南流，为黄河补给型河流。

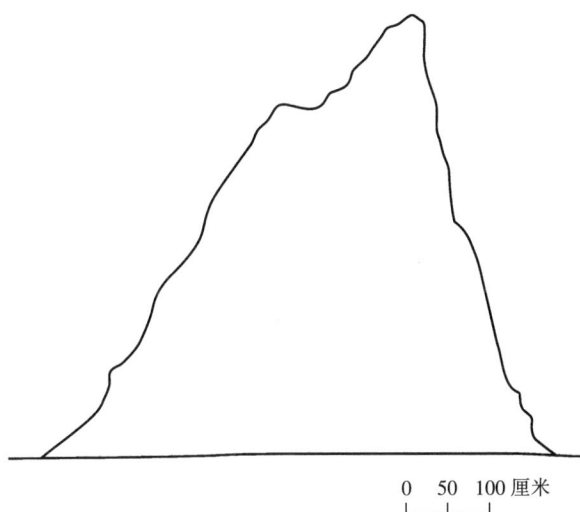

图五　竹里台村长城2段墙体剖面图

（三）黄甫川河险（610822382107170003）

该段河险位于麻镇竹里台村双敌台西侧至麻二村之间。河险起点至止点长820米。整体呈北—南走向。属于利用当地河道险要防御的长城类型。（图六）

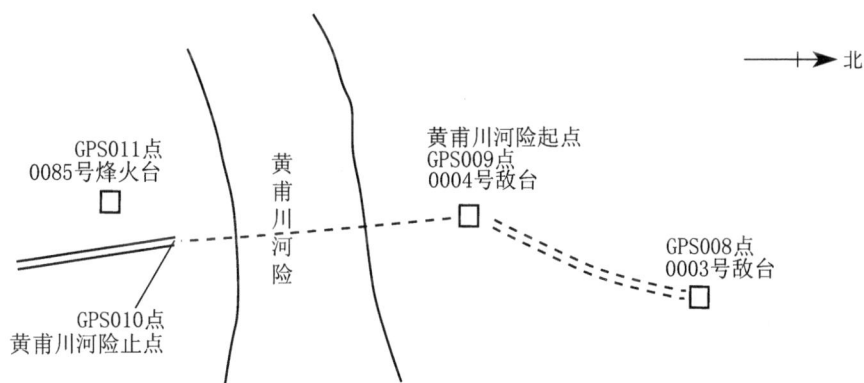

图六　黄甫川河险位置示意图

起点位于麻镇竹里台双敌台西侧山坡下，高程914米；止点位于麻镇麻二村东，高程940米。

河险为季节性河流，河床平坦，落差不大，两岸山峰起伏，坡度较大。

河险整体保存一般，季节性河流补给水的不稳定性以及河滩处农田的开垦均对河险有一定的破坏作用。

河险起点为黄甫川东岸（0004号）敌台，止点为麻二村长城1段起点。

黄甫川为季节性河流，西岸为府（谷）准（格尔旗）公路和多条乡村土路。

（四）麻二村长城1段（610822382101170004）

该段墙体位于麻镇麻二村。地处黄土沟壑地带，周边沟壑遍布。墙体起点至止点长907米。起点至507米处为断点，墙体存在；断点至止点墙体消失400米。整体呈东北—西南走向。属于夯筑而成的土墙。（图七）

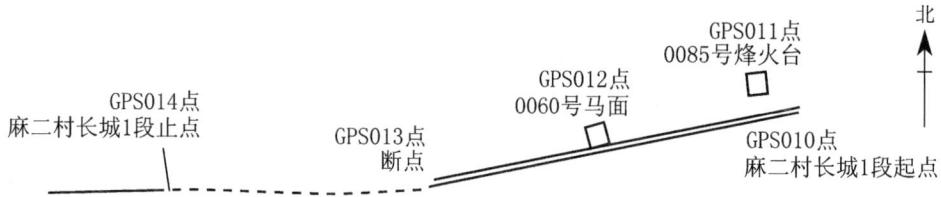

图七　麻二村长城1段位置示意图

起点位于麻镇麻二村东，高程940米；止点位于麻镇麻二村葫芦沟大麻地梁东头，高程955米。

墙体整体保存差。由于居民建房和耕作的破坏，多段墙体被土掩埋。洪水的冲刷使墙体两侧不断坍塌，豁口增大，部分墙体基础低于地面。墙体时断时续，呈锯齿状，起伏不平。墙体依山崖而筑，内侧紧贴山体，外层夯筑而起，外侧墙基经人工整平，大部分墙体低于内侧山体，只见外侧痕迹不见内墙。受山体坍塌的影响，墙体破坏十分严重，部分只见墙基。

墙体位于麻镇镇政府所在地，为自然基础上顺山势夯筑而成的土墙，夯土以黄土为主，夯层厚0.1~0.18米。起点至0.2千米处存两段长3.2~3.5米的墙体，高0.6~0.8米。

墙体起点西60米为麻二村（0085号）烽火台，0.307千米为麻二村（0060号）马面，东0.33千米为黄甫川，自南向北流，为季节性河流。附近有麻（镇）哈（镇）公路和多条土路。

麻二村有居民380余人，多数外出打工或上学，以汉族为主，主要从事种植业。

墙体断点处保存有清代修筑的夯土围墙，长26、宽0.4~0.8、高0.6~1.2米，墙上间隔6米有瞭望孔。

（五）麻二村长城2段（610822382101170005）

该段墙体位于麻镇麻二村葫芦沟大麻地梁东端至胡家梁小蒜圪旦西坡下。地处黄土沟壑地带，墙体两侧部分为耕地，部分为荒坡地。墙体起点至止点长772米。起点至拐点为东—西走向，拐点至止点为东北—西南走向，整体呈东—西走向。属于夯筑而成的土墙。（图八）

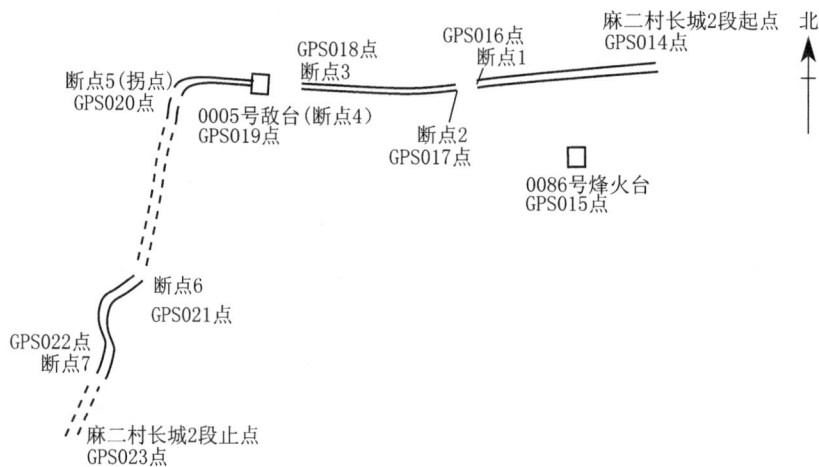

图八　麻二村长城2段位置示意图

起点位于麻镇麻二村葫芦沟大麻地梁东端，高程955米；止点位于麻镇胡家梁小蒜圪旦西坡下，高程1005米。

墙体整体保存差。起点至 261 米处为胡家梁村，村民靠墙体而居，两处房子直接建在墙基上，部分民房依墙而建。墙体破坏十分严重，外包青砖全部被村民拆除用于房屋的修筑。胡家梁 1 号（0005号）敌台东侧为村庄，部分居民将住房建在长城墙基上或依墙而建，并在墙体上凿挖了多处通道。长城外侧为耕地，直接危害着墙体。

墙体现位于麻镇镇政府所在地。顺山势而建，墙体为自然基础上夯筑而成的土墙，夯土为黄土夹杂料礓石，夯层厚 0.08～0.18 米，起点至断点 5 拐点处墙体保存差，呈不规则锯齿状，高 0.3～5 米，部分地段只能依墙基遗痕判断墙体走向，胡家梁村山梁上人为破坏较大。起点西 170 米处为断点 1，墙体存在；断点 1 西 30 米为断点 2，墙体消失；断点 2 西 100 米为断点 3，墙体存在；断点 3 西 20 米为断点 4，墙体消失；断点 4 西 112 米为断点 5、拐点，墙体存在；断点 5、拐点南 125 米为断点 6，墙体消失；断点 6 西南 195 米为断点 7，墙体存在；断点 7 南 20 米处为止点，墙体消失。墙体底宽 6.5、顶宽 2.8、高 8 米。

距墙体起点 0.06 千米南侧 52 米为胡家梁村 1 号（0086 号）烽火台，0.3 千米为胡家梁村 1 号（0005 号）敌台。东 0.8 千米为黄甫川河，自北向南流，为季节性河流。附近有麻（镇）哈（镇）公路和多条土路。

（六）胡家梁村西峁长城（610822382101170006）

该段墙体位于麻镇胡家梁村小蒜圪旦西坡下至麻镇杨家峁村黎元山智通寺东 0.13 千米。东距黄甫川 1.25 千米，属于黄土梁峁丘陵地带，两侧为梯田和荒坡地，外围为沟壑。墙体起点到止点长 1753 米。起点至拐点 1 墙体为北—南走向，其余大致为东北—西南走向，自拐点 2 墙体向西北延伸。自拐点 3、胡家梁村 3 号（0007 号）敌台外墙体再度向西南延伸。整体呈东北—西南走向。属于夯筑而成的土墙。（图九；彩图一）

起点位于麻镇胡家梁村小蒜圪旦西坡下，高程 1005 米；止点位于麻镇杨家峁黎元智通寺东 0.13 千米，高程 1067 米。

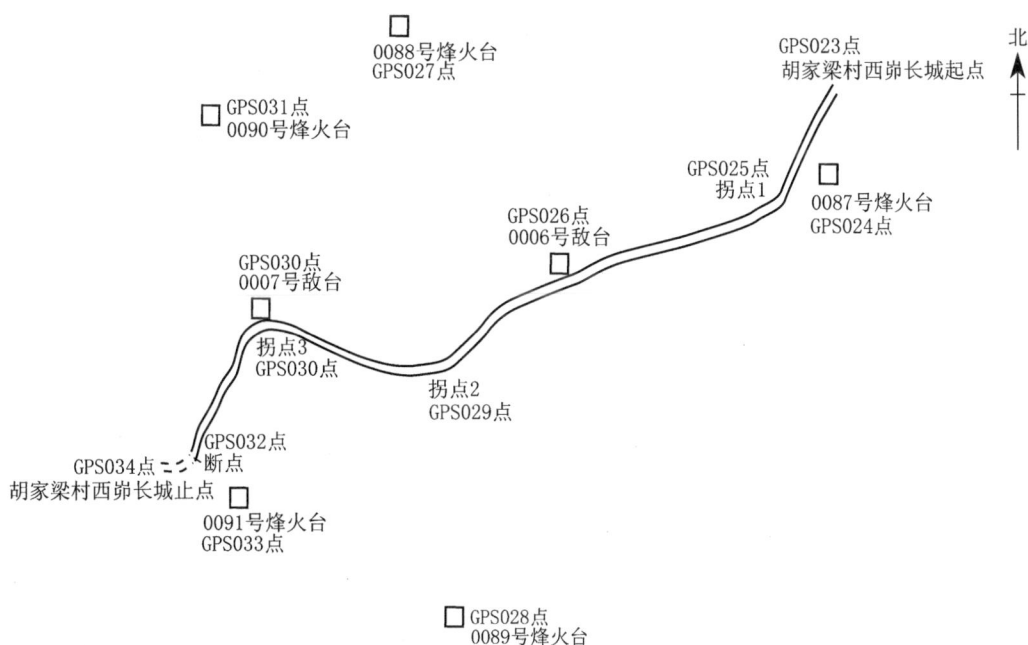

图九　胡家梁村西峁长城位置示意图

墙体整体保存较差。雨水冲刷侵蚀造成墙体剥落，动物洞穴和植物根系对墙体造成一定程度的破坏，公路紧依墙体而行也给墙体造成了破坏。

墙体顺山势而建，墙体起点至 23 米处有公路依墙体并行，为在自然基础上夯筑而成，夯土以黄土为主，夯层厚 0.08～0.18 米。墙基为自然砂岩，未经人为加工，内侧高 2～3.5、外侧高 6～9 米。墙体剖面呈梯形，底宽 8、顶宽 0.4～3.4 米。墙顶基本整齐，内外墙面因受自然风雨的侵蚀，剥落较严重，外墙面基本呈直立状。起点至拐点 1 长 188 米，墙体存在；拐点 1 至西南拐点 2 长 758 米，墙体存在；胡家梁村 2 号（0006 号）敌台西南 0.4 千米为拐点 2，西北 0.343 千米为拐点 3、胡家梁村 3 号（0007 号）敌台；拐点 3 西南前行 0.414 千米为断点，墙体存在；断点至止点墙体消失 50 米。

距墙体起点 0.15 千米内侧 60 米处胡家梁村 2 号（0087 号）烽火台，0.546 千米处为胡家梁村 2 号（0006 号）敌台，西北 0.602 千米处为胡家梁村 3 号（0088 号）烽火台，胡家梁村 3 号（0007 号）敌台西北 0.309 千米处为杨家峁村 1 号（0090 号）烽火台，墙体内侧南 0.3 千米为杨峁村 2 号（0091 号）烽火台，南 0.648 千米为胡家梁（0089 号）烽火台，距起点 1.289 千米处为胡家梁村 3 号（0007 号）敌台。

墙体东侧为黄甫川，该河自北向南流，为季节性河流。麻（镇）哈（镇）公路沿外侧通过。

该段墙体西 0.37 千米处为胡家梁村西峁，有居民 100 人，男女比例基本平衡，以汉族为主，主要从事农业。

（七）杨家峁村长城 1 段（610822382101170007）

该段墙体位于麻镇杨家峁村黎元山智通寺东 0.13 千米至哈镇旧巴州村村东 0.24 千米。地处黄土梁峁丘陵宽谷区，周围为梁峁沟壑地，墙体两侧地势较缓。墙体起点至止点长 1465 米，现存 1212 米，消失 253 米。整体呈东北—西南走向。属于夯筑而成的土墙。（图一〇）

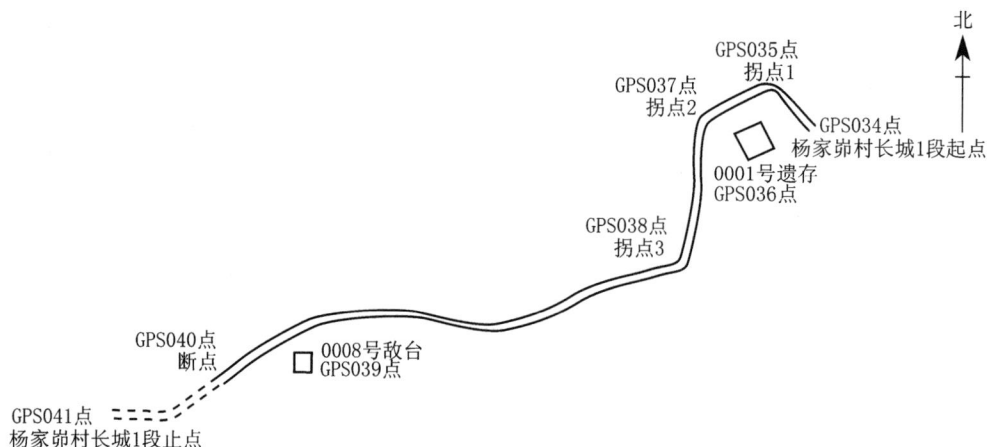

图一〇　杨家峁村长城 1 段位置示意图

起点位于麻镇杨家峁村黎元山智通寺东 0.13 千米，高程 1067 米；止点位于哈镇旧巴州村东 0.24 千米，高程 1075 米。

墙体整体保存较差。人为破坏严重，部分仅存墙基。黎元山智通寺庙宇的扩建和维修，将黎元山段墙体内侧全部压在基下，外侧墙体由于人为的破坏使得部分地段只存基础；内外两侧辟为耕地，为了耕作的方便和排洪的需要，在墙体上凿挖出道路和排洪口，使墙体断口被风雨侵蚀得越来越大，造成墙体坍塌；在修筑公路的过程中，部分墙基因挖土外露。

起点至0.1千米处为拐点1，墙体东南－西北走向；拐点1至0.15千米处为拐点2，东－西走向；拐点2至南0.252千米为拐点3，北－南走向；拐点3至止点，东北－西南走向，拐点3至断点长710米，起点至断点间的墙体存在，断点至止点，墙体消失253米。拐点3至杨家峁村（0008号）敌台有11米墙体被公路占压一半。

墙体起点处呈半圆形，将黎元山智通寺围在墙内，寺院西北角处墙体转向西南，底宽7~8、顶宽0.8~3、高6~8米。墙体受自然的侵蚀和人为破坏形成多处豁口，墙体内外侧剥落严重，起伏较大，高0.6~4米，部分地段只存墙基。

墙体为自然基础上夯筑，夯土为黄土，部分墙体有五花土，土质坚硬，夯层厚0.08~0.18米，分段夹板夯筑，偶见夹板柱洞。

距墙体起点0.751千米处墙体南侧8米为杨家峁村（0008号）敌台，东2.3千米是黄甫川，自北向南流，为季节性河流。附近有一条公路、多条土路。

杨家峁村原有居民500余人，现有6户人家，30多人，村民多数外出打工或上学，以汉族为主，主要从事种植业。村中没有水源。

（八）旧巴州村长城（610822382101170008）

该段墙体位于哈镇旧巴州村东0.24千米至麻镇陈庄则村西南0.51千米。地处黄土梁峁沟壑地带，两侧为梯田，周边沟壑遍布。墙体起点至止点长1306米。整体呈北—南走向。属于夯筑而成的土墙。（图一一；彩图二）

起点位于哈镇旧巴州村东0.24千米，高程1075米；止点位于麻镇陈庄则村西南510米，高程1077米。

墙体整体保存较差。距起点0.15千米处有3户居民的房屋紧靠墙体，房屋北侧有两条便道从墙基上通过，形成2~3米的豁口。墙体顶部呈锯齿状，内外侧墙面剥落严重。常年的风雨侵蚀及人们日常生活的影响是其损毁的主要原因。

起点至断点墙体为东—西走向，断点至止点为北—南走向。距起点0.11千米处为折点，为夯土墙；折点至96米处为断点，为夯土墙；断点南1.1千米处为止点，墙体消失。

墙体为自然基础上夯筑，夯土为黄土夹杂料礓石，夯层厚0.1~0.18米。底宽2~4.4、顶宽0.6~2.5、内高1.2~5、外高1.2~5米。

墙体断点西北方向0.035米处为旧巴州村马面（0061号）马面；断点南0.4千米为杨家峁村3号（0093号）烽火台，0.6千米为杨家峁村4号（0094号）烽火台，东南0.68千米为杨家峁村5号（0095号）烽火台，1.1千米处为陈庄则村（0096号）烽火台；西3.75千米为清水川，自北向南流，为季节性补给型河流。墙体西面有麻（镇）哈（镇）公路，为黄土、卵石铺垫。

陈庄则村居住有6户人家，30多人，主要靠种植农作物和经济作物。旧巴州村常年干旱少雨，人畜饮水主

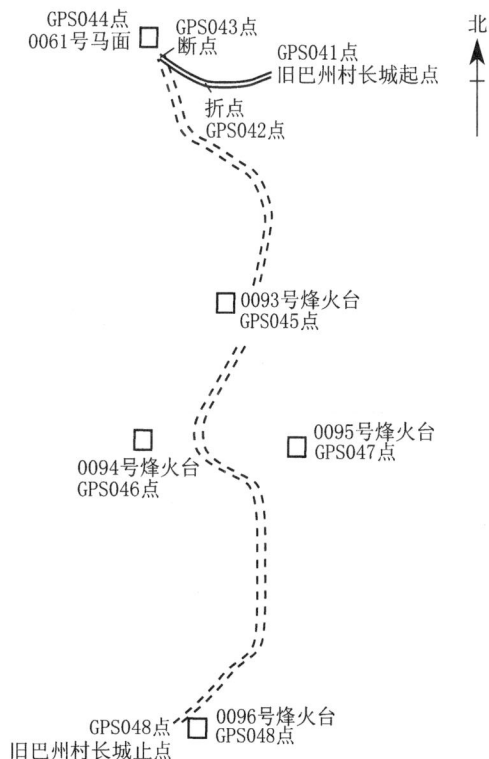

图一一　旧巴州村长城位置示意图

要靠去麻镇或大岔村拉运。

（九）杨家峁村长城2段（610822382101170009）

该段墙体位于麻镇陈庄则村西南0.51千米至哈镇城壕村。地处黄土梁峁丘陵宽谷区，属于黄土沟壑地貌，周边沟壑纵横。墙体起点至止点长915米，仅存15米，消失900米。整体呈西北—东南走向。属于夯筑而成的土墙。（图一二）

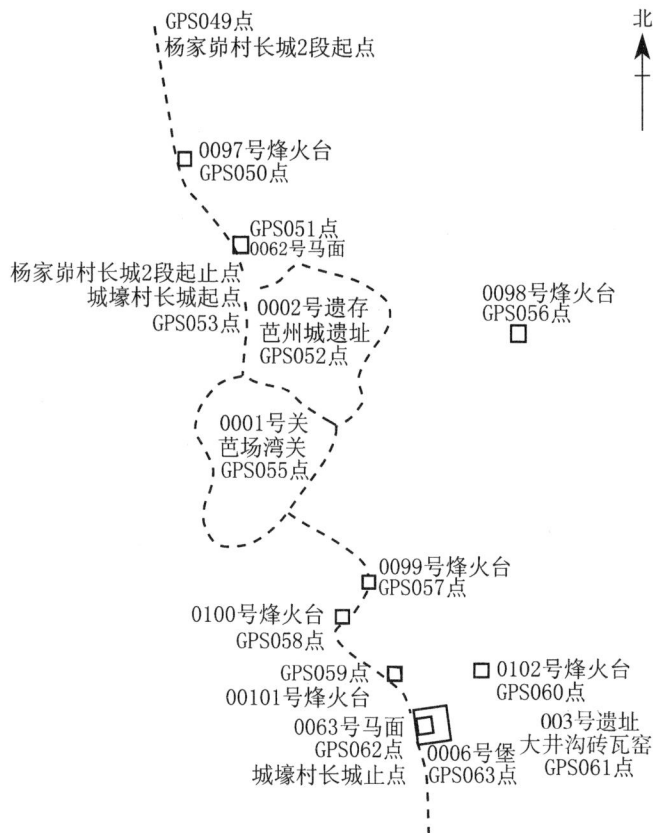

图一二　杨家峁村长城2段及城壕村长城位置示意图

起点位于麻镇陈庄则村西南0.51千米，高程1077米；止点位于哈镇城壕村，高程1060米。

墙体整体保存较差。雨水冲刷侵蚀造成墙体剥落严重，动物洞穴和植物根系对墙体有一定程度的破坏。

墙体为自然基础上用黄土夹杂小石子和料礓石夯筑而成，夯层厚0.1~0.18米。长15米。底宽0.9~1.7、顶宽0.08~0.3、高0.2~1.9米。墙体顶部呈驼峰状，内外侧墙面剥落严重。起点至15米处为断点，墙体存在；断点至900米处为止点，墙体消失。

墙体断点南0.4千米为杨家峁村6号（0097号）烽火台，0.88千米为城壕村（0062号）马面，向南1千米处为芭州城（0002号）遗址。西2.75千米处是清水川，自北向南流，为季节性河流。周围以山区小路为主。

（一〇）城壕村长城（610822382101170010）

该段墙体位于哈镇城壕村至清水乡转角楼村北0.15千米。地处黄土梁峁丘陵宽谷区，属于黄土沟壑地貌，墙体两侧为耕地，周边沟壑遍布，西1千米为清水川。墙体起点至止点长1556米，现存156

米，消失 1400 米。整体呈北—南走向。属于夯筑而成的土墙。（参见图一二）

起点位于哈镇城壕村，高程 1060 米；止点位于清水乡转角楼村北 0.15 千米，高程 1014 米。

墙体整体保存较差。起点南 0.156 千米为断点，墙体存在；断点至止点，墙体消失 1400 米。墙体位于哈镇城壕村东南芭场湾西边畔的黄土峁梁上，人为破坏严重，村民将墙体推平，开垦为耕地，或是在墙体上凿洞储藏土豆，还有部分房屋紧靠墙体修建，对墙体破坏严重；起点南 64 米墙体西侧为居民区，部分房屋东墙紧靠墙体，墙体西壁上有村民储藏土豆、饲养鸡羊凿开的洞穴，对墙体造成破坏。墙体由于与耕地齐平，顶、底宽无法确定，部分墙体叠压在元代芭州城西垣上。

墙体为自然基础上夯筑而成，夯土以黄土夹杂瓦片、瓷片、陶片等为主，夯层厚 0.12～0.15 米。起点东南 0.93 千米为转角楼村 1 号（0099 号）烽火台，1 千米为转角楼村 2 号（0100 号）烽火台，东 1 千米为马连圪达村（0098 号）烽火台，南 1.2 千米为转角楼村 3 号（0101 号）烽火台，东南 1.1 千米为转角楼村 4 号（0102 号）烽火台，1.3 千米为转角楼村（0063 号）马面和转角楼村（0006 号）堡，东南 1.3 千米为转角楼村大井沟砖瓦窑（0003 号）遗址。

东西两侧为黄甫川和清水川，均为季节性河流。周围以乡村土路为主。

城壕村现有 17 户居民，70 多人。常年干旱少雨，人畜饮水困难。

（一）清水川河险（6108223821071700011）

该段河险位于清水乡转角楼村北至凤凰塔村西。利用清水川河作为天然屏障，两岸山峦起伏，山体与河床落差达 100 多米。河险起点至止点长 740 米。整体呈西北—东南走向。属于利用当地河道险要防御的长城类型。（图一三）

起点位于清水乡转角楼村北 0.15 千米，高程 1014 米；止点位于清水乡凤凰塔村西 0.5 千米，高程 953 米。

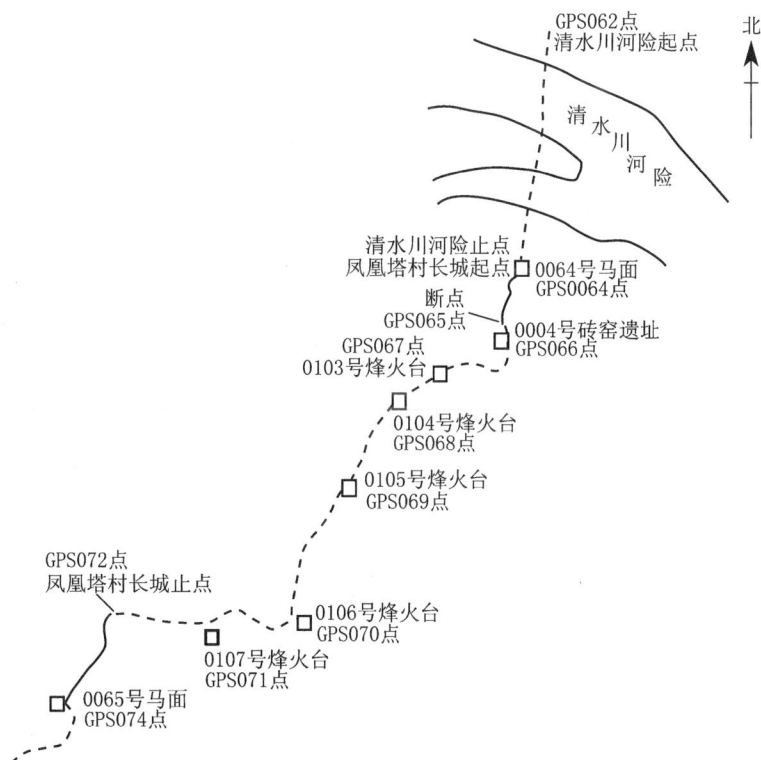

图一三　清水川河险及凤凰塔村长城位置示意图

河险整体保存一般。因为属于季节性河流，河水冲刷和水土流失造成河床逐渐变宽，雨季洪水的冲刷对河险造成一定程度的破坏。开垦农田、种植庄稼、部分地带的取土对河险也有一定程度的破坏。

河险起点为城壕村长城止点，止点为凤凰塔村长城起点。

河东岸有一条公路。

（一二）凤凰塔村长城（610822382101170012）

该段墙体位于清水乡凤凰塔村西0.5千米至清水乡傅家崖窑村西北0.12千米。地处黄土梁峁丘陵宽谷区，两侧为耕地和荒坡地，周围沟壑遍布。墙体起点至止点长1566米，距起点66米处为断点，墙体存在；断点西1.5千米为止点，墙体消失。整体呈东北—西南走向。属于夯筑而成的土墙。（参见图一三）

起点位于清水乡凤凰塔村西0.5千米，高程953米；止点位于清水乡傅家崖窑村西北0.12千米，高程1064米。

墙体整体保存较差。雨水冲刷侵蚀造成墙体剥落，顶部坍塌较重，呈锯齿状，动物洞穴和植物根系对墙体也有一定程度的破坏。

墙体在自然基础上用黄土夹杂料礓石、小石子夯筑而成，夯层厚0.07～0.14米。长66米，底宽0.4～1.7、顶宽0.15～1.4、高0.5～3.9米。墙体内外墙面剥落严重。

墙体起点处为凤凰塔村（0064号）马面，南0.16千米为凤凰塔村砖窑（0004号）遗址，0.29千米为凤凰塔村1号（0103号）烽火台，0.46千米为凤凰塔村2号（0104号）烽火台，西南0.05千米为凤凰塔村3号（0105号）烽火台，西南1.24千米为傅家崖窑村1号（0106号）烽火台，西南1.35千米为傅家崖窑村2号（0107号）烽火台。

附近有清水川，自北向南流，为季节性补给型河流。周围以乡村小路为主。

凤凰塔村有居民130多人，以汉族为主，主要从事种植业。

（一三）傅家崖窑村长城（610822382101170013）

该段墙体位于清水乡傅家崖窑村西北0.12千米至哈镇大阴湾村芦沟沟口北0.05千米。地处黄土梁峁丘陵宽谷区，沿山梁而建，周边沟壑遍布。墙体起点至止点长1580米，起点至0.28千米处为断点，墙体存在；断点至止点，墙体消失1300米。整体呈东北—西南走向。属于夯筑而成的土墙。（图一四）

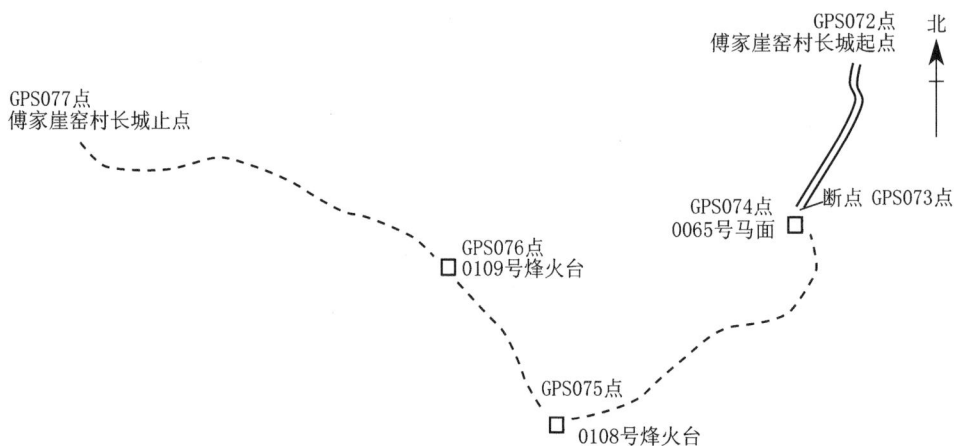

图一四　傅家崖窑村长城位置示意图

起点位于清水乡傅家崖窑村西北 0.12 千米、距清水川约 1.4 千米，高程 1064 米；止点位于哈镇大阴湾村芦沟沟口北 0.05 千米，高程 999 米。

墙体整体保存差。因受雨水冲刷侵蚀剥落，动物洞穴和植物根系亦对墙体有一定程度的破坏。整体呈锯齿状，墙体内外面剥落严重，0.102 千米处有一豁口，为雨水冲刷所致。墙体西 0.02 千米处有一深 70、宽 111 米的沟；东有一条土路，距墙体 0.12 千米处有一小庙。

墙体是自然基础上用黄土夹杂料礓石、小石子夯筑而成，夯层厚 0.03~0.13 米。墙体底宽 0.7~0.9、顶宽 0.02~0.06、高 0.15~2.8 米。

墙体断点南侧有傅家崖窑村（0065 号）马面；西 0.55 千米为傅家崖窑村 3 号（0108 号）烽火台，0.68 千米为傅家崖窑村 4 号（0109 号）烽火台。

附近的河流为清水川，自北向南流，为季节性补给型河流。墙体东侧有一条乡村土路。

傅家崖窑村有居民 100 多人，以汉族为主，主要从事种植业。

（一四）大阴湾村长城 1 段（610822382101170014）

该段墙体位于哈镇大阴湾村芦沟沟口北 0.05 千米至哈镇大阴湾村南 0.535 千米、小南川沟南岸。地处黄土梁峁丘陵宽谷区，沿山梁而建，周围为黄土沟壑地貌，沟壑遍布。墙体起点至止点长 203 米，起点至 33 米处为断点，墙体存在；断点至止点，墙体消失 170 米。整体呈东北—西南走向。属于夯筑而成的土墙。（图一五）

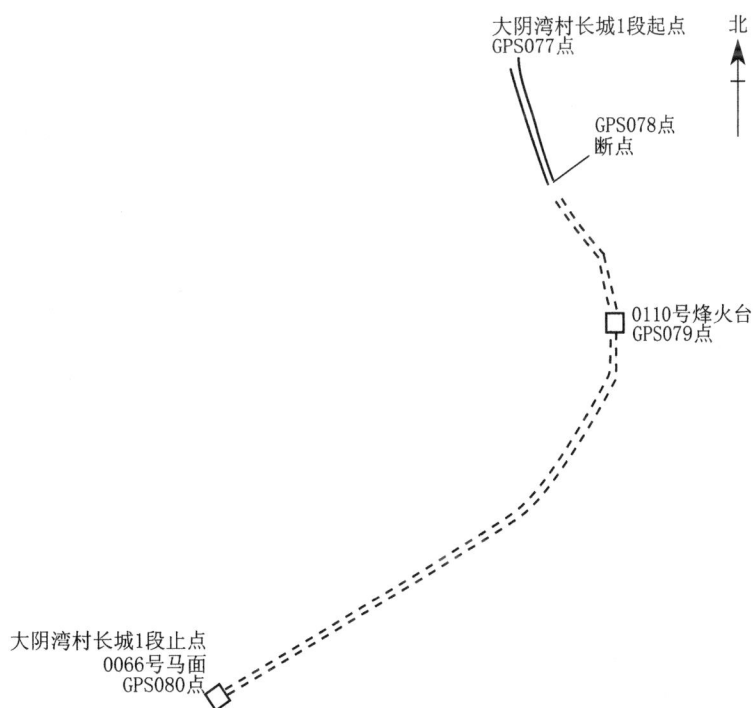

图一五　大阴湾村长城 1 段位置示意图

起点位于哈镇大阴湾村芦沟沟口北 0.05 千米，高程 999 米；止点位于哈镇大阴湾村南 0.535 千米，高程 1023 米。

墙体整体保存较差。因雨水冲刷侵蚀造成墙体剥落，植物根系对墙体亦有一定程度的破坏。墙体 12.3 米处有一宽 3 米的豁口，墙体两侧滑坡、倒塌严重。

墙体为自然基础上用黄土夯筑而成，夯层厚0.1～0.12米。墙体底宽1～3、顶宽0.5～1.2、高1～3.2米。墙体顶部呈锯齿状，内外墙面剥落严重。

墙体起点南0.06千米为大阴湾村1号（0110号）烽火台，西南0.2千米为大阴湾村1号（0066号）马面。

附近的河流为小南川，自西向东流，为季节性补给型河流。附近有多条乡村土路。

大阴湾村有居民180多人，以汉族为主，主要从事农业。

墙体断点西0.05千米处有5处砖窑遗址，轮廓不清，只存少许碎砖块，具体尺寸无法获取。

（一五）大阴湾村长城2段（610822382105170015）

该段山险墙位于哈镇大阴湾村内，北距小南川沟0.11千米，墙体外侧为耕地。地处黄土梁峁丘陵宽谷区，属于黄土沟壑地貌。山险墙起点至止点长300米。整体呈东—西走向。属于利用峭壁而形成的自然山地险要来防御的墙体类型。（图一六）

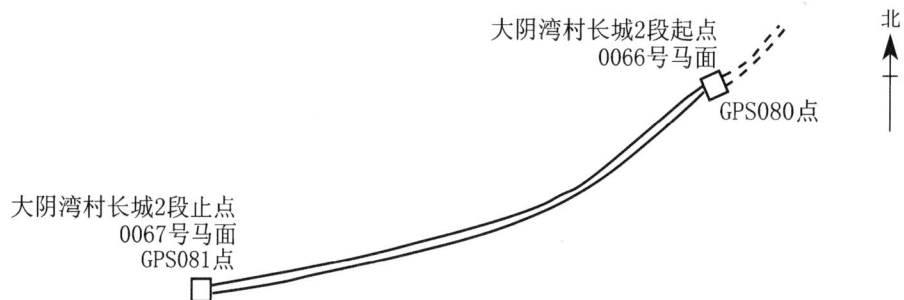

图一六　大阴湾村长城2段位置示意图

起点位于哈镇大阴湾村东0.535千米，高程1023米；止点位于哈镇大阴湾村南0.8千米，高程1023米。

山险墙整体保存较差。雨水冲刷侵蚀造成墙体剥落，山体滑坡坍塌、植物根系以及周围农田的开垦对墙体有一定程度的破坏。

山险墙为在山梁上削劈而成。两侧为沟壑，北面是小南川，相距0.11千米，南面是一条深70米的沟，从侧面看切面高15米。山险墙止点处为大阴湾村2号（0067号）马面。

附近的河流为小南川，自西向东流，为季节性补给型河流。附近有多条乡村土路。

（一六）青椿峁村长城（610822382101170016）

该段墙体位于清水乡青椿峁村北的山梁上，北距小南川沟0.35千米。地处黄土梁峁丘陵宽谷区，属于黄土沟壑地貌，两侧为荒坡地，外围沟壑纵横。墙体起点至止点长4788米，现存438米，消失4350米。整体呈东北—西南走向。属于夯筑而成的土墙。（图一七；彩图三）

起点位于哈镇大阴湾村北0.8千米，高程1023米；止点位于清水乡堡子村东北，高程1150米。

墙体整体保存较差。雨水冲刷侵蚀造成墙体剥落，动物洞穴和植物根系对墙体亦有一定程度的破坏。

起点至西南0.5千米处为断点1，墙体消失；断点1至西南0.33千米处为折点，墙体存在，为夯土墙；折点至西60米处为断点2，墙体存在，为夯土墙；断点2至南50米处为断点3，墙体消失；断点3至南48米处为断点4，墙体存在，为夯土墙；断点4至西南3.8千米为止点，墙体消失。

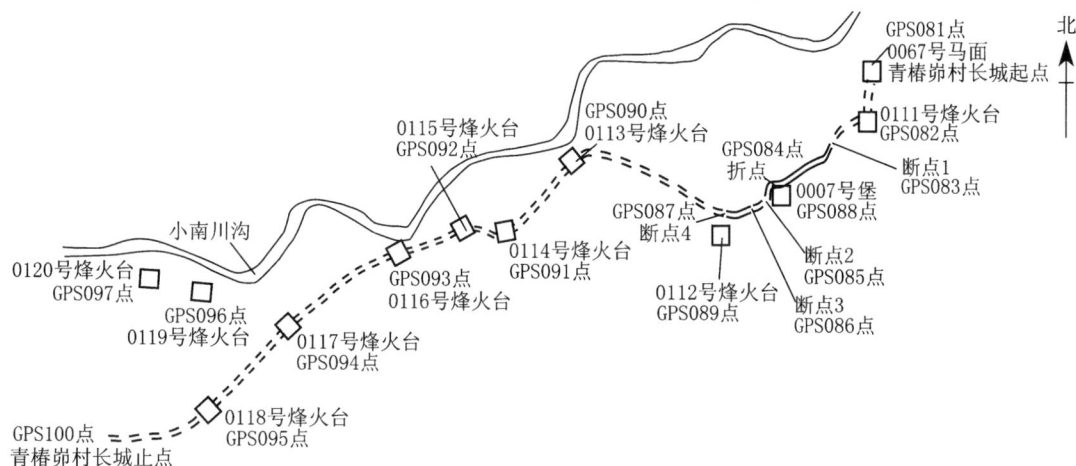

图一七　青椿峁村长城位置示意图

墙体顺山势而建，为自然基础上黄土夹杂小石子夯筑而成，夯层厚0.06~0.12米。墙体底宽0.3~1.2、顶宽0.2~0.9、高0.3~7米。墙体顶部呈驼峰状，内外墙面剥落严重。

墙体起点至0.248千米为大阴湾村2号（0111号）烽火台，0.83千米处南侧20米为青椿峁村（0007号）堡，1.03千米处南侧40米为青椿峁村（0112号）烽火台，2.04千米处为神树湾村（0113号）烽火台，2.95千米处为阴尔崖村1号（0114号）烽火台，2.77千米处为阴尔崖村2号（0115号）烽火台，3.17千米处为阴尔崖村3号（0116号）烽火台，3.87千米处为阴尔崖村4号（0117号）烽火台，4.52千米处为阴尔崖村5号（0118号）烽火台，北侧0.65千米为阴尔崖村6号（0119号）烽火台，西北侧0.75千米为阴尔崖村7号（0120号）烽火台。

附近的河流为小南川，自西向东流，为季节性补给型河流。附近有多条乡村小路。

青椿峁村有居民90多人，以汉族为主，主要从事农业。

（一七）堡子村长城（610823382101170017）

该段墙体位于清水乡堡子村东北至村西北1.6千米。起点北距小南沟0.92千米。地处黄土梁峁丘陵宽谷区，周围为黄土沟壑地貌。墙体沿山梁而建，两侧为较陡峭的荒坡地，周边沟壑遍布。墙体起点至止点长1390米，保存1374米，消失16米。整体呈东北—西南走向。属于夯筑而成的土墙。（图一八；彩图四）

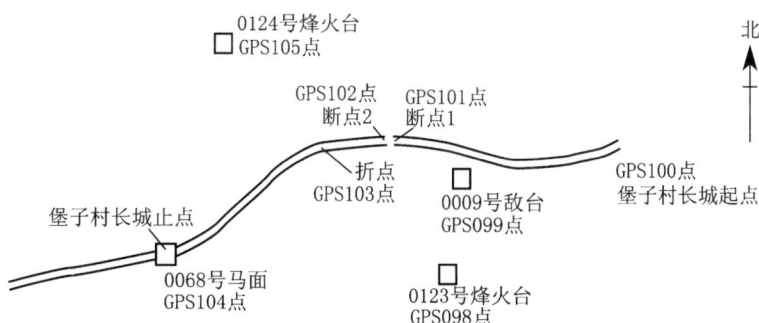

图一八　堡子村长城位置示意图

起点位于清水乡堡子村东北，高程 1150 米；止点位于清水乡堡子村西北 1.6 千米，高程 1179 米。

墙体整体保存较差。雨水冲刷侵蚀造成墙体剥落，动物洞穴和植物根系亦对墙体有一定程度的破坏。

起点至西 0.617 千米处为断点 1，墙体存在；断点 1 至西 11 米处为断点 2，两断点间有一条土路穿过；断点 2 至西 0.189 千米处为折点，墙体存在；折点西南 0.573 千米处为止点，墙体存在。

墙体是自然基础上黄土夹杂小石子夯筑而成的，夯层厚 0.08～0.13 米。墙体底宽 3.7～4、顶宽 0.2～2.2、高 0.07～3.1 米。

墙体起点至 0.417 千米处南侧为堡子村（0009 号）敌台，西北 1.05 千米为堡子村 2 号（0124 号）烽火台。

墙体北侧为小南川，自西向东流，为季节性河流。附近有乡村小道。

堡子村有居民 80 多人，汉族，以种植业为主。

（一八）火把梁村长城 1 段（610822382102170018）

该段墙体位于清水乡堡子村西北 1.6 千米至哈镇火把梁村东南 0.297 千米，北距小南川 1 千米。两侧为陡峭的山坡，地处黄土梁峁丘陵宽谷区，属于黄土沟壑地貌。墙体起点至止点长 600 米，保存 9 米，消失 591 米。整体呈东—西走向。属于片石垒砌而成的石墙类型。（图一九）

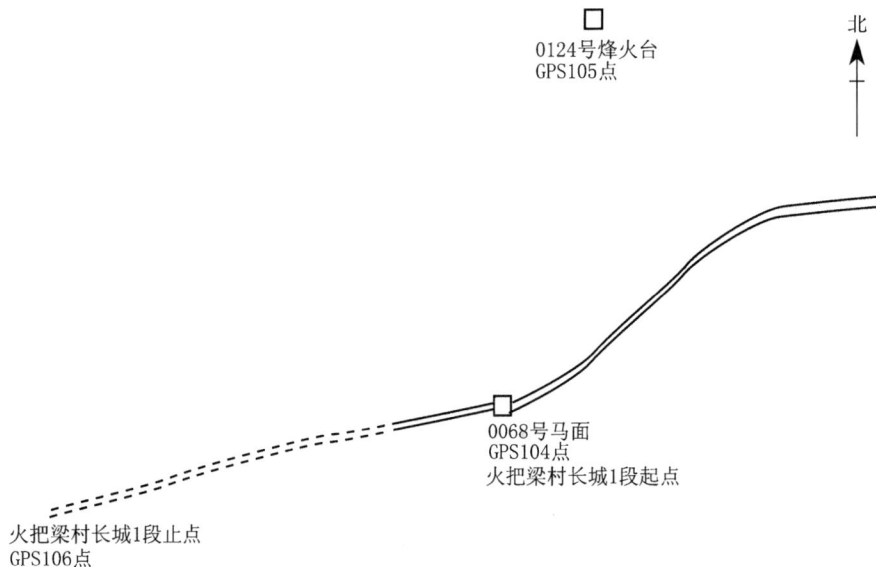

图一九　火把梁村长城 1 段位置示意图

起点位于清水乡堡子村西北 1.6 千米，高程 1179 米；止点位于哈镇火把梁村东南 0.297 千米，高程 1205 米。

墙体整体保存差。仅存 9 米，消失 591 米。雨水冲刷侵蚀造成墙体剥落，植物根系对墙体有一定程度的破坏；墙体顶部有一条路通过，墙体坍塌严重。

墙体两侧为片石垒砌，中间填充黄土和石块，墙体底宽 3.2、顶宽 1.8～2.3、高 1.4 米。

墙体起点处为堡子村（0068 号）马面。

附近的河流为小南川，自西向东流，为季节性河流。附近有羊肠小道。

火把梁村有居民 120 多人，以汉族为主，主要从事农业。

（一九）火把梁村长城 2 段（610822382101170019）

该段墙体位于哈镇火把梁村东南 0.297 千米至哈镇火把梁村东南 0.2 千米。北距小南川沟 1.05 千米。地处黄土梁峁丘陵宽谷区，属于黄土沟壑地貌。墙体起点至止点长 97 米。整体为东—西走向。属于夯筑而成的土墙。（图二〇）

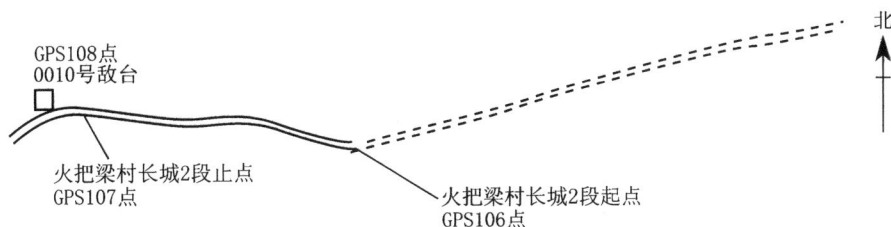

图二〇　火把梁村长城 2 段位置示意图

起点位于哈镇火把梁村东南 0.297 千米，高程 1205 米；止点位于哈镇火把梁村东南 0.2 千米，高程 1219 米。

墙体整体保存差。雨水冲刷侵蚀造成墙体剥落，动物洞穴和植物根系亦对墙体有一定程度的破坏，墙体南面有山水冲开的水沟沿墙体而行。

墙体是自然基础上黄土夹杂料礓石夯筑而成，夯层厚 0.08 ~ 0.12 米。墙体底宽 1.7 ~ 4.8、顶宽 0.6 ~ 1.1、内高 1.7 ~ 2.7、外高 1.9 ~ 4.9 米。

墙体北侧 0.011 千米处为火把梁村 1 号（0010 号）敌台。

附近的河流为小南川，自西向东流，为季节性河流。附近有羊肠小道。

（二〇）翟家梁村长城（610822382101170020）

该段墙体位于哈镇火把梁村东南 0.2 千米至赵五家湾乡翟家梁村西南 0.3 千米，北距小南川沟 1.35 ~ 2.2 千米，墙体两侧为耕地和水土流失形成的沟壑，地处黄土梁峁丘陵宽谷区，属于黄土沟壑地貌。墙体起点至止点长 4083 米，保存 3567 米，消失 516 米。整体呈东北—西南走向。属于夯筑而成的土墙。（图二一；彩图五）

起点位于哈镇火把梁村东南 0.2 千米，高程 1219 米；止点位于赵五家湾乡翟家梁村西南 0.3 千米，高程 1239 米。

墙体整体保存较差。村庄内到处可见墙体上挖开的人行通道和堆放杂物的洞。村民在墙体两侧开垦农田使墙体越来越窄，对墙体造成极大破坏。

起点至断点 1 墙体为夯土墙，长 210 米，东北—西南走向；断点 1 至断点 2 墙体长 110 米，东北—西南走向，断点 1 至西南 0.103 千米墙体因雨水冲刷侵蚀而消失，断点 2 至东北 7 米为保存的一段夯土墙；断点 2 至断点 3 长 190 米，墙体由于沟壑发育、雨水冲刷而消失，东北—西南走向；断点 3 至断点 4 夯土墙长 250 米，东北—西南走向；断点 4 至断点 5 长 70 米，墙体消失，北—南走向；断点 5 至断点 6 长 160 米，东—西走向，断点 5 西 0.153 千米的墙体因雨水冲刷、沟壑发育而消失，断点 6 东 7 米为保存的一段墙体；断点 6 至折点 1 为保存的夯土墙，长 60 米，东南—西北走向；折点 1 至折

图二一　翟家梁村长城位置示意图

点 2 为保存的夯土墙，长 90 米，东北—西南走向；折点 2 至折点 3 为保存的夯土墙，长 70 米，北—南走向；折点 3 至折点 4 为保存的夯土墙，长 50 米，东—西走向；折点 4 至止点为保存的夯土墙，长 2823 米，北—南走向。

墙体是在自然基础上黄土夯筑而成，夯层厚 0.08～0.2 米。墙体底宽 2.5～1.5、高 1.5～3.2 米，顶部呈锯齿状。

墙体起点西南 0.68 千米为火把梁村 2 号（0011 号）敌台，0.96 千米为火把梁村 3 号（0012 号）敌台，1.71 千米为官地梁村（0013 号）敌台，2.35 千米为官地梁村 1 号（0125 号）烽火台，2.25 千米为官地梁村 2 号（0126 号）烽火台，2.6 千米为翟家梁村 1 号（0014 号）敌台，2.66 千米为翟家梁村 2 号（0015 号）敌台，东南 2.23 千米为榆家坪村（0122 号）烽火台。

北侧为小南川沟，自西向东流，为季节性河流。附近有多条乡村小路，一条村级公路。

翟家梁村有 22 户，100 多人，以汉族为主，主要从事农业。

（二一）玉子梁村长城（610822382101170021）

该段墙体位于赵五家湾乡翟家梁村西南 0.3 千米至木瓜乡玉子梁村东北 0.6 千米，西北距小南川 2.2 千米。墙体两侧均为荒坡地，周边遍布水土流失形成的沟壑，地处黄土梁峁丘陵宽谷区，属于黄土沟壑地貌。墙体起点至止点长 2230 米，保存 130 米，消失 2100 米。整体走向呈东北—西南。属于夯筑而成的土墙。（图二二）

起点位于赵五家湾乡翟家梁村西南 0.3 千米，高程 1239 米；止点位于木瓜乡玉子梁村东北 0.6 千米，高程 1298 米。

墙体整体保存差。墙体上及两侧长满杂草，轮廓比较清晰，顶部呈锯齿状。雨水冲刷侵蚀造成墙体剥落，动物洞穴和植物根系亦对墙体有一定程度的破坏。

图二二 玉子梁村长城位置示意图

起点西南 1.25 千米处为断点 1，0.08 千米处有 20 米墙体，起点至断点 1 墙体消失 1230 米；断点 1 西北 0.05 千米处为折点，墙体消失；折点西南 0.11 千米处为断点 2，墙体存在；断点 2 西南 0.82 千米为止点，墙体消失。折点至断点 2 为东北—西南走向，断点 2 至止点为东北—西南走向。

墙体是在自然基础上黄土夯筑而成，夯层厚 0.08 ~ 0.16 米。墙体底宽 3.2、顶宽 1.6 ~ 2、高 4.5 米。

墙体起点西南 0.15 千米处为翟家梁村龙王庙（0005 号）遗址，0.35 千米为翟家梁村 3 号（0016号）敌台，0.8 千米为翟家梁村（0127 号）烽火台，1 千米为翟家梁村 4 号（0017 号）敌台，1.27 千米为玉子梁村 1 号（0128 号）烽火台，1.68 千米为玉子梁村 3 号（0130 号）烽火台，1.4 千米为玉子梁村 2 号（0129 号）烽火台，1.55 千米为玉子梁村（0008 号）堡，2.23 千米为玉子梁村 4 号（0131号）烽火台。

墙体北侧为小南川，自西向东流，为季节性河流。附近有多条乡村土路。

玉子梁村有居民 70 多人，主要从事农业。

（二二）桃阴梁村长城 1 段（610822382101170022）

该段墙体位于木瓜乡玉子梁村东北 0.6 千米至木瓜乡桃阴梁村西北 0.7 千米。地处黄土梁峁丘陵宽谷区，属于黄土沟壑地貌。墙体沿山梁顺山势而建，周围遍布雨水冲刷形成的沟壑。墙体起点至止点长 1350 米，保存 290 米，消失 1060 米。起点至拐点为东南—西北走向，拐点至止点为东北—西南走向，整体呈东南—西北走向。属于夯筑而成的土墙。（图二三）

起点位于木瓜乡玉子梁村西北 0.6 千米，高程 1298 米；止点位于木瓜乡桃阴梁村西北 0.7 千米，高程 1291 米。

墙体整体保存较差。有多处自然坍塌，道路从墙体穿过，形成豁口，墙体有多处随意刻划的文字。

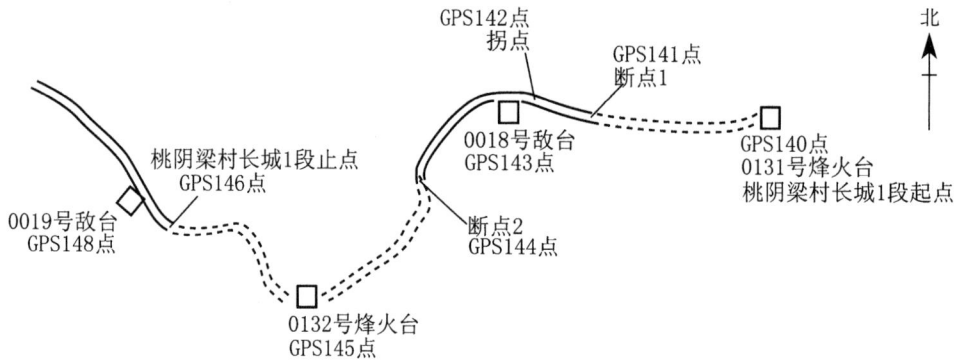

图二三　桃阴梁村长城 1 段位置示意图

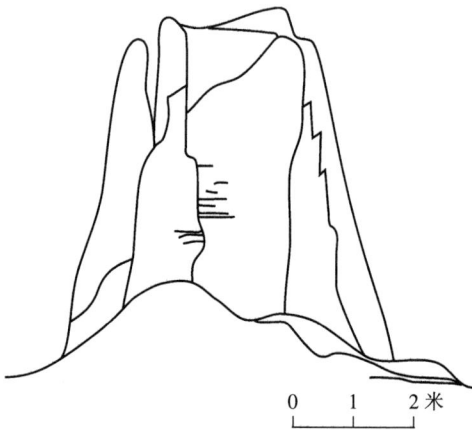

图二四　桃阴梁村长城 1 段墙体剖面图

雨水冲刷侵蚀造成墙体剥落，动物洞穴和植物根系亦对墙体有一定程度的破坏。

　　起点西北 0.65 千米处为断点 1，墙体消失；断点 1 西北 93 米为拐点，墙体存在；拐点西 0.197 千米为断点 2，墙体存在；断点 2 西南 0.41 千米为止点，墙体消失。

　　墙体是在自然基础上黄土夹杂小石子夯筑而成，夯层厚 0.05 ~ 0.15、夯窝直径 0.05 ~ 0.06 米。墙体底宽 5.3、顶宽 2.5 ~ 3.1、高 2.3 ~ 5.5 米。（图二四）

　　墙体起点西 0.83 千米为桃阴梁村 1 号（0018 号）敌台，向西南 1.2 千米为桃阴梁村 1 号（0132 号）烽火台。周围有木瓜河、小南川。附近有乡村土路。

（二三）桃阴梁村长城 2 段 （610822382101170023）

　　该段墙体位于木瓜乡桃阴梁村西北 0.7 千米至木瓜乡桃阴梁村西北约 0.97 千米。起点南距木瓜川 3.35 千米，两侧为荒坡地，属于黄土沟壑地貌。起点至止点长 460 米，起点至 172 米处为断点，墙体存在；断点至止点墙体消失 288 米。整体呈东南—西北走向。属于夯筑而成的土墙。（图二五）

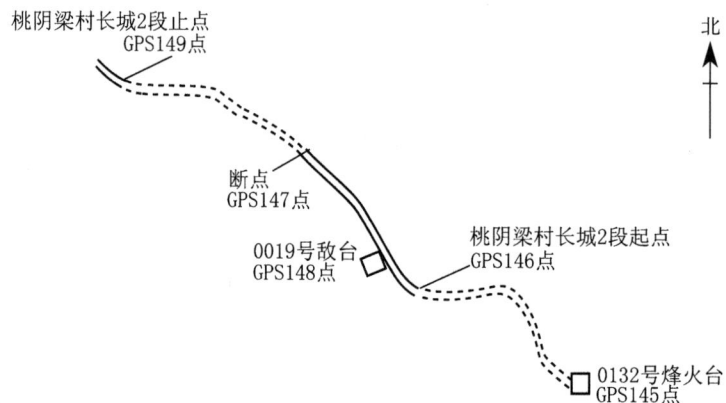

图二五　桃阴梁村长城 2 段位置示意图

起点位于木瓜乡桃阴梁村西北 0.7 千米，高程 1291 米；止点位于木瓜乡桃阴梁村西北约 0.97 千米，高程 1301 米。

墙体整体保存较差。保存 172 米，消失 288 米。雨水冲刷侵蚀造成墙体剥落，外墙坍塌部分为斜坡状，动物洞穴和植物根系亦对墙体有一定程度的破坏。

墙体是在自然基础上以黄土夹杂沙子、石子夯筑而成的，夯层厚 0.06 ~ 0.12、夯窝直径 0.06 米。墙体底宽 3、顶宽 1 ~ 3、高 4.6 米。（图二六）

墙体起点西 0.07 千米为桃阴梁村 2 号（0019 号）敌台。

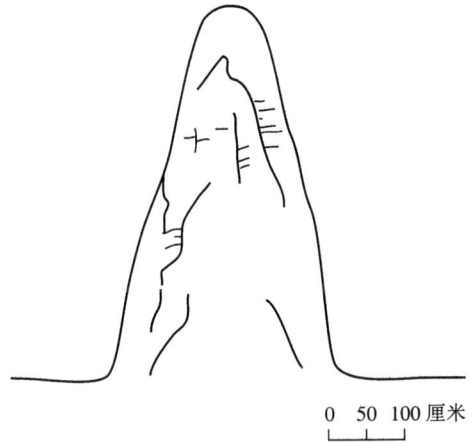

图二六 桃阴梁村长城 2 段墙体剖面图

（二四）桃阴梁村长城 3 段（610822382101170024）

该段墙体位于木瓜乡桃阴梁村西北约 0.97 千米至木瓜乡桃阴梁村西北 1 千米，南距木瓜川 3.85 千米，两侧为荒坡地。地处黄土梁峁丘陵宽谷区，属于黄土沟壑地貌。起点至止点长 157 米，起点至 27 米处为断点，墙体保存；断点至止点消失 130 米。整体呈东南—西北走向。属于人工夯筑而成的土墙。（图二七）

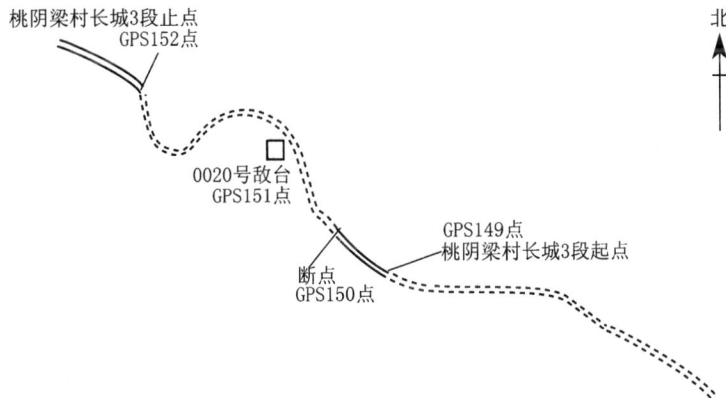

图二七 桃阴梁村长城 3 段位置示意图

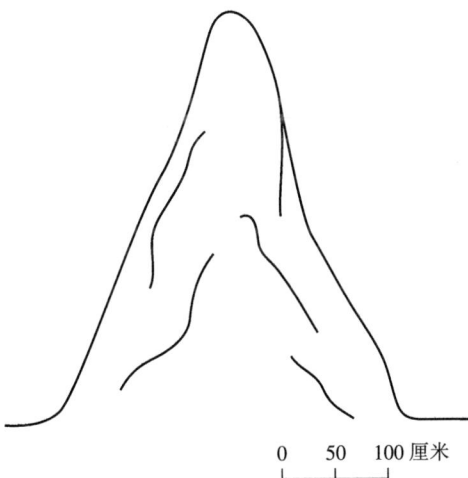

图二八 桃阴梁村长城 3 段墙体剖面图

起点位于木瓜乡桃阴梁村西北约 0.97 千米，高程 1301 米；止点位于木瓜乡桃阴梁村西北 1 千米，高程 1294 米。

墙体整体保存差。因建在山梁细腰处，属山体滑坡严重地带，水土流失严重，墙体顶部呈驼峰状。雨水冲刷侵蚀造成墙体剥落。

现存墙体是在自然基础上，以本地黄土夹杂小石子、沙子人工夯筑而成，夯层厚 0.04 ~ 0.14 米，墙体底宽 2 米，顶部呈驼峰状，残高 3 米。（图二八）

墙体起点西 0.05 千米为 0020 号敌台。

（二五）桃阴梁村长城 4 段（610822382101170025）

该段墙体位于木瓜乡桃阴梁村西北 1 千米至木瓜乡后大梁村北约 1.04 千米，南距木瓜川 3.8 千米，东为断崖，南为山峁，西、北为深沟。地处黄土梁峁丘陵宽谷区，属于黄土沟壑地貌。墙体起点至止点长 133 米，起点至 33 米处为断点，墙体存在；断点至止点消失 100 米。整体呈东南—西北走向。属于夯筑而成的土墙。（图二九）

起点位于木瓜乡桃阴梁村西北 1 千米，高程 1294 米；止点位于木瓜乡后大梁村北约 1.04 千米，高程 1293 米。

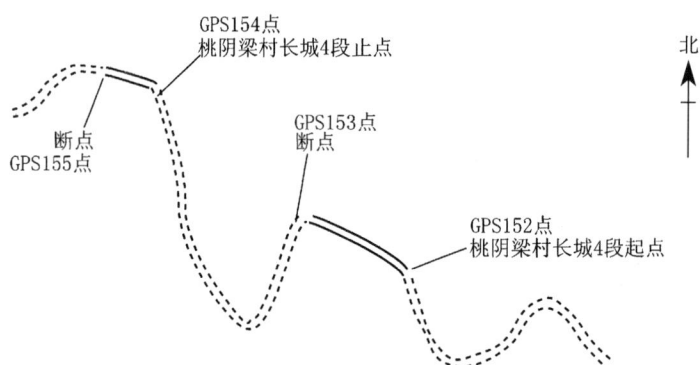

图二九　桃阴梁村长城 4 段位置示意图

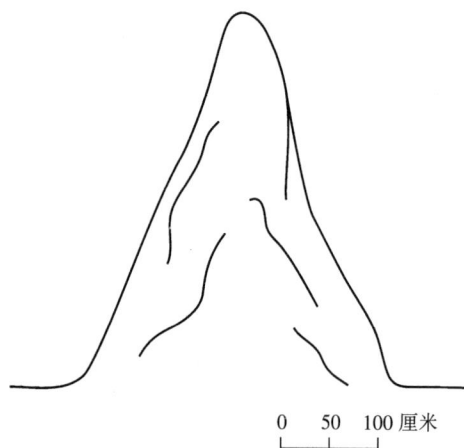

图三○　桃阴梁村长城 4 段墙体剖面图

墙体整体保存差。保存 33 米，消失 100 米。雨水冲刷侵蚀造成墙体剥落、坍塌、消失，植物根系对墙体也有一定程度的破坏。

墙体为自然基础上用黄土夯筑而成，包含石子，夯层厚 0.04 ~ 0.14 米。墙体底宽 2、高 2 米。（图三○）

（二六）桃阴梁村长城 5 段
（610822382101170026）

该段墙体位于木瓜乡桃阴梁村后大梁村（组）北约 1.04 千米至村北约 1 千米。中间为冲沟，东为深沟，与桃阴梁村长城 4 段隔沟相望，南北为坡地，南高北低。地处黄土梁峁丘陵宽谷区，属于黄土沟壑地貌。墙体起点至止点长 97 米，起点至 36 米处为断点，墙体存在；断点至止点墙体消失 61 米。整体呈东南—西北走向。属于夯筑而成的土墙。（图三一）

起点位于木瓜乡后大梁村北约 1.04 千米，高程 1293 米；止点位于木瓜乡后大梁村北约 1 千米，高程 1291 米。

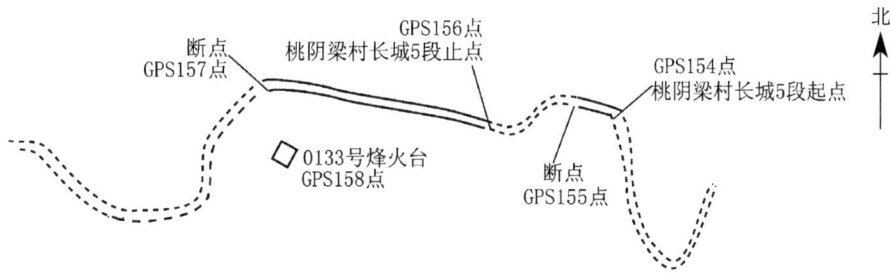

图三一　桃阴梁村长城5段位置示意图

墙体整体保存差。墙体因雨水冲刷侵蚀而剥落坍塌严重，部分消失。

墙体是在自然基础上黄土夯筑而成，夯层厚 0.06～0.15 米，夯层细密，包含物有石子、沙土等。仅存 36 米。墙体底宽 2、高 2 米。（图三二）

墙体西南距桃阴梁村长城 6 段 0.061 千米。

（二七）桃阴梁村长城 6 段
（610822382101170027）

该段墙体位于木瓜乡桃阴梁村后大梁村

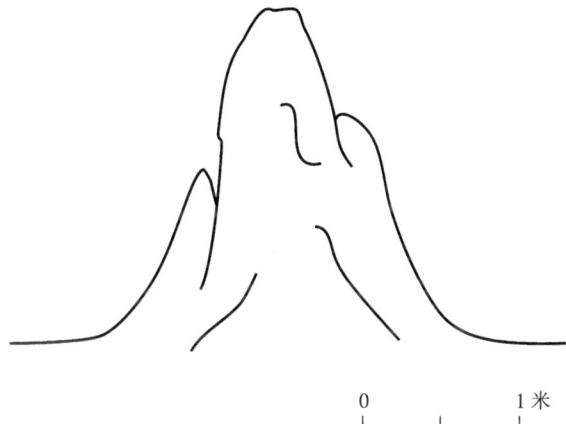

图三二　桃阴梁村长城5段墙体剖面图

（组）北约 1 千米至木瓜乡官地塌村西北 0.61 千米。墙体北侧为坡地，较为平缓，东西为冲沟，中部高，两头低。墙体起点至止点长 510 米，起点至 0.18 千米处为断点，墙体存在；断点至止点，墙体消失 330 米。整体呈东南—西北走向。属于夯筑而成的土墙。（图三三）

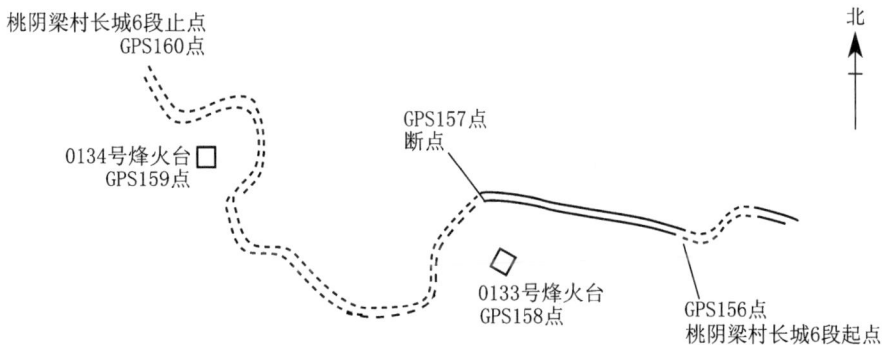

图三三　桃阴梁村长城 6 段位置示意图

起点位于木瓜乡后大梁村北约 1 千米，高程 1291 米；止点位于木瓜乡官地塌村西北 0.61 千米，高程 1262 米。

墙体整体保存差。保存 180 米，消失 330 米。雨水冲刷使墙体出现豁口、坍塌，呈驼峰状，动物洞穴和植物根系对墙体也有一定程度的破坏。

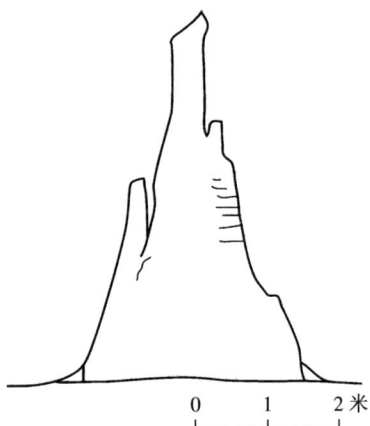

图三四　桃阴梁村长城 6 段墙体剖面图

墙体是在自然基础上夯筑而成，夯土以黄土为主，包含物有石子、沙土等，夯层厚 0.05～0.15 米，质地细密，夯窝直径 0.03 米。墙体底宽 3、高 2.8～3.8 米。（图三四）

墙体南距桃阴梁村 2 号（0133 号）烽火台 0.051 千米，东北距桃阴梁村长城 5 段 0.061 千米。

（二八）官地塌村长城 1 段
（610822382101170028）

该段墙体位于木瓜乡官地塌村西北 0.61 千米至木瓜乡官地塌村西北 0.84 千米。起点南距木瓜川 4.35 千米，两侧为耕地和荒坡地。地处黄土梁峁丘陵宽谷区，属于黄土沟壑地貌。墙体起点至止点长 537 米。起点至 0.377 千米处为断点，墙体存在；断点至止点，墙体消失 160 米。整体呈东—西走向。属于夯筑而成的土墙。（图三五）

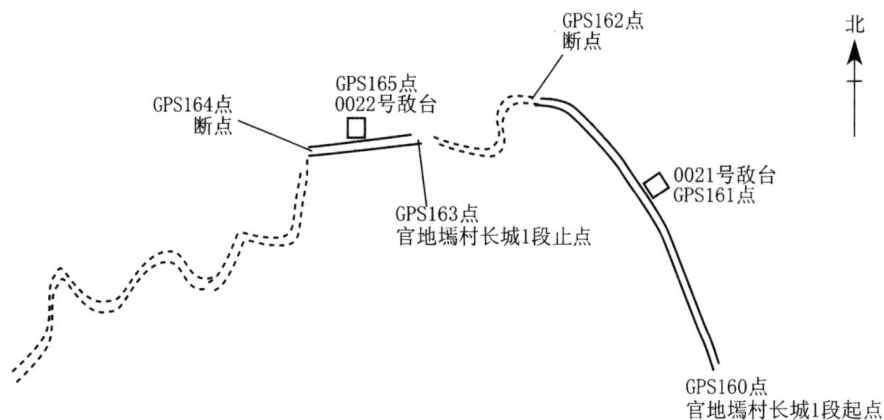

图三五　官地塌村长城 1 段位置示意图

起点位于木瓜乡官地塌村西北 0.61 千米，高程 1262 米；止点位于木瓜乡官地塌村西北 0.84 千米，高程 1277 米。

墙体整体保存差。保存 377 米，消失 160 米。雨水冲刷侵蚀造成墙体剥落，植物根系对墙体也有一定程度的破坏，农田的开垦和生活取土也破坏着墙体；起点处有一个 8 米宽的豁口，起点至 0.287 千米处，由于筑墙取土在墙体北侧形成一条宽 10 米的壕沟，提高了北侧的高度。

墙体位于木瓜乡官地塌村西北山梁上，起点在山腰处，西北向山峁顶延伸，至山峁最高处继续向西北延伸。墙体为在自然基础上夯筑而成，夯层厚 0.05～0.14 米，质地细密，包含物有小石子等。墙体底宽 3、高 1～5 米。

墙体起点南 0.105 千米处为官地塌村 1 号（0134 号）烽火台，北 0.24 千米为官地塌村 1 号（0021 号）敌台。

周围有木瓜河和小南川，附近有乡村土路。

（二九）官地塬村长城 2 段（610822382101170029）

该段墙体位于木瓜乡官地塬村西北 0.84 千米至木瓜乡太平墩村北 0.47 千米，起点南距木瓜川 4.75 千米，两侧为荒坡地。地处黄土梁峁丘陵宽谷区，属于黄土沟壑地貌。墙体起点至止点长 1474 米。起点至 0.174 千米处为断点，墙体存在；断点至止点墙体消失 1300 米。整体呈东北—西南走向。属于夯筑而成的土墙。（图三六）

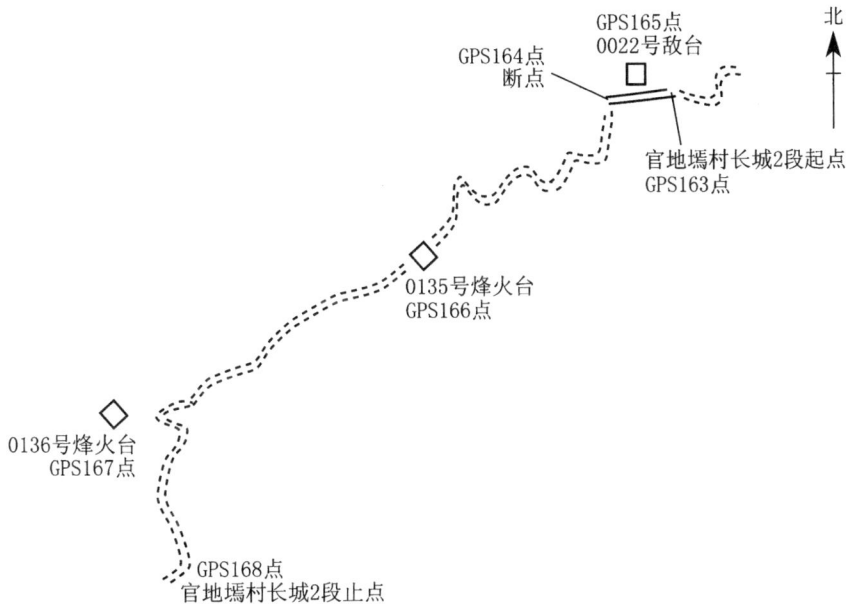

图三六　官地塬村长城 2 段位置示意图

起点位于木瓜乡官地塬村西北 0.84 千米，高程 1277 米；止点位于木瓜乡太平墩村北 0.47 千米，高程 1299 米。

墙体整体保存差。保存 174 米，消失 1300 米。雨水冲刷侵蚀造成墙体剥落、坍塌，周围杂草丛生，植物根系对墙体也有一定程度的破坏，周围农田的开垦、庄稼的种植对墙体有很大破坏。

墙体为自然基础上用黄土夯筑而成，夯层厚 0.05 ~ 0.14 米，夯层细密，包含物有小石子等，没有发现夯窝。墙体底宽 3、高 3 ~ 6 米。

墙体起点西 0.043 千米为官地塬村 2 号（0022 号）敌台，西南 0.52 千米为塔芦梁村 1 号（0135 号）烽火台，西南 1.22 千米为塔芦梁村 2 号（0136 号）烽火台。

（三〇）太平墩村长城 1 段（610822382101170030）

该段墙体位于木瓜乡太平墩村北 0.47 千米至村北 0.4 千米。墙体沿山梁而建，两侧地势较缓。地处黄土梁峁丘陵宽谷区，属于黄土沟壑地貌。墙体起点至止点长 220 米。起点至 0.05 千米处为断点，墙体存在；断点至止点，墙体消失 170 米。整体呈北—南走向。属于夯筑而成的土墙。（图三七）

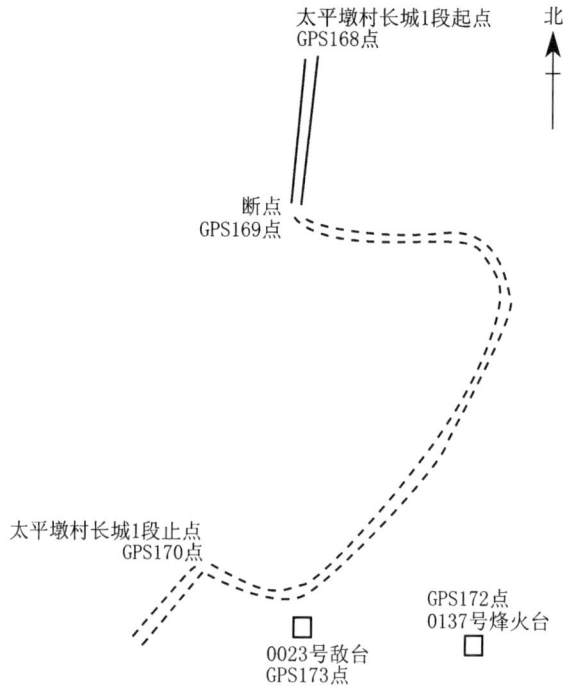

图三七　太平墩村长城 1 段位置示意图

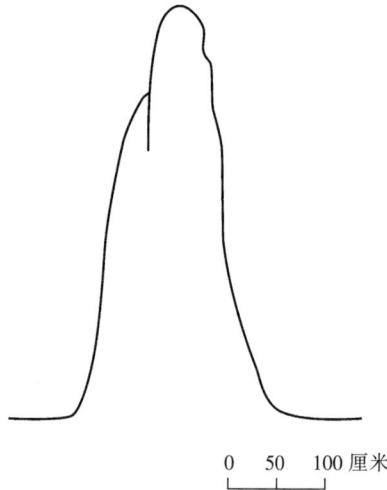

图三八　太平墩村长城 1 段墙体剖面图

起点位于木瓜乡太平墩村北 0.47 千米，东南距木瓜川 4.1 千米，高程 1299 米；止点位于木瓜乡太平墩村北 0.4 千米，高程 1294 米。

墙体整体保存差。雨水冲刷侵蚀造成墙体剥落，植物根系对墙体也起了很大的破坏作用；墙体中段有一个 4 米宽的豁口，豁口两侧墙体剥落较为严重。农田的开垦、庄稼的种植对墙体起了一定程度的破坏作用。

墙体为自然基础上用黄土夯筑而成，夯层厚 0.03 ~ 0.09 米，质地细密，包含物有石子等。墙体底宽 2、高 4 米。（图三八）

墙体起点北距塔芦梁村 2 号（0136 号）烽火台 0.33 千米。

附近的河流为木瓜河，自北向南流，为孤山川河补给型河流。附近有一条山区公路。

太平墩村有居民 50 人，以汉族为主，主要从事农业种植。

（三一）太平墩村长城 2 段（610822382101170031）

该段墙体位于木瓜乡太平墩村北 0.4 千米至村西北 0.45 千米。起点东南距木瓜川 4 千米，地势较平缓，两侧为耕地，地处黄土梁峁丘陵宽谷区，属于黄土沟壑地貌。起点至止点长 223 米，起点至 0.06 千米处为断点，墙体存在；断点至止点，墙体消失 163 米。整体呈东北—西南走向。属于夯筑而成的土墙。（图三九）

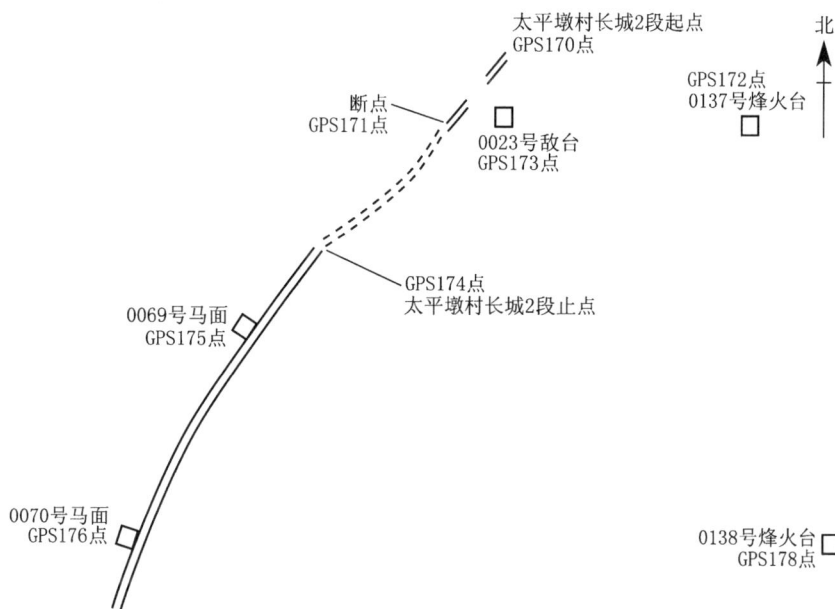

图三九　太平墩村长城 2 段位置示意图

起点位于木瓜乡太平墩村北 0.4 千米，高程 1294 米；止点位于木瓜乡太平墩村西北 0.45 千米，高程 1293 米。

墙体整体保存差。保存 60 米，消失 163 米。部分墙体仅存基础痕迹，西侧断面可见部分夯层，墙体有开裂、坍塌。断点西侧有取土痕迹，形成一凹地。

墙体以黄土夯筑而成，夯层厚 0.05 ~ 0.14 米。墙体底宽 4、顶宽 1.2 ~ 0.5、高 4.5 米。（图四〇）

墙体起点东距太平墩村（0023 号）敌台 0.04 千米，距太平墩村 1 号（0137 号）烽火台 0.11 千米。

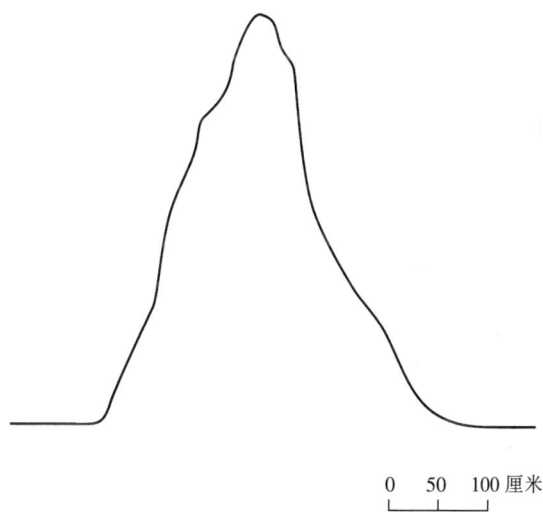

图四〇　太平墩村长城 2 段墙体剖面图

（三二）太平墩村长城 3 段（610822382101170032）

该段墙体位于木瓜乡太平墩村西北 0.45 千米至村南 0.34 千米。起点东南距木瓜川 3.85 千米，两侧为耕地，地势较为平缓，周边沟壑遍布。地处黄土梁峁丘陵宽谷区，属于黄土沟壑地貌。起点至止点长 572 米。起点至 0.302 千米处为断点，墙体存在；断点至止点墙体消失 270 米。整体呈东北—西南走向。属于夯筑而成的土墙。（图四一）

起点位于木瓜乡太平墩村西北 0.45 千米，高程 1293 米；止点位于木瓜乡太平墩村南 0.34 千米，高程 1293 米。

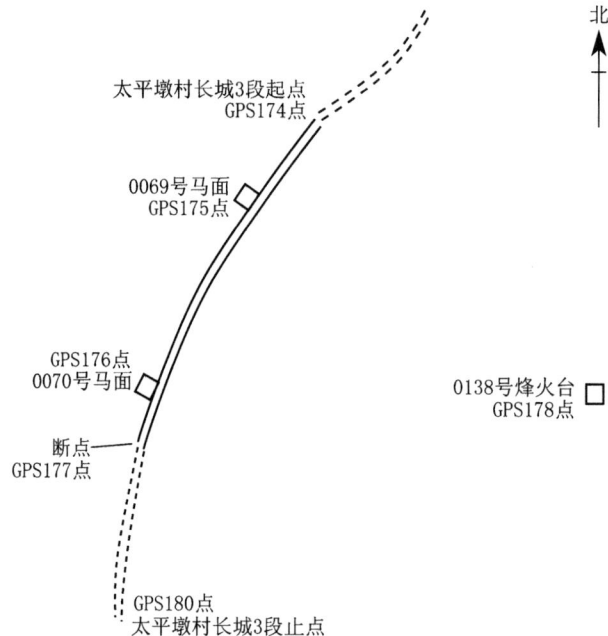

图四一　太平墩村长城 3 段位置示意图

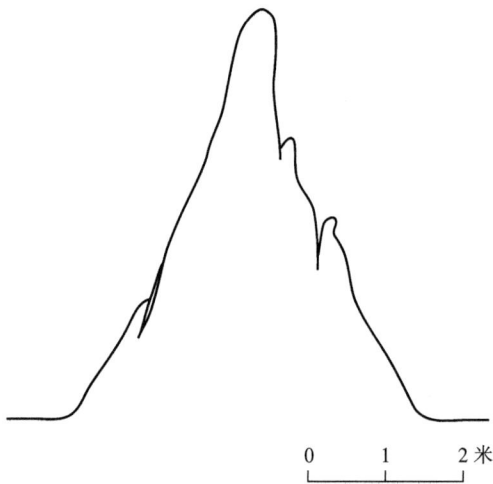

图四二　太平墩村长城 3 段墙体剖面图

墙体整体保存较差。保存 302 米，消失 270 米。顶部呈锯齿状，雨水冲刷侵蚀造成墙体剥落，植物根系以及农田的开垦、农作物的种植都对墙体造成破坏。

墙体为自然基础上黄土夯筑而成，夯层厚 0.06～0.15 米，质地细密，包含物有小石子等。墙体底宽 4、高 5 米。（图四二）

墙体起点西南 0.08 千米为太平墩村 1 号（0069 号）马面，0.23 千米为太平墩村 2 号（0070 号）马面，断点东 0.25 千米为太平墩村 2 号（0138 号）烽火台，止点东距太平墩村 3 号（0139 号）烽火台 0.06 千米。

（三三）太平墩村长城 4 段（610822382101170033）

该段墙体位于木瓜乡太平墩村南 0.34 千米至木瓜乡古城村东北 0.53 千米，东南距木瓜川 3.5 千米。两侧为荒坡地，坡度较大，外围沟壑遍布，地处黄土梁峁丘陵宽谷区，属于黄土沟壑地貌。起点至止点长 266 米。起点至 56 米处为断点，墙体存在；断点至止点墙体消失 210 米。整体为北—南走向。属于夯筑而成的土墙。（图四三）

起点位于木瓜乡太平墩村南 0.34 千米，高程 1293 米；止点位于木瓜乡古城村东北 0.53 千米，高程 1277 米。

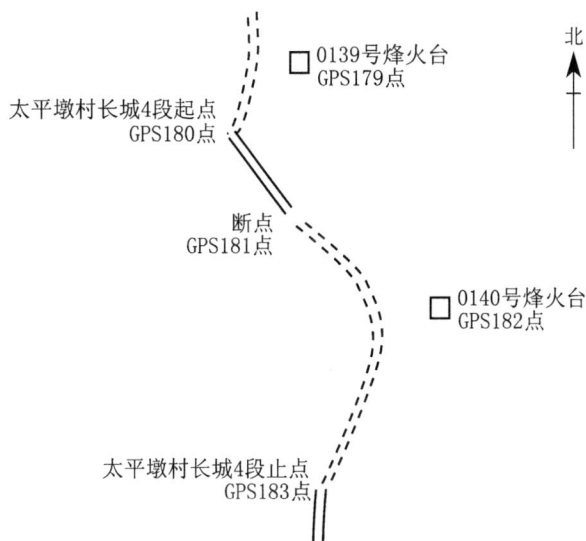

图四三　太平墩村长城 4 段位置示意图

墙体整体保存差。保存 56 米，消失 210 米。墙体由于雨水冲刷，两侧剥落严重，顶部有多处小豁口。植物根系的生长对墙体也有一定程度的破坏作用，农田的开垦、农作物的种植以及生活取土同样破坏着墙体。

墙体为自然基础上以黄土夹杂石子夯筑而成，夯层厚 0.05～0.12 米。墙体底宽 3、内高 3.2、外高 6.8 米。（图四四）

墙体起点东北距太平墩村 3 号（0139 号）烽火台 0.06 千米，东南距古城村 1 号（0140 号）烽火台 0.175 千米。

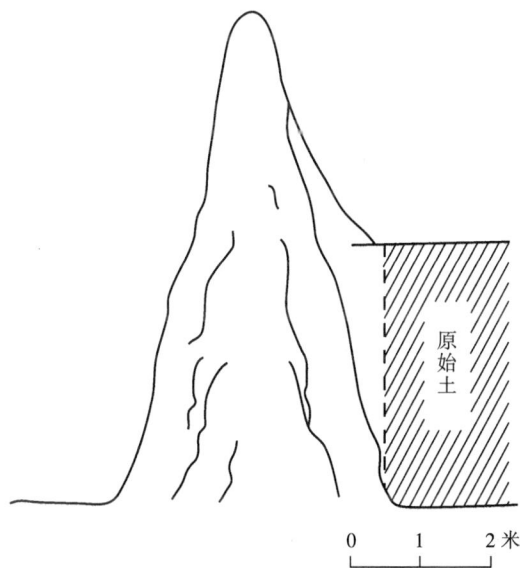

图四四　太平墩村长城 4 段墙体剖面图

（三四）古城村长城 1 段
（610822382101170034）

该段墙体位于木瓜乡古城村东北 0.53 千米至村遗址南 0.33 千米，东南距木瓜川 3.4 千米。西侧紧靠村级公路，东侧为沟壑，地处黄土梁峁丘陵宽谷区，为台阶形地貌。起点至止点长 465 米。起点至 0.04 千米处为断点 1，墙体存在；断点 1 至断点 2 墙体消失 80 米；断点 2 前行 0.115 千米为断点 3，墙体存在；断点 3 至止点墙体消失 230 米。整体呈北—南走向。属于夯筑而成的土墙。（图四五）

起点位于木瓜乡古城村东北 0.53 千米，高程 1277 米；止点位于木瓜乡古城村遗址以南 0.33 千米，高程 1293 米。

墙体整体保存较差。保存 155 米，消失 310 米。墙体坍塌严重，呈锯齿状，起点南 0.04 千米有一

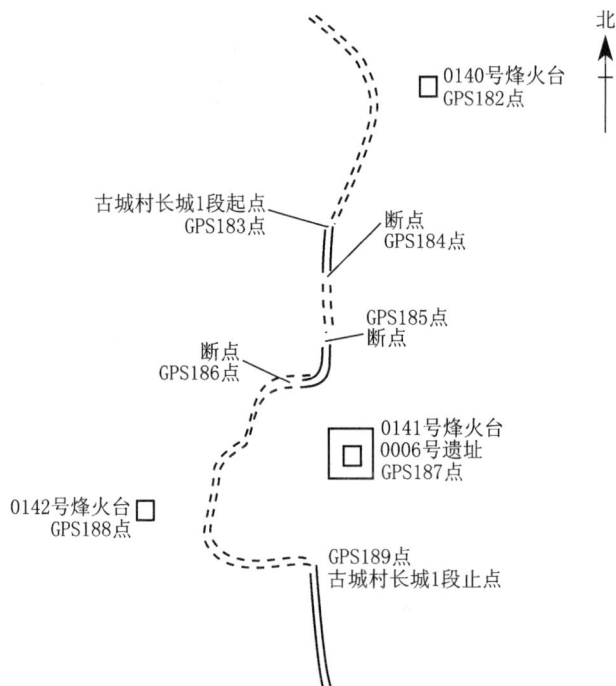

图四五　古城村长城 1 段位置示意图

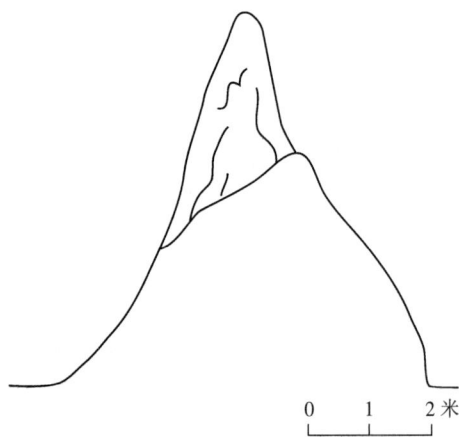

图四六　古城村长城 1 段墙体剖面图

个山体滑坡所致的断沟，宽 80 米。雨水冲刷侵蚀造成墙体剥落，植物根系对墙体也有一定程度的破坏，农田开垦也破坏着墙体。

墙体是在自然基础上以黄土夯筑而成，包含物有石子，夯层厚 0.05～0.17 米，墙体底宽 6、高 4 米。（图四六）

墙体起点东北距古城村 1 号（0140 号）烽火台 0.12 千米，断点 3 东南距古城村 2 号（0141 号）烽火台 0.14 千米。

墙体附近的河流为孤山川支流木瓜川河，自北向南流。西侧有村级公路。

古城村有居民 130 人，以汉族为主，主要从事农业、煤炭开采。

（三五）古城村长城 2 段（610822382101170035）

该段墙体位于木瓜乡古城村遗址南 0.33 千米至庙沟门镇砖厂梁村东北约 1 千米，起点东南距木瓜川 3.05 千米。地处黄土梁峁丘陵宽谷区，属于黄土沟壑地貌，两侧为荒坡地，周围有沟壑发育。起点止点长 625 米。起点南 0.2 千米为拐点，墙体存在；拐点东南 275 米为断点，墙体存在；断点至南 0.15 千米为止点，墙体消失。整体呈北—南走向。属于夯筑而成的土墙。（图四七）

起点位于木瓜乡古城村遗址南 0.33 千米，高程 1293 米；止点位于庙沟门镇砖厂梁村东北约 1 千米，高程 1261 米。

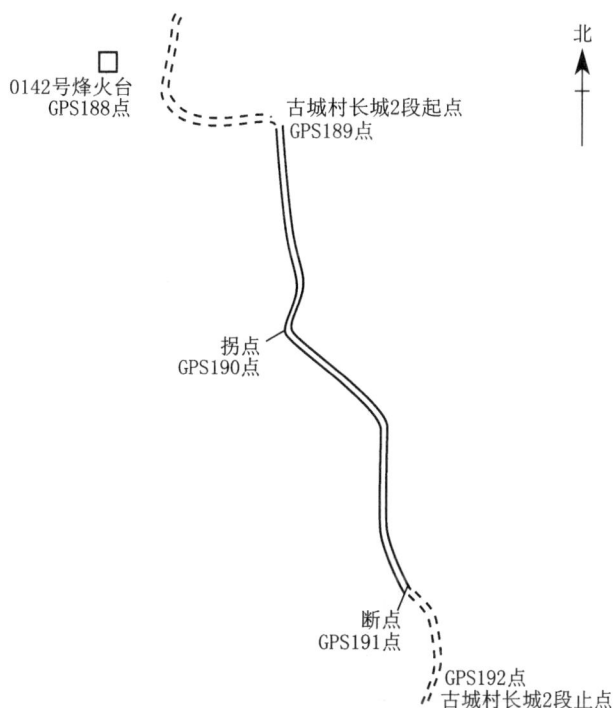

图四七　古城村长城 2 段位置示意图

墙体整体保存较差。建在山梁分水岭，多处坍塌风化，因雨水冲刷侵蚀而剥落，植物根系和农业生产对墙体也有一定程度的破坏。墙体旁边的断崖对墙体构成严重威胁。

墙体为自然基础上以黄土夯筑而成，包含有石子，夯层厚 0.05~0.1 米。起点处墙体底宽 3、高 1.8~3 米；拐点处墙体底宽 3、内高 5、外高 7.4 米；止点处墙体底宽 3.5、高 4 米。（图四八）

墙体起点西北距古城村 3 号（0142 号）烽火台 0.2 米，北距古城村 2 号（0141 号）烽火台 0.12 千米。

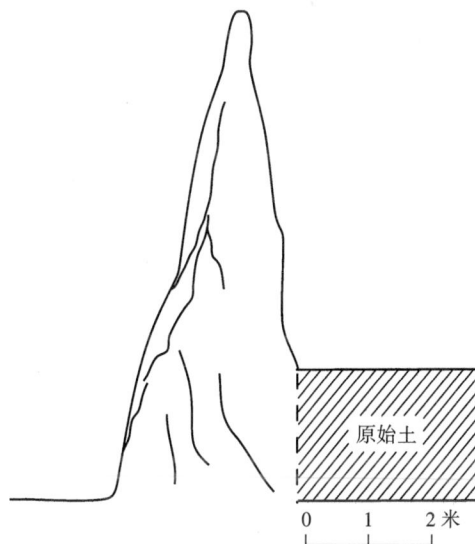

图四八　古城村长城 2 段墙体剖面图

（三六）砖厂梁村长城 1 段
（610822382101170036）

该段墙体位于庙沟门镇砖厂梁村东北约 1 千米至庙沟门镇砖厂梁村东约 0.9 千米，起点东距木瓜川 2.7 千米。地处黄土梁峁丘陵宽谷区，属于黄土沟壑地貌，两侧为耕地和荒坡地，周边遍布水冲形成的沟壑。

起点至止点长 856 米。起点至 0.2 千米为拐点，墙体存在；拐点至 0.576 千米为断点，墙体存在；断点至止点墙体消失 280 米。整体呈北—南走向。属于夯筑而成的土墙。（图四九）

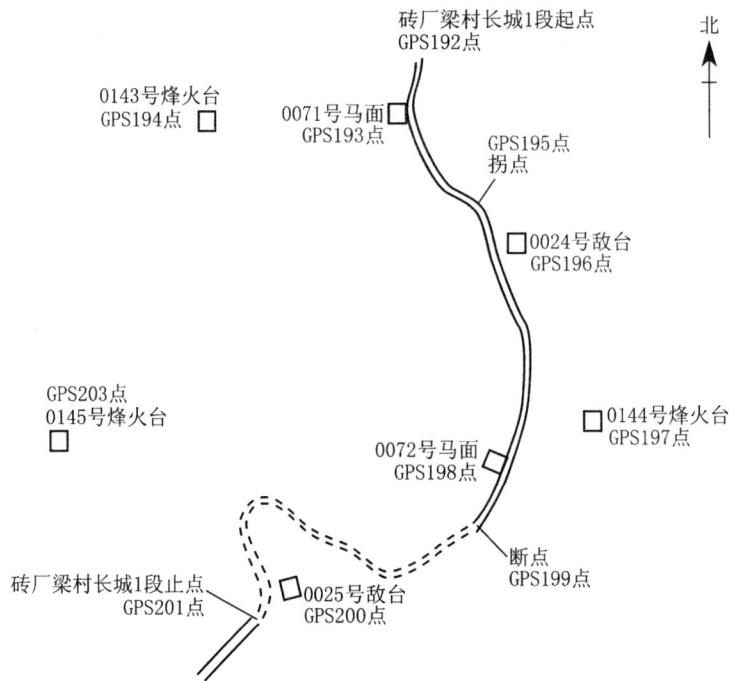

图四九　砖厂梁村长城 1 段位置示意图

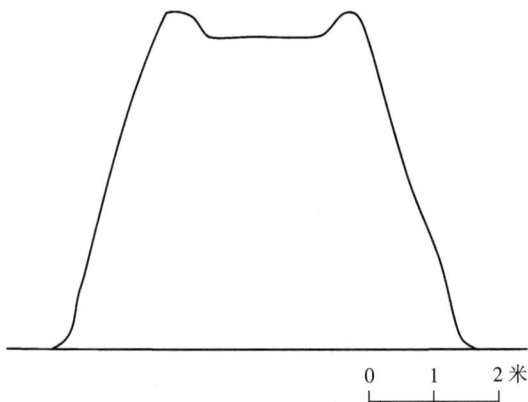

图五〇　砖厂梁村长城 1 段墙体剖面图

起点位于庙沟门镇砖厂梁村东北约 1 千米，高程 1261 米；止点位于庙沟门镇砖厂梁村东约 0.9 千米，高程 1274 米。

墙体保存较差，顶部呈锯齿状，整体开裂、坍塌严重。雨水冲刷侵蚀造成墙体剥落，动物洞穴和植物根系对墙体也有一定程度的破坏，墙体东侧有深沟滑坡，对墙体造成威协。农田开垦以及人为的取土也破坏着墙体。

墙体为自然基础上用黄土夯筑而成，包含有小石子，夯层厚 0.05～0.14 米。墙体底宽 6、顶宽 3、高 5 米。（图五〇）

墙体起点西南 0.05 千米为砖厂梁村 1 号（0071 号）马面，东南 0.25 千米为砖厂梁村 1 号（0024 号）敌台，南 0.48 千米为砖厂梁村 2 号（0072 号）马面，东南 0.5 千米为砖厂梁村 2 号（0144 号）烽火台，断点西南距砖厂梁村 2 号（0025 号）敌台 0.18 千米。

墙体顶部作为乡村小路，部分墙体有坍塌现象，发现有修缮迹象，主要是用条石或长城大青砖垒筑坍塌墙体段，时间不详。

墙体附近的河流为二道沟小河，自西向东流，为沙梁川河补给型河流。附近有一条土路在墙体上通过。

砖厂梁村有居民 170 人，以汉族为主，主要从事农业与煤炭开采。

（三七）砖厂梁村长城 2 段（610822382101170037）

该段墙体位于庙沟门镇砖厂梁村东约 0.9 千米至庙沟门镇砖厂梁村东南 0.5 千米，起点距木瓜川 2.4 千米。墙体两侧为荒坡地，地势较平缓，地处黄土梁峁丘陵宽谷区，属于黄土沟壑地貌。起点至止点长 218 米。起点至 58 米处为断点，墙体存在；断点至止点墙体消失 160 米。整体呈东北—西南走向。属于夯筑而成的土墙。（图五一）

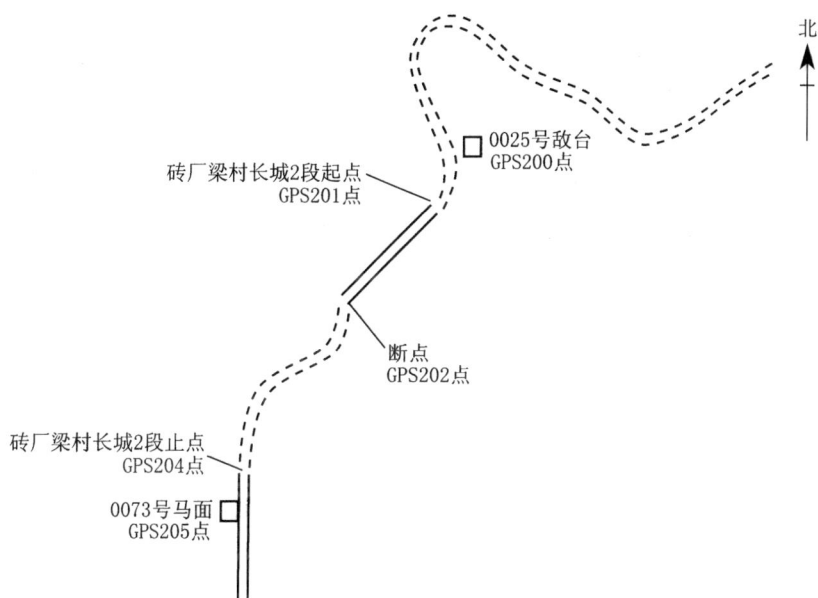

图五一　砖厂梁村长城 2 段位置示意图

起点位于庙沟门镇砖厂梁村东约 0.9 千米，高程 1274 米；止点位于庙沟门镇砖厂梁村东南 0.5 千米，高程 1275 米。

墙体整体保存差。保存 58 米，消失 160 米。墙体西部有部分断崖，整体呈驼峰状，雨水冲刷侵蚀造成墙体两侧剥落、倒塌严重，植物根系以及周围土地的耕种对墙体也有一定程度的破坏。

墙体分布在山梁上，顺山势而建，为自然基础上用黄土夯筑而成，夯层厚 0.05 ~ 0.14 米。墙体底宽 2.9、顶宽 0.4、高 5 米。（图五二）

墙体起点东北距砖厂梁村 2 号（0025 号）敌台 0.07 千米，断点西北距砖厂梁村 3 号（0145 号）烽火台 0.72 千米。

墙体附近的河流为木瓜川河，自西向东流，为季节性补给型河流。附近有一条土路。

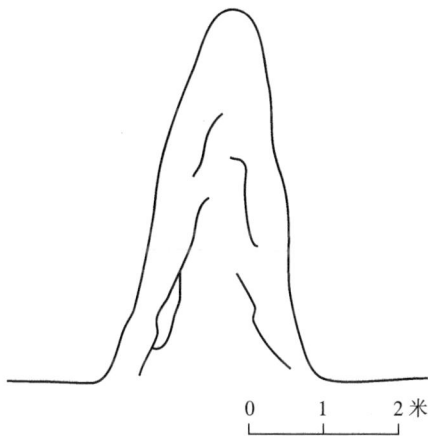

图五二　砖厂梁村长城 2 段墙体剖面图

（三八）砖厂梁村长城3段（610822382101170038）

该段墙体位于庙沟门镇砖厂梁村东南0.5千米至庙沟门镇王家梁村东1.26千米，东距木瓜川2.5千米，西距沙梁川4.5千米。西为坡地，东为山峁，均有开垦的农田，周围有雨水冲刷形成的沟壑。地处黄土梁峁丘陵宽谷区，属于黄土沟壑地貌。起点至止点长291米。起点至81米处为断点，墙体存在；断点至止点墙体消失210米。整体呈北—南走向。属于夯筑而成的土墙。（图五三）

起点位于庙沟门镇砖厂梁村东南0.5千米，高程1275米；止点位于庙沟门镇王家梁村东1.26千米，高程1281米。

墙体整体保存差。保存81米，消失210米。墙体上有两个豁口，两侧因雨水冲刷侵蚀形成多条冲沟，造成墙体裂缝、剥落、坍塌。

墙体起点位于砖厂梁村东南深沟对面的山腰上。墙体用黄土夹杂小石子夯筑而成，夯层厚0.05～0.12米。墙体底宽4.2、内高2.7、外高5.4米。（图五四）

墙体起点南0.03千米为砖厂梁村3号（0073号）马面，断点北距砖厂梁村3号（0073号）马面0.05千米。

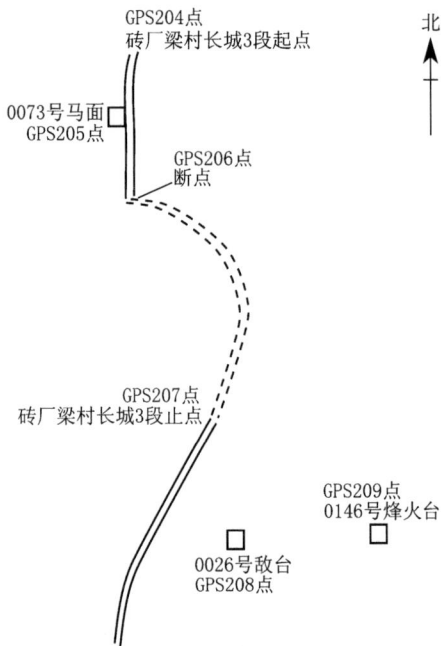

图五三　砖厂梁村长城3段位置示意图

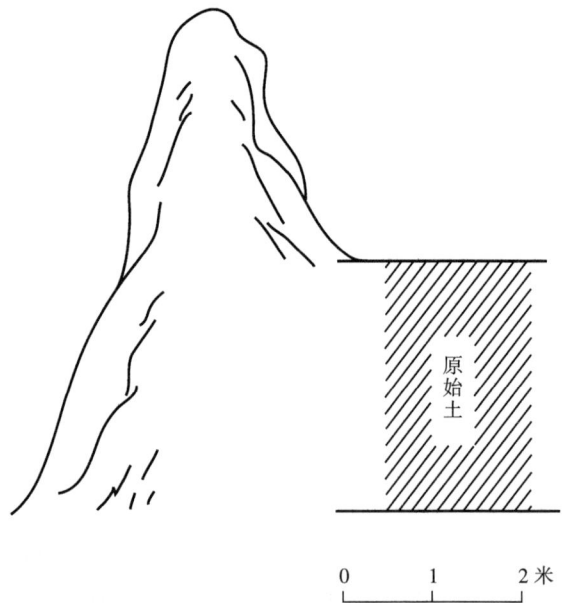

图五四　砖厂梁村长城3段墙体剖面图

（三九）王家梁村长城1段（610822382101170039）

该段墙体位于庙沟门镇王家梁村东1.26千米至庙沟门镇王家梁村东南0.52千米，东距木瓜川河2.5千米。东侧为荒地，北为深沟，南为冲沟断崖，地处黄土梁峁丘陵宽谷区，属于黄土沟壑地貌。起点至止点长638米。距起点0.12千米有乡村小路越过墙体，0.16千米处为断点，墙体存在；断点至止点墙体消失478米。整体呈东北—西南走向。属于夯筑而成的土墙。（图五五）

起点位于庙沟门镇王家梁村东1.26千米，高程1281米；止点位于庙沟门镇王家梁村东南0.52千米，高程1248米。

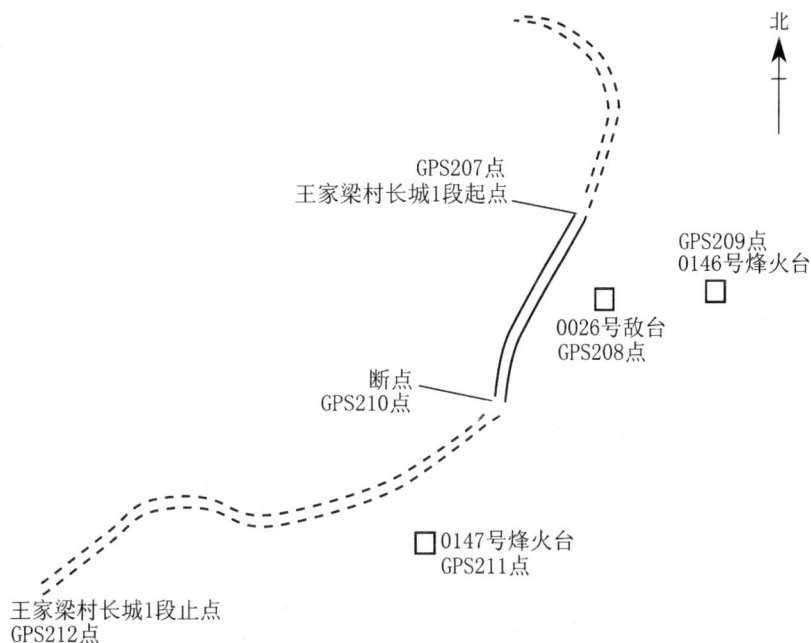

图五五　王家梁村长城 1 段位置示意图

墙体整体保存差。保存 160 米，消失 478 米。起点与止点均在沟边断崖。墙体高低不齐，呈驼峰状，雨水冲刷侵蚀造成墙体剥落、坍塌，植物根系以及农业耕种对墙体也有一定程度的破坏。

墙体为自然基础上用黄土夹杂小石子夯筑而成，夯层厚 0.05～0.2 米，没发现夯窝，夯层细密。墙体底宽 6、顶宽 0.2～1.4、内高 0.2～5、外高 1～8 米。（图五六）

墙体起点东南 0.08 千米处为王家梁村 1 号（0026 号）敌台，0.138 千米处为王家梁村 1 号（0146 号）烽火台；断点西南 0.17 千米处为王家梁村 2 号（0147 号）烽火台。

墙体西侧为沙梁川河，自北向南流，为季节性补给型河流。附近有一条乡村小路。

王家梁村居民以汉族为主，主要从事农业及煤炭采挖。

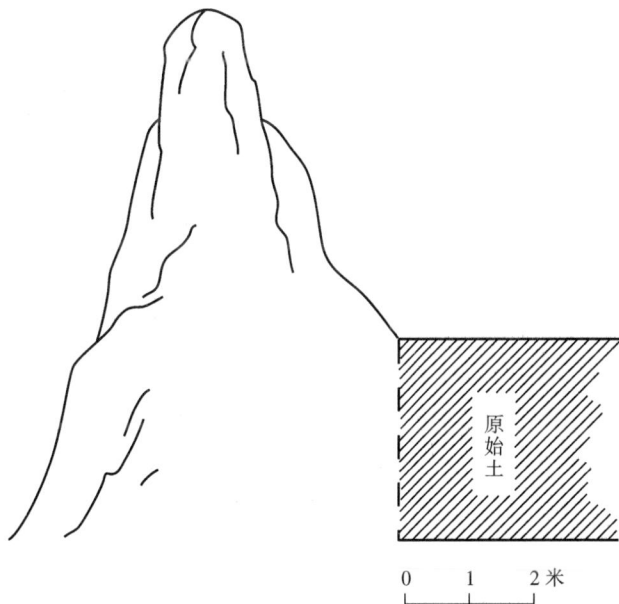

图五六　王家梁村长城 1 段墙体剖面图

（四〇）王家梁村长城 2 段（610822382101170040）

该段墙体位于庙沟门镇王家梁村东南 0.52 千米至庙沟门镇王家梁村东 0.1 千米，东距木瓜川 3 千米。地处黄土梁峁丘陵宽谷区，属于黄土沟壑地貌。墙体沿山梁而建，两侧为荒坡地，坡度较缓，有雨水冲刷形成的冲沟。起点至止点长 296 米。起点至 118 米处为断点，墙体存在；断点至止点墙体消失 178 米。整体呈东北—西南走向。属于夯筑而成的土墙。（图五七）

王家梁村长城2段起点
GPS212点

北

GPS213点
断点

0148号烽火台
GPS214点

GPS216点
断点

0027号敌台
GPS217点

王家梁村长城2段止点
GPS215点

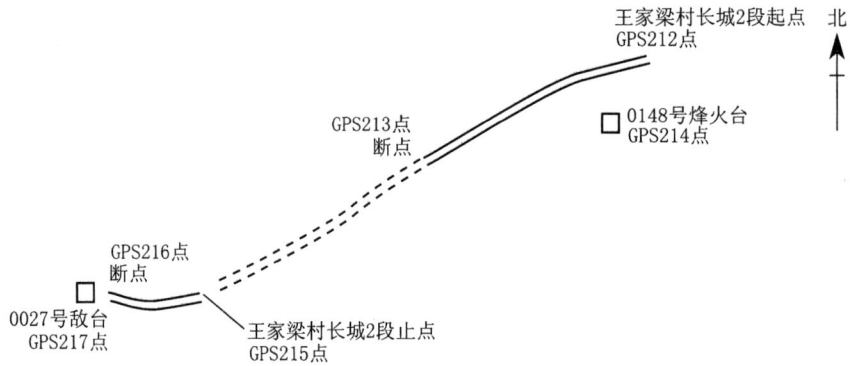

图五七　王家梁村长城2段位置示意图

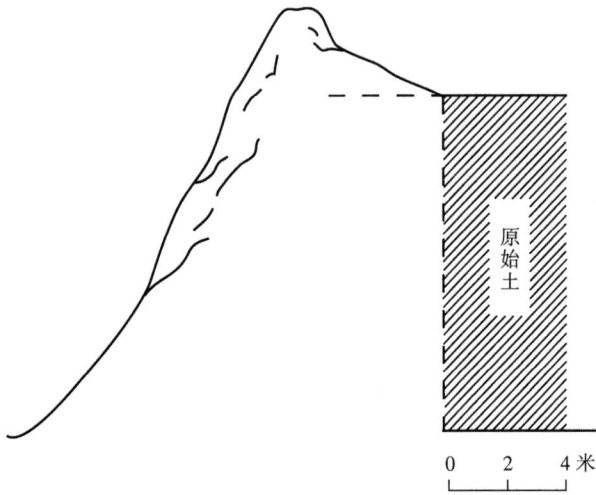

原始土

0　　2　　4米

图五八　王家梁村长城2段墙体剖面图

起点位于庙沟门镇王家梁村东南0.52千米，高程1248米；止点位于庙沟门镇王家梁村东0.1千米，高程1253米。

墙体保存差，坍塌损毁严重。雨水冲刷侵蚀造成墙体剥落，植物根系的生长、人为穿越墙体也对墙体造成一定程度的破坏，距起点45米有一条乡间道路从墙体上穿过。

墙体为自然基础上用黄土夹杂沙子和石子夯筑而成，夯层厚0.05~0.15米，质地细密。墙体底宽7、内高7、外高7米。（图五八）

墙体起点南0.036千米处为王家梁村3号（0148号）烽火台，断点东距该烽火台0.12千米。

（四一）王家梁村长城3段（610822382101170041）

该段墙体位于庙沟门镇王家梁村东0.1千米至庙沟门镇王家梁村东0.06千米，起点东距木瓜川3.3千米，沿山梁而建。地处黄土梁峁丘陵宽谷区，黄土沟壑地貌。墙体两侧为荒坡地，周边沟壑遍布。起点至止点长75米。起点至25米处为断点，墙体存在；断点至止点墙体消失50米。整体呈东北—西南走向。属于夯筑而成的土墙。（图五九）

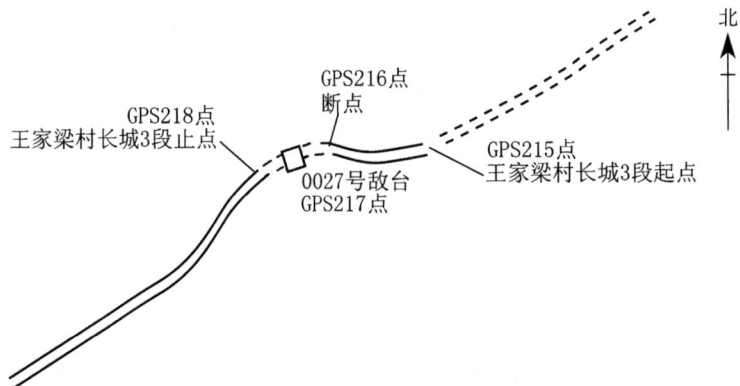

北

GPS218点
王家梁村长城3段止点

GPS216点
断点

0027号敌台
GPS217点

GPS215点
王家梁村长城3段起点

图五九　王家梁村长城3段位置示意图

起点位于庙沟门镇王家梁村东 0.1 千米，高程 1253 米；止点位于庙沟门镇王家梁村东 0.06 千米，高程 1253 米。

墙体整体保存差。保存 25 米，消失 50 米。雨水冲刷侵蚀造成墙体剥落，植物根系的生长对墙体也有一定程度的破坏，人为在周边开垦土地以及乡间土路经过对墙体也有破坏作用。

墙体用黄土夹杂石子、沙子与红胶土夯筑而成，夯土质地细密，夯层厚 0.05～0.12 米。墙体底宽 7、顶宽 0.8～1、内高 2.8、外高 6 米。（图六〇）

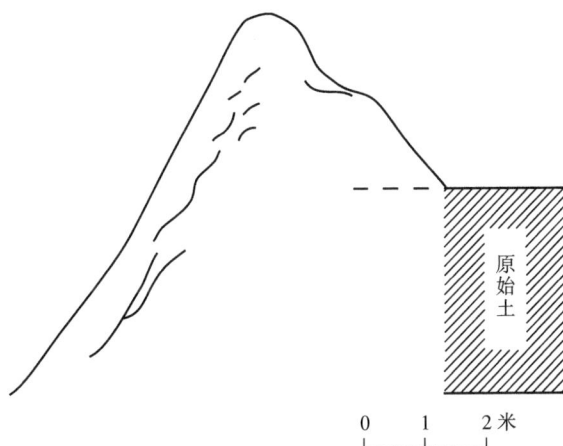

图六〇　王家梁村长城 3 段墙体剖面图

墙体起点西南 0.025 千米为王家梁村 2 号（0027 号）敌台，断点南距王家梁村 2 号（0027 号）敌台 0.015 千米。

（四二）王家梁村长城 4 段（610822382101170042）

该段墙体位于庙沟门镇王家梁村东 0.06 千米至庙沟门镇王家梁村西南 0.55 千米，东距木瓜川 3.6 千米。两侧地势平缓，为荒坡地和梯田，有一条土路沿墙体并穿墙而过。地处黄土梁峁丘陵宽谷区，属于黄土沟壑地貌。起点至止点长 690 米。距起点 0.523 千米为断点，墙体存在；断点至止点墙体消失 167 米。整体呈东北—西南走向。属于夯筑而成的土墙。（图六一）

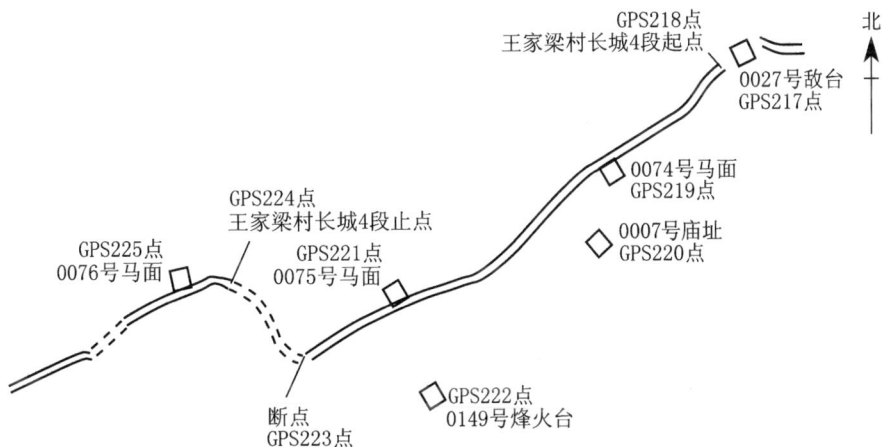

图六一　王家梁村长城 4 段位置示意图

起点位于庙沟门镇王家梁村东 0.06 千米，高程 1253 米；止点位于庙沟门镇王家梁村西南 0.55 千米，高程 1246 米。

墙体整体保存差。保存 523 米，消失 167 米。雨水冲刷侵蚀造成墙体剥落，动物洞穴和植物根系对墙体有一定程度的破坏，农业生产活动和道路的通行对墙体造成很大破坏。

墙体为自然基础上用黄土夯筑而成，夯层厚 0.05～0.12 米。墙体底宽 6、内高 1.8、外高 4.6 米。（图六二）

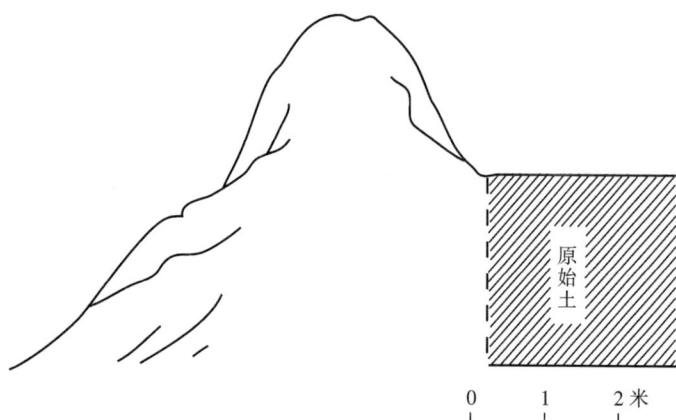

图六二　王家梁村长城 4 段墙体剖面图

墙体起点西南 0.198 千米处为王家梁村 1 号（0074 号）马面，0.24 千米处为王家梁观音庙遗址（0007 号庙址）；断点东北 0.13 千米处为王家梁村 2 号（0075 号）马面，东南 0.12 千米处为王家梁村 4 号（0149 号）烽火台。

（四三）王家梁村长城 5 段（610822382101170043）

该段墙体位于庙沟门镇王家梁村西南 0.55 千米至庙沟门镇页梁塌村西南 0.38 千米，起点东距木瓜川 4.15 千米。两侧为荒坡地和开垦的梯田，周边沟壑遍布，地处黄土梁峁丘陵宽谷区，属于黄土沟壑地貌。起点至止点长 1791 米。距起点 0.971 千米处为断点，为夯土墙体；断点至止点 820 米，墙体消失。整体呈东北—西南走向。属于夯筑而成的土墙。（图六三）

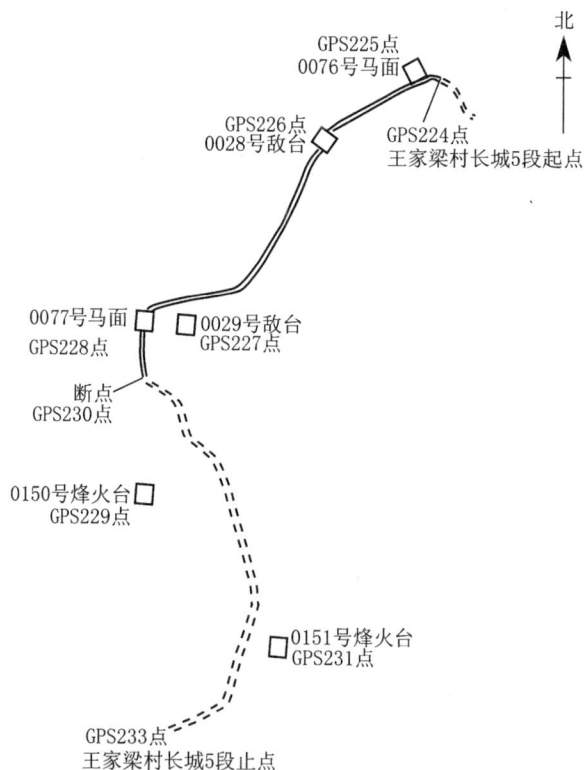

图六三　王家梁村长城 5 段位置示意图

起点位于庙沟门镇王家梁村西南 0.55 千米，高程 1246 米；止点位于庙沟门镇页梁塌村西南 0.38 千米，高程 1188 米。

墙体整体保存差。保存 971 米，消失 820 米。雨水冲刷侵蚀造成墙体剥落，动物洞穴和植物根系对墙体有一定程度的破坏，农业耕种以及乡村道路穿行对墙体起到破坏作用。

墙体为自然基础上用黄土夯筑而成，夯层厚 0.06 ~ 0.1 米。墙体顶宽 1.2、内高 7、外高 10 米。（图六四）

墙体起点西南 0.4 千米为双圪通村 1 号（0028 号）敌台，0.83 千米为双圪通村 2 号（0029 号）敌台；断点北 0.06 千米为双圪通村 1 号（0077 号）马面，南 0.21 千米为双圪通村（0150 号）烽火台。

（四四）页梁塌村长城（610822382101170044）

该段墙体位于庙沟门镇页梁塌村西南 0.38 千米至庙沟门镇蒿地塌村北 0.48 千米，西距沙梁川 1.55 千米。沿山梁沟畔而建，地势平缓，两侧为开垦的耕地，周围有水冲沟，地处黄土梁峁丘陵宽谷区，属于黄土沟壑地貌。起点至止点长 242 米。起点至断点 66 米，为夯土墙体；断点至止点，墙体消失 176 米。整体呈东北—西南走向。属于夯筑而成的土墙。（图六五）

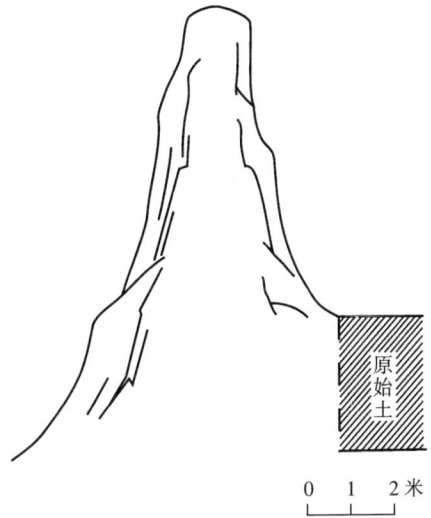

图六四　王家梁村长城 5 段墙体剖面图

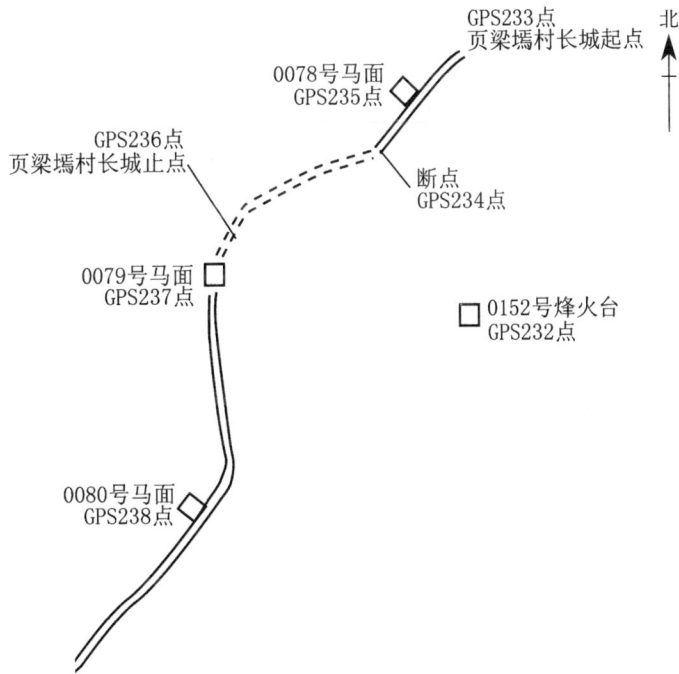

图六五　页梁塌村长城位置示意图

起点位于庙沟门镇页梁塌村西南 0.38 千米，高程 1188 米；止点位于庙沟门镇蒿地塌村北 0.48 千米，高程 1189 米。

墙体位于庙沟门镇页梁塌村山梁沟畔处，由基础、墙体组成。为自然基础上以黄土夯筑而成，夯层厚 0.05～0.13 米。墙体底宽 2.4、残高 3.6 米。（图六六）墙体整体保存差。雨水冲刷侵蚀造成墙体剥落，坍塌严重，动物洞穴和植物根系对墙体有一定程度的破坏，墙体周围农田的开垦以及道路对墙体构成威胁。

墙体起点东北距页梁塌村 1 号（0151 号）烽火台 0.282 千米，西南距页梁塌村（0078 号）马面 0.036 千米；断点东南距页

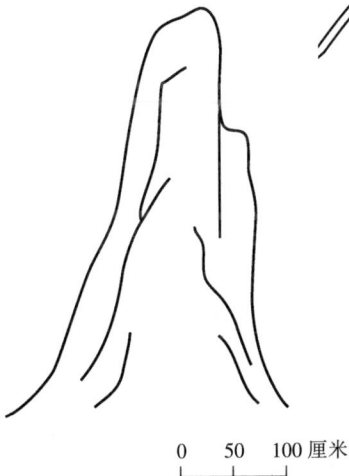

图六六　页梁塌村长城墙体剖面图

梁壕村 2 号（0152 号）烽火台 0.17 千米。

墙体西侧为沙梁川河，自北向南流，为季节性补给型河流。有一条乡村公路和多条小道。

页梁壕村有居民 12 人，以汉族为主，主要从事农业。

（四五）蒿地壕村长城（610822382101170045）

该段墙体位于庙沟门镇蒿地壕村北 0.48 千米至庙沟门镇引正通村中，西距沙梁川 1.4 千米。地势较平缓，两侧为耕地，地处黄土梁峁丘陵宽谷区，属于黄土沟壑地貌。起点至止点长 794 米。起点至断点 484 米，为夯土墙体；断点至止点墙体消失 310 米。整体呈东北—西南走向。属于夯筑而成的土墙。（图六七）

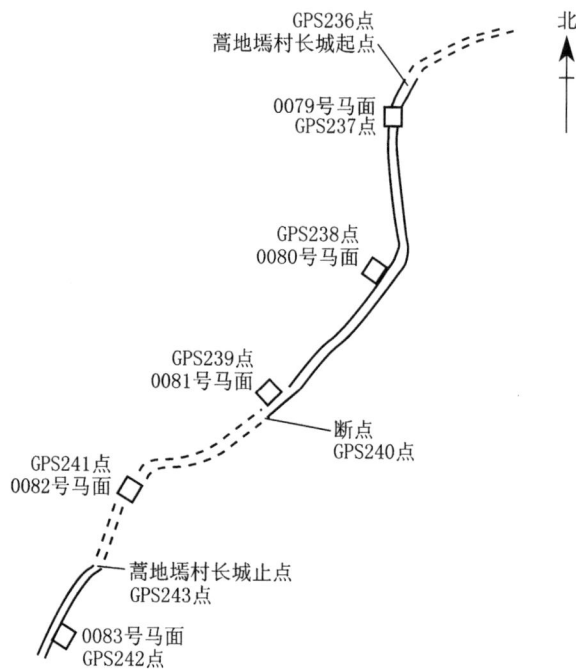

图六七　蒿地壕村长城位置示意图

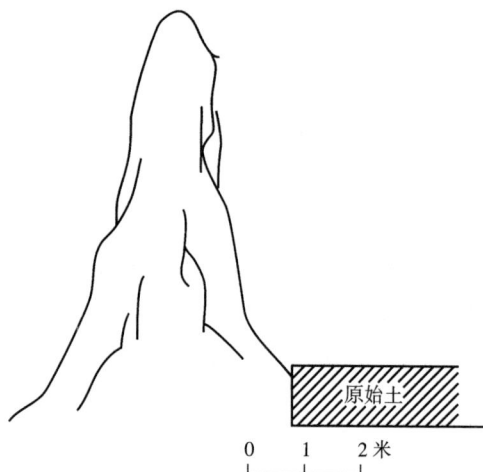

图六八　蒿地壕村长城墙体剖面图

起点位于庙沟门镇蒿地壕村北 0.48 千米，高程 1189 米；止点位于庙沟门镇引正通村中，高程 1157 米。

墙体整体保存较差。雨水冲刷侵蚀造成墙体剥落、坍塌严重，动物洞穴和植物根系对墙体也有一定程度的破坏。墙体周围的农田耕地以及紧贴墙体的道路对墙体构成威胁。

墙体为自然基础上用黄土夯筑而成，夯层厚 0.05～0.12 米。墙体底宽 5、顶宽 0.8、内高 6、外高 7 米。（图六八）

墙体起点西南 0.037 千米处为蒿地壕村 1 号（0079 号）马面，0.21 千米处为蒿地壕村 2 号（0080 号）马面；断点处为蒿地壕村 3 号（0081 号）马面，西南 0.2

千米处为引正通村 1 号（0082 号）马面。

　　附近的河流为阳湾川，自西向东流，为沙梁川补给型河流。附近山下阳湾川旁有一条公路。

（四六）引正通村长城（610822382101170046）

　　该段墙体位于庙沟门镇引正通村中至三道沟乡庙洼染村前口则村（组）西北 0.45 千米，起点西距沙梁川 0.95 千米。周围地势平缓，为荒坡地和梯田，地处黄土梁峁丘陵宽谷区，属于黄土沟壑地貌。起点至止点长 1852 米。距起点 0.15 千米为断点 1，此段为夯土墙体；断点 1 至断点 2 长 80 米，墙体消失；断点 2 至断点 3 长 642 米，为夯土墙；断点 3 至止点长 980 米，墙体消失。整体呈东北—西南走向。属于夯筑而成的土墙。（图六九）

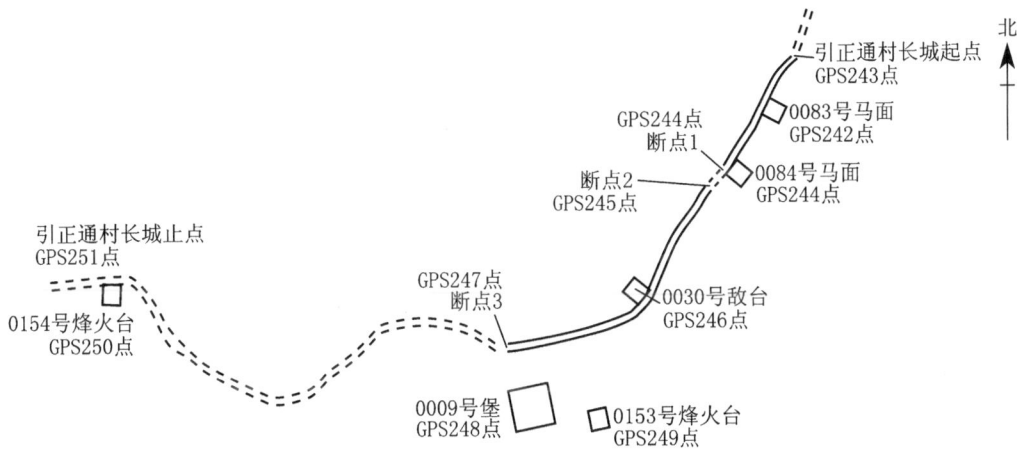

图六九　引正通村长城位置示意图

　　起点位于庙沟门镇引正通村中，高程 1157 米；止点位于三道沟乡庙洼梁村前口则村（组）西北 0.45 千米，高程 1120 米。

　　墙体整体保存差。保存 792 米，消失 1060 米。墙体由于从村中穿过，被当地村民严重破坏，倒塌呈驼峰状。雨水冲刷侵蚀造成墙体剥落，开垦农田以及踩踏也破坏着墙体。

　　墙体为自然基础上用黄土夹杂小石子夯筑而成，夯层厚 0.05～0.19 米。墙体底宽 2.8～3.2、顶宽 2、高 5.2 米。（图七〇）

　　墙体起点西南 0.05 千米处为引正通村 2 号（0083 号）马面，0.15 千米处为引正通村 3 号（0084 号）马面，0.53 千米处为引正通村（0030 号）敌台；断点 3 东南 0.1 千米处为引正通村（0009 号）堡，0.25 千米处为引正通村 1 号（0153 号）烽火台；止点西南 0.07 千米处为引正通村 2 号（0154 号）烽火台。

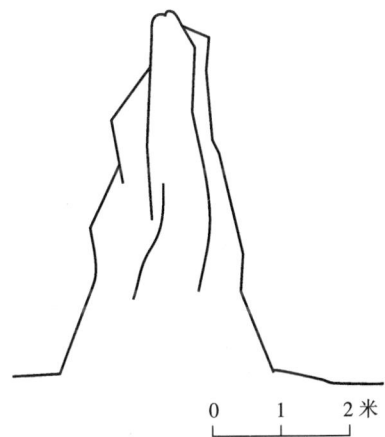

图七〇　引正通村长城墙体剖面图

　　西侧为沙梁川河，自北向南流，为季节性补给型河流。附近有乡村土路。

　　引正通村有居民 90 人，以汉族为主，主要从事农业。

（四七）庙洼梁村长城（610822382101170047）

该段墙体位于三道沟乡庙洼梁村前口则村（组）西北 0.45 千米至三道沟乡路墩新村东南 0.46 千米。两侧为退耕还林还草坡地，地处黄土梁峁丘陵宽谷区，属于黄土沟壑地貌。起点至止点长 4127 米。整体呈东北—西南走向。属于夯筑而成的土墙。（图七一）

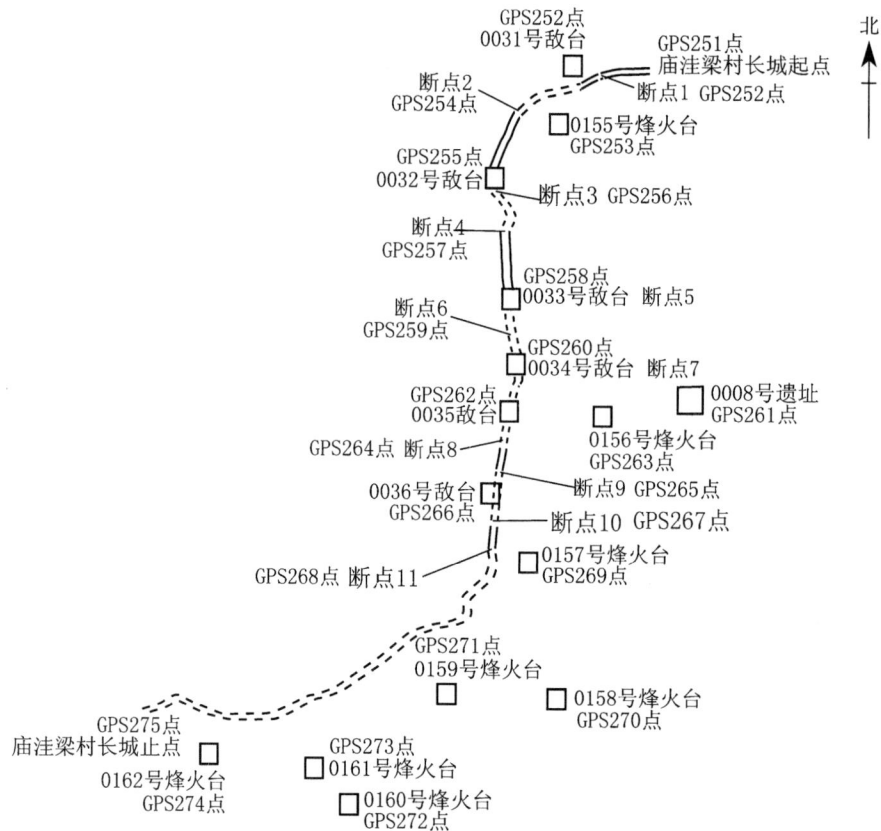

图七一　庙洼梁长城位置示意图

起点位于三道沟乡庙洼梁村（组）前口则村西北 0.45 千米，高程 1120 米；止点位于三道沟乡路墩新村东南 0.46 千米，高程 1073 米。

起点至断点 2 为东北—西南走向，断点 2 至断点 11 为北—南走向，断点 11 至止点为东北—西南走向。起点至断点 1 长 257 米，为夯土墙体；断点 1 至断点 2 长 196 米，墙体消失；断点 2 至断点 3 长 335 米，为夯土墙体；断点 3 至断点 4 长 130 米，墙体消失；断点 4 至断点 5 长 240 米，为夯土墙体；断点 5 至断点 6 长 120 米，墙体消失；断点 6 至断点 7 长 100 米，为夯土墙体；断点 7 至断点 8 长 813 米，墙体消失；断点 8 至断点 9 长 13 米，为夯土墙体；断点 9 至断点 10 长 170 米，墙体消失；断点 10 至断点 11 长 80 米，为夯土墙体；断点 11 至止点长 1673 米，墙体消失。

墙体整体保存差。保存 1025 米，消失 3102 米。雨水冲刷侵蚀造成墙体剥落、坍塌严重，断断续续；动物洞穴和植物根系对墙体有一定程度的破坏，周围的农田耕地以及道路对墙体构成威胁。

墙体为自然基础上用黄土夹杂料礓石夯筑而成，夯层厚 0.18~0.2 米，质地细密，夯窝不详。（图七二）

墙体起点西 0.32 千米为前口则村 1 号（0031 号）敌台，南 0.47 千米为前口则村 2 号（0155 号）烽火台。断点 11 北 1.3 千米为前口则村 2 号（0032 号）敌台，0.87 千米为庙洼梁村 1 号（0033 号）敌台，0.65 千米为庙洼梁村 2 号（0034 号）敌台，0.5 千米为庙洼梁村 3 号（0035 号）敌台，0.2 千米为庙洼梁村 4 号（0036 号）敌台；东北 0.55 千米为庙洼梁村 1 号（0156 号）烽火台；北 0.55 千米为庙洼梁建筑（0008 号）遗址；东南 0.07 千米为庙洼梁村 2 号（0157 号）烽火台，南 0.56 千米为白路墩村 1 号（0158 号）烽火台；西南 0.55 千米为白路墩村 2 号（0159 号）烽火台，1.05 千米为斩材墩村 1 号（0160 号）烽火台，0.98 千米为斩材墩村 2 号（0161 号）烽火台。止点西南 0.23 千米为斩材墩村 3 号（0162 号）烽火台。

墙体东侧为沙梁川河，自北向南流，为孤山川补给型河流。附近有羊肠小道。

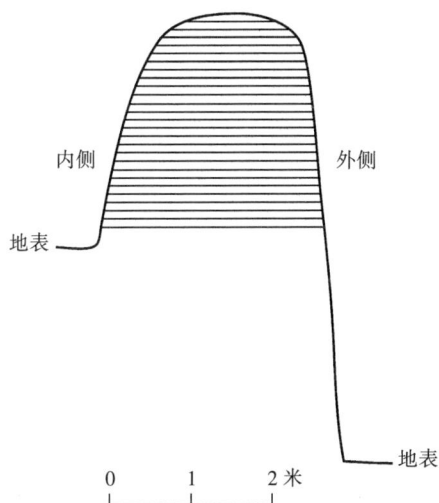

图七二　庙洼梁村长城墙体剖面图

（四八）斩材墩村长城（610822382101170048）

该段墙体位于三道沟乡斩材墩村白路墩新村（组）0.46 千米至三道沟乡玉则塌村红崖峁村（组）北约 0.74 千米，北距阳湾川 0.1 千米。墙体两侧地势较陡峭，为荒坡地和新植的柏树林，地处黄土梁峁丘陵宽谷区，属于黄土沟壑地貌。起点至止点长 548 米。起点至断点长 198 米，为夯土墙；断点至止点墙体消失 350 米。整体呈东北—西南走向。属于夯筑而成的土墙。（图七三）

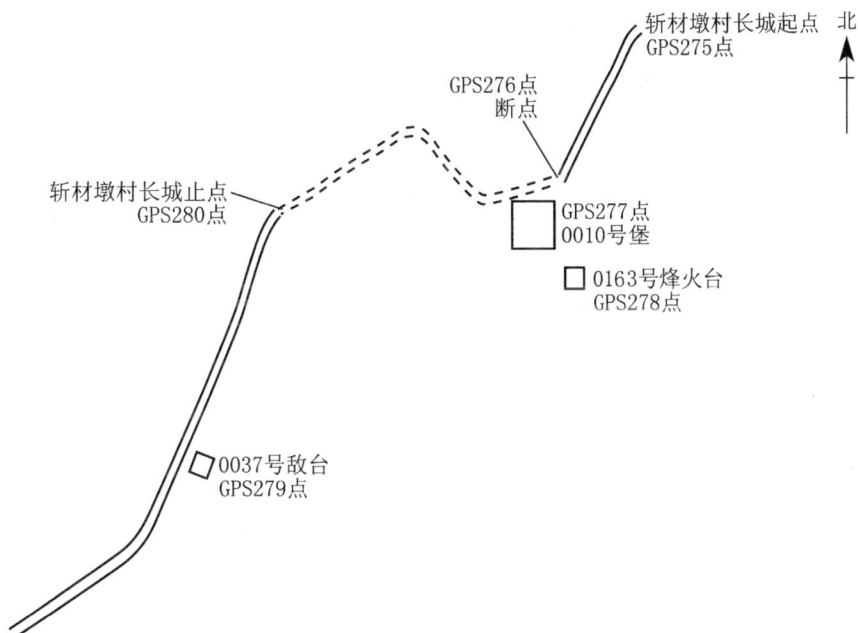

图七三　斩材墩村长城位置示意图

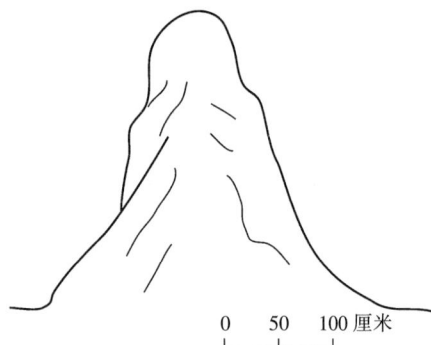

图七四　斩材墩村长城墙体剖面图

起点位于三道沟乡斩村墩村白路墩新村（组）0.46 千米，高程 1073 米；止点位于三道沟乡玉则塌村红崖峁村（组）北约 0.74 千米，高程 1082 米。

墙体整体保存差。保存 198 米，消失 350 米。雨水冲刷侵蚀造成墙体剥落、坍塌，动物洞穴和植物根系对墙体有一定程度的破坏，周边开垦农田、种植农作物以及在墙体上踩踏破坏了墙体。

墙体为自然基础上用黄土夹杂沙石夯筑而成，夯层厚 0.01～0.17、夯窝直径 0.06 米。墙体底宽 3、顶宽 1.3、高 2.6 米。（图七四）

墙体起点西南 0.23 千米处为斩材墩村 4 号（0163 号）烽火台，断点西南 0.07 千米处为斩材墩村（0010 号）堡。

墙体北侧为阳湾川河，自西向东流，为沙梁川补给型河流。附近山下阳湾川旁有一条公路。

（四九）玉则塌村长城 1 段（610822382101170049）

该段墙体位于三道沟乡玉则塌村红崖峁村（组）北约 0.74 千米至三道沟乡玉则塌村野猪峁村（组）马家坟丘，起点北距阳湾川 0.1 千米。墙体沿山梁而建，大多为荒坡地，两侧地势较平缓，地处黄土梁峁丘陵沟壑区。起点至止点长 1781 米。起点至断点 1 长 1144 米，墙体存在，为夯土墙；断点 1 至断点 2 长 187 米，墙体消失；断点 2 至止点 450 米，为夯土墙。整体呈东北—西南走向。属于夯筑而成的土墙。（图七五）

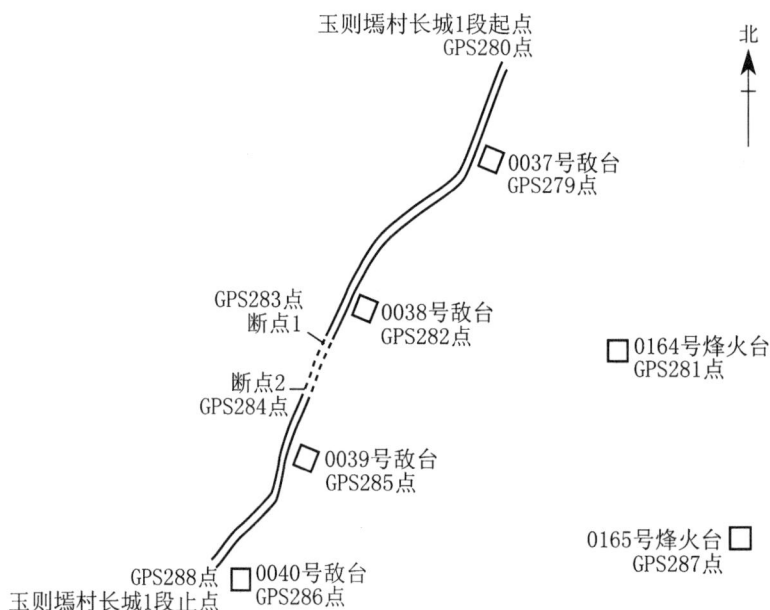

图七五　玉则塌村长城 1 段位置示意图

起点位于三道沟乡玉则塌村红崖峁村（组）北约 0.74 千米，高程 1082 米；止点位于三道沟乡玉则塌村野猪峁村马家坟丘，高程 1203 米。

墙体整体保存差。保存 1594 米，消失 187 米。雨水冲刷侵蚀造成墙体剥落、坍塌严重，呈驼峰状，动物洞穴对墙体有一定程度的破坏，周围的农田耕地以及道路对墙体构成威胁。

墙体位于山梁上，为自然基础上用黄土夯筑而成，夯层厚 0.01～0.14 米。墙体底宽 3、顶宽 0.2～1.3、内高 4、外高 7 米。（图七六）

墙体起点西南 1 千米为玉则塌村 1 号（0038 号）敌台；止点东北 0.93 千米为红崖峁村 1 号（0164号）烽火台，东 1.3 千米为红崖峁村 2 号（0165 号）烽火台，东北 0.39 千米为玉则塌村 2 号（0039 号）敌台，南 0.14 千米为玉则塌村 3 号（0040 号）敌台。

墙体北侧为阳湾川河，自西向东流，为沙梁川补给型河流。附近山下阳湾川旁有一条公路。

玉则塌村有居民 400 余人，以汉族为主，主要从事农业。

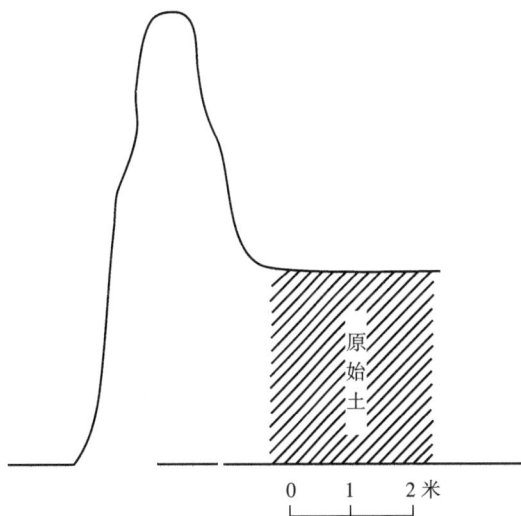

图七六　玉则塌村长城墙体剖面图

（五〇）玉则塌村长城 2 段（610822382101170050）

该段墙体位于三道湾乡玉则塌村野猪峁村（组）西北 0.15 千米至新民镇守口墩墩梁（山名），北距阳湾川 0.7 千米。墙体沿山梁塌口而建，两侧为荒坡地和耕地，遍布雨水冲刷形成的沟壑。起点至止点长 4311 米。起点至断点长 3040 米，为夯土墙体；断点至止点墙体消失 1271 米。整体呈东北—西南走向。属于夯筑而成的土墙。（图七七；彩图六）

图七七　玉则塌村长城 2 段位置示意图

起点位于三道沟乡玉则塌村野猪峁村（组）马家坟丘，高程 1203 米；止点位于新民镇守口墩墩梁，高程 1305 米。

墙体整体保存差。现存 3040 米，消失 1271 米。因受山体滑坡和山洪的冲刷，部分塬口墙体被冲成沟壑。耕种和道路修建，墙体被挖开大小不等的多处豁口，支离破碎。部分墙体被乡村公路横穿或压掩，一些住房建造在墙体上或墙体旁，对墙体的破坏比较严重。

墙体为自然基础上用黄土夹杂少量料礓石夯筑而成，夯层厚 0.08 ~ 0.2 米，质地细密。墙体底宽 1.5 ~ 5、顶宽 0.3 ~ 2.3、高 0.4 ~ 6 米，外侧普遍高于内侧。

墙体起点南 0.088 千米处为野猪峁村 1 号（0166 号）烽火台，西南 0.373 千米向北 0.5 千米处为野猪峁村 3 号（0168 号）烽火台、南 0.08 千米处为野猪峁村 2 号（0167 号）烽火台，西南 0.678 千米南 0.023 千米处为野猪峁村（0041 号）敌台、北 0.423 千米处为野猪峁村 4 号（0169 号）烽火台，西南 1.789 千米向南 21 米、西北 0.521 千米、西北 0.613 千米分别有二道边村 1 号（0170 号）、二道边村 2 号（0171 号）、二道边村 3 号（0172 号）烽火台，西南 2.98 千米处为上玉则塬村（0002 号）关，此关东北 0.44 千米处为二道边村 1 号（0042 号）敌台、0.95 千米处为下玉则塬村 1 号（0173 号）烽火台。断点西南 0.45 千米处为下玉则塬村 3 号（0175 号）烽火台。

墙体北侧为阳湾川河，自西向东流，为沙梁川补给型河流。附近有乡间土路。

（五一）守口墩村长城 1 段（610822382101170051）

该段墙体位于新民镇守口墩墩梁（山名）至新民镇守口墩村西山梁，起点北距阳湾川 3.5 千米。墙体沿山梁崖畔而建，两侧为耕地、荒坡地，周围沟壑遍布。起点至止点长 2518 米。墙体起点至西南断点 1 长 563 米，墙体存在；断点 1 至断点 2 长 700 米，墙体消失；断点 2 至断点 3 长 271 米，墙体存在；断点 3 至断点 4 长 121 米，墙体消失；断点 4 至断点 5 长 273 米，墙体存在；断点 5 至止点长 590 米，墙体消失。整体呈东北—西南走向。属于夯筑而成的土墙。（图七八）

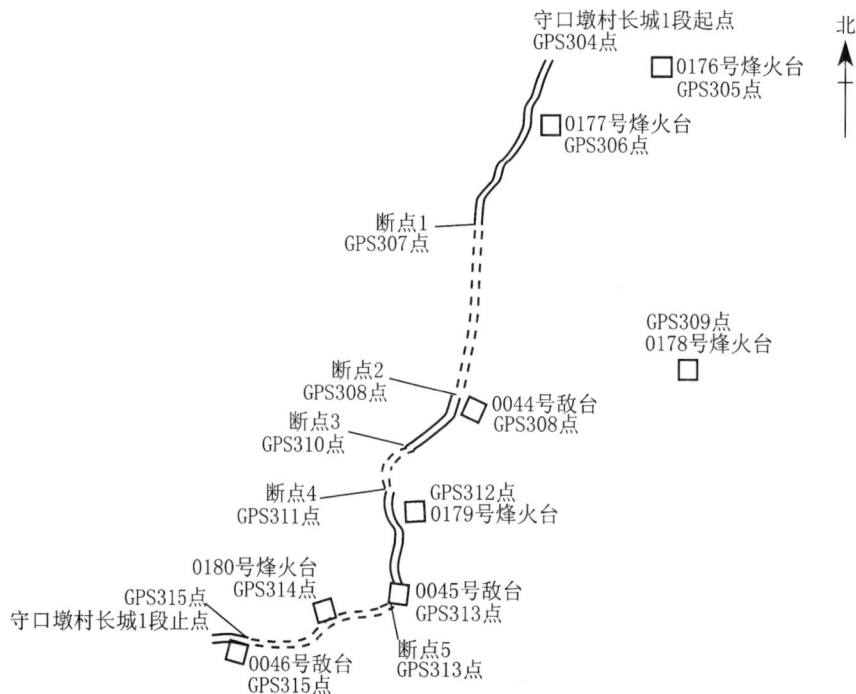

图七八　守口墩村长城 1 段位置示意图

起点位于新民镇守口墩墩梁，高程1305米；止点位于新民镇守口墩村西山梁，高程1247米。

墙体整体保存较差。现存1107米，消失1411米。因山体滑坡、塌陷和山洪的冲刷，多段墙体被冲毁，断断续续；乡村公路多处穿越墙体，部分地段压在墙体上，对墙体的破坏十分严重；动物洞穴和植物根系对墙体有一定程度的破坏。

墙体底宽2.8~3、顶宽0.3~1.8、内高0.8~1.8、外高1.6~4.8米。

墙体起点东0.47千米为板墩村（0176号）烽火台，西南1.26千米为下玉则墕村（0044号）敌台，1.54千米为守口墩村2号（0179号）烽火台；东南1.7千米为守口墩村1号（0178号）烽火台；断点5北0.38千米为守口墩村2号（0179号）烽火台，西0.25千米为守口墩村3号（0180号）烽火台。

墙体北侧为阳湾川河，自西向东流，为沙梁川河补给型河流。附近有一条乡村公路、多条土路。

守口墩村有居民240余人，大部分外出打工，以汉族为主。

（五二）守口墩村长城2段（610822382101170052）

该段墙体位于新民镇守口墩村西山梁至新民镇龙王庙村东北1.3千米，南距新城川4千米。墙体沿山梁而建，两侧为荒坡地和耕地，地势较缓。起点至止点长1287米。墙体起点至断点1长110米，为夯土墙；断点1至断点2长200米，墙体消失；断点2至断点3长130米，为夯土墙；断点3至断点4长179米，墙体消失；断点4至断点5长70米，墙体存在，为夯土墙；断点5至止点长598米，墙体消失。整体呈东—西走向。属于夯筑而成的土墙。（图七九）

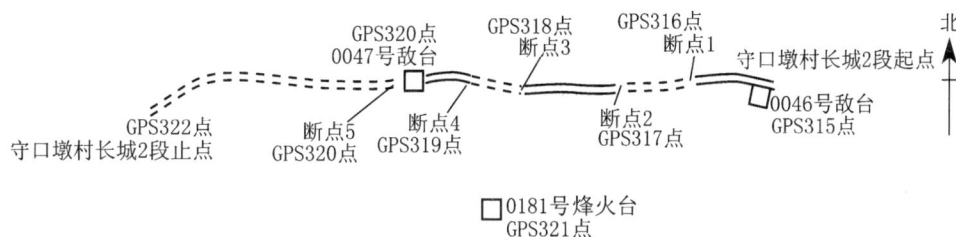

图七九　守口墩村长城2段位置示意图

起点位于新民镇守口墩村西山梁，高程1247米；止点位于新民镇龙王庙村东北1.3千米，高程1311米。

墙体整体保存差。保存310米，消失977米。墙体大部分分布在黄土山梁和山梁的崖畔上，因受风雨的侵蚀剥落、坍塌严重，有些地段随着山体的滑坡而被摧毁，部分地段可见墙基残迹；动物洞穴和植物根系对墙体有一定程度的破坏；周围的农田耕地以及道路、煤矿的开挖对墙体构成威胁。

墙体底宽2.8~3、顶宽0.3~1.8、内高0.8~1.8、外高1.6~4.8米。

墙体断点4西0.07千米为守口墩村3号（0047号）敌台，断点5东南0.7千米为守口墩村4号（0181号）烽火台。

（五三）龙王庙村长城1段（610822382101170053）

该段墙体位于新民镇龙王庙村东北1.3千米至新民镇龙王庙东北，起点南距新城川4.25千米，墙体两侧为荒坡地。起点至止点长2421米。起点至断点1长102米，为夯土墙；断点1至断点2长

257 米，墙体消失；断点 2 至断点 3 长 70 米，为夯土墙；断点 3 至断点 4 长 383 米，墙体消失；断点 4 至断点 5 长 172 米，为夯土墙；断点 5 至断点 6 长 360 米，墙体消失；断点 6 至断点 7 长 377 米，为夯土墙；断点 7 至止点长 700 米，墙体消失。整体呈东北—西南走向。属于夯筑而成的土墙。（图八〇）

图八〇　龙王庙村长城 1 段位置示意图

起点位于新民镇龙王庙村东北 1.3 千米，高程 1311 米；止点位于新民镇龙王庙东北，高程 1285 米。

墙体整体保存差。墙体多依山梁崖畔而建，多处随着山体的滑坡而消失；大段墙体被洪水冲成沟壑，把墙体冲隔成多段残体，存有山梁上的一些残段。人为开采煤炭造成山体大面积塌陷和滑坡，墙体多处随着山体滑坡而消失。起点至 0.721 千米处，墙体保存差，因自然冲沟和山体滑坡被分隔为 4 段，分别长 102、70、172、377 米。墙体顶部呈驼峰、锯齿状，内外墙面剥落严重。

墙体为自然基础上夯筑而成，夯土以黄土为主，包含少量料礓石，夯层厚 0.01 ~ 0.18 米。墙体底宽 2.8 ~ 3.2、顶宽 0.4 ~ 0.8、内高 0.6 ~ 2.2、外高 1.8 ~ 2.9 米。

墙体起点西南 0.1 千米为守口墩村 4 号（0048 号）敌台，0.47 千米为守口墩村 5 号（0049 号）敌台，0.95 千米为守口墩村 6 号（0050 号）敌台，1.24 千米为守口墩村 5 号（0182 号）烽火台；断点 7 东北 0.19 千米为龙王庙村 1 号（0051 号）敌台，0.12 千米为龙王庙村（0003 号）关，南 0.05 千米为龙王庙村 1 号（0183 号）烽火台，西南 0.34 千米为龙王庙村 2 号（0184 号）烽火台。

附近为龙王庙川，自北向南流，为季节性河流。附近有多条乡村土路。

龙王庙村有居民 400 余人，以汉族为主，外来人口居多，从事煤矿开采。当地青壮年多外出打工和上学，部分从事煤矿开采。

（五四）龙王庙村长城 2 段（610822382101170054）

该段墙体位于新民镇龙王庙东北至西南，南距新城川 2.45 千米。起点至止点长 776 米。起点至断点长 50 米，墙体存在；断点至止点墙体消失 726 米。整体呈东北—西南走向。属于版筑而成的土墙。（图八一）

起点位于新民镇龙王庙东北，高程 1285 米；止点位于新民镇龙王庙西南，止点高程 1307 米。

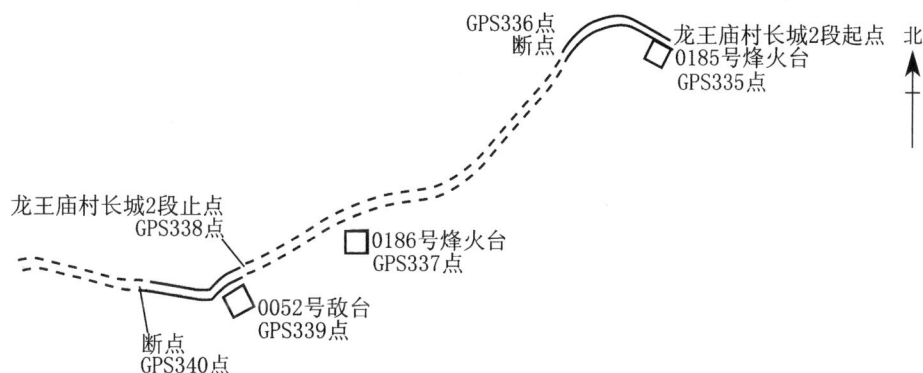

图八一　龙王庙村长城 2 段位置示意图

墙体整体保存较差。两侧为荒坡地，因沿山梁而建，墙体多处被水冲毁，随着山体下陷而倒塌。墙体东北、西南两端变为多道冲沟，大部分墙体消失。所处山梁因人为挖煤，造成地面下陷，造成墙体坍塌十分严重，裂缝随处可见。

墙体为在稍加平整的自然基础上夯筑而成，夯土以黄土为主，质地细密，夯层厚 0.08～0.18 米。墙体顶宽 0.2～0.4、高 0.4～0.9 米。

（五五）龙王庙村长城 3 段（610822382101170055）

该段墙体位于新民镇龙王庙西南至新民镇瓦窑坡村东北 0.834 千米，南距新城川 1.85 千米。起点至止点长 888 米。起点至断点长 238 米，墙体存在；断点至止点墙体消失 650 米。整体呈东北—西南走向。属于夯筑而成的土墙。（图八二）

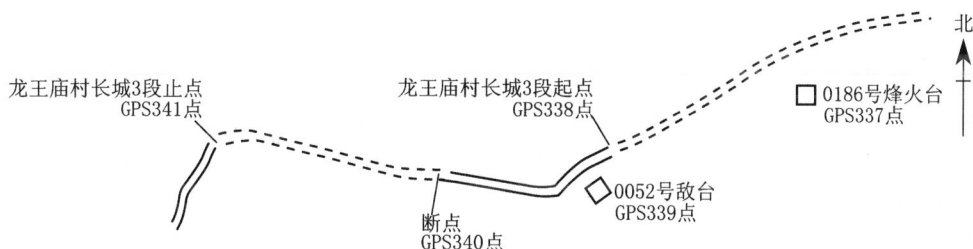

图八二　龙王庙村长城 3 段位置示意图

起点位于新民镇龙王庙西南，高程 1307 米；止点位于新民镇瓦窑坡村东北 0.834 千米，高程 1359 米。

墙体依山梁而建，两端随着山体的滑坡而消失，山梁上的墙体保存一般。墙体上有多处人为挖开的豁口，内外多辟为耕地，现已荒弃。

墙体整体保存差。仅存 238 米，消失 650 米。雨水冲刷侵蚀造成墙体剥落、坍塌严重，动物洞穴和植物根系对墙体有一定程度的破坏；山体多处发生塌陷和滑坡，对墙体的破坏十分严重。墙体周围的农田耕地以及大量的挖煤对墙体构成威胁。

墙体为自然基础上以淡红色黄土夹杂少量料礓石夯筑而成，夯层厚 0.08 ~ 0.16 米，质地疏松。墙体底宽 3.5、顶宽 0.3 ~ 0.8、内高 1.2、外高 4.2 米。

墙体起点西南 0.029 千米为龙王庙村 2 号（0052 号）敌台，断点东北 0.209 千米为龙王庙村 2 号敌台。

（五六）瓦窑坡村长城 1 段（610822382101170056）

该段墙体位于新民镇瓦窑坡村东北，南距新城川 1.65 千米。起点至止点长 514 米。起点至断点长 182 米，墙体存在；断点至止点墙体消失 332 米。整体呈东北—西南走向。属于人工夯筑而成的土墙。（图八三）

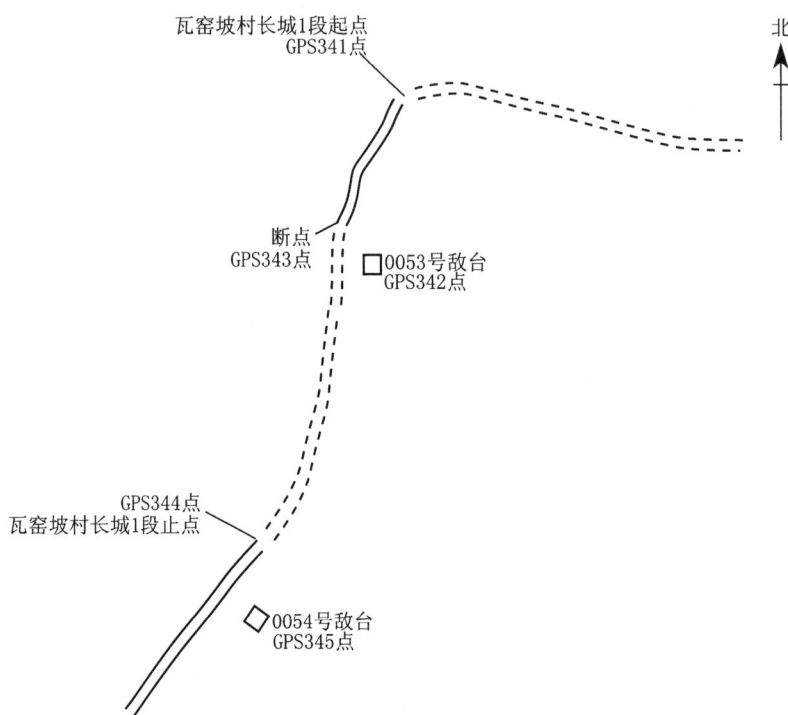

图八三　瓦窑坡村长城 1 段位置示意图

起点位于新民镇瓦窑坡村东北 0.834 千米，高程 1359 米；止点位于新民镇瓦窑坡村东北 0.434 千米，高程 1327 米。

墙体整体保存差。保存 182 米，消失 332 米。雨水冲刷侵蚀造成墙体剥落、坍塌严重，动物洞穴和植物根系对墙体有一定程度的破坏；墙体周围的农田耕地以及取土对墙体构成威胁。

墙体建在一个地势比较平缓的山梁上，两侧为长满荒草的坡地，两端为自然冲沟，将墙体隔断，墙体大面积塌陷，内外墙面剥蚀严重，主体保存较好。墙体为略加平整的自然基础上夯筑而成，质地细密，夯土以黄土为主，包含少量料礓石，夯层厚 0.08 ~ 0.16 米。墙体底宽 3.5、顶宽 0.4 ~ 1.2、内高 0.8 ~ 3.4、外高 2 ~ 4.6 米。

起点西南 0.084 千米处墙体向外弯转呈半圆形，内侧 10 米处为瓦窑坡村 1 号（0053 号）敌台。

南侧为新城川河，自西向东流，为孤山川补给型河流。附近有 301 省道和多条乡村土路。

瓦窑坡村有居民200余人，以汉族为主，主要从事农业。

（五七）瓦窑坡村长城2段（610822382101170057）

该段墙体位于新民镇瓦窑坡村东北0.434千米至新民镇蛇口峁村墩畔山与后墩畔山的垭口，起点南距新城川1千米。墙体沿山梁而建，内外两侧为荒坡地。起点至止点长1762米。起点至断点长401米，墙体存在；断点至止点墙体消失1361米。整体呈东北—西南走向。属于夯筑而成的土墙。（图八四）

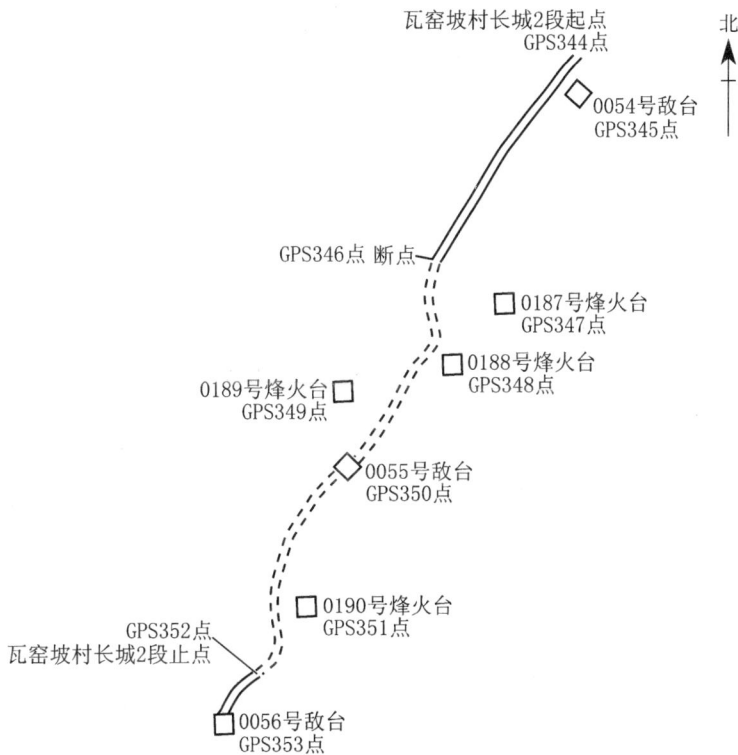

图八四　瓦窑坡村长城2段位置示意图

起点位于新民镇瓦窑坡村东北0.434千米，高程1327米；止点位于新民镇蛇口峁村墩畔山与后墩畔山的垭口，高程1312米。

墙体整体保存较差，破坏较严重。雨水冲刷侵蚀造成墙体多处断开，断断续续呈驼峰状，动物洞穴和植物根系对墙体有一定程度的破坏，道路对墙体也构成威胁。

墙体为稍加平整的自然基础上夯筑而成，质地细密，夯土以黄土或淡红色黄土为主，夯层厚0.08～0.15米。墙体底宽3.5、顶宽0.8～1.4、内高1.2～6.8、外高3～7.5米。

墙体起点南0.034千米为瓦窑坡村2号（0054号）敌台；断点东南0.17千米为瓦窑坡村1号（0187号）烽火台，南0.23千米为瓦窑坡村2号（0188号）烽火台，西南0.43千米为蛇口峁村1号（0189号）烽火台，0.7千米为蛇口峁村1号（0055号）敌台，1.09千米为蛇口峁村2号（0190号）烽火台。止点西南0.098千米为蛇口峁村2号（0056号）敌台。

（五八）蛇口峁村长城（610822382101170058）

该段墙体位于新民镇蛇口峁村墩畔山与后墩畔山的垭口处至新民镇西耳村九十八墩梁，北距301

省道 0.7 千米。墙体分布在两座并列的山梁上，因山体塌陷、滑坡和山洪的冲刷被分隔成两段，断断续续，部分墙体只留外墙残迹。起点至止点长 375 米。起点至断点长 184 米，墙体存在；断点至止点墙体消失 191 米。整体呈东北—西南走向。属于夯筑而成的土墙。（图八五）

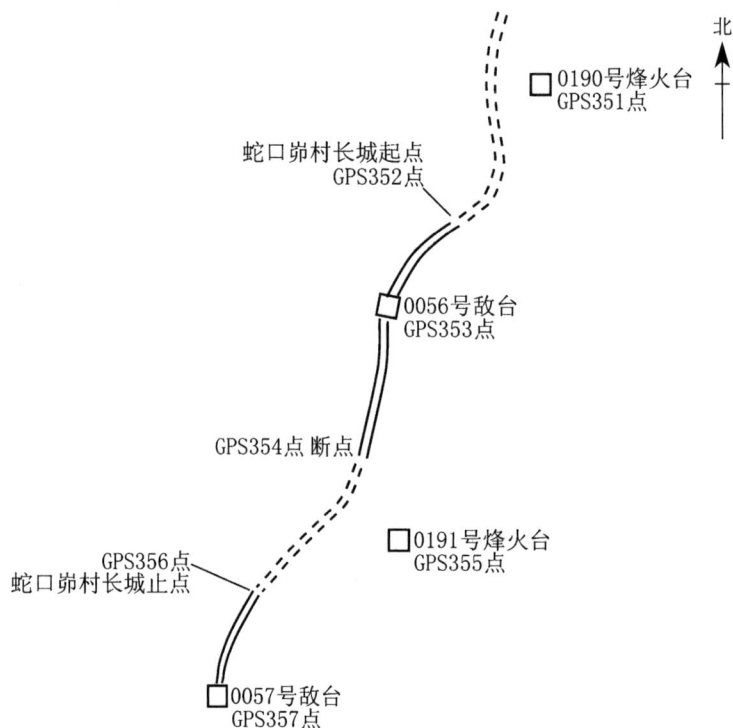

图八五　蛇口峁村长城位置示意图

起点位于新民镇蛇口峁村墩畔山与后墩畔山的壕口，高程 1312 米；止点位于新民镇西耳村九十八墩梁，高程 1351 米。

墙体整体保存较差。雨水冲刷侵蚀造成墙体剥落、坍塌严重，动物洞穴和植物根系对墙体有一定程度的破坏；墙体周围的农田耕地以及道路对墙体构成威胁。

墙体为稍加平整的自然基础上夯筑而成，夯土以淡红色土为主，包含有少量料礓石，夯层不清晰，厚约 0.2 米，质地疏松。墙体顶宽 0.3~0.4、内高 0.1~0.6、外高 0.4~1.2 米。

墙体起点西南 0.098 千米为蛇口峁村 2 号（0056 号）敌台，断点南 0.14 千米为蛇口峁村 3 号（0191 号）烽火台。

北为新城川河，自西向东流，为孤山川补给型河流。附近有乡村土路，北侧为 301 省道。

蛇口峁村有居民 200 余人，大部分外出打工，以汉族为主，主要从事农业和煤矿开采。

（五九）西耳村长城（610822382101170059）

该段墙体位于新民镇西耳村九十八墩梁至新民镇城峁村柠条墕渠。墙体两侧为荒坡地，周边水冲沟遍布。起点至止点长 1532 米。起点至断点长 612 米，墙体存在；断点至止点墙体消失 920 米。整体呈东北—西南走向。属于夯筑而成的土墙。（图八六）

起点位于新民镇西耳村九十八墩梁，高程 1351 米；止点位于新民镇城峁村柠条墕渠，高程 1358 米。

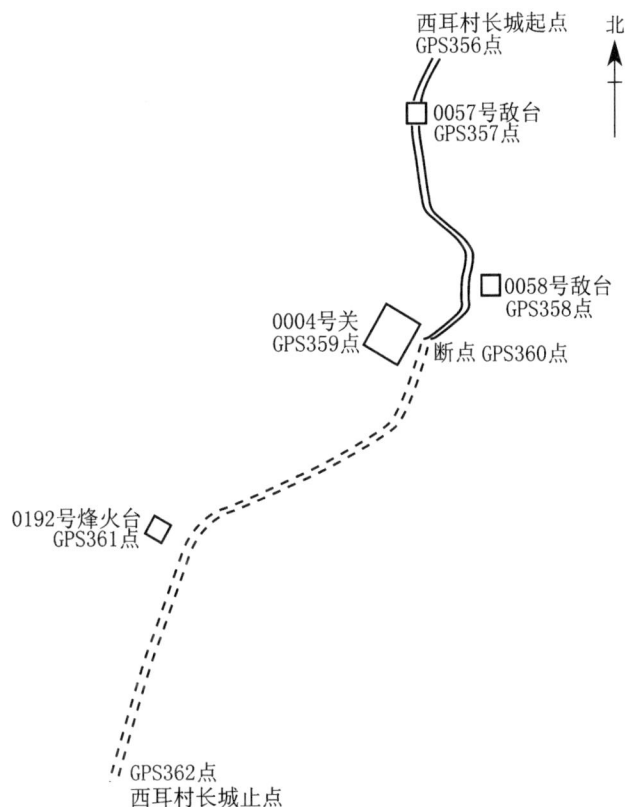

图八六　西耳村长城位置示意图

墙体断断续续，顶部呈驼峰状，整体保存较差。墙体地处人烟稀少地区，交通闭塞，除耕种对墙体的破坏比较严重，受其他人为因素的破坏较小。对墙体的破坏主要来自风雨侵蚀和山体的塌陷和滑坡等自然因素。

墙体为稍加平整的自然基础上夯筑而成，夯土以淡红色黄土为主，包含有少量料礓石，夯层厚0.1~0.2米，质地疏松。墙体底宽3.8~6、顶宽0.4~0.8、内高0.8~3.8、外高4~7米。

墙体起点西南0.046千米为蛇口峁村3号（0057号）敌台，东南0.41千米为西耳村1号（0058号）敌台；断点处有西耳村（0004号）关，西南0.47千米为西耳村（0192号）烽火台。

东北为新城川河，自西向东流，为孤山川河补给型河流。附近有乡村小路。

西耳村有居民187人，以汉族为主，主要从事农业。

（六○）城峁村长城（610822382101170060）

该段墙体位于新民镇城峁村柠条塌渠至神木县店塔镇秦家塌东北1.7千米，北距301省道2.15千米。墙体分布在三座较为平缓的山梁上，3道冲沟将墙体分割为3段，两侧为耕地和荒坡地，周边沟壑遍布。起点至止点长1841米。墙体起点至断点1长147米，墙体存在；断点1至断点2长30米，墙体消失；断点2至断点3长68米，墙体存在；断点3至断点4长100米，墙体消失；断点4至断点5长83米，墙体存在；断点5至止点长1413米，墙体消失。整体呈东北—西南走向。属于夯筑而成的土墙。（图八七；彩图七）

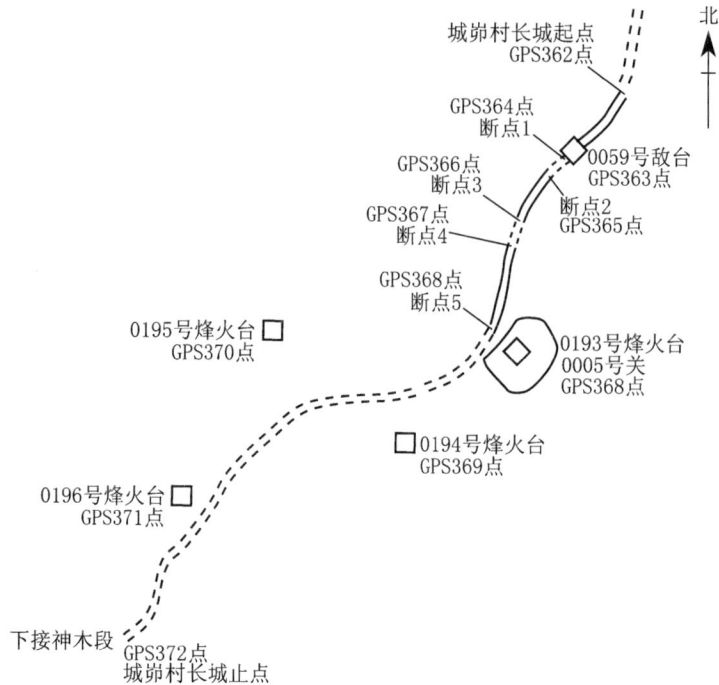

图八七　城峁村长城位置示意图

起点位于新民镇城峁村柠条塌渠，高程 1358 米；止点位于神木县店塔镇秦家塌东北 1.7 千米，高程 1350 米。

墙体整体保存差，断断续续，但走势比较清晰。雨水冲刷侵蚀造成墙体剥落、坍塌严重，植物根系对墙体有一定程度的破坏，耕作对墙体的破坏十分严重。

起点至 428 米墙体分为三段，第一段长 147 米；第二段长 68 米，保存较差，墙体顶部基本平整；第三段长 83 米，保存差，墙体呈驼峰状。墙体底宽 2.8~4.2、顶宽 0.4~2.5、内高 0.6~6、外高 3~8 米。

墙体断点 1 处为西耳村 2 号（0059 号）敌台，断点 5 西南 0.62 千米为城峁村 2 号（0194 号）烽火台，止点东北 0.26 千米为城峁村 4 号（0196 号）烽火台。

东北为新城川河，自西向东流，为孤山川补给型河流。附近道路以乡村土路为主。

城峁村有居民 80 余人，以汉族为主，主要从事种植，青壮年多外出打工和上学，部分从事煤矿开采。

二　单体建筑

府谷县明长城大边单体建筑主要分为敌台、马面和烽火台三大类。此次共调查单体建筑 215 座，其中敌台 59 座、马面 25 座、烽火台 131 座。

敌台 59 座。台体皆以黄土为主夯筑而成，包含物主要为料礓石、小石子，另有少量含有残砖、陶瓷片、板瓦等，夯层厚 0.04~0.2 米，以 0.05~0.15 米为主。其中，有基座者 42 座，约占总数的 71.2%；外侧有围墙者 17 座，约占总数的 28.8%；外部包砖者 45 座，包砖包石者 11 座，约占总数的 95%；有 6 座台体上有券洞，约占总数的 10.2%。台体平面呈矩形的有 50 座，约占总数的 84.7% ；呈圆形的 5 座，约占总数的 8.5% ；4 座因坍塌呈不规则形，约占总数的6.8% 。台体底部边长 1.6 ~ 17 米，以 6 ~ 14 米为主（野猪峁村敌台、二道边村 1 号敌台超过 15米）；顶部边长 0.5 ~ 9 米，以 4 ~ 9 米为主；高 3.5 ~ 13.5 米，以 4 ~ 10 米为主（有 6 座超过 10米）。

马面 25 座。台体主要用黄土夹杂小石子夯筑而成，少数用红胶土夹杂小石子、陶瓷片夯筑而成，夯层厚 0.02 ~ 0.2 米，以 0.04 ~ 0.14 米为主。有基座者 15 座，约占总数的 60% ；外侧有围墙者 4 座，约占总数的 16% ；台体外部包砖者 10 座，包石者 1 座，包砖包石者 4 座，约占总数的95% ；1 座台体上有券洞。台体平面呈矩形的 19 座，约占总数的 76% ；呈圆形的 2 座，约占总数的8% ；4 座因坍塌呈不规则形，约占 16% 。台体底部边长 3 ~ 22 米，以 6 ~ 14 米为主；顶部边长 0.5~ 9 米，以 4 ~ 9 米为主；高 3.5 ~ 13.5 米，以 6 ~ 10 米为主（4 座超过 10 米，蒿地塌村 1 号马面高22 米）。

烽火台 131 座。台体皆用黄土或红胶土为主夯筑而成，包含物有砖、石（料礓石和小石子）、瓷瓦片等，夯层厚 0.02 ~ 0.26 米，以 0.04 ~ 0.16 米为主，胡家梁村 1 号烽火台、阴尔崖村 2 号烽火台及下玉则塌村 3 号烽火台夯层最厚超过 0.2 米。有基座者 74 座，约占总数的 56.5% ；外侧有围墙者 32 座，约占总数的 24.4% ；台体外部包砖者 69 座，包石者 3 座，包砖包石者 27 座，约占总数的 75.6% ；有 12 座台体上保存券洞，约占总数的 9.2% 。台体平面呈矩形的 110 座，占总数的84% ；呈圆形的 14 座，约占总数的 10.7% ；有 7 座因坍塌呈不规则形，约占总数的 5.3% 。台体底部边长 2.6 ~ 38 米，以 4 ~ 13 米为主（有 13 座超过 15 米，其中板墩村烽火台、榆家坪村烽火台、守口墩村 4 号烽火台超过 30 米）；顶部边长 0.4 ~ 27 米，以 1 ~ 10 米为主（有 14 座超过 10 米，板墩村烽火台、守口墩村 4 号烽火台超过 20 米）；高 2 ~ 14 米，以 4 ~ 10 米为主（有 6 座超过 10米）。

府谷县明长城大边单体建筑外侧多包砌有砖石，因人为拆除多无存。台体常年暴露，风雨侵蚀、动植物破坏及人为损坏等是其损毁的主要原因。

各座单体建筑分述如下：

（一）竹里台村 1 号敌台（610822352101170001）

该敌台建于麻镇竹里台村。四周为深沟、陡坡，地面植被稀少，东距黄河 3.05 千米。高程 1025米。地处黄土梁峁丘陵宽谷区，属于黄土沟壑地貌。

敌台整体保存一般。台体原有包砖，由于脱落或者人为拆除，只存周围大量残块。台体风化侵蚀严重，顶部坍塌；北壁、东北角外包砖已无；南壁有登台券洞。

敌台用黄土夹杂料礓石夯筑而成，夯层厚 0.05 ~ 0.11 米。平面呈矩形，剖面呈梯形，底部东西9.2、南北 9 米，顶部边长 7 米，高 8.5 米。（图八八）

敌台南侧紧贴竹里台村长城 1 段，南距竹里台村 2 号敌台 0.08 千米。

（二）竹里台村 2 号敌台（610822352101170002）

该敌台建于麻镇竹里台。台体四周地势较平缓，植被稀疏，周边沟壑纵横，东距黄河 3.05 千米。高程 1030 米。地处黄土梁峁丘陵宽谷区，属于黄土沟壑地貌。

敌台整体保存一般。台体原有包砖，由于脱落或者人为拆除，只剩周围大量残砖。风化侵蚀较为严重。西壁有券洞，坍塌成不规则的洞口。

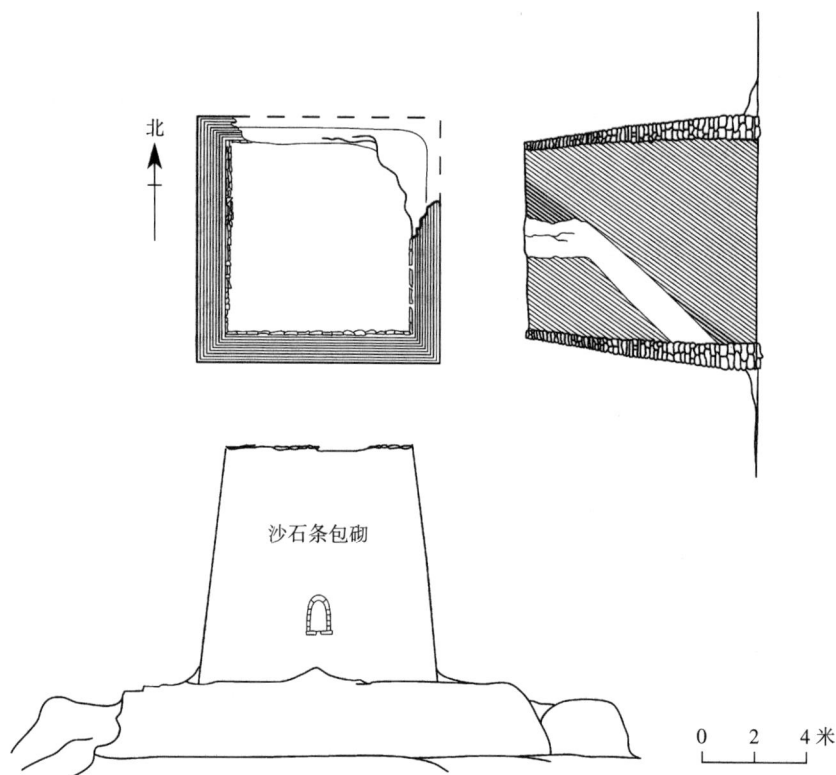

图八八　竹里台村 1 号敌台平、立、剖面图

　　敌台以黄土夹杂料礓石夯筑而成。平面呈矩形，剖面呈梯形，底部东西 9、南北 8 米，顶部东西边长 7 米，高 6.7 米。（图八九）

　　敌台北距竹里台村 1 号敌台 0.08 千米。

（三）韩家圪堵村敌台（610822352101170003）

　　该敌台建于麻镇韩家圪堵村。四周为坡地，外围是沟壑；除草本植物外几乎见不到其他植物，东距黄河 3.75 千米。高程 1011 米。地处黄土梁峁丘陵宽谷区，属于黄土沟壑地貌。

　　敌台整体保存较差。整体风化侵蚀较为严重，形制不清晰。台体原有包砖，由于脱落或者人为拆除，只剩周围大量残块。台体呈圆丘状，上面散落有大量残砖碎石，杂草丛生。

　　敌台用黄土夹杂料礓石夯筑而成。台体底部直径约 10、高 3.5 米。（图九○）

　　敌台东距竹里台村 1 号敌台 0.7 千米。

（四）黄甫川东岸敌台（610822352101170004）

　　该敌台建于麻镇黄甫川河东岸独立的山峁上。地表植被稀疏，西侧陡峭，西距黄甫川 520 米。高程 914 米。地处黄土梁峁丘陵宽谷区，属于黄土沟壑地貌。

　　敌台整体保存一般。台体风化侵蚀较为严重。台体原是内夯土外包砖，包砖不存，周边及顶部散落大量的残砖碎石。南壁有一不规则洞口，可能为券洞。东部有一些坍塌，平面略呈凹字形。

　　敌台用黄土夯筑而成。平面呈矩形，剖面呈梯形。台体底部东西 8、南北 7 米，顶部边长 6 米，高 7 米。（图九一；彩图八）

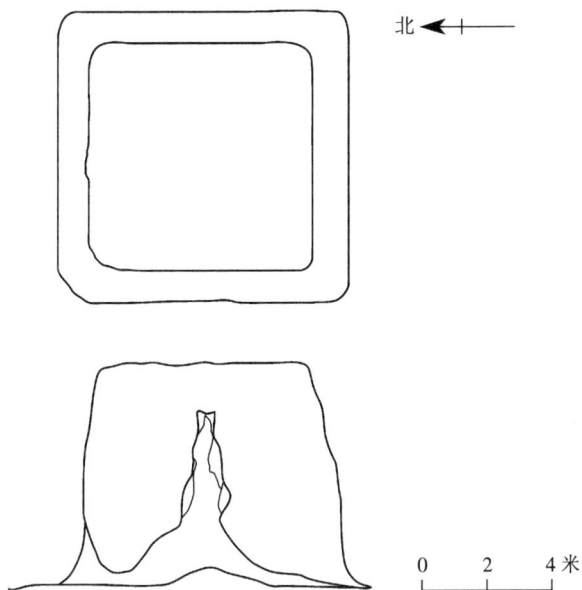

图八九　竹里台村 2 号敌台平、立面图

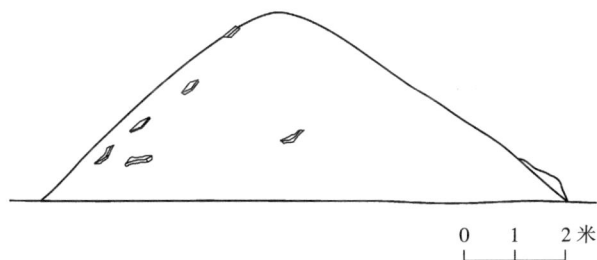

图九〇　韩家圪堵村敌台立面图

敌台东南距韩家圪堵村 3 号敌台 0.48 千米，西侧为黄甫川。

（五）胡家梁村 1 号敌台（610822352101170005）

该敌台建于麻镇东胡家梁村与麻二村交界处。南侧有两处民房紧靠墙体，周边为耕地，东距黄甫川 1.17 千米。高程 992 米。地处黄土梁峁丘陵宽谷区，属于黄土沟壑地貌。

敌台整体保存一般，仅存夯土台。顶部坍塌严重，存石灰层和砖层，植物生长旺盛；北壁保存较好，梯形形制清晰。南侧有 2 座民房，背墙用青色长砖所砌，据调查应为敌台包砖，可见敌台受人为因素的破坏相当严重。

敌台有基座、壕沟。由于坍塌剥落使基座呈不规则圆形，边缘距墙体 3 ~ 8 米，周长约 26 米。东侧有宽 2 ~ 3 米的壕沟，壕沟处有部分基石露出地表，基石高约 2 米。台体内部用夯土筑成，底部夯层中部分为五花土，含少量陶片，夯层厚 0.09 ~ 0.18 米，夯层质地坚硬，排列整齐。台体外部包砖石无存，平面呈矩形，剖面呈梯形，底部东西 8.8、南北 8 米，顶部东西 6.4、南北 5.6 米，高 7.7 米。台体东北角有铺砖，西南角有白灰层残迹。（图九二）

敌台东距胡家梁村 1 号烽火台 0.285 千米。

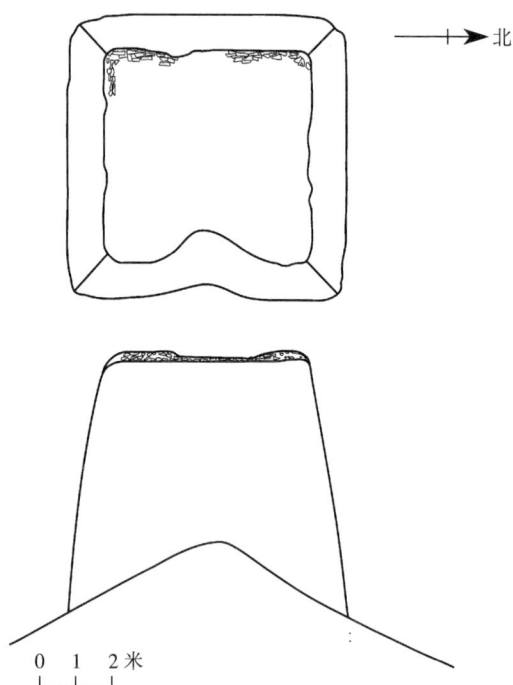

图九一　黄甫川东岸敌台平、立面图　　　　　图九二　胡家梁村 1 号敌台平、立面图

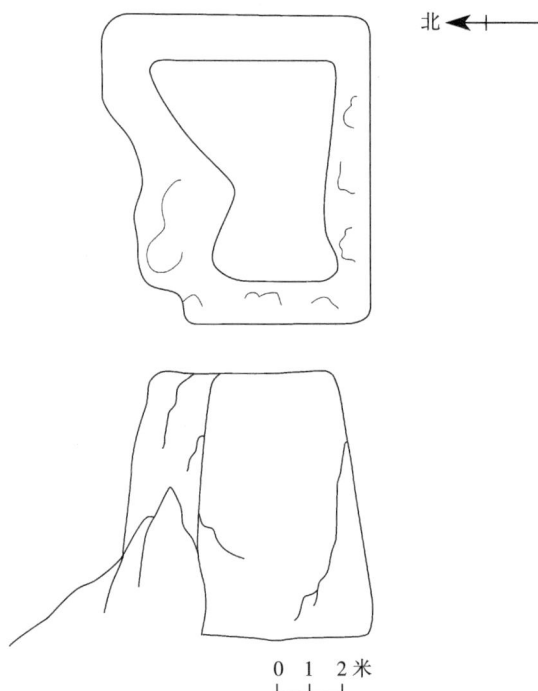

（六）胡家梁村 2 号敌台（610822352101170006）

该敌台建于麻镇胡家梁村西北。四周地势较平缓，为荒坡地，麻（镇）哈（镇）公路沿台体基座外侧通过，高程 1052 米，地处黄土梁峁丘陵宽谷区，属于黄土沟壑地貌。

敌台整体保存较差。台体用砖石混合包砌，大部分脱落，少部分仍可见。顶部南侧坍塌较为严重，基座裸露，有继续塌陷的危险。

敌台包括基础、基座和台体三部分。基础高约 4 米、基座高约 1.25 米。台体西壁中部有一人工挖掘的洞，洞顶可见夯窝，夯窝直径约 0.03、深约 0.01、窝距 0.01 ~ 0.02 米。台体底部东西约 7、南北 7.4 米，顶部东西 4.5、南北 3.7 米，高约 7 米。（图九三）

台体周边散落大量砖石残块，有一石夯，中部空心，直径 45 厘米，外部呈圆形台状，底径 20、顶径 14、高约 18 厘米。

敌台南壁紧贴胡家梁村西峁长城，东北距胡家梁村 2 号烽火台 0.38 千米。

（七）胡家梁村 3 号敌台（610822352101170007）

该敌台建于麻镇胡家梁村西。麻（镇）哈（镇）公路沿南侧墙体而过，周边为坡地，长满荒草，高程 1064 米，地处黄土梁峁丘陵宽谷区，属于黄土沟壑地貌。

敌台整体保存一般。南壁破坏严重，其余三壁形制较为明显。人为取砖石造成西北侧仅存夯土台；台体顶部原有建筑物，仅存残砖碎瓦等；西壁有一裂缝，宽约 0.2 米，被落土填充；基部受侵蚀等破坏严重，略呈悬空状，尤以南侧严重；台体上有几处冲沟。

台体内部用黄土夹杂料礓石、瓷片夯筑而成，夯层厚 0.05 ~ 0.08 米，分布均匀，夯层内侧可见夯窝，夯窝直径约 0.055、中心间距 0.12 米。外部包砖无存。敌台原有砖石基座，南部可能是登台步道位置，全部坍塌，平面呈凹字形，剖面呈梯形。台体底部东西约9、南北约8.3米，顶部东西约8、南北约7.3米，高12.5米。（图九四）

敌台东南距胡家梁村4号烽火台0.66千米，北距杨家峁村2号烽火台0.3千米。

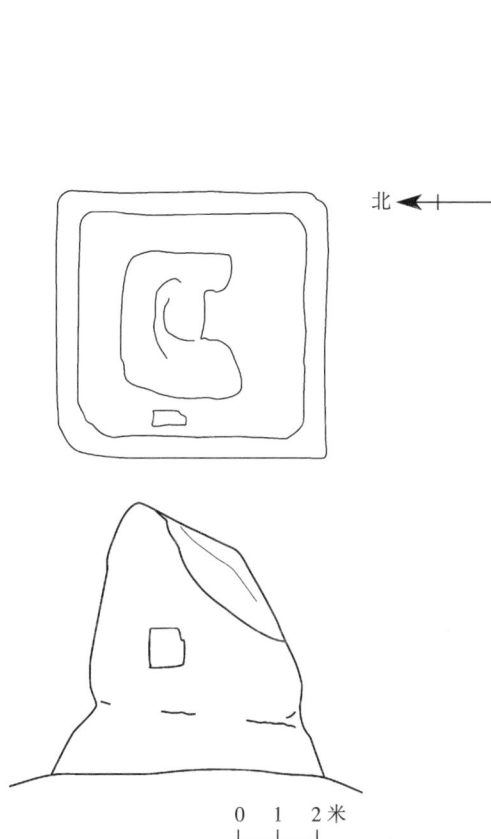

图九三　胡家梁村2号敌台平、立面图　　　　图九四　胡家梁村3号敌台平、立面图

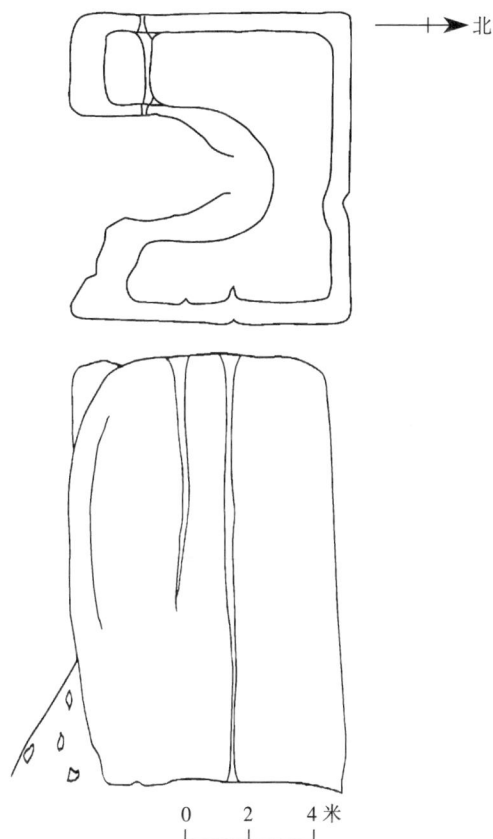

（八）杨家峁村敌台（610822352101170008）

该敌台建于麻镇杨家峁村西端长城墙体的一个拐角处。台体四周坡地较陡峭，长满荒草，高程1064米，地处黄土梁峁丘陵宽谷区，属于黄土沟壑地貌。

敌台整体保存较差。台体包砖被人为毁坏，周围散落大量残砖。

台体用黄土夹杂料礓石、瓷片夯筑而成，夯层厚0.06~0.13米。台体为外包砖石的梯台，大部分坍塌，东南侧保存较好，其余各面及顶部不明显，整体呈不规则形土堆，表面仍包有大量的石块，形成宽约0.15~0.2米的柱体，多数垂直于台体侧面，少量呈斜向或平行砌筑。包石厚约0.4米，共23层，分布不均匀。包石间用黄土粘接，厚度不均。台体西北部距地面约2米处有两层条石砌筑的迹象，应为台体基座。台体北侧长城墙体上有一排连续的矩形插孔，分析应是用建材与墙体搭建连接的插孔，下方应有其他建筑，现无存。台体底部东西约6.9、南北1.6~6.2米；顶部呈不规则形，宽约2.9米；高4.3~5.7米。（图九五）

敌台北距杨家峁长城1段墙体约0.01千米，东北距智通寺约0.81千米。

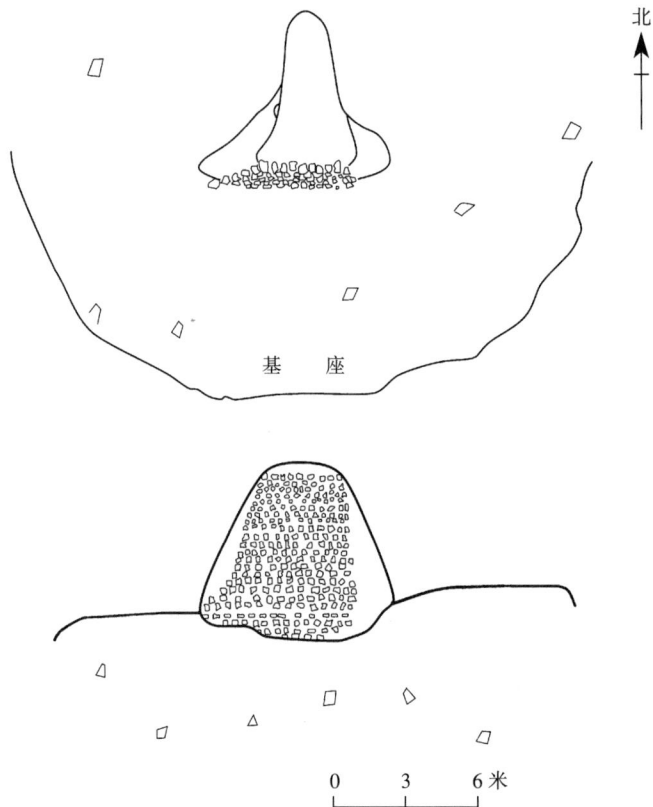

图九五　杨家峁村敌台平、立面图

（九）堡子村敌台（610822352101170009）

该敌台建于清水乡堡子村北 0.052 千米的山峁上，北距小南川 0.9 千米。南侧有堡子村 2 户村民，外围沟壑纵横，高程 1202 米。

敌台整体保存较差。台体坍塌严重，散落大量的碎砖、石块，杂草丛生；顶部四面轮廓不清；东面围墙有 8 米豁口。

敌台包括围墙、矩形基座和圆形台体三部分。围墙建在基座上，平面呈矩形，长 35、宽 32 米；东墙底宽 0.8~1.3、顶宽 0.1~0.3、内高 0.3~1.8 米，南墙顶宽 0.7~1.2、内高 1.1~2 米，西墙顶宽 0.25~0.6、内高 0.15~2 米，北墙顶宽 0.2~0.6、内高 0.2~0.9 米，围墙内高 0.15~2、外高 5~7.2 米。台体外部包砖，内部用黄土夹杂小石子夯筑而成，夯层厚 0.08~0.12 米。台体平面呈近圆形，底部南长 9.5、西长 8.1、东长 7.9、北长 7 米，顶部南长 7.4、西长 6.9、东长 4.8、北长 5.7 米，高 4.7 米。（图九六）

敌台南距堡子村 1 号烽火台 0.223 千米，北距长城墙体 0.021 千米。

（一〇）火把梁村 1 号敌台（610822352101170010）

该敌台建于哈镇火把梁村西北 0.5 千米的山峁上，北距小南川 0.96 千米。四周是梯田，周围地势较平缓，高程 1.2 千米，地处黄土梁峁丘陵宽谷区，属于黄土沟壑地貌。

敌台整体保存差。台体包砖被拆除，周围散落大量残砖、瓦片。台体顶部部分坍塌，台芯外露；四壁有许多雨水冲沟；底部堆积大量夯土和砖石，长满杂草。

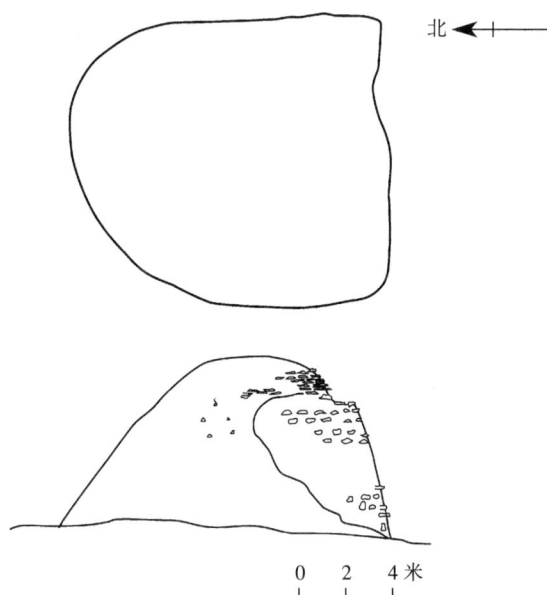

图九六 堡子村敌台平、立面图

图九七 火把梁村1号敌台平、立面图

敌台由夯土基座和台体两部分组成。基座平面呈近圆形,周长30、直径10.4、高0.8~2.6米。台体内部以黄土夹杂料礓石夯筑而成,夯层厚0.08~0.15米。台体平面呈近矩形,剖面呈梯形,东西2.95、南北3.71米,顶部由于雨水冲刷侵蚀坍塌不规则,高6米。(图九七)

敌台东距堡子村马面0.953千米。

(一一)火把梁村2号敌台

(610822352101170011)

该敌台建于哈镇火把梁村东南0.3千米,北距小南川1.35千米。地势平缓,台体四周栽种许多桃树、苹果树等,外围沟壑纵横,高程1238米。

敌台整体保存一般。台体包砖被拆除,周围散落大量残砖瓦片。台体顶部部分坍塌,轮廓清晰,无任何遗存;四壁有雨水冲沟,底部有堆积物,蚁穴、鼠洞对台体造成危害。台体南壁距地面1.5米处有一宽2.3米的豁口倾斜通向顶部。

敌台用黄土夯筑而成,夯层厚0.07~0.14米。台体平面呈矩形,剖面呈梯形,底部边长14、顶部边长9、高8米。(图九八;彩图九)

敌台西南距火把梁村3号敌台0.253千米。

(一二)火把梁村3号敌台

(610822352101170012)

该敌台建于哈镇火把梁村附近的山峁上,北距小南川1.4千米。地势平缓,周围为农田,高程1242米,地处黄土梁峁丘陵宽谷区,属于黄土沟壑地貌。

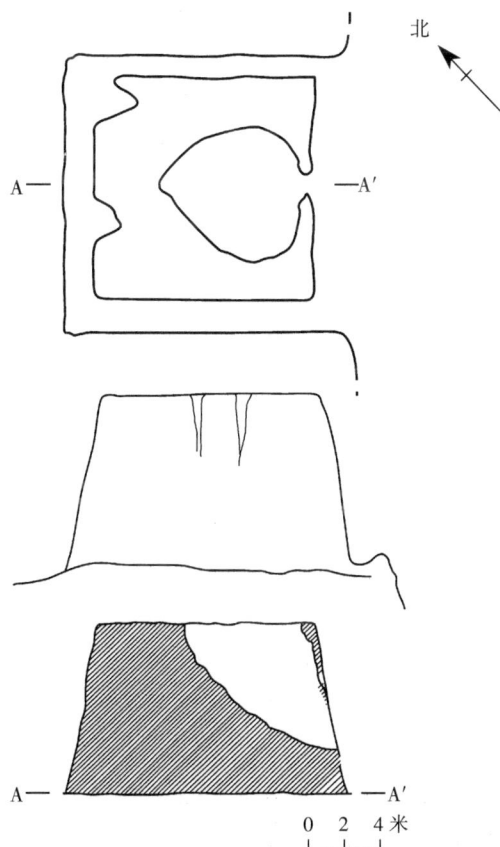

图九八 火把梁村2号敌台平、立、剖面图

敌台整体保存较差。台体包砖被拆除，周围散落少量残砖和瓦片。台体东侧有土路，修路时曾在台体上取土，使台体顶部坍塌。周围为农田。

敌台内部用黄土夯筑而成，夯层厚0.06～0.15米；外部包砖无存。台体平面呈近矩形，剖面呈梯形，底部边长东7.8、南5.4、西6.3、北5.7米，高4.8米。（图九九）

敌台东北距火把梁村2号敌台0.253千米。

（一三）官地梁村敌台（610822352101170013）

该敌台建于木瓜乡官地梁村东南0.8千米，北距小南川约1.85千米。东面紧靠村级公路，四周为农田，高程1238米，地处黄土梁峁丘陵宽谷区，属于黄土沟壑地貌。

敌台整体保存较差。台体顶部坍塌，四壁长满杂草，基座和围墙消失，整体形制不清。

敌台由黄土夯筑而成，质地细密，夯层厚0.05～0.15米，没发现夯窝。平面呈近矩形，剖面近梯形。台体底部边长东7.8、南5.4、西6.3、北5.7米，高4.8米。（图一〇〇）

敌台东北距火把梁村3号敌台0.755千米。

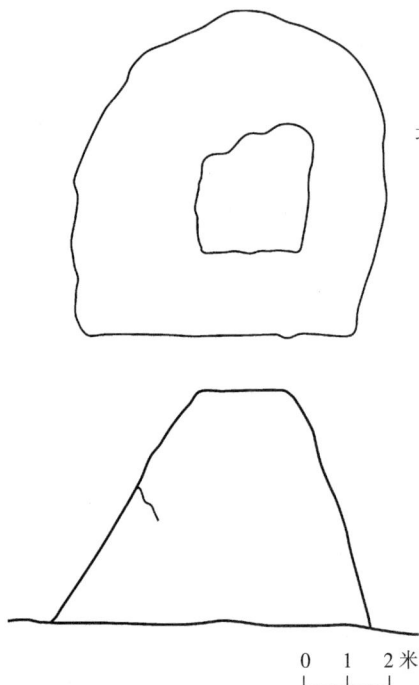

图九九　火把梁村3号敌台平、立面图　　　　图一〇〇　官地梁村敌台平、立面图

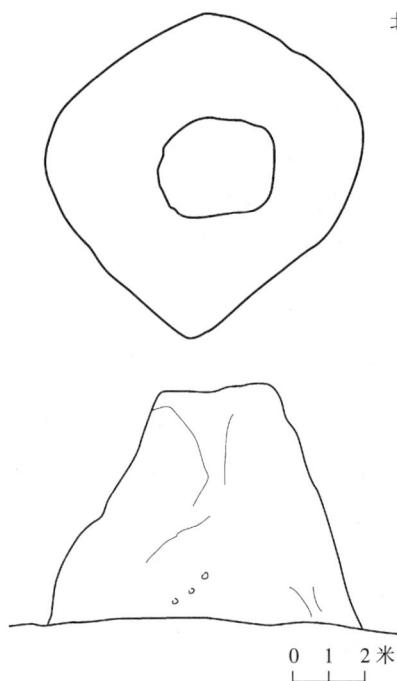

（一四）翟家梁村1号敌台（610822352101170014）

该敌台建于赵五家湾乡翟家梁村一山峁上，西北距小南川1.95千米。四周是农田，周围遍布水土流失形成的沟壑，高程1261米。

敌台整体保存较差。台体包砖被人为毁坏，周围散落大量残砖，内部因雨水冲刷侵蚀和人为因素遭到破坏。台体剖面呈梯形，从顶部坍塌，轮廓不清。台体上长满杂草，顶部有雨水冲沟。

敌台包括夯土基座和包砖台体两部分。基座呈矩形，边长26米。台体用黄土夯筑而成，夯层厚0.06～0.15米，没发现夯窝。台体底部东西9.5、南北9.4米，顶部东西5.5、南北5米，高7.5米。

敌台北距官地梁村2号烽火台0.368千米。（图一〇一；彩图一〇）

（一五）翟家梁村 2 号敌台

（610822352101170015）

该敌台建于赵五家湾乡翟家梁村一山峁上，西北距小南川 2.2 千米。台体四周地势较平缓，种植大量苜蓿，高程 1264 米，地处黄土梁峁丘陵宽谷区，属于黄土沟壑地貌。

敌台整体保存较差。台体上布满雨水冲刷的痕迹，底部堆积大量夯土，上面长满杂草。

敌台用黄土夯筑而成，夯层厚 0.06～0.12 米，没发现夯窝。台体平面呈近矩形，剖面呈梯形，底部边长 6.5、顶部边长 2.2、高 5.2 米。（图一〇二）

敌台北距翟家梁村 1 号敌台 0.165 千米。

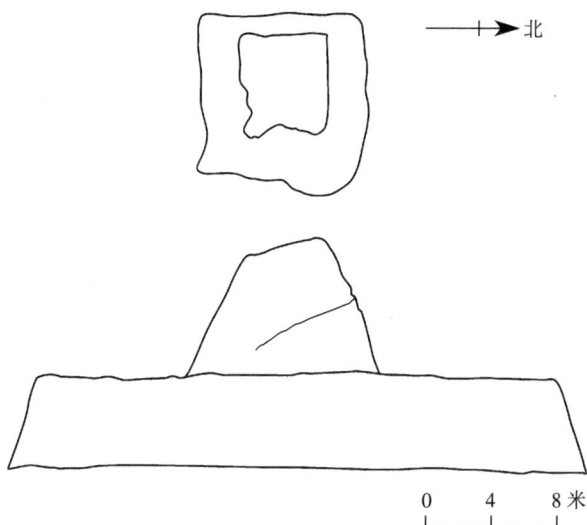

图一〇一　翟家梁村 1 号敌台平、立面图

（一六）翟家梁村 3 号敌台 （610822352101170016）

该敌台建于赵五家湾乡翟家梁村西南 0.3 千米，北距小南川 2.15 千米。四周为农田，地势较平缓，外围沟壑遍布，高程 1270 米。

敌台整体保存一般。台体被风雨侵蚀严重，北壁塌陷，东壁有几处洞穴，顶部有杂草。包砖被人为毁坏，周围散落大量残砖。

敌台包括夯土基座和包砖台体两部分。基座平面呈矩形，边长 30 米。台体用土质较硬的红褐色胶土夯筑而成，夯层厚 0.06～0.15 米。台体平面呈矩形，剖面呈梯形，底部边长 8.2、顶部边长 5.2、高 7 米。（图一〇三；彩图一一）

敌台东北距翟家梁村 2 号敌台 0.398 千米。

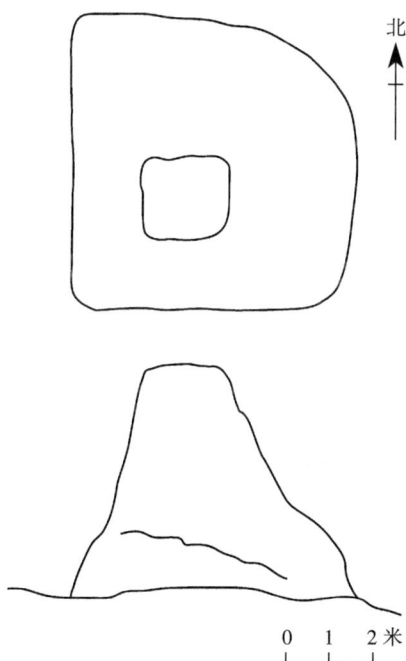

图一〇二　翟家梁村 2 号敌台平、立面图

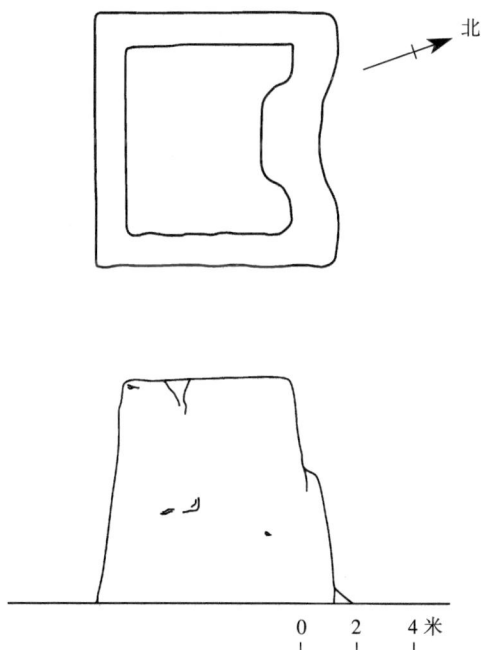

图一〇三　翟家梁村 3 号敌台平、立面图

（一七）翟家梁村 4 号敌台（610822352101170017）

该敌台建于赵五家湾乡翟家梁村西南 3.5 千米的沟底，南距柳沟 2.4 千米。周边坡度较缓，四周为沟壑及农田，高程 1208 米。

敌台整体保存较差。台体被风雨侵蚀严重，北侧滑坡使台体严重坍塌。台体包砖被人为毁坏，周围散落大量残砖。基座上有围墙，仅存东墙和南墙。

敌台包括夯土基座和包砖台体两部分。基座平面呈近矩形，边长 30 米。围墙位于基座上，墙体底宽 1.2、顶宽 0.4 ~ 0.8、高 1.2 ~ 2.1 米。台体夯筑而成，夯层厚 0.08 ~ 0.15 米，夯层清晰，没发现夯窝。台体底部东西 7.3、南北 5.3 米，顶部东西 0.5 ~ 1.3、南北 3 米。（图一〇四）

敌台东南距翟家梁村烽火台 0.383 千米。

（一八）桃阴梁村 1 号敌台（610822352101170018）

该敌台建于木瓜乡桃阴梁村北 0.6 千米的山梁上，南距木瓜川 3.9 千米。四周为荒地，遍布水土流失形成的沟壑，高程 1309 米。

敌台整体保存一般。台体包砖被拆除，周围散落有大量残砖。南壁有踏步侧可通台顶，现坍塌。台体夯土层裸露，受风雨侵蚀，部分损毁。西壁底部风化严重。

敌台用黄土夹杂小石子夯筑而成，夯层厚 0.04 ~ 0.10 米。台体平面呈矩形，剖面呈梯形，底部东西 8.3、南北 12 米，顶部东西 5.5、南北 9 米，高 5.5 米。（图一〇五）

敌台西南距桃阴梁村 1 号烽火台 0.413 千米。

（一九）桃阴梁村 2 号敌台（610822352101170019）

该敌台建于木瓜乡桃阴梁村南 0.98 千米，南距木瓜川 3.55 千米。西、南面为坡地，东、北面为

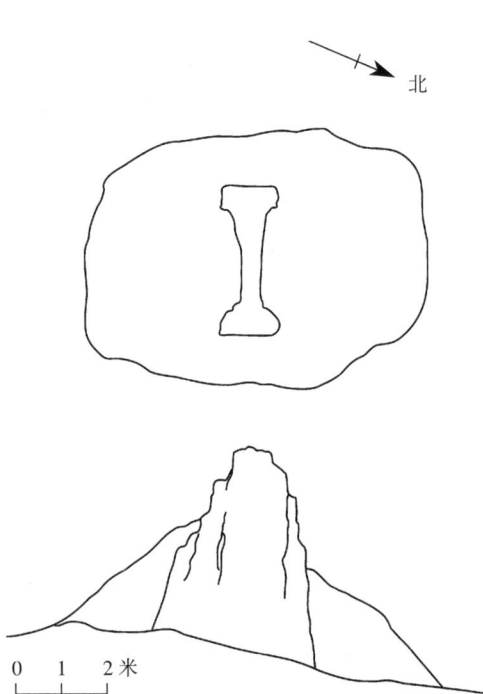

图一〇四　翟家梁村 4 号敌台平、立面图　　　　图一〇五　桃阴梁村 1 号敌台平、立面图

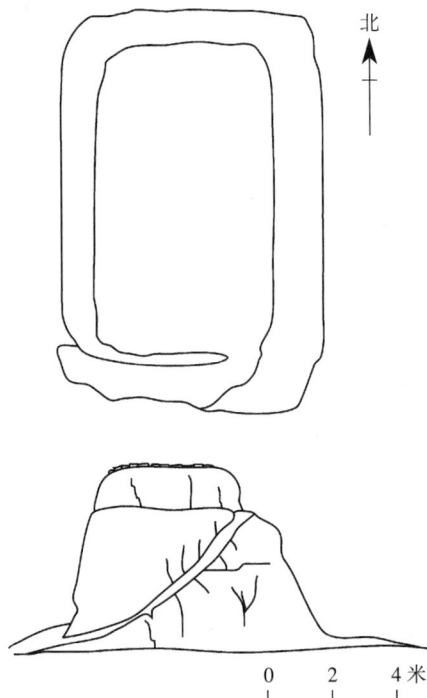

沟壑，高程1294米，地处黄土梁峁丘陵宽谷区，属于黄土沟壑地貌。

敌台整体保存一般。台体包砖被人为毁坏，周围散落大量残砖。整体轮廓清晰，南侧有冲沟，顶部杂草丛生，南壁券洞坍塌，台壁上有数处洞穴。

敌台包括围墙、夯土基座和包砖台体三部分。基座平面呈矩形，东西25.5、南北28.5米。围墙建在基座上，平面呈矩形，墙体顶宽0.4、高6.4米。台体用黄土夹杂小石子夯筑而成，夯层厚0.04~0.14米，质地细密，存在夯窝，夯窝直径0.06、中心间距0.12米。台体平面呈矩形，剖面呈梯形，底部边长12、顶部边长8、高10米。南壁有券洞可登台顶，现坍塌。台体内部有上下通道，宽0.6米。台顶没有发现任何遗物。（图一〇六）

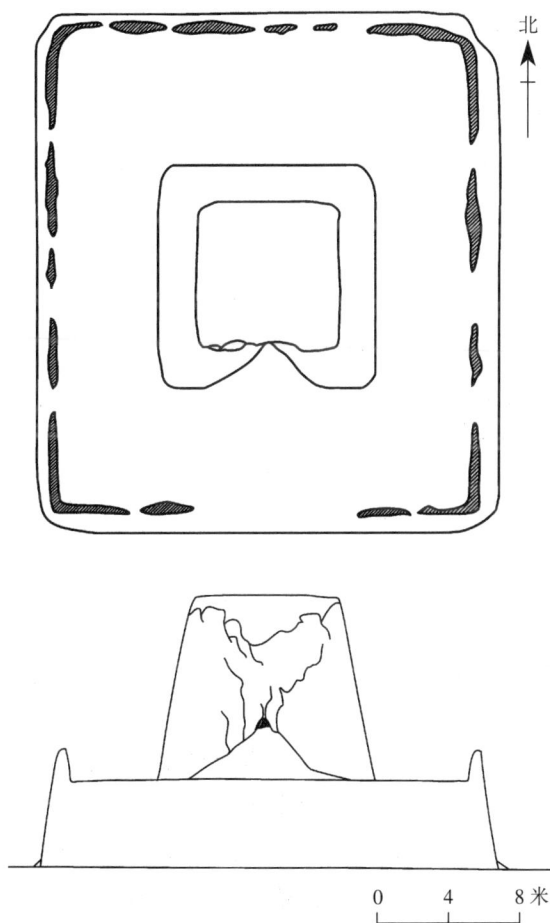

图一〇六 桃阴梁村2号敌台平、立面图

敌台东距桃阴梁村长城2段0.03千米，东南距桃阴梁村1号烽火台0.289千米。

（二〇）桃阴梁村3号敌台（610823352101170020）

该敌台建于木瓜乡桃阴梁村，南距木瓜川4.05千米。南侧有冲沟，东、西侧为山梁，北侧0.05千米处为长城墙体，高程1300米，地处黄土梁峁丘陵宽谷区，属于黄土沟壑地貌。

敌台整体保存一般。台体包砖被人为毁坏，周围散落少量残砖。敌台西壁有豁口，围墙大部坍塌。

敌台包括围墙、矩形夯土基座和包砖台体三部分。围墙南北25、东西27、高2~6.5米。台体用黄土夹杂小石子夯筑而成，夯层厚0.04~0.14米，质地细密，有夯窝，夯窝直径0.06、中心间距0.12米。台

体平面呈矩形，剖面呈梯形，底部东西 10、南北 10.2 米，顶部边长 4.4 米，高 7.3 米。（图一〇七）

敌台东南距桃阴梁村 2 号敌台 0.45 千米。

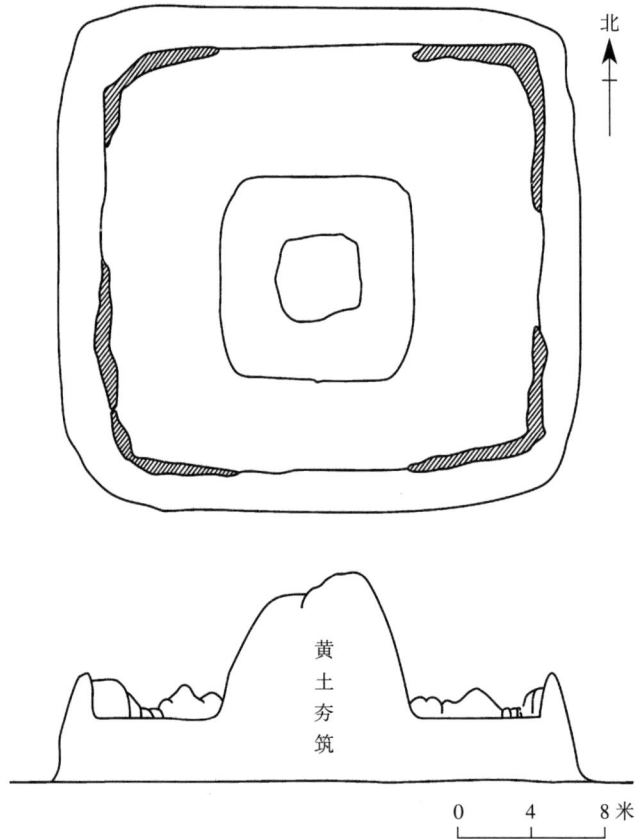

图一〇七　桃阴梁村 3 号敌台平、立面图

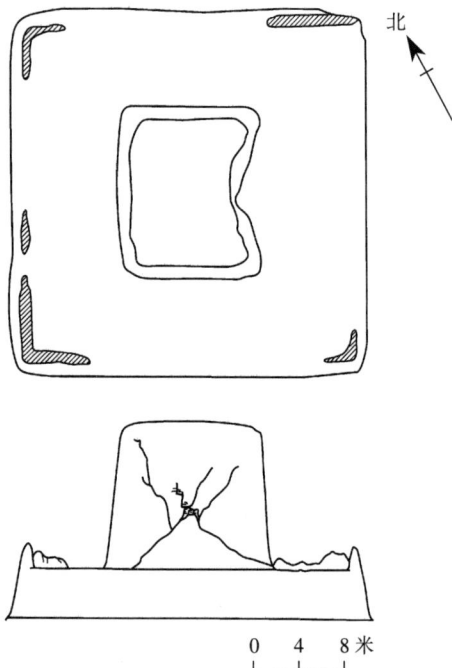

图一〇八　官地塌村 1 号敌台平、立面图

（二一）官地塌村 1 号敌台（610822352101170021）

该敌台建于木瓜乡官地塌村西北 0.63 千米、长城墙体北侧，南距木瓜川 4.65 千米。周围为弃耕的梯田，高程 1320 米，地处黄土梁峁丘陵宽谷区，属于黄土沟壑地貌。

敌台整体保存一般。台体包砖被拆除，夯土外露；雨水冲刷侵蚀台体部分坍塌、毁坏；南壁有一高 0.5 米的洞口，多处裂缝；东北壁券洞坍塌，周围散落大量残砖碎石。

敌台包括围墙、夯土基座和包砖台体三部分。基座呈近正方形，边长 31、高 4 米。基座边缘有围墙，仅存四角墙体，墙体内高 1~2、外高 4~6 米。台体用黄土夯筑而成，夯层厚 0.05~0.14 米。台体平面呈矩形，剖面呈梯形，底部东西 14、南北 12 米，顶部东西 12、南北 10 米，高 12 米。台体北壁有登顶券洞。（图一〇八）

敌台东南距官地塌村 1 号烽火台 0.325 千米。敌台与围墙建在长城墙体北侧（外侧），这是长城沿线敌台修筑中所不多见的。经现场反复观察，该敌台较其他敌台高大，所处为山峁的至高点。四周有矩形围墙。本身已成为防卫屏障，敌台在外侧便于观察敌情，修筑时长城墙体不用拐出敌台之北，可节省劳力物力。这样修筑是一个特殊现象，有待进一步研究。

（二二）官地墕村2号敌台（610822352101170022）

该敌台建于木瓜乡官地墕村西北0.96千米、长城墙体北侧，南距木瓜川4.8千米。周围是荒坡地，坡度较缓，高程1333米，地处黄土梁峁丘陵宽谷区，属于黄土沟壑地貌。

敌台整体保存较差。台体坍塌呈土丘状，外包砖被拆除，夯土外露，坍塌严重，周围散落少量残砖，台体上长有树木。

敌台包括围墙、夯土基座和包砖台体三部分。基座上建有围墙，南墙借用长城墙体，平面呈矩形，东西37、南北33、高3.3～4.2、宽3米。台体用黄土夹杂小石子夯筑而成，夯层厚0.06～0.12米，质地细密，有夯窝，夯窝直径0.06、中心间距0.12米。台体平面呈圆角矩形，剖面呈不规则形，底部东西14、南北10、高5米。台体内部没有供上下的通道。（图一〇九）

敌台东距官地墕村1号敌台0.348千米。

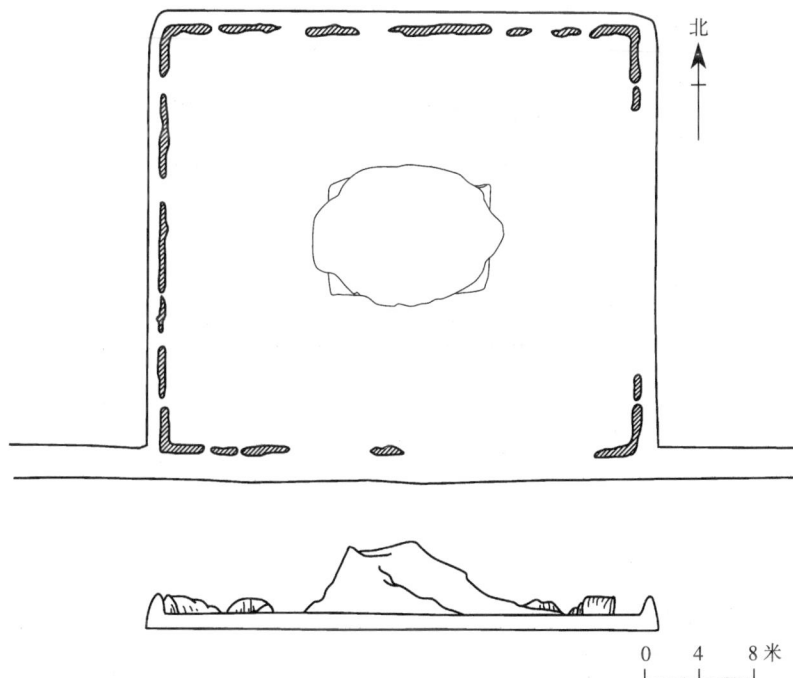

图一〇九　官地墕村2号敌台平、立面图

（二三）太平墩村敌台（610822352101170023）

该敌台建于木瓜乡太平墩村北0.4千米，东南距木瓜川3.9千米。地势较平缓，附近为耕地，周边沟壑地貌发育较好，高程1304米。

敌台整体保存较差。台体风化侵蚀严重，西南角坍塌严重，顶部及周边散落有许多残砖碎石，围墙西墙基本不存。台体原包砖被人为毁坏，周围散落少量残砖。

敌台包括围墙、矩形夯土基座和包砖台体三部分。围墙平面呈近矩形，边长30、高1.8、宽 3 米。台体用黄土夹杂小石子夯筑而成，夯层厚 0.1～0.17 米，质地细密，没发现夯窝。台体平面呈近矩形，剖面呈梯形，底部边长 12 米，顶部东西 8.9、南北 9 米，高 3.8 米。（图一一〇）

敌台东距太平墩村 1 号烽火台 0.08 千米。

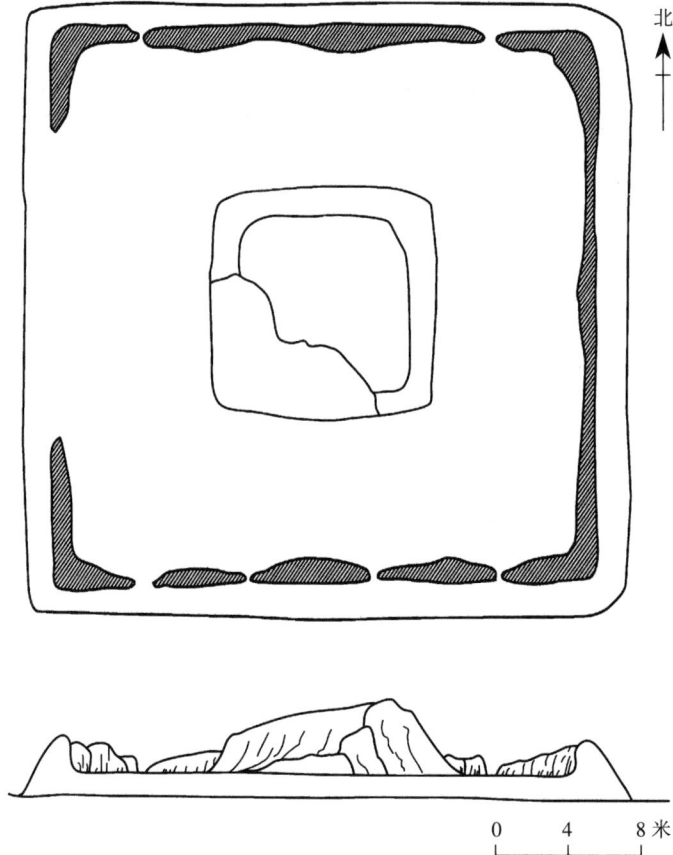

图一一〇　太平墩村敌台平、立面图

（二四）砖厂梁村 1 号敌台 （610822352101170024）

该敌台建于庙沟门镇砖厂梁村东北 0.9 千米，东距木瓜川 2.5 千米。南面为冲沟，东面为坡地，西面为长城墙体，北面为小冲沟，附近有农田，高程 1280 米，地处黄土梁峁丘陵宽谷区，属于黄土沟壑地貌。

敌台整体保存一般。台体包砖被人为毁坏，周围散落少量残砖。敌台两侧有洞，宽 2.3、深 3、高 1.8 米，洞壁上有小龛，龛宽 0.42、深 0.16、高 0.33 米。

敌台包括围墙、夯土基座和包砖台体三部分。围墙建在基座上，平面呈近矩形，边长 33、顶宽 1、内高 4、外高 6 米。基座呈矩形，高 2 米。台体用黄土夹杂小石子夯筑而成，夯层厚 0.07～0.13 米，质地细密，有夯窝，夯窝直径 0.06、中心间距 0.12 米。台体平面呈近矩形，剖面呈梯形，底部边长 8、高 8 米。（图一一一）

敌台西北距砖厂梁村 1 号马面 0.299 千米。

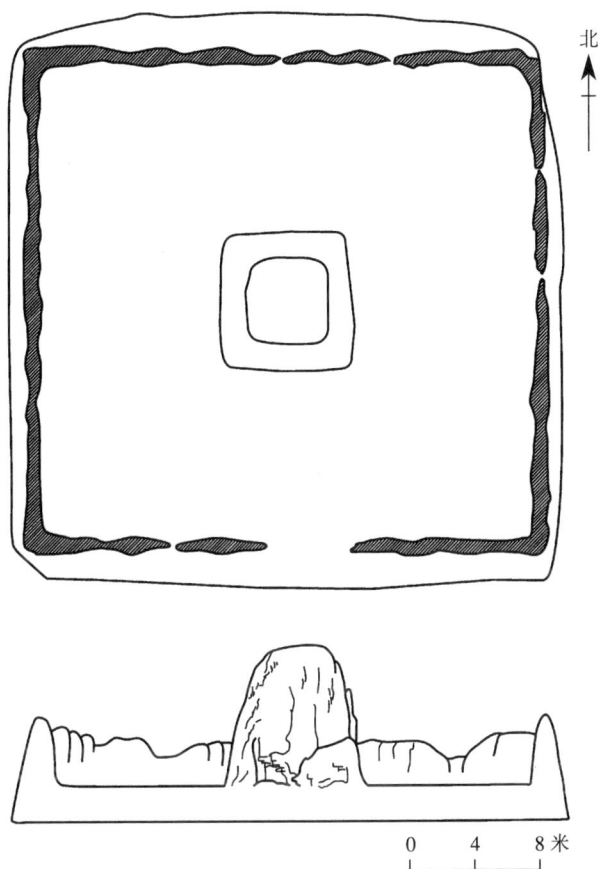

图———　砖厂梁村 1 号敌台平、立面图

（二五）砖厂梁村 2 号敌台（610822352101170025）

该敌台建于庙沟门镇砖厂梁村东北 0.97 千米，东距木瓜川 2.7 千米。东为深沟断崖，西、南、北三面为荒地，高程 1294 米，地处黄土梁峁丘陵宽谷区，属于黄土沟壑地貌。

敌台整体保存较差。台体包砖被人为毁坏，周围散落少量残砖。台体上杂草丛生，西、南侧坍塌严重。

敌台以黄土夹杂小石子夯筑而成，夯层厚 0.06～0.1 米，质地细密，没发现夯窝。台体平面呈不规则形，剖面呈梯形，底部东西 7、南北 6 米，顶部东西 4、南北 5 米，高 6 米。台体内部没有发现供上下的通道。（图——二）

敌台东北距砖厂梁村 2 号马面 0.256 千米、距砖厂梁村 2 号烽火台 0.392 千米。

（二六）王家梁村 1 号敌台（610822352101170026）

该敌台建于庙沟门镇王家梁村东 1.1 千米，东距木瓜川

图——二　砖厂梁村 2 号敌台平、立面图

2.65 千米。周围为荒坡地，南侧有一条小河自北向南流，高程 1293 米，地处黄土梁峁丘陵宽谷区，属于黄土沟壑地貌。

敌台整体保存一般。台体包砖被人为毁坏，周围散落大量残砖，壁上有多处小洞。台体顶部建有航空导航标杆铁架，生长着一棵小树，东侧坍塌。

敌台包括围墙、夯土基座和包砖台体三部分。围墙不存。基座平面呈近矩形，东西 24、南北 22、高 2.2 米。台体以黄土夹杂小石子夯筑而成，夯层厚 0.05～0.15 米，质地细密，有夯窝，直径 0.06 米，间距不详。台体内部没有发现上下的通道。台体平面呈矩形，剖面呈梯形，底部边长 14、顶部边长 8、高 10 米。（图一一三；彩图一二）

敌台东距王家梁村 1 号烽火台 0.111 千米。

（二七）王家梁村 2 号敌台（610822352101170027）

该敌台建于庙沟门镇王家梁村东 0.15 千米的台地上，东距木瓜川 3.5 千米，西距村级公路 3.5 米、距沙梁川 3.45 千米。敌台旁边为弃耕地，高程 1257 米，地处黄土梁峁丘陵宽谷区，属于黄土沟壑地貌。

敌台整体保存一般。台体包砖被人为毁坏，周围散落大量残砖，南、北侧大半坍塌。

敌台包括夯土基座和包砖台体两部分。基座平面呈矩形，东西 14、南北 21、高 7 米。台体以黄土夹杂小石子夯筑而成，夯层厚 0.08～0.14 米，质地细密，没发现夯窝；台体平面呈矩形，剖面呈梯形，底部东西 9、南北 6 米，顶部东西 6、南北 4 米，高 7 米。（图一一四）

敌台东北距王家梁村 3 号烽火台 0.298 千米。

图一一三　王家梁村 1 号敌台平、立面图　　　　图一一四　王家梁村 2 号敌台平、立面图

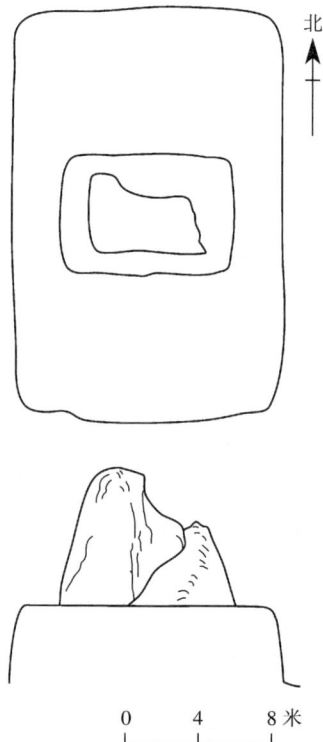

（二八）双圪通村 1 号敌台（610822352101170028）

该敌台建于庙沟门镇双圪通村东 1.2 千米，西距沙梁川 2.35 千米。台体附近为耕地，四周为缓坡地，高程 1257 米，地处黄土梁峁丘陵宽谷区，属于黄土沟壑地貌。

敌台整体保存一般。基座上长有杂草。台体包砖被人为毁坏，周围散落少量残砖。台体南侧坍塌严重，呈斜坡，可登台顶。

敌台包括夯土基座和包砖台体两部分。基座内部夹杂石条，平面呈近矩形，边长 22、高 10 米。台体以黄土夹杂小石子夯筑而成，夯层厚 0.07～0.12 米，质地细密，未发现夯窝。台体平面呈矩形，剖面呈梯形，底部东西 9、南北 13 米，顶部东西 8、南北 7.8 米，高 7 米。（图一一五；彩图一三）

敌台西南距双圪通村 2 号敌台 0.423 千米。

（二九）双圪通村 2 号敌台（610822352101170029）

该敌台建于庙沟门镇双圪通村东南 1 千米，东距沙梁川 2.1 千米。周围地势较缓，为农田，种植豆类，南侧 10 米有条乡村公路，高程 1233 米，地处黄土梁峁丘陵宽谷区，属于黄土沟壑地貌。

敌台整体保存一般。基座上长有杂草。台体包砖被人为毁坏，周围散落少量残砖。敌台多处坍塌，东侧呈斜坡可登台顶。

敌台包括夯土基座和包砖台体两部分。基座平面呈矩形，边长 14、高 2 米。台体以黄土夹杂小石子、石块夯筑而成，夯层厚 0.05～0.14 米，质地细密，未发现夯窝。台体底部平呈近矩形，剖面呈梯形，底部边长 7 米，顶部东西 6、南北 4 米，高 5.2 米。（图一一六）

敌台东北距双圪通村 1 号敌台 0.423 千米，西距双圪通村 1 号马面 0.063 千米。

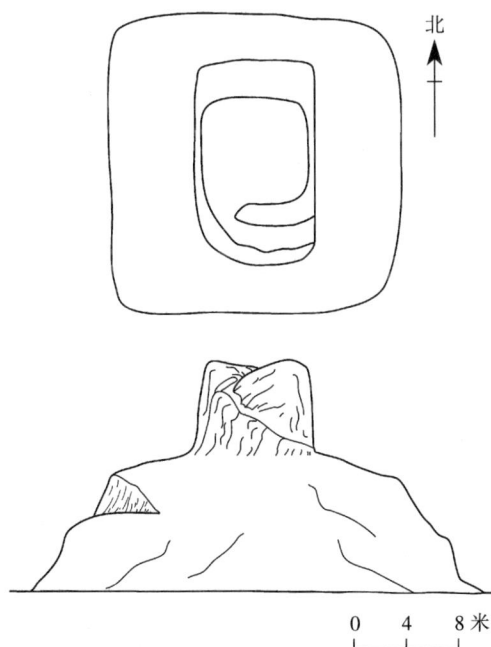

图一一五　双圪通村 1 号敌台平、立面图　　　图一一六　双圪通村 2 号敌台平、立面图

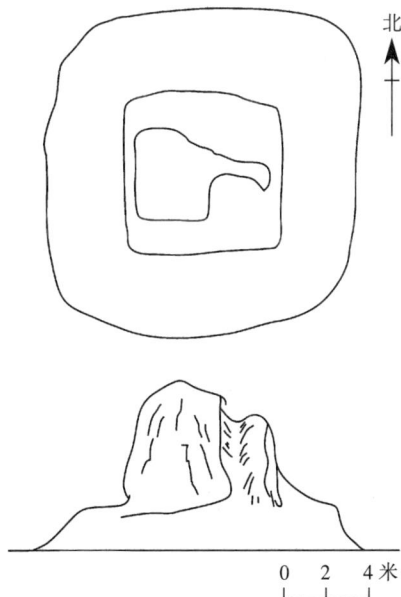

（三〇）引正通村敌台（610822352101170030）

该敌台建于庙沟门镇引正通村西南 0.405 千米，西距沙梁川 0.45 千米。地势较为平缓，东、西侧为耕地，其余为荒坡地，长满荒草，高程 1158 米，地处黄土梁峁丘陵宽谷区，属于黄土沟壑地貌。

敌台整体保存一般。台体包砖被人为毁坏，周围散落少量残砖。由于年久失修敌台西侧底部部分包砖脱落，对台体构成威胁，南侧大部分包砖脱落，东侧有道大裂缝。

敌台包括夯土基座和包砖台体两部分。夯土基座东西 15、南北 23 米，仅存南侧部分，高 3 米。台体以黄土夹杂小石子夯筑而成，夯层厚 0.05～0.14 米，质地细密，有夯窝，夯窝直径 0.05、中心间距 0.13 米。台体底部平面呈正方形，剖面呈梯形，底部边长 10.7 米，顶部尺寸不详，高 9.8 米。台体基础为石砌，高 1.4 米，为 5 层，平铺错缝垒砌，白灰黏合。台体上未发现上下的通道；南侧有 1 个门洞、2 个望窗，其余三面均有 3 个望窗（券顶）、3 个射孔；顶部每面有 5 个排水孔，台顶留有砖墙。（图一一七；彩图一四）

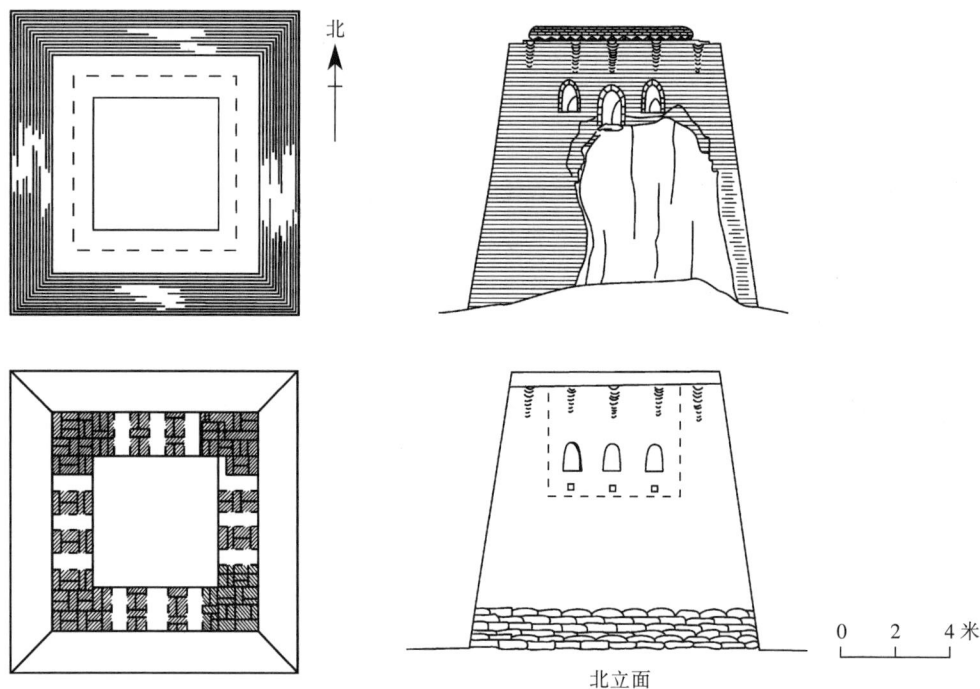

图一一七　引正通村敌台平、立、剖面图

敌台东北距引正通村 3 号马面 0.398 千米。

（三一）前口则村 1 号敌台（610822352101170031）

该敌台建于三道沟乡前口则村西北 0.6 千米，北距长城墙体 0.027 千米，东距沙梁川 0.2 千米，北侧为沟，西、南侧依长城墙体。周边长满荒草，为荒坡地，高程 1120 米，地处黄土梁峁丘陵宽谷区，属于黄土沟壑地貌。

敌台整体保存较差。台体包砖被人为毁坏，周围散落大量砖和少量瓦石块，台体顶部坍塌。

敌台包括夯土基座和包砖包石台体两部分。基座平面呈矩形，东西 27、南北 21、高 2.8 米。台体以黄土夹杂小石子夯筑而成，夯层厚 0.07～0.13 米，质地细密，未发现夯窝。台体平面呈矩形，剖面呈梯形，底部东西 8.5、南北 8 米，顶部东西 7.5、南北 7 米，高 5.7 米。台体东侧有门，位于包石上部 0.9 米处，宽 0.93、高 1.5 米，拱形顶，居中，门底部为一层 0.15 米厚的草拌泥。（图一一八）

敌台东距前口则村 1 号烽火台 0.248 千米。

（三二）前口则村 2 号敌台（610822352101170032）

该敌台建于三道沟乡前口则村西 0.95 千米，东距沙梁川 0.6 千米。台体周围地势较平缓，东侧临大府公路，北侧为深沟，高程 1200 米，地处黄土梁峁丘陵宽谷区，属于黄土沟壑地貌。

敌台整体保存较差。台体包砖石脱落，周围散落少量残砖，台顶坍塌，东侧有门洞，门北侧 0.7 米有小窑洞，宽 0.8、高 0.5 米。

敌台包括夯土基座和包砖台体两部分。基座平面呈矩形，边长 31.2、高 2.4 米；1.1 米以上为夯土，下部为生土，包含小石子等。台体以黄土夹杂小石子夯筑而成，夯层厚 0.12～0.15 米，质地细密，未发现夯窝。台体位于基座中央，平面呈矩形，剖面呈梯形，底部东西 6、南北 7.3 米，顶部东西 5、南北 6 米，高 6.3 米。台体东侧有供上下的通道，宽 1、高 2 米，拱形门洞。台顶铺砖，有砖石堆积，南、西、北各有一长 3、宽 2 米的建筑痕迹。（图一一九）

敌台东北距前口则村 2 号烽火台 0.246 千米。

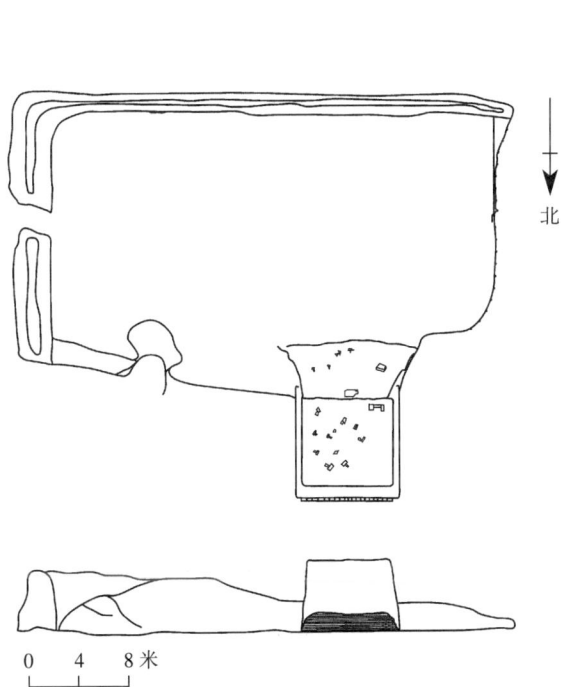

图一一八　前口则村 1 号敌台平、立面图

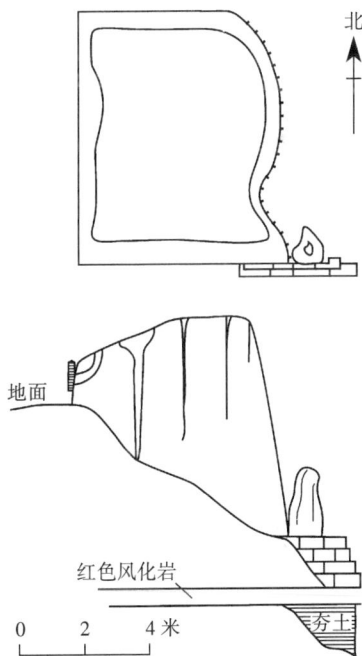

图一一九　前口则村 2 号敌台平、立面图

（三三）庙洼梁村 1 号敌台（610822352101170033）

该敌台建于三道沟乡马场村庙洼梁（山名）上。附近有耕地，周边山势较为陡峭，高程 1201 米，地处黄土梁峁丘陵宽谷区，属于黄土沟壑地貌。

敌台整体保存较差。围墙大部分倒塌，西墙、南墙借用长城墙体，保存较好；东墙南段与南墙存在，其余消失。台体包砖被人为毁坏，周围散落大量石块、砖瓦残片及瓷片。台体东北部坍塌。

敌台包括围墙、夯土基座和包砖台体三部分。围墙位于夯土基座上，平面呈矩形，东西 20、南北 22、底宽 3、顶宽 1、高 1.2 米。基座高 3 米，下部为生土，厚 1.4 米；上部为夯土，厚 1.6 米。台体以黄土夹杂料礓石夯筑而成，夯层厚 0.09～0.11 米，质地细密，未发现夯窝。台体位于基座中央，底部平面呈近矩形，剖面呈梯形，底部边长 10 米，顶部东西 5.8、南北 4.7 米，高 6.4 米。台体上部包砖，下部包条石，包石共 7 层，条石长 80、宽 32、厚 19～28 厘米；包砖消失。台体南侧开门，位于石层上，拱形顶，宽 0.8、高 0.5 米。台顶平铺一层砖，砖厚 8.5 厘米，有建筑痕迹。（图一二○）

敌台北距前口则村 2 号敌台 0.406 千米。

（三四）庙洼梁村 2 号敌台（610822352101170034）

该敌台建于三道沟乡马场村北 0.66 千米的庙洼梁上、长城墙体西侧，东距沙梁川 1.15 千米。四周是平缓的坡地、沟壑及退耕的草地，高程 1160 米，地处黄土梁峁丘陵宽谷区，属于黄土沟壑地貌。

敌台整体保存较差。台体包砖脱落，顶部坍塌，东壁坍塌较为严重，周围散落大量残砖、瓦片。

敌台包括夯土基座和包砖台体两部分。台体以黄土夹杂料礓石夯筑而成，夯层厚 0.01～0.11 米，质地细密，未发现夯窝。台体平面呈近正方形，剖面呈梯形，底部边长 9 米，顶部东西 5.8、南北 6.6 米，高 5.4 米。台体内部没有发现上下的通道，上部存有海墁铺砖一层，铺砖下有 0.06 米厚的防水层，铺砖上有 0.8 米厚的砖瓦堆积。（图一二一；彩图一五）

敌台北距庙洼梁村 1 号敌台 0.205 千米。

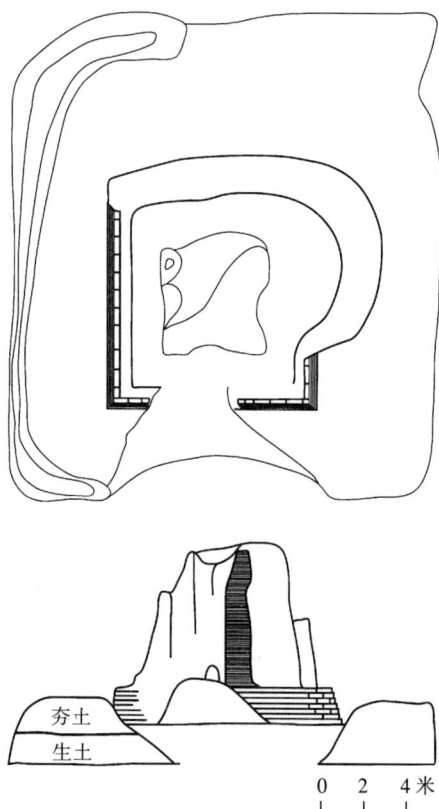

图一二○　庙洼梁村 1 号敌台平、立面图

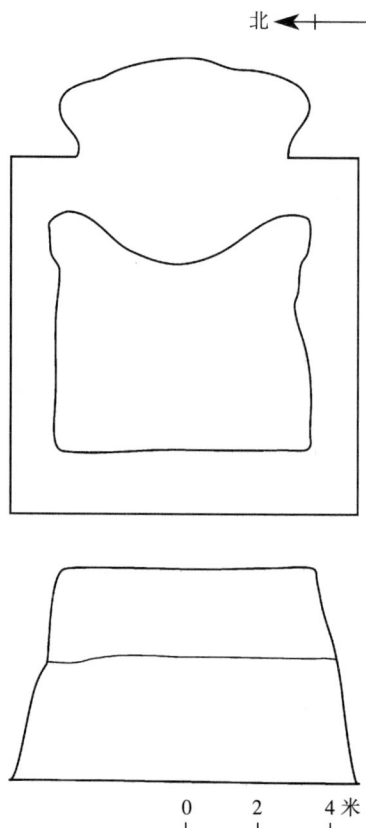

图一二一　庙洼梁村 2 号敌台平、立面图

（三五）庙洼梁村 3 号敌台（610822352101170035）

该敌台建于三道沟乡马场村东北 0.56 千米的庙洼梁上，东距沙梁川 1.05 千米。四周地势相对平缓，为退耕的草地，高程 1176 米，地处黄土梁峁丘陵宽谷区，属于黄土沟壑地貌。

敌台整体保存较差。台体包砖被人为毁坏，周围散落大量残砖。

敌台包括夯土基座和包砖台体两部分。基座东西 30、南北 26 米，由生土层和夯土层两部分组成，下部生土层厚 1.4 米，上部夯土层厚 0.6 米。台体以黄土夹杂料礓石夯筑而成，夯层厚 0.17~0.19 米，质地细密，未发现夯窝。台体平面呈矩形，剖面呈梯形，底部边长 9.9 米，顶部东西 6、南北 5.5 米，高约 8 米。台体下部包石高 1.6 米，上部包砖。南侧开门，门在包石层上，宽 0.9、高 1.2 米；内部有砖踏步，长 1、宽 0.2、高 0.3 米。台顶通道塌成圆形，直径 3.2 米。台体顶部铺一层厚 0.05 米的石板，有厚 0.3 米的砖石堆积；底部四周堆积高 1.5 米的砖石。（图一二二；彩图一六）

敌台北距庙洼梁村 2 号敌台 0.164 千米。

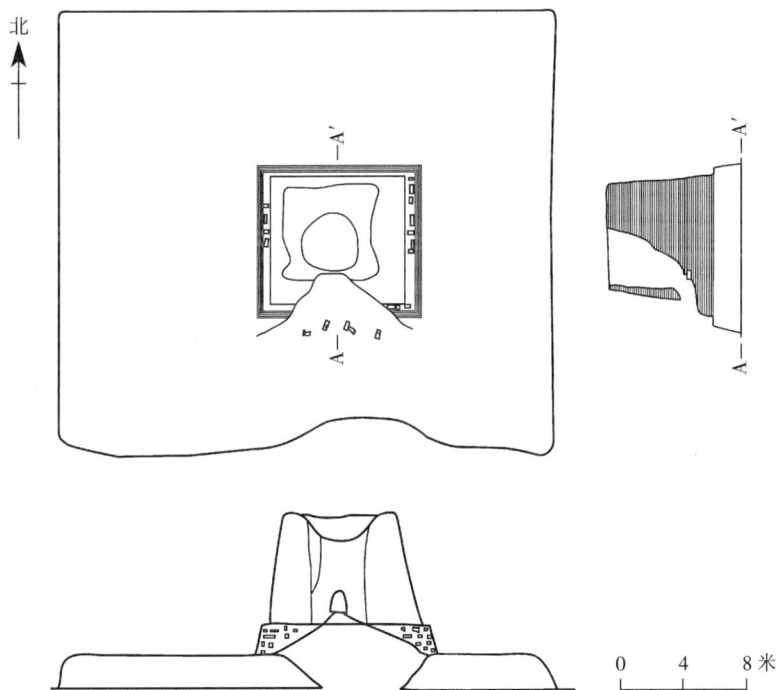

图一二二　庙洼梁村 3 号敌台平、立面图

（三六）庙洼梁村 4 号敌台（610822352101170036）

该敌台建于三道沟乡马场村北 0.23 千米的庙洼梁上、长城墙体的西侧，东距沙梁川 1.1 千米。周围地势平缓，为退耕草地。高程 1129 米。地处黄土梁峁丘陵宽谷区，属于黄土沟壑地貌。

敌台整体保存较差。台体包砖被人为毁坏，顶部有片石堆积，底部四周堆积大量石砖块和瓷片。台体顶部及四周有坍塌。

敌台以黄土夹杂料礓石夯筑而成，夯层厚 0.09~0.11 米，质地细密，未发现夯窝。台体平面呈近矩形，剖面呈梯形，底部边长 9、顶部边长 7、高 4.9 米。台体顶部有片石，下为一 0.8 米厚的防水层。（图一二三）

敌台北距庙洼梁村 3 号敌台 0.456 千米。

（三七）红崖峁村敌台（610822352101170037）

　　该敌台建于三道沟乡红崖峁村西北0.53千米，西距长城墙体0.036千米，北距阳湾川0.3千米。周围地势较平缓，台体四周有退耕还林栽种的松树，高程1191米，地处黄土梁峁丘陵宽谷区，属于黄土沟壑地貌。

　　敌台整体保存较差。风化侵蚀严重，围墙基本损毁，台体包砖被人为毁坏，周围散落少量残砖、碎石。台体南侧有高压电线塔，四周为荒地。

　　敌台包括围墙、夯土基座和包砖台体三部分。围墙位于夯土基座上，高0.4米。夯土基座平面呈近矩形，边长24、高5米。台体以黄土夹杂料礓石夯筑而成，夯层厚0.05～0.15米，质地细密，未发现夯窝。台体平面呈矩形，剖面呈梯形，底部东西9、南北10米，顶部东西5、南北4.4米，高9米。（图一二四；彩图一七）

　　敌台东北距斩材墩村4号烽火台0.499千米。

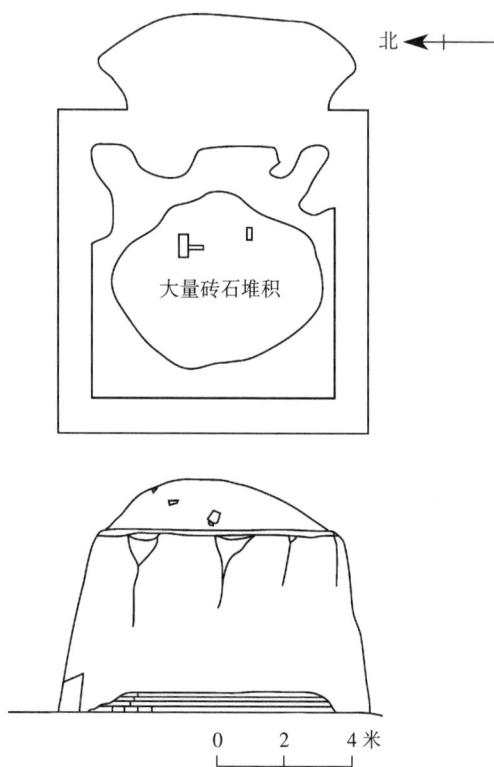

图一二三　庙洼梁村4号敌台平、立面图　　　　　图一二四　红崖峁村敌台平、立面图

（三八）玉则塌村1号敌台（610822352101170038）

　　该敌台建于三道湾乡玉则塌村东北0.65千米，东距沙梁川4.5千米。周边为沟壑，地势平缓，退耕还林后长满柠条、沙蒿等植物，高程1200米，地处黄土梁峁丘陵宽谷区，属于黄土沟壑地貌。

　　敌台整体保存较差。台体风化侵蚀严重，有数道明显的冲刷痕迹。台体包砖被人为毁坏，周围散落少量残砖。台体南北侧有坍塌，平面略呈亚字形。东、北侧有洞，已坍塌。围墙仅存西墙及南、北墙西半段，其余基本不存。

　　敌台包括围墙、夯土基座和包砖台体三部分。夯土基座平面呈近矩形，边长29、高5米。台体以黄土夹杂料礓石夯筑而成，夯层厚 0.09～0.16 米，质地细密，有夯窝，夯窝直径 0.07、中心间距 0.13 米。台体建在基座上，平面呈近矩形，剖面呈梯形，底部边长 9 米，顶部东西 7.5、南北 7.4 米，高 7.5 米。（图一二五）

敌台东距红崖峁村 1 号烽火台 0.538 千米。

（三九）玉则墕村 2 号敌台（610822352101170039）

该敌台建于三道湾乡玉则墕村东北 0.28 千米，东距沙梁川 4.6 千米。四周是开垦的农田，周边地势平缓，高程 1201 米，地处黄土梁峁丘陵宽谷区，属于黄土沟壑地貌。

敌台整体保存一般。台体风化侵蚀严重，有数道明显的冲刷痕迹。台体包砖被人为毁坏，周围散落少量残砖。台体南壁上有一不规则形洞口直通台顶，可能为券洞。

敌台包括围墙、夯土基座和包砖台体三部分。基座平面呈矩形，边长 21 米。围墙建于基座上，基本损毁。台体以黄土夹杂料礓石夯筑而成，夯层厚 0.05～0.15 米，质地细密，未发现夯窝。台体平面呈矩形，剖面呈梯形，底部东西 4.6、南北 4 米，顶部东西 4、南北 3.6 米，高 5 米。台体南侧有券洞，高 1.8、宽 1 米，洞内有通顶坡道。（图一二六；彩图一八）

敌台北距玉则墕村 1 号敌台 0.368 千米。

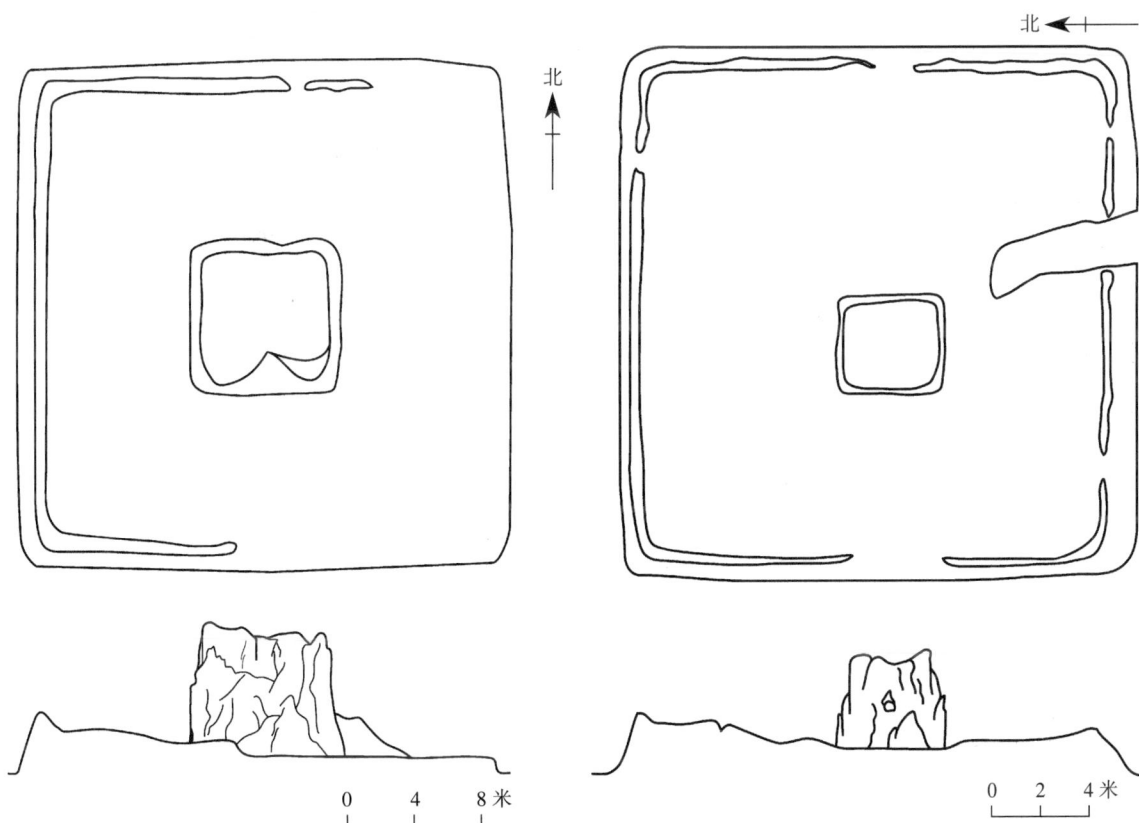

图一二五　玉则墕村 1 号敌台平、立面图

图一二六　玉则墕村 2 号敌台平、立面图

（四〇）玉则墕村 3 号敌台（610822352101170040）

该敌台建于三道湾乡玉则墕村东北 0.668 千米，北距长城墙体 0.115 千米，东距沙梁川 4.75 千米。周边为农田，地势相对平缓，高程 1229 米，地处黄土梁峁丘陵宽谷区，属于黄土沟壑地貌。

敌台整体保存一般。台体风化侵蚀严重，有数道冲刷沟。围墙不完整且高低不等，南墙及东墙有数个豁口。台体南壁和东壁上有冲沟，包砖被人为毁坏，周围散落少量残砖。

敌台包括围墙、夯土基座和包砖台体三部分。基座平面呈矩形，边长 38 米。围墙位于基座上，内高 2、外高 3 米。台体用黄土夯筑而成，夯层厚 0.06 ~ 0.17 米，夯土质地细密，未发现夯窝。台体平面呈矩形，剖面呈梯形，底部东西 8.3、南北 8 米，顶部东西 6.2、南北 6 米，高 9 米。台体南侧发现供上下的通道，宽 1、高 2 米。（图一二七；彩图一九）

敌台东北距玉则塌村 2 号敌台 0.388 千米。

（四一）野猪峁村敌台 （610822352101170041）

该敌台建于三道沟乡野猪峁村西的山峁上，北距阳湾川 1.2 千米，距长城墙体约 0.03 千米。周围为耕地，沟壑遍布，高程 1236 米。

敌台整体保存较差。由于长期的风雨侵蚀和人为拓展耕地，导致围墙南墙至台底坍塌为巨大豁口，形成自然深沟。围墙内为耕地，墙体上有多处人行形成的小路。南墙坍塌处豁口宽约 3 米。围墙外发现残砖石和板瓦等。台体西壁有一冲沟，宽约 0.4、深约 0.24 米。

敌台包括围墙、夯土基座和包砖台体三部分。基座上建有围墙，围墙平面呈矩形，东西 40、南北 37、底宽 1.5、顶宽 0.2 ~ 0.5、内高 0.3 ~ 2、外高 1 ~ 3.8 米。台体建在基座上，距围墙约 14 米。台体以黄土夯筑而成，夯层厚 0.06 ~ 0.13 米。台体底部平面呈近矩形，剖面呈梯形，底部边长约 16 米，顶部东西 6.8、南北 5 米，高约 10 米。（图一二八）

敌台北距玉则塌村 2 号长城约 0.03 千米，东北距野猪峁村 2 号烽火台 0.412 千米。

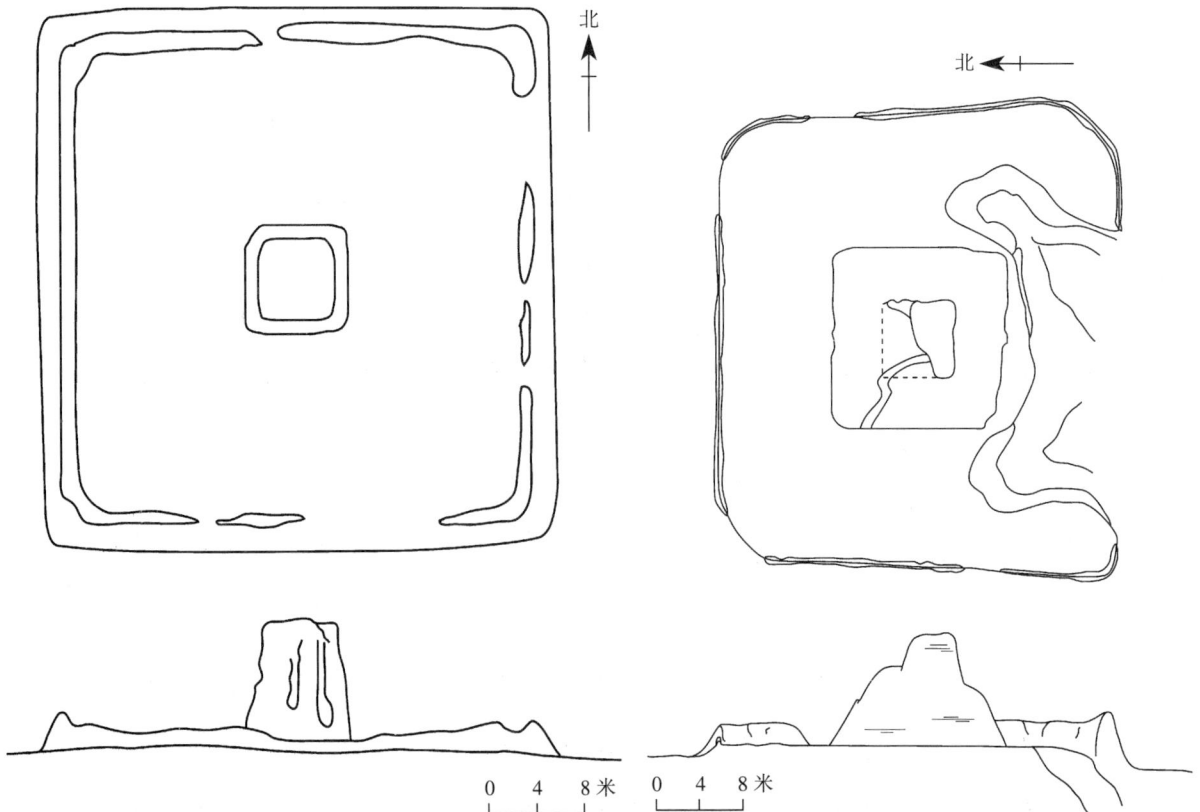

图一二七　玉则塌村 3 号敌台平、立面图　　　　　图一二八　野猪峁村敌台平、立面图

（四二）二道边村 1 号敌台（610822352101170042）

该敌台建于三道湾乡二道边村（组）南，北距阳湾川 2.35 千米，距长城墙体约 0.025 千米。周围地势相对平缓，为耕地，高程 1260 米，地处黄土梁峁丘陵宽谷区，属于黄土沟壑地貌。

敌台整体保存较差。台体包砖被人为毁坏，周围散落少量残砖。受风雨侵蚀坍塌严重，西侧形制较为清晰，其他几面形制不清。顶部坍塌，南侧形成一大的冲刷沟，台体周边散落有条石和残砖。

敌台包括夯土基座和包石包砖台体两部分。基座平面呈矩形，边长 29 米。台体以红土和黄土间隔夯筑而成，未发现夯窝。台体分为两层，第一层底至高约 5 米处红土和黄土间隔夯筑，红土厚 0.1 ~ 0.2 米，黄土厚 0.15 ~ 0.2 米，其上为黄土夯筑，质地细密，夯层厚 0.07 ~ 0.1 米，由上到下均匀分布，内含有少量瓷片、碎石和料礓石。台体平面呈近矩形，剖面呈梯形，底部东西 17、南北 16 米，顶部坍塌呈不规则矩形，东西 3、南北 5 米，高 13.5 米。（图一二九）

敌台东北距下玉则塌村 1 号烽火台 0.587 千米。

（四三）二道边村 2 号敌台（610822352101170043）

该敌台建于三道湾乡二道边村东一个山峁上，北距阳湾川 2.6 千米。周围地势平缓，为耕地，西侧不远为村庄，高程 1294 米，地处黄土梁峁丘陵宽谷区，属于黄土沟壑地貌。

敌台整体保存一般。台体整体侵蚀严重，台基轮廓不清，南侧有坍塌迹象，北侧长城墙体上散落有条石、青砖、木材等，表明台体或基座曾有包砖和包石，已不存。

敌台以黄土夹杂小石子和料礓石夯筑而成，夯层厚 0.1 ~ 0.15 米。台体平面呈矩形，剖面呈梯形，底部东西 13.5、南北 11.5 米，顶部东西约 5、南北约 7 米，高约 8.5 米。（图一三〇）

敌台北距上玉则塌村关 0.035 千米。

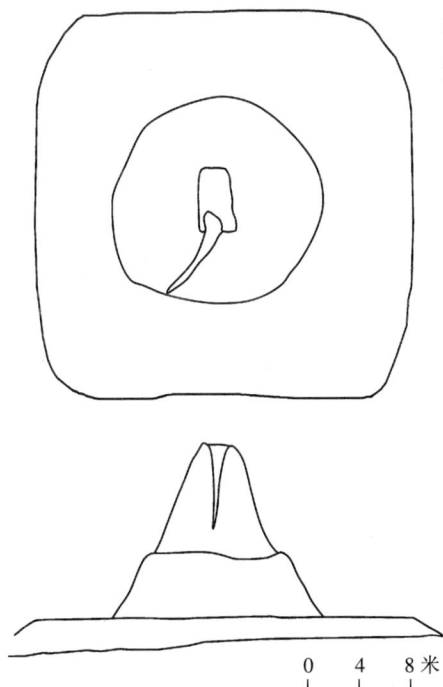

图一二九 二道边村 1 号敌台平、立面图　　　图一三〇 二道边村 2 号敌台平、立面图

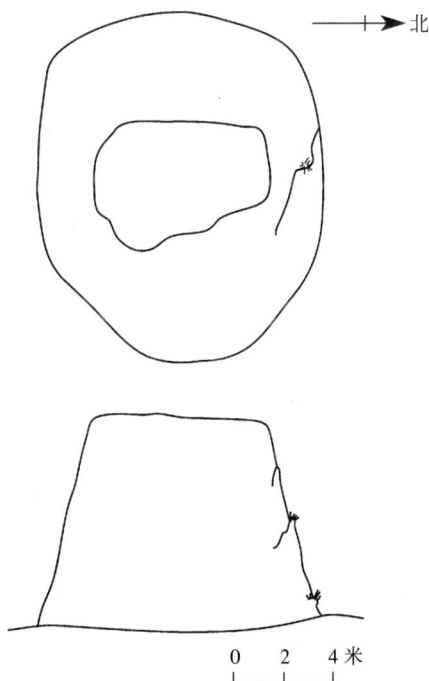

（四四）下玉则塌村敌台
（610822352101170044）

该敌台建于三道沟乡下玉则塌村长城墙体南侧，北距阳湾川 3.75 千米，南距新城川 5.5 千米。周边地势平坦，为农田，高程 1311 米，地处黄土梁峁丘陵宽谷区，属于黄土沟壑地貌。

敌台整体保存较差。台体风雨侵蚀严重，台基轮廓不清。台体侧面上生长有根系发达的植物，对台体的破坏巨大。台体顶部少部分坍塌。

敌台以黄土夹杂红焦土和料礓石夯筑而成，黄土夯层厚 0.1~0.14 米，红胶土夯层厚约 0.1 米。台体平面呈圆形，剖面呈梯形，底部直径约 12.8、顶部直径约 7.8、高 7 米。（图一三一；彩图二〇）

敌台南距守口墩村 1 号烽火台 1.2 千米。

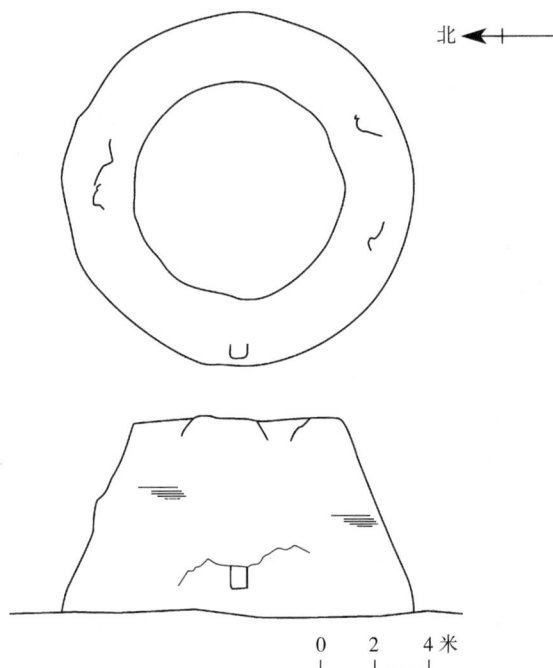

北 ←

0　2　4米

图一三一　下玉则塌村敌台平、立面图

（四五）守口墩村 1 号敌台
（610822352101170045）

该敌台建于新民乡守口墩村东侧的缓坡上，南距新城川 4 千米。周围长有树木，四周是斜坡和雨水冲刷形成的断崖，附近为耕地，高程 1175 米，地处黄土梁峁丘陵宽谷区，属于黄土沟壑地貌。

敌台整体保存较差。台体南侧坍塌，露出约 6 米高的夯土台，基础部分破坏严重，有倒塌的危险；北侧保存完整，底长 10、顶长 9、高 11.8 米。

敌台包括夯土基座和包砖台体两部分，有券洞。从北侧看，敌台建在一自然土基上，基座露出 2 层条石，条石长 147、宽 72、厚 28 厘米，白灰勾缝，灰缝厚 0.02 米。基座底宽 10.65 米。基座上为台体，收缩 0.3 米，台体内部为黄土夯筑而成，夯层厚 0.07~0.12 米，未发现夯窝。南侧坍塌露出台体剖面，中部以下为夯土实心，以上至礓石孔是空心建筑。外部底部自基座起有 3 层条石，高 1 米；基座以上部分为包砖层，青砖长 38、宽 30、厚 8 厘米，与包石层都是丁字形构建。包砖层高 7 米处是 4 个间隔相等的射孔，呈矩形，边长 0.4 米。射孔垂直上方约 0.7 米是 4 个瞭望孔，呈拱形，底宽 0.62、高 0.8 米。向上约 2 米是顶，上建有垛墙，高 1.6、宽约 1.2 米，垛口宽 0.5、高 0.6 米。垛墙底部垛口下方是 4 个礓石孔，礓石孔表面光滑，长约 0.6 米。由于坍塌严重，台体平面呈矩形，剖面呈梯形，底部东西 19、南北 11 米，顶部东西 17、南北 11 米，高 23 米。（图一三二；彩图二一）

敌台北距守口墩村 2 号烽火台 0.336 千米。

（四六）守口墩村 2 号敌台 （610822352101170046）

该敌台建于新民镇守口墩村南的山峁边缘，南距新城川 3.95 千米，北侧和长城墙体连接。周边为黄土沟壑地貌，高程 1247 米。

敌台整体保存一般。上部包砖和部分包石坍塌脱落在基座上，导致基座轮廓不清。顶部南侧边缘小部分坍塌。台体周围散落大量残砖石块。

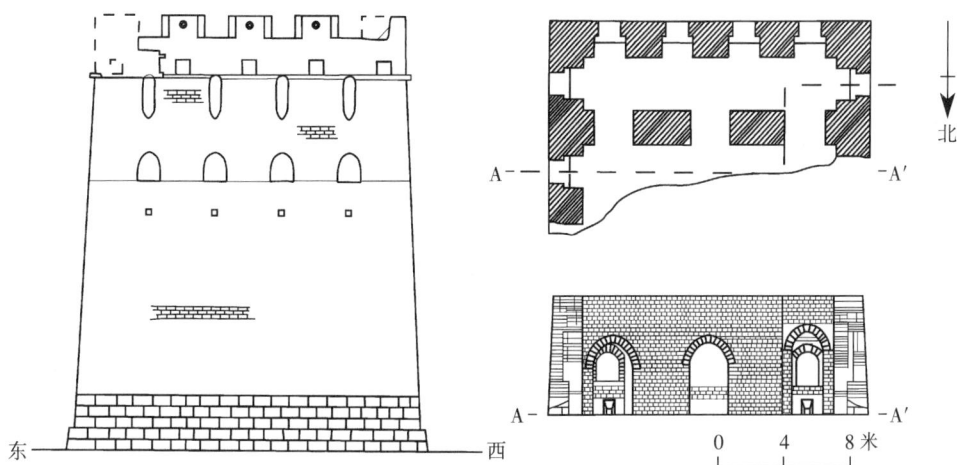

图一三二　守口墩村 1 号敌台平、立、剖面图

敌台包括夯土基座和包砖台体两部分。基座平面为矩形，边长 26.3、高 4 米。由于台体坍塌使黄土、包石和包砖滑落，呈近圆形围绕台体，由台体底部向外延伸约 2～4 米。台体以黄土夯筑而成，夹杂残砖石、板瓦等，夯层厚 0.08～0.15 米，未发现夯窝。台体平面呈矩形，剖面呈梯形，底部东西 8.5、南北 8.1 米，顶部东西 6、南北 4.2 米，高 7.2 米。台体底部用条石包砌，最高有 11 层，每层厚约 0.3 米，通高 3.1 米，丁字形垒砌，为防水固基所用；包石以上部分为黄土夯筑，收缩约 0.3 米。台体南侧中部有一半圆形洞口，底宽 0.61、高 0.52 米，通向顶部，应为登台踏步，曲折而上。（图一三三）

该敌台东北距守口墩村 3 号烽火台 0.356 千米。

（四七）守口墩村 3 号敌台
（610822352101170047）

该敌台建于新民镇守口墩村南的山峁边缘。南距新城川 4.25 千米。周边为黄土沟壑地貌，南侧有壕沟，东侧为断崖，附近为耕地，高程 1272 米。

图一三三　守口墩村 2 号敌台平、立面图

敌台整体保存较差。台体包砖被人为拆毁，周围散落大量残砖，上部包砖和部分包石坍塌脱落在基座上，导致基座轮廓不清。顶部东侧边缘坍塌严重，顶部平面呈不规则形。

敌台包括基础、夯土基座和包砖台体三部分。台体和基座坐落在一平面呈矩形的土基上，土基边长约 25、高约 2.2 米，距基座边缘 2.5～4 米。夯土基座平面呈圆形，直径 16 米。台体用黄土夯筑而成，夯层厚 0.07～0.14 米，平面呈矩形，剖面呈梯形，底部东西 10.3、南北 10.1 米，顶部东西 2～4、南北 4.2 米，高约 5.9 米。台体底部至约 2.7 米处有 12 层条石包砌，每层厚约 0.3 米，丁字形垒砌，为防水固基所用；包石以上部分为黄土夯筑，收缩约 0.4 米，基座上散落砖块。台体南侧中部有圆形洞口，直径约 0.5 米，通向顶部，应为登台踏步。（图一三四；彩图二二）

敌台东距守口墩村 2 号敌台 0.586 千米。

（四八）守口墩村 4 号敌台 （610822352101170048）

该敌台建于新民镇守口墩村西南的山峁上，南距新城川 4.3 千米。四周为缓坡，高程 1312 米，地处黄土梁峁丘陵宽谷区，属于黄土沟壑地貌。

敌台整体保存一般。台体上部包砖被人为毁坏，周围散落大量残砖和瓦片，下部包石大部分保存。

敌台包括夯土基座和包石台体两部分。基座平面呈矩形，边长 24、高 2 米。台体建在夯土基座上，用黄土夯筑而成，夯层厚 0.14~0.18 米。台体分为下部包石层和上部夯土层两部分，包石层高约 5.5 米，夯土层高约 2.5 米。台体平面呈矩形，剖面呈梯形，底部边长 8、高 8 米。台体南侧中部有踏步入口，高 1.2、宽约 0.7 米，步道宽 2.6 米。（图一三五；彩图二三）

敌台西南距守口墩村 5 号敌台 0.356 千米。

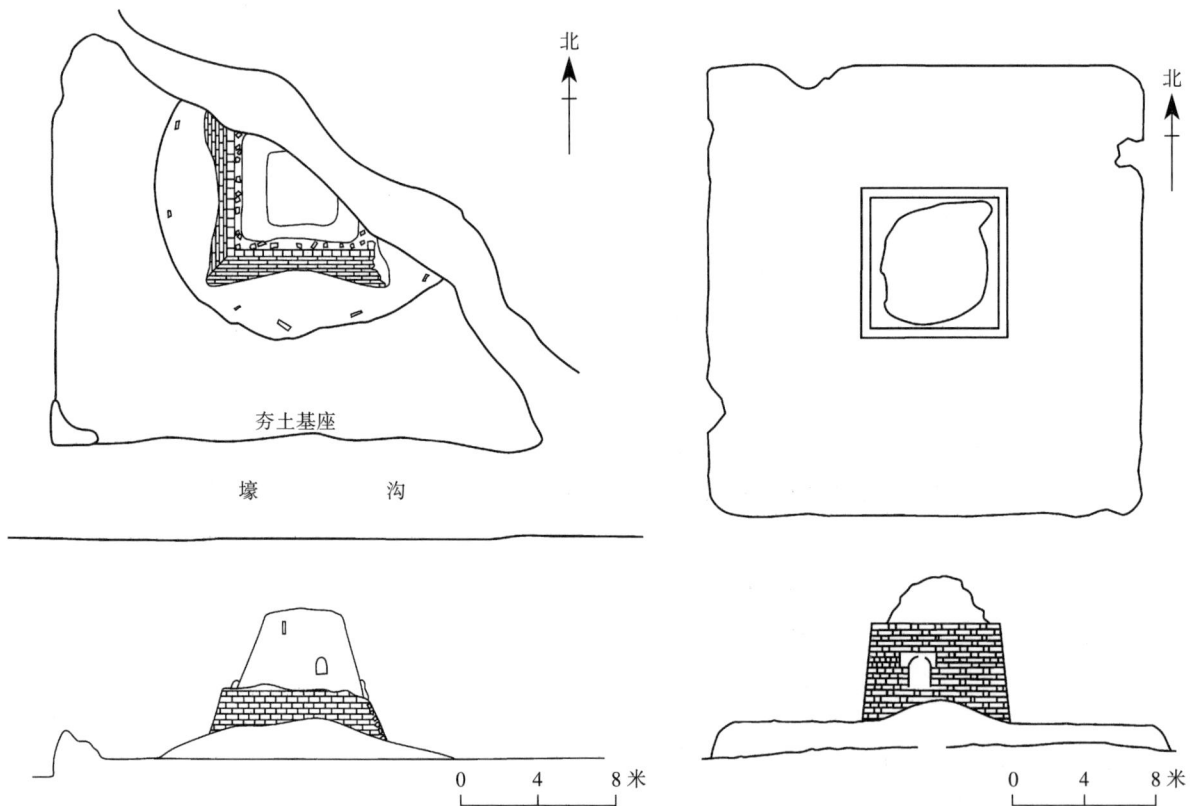

图一三四　守口墩村 3 号敌台平、立面图

图一三五　守口墩村 4 号敌台平、立面图

（四九）守口墩村 5 号敌台 （610822352101170049）

该敌台建于新民镇守口墩村西南的长城墙体上，南距新城川 4.1 千米，东侧与长城墙体相连。西侧为坡地，通向沟底，高程 1289 米，地处黄土梁峁丘陵宽谷区，属于黄土沟壑地貌。

敌台整体保存一般。台体包砖被人为毁坏，顶部和周围散落少量残砖碎石和少量碎瓷片。由于长期的风雨侵蚀，顶部东侧部分坍塌，呈不规则形，长有枸杞树。周边植物生长茂盛，对台体及基础破坏严重。基座西侧轮廓明显，高约 2 米，边缘距台体底部约 0.5~4 米。台壁有蚁穴、裂缝。

敌台包括夯土基座和包砖台体两部分。基座平面呈近圆形，直径约 19 米。台体位于基座上，用黄土夹杂碎石和料礓石夯筑而成。台体平面呈矩形，剖面呈梯形，底部东西12.8、南北12.4米，顶部东西9、南北7.2米，由于地势东高西低，台体东侧高约7.2、西侧约11.5米。台体东侧坍塌部分应为登台踏步，有一个半圆形洞口，东侧顶部以下有"V"形坍塌面。（图一三六）

敌台东北距守口墩村4号敌台0.356千米。

（五〇）守口墩村6号敌台（610822352101170050）

该敌台建于新民镇守口墩村西南的长城墙体上，南距新城川3.8千米。敌台北侧和南侧为长城墙体，呈直角状，距墙体最近约4.5米。周围遍布沟壑，高程1274米。

敌台整体保存较差。风雨侵蚀使顶部及东侧塌陷严重。台体包砖被人为毁坏，顶部和周围散落少量残砖碎石和碎瓷片，四周杂草丛生。

敌台包括台体和基础土台两部分。基础土台平面呈矩形，边长16、高3.2米。台体用黄土夹杂碎石和料礓石夯筑而成，夯层厚0.07~0.12米，质地坚硬，由上到下均匀分布，内含有少量瓷片。台体平面呈近矩形，剖面呈不规则形，底部东西5、南北5.2米，顶部严重坍塌，使台体呈圆锥状，台顶最宽3.5、高4.8米。台体东侧坍塌部分有登台踏步轮廓，呈直角曲折而上。（图一三七）

敌台东北距守口墩5号敌台0.468千米。

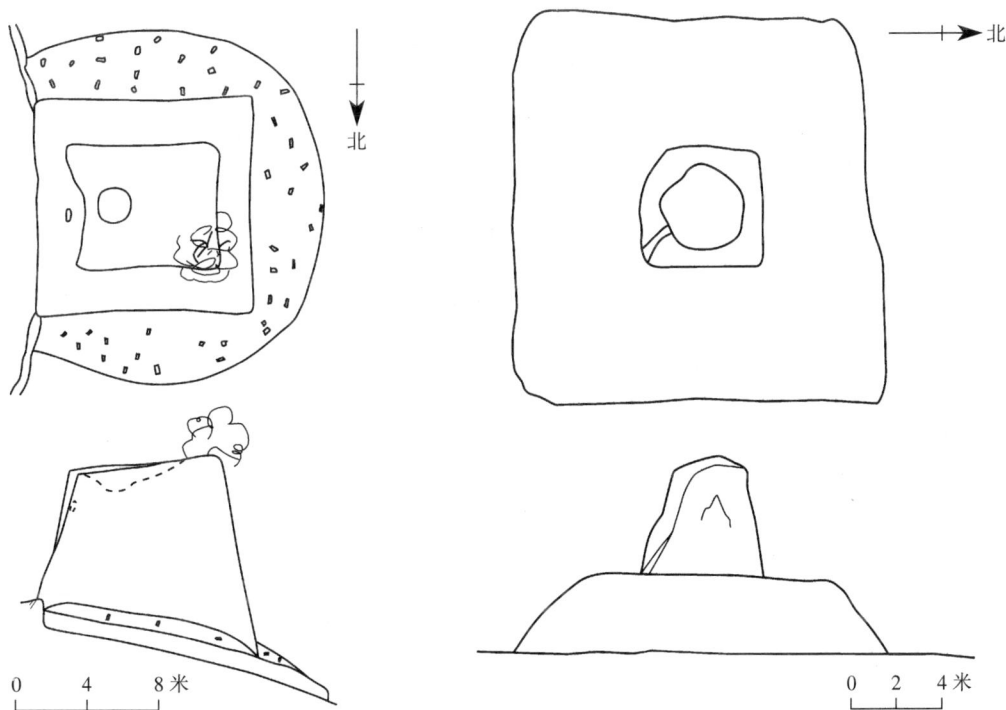

图一三六 守口墩村5号敌台平、立面图　　　　图一三七 守口墩村6号敌台平、立面图

（五一）龙王庙村1号敌台（610822352101170051）

该敌台建于新民镇龙王庙村公路东侧的山峁崖畔，断崖落差极大，南距新城川2.9千米。周边沟壑遍布，高程1197米。

敌台整体保存较差。台体顶部和周围散落少量残砖残石和碎瓷片，北侧大部分坍塌，形制不清，

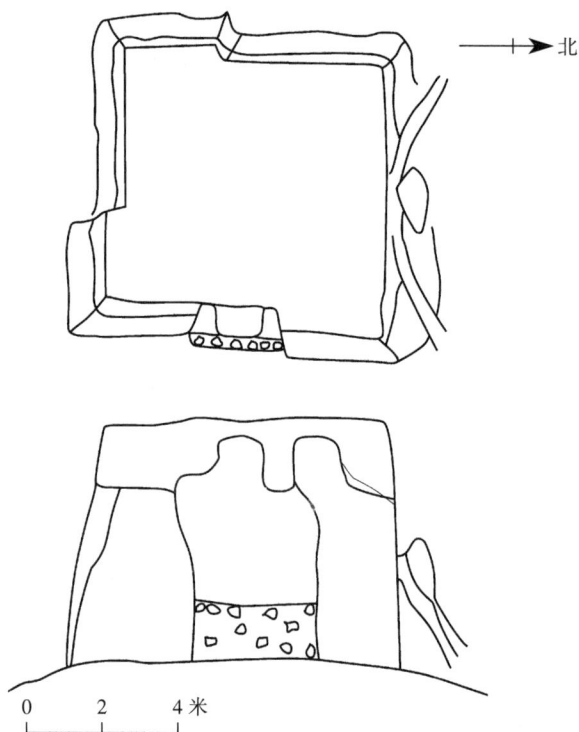

图一三八　龙王庙村1号敌台平、立面图

形成砖石土堆积，坍塌部位有登台踏步痕迹，曲折而上至顶部豁口处，坍塌形成的砖石土堆积底弧长约9.4米，与台顶整体呈斜坡状。东侧形制较为清晰，底部可见部分基座条石，中部有部分包石尚存，呈不规则形插入台体。顶部有礌石孔和垛墙轮廓，包砖包石全部脱落。

敌台包括夯土基座、包砖石台体两部分。基座平面呈矩形，边长约11米。台体内部用黄土夹杂料礌石、白灰等夯筑而成，夯层厚0.08～0.17米。台体包砖石全部脱落，包石上有白灰、灰土和黄土混合的土层。台体平面呈近矩形，剖面呈梯形，底部边长9.4米，顶部由于坍塌，形状不规则，高8米。台体顶部有礌石孔和垛墙轮廓。台体东侧有部分尚未脱落的包砖分散插在台体上，聚集在高约2米的区域。东侧顶部海墁铺砖约5层，每层厚约0.6米；上有垛墙，高约1.5、垛口宽约0.5米；礌石孔在垛口下方，同时应具有散水功能。（图一三八）

敌台于1981年被府谷县公布为县级文物保护单位。

敌台北距守口墩村5号烽火台0.638千米。

（五二）龙王庙村2号敌台（610822352101170052）

该敌台建于新民镇龙王庙村南的长城墙体拐角处，南距新城川1.8千米。周围为长满荒草的荒坡地，周边沟壑遍布，高程1307米。

敌台整体保存较差。台体包砖被人为毁坏，顶部和周围散落少量残砖石和碎瓷片。台体整体风化侵蚀严重，上部包砖大部脱落，仅剩夯土台。四周建有围墙，墙体呈锯齿状，有多处人行小路，造成墙体破坏。

敌台包括夯土围墙和台体两部分。围墙平面呈矩形，西、北侧连接长城墙体，东、南侧大部分消失，呈锯齿状均匀分布。台体内部用黄土夹杂少量瓷片、碎石和料礌石夯筑而成，夯层厚0.07～0.12米。台体可分为两层，底层为包石层，条石呈工字形垒砌，为防水固基所用，高约2.9米；上部为黄土夯筑，收分约0.4米，高约3.1米。台体平面呈不规则形，剖面呈馒头形，东西10、南北12.3、高7米。（图一三九）

敌台东北距龙王庙村4号烽火台0.244千米。

（五三）瓦窑坡村1号敌台（610822352101170053）

该敌台建于新民镇瓦窑坡村西南侧的山峁上、长城墙体南侧50米，南距新城川1.5千米。四周为水冲形成的沟壑，高程1358米。

敌台整体保存一般。基座由于台体坍塌呈不规则圆形土堆，围绕在台体底部，向外延伸约2、厚约2米，其上散布有残砖石、板瓦等。台体部分坍塌，包砖被人为毁坏，顶部和周围散落少量残砖石；台体南面有两道大冲刷沟，最长5米；顶部长有树木，散落有少量残砖石。

敌台包括夯土基座和圆形包砖台体两部分。基座平面呈圆形，直径34米。台体内部用黄土夹杂红土夯筑而成，外部包石砖。台体分为两层，应为不同时代叠砌，第一层由台底起高约 4.2 米，黄土夯筑，夯层厚 0.07~0.12 米，质地纯净；第二层红土夯筑，夯层厚 0.07~0.14 米，土质较为坚硬，内含少量料礓石。台体平面呈圆形，剖面呈梯形，底部直径约 14、顶部直径约 10、高 11 米。（图一四〇）

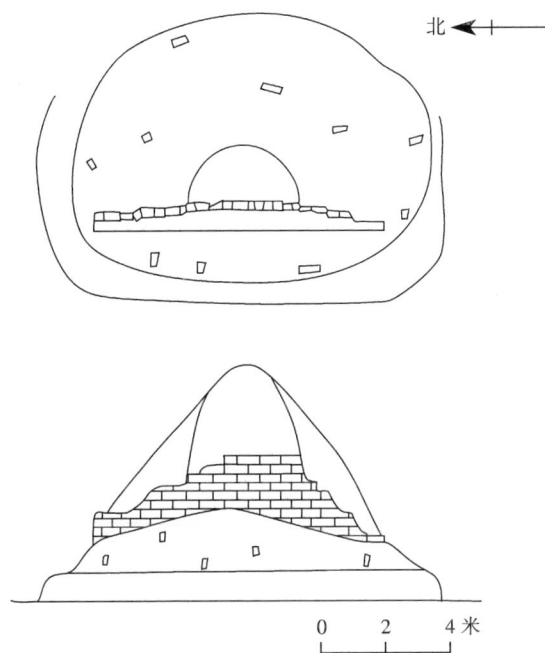

图一三九　龙王庙村 2 号敌台平、立面图

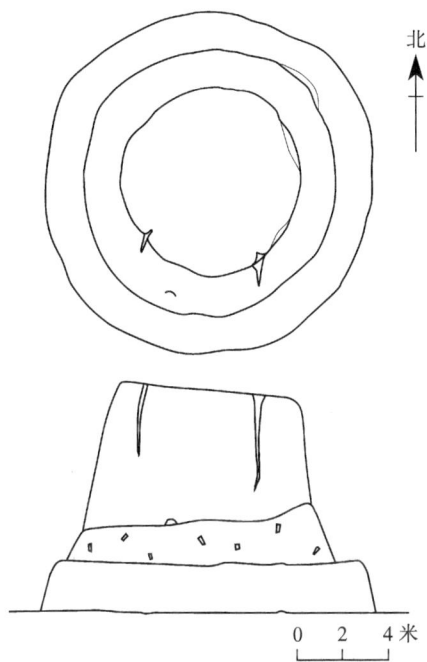

图一四〇　瓦窑坡村 1 号敌台平、立面图

敌台东距龙王庙村 2 号敌台 0.783 千米。东约 0.14 千米土路边发现一个小型砖窑，深约 1.3 米，窑口坍塌呈不规则形，高 0.3 米，烟道直径约 0.2 米。

（五四）瓦窑坡村 2 号敌台
（610822352101170054）

该敌台建于新民镇瓦窑堡村西的自然山峁上，南距新城川 0.9 千米。黄土沟壑地貌，四周是较平缓的山坡。高程 1327 米。

敌台整体保存一般。台体包砖被人为毁坏，顶部和周围散落少量残砖石和碎瓷片。台体南侧坍塌，中部有登台踏步入口，高 1.2、宽 0.6 米，入口正下方有人工挖掘的矩形土洞，高约 1.5 米，对台体造成破坏。

台体包括围墙、夯土基座和包砖台体三部分。台体建在基座上，基座上有围墙。围墙平面呈矩形，边长 25 米，墙体大部分消失，墙体底宽约

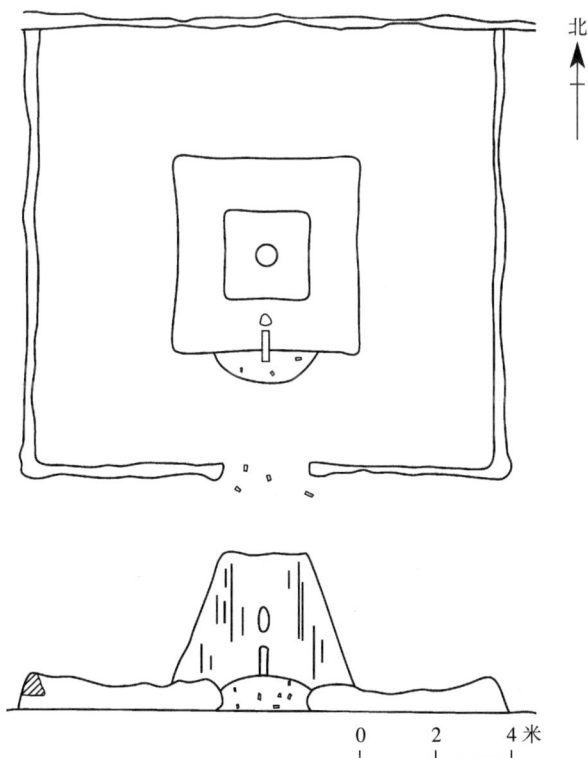

图一四一　瓦窑坡村 2 号敌台平、立面图

1.8、顶宽约 0.15、内高 1.7、外高 3.2 米。台体用黄土夹杂碎石和料礓石夯筑而成，夯层厚 0.09 ~ 0.14 米。台体平面呈矩形，剖面呈梯形，底部东西 11、南北 11.4 米，顶部边长 5 米，高 7.8 米。（图一四一）

敌台北距瓦窑坡村 1 号敌台 0.496 千米。

（五五）蛇口峁村 1 号敌台（610822352101170055）

该敌台建于新民镇蛇口峁村西的山脊上，北距 301 省道 0.25 千米。四周为荒坡地，高程 1284 米，地处黄土梁峁丘陵宽谷区，属于黄土沟壑地貌。

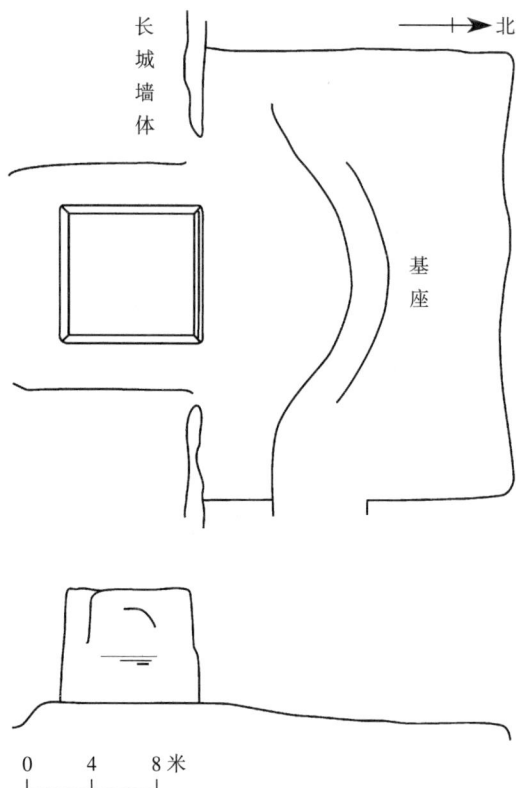

图一四二　蛇口峁村 1 号敌台平、立面图

敌台整体保存一般。台体包砖被人为毁坏，脱落在底部，顶部和周围散落少量残砖石和碎瓷片。台体四周有壕沟，挖掘原因不明，挖出的石灰和砖石堆积在周围。基座平面由于台体包砖石坍塌呈不规则形围绕台体，向外延伸约 6 米。

敌台包括围墙、夯土基座和包砖包石台体三部分。台体建在基座上，基座上有围墙。围墙北墙借长城墙体，坍塌为沟壑；围墙平面呈矩形，南北约 15 米，南墙仅存 6 米，墙体高约 2 米；围墙距台体约 4~7 米。台体北侧有基座残迹，形制不详，高约 0.8 米，由条石构筑而成。台体内部用黄土夹杂少量瓷片、碎石和料礓石夯筑而成，夯层厚 0.11 ~ 0.15 米，质地细密，由上到下均匀分布；台体南侧有 4.7 米高的条石包砌层，台体周围散落有大量残砖。台体底部砖石堆中有壕沟，内侧露出直径约 0.9 米的土洞，应为登台踏步口；东西两侧与长城墙体间有宽约 1 米的壕沟。台体平面呈矩形，剖面呈梯形，底部边长为 8.3、顶部边长 6.5、高 6.7 米。（图一四二）

敌台东距蛇口峁村 1 号烽火台 0.258 千米。

（五六）蛇口峁村 2 号敌台（610822352101170056）

该敌台建于新民镇蛇口峁村以西的长城墙体西侧，北距省道 0.75 千米。四周为较平缓的坡地，台体两侧有输电线路通过，高程 1335 米，地处黄土梁峁丘陵宽谷区，属于黄土沟壑地貌。

敌台整体保存一般。台体包砖被人为毁坏，顶部和周围散落少量残砖石和碎瓷片，台体南侧坍塌严重。基座平面由于台体坍塌呈不规则圆形围绕台体，向外延伸约 1.8 米。

敌台包括夯土基座和包砖台体两部分。夯土基座呈矩形，东西 20、南北 27.8 米。台体建在基座上，用黄土夹杂料礓石夯筑而成，夯层厚 0.08 ~ 0.15 米，质地细密，由上到下均匀分布。台体平面呈矩形，剖面呈梯形，底部东西 9、南北 8.5 米，顶部东西 8、南北 7.5 米，高 7 米。（图一四三）

敌台东北距蛇口峁村 2 号烽火台 0.317 千米。

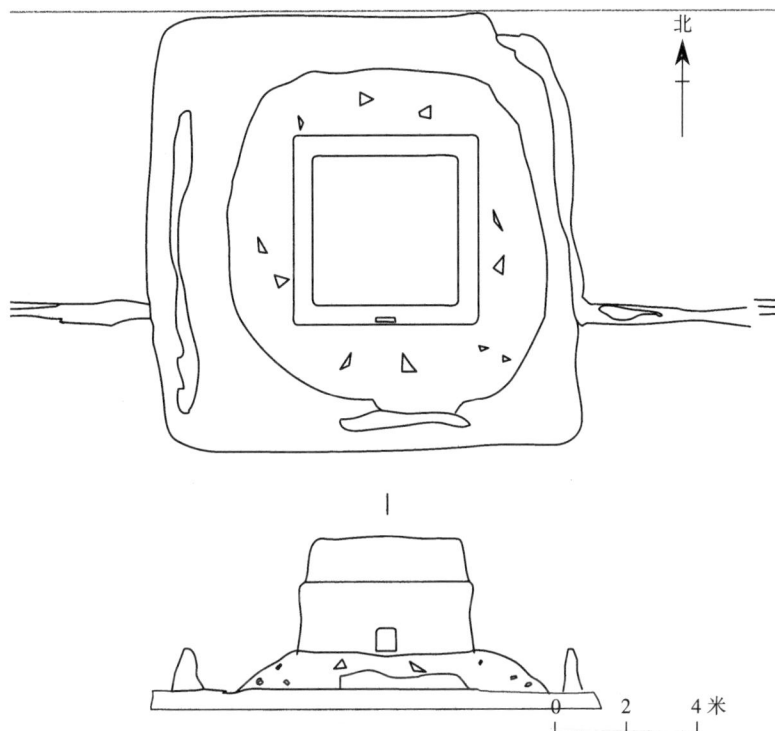

图一四三　蛇口峁村 2 号敌台平、立面图

（五七）蛇口峁村 3 号敌台（610822352101170057）

该敌台建于新民镇蛇口峁村西的长城墙体折点处，北距 301 省道 1.3 千米。周围地势平缓，长满荒草，高程 1351 米，地处黄土梁峁丘陵宽谷区，属于黄土沟壑地貌。

敌台整体保存一般。台体包砖被拆除，周围散落有残砖碎片。整体轮廓清晰，为夯土台，围墙风化坍塌严重。

敌台包括围墙、夯土基座和包砖台体三部分。基座平面呈矩形，东西 20、南北 14 米。台体包砖包石脱落呈土堆状围绕台体，向外延伸约 5 米；基础土台位于长城墙体外侧，东西 28、南北 17、高约 2.5 米。基础土台上有围墙，东、南、西墙与长城墙体围成矩形，墙体东西 20、南北 14、底宽约 2.1、顶宽约 0.5、内高 1.5、外高约 2.5 米；夯层厚 0.07~0.1 米，土质较为疏松；南墙中部有门，宽 1.5、高 1.5 米。台体用黄土夯筑而成，夯层厚 0.06~0.12 米，质地细密纯净，由上到下均匀分布。台体平面呈矩形，剖面呈梯形，底部东西 8.4、南北 8.2，顶部东西 7.2、南北 7.2 米，高 5.5 米。台体西侧基部有人工挖掘的壕沟，用途不明。（图一四四）

敌台东北距蛇口峁村 3 号烽火台 0.316 千米。

（五八）西耳村 1 号敌台（610822352101170058）

该敌台建于新民镇西耳村西长城墙体内侧，墙体在此形成拐角，北距 301 省道 1.8 千米。周围为荒坡地。高程 1357 米。地处黄土梁峁丘陵宽谷区，属于黄土沟壑地貌。

敌台整体保存较差。台体包砖被人为毁坏，顶部和周围散落少量残砖石和碎瓷片。

敌台包括夯土基座和包砖台体两部分。基座平面呈矩形，边长 22、高 4 米。台体建在夯土基

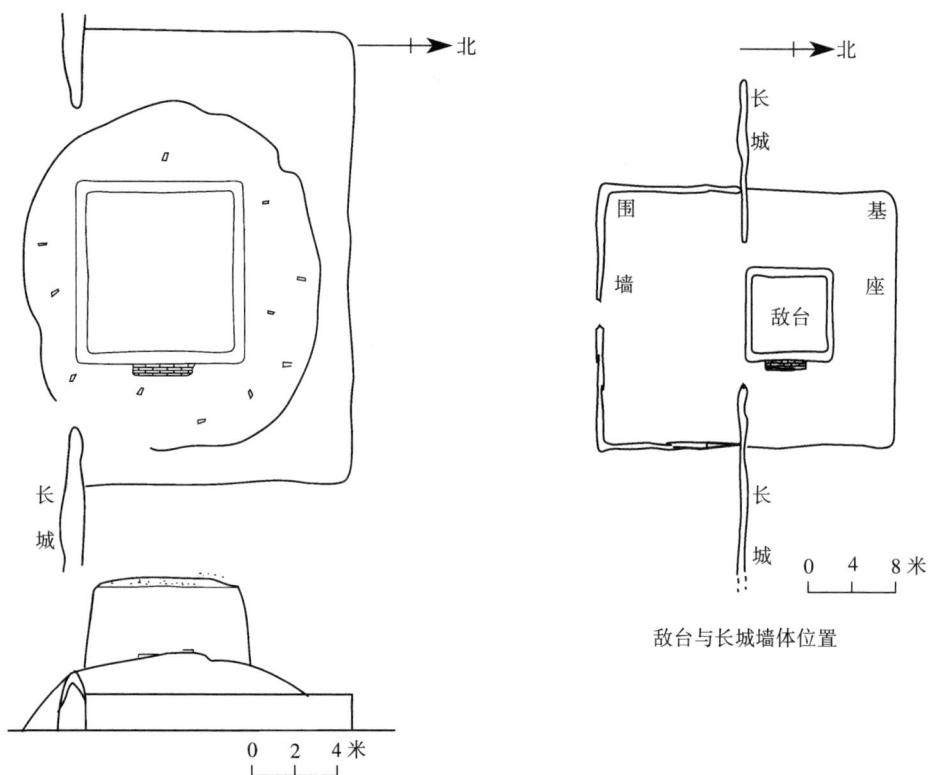

图一四四　蛇口峁村 3 号敌台平、立面图及与长城墙体位置图

座上，用黄土夹杂碎石和料礓石夯筑而成，夯层厚 0.11 ~ 0.14 米。台体底部平面呈矩形，东西 14、南北 12 米，顶部边长 6 米，残高约 11 米。台体南侧坍塌部位应为登台踏步，曲折而上。（图一四五）

敌台北距蛇口峁村 3 号敌台 0.406 千米。

（五九）西耳村 2 号敌台（610822352101170059）

该敌台建于新民镇西耳村西侧较低的山脊上，北距 301 省道 2.25 千米。周围为缓坡地，长满荒草，高程 1357 米，地处黄土梁峁丘陵宽谷区，属于黄土沟壑地貌。

敌台整体保存一般。台体包砖被人为毁坏，顶部和周围散落少量残砖石和碎瓷片。台体北侧和东侧中部有一土洞，台体北侧坍塌，呈现步道，东侧为步道入口，底宽 0.7、高 1.8 米。

敌台与长城墙体相连，向外（北）侧突出，包括夯土基座和包砖台体两部分。夯土基座平面呈矩形，边长 15、高 1 ~ 3.1 米，边缘距台体底部约 6 米。台体用黄土夹杂碎石和料礓石夯筑而成，夯层厚 0.07 ~ 0.13 米。台体平面呈矩形，由于顶部坍塌严重，剖面呈不规则梯形，底部东西 7.2、南北 7.6 米，顶部坍塌约呈不规则圆形，直径最宽 5、残高 6 米。（图一四六；彩图二四）

（六〇）麻二村马面（610822352102170060）

该马面建于麻镇麻二村。周围地势平缓，长满荒草，高程 948 米，地处黄土梁峁丘陵宽谷区，属于黄土沟壑地貌。

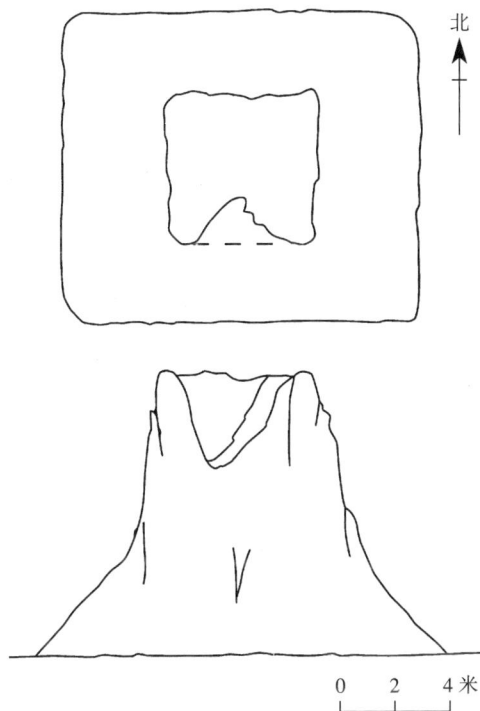

图一四五　西耳村1号敌台平、立面图

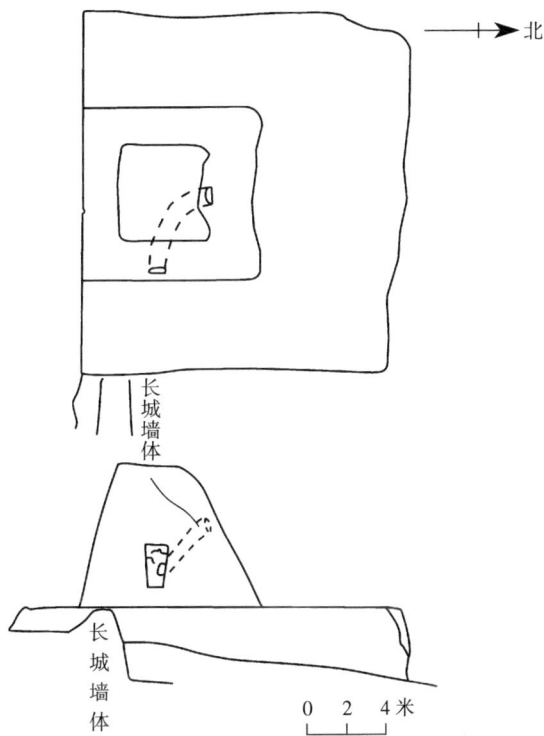

图一四六　西耳村2号敌台平、立面图

马面整体保存较差。包砌的青砖全部被拆走用于建房院。马面南侧中部有一个口高1.2、宽1米的窑洞,墙基外露,顶部呈半圆状。台体表面与地面平行,内侧堆放着一些破砖乱石。马面东、北、西三面坍塌严重,基本没有原来的形制,呈坡状,下部被坍塌土覆盖,基础不明;上部内侧被人为挖成断面,可见马面上中部有一高1.8、宽1.2米的圆形竖洞,洞东、西两边有火烧痕迹,洞被杂土、石、砖块填满。基础高出地表0.3米,可见鼠洞。顶部和其余三面长满杂草。

马面依长城墙体而建,外侧从墙基外夯筑而起,上部内侧夯筑在墙体上,夯土为纯黄土,较坚硬,夯层厚0.1~0.19米,夯窝不明。台体底部东、北、西面长分别为5、7、4米,顶部分别为1.7、3.8、2.2米,内高2.2、外高7米,(图一四七)

马面东距麻二村烽火台0.09千米。

(六一) 旧巴州村马面 (610822352102170061)

该马面位于哈镇旧巴州村东北5米。北、东侧为梯田,周围地势较平缓,附近有民房。所处为旧巴州段长城至高点,长城由东-西走向在此转为南-北走向。高程1120米。地处黄土梁峁丘陵宽谷区,属于黄土沟壑地貌。

马面整体保存较差。台体夯土大部分塌落,马面上部偏

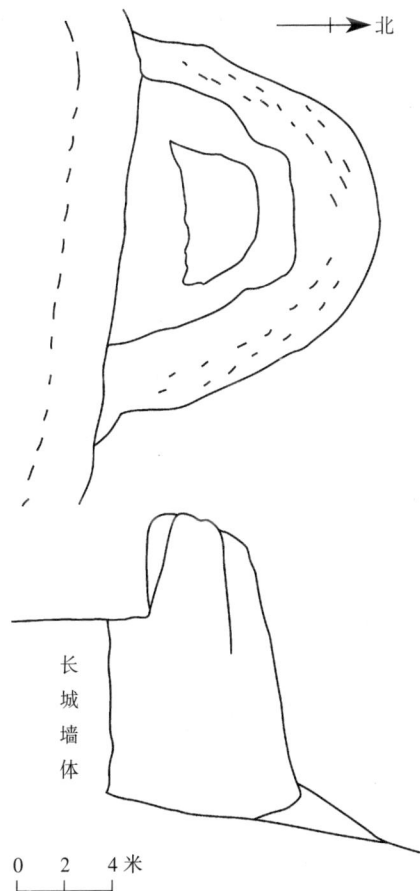

图一四七　麻二村马面平、立面图

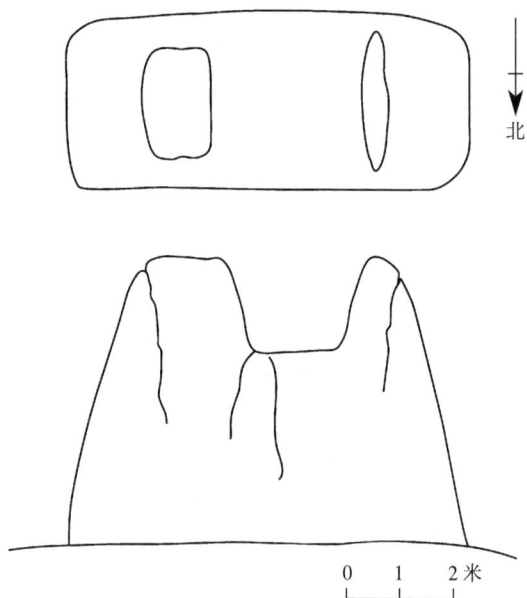

图一四八　旧巴州村马面平、立面

西部分三分之二向北塌落，使整体呈凹字形，包砖被人为拆除，四周散落大量砖石，北侧居多。台体有多条裂缝，宽约 0.03 ~ 0.1 米。西侧塌落的堆土上栽有一根电线杆，东侧堆土上有一棵榆树，旁边堆放秸秆。顶部由于雨水冲刷塌落成尖顶状，面积不足 4 平方米。台体西侧壕沟中种植有苹果树。

台体内部用黄土夯筑而成，外部包砖石无存，平面呈矩形，由于台体中部塌陷，剖面呈不规则梯形，底部东西 7.2、南北 3 米，高 5 米。马面西侧 30 米有壕沟，长 120、宽 6 ~ 8、深 2 米。（图一四八）

马面东距梁家峁村敌台 0.59 千米。

（六二）城壕村马面（610822352102170062）

该马面位于清水、黄甫两川相夹的大岔乡城壕村的黄土山峁上。西临大井沟，南面与清水营相望，周围为梯田。高程 1063 米。地处黄土梁峁丘陵宽谷区，属于黄土沟壑地貌。

马面整体保存较差。整体轮廓不清，南、西面上部坍塌成缓坡，顶部平面呈不规则形。由于顶部坍塌，马面四周堆积大量夯土及残砖断瓦。村民在马面东北侧修建了直径为 30 米的圆形打谷场，将大量秸秆堆放在马面东面台底。东面正中挖了一个宽 1、高 2、深 3 米的洞，南面挖了一个高 0.8、宽 0.7 米的洞，并将两洞打通，洞内堆放秸秆、杂草和其他杂物。北侧紧靠台体修建了一座上口直径为 6 米的砖窑，南 40 米是村民住房。由于在马面西、南侧底部挖洞取土，西、南面顶部坍塌。

马面内部用红色胶土和黄土夹杂大量的陶片、瓷片和卵石等夯筑而成，夯层厚 0.1 ~ 0.2 米；外部包石被拆除无存。马面底部平面呈近矩形，剖面呈不规则矩形，底部东面长 8.7、南面长 8.7、西面长 7.5、北面长 8.5 米，顶部东西 7、南北 4.7 米，高 10 米。（图一四九）

马面地势为三沟夹一峁，地形险要，易守难攻，西北距杨家峁 6 号烽火台 0.43 千米。

（六三）转角楼村马面（610822352102170063）

该马面位于清水乡转角楼村北 0.15 千米的山梁上，东南侧为大井沟，西北有一深约 50 米的沟，西南 0.3 千米为清水川河，台体外侧是陡峭的坡地，高程 1014 米，地处黄土梁峁丘陵宽谷区，属于黄土沟壑地貌。

马面整体保存较差，包石消失，台芯裸露，坍塌严重。

马面建于夯土基座上。基座由整石垒砌而成，石块长 90 厘米。台体内部用胶土夯筑而成，包含有小石块，夯层厚 0.02 ~ 0.1 米，质地细密，未发现夯窝；外部包砖全部脱落。台体平面呈矩形，剖面呈梯形，底部边长 8.6、顶部边长 6、高 7 米。台顶原有建筑物，现仅留有砖石瓦片及少量瓷片。（图一五○；彩图二五）

马面位于 0001 号堡内，东距转角楼村大井沟砖瓦窑遗址 0.2 千米。

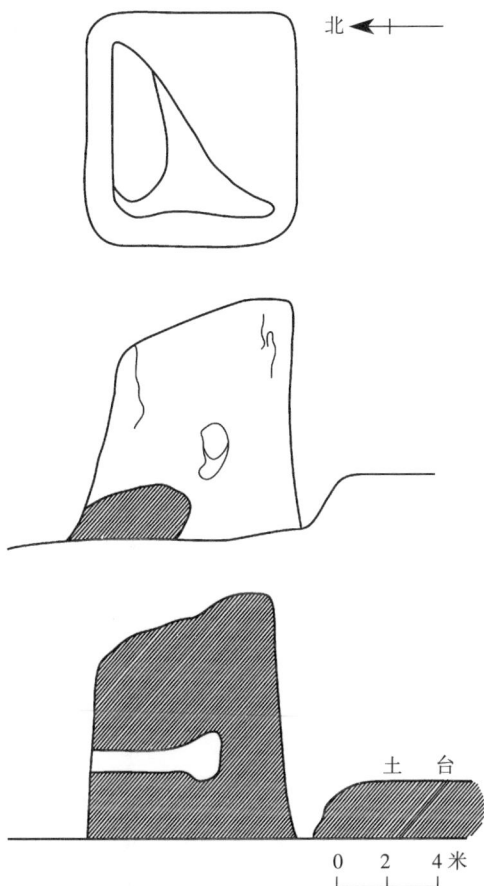

图一四九　城壕村马面平、立、剖面图　　图一五〇　转角楼村马面平、立面图

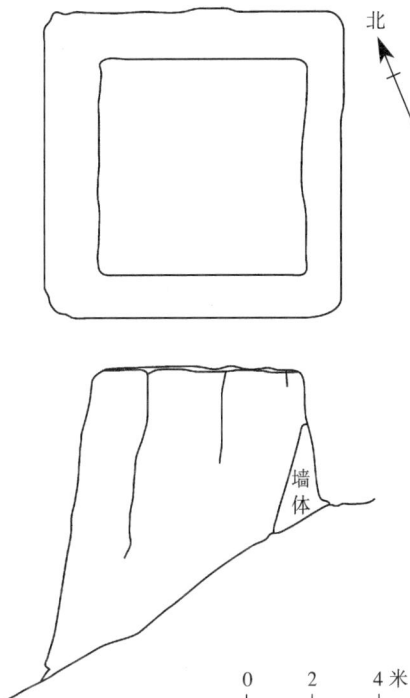

（六四）凤凰塔村马面（610822352102170064）

该马面位于清水乡凤凰塔村西 0.5 千米，清水川和小南川交汇处，距清水川 0.2 千米、小南川 0.12 千米。东面依长城墙体而建，西、南面临沟。高程 953 米。

马面整体保存较差。台体四面出现裂缝，北面保存较好，东、南面由于山体滑坡部分塌落，顶部坍塌，东面坍塌成斜坡状。

马面台体由黄土夹杂小石子夯筑而成，夯层厚 0.08～0.12 米，质地细密，未发现夯窝。顶部海墁层厚 0.08 米，由石灰和碎石组成。台体平面约呈矩形，剖面呈梯形，底部东西长 9.8、南北长 9 米，顶部东西 5.5、南北 7.8 米，高 7 米。（图一五一）

马面北距转角楼村马面 0.74 千米。

（六五）傅家崖窑村马面（610822352102170065）

该马面建于清水乡傅家崖窑村西 1 千米。西南侧为陡峭的山坡，东北侧地势平缓，为农田。北距小南川 0.75 千米，东距清水川 1.52 千米。高程 1072 米。地处黄土梁峁丘陵宽谷区，属于黄土沟壑地貌。

马面整体保存较差。东北壁底部堆积 0.8～1.5 米的残砖断石等，西南壁塌落沟里，东北壁呈圆柱形，杂草丛生，台芯裸露，出现许多裂缝。

马面包括台体和基座两部分。基座平面呈矩形,边长 25 米。台体用纯净黄土夯筑而成,夯层厚 0.06～0.14 米,未发现夯窝。台体平面呈不规则椭圆形,剖面呈梯形,底部最长为 6.4、顶部最长 5.5、高 9 米。(图一五二)

马面东北距傅家崖窑村 2 号烽火台 0.41 千米。

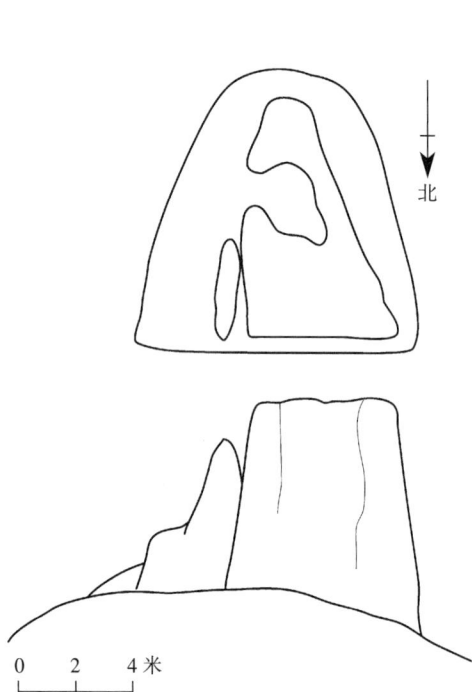

图一五一　凤凰塔村马面平、立面图　　　　图一五二　傅家崖窑村马面平、立面图

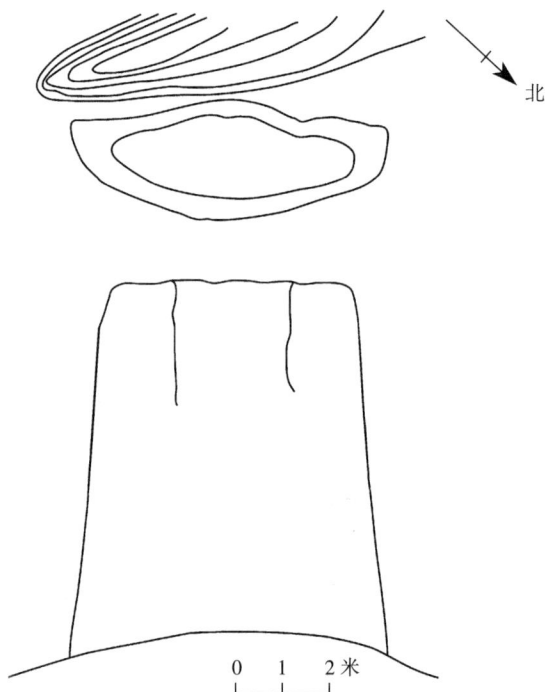

(六六)大阴湾村 1 号马面 (610822352102170066)

该马面位于哈镇大阴湾村西 0.535 千米,北距小南川 0.11 千米,南临芦沟。外侧为陡峭的山坡,四周遍布沟壑。高程 1023 米。地处黄土梁峁丘陵宽谷区,属于黄土沟壑地貌。

马面整体保存较差。台体内部夯筑、外包土石层、最外层包砖,包砖被当地村民拆除。马面底部堆积大量残砖断石,杂草丛生。

马面包括基座和台体两部分。基座平面呈矩形,边长 20 米。台体用红胶土夯筑而成,夯层厚 0.03～0.06 米,质地细密。台体平面呈矩形,剖面呈梯形,底部边长 9、顶部边长 7、西面高 4.6、南面高 2.8 米。台体由北向南倾斜 30°,四面出现大量裂缝,宽 0.02～0.13 米。(图一五三)

马面东距傅家崖窑村 4 号烽火台 0.71 千米。

(六七)大阴湾村 2 号马面 (610822352102170067)

该马面位于哈镇大阴湾村北 0.8 千米,西北临小南川,南临芦沟。高程 1025 米。地处黄土梁峁丘陵宽谷区,属于黄土沟壑地貌,外侧遍布雨水冲刷形成的沟壑。

马面整体保存较差。台体外部包砖被拆除,台芯裸露,顶部长满杂草,西壁塌陷 2.3 米,底部四周堆积大量残砖断石及白灰渣等。台体底部有许多雨水冲刷沟,对台体构成威胁。

马面为内部夯土外部包砖。夯土以红胶土为主,土质纯净,质地细密,夯层厚 0.03～0.08 米,未

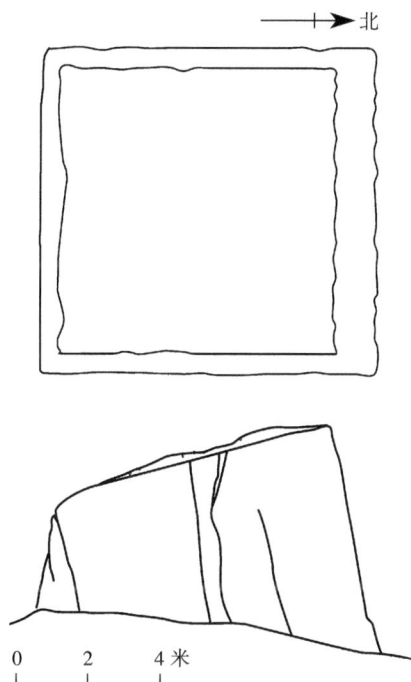

图一五三　大阴湾村 1 号马面平、立面图　　　图一五四　大阴湾村 2 号马面平、立面图

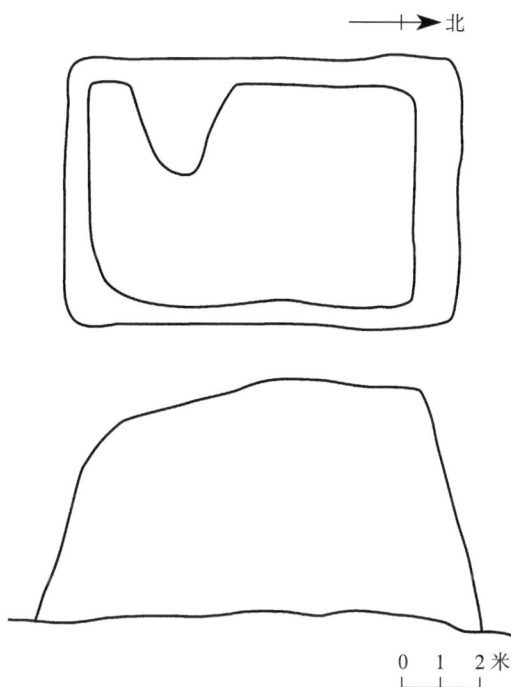

发现夯窝。台体平面呈矩形，剖面呈梯形，底部东西 6、南北 9.6 米，顶部东西 4.8、南北 7.5 米，高 5.8 米。台体顶部无建筑遗存，长满杂草。（图一五四）

台体周围散落有少量砖，砖长 39.5、宽 18.5、厚 8.5 厘米。

马面东北距大阴湾村 1 号马面 0.17 千米。

（六八）堡子村马面（610822352102170068）

该马面位于清水乡堡子村西北 1.6 千米的山峁上，长城墙体的西侧，北距小南川约 1 千米。三面临沟，高程 1179 米，地处黄土梁峁丘陵宽谷区，属于黄土沟壑地貌。

马面整体保存较差。台体风雨侵蚀严重，顶部南面有 1.8 米的豁口，坍塌呈凹字形。

马面包括夯土基座和台体两部分。基座平面呈近矩形，边长 18～20、高 3 米。台体用黄土夯筑而成，包含有小石块，夯层厚约 0.04～0.14 米，质地细密，没发现夯窝。台体无包石包砖，平面呈不规则形，剖面呈梯形，底部东西 8、南北 7 米，顶部南 6.8、东 6.4、北 6.5、西 6.1 米，高 7 米。（图一五五）

马面东北距堡子村 2 号烽火台 0.654 千米。

（六九）太平墩村 1 号马面（610822352102170069）

该马面位于木瓜乡太平墩村西北 0.297 千米的山梁上，东南距木瓜川 4 千米，东侧紧贴长城墙体。四周为荒弃耕地，高程 1311 米，地处黄土梁峁丘陵宽谷区，属于黄土沟壑地貌。

马面整体保存一般。整体轮廓清晰，台壁上有多处裂缝，出现剥落。

马面由黄土夹杂小石子夯筑而成，夯层厚 0.09～0.14 米，夯窝直径 0.06、深 1、中心间距 0.14 米，夯层细密。东壁距基座 0.9 米处有一个宽 0.7、高 1.2 米的券洞，内部呈斜坡向上；左侧筑有供休

息的小窑洞，进深 2.4、宽 1.2 米，门宽 0.77、高 1.2 米，东壁有瞭望窗，高 0.75、宽 0.57 米；台顶洞口南北 2、东西 2.3 米，洞内部分坍塌。台体平面呈矩形，剖面呈梯形，底部东西 12、南北 11 米，顶部东西 8、南北 7 米，高 8.6 米。（图一五六）

马面东北距太平墩村敌台 0.223 千米。

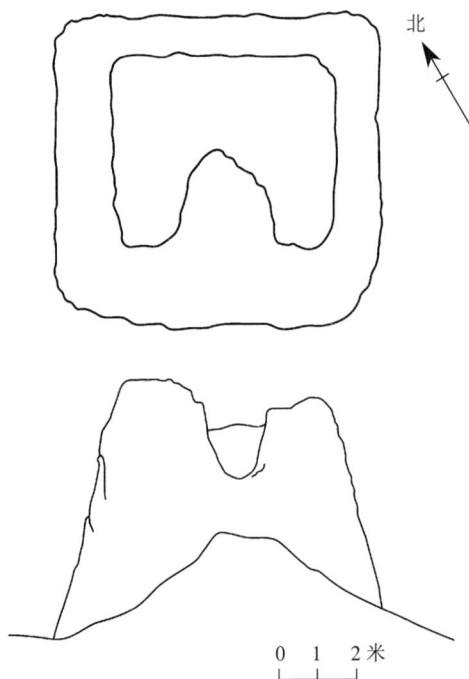

图一五五　堡子村马面平、立面图

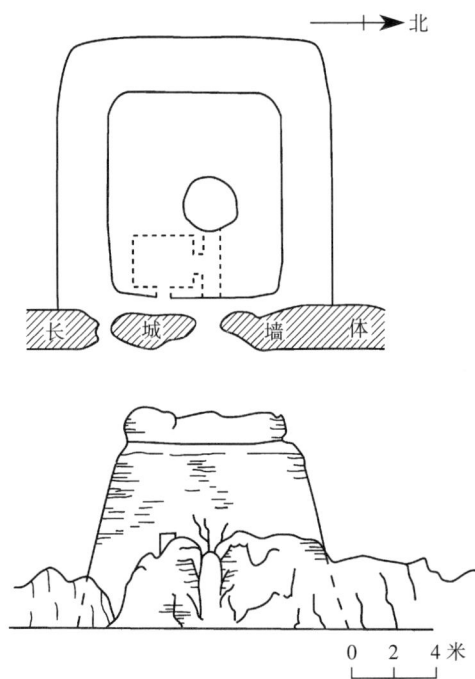

图一五六　太平墩村 1 号马面平、立面图

（七〇）太平墩村 2 号马面（610822352102170070）

该马面位于木瓜乡太平墩村西 0.236 千米的山梁上，东南距木瓜川 3.9 千米。周边为弃耕地，南侧距山体滑坡断崖 8 米，周围沟壑遍布。高程 1300 米。地处黄土梁峁丘陵宽谷区，属于黄土沟壑地貌。

马面整体保存较差。台体夯土裸露，上层多处出现裂缝、剥落，台体四周散落大量砖石。

马面包括基础、台体、顶部遗存三部分。台体外侧有围墙，平面呈矩形，边长 30、顶宽 0.5～0.1、内高 2.5、外高 4.5 米。马面基础高 2 米。台体用黄土夹杂小石子夯筑而成，夯层厚 0.07～0.15 米，夯窝不明。底部平面呈矩形，剖面呈梯形，底部东西 7.6、南北 8 米，顶部边长 4 米，高 6 米。（图一五七）

马面北距太平墩村 1 号马面 0.148 千米。

（七一）砖厂梁村 1 号马面（610822352102170071）

该马面位于庙沟门镇砖厂梁长城 1 段起点南 22 米，东距木瓜川 2.6 千米。旁边有断崖，东西两侧为山体滑坡地带，四周沟壑遍布，高程 1265 米，地处黄土梁峁丘陵宽谷区，属于黄土沟壑地貌。

马面整体保存较差。台体呈两根柱状，形制由于坍塌严重无法识别，出现许多较大裂缝，随时有消失的危险。

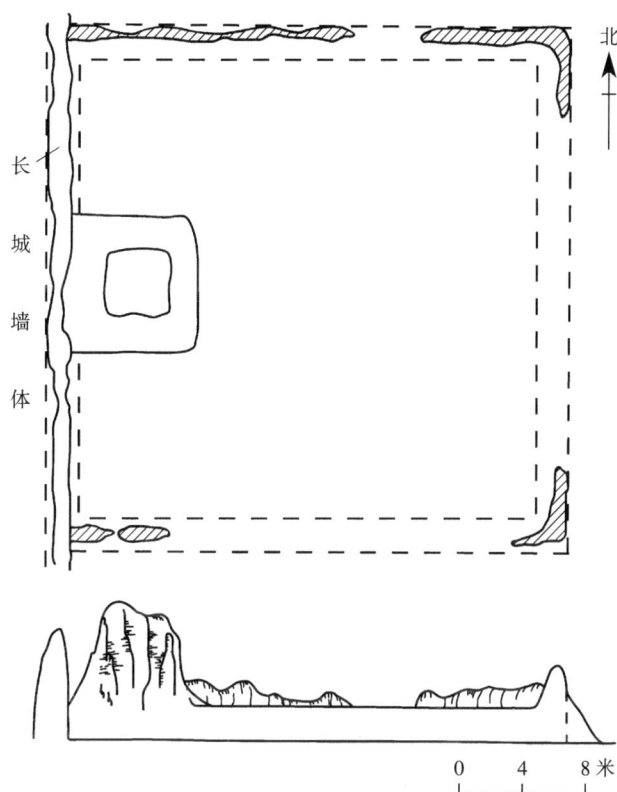

图一五七　太平墩村 2 号马面平、立面图

马面为黄土夯筑而成,质地细密,夯层厚 0.04 ～ 0.09 米,夯窝不详,包含有石子等。台体平面呈不规则形,剖面呈双柱形,底部东西 4、南北 8、高 5 米。(图一五八)

马面西距砖厂梁村 1 号烽火台 0.213 千米。

(七二) 砖厂梁村 2 号马面
(610822352102170072)

该马面位于庙沟门镇砖厂梁村西 0.86 千米,东距木瓜川 2.35 千米。四周为荒坡地,高程 1290 米,地处黄土梁峁丘陵宽谷区,属于黄土沟壑地貌。

马面整体保存一般。顶部北侧有一豁口,宽 3.8、进深 1.4 米;南侧有一豁口,宽 3、高 2.4、进深 2.6 米;台壁上有裂缝。

马面由台体、基座、围墙组成。基座平面呈矩形,围墙建于基座上。围墙东西 21、南北 15、高 1.4 米。台体内部用黄土夯筑而成,夯层厚 0.05 ～ 0.13 米,外部包砖。底部平面呈近矩形,剖面呈梯形,底部边长 8、顶部东西 7.4、南北 7.6 米,高 5

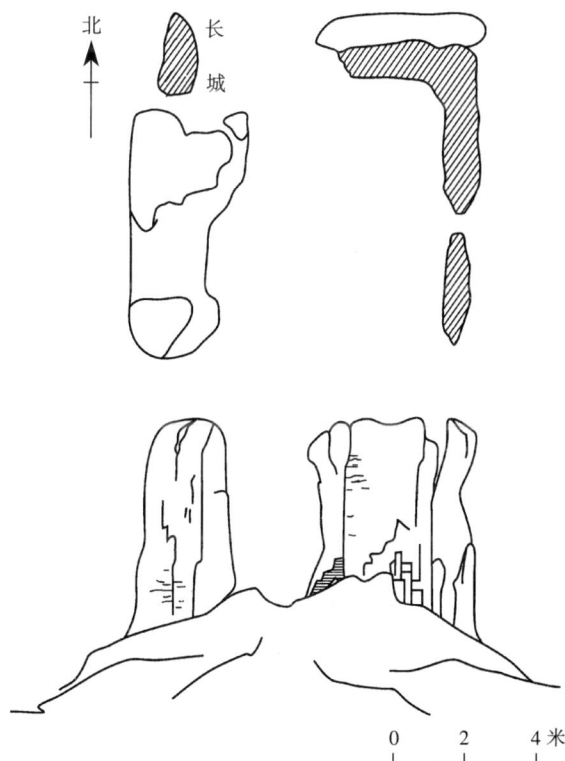

图一五八　砖厂梁村 1 号马面平、立面图

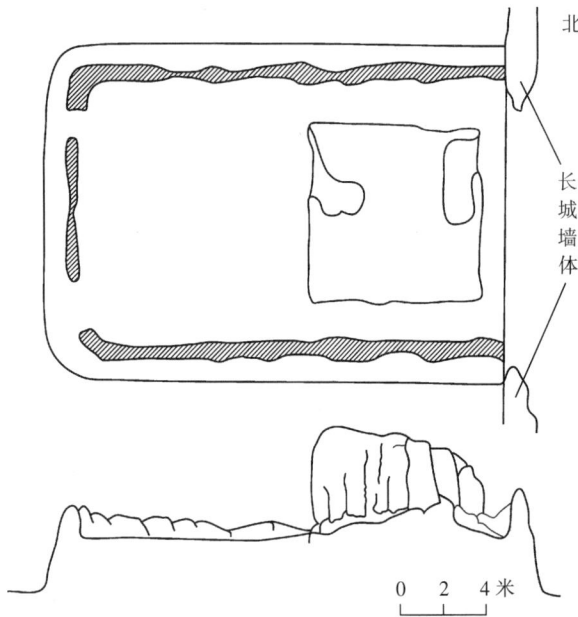

图一五九　砖厂梁村 2 号马面平、立面图

米。（图一五九）

马面东距砖厂梁村 2 号烽火台 0.136 千米。

（七三）砖厂梁村 3 号马面（6108223352102170073）

该马面位于庙沟门镇砖厂梁村东南 0.5 千米，东距木瓜川 2.6 千米。周围地势较平缓，为耕地，高程 1278 米，地处黄土梁峁丘陵宽谷区，属于黄土沟壑地貌。

马面整体保存一般。顶部东侧有宽 1、深 6、高 2.8 米的豁口，台壁上有数处裂缝，周围杂草丛生。

马面包括台体、围墙和基座三部分。基座平面呈矩形，南北 24、东西 13、高 3.2 米。围墙平面呈正方形，边长 30、宽 1.8、高 2.4 米。台体用黄土夹杂小石子夯筑而成，夯层厚 0.05～0.11 米，质地细密，没发现夯窝。台体平面呈矩形，剖面呈梯形，底部东西 8、南北 9 米，顶部东西 7.2、南北 8 米，高 8 米。（图一六〇）

马面东北距砖厂梁村 2 号敌台 0.327 千米。

（七四）王家梁村 1 号马面（6108223352102170074）

该马面位于庙沟门镇王家梁村西南 0.33 千米，东距木瓜川 3.7 千米，西距沙梁川 3.15 千米，南

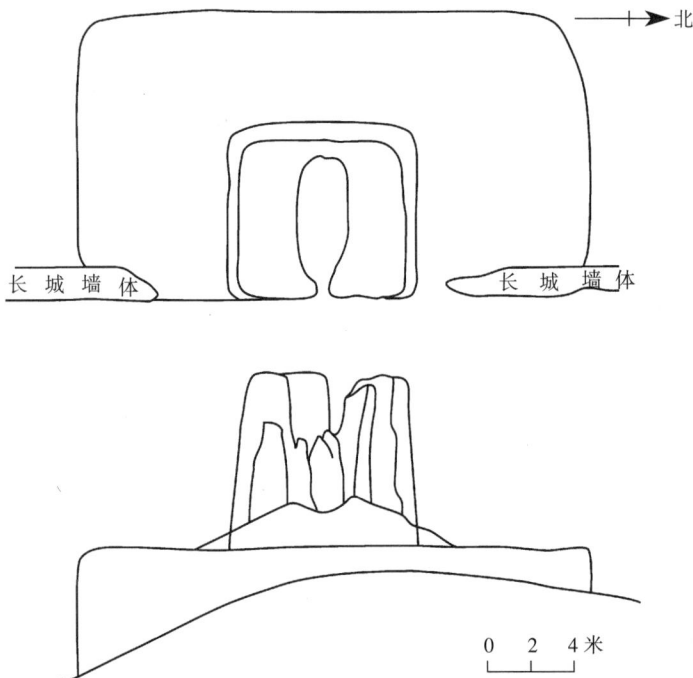

图一六〇　砖厂梁村 3 号马面平、立面图

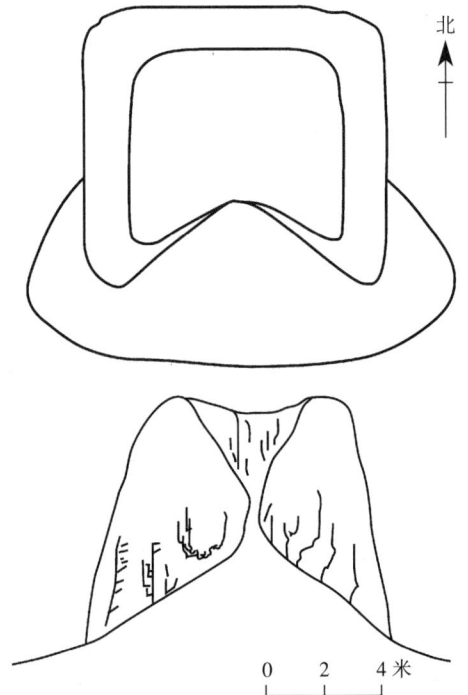

图一六一　王家梁村 1 号马面平、立面图

侧 20 米处有两孔砖窑，南北两侧为耕地。高程 1258 米。地处黄土梁峁丘陵宽谷区，属于黄土沟壑地貌。

马面整体保存较差。台体包砖被人为拆除，四周散落有大量残砖石；南、东侧顶部有坍塌；台体北壁坍塌，下部有矩形龛，辟为宣传栏；台壁上有多道裂缝。

马面包括基座和台体两部分。基座平面呈不规则形，东西 18、南北 6、高 2.4 米。台体用黄土夯筑而成，夯层厚 0.05~0.14 米，基础尚存部分条石。台体平面呈近矩形，剖面呈梯形，底部东西 10、南北 9 米，顶部东西 7、南北 6.4 米，高 9 米。（图一六一）

马面东北距王家梁村 2 号敌台 0.216 千米。

（七五）王家梁村 2 号马面（610822352102170075）

该马面位于庙沟门镇王家梁村西南 0.473 千米，东距木瓜川 3.9 千米，西距沙梁川 2.95 千米。周围地势平缓，有耕地。高程 1256 米。地处黄土梁峁丘陵宽谷区，属于黄土沟壑地貌。

马面整体保存较差。整体轮廓较清晰，南壁坍塌比较严重，四壁有多处裂缝，四周杂草丛生。

马面南壁依长城墙体而建，包括围墙和台体两部分。围墙平面呈矩形，东西 28、南北 16 米，南墙建于长城墙体上。台体由黄土夯筑而成，包含有小石子，夯层厚 0.05~0.13 米，质地细密，夯窝不明。台体平面呈矩形，剖面呈梯形，底部边长 7 米、顶部边长 6.8、高 5 米。（图一六二）

马面东北距王家梁村观音庙遗址 0.283 千米。

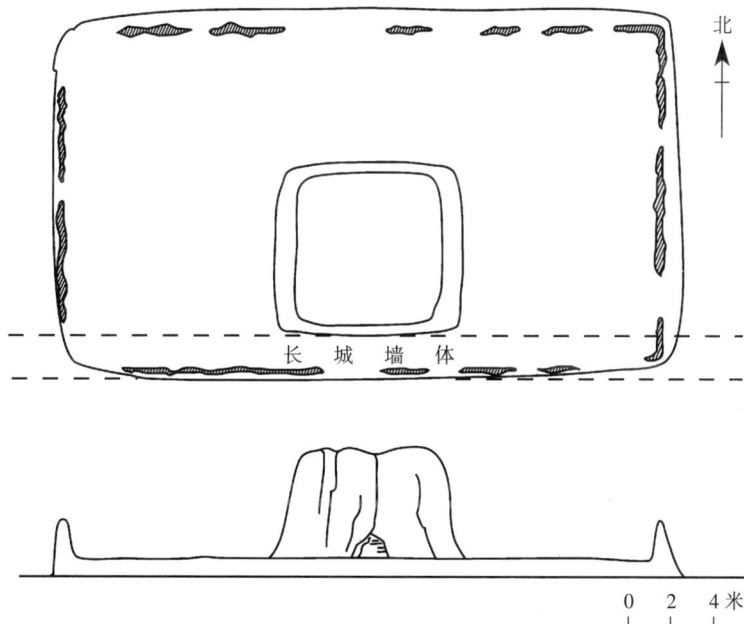

图一六二　王家梁村 2 号马面平、立面图

（七六）王家梁村 3 号马面（610822352102170076）

该马面位于庙沟门镇王家梁村西南 0.58 千米，东距木瓜川 4.2 千米，西距沙梁川 2.7 千米。周围地势较平缓，为荒坡地。高程 1263 米。地处黄土梁峁丘陵宽谷区，属于黄土沟壑地貌。

马面整体保存一般。北壁顶部有塌陷，基座上杂草丛长，台体有裂缝、剥落。

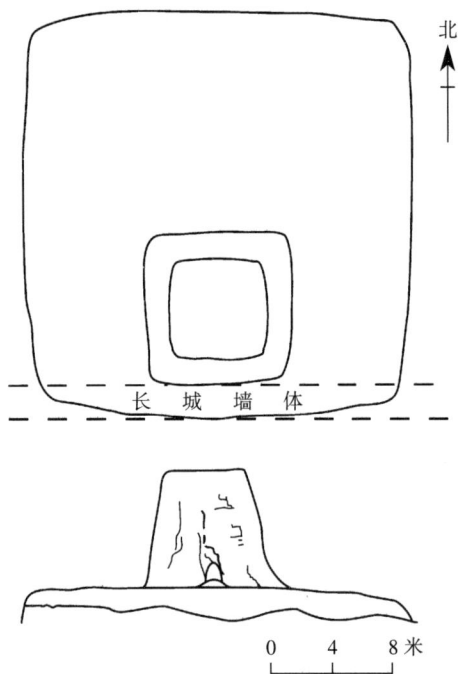

图一六三　王家梁村 3 号马面平、立面图

马面南壁依长城墙体而建，包括基座和台体两部分。基座平面呈矩形，东西 21、南北 24、高 2 米；南壁有上下台体的券洞，宽 0.87、深 1.5、高 1 米，内部坍塌。台体用黄土夯筑而成，夯层厚 0.05～0.1 米，质地细密，包含有砖石，没发现夯窝。台体平面呈近矩形，剖面呈梯形，底部边长为 9、顶部边长为 6、高 7 米。（图一六三）

台体底部有大量明清建筑残砖瓦。砖长 38、宽 18.5 厘米。

该马面东距王家梁村 2 号马面 0.248 千米。

（七七）双圪通村马面（6108223521021700 77）

该马面位于庙沟门镇双圪通村东北 0.58 千米，西距沙梁川 1.9 千米。周围地势平缓，为农田。高程 1231 米。地处黄土梁峁丘陵宽谷区，属于黄土沟壑地貌。

马面整体保存一般。基座上长有杂草，周围种植玉米，南壁有斜坡可登顶部，紧贴北壁有一条宽 10 米的土路通过。

马面南壁依长城墙体而建，包括基座和台体两部分。基座平面呈矩形，东西 18、南北 15、高 3 米。台体由黄土夹杂沙石夯筑而成，夯层厚 0.04～0.14 米，质地细密。台体平面呈矩形，剖面呈梯形，底部东西 10、南北 11.5 米，顶部东西 9.8、南北 8 米，高 8 米。（图一六四）

马面东距双圪通村 2 号敌台 0.063 千米。

（七八）页梁塔村马面（6108223521021700 78）

该马面位于庙沟门镇页梁塔村西南 0.4 千米，西距沙梁川 1.5 千米。周围地势较平缓，为荒坡地。高程 1194 米。地处黄土梁峁丘陵宽谷区，属于黄土沟壑地貌。

马面整体保存一般。台体顶部塌陷较严重，台壁上有很多裂缝，南壁坍塌严重，周围散落大量残砖，宽 17、厚 8 厘米。

马面南壁依长城墙体而建，包括围墙、基座和台体三部分。基座平面呈矩形，东西 16、南北 14、高 2.6 米。围墙建于基座上，残缺不全。台体用黄土夯筑而成，夯层厚 0.04～0.14 米，质地细密。台体平面呈矩形，剖面呈梯形，底部东西 9.5、南北 8.5 米，顶部东西 7.5、南北 8、高 6 米。台体内部有供上下的通道，宽 0.8、高 3、进深 1.8 米。（图一六五）

马面东北距页梁塔村 1 号烽火台 0.417 千米，东南距页梁塔村 2 号烽火台 0.198 千米。

（七九）蒿地塔村 1 号马面（6108223521021700 79）

该马面位于庙沟门镇蒿地塔村西南 0.42 千米，西距沙梁川 1.35 千米。周围地势平缓，为耕地。高程 1194 米。地处黄土梁峁丘陵宽谷区，属于黄土沟壑地貌。

马面整体保存一般。台体上散落砖石，倒塌成圆丘，长满杂草，顶部有一陕西煤田物测队 GPS 坐标。

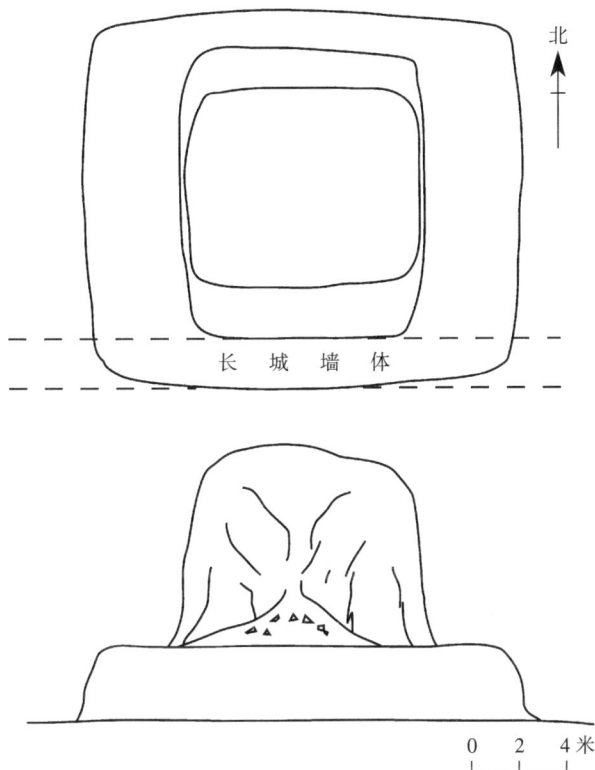

图一六四　双坞通村马面平、立面图

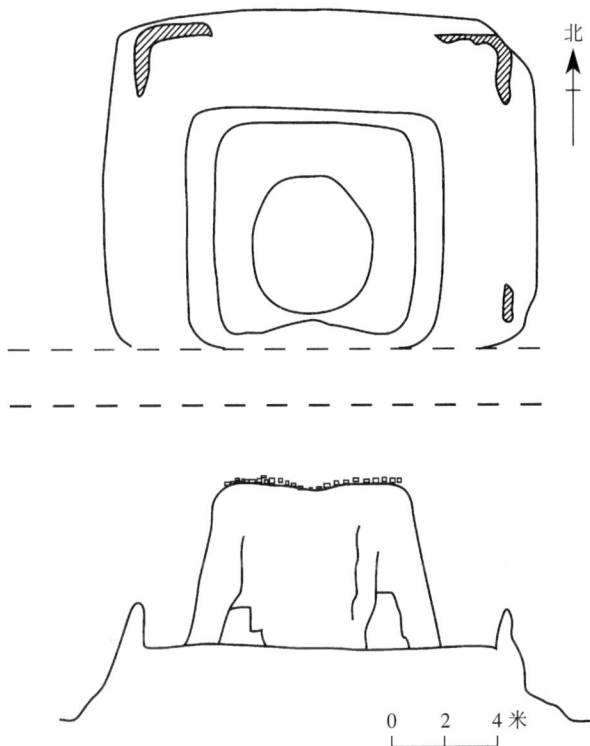

图一六五　页梁墹村马面平、立面图

马面南壁依长城墙体而建。台体由黄土夯筑而成，夯层厚 0.04～0.14 米，质地细密。平面呈圆形，剖面呈不规则形，底部直径 22、高 5 米。台体内部有上下的通道，宽 0.8、深 1.8、高 3 米。（图一六六；彩图二六）

马面东距页梁墹村 2 号烽火台 0.233 千米。

马面附近的河流为阳湾川，自西向东流，为沙梁川补给型河流。附近道路以乡村小道为主。

（八〇）蒿地墹村 2 号马面（610822352102170080）

该马面位于庙沟门镇蒿地墹村北 0.2 千米，西距沙梁川 1.25 千米。四周为荒坡地和耕地，地势较陡峭。高程 1175 米。地处黄土梁峁丘陵宽谷区，属于黄土沟壑地貌。

马面整体保存较差。台体有多处洞穴，长有杂草，风化较严重。

马面包括夯土基座和台体两部分。基座平面呈矩形，东西 18、南北 14、高 1.5 米。台体用黄土夯筑而成，夯层厚 0.05～0.13 米。台体平面呈矩形，剖面呈梯形，底部东西 8、南北 6 米，顶部东西 4.8、南北 6 米，高 5.2 米。（图一六七）

马面北距蒿地墹村 1 号马面 0.183 千米。

（八一）蒿地墹村 3 号马面（610822352102170081）

该马面位于庙沟门镇蒿地墹村西 17 米，西距沙梁川 1.1 千米。四周为缓坡地，长满荒草，西南距民窑 17 米，东侧 5 米有一个变压器。高程 1173 米。地处黄土梁峁丘陵宽谷区，属于黄土沟壑地貌。

马面整体保存一般。东壁坍塌，台壁上有洞隙，长有杂草。

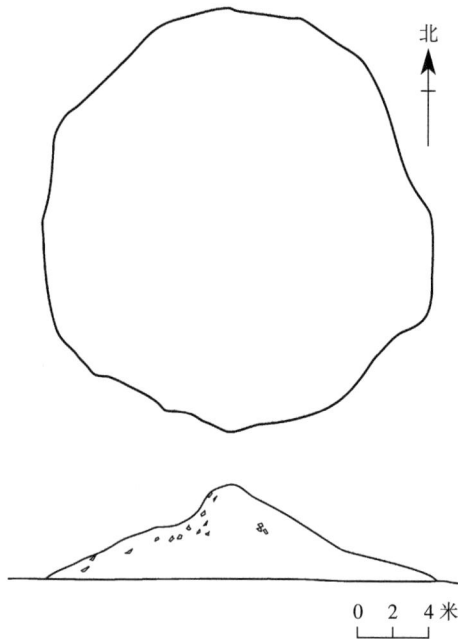

图一六六　蒿地塌村1号马面平、立面图

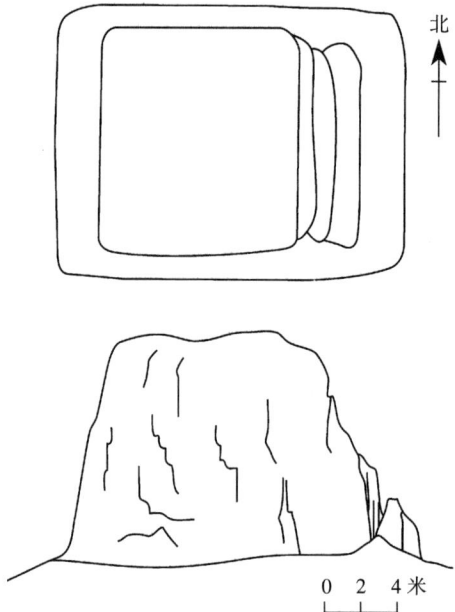

图一六七　蒿地塌村2号马面平立面图

　　马面南壁依长城墙体而建，包括基座和台体两部分。基座平面呈矩形，东西18、南北11、高2.4米，外部包石，条石平铺，条石长115、宽60、厚30厘米。台体用黄土夯筑而成，夯层厚0.05～0.11米。台体平面呈矩形，剖面呈梯形，底部东西9、南北7米，顶部东西4.7、南北6.8米，高8米。（图一六八）

　　马面东北距蒿地塌村2号马面0.188千米。

（八二）引正通村1号马面（610822352102170082）

　　该马面位于庙沟门镇引正通村北13米，西距沙梁川1.1千米，紧靠村庄。地势平缓，周围为荒坡地和耕地。高程1178米。地处黄土梁峁丘陵宽谷区，属于黄土沟壑地貌。

　　马面整体保存较差。台体坍塌呈土丘状，长满杂草，周围堆积秸秆，南壁有人为挖的洞，宽2.4、深1.2、高1.58米。

　　马面由黄土夯筑而成，夯层大致厚0.05～0.13米，质地细密，包含有小石子，夯窝不明。台体平面呈不规则形，剖面呈三角形，底部东西6、南北5、高5米。（图一六九）

　　马面东北距蒿地塌村3号马面0.18千米。

（八三）引正通村2号马面（610822352102170083）

　　该马面位于庙沟门镇引正通村中，西距沙梁川0.9千米。紧靠村庄，地势平缓，周围为耕地。高程1164米。地处黄土梁峁丘陵宽谷区，属于黄土沟壑地貌。

　　马面整体保存一般。台体包砖被拆毁，夯土裸露；南、北壁坍塌严重；台体上有多处裂缝；南壁有2个村民挖掘的洞，存放杂物。

　　马面由黄土夯筑而成，质地细密，夯层厚0.05～0.15米，包含有小石子，夯窝直径0.07米。平面呈不规则形，剖面呈梯形，底部东西12、南北6、高7米。台体内部未发现有供上下的通道。（图一七〇）

　　马面东北距引正通村1号马面0.138千米。

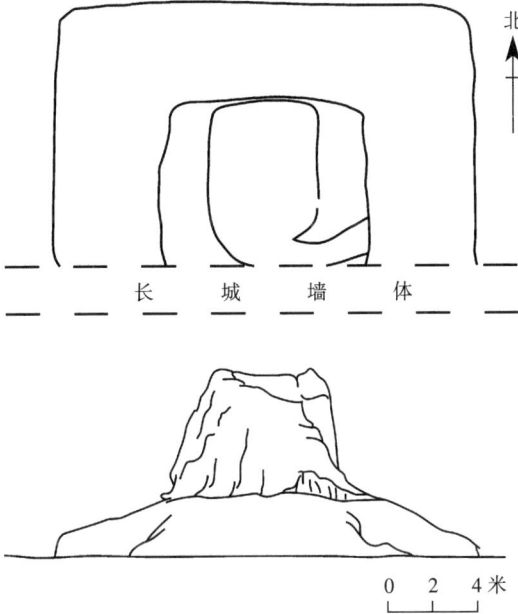

图一六八　蒿地墕村 3 号马面平、立面图

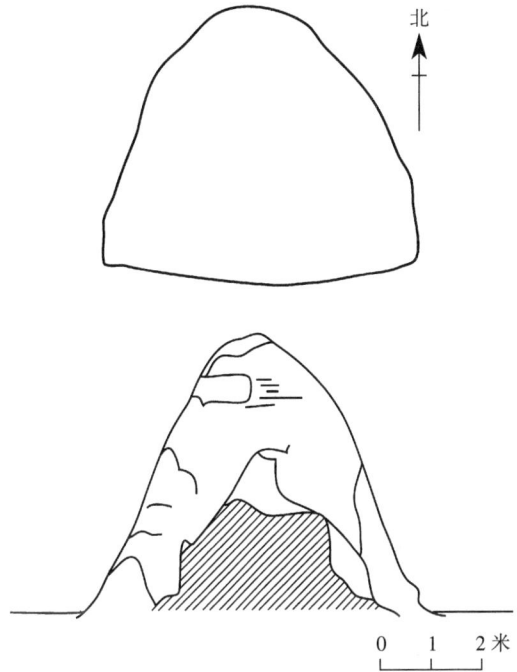

图一六九　引正通村 1 号马面平、立面图

（八四）引正通村 3 号马面（610822352102170084）

该马面位于庙沟门镇引正通村南 77 米，西距沙梁川 0.6 千米。西侧为耕地、梯田，其余为荒坡地，20 米处有低压电线通过，西南侧有一户人家。高程 1188 米。地处黄土梁峁丘陵宽谷区，属于黄土沟壑地貌。

马面整体保存一般。台体南壁坍塌开裂严重，顶部长满杂草，紧靠台体有一条土路通过，对底部造成破坏。

马面由黄土夯筑而成，质地细密，夯层厚 0.04～0.13 米，包含有小石子等，夯窝不明。台体平面呈矩形，剖面呈梯形，底部东西 7、南北 8 米，顶部东西 5、南北 6 米，高 6.8 米。台体内部有上下的通道，已坍塌。（图一七一）

马面东北距引正通村 2 号马面 0.1 千米。

（八五）麻二村烽火台（610822353201170085）

该烽火台位于麻镇麻二村北部府（谷）准（格尔旗）公路与府（谷）哈（镇）公路的交界处，北依麻镇加油站，南靠麻镇法院和麻镇派出所。高程 934 米。地处黄土梁峁丘陵宽谷区，属于黄土沟壑地貌。

烽火台于 2005 年重修，保存较好。原为夯土建筑，2005 年在府谷县委县政府的支持下，由龙兴寺委员会组织投资重修（有碑记），现为砖砌仿古建筑，包括基座和台体两部分，外部由红砖包砌，青灰色水泥浆涂面。台体分为两层，内设楼梯，顶层有垛墙、垛口、瞭望孔以及排水设施等。四面垛墙

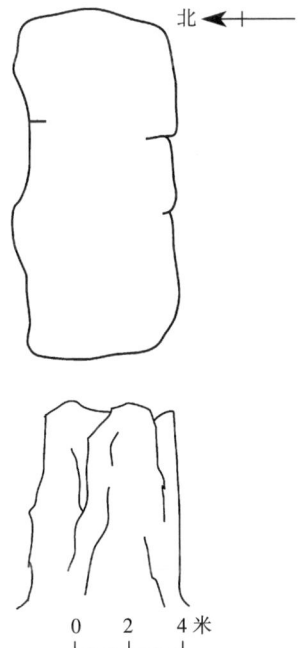

图一七〇　引正通村 2 号马面平、立面图

均有一处排水口，宽、高均 0.18 米。南墙正中有台阶式及平面登城步道旋转而上，步通宽 1.2、宽 0.22 米。烽火台东、南、西侧基宽 15、高 2.3 米，南墙基 2.3 米及西墙基 8.5 米处建有护墙，护墙上建有垛口。底部东西 10.3、南北 10.2 米，顶部东西 8.5、南北 7.5 米，垛墙高 1.6、厚约 0.45 米，垛口宽 0.86、高 0.64 米，瞭望孔宽、高均 0.1 米。（图一七二；彩图二七、二八）

烽火台西距麻二村马面 0.09 千米。

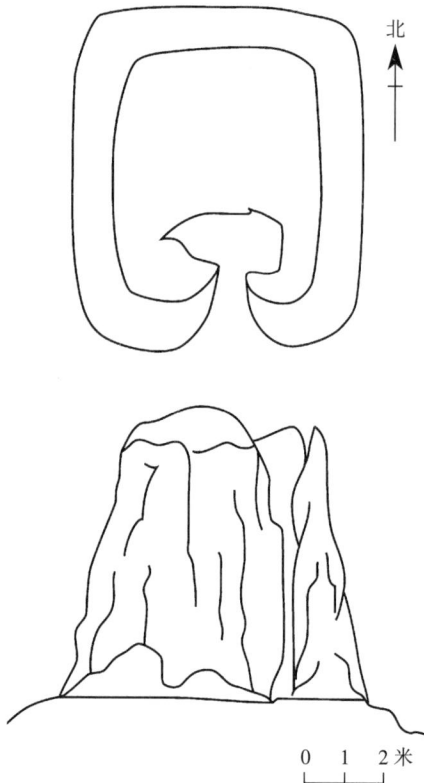

图一七一　引正通村 3 号马面平、立面图

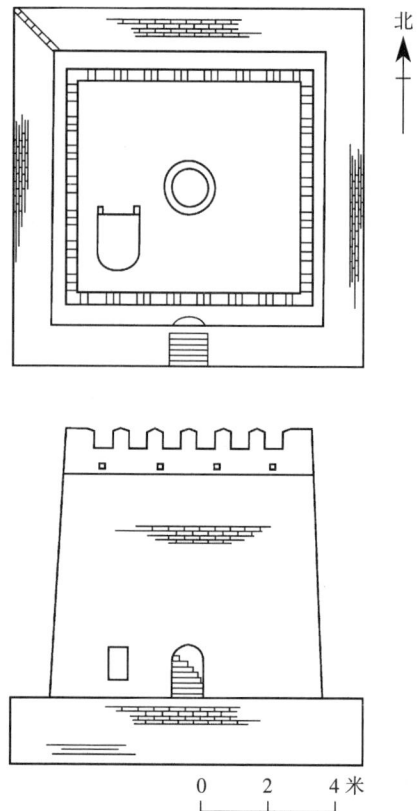

图一七二　麻二村烽火台平、立面图

（八六）胡家梁村 1 号烽火台（610822353201170086）

该烽火台位于麻镇胡家梁村东南 0.5 千米麻（镇）哈（镇）公路北侧。周围为农田，地势比较平缓。高程 980 米。地处黄土梁峁丘陵宽谷区，属于黄土沟壑地貌。

烽火台整体保存一般。台体包砖被拆除，周围散落有残砖。台体坍塌严重，顶部高低不平，呈不规则形。围墙有多处豁口，高低不平。麻（镇）哈（镇）公路紧靠台体基座下部地基通过，使围墙呈不闭合状。围墙至基座处为农田，基座上散落大量残石，有黄土夹杂瓷片、石灰、石块等物堆积成斜坡围绕台体。台体东北侧有一壕沟，宽 3.3、深 2.5 米。

烽火台包括围壕、墙、基座和台体四部分。围壕环绕在围墙外侧，宽 4 米。围墙平面呈不规则形，有多个折点，东、西墙向南延伸至长城墙体，东墙距基座 7.7、北墙距基座 17.5、南墙距基座 11 米。墙体由于受风雨侵蚀等自然因素破坏呈锯齿状。东墙南起 10 米处有门，宽 4.8 米。至西墙分别有 4 个折点、3 个豁口，豁口宽 2.5 ~ 4.5 米。围墙周长约 67.7 米，现存墙体长 54.7、内高约 0 ~ 0.6、外高 1.2 ~ 1.8 米。基座平面呈圆形，直径 12 米，北侧有一通向台底的步道，宽 1.5、长

8.5 米，步道台阶由黄土夹杂残石、残砖、卵石混筑而成。台体位于基座上，由黄土夹杂少量瓷片夯筑而成，夯层厚 0.11～0.26 米。台体平面呈矩形，剖面呈梯形，底部东西 7.5、南北 4.7 米，顶部东西 5.4、南北 3.3 米，高 7 米。（图一七三）

烽火台北距麻二村长城 2 段 52 米，东距麻二村马面 0.49 千米。

（八七）胡家梁村 2 号烽火台
（610822353201170087）

该烽火台位于麻镇胡家梁村长城 1 段墙体内侧（东侧）。周围是弃耕农田，长满荒草。高程 1030 米。地处黄土梁峁丘陵宽谷区，属于黄土沟壑地貌。

烽火台整体保存一般。台体基本保持原来的高度，包石大部分坍塌，东壁保存宽 1、高 1.2 米，北壁保存宽约 2、高约 1.5 米的包石，西壁、南壁包石保存稍好，西壁包砖保存部分呈三角形，底长 8.7、高 2.75 米，有 14 层。包石大小不等，

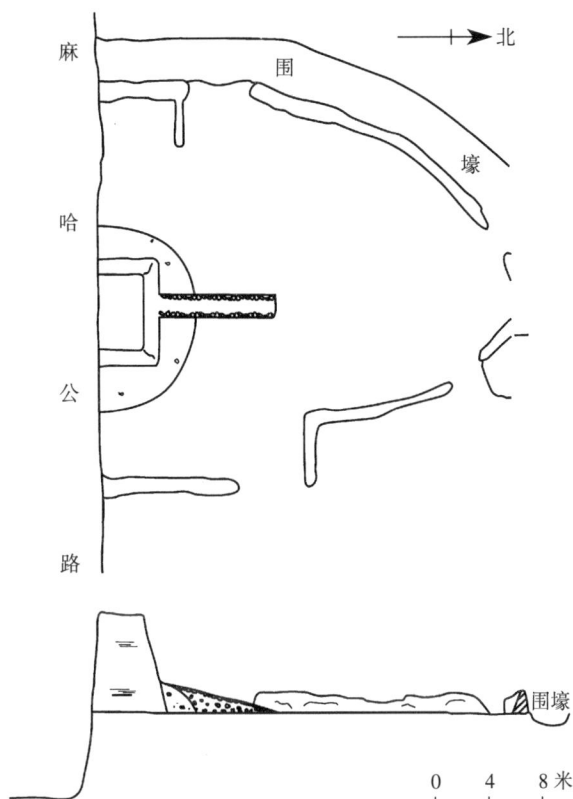
图一七三　胡家梁村 1 号烽火台平、剖面图

呈不规则形状，有些包石上有凿刻痕迹。石块间缝隙用黄土填充，厚 0.01～0.11 米。顶部坍塌呈土丘状，南侧坍塌严重。

烽火台包括基座和台体两部分。基座坍塌严重。台体内部用黄土、红胶土夹杂沙和碎石渣夯筑而成，夯层厚 0.13～0.19 米；外部包石大部分脱落，仅存南、西、北壁包石。台体平面呈矩形，剖面呈不规则梯形，底部东西 10、南北 10.6 米，顶部东西 9、南北 7 米，通高 6.7 米。（图一七四）

烽火台西距胡家梁西峁长城 0.06 千米。

（八八）胡家梁村 3 号烽火台（610822353201170088）

该烽火台位于麻镇胡家梁村以北约 0.65 千米的山峁上。周边为荒坡地，地势较为平缓。高程 1021 米。地处黄土梁峁丘陵宽谷区，属于黄土沟壑地貌。

烽火台整体保存一般。风化侵蚀较严重。顶部小部分塌落，登顶步道及顶部豁口处坍塌较为严重。整体轮廓清晰，围墙及门清晰可见，墙体高低不平，有一处宽约 0.3 米的豁口。台体包砖被拆除，周围散落有残砖。

烽火台包括围墙、夯土基座和台体三部分。围墙位于基座上，平面呈矩形，东西 27、南北 29.7、内高 0.3～1.8、外高 4 米；南墙中部有一门，宽 3.9 米。台体建在基座上，由黄土夯筑而成，夯层厚 0.08～0.13 米；顶部积土厚 0.2～0.5 米，其下有一层厚约 0.7 米的石灰与土的混合物，可见少量砖瓦。台体底部平面呈矩形，剖面呈梯形，底部边长 10.4 米，顶部东西 4.9、南北 4.4 米，高 9.05 米。（图一七五）

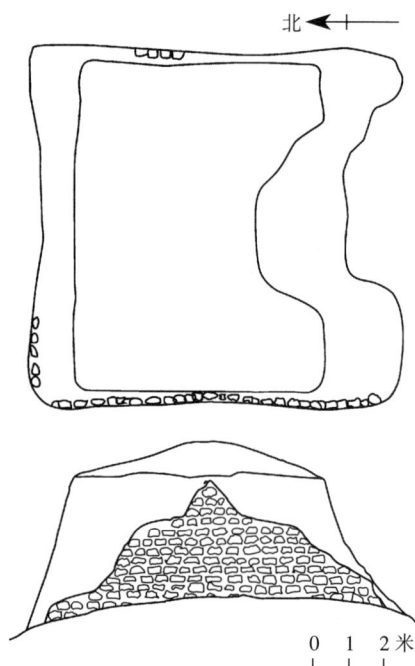

图一七四　胡家梁村 2 号烽火台平、立面图

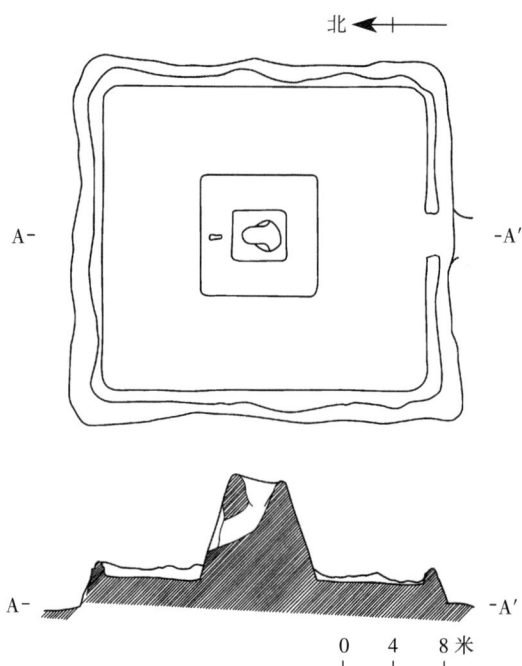

图一七五　胡家梁村 3 号烽火台平、剖面图

烽火台东南距胡家梁村 2 号敌台 0.63 千米。

（八九）胡家梁村 4 号烽火台 （610822353201170089）

该敌台位于麻镇胡家梁村北。四周为荒坡地，地势较缓。高程 1072 米。地处黄土梁峁丘陵宽谷区，属于黄土沟壑地貌。

烽火台整体保存较差。台体包砖被拆除，周围散落大量残片。登顶通道顶口塌陷比较严重，顶部北侧有一圆形洞，直径 1.7、高 1 米，通道由于流水冲刷自中部将土质台阶分为两半，通道入口有少量坍塌。围墙由于自然因素侵蚀呈锯齿状，南门两侧部分坍塌。

烽火台包括包砖台体和夯土围墙两部分。围墙距台底约 8 米，平面呈矩形，东西 23、南北 27、底宽 2.5、顶宽 0.1 ~ 0.4、内高 0.3 ~ 2.1、外高 2 ~ 3.7 米。南墙中部有一门，宽 2.9 米。东、南墙有缺口。台体用黄土夹杂料礓石夯筑而成，夯层厚 0.07 ~ 0.18 米。台体包砖无存，平面呈长方形，剖面呈梯形，底部东西 10.2、南北 9.6 米，顶部东西 5.3、南北 5.1 米，高 9 米。顶部北侧有一圆洞，与登台通道连接，是通道出口，直径约 1.7 米，距台体西侧 1.5、东侧 1.6、南侧 2.3、北侧 0.4 米。（图一七六）

烽火台北距胡家梁西峁长城 0.4 千米，东北距胡家梁村 2 号敌台 0.61 千米。

（九〇）杨家峁村 1 号烽火台 （610822353201170090）

该烽火台位于麻镇杨家峁村东南红山墩的山梁上。东北几十米、南约 0.2 千米为冲沟，落差极大，冲沟西侧为石崖，西侧有民房一处，种有枣树。高程 1035 米。地处黄土梁峁丘陵宽谷区，属于黄土沟壑地貌。

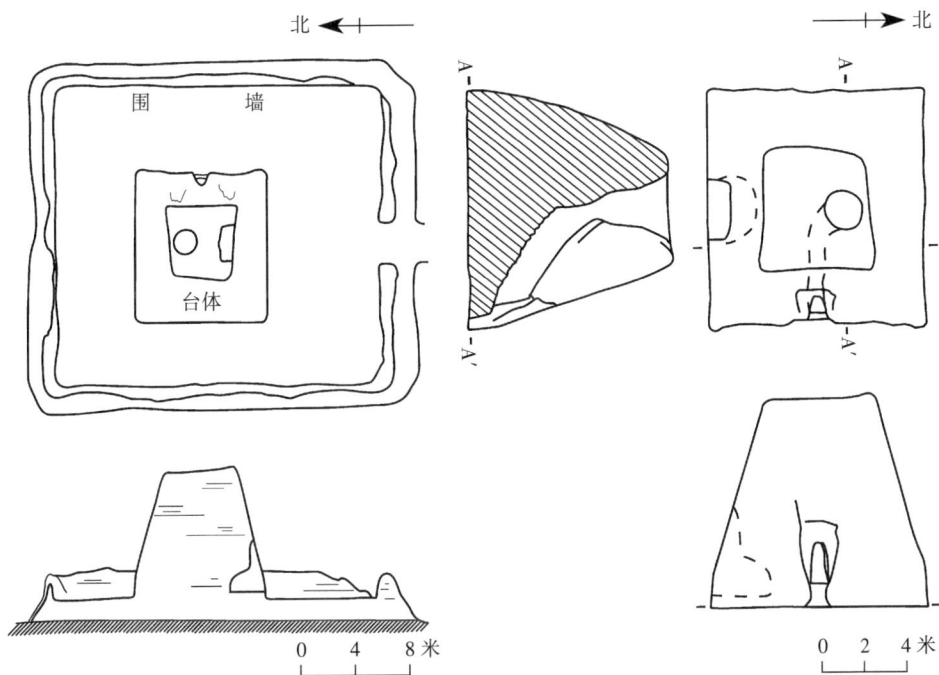

图一七六　胡家梁村 4 号烽火台平、立、剖面图

　　烽火台整体保存较差。台体包砖被人为毁坏，周围散落残砖；东、西、南壁保存较为完整，轮廓清晰，北壁由顶部而下坍塌严重，应为步道顶口塌陷所致，塌陷处顶宽约 3.74、底宽约 8 米。

　　台体由黄土夯筑而成，夯层厚 0.1～0.15 米。平面呈矩形，剖面呈梯形，底部东西 8.5、南北 10 米，顶部东西 6、南北 5 米，高为 6.5 米。台体上有梯台和步道，现坍塌。（图一七七）

　　烽火台南距胡家梁村 3 号敌台 0.3 千米。

（九一）杨家峁村 2 号烽火台
（610822353201170091）

　　该烽火台位于麻镇杨家峁村风台梁的山峁上。周边为农田，地势较平缓。高程 1083 米。地处黄土梁峁丘陵宽谷区，属于黄土沟壑地貌。

　　烽火台整体保存一般。台体包砖被人为毁坏，周围散落有残砖、残石、碎瓷片和瓦片。台体形制保存较好，顶部东北角沿登顶步道而上建有狼烟台，顶部坍塌严重。台体中央建有铺舍，仅存墙基。四周建有围墙，有瞭望孔、散水孔及垛口，墙体呈锯齿状，有多处豁口。

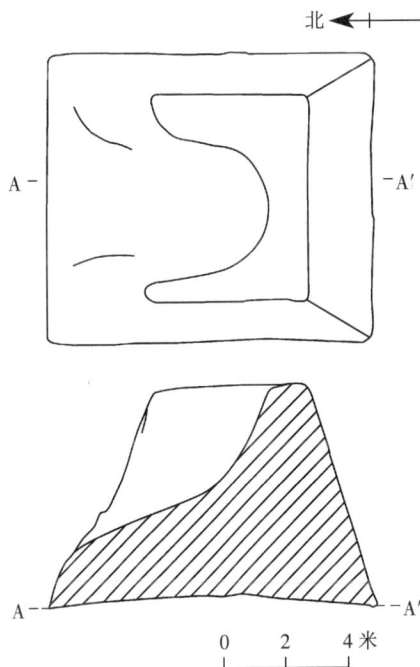

图一七七　杨家峁村 1 号烽火台平、剖面图

　　烽火台内部用黄土夹杂料礓石夯筑而成，夯层厚 0.1～0.15 米；外部包砖石无存。台体平面呈矩形，剖面呈梯形，底部东西 26、南北 27 米，顶部东西 16.8、南北 19 米，高 8.5 米。台体东北角有一登台步道，宽约 1 米。台顶四周有围墙、垛墙，顶部内墙底宽约 1.15、顶宽 0.3～0.8、高 0.2～

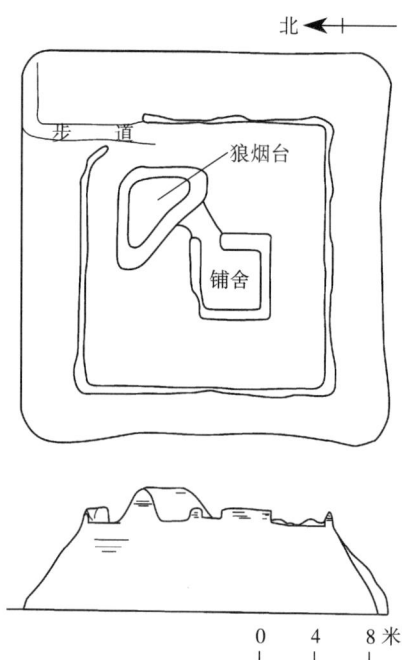

图一七八　杨家峁村2号烽火台平、立面图

1.4米，西墙、南墙和东墙角保存较好，高1米，其他部分保存较差，高约0.5米；东墙长约13.7米。围墙中部为铺舍，铺舍西墙距围墙6.1、东墙距围墙5.8、南墙距围墙3.9、北墙距围墙8.1米；东墙北角辟有一门，宽1.4米。围墙内东北角、铺舍东北侧为狼烟台，坍塌呈不规则形，底部东西6.5、南北7、高2.5米。台底有基石，轮廓不清。（图一七八）

根据当地村民介绍，台体有石砌基座，外部包砖，顶部建有庙宇。

烽火台西距杨家峁村1号烽火台约0.515千米，两烽火台连线基本与长城墙体平行；北距胡家梁西峁长城0.06千米，距胡家梁村3号敌台0.21千米；东南距胡家梁村4号烽火台0.5千米。

（九二）大墩墕村烽火台（610822353201170092）

该烽火台位于三道沟乡大墩墕村苏家湾的山峁上。周边为农田，地势平缓。高程1023米。地处黄土梁峁丘陵宽谷区，属于黄土沟壑地貌。

烽火台整体保存一般，形制清晰，只有南壁坍塌严重，由底部到顶部形成斜坡。顶部有坍塌豁口，呈凹字形，豁口处应为登台道通。台体包砖被人为毁坏，周围散落大量残砖。台座南、北侧轮廓不清。东侧底部有并列的人工挖凿的小洞。

烽火台包括基座和台体两部分，带有二层台。台体东西两侧有半圆形基座，对称分布，直径约16米、高约6.5米。台体用黄土夹杂褐色沙土夯筑而成，夯层厚0.1米，第一层高约4.9米，第二层向内收分约0.2米，高5.1米。夯土分为两部分，下部为褐色土，上部为较纯的黄土。台体平面呈矩形，剖面呈不规则形，底部东西22、南北18米，顶部东西13、南北11.3米，高10米。（图一七九）

（九三）杨家峁村3号烽火台（610822353201170093）

该烽火台位于麻镇杨家峁村西北0.3千米的梁峁上。西、南、北三面环沟，处在三沟夹一峁的位置上，地势险要，易守难攻。高程1073米。地处黄土梁峁丘陵宽谷区，属于黄土沟壑地貌。

烽火台整体保存一般。台体包砖被人为毁坏，周围散落有残砖。西壁外包土石混合层剥落，有一处塌陷豁口，夯土台芯裸露，其余三面保存较好。基部被沙土埋没，地表杂草丛生，堆积大量残砖断石。顶部海墁堆积土上杂草丛生。

烽火台内部用黄土夹杂红胶土夯筑而成，夯层厚0.1~0.18米；外部包砖。台体平面呈矩形，底部边长8.6、顶部边长5.4、高7.5米。顶部有一层厚0.04米的海墁，西壁中央距地面2.5米处有一个宽1、高1.5米的不规则洞口，倾斜通向台顶。（图一八〇）

烽火台西北距旧巴州村马面0.4千米，南距杨家峁村5号烽火台0.14千米。

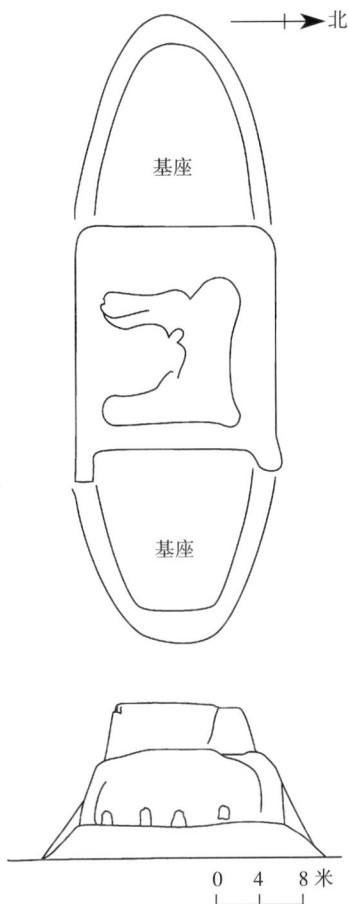

图一七九　大墩墕村烽火台平、立面图

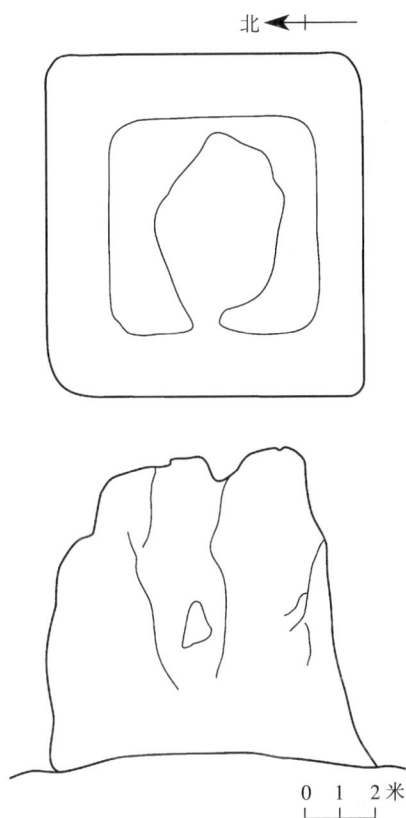

图一八〇　杨家峁村 3 号烽火台平、立面图

（九四）杨家峁村 4 号烽火台（610822353201170094）

该烽火台位于麻镇杨家峁村北 0.1 千米的梁峁上。周围地势平坦，视野开阔，西望清水川，北连旧巴州。高程 1094 米。地处黄土梁峁丘陵宽谷区，属于黄土沟壑地貌。

烽火台整体保存一般。台体包砖被人为毁坏。据村民介绍，烽火台 20 世纪 50 年代保存基本完好，由于生产队修粮仓，将外包砖和台底基石拆除。南壁正中距地面 1.5 米处有一个宽 1、高 1.5 米的椭圆形洞口，倾斜通向台顶。台芯夯筑部分保存较好，台壁棱角分明，顶部无建筑。

烽火台内部用黄土夹杂红褐色胶土夯筑而成，夯层厚 0.1 ~ 0.18 米，夯土层外还有一层厚 0.8 米的夯土石混合包裹层，厚 0.2 ~ 0.25 米；外部包砖无存。台体平面呈矩形，剖面呈不规则梯形，底部东西 8.5、南北 7 米，顶部东西 5.2、南北 5 米，高 7 米。南壁正中距地面 1.5 米处一个宽 1、高 1.5 米的椭圆形洞口，倾斜通向台顶。（图一八一；彩图二九）

烽火台东北距杨家峁村 3 号烽火台 0.24 千米，东距杨家峁村 5 号烽火台 0.22 千米。

（九五）杨家峁村 5 号烽火台（610822353201170095）

该烽火台位于麻镇杨家峁村西南 0.215 千米的黄土缓坡上。地势较低，西、南两侧为深沟，东、北两侧为农田。高程 1080 米。地处黄土梁峁丘陵宽谷区，属于黄土沟壑地貌。

烽火台整体保存较差。台体包砖被人为毁坏，周围散落部分残砖石。东、北壁塌陷成缓坡，基座西壁有冲刷沟，长有树木。台体四壁有不同程度的裂缝，顶部杂草丛生，散落残砖石及白灰渣等。

烽火台包括基座和台体两部分。基座平面呈矩形，东西约 25、南北约 33 米。台体用黄土夯筑而成，夯层厚 0.12~0.16 米。台体平面呈不规则形，底部东西 17、南北 16 米，顶部边长 8 米，南、东壁高 7.8 米，西、北壁高 3 米。（图一八二）

烽火台西距杨家峁村 4 号烽火台 0.22 千米。

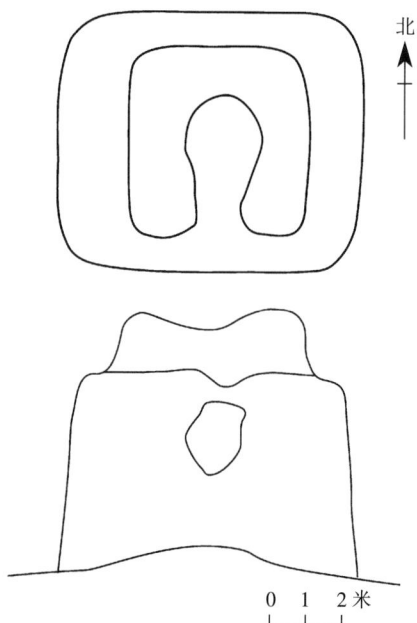

图一八一　杨家峁村 4 号烽火台平、立面图

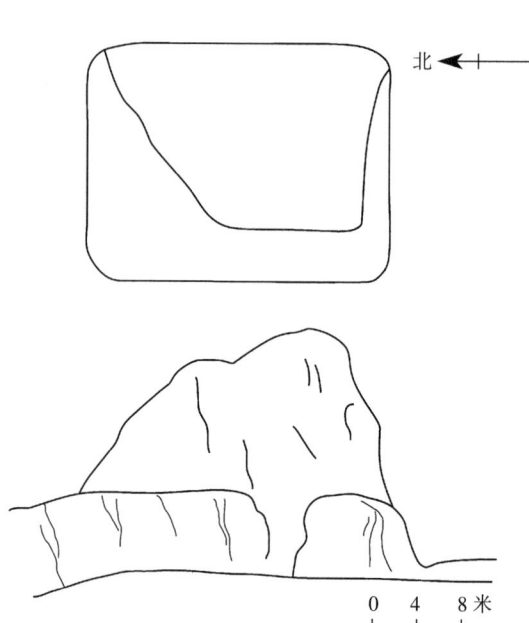

图一八二　杨家峁村 5 号烽火台平、立面图

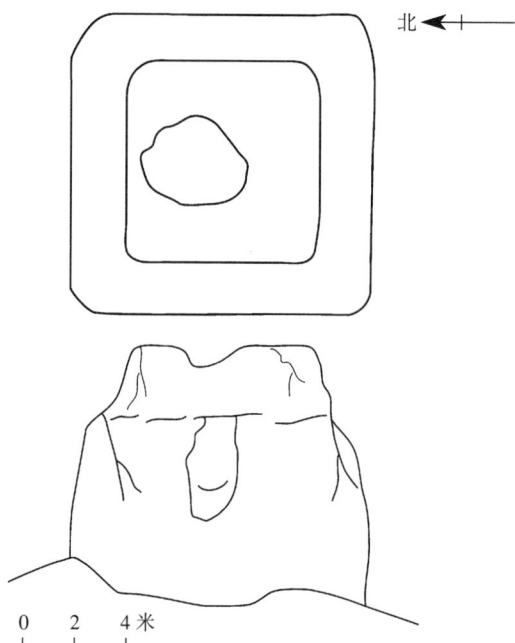

图一八三　陈庄则村烽火台平、立面图

（九六）陈庄则村烽火台（610822353201170096）

该烽火台位于麻镇陈庄则村西南 510 米。周围为耕地，地势平缓。高程 1077 米。地处黄土梁峁丘陵宽谷区，属于黄土沟壑地貌。

烽火台整体保存一般。台体包砖被人为毁坏，周围散落有残砖。台芯夯筑部分保存较好，顶部无建筑。南壁顶部有一倒三角形豁口，宽 2、高 1.6 米；西壁有几道裂缝，中上部有宽 0.85、高 1.4 米的不规则洞口，洞深 1.4 米，通向顶部；南壁有一龙王庙龛，长 3.4、宽 3.3、高 2.6 米。

烽火台内部以黄土夹杂料礓石夯筑而成，夯层厚 0.1~0.13 米；台体中部为夯土和石块的混合包裹层，厚 0.3~0.6、高 4 米，夯土厚 0.07~0.16 米，石块厚 0.08~0.19 米，石块在夯土中分布不规则；台体下部为高 0.16~0.22 米的方石错缝垒砌而成，白灰勾缝，方石长 80~120、厚 19~22 厘米。台体平面呈矩形，剖面呈梯形，底部边长 11、顶部边长 7、高 7.5 米。（图一八三；彩图三〇）

该烽火台北距杨家峁村 5 号烽火台 0.517 千米。

（九七）杨家峁村 6 号烽火台（610822353201170097）

该烽火台位于麻镇杨家峁村西南 600 米。四面临沟，地处东—西走向的黄土山脊上，山脊下部为基岩，岩层灰色和红色相间，黄土层覆盖基岩，厚 0.7～20 米，所处黄土层厚约 10 米，东侧 30 米部分基岩裸露地表，为沙岩。高程 1039 米。地处黄土梁峁丘陵宽谷区，属于黄土沟壑地貌。

烽火台整体保存一般。底部东北角由于雨水冲刷造成水土流失，基座裸露，悬空于深沟。券洞口与夯土台体相连的券洞部分塌落，宽 0.75、进深 0.88 米。券洞内 0.9 米处左右各有一个储藏室，左储藏室进口直径 0.8、进深 1.5 米，平面呈三角形；右储藏室进口直径 0.55、进深 1.8、内高 1.5、内长 2.4 米。券顶方石被拆除，形成宽 1.1 米的豁口。

烽火台内部用黄土夹杂料礓石夯筑而成，夯层厚 0.1～0.13 米；外部用方石包砌，保存完好部分高 3、厚 0.8 米，与上部裸露的夯土台芯形成明显的两层台体状。方石长 60～120、宽 24、厚 24 厘米，顺向错缝包砌，白灰勾缝，灰缝厚 0.01～0.03 米，方石外侧表面刻有外凸斜线纹。台体平面呈正方形，剖面呈梯形，底部边长 9.4、顶部边长 5.6、通高 8.3 米。台体南壁正中距地面 1.38 米有一登台券洞，洞口用整石垒砌成券，宽 0.75 米。（图一八四；彩图三一）

烽火台北距陈庄则村烽火台 0.41 千米。

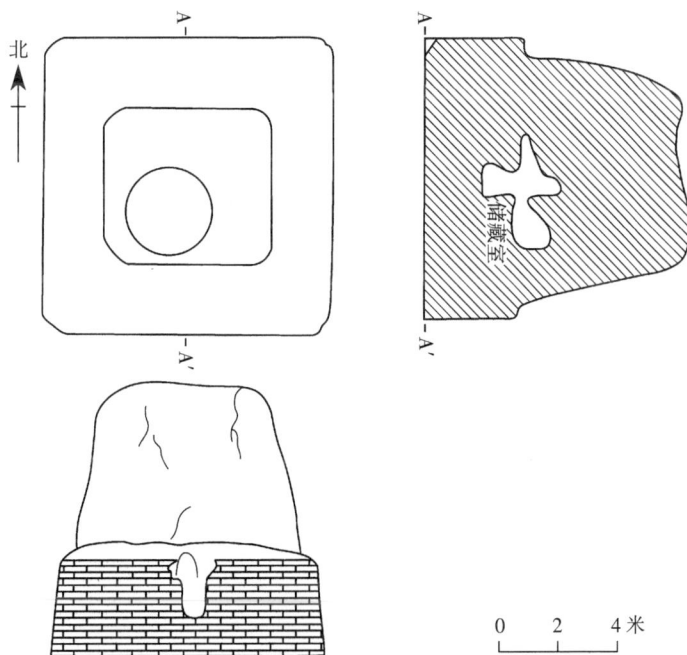

图一八四　杨家峁村 6 号烽火台平、立、剖面图

（九八）马连圪垯村烽火台（610822353201170098）

该烽火台位于清水乡马连圪垯村西北 0.5 千米。东、西、北面环沟，相对高度 80 米。东南 0.03 千米有一条东西向公路（原麻镇—府谷县城公路）。烽火台与公路之间为弃耕梯田。高程 1077 米。地处黄土梁峁丘陵宽谷区，属于黄土沟壑地貌。

烽火台整体保存一般。台体包砖被人为毁坏，周围散落有残砖。夯土台芯裸露，夯层清晰，土质为黄土，风化严重，质地疏松。东北侧有一个取土坑，最宽5、最深1.9米，坑内有大量白灰渣。南壁底部正中有一人为凿开的梯形洞，底宽0.8、顶宽0.7、高1.2、进深1米；底部风化严重，西南角悬空，悬空处高1.8米。烽火台南3米弃耕梯田上有3座现代坟墓。

烽火台用黄土夯筑而成，夯层厚0.07~0.2米。台体平面呈矩形，剖面呈梯形，底部东西10.8、南北10.4米，顶部东西8.5、南北7.2米，高9.5米。（图一八五）

烽火台西距巴州城遗址0.75千米。

（九九）转角楼村1号烽火台（610822353201170099）

该烽火台位于清水乡转角楼村的山峁上。周围地势平坦，为农田，南距清水川约0.25千米。高程1009米。地处黄土梁峁丘陵宽谷区，属于黄土沟壑地貌。

烽火台整体保存较差。台体包砖被人为毁坏，周围散落残砖。台体损毁严重，整体轮廓不清，台芯裸露，整体呈圆锥形，南壁有裂缝，台体上长有树木。

烽火台包括夯土基座、台体两部分。基座平面呈圆形，直径24米。台体用黄土、红胶土夹杂小石子夯筑而成，夯层厚0.02~0.1米。台体平面呈不规则四边形，剖面呈梯形，底部东西7.3、南北7.5米，顶部东西1.7、南北1.5米，高4.3米。（图一八六）

烽火台西北距芭场湾关0.3千米。

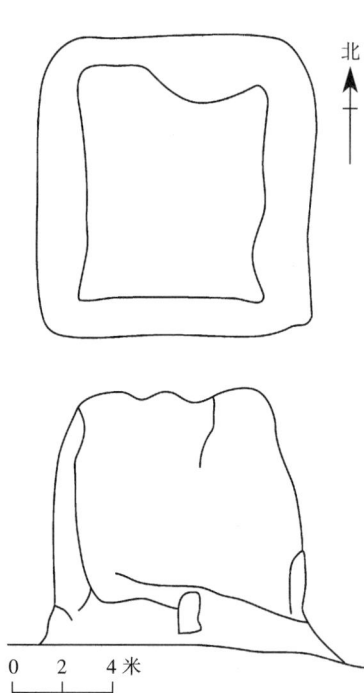

图一八五　马连圪垯村烽火台平、立面图　　　图一八六　转角楼村1号烽火台平、立面图

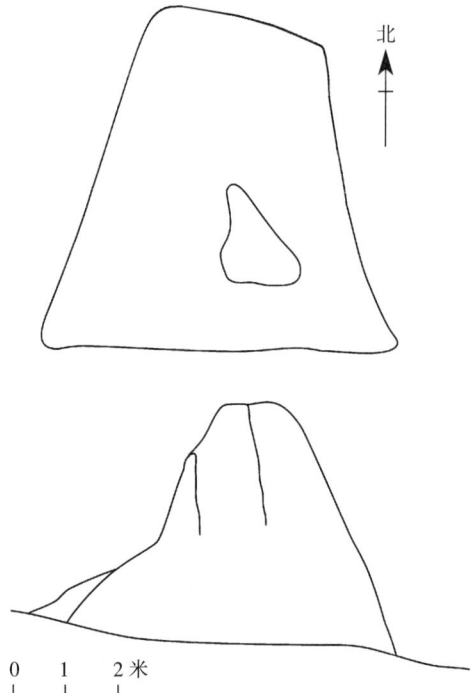

（一〇〇）转角楼村2号烽火台（610822353201170100）

该烽火台位于清水乡转角楼村北0.8千米的山峁上。周边是荒坡地，沟壑遍布，南距清水川约0.2千米。高程1010米。地处黄土梁峁丘陵宽谷区，属于黄土沟壑地貌。

烽火台整体保存较差。台体包砖被人为毁坏，周围散落残砖。基座基本完整。台体顶部坍塌严重，平面呈不规则形，四壁有多处洞穴，东壁上有冲沟。围墙仅西墙部分保存。

烽火台包括夯土基座、围墙和包砖台体三部分，有围墙。基座平面呈矩形，东西20、南北30、高1.6~2.2米。围墙仅存部分西墙，长约5、底宽1.2、顶宽0.4~0.8米。台体用胶土夹杂小石块和料礓石等夯筑而成，夯层厚0.08~0.15米，质地细密，没发现夯窝。台体平面呈近矩形，剖面呈梯形，底部东西12、南北10.4米，台顶坍塌，呈凹字形，东西0.4、南北0.8米，高7米。台体东壁有券洞，直径约1米。台顶没发现海墁以及防水层。（图一八七）

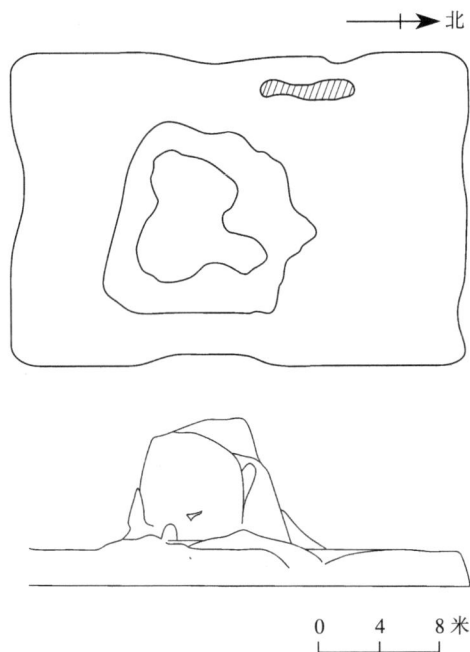

图一八七　转角楼村2号烽火台平、立面图

烽火台东北距转角楼村1号烽火台0.08千米。

（一〇一）转角楼村3号烽火台（610822353201170101）

该烽火台位于清水乡转角楼村西0.6千米的山脊上。西、南两面为沟壑，可清晰看到清水川，周边地势陡峭。高程992米。地处黄土梁峁丘陵宽谷区，属于黄土沟壑地貌。

烽火台整体保存一般。台体包砖较完整，东壁入口处约12.96平方米的包砖脱落，部分砖被垒放在台体下，顶部垛墙损毁，射孔留有痕迹，台体内部有3间东西向的拱穴，西壁下角有3.2米的塌落，南壁下角有0.95米塌落，东壁有2.2米塌落。台体内部拱形砖穴内有一层厚0.4米的碎瓦片和碎砖。

烽火台包括夯土基座和包砖台体两部分。夯土基座平面呈矩形，东西18.3、南北18.6米，条石包砌，共3层，石条长75~120、厚30厘米。台体内部用黄土夯筑而成，夯土厚0.04~0.07米，土质坚硬，土质较纯净；外部包砖，包砖长17、厚30厘米。台体平面呈矩形，剖面呈梯形，底部东西10.3、南北10.6、顶部东西9.1、南北9.3米，高9.18米。台体东、西、南三面上部各有4个箭窗，宽0.6、高1.1米；箭窗下有礌石孔，孔径0.29米。台体北壁3.1米处包砖脱落，可见长7米的夯土台芯，高4.32米，入口处宽4、高3.5米。台体内部为拱形砖穴，高3.1米，顶部有一直径2.1米的不规则开口，可看到台体顶部的海墁层，厚约0.1米；拱穴内有3个通道，宽2.84、高3米，从通道进去可看到所有箭窗。（图一八八；彩图三二~三四）

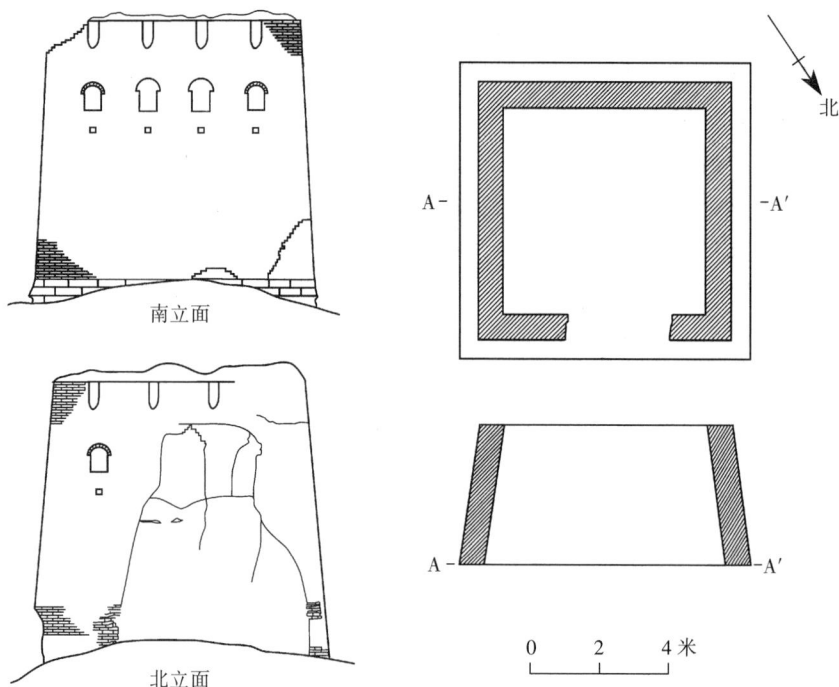

图一八八　转角楼村 3 号烽火台西南、东北立面及一层平、剖面图

烽火台于 1981 年被列为府谷县文物保护单位。东北距转角楼村 4 号烽火台 0.15 千米。

（一○二）转角楼村 4 号烽火台 （610822353201170102）

该烽火台位于清水乡转角楼村北 0.6 千米。周围是耕地，是相对平缓的坡地，周边沟壑纵横。高程 1020 米。地处黄土梁峁丘陵宽谷区，属于黄土沟壑地貌。

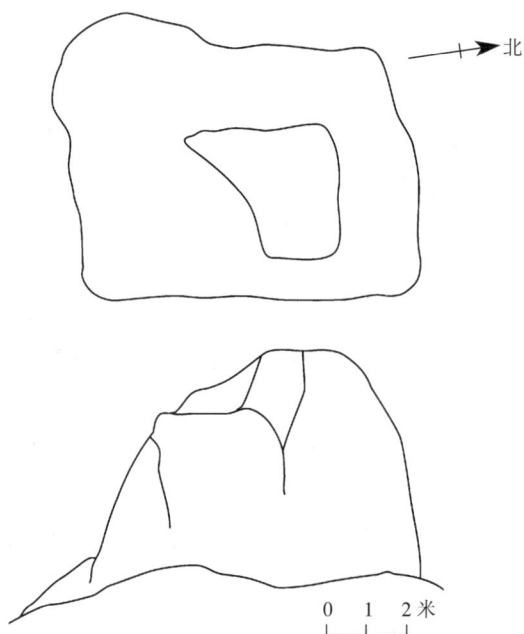

烽火台整体保存较差。坍塌严重，南壁有冲刷沟，上有行人踩踏的小路，台体上长有树木。

烽火台用红胶土夹杂小石块夯筑而成，夯层厚 0.08～0.15 米，质地细密，没发现夯窝。台体平面呈近矩形，剖面呈不规则形，底部东西 7.3、南北 8.8 米，顶部西长 3.5、东长 2.1、南长 3.4、北长 3.1 米，高 4.3 米。（图一八九）

烽火台西南距转角楼村 3 号烽火台 0.15 千米；东北 0.05 千米处方圆 300 米发现 6 处明代砖窑遗址，只有一座砖窑保存较完整。

（一○三）凤凰塔村 1 号烽火台 （610822353201170103）

该烽火台位于清水乡凤凰塔村西 1 千米。周围为耕地，地势较平缓，北距小南川约 0.28 千米，东距清川河 0.6 千米。高程 1021 米。地处黄土梁峁丘

图一八九　转角楼村 4 号烽火台平、立面图

陵宽谷区，属于黄土沟壑地貌。

烽火台整体保存较差。台体外部包砖被拆除，台芯裸露。台体南壁保存较好，其他三壁有塌陷，顶部部分坍塌。台体四壁有许多鸟穴和鼠洞，底部堆积残砖断石和瓦片。台体上有通往顶部的行人踩踏的小道。

烽火台包括夯土围墙、基座和包砖台体三部分。基座保存完整，基座上有围墙，仅存北墙。台体用黄土夯筑而成，底部平面呈矩形，剖面呈梯形，底部东西 15.2、南北 16.5 米，顶部边长 12 米，高 8.5 米。（图一九○）

（一〇四）凤凰塔村 2 号烽火台（610822353201170104）

该烽火台位于清水乡凤凰塔村。周边为农田，是相对于缓的坡地，周边沟壑遍布，东距清水川 0.84 千米。高程 1023 米。地处黄土梁峁丘陵宽谷区，属于黄土沟壑地貌。

烽火台整体保存较差。整体轮廓清晰，顶部坍塌严重，东壁有一长 2.5 米的裂缝，南壁有两处塌陷的豁口。底部堆积高 6 米的土块和碎砖。围墙基本消失，只残存西墙。

烽火台用黄土夯筑而成。台体底部平面呈近矩形，剖面呈梯形，底部边长 8 米，顶部东西 7、南北 6 米，高 6 米。台体西面有一长 4、高 2.8 米的墙体。（图一九一）

烽火台东北距凤凰塔村 1 号烽火台 0.19 米。

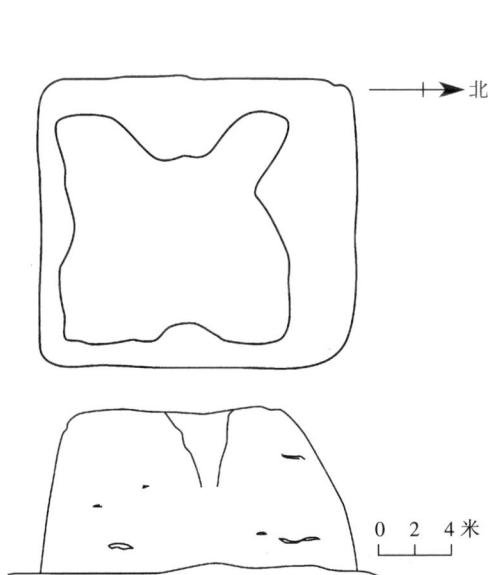

图一九○ 凤凰塔村 1 号烽火台平、立面图　　图一九一 凤凰塔村 2 号烽火台平、立面图

（一〇五）凤凰塔村 3 号烽火台（610822353201170105）

该烽火台位于清水乡凤凰塔村。周围是荒草坡地，地势较平缓，东距清水川 1 千米。高程 1049 米。地处黄土梁峁丘陵宽谷区，属于黄土沟壑地貌。

烽火台整体保存较差。顶部有坍塌，有一直径 5 米的洞坑。围墙仅存部分北墙，因坍塌呈锯齿状。

烽火台包括围墙、夯土基座和包石包砖台体三部分。围墙保存较差，平面呈正方形，边长 25、顶宽 0.04 ~ 0.6、内高 0.04 ~ 1.2、外高 2.6 ~ 2.8 米。台体用红胶土夹杂小石块和料礓石等夯筑而成，夯层厚 0.05 ~ 0.11 米，质地细密，没发现夯窝。台体平面呈矩形，剖面呈梯形，底部东西 8.2、南北 10.2 米，顶部东西 6、南北 8.6 米，高 8.2 米。台体南壁有登台步道可达台顶，步道堆土呈坡状，宽 1.5、通长 1.5 米。台体东壁上有一直径约 1.2 米的券洞。（图一九二；彩图三五）

烽火台东北距凤凰塔村 2 号烽火台 0.26 千米。

（一○六）傅家崖窑村 1 号烽火台 （610822353201170106）

该烽火台位于清水乡傅家崖窑村西北 0.35 千米。周围地势相对平缓，南侧为深沟，东距清水川 0.93 千米。高程 1083 米。地处黄土梁峁丘陵宽谷区，属于黄土沟壑地貌。

烽火台整体保存较差。台体坍塌严重，轮廓不清，呈圆锥状，南壁顶部有一长 1.7 米的裂缝。台体底部有大量的残砖断石，地表杂草丛生。

烽火台内部用黄土夯筑而成，外部包砖无存。台体平面呈近圆形，剖面呈不规则形，底部直径约 6、顶部直径 1、高 6 米。（图一九三）

烽火台东北距凤凰塔村 3 号烽火台 0.46 千米。

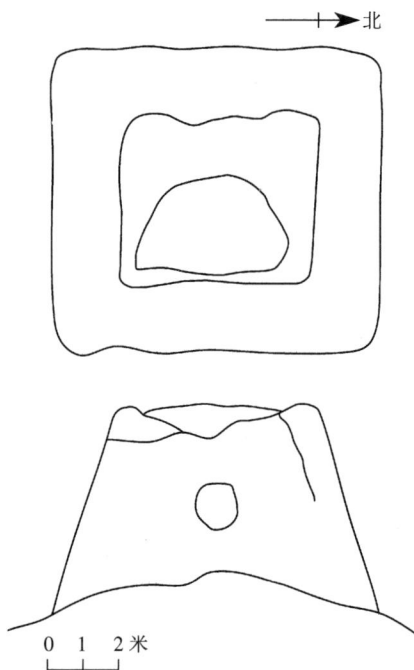

图一九二　凤凰塔村 3 号烽火台平、立面图

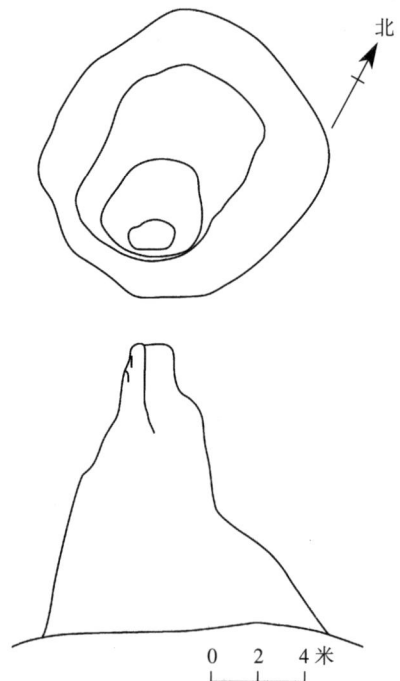

图一九三　傅家崖窑村 1 号烽火台平、立面图

（一○七）傅家崖窑村 2 号烽火台 （610822353201170107）

该烽火台位于清水乡傅家崖窑村东南 0.18 千米。周围地势平缓，为农田，东距清水川 1.1 千米。高程 1075 米。地处黄土梁峁丘陵宽谷区，属于黄土沟壑地貌。

烽火台整体保存差，轮廓不清。台体顶部散落大量的砖，杂草丛生。

烽火台内部用黄土夯筑而成，外部包砖无存。台体平面呈近圆形，剖面呈不规则形，底部直径 12、高 2.3 米。（图一九四）

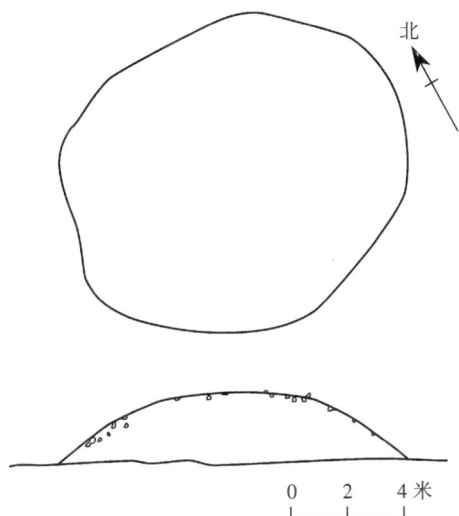

图一九四　傅家崖窑村2号烽火台平、立面图

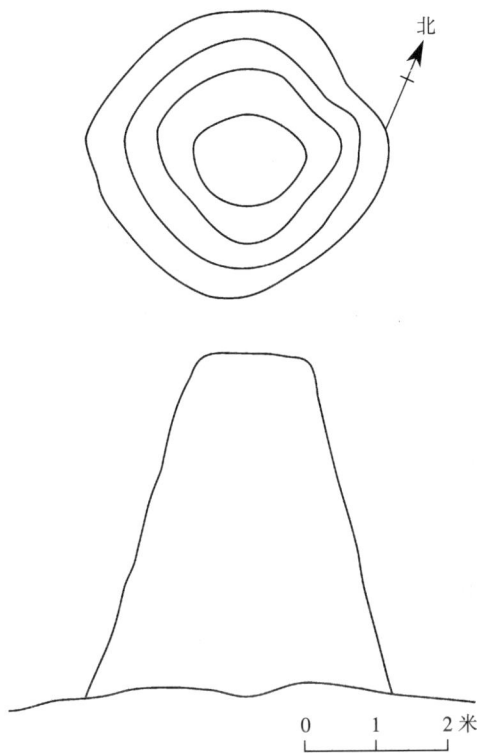

图一九五　傅家崖窑村3号烽火台平、立面图

烽火台东距傅家崖窑村1号烽火台0.17千米。

（一〇八）　傅家崖窑村3号烽火台（610822353201170108）

该烽火台位于清水乡傅家崖窑村西南1.6千米的山峁上，周围是地势较平缓的耕地，北距小南川0.75千米。高程1085米。地处黄土梁峁丘陵宽谷区，属于黄土沟壑地貌。

烽火台整体保存较差。仅存台体，长满耐旱的酸枣树和杂草，周围耕地对台体的存在形成威胁。

烽火台用红胶土夹杂小石块和料礓石等夯筑而成，夯层厚0.08～0.18米，质地细密，没发现夯窝。台体平面呈近圆形，剖面呈梯形，底部直径4、顶部直径2.3、高5.3米。（图一九五；彩图三六）

烽火台西北距傅家崖窑村4号烽火台0.24千米。

（一〇九）　傅家崖窑村4号烽火台（610822353201170109）

该烽火台位于清水乡傅家崖窑村西南1.8千米，北距小南川0.463千米，南北两面是深沟，东侧与山体相连，较平缓。高程1063米。地处黄土梁峁丘陵宽谷区，属于黄土沟壑地貌。

烽火台整体保存较差。台体包砖被拆除，底部四周堆积大量残砖、石、瓦、灰渣等，台芯裸露，顶部为矩形，垮塌不全，杂草丛生，无任何遗存。台体东、南壁出现较大裂缝，宽0.01～0.05米。南壁从底部有砖砌台阶通往台顶，阶宽0.6米，残存不全。西壁剥落坍塌严重，形成一个大豁口。

烽火台用红胶土夹杂小石块和料礓石等夯筑而成，夯层厚0.08～0.16米，质地细密，没发现夯窝。台体底部平面呈矩形，剖面呈不规则形，底部东西11、南北8.5，顶部边长7米，高6.5米。（图

一九六）

台体底部四周堆积高 1.2～1.5 米的残砖断石。

烽火台东南距傅家崖窑村 3 号烽火台 0.24 千米。

（一一○）大阴湾村 1 号烽火台（610822353201170110）

该烽火台位于哈镇大阴湾村西 0.406 千米一低山峁上，西临小南川，南临芦沟，周边为荒坡地。高程 1016 米。地处黄土梁峁丘陵宽谷区，属于黄土沟壑地貌。

烽火台整体保存较差。整体坍塌严重，轮廓不清，呈圆锥形，上面堆积大量残砖断石，杂草丛生。

烽火台包括夯土包石基座和包砖台体两部分。基座平面呈矩形，东西 26、南北 20、高 1.6～2.2 米，包有条石，条石长 70、宽 40、厚 20 厘米。台体内部先用黄土夹杂小石块夯筑，再在夯土台芯上包砌土石混合层，最后外包砖，台体内部夯层厚 0.06～0.15 米，质地细密，未发现夯窝，土石层厚 0.12～0.2 米。台体平面呈近圆形，剖面呈不规则形，底部直径 13、顶部直径 9、高 4 米。（图一九七）

烽火台东距傅家崖窑村 4 号（0109 号）烽火台 0.59 千米。

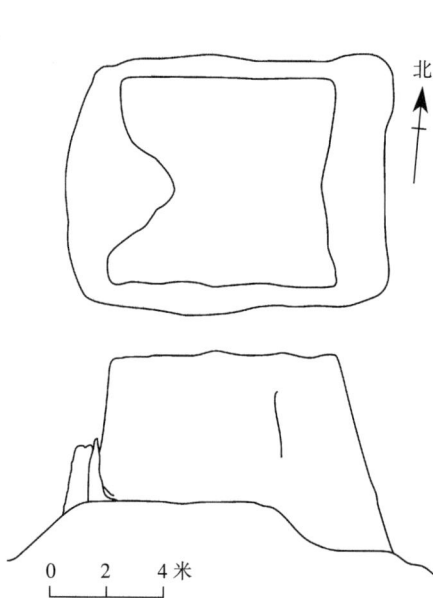

图一九六　傅家崖窑村 4 号烽火台平、立面图　　　图一九七　大阴湾村 1 号烽火台平、立面图

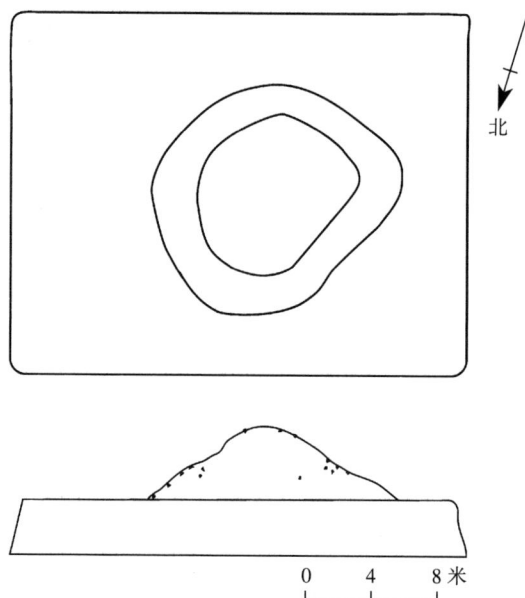

（一一一）大阴湾村 2 号烽火台（610822353201170111）

该烽火台位于哈镇大阴湾村北 1 千米的山梁上，东侧为陡峭的山坡，周围是裸露的岩石山体，北距小南川 0.49 千米。高程 1115 米。地处黄土梁峁丘陵宽谷区，属于黄土沟壑地貌。

烽火台整体保存较差。台体包砖被拆除，周围堆积大量砖石。台体北壁及东南角坍塌，夯土块、砖石在底部大量堆积，堆积上杂草丛生。

烽火台包括夯土基座和包砖包石台体两部分。基座平面呈矩形，边长 20 米。台体内部用红胶土夯筑而成，夯层厚 0.06～0.15 米，质地细密，没发现夯窝；外部先包土石混合层，最后外包砖，

土石混合层厚 0.7 米。台体平面呈矩形，剖面呈梯形，底部边长 10.4、顶部边长 6.4、高 6 米。（图一九八）

烽火台北距大阴湾村 2 号（0067 号）马面 0.2 千米。

（一一二）青椿峁村烽火台（610822353201170112）

该烽火台位于清水乡青椿峁村西 0.5 千米，北距小南川 0.9 千米，四周地势较平缓，周围为长满荒草的坡地。高程 1165 米。地处黄土梁峁丘陵宽谷区，属于黄土沟壑地貌。

烽火台整体保存较差。台体包砖石被拆除，台芯裸露，周围堆积大量砖石。整体风化严重，南壁坍塌呈斜坡状。

烽火台内部用红胶土夯筑而成，夯层厚 0.06 ~ 0.12 米，质地细密，没发现夯窝。台体平面呈矩形，剖面呈梯形，底部边长 5.6、顶部边长 3、高 3.5 米。（图一九九）

烽火台东北距青椿峁村堡 0.18 千米。

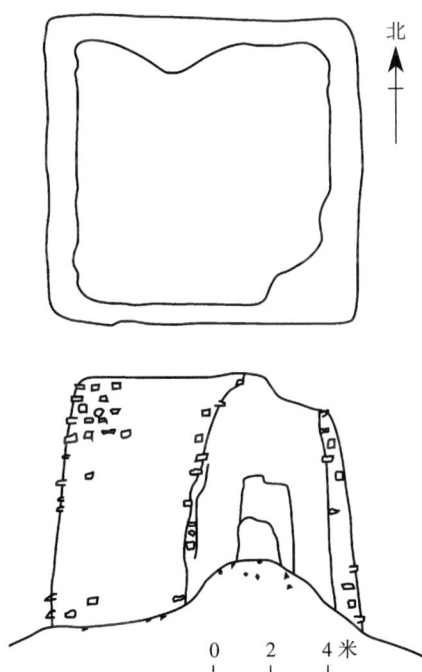

图一九八　大阴湾村 2 号烽火台平、立面图

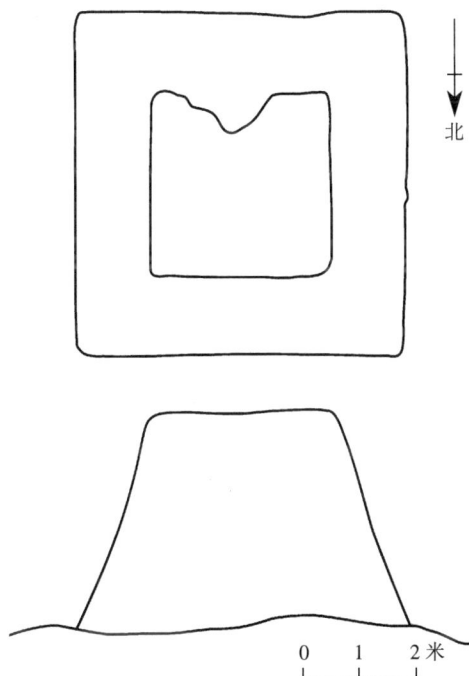

图一九九　青椿峁村烽火台平、立面图

（一一三）神树湾村烽火台（610822353201170113）

该烽火台位于哈镇神树湾村北 1.5 千米一山梁上，北距小南川 0.153 千米，三面临沟，一面与山体相连。高程 1085 米。地处黄土梁峁丘陵宽谷区，属于黄土沟壑地貌。

烽火台整体保存较差。台体外部包石砖被拆除，周围堆积大量砖石。台体坍塌严重，南壁保存较好，有几处裂缝，北壁消失，东、西壁略存。

烽火台内部用黄土夹杂小石子夯筑而成，夯层厚 0.06 ~ 0.1 米。台体平面呈矩形，剖面呈梯形，底部东西 10 米、南北 4 米，顶部南 6.2、东 1.6、西 1.8 米，残高 11.6 米。台体顶部有礌石孔，仍可见南面 3 个。（图二〇〇）

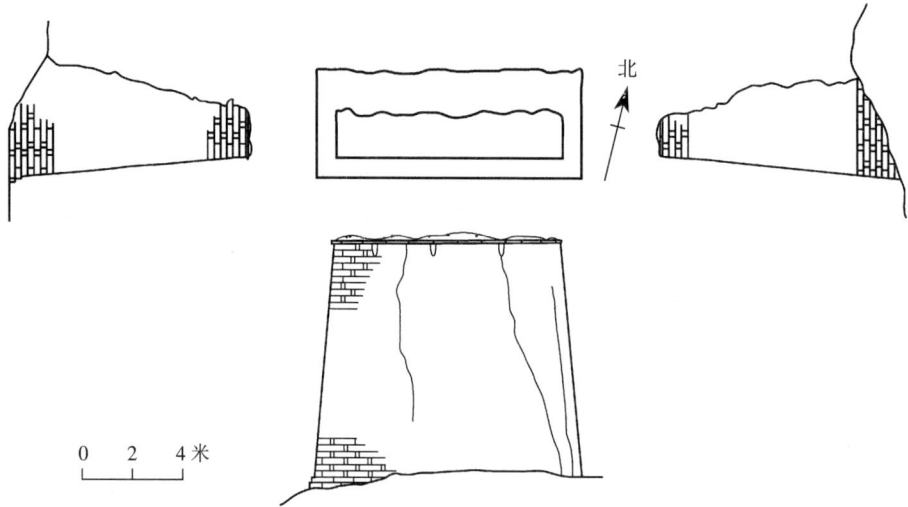

图二〇〇　神树湾村烽火台平、立面图

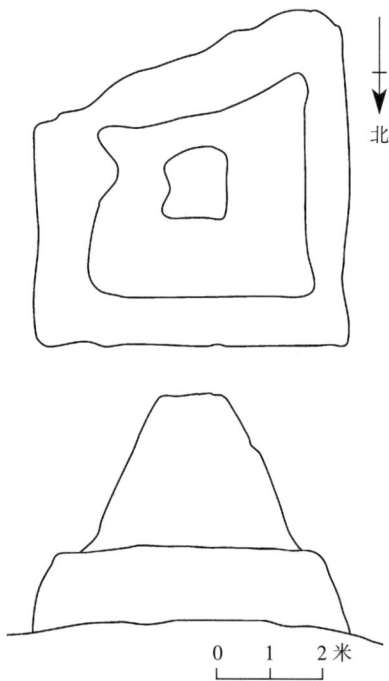

图二〇一　阴尔崖村1号烽火台平、立面图

烽火台东南距青椿峁村烽火台0.98千米。

（一一四）阴尔崖村1号烽火台
（610822353201170114）

该烽火台位于哈镇阴尔崖村南0.2千米，北距小南川0.46千米，周围地势较平缓，周边沟壑遍布。高程1098米。地处黄土梁峁丘陵宽谷区，属于黄土沟壑地貌。

烽火台整体保存较差。整体轮廓较清晰，顶部长满杂草，东壁有坍塌形成的豁口，台体周围散落大量残砖碎石。

烽火台建在自然基础上，包括基座和台体两部分。基座平面呈矩形，东南部残损，东西7、南北7.3米。台体用黄土夯筑而成，平面呈近矩形，剖面呈梯形，底部边长5.3、顶部边长1.5、高4.3米。（图二〇一）

烽火台东北距神树湾村烽火台0.57千米。

（一一五）阴尔崖村2号烽火台（610822353201170115）

该烽火台位于哈镇阴尔崖村西1.2千米，北距小南川0.24千米，四周为荒坡地，周围沟壑遍布。高程1104米。地处黄土梁峁丘陵宽谷区，属于黄土沟壑地貌。

烽火台整体保存较差。台体坍塌，围墙仅南墙有部分保存，基座上有几处冲刷沟，周围散落大量残砖断石等，上面有人工凿成的条纹。

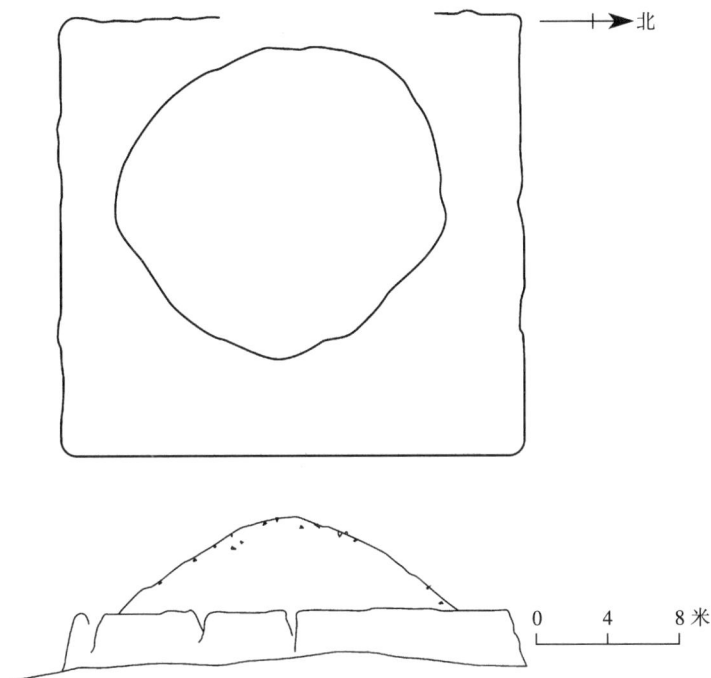

图二〇二　阴尔崖村 2 号烽火台平、立面图

烽火台包括围墙、夯土基座和包砖台体三部分。基座平面呈矩形，边长 25、高 0.9～3 米，保存较完整。围墙位于基座边缘，南墙长 12.5、顶宽 0.8、高 1.2～1.9 米。台体用黄土夯筑而成，夯层厚 0.11～0.2 米。台体平面约呈矩形，剖面呈梯形，底部东西 16.5、南北 18 米，顶部东西 9.6、南北 8 米，高 5 米。（图二〇二）

烽火台东南距阴尔崖村 1 号烽火台 0.162 千米。

（一一六）阴尔崖村 3 号烽火台 （610822353201170116）

该烽火台位于哈镇阴尔崖村东南 0.31 千米的山梁上，东面有一条宽 181、深 110 米的沟，北面 0.2 千米处为小南川。高程 1010 米。地处黄土梁峁丘陵宽谷区，属于黄土沟壑地貌。

烽火台整体保存较差。整体轮廓不清晰，北壁坍塌严重，呈斜坡状。基座南面有两道宽约 2 米的冲沟。台体周围堆积砖石。

烽火台包括夯土基座和包砖包石台体两部分。基座平面呈矩形，边长 23、高 3.4 米。台体内部用红胶土夯筑而成，夯层厚 0.08～0.12 米，质地细密，没发现夯窝；外部包砖石，已无存。台体底部平面呈矩形，剖面呈梯形，底部边长 12 米，顶部东西 6.4、南北 6.8 米，高 9 米。台体顶部存 0.2 米厚的海墁，西壁有一高 1、宽 0.7 米的圆形券洞，被顶部滑落的土堆满，无法通过券洞登顶。（图二〇三）

烽火台东距阴尔崖村 2 号烽火台 0.384 千米。

（一一七）阴尔崖村 4 号烽火台 （610822353201170117）

该烽火台位于哈镇阴尔崖村西 1.5 千米的山峁顶部，东、北、南面临沟，西面靠山，北距小南川 0.36 千米，山体可见裸露的岩石。高程 1158 米。

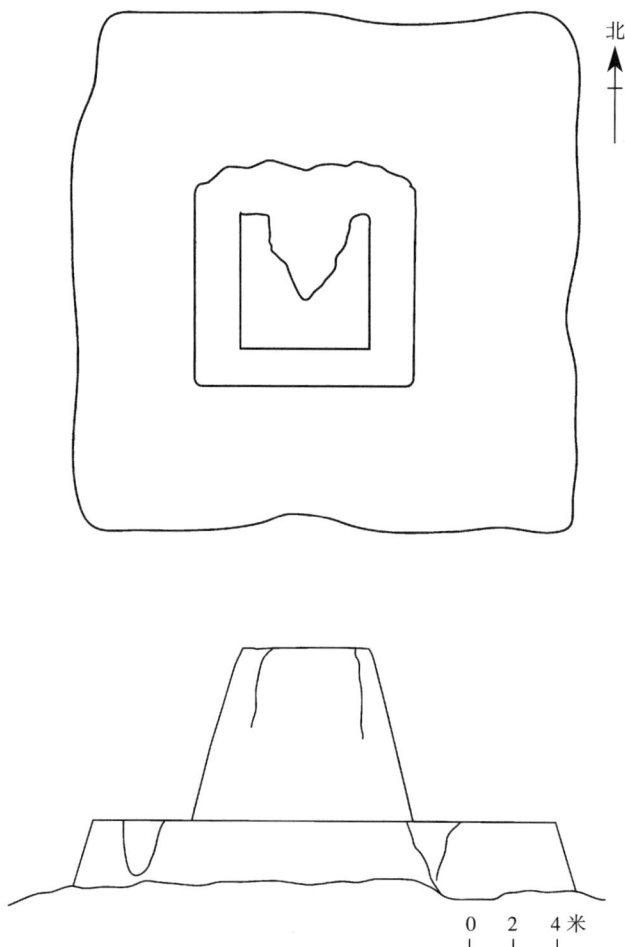

图二〇三　阴尔崖村 3 号烽火台平、立面图

烽火台整体保存较差。台体外部包砖石被拆除，台芯裸露，顶部和东壁、南壁坍塌，基座上堆积大量夯土、石块、残砖断石、白灰渣等，堆积上长满杂草和酸枣树。

烽火台包括夯土包石基座和包砖石台体两部分。基座平面呈矩形，外石砌内夯筑，边长 25 米。台体内部用红胶土夹杂小石子夯筑而成，夯层厚 0.04 ~ 0.12 米，台体平面呈矩形，剖面呈梯形，底部边长 9.5、顶部边长 4、高 5 米。从保存较好的西壁可以看出，台体分两次夯筑而成，第一次由红褐色胶土夯筑，夯层细密，夯层厚 0.04 ~ 0.12 米；第二次紧靠第一次，有一明显的倾斜分界线，为土石混合夯筑。（图二〇四）

烽火台东北距阴尔崖村 3 号烽火台 0.673 千米。所处的山崖上，发现两个石窟，地势险要，无法测量。

烽火台东面半山腰上有一段石块垒砌的石墙，墙体时断时续，顶宽 1.3、高 0.8 ~ 2.2 米。南侧 100 米有几处文化堆积层。

（一一八）阴尔崖村 5 号烽火台（610822353201170118）

该烽火台位于哈镇阴尔崖村西 2 千米的山峁顶部，北距小南川 0.8 千米，四周为荒坡地，外围为沟壑。高程 1175 米。地处黄土梁峁丘陵宽谷区，属于黄土沟壑地貌。

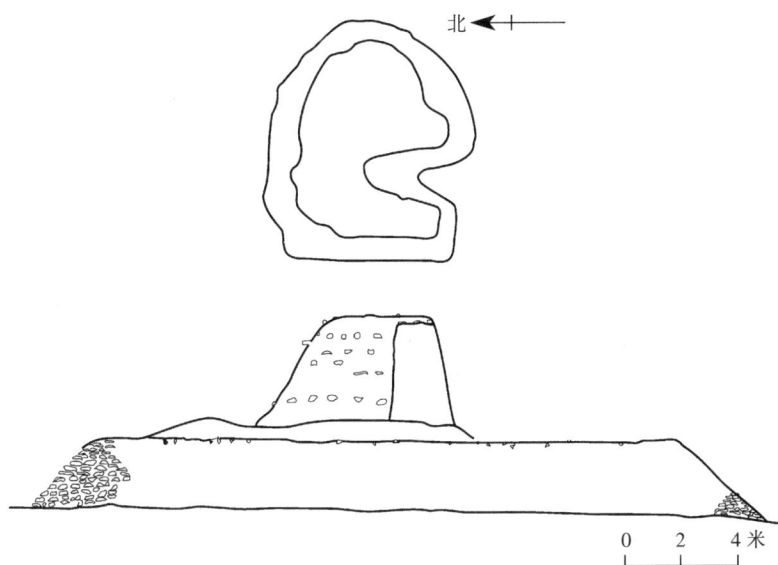

图二〇四　阴尔崖村4号烽火台平、立面图

　　烽火台整体保存较差。台体包石砖被当地居民拆除，周围堆积大量砖石。整体呈圆柱状，轮廓清晰。台体顶部及四壁有许多雨水冲沟，长满杂草。

　　烽火台内部用红胶土夯筑而成，夯层厚0.06~0.12米，质地细密，没发现夯窝。台体平面呈圆形，剖面呈梯形，底部直径12、顶部直径10.5、高4米。（图二〇五）

　　烽火台东南0.1千米处发现大量文化堆积层，东北距阴尔崖村3号烽火台0.616千米。

（一一九）阴尔崖村6号烽火台
（610822353201170119）

　　该烽火台位于哈镇阴尔崖村西南0.364千米，北距小南川0.15千米，两侧为沟壑，四周为较陡峭的荒坡地。高程1156米。地处黄土梁峁丘陵宽谷区，属于黄土沟壑地貌。

　　烽火台整体保存较差。台体包石砖被当地居民拆除，周围堆积大量的碎瓷片、残砖和瓦片。台体顶部有一直径2.4米的洞，为坍塌所致，西壁坍塌呈斜坡状，东壁有洞穴，直达顶部。

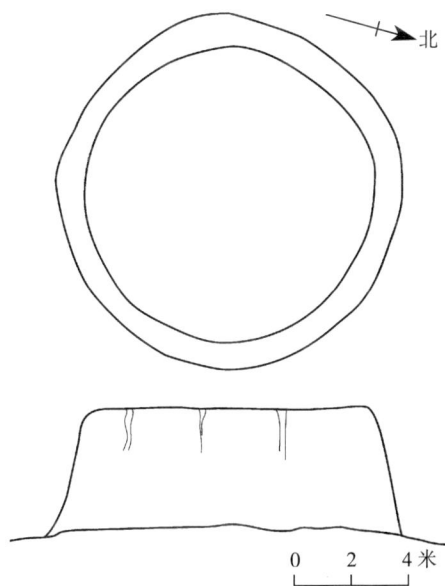

图二〇五　阴尔崖村5号烽火台平、立面图

　　烽火台包括夯土基座和包砖石台体两部分，有登台券洞。基座坍塌严重，形制不可辨，仅东北面残留高2、长6米，台体下堆土高2.6米，杂草丛生。台体内部用红胶土夯筑而成，夯层厚0.04~0.1米，质地细密，没发现夯窝。台体平面呈矩形，底部东、北面长4.7米，西、南面长6.3米，顶部西、北面长5.9米，东面长4米，南面长5.19米，高7米。台体东壁有一高1.2、宽1、进深7.6米的登台券洞，可达顶部。（图二〇六）

　　烽火台东南0.153千米处发现一道长16余米的石墙，由形状不规则的石块垒砌而成，周围散落大量的碎瓷片和瓦片。

　　烽火台东面距阴尔崖村4号烽火台0.431千米。

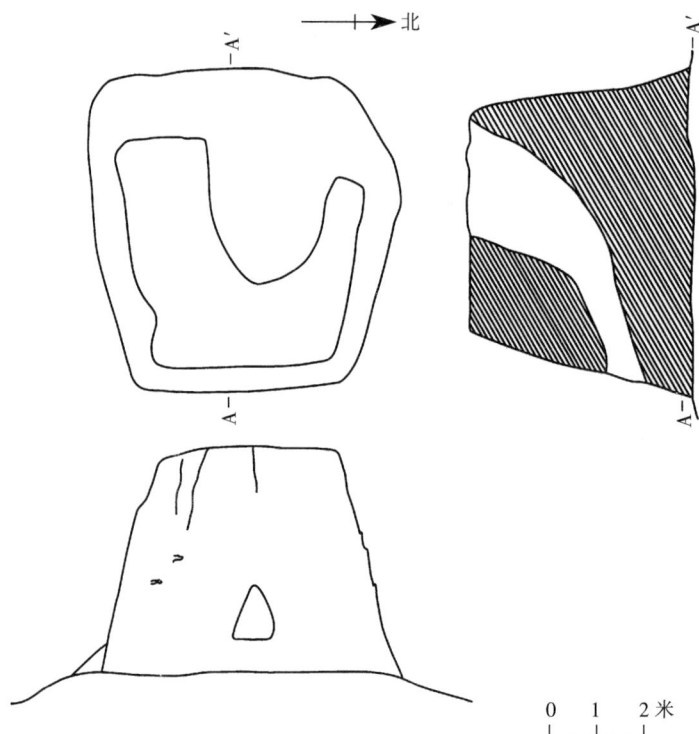

图二〇六　阴尔崖村 6 号烽火台平、立、剖面图

（一二〇）阴尔崖村 7 号烽火台（610822353201170120）

该烽火台位于哈镇阴尔崖村南 0.426 千米的山梁上，北面 0.4 千米为小南川，西面有一深 260 米的沟，南面为耕地。高程 1163 米。地处黄土梁峁丘陵宽谷区，属于黄土沟壑地貌。

烽火台整体保存较差。台体西、南壁坍塌大半，呈缓坡状延伸至底部，整体轮廓较清晰，周围杂草丛生。

烽火台包括石砌基座和包石台体两部分。基座损毁严重，仅存台体西南 20 米处部分，由大小不一、形状不规则的石块垒砌而成，高 2、长 4.3 米。台体内部用黄土夯筑，夯层不详；外层包条石。台体东、北壁外部条石保存完整，石条长 77、宽 30、厚 27～33 厘米。台体平面呈矩形，剖面呈梯形，底部边长 9、顶部边长 8.4、高 6.6 米。（图二〇七）

烽火台东侧 0.03 千米有 5 个大小不一的石台，石台间距 4 米，高 1、长 1.2、底宽 1 米，中间凹陷。

（一二一）西三墩村烽火台（610822353201170121）

该烽火台建于清水乡西三墩村西南 0.556 千米的山梁上。三面环沟，北距小南川约 1.7 千米，周围地势较平缓，南侧为梯田。高程 1174 米。地处黄土梁峁丘陵宽谷区，属于黄土沟壑地貌。

烽火台整体保存较差。台体包砖被当地居民拆除，周围堆积大量的瓷片、残砖和瓦片。台体顶部坍塌严重，东面有直径约 2.12 米的坍塌，使中间成一缓坡。基座坍塌严重，边缘被雨水冲开许多水沟。

烽火台包括夯土基座和包砖台体两部分。基座平面呈正方形，底部边长 21、高 3.2 米。台体内部用红胶土夹杂料礓石夯筑而成，夯层厚 0.06～0.1 米，质地细密，未发现夯窝。台体平面呈圆形，剖面呈梯形，底部直径 6.9 米，顶部坍塌严重，呈不规则形，东西 2.6、南北 4 米，高 7.5 米。（图二〇八）

烽火台西南距榆家坪村烽火台 0.78 千米。

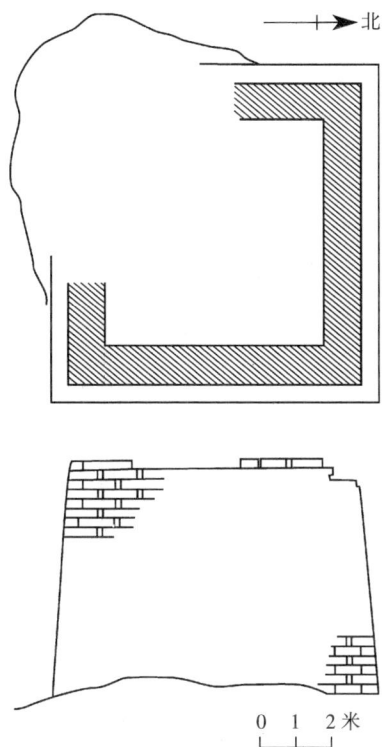

图二〇七 阴尔崖村 7 号烽火台平、立面图

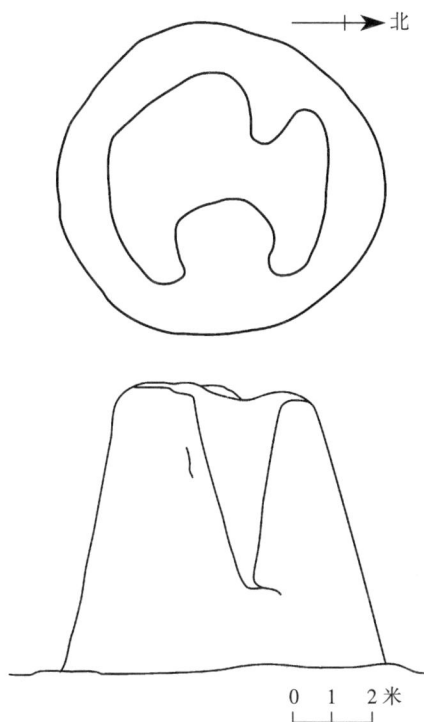

图二〇八 西三墩村烽火台平、立面图

（一二二）榆家坪村烽火台（610822353201170122）

该烽火台位于木瓜乡榆家坪村北 0.02 千米，北距小南川 2.2 千米。周围是耕地，地势较缓。高程1248 米。地处黄土梁峁丘陵宽谷区，属于黄土沟壑地貌。

烽火台整体保存较差。台体包砖被人为毁坏，周围散落有残砖。台体侵蚀严重，南壁塌陷严重，呈凹字形，有一直径 7 米的坍塌面，有数处直径约 0.8 米的洞穴，对烽火台的破坏比较严重。

烽火台内部用黄土夯筑而成，夯层厚 0.06～0.12 米。台体平面呈矩形，剖面呈梯形，底部东西35、南北 32 米，顶部东面、南面及西南长 18、北面长 20 米，高 11 米。台体顶部有一顶宽 0.3～1.4、高 0.2～1.2 米的土墙，可能为垛墙。（图二〇九）

该烽火台西北距翟家梁村长城 2.3 千米。

（一二三）堡子村 1 号烽火台（610822353201170123）

该烽火台位于清水乡堡子村内，北距小南川 1.15 千米，南 7.5 米有一户人家。周围地势平缓，为耕地。高程 1195 米。地处黄土梁峁丘陵宽谷区，属于黄土沟壑地貌。

烽火台整体保存较差。台体包砖被人为毁坏，周围散落残砖碎片，整体损毁严重，顶部坍塌严重，轮廓不清，长满杂草。

烽火台内部用黄土夹杂小石子夯筑而成，夯层厚 0.04～0.1 米。台体平面呈不规则形，剖面呈梯形，底部北 5.3、西 6.1、南 6、东 7 米，顶部北 2.1、西 2.8、南 3.2、东 4.3 米，高 7.2 米。（图二一〇）

烽火台北距堡子村敌台 0.223 千米。

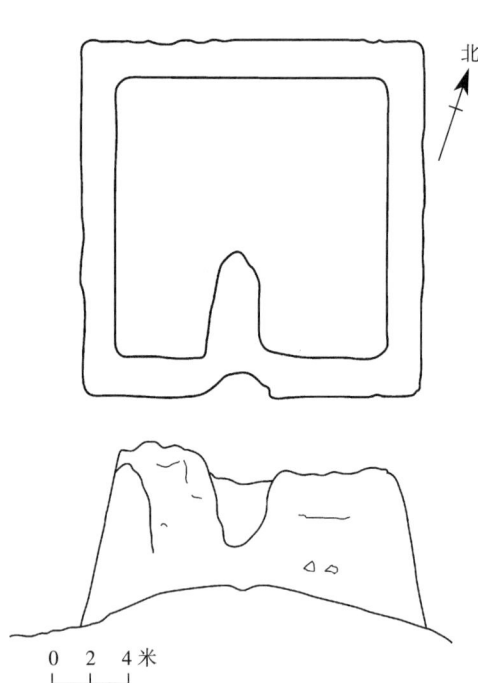

图二〇九　榆家坪村烽火台平、立面图

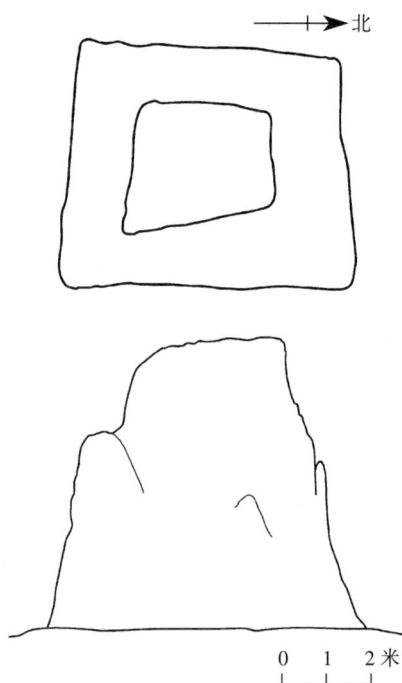

图二一〇　堡子村 1 号烽火台平、立面图

（一二四）堡子村 2 号烽火台（610822353201170124）

该烽火台位于清水乡堡子村西北 0.657 千米的山梁上，北距小南川 0.4 千米。东北为沟壑，四周坡地，坡度较大，长满荒草。高程 1183 米。地处黄土梁峁丘陵宽谷区，属于黄土沟壑地貌。

烽火台整体保存较差。台体包砖被人为毁坏，周围散落少量碎石块和碎砖。整体侵蚀严重，西南面坍塌，有直径 3.6 米的豁口，北壁有几处洞穴。

烽火台包括夯土基座和包砖台体两部分。基座坍塌严重，平面呈不规则形，南 25 米，东、西 21 米，北 26 米，高 3.8～4 米。台体建于夯土基座上，内部用黄土夹杂小石子和料礓石夯筑而成，夯层厚 0.05～0.1 米。台体平面呈矩形，剖面呈不规则形，底部南 11、西 10、北 14、东 11 米，顶部北面 5.6、东面及西面 6 米，高 9 米。（图二一一）

该烽火台西南距堡子村马面 0.654 千米，东南距堡子村段长城 0.42 千米。

（一二五）官地梁村 1 号烽火台（610822353201170125）

该烽火台位于木瓜乡官地梁村东南 1.8 千米的山峁上，西北距小南川 1.75 千米。周围地势较缓，退耕还草后长满苜蓿。高程 1264 米。地处黄土梁峁丘陵宽谷区，属于黄土沟壑地貌。

烽火台整体保存一般。台体包砖被人为毁坏，周围散落有残砖残石碎片。顶部部分塌陷，南壁有一高 1.2、宽 0.8 米的洞口倾斜通向顶部，有宽 0.01～0.05 米的几道裂缝对台体造成较大危害。

烽火台包括夯土基座和包砖台体两部分。基座平面呈矩形，边长 25 米。台体内部用红胶土夯筑而成，夯层厚 0.05～0.15 米，没发现夯窝。台体平面呈矩形，剖面呈梯形，底部边长 10.3、顶部边长 8、高 7 米。（图二一二）

烽火台东北距官地梁村敌台 0.598 千米，东南距官地梁村 2 号烽火台 0.226 千米。

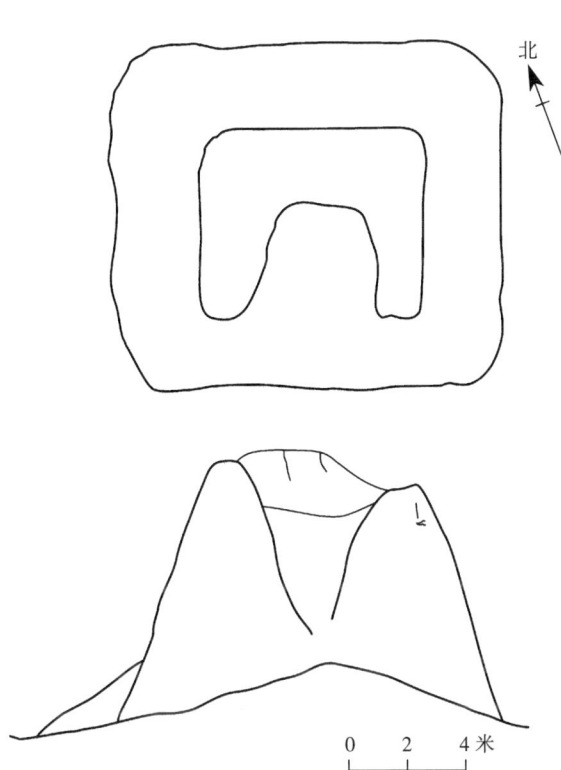

图二一一　堡子村 2 号烽火台平、立面图

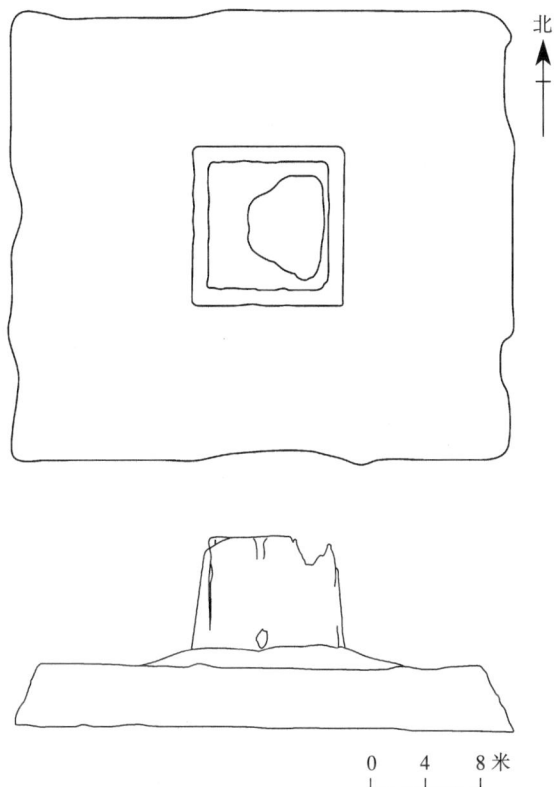

图二一二　官地梁村 1 号烽火台平、立面图

（一二六）官地梁村 2 号烽火台（610822353201170126）

该烽火台位于木瓜乡官地梁村东北 1.8 千米的山峁上，西北距小南川 1.9 千米。周围地势较平缓，遍种苜蓿。高程 1244 米。地处黄土梁峁丘陵宽谷区，属于黄土沟壑地貌。

烽火台整体保存较差。台体包砖被人为毁坏，周围散落残砖碎片。台体顶部坍塌严重，南、北面堆积大量夯土及残砖断石，堆积高 1.2～1.8 米，长满杂草。台体南面有一上宽下窄呈近倒三角形的豁口，上宽 2.5、底宽 0.5 米。

烽火台内部用黄土夹杂料礓石夯筑而成，夯层厚 0.08～0.15 米。台体平面呈矩形，剖面呈梯形，底部东 9、西 9.2、南 10.3、北 8.6 米，顶部东 4、西 3、南 5、北 3.6 米，高 6 米。（图二一三）

烽火台西北距官地梁村 1 号烽火台 0.226 千米。

（一二七）翟家梁村烽火台（610822353201170127）

该烽火台位于赵五家湾乡翟家梁村西南 1 千米的山峁上，北距小南川 2.4 千米。周围地势平缓，为梯田。高程 1262 米。地处黄土梁峁丘陵宽谷区，属于黄土沟壑地貌。

烽火台整体保存一般。台体包砖被人为毁坏，周围散落有残砖断石及瓦片等。南壁塌陷严重，底部有多处人为挖掘取土的小坑，有一个宽 1.2 米的冲沟。台壁有多处裂缝，最长约 2.5 米。

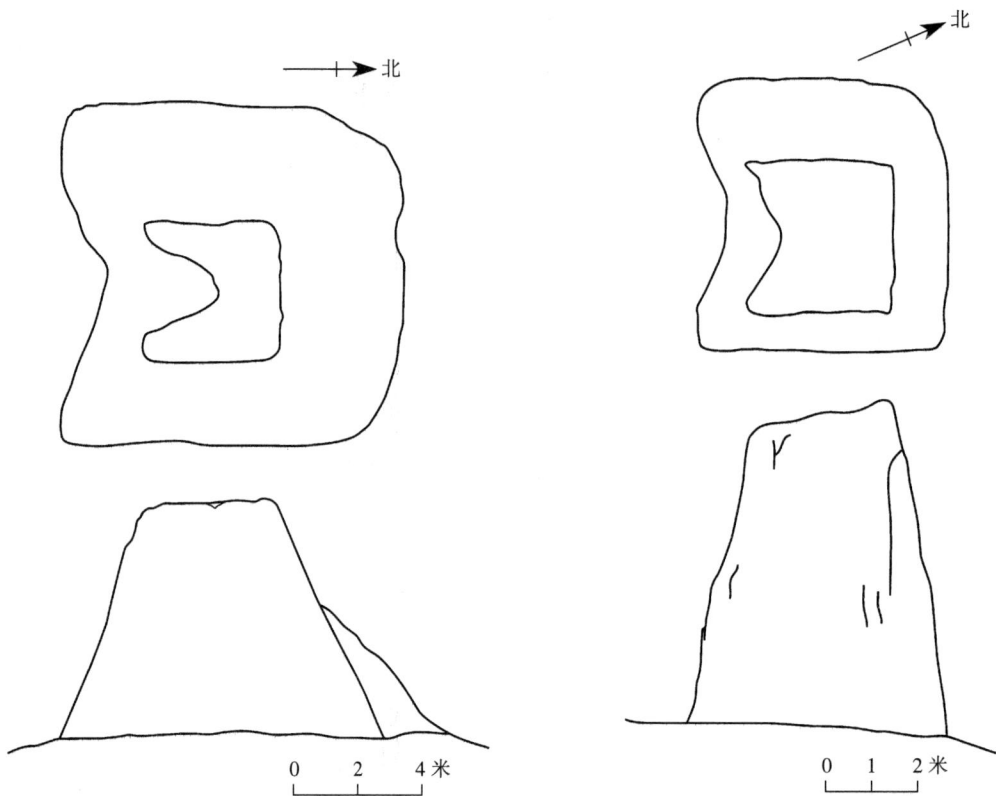

图二一三　官地梁村2号烽火台平、立面图　　　　图二一四　翟家梁村烽火台平、立面图

烽火台包括夯土基座和包砖台体两部分。基座平面呈矩形，边长30米。台体内部用红胶土夯筑而成，夯层厚0.05～0.15米，未发现夯窝。台体平面呈近矩形，剖面呈梯形，底部边长5.6、顶部边长4、高6.5米。（图二一四；彩图三七）

烽火台东北距翟家梁村3号敌台0.472千米。

（一二八）玉子梁村1号烽火台（610822353201170128）

该烽火台位于木瓜乡玉子梁村西北1.05千米的山峁上，南距柳沟2.3千米。台体东北侧地势较低，雨水冲刷形成冲沟。高程1276米。地处黄土梁峁丘陵宽谷区，属于黄土沟壑地貌。

烽火台整体保存较差。台体包砖被人为毁坏，周围散落有残砖。东、北壁从顶至底坍塌，东北侧形成雨水冲沟，使台体底部悬空、坍塌，南壁有多处小洞。

烽火台内部用土质较纯净的黄土夯筑而成，夯土质地细密，夯层厚0.06～0.14米，没发现夯窝。台体平面呈近矩形，剖面呈梯形，底部东西10.6、南北8.5米，顶部东西8.4、南北1.8米，高7.5米。（图二一五）

烽火台东北距翟家梁村4号敌台0.238千米。

（一二九）玉子梁村2号烽火台（610822353201170129）

该烽火台位于木瓜乡玉子梁村，南距柳沟1.55千米。周围地势平缓，为耕地，西侧300米有一养马场遗存。高程1304米。地处黄土梁峁丘陵宽谷区，属于黄土沟壑地貌。

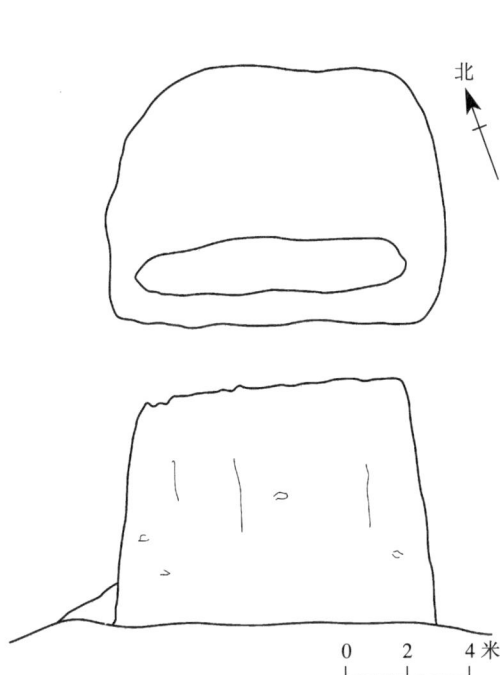

图二一五　玉子梁村 1 号烽火台平、立面图　　　图二一六　玉子梁村 2 号烽火台平、立面图

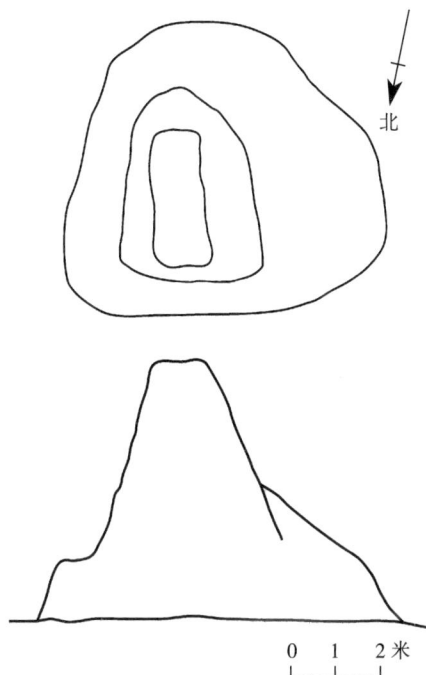

烽火台整体保存较差。台体包砖被人为毁坏，底部散落少量砖石及夯土。台体上有挖掘的痕迹，布满雨水冲刷痕迹，顶部坍塌不全，台体四壁有不同程度的剥落。

烽火台内部用较纯净的黄土夯筑而成，质地细密，夯层厚 0.08 ~ 0.12 米，没发现夯窝；台体平面呈不规则矩形，剖面呈梯形，底部东西 7、南北 5.4 米，顶部坍塌不全，东西 1.2、南北约 3.2 米，高 6.1 米。（图二一六）

烽火台西距玉子梁村堡 0.153 千米。

（一三〇）玉子梁村 3 号烽火台（610822353201170130）

该烽火台位于木瓜乡玉子梁村西南 0.8 千米的山峁崖畔边缘，南距柳沟 1.85 千米。三面临沟，四周为坡度较大的荒坡地。高程 1286 米。地处黄土梁峁丘陵宽谷区，属于黄土沟壑地貌。

烽火台整体保存一般。台体包砖被人为毁坏，周围散落有残砖碎片。顶部长有 3 棵较大的树，根系裸露。台体四壁有不同程度的剥落，南壁底部有宽大约 0.5 米的小洞，基座有深约 2、宽约 3 米的冲沟。

烽火台包括围墙、夯土基座和包砖台体三部分。基座平面呈近矩形，边长 30 米。基座上有围墙，仅存东、西、北墙，墙体底宽 2、顶宽 0.8 ~ 1.2、高 0.8 ~ 2.5 米。台体建在基座上，内部用较纯净的黄土夯筑而成，夯层细密，厚 0.06 ~ 0.12 米，未发现夯窝。台体平面呈近矩形，剖面呈梯形，底部边长 11.4、顶部边长 7.5、高 9 米。（图二一七；彩图三八）

烽火台东南距玉子梁村堡 0.283 千米。

（一三一）玉子梁村 4 号烽火台（610822353201170131）

烽火台位于木瓜乡玉子梁村西北 0.6 千米的山峁上，东南距柳沟 2 千米。四周为荒坡地，周边沟壑遍布。高程 1298 米。

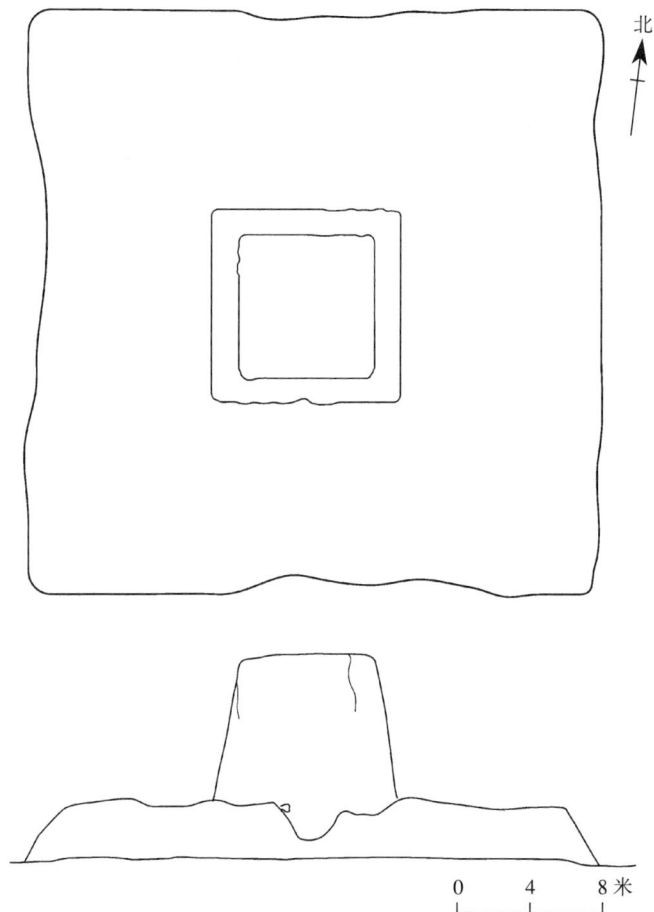

图二一七　玉子梁村 3 号烽火台平、立面图

烽火台整体保存一般。台体包砖被人为毁坏，周围散落残砖碎片。东壁有一宽 0.8、高 1.2 米的洞口，直达顶部。洞口上方约 4 米处有裂缝，宽约 0.3 米。顶部塌陷，东南角有豁口，长 2.5 米。

烽火台包括夯土基座和包砖台体两部分。基座平面呈矩形，边长 26 米。台体内部由土质较纯净的红褐色胶土夯筑而成，夯层厚 0.06～0.12 米，没发现夯窝。台体平面呈矩形，剖面呈梯形，底部边长 12、顶部边长 8、高 9 米。（图二一八）

烽火台东南距玉子梁村 3 号烽火台 0.333 千米。

（一三二）桃阴梁村烽火台（610822353201170132）

该烽火台位于木瓜乡桃阴梁村北 0.6 千米，南距木瓜川 3.4 千米。北为沟壑，南为坡地，东为冲沟，西为缓坡地，周围为荒草地。高程 1310 米。

烽火台整体保存较差。台体包砖被人为毁坏，夯土裸露，经受风雨侵蚀，周围散落残砖碎片，台顶长有树木。

烽火台包括夯土基座和包砖台体两部分。基座平面呈近矩形。台体内部用黄土夹杂小石子、沙土夯筑而成，夯层厚 0.03～0.15 米，质地细密。台体平面呈矩形，剖面呈梯形，底部东西 8、南北 8.2 米，顶部边长 2 米，高 5.4 米。台体内部没有发现供上下的通道。（图二一九）

烽火台东北距桃阴梁村 1 号敌台 0.413 千米。

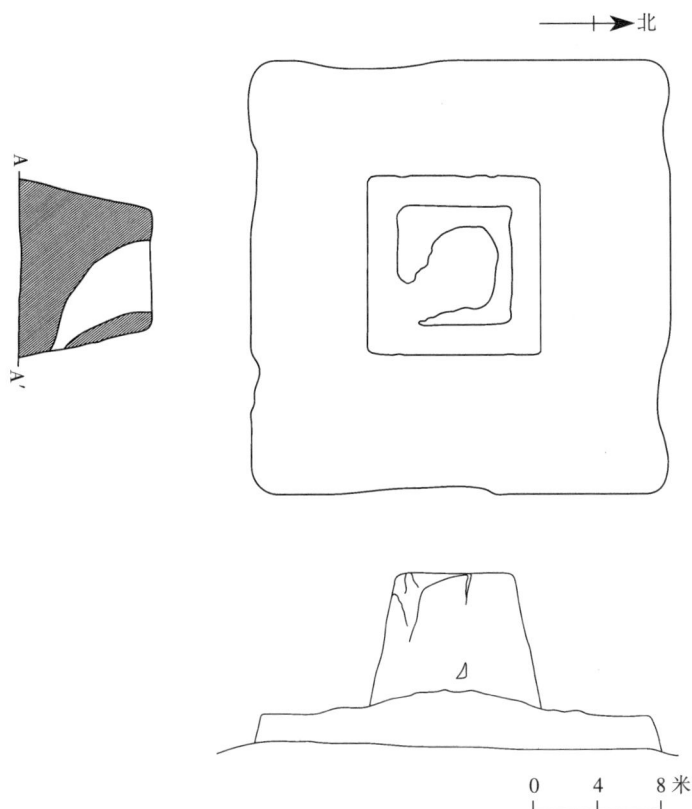

图二一八　玉子梁村 4 号烽火台平、立、剖面图

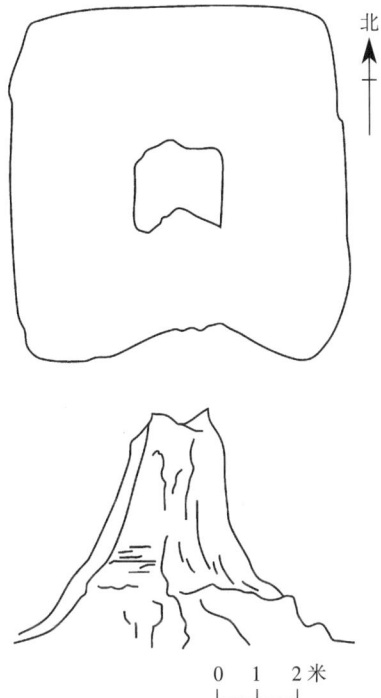

图二一九　桃阴梁村烽火台平、立面图

（一三三）官地堖村 1 号烽火台（610822353201170133）

该烽火台位于木瓜乡官地堖村北 0.6 千米，南距木瓜川 3.85 千米。四周地势较平缓，有农田。高程 1317 米。地处黄土梁峁丘陵宽谷区，属于黄土沟壑地貌。

烽火台整体保存较差。台体包砖被人为毁坏，周围散落残砖碎片。台体坍塌呈三角状，顶部及周围杂草丛生，旁边长有一棵树，北侧有一砖垒小建筑。

烽火台内部用黄土夹杂小石子夯筑而成，夯层厚 0.05 ~ 0.15 米。台体平面呈矩形，剖面呈近三角形，东西 9.5、南北 9、高 9 米。（图二二〇）

烽火台东距桃阴梁村 3 号敌台 0.483 千米。

（一三四）官地堖村 2 号烽火台（610822353201170134）

该烽火台位于木瓜乡官地堖村西北 0.5 千米的山峁上，南距木瓜川 4.3 千米。东侧为耕地，北侧为山坡地，西侧坡下临沟，南侧为山峁。高程 1.3 千米。地处黄土梁峁丘陵宽谷区，属于黄土沟壑地貌。

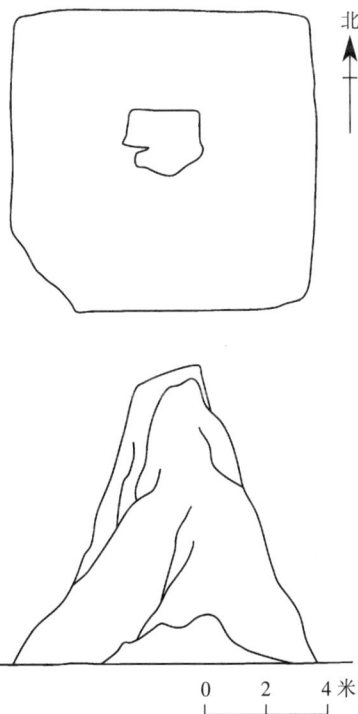

图二二〇　官地堖村 1 号烽火台平、立面图

烽火台整体保存一般。台体包砖被人为毁坏，夯土外露，流失严重，高3米，周围散落残砖。

烽火台包括围墙、夯土基座和包砖台体三部分。基座平面呈矩形，东西31、南北36米。基座上有围墙，墙体宽1、内高1.3、外高3.5米。台体内部用黄土夹杂小石子夯筑而成，夯层厚0.06～0.14米。台体平面呈圆形，剖面呈梯形，底部直径17、顶部直径13、高3米。（图二二一）

烽火台东距桃阴梁村2号烽火台0.288千米。

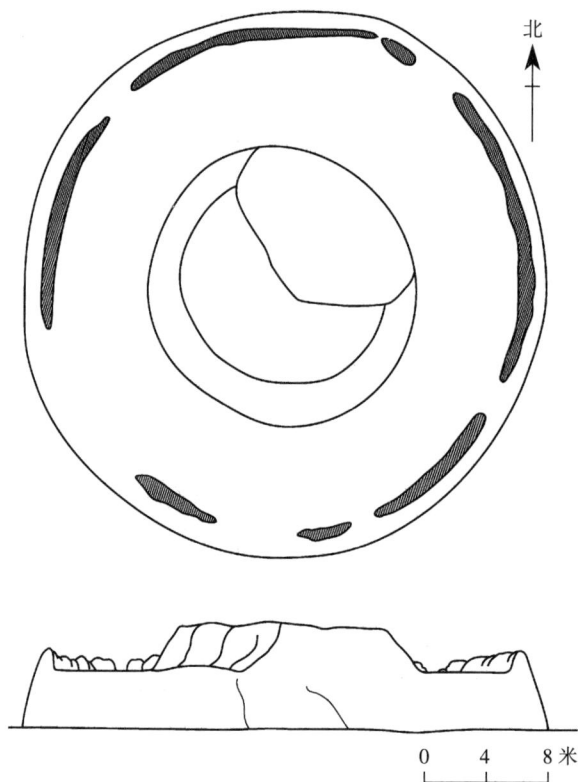

图二二一　官地塌村2号烽火台平、立面图

（一三五）塔芦梁村1号烽火台（610822353201170135）

该烽火台位于木瓜乡塔芦梁村西塌村（组）东0.7千米，南距木瓜川4.5千米，周围为荒坡地，地势较缓，东北为沟，东南为山峁。高程1309米。地处黄土梁峁丘陵宽谷区，属于黄土沟壑地貌。

烽火台整体保存一般。整体风化侵蚀严重，北壁大部坍塌。台体包砖被人为毁坏，周围散落残砖。

烽火台包括围墙、夯土基座和包砖台体三部分。基座平面呈矩形，边长25米。基座上建有围墙，墙体内高0.8、外高4米。台体内部用黄土夹杂小石子夯筑而成，夯层厚0.05～0.14米。台体平面呈矩形，剖面呈梯形，底部东西6、南北8米，顶部东西3.5、南北1.7米，高7米。（图二二二）

烽火台东北距官地塌村2号敌台0.51千米。

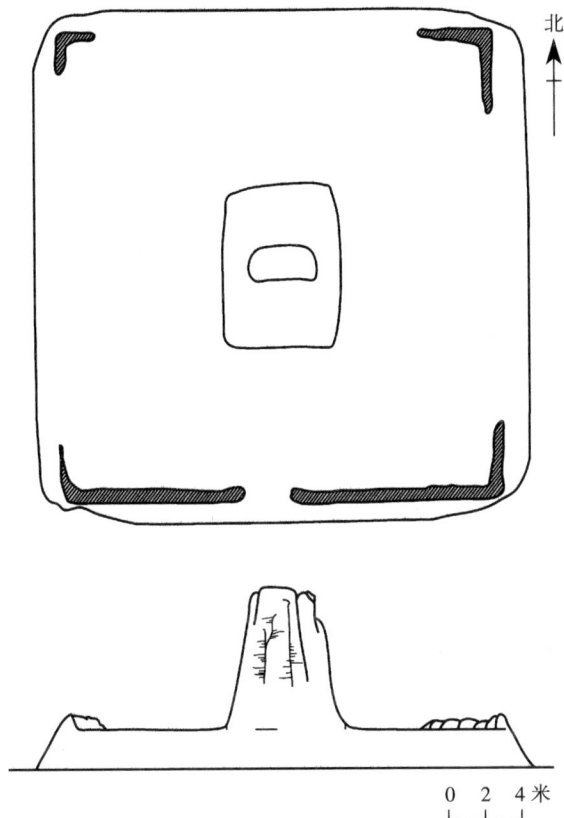

图二二二　塔芦梁村 1 号烽火台平、立面图

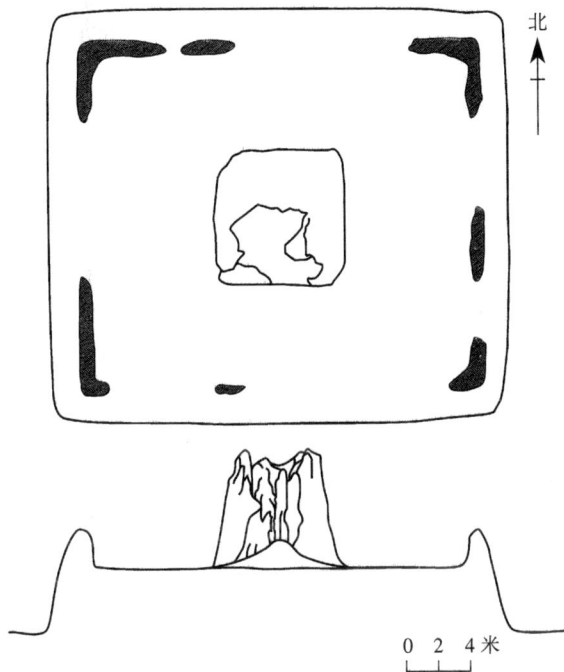

图二二三　塔芦梁村 2 号烽火台平、立面图

（一三六）塔芦梁村 2 号烽火台（610822353201170136）

该烽火台位于木瓜乡塔芦梁村西墕村（组）东南 0.355 千米的山峁上，东南距木瓜川 4.5 千米，西为沙梁川支流柳树沟，可俯视柳树沟河流域大片区域及周边山峁。高程 1292 米。地处黄土梁峁丘陵宽谷区，属于黄土沟壑地貌。

烽火台整体保存一般。台体风化侵蚀严重，南壁严重坍塌，形成一个豁口。台体包砖被人为毁坏，周围散落残砖。

烽火台包括围墙、夯土基座和包砖台体三部分。基座平面呈矩形，东西 28、南北 24 米。围墙建于基座上，断断续续，墙体宽 4、内高 2.3、外高 6 米。台体内部用黄土夹杂小石子夯筑而成，夯层厚 0.04～0.11 米。台体平面呈矩形，剖面呈梯形。底部东西 7.8、南北 8 米，顶部边长 5 米，高 7 米。（图二二三）

烽火台东北距塔芦梁村 1 号烽火台 0.656 千米。

（一三七）太平墩村 1 号烽火台（610822353201170137）

该烽火台建于木瓜乡太平墩村北 0.072 千米，东南距木瓜川 3.9 千米，周围是耕地。高程 1316 米。地处黄土梁峁丘陵宽谷区，属于黄土沟壑地貌。

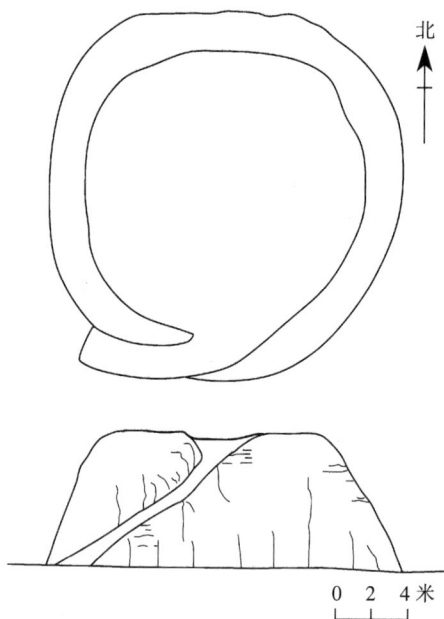

图二二四　太平墩村 1 号烽火台平、立面图

烽火台整体保存一般。台体坍塌、风雨侵蚀严重，包砖被村民拆除，四周散落砖石残块。台顶有现代庙宇一座，宽 2.5、进深 3、高 3 米，门口有照壁，砖砌。

烽火台内部用黄土夹杂小石子夯筑而成，夯层厚 0.05 ~ 0.14 米，质地细密，没发现夯窝。台体平面呈圆形，剖面呈梯形，底部直径约 19、顶部直径约 15、高 7 米。台体南壁有斜坡状踏步，顺墙体弧状向上通台顶，宽 1.8 米。（图二二四）

烽火台西距太平墩村敌台 0.08 千米。

（一三八）太平墩村 2 号烽火台　（610822353201170138）

该烽火台位于木瓜乡太平墩村西北 0.05 千米的台地上，东南距木瓜川 3.75 千米，周围是农田，北侧为乡村公路，路北为断崖沟壑。高程 1230 米。地处黄土梁峁丘陵宽谷区，属于黄土沟壑地貌。

烽火台整体保存一般。台体包砖被村民拆除，仅存少量。台体坍塌，无法识辨形制，顶部大部分坍塌，西侧最为严重。基座坍塌呈三角形。台壁上有多处裂缝。

烽火台内部为黄土夹杂小石子等夯筑而成，质地细密，夯层厚 0.06 ~ 0.13 米，夯窝不明。台体平面呈矩形，剖面呈三角形，东西 9、南北 10、高 9 米。（图二二五）

烽火台西距太平墩村 2 号马面 0.248 千米。

（一三九）太平墩村 3 号烽火台　（610822353201170139）

该烽火台建于木瓜乡太平墩村南 0.27 千米处。东南距木瓜川 3.65 千米，西距沙梁川 5.4 千米，周围地势较平缓，为耕地。高程 1301 米。地处黄土梁峁丘陵宽谷区，属于黄土沟壑地貌。

烽火台整体保存一般。保存基座、台体，围墙消失。台体西侧坍塌严重，顶部坍塌形成一个豁口，台壁上有数处裂缝。

烽火台夯土基座平面呈矩形，边长 34、高 4 米。台体用黄土夹杂石子夯筑而成，夯层厚 0.06 ~ 0.1 米，质地细密，没发现夯窝。台体平面呈矩形，剖面呈梯形，底部边长 9、顶部边长 7、高 7 米。台体南壁有券洞可通台顶，洞口高 0.8、宽 0.5 米。（图二二六）

烽火台东南距古城村 1 号烽火台 0.238 千米。

（一四〇）古城村 1 号烽火台　（610822353201170140）

该烽火台位于木瓜乡古城村东北 0.7 千米处，东南距木瓜川 3.35 千米，四周地势较平缓，为梯田。高程 1271 米。地处黄土梁峁丘陵宽谷区，属于黄土沟壑地貌。

烽火台整体保存一般。整体轮廓较为清晰，台壁有数处裂缝，南壁坍塌严重，有豁口。

烽火台包括围墙、夯土基座和台体三部分。基座平面呈圆形，底径 27 米。围墙建于基座上，平面呈圆形，墙体顶宽 0.3、高 4.5 米。台体用黄土夹杂小石子夯筑而成，夯层厚 0.06 ~ 0.11 米，质地

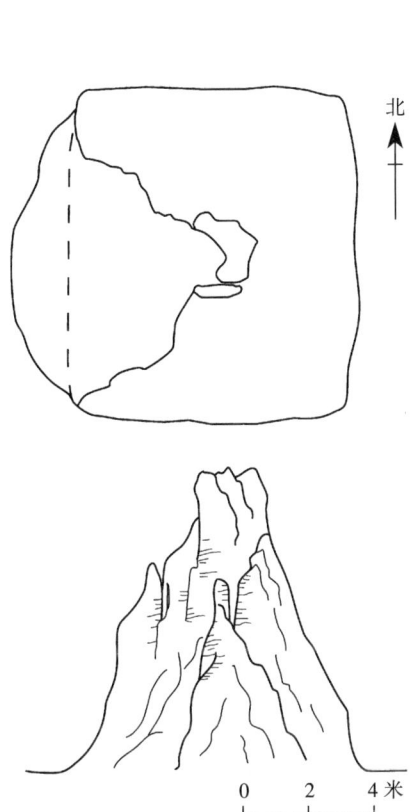

图二二五　太平墩村2号烽火台平、立面图

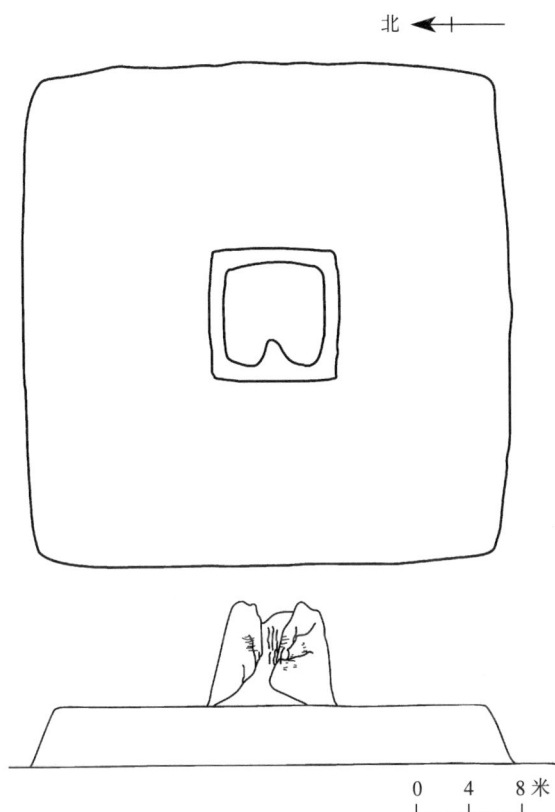

图二二六　太平墩村3号烽火台平、立面图

细密，没发现夯窝。台体平面呈近圆形，剖面呈梯形，底部东西 17、南北 15 米，顶部东西 11、南北 5.5 米，高 8 米。台体东壁有踏步可登台顶。（图二二七）

烽火台西北距太平墩村 3 号烽火台 0.238 千米。

（一四一）古城村2号烽火台
（610822353201170141）

该烽火台位于木瓜乡古城村东 0.254 千米处，东南距木瓜川 3.2 千米，四周为农田。高程 1303 米。地处黄土梁峁丘陵宽谷区，属于黄土沟壑地貌。

烽火台整体保存一般。围墙大部分消失，仅存四角部分墙体。台体包砖脱落，四周散落大量残砖石、石灰、瓦、陶瓷等。台体东壁坍塌严重，顶部东侧有豁口，宽 5、高 5.4 米，南壁中间有一边长约 0.7 米的小洞。台壁上有多处裂缝，顶部堆积小石子。

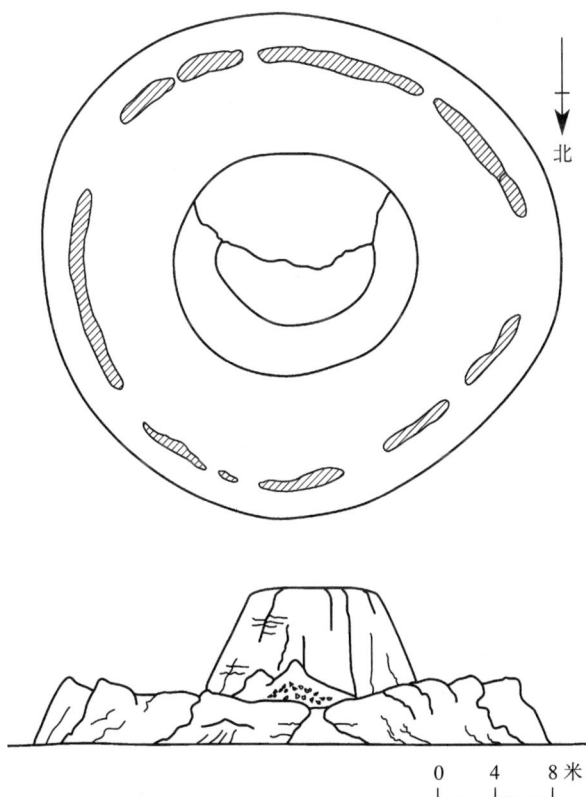

图二二七　古城村1号烽火台平、立面图

烽火台包括围墙、夯土基座和包砖台体三部分。基座平面呈矩形，边长 30、高 2 米。围墙建于基座上，夯筑而成，平面呈矩形，边长 30、高 1.8 米。台体内部用黄土夹杂沙、石子等夯筑而成，夯层厚 0.07~0.15 米，夯窝不明。台体平面呈矩形，剖面呈梯形，底部边长 9、顶部边长 7、高 9 米。台体南壁有券洞，宽 0.6、高 0.8 米，可通台顶，现被人为封死。（图二二八）

烽火台位于古城村遗址内。

图二二八　古城村 2 号烽火台平、立面图

（一四二）古城村 3 号烽火台（610822353201170142）

该烽火台位于木瓜乡古城村东 0.05 千米处，东南距木瓜川 3.35 千米，周围为荒坡地。高程 1306 米。地处黄土梁峁丘陵宽谷区，属于黄土沟壑地貌。

烽火台整体保存一般。台体西壁保留包砖，其余三壁没有包砖，台壁上有数处裂缝。台体南侧 1 米有一条低压线路通过，新建庙宇一座。

烽火台内部用黄土夹杂石子夯筑而成，夯层厚 0.03~0.1 米，夯层细密，没发现夯窝；外部包砖，包砖厚 0.9 米，平铺一顺一丁、二顺一丁错缝垒砌，白灰沟缝。台体平面呈矩形，剖面呈梯形，底部东西 7.8、南北 7.3 米，顶部无法攀登测量，高 6 米。（图二二九）

紧贴台体南侧建有一座小庙，宽 2、进深 1.5、高 2.08 米。烽火台东距古城村遗址 0.146 千米、距新修庙宇 0.121 千米，西距古城村 0.05 千米。

（一四三）砖厂梁村 1 号烽火台（610822353201170143）

该烽火台位于庙沟门镇砖厂梁村东北 0.75 千米处，东距木瓜川 2.9 千米，东西 0.15 千米为山沟，南北为荒地，西北山沟为二道沟煤矿。高程 1270 米。地处黄土梁峁丘陵宽谷区，属于黄土沟壑地貌。

烽火台整体保存一般。台体包砖被村民拆除，四周散落大量残砖石与白灰。西壁、北壁坍塌较严重，台壁上有数处裂缝。

烽火台内部用黄土夹杂石子等夯筑而成，夯层厚 0.06～0.13 米，质地细密，没发现夯窝。台体平面呈矩形，剖面呈梯形，底部边长 8、顶部边长 5、高 8 米。（图二三〇）

烽火台东距砖厂梁村 1 号马面 0.213 千米。

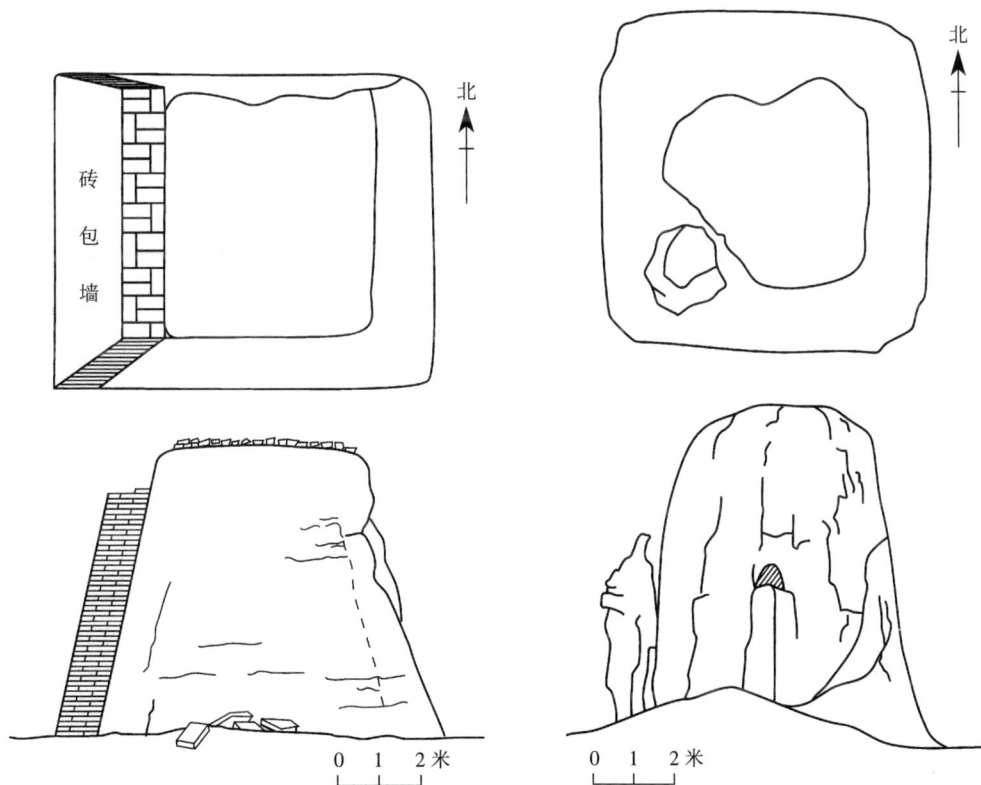

图二二九　古城村 3 号烽火台平、立面图　　　二三〇　砖厂梁村 1 号烽火台平、立面图

（一四四）砖厂梁村 2 号烽火台（610822353201170144）

该烽火台建于庙沟门镇砖厂梁村东北 0.97 千米处，东距木瓜川 2.25 千米，东 0.023 千米为深沟断崖，西、南、北三面为荒地。高程 1275 米。地处黄土梁峁丘陵宽谷区，属于黄土沟壑地貌。

烽火台整体保存一般。台体包砖被拆毁，四周散落大量砖石。台体西、南壁坍塌严重，台体长期受风雨侵蚀严重。

烽火台内部用黄土夯筑而成，包含物有小石子等，夯层厚 0.06～0.1 米，质地细密，夯窝不详。台体平、剖面呈不规则形，底部东西 7、南北 6 米，顶部东西 4、南北 5 米，高 6 米。台体内部没有发现供上下的通道。（图二三一）

烽火台西北距砖厂梁村 1 号敌台 0.238 千米。

（一四五）砖厂梁村 3 号烽火台（610822353201170145）

该烽火台建于庙沟门镇砖厂梁村北 0.103 米处，北距沟边 0.121 千米，东距木瓜川 3.25 千米，周围地势较平缓，为耕地。高程 1279 米。地处黄土梁峁丘陵宽谷区，属于黄土沟壑地貌。

烽火台整体保存一般。台体四壁有坍塌，东壁最严重；顶部呈不规则形，东侧塌陷有豁口；台壁上有数处蚁穴。

烽火台由基础、台体、上部遗存、围墙组成。台体内部用黄土夯筑而成，夯层厚 0.05～0.15 米，质地细密；外部包砖，平铺垒砌。台体平面呈矩形，剖面呈梯形，底部边长 16 米，顶部东西 8、南北 10 米，高 9 米。台体南壁下部有券洞通往顶部，洞高 1.8、宽 1.6、进深 1.3 米，东、南侧各有一口相通。（图二三二）

烽火台东距砖厂梁村 2 号马面 1.01 千米，东北距砖厂梁村 1 号烽火台 0.723 千米。

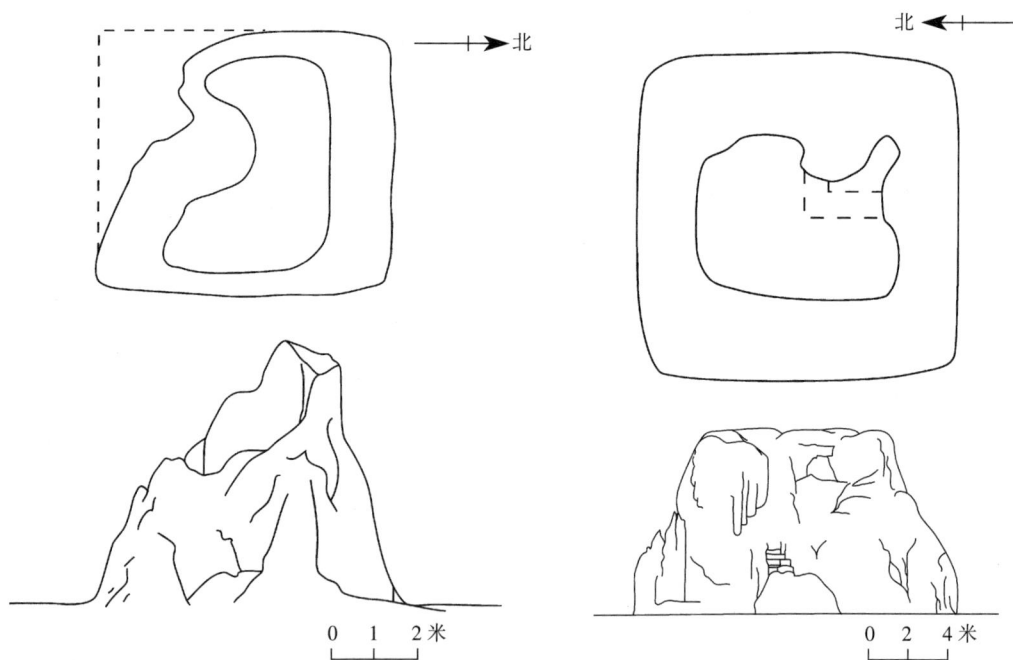

图二三一　砖厂梁村 2 号烽火台平、立面图

二三二　砖厂梁村 3 号烽火台平、立面图

（一四六）王家梁村 1 号烽火台（610822353201170146）

该烽火台位于庙沟门镇王家梁村东南 1.3 千米处，东距木瓜川 2.4 千米，四周为荒坡地，地势较平缓，有育林坑。高程 1279 米。地处黄土梁峁丘陵宽谷区，属于黄土沟壑地貌。

烽火台整体保存一般。外包砖石被人为拆除，四周散落少量的残砖石。台体多处坍塌，轮廓不清晰，呈三角状。

烽火台内部系黄土夯筑而成，夯层夹杂有小石子等，夯层厚 0.04～0.14 米，质地细密。台体平面呈矩形，剖面呈三角形，底部边长 10、高 8 米。（图二三三）

烽火台西距王家梁村 1 号敌台 0.111 千米。

（一四七）　王家梁村 2 号烽火台
（610822353201170147）

该烽火台位于庙沟门镇王家梁村东 0.88 千米处，东距木瓜川 2.75 千米，周围为荒坡地，地势较缓。高程 1273 米。地处黄土梁峁丘陵宽谷区，属于黄土沟壑地貌。

烽火台整体保存一般。台体顶部有残砖石及白灰等，整体轮廓清晰，顶部及四周长满杂草，台壁上有多道裂缝。

烽火台包括围墙、夯土基座和包砖石台体三部分。基座平面呈矩形，东西 24、南北 28、内高 3.2、外高 5.8 米。围墙建于基座边缘，东、西墙距台体 5 米，南墙距台体 10 米。台体用黄土夯筑而成，包含物有石子等，夯层厚 0.05～0.14 米，质地细密，夯窝不详。台体平面呈矩形，剖面呈梯形，底部东西 12.5、南北 9 米，顶部东西 11.5、南北 8 米，高 5 米。台体内没有发现供上下的通道。（图二三四）

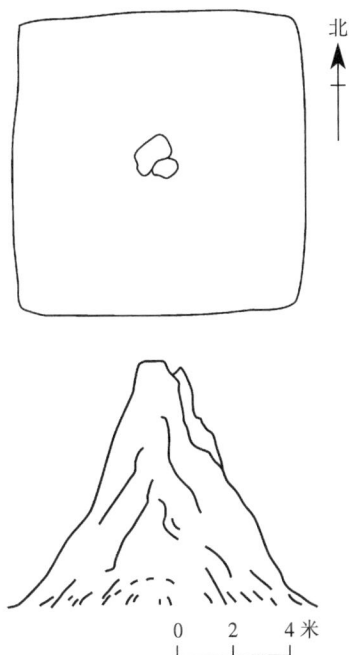

图二三三　王家梁村 1 号烽火台平、立面图

台体周围散落残砖、残条石、白灰等，有一大石块，长 85、宽 80、厚 25 厘米。

烽火台东北距王家梁村 1 号烽火台 0.348 千米。

（一四八）　王家梁村 3 号烽火台
（610822353201170148）

该烽火台位于庙沟门镇王家梁村南 1.1 千米处，东距木瓜川 3.15 千米，西距沙梁川 3.7 米，南侧为台地，北侧为长城墙体，东侧为沟壑，西侧为耕地。高程 1257 米。地处黄土梁峁丘陵宽谷区，属于黄土沟壑地貌。

烽火台整体保存一般。雨水冲刷侵蚀造成台体剥落坍塌，东、北壁坍塌严重，南壁有塌陷洞，高 2.5、宽 1 米，未发现整砖。

烽火台包括夯土基座和台体两部分。基座平面呈矩形，东西 17、南北 18、高 1.5～6 米。台体用黄土夯筑而成，包含物有沙、石子、石灰等，夯层厚 0.1～0.14 米。台体底部平面呈矩

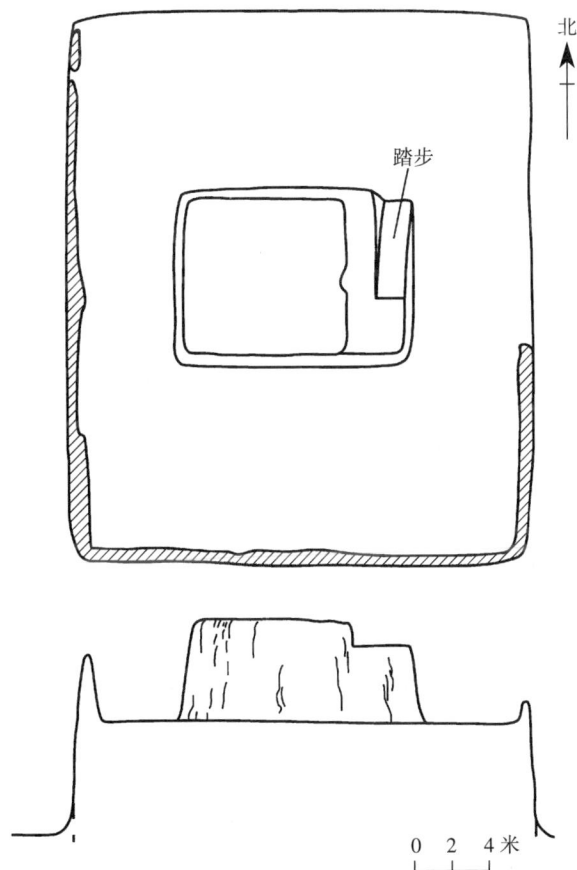

图二三四　王家梁村 2 号烽火台平、立面图

形，剖面呈梯形，底部边长 6.5 米，顶部南北 4.5、东西 4 米，高 8 米。（图二三五；彩图三九）

烽火台东距王家梁村 2 号烽火台 0.417 千米。

（一四九）王家梁村 4 号烽火台（610822353201170149）

该烽火台位于庙沟门镇王家梁村南 0.6 千米处，东距木瓜川 3.95 千米，西距沙梁川 3 千米，四周地势平缓，长满荒草。高程 1257 米。地处黄土梁峁丘陵宽谷区，属于黄土沟壑地貌。

烽火台整体保存一般。整体轮廓不清晰，塌陷不规则，呈尖齿状，无基座痕迹。台体南侧 120 米有电缆线路通过，四周长有树，将烽火台包围。

烽火台用黄土夯筑而成，夯层厚 0.07 ~ 0.14 米，没发现夯窝。台体平面呈近矩形，底部边长 5、高 5.5 米。（图二三六）

烽火台北距王家梁村 2 号马面 0.148 千米。

图二三五　王家梁村 3 号烽火台平、立面图

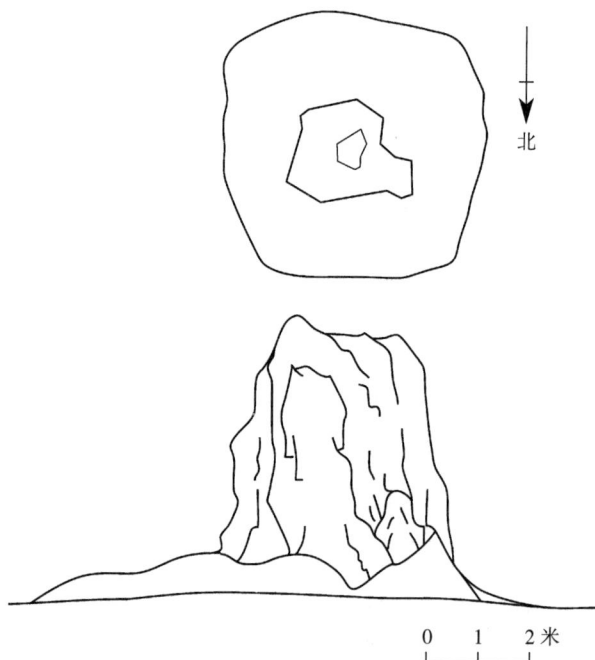

图二三六　王家梁村 4 号烽火台平、立面图

（一五〇）双圪通村烽火台（610822353201170150）

该烽火台位于庙沟门镇双圪通村东南 0.433 千米处，西距沙梁川 1.65 千米。西、南两侧为耕地，东侧为梯田，北侧为水冲沟。高程 1201 米。地处黄土梁峁丘陵宽谷区，属于黄土沟壑地貌。

烽火台整体保存一般。台体风雨侵蚀严重，包砖被人为毁坏。山体滑坡较为严重，对烽火台构成威胁。

烽火台包括夯土基座和包砖台体两部分。基座平面呈矩形，边长 12、高 4 米。台体内部用黄土夹杂沙石夯筑而成，夯层厚 0.11 ~ 0.16 米，质地细密，夯窝不明。台体平面呈矩形，剖面呈梯形，底部边长 7、顶部边长 6、高 5 米。（图二三七；彩图四〇）

烽火台北距双圪通村 1 号马面 0.41 千米。

（一五一）　页梁塌村1号烽火台（610822353201170151）

该烽火台位于庙沟门镇页梁塌村南0.15千米处，西距沙梁川1.8千米，南侧有高压电线，四周为荒坡地，地势较缓。高程1214米。地处黄土梁峁丘陵宽谷区，属于黄土沟壑地貌。

烽火台整体保存一般。台体底部风化，顶部有裂缝。

烽火台包括夯土基座和台体两部分。基座平面呈矩形，东西18、南北16、高2.8米。台体用黄土夯筑而成，夯层厚0.04～0.14米，质地细密。台体平面呈矩形，剖面呈梯形，底部边长7、顶部边长4.6、高10米。台体内部有上下的通道，宽0.8、高3、深1.8米。（图二三八）

烽火台西南距页梁塌村马面0.417千米。

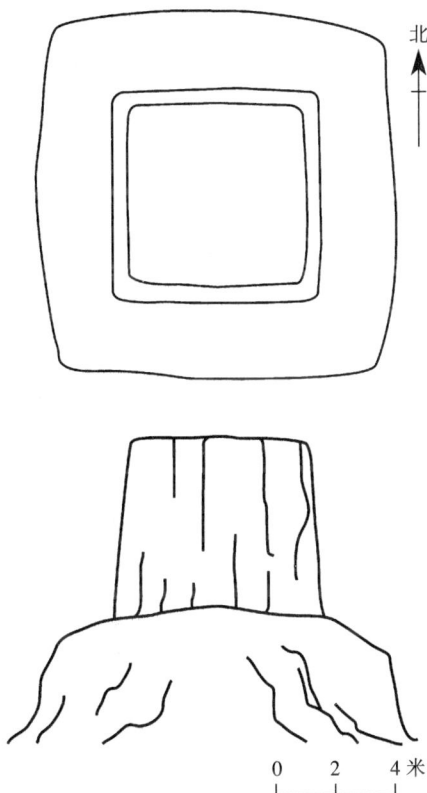

图二三七　双圪通村烽火台平、立面图　　　图二三八　页梁塌村1号烽火台平、立面图

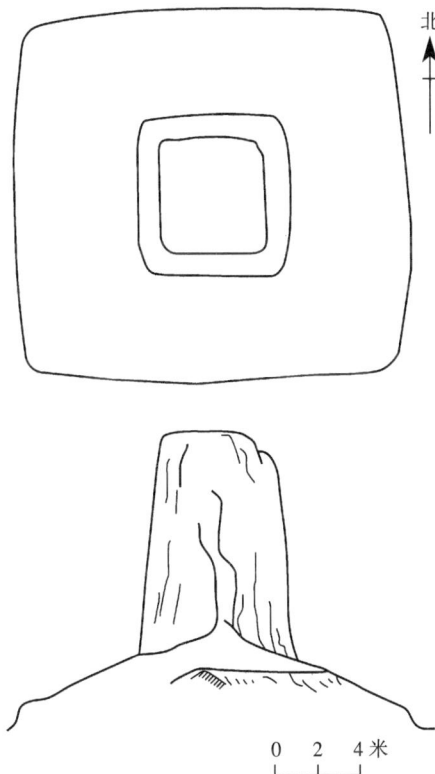

（一五二）　页梁塌村2号烽火台（610822353201170152）

该烽火台位于庙沟门镇页梁塌村南0.36千米的山梁上，西距沙梁川1.5千米，四周地势平缓，为耕地，种有玉米、豆子等农作物。高程1198米。地处黄土梁峁丘陵宽谷区，属于黄土沟壑地貌。

烽火台整体保存一般。台体坍塌严重被树木覆盖，夯层人为破坏严重。

烽火台用黄土夹杂石子夯筑而成，夯层厚0.05～0.13米，质地细密。台体平面呈矩形，剖面呈梯形，底部东西4.8、南北5米，顶部东西1.5、南北1.8米，高5.6米。（图二三九）

烽火台西北距页梁塌村马面0.198千米。

（一五三）引正通村烽火台（610822353201170153）

该烽火台位于庙沟门镇引正通村西南 0.73 千米处，西距沙梁川 350 米，周围为断崖。高程 1159 米。地处黄土梁峁丘陵宽谷区，属于黄土沟壑地貌。

烽火台整体保存一般。台体上部毁坏，内部为夯筑，坍塌严重。

烽火台包括夯土基座和包砖包石台体两部分。基座平面呈矩形，边长 23 米。台体内部用黄土夹杂小石子夯筑而成，夯层厚 0.1～0.16 米，质地细密，夯窝直径 0.05 米；外部上半部包砖，下半部包砌石条，平铺垒砌，包石部分高 3 米，13 层，条石长 80～120、宽 35、厚 30 厘米。台体平面呈矩形，剖面呈梯形，底部边长 9.8、顶部边长 6.6、高 9 米。台体内部有供上下的通道，入口在南壁，宽 0.9、进深 1.3 米。（图二四〇；彩图四一）

烽火台西北距引正通村堡 0.123 千米。

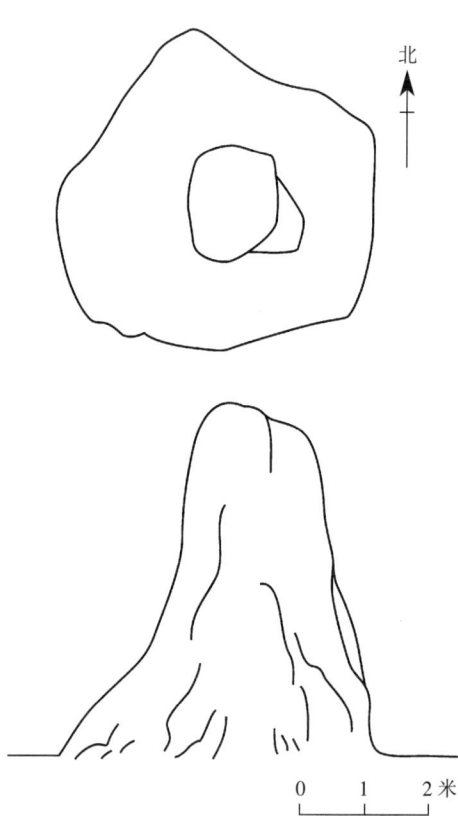

图二三九　页梁墕村 2 号烽火台平、立面图

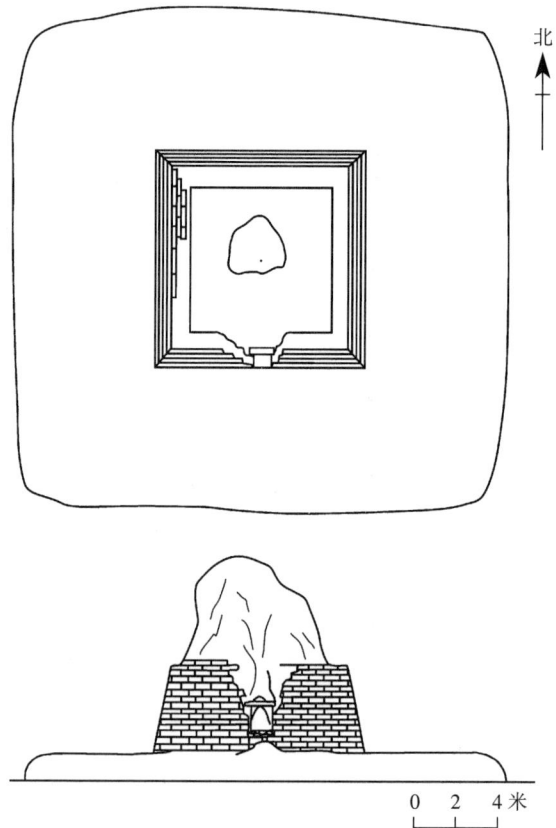

图二四〇　引正通村烽火台平、立面图

（一五四）前口则村 1 号烽火台（610822353201170154）

该烽火台位于三道沟乡前口则村的北山峁上，东距沙梁川 0.1 千米，东侧是陡峭的山坡，下为沙梁川，西侧是连绵的山梁。高程 1098 米。地处黄土梁峁丘陵宽谷区，属于黄土沟壑地貌。

烽火台整体保存较差。台体东壁坍塌，外层包砖消失，顶部坍塌形成砖块堆积。

烽火台包括夯筑围墙、夯土基座和包砖台体三部分。基座分为两部分，下部为生土，上部为夯土，夯层厚 0.05 ~ 0.16 米。台体平面呈矩形，边长 30、高 1 ~ 2 米。围墙保存较差，仅存东南角长 2.5、高 1.5 米的夯土墙及西北角长 4.5、高 1.1 米的石墙。台体内部用黄土为主夯筑而成，包含物为料礓石，夯层厚 0.1 ~ 0.16 米；外部上部包砖，已无存，下部包石高 1.3、厚 0.9 米，条石长 80 ~ 110、厚 30 ~ 40 厘米。台体平面呈矩形，剖面呈梯形，底部边长 11、顶部边长 7.8、高 8.3 米，东侧底部到顶部高 7.2 米。（图二四一）

台体周围存少量砖，砖长 38、宽 18、厚 9 厘米。

烽火台西距前口则村 1 号敌台 0.248 千米。

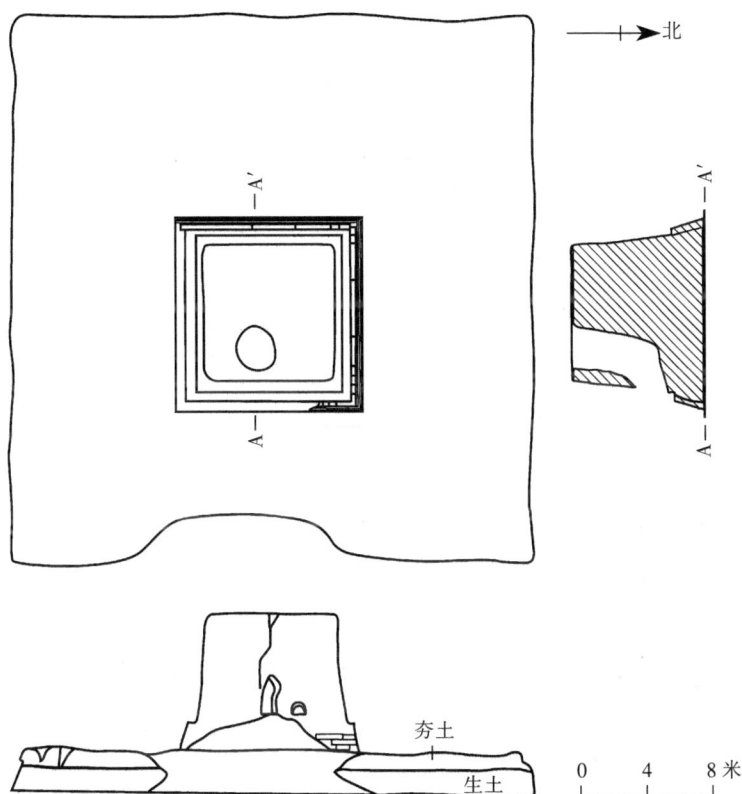

图二四一 前口则村 1 号烽火台平、立、剖面图

（一五五）前口则村 2 号烽火台 （610822353201170155）

该烽火台位于三道沟乡前口则村西 0.8 千米处，东距沙梁川 0.45 千米，北、西侧为深沟，围墙内外为耕地，周边遍布水冲沟壑。高程 1177 米。地处黄土梁峁丘陵宽谷区，属于黄土沟壑地貌。

烽火台整体保存较差。台体包砖脱落，北半部坍塌，东壁有一洞口，宽 0.5、高 1.6 米。

烽火台包括围墙、土筑基座和台体三部分。围墙北依长城墙体，墙体长 36、底宽 3.5、顶宽 0.5、高 4.3 米。基座平面形状不明，高 5.8 米，只东北角明显，最上层 1.3 米为夯土，下 4.5 米为生土，凸出台体 6 米。台体内部用黄土夯筑而成，夯层厚 0.08 ~ 0.15 米；外部包砖，仅东、南壁尚存。台体平面呈矩形，剖面呈梯形，底部东西 11、南北 13 米，顶部东西 7.8、南北 8.5 米，高 7 米。（图二四二；彩图四二）

烽火台东北距前口则村 1 号敌台 0.156 千米。

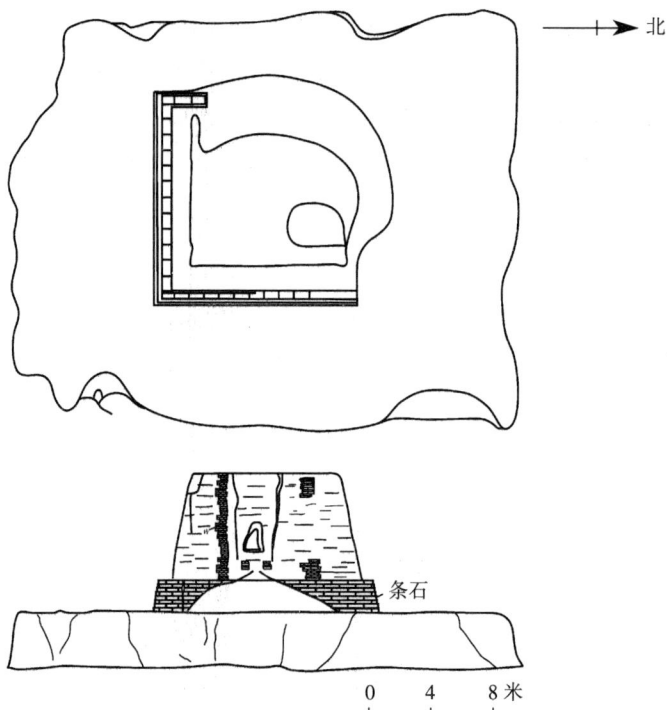

图二四二　前口则村 2 号烽火台平、立面图

（一五六）庙洼梁村 1 号烽火台（610822353201170156）

该烽火台位于三道沟乡马场村庙洼梁上，东距沙梁川 0.85 千米，周围地势平缓，为荒坡地。高程 1174 米。地处黄土梁峁丘陵宽谷区，属于黄土沟壑地貌。

烽火台整体保存较差。大部分坍塌，东侧长有灌木，台体上长有杂草。

烽火台用黄土夯筑而成，夯层厚 0.17～0.19 米，质地细密。台体平面呈矩形，剖面呈梯形，底部东西 5、南北 5.5 米，顶部东西 1、南北 2 米，高 4.7 米。（图二四三）

烽火台西距庙洼梁村建筑遗址 0.033 千米，距庙洼梁村 3 号敌台 0.149 千米。

（一五七）庙洼梁村 2 号烽火台
（610822353201170157）

该烽火台位于三道沟乡马场村东北 0.06 千米的庙洼梁上、长城墙体东南侧，东距沙梁川 1.15 千米，周围地势较平缓，种植多棵杨树。高程 1097 米。地处黄土梁峁丘陵宽谷区，属于黄土沟壑地貌。

烽火台整体保存较差，包砖脱落，台体坍塌严重。

烽火台内部用黄土夯筑而成，夯层夹有小石子等，夯层厚 0.12～0.13 米。台体平面呈矩形，底部东西 10.6、南北 8 米，顶部东西 6、南北 6.7 米，高 7.4

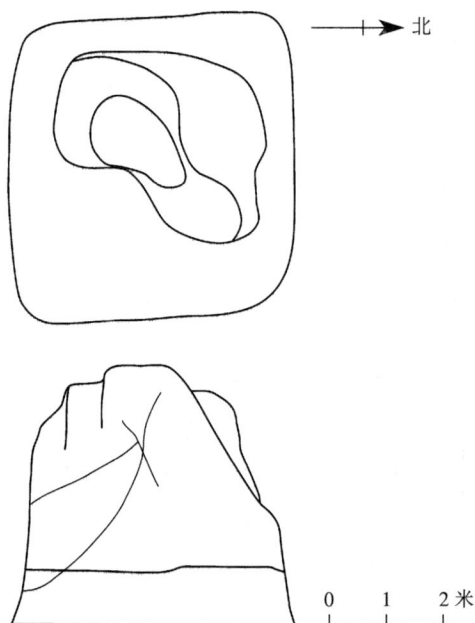

图二四三　庙洼梁村 1 号烽火台平、立面图

米。台体南壁有登台券洞，顶部坍塌，宽2.2、高4米，顶部出口呈圆形，直径4.2米。（图二四四；彩图四三）

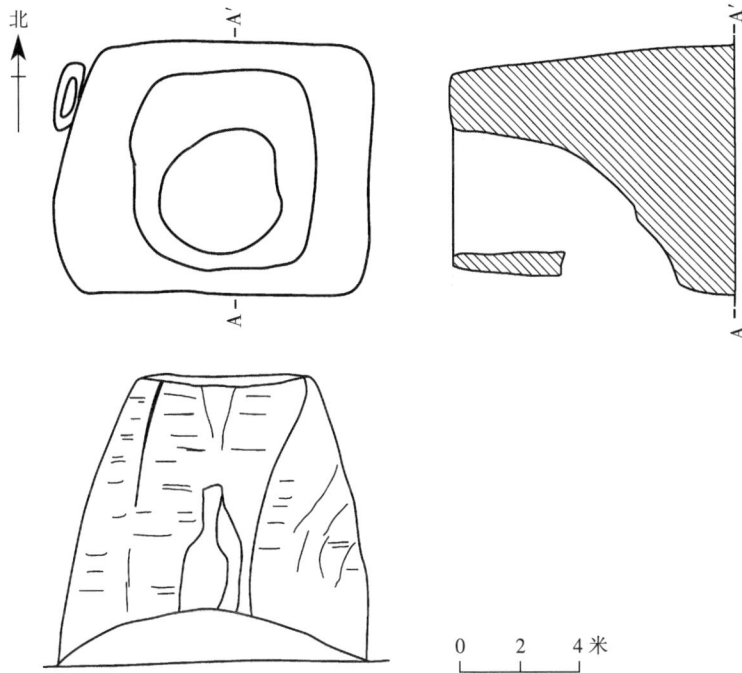

图二四四　庙洼梁村2号烽火台平、立、剖面图

烽火台北距庙洼梁村4号敌台0.246千米。

（一五八）白路墩村1号烽火台（610822353201170158）

该烽火台位于三道沟乡白路墩村东北0.406千米处，周边为农田，东距沙梁川1.85千米，北距阳湾川0.2千米，地势较陡峭，四周围为耕地。高程1138米。地处黄土梁峁丘陵宽谷区，属黄土沟壑地貌。

烽火台整体保存较差。整体风化侵蚀严重，夯土层裸露，坍塌严重，顶部呈不规则形，基础已毁，台体包砖不存。

烽火台内部用黄土夯筑而成，夯层厚0.05~0.1米，质地细密，夯窝不明。台体平面呈矩形，剖面呈梯形，底部东西7、南北7.8米，顶部东西1.2、南北1.3米，高5米。（图二四五）

烽火台西距白路墩村2号烽火台0.366千米。

（一五九）白路墩村2号烽火台（610822353201170159）

该烽火台位于三道沟乡白路墩村西0.212千米处，北距阳湾川0.15千米，四周为荒坡地，地势较缓。高程1155米。地处黄土梁峁丘陵宽谷区，属黄土沟壑地貌。

烽火台整体保存较差。整体风化侵蚀严重，顶部及南壁坍塌严重，南壁有一宽近4米的豁口，台体上有几个动物洞穴，顶部及周边生长大量杂草，台体包砖被拆除。

烽火台内部用黄土夯筑而成，夯层厚0.05~0.1米。台体平面呈近矩形，剖面呈梯形，顶部平面

现呈"U"形,底部东西 12、南北 10 米,顶部东西 8、南北 7.8 米,高 8.2 米。(图二四六)

烽火台东距白路墩村 1 号烽火台 0.366 千米。

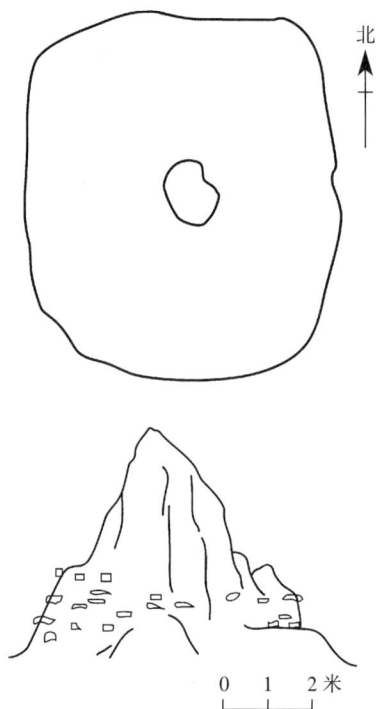

图二四五 白路墩村 1 号烽火台平、立面图　　图二四六 白路墩村 2 号烽火台平、立面图

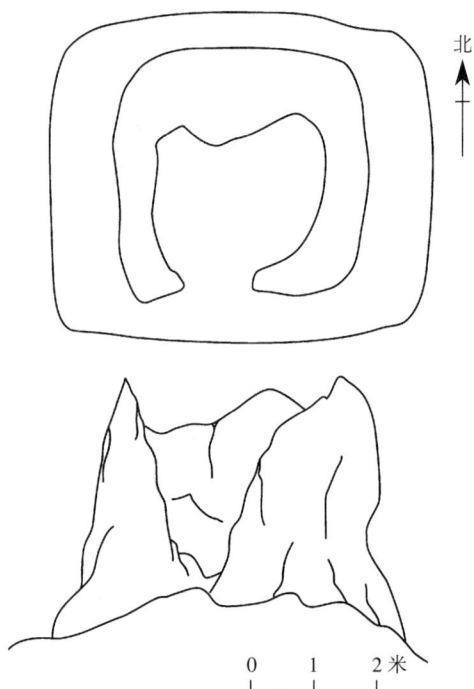

(一六〇) 斩材墩村 1 号烽火台 (610822353201170160)

该烽火台位于三道沟乡斩材墩村北 0.19 千米处,北距阳湾川 0.55 千米,四周地势平缓,长满荒草,外围沟壑遍布。高程 1170 米。

烽火台整体保存较差。风化侵蚀严重,整体形制不太清晰,顶部不规则。台体包砖被拆除,夯土裸露,坍塌严重。

烽火台内部用黄土夯筑而成,夯层厚 0.05 ~ 0.12 米,质地细密。台体平面呈矩形,剖面呈梯形,底部边长 7 米,顶部东西 1.7、南北 1.2 米,高 6 米。(图二四七)

台体南侧有一座小庙,用烽火台包砖砌成,应是近代所建。

烽火台东北距白路墩村 2 号烽火台 0.499 千米。

(一六一) 斩材墩村 2 号烽火台 (610822353201170161)

该烽火台位于三道沟乡斩材墩村西北 0.32 千米处,北距阳湾川 0.3 千米,南侧有高压电线,四周为荒坡地,地势平缓。高程 1169 米。地处黄土梁峁丘陵宽谷区,属于黄土沟壑地貌。

烽火台整体保存较差。整体风化侵蚀严重,南壁坍塌成斜坡状,坍塌豁口宽约 1.8 米。台体上有许多动物洞穴,周边散落大量残砖碎石,杂草丛生。

烽火台包括围墙、夯土基座和包砖台体三部分。基座平面呈矩形,东西 26、南北 29、高 4 米。围墙损毁严重,高 0.4 米。台体用黄土夯筑而成,夯层厚 0.05 ~ 0.15 米。台体平面呈矩形,剖面呈梯

形，底部东西 7、南北 8 米，顶部东西 4、南北 4.6 米，高 7 米。（图二四八）

烽火台东南距斩材墩村 1 号烽火台 0.655 千米。

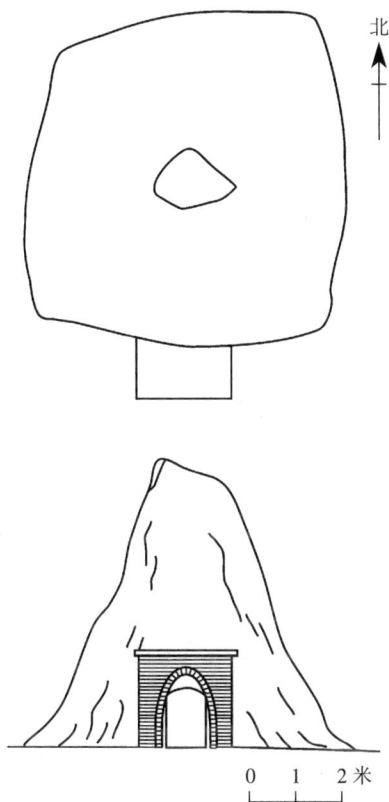

图二四七　斩材墩村 1 号烽火台平、立面图　　　　图二四八　斩材墩村 2 号烽火台平、立面

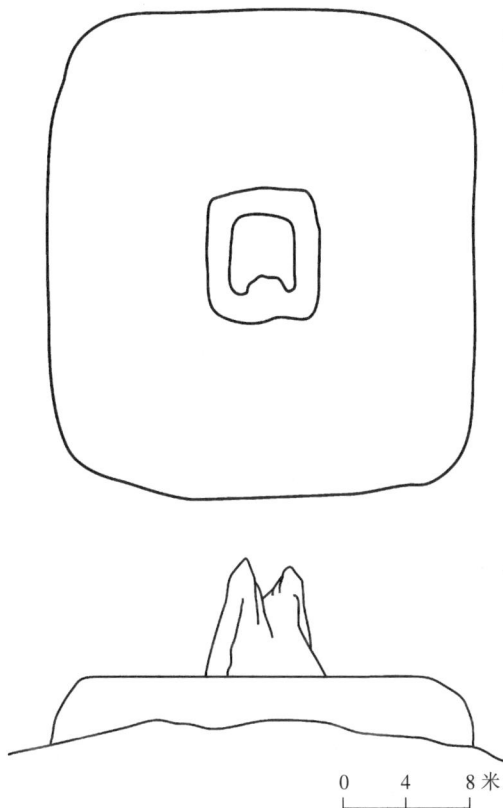

（一六二）斩材墩村 3 号烽火台（610822353201170162）

该烽火台位于三道沟乡斩材墩村东南 0.55 千米处，北距阳湾川 0.1 千米，四周地势较平缓，长满荒草。高程 1147 米。地处黄土梁峁丘陵宽谷区，属于黄土沟壑地貌。

烽火台整体保存一般。台体风化侵蚀严重，有数道明显的冲沟。台体包砖脱落，顶部及周边散落大量的残砖碎石，西壁有两道豁口，南壁有一不规则的洞口。

烽火台包括围墙、夯土基座和包砖台体三部分。基座平面呈矩形，东西 26、南北 29、高 2.1~5.3 米。围墙平面呈圆形，墙体顶宽 0.8 米。台体用黄土夯筑而成，夯层厚 0.05~0.18 米。台体平面呈矩形，剖面呈梯形，底部边长 10、顶部边长 7、高 7.4 米。（图二四九；彩图四四）

烽火台东距斩材墩村 2 号烽火台 0.345 千米。

（一六三）斩材墩村 4 号烽火台（610822353201170163）

该烽火台位于三道沟乡斩材墩村西北 0.7 千米处，北距阳湾川 0.25 千米，周围地势平缓，为耕地和荒坡地。高程 1164 米。地处黄土梁峁丘陵宽谷区，属于黄土沟壑地貌。

烽火台整体保存一般。风化侵蚀较为严重，南壁坍塌严重，平面略呈凹字形。南侧基座上有一条人为踩踏的小路。

烽火台包括夯土基座和包砖台体两部分。基座平面呈矩形，边长 26、高 4 米。台体内部用黄土夯筑而成，夯层厚 0.05～0.13 米，夯窝直径约 0.06 米；外部包砖，已被人为拆除。台体平面呈矩形，剖面呈梯形，底部边长为 10 米，顶部东西 7、南北 6.1 米，高 6.2 米。（图二五〇）

烽火台西北距城峁村关 0.07 千米。

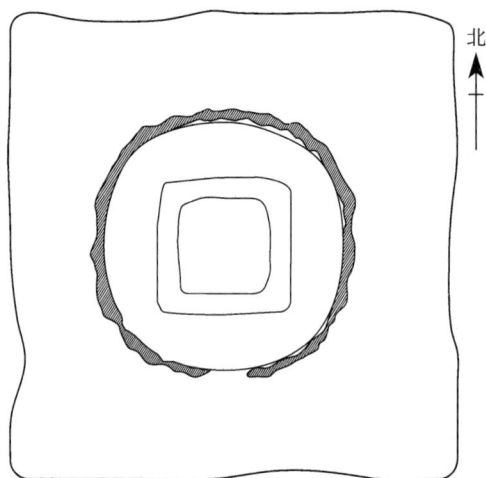

图二四九　斩材墩村 3 号烽火台平、立面图　　　　　图二五〇　斩材墩村 4 号烽火台平、立面图

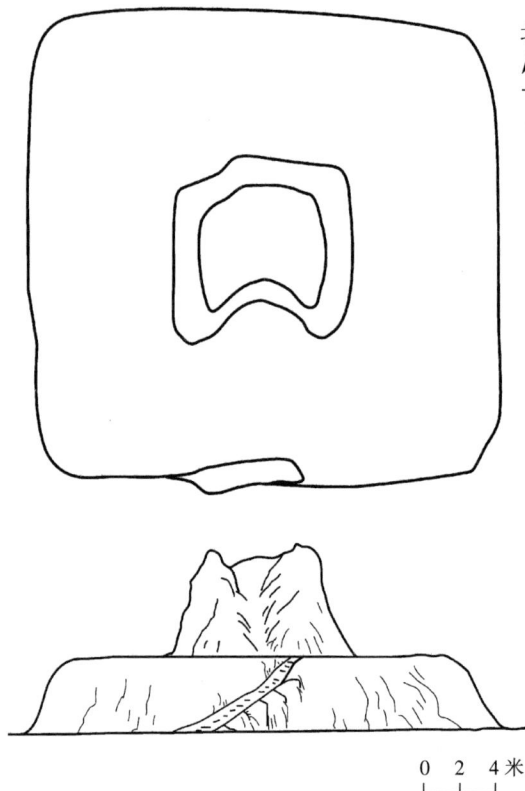

（一六四）红崖峁村 1 号烽火台（610822353201170164）

该烽火台位于三道沟乡红崖峁村南 0.19 千米处，东距沙梁川 4 千米，四周为耕地和荒坡地，周边沟壑遍布。高程 1195 米。

烽火台整体保存较差。台体风化侵蚀严重，有几道明显的冲刷痕迹，东壁上有一洞口。台体周围及顶部散落一些残砖，围墙仅剩断壁残垣，不完整，台体包砖被人为拆除。

烽火台包括围墙和台体两部分。围墙平面呈圆形，直径 20 米。台体内部为黄土夯筑而成，夯层厚 0.05～0.13 米。台体平面呈矩形，剖面呈梯形，底部东西 12、南北 11 米，顶部边长 7 米，高 7 米。台体内部有上下的通道，宽 1.2、高 1.4 米。（图二五一）

烽火台东南距红崖峁村 2 号烽火台 0.589 千米。

（一六五）红崖峁村 2 号烽火台（610822353201170165）

该烽火台位于三道沟乡红崖峁村东南 0.329 千米处，东距沙梁川 3.6 千米，四周为坡地，长满荒草，周边沟壑遍布。高程 1215 米。

烽火台整体保存较差。台体包砖不存，周围散落大量的残砖碎石。整体风化侵蚀严重，台体上有数道明显的冲刷痕迹，东南角坍塌严重，顶部不规则。

烽火台内部用黄土夯筑而成，夯层厚0.05～0.13米，质地细密。台体平面呈矩形，剖面呈梯形，底部东西8、南北7米，顶部东西2.7、南北2.1米，高5.3米。（图二五二）

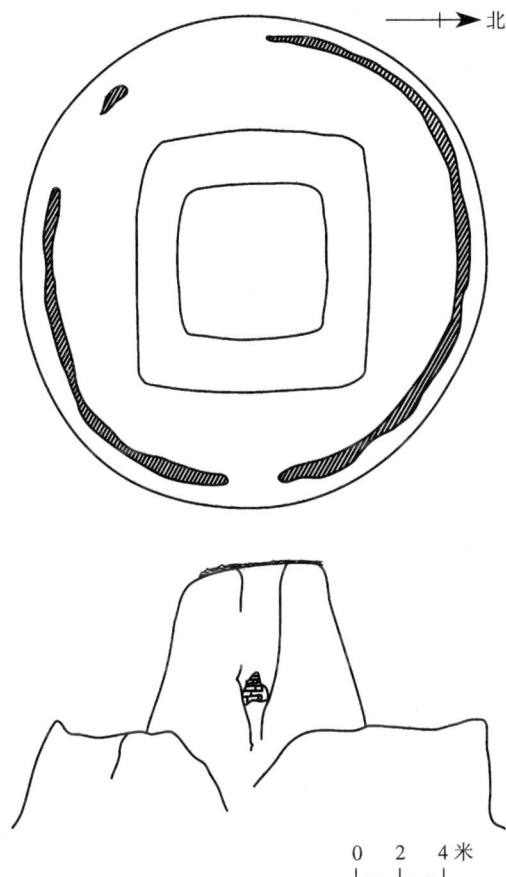

图二五一　红崖峁村1号烽火台平、立面图　　　　图二五二　红崖峁村2号烽火台平、立面图

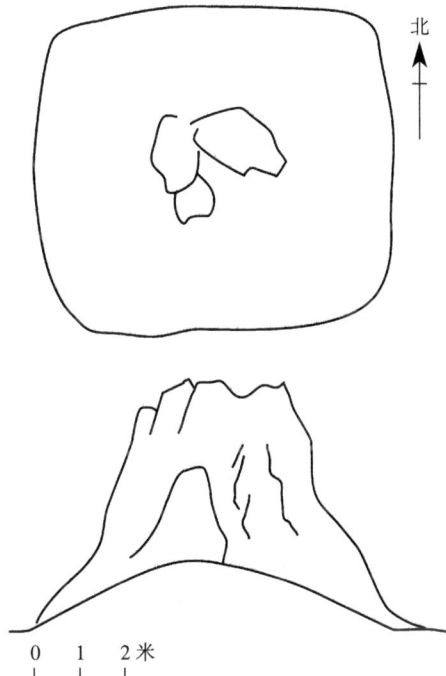

烽火台西北距红崖峁村1号烽火台0.589千米。

（一六六）野猪峁村1号烽火台（610822353201170166）

该烽火台位于三道沟乡玉则墕村野猪峁村（组）东约0.5千米山峁上，北距阳湾川0.85千米，东可眺望三道沟，西可见长城，周围为耕地，地势平缓。高程1215米。地处黄土梁峁丘陵宽谷区，属于黄土沟壑地貌。

烽火台整体保存一般。台体基石清晰可见，较为规整。台面上端可见铺砖，呈现裂缝，夯层清晰可辨，东壁有一处坍塌豁口，呈不规则状。台体四周有围墙，破坏严重，墙门隐约可见。

烽火台包括围墙、基座和包砖台体三部分。基座平面呈矩形，东西43、南北34.5、高4米。围墙位于基座上，内高0.3～2.4、外高0.8～4.4、距台体13～14米。台体平面呈矩形，剖面呈矩形，底部边长9、顶部边长6、高9米，台体收分0.2～1米。台体西壁有一登台门洞，悬于台面，高于地表，曲折而上，门洞呈椭圆形，宽0.8、高1.2、距地表0.7米。（图二五三；彩图四五）

烽火台西南距野猪峁村2号烽火台0.356千米。

图二五三　野猪峁村 1 号烽火台平、立面图

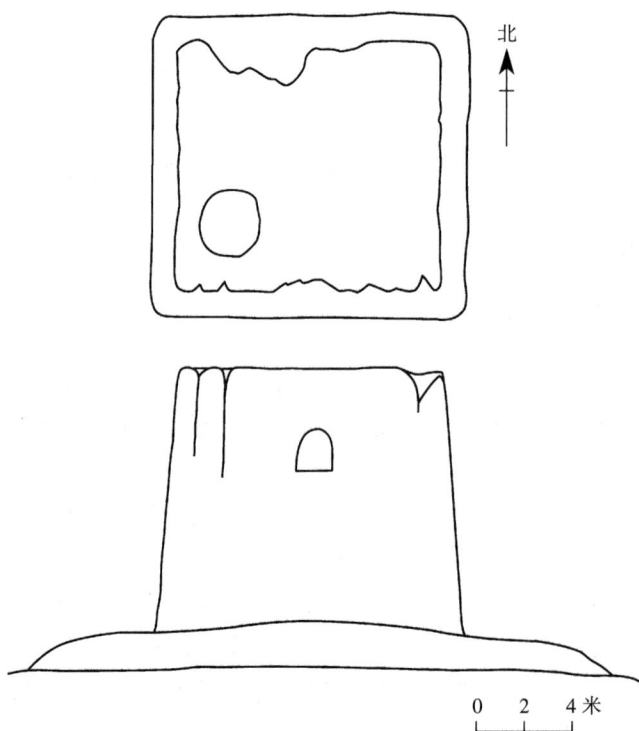

图二五四　野猪峁村 2 号烽火台平、立面图

（一六七）野猪峁村 2 号烽火台
（610822353201170167）

该烽火台位于三道沟乡玉则壕村野猪峁村（组）东南山峁上，北距阳湾川 1.15 千米，四周地势平缓，为农田。高程 1253 米。地处黄土梁峁丘陵宽谷区，属于黄土沟壑地貌。

烽火台整体保存较差。台体坍塌严重，有裂痕，包砖脱落，登台门洞保存较差，内部坍塌，呈不规则形，基座周围散落大量的残石碎砖，底部条石清晰可见，排列规整。

烽火台包括围墙、夯土基座和包砖台体三部分。基座平面呈矩形，边长 23 米。围墙保存较差，仅存南、北、西墙，残缺不整，墙体内高 0.2～1.5、外高 1.4～2.1 米，墙门不存，找不到任何痕迹，距台体 13～16 米。台体平面呈矩形，剖面呈梯形，底部东西 13.2、南北 12 米，顶部东西 11、南北 10 米，高 10.5 米。台体东壁有登台门洞通向顶部，门洞内部坍塌成不规则状，最高 1.7、宽 1.4 米，无法登上台顶。（图二五四）

烽火台东北距野猪峁村 1 号烽火台 0.356 千米。

（一六八）野猪峁村 3 号烽火台（610822353201170168）

该烽火台位于三道沟乡野猪峁村南的一个缓坡上，北距阳湾川 0.55 千米，外围沟壑遍布，四周地势平缓，为耕地和荒坡地。高程 1137 米。

烽火台整体保存较差。台体包砖无存，顶部有砖层与石灰层残迹，散落残砖和碎瓷片等，南壁坍塌严重。

烽火台包括基座、基础土台和台体三部分。基座平面由于台体坍塌呈不规则圆形，向外延伸约 5 米。土台平面呈近矩形，东西 39、南北 36、高 4.4 米。台体内部用黄土夯筑而成，土质纯净细密，夯层厚 0.1~0.18 米。台体平面呈矩形，剖面呈梯形，底部东西 9、南北 9.4 米，顶部东西 7、南北 7 米，通高 10 米。台体西壁坍塌部位应为登台踏步，曲折而上。南壁距顶部 2.4 米处有一长约 1.6、宽约 0.8 米的洞口。（图二五五）

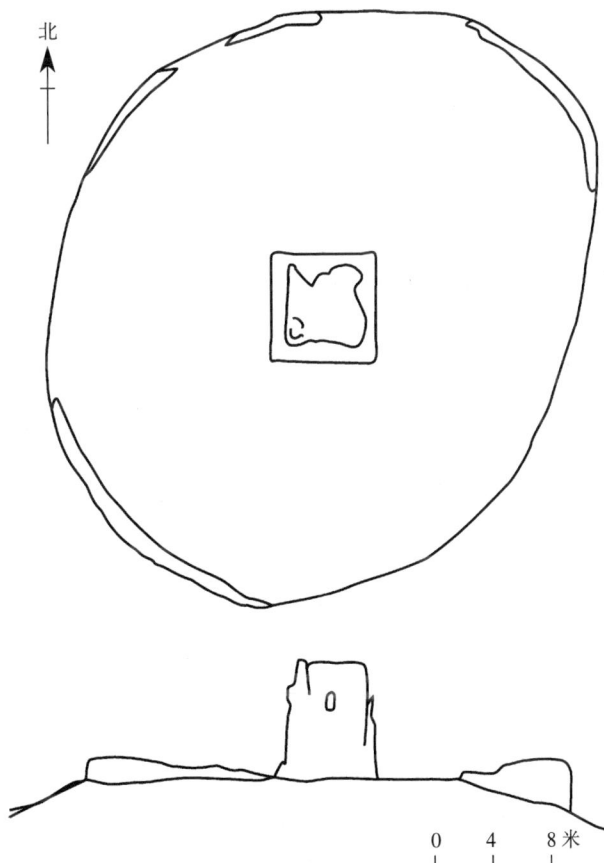

图二五五　野猪峁村 3 号烽火台平、立面图

烽火台东南距野猪峁村 1 号烽火台 0.555 千米。

（一六九）野猪峁村 4 号烽火台（610822353201170169）

该烽火台位于三道沟乡野猪峁村西的一个缓坡上，北距阳湾川 0.9 千米，周边为沟壑，四周地势

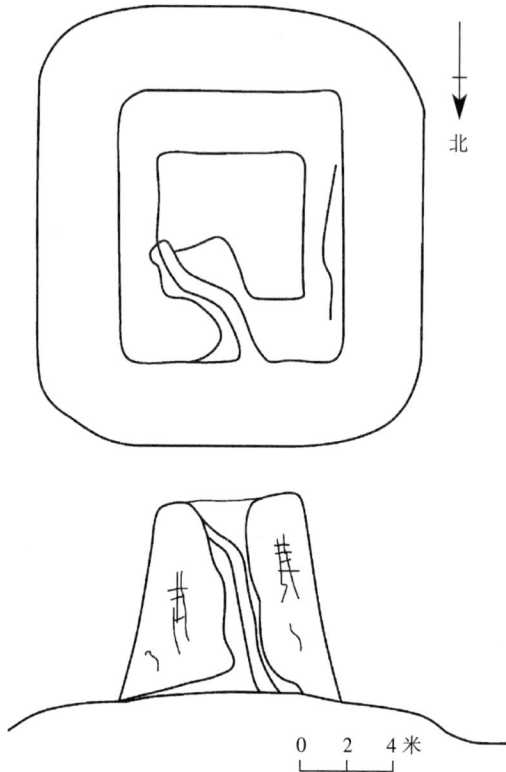

图二五六　野猪峁村4号烽火台平、立面图

平缓，为耕地。高程1137米。

烽火台整体保存一般，台体北壁有人为踩踏的土道。台体四周有稍凸起部分，由于风化侵蚀严重而不能确定其性质，推测为基础土台。

烽火台内部用黄土夯筑而成，夯层厚0.1～0.18米，土质纯净细密，均匀分布；外部包砖无存。台体平面呈矩形，剖面呈梯形，底部东西11、南北13米，顶部东西7.2、南北约7米，高约10米。（图二五六）

烽火台南距玉则塌村长城2段约0.25千米，东南距野猪峁村敌台0.453千米。

（一七〇）野猪峁村5号烽火台
（610822353201170170）

该烽火台位于三道沟乡野猪峁村西的一个山峁上，北距阳湾川1.75千米，周围地势平缓，长满荒草和新植的树。高程1268米。地处黄土梁峁丘陵宽谷区，属于黄土沟壑地貌。

烽火台整体保存一般。南壁坍塌严重；四周有围墙，墙内至台底为耕地，墙体呈锯齿状；基台消失，有多处大小不等的豁口；墙体至台底坍塌，形成巨大豁口，形成深沟。

烽火台包括围墙、基座和包砖台体三部分。基座平面呈圆角矩形，边长17.8米。围墙位于基座外侧，平面呈矩形，边长42米，黄土夯筑，夯层厚约0.1米，断断续续分布，墙体底宽3、顶宽0.5、内高0～2.5、外高0～3.5米，距台体东侧约9.1、南侧约9米，西、北、南墙保存较好，东墙消失。台体用黄土夯筑而成，夯层厚0.04～0.17米。台体平面呈矩形，剖面呈梯形，底部东西13.7、南北11.4米，顶部由于南侧坍塌呈凹字形，东西8.2、南北8.6米，高约7.9米。台体底部用2层条石包砌，防水固基，厚约0.3米。台体南壁坍塌部位应为登台踏步，曲折而上，长约8.1米。（图二五七）

烽火台东北距野猪峁村敌台0.482千米，西北距二道边村1号（0171号）烽火台0.556千米。

（一七一）二道边村1号烽火台（610822353201170171）

该烽火台位于三道沟乡二道边村南，北距阳湾川1.5千米，周围地势较平缓，新植有果树。高程1253米。地处黄土梁峁丘陵宽谷区，属于黄土沟壑地貌。

烽火台整体保存较差。台体风化侵蚀严重，有数道冲沟，南壁坍塌严重，周边散落条石和残砖，台体或基座包砖石脱落。

烽火台包括基座和包砖包石台体两部分。基座为黄土夹杂残砖石、板瓦等堆筑而成，平面呈近矩形，边长23米。台体内部用黄土夹杂少量瓷片、碎石和料礓石夯筑而成，夯层厚0.11～0.14米，质地细密，均匀分布。台体底部平面呈近矩形，剖面呈梯形，底部东西13.3、南北13.2米，顶部由于南侧坍塌呈近矩形，东西4.8、南北4.5米，通高约10米。台体南壁坍塌部位应为登台踏步，曲折而上，长约8.5米。台体顶部散落少量残砖石和碎瓷片，有石灰层残迹。（图二五八）

图二五七　野猪峁村 5 号烽火台平、立面图

烽火台北侧约 100 米有长约 60 米的夯土墙，宽约 3.6、高约 5 米，夯层厚 0.1～0.18 米，两侧依沟壑为险，墙体内外地势比较平缓，与烽火台形成整体防御体系。

烽火台东南距野猪峁村 5 号烽火台 0.556 千米。

（一七二）二道边村 2 号烽火台
（610822353201170172）

该烽火台建于三道沟乡二道边村南，北距阳湾川 1.2 千米，周围有多条冲沟，周边沟壑遍布。高程 1253 米。

烽火台整体保存较差。风化侵蚀严重，西壁坍塌严重，形成一宽约 4 米的沟。台体周边散落条石和残砖，台体或基座包砖石脱落。

烽火台包括自然基础和台体两部分。基础由于台体坍塌呈不规则圆形，仅存西北部，边缘距台体约 6 米。台体内部为黄土夹杂少量瓷片、碎石和料礓石夯筑而成，夯层厚 0.11～0.14 米，质地细密，均匀分布。台体平面呈矩形，剖面呈梯形，底部东西 11.4、南北 10.4 米，顶部由于北侧坍塌呈近矩形，东西 6.8、南北

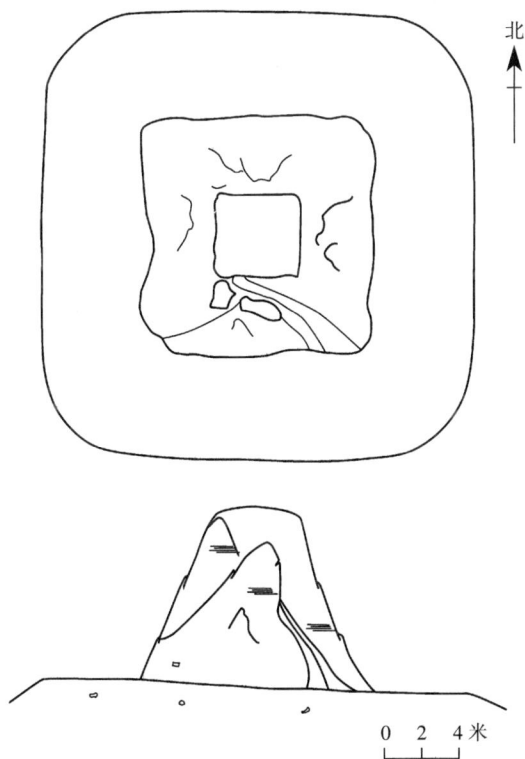

图二五八　二道边村 1 号烽火台平、立面图

6.7 米，通高约 8.5 米。台体北壁坍塌部位应为登台踏步，曲折而上，长约 8 米。（图二五九）

烽火台北侧约 100 米有长约 78 米的墙体，宽约 4、高约 6 米，夯层厚 0.06～0.14 米，两侧依沟壑为险，墙体内外地势比较平缓，与烽火台形成整体防御体系。

烽火台南距二道边村 1 号烽火台 0.266 千米。

（一七三）下玉则塌村 1 号烽火台（610822353201170173）

该烽火台位于三道沟乡下玉则塌村南，北距阳湾川河 1.95 千米，四周地势平缓，为荒坡地，周边沟壑遍布。高程 1270 米。

烽火台整体保存较差。顶部和南壁坍塌严重，顶部仅存半壁。基座上由于台体坍塌形成堆土围绕台体，有黄土夹杂大量残砖石和碎瓷片、残瓦堆砌。基座上有多条小道。

烽火台包括基座和包砖台体两部分，台体建于基座上。基座为黄土夹杂残砖石、板瓦等堆砌而成，平面呈近矩形，边长约 14.1 米。台体内部用黄土夹杂少量瓷片、碎石和料礓石夯筑而成，夯层厚 0.11～0.14 米，质地细密，均匀分布；外部包砖无存。台体底部平面呈矩形，剖面呈梯形，底部东西 6、南北 6.3 米，顶部由于西侧坍塌呈近矩形，东西 3.4、南北 3.7 米，高约 4.1 米。台体顶部散落少量残砖石和碎瓷片。台体南壁坍塌部位应为登台踏步，由中部曲折而上，长约 3.5 米。（图二六〇）

烽火台东北距野猪峁村 5 号烽火台 0.411 千米。

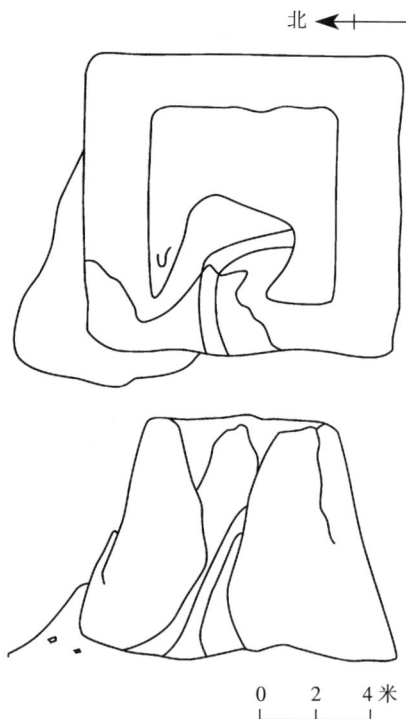

北 ←　　　　　　　　　　　　　　　　　　　　　北 ↑

0　2　4 米　　　　　　　　　　　　　　　　0　2　4 米

图二五九　二道边村 2 号烽火台平、立面图　　　图二六〇　下玉则塌村 1 号烽火台平、立面图

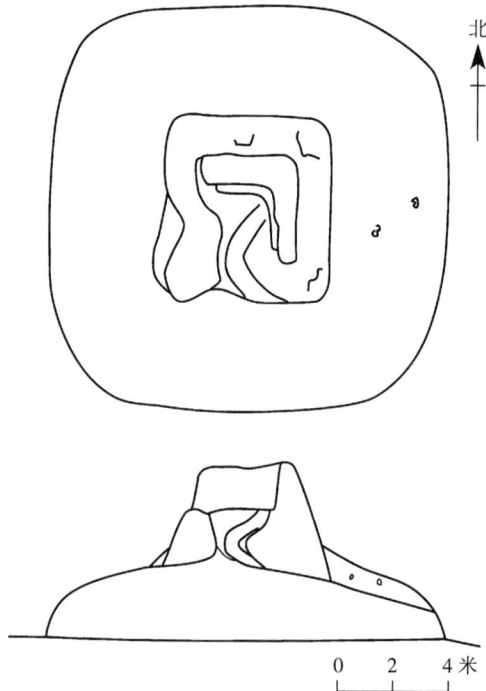

（一七四）下玉则塌村 2 号烽火台（610822353201170174）

该烽火台位于三道沟乡下玉则塌村西一个山峁上，北距阳湾川 2.4 千米，西北距新火盘沟水库 2.25 千米，四周地势平缓，为长满荒草的坡地。高程 1294 米。地处黄土梁峁丘陵宽谷区，属于黄土沟壑地貌。

烽火台整体保存较差。台体南壁坍塌严重，登台踏步不清，顶部由于坍塌呈不规则状。台体或基座包砖石脱落，周边散落条石和残砖。

　　烽火台包括围墙、基座和包砖石台体三部分。基座平面由于台体坍塌呈近正方形，边长 11、高约 3.9 米。围墙位于基座外侧，平面呈矩形。围墙保存较差，仅存西墙，长约 12 米，黄土夯筑而成，土质较为疏松，夯层厚约 0.11 米，墙体宽 0.15～2、高 0～1.15 米，断断续续，墙体上堆积少量残砖石和条石。台体分 2 层，连同基座层共 3 层，由下至上每层向内收分，第二层高约 2.4 米，第三层高约 3 米。台体为黄土夯筑而成，夯层厚 0.06～0.16 米，质地坚硬，纯净无杂物，均匀分布。台体底部平面呈矩形，剖面呈梯形，底部东西 11、南北 11.5 米，顶部由于南侧坍塌呈近矩形，东西约 8、南北 8.7 米，高约 9.3 米。台体南壁坍塌部位应为登台踏步，曲折而上。（图二六一）

　　烽火台南距上玉则墕村关 0.206 千米，南距二道边村 2 号敌台 0.301 千米。

（一七五）下玉则墕村 3 号烽火台（610822353201170175）

　　该烽火台建于三道沟乡下玉则墕村西的山峁上，北距阳湾川 3 千米，西北距新火盘沟水库 2.6 千米。四周地势较平缓，退耕还草种植大量苜蓿，外围遍布沟壑。高程 1302 米。地处黄土梁峁丘陵宽谷区，属于黄土沟壑地貌。

　　烽火台整体保存较差。台体西壁坍塌严重，其余部分有坍塌，有冲沟。台体上有许多动物洞穴，对台体造成破坏，西壁有一登台步道，应是人为攀爬所致。

　　烽火台包括夯土基座和台体两部分。基座平面呈近矩形，轮廓清晰，边长约 27、高约 2.5 米，距台体底部约 8 米。台体用黄土夹杂少量碎石和料礓石夯筑而成，夯层厚 0.11～0.2 米，质地坚硬，均匀分布。台体底部平面呈矩形，剖面呈梯形，底部东西 11、南北 13 米，顶部由于南侧坍塌呈近矩形，边长约 7 米，高约 9 米。台体南壁坍塌部位有一洞口，宽 1.5、高 1.8 米，应为登台踏步入口，曲折而上。（图二六二；彩图四六）

　　烽火台南距板墩村烽火台 0.468 千米。

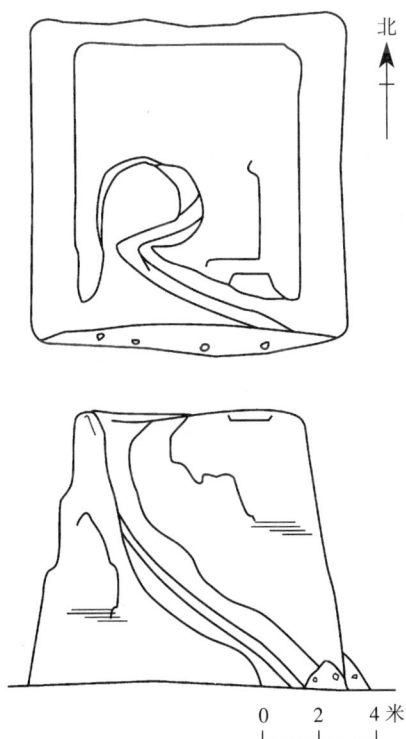

图二六一　下玉则墕村 2 号烽火台平、立面图　　　　图二六二　下玉则墕村 3 号烽火台平、立面图

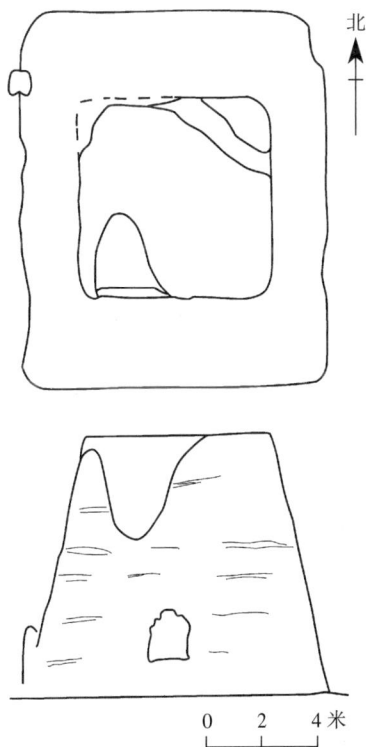

（一七六）板墩村烽火台（610822353201170176）

该烽火台位于新民镇板墩村北的山顶上，北距长城墙体约 2 千米，南距新城川 0.9 千米。周围是耕地，外围沟壑遍布。高程 1319 米。地处黄土梁峁丘陵宽谷区，属于黄土沟壑地貌。

烽火台整体保存较差。台体南壁中部踏步坍塌严重，基座平面由于坍塌轮廓不清，台体周边散落条石和残砖，台体或基座包砖石脱落。台体北侧沿基座有一条土路，对基座破坏严重。

烽火台包括基座和台体两部分。基座平面呈近矩形，边长 36 米。台体用黄土夹杂少量瓷片、碎石和料礓石夯筑而成，夯层厚 0.07 ~ 0.12 米，均匀分布。台体平面呈矩形，剖面呈梯形，底部东西 33、南北 28 米，顶部略有下陷，东西 20.7、南北 23.5 米，高约 11 米。台体南壁顶部向下有一"V"形豁口，应为登台踏步。（图二六三）

烽火台西北距上玉则塌村烽火台 1.45 千米。

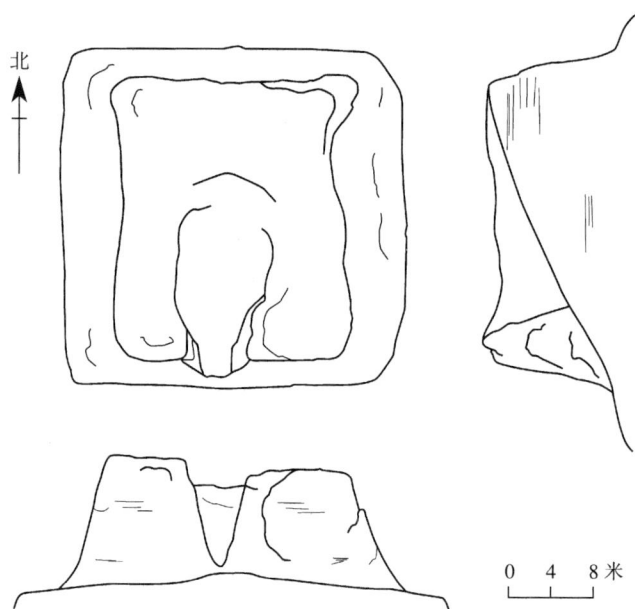

图二六三　板墩村烽火台平、立面图

（一七七）上玉则塌村烽火台（610822353201170177）

该烽火台位于三道沟乡上玉则塌村西，北距阳湾川 3.7 千米，西北距新火盘沟水库 3 千米。周围为坡地，杂草丛生，植有杏树。高程 1302 米。地处黄土梁峁丘陵宽谷区，属于黄土沟壑地貌。

烽火台整体保存较差。台体风化侵蚀严重，顶部至中部坍塌严重，底部存包砖石，中下部轮廓较为清晰，底部约 1.2 米高的疏松黄土包围台体，周边散落大量残砖碎石，应为包石、砖脱落所致。

烽火台由夯土基座、围墙和台体三部分组成。基座平面呈近矩形，边长约 38 米。围墙位于基座外侧，距基座 9.5 米，整体保存较差，仅存部分南、西墙，断断续续，西墙长 47.5、南墙长 24 米，墙体宽 0.3 ~ 1、高 1 米。台体用黄土夹杂少量瓷片、碎石和料礓石夯筑而成，夯层厚 0.07 ~ 0.14 米，质地坚硬，分布均匀。台体分为 2 层，第一层为包砖层，防水固基；第二层为黄土夯筑台体。台体平面呈矩形，剖面呈梯形，底部东西 10.7、南北 12.5 米，顶部由于坍塌呈不规则形，东西

7.5、南北 8.5 米，通高约 7.5 米。台体底部周围有坍塌形成的堆土，外延约 1.5 米。南壁坍塌部位应为登台踏步，曲折而上，周围散落条石、砖等。（图二六四）

烽火台西南距下玉则墕村敌台 0.552 千米。

（一七八）守口墩村 1 号烽火台
（610822353201170178）

该烽火台位于新民镇守口墩村东的山峁上，北距阳湾川 4.75 千米，南距新城川 4.9 千米，四周是荒坡地，地势较平缓。高程 1255 米。地处黄土梁峁丘陵宽谷区，黄土沟壑地貌。

烽火台整体保存较差，风化侵蚀严重，但形制尚清晰。台体南壁坍塌严重，顶部坍塌呈不规则形，有冲沟和许多动物洞穴。

烽火台包括基座和台体两部分。基座平面略呈圆形，直径约 14、高约 2.5 米，边缘距台体底部约 2.4 米。台体内部为黄土和红土间隔夯筑而成，夯层厚 0.08 ~ 0.14 米，质地较为疏松，红土夯层厚约 0.12 米，质地坚硬，均匀分布，错落有

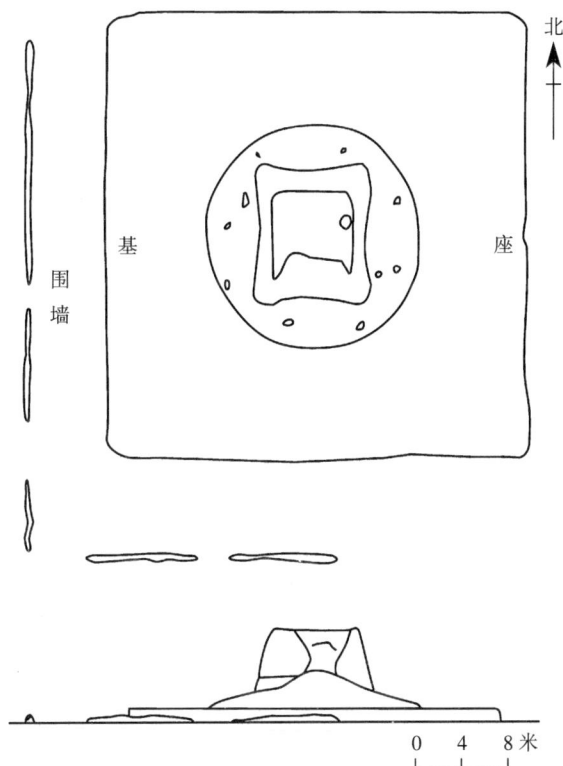

图二六四　上玉则墕村烽火台平、立面图

致，内含少量碎石和料礓石；有部分包石砖不规则插入台体，厚 0.6 ~ 1.1 米，砖宽 20、厚 10 厘米。台体底部平面呈矩形，剖面呈梯形，底部东西 10.3、南北 9.25 米，顶部由于南侧坍塌呈近矩形，东西约 4.1、南北约 4 米，通高约 6 米。台体南壁有条小路曲折而上，应为登台踏步。（图二六五）

烽火台东距板墩村烽火台 1.75 千米。

（一七九）守口墩村 2 号烽火台（610822353201170179）

该烽火台位于新民镇守口墩村东的庙梁上，南距新城川 4.25 千米，四周为梯田，高程 1268 米。地处黄土梁峁丘陵宽谷区，属于黄土沟壑地貌。

烽火台整体保存较差，但形制清晰。西壁下陷坍塌严重，顶部坍塌呈不规则形。基础平面呈矩形，轮廓清晰，部分坍塌，有冲沟。

烽火台包括基座和台体两部分。基座边长约 16、高约 2.75 米，边缘距台体约 4.2 米。台体用黄土夹杂少量碎石和料礓石夯筑而成，夯层厚 0.01 ~ 0.17 米，质地坚硬，均匀分布。台体底部平面呈矩形，剖面呈梯形，底部东西 9.1、南北 9.2 米，顶部由于南侧坍塌呈近矩形，东西约 5.4、南北约 5.3 米，高约 7 米。台体南壁有一高约 1.2 米的券洞。（图二六六）

台体顶部散落少量残砖石和碎瓷片。基础上发现一些石夯、青砖、条石等，青砖长 40、宽 20、厚 9 厘米；条石表面有平行斜纹，长 68、宽 42、厚 30 厘米。

烽火台南距守口墩村 1 号敌台 0.336 千米。

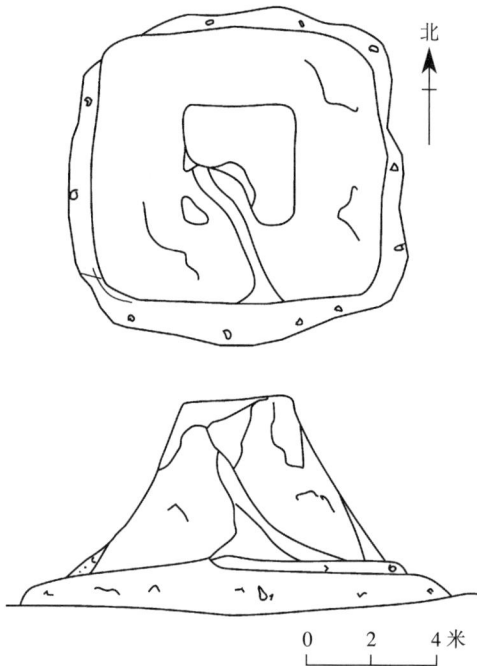

图二六五　守口墩村1号烽火台平、立面图　　　二六六　守口墩村2号烽火台平、立面图

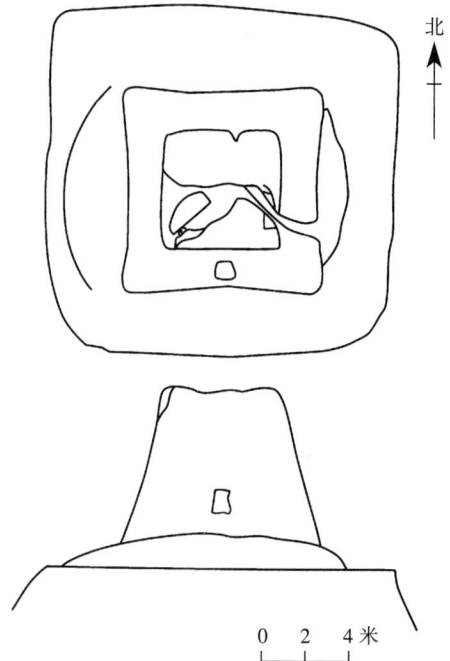

（一八〇）守口墩村3号烽火台（610822353201170180）

该烽火台位于新民镇守口墩村西的山坡上，南距新城川3.9千米，四周地势陡峭。高程1196米。地处黄土梁峁丘陵宽谷区，属于黄土沟壑地貌。

烽火台整体保存较差，形制不清，仅存一个刀刃状的侧面。位于沟底一小土台上，四周落差较大，顶部严重坍塌呈锥状，台体上有多处裂缝和蚁穴，四周散落碎石，两侧架有电线杆。

烽火台包括基座和台体两部分。基座由于坍塌形制不清。台体为黄土夯筑而成，内含碎石和料礓石，夯层厚0.11～0.14米，均匀分布。台体平面呈矩形，剖面呈不规则形，底部边长8、顶部边长4.5、高约7米。（图二六七）

烽火台东距守口墩村1号敌台0.267千米。

（一八一）守口墩村4号烽火台（610822353201170181）

该烽火台位于新民镇守口墩村东南最高的山顶上，南距新城川3.4千米，北距长城墙体约1千米，四周是荒坡地，有多条水土流失形成的冲沟。高程1208米。

烽火台整体保存较差。基座由于坍塌轮廓不清，台体南壁中部踏步坍塌严重，台体周边散落条石和残砖，台体或基座包砖石脱落。

烽火台包括基座和包砖石台体两部分。基座平面呈矩形，东西52、南北44米。台体建于基座中部，内部用黄土夹杂少量瓷片、碎石和料礓石夯筑而成，夯层厚0.07～0.14米，均匀分布；台体平面呈矩形，剖面呈梯形，底部东西38、南北33米，顶部东西27、南北25米，高约14米。台体南壁顶部向下有一"V"形豁口，应为登台踏步。（图二六八）

烽火台东北距守口墩村2号敌台0.65千米。

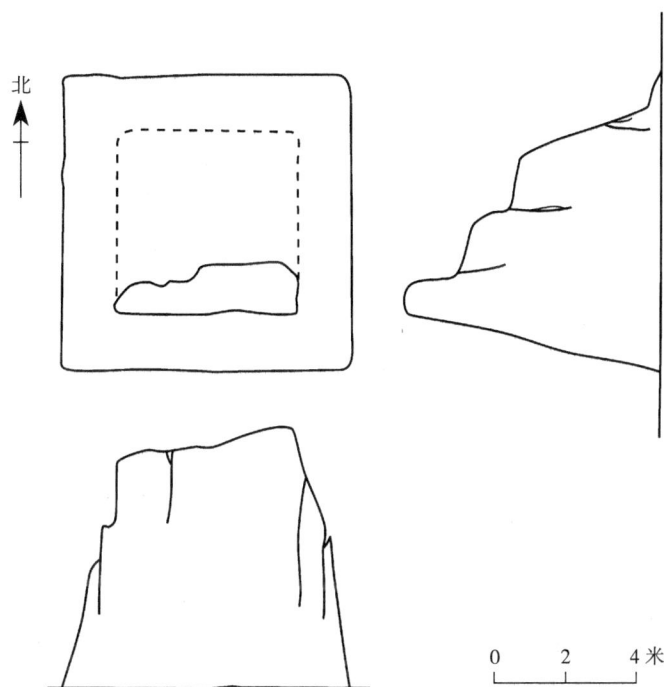

图二六七　守口墩村 3 号烽火台平、立面图

（一八二）守口墩村 5 号烽火台

（610822353201170182）

该烽火台位于新民镇守口墩村西南，南距新城川 3.4 千米，沟壑遍布，周围为耕地和荒坡地。高程 1272 米。地处黄土梁峁丘陵宽谷区，属于黄土沟壑地貌。

烽火台整体保存一般，形制保存较好，是一座较少见的圆形夯土台体。围墙内生长大量植物，残砖碎石呈土堆状围绕台体，基座轮廓不清。台体西壁部分消失，南壁由顶部向下坍塌，呈"V"形。台体及基座上杂草丛生，台壁上有数处裂缝和蚁穴。

烽火台包括基座、夯土包砖台体和围墙三部分。基座形制不清。围墙为淡红色土夯筑而成，夯层厚约 0.1 米，平面呈圆形，周长约 97 米，墙体呈锯齿状，底宽 2.8、顶宽 0.3~0.5、内高 0~2.6、外高 2~5.6 米。南墙有门，底宽 1.5、顶宽 4.2 米。台体内部为黄土夯筑而成，内含白色料礓石，夯层厚 0.06~0.13 米，质地细密；外部包砖，已无存。台体平面呈圆形，剖面呈梯形，底部直径 14、顶部直径 6、高约 8 米。（图二六九）

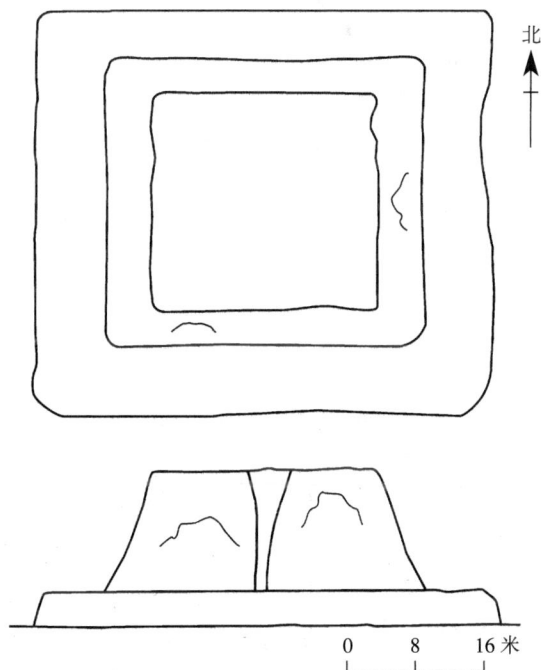

图二六八　守口墩村 4 号烽火台平、立面图

烽火台北距守口墩村 6 号敌台 0.347 千米。

(一八三) 龙王庙村 1 号烽火台 （610822353201170183）

该烽火台建于新民镇龙王庙村南河道中央的一生土台上，南距新城川 2.7 千米，周围地势平缓，种植有一些小树苗，不远处有一座煤矿。高程 1159 米。地处黄土梁峁丘陵宽谷区，属于黄土沟壑地貌。

烽火台整体保存较差。台体上有多处裂缝，西壁由底部向下形成断崖，坍塌严重，顶部边缘部分坍塌，包砖石大部分脱落，基座上有残砖碎石、条石。

烽火台包括基座和台体两部分。基座分为下部夯土层、中部白灰土夹杂条石层和上部碎砖石堆层，平面呈近矩形，东西 14、南北 12、高约 4.6 米。台体建于基座上，为黄土夯筑而成，内含少量白色料礓石，夯层厚 0.13 米，分布均匀。台体平面呈矩形，剖面呈梯形，底部边长 9.25、顶部边长 3.6、高约 8.5 米。台体南壁距顶部约 6 米处有一边长约 0.6 米的洞口通向顶部。（图二七〇；彩图四七）

烽火台东北距守口墩村 5 号烽火台 0.646 千米。

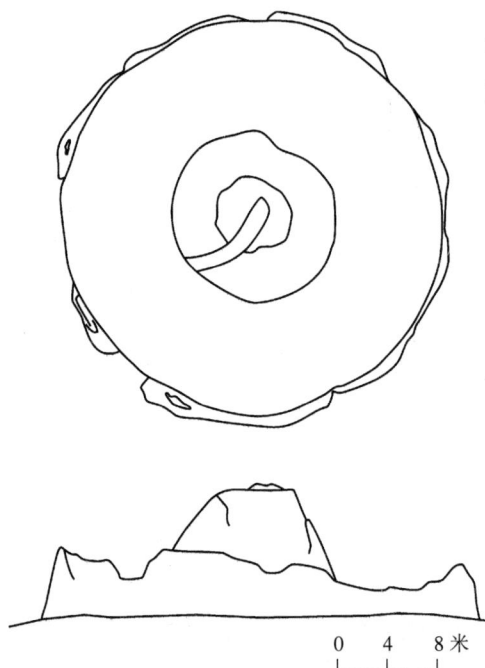

图二六九　守口墩村 5 号烽火台平、立面图

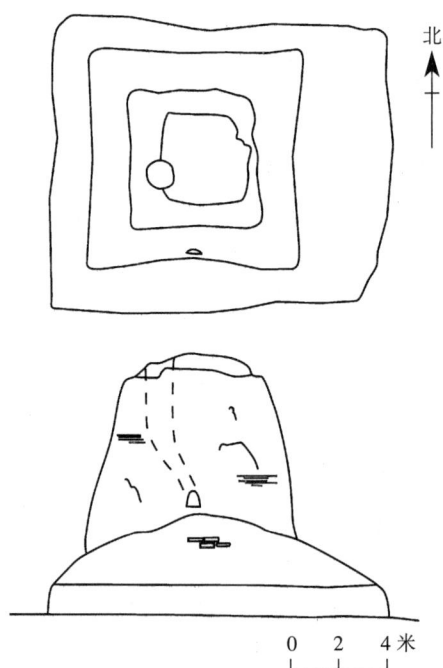

图二七〇　龙王庙村 1 号烽火平、立面图

(一八四) 龙王庙村 2 号烽火台 （610822353201170184）

该烽火台位于新民镇龙王庙村西南的山峁上，南距新城川 2.5 千米，四周为耕地，坡度较陡。高程 1226 米。地处黄土梁峁丘陵宽谷区，属于黄土沟壑地貌。

烽火台整体保存较好，是目前调查的保存最为完好的一座。台体外部包砖石，瞭望孔、射孔、礌石孔等很完整。东壁有登台踏步入口，为石质券洞，顶部条石塌落在踏步台阶上。顶部礌石孔以上垛墙基本消失，仅存铺砖层和部分石灰坑。内部瞭望孔壁上有大量刻划痕迹。

烽火台包括围墙、基座和包砖台体三部分。基座平面呈矩形，东西 14.5、南北 10.8 米。围墙平面呈矩形，边长约 18 米，距台体 3 米。墙体为黄土夯筑而成，夯层厚 0.11～0.14 米；墙体内高 2.35、外高 4.5 米，西墙保存较好，南墙消失，其余断断续续，高低不平，底宽约 4、顶宽 0.6 米。

台体内部用黄土夯筑而成；外部包有 3 层丁字形构建的条石，高约 1 米，防水固基之用，条石以上包砖。台体底部平面呈矩形，剖面呈梯形，底部东西 11、南北 14.5 米，顶部边长约 8.5 米，高 9.5 米。台体东壁有一登台门洞，为踏步入口，底宽 1.1、高 1.8 米。台体北壁高 4.5 米处向内收分 3 米，形成

第二层平台，内侧面上有另一门洞，由此进入台体内部。台体东、南、西壁高约 5.5 米处均有 4 个间隔相等的射孔，呈正方形，边长约 0.3 米；上约 1 米有 4 个与之相对应的瞭望孔，券洞式，底宽 0.62、高 0.82 米；顶部有 4 个礌石孔，平面呈近半圆形，口宽约 0.4、高 0.3 米。台体内部是券洞式空心建筑，有多个门洞，互相连通。（图二七一；彩图四八～五〇）

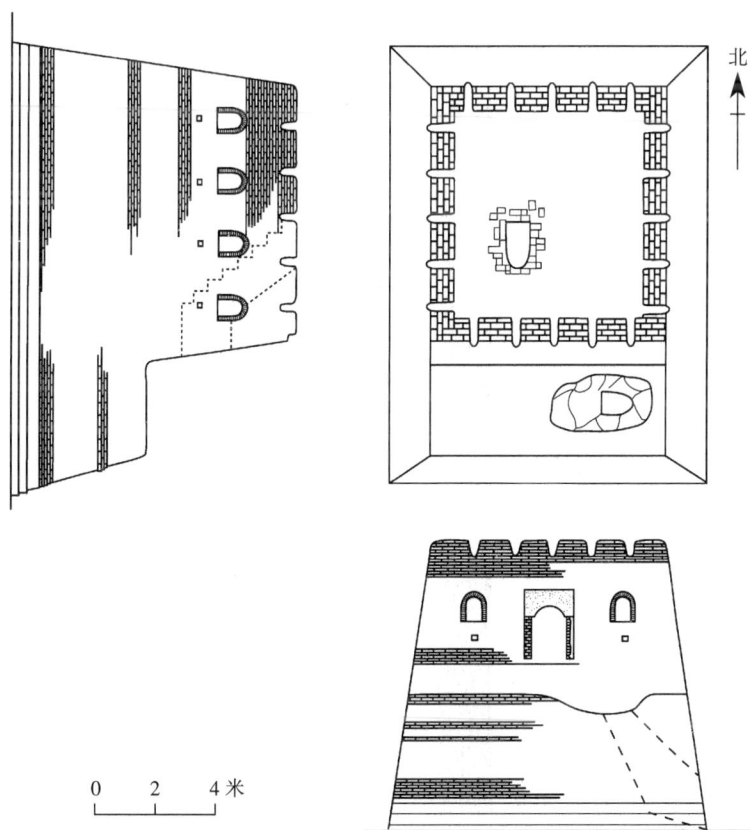

图二七一　龙王庙村 2 号烽火台平、立面图

台体包砖规格有两种，侧面角砖长 49、宽 39、厚 9 厘米，其余砖长 39、宽 18、厚 9 厘米。台体周边散落砖和石块。

烽火台东北距龙王庙村 1 号烽火台 0.386 千米。

（一八五）龙王庙村 3 号烽火台（610822353201170185）

该烽火台建于新民镇龙王庙村西的山顶上，南距新城川 2.45 千米，周围是坡地，长满荒草，周边沟壑遍布。高程 1285 米。地处黄土梁峁丘陵宽谷区，属于黄土沟壑地貌。

烽火台整体保存较差，但台体形制清晰。南壁坍塌严重；台体周边散落一些条石和残砖，表明台体或基座有包砖石。基座平面由于台体坍塌呈近圆形；夯土基础由于山体滑坡出现多处裂缝。

烽火台包括台体、基座和夯土基础三部分。基础平面呈矩形，东西 22、南北 27 米。基座建于基础中部。台体用黄土夯筑而成，内含有少量瓷片、碎石和料礓石，夯层厚 0.11～0.14 米，质地细密，均匀分布。台体顶部及周边散落砖块、石块、板瓦，说明台体或基座曾有包砖和包石。台体底部平面呈矩形，剖面呈梯形，底部东西 9、南北 9.4 米，顶部由于南侧坍塌呈近矩形，东西 5.1、南北 5.3 米，通高约 7.3 米。台体南壁有 2 个相通的土洞，应为踏步入口。（图二七二）

烽火台东北距龙王庙村长城 2 段起点 27 米。

（一八六）龙王庙村 4 号烽火台（610822353201170186）

该烽火台位于新民镇龙王庙村西一山峁上、长城墙体的南侧，南距新城川 2 千米，四周为荒坡地，地势较平缓，周边遍布雨水冲刷形成的沟壑。高程 1325 米。地处黄土梁峁丘陵宽谷区，属于黄土沟壑地貌。

烽火台整体保存一般，轮廓清晰，台体保存较好，基础保存较差。台体顶部有数道雨水冲沟，最长 9 米，长有树木，散落少量残砖石，基础上有几处洞穴。

烽火台包括围墙、基座和夯土包砖台体三部分。基座为黄土夹杂残砖石及板瓦等堆筑而成，平面由于台体坍塌呈近圆形，向外延伸约 1.2 米。围墙建于基座上，平面呈圆形，直径约 28 米；墙体用黄土夯筑而成，夯层厚 0.1～0.12 米，上部夯层较厚，土质较为疏松纯净；墙体内高约 1、外高 3.1 米。台体可分为 2 层，应为不同时代叠砌，第一层由台底起高约 3.5 米，夯层厚 0.1 米；第二层夯层较厚，约 0.12 米，土质较为疏松纯净。台体平面呈圆形，剖面呈梯形，底部直径约 14、顶部直径约 7、高约 12 米。（图二七三）

烽火台东北距龙王庙村 3 号烽火台 0.505 千米。

（一八七）瓦窑坡村 1 号烽火台（610822353201170187）

该烽火台位于新民镇瓦窑坡村东北，南距新城川 0.25 千米，周围是荒坡地和耕种的梯田，周边为沟壑，地势较陡峭。高程 1290 米。地处黄土梁峁丘陵宽谷区，属于黄土沟壑地貌。

烽火台整体保存较差。台体风化侵蚀严重，大部分坍塌，周边散落条石和残砖，台体或基座包砖石不存。

烽火台包括基座和台体两部分。基座平面呈矩形，边长 25 米。台体建在基座中部，为黄土夯筑而成，内含有少量瓷片、碎石和料礓石，夯层厚 0.11～0.14 米，质地细密，均匀分布。台体平面呈矩形，剖面呈梯形，底部东西 10、南北 11.2 米，顶部由于南侧坍塌呈近矩形，东西 7、南北 8 米，通高约 9 米。台体南壁坍塌部位应为登台踏步，曲折而上，长约 4 米。（图二七四）

烽火台东北距瓦窑坡村 2 号敌台 0.496 千米。

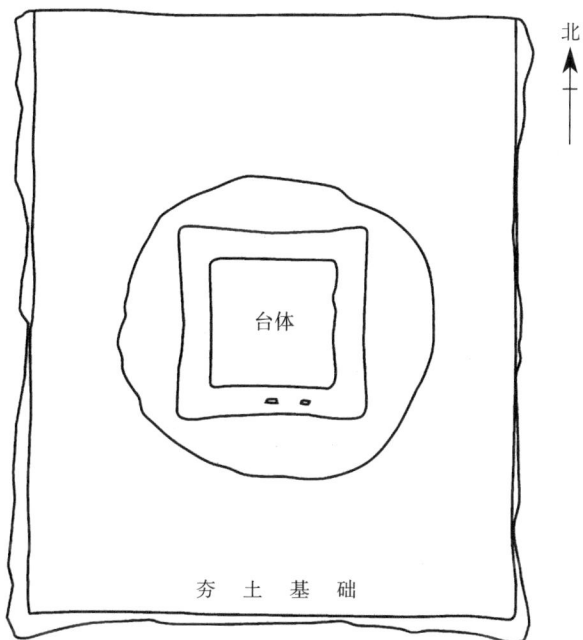

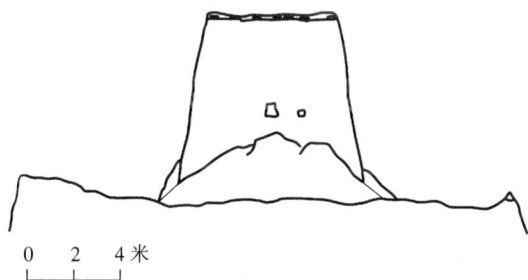

图二七二　龙王庙村 3 号烽火台平、立面图

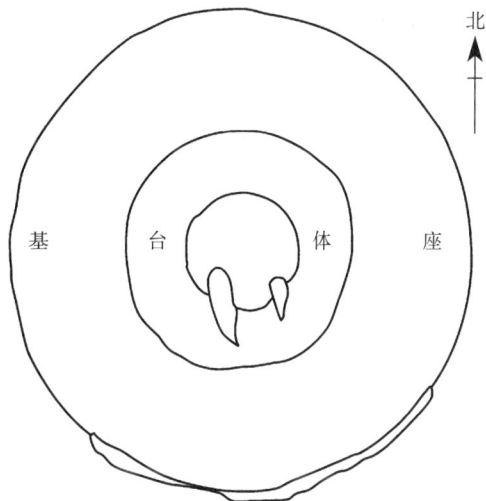

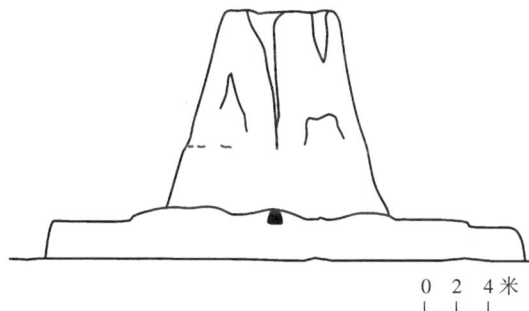

图二七三　龙王庙村 4 号烽火台平、立面图

（一八八）瓦窑坡村 2 号烽火台（610822353201170188）

该烽火台建于新民镇瓦窑坡村西的缓坡上，南距新城川 0.1 千米。高程 1233 米。地处黄土梁峁丘陵宽谷区，属于黄土沟壑地貌。

烽火台整体保存较差。基座侵蚀严重，仅存部分。西壁形制清晰，底部露出两块条石。周围建有房屋，有多条土路绕台而过，人为因素破坏严重。

烽火台用淡红色土夹杂砖石、碎瓷片等夯筑而成，夯层厚 0.1~0.13 米。台体平面呈近矩形，剖面呈梯形，底部东西 8.2、南北约 8 米，顶部呈近不规则形，东西 6.6、南北约 7 米，通高约 7 米。（图二七五）

烽火台东北距瓦窑坡村 1 号烽火台 0.168 千米。

（一八九）蛇口峁村 1 号烽火台（610822353201170189）

该烽火台位于新民镇蛇口峁村对面的山脊上，北距 301 省道 0.15 千米，四周为荒坡地，东北外围是陡峭的断崖，南侧有一座通信塔。高程 1290 米。地处黄土梁峁丘陵宽谷区，属于黄土沟壑地貌。

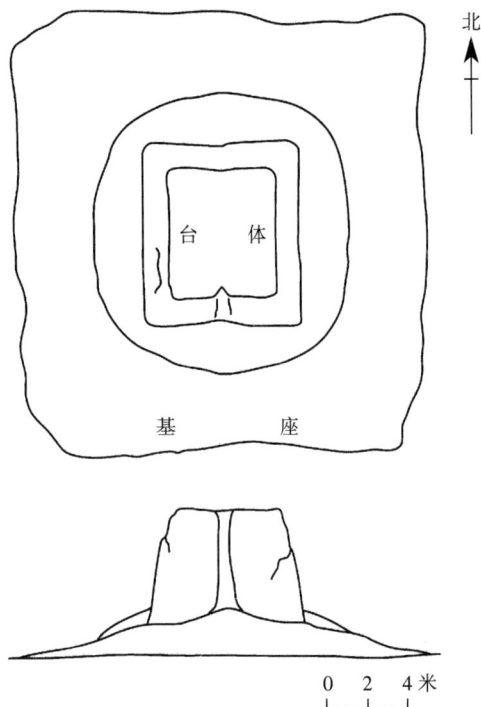

图二七四　瓦窑坡村 1 号烽火台平、立面图

图二七五　瓦窑坡村 2 号烽火台平、立面图

烽火台整体保存较差。台体西壁坍塌严重，南壁和北壁有坍塌。台体顶部散落少量残砖石和碎瓷片，条石长 80、宽 30、厚 30 厘米。基础上散落有砖、残石、板瓦等。

烽火台包括基座、基础土台和台体三部分。基座平面呈矩形，东西 23、南北 22 米。台体位于基座中部。基础土台平面呈圆形，直径 14 米。台体为黄土夯筑而成，内含有少量瓷片、碎石和料礓石，夯层厚 0.07～0.12 米，分布均匀。台体平面呈矩形，底部东西 7.2、南北 4.1 米，顶部由于坍塌呈近不规则矩形，东西 4.7、南北 3.3 米，通高约 6 米。台体南壁顶部有一"V"形豁口，应为登台踏步残迹。（图二七六；彩图五一）

烽火台东距瓦窑坡村 2 号烽火台 0.263 千米。

（一九〇）蛇口峁村 2 号烽火台（610822353201170190）

该烽火台位于新民镇蛇口峁村西南的山峁上，北距 301 省道 0.65 千米，四周地势平缓，长满荒草。高程 1312 米。地处黄土梁峁丘陵宽谷区，属于黄土沟壑地貌。

烽火台整体保存一般，台体形制完整。包石脱落在周围，顶部南北两侧坍塌较为严重，基座上有数道冲沟。

烽火台包括包石台体和基础土台两部分。土台平面呈矩形，东西 27、南北 25、高约 5 米。土台上围绕台体有一周平面呈圆形的土堆，为黄土夹杂残砖石等堆积。台体建在土台中部，内部为黄土夯筑而成，含有少量瓷片、碎石和料礓石，夯层厚约 0.17 米，质地坚硬，分布均匀。台体平面呈矩形，剖面呈梯形，底部边长 9 米，顶部东西 6、南北 6.3 米，高约 8 米。台体东壁高约 2.5 米处有登台踏步口，宽 0.9、高 1.2 米。（图二七七；彩图五二）

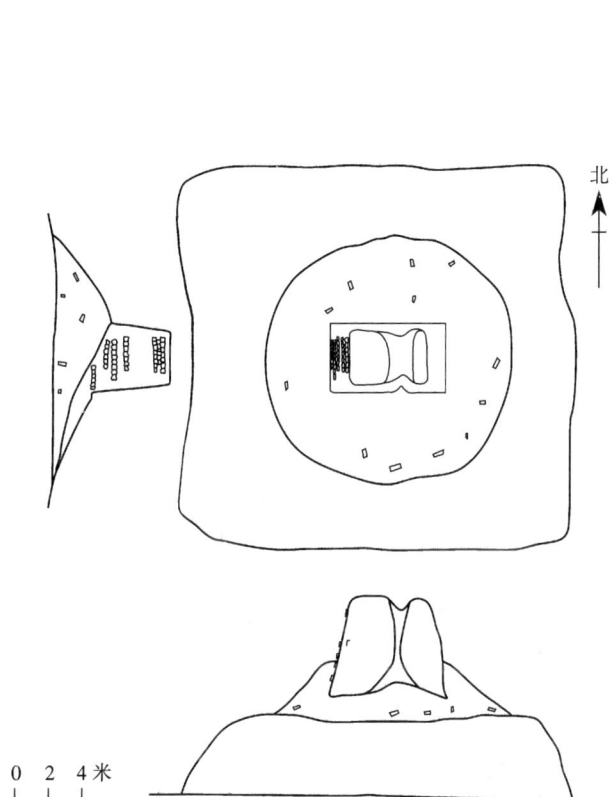

图二七六　蛇口峁村 1 号烽火台平、立面图

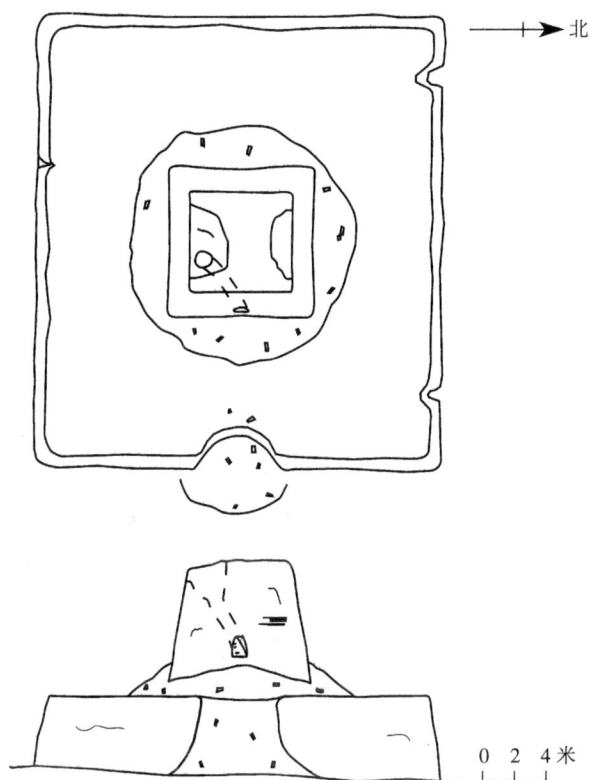

图二七七　蛇口峁村 2 号烽火台平、立面图

烽火台北距蛇口峁村 1 号敌台 0.334 千米。

（一九一）蛇口峁村 3 号烽火台（610822353201170191）

该烽火台位于新民镇蛇口峁村西的山峁上，北距 301 省道 1.1 千米，周围为较平缓的坡地，长满荒草。高程 1337 米。地处黄土梁峁丘陵宽谷区，属于黄土沟壑地貌。

烽火台整体保存一般。台体东壁坍塌；基座平面由于台体坍塌呈近圆形，向外延伸 2～4 米；围墙呈锯齿状，有大小不等的豁口，西墙中部有约 8.4 米的豁口。

烽火台包括围墙、基座和台体三部分。基座平面呈矩形，边长 28 米。围墙建于基座上，整体保存较好，平面呈近矩形，边长约 26.5 米，距台体约 9.1 米。墙体为黄土夯筑而成，夯层厚约 0.07 米。墙体底宽约 1.5、顶宽约 0.3、内高 2.3、外高 6.3 米，东墙中部有一豁口，底宽 2.1、顶宽 4 米，应为门的位置。

台体为黄土夹杂残砖石、碎瓷片夯筑而成，夯层厚 0.07～0.12 米，质地细密纯净，分布均匀。台体平面呈矩形，剖面呈梯形，底部东西 12、南北 11.6 米，顶部东西 5.8、南北约 6.3 米，高约 8.4 米。台体西壁上部有登台踏步入口，高、宽均 1 米，直达顶部。（图二七八）

烽火台北距蛇口峁村 2 号敌台 0.246 千米。

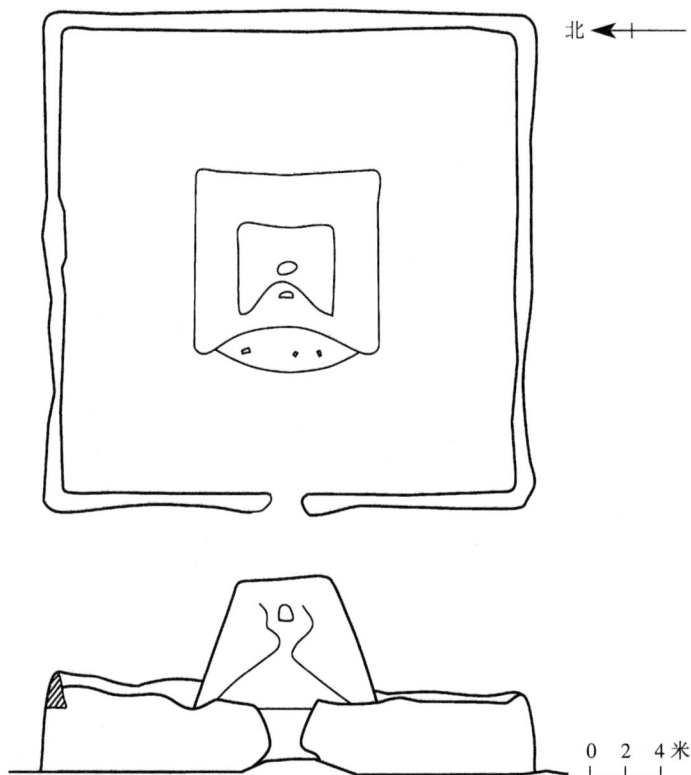

图二七八　蛇口峁村 3 号烽火台平、立面图

（一九二）西耳村烽火台（610822353201170192）

该烽火台位于新民镇西耳村一山峁上，北距省道 1.7 千米，周围地势较平缓，为农田和荒坡地。高程 1358 米。地处黄土梁峁丘陵宽谷区，属于黄土沟壑地貌。

烽火台整体保存一般。雨水冲刷侵蚀造成台体剥落坍塌，台壁上有数处洞穴，台体底部、顶部长有杂草。基座西侧有一洞口，宽 3.2、深 2 米，形状规整。周围有农田，种植玉米。

烽火台包括台体和基座两部分。基座平面呈矩形，微凹，边长约 20、高 5.1 米，边缘距台体约 9 米。台体由黄土夯筑而成，内含有少量瓷片、碎石和料礓石，夯层厚 0.07～0.11 米，质地坚硬，分布均匀。台体平面呈矩形，剖面由于顶部严重坍塌呈不规则梯形，底部东西 10、南北 13 米，顶部不规则，最宽 7 米，高约 10 米。（图二七九）

烽火台东北距西耳村关 0.4 千米。

（一九三）城峁村 1 号烽火台（610822353201170193）

该烽火台建于新民镇芦草畔村城峁村（组）一个城址里，北距 301 省道 2.5 千米，当地称城址为"城圐圙"，四周是梯田，地势较陡峭。高程 1378 米。地处黄土梁峁丘陵宽谷区，属于黄土沟壑地貌。

烽火台整体保存一般。南壁保存较好，形制清晰，其余三壁有不同程度的坍塌，包砖消失。

烽火台包括基座和台体两部分。基座平面呈矩形，东西 44、南北 48 米。台体建于基座中部，分为3 层，层层收分，底层与第二层基本为土石堆筑层，顶层为夯土层。第一层外部由黄土夹杂残石、残砖、瓦片、陶片等堆砌而成（可能为台体上部坍塌所致），内部为夯土；宽约 27.4、高约 7 米。第二层是夯土夹杂大量料礓石、瓷片、瓦片、木炭和残石等形成的方台，夯层厚0.15米；宽约21.4、高约4米。第三层是主体部分，为黄土夯筑而成，夯层厚0.08～0.12米。台体平面呈矩形，剖面呈三级阶梯形，底部边长约8、顶部边长约3、高8.7米。（图二八〇；彩图五三）

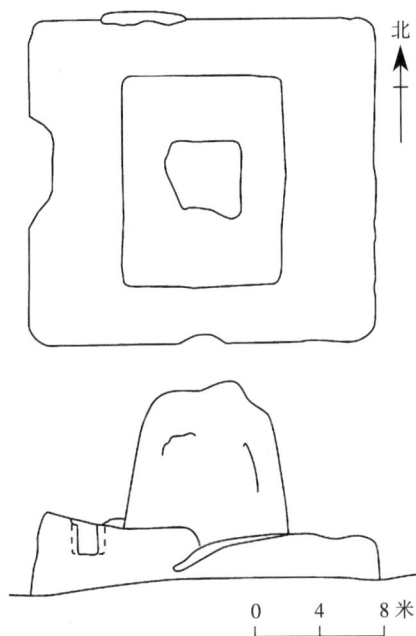

图二七九　西耳村烽火台平、立面图

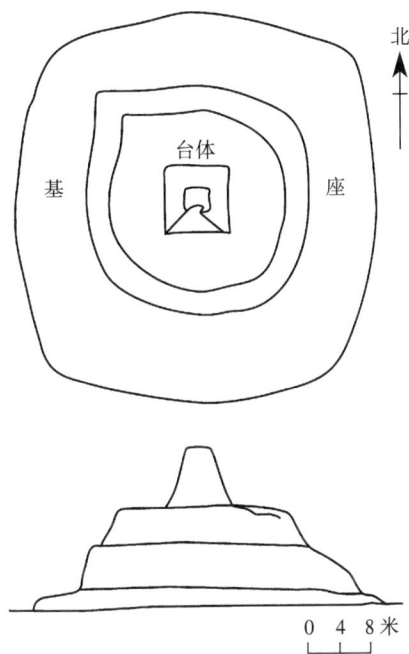

图二八〇　城峁村1号烽火台平、立面图

烽火台北距西耳村2号敌台0.42千米。

烽火台所在城址范围较大，部分城墙存在，墙体上存有马面和角楼。城内发现一口井，耕作时被填埋。另发现灰坑3个及大量残瓦、残砖、瓷片和陶片等。

（一九四）城峁村2号烽火台

（610822353201170194）

该烽火台位于新民镇芦草畔村城峁村（组）西的山峁上，北距301省道2.85千米，周围为梯田和荒坡地。高程1368米。地处黄土梁峁丘陵宽谷区，属于黄土沟壑地貌。

烽火台整体保存一般。顶部坍塌不规则，台体上长满杂草，周围为荒地，台体周围散落少量残砖。

烽火台包括台体和基座两部分。基座平面呈圆形，底部直径10.5、高2.4米。台体用红胶土夯筑而成，夯层厚0.07～0.11米，质地坚硬，分布均匀。台体平面呈圆形，剖面呈不规则形，底部直径约3、顶部直径约1、通高约4.5米。（图二八一；彩图五四）

烽火台东北距城峁村3号烽火台0.438千米。其年代不明。

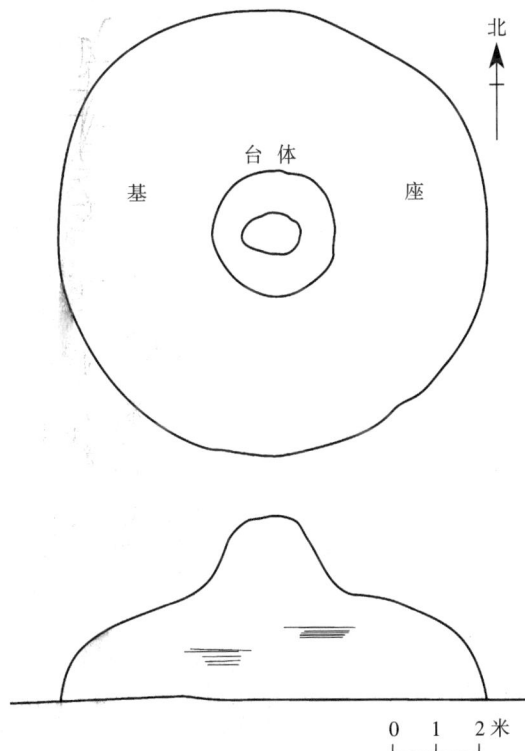

图二八一　城峁村2号烽火台平、立面图

（一九五）城峁村3号烽火台（610822353201170195）

该烽火台位于新民镇芦草畔村城峁村（组）西的山峁上，北距301省道2.75千米，四周地势较平缓，为荒坡地，周边沟壑遍布。高程1343米。地处黄土梁峁丘陵宽谷区，属于黄土沟壑地貌。

烽火台整体保存一般。台体南壁顶部有宽约3、深约1.6米的坍塌豁口。围墙保存较完整，小部分坍塌。

烽火台依山险而建，包括围墙和台体两部分。围墙平面呈矩形，东西33.3、南北20、底宽3.5、顶宽0.7、内高2.5、外高6米；南墙中部有一门，呈倒梯形，底宽1.4、顶宽约4.2米；西墙距台体9.5、南墙距台体9、东墙距台体12.6米，北墙依山险。台体用黄土夯筑而成，夯层厚0.1~0.15米。台体平面呈矩形，剖面呈梯形，底部东西11.2、南北9.5米，顶部边长约7米，高约7米。台体南壁底部有登台步道口，底宽2.2、高2.5米。（图二八二；彩图五五、五六）

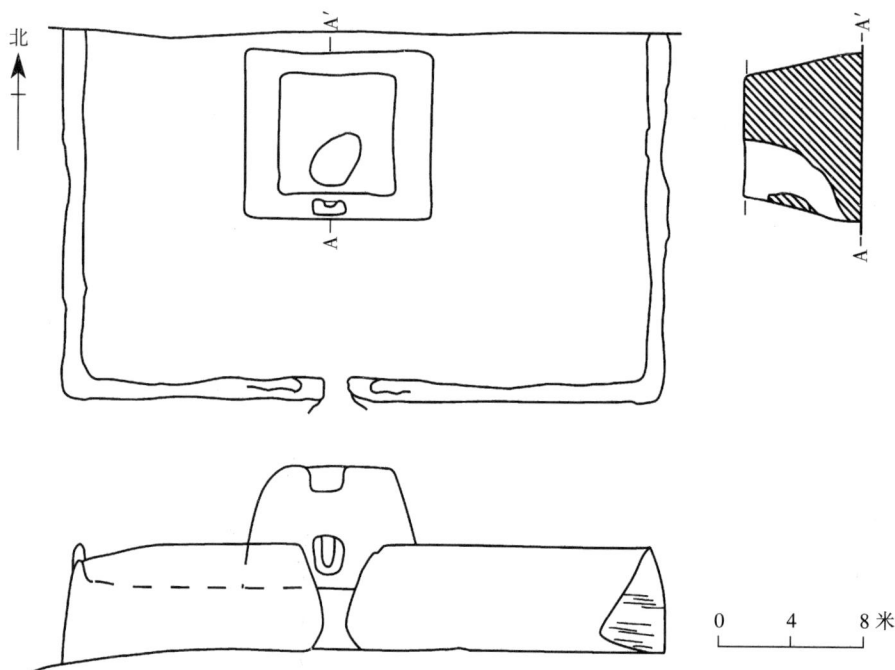

图二八二　城峁村3号烽火台平、立、剖面图

烽火台西南距城峁村2号烽火台0.438千米。

（一九六）城峁村4号烽火台（610822353201170196）

该烽火台位于新民镇芦草畔村城峁村（组）西一山峁上，北距301省道3.5千米，四面是陡峭的荒坡地，四周沟壑遍布。高程1315米。地处黄土梁峁丘陵宽谷区，属于黄土沟壑地貌。

烽火台整体保存一般。台体南、东壁坍塌较为严重，南壁中部有一条宽约3米的裂缝。围墙断断续续存有三面，北墙依山险。

烽火台包括围墙和台体两部分。围墙距台体底部6~8米，平面呈矩形，东西22、南北28.3米。墙体为黄土夯筑而成，夯层厚0.12米。墙体内高0~1.2、外高3~7米，剖面呈梯形，底宽2、顶宽约0.15~1米；西墙中部有坍塌豁口，为墙门位置，宽约4.3米。台体用黄土夯筑而成，夯层厚0.07~0.12米，分布均匀，质地细密。台体平面呈矩形，剖面呈不规则梯形，底部边长约11.4、顶部边长约5、

高约 8 米。（图二八三；彩图五七）

烽火台东北距城峁村 3 号烽火台 0.468 千米。

（一九七）白家园则村烽火台（610822353201170197）

该烽火台建于清水乡白家园则村西 23 米的山坡上。位于清水川河谷，有农田，东南有水冲沟，宽 6 米；南侧 2 米有水冲沟，宽 12 米；西侧为山坡，1 米处有一棵榆树，略高于台体，13 米至养猪场围墙；北侧紧邻黄土崖，崖下沟宽 40 米。高程 949.9 米。

烽火台整体保存较差。台体西、南壁保存较完整；东壁包石完全脱落；北壁下部东北角有包石，宽 4.4、高 3 米；东北角顶部坍塌；西北角有坍塌，坍塌处为登台通道。台体杂草丛生。

烽火台内部用黄土夯筑而成，夯层厚 0.08~0.14 米，夯土内夹杂有大小不等的石块，石块最大宽 32、厚 20 厘米；外部包石缝用白灰沙浆填充，石块最大长 120、宽 30、厚 20 厘米，最小长 20、宽 30、厚 20 厘米，大部分尺寸在长 60、宽 30、厚 20 厘米左右。台体平面呈矩形，剖面呈梯形，底部东西 7.4、南北 7.8 米，顶部东西 5.4、南北 5.8 米，高 6 米。台体西北角有登台通道直通台顶，通道上宽 0.3、底宽 0.6、高 0.8 米。（图二八四）

烽火台东南距石山则村烽火台 2.25 千米、距市梁村烽火台 2 千米，西南距柏树圪塔村烽火台 3.4 千米，西北距大边墙体 3 千米。

图二八三　城峁村 4 号烽火台平、立面图　　　图二八四　白家园则村烽火台平、立面图

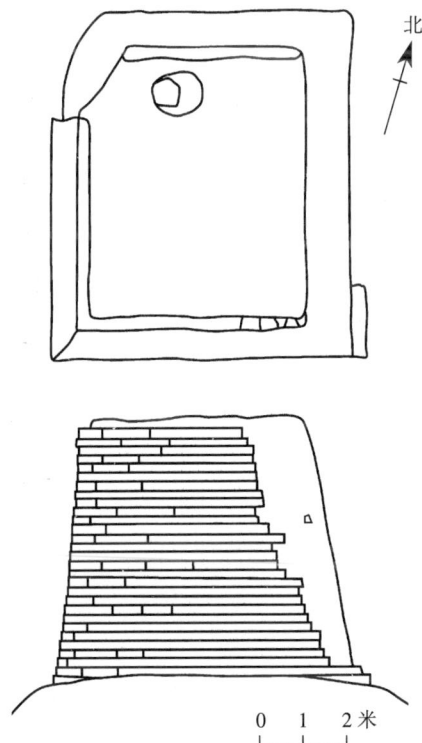

（一九八）石山则村烽火台（610822353201170198）

该烽火台位于清水乡石山则村东 0.359 千米。台体东侧 20 米为一蓄水池，水池两侧为农田，主要

种植棉花，距台体 87 米为一公路，公路边缘为山体；南侧为一大片农田，种植玉米、黄豆、萝卜、杨树、柳树等；西侧底部有一小部分农田，75 米处为清水川，河两侧有小路，254 米处为山体，山脚下有一片农田，359 米处为石山则村；北侧底部有一条乡村土路，直通东侧公路，路下为大片低洼地，清水川流过，低洼地种有柳树。高程 928.6 米。地处黄土梁峁丘陵宽谷区，属于黄土沟壑地貌。

烽火台整体保存差。台体顶部因雨水冲刷南高北低；东壁坍塌严重，底部有大量的堆积土；南壁高 1 米处有一神龛，内供 3 个泥塑神像，神龛宽 0.7、高 0.8、深 0.8 米；顶部有一水冲豁口，宽 1.7、高 0.8、深 0.7 米，有零星的蜂窝洞；西壁底部为农田，直接破坏台体；北壁有一层台，台上有一条雨水冲刷的小沟。

烽火台用黄土夹杂石子夯筑而成，夯层厚 0.11～0.14 米。台体平面呈近矩形，剖面呈近梯形，底部东西 7.1、南北 7 米，顶部东西 5.3、南北 4.9 米，高 5.9 米。台体北壁距顶部 2.2 米处有一层台，东西 7、南北 4.5、高 2.3 米，当为登台所用。（图二八五）

烽火台东北距市梁村烽火台 1.6 千米，西北距白家园则村烽火台 2.25 千米，西南距柏树圪塔村烽火台 3.1 千米，西北为大边墙体。

（一九九）市梁村烽火台 （610822353201170199）

该烽火台建于清水乡市梁村北 0.7 千米的石质山峁上。地处黄土梁峁丘陵宽谷区，属于黄土沟壑地貌。东侧 32 米有一道沟壑，远处山坡有梯田；南侧 26 米为一沟壑，沟壑两侧为岩石覆盖，沟内杂草丛生；西侧 37 米有一道沟壑，1 千米有一条河流，河对岸有两条弯曲的山路通向山顶；对面山体平顶上有一村庄，村前植有树木；北侧 31 米为一大宽沟，沟中有一拔地而起的平高台，台上有零星树木。高程 1042.8 米。

烽火台整体保存差。台体东壁有一雨水冲刷缺口，宽 2.4 米；南壁有一雨水冲刷的豁口，豁口东侧距东南角 0.95 米，豁口宽 2.4 米；西壁受雨水冲刷台体剥落，北壁底部有大量的堆土。

烽火台用黄土夯筑而成，夯层厚 0.12～0.14 米。台体平面呈不规则形，剖面略呈梯形，底部东侧长 7.8、南侧长 8.8、西侧长 9、北侧 8.3 米，顶部东侧长 4.4、南侧长 4.8、西侧 5.8、北侧 5.3 米，高为 6.5 米。（图二八六）

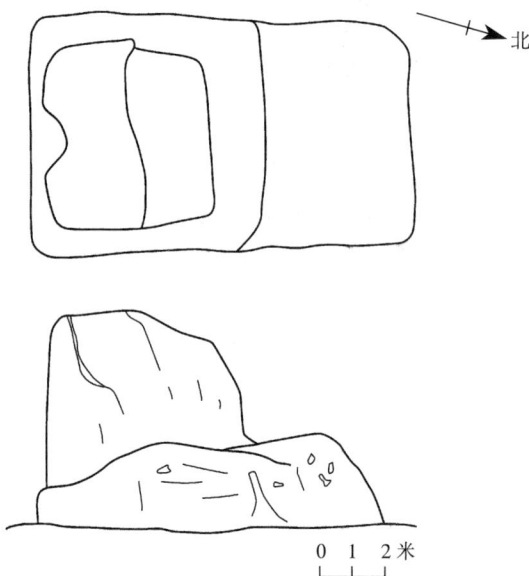

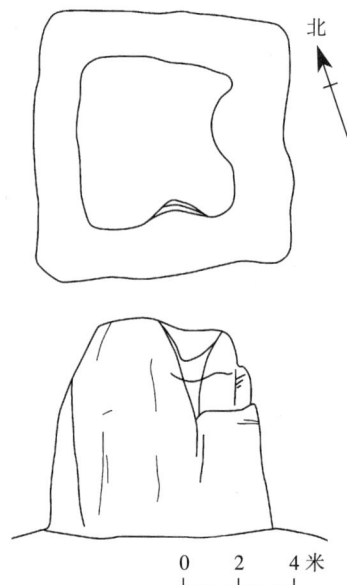

图二八五　石山则村烽火台平、立面图　　　　　图二八六　市梁村烽火台平、立面图

烽火台西南距石山则村烽火台 1.6 千米，西北距白家园则村烽火台 2 千米，西南距柏树圪塔村烽火台 4.4 千米，西北为大边墙体。

（二〇〇）柏树圪塔村烽火台（610822353201170200）

该烽火台位于清水乡柏树圪塔村东南 0.5 千米的山峁上。山峁被改造成梯田，种植玉米、高粱、糜子、黑豆等作物，四周密集分布沟壑。高程 1156.6 米。地处黄土梁峁丘陵宽谷区，属于黄土沟壑地貌。

烽火台整体保存较差。东壁南侧顶部坍塌成"V"形，顶宽 2、底宽 1 米，台体中部有裂缝；南壁坍塌，底部堆土，有多条裂缝；西壁下部保留包石与夯土间夹石层，最低 1.8、最高 3.2 米；北壁顶部坍塌，有大量细裂纹。台体杂草丛生。

台体内部为黄土夯筑而成，夯土厚 0.1~0.14 米，夯土内有大小不等的夹石，夹石最大宽 30、高 20 厘米；外部包石，已无存。台体平面呈矩形，剖面呈梯形，底部东西 7.8、南北 8 米，顶部边长 5.2 米，高 4.4 米。台体内部有石阶至顶部，宽 0.5、距地 1.4 米。（图二八七）

烽火台东北距白家园则村烽火台 3.4 千米、距石山则村烽火台 3.1 千米、距市梁村烽火台 4.4 千米，西北距大边墙体 5 千米。

（二〇一）魏寨村烽火台（610822353201170201）

该烽火台建于黄甫镇魏寨村西 68 米的清水川东岸，东侧 0.149 千米为一变电站，附近有耕地和村庄；南侧底部有一户人家，53 米处有一桥梁；西侧为清水川岸边，有山脉；北侧有清水川，河岸边有耕地。高程 894.1 米。

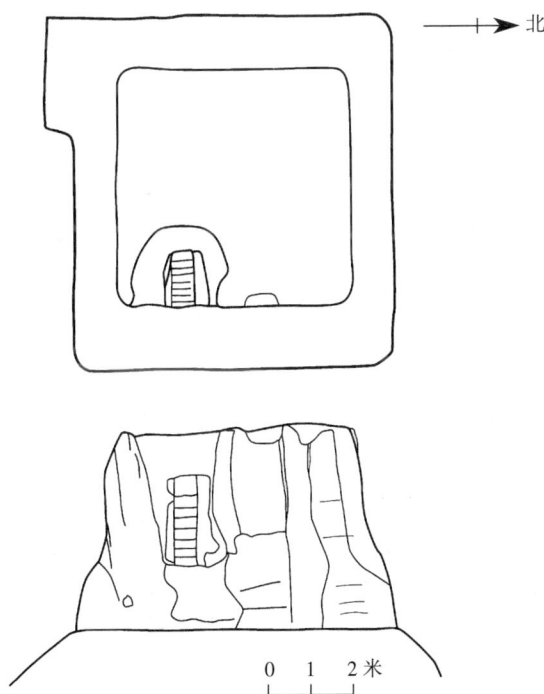

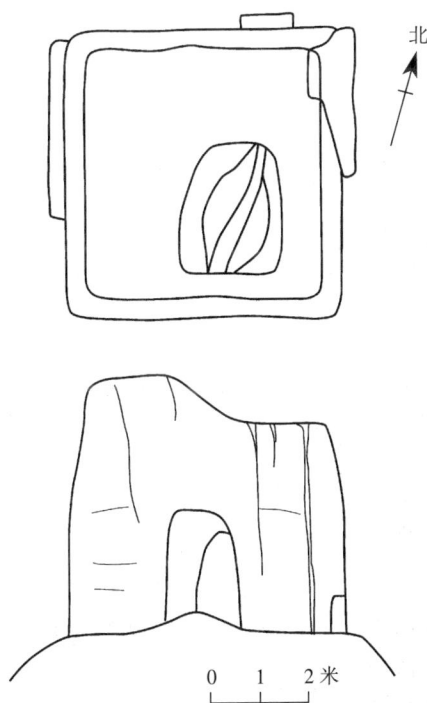

图二八七　柏树圪塔村烽火台平、立面图　　　　图二八八　魏寨村烽火台平、立面图

烽火台整体保存差。台体南壁有水冲裂缝，宽0.02～0.1米，高至顶部，进深不详；南壁有登台券洞，洞内有一人为挖掘的小洞，宽0.7、高1.7、进深1.75米。台体四壁由于雨水冲刷侵蚀，有不同程度的剥落，顶部南高北低。

烽火台内部用黄土夯筑而成，夯层厚0.09～0.14米；外部包石被人为拆除或自然剥落基本无存；包石层与夯土层间有夹层，夹层为石块夹杂黄土。台体东、西、北壁有夹层，东壁夹层长2.9、宽0.3米，高达顶部；西壁夹层长3.8、宽0.3、最高处3.3米；北壁夹层长1.1、宽0.3、高2.03米。东壁底部有一层条石，条石长102厘米，宽不详，高20厘米。台体平面呈近矩形，剖面呈近梯形，底部边长5.8、顶部边长4.6、高5.2米。台体南壁底部有登台券洞，呈斜坡状通顶，券洞底宽1.6、顶宽1、高2米。（图二八八）

烽火台西北距清水营5.75千米。

（二○二）东梁村烽火台（610822353201170202）

该烽火台建于木瓜乡东梁村耀子塌村（组）东0.9千多米的一山峁上。台体周围为农田，农田外为沟壑；东南有一道沟，向西北发育；东侧0.04千米有一电线杆，1千米有一村庄；南侧52米有一养猪场。高程1269.80米。地处丘陵沟壑地带。

烽火台整体保存差，仅存夯土基座和夯土台体的北半部分。台体损坏严重，四壁剥落，东壁有水冲刷的豁口；南壁人为开凿蓄水池，消失约一半，有动物洞穴。基座上有蓄水池。水池北侧有府谷县水利局和府谷县经济发展局于2003年7月立的碑。南壁基座上有一土堆，土堆旁有小道通往基座下。西壁基座上杂草丛生，有几棵枯死的小松树，顶部西北角东2.4米有一个宽2.8米的水冲豁口，进深0.9米。北壁基座上堆放废弃的木板、砖头。台体顶部西北角有一GPS测点，北部有一水泥桩，上竖一小旗。

烽火台包括夯土基座和台体两部分。基座为黄土夯筑而成，夯层厚0.12～0.16米，平面近矩形，东西18.4、南北23.9、高2.6米。台体建于基座中部，用黄土夯筑而成，包含物有石块、陶片，夯层厚0.13～0.15米。台体平面呈矩形，剖面呈梯形，底部东西9.1、南北8米，顶部东西5.2、南北3米，高5.4米。（图二八九）

烽火台西距阳圪村烽火台6.5千米，西距大边墙体8千米。

（二○三）阳圪村烽火台（610822353201170203）

该烽火台位于木瓜乡阳圪村东0.6千米的山峁上，周围为农田，种有黄豆、玉米等农作物，农田周围为沟壑，基座西北角有一条深沟向东南发育，距基座13米，通至河谷。高程1268.3米。地处丘陵沟壑地区，沟壑发育良好。

烽火台整体保存差，保存夯土基座和夯土台体。台体顶部因雨水冲刷不规整，台体因为雨水冲刷破坏严重，顶部东北角坍塌，坍塌部分宽3.5米，在基座上形成一土堆；西壁顶部大部分坍塌，坍塌部分宽5米，上部有三个动物洞穴。南侧基座受雨水冲刷形成一大缺口，呈"V"形延伸到基座底部。基座和台体上长满杂草。

烽火台包括夯土基座和台体两部分。基座东长15.2、南长13.7、西长15、北长12.8、高1.7～3米。台体建于基座中部，用黄土夯筑而成，包含物有瓦片、石块，夯层厚0.08～0.16米。台体平面呈矩形，剖面呈梯形，底部东西9.6、南北10.1米，顶部东西4.7、南北6.4米，高8.4米。（图二九○）

烽火台西距大边墙体1.5千米，东距东梁村烽火台6.5千米。

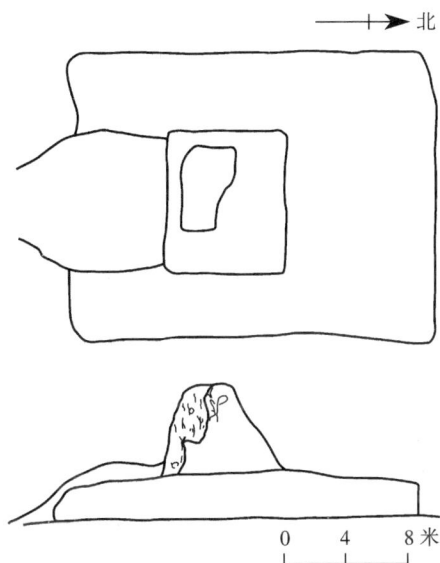

图二八九　东梁村烽火台平、立面图

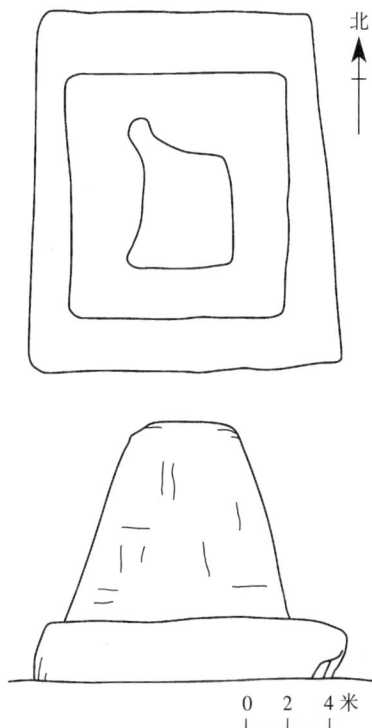

图二九〇　阳圪村烽火台平、立面图

（二〇四）杨家园则村烽火台（610822353201170204）

该烽火台又名五里墩，位于孤山镇杨家园则村西南部、孤山川河北台地上，东、南、北面被民房包围，民房离台体下部台地1米，西侧为荒地，植物以杂草为主，长有玉米、土豆，西北25米有一沟，沟底种有榆树、杨树等。高程962.8米。地处黄土梁峁丘陵宽谷区的河谷台地上，属于黄土沟壑地貌。

烽火台整体保存较差，仅存夯土台体。台体东壁夯土剥落；南壁有裂缝和坑洞；西壁中部夯土从上向下有大面积坍塌；北壁东上角坍塌，中部坍塌成漏斗状，顶宽4.2、底宽0.4、高3.8米，底部为登山通道，被坍塌土堵塞。台体上杂草丛生，顶部长有杂草和小灌木丛。

烽火台为黄土夯筑而成，夯土厚0.07～0.14米，夯土中夹有小石块。台体周围散落少量片石。台体平面呈矩形，剖面呈矩形，底部东西8.2、南北9.4米，顶部东西5.4、南北6.6米，高6.2米。台体北壁中部距地表2.4米有登台通道至顶部，通道口上宽0.4、下宽0.7、高0.6米。（图二九一）

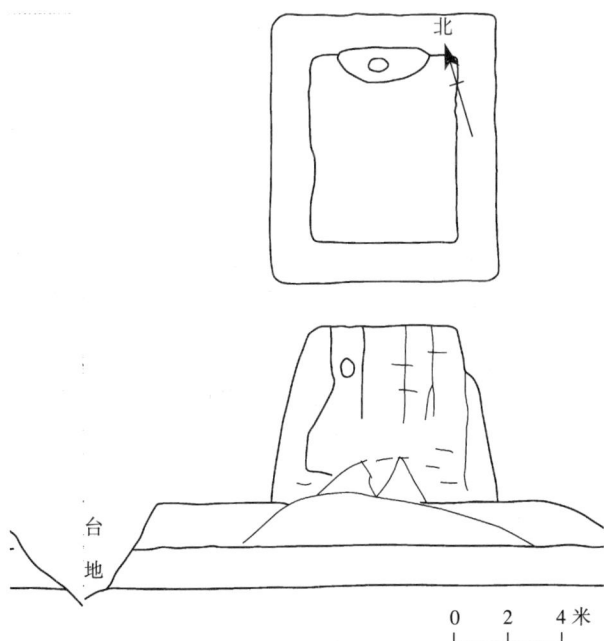

图二九一　杨家园则村烽火台平、立面图

烽火台西北距野芦沟村烽火台 1.7 千米, 西距杨家梁村 1 号烽火台 1.5 千米, 西南距杨家梁村 2 号烽火台 1.7 千米。

(二〇五) 野芦沟村烽火台 (610822353201170205)

该烽火台位于孤山镇野芦沟村东 0.408 千米, 东侧为缓坡, 0.02 千米处有电线杆; 东南 0.3 千米的山峁上有两座通讯基站及信号塔; 南 1 米有小沟、27 米有大沟, 沟宽 40 米; 西 17 米有宽 77 米的大沟, 沟底直通孤山川河底; 北侧为陡坡。高程 966.6 米。地处黄土梁峁丘陵宽谷区的山坡上, 属于黄土沟壑地貌。

烽火台整体保存较差, 仅存夯土台体。台体东壁表面夯土剥落, 水冲刷痕较深; 南壁有裂缝和坑洞; 西南角全部坍塌, 直至西北部下方, 深 0.4 米; 北壁表面夯土有剥落; 顶部长有大面积灌木丛和杂草, 下部杂草丛生, 周围散落少量残石。台体周围为荒地, 植物以杂草为主, 种有榆树、杨树、酸枣等。

烽火台为黄土夯筑而成, 夯土厚 0.07 ~ 0.15 米。台体平面呈近矩形, 剖面呈梯形, 底部南侧长 11、北侧长 11.8、南北长 11.8 米, 顶部边长 8.6 米, 高 8.5 米。(图二九二)

烽火台东南距杨家园则村烽火台 1.7 千米、距杨家梁村 1 号烽火台 0.35 千米, 南距杨家梁村 2 号烽火台 0.65 千米。

(二〇六) 杨家梁村 1 号烽火台 (610822353201170206)

该烽火台位于孤山镇杨家梁村北侧 0.259 千米, 东侧为缓坡, 东南 0.03 千米有通讯基站及信号塔, 东 0.08 千米有小块农田; 南、西 0.04 千米为宽 100 米的大沟; 西北 5 米有通讯基站、16 米有信号塔。高程 1073.1 米。地处黄土梁峁丘陵宽谷区的山坡上, 属于黄土沟壑地貌。

烽火台整体保存差。台体坍塌成圆丘, 南壁有人工洞穴, 长 1.5、宽 0.6、深 3 米, 杂草丛生, 台体上有信号塔固定桩。台体周围散落大量残石, 附近为荒地, 有小块农田, 植物以杂草为主, 间有榆树、酸枣等。

烽火台用黄土夯筑而成, 夯土厚 0.1 ~ 0.12 米。台体平面呈圆形, 剖面呈土丘形, 底部直径 11、高 3 米。(图二九三)

烽火台东距杨家园则村烽火台 1.2 千米, 西北距野芦沟村烽火台 0.35 千米, 西南距杨家梁村 2 号烽火台 0.359 千米。

(二〇七) 杨家梁村 2 号烽火台 (610822353201170207)

该烽火台位于孤山镇杨家梁村西 0.31 千米的平缓山坡上, 东面与山体相连, 其他三面为山坡地, 种植糜子、土豆、黑豆等, 东 15 米有天然气管道堆土、0.26 千米有庙, 东南 8 米有白色天然气管道水泥界碑、0.4 千米有两组高压线塔、25 米有天然气埋设警示牌, 东北 0.359 千米山峁上有通讯基站及信号塔。高程 1092.2 米。地处黄土梁峁丘陵宽谷区的山坡上, 属于黄土沟壑地貌。

烽火台整体保存差。台体坍塌, 仅存台芯, 四周裂缝多, 杂草丛生, 顶部有人为火烧痕迹, 底部有大量野生酸枣树, 台体周围散落大量残石。

烽火台夯筑, 夯土以黄土为主, 夯层厚 0.07 ~ 0.1 米。台体平面呈矩形, 剖面呈近梯形, 底部东西 2.6、南北 3.2 米, 顶部东西 1.8、南北 1.6 米, 高 3.3 米。(图二九四)

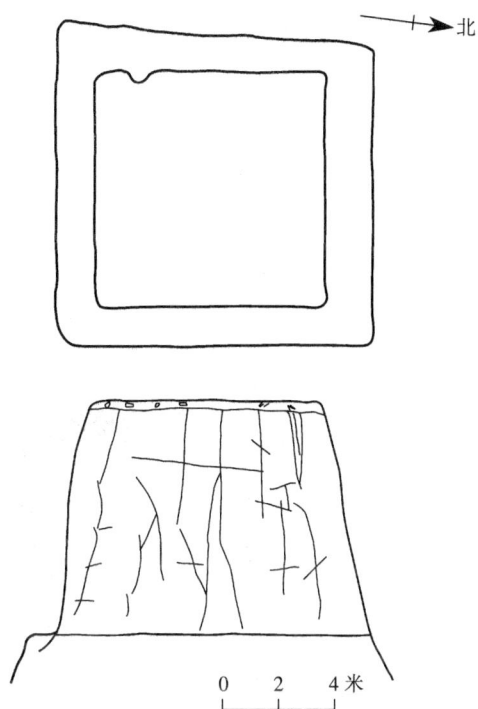

图二九二　野芦沟村烽火台平、立面图　　　图二九三　杨家梁村 1 号烽火台平、立面图

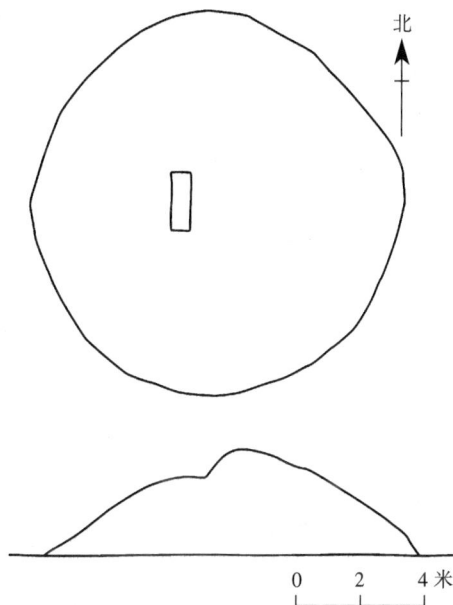

烽火台东北距杨家园则村烽火台 1.7 千米、距杨家梁村 1 号烽火台 0.359 千米，北距野芦沟村烽火台 0.65 千米。

（二〇八）吕家湾村烽火台（610822353201170208）

该烽火台建于庙沟门乡吕家湾村东 0.75 千米的一山峁上，东侧 0.3 千米为丘陵，南侧 35 米有两个自然下陷的坑和两个人为挖掘的坑、44 米有一山间小道、82 米为沟壑，西侧 0.02 千米为一信号塔房屋和三根水泥电线杆、0.7 千余米有一冶镁厂，厂名为"府谷县惠冶镁业有限责任公司"，厂西有一条公路。高程 1121.1 米。地处丘陵沟壑地带，周边为沟壑。

烽火台整体保存差，保存夯土基座和台体。台体因雨水冲刷四壁剥落，周围杂草丛生；顶部因雨水冲刷不规则，北侧中间有一雨水冲刷的豁口，宽 2.4、深 1.6 米，呈缓坡状延伸至底部。基座东、南侧因雨水冲刷形成缓坡延伸到底部，西侧基座上有废弃的木制门窗。

烽火台包括基座和台体两部分。基座平面呈近椭圆形，东西径 14.3、南北径 12.5、高 0.7～2.3 米。台体用黄土夯筑而成，夯层厚 0.09～0.13 米。台体平面呈近椭圆形，东西径 8.2、南北径 5.8、高 5 米。（图二九五）

烽火台西南距房塔村烽火台 1.7 千米，西北距杜新庄村烽火台 3.25 千米。

（二〇九）房塔村烽火台（610822353201170209）

该烽火台建于庙沟门乡房塔村西 0.5 千米的一山峁上，周围为弃耕的农田，杂草丛生，台体北、东、南侧为沟壑，东侧 35 米有两根水泥电线杆、0.4 千米为沙梁川，西侧远处为丘陵地，北侧山谷内有一冶镁厂。地处丘陵沟壑地带，丘陵沟壑发育良好。高程 111.5 米。

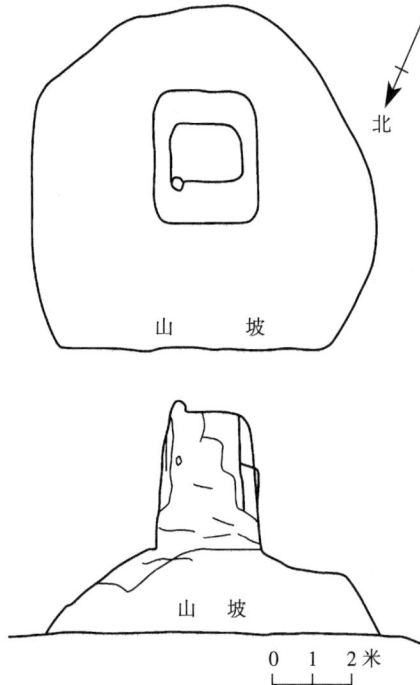

图二九四　杨家梁村2号烽火台平、立面图

图二九五　吕家湾村烽火台平、立面图

烽火台整体保存差。台体四壁因雨水冲刷侵蚀剥落；顶部因雨水冲刷呈凹字形；东侧中部有一豁口，呈陡坡状延伸至底部，豁口宽2.4、深2.9米；北、东壁底部有坍塌的堆土，堆土上有大量的石片。基座东侧有3米宽的片石堆积，疑为门址。基座上杂草丛生，长有枣树，基座东9米有一土坑，侧面显示有灰土堆积层，厚0.6米，包含物有大量碳屑和少量瓷片。基座东、西侧有山间小道。

烽火台包括基座和台体两部分。基座平面呈圆形，直径33、高3.2米，东侧上部2米为黄土夯筑，下部0.4米是片石和黄土夹杂层，再往下0.8米为生土层。台体建于基座中部，用黄土夯筑而成，包含有料礓石，夯层厚0.09~0.19米。台体平面呈矩形，剖面呈梯形，底部东西8、南北8.6米，顶部东西3.9、南北3.4米，高8.3米。（图二九六）

烽火台东北距吕家湾村烽火台1.7千米，西北距杜新庄村烽火台4千米。

（二一〇）杜新庄村烽火台（610822353201170210）

该烽火台建于庙沟门乡杜新庄村南0.6千米的一山峁上，地处丘陵沟壑地带，丘陵沟壑发育良好。高程1150.3米。

烽火台整体保存差。台体底部周围有堆土，四壁因雨水冲刷剥落，顶部长有蒿类植物，散布石片。顶部东南角北0.3米有一雨水冲刷形成的豁口，宽0.4、深0.3米，呈陡坡状延伸至底部。东壁上部有一动物的洞穴。

烽火台为黄土夯筑而成，夯土包含有料礓石和石片，夯层厚0.1~0.13米。台体底部平面呈近椭圆形，东西13.9、南北13米，顶部呈矩形，东西2.4、南北2.5米，高6.5米。台体底部有剥落土堆积，土堆上有石片，周围长有杂草。（图二九七）

烽火台东南距吕家湾村烽火台3.25千米、距房塔村烽火台4千米，东北距李家梁村烽火台1.15千米。

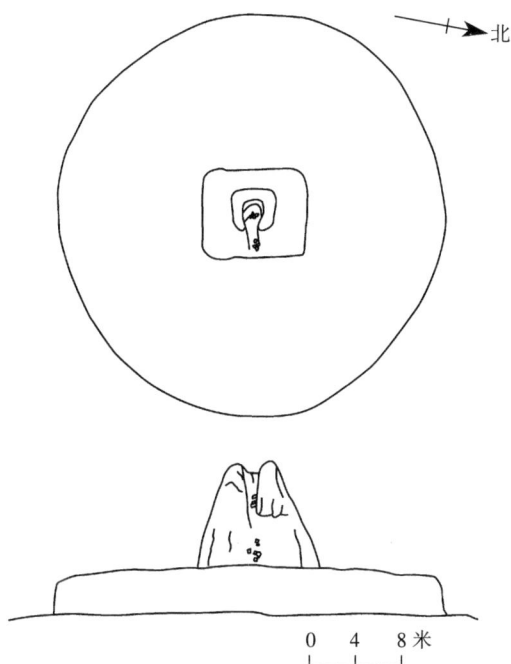

图二九六 房塔村烽火台平、立面图

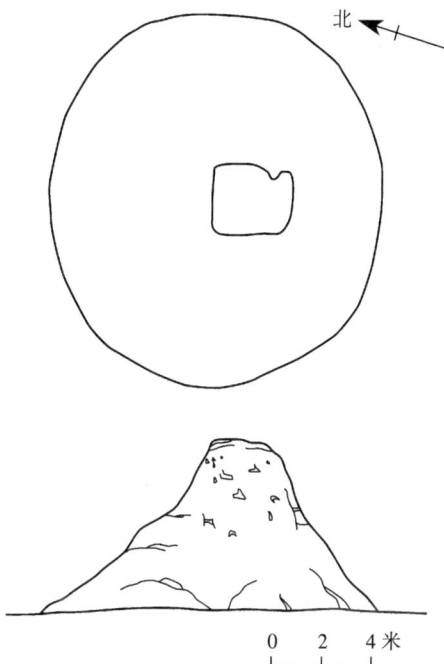

图二九七 杜新庄村烽火台平、立面图

（二一一）岳家寨村烽火台（610822353201170211）

该烽火台位于孤山镇岳家寨村北 1 千米的平缓山坡上，四周为坡地，种植糜子、土豆、黑豆等，东 78 米有小块玉米地，南、西、北面为相通的大沟，沟宽 80 米，台体与沟相距南 12 米、西 50 米、北 13 米，西 9 米有一现代坟墓。高程 1065 米。地处黄土梁峁丘陵宽谷区，属于黄土沟壑地貌。

烽火台整体保存差。仅存的夯土台体整体坍塌，只剩台芯，四周水冲痕迹多。东壁中部有一条大裂缝，西壁由顶部坍塌成缓坡至底部，北壁由顶至底坍塌成缓坡。台体杂草丛生，底部长有大量野生酸枣。

烽火台用黄土夯筑而成，夯层厚 0.05～0.11 米。台体平面呈矩形，剖面呈梯形，底部北侧长 3.6、南侧长 3.4、西侧长 3、东侧长 2 米，顶部东西 1.6、南北 0.5 米，高 3.3 米。（图二九八）

（二一二）李家梁村烽火台（610822353201170212）

该烽火台位于庙沟门乡李家梁村东 66 米的平缓山峁上，东为缓坡，30 米外为陡坡；南 25 米有一东西向小沟，沟底有一农家院落；西面基座下有宽 1 米的小沟，沟上为小块菜地和打谷场，66 米为李家梁村，95 米为大片农田；北 10 米有一废弃小砖窑，25 米有一东西向宽 18 米的沟。高程 1138 米。地处黄土梁峁丘陵宽谷区，属于黄土沟壑地貌。

烽火台整体保存较差。仅存夯土台体，坍塌较严重，东壁中部有两个洞，有大量剥离、冲刷痕迹，北面坍塌成坡；南壁有水冲痕和细裂缝，右下角有小凹痕，左下角有一虫洞；西壁剥离严重，中部有两个矩形凹坑；北壁坍塌成缓坡，离台体 1.5 米处有一棵榆树，略高于台体。台顶南北呈凹状，中部为水冲斜坡至底部。台体下土台呈矩形，北壁有豁口，呈缓坡台阶至台体下。土台、台体上杂草丛生，周围有少量片石。

烽火台包括基座和台体两部分。基座平面呈近矩形，由台体四周外延 2.2、高 5 米。台体用黄土夯筑而成，平面呈矩形，剖面呈梯形，东西 4.8、南北 3.4、高 4 米，顶部有一豁口，似为登顶通道坍塌

图二九八　岳家寨村烽火台平、立面图

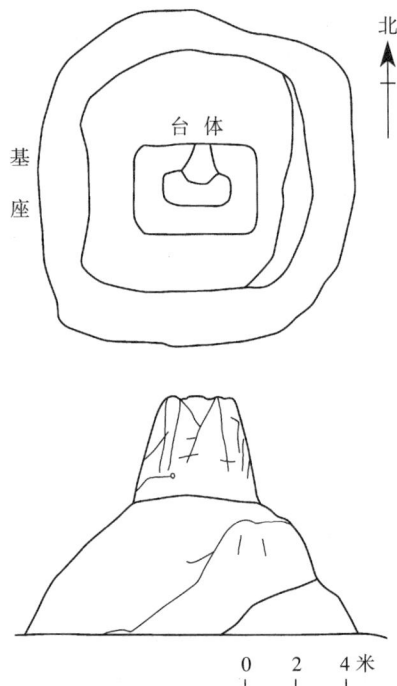

图二九九　李家梁村烽火台平、立面图

所致，呈凹字形，上宽 0.7 米，坍塌至底部。（图二九九）

烽火台西南距杜新庄村烽火台 1.15 千米。

（二一三）王义山村烽火台（610822353201170213）

该烽火台建于新民镇王义山村北 0.35 千米的山峁上，东、南侧及基座上长有酸枣树，周围为弃耕田，杂草丛生，农田外为沟壑、丘陵。台体北 18 米有一铁架电线杆，杆上写有"1167 矸新线 80 号"，0.148 千米有一发电厂，0.406 千米有一村庄，村前有条公路，0.45 千米为新城川；西侧 0.5 千余米有公路和隧道；东侧为弃耕梯田。高程 1239 米。地处丘陵沟壑区，属于黄土沟壑地貌。

烽火台整体保存差。基座部分保存，台体西壁保存较好，顶部因雨水冲刷破坏严重，有一块石板。台体南、东、北壁坍塌严重，长有酸枣树，南壁上部有一人为挖掘的矩形坑，长 1.1、宽 0.8 米，坑口处长有枣树，北壁有密布的小坑，为人为攀登台体时留下的蹬坑。基座南、东侧坍塌严重，在底部形成堆土，呈缓坡状。

烽火台包括台体和基座两部分。基座黄土夯筑，夯层厚 0.09～0.13 米，平面呈椭圆形，东西径 18.5、南北径 13.6、高 3.2 米。台体用黄土夯筑而成，夯土包含有料礓石，夯层厚 0.06～0.13 米。台体平面呈椭圆形，剖面呈不规则形，东西径 8.1、南北径 5.7、高 5.9 米。（图三〇〇）

烽火台南距韩庄则村 1 号烽火台 1 千米、距韩庄则村 2 号烽火台 0.95 千米，西 3 千米为大边长城。

（二一四）韩庄则村 1 号烽火台（610822353201170214）

该烽火台位于新民镇韩庄则村东南 0.21 千米的平缓山坡上，东 7 米有南北向的沟，宽 30、深 20 米；南 40 米为山梁，顶部为大面积农田，种植土豆、玉米等；西侧为缓坡，杂草丛生；北 0.06 千米为山梁，山梁上有大片农田，地表植被较少，主要为茅草、蒿草。高程 1281 米。地处黄土梁峁丘陵宽谷区，属于黄土沟壑地貌。

烽火台整体保存较差，仅存夯土台体。坍塌较严重，由顶部四角向下坍塌至底部，呈锥体状；东壁中部有宽 0.3 米的水冲沟；南壁底部有 3 个虫洞；西壁有人为挖掘痕迹，宽 0.5、深 0.3、高 0.3 米；北壁底部有坍塌，坍塌部分高 2.6 米，东部与北壁成 45°夹角垂直向下切至台体底部，似为人为挖掘。台体四壁虫洞较多，长有少量杂草，周围坡地上有大量采挖草药形成的大小坑。

台体为夯筑而成，夯土厚 0.07~0.13 米。台体平面呈矩形，剖面呈梯形，底部东西 5.2、南北 5.8 米，顶部东西 1.5、南北 0.6 米，高 4.1 米。（图三〇一）

烽火台西距韩庄则村 2 号烽火台 0.17 千米，北距王义山村烽火台 1 千米，西距大边长城 3.95 千米。

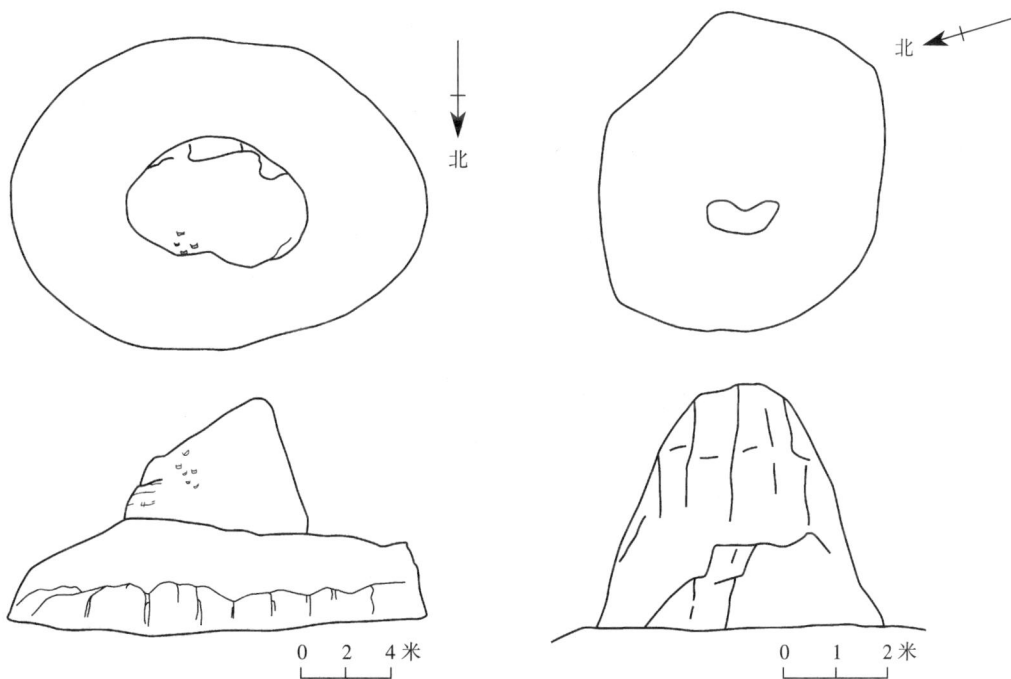

图三〇〇 王义山村烽火台平、立面图

图三〇一 韩庄则村 1 号烽火台平、立面图

（二一五）韩庄则村 2 号烽火台（61082235301170215）

该烽火台位于新民镇韩家则村北 0.11 千米的平缓山坡上，四周为缓坡，南 0.02 千米为山梁，顶部为大面积农田，种植土豆、玉米等；西南 9 米发育成水冲沟，宽 15~60 米，环绕台体西、北面，台体西侧距沟 10、北侧距沟 11 米。高程 1276.6 米。地处黄土梁峁丘陵宽谷区，属于黄土沟壑地貌。

烽火台整体保存较差，仅存夯土台体。坍塌较严重，只剩台芯；东壁夯土剥离，有裂缝，中部水冲痕明显；南壁中部有水冲痕；西壁夯土剥离，中部距地面 1.8 米有直径 0.3 米的虫洞。台体四周坡地上有大量采挖草药所致的大小坑，杂草丛生，主要为茅草、蒿草。

台体下东、西、北面生土坍塌，与上部夯土相连呈台状，生土台呈南北坡状，高 2.4 米。台体平面呈矩形，剖面呈梯形，底部东西 4、东侧长 1.6、西侧长 4.2 米，顶部东西 1.6、南北 0.5 米，高 2 米。（图三〇二）

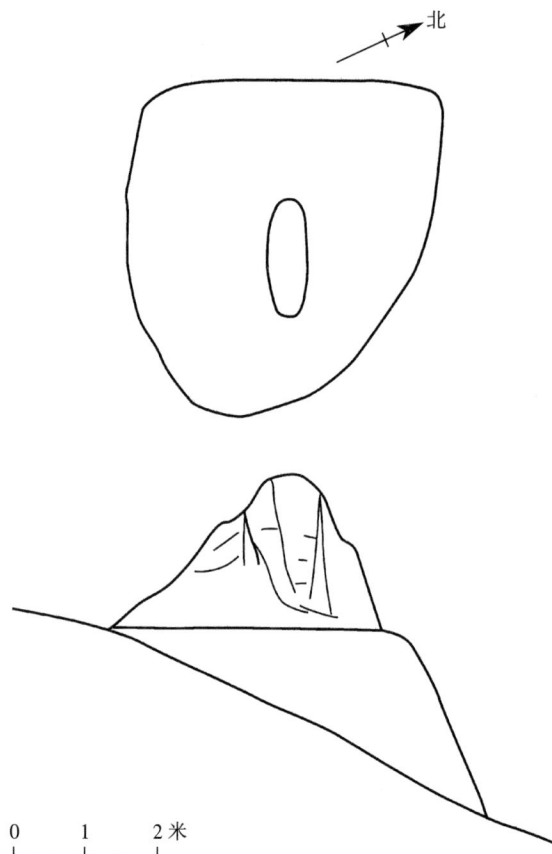

图三〇二　韩庄则村 2 号烽火台平、立面图

　　烽火台东距韩庄则村 1 号烽火台 0.17 千米，北距王义山村烽火台 0.95 千米，西距大边墙体 4.1 千米。

三　关堡

　　府谷县此次调查关、堡共 10 座，其中关 5 座、堡 5 座。

　　关　5 座。2 座坐南朝北，1 座坐北朝南，1 座坐东南朝西北，1 座方向不明；平面有矩形和不规则形，规模差别较大，边长不等，3 座 28～51 米，周长 140～196 米，面积 1176～2397 平方米，其中较大的 2 座边长 150～520 米，周长 646、1124 米，面积 7896、24000 平方米。关墙皆为夯筑土墙，夯层厚 0.08～0.16 米，底宽 1.2～10、顶宽 0.2～2.4、高 0.3～11 米。关内有马面和城门，其中 3 座有 1 座城门，1 座仅有 3 个马面，1 座有 3 个马面和 1 座城门。关内均被开垦为耕地。

　　堡　5 座。2 座坐北朝南，1 座坐西北朝东南，2 座方向不明；平面呈矩形的有 4 座，不规则形的有 1 座，边长 19～53 米，周长 92～202 米，面积大小不一，2 座面积约 2500 米，1 座约 1000 平方米，其余 2 座约 600 平方米。堡墙皆为夯筑土墙，夯层厚 0.04～0.18 米；底宽 0.25～1.7、顶宽 0.1～2、高 0.3～7.2 米。仅有 2 座堡内有城门，设施较少，1 座堡内开垦为耕地，其余荒废。

　　常年风雨侵蚀、动物破坏、植物生长、土地沙化及当地不合理利用、人为破坏，如开挖窑洞、开垦耕地等是其损毁的主要原因。

由关到堡，分述如下：

（一）芭场湾关（610822353101170001）

该关位于哈镇城壕村的山梁上，关内外为耕地，地势较平缓，南低北高，东面邻沟。高程1010米。

关整体保存较差。四周墙体走向较清晰，西墙外0.05千米处有宽33米的冲沟，北墙距东墙0.05千米处有宽50米的豁口，西墙北端南0.146千米处有宽2米的豁口，南墙西端东0.112千米处有宽10米的豁口，东墙南端有宽137米的沟。

关坐南朝北，地势南低北高。平面呈不规则形，东墙长193、西墙长520、南墙长227、北墙长303米，周长1243米，面积约7896平方米。关墙为夯筑而成，夯层厚0.08～0.15米；墙体底宽1.6～0.6、顶宽0.3～1.5、高0.3～2.9米。东墙北端有4米的豁口，可能为城门位置。西墙北端南54米处有马面一座，高6米。南墙东、西端各有马面一座，一座位于西端东31米处，高4.5米，另一座位于南墙东端，高6米。

关西距城壕村长城墙体0.03千米。所在的城壕村有居民70多人，以汉族为主。附近的河流为清水河，自北向南流，为季节性补给型河流。附近道路以乡村土路为主。

（二）上玉则塌村关（610822353101170002）

该关位于三道沟乡上玉则塌村西南0.4千米，北距阳湾川2.55千米，周围地势平缓，为耕地和荒坡地。高程1253米。地处黄土梁峁丘陵宽谷区，属于黄土沟壑地貌。

关整体保存较差。关墙保存较为完好，基本为原高，东、南墙与长城墙体没有明显的接茬，当为修建长城时一次性修筑。

关位于长城墙体的拐角处，北、东墙借用长城墙体。坐北朝南。平面呈矩形，东西47、南北51米，面积2397平方米。关墙为夯筑而成，剖面呈近梯形，基础经过加工平整，夯土为较纯净的黄土，夯层厚0.12～0.16米。墙体顶宽0.6～2.4、内高6～8、外高7～11米，顶部基本平整完好，大部分墙体底宽5.4、顶宽1.2～1.6米。西墙中部有一豁口，当为关门位置，门底宽4、顶宽6米。关门外（南侧）43米建有一座圆形敌台。（图三〇三）

关东北距二道边村1号敌台0.395千米。上玉则塌村有居民120人，以汉族为主，主要从事农业。关北侧为阳湾川河，自西向东流，为沙梁川补给型河流，附近道路以乡村土路为主。

（三）龙王庙村关（610822353101170003）

该关位于新民镇龙王庙村西南一个孤立的小土包上，南距新城川2.85千米，关墙沿崖畔而建，三面为崖畔，关内外为耕地。高程1197米。地处黄土梁峁丘陵宽谷区，属于黄土沟壑地貌。

关整体保存较差。墙体西南段被山洪冲开14米宽的豁口，形成长18、深1～3米的冲沟，其余墙体有迹可寻。关内为耕地，种植谷物等。

关坐东南朝西北。平面呈不规则布袋形，东西28、南北42米，周长140米，面积1176平方米。关墙为夯筑土墙，夯土以黄土为主，夯层厚0.08～0.14米，为自然墙基，没有人为加工的痕迹。墙体底宽1.2、顶宽0.2～0.5、高0.3～1.6米。关门位于西北角，门宽1.6米，门外有1.2米宽的崖道与关外敌台连接。（图三〇四）

关所处山包三面是崖畔，西北与敌台相接，关墙沿外侧崖畔而建，地势十分险要。

长城墙体

北

长城墙体

0　4　8米

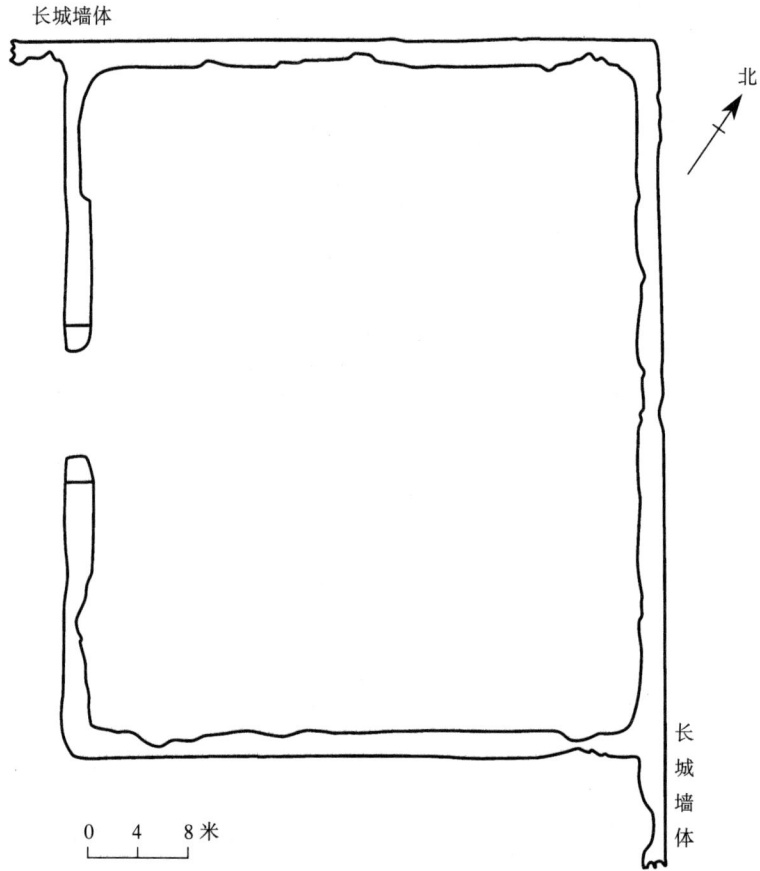

图三〇三　上玉则墕村关平面图

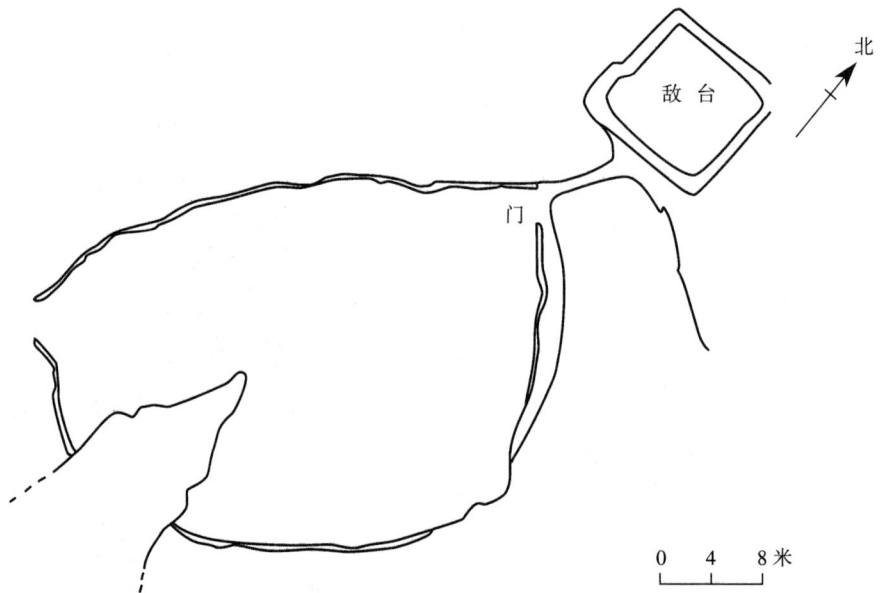

北

敌　台

门

0　4　8米

图三〇四　龙王庙村关平面图

龙王庙村有居民400余人，以汉族为主，外来人口居多，从事煤矿开采；当地青壮年多外出打工和上学，部分从事煤矿开采。

关附近为龙王庙村长城 1 段，南距龙王庙村 1 号烽火台 0.03 千米，北距龙王庙村 1 号敌台 0.015 千米。南侧为龙王庙川，自北向南流，为季节性新城川河补给型河流。附近有多条乡村土路。

（四）西耳村关（610822353101170004）

该关又称养马圐圙，因位于新民镇西耳村西南 0.245 千米的四方圐圙山墕上而得名，北距 301 省道 1.8 千米。关内地势平整，关外东西两侧为水冲沟壑，周边沟壑遍布。高程 1326 米。

关整体保存差。虽地处山墕，距村庄较远，但关内开垦为耕地，受人为破坏比较严重，所有设施破坏殆尽。

关东墙借用长城墙体。坐北朝南。平面为矩形，东西 35、南北 50 米，周长 170 米，面积 1750 平方米。关墙黄土夯筑而成，包含有少量料礓石，夯质细密坚硬，夯层厚 0.08～0.16 米。墙基经人为修整，顶部基本平整完好，墙体底宽 5、顶宽 0.8～1.8、内高 4～6、外高 6～8 米。关墙东南角与长城墙体相接，明显高于长城墙体。（图三〇五；彩图五八～六〇）

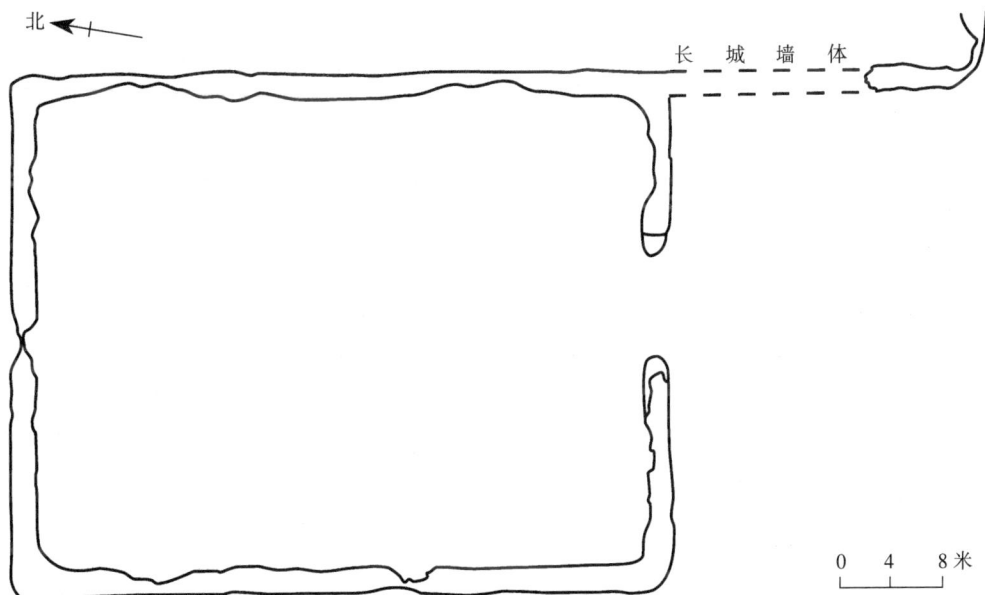

图三〇五　西耳村关平面图

关东北距西耳村 1 号敌台 0.2 千米。西耳村有居民 187 余人，以汉族为主，主要从事种植业。

关东北为新城川河，自西向东流，为孤山川河补给型河流。附近道路以乡村小路为主。

（五）城峁村关（610822353101170005）

该关又称城圐圙，位于新民镇城峁村，北距 301 省道 2.5 千米。关内地势平缓，为耕地，关外冲沟遍布，地势陡峭，为荒坡地和耕地。高程 1378 米。地处黄土梁峁丘陵宽谷区，属于黄土沟壑地貌。

关整体保存差。关墙破坏十分严重，多处消失，断点很多，墙体低矮，仅存夯土部分，3 处关门仅存基址和残墙断口。关东北角被洪水冲开长 70、宽 60、深 5～10 米的沟。

关坐向不明。平面呈近圆角矩形，东西 160、南北 150 米，周长 646 米，面积约 24000 平方米。关墙为夯筑土墙，墙基经人为加工，夯土以黄土为主，夯层厚 0.08～0.14 米。墙体断断续续、残缺不整，东墙 47、高 0.5～1.2 米，底宽不详，顶宽 0.3～0.6 米；南墙 120、高 0.5～2.1 米，底宽不详，顶宽 0.5～0.8 米；西墙 38 米，断为 3 段，墙高 0.3～0.8、宽 1.2 米，墙体中部建有马面一座，马面外伸 7 米；北墙 54 米，断成 3 段，中部偏东有关门基址，基宽 10 米。东南角、西南角各有一关门基址，东南角关门破坏严重，仅存一面基础，西南角门基保存较好，两侧墙基高 9、宽 8～10 米。西北角墙体外伸 4 米，有一土台，宽 7 米，可能为马面所在。（图三〇六；彩图六一、六二）

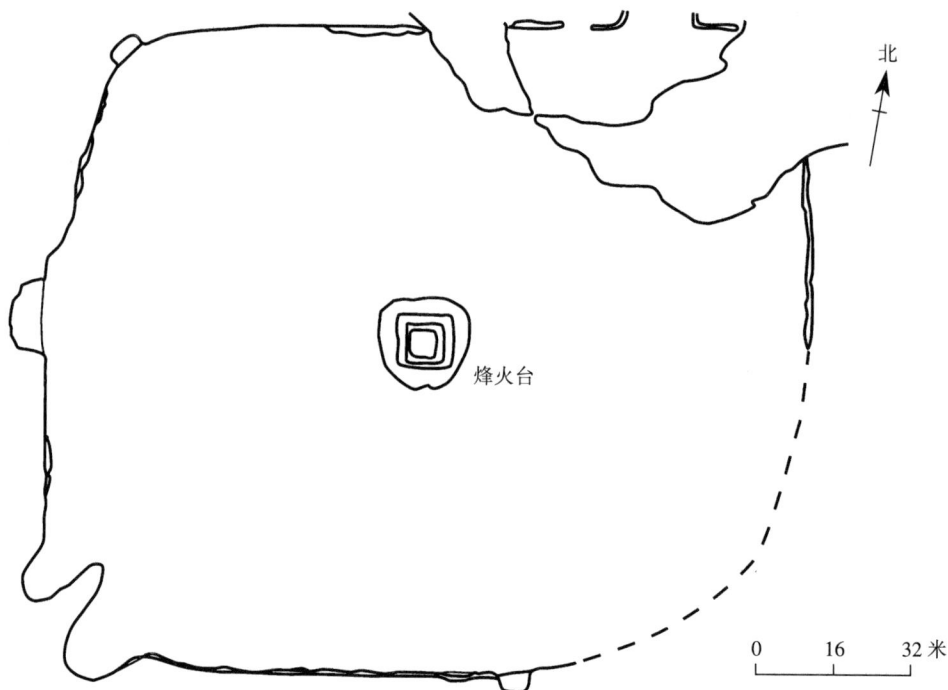

图三〇六　城峁村关平面图

关内中部建有烽火台一座。台体内部为夯筑而成，夯层厚 0.08～0.14 米；外部下层为条石包砌，上层为青砖包砌。周围散落大量坍塌的砖石瓦片。台体底部边长约 12、顶部边长约 8、高 10 米。台体西侧有水井一口，井口呈圆形，深 7 米。

关内散落大量不同时代的陶片、砖、瓦、瓷片等，陶质有夹砂灰陶、泥质灰陶、红陶，可辨器形有盆、罐、碗、瓮等，纹饰有绳纹、附加堆纹、篮纹以及素面纹。关东北角冲沟断崖上露出 3 个灰坑。根据陶质和器物判断，关初建早至龙山时期，沿用至明代以后。

关东北角与长城墙体隔沟相望，西南未发现长城墙体，北距西耳村 2 号敌台 0.42 千米。城峁村有居民 80 余人，以汉族为主，主要从事种植业。东北为新城川河，自西向东流，为孤山川补给型河流。附近道路以乡村土路为主。

（六）转角楼村堡（610822353102170006）

该堡位于清水乡西北 10 千米转角楼村南的山梁上，西南 0.3 千米是清水川，周围是水土流失形成的沟壑及裸露的山体。高程 1010 米。地处黄土梁峁丘陵宽谷区，属于黄土沟壑地貌。

堡整体保存差。堡北墙距西端 23 米处有宽 9 米的豁口，南墙距西端 43 米处有宽 9 米的豁口，墙体破坏严重。堡内西北地势高出东南 1 米，东南为耕地，西北为杂草丛生的土台。

堡坐向不明。平面呈不规则形，周长 202 米，面积 2140 平方米。墙体保存较差，为黄土夯筑而成，夯层厚 0.08~0.12 米。东墙 40 米，有 23 米消失；南墙 75 米，断断续续；西墙 35 米，分成不连续的 3 段；北墙 52 米，断断续续。墙体底宽 0.7~1.7、顶宽 0.5~1.5、高 0.5~2.8 米。堡西墙处有一土台，平面呈矩形，边长约 8 米，面积为 65 平方米，土台表面堆积大量的砖瓦片。（图三〇七；彩图六三）

土台东南部发现建筑夯土基础，夯层厚 0.06~0.1 米。砖宽 17、厚 7 厘米。

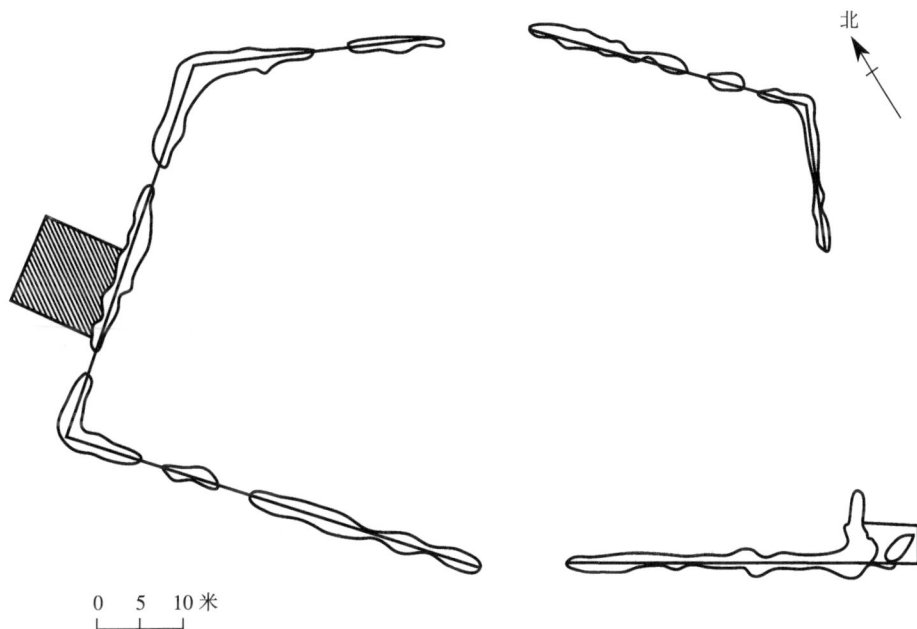

北

0　5　10 米

图三〇七　转角楼村堡平面图

堡东距龙王庙村关 0.2 千米，西南 0.3 千米处为清水川。转角楼村有居民 80 多人，以汉族为主。附近交通不便。

（七）青椿峁村堡（610822353102170007）

该堡位于哈镇青椿峁村东北 0.45 千米的山顶上，北距小南川 0.77 千米，周边为起伏的山丘，地势较平缓。高程 1161 米。地处黄土梁峁丘陵宽谷区，属于黄土沟壑地貌。

堡整体保存差。堡墙走向清晰，风化侵蚀严重。东、西墙中部散落碎砖块和瓦块，东、南墙上各长有一棵树，南墙距东端 3 米处有一洞。

堡坐向不明。平面呈正方形，边长 32 米，周长 128 米，面积约 1024 平方米。堡墙为夯筑而成，夯层厚 0.04~0.1 米；墙体底宽 0.25~1.5、顶宽 0.2~0.8、高 0.3~3 米。东墙距北端 9 米处有堆土与墙体同高，表面散落碎砖碎石；南墙东端 3 米处有一高 1.2、底宽 0.9、顶宽 0.3、深 1.5 米的土洞通向堡外；西墙北端 10 米处有一土堆与墙体同高，表面散落石砖瓦块等。

堡北距青椿峁村长城 0.021 千米，西南距青椿峁村烽火台 0.18 千米。北侧为小南川，自西向东流，为清水川补给型河流。附近有多条乡村土路。堡所在的青椿峁村有居民 90 多人，以汉族为主。

（八）玉子梁堡（610822353102170008）

该堡又称养马场，位于木瓜乡玉子梁村南0.1千米的山峁上，南距柳沟1.65千米，地势宽阔平坦，周围是退耕还林的苜蓿地及农田。高程1302米。地处黄土梁峁丘陵宽谷区，属于黄土沟壑地貌。

堡整体保存差。仅存四周墙体，墙体上长有许多野草，堡墙外种植苜蓿。城门已毁，堡墙角长有一棵不知名的古树，树干苍老，枝繁叶茂。堡内长满杂草，没有发现任何遗存。

堡坐西北朝东南。平面呈矩形，东西57、南北44米，周长202米，面积2508平方米。墙体由黄土夯筑而成，夯土较纯净，夯层厚0.06~0.18米，未发现夯窝。墙体底宽3.5、顶宽0.8~1.4、高3.8~5.2米。

堡西距玉子梁村长城0.3千米，东距玉子梁村2号烽火台0.153千米，西北距玉子梁村3号烽火台0.283千米。南侧为柳沟，自北向南流，是木瓜川季节性补给型河流。附近有多条乡村土路。

（九）引正通村堡（610822353102170009）

该堡位于庙沟门镇引正通村西0.8千米的山梁上，西距沙梁川0.2千米，四周为荒地和耕地，地势平缓。高程1156米。地处黄土梁峁丘陵宽谷区，属于黄土沟壑地貌。

堡整体保存差。堡墙周围散落碎砖块和瓦块，墙体上长有树木。

堡坐北朝南。平面呈矩形，东西26.5、南北19米，周长92米，面积约503.5平方米。堡墙走向清晰，为夯土筑成，夯层厚0.04~0.1米。墙体宽0.8~1.5、高2.5~3.5米。堡南墙有一青砖垒砌的拱形门洞，底宽约3、高1.5米，门基为条石垒砌。（图三〇八）

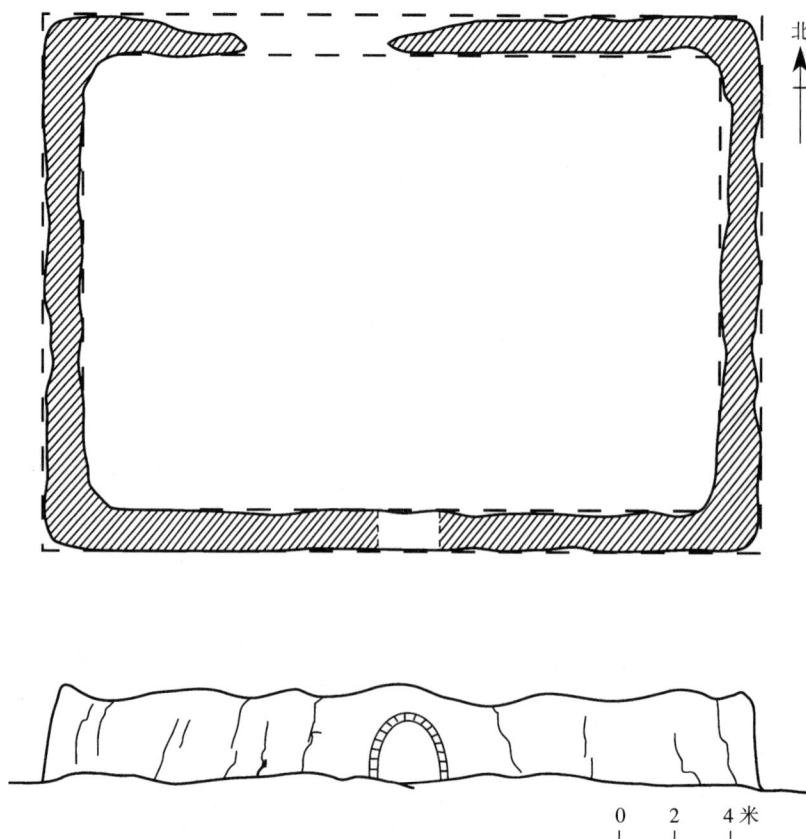

图三〇八　引正通村堡平、立面图

堡北距引正通村长城 0.05 千米，东南距引正通村 1 号烽火台 0.123 千米。附近是沙梁川，自北向南流，为孤山川补给型河流。附近有多条乡村土路。

（一〇）斩材墩村堡（610822353102170010）

该堡位于三道沟乡斩材墩新村西北 0.75 千米，北距阳湾川 0.15 千米，四周有农田，地势坡度较缓，外围遍布沟壑。高程 1145 米。地处黄土梁峁丘陵宽谷区，属于黄土沟壑地貌。

堡整体保存一般。堡内为荒地，四周散落零星的残砖碎石，堡外为耕地。堡墙风化侵蚀较严重，整体形制大致可见，南墙有一宽 2.1 米的豁口。

堡坐北朝南。平面呈矩形，边长 25 米，周长 100 米，面积约 625 平方米。堡墙为夯筑而成，夯层厚 0.05～0.1 米。墙体底宽不详，顶宽 0.1～2、高 3.2～7.2 米。（图三〇九；彩图六三）

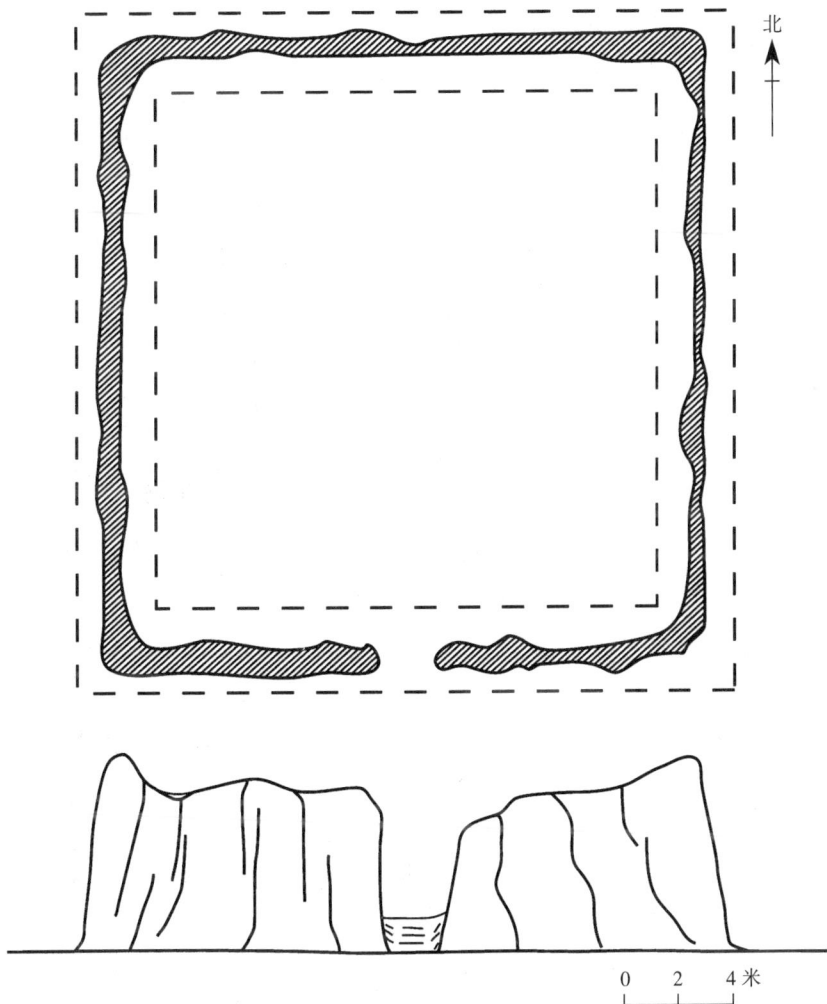

图三〇九　斩材墩村堡平、立面图

堡北 0.05 千米为斩材墩村长城，东南距斩材墩村 4 号烽火台 0.07 千米，东距斩材墩村 3 号烽火台 0.356 千米。北侧为阳湾川，自西向东流，为沙梁川补给型河流。附近有多条乡村土路。

四 相关遗存

此次在府谷县发现长城相关遗存有8处，占所有相关遗存总数的22.9%。其中有3座寺庙遗址，2座明代砖瓦窑遗址，2座城址，1座建筑遗址。分述如下：

（一）智通寺（610822354199190001）

智通寺位于麻镇杨家峁村黎元山上，高程1071米，地处黄土梁峁丘陵宽谷区，属于黄土沟壑地貌。

现智通寺为2006年在原遗存基础上扩建而成，原建筑群仅存东西厢房各4间，现属杨家峁庙管会管理。

根据当地村民叙述，该寺原为两院砖木建筑，山门前设青砖台阶，前院正殿为关帝殿，两侧为龙王殿和送子娘娘殿，东西设厢房；后院正殿为三尊古佛大殿，与关帝殿背向的是观音菩萨殿，耳殿供奉韦陀护法和面燃大士。扩建后的智通寺山门前设青砖台阶，前门处为观音殿，正对大雄宝殿，与左右东西厢房形成一个四合院落，两侧为龙王殿和送子娘娘殿，其余建筑和部分佛像仍在维修建设中。

据庙管会人员称和民间传说，智通寺乃是唐高祖时期一位姓马的将军因得该庙佛祖保佑争战取胜后出资修建，当时修建的具体事宜由地方人士负责组织，工匠一律从京城派出，历时一年建成。现存观音铜像和十多个青瓷碟（文物具体年代不详，传说造于乾隆年间）。时至今日，每年农历四月初八起为庙会，共持续三天。

寺庙东距杨家峁村2号烽火台0.11千米，北距杨家峁村1号烽火台0.59千米。

寺庙东2.3千米是黄甫川河，自北向南流，为季节性河流。附近有一条公路、多条土路及管线穿越。

杨家峁村原有居民500余人，现有6户人家30多人，多数外出打工或上学，以汉族为主，主要从事种植业。村中没有水源。

（二）芭州城遗址（610822354199130002）

芭州城遗址建于哈镇城壕村清水川北岸的黄土峁梁上，地势开阔，北高南低，东西临沟，城内外被开垦成梯田。高程1051米。地处黄土梁峁丘陵宽谷区，属于黄土沟壑地貌。

遗址整体保存差。城址内被开垦为耕地，种植糜子、谷子、土豆等，残墙与耕地平齐，耕地表层残留大量瓷片、瓦片、陶片、砖石等，未发现建筑遗迹。城址人为破坏严重，南墙大部分被开垦为耕地。水土流失严重，城址内有两条冲沟穿南墙而过。

遗址位于哈镇城壕村。平面呈不规则形，面积约72000平方米。遗址四周墙体走向清晰，夯筑而成，夯土层厚0.04~0.2米，土质坚硬，颜色泛淡灰色，土质密实，与明长城墙体夯层有明显区别。东墙162、高0.7~2米；南墙可能和明代清水营北墙叠压；西墙230米，旁为城壕村，高1.2~2.2米；北墙226、高1.2~2.5米，有一处豁口，宽14米，可能是北门所在。遗址西北、东南有凸出墙体外的隔墩。

遗址内堆积层厚约2米，发现大量瓷片、陶片，瓷片主要有白釉褐花瓷、黑瓷、豆绿色瓷等；陶片主要为黑陶，有素面和暗纹两种，器形主要有碗、碟、罐等；建材主要有板瓦、筒瓦和砖，瓦类皆外素面、内布纹、长36、宽16厘米，砖类主要为矩形和楔形灰砖两种，宽15、厚2.5～4.5厘米；石器类有石磨、石杵等，质地为坚硬砂岩。

结合《延绥镇志》、《元史》记载及当地地望，遗址可能为元初所置苪州城。

遗址东0.7千米为马连圪垯村烽火台。东2.3千米处是黄甫川河，自北向南流，为季节性河流。附近有一条公路、多条土路及管线穿越。

（三）转角楼村大井沟砖瓦窑（610822354102170003）

该砖瓦窑位于清水乡西北10千米转角楼村大井沟西南的山梁上，大部分为耕地，砖瓦窑距转角楼堡北墙0.2千米。高程1020米。地处黄土梁峁丘陵宽谷区，属于黄土沟壑地貌。

窑址为明代所建。整体保存差，窑顶坍塌，仅存一直径1.9米的缺口，窑内堆满黄土。

砖瓦窑中下部凸出山体外，整体呈圆锥体，底部直径4、顶部直径2.5米，面积12平方米。窑顶壁厚0.3、底部壁厚0.6米，东南面下部有底宽1、高2米的拱形窑口。遗址周边未发现砖瓦残片。

据当地村民称，窑两侧0.02千米内有3个砖瓦窑址，依山梁地形而建，面积40多平方米，由于水土流失和耕地破坏无存，看不出任何痕迹。

遗址西北距转角楼村4号烽火台0.2千米。西南约0.38千米为清水川，自北向南流，为季节性补给型河流。附近道路以土路为主。

转角楼村有居民80多人，以汉族为主，主要从事农业。

（四）凤凰塔村砖窑遗址（610822354102170004）

该砖窑遗址位于清水乡凤凰塔村西0.5千米的山体上，东距清水川约0.3千米。高程973米。地处黄土梁峁丘陵宽谷区，属于黄土沟壑地貌。

窑址整体保存较差。凤凰山西侧山沟两侧崖畔上分布20多个砖瓦窑（保存较完整的砖窑有1座，其他大部分坍塌），从山体看，深沟原来可能和两侧的砖窑处在同一面上，由于取土烧砖，将该处挖低，最终形成深沟。

窑址紧靠崖畔，为可见遗址中最完整的一座。四周土质发红，外观呈圆锥形，底部直径2.6、上口直径2、高3.2米，窑顶部壁厚0.3、底部壁厚0.6米，底部南有一宽0.8、高1.2米的拱形洞口。

窑址周围散落少量砖，长39、宽18.5、厚8厘米。根据遗物特征及所处位置，推测其可能是明代为长城烧制包砖的窑口。

窑址北距凤凰塔村马面0.14千米，西南距凤凰塔村1号烽火台0.11千米。附近河流为清水川，自北向南流，为季节性补给型河流。附近道路以山村小路为主。

凤凰塔村有居民130多人，以汉族为主，主要从事农业。

（五）翟家梁村龙王庙遗址（610822354199170005）

该遗址位于赵五家湾乡翟家梁村，龙王庙所在遗址南墙外是一条深沟，周围遍布雨水冲刷形成的沟壑，西北距小南川2.25千米。高程1243米。地处黄土梁峁丘陵宽谷区，属于黄土沟壑地貌。

遗址为明代所建，整体保存较差。常年的风雨侵蚀及当地居民生产、生活活动是其损毁的主要原因，围墙东、西墙有宽 2 米的豁口，北墙（长城墙体）上有 3 孔窑洞。遗址西南角、东南角修建的龙王庙和戏台也是遗址受到破坏的重要原因。

遗址北墙借用长城墙体，东、南、西墙是土筑墙，平面呈矩形，东西 41、南北 18 米，围墙宽 0.5、高 1.7 米。

龙王庙建于遗址西南角，面阔一间，宽 3.2 米，进深一间，深 4.8、高 4.3 米。基座为条石砌筑，高 1 米。庙墙由青砖砌成，庙前有石砌台阶，庙内顶部梁架为人字形，内有一张破旧的贡桌。

戏台位于遗址东南角，和龙王庙相呼应，为后来增筑，长 9、宽 7.5、高 1.5 米。原戏台顶部坍塌，残留一高 3 米，长、宽 7.5 米的现代顶棚。戏台基座由长 140、宽 30、厚 20 厘米的条石砌成，共 3 层，条石上是青砖。从砖的尺寸和形制判断，戏台和龙王庙应是同一时期修建。

遗存东北距翟家梁村 2 号敌台 0.211 千米。北侧为小南川，自西向东流，为季节性河流。附近有条乡村小路，还有条村级公路。

翟家梁村有 22 户，共计 100 余人，以汉族为主，主要从事农业。

（六）古城村遗址（610822354107190006）

该遗址位于木瓜乡古城村北 0.254 千米的山峁上，东南距木瓜川 3.15 千米，周围是梯田。高程 1303 米。地处黄土梁峁丘陵宽谷区，属于黄土沟壑地貌。

遗址整体保存较差。遗存面积较大，地表遗物丰富，明长城烽火台修建于遗址中间（遗址所处的山峁顶部有明长城烽火台一座，平面呈矩形，基座四角存围墙，台体西侧有一座新修庙宇，系在寺庙遗址上重建）。遗址北侧断崖处可见灰层，包含残瓦、瓷片、动物骨骼等。采集的标本有夹砂红陶、泥质灰陶、白瓷片、黑瓷片、铁器残片、铁钱等，纹饰有绳纹、篮纹、划纹、网格纹等，可辨器形有鬲、盆、罐、碗、杯等，瓷器纹饰有赫花、青花、印花等，在一件瓷碗残片外面发现有"长城"字样。（彩图六四）

从发现的遗物看，遗址跨越年代较长，从新石器时代至清代（新石器、汉、宋、元、明、清）的遗物均有发现。

遗存西距古城村 3 号烽火台 0.146 千米，西南 0.254 千米为古城村，古城村因遗址得名，有居民 130 人，以汉族为主，主要从事农业、煤炭采挖。附近的河流为孤山川支流木瓜川，自北向南流。附近有多条乡村小路。

（七）王家梁村观音庙遗址（610822354107180007）

该遗址位于庙沟门镇王家梁村，东距木瓜川 3.7 千米，四周为耕地。高程 1240 米。地处黄土梁峁丘陵宽谷区，属于黄土沟壑地貌。

该庙始建于清雍正四年，寺庙原建筑损毁无存，现存为 2006 年在旧址上新建，占地面积 4000 平方米，庙内存有清乾隆丙寅年（1746 年）创建庙宇记事碑 1 通，新建庙门 1 座、钟楼 1 座、碧霞宫 1 座、观音殿 1 座、禅房 2 座。

遗址东北距王家梁村 1 号马面 0.05 千米，西南距王家梁村 4 号烽火台 0.283 千米。西侧为沙梁川，自北向南流，为季节性补给型河流。附近有多条乡村小路。

王家梁村居民以汉族为主，主要从事农业、煤炭采挖。

（八）庙洼梁建筑遗址（610822354107170008）

该遗址位于三道沟乡马场村庙洼梁，东距沙梁川 0.95 千米，周边地势平缓，为荒地。高程 1176

米。地处黄土梁峁丘陵宽谷区，属于黄土沟壑地貌。

遗址始建于明代，整体保存差，仅存一夯土台基。遗址顶部有一座坍塌的小庙，建筑材料为附近敌台上拆除的包砖石。

台基夯层厚 0.12～0.13 米，平面呈矩形，剖面呈不规则形，东西 40、南北 46、高 8.2 米。（图三一〇）

遗址东距前口则村 2 号烽火台 0.033 千米，西南距庙洼梁村 3 号敌台 0.116 千米。东侧为沙梁川，自北向南流，为孤山川河补给型河流。附近有一条公路。

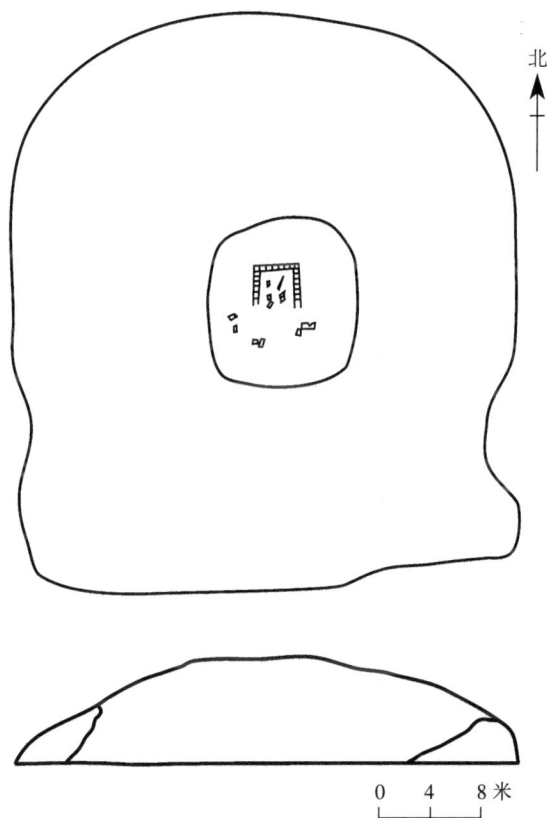

图三一〇　庙洼梁建筑遗址平、立面图

五　采集文物

（一）阳圪墩石碑

该石碑采集于木瓜乡阳圪村，是一通明代石质文书，为阳圪村一村民主动捐献给长城调查队，据捐献者讲，该石碑是两年前一伙盗墓贼遗留下来的。

石碑为红砂岩质，通高 90、宽 55、厚 10 厘米。圆首，首高 18 厘米。碑身右下角缺损部分宽 12、高 20 厘米。碑阳楷体阴刻文书，字迹较为拙劣，"碑记"两字尤其潦草，刻工差；碑阳四周阴线有一 10 厘米宽的缠枝花纹饰带。行文共 17 行，每行最多 22 字，最少 9 字，全文共计 269 字，其中有 33 字漫漶不清，无法辨认。

碑文繁体竖排左行，内容如下：

碑记

神木兵备□为申严墩守□奉

抚院明文仰各墩军□此碑常州在墩□挂□□

防□不许私离□地□回城堡□失器□如达

□以军法重治若军有事故即橐守□□□补

木瓜园堡操守王济……坐堡李锐下本守二十

墩西去永宁二十一墩一里零三十七步

计开常州守瞭墩军五名

一名刘奉妻□氏一名赵□□妻所□一名李生妻郭氏

一名杨文斌妻仝氏一名王宗妻蒋氏

器物黄旗一面锅五口瓮八口梆二个

盔五顶甲五付弓箭三付刀三把□□

十根生铁□尾炮一位百胜铳三□

三眼炮一杆小铁炮一个铅子四十个

火草一个火线五十条

东路兵备道提边委官绥德实授百户仵勋

白水县石匠曹登云男曹□儿造碑

万历四年三月□□□日□中□乾□□坐□□

第三节　府谷县明长城二边

府谷县明长城二边起自黄河西岸，跨皇甫川、清水川，越山梁沿古圪坮沟、木瓜川、孤山川、新城川分布，西南接神木县明长城二边，全长76920米，包括墙体76920米，单体建筑38座，沿线有相关遗存4处。

一　墙体

府谷县明长城二边墙体皆为利用峭壁形成的自然山地险要来防御的山险类型，共3段76920米，整体为东北—西南走向，约占二边全部山险的13%。由于地处山地沟壑区，植被破坏、水土流失造成的沟壑发育是其损毁的主要原因。

各段墙体分述如下：

（一）尧峁村～黄甫村山险（610822382106170061）

该段山险位于墙头乡尧峁村东北黄河东南折向西南岸处，沿沟壑到黄甫川西岸。山险起点至止点长12560米。整体为东北—西南走向。属于利用自然山地险要来防御的墙体类型。（图三一一）

起点位于墙头乡尧峁村东北1.5千米的黄河边，高程859.29米；止点位于黄甫镇黄甫村东侧，高程997.52米。

山险起点至拐点，东北—西南走向，长11570米。起点在黄河岸边，起点向西南沿当地沟壑蜿蜒前行，经过拐点到达黄甫川东岸，在拐点处过黄甫川，拐向南偏西；拐点至止点，北—南走向，长

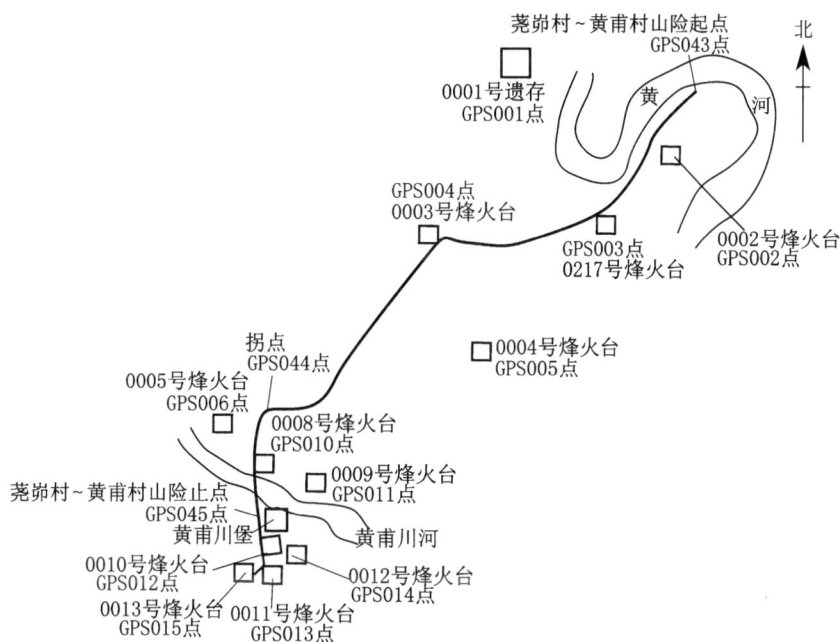

图三一一　尧峁村～黄甫村山险位置示意图

990 米，止点是黄甫川堡。

山险整体保存一般。当地水土流失造成的沟壑发育是其损毁的主要原因。

山险西南接黄甫村～清水村山险，止点是黄甫川堡。墙体起点东北为黄河，水资源丰富；止点西南为黄甫川，经常断流。

尧峁村有居民 1200 多人，以汉族为主，主要从事农业。道路以乡村土路为主。

（二）黄甫村～清水村山险（610822382106170062）

该段山险位于黄甫镇黄甫村黄甫川西岸至清水乡清水村清水川西岸。山险起点至止点长 6040 米。整体呈东北—西南走向。属于利用自然山地险要来防御的墙体类型。（图三一二）

起点位于黄甫镇黄甫村东侧，高程 997.52 米；止点位于清水乡清水村东侧，高程 894.55 米。

起点至特征点段，东北—西南走向，长 5570 米。起点在黄甫川西岸黄甫川堡北边，起点向西南沿当地沟壑蜿蜒前行，至特征点到达清水川东岸；特征点至止点段，东北—西南走向，长 470 米，在特征点过清水川到达清水川西岸止点。

山险整体保存一般。当地植被破坏、水土流失造成的地下水位下降是使黄甫川、清水川干涸的主要原因。

山险起点东北连接尧峁村～黄甫村山险，止点西南接清水村～水口村山险。起点是黄甫川堡，止点是清水营堡。

当地居民以汉族为主，主要从事农业。道路以乡村土路为主。

（三）清水村～水口村山险（610822382106170063）

该段山险位于清水乡清水村至新民镇水口村。山险起点至止点长 58320 米。整体呈东北—西南走向。属于利用自然山地险要来防御的墙体类型。（图三一三）

图三一二　黄甫村～清水村山险位置示意图

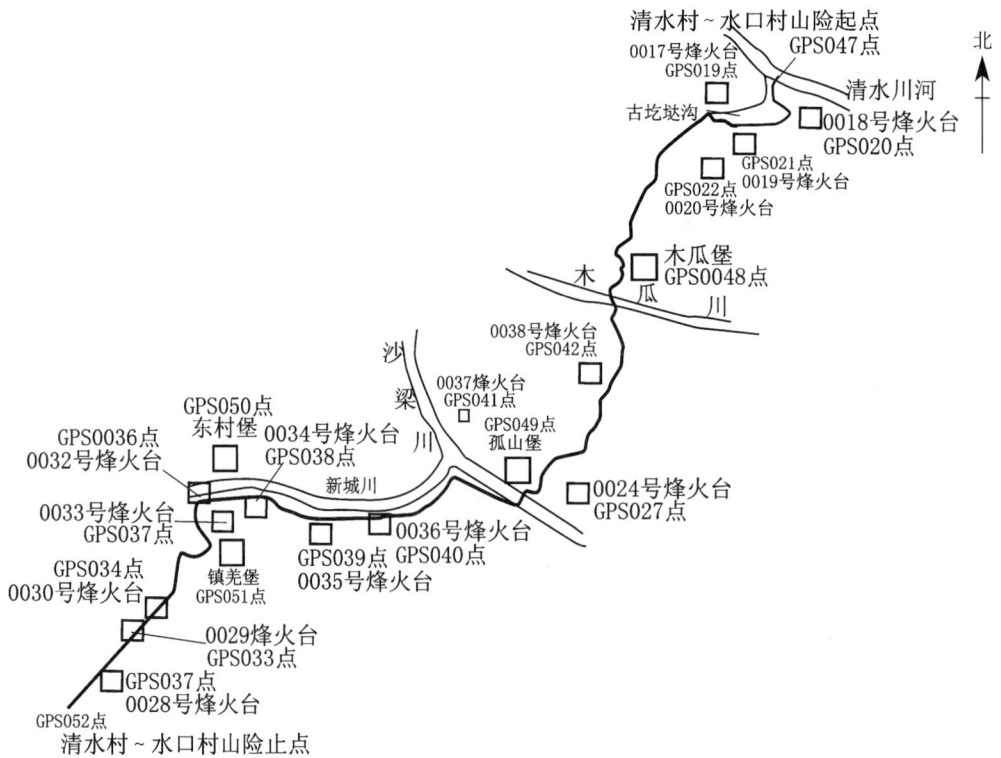

图三一三　清水村～水口村山险位置示意图

　　起点位于清水乡清水村东，高程 894.55 米；止点位于新民镇水口村西北 800 米，高程 1312.10 米。

　　起点至特征点，东北—西南走向，长 14800 米，山险沿清水川西侧支流古圪垯沟南岸向西约 5000 米，又沿古圪垯沟南侧支沟东岸向西南直到特征点，特征点是木瓜堡。特征点至拐点 1，东北—西南走向，长 13500 米，山险在特征点处过木瓜川，沿当地沟壑向西南直达拐点 1，拐点 1 是孤山堡南，山险在此点过孤山川拐向西。拐点 1 至拐点 2，东—西走向，长 18500 米，山险沿孤山川南岸向西北 4500 米到达野芦沟，继续沿新城川南岸向西南直达拐点 2，拐点 2 在东村堡南，山险在此点拐向南。拐点 2 至拐点 3，北—南走向，长 2500 米，山险沿新城川南侧支沟东岸直达拐点 3，拐点 3 在镇羌堡西侧，山险在此点拐向西南。拐点 3 至止点，东北—西南走向，长 9020 米，山险沿山梁西北侧向西南直到止点，止点西南连接神木县二边。

山险整体保存一般。植被破坏、水土流失造成的地下水位下降是导致清水川干涸的主要原因。孤山川、新城川等水流较小。

山险起点东北连黄甫村~清水村山险，止点西南接神木县二边。

当地居民以汉族为主，主要从事农业。道路以乡村土路为主。

二　单体建筑

府谷县明长城二边单体建筑仅包括烽火台一类，此次共调查烽火台 38 座。台体皆用黄土为主夯筑而成，有的夹杂有黄沙土、胶土，包含物有碎砖瓦、片石、瓷片等，夯层厚在 0.05~0.24 米之间，以 0.08~0.15 米为主。有一座夯层较特殊，为界牌村烽火台，夯土以沙土和胶土为主，沙土层和胶土层相间分布，沙土层厚 0.17~0.24 米，胶土层厚 0.05~0.08 米。有基座者 17 座，约占总数的 44.7%；外侧有围墙者 13 座，约占 24.2%；外部有包砖者 4 座，包石者 1 座，包砖又包石者 1 座，约占 15.8%；带券洞者 9 座，约占 23.7%。台体平面呈矩形者 20 座，占总数的 52.6%；呈圆形者 13 座，占 34.2%；因台体坍塌呈不规则形者 5 座，占 13.2%。底部边长 2~17 米，以 7~12 米为主（有 4 座超过 12 米，有 1 座超过 15 米）；顶部边长 0~12 米，以 3~7 米为主（有 2 座超过 10 米）；高 0.8~12.3 米，以 3~10 米为主（3 座超过 10 米）；还有 1 座尺寸较大，超过上述范围，为万家墩村 2 号烽火台，底部平面呈圆形，直径 17 米，顶部边长 4 米，高 12.3 米。

单体建筑分述如下：

（一）尧峁村 1 号烽火台（610822353201170216）

该烽火台位于墙头乡尧峁村北 0.5 千米的山峁上，西、北侧为黄河，东、南侧为耕地，水土流失严重。高程 930 米。地处山地沟壑区，沟壑坡度较缓，为黄沙土，土质疏松。

烽火台整体保存较差。台顶坍塌；南壁有门，门上部坍塌；壁周剥落严重。风雨侵蚀与水土流失是其损毁的主要原因。

烽火台包括夯土基座和台体两部分，台体建在椭圆形的基座上。基座东西径 15.2、南北径 16.8、高 2.2 米。台体为黄土夯筑而成，夯层厚 0.1~0.11 米，夯窝直径 0.05 米。台体底部东西 8.9、南北 8 米，顶部东西 6.4、南北 5.9 米，高 4.5 米。台体南壁有登台门洞可达台顶，门宽 0.9、高 3.2 米。台顶周边有垛墙，高 1、厚 0.8 米。（图三一四；彩图六五）

烽火台西距尧峁村 2 号烽火台 1.4 千米。

（二）尧峁村 2 号烽火台（610822353201170217）

该烽火台位于墙头乡尧峁村西北 0.81 千米的山峁上，东、北侧为黄河，南 0.75 千米为赵家山。高程 956 米。地处山地沟壑区，沟壑纵横交错，坡度较为陡峭，土质为黄沙土。

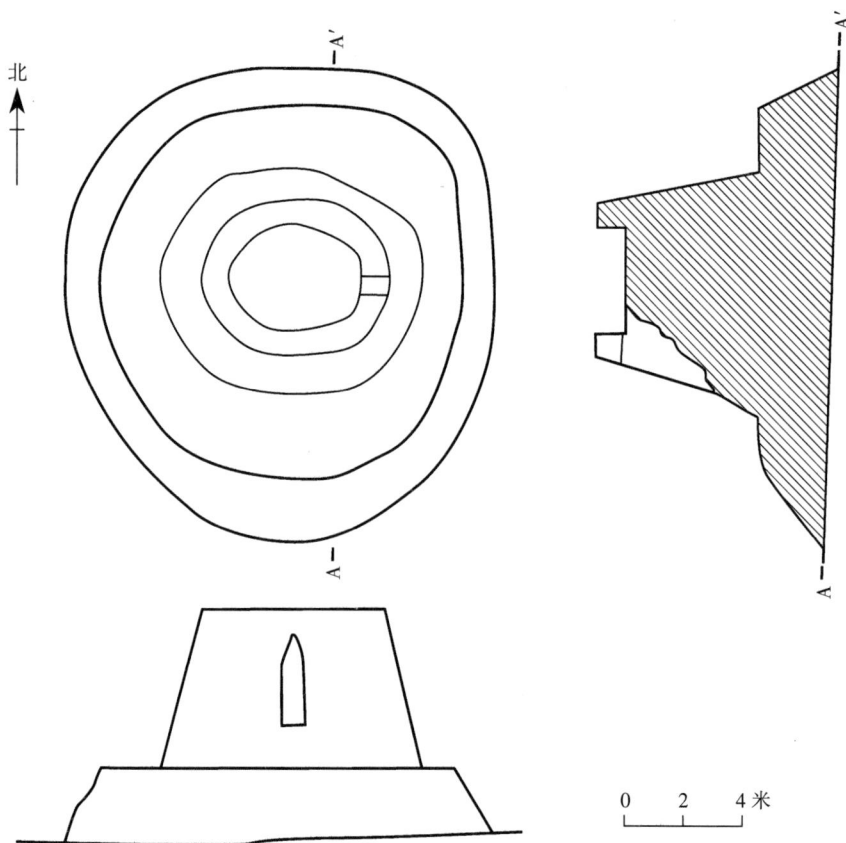

图三一四　尧峁村1号烽火台平、立、剖面图

烽火台整体保存较差。台体四壁剥落严重，基座紧靠耕地，遭到破坏，基座上有很多石块堆积。人们日常的耕作活动是其损毁的主要原因。

烽火台包括夯土基座和台体两部分。台体建在基座上，基座位于岩石上，岩石上有0.3米厚的土层，基座平面呈近矩形，边长13、高1.6米。台体用黄沙土夯筑而成，夯层有两种，台体下部高0.45～0.82米的夯层厚0.06～0.07米，上部夯层厚0.09～0.14米。台体平面呈圆形，剖面呈梯形，底部直径7、顶部直径4.6、高8.2米。（图三一五；彩图六六）

（三）红塂墩烽火台（610822353201170218）

该烽火台建在黄甫镇红塂墩（山名）西0.2千米的山峁上，南、西、北侧为荒坡地。高程1046米。地处山地沟壑地带，沟壑纵横交错，坡度较缓。

烽火台整体保存较差。台体顶部中间塌陷，低于周边1.8米，台体南壁有"V"形沟通到台底。常年的风雨侵蚀、自然坍塌与水土流失是其损毁的主要原因。

烽火台用黄土夯筑而成，夯层厚0.11～0.13米。台体平面呈矩形，剖面呈梯形，底部东西11、南北10米，顶部东西4.2、南北3.4米，高6.6米。（图三一六）

烽火台南距山神堂村烽火台1.6千米。

（四）山神堂村烽火台（610822353201170219）

该烽火台位于黄甫镇山神堂村北的山峁上。山顶较为平坦，东、北侧为山神庙，南侧有耕地。高

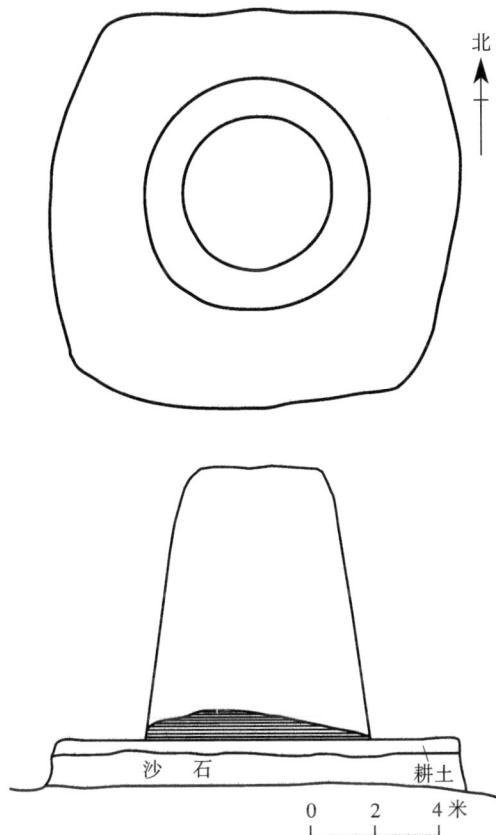

图三一五　尧峁村2号烽火台平、立面图

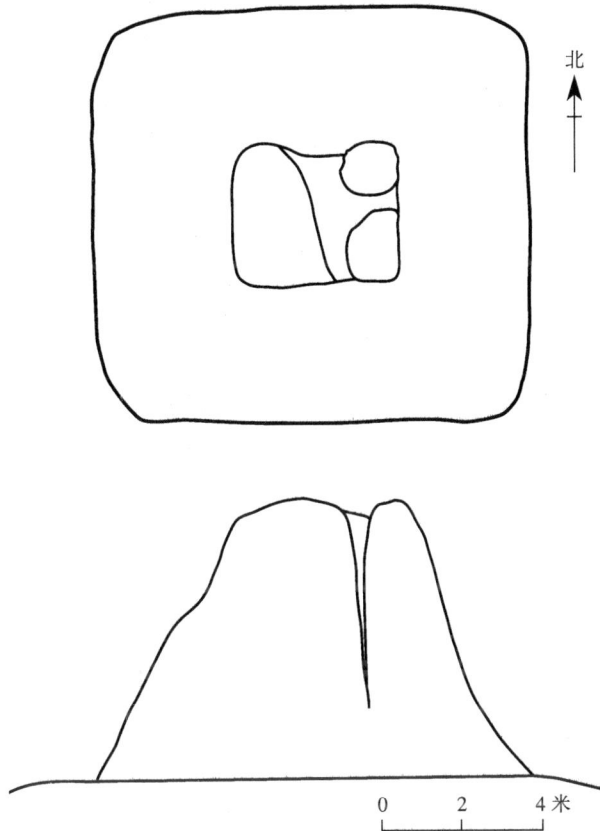

图三一六　红塀墩烽火台平、立面图

程1079米。地处山地沟壑区，沟壑纵横交错，坡度较缓，土质为黄沙土。

烽火台整体保存较差。台体东壁被铲削，北壁及顶部坍塌。台顶有一水泥方块，上有"河"字，有一高4.7米的三角铁架。台体附近建造房屋、树立铁架是其损毁的主要人为因素。

烽火台用黄土夯筑而成，夯层厚0.11～0.14米。台体平面呈圆形，剖面呈梯形，底部直径10米，顶部东西6.1、南北3.7米，高7.1米。（图三一七）

烽火台东北距尧峁村2号烽火台3.1千米。

（五）三里墩烽火台（610822353201170220）

该烽火台西侧紧邻黄甫川河，河岸高16.4米，河宽304米，东、南侧为坡耕地，坡度较缓。高程908米。地处山地沟壑区，沟壑坡度较缓。

烽火台整体保存较差，仅存东壁一柱状夯土。常年雨水冲刷侵蚀是其损毁的主要原因。

烽火台用黄土夯筑而成，夯层厚0.1～0.15米，夯窝直径0.06米。台体平、剖面呈不规则形，东西4.6、南北5.8、高11米。（图三一八）

烽火台位于黄甫川堡东北1.5千米，东距山神堂村烽火台4.75千米。

（六）高家塀村1号烽火台（610822353201170221）

该烽火台位于黄甫镇高家塀村西南0.44千米的山峁上。山顶较为平整，为梯田耕地。高程1031米。地处山地沟壑区，沟壑坡度较缓。

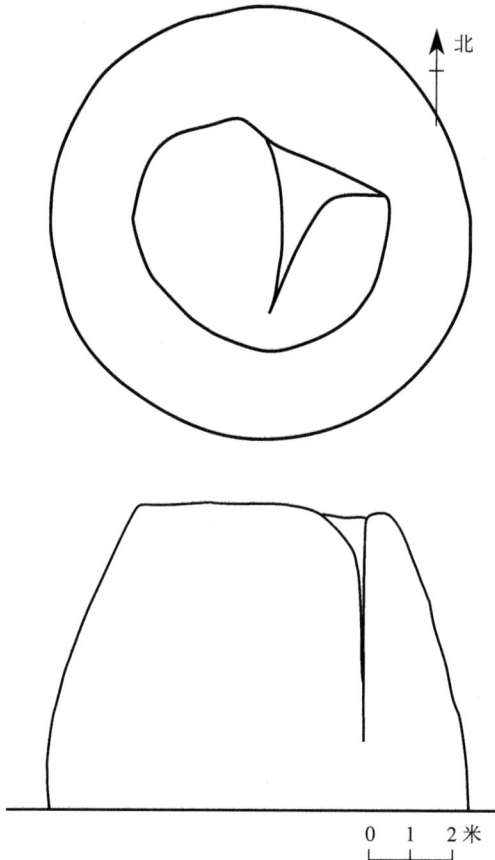

图三一七　山神堂村烽火台平、立面图

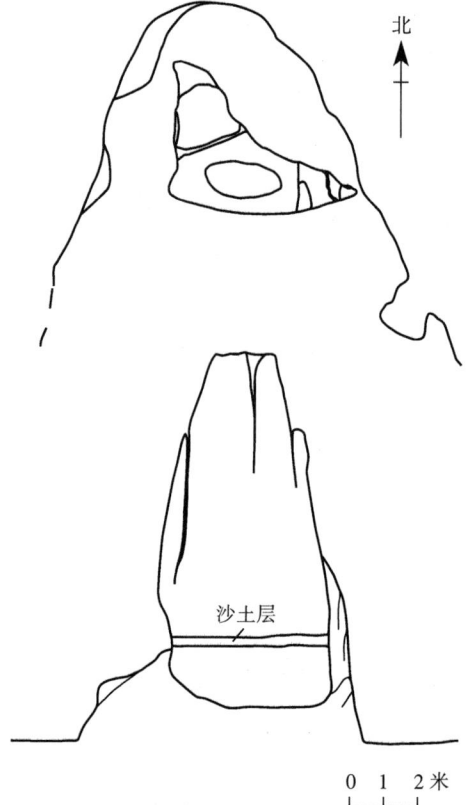

图三一八　三里墩村烽火台平、立面图

图三一九　高家塌村1号烽火台平、立面图

烽火台整体保存较差。台体顶部和北壁坍塌，基座上开垦为耕地，对台体和基座造成破坏。

烽火台包括夯土基座和台体两部分。基座平面呈近圆角矩形，直径12.8、高0.8米。台体建在基座上，黄土夯筑而成，夯层厚0.08～0.17米。台体平面呈圆形，剖面呈梯形，底部直径11.2米（底部破坏严重，图上未表现），顶部呈不规则形，东西4.9、南北3.7米，高9.2米。（图三一九；彩图六七）

烽火台南距高家塌村2号烽火台0.302千米。

（七）高家塌村2号烽火台（610822353201170222）

该烽火台位于黄甫镇高家塌村石窑梁西端的山崖上。东、南侧为缓坡，西、北侧为山崖。高程1027米。地处山地沟壑区，沟壑坡度较为陡峭。

烽火台整体保存差。台体大部分坍塌，即将消失，台下地面有南北向裂缝，宽0.6～1米，台体裂缝宽0.15米。台体西侧采石场导致的崩塌是其损毁的主要原因。

烽火台由黄土夯筑而成，夯层厚0.13～0.15米。台体

平、剖面呈不规则形，底部东西 8.7、南北
6.1 米，东北角残留柱状夯土，东西 2.6、南
北 2.4 米，通高 3.3 米，西南角高 1.9 米。
（图三二〇）

烽火台北距高家墕村 1 号烽火台 0.302 千
米，东南距高家墕石窑梁石窟遗址 0.2 千米。

（八）字坪村 1 号烽火台
（610822353201170223）

该烽火台建在山峁上，西侧紧邻黄甫川，
河宽 304 米。高程 880 米。地处山地沟壑区，
沟壑坡度较缓。

烽火台整体保存较差。顶部坍塌，西、北
壁底部由于台体坍塌呈斜坡状。紧邻黄甫川，
水土流失现象严重是其损毁的主要原因。

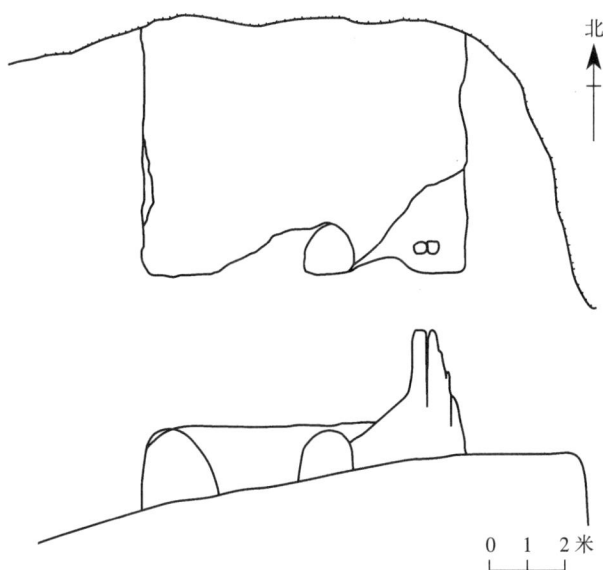

图三二〇　高家墕村 2 号烽火台平、立面图

烽火台用黄土夯筑而成，夯层厚 0.13～0.15 米，夯窝直径 0.07 米。台体平面呈近矩形，剖面呈
梯形，底部东西 7.9、南北 8.3 米，顶部东西 4.3、南北 3.3 米，高 9.3 米。台顶原有建筑物，仅存砖
瓦片、少量瓷片和陶片等。台体南壁有一废弃窑洞，门宽 0.8、高 1.3 米，内宽 2.64、高 1.8、通深
3.4 米，门距台体西壁 2.6 米。（图三二一）

烽火台西北距三里墩村烽火台 1.25 千米。

（九）字坪村 2 号烽火台（610822353201170224）

该烽火台位于黄甫镇字坪村东南 0.206 千米的山梁上，台体东、北侧为水冲沟，东侧为耕地，南、
西、北侧为沟壑区，沟壑坡度较缓。高程 964 米。

烽火台整体保存差。台体包砖脱落，东南角及东北角部分坍塌，东、北壁的水冲沟对台体造成威
胁，人们日常的耕作活动也是其损毁的主要原因。

烽火台内部用黄土夯筑而成。台体平面呈矩形，剖面呈矩形，底部、顶部边长均 5 米，高 2.9 米。
台顶原有建筑物，仅存有砖瓦片和白灰片等，堆积层厚 0.1 米。台体四壁各有两条上下贯通的凹槽，
宽 0.34、深 0.13 米，两槽相距 2 米。（图三二二；彩图六八）

烽火台西南距黄甫村 1 号烽火台 1 千米。

据当地村民说，台体上原建有龙王庙，"文革"时拆毁。

（一〇）黄甫村 1 号烽火台（610822353201170225）

该烽火台位于黄甫镇黄甫村的山坡上。高程 904 米。地处山地沟壑区，沟壑坡度较缓。

烽火台整体保存较差。台体包砖被人为拆除，四周散落零星砖块；北壁及顶部坍塌严重；围墙只
南墙残存；台体北壁有人为登台踩踏的小路，环绕登顶。

烽火台包括基座、围墙和台体三部分。台体建在圆形夯土基座上，基座上有围墙，位于台体南
8.1 米，东西存 9.5、厚 1.1 米，墙体内与地面平，外高 0.97 米。台体用黄土夯筑而成，平面呈圆形，

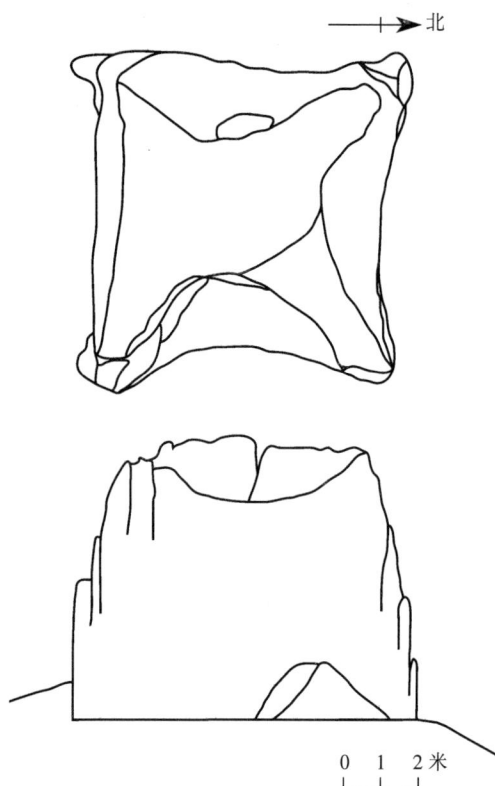

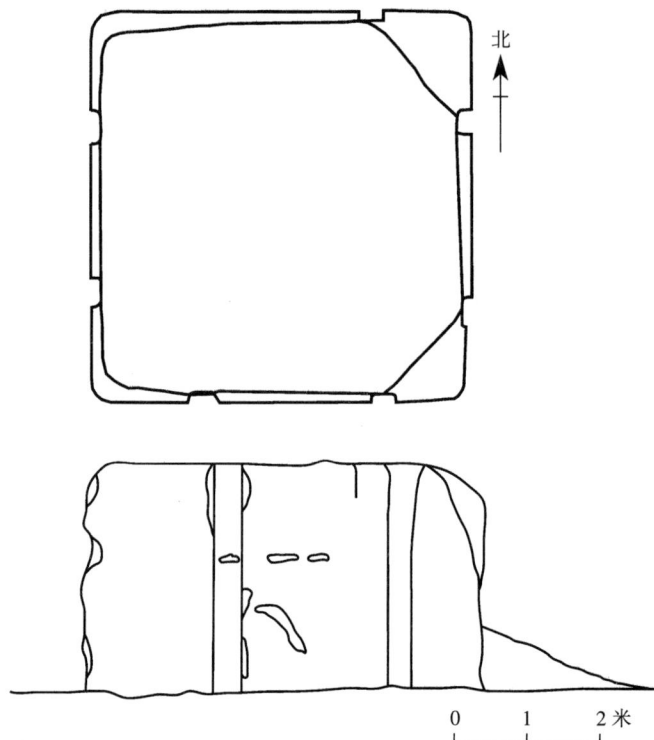

图三二一　字坪村 1 号烽火台平、立面图　　　　　　图三二二　字坪村 2 号烽火台平、立面图

剖面呈梯形，底部直径 12.9、高 8.6 米。（图三二三）

烽火台位于黄甫川堡西侧，东北距字坪村 2 号烽火台 1 千米。

（一一）黄甫村 2 号烽火台（610822353201170226）

该烽火台建在黄甫镇黄甫村东南 0.5 千米的山峁上，周围是草地，地处山地沟壑区，沟壑坡度较缓。高程 984 米。

烽火台整体保存较差。台体坍塌严重，中间开裂，台体西侧有一条宽 0.5 米的裂缝贯通上下，高 2.7 米处有一水冲小洞。常年的风雨侵蚀及自然风化是其损毁的主要原因。

烽火台用黄土夯筑而成，夯层厚 0.16～0.18 米，包含物有瓷片。台体平面呈矩形，剖面呈梯形，底部东西 8、南北 9.1 米，顶部边长 5.8 米，高 3.8 米。（图三二四）

台体周围散落砖瓦、瓷片。

烽火台位于黄甫川堡东南，东距黄甫村 3 号烽火台 0.1 千米。

（一二）黄甫村 3 号烽火台（610822353201170227）

该烽火台位于黄甫镇黄甫村南 0.54 千米的山梁上。高程 988 米。附近为草地、沟壑，沟壑坡度较缓。

烽火台整体保存较差。台体各壁由于坍塌呈斜坡状，外部包砖大部分脱落，一层台体包砖全部脱落，二层台体包砖只存最下一层。对台体形成破坏和威胁的因素主要是人为拆毁和自然风化。

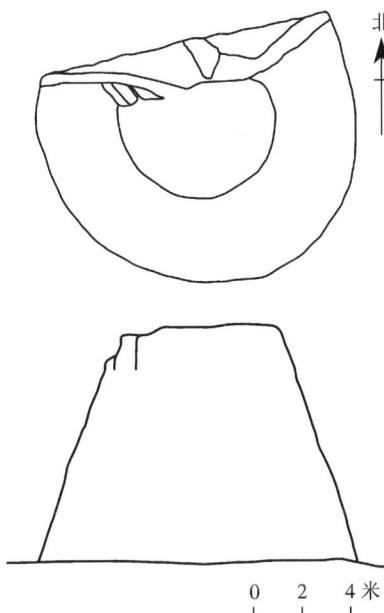

图三二三　黄甫村 1 号烽火台平、立面图

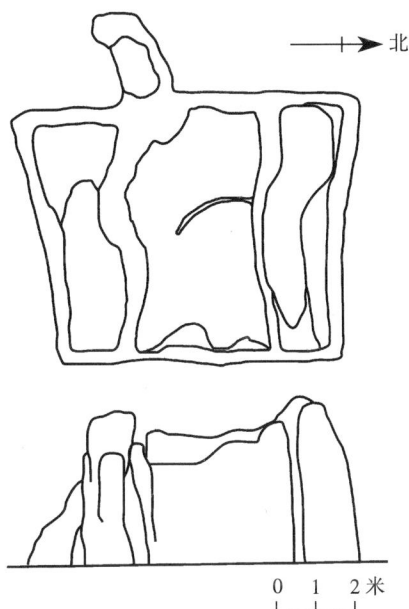

图三二四　黄甫村 2 号烽火台平、立面图

烽火台内部用黄土夯筑而成。台体分为两层，一层台体平面呈近矩形，底部边长 12.4、顶部边长 12、高 2 米；二层台体平面呈矩形，底部边长 10.7、顶部边长 9.2、高 4.1 米。台体四壁各有两条凹槽贯通上下，宽 0.8、深 0.4 米，南侧两凹槽相距 4.7 米，其余三壁两凹槽相距 3.1 米。台体南壁中部有门，宽 1.8、进深 2.2 米，上部坍塌，门内有砖砌踏步。（图三二五；彩图八七：2）

烽火台位于黄甫川堡南 0.259 米，西距黄甫村 2 号烽火台 0.1 千米。

（一三）黄甫村 4 号烽火台（610822353201170228）

该烽火台位于黄甫镇黄甫村东北 0.198 千米的山峁上。高程 964 米。地处山地沟壑带，沟壑坡度较缓。

烽火台整体保存差。台体北壁高于南壁，东壁较低，东北面坍塌。常年风雨侵蚀是其损毁的主要原因。

台体用黄土夯筑而成，夯层厚 0.13~0.15 米。由于自然剥落，台体平、剖面呈不规则形，底部直径 7 米，台顶为锥状，高 7.1 米。（图三二六）

该烽火台南距黄甫村 2 号烽火台 0.25 千米。

（一四）高家墕村 3 号烽火台（610822353201170229）

该烽火台位于黄甫镇高家墕村南 0.5 千米。高程 1030 米。

烽火台整体保存差。台体西壁坍塌，顶部长有一棵柳树。修路是其受到破坏的最主要原因。

台体为黄土夯筑而成，夯层厚 0.13~0.15 米。台体平面呈矩形，底部界线不明，顶部平整，东西 12、南北 10.6 米。顶部四周原有墙体，仅存东北角与西南角两段，东北角墙体长 2.2、底宽 0.9、顶宽 0.45、高 1.05 米，西南角墙体长 1.7、宽 0.44、内高 0.15、外高 1 米。西南角外向（西南）延伸出一夯土台，东西 2.44、南北 1.6 米。（图三二七）

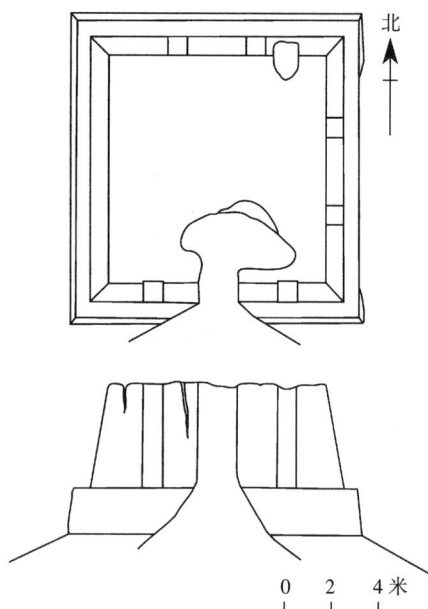

图三二五　黄甫村 3 号烽火台平、立面图

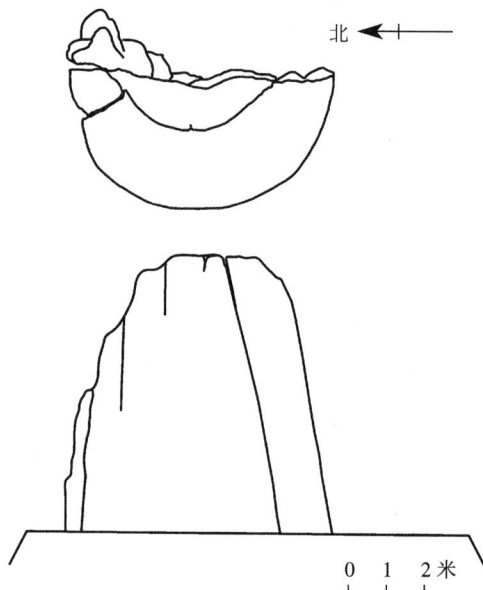

图三二六　黄甫村 4 号烽火台平、立面图

烽火台南距高家墕村 2 号烽火台 0.213 千米。

（一五）界牌村烽火台（610822353201170230）

该烽火台位于黄甫镇界牌村西北 0.71 千米的山峁上，山顶较宽阔，地势也较平坦，有坡耕地，东、南、西侧为缓坡。高程 1027 米。地处山地沟壑区，沟壑坡度较小。

烽火台整体保存差。围墙大部分倒塌；台体顶部坍塌，四周呈斜坡状，南壁有窑洞一孔，宽 2.5、深 4 米，已坍塌，东壁有铲刨痕迹。人为铲削、取土、挖掘窑洞是其损毁的主要原因。

烽火台包括夯土基座、围墙和台体三部分。台体建在基座上。围墙北墙与台体相接；平面呈不规则五边形，西北边长 21、西边长 38、南边长 15.6、东边长 26.5、东北边长 13.5 米；大部分墙体消失，只能看出痕迹，仅存东北边、西北边靠台体处 7.2 米及西南角 5.6 米；墙体高 1.1、宽 1.2 米。围墙南墙有门。台体夯筑而成，夯土以沙土和胶土为主，沙土层和胶土层相间，沙土夯层厚 0.17～0.24 米，胶土夯层厚 0.05～0.08 米。台体平面呈矩形，剖面呈梯形，东西 8.4、南北 9.8、高 9.7 米。（图三二八）

烽火台东北距黄甫村 2 号烽火台 2 千米。

（一六）清水村 1 号烽火台（610822353201170231）

该烽火台位于清水乡清水村东 0.66 千米的山峁上，西临清水川，已干涸。高程 923 米。东、北侧为山地沟壑，沟壑坡度较缓。

烽火台整体保存较差。顶部坍塌；西壁坍塌严重，只剩中部一柱状夯土；北壁长有一棵榆树；顶部有一砖垒简易神龛。对台体造成破坏和威胁的自然因素主要有风雨侵蚀、植物生长。

台体为夯筑而成，夯土以黄土为主，包含物有砂岩石片，夯层厚 0.09～0.13 米。台体平面呈矩形，底部东西 8、南北 8.7 米，顶部东西 7.1、南北 6.2 米，高 4.1 米。台体底部北侧有石砌护坡；东侧台体紧临一片洼地，南北 12.4、东西 8.1、深 0.56 米，另有一石柱础（残），八角形，边长 67、

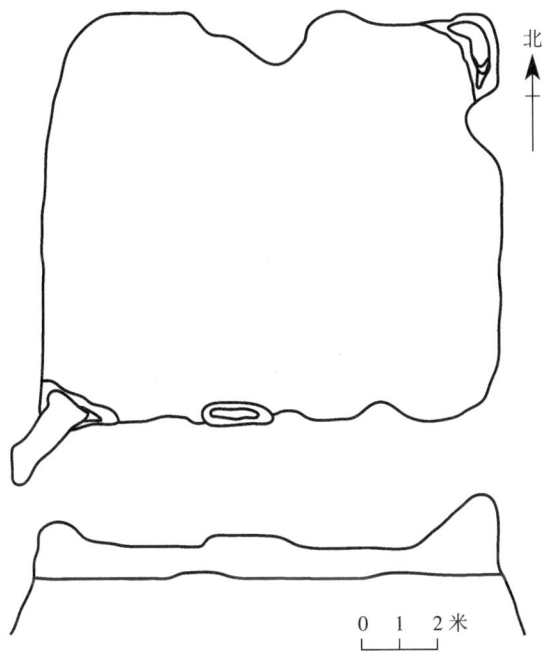

图三二七　高家墕村3号烽火台平、立面图

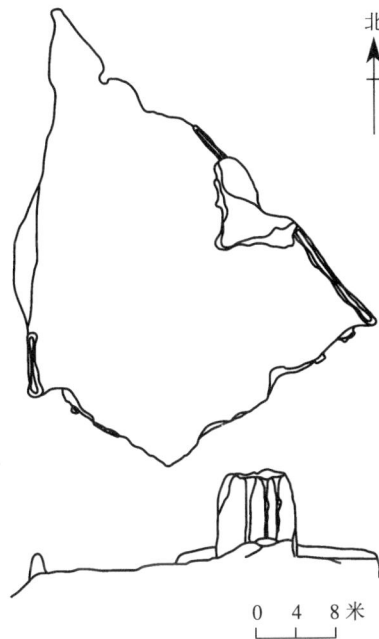

图三二八　界牌村烽火台平、立面图

厚33厘米，中间坑直径15、深85厘米；南侧13.3米处有砖石混砌墙基。台体南壁有登台门洞可达台顶，已坍塌，门洞处宽1.7、高2.5米，内宽0.9、高1.1米。台顶原应有建筑物，仅存砖石、瓦片及少量瓷片等。台顶有一层海墁铺砖，上有大量砖瓦堆积，有一简易神龛，内供送子观音像。（图三二九）

烽火台东北距界牌村烽火台1.4千米。

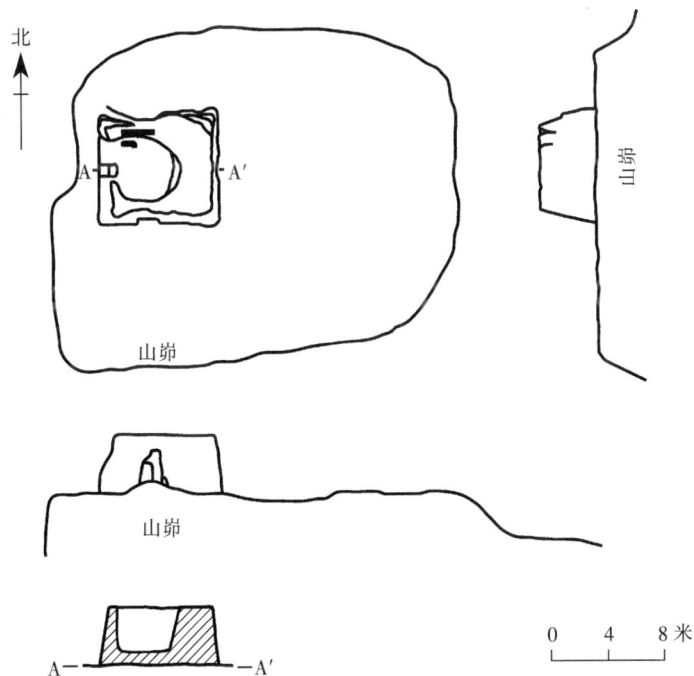

图三二九　清水村1号烽火台平、立、剖面图

（一七）清水村2号烽火台（610822353201170232）

该烽火台又叫墩寨子圪垯，位于清水乡清水村北0.72千米的高台地上，四周为耕地，外围是沟壑。高程1019米。

烽火台整体保存较差。台体东北75米有一段壕沟，保存较好，长32、上宽6.2、内侧深5、外侧深3.1米，呈弧形。台体中部及北壁坍塌，基础外包条石多不存。对台体形成破坏和威胁的自然因素主要有山体崩塌；人为因素破坏主要为耕种土地，拆除包砖、条石，建造信号发射塔等。

烽火台为空心。台体内部用黄土夹杂碎砖瓦夯筑而成，夯层厚0.11~0.13米；台体下部包石脱落。台体平面呈矩形，剖面呈梯形，底部东西9.7、南北8.7米，顶部东西4.7、南北3.6米，高7.7米。台体南壁有登台门洞，宽0.7、高1.3米，距东壁2.7、台底2.45米。（图三三〇；彩图六九）

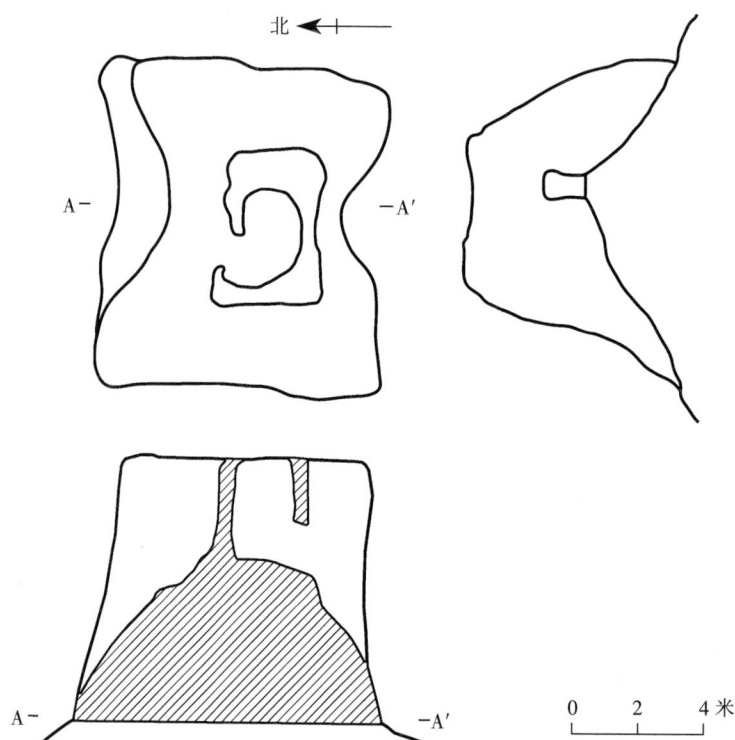

图三三〇　清水村2号烽火台平、立、剖面图

烽火台南距清水村3号烽火台0.8千米。

（一八）清水村3号烽火台（610822353201170233）

该烽火台建于清水乡清水村东南1千米清水营堡南、清水川西岸的悬崖上，东临清水川（干涸），河岸坡度陡峭，河底较为平缓，西为耕地。地处山地沟壑区，沟壑坡度较缓。高程905米。

烽火台整体保存差。四壁剥落严重，顶部坍塌。雨水冲刷是其损毁的主要原因。台体西、北侧为耕地，对台体直接造成破坏。

烽火台用黄土夯筑而成，夯层厚0.08~0.12米。台体平面呈矩形，剖面呈梯形，底部东西9.5、南北12.5米，顶部坍塌严重，呈不规则形，高8.2米。（图三三一）

烽火台北距清水村2号烽火台0.8千米。

（一九）清水村 4 号烽火台（610822353201170234）

该烽火台建于清水乡清水村西南 0.876 千米的古圪垯沟南岸一土包上，西、北侧为古圪垯沟边沿，接近干涸，南侧为山地沟壑，地处山地沟壑区，沟壑坡度陡峭。高程 965 米。

烽火台整体保存差。台体坍塌严重，西、南壁坍塌成通往顶部的小径，顶部坍塌较严重。雨水冲刷是其损毁的主要原因。

烽火台用黄土夯筑而成，夯层厚 0.09～0.12 米。台体平面呈圆形，剖面呈梯形，底部直径 8.1、高 6.95 米。（图三三二）

烽火台北距清水村 2 号烽火台 0.876 千米。

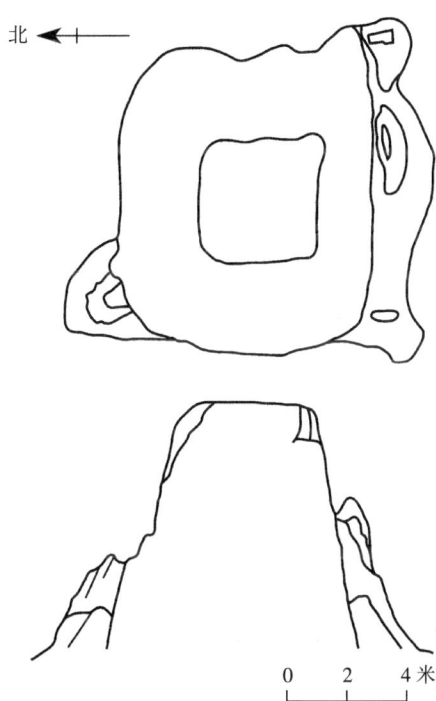

图三三一　清水村 3 号烽火台平、立面图

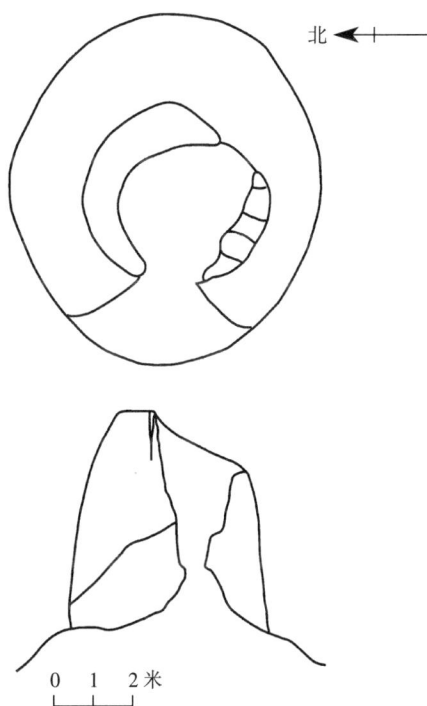

图三三二　清水村 4 号烽火台平、立面图

（二〇）慢塔村烽火台（610822353201170235）

该烽火台位于清水乡慢塔村南 0.1 千米的山顶平台上，四周是梯田，坡度较缓，外围是山地沟壑。高程 1066 米。

烽火台整体保存较差。北壁大部分坍塌，南壁有坍塌，围墙存东墙和北墙，夯土基座被开垦为耕地。自然崩塌是台体破坏的主要因素，开垦耕地是对围墙最主要的人为破坏因素。

烽火台包括圆形夯土基座、围墙和台体三部分。台体建在基座上，基座高 1.6 米。围墙建在基座边缘，平面呈矩形，东墙长 20.5 米，南端有一豁口，长 5.5 米；北墙长 25、顶宽 0.35、高 0.52 米。台体为黄土夯筑而成，夯层厚 0.08～0.12 米。台体底部平面呈圆形，直径 9.4 米，顶部平面呈矩形，东西 5、南北 3、高 8.6 米。顶部有一 0.15 米见方、高 0.1 米的水泥块测量点，有"地质部·陕地测"字样。顶部北面坍塌。台体南壁有登台门洞可达台顶，门距台底 3 米，宽 0.7、高 2.25 米，门上部为三角形，三角部分高 0.75 米。门内为斜坡通道，仍可登顶。（图三三三；彩图七〇）

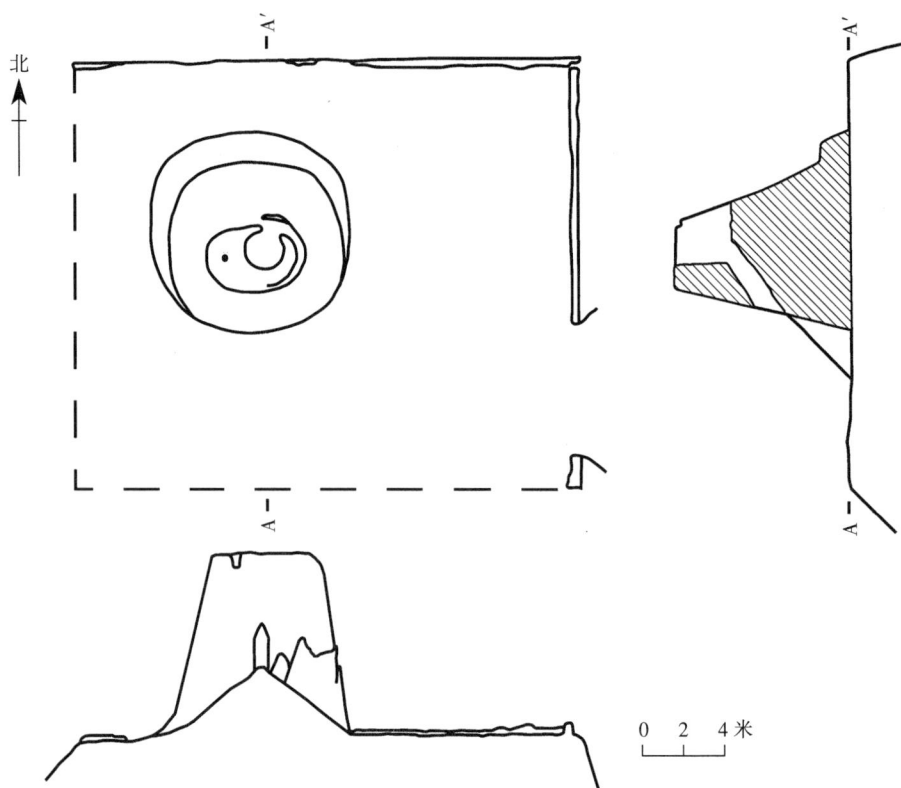

图三三三　慢塔村烽火台平、立、剖面图

烽火台东北距清水村 3 号烽火台 1.9 千米。

（二一）桑园梁村烽火台（610822353201170236）

该烽火台位于府谷镇桑园梁村所在土梁最高处，西侧紧临台体建有一蓄水窖，南侧 6 米是民房，东侧有十几棵槐树，北侧为沟壑。高程 1120 米。

烽火台整体保存一般。台体顶部东南侧有坍塌，门洞内有雨水冲刷的痕迹。不合理利用是其损毁的主要人为因素，自然坍塌与雨水冲刷是造成破坏的主要自然因素。

烽火台夯筑而成，以黄土为主，夯层厚 0.07～0.12 米。台体平面呈圆形，剖面呈梯形，底部直径 10.5 米、顶部直径 6.35、高 9.5 米。台体西南壁有登台门洞可达台顶，尖拱形门，门洞距台底 1、宽 1.05、高 2.95、进深 1 米，有两排脚窝。通道出口位于台顶东南部，圆形，直径 2.4 米。台顶原应有建筑物，仅存砖石、瓦片、少量瓷片等堆积在台顶，堆积厚 0.75 米。（图三三四；彩图八七：3、4）

（二二）南庄村烽火台（610822353201170237）

该烽火台建在木瓜乡南庄村东的山峁上，周围是耕地，坡度较缓，东、南侧为沟壑，坡度陡峭。高程 1136 米。

烽火台整体保存较差。台体四周有剥落，围墙大部分消失。雨水冲刷是台体破坏的主要自然原因；人为在台体基座上开垦耕地，直接对台体和基座造成破坏，是台体破坏的主要人为因素，耕种是造成围墙消失的主要原因。

烽火台包括围墙和台体两部分。围墙平面呈矩形，东墙北部存 6 米，北墙东部存 6.6 米，墙高

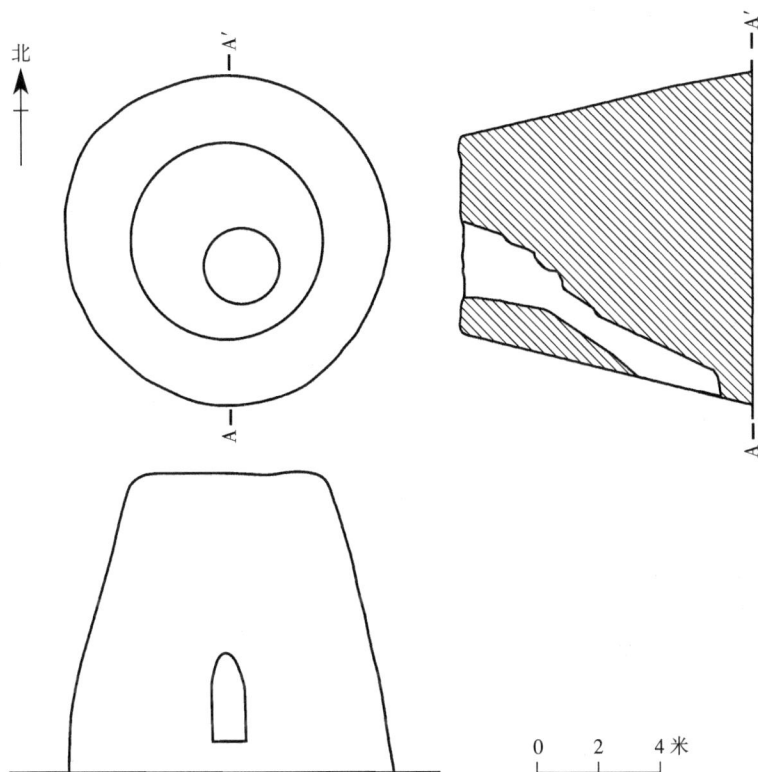

图三三四 桑园梁村烽火台平、立、剖面图

0.65、宽 0.3 米。台体夯筑而成，以黄土为主，夯层厚 0.07 ~ 0.12 米。台体平面呈矩形，剖面呈梯形，底部东西 8.3、南北 8 米，顶部边长 4 米，高 10.3 米。台体南面有登台门洞可达台顶，门洞距台底 1.9 米，宽 0.7、深 1.9 米，上部坍塌。（图三三五）

（二三）郝家畔村烽火台（610822353201170238）

该烽火台建于孤山镇郝家畔村墩沟南岸的山峁上，坡度较缓，沟中无水，周围是黄土沟壑区，沟壑纵横交错。高程 1125 米。

烽火台整体保存较差。外层剥落严重，顶部坍塌。自然风化和雨水冲刷是其损毁的主要原因。

烽火台包括夯土基座和台体两部分。基座平面呈矩形，东西 16、南北 18、高 2.1 米，距地面 1.1 米的基座上有砖瓦、石块、灰土堆积，厚 0.05 米。台体建在基座上，夯筑而成，夯土以黄土为主，夯层分为两种，台体下部 1.5 米夯层厚 0.06 ~ 0.08 米，上部夯层厚 0.1 ~ 0.15 米。台体平面呈圆形，剖面呈梯形，底部直径 9.5 米，顶部坍塌不规则，东西 2、南北 3.6 米，高 6.6 米。台顶铺片石，四周有石块垒砌的垛墙，只残存 0.3 米厚的砖、瓦、瓷片堆积。（图三三六；彩图七一）

烽火台南距张俊寨烽火台 5 千米。

（二四）张俊寨烽火台（610822353201170239）

该烽火台位于孤山镇李家洼村张俊寨（组）南 0.271 千米一山峁上，北侧隔沟 0.461 千米、张俊寨东 0.372 千米处为另一烽火台，与张俊寨隔深沟。所处属于山地沟壑区。高程 1072 米。

烽火台整体保存一般。可见壕沟、围墙、台体。台体顶部、围墙有坍塌。对烽火台形成破坏和威胁的自然因素主要是植物生长、风雨侵蚀。

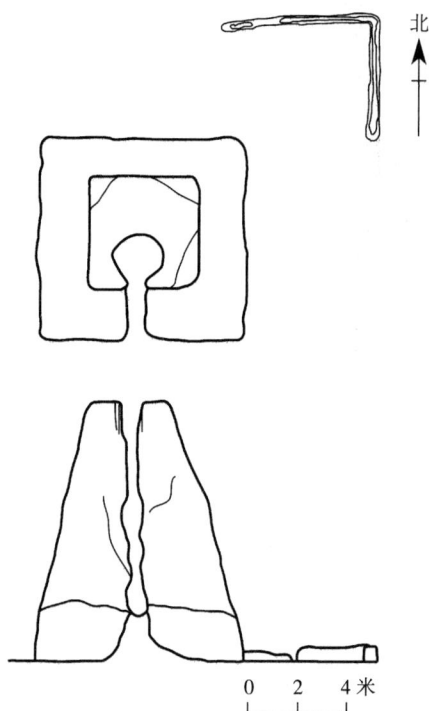

图三三五　南庄村烽火台平、立面图

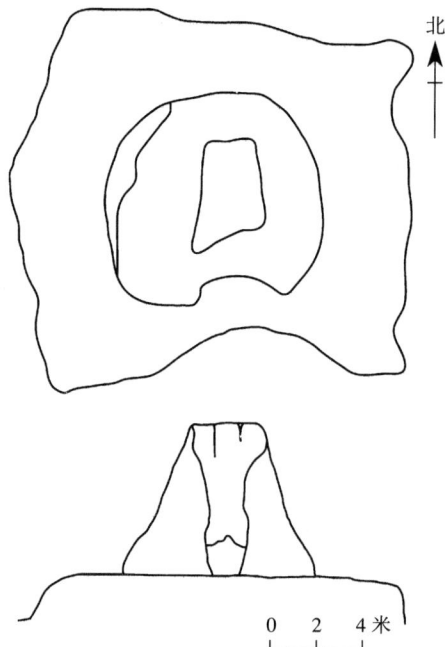

图三三六　郝家畔村烽火台平、立面图

　　该烽火台包括壕沟、围墙和台体三部分。壕沟紧贴围墙外侧，平面呈圆形，内径9.5米，壕沟外侧深1.1、内侧深3、底宽2.5、上宽3.45米。围墙平面呈圆形，内径8.7、高0.65、宽0.4米。西南部有门，宽0.7米，两边用厚0.3米的片石垒砌护墙。台体位于围墙中部，黄土夯筑而成，夯层厚0.1~0.15米。台体平面呈圆形，剖面呈梯形，底部直径5.3、顶部直径2.9、高1.7米。（图三三七）

　　壕沟外正对墙门有一条小沟渠，先13米弧形转为西向，又折向北，又9米弧形转为西向；沟渠底宽1、上宽2、深0.8米。

　　烽火台西北距张俊寨村遗存0.48千米。

（二五）党家畔村墩梁烽火台
（610822353201170240）

　　该烽火台建在孤山镇党家畔村的墩梁上，墩梁顶部较为平坦，周围是退耕苜蓿地，外围是耕地，种植有土豆、玉米等。地处黄土沟壑区，坡度较为陡峭。高程1176米。

　　烽火台整体保存差。台体坍塌严重，表层夯土脱落严重。雨水冲刷与植物（酸枣）生长是主要的自然危害，人为破坏是主要的因素之一。

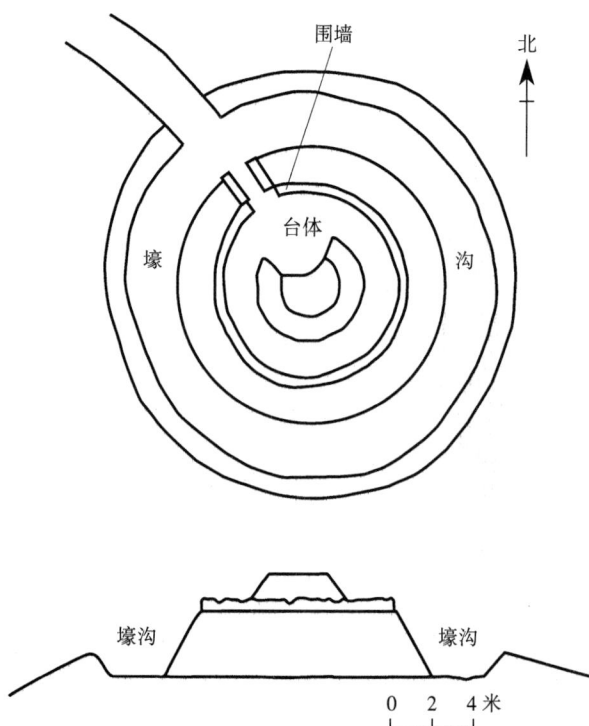

图三三七　张俊寨烽火台平、立面图

台体用黄土夯筑而成，夯层厚0.1~0.15米。由于雨水冲刷侵蚀，台体平、剖面呈不规则形，底部东边长4.5、西边长5.5、南边长5.2、北边长6.6米，顶部坍塌，高6.6米。（图三三八；彩图八七：5~10）

烽火台东25米有一小庙（圣母庙），庙东侧为耕地，有9个盗洞，旁边散落一些汉代随葬用陶罐和陶片。

烽火台南距墩峁村烽火台4千米。

（二六）墩峁村烽火台（610822353201170241）

该烽火台建在田家寨乡朱家峁村墩峁村（组）的山梁上，山梁顶部较为平坦，四周为耕地。地处山地沟壑区，沟壑坡度较缓。高程1214米。

烽火台整体保存较差。台体表层夯土剥落严重，顶部部分坍塌，底部有一小窑洞，东侧有人为挖掘的2个小洞，其一宽0.5、高0.5、进深0.4米，另一宽0.25、高0.23、进深0.18米。自然崩塌与不合理利用（耕地破坏等）是其损毁的主要原因。

烽火台空心。台体建在夯土基座上，基座平面呈不规则圆形，直径16、高0.6~1米。台体夯筑而成，以黄土为主，夯层厚0.07~0.15米。台体平面呈圆形，剖面呈梯形，底部直径8.2、顶部直径5.1、高8.1米。台体南壁有登台尖拱形门洞可达台顶，门洞距台底1.1、宽0.7、高2.7、进深1.9米，洞壁上有排列不匀的脚窝，顶部出口直径1.6米。台顶原应有建筑物，仅存砖瓦片、瓷片等。台顶通道出口处坍塌严重，低于台顶0.7米。（图三三九）

烽火台北距党家畔村墩梁烽火台4千米。

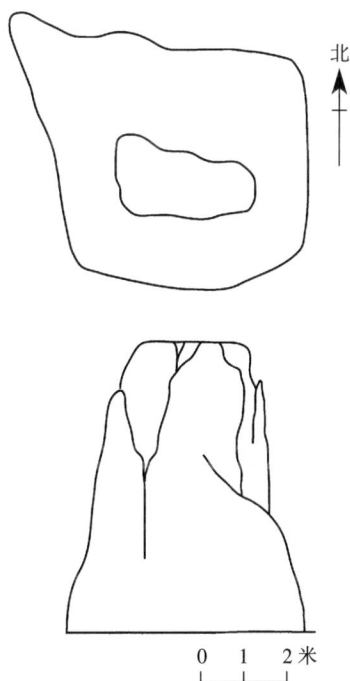

图三三八 党家畔村墩梁烽火台平、立面图

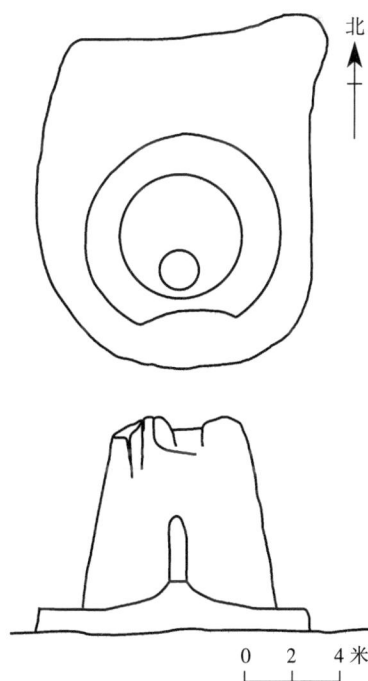

图三三九 墩峁村烽火台平、立面图

（二七）万家墩村1号烽火台（610822353201170242）

该烽火台建在新民镇万家墩村西0.5千米的山峁上，山峁顶部较为平坦，西南侧6米为冲沟。地处山地沟壑区，沟壑坡度较缓。高程 1315 米。

烽火台整体保存较差。围墙大部分倒塌，台顶坍塌，生长有一丛灌木。雨水冲刷和灌木生长是造成台体破坏的主要原因。

烽火台包括夯土基座、围墙和台体三部分。基座平面呈圆形，直径 27.5、高 2.7 米。基座边缘有围墙，断续存在，墙体宽 0.8、内高 1.4、外高 2.9 米。台体位于基座中部，夯筑而成，夯土以黄土为主，夯层厚 0.03 ~ 0.15 米。台体平面呈近不规则圆形，剖面呈梯形，底部直径 9.4、高 7.7 米。（图三四〇；彩图七二）

烽火台东北距万家墩村 2 号烽火台 1 千米。

（二八）万家墩村 2 号烽火台（610822353201170243）

该烽火台建于新民镇万家墩村东北 0.05 千米的山峁上，南、西侧为坡耕地，地处黄土山地沟壑区，沟壑坡度较为陡峭。高程 1374 米。

烽火台整体保存较差。顶部坍塌，基座破坏严重。西壁有一小窑洞，装有铁门，宽 0.9、高 1.1 米。东南侧有一条新修道路通到基座上，宽 3 米。台体西壁底部正中有一窑洞，宽 1.6、进深 3、高 1.9 米。自然崩塌与不合理利用是其损毁的主要原因。

烽火台包括生土基座、围墙和台体三部分。基座平面呈圆形，直径 38、高 4.1 米。墙体建在基座上，断续存在，墙体底宽 1.1、顶宽 0.4、高 2.2 米。台体用黄土夯筑而成，夯层厚 0.12 ~ 0.15 米。台体分为 2 层，一层台平面呈圆形，底径 17、顶径 13.1、高 6.1 米，夯层厚 0.06 ~ 0.1 米；二层台平面呈近矩形，底部边长 9.5、顶部边长 6.2、高 3.9 米，夯层厚 0.1 ~ 0.12 米。台顶平面呈矩形，边长 4 米；有建筑基础挖沟，宽 0.9、深 0.25 米；有瓦塮屋顶坍塌痕迹。（图三四一；彩图八七：11）

烽火台西南距万家墩村 1 号烽火台 1 千米。

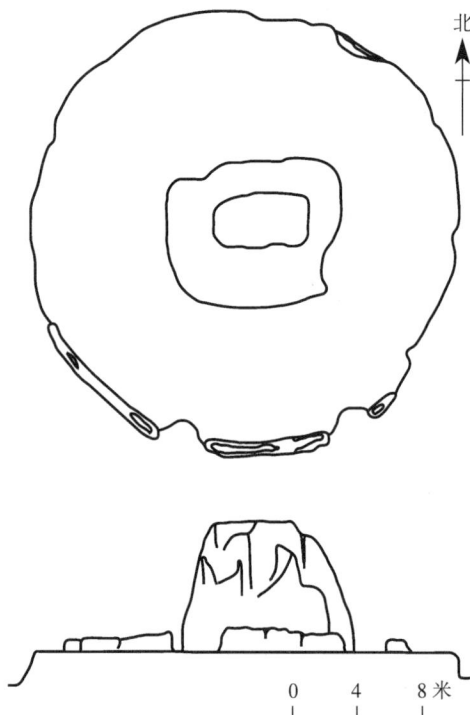

图三四〇　万家墩村 1 号烽火台平、立面图　　　　　　图三四一　万家墩村 2 号烽火台平、立面图

（二九）小高梁村烽火台（610822353201170244）

该烽火台建于新民镇小高梁村西北 1.5 千米处。高程 1370 米。

烽火台整体保存较差。围墙大部坍塌，台体顶部坍塌严重。自然崩塌与人为破坏是其损毁的原因。

烽火台包括生土基座、围墙和台体三部分。基座平面呈近矩形，边长 30、高 3 米。基座边缘有夯土围墙，断续存在，夯层厚 0.12~0.15 米。围墙底宽 1.65、顶宽 0.4、高 1.5 米。台体位于基座中部，用黄土夯筑而成，夯层厚 0.12~0.15 米。台体平面呈矩形，剖面呈梯形，有 2 层，一层台平面呈矩形，东西 11.2、南北 9.9、高 2 米；二层台平面呈近矩形，底部边长 7、顶部边长 3.7、高 1.6 米。台体二层台中部长有柠条。（图三四二）

烽火台北距小沟则村烽火台 1.1 千米。

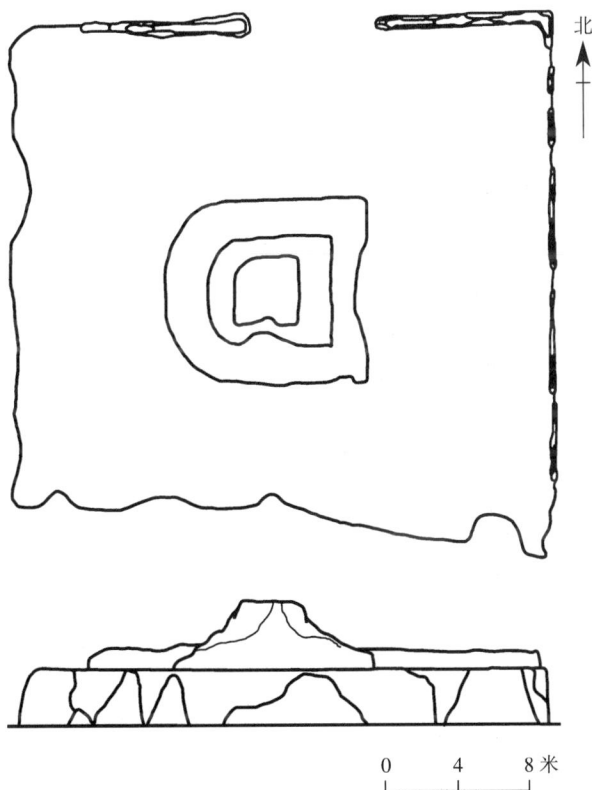

图三四二　小高梁村烽火台平、立面图

（三〇）小沟则村烽火台（610822353201170245）

该烽火台建在新民镇小沟则村南 1 千米的山峁上。山峁顶部较为平坦，东南侧紧临一条乡间土路，再往北为深沟。地处山地沟壑区，沟壑坡度较陡峭。高程 1317 米。

烽火台整体保存较差。围墙大部分连接，坍塌严重，台体坍塌严重，基座及台体上长有杂草，基座上有种植的杨树。雨水冲刷与人为破坏是其损毁的主要原因。

烽火台包括生土基座、围墙和台体三部分。基座平面呈矩形，东西 28、南北 30、高 1.6 米。基座边缘有夯土围墙，墙体大部分存在，底宽 1.3、顶宽 0.4、高 2.1 米。台体位于基座中部，用黄土夹杂黑瓷片夯筑而成，夯层厚 0.12~0.15 米。台体平面呈不规则四边形，剖面呈梯形，底部北边长 9.9、南边长 9.2、东和西边长 7 米，高 5.3 米。（图三四三）

烽火台距小高梁村烽火台 1.1 千米。

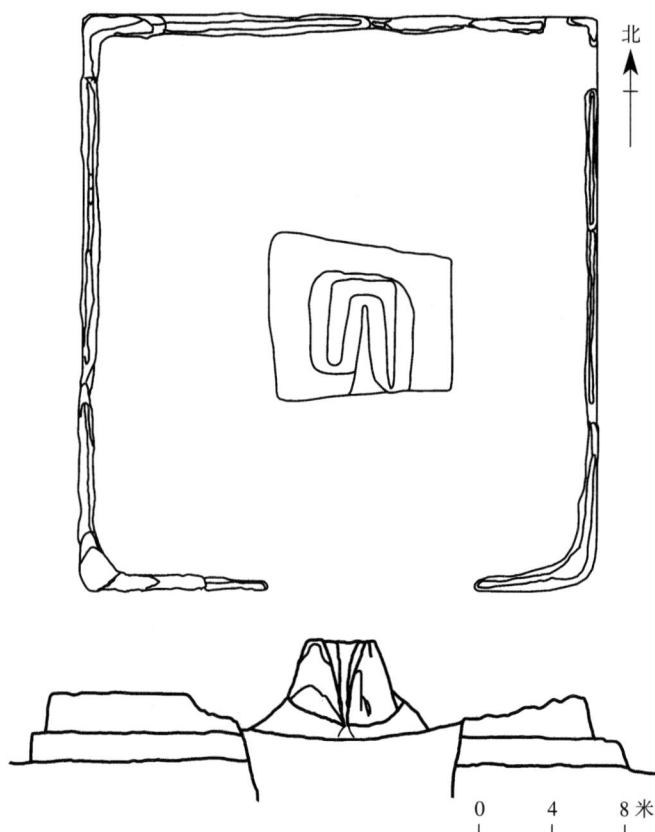

图三四三　小沟则村烽火台平、立面图

（三一）兴旺庄村烽火台（610822353201170246）

该烽火台建在田家寨乡兴旺庄村的山峁上。山峁顶部地势较为平坦，为退耕草地。地处黄土沟壑区，沟壑坡度较为陡峭。高程 1338 米。

烽火台整体保存差。台体由于雨水冲刷侵蚀坍塌成斜坡，南壁底部有一窑洞，宽 1.1、高 0.9、深 1.8 米。人为不合理利用是其损毁的主要原因。

烽火台建在生土基座上。基座平面呈不规则形，南边长 14.5、西边长 16、北边长 16、东边长 15.5、高 2.1 米。台体位于基座中部，黄土夯筑而成。台体平面呈近矩形，剖面略呈梯形，底部东西 8.5、南北 9.3 米，顶部东西 5.3、南北 5.8 米，高 7.8 米。（图三四四）

烽火台西北距庄则村 1 号烽火台 10 千米。

（三二）庄则村 1 号烽火台（610822353201170247）

该烽火台建在新民镇庄则村北 0.8 千米的山峁上，四周被铲削为梯田状，为草坡地，外围是黄土沟壑，东 0.8 千米有一焦化厂。高程 1218 米。

烽火台整体保存较差。台体顶部坍塌严重。雨水冲刷是其损坏的主要原因。

烽火台包括生土基座、围墙和台体三部分。基座平面近圆形，直径 26.5、高 3 米。基座边缘有夯土围墙，断续存在，宽 1.1、高 0.8 米。台体位于基座北部，与围墙相连，用黄土夯筑而成，夯层厚 0.1～0.13 米。台体平面呈圆形，剖面呈梯形；底部直径 12.8 米，顶部不规则，最大直径 10.2 米，高

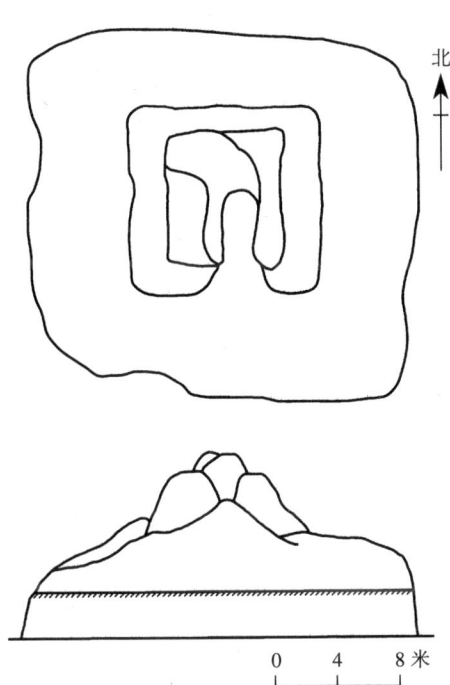

图三四四　兴旺庄村烽火台平、立面图　　　　图三四五　庄则村1号烽火台平、立面图

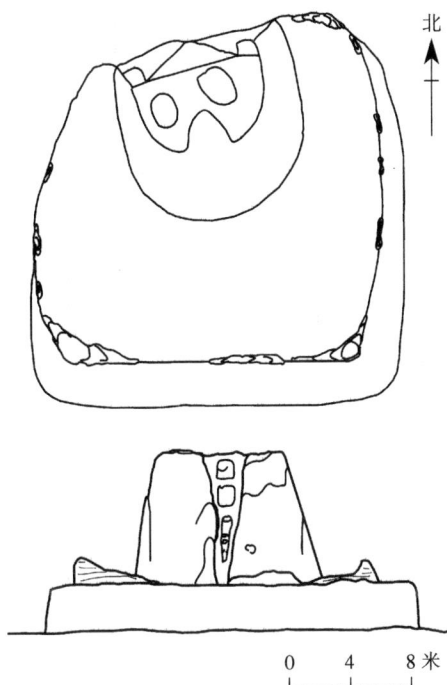

8.3 米。台顶原有片石砌墙，存底层片石，有大量片石堆积。(图三四五)

烽火台东南距庄则村 2 号烽火台 0.579 千米。

(三三)　庄则村 2 号烽火台 (610822353201170248)

该烽火台建于新民镇庄则村北 0.3 千米的山峁上，北 0.015 千米为人工壕沟，上宽 5.4、深 3.5 米，截面呈"U"形，平面呈弧形，长 150 米，两端连接沟壑。壕沟北侧地势平坦，东、西侧为天险，南侧较为陡峭。高程 1256 米。

烽火台整体保存较差。台体顶部、围墙坍塌严重。自然崩塌与不合理利用是其损毁的主要原因。

台顶有一混凝土测量点，西北部有一圆坑，直径 0.7、深 0.7 米。

烽火台生土基座平面呈矩形，东西 24.9、南北 29.6、高 2.4 米。基座边缘筑有夯土围墙，断续存在，底宽 0.9、顶宽 0.45、高 1 米。台体位于基座中部，用黄土夯筑而成，夯层厚 0.12 ~ 0.15 米。台体平面底部呈长方形，底部东西 11.3、南北 11.9 米，顶部边长 6.5 米，高 4.3 米。台顶有厚 1.5 米的石片、瓦片堆积。(图三四六)

烽火台西北距庄则村 1 号烽火台 0.579 千米。

(三四)　墩峁梁烽火台 (610822353201170249)

该烽火台建在新民镇政府西南 0.44 千米的墩峁梁 (山名) 上。梁地北深 110 米，北侧 0.01 千米是中国联通信号发射塔，东、西侧为沟壑，南侧是耕地。高程 1195 米。

烽火台整体保存较差。四壁剥落严重，东壁部分坍塌，坍塌部分呈斜坡状。雨水冲刷是其损毁的主要原因。

台体用黄土夯筑而成，夯层厚 0.06 ~ 0.12 米。台体平面呈圆形，剖面呈梯形，底部直径 6.4 米，顶部坍塌呈新月形，直径 4.4、最宽 1.8 米，高 6.8 米。台顶有一混凝土测量点，上面有"陕煤物测

图三四六　庄则村 2 号烽火台平、立面图

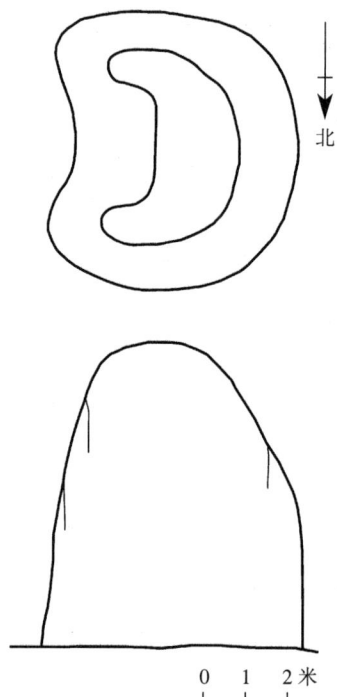

图三四七　墩峁梁烽火台平、立面图

队·三角点"字样。(图三四七)

烽火台西距镇羌堡约 2.5 千米,西 2.5 千米为庄则村 1、2 号烽火台。

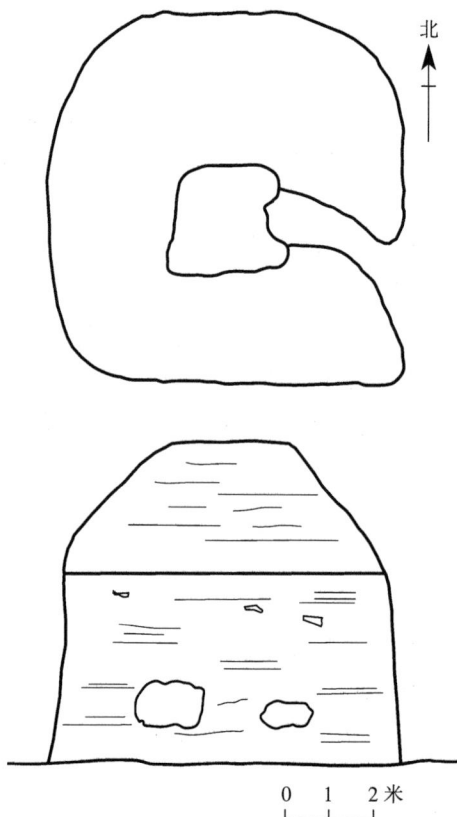

图三四八　杜新庄子村 1 号烽火台平、立面图

(三五)杜新庄子村 1 号烽火台
(610822353201170250)

该烽火台建于新民镇杜新庄子村东北 0.44 千米的山峁上。山峁顶部较小,四周为草地缓坡。地处山地沟壑区,沟壑坡度较缓。高程 1156 米。

烽火台整体保存差。由于长期雨水冲刷侵蚀,顶部坍塌严重,呈不规则形。雨水侵蚀导致的崩塌是其损毁的主要原因。

烽火台用黄土夹杂石片夯筑而成,夯层厚 0.08～0.13 米,质地细密,没发现夯窝。台体平面呈矩形,剖面呈梯形,底部东西 9.5、南北 8 米,顶部东西 2.3、南北 2 米,高 7.2 米。台体为两次建筑而成,二次建筑时在台体顶部加高。距台底 4.2 米有一层白灰面。(图三四八)

烽火台西北距杜新庄子村 2 号烽火台 0.76 千米。

(三六)杜新庄子村 2 号烽火台
(610822353201170251)

该烽火台建于古城川和另一条东北向流入新城川的河道交汇处的台地东端,新城川 7 号大桥西南 0.2 千米的山峁上，北侧为断崖。高程 1080 米。

烽火台整体保存差。围墙大部分坍塌，台体部分坍塌。自然坍塌与不合理利用是其损毁的主要原因。

此烽火台包括 2 座烽火台，烽火台之间用围墙连接。整体平面呈矩形，东墙长 11.4 米，墙内地面以上部分已倒塌，墙内地面高于墙外地面 3.6 米，墙外距地面 1.8 米以上为夯土墙基；南墙长 11.8 米，地面以上部分消失，墙内地面高于墙外地面 0.4 米；西墙长 8 米，墙内地面与墙外地面相平，西墙北部存 2.6、高 1.6 米，墙外 2 米处有两条南北向的沟壑，相距 3 米；北墙长 9.5 米，墙内地面高于墙外地面 1 米，西端存 3.6、宽 0.6、高 0.8 米。

1 号烽火台位于西北角，连接西、北墙，台体平面呈矩形，斜向，东西 4.5、南北 2.6、高 2.8 米。2 号烽火台位于东南角，连接东、南墙，台体平面呈矩形，斜向，东西 4、南北 2、高 0.8 米。台体夯筑而成，夯土以黄土为主，夯层厚 0.11～0.13 米。（图三四九）

烽火台东南距杜新庄子村 1 号烽火台 0.76 千米。

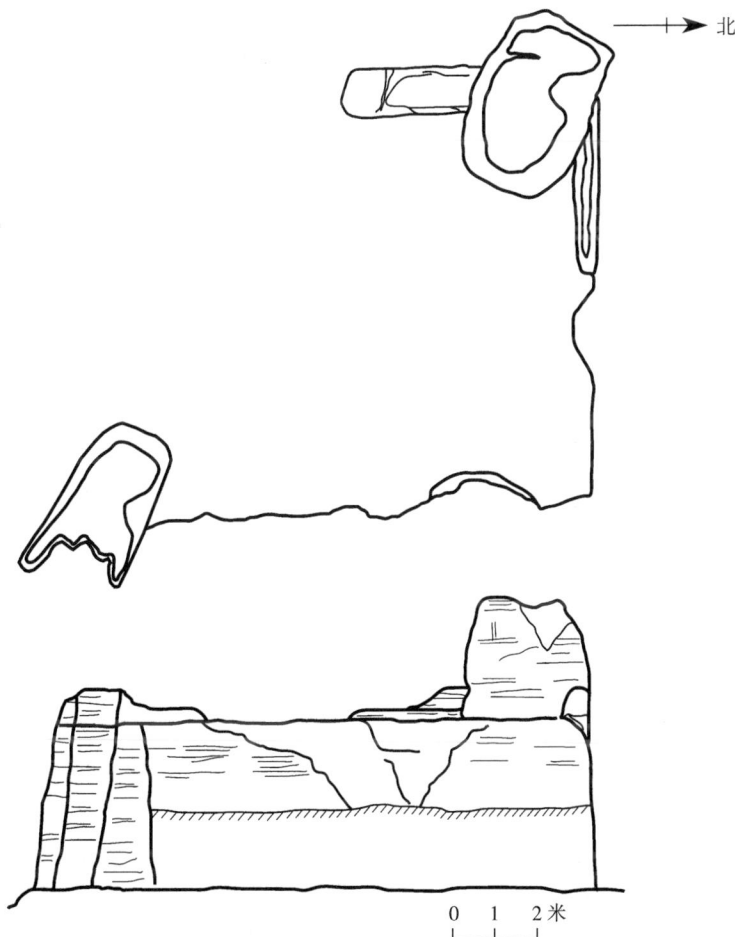

图三四九　杜新庄子村 2 号烽火台平、立面图

（三七）小沙梁村烽火台（610822353201170252）

该烽火台建于孤山镇花沙塔村小沙梁村（组）东南 0.584 千米的沙梁川东岸高地上，西侧为草地、

人工林地、沟壑梁地，高地高 40 米，沙梁川宽 377 米（干涸），川中有长庆油田的输气管道。高程 999 米。

烽火台整体保存较差。台体北壁坍塌，南、西壁有裂缝，门洞坍塌。风雨侵蚀是其损毁的主要原因。

烽火台用黄土夯筑而成，包含物有石片和瓷片，夯层厚 0.08 ~ 0.12 米。台体平面呈矩形，剖面呈梯形，底部东西 9.3、南北 9.9 米，顶部东西 7.4、南北 5.5 米，高 9.8 米。台体北壁断面可见台体中夹有 2 层平铺片石，距台顶分别为 0.3、0.9 米，上层厚 0.5 ~ 0.8、下层厚 0.1 ~ 0.15 米。台体南壁有登台门洞可达台顶，距台底 1.6 米，距台体南边 1.3 米，宽 0.9、高 1.9 米，顶部坍塌。（图三五〇；彩图七三）

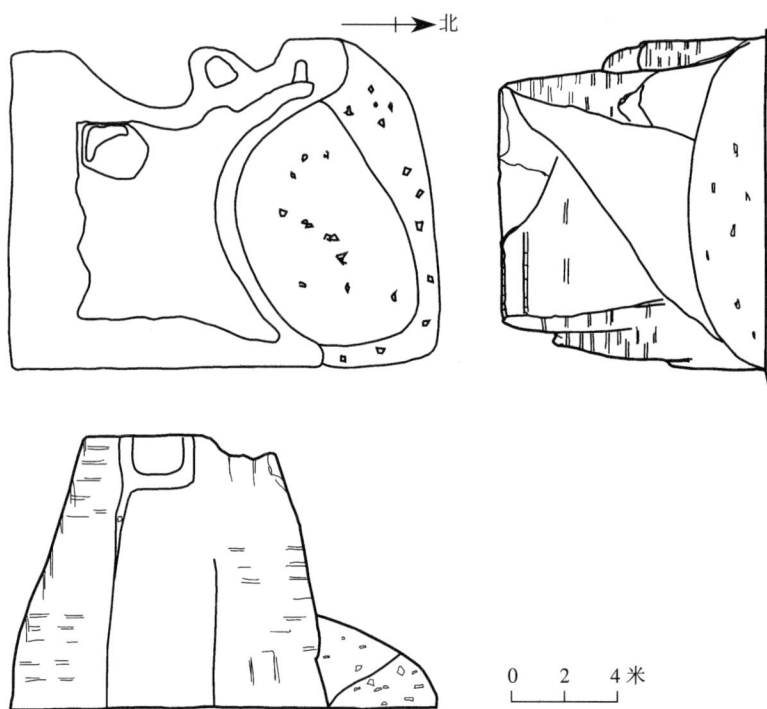

图三五〇　小沙梁村烽火台平、立面图

烽火台东北距墩壖村烽火台 5 千米。

（三八）墩壖村烽火台（610822353201170253）

该烽火台建于田家窑子乡墩壖村东 0.17 千米的山梁缓坡上，东低西高，南北侧较为平坦，为耕地。地处黄土沟壑区，沟壑坡度较缓。高程 1197 米。

烽火台整体保存较差。台体东壁坍塌，北部附属设施坍塌。自然崩塌与耕种破坏是使其损毁的主要原因。

烽火台建在夯土基座上。基座最上层是厚 0.4 ~ 1.45 米的夯土层，夯土层下是一层厚 0.5 ~ 1.7 米的堆积层。台体平面呈矩形，东西 19.3、南北 18.8、东侧高 3.95、南侧高 1.8、西侧高 1.4、北侧高 2.3 米。台体建在基座中部偏东，距基座东边 2 米，夯筑而成，夯土以黄土为主，夯层厚 0.13 ~ 0.19 米，质地细密，没发现夯窝。台体平面呈矩形，剖面呈梯形，底部东西 11.3、南北 10.6 米，顶部东西

6.8、南北7.5米，高7.5米。距台顶1.4米有一层平铺片石，厚0.15～0.2米。顶部平整，东侧存片石墙，长1.2、高0.35米。(图三五一；彩图七四)

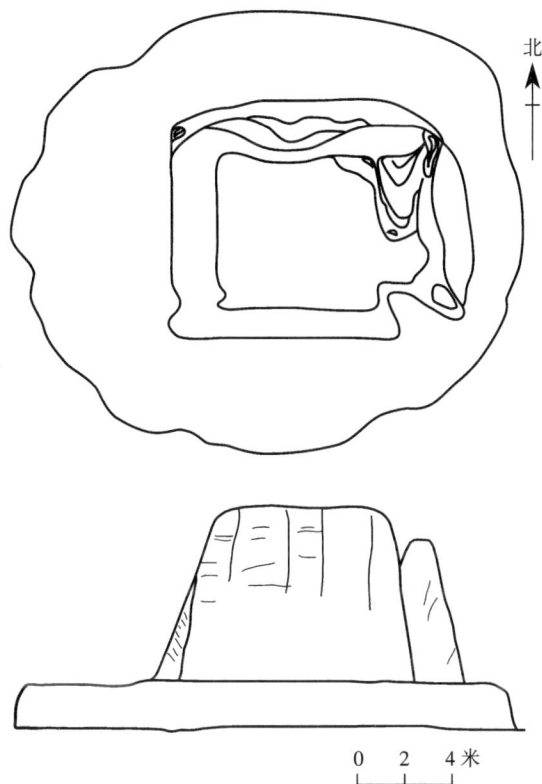

图三五一　墩塌村烽火台平、立面图

烽火台基座北侧13米有一夯土遗迹，平面呈矩形，东西2.8、南北5、夯土高1.8、生土基高1.2米。东北9米有一处夯土遗迹，平面呈矩形，东西3、南北4、夯土高约1米。

烽火台西南距小沙梁村烽火台5千米。

三　相关遗存

府谷县与明长城二边有关的遗存有4处，即墙头村长城遗存、高家塔村石窑梁石窟、张俊寨村遗存、庙峁遗址，其中1处为单独墙体遗存，1处为石窟寺遗存，1处为旧寨遗存，1处为建筑基址遗存。当地居民在遗存上及周围的日常耕作活动及对遗存墙体的不合理利用，如将墙体作为民房围墙或肆意拆除等是其损毁的主要原因。

(一)墙头村长城遗存(610822354199190009)

该遗存位于墙头乡墙头村北。东、北侧紧靠黄河，南侧为居民区。高程860米。墙体长257.8米，保存较差113.5米，消失144.3米。

为断续存在的东西向夯土墙，整体保存较差，外墙剥落严重，内墙人为铲削成立壁状。村民利用墙体作为围墙盖房子及肆意拆除是其损毁的主要原因。

墙体为在自然沉积砂石基础上用黄沙土和红色胶土夯筑而成，夯层厚0.12～0.15米，底宽1.4～

3.5、顶宽 0.5~1.7、高 3.4~5.1 米。

墙体起点东 0.155 千米为黄河渡口（人渡），可以直达山西省河曲县。起点西 8.5 米起消失 55 米，因居民房屋院落而消失；再向西 33 米为夯土墙，被居民用作房屋后墙；再向西 81 米消失，因居民房屋院落而消失；再向西 45 米为夯土墙；再向西 8.3 米因居民房屋而消失；再向西 27 米达止点，为夯土墙。止点处夯土墙因民居而消失。（彩图七五~七七）

遗存位于府谷县二边起点西北 3.75 千米，墙体独立存在，当地人称墙体"有头无尾"，故称当地为"墙头"。怀疑墙体应该是一个堡的残存部分，尚无确证。

遗存北侧为黄河，水资源丰富。墙头村有居民 700 人左右，主要从事农业、商业或外出打工。该地道路以乡村土路为主。

（二）高家塔村石窑梁石窟（610822354199190010）

该遗存位于黄甫镇高家塔村西南 0.8 千米的石窑梁上。南侧为较陡峭的石壁，东西侧较平缓，周围有梯田。地处山地沟壑区，沟壑纵横，坡度陡峭。高程 1023 米。

遗存整体保存较差，存 5 个洞窟，窟内雕像大部分消失，窟壁及顶部彩绘大部分脱落。（彩图七八）

石窟寺的 5 座石窟分述如下：1 号窟朝东南开门，门宽 1.48、高 2.07 米，门额上为浮雕楷书"真阳玉皇阁"；窟内宽 3.9、高 2.47、通深 7.75 米，二进；两侧壁有浮雕神像，正面神台上有一尊塑像；门内两侧有碑刻，碑文漫灭。（彩图七九、八〇）2 号窟为左侧二进，门宽 1.45、高 1.65 米，窟内宽 5.7、高 2.1、深 4.3 米，两侧有浮雕神像。（彩图八一、八二）3 号窟门宽 0.86、高 1.7 米，内宽 2.2、高 1.85、深 3.1 米，正面有神台。（彩图八三）4 号窟门高 0.88、宽 0.83 米，内宽 1.88、高 0.86、深 3.15 米，正面有神台。（彩图八四）5 号窟门宽 1.3、高 1.85 米，内宽 4.25、高 2.1、深 4.8 米，三面有神台。石窑梁顶有 11 件石质建筑构件。（彩图八五）

遗存西北距高家塔村 2 号烽火台 0.2 千米，西距清水川 2 千米。

高家塔村有居民 40 人左右，以汉族为主，主要从事农业。该地有多条乡村小路。

（三）张俊寨村遗存（610822354199190011）

该遗存位于孤山镇张俊寨村。南、东、西侧是深沟，所在地开垦为耕地。地处山地沟壑区，沟壑坡度较为陡峭。高程 1061 米。

该遗存为一处旧寨子遗存，夯土筑成，可见部分围墙及北端和西南角的敌台。整体保存差。

遗址平面呈不规则四边形，南北 91 米，东西宽度不一，南墙 48、北墙 8.3 米。围墙仅西墙断续存在，墙体宽 0.4、最高 1 米。

遗址西南角有一敌台，平面呈矩形，东西 2.6、南北 4、高 2.6 米；北端有一敌台，位于北墙中部，为黄土夯筑而成，夯层厚 0.15 米，包含物有破碎砖瓦、瓷片；台体平面呈矩形，东西 2.8、南北 4.3、高 2 米。

遗存东南距张俊寨村烽火台 0.48 千米，有深沟相隔；南距孤山川 2.2 千米，水资源较为丰富。

张俊寨村有常住人口 20 人左右，以农业为主。该地有多条乡村小路。

（四）庙峁遗址（610822354199180012）

该遗存位于田家寨乡庙峁村西侧一个土台上。西高东低，南北两侧为斜坡。地处山地沟壑区，沟壑纵横，坡度较为陡峭。高程 1342 米。

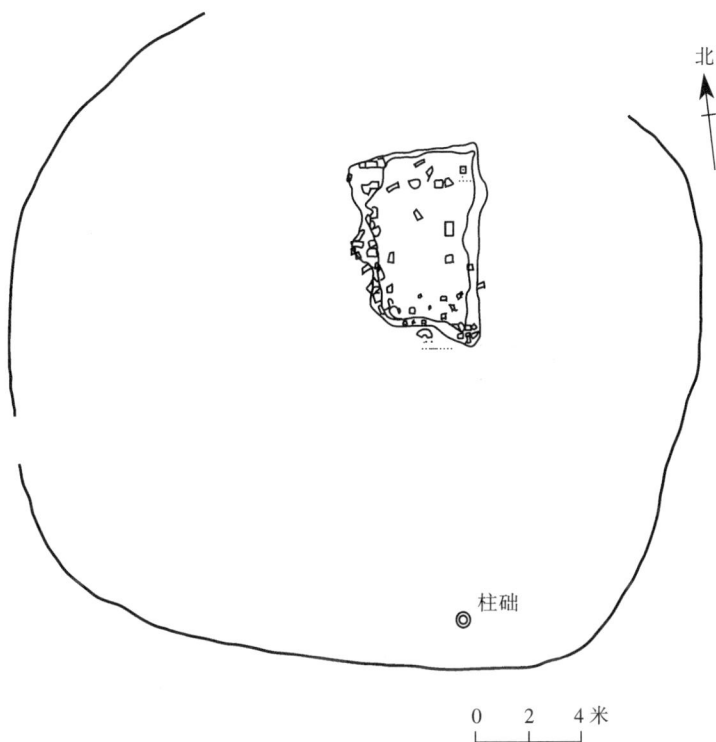

图三五二　庙峁遗址平面图

遗存整体保存差。基座全部坍塌，周围有数个土坑，基座上及周围散落大量碎瓦片及石块。人为破坏是其损毁的主要原因。

遗址平面呈矩形，边长25米。中部为土质基座，四周平整，分布8个土坑。基座平面呈矩形，东西4.9、南北6.8、高0.8米；基座东、南侧各有一个圆形柱础石，柱础直径0.55、厚0.17米，中间贯孔，孔径0.14米。（图三五二；彩图八六、八七∶1）

遗存北距方家墩1号烽火台2.6千米。附近有多处泉眼，水资源较为丰富。该地有多条乡村小路。

第二章

神木县明长城资源

第一节　神木县明长城资源综述

一　神木县环境

神木县位于黄河中游、长城沿线、陕西省东北部，北与内蒙古自治区接壤，东隔黄河与山西省相望，总面积7635平方千米，辖区居陕西省各县之首。共辖15镇4乡，人口37万，人口密度南高北低，为陕西省扩权县。

全县地形西北高东南低，最大相对高差700米。县境内地貌多样，可分为土石山区、丘陵沟壑区、沙漠草滩区等。土石山区位于县境东南部黄河沿岸，约占全县总面积的10.94%，地面倾斜度较大，水土流失严重；丘陵沟壑区位于县境中部，约占全县总面积的37.76%；沙漠草滩区位于县境北部，约占全县总面积的51.3%，地势较为平坦，是神木县农牧业较为集中的地区。

县境西北部为毛乌素沙漠区，东南部为黄土高原沟壑区，境内河流主要有黄河、窟野河、秃尾河。

二　神木县沿革

神木县在商周时为鬼方等戎狄所占，春秋战国时为林胡之地，战国时赵国实力强大，曾一度占领。战国末期归属秦国，并在此设立上郡。汉代属西河郡，西汉时在秃尾河上游置白土县，下游置圁阴、圁阳、鸿门县，疆域无考。西汉时的六大军马场"天封苑"即设在大保当一带，王莽时改上郡为增山，东汉复为上郡。西魏设石城县，后改为银城县。北周在今解家堡一带置归真郡，隋置银城县，疆界难稽。唐初时设银城县，后期合并为麟州，领属新秦、连谷、银城三县。宋沿袭麟州，金改为神木寨，元为神木县。明设神木县，并设置营堡，归延绥镇统辖。清置神木县，民国因之。

三　神木县明长城概况

神木县明长城分布在县境北部，整体呈东北—西南走向，东北接府谷县明长城，西南接榆阳区明长城。长城总长 184686.7 米，有单体建筑 270 座、关堡 16 座。（地图三）

神木县明长城于 2007 年 6～12 月由段清波、牛新龙、梁亚东、岳岁军、何抚顺和于春雷等负责调查。

神木县明长城大部分用夯土筑成，少部分由片石垒砌而成。长年的风雨或风沙侵蚀是神木县明长城大边受到破坏的主要自然因素。对长城形成破坏的人为因素主要是拆取砖石和取土，以及耕地和修建道路等，近年来由于地下矿藏开采过度而造成的地面塌陷严重破坏了长城墙体，并且这种破坏还在继续恶化。

神木县明长城大边是由神木县文物管理委员会办公室专职具体管理，该办公室为全民事业单位，行政隶属神木县文化局。下有工作人员 18 名，负责人先后为乔子荣、张裕福，目前由屈凤鸣主持工作。

本县仅水头沟敌台由于保存较好，被公布为县级文物保护单位，关于整个长城保护单位的保护标志、保护范围、建设控制地带及记录档案等目前均无。

第二节　神木县明长城大边

神木县明长城大边东接府谷县明长城大边，西南接榆阳区明长城大边，经店塔镇、神木镇、麻家塔乡、解家堡乡、高家堡镇和乔岔滩乡等，由墙体、单体建筑、关堡和相关遗存组成，墙体总长 84885.7 米，有单体建筑 223 座、关堡 14 座，大部分保存差，部分消失，有相关遗存 13 处，采集文物 3 件。

一　墙体

神木县明长城大边墙体分为土墙、河险、山险、山险墙和石墙五种类型，共 74 段 84885.7 米，占陕西省明长城大边总长的 14.7%，其中，保存 59719.1 米、消失 25166.6 米，整体呈东—西走向。

土墙有 42 段计 39406.4 米，占神木县长城墙体总长的 46.4%，占全部大边土墙长度的 7.9%，现存 19048.3 米、消失 20358.1 米。墙体为自然基础上用黄土夯筑而成，包含物主要为料礓石，另有少数夹杂有沙子、陶片或红褐色土，个别段墙体如冯地峁村长城 3 段为黄土层和红褐色垆土层相间分布，夯层厚 0.05～0.25 米，以 0.12～0.2 米为主。墙体底宽 0.9～16 米，3～8 米占绝大多数，大于 15 米的只有泥河村长城 3 段；顶宽 0.1～2.9 米，以 0.2～1 米为主；高 1～6.8 米，以 1～4 米为主，个别如奥庄则长城 3 段、后喇嘛沟长城等超过 5 米。大部分墙体地处黄土梁峁丘陵地带，受山体崩塌及当地居民的日常耕作活动、修建道路等影响对墙体产生一定破坏，特别是黄土地区沟壑的发育是造成墙体损毁的最主要原因；西段部分墙体深入沙漠地区，受风沙侵蚀较为严重。

河险 2 段计 3690 米，占神木县长城墙体总长的 4.4%，占全部大边河险长度的 29.1%。长年的河水冲刷、风雨侵蚀及水土流失造成的河床变宽是其损毁的主要原因。

山险17段计32947米，占神木县长城墙体总长的38.8%，占全部大边山险的63.7%。由于地处山地，山体滑坡崩塌对其影响较大，特别是沟壑的发育导致山险消失，县境东部地下矿藏开采导致地表开裂塌陷等严重影响山险的存在。

山险墙4段计2388米，占神木县长城墙体总长的2.8%，占全部大边河险的88.8%，现存2157米、消失231米。墙体宽0.4~1.3、高0.3~2.5米。沟壑发育、洪水冲刷是使其损毁的主要原因。

石墙9段计6454.3米，占神木县长城墙体总长的7.6%，占全部大边河险的93.4%，现存2150.8米、消失4303.5米，在山坡或山峁上利用片石垒砌而成，个别如草地沟长城墙体的石缝间用土填充，土墩梁长城墙体内部用碎石和少量泥土填充。墙体底宽0~4.7、顶宽0.2~5米，以3米以下为主；高0~9米，以1~6米居多，个别如前塔村长城1段、泥河村长城2段、玄路塔长城最高超过6米。由于墙体通常建于山地，山体滑坡、风雨侵蚀、洪水冲刷是墙体损毁的最大威胁因素，人为拆除、道路建设等也是墙体损毁的重要原因。

各段墙体分述如下。

（一）秦家塔村山险1段（610821382106170001）

该段山险位于店塔镇秦家塔村东北至西南的两山峁中间鞍部较平坦的地方。地处黄土梁峁丘陵宽谷区，属于黄土沟壑地貌，两侧为荒坡地、沟壑，北侧陡坡向下，南侧缓坡向上。山险长1850米，整体呈东北—西南走向，属于利用当地河道险要防御的山险。（图三五三）

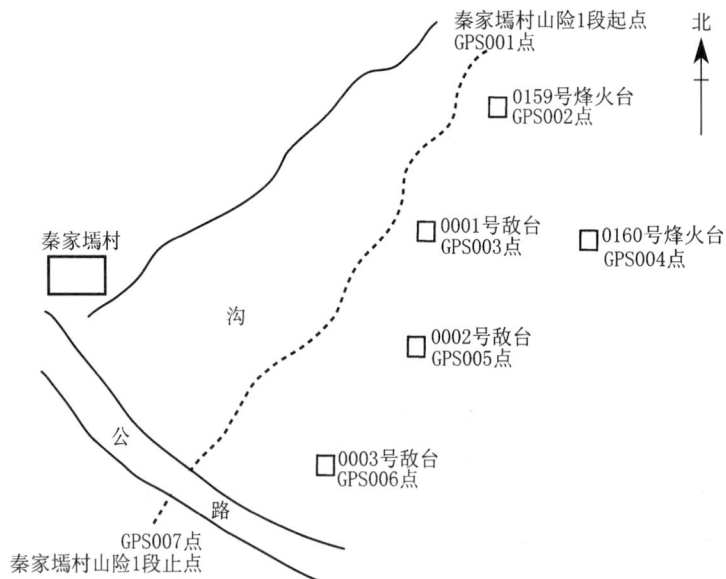

图三五三　秦家塔村山险1段位置示意图

山险起点位于店塔镇秦家塔村东北1.7千米，高程1350米；止点位于店塔镇秦家塔村南0.5千米，高程1320米。

山险整体保存一般。因利用山沟，坡度较为陡峭。从明代至今，山沟一直在扩张、塌陷。山险利用山沟的险要，山沟宽广且险峻，坡度陡峭难以攀登，山坡时有塌陷，长有杂草及灌木。山沟蜿蜒而前，不失为守卫南边农耕文明的天然长城，明代又在山坡上修筑敌台以拱卫疆土，建造烽火台以传信息，更稳固了守卫。

该段山险北接府谷县城峁村长城，西南连秦家塌村山险 2 段，大墩梁 1 号（0159 号）烽火台西北距山险 0.05 千米，大墩梁 1 号（0001 号）敌台西北距山险 0.25 千米，大墩梁 2 号（0160 号）烽火台西距山险 0.05 千米，西 0.05 千米处有大墩梁 2 号（0002 号）敌台，秦家塌村 1 号（0003 号）敌台西北距山险 0.65 千米。附近无河流，西南有转龙湾至永兴的公路，无人居住。

（二）秦家塌村山险 2 段（610821382106170002）

该段山险位于店塔镇秦家塌村南至水头沟南之间的陡峭处。地处黄土梁峁丘陵宽谷区，属于黄土沟壑地貌，两侧为荒坡地，北侧是沟壑。山险长 1850 米，整体呈东北—西南走向，属于利用当地河道险要防御的山险。（图三五四）

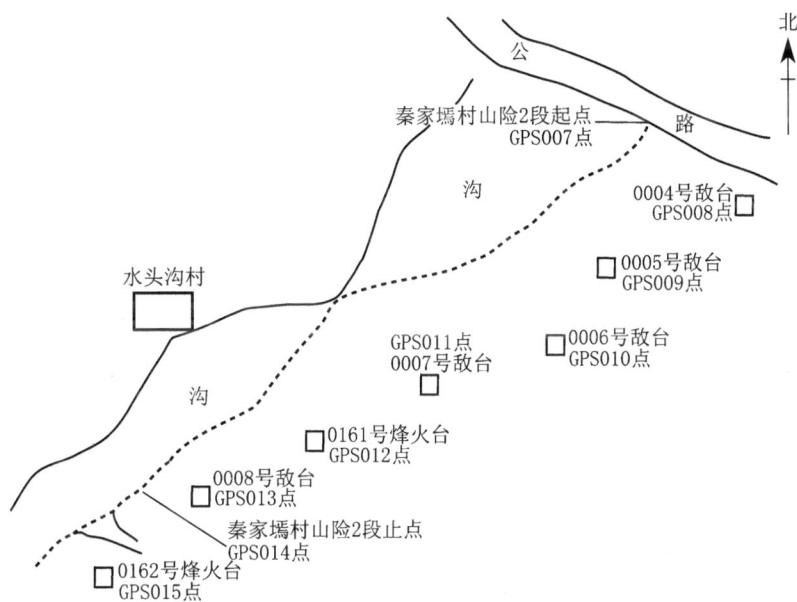

图三五四　秦家塌村山险 2 段位置示意图

山险起点位于店塔镇秦家塌村南 0.5 千米，高程 1320 米；止点位于店塔镇水头沟村南 0.2 千米，高程 1274 米。

山险整体保存一般。因利用山沟，坡度较为陡峭。从明代至今，山沟一直在扩张、塌陷。山险利用山沟的险要，山沟宽广且险峻，坡度陡峭难以攀登，山坡时有塌陷，长有杂草及灌木。山沟蜿蜒而前，不失为守卫南边农耕文明的天然长城，明代又在山坡上修筑敌台以拱卫疆土，建造烽火台以传信息，更稳固了守卫。

该段山险东北接秦家塌村山险 1 段，西南连水头沟村山险，起点东南 0.05 千米处有秦家塌村 2 号（0004 号）敌台。附近无河流，有转龙湾至永兴的公路。

（三）水头沟村山险（610821382106170003）

该段山险位于马家塔乡水头沟村至神木镇青草沟村间。地处黄土梁峁丘陵宽谷区，属黄土沟壑地貌，北侧是草条沟。山险长 800 米，整体呈东北—西南走向，属于利用当地河道险要防御的山险。（图三五五）

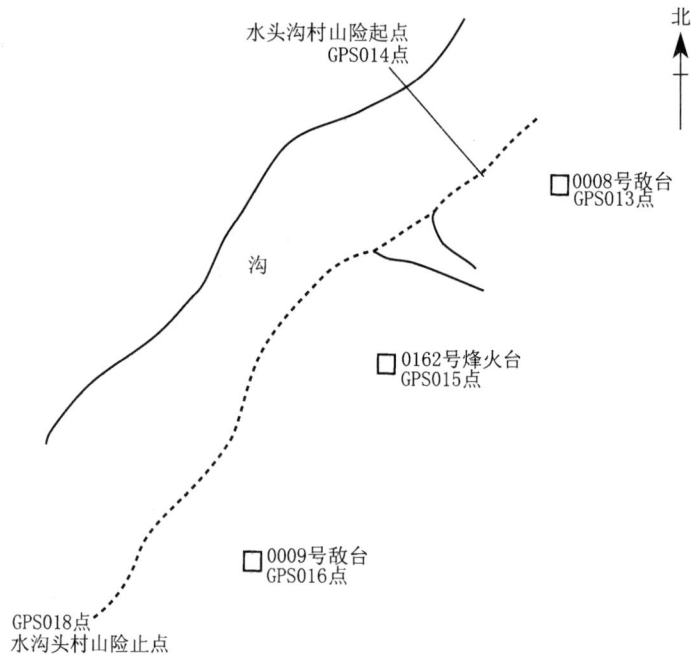

图三五五　水头沟村山险位置示意图

山险起点位于店塔镇水头沟村东南 0.2 千米，高程 1274 米；止点位于店塔镇青草沟村西北 1.33 千米，高程 1291.9 米。

山险整体保存一般。因利用当时的山沟，坡度较为陡峭。从明代至今，山沟一直在扩张、塌陷。山险利用当时山沟的险要，宽且险峻，宽约 50 米，坡度陡峭难以攀登，山坡时有塌陷，长有杂草及灌木。山沟蜿蜒而前，不失为守卫南边农耕文明的天然长城，明代又在山坡上修筑敌台以拱卫疆土，建造烽火台以传信息，更稳固了守卫。

该段山险东北接秦家塔村山险 2 段，西南连青草沟村长城 1 段，水头沟村 2 号（0162 号）烽火台西距山险 0.05 千米，止点东北距青草沟村石窑沟组（0009 号）敌台 0.1 千米。附近没有河流、道路，居民情况不详。

（四）青草沟村长城 1 段（610821382101170004）

该段墙体位于神木镇青草沟村西北两座山峁中间鞍部较平坦处。地处黄土梁峁丘陵宽谷区，属于黄土沟壑地貌，两侧为草地、沟壑，向北有沟壑发育。墙体长 270 米，其中，保存 112 米、消失 158 米，整体呈东北—西南走向，属于夯筑而成的土墙。（图三五六）

墙体起点位于神木镇青草沟村西北 1.33 千米，高程 1291.9 米；止点位于神木镇青草沟村西北 1.1 千米，高程 1310.1 米。

墙体整体保存差。断续存在，多残缺，部分消失，多坍塌、滑坡，顶部基本平整。墙体位于青草沟村西北，分为 2 段，部分消失。第一段起点至拐点墙体呈东—西走向，顺山坡延伸，长 90 米，底宽 2~3、顶宽 1~2.5、内高 0.2~1.5、外高 1.2~3.5 米，（图三五七）西端消失 18 米，延伸到青草沟村 1 号敌台南。第二段由第一段西端转向青草沟村 1 号（0010 号）敌台西侧，长 40、底宽 1~2、顶宽 0.5~1、高 1.5~2 米。自断点南至止点长 140 米墙体消失。

墙体为自然基础上夯筑而成，夯层厚 0.16~0.2 米，夯土以黄土为主，包含有料礓石，质地细密，

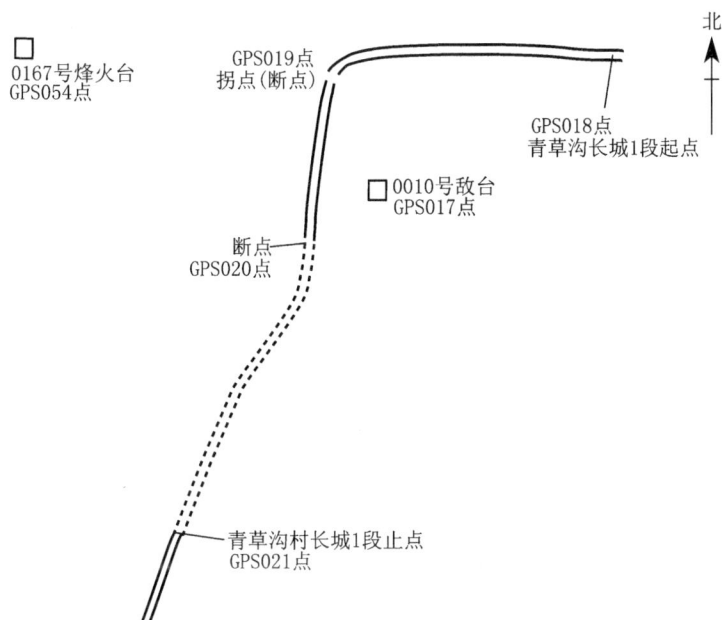

图三五六　青草沟村长城 1 段位置示意图

不见夯窝。

该段墙体附近没有河流、道路，居民状况不详。

（五）青草沟村长城 2 段（610821382101170005）

该段墙体位于神木镇青草沟村西南 1.13 千米的两山
峁中间鞍部较平坦处。地处黄土梁峁丘陵宽谷区，属于
黄土沟壑地貌，两侧为草地、沟壑。墙体长 478 米，其
中，保存 271 米、消失 207 米，整体呈东北—西南走向，
属于夯筑而成的土墙。（图三五八）

墙体起点位于神木镇青草沟村西北 1.1 千米，高程
1310.1 米；止点位于神木镇青草沟村西南 1.3 千米，高
程 1314.3 米。

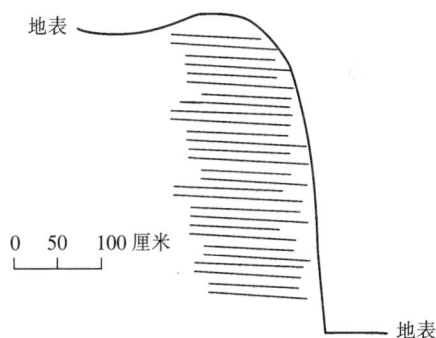

图三五七　青草沟村长城 1 段墙体剖面图

墙体整体保存较差，两侧坍塌严重，内外墙面剥落严重，呈锯齿状。起点南 0.04 千米处有一条沟
东西向穿过墙体，沟宽 7、深 5 米，此处为断点 1；断点 2 至止点长 200 米，墙体消失，因沟壑发育被
断开，沟深 60 米。

墙体为自然基础上夯筑而成，底宽 1～2.4、顶宽 0.4、内高 0～0.5、外高 1.5～2.6 米。（图三五
九）起点至拐点呈北—南走向，拐点至断点 2 呈东北—西南走向，断点 2 至止点呈南—北走向，由拐
点向西 0.162 千米处为断点 2。

该段墙体起点与青草沟村长城 1 段墙体止点相接，拐点西 0.062 千米处紧靠墙体内侧有青草沟村 2
号（0011 号）敌台，附近没有河流、道路。

（六）青草沟村长城 3 段（610821382105170006）

该段墙体位于神木镇青草沟村西南 1.3 千米的山峁西侧和两山峁中间鞍部较平坦处。地处黄

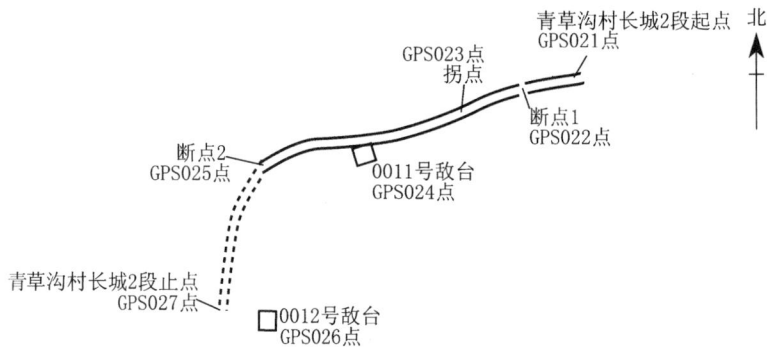

图三五八　青草沟村长城 2 段位置示意图

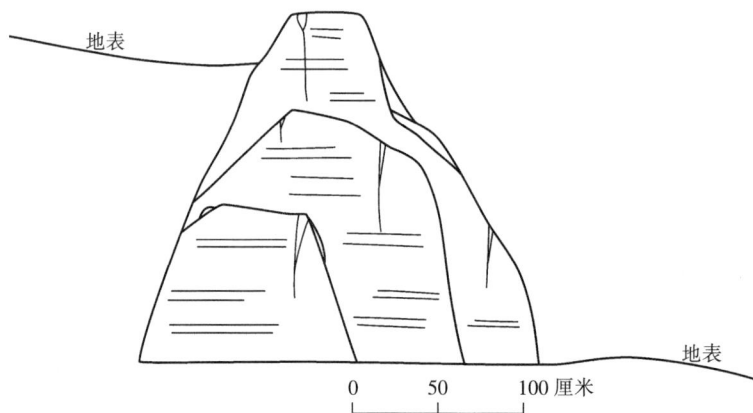

图三五九　青草沟村长城 2 段墙体剖面图

土梁峁丘陵宽谷区，属于黄土沟壑地貌，西、北侧为草地、沟壑。墙体长 145 米，其中，保存 120 米、消失 25 米，整体呈东北—西南走向，属于利用自然险要经人为加工而成的山险墙。（图三六〇）

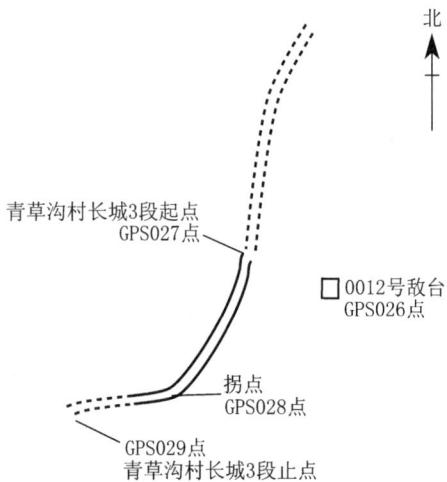

图三六〇　青草沟村长城 3 段位置示意图

墙体起点位于神木镇青草沟村西南 1.3 千米，高程 1314.3 米；止点位于神木镇正则沟东北 3.25 千米，高程 1274 米。

墙体整体保存较差。铲削面基本清晰，上部边缘呈锯齿状或消失，部分段因山体坍塌及沟壑发育而消失或即将消失。

墙体起点南行 0.08 千米为拐点，拐向西行，墙体高 3～5 米；拐点向西 0.04 千米处墙体消失 25 米至止点，墙体高 0.7～3 米。

该段墙体起点与青草沟村长城 2 段墙体止点相接，青草沟村 3 号（0012 号）敌台西距墙体 0.057 千米，附近没有河流、道路。

（七）正则沟村山险 1 段（610821382106170007）

该段山险位于神木镇正则沟村北草条沟南岸悬崖上。地处黄土梁峁丘陵宽谷区，属于黄土沟壑地貌，南侧为草条沟，北侧为黄土梁垣，沿线为草地，有沟壑发育。山险长 3250 米，整体呈东北—西南走向，属于利用自然峭壁形成的山地险要来防御的山险。（图三六一）

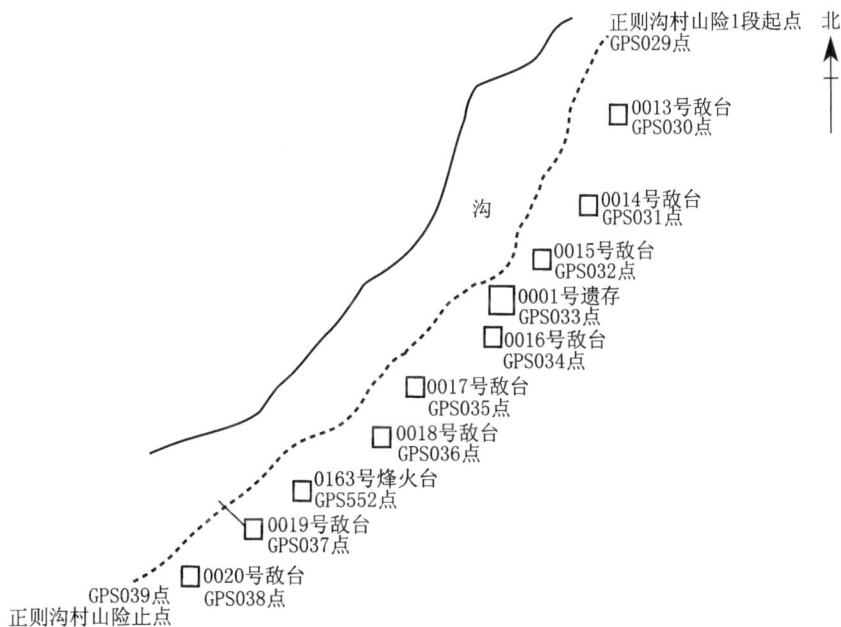

图三六一　正则沟村山险 1 段位置示意图

山险起点位于神木镇正则沟村东北 3.25 千米，高程 1274 米；止点位于神木镇正则沟村东 0.05 千米，高程 1220 米。

山险整体保存一般。由于利用山沟，坡度较为陡峭，从明代至今，山沟一直在扩张、塌陷。山险利用山沟的宽而险要，坡度陡峭难以攀登，山坡时有塌陷，长有杂草及灌木。山沟蜿蜒而前，不失为守卫南边农耕文明的天然长城，明代又在山坡上修筑敌台以拱卫疆土，建造烽火台以传信息，更稳固了守卫。

该段山险东北与青草沟村长城 3 段相接，西南与正则沟村山险 2 段相连，青草沟村 4 号（0013号）敌台西距山险 0.1 千米，青草沟村 5 号（0014 号）敌台西距山险 0.1 千米，连庄村 1 号（0015号）敌台西距山险 0.02 千米，连庄村（0163 号）烽火台北距山险 0.1 千米，连庄村 2 号（0016 号）敌台北距山险 0.2 千米，连庄村 3 号（0017 号）敌台北距山险 0.05 千米，连庄村 4 号（0018 号）敌台北距山险 0.1 千米，连庄村 5 号（0019 号）敌台北距山险 0.1 千米，正则沟村（0020 号）敌台北距山险 0.05 千米。附近没有河流，草条沟河、正则沟没有流水，向南有永兴川，水流较小，向西流入窟野河，由于深入山区，道路以山间小路为主。正则沟小组常住人口约 10 人，因地下矿藏开采，导致饮水困难，村民迁居他处，成为伙盘式居住地。

（八）正则沟山险 2 段（610821382106170008）

该段山险位于神木镇正则沟村两山峁中间鞍部较平处。地处黄土梁峁丘陵宽谷区，属于黄土沟壑地貌，两侧为草地、沟壑。墙体长 5050 米，整体呈东北—西南走向，属于利用自然峭壁形成的山地险要来防御的山险。（图三六二）

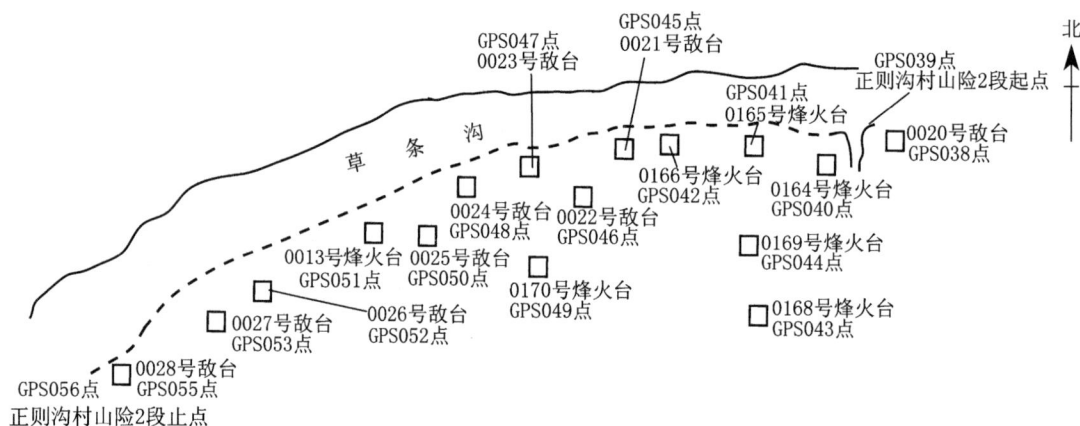

图三六二　正则沟村山险 2 段位置示意图

山险起点位于神木镇正则沟村东 0.05 千米，高程 1220 米；止点位于店塔镇土墩梁东北 0.8 千米，高程 1040.6 米。

山险整体保存一般。由于利用山沟，坡度较为陡峭，从明代至今，山沟一直在扩张、塌陷。山险利用山沟的宽而险要，坡度陡峭难以攀登，山坡时有塌陷，长有杂草及灌木。山沟蜿蜒而前，不失为守卫南边农耕文明的天然长城，明代又在山坡上修筑敌台以拱卫疆土，建造烽火台以传信息，更稳固了守卫。

该段山险东北与正则沟村山险 1 段相接，西南与土墩梁长城墙体相连，正则沟村 1 号（0165 号）烽火台北距山险 0.1 千米，正则沟村 2 号（0166 号）烽火台北距山险 0.05 千米，草条沟村 1 号（0021 号）敌台北距山险 0.1 千米，草条沟村 2 号（0022 号）敌台北距山险 0.15 千米，草条沟村 3 号（0023 号）敌台北距山险 0.05 千米，杏村梁村 1 号（0024 号）敌台北距山险 0.05 千米，杏村梁村 2 号敌台北距山险 0.15 千米，土墩村 1 号（0027 号）敌台北距墙体 0.1 千米，土墩村 2 号（0028 号）敌台北距山险 0.2 千米。附近没有河流，草条沟河、正则沟没有流水，向南有永兴川，水流较小，向西流入窟野河因深入山区，道路以山间小路为主。

（九）土墩梁长城（610821382102170009）

该段墙体位于店塔镇土墩梁（山名）上。地处黄土梁峁丘陵宽谷区，属于黄土沟壑地貌，四围长有沙蒿等耐旱植物，有沟壑发育。墙体长 50 米，整体呈东北—西南走向，属于在山峁上利用山体铲削和石块垒砌而成的石墙。（图三六三）

墙体起点位于店塔镇土墩梁东北 0.8 千米，高程 1040.6 米；止点位于店塔镇土墩梁东北 0.76 千米，高程 1036.7 米。

墙体整体保存差。顶部基本平整，存石墙 20 米，山坡铲削基础部分长 30 米，铲削部分塌陷只见痕迹。墙体坍塌、损坏较为严重，石砌部分被流水冲刷、人为拆除。

墙体分布于土墩梁下一个小沟口，基础为生土和巨石，加以人工铲削修筑。构筑方法为铲削和垒砌，即在山峁上人为铲削筑墙，墙体外侧用石块和片石垒砌，内部用碎石和少量泥土填充。分为两段，起点向西0.03千米为第一段，位于山坡上，只剩基础部分，基础利用山坡铲削而成，墙体长30、高0.5~1.5、顶宽0.2~0.5米。止点向东20米为第二段石砌墙体部分，位于山沟出口处，是在天然巨石上修整、石块垒砌而成，长20、高6.8米，墙体高1.9米，有13层石块，宽3米。（图三六四）石块大小不一，长50~90、宽30~50、厚10~15米。垒砌方法为两侧垒砌石块，中间填加小石块、小石片、土，顶部较为平整。石墙伸出山沟约三分之一，其余部分可能被山沟的水冲刷和人为破坏消失。

该段墙体与正则沟村山险2段、草地沟村山险1段相接，土墩梁3号（0028号）敌台西距墙体0.05千米。附近没有河流，草地沟没有水流，西有窟野河。由于深入山区，以山间小路为主，周围3千米范围内没有居民点。

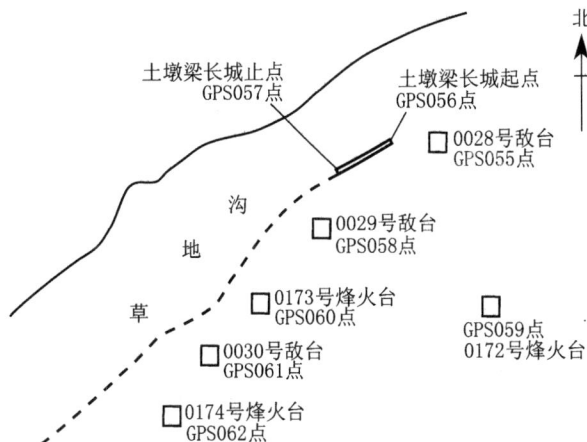

图三六三 土墩梁长城位置示意图

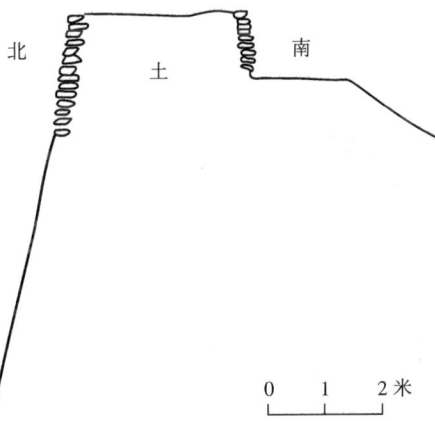

图三六四 土墩梁长城墙体剖面图

（一〇）草地沟村山险1段（610821382106170010）

该段山险位于店塔镇土墩梁至神木镇草地沟村草条沟南岸悬崖上。地处黄土梁峁丘陵宽谷区，属于黄土沟壑地貌，南侧是梁原地，北临草条沟。山险长3220米，整体呈东北—西南走向，属于利用自然峭壁形成的山地险要来防御的山险。（图三六五）

山险起点位于店塔镇土墩梁东北0.76千米，高程1036.7米；止点位于店塔镇草地沟村西约0.95千米，高程1068米。

山险整体保存一般。因利用山沟，坡度较为陡峭，从明代至今，山沟一直在扩张、塌陷。山险利用山沟的宽而险要，坡度陡峭难以攀登，山坡时有塌陷，长有杂草及灌木。山沟蜿蜒而前，不失为守卫南边农耕文明的天然长城，明代又在山坡上修筑敌台以拱卫疆土，建造烽火台以传信息，更稳固了守卫。

该段山险与土墩梁长城墙体、草地沟村长城墙体相接，石则崂村1号（0029号）敌台北距山险0.05千米，石则崂村1号（0172号）烽火台北距山险0.22千米，石则崂村3号（0173号）烽火台北距山险0.06千米，石则崂村2号（0030号）敌台北距山险0.08千米，草地沟村1号（0174号）烽火台北距山险0.04千米，草地沟村2号（0174号）烽火台北距山险0.05千米。

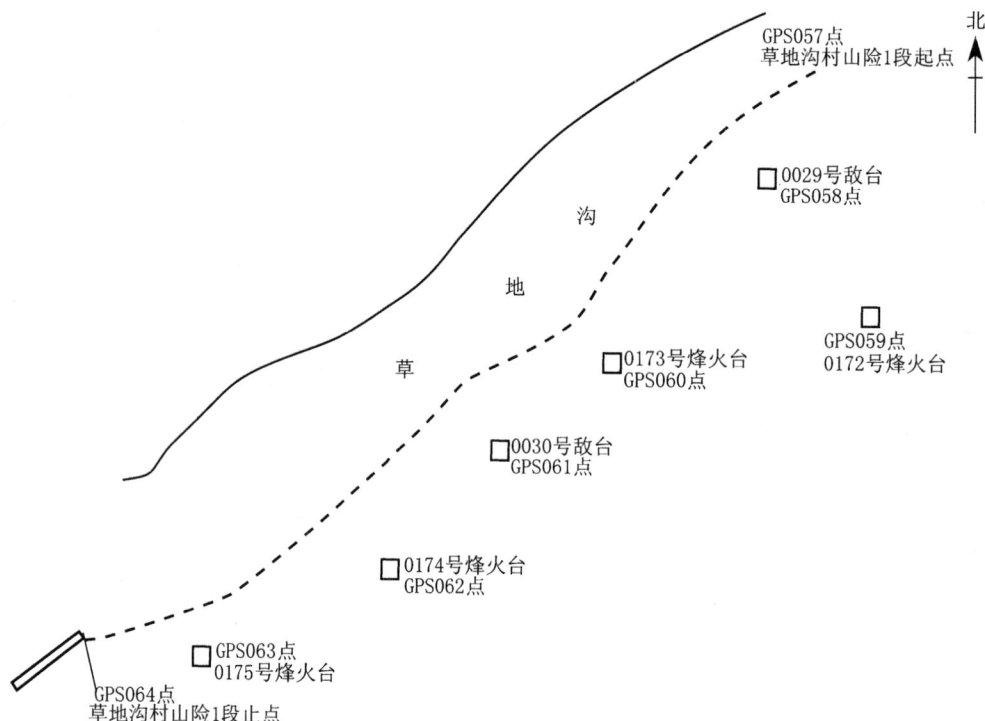

图三六五　草地沟村山险1段位置示意图

附近没有河流，草地沟没有水流，西入窟野河。由于深入山区，道路以山间小路为主，周围1千米范围内没有居民点。

（一）草地沟村长城（610821382102170011）

该段墙体位于店塔镇草地沟村西的山坡上。地处黄土梁峁丘陵宽谷区，属于黄土沟壑地貌。山坡上土层较薄，多为裸露的岩石，植被稀疏。墙体长261.8米，其中，保存146.8米、消失115米，整体呈东北—西南走向，属于利用片石垒砌而成的石墙。（图三六六）

墙体起点位于店塔镇草地沟村西约0.95千米，高程1068米；止点位于店塔镇草地沟村西约1.2千米，高程1001.6米。

墙体整体保存较差。顶部基本平整，垒砌墙体的片石散落一地，部分消失墙体。

墙体基础为山上的巨石块或自然台基，墙体用石块，错缝垒砌，缝隙中间用土填充，分为3段；起点至1.8米为第一段，高1.5～2米，底部天然石块高1米，下宽不详，上宽0.4～0.6米；断点1至断点2为第二段，墙体消失，长95米，为沟壑，深度不详；断点2至止点为第三段，由断点2即第三段起点开始下折山谷，主要位于山坡上，一段在山坡上，一段在沟里，山坡上一段长23、底宽约2～3、顶宽1～1.5、高0.8米，是将片石垒筑在山坡的岩石上，沟里的一段底宽3.2、顶宽4、高3.3～5米，片石垒砌，墙体上部外侧有垛墙，收分0.2、宽0.7、高0.5～0.7米。（图三六七）墙体外层厚0.5米，内部为土石混堆，内侧边缘有倒塌现象。距止点0.01千米起有20米消失，原因是流水冲刷；止点西为沟，水流下切，豁口宽20、深5米，再往西为土坝，长30、高3、厚10米。

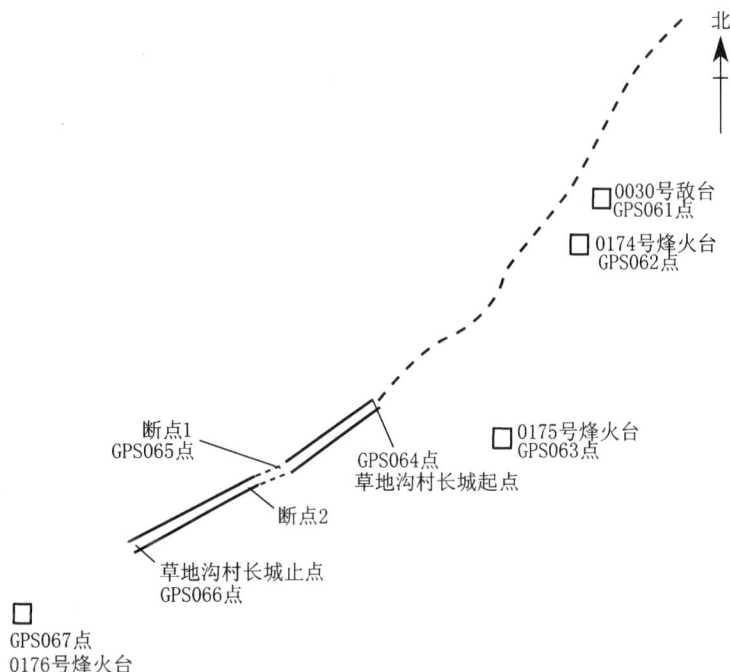

图三六六　草地沟村长城位置示意图

该段墙体东距草地沟村约 0.95 千米，东侧 0.23 千米处有草地沟村 2 号（0175号）烽火台，西侧 0.22 千米山顶上有杨家城村 1 号（0176 号）烽火台。附近没有河流，南有永兴川，流水较少，有时干涸，西入窟野河，因深入山区没有道路。连庄村常住人口 30 多人，以农业为主。

（一二）杨家城村长城 1 段
（610821382101170012）

该段墙体位于店塔镇杨家城村西南。

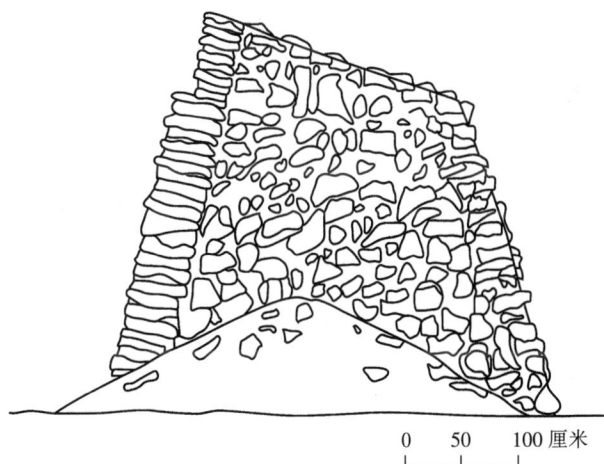

图三六七　草地沟村长城墙体剖面图

地处黄土梁峁丘陵宽谷区，属于黄土沟壑地貌，两侧为斜坡，一边较陡，一边较缓，土地沙化严重。整体从杨家城村向西下坡，到窟野河，有沟壑发育。地表土层较薄，多裸露岩石，南端被沟壑断开。墙体长 1937 米，其中，保存 226 米、消失 1711 米，整体呈东北—西南走向，属于夯筑而成的土墙。（图三六八）

墙体起点位于店塔镇草地沟西 1.2 千米，高程 1001.6 米；止点位于店塔镇杨家城村西南 1.65 千米，高程 1024.4 米。

墙体整体保存差。顶部基本平整，部分墙体塌陷、倒塌、消失。

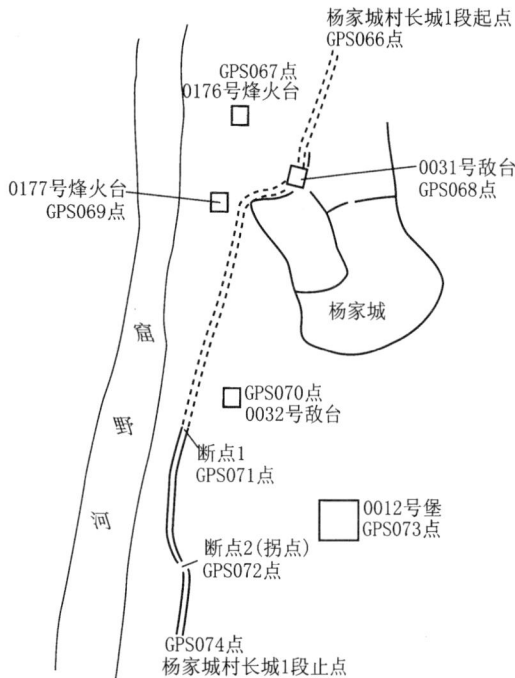

图三六八　杨家城长城 1 段位置示意图

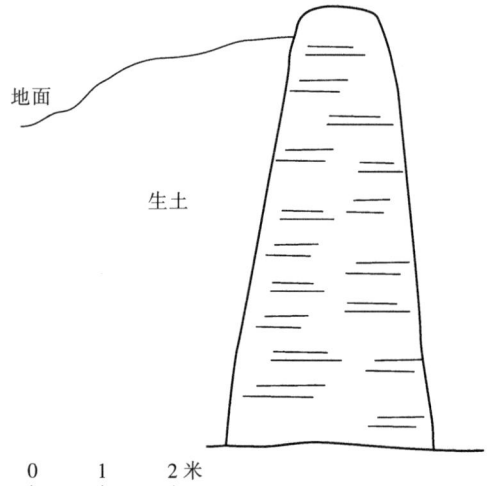

图三六九　杨家城长城 1 段墙体剖面图

墙体基础为生土、巨石，墙体夯筑而成，夯层厚 0.13~0.2 米，质地细密，夯土以黄土为主，包含物有料礓石，未发现夯窝。墙体底宽 3~4、顶宽 0.6~1、内高 0.4~1、外高 3~6 米。（图三六九）

该段分布于杨家城村（0012 号）堡西 0.103 千米，部分利用麟州城墙。墙体利用山体斜坡，起点南 1.681 千米至断点 1 为消失段，断点 1 南 0.127 千米处为断点 2，有一个宽 20 米的缺口，向南拐；断点 2 至止点呈东—西走向，长 129 米，距止点 0.01 千米处有长 10 米的缺口。西有窟野河，西临旧神（木）店（塔）公路，居民状况不详。

（一三）杨家城村长城 2 段 （610821382101170013）

该段墙体位于店塔镇杨家城村西南的窟野河东岸山中。地处黄土梁峁丘陵宽谷区，属于黄土沟壑地貌，两侧为斜坡，一侧较陡，一侧较缓，土地沙化严重。杨家城村向西下坡到窟野河，有沟壑发育，地表土层较薄，多有裸露岩石，北端是新发育的沟壑，南端是一条较大的西向沟壑。墙体长 338 米，其中，保存 202 米、消失 136 米，整体呈北—南走向，属于夯筑而成的土墙。（图三七〇）

墙体起点位于店塔镇杨家城村西南 1.65 千米，高程 1020.4 米；止点位于店塔镇杨家城村西南 1.9 千米，高程 993.4 米。

墙体整体保存差。呈锯齿形，两侧剥落严重，上部坍塌，部分消失，断续存在，现存 5 段，消失 3 段。起点至断点 1 为夯土墙，长 25、底宽 6、顶宽 1.5、高 2 米；断点 1 至断点 2 墙体消失，长 20 米；断点 2 至断点 3 为夯土墙，长 30 米；断点 3 至断点 4 墙体消失，长 80 米，被沟壑冲毁，沟壑深 20、宽 80 米；断点 4 至断点 5 为夯土墙，长 45、高 1 米；断点 5 至断点 6 墙体消失，长 36 米，为梁面；断点 6 至拐点为夯土墙，长 36 米，拐向东南；拐点至断点为夯土墙，长 66 米。

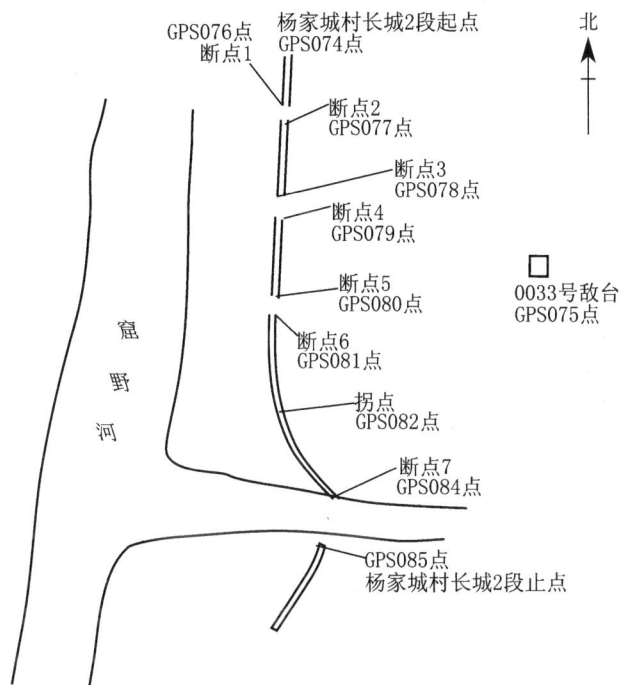

图三七〇 杨家城村长城 2 段位置示意图

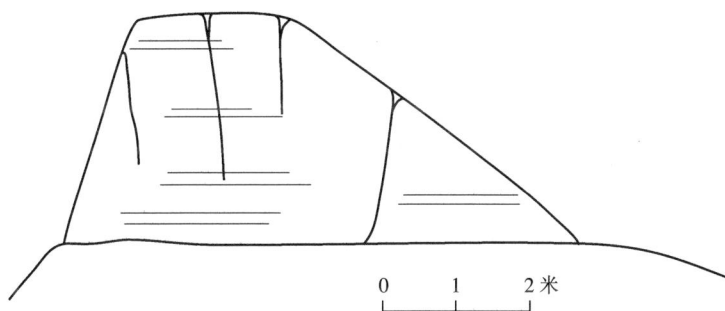

图三七一 杨家城村长城 2 段墙体剖面图

墙体为自然基础上夯筑而成，夯土以黄土为主，夯层约厚 0.1 米。墙体底宽 6～7、顶宽 1.5～2、高 1～3 米。(图三七一) 起点前行 0.075 千米为一道东西向沟壑割断墙体，沟深 20、宽 80 米；沟壑北段墙体因植树造林破坏严重；距止点 0.35 千米分叉点处墙体中间顺墙体形成一条小沟，沟上宽 3、下宽 0.7、深 2.5 米，将墙体分成两部分，中间沟底是一条小径，小沟还在继续发育。

该段墙体起点与杨家城村长城 1 段墙体止点相接，止点与杨家城村长城 3 段墙体起点相连，为杨城新村沟，向西是窟野河。该地深入山区，西临旧神 (木) 店 (塔) 公路。

(一四) 杨家城村长城 3 段 (610821382101170014)

该段墙体位于店塔镇杨家城村西南的山沟里。两侧为斜坡，一侧较陡，一侧较缓，土地沙化严重。

杨家城村向西下坡，到窟野河，有沟壑发育，地表土层较薄，多有裸露岩石，两端是较大的沟壑，墙体在山峁西侧。墙体长101米，其中，保存83米、消失18米，整体呈北—南走向，属于夯筑而成的土墙。（图三七二）

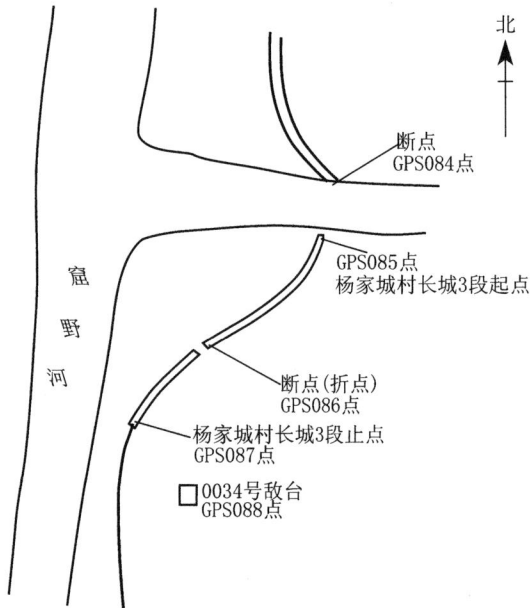

图三七二　杨家城村长城3段位置示意图

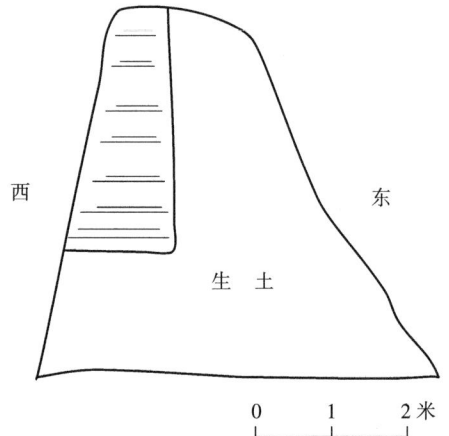

图三七三　杨家城村长城3段墙体剖面图

墙体起点位于店塔镇杨家城村西南约1.9千米，高程993.4米；止点位于店塔镇杨家城村西南约1.8千米，高程985米。

墙体整体保存差。多有坍塌，残缺，顶部基本平整。

墙体基础为生土层，墙体夯筑而成，夯土以黄土为主，包含有料礓石，质地细密，不见夯窝，夯层厚0.14~0.2米，分2段。起点至折点为第一段，位于沟底，夯筑于生土层上，长56、底宽5.6、顶宽0.5~2.9、外高4.9米；（图三七三）夯土墙高3.3、生土层高1.6、内高1~1.5米。拐点至止点为第二段，呈北—南走向，南端偏西，长27、顶宽0.4~1、高4~6米。两段之间在断点处山坡上消失18米，山坡上有植树挖的半圆形土坑，北端与悬崖相接。

该段墙体东距杨家城村4号（0034号）敌台0.208千米，向西是窟野河。该地深入山区，西临旧神（木）店（塔）公路。

（一五）草地沟村山险2段（610821382106170015）

该段山险位于店塔镇草地沟山坡上。山坡上部较为平缓，下临窟野河，沟壑较多，周围生长有沙蒿等耐旱植物。山险长3520米，整体呈北—南走向，属于利用自然峭壁形成的山地险要来防御的山险。（图三七四）

山险起点位于店塔镇杨家城村西南约1.75千米，高程985米；止点位于神木镇泥河村东北0.65千米，高程990.4米。

山险整体保存一般。由于利用当时的山沟，坡度较为陡峭，从明代至今，山沟一直在扩张、塌陷。山险利用山沟的险要，西临窟野河，山沟宽广且险峻难以攀登，山坡时有塌陷，长有杂草及灌木。山沟蜿蜒而前，不失为守卫南边农耕文明的天然长城，明代又在山坡上修筑敌台以拱卫疆土，建造烽火台以传信息，更稳固了守卫。

山险起点至断点 1 为悬崖，长 60 米，呈北—南走向；断点 1 至断点 2 为东西向的沟壑沟口，长 80 米，呈北—南走向；断点 2 至断点 3 为悬崖，长 200 米，呈北—南走向；断点 3 至断点 4 为东西向的沟壑沟口，长 50 米，呈北—南走向；断点 4 至止点为悬崖，长 3130 米，呈北—南走向。

该段山险东距杨家城村 4 号（0034号）敌台 0.1 千米，常墩村（0178 号）烽火台西距山险 0.7 千米，杨家城村 5 号（0035 号）敌台西距山险 0.04 米，杨家城村 6 号（0036 号）敌台西距山险 0.1 千米，泥河村 1 号（0037 号）敌台西距山险 0.05 千米，泥河村 2 号（0038 号）敌台西距山险 0.08 千米，泥河村 3 号（0039 号）敌台西距山险 0.05 千米。西临窟野河及旧神（木）店（塔）公路，附近居民状况不详。

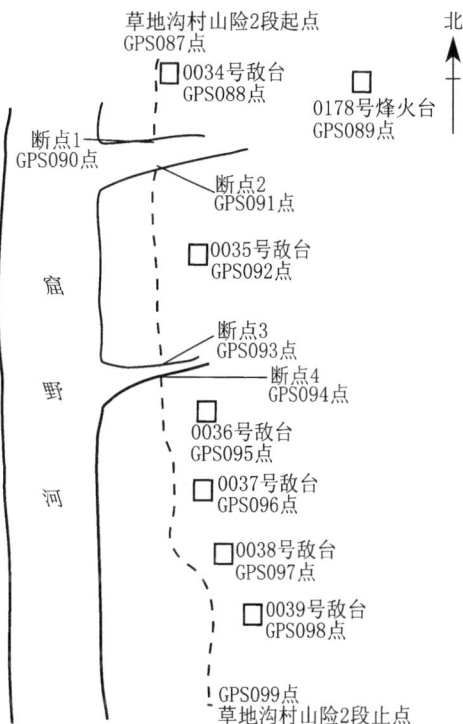

图三七四　草地沟村山险 2 段位置示意图

（一六）泥河村长城 1 段（610821382102170016）

该段墙体位于店塔镇泥河村东北的窟野河东岸半山坡上。石砌墙体主要位于山沟，用来封堵沟口，或位于山脊部，用来切断山脊通道。墙体长 2313.5 米，其中，保存 475 米、消失 1838.5 米，整体呈北—南走向，属于利用片石垒砌而成的石墙。（图三七五；彩图八八、八九）

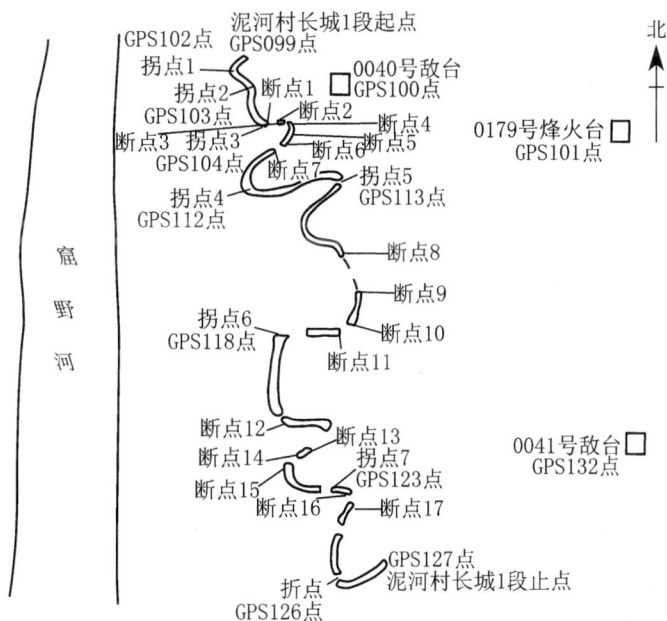

图三七五　泥河村长城 1 段位置示意图

墙体起点位于神木镇泥河村东北 0.65 千米，高程 990.4 米；止点位于神木镇泥河村东南 0.55 千米，高程 1071.8 米。

墙体整体保存较差。部分墙体因流水冲毁、道路破坏而消失 8 处，共计长 56.5 米，部分垛墙消失。墙体建于自然基础上，内、外、中间皆以片石垒砌，夹杂碎石，部分段墙体上部外侧有垛墙，共计 13 段，长 531.45 米。墙体底宽 0.5~4.7、顶宽 0.6~3.4、内高 0~2、外高 2~6 米。墙体消失 11 段，长 1782 米。（图三七六）

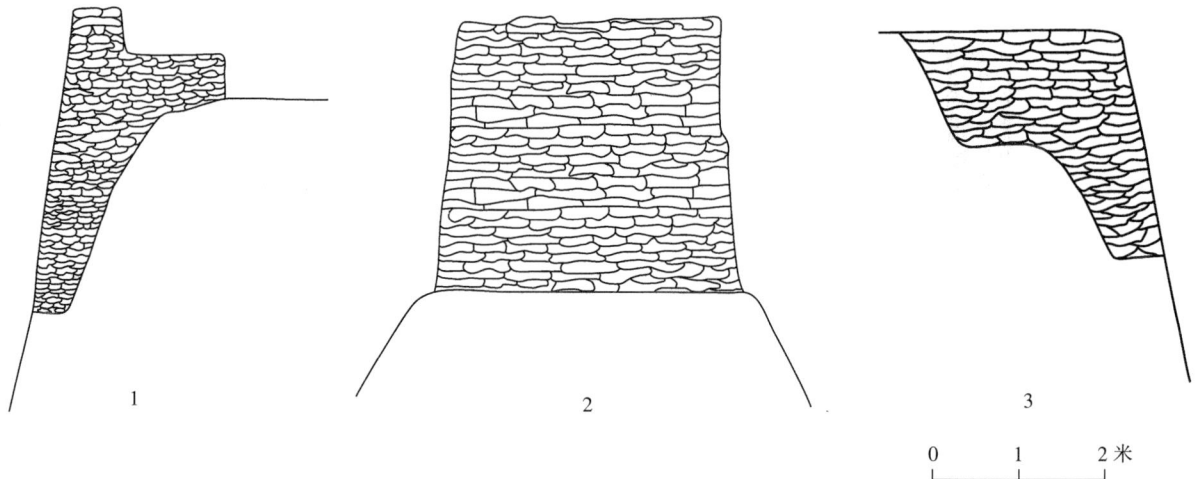

图三七六　泥河村长城 1 段墙体剖面图

墙体分为 24 段。

第 1 段，起点至拐点 3 为石砌墙体，长 111.55 米，拐点 1 处有 3 米宽的水冲豁口；墙体上有垛墙，垛墙距外侧 0.2、宽 0.6、高 0.7 米；（参见图三七六:1）起点西行至拐点 1 转向南，拐点 2 转向东南。第 2 段，拐点 3 至断点 1 为石砌墙体，弧形，长 30、顶宽 0.8 米。第 3 段，断点 1 至断点 2，消失 20 米。第 4 段，断点 2 至断点 3 为石砌墙体，长 12 米，位于山脊上，顶宽 0.4~0.7、高 1~2 米。第 5 段，断点 3 至断点 4，消失 62 米。第 6 段，断点 4 至断点 6 为石砌墙体，长 37.7 米，用来封堵沟口。断点 5 处有一条 4 米宽的山路破墙而过，有 3 米宽的水冲豁口，墙体底宽 3.2、顶宽 2.2、内高 1.7、外高 4.5 米。第 7 段，断点 6 至断点 7，消失 200 米。第 8 段，断点 7 至断点 8，为石砌墙体，长 105 米，前行至拐点 4 处转向东和拐点 5 处转向北以半圆形绕过山脊，墙体外高 2.4、内与山体齐平，顶宽 0.6~7 米。第 9 段，断点 8 至断点 9，消失 300 米。第 10 段，断点 9 至断点 10 为石砌墙体，长 20 米，用来封堵沟口，墙体底底 3、顶宽 2、内高 1.5~2、外高 2.5~4 米，有两个 3 米宽的水冲豁口。第 11 段，断点 10 至断点 11 消失，长 100 米。第 12 段，断点 11 为石砌墙体，长 20 米，墙体外高 2、顶宽 1 米，内与山体齐平。第 13 段，断点 11 至拐点 6 消失，长 100 米。第 14 段，拐点 6 为石砌墙体，长 20 米，绕过山脊，外高 2、顶宽 1 米，内与山体齐平。第 15 段，拐点 6 至断点 12 消失，长 200 米。第 16 段，断点 12 为石砌墙体，长 20 米，封堵沟口，分三部分筑成，墙体底宽 4、顶宽 2、高 6 米，有水冲豁口，豁口上宽 3、下宽 1 米。第 17 段，断点 12 至断点 13 消失，长 200 米。第 18 段，断点 13 至断点 14 为石砌墙体，长 30、底宽 1.5、顶宽 1、外高 2~3 米，距起点 5 米有一座水门，门宽 0.3、高 0.2 米，水门上距墙顶、下距墙底 1 米。第 19 段，断点 14 至断点 15 消失，长 200 米。第 20 段，断点 15 为石砌墙体，长 20 米，用于封堵沟口，被水冲毁严重，残存段长 5、高 4、宽 3 米。第 21 段，断点 15 至拐点 7 消失，长 300 米。第 22 段，拐点 7 至断点 16 为石砌墙体，长 20 米，用于封堵沟口，墙体底宽4、顶宽2、内高1.5、外高4米，墙体上有垛墙，垛墙内收0.2、宽0.7、高1米，中间有10米宽的水冲豁口。第23段，断点16至断点17消失，长100米。第24段，断点17至止点为石砌墙体，长85.2米，位于山坡上，止点下临深崖，墙体底宽3.5、顶宽3、高3米。（参见图三七六：2）距起点0.039千米折点处有一个宽6.5米的豁口，墙体底宽0.5、顶宽2.5米，（参见图三七六：3）有一条5米宽的山路破墙而过，使墙体消失10米，内高与山体齐平，外高2.4、向上收分0.5米。

该段墙体止点与泥河村长城2段墙体起点相接，起点东距泥河村4号（0040号）敌台0.07千米。西临窟野河，附近没有道路，西约0.5千米处有（木）店（塔）公路，居民状况不详。

（一七）泥河村长城2段（610821382102170017）

该段墙体位于神木镇泥河村东北的山体较陡峭斜坡上。山坡比降较大，多为裸露岩石。石砌墙体主要位于山沟，用来封堵沟口，或位于山脊部，用来切断山脊通道。墙体长761米，其中，保存446米、消失315米，整体呈北—南走向，属于在自然基础上利用片石垒砌而成的石墙。（图三七七；彩图九〇）

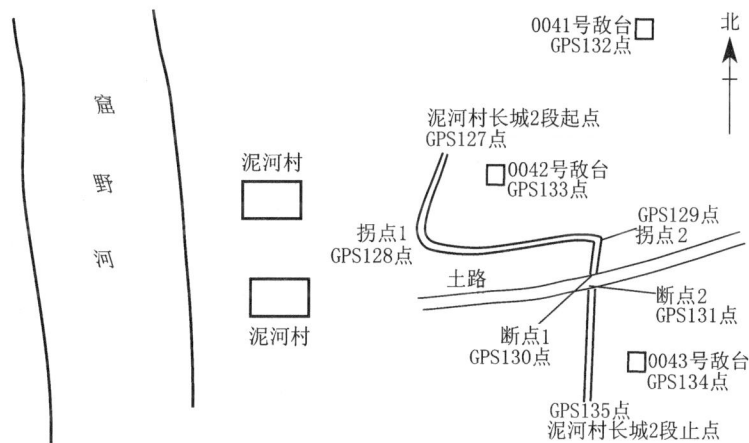

图三七七 泥河村长城2段位置示意图

墙体起点位于神木镇泥河村东北0.55千米，高程1071.8米；止点位于神木镇泥河村东约0.9千米，高程1098.6米。

墙体整体保存差。因山体滑坡、暴风雨侵蚀，流水冲刷等因素的破坏多坍塌消失，顶部基本平整。

墙体起点至拐点1墙体长27米，呈东北—西南走向，于拐点1拐向东南；拐点1至拐点2墙体长140米，在拐点2处有5米的豁口，呈西北—东南走向，墙体于拐点2拐向西南；拐点2至断点1墙体长20米，呈东北—西南走向；断点1至断点2墙体消失310米；断点2至止点墙体长259米，拐点2至止点之间墙体呈东北—西南走向。

墙体基础为天然巨石，墙体为片石垒砌的石墙，在山体斜坡上的巨石块上垒砌片石而成，随山体曲折起伏。墙体高6~9米，石砌层高1~2.5米，片石大小、形状不一，顶部与山坡持平，底宽不明，顶宽0.8~1.2米。距起点0.167千米处为一个小转弯，墙体底部可见3个排水孔，孔高0.2、宽0.3米。墙体内侧有用于拦水的坝，坝长3.2、宽0.6、高1米，石片垒砌。（图三七八）

该段墙体与泥河村长城1段墙体止点相接，泥河村6号（0042号）敌台西距墙体起点0.016千米，墙体止点东距泥河村7号（0043号）敌台0.017千米。附近沟里没有流水、道路，西约0.5千米处有窟野河、旧神（木）店（塔）公路。

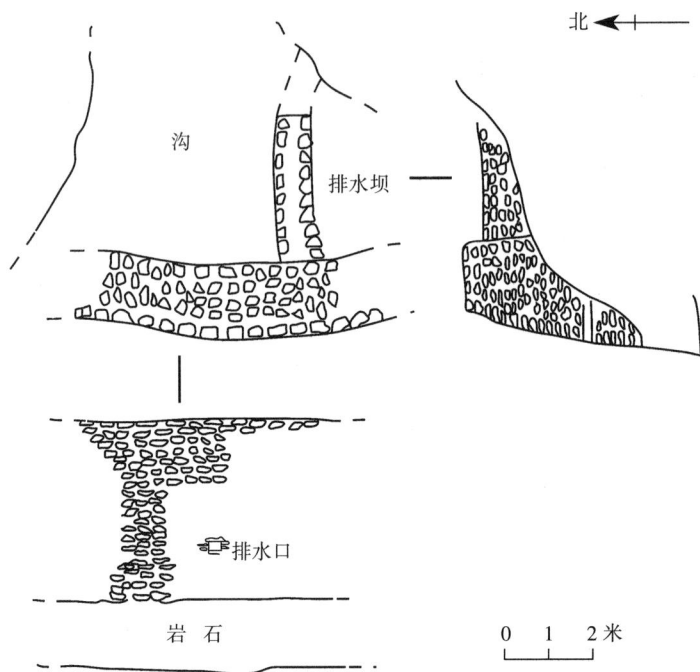

图三七八　泥河村长城 2 段墙体平、立面图

（一八）泥河村长城 3 段（610821382101170018）

该段墙体位于神木镇泥河村东 1 千米的山梁西侧。山坡地势陡峭，一侧地势较为平缓，其余皆为沟壑。地处黄土梁峁丘陵宽谷区，属于黄土沟壑地貌，附近多有沟壑发育。整体呈北—南走向，墙体长 423 米，其中，保存 108 米、消失 315 米，属于在自然基础或巨石上夯筑而成的土墙。（图三七九）

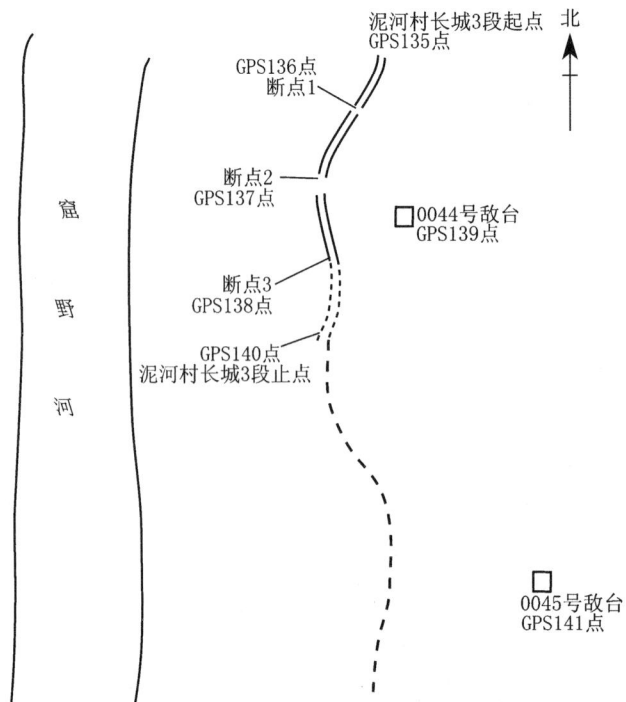

图三七九　泥河村长城 3 段位置示意图

墙体起点位于神木镇泥河村东约0.9千米，高程1098.6米；止点位于神木镇泥河村东南约11.7千米处，高程1035米。

墙体整体保存较差。因山体滑坡、风雨、植物生长、啮齿动物破坏、沟壑发育、战争、生产生活活动如道路建设取土、栽有电线杆等、不按原状修缮、不合理利用等因素，墙体大部分坍塌、消失，顶部基本平整。

墙体基础为生土和巨石，墙体夯筑而成，夯层厚0.09～0.18米，夯土以黄土为主，包含有沙、料礓石，质地细密，不见夯窝，分为3段。起点至断点1为第1段，沿山坡向上，长20、底宽16、顶宽1.5、内高1～2、外高1～2.5米。断点1至断点2为第2段，与第一段之间被道路截断，即断点1，长25米；墙体长30米，位于山坡上，底部基本水平，方向拐向东南，墙体底宽16、顶宽2～3、内高2～3、外高4

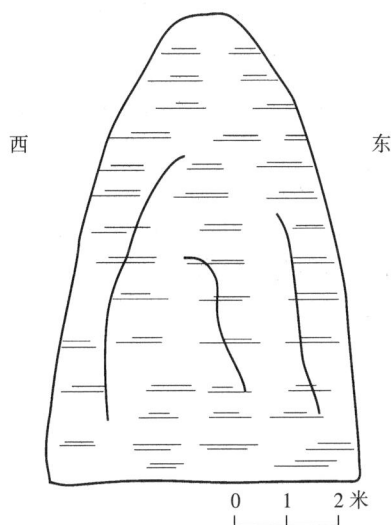

图三八〇　泥河村长城3段墙体剖面图

米，西侧被铲削的陡直，东侧斜坡上有施工时的两个灶和植树挖的半圆形坑，紧靠终端有一座新建的高压电线塔，西0.06千米处有一座高压电线塔，编号1121神华线032；断点2至断点3为第3段，长58米；断点2处有一宽10米的断口；墙体由坡顶向东南斜下，于0.04千米处转向南北，建在天然巨石上，墙体底宽6、顶宽1.5、高7.4米，（图三八〇）终端是山谷断崖；断点3至止点墙体由于沟壑发育而消失，长280米，呈北—南走向。

该段墙体与泥河村长城2段止点相接，起点东北距泥河村7号（0043号）敌台0.017千米，止点东北距泥河村8号（0044号）敌台0.03千米。东约1千米处有窟野河，附近有乡村土路和山间小路相连。

（一九）泥河村山险（610821382106170019）

该段山险位于神木镇泥河村的窟野河东岸悬崖坡上。西侧是窟野河，坡降较大、土层较厚，多有沟壑发育。山险长1500米，整体呈北—南走向，属于利用自然峭壁形成的山地险要来防御的山险。（图三八一）

山险起点位于神木镇泥河村村东南约11.7千米处，高程1035米；止点位于神木镇石圪子村，高程980米。

山险整体保存一般。由于利用当时的山沟，坡度较为陡峭。从明代至今，山沟一直在扩张、塌陷。山险利用了当地山沟的险要，宽广且险峻，坡度陡峭难以攀登，山坡时有塌陷，长有杂草及灌木。山沟蜿蜒而前，不失为守卫南边农耕文明的天然长城，明代又在山坡上修筑敌台以拱卫疆土，建造烽火台以传信息，更稳固了守卫。

该段山险东距泥河村9号（0045号）敌台0.3

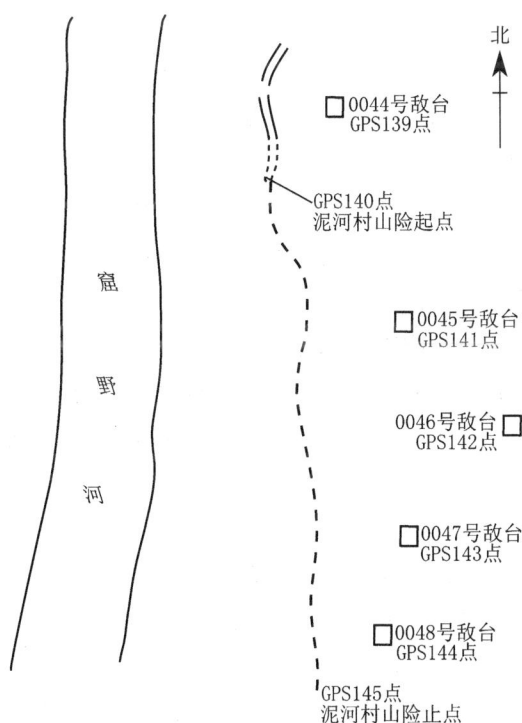

图三八一　泥河村山险位置示意图

千米，泥河村 10 号（0046 号）敌台西距山险 0.5 千米，泥河村 11 号（0047 号）敌台、石壑子村 1 号（0048 号）敌台西距山险 0.05 千米。西临窟野河，无道路相连，居民状况不详。

（二〇）石壑子村河险（610821382107170020）

该段河险位于神木镇石壑子村至麻家塔乡滴水崖村东之间。地处黄土梁峁丘陵宽谷区，属于黄土沟壑地貌。利用石壑子村附近窟野河河道及东岸悬崖峭壁作为河险，断面显示悬崖为岩质，上层覆土不厚，两边为连绵起伏的山峰。河险长 3400 米，整体呈东北—西南走向，属于利用当地河道险要防御的河险。（图三八二）

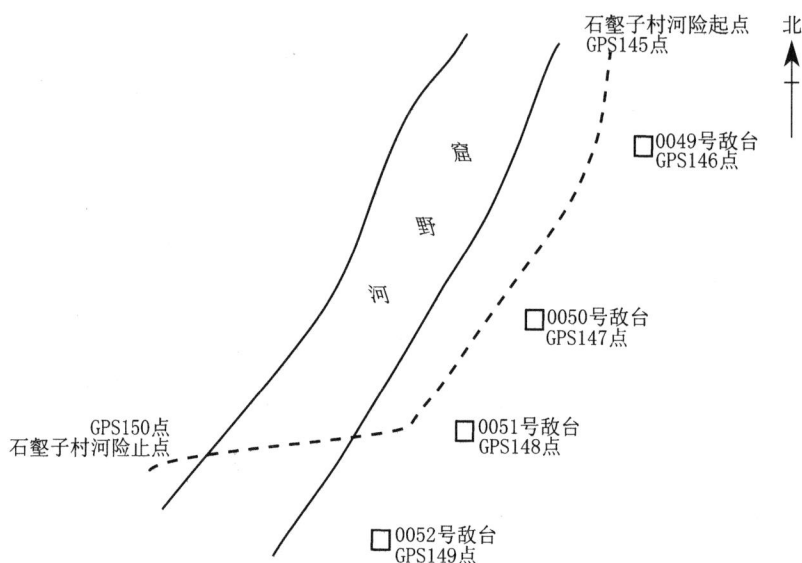

图三八二　石壑子村河险位置示意图

河险起点位于神木镇石壑子村，高程 980 米；止点位于麻家塔乡滴水崖村东 0.05 千米，高程 981.6 米。

河险整体保存一般。由于利用了当地河道的险要，河流为降水补给型河流，河床平坦，落差不大，两岸山峰起伏，坡度较大，河水蜿蜒而前，不失为守卫南边农耕文明的天然长城，明代又在山峰上修筑敌台以拱卫疆土，建造烽火台以传信息，更稳固了守卫。

该段河险东距石壑子村 2 号（0049 号）敌台 0.05 千米，石壑子村 3 号（0050 号）敌台西距河险 8 米，石堡塌村（0051 号）敌台西距河险 0.015 千米，五龙口（0052 号）敌台西距河险 0.05 千米。附近有窟野河，河道东岸附近有旧神（木）店（塔）公路，居民状况不详。

（二一）滴水崖村长城 1 段（610821382101170021）

该段墙体位于麻家塔乡滴水崖村西、芦则湾南岸。地处西部沙漠区东边缘，土地沙化严重，南侧有一个砖厂取土、存煤场地。墙体长 732 米，其中，保存 18 米、消失 714 米，整体呈东—西走向，属于夯筑而成的土墙。（图三八三）

墙体起点位于麻家塔乡滴水崖村东 0.05 千米，高程 981.6 米；止点位于麻家塔乡滴水崖村西 0.7 千米，高程 983.9 米。

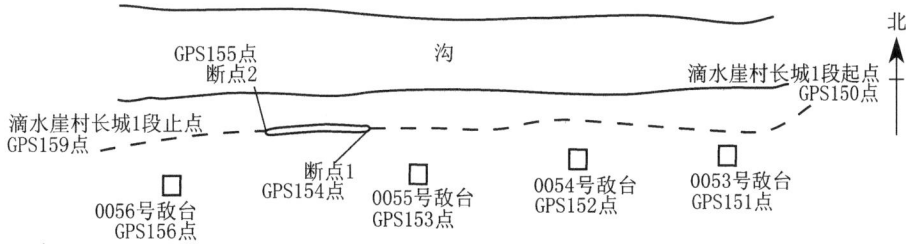

图三八三 滴水崖村长城1段位置示意图

墙体整体保存较差。保存部分剥落严重，顶部坍塌。

墙体为自然基础上夯筑而成，夯土以黄土为主，包含有少量的料礓石，夯层厚 0.12~0.17 米。墙体主要分布于芦则湾南岸，分为 2 段，共计 18 米，中间及两端消失。墙体底宽 5.6、顶宽 0.5、内高 1.5、外高 3.5 米。（图三八四）断点 1 处为第 1 段，墙体长 14 米；断点 2 处为第 2 段，墙体残存 4 米。起点至断点 1 为消失段，长 410 米；断点 1 至断点 2 为中间消失段，长 54 米，由砖厂取土等活动所致；断点 2 至止点为消失段，长 250 米，两端共消失 660 米。

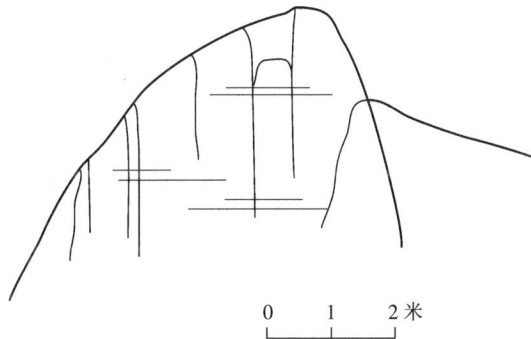

图三八四 滴水崖村长城1段墙体剖面图

该段墙体起点西南 0.05 千米处有滴水崖村 1 号（0053 号）敌台、0.18 千米处有滴水崖村 2 号（0054 号）敌台、0.36 千米处有滴水崖村 3 号（0055 号）敌台，止点东 0.48 千米处有滴水崖村 4 号（0056 号）敌台。西临窟野河，北侧是一条乡村土路，路北为芦则湾沟。滴水崖村现有居民 200 多人，以农业和进城打工为主。

（二二）滴水崖村长城 2 段（610821382101170022）

该段墙体位于麻家塔乡滴水崖村西、芦则湾南岸的半坡上。地处西部沙漠区东边缘，南岸坡上被沙漠覆盖，长有沙柳、柠条等植物。墙体长 1470 米，其中，保存 46 米、消失 1424 米，整体呈东—西走向，属于夯筑而成的土墙。（图三八五）

墙体起点位于麻家塔乡滴水崖村西 0.7 千米，高程 983.9 米；止点位于麻家塔乡窝窝庄村西 0.17 千米，高程 1087 米。

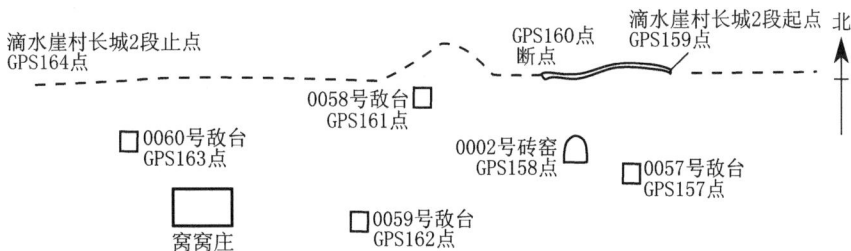

图三八五 滴水崖村长城 2 段位置示意图

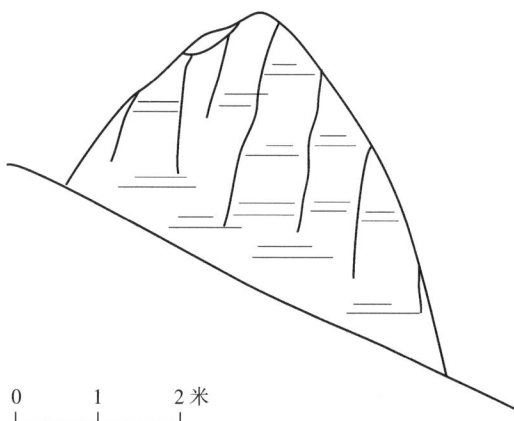

图三八六　滴水崖村长城 2 段墙体剖面图

墙体整体保存较差。呈锯齿状，两侧风蚀剥落严重，南侧流沙掩埋严重。

墙体为自然基础上夯筑而成，夯层厚 0.11 ~ 0.18 米。墙体主要分布于芦则湾南岸半坡上，底宽 4.6、顶宽 0、高 3.6 米。（图三八六）起点西 0.0185 千米处有宽 16 米的豁口，因风沙侵蚀而形成，损坏严重，只存墙体底部，断点至止点 1424 米墙体消失。

该段墙体起点西距窝窝庄村 1 号（0058 号）敌台 0.72 千米、窝窝庄村 3 号（0060 号）敌台 1.33 千米，西南距窝窝庄村 2 号（0059 号）敌台 0.98 千米。西有窟野河，附近以乡间便道为主。

（二三）窝窝庄村长城（610821382101170023）

该段墙体位于麻家塔镇窝窝庄村北山坡上。地处西部沙漠区东边缘，土地沙化严重，地势较平缓，有退耕草地、林地，种有柏树。墙体长 1564 米，其中，保存 997 米、消失 567 米，整体呈西北—东南走向，属于夯筑而成的土墙。（图三八七）

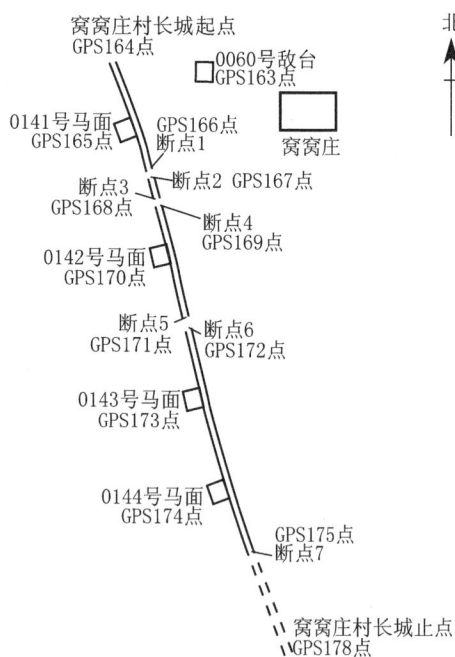

图三八七　窝窝庄村长城位置示意图

墙体起点位于麻家塔乡窝窝庄村西 0.17 千米，高程 1087 米；止点位于麻家塔乡窝窝庄村南 1.4 千米，高程 1119.8 米。

墙体整体保存差。由于风沙侵蚀，墙体多剥落、坍塌、消失，大部分顶部消失。

墙体基础不明，黄土夯筑而成，夯层厚 0.14 ~ 0.15 米，夯土内包含有料礓石，质地细密，没发现夯窝。

墙体分为 5 段。起点至窝窝庄村 1 号（0141 号）马面为第 1 段，长 151 米，起点是窝窝庄村北的山沟，部分位于悬崖边，即将消失，从沟边开始沿山坡斜上，坡度 12°，坡底有一条小路，宽 2 米；墙体底宽 4 ~ 5、顶宽 0.2 ~ 0.5、高 1 米。窝窝庄村 1 号（0141 号）马面至窝窝庄村 2 号（0142 号）马面为第 2 段，长 264 米，该段分为 5 部分，窝窝庄村 1 号马面至断点 1 为第 1 部分，为夯土墙，长 60 米；断点 1 至断点 2 为第 2 部分，消失 30 米；断点 2 至断点 3 为第 3 部分，为夯土墙，长 30 米；断点 3 至断点 4 为第 4 部分，因一条小路穿行消失，长 37 米；断点 4 至窝窝庄村 2 号马面为第 5 部分，为夯土墙，长 107、底宽 4.3、顶宽 1 ~ 2、高 2.7 米。（图三八八）窝窝庄村 2 号马面至窝窝庄村 3 号（0143 号）马面为第 3 段，长 311 米，上宽 0.2 ~ 1 米，高 1.4 米；中间从断点 5 至断点 6 消失 70 米，有一条路，宽 4 米；此段深入沙漠，沙丘侵蚀严重，长城时断时续，大致走向较清晰。窝窝庄村 3 号马面至官地梁（0144 号）马面为第 4 段，长 312 米，被沙漠侵蚀掩埋，时断时续，墙体上长满杂草和沙柳，墙体底宽 3、顶宽 0.2 ~ 0.4、高 1.5 米。官地梁马面至止点为第 5 段，长 533 米；断点 7 至止点为消失段，长 430 米；官地梁马面至断点 7 为残存段，长 103 米，呈北—南走向，墙体底宽 4、顶宽 0.2～0.5、高 1 米，被沙漠侵蚀。

该段墙体与滴水崖村长城 1 段墙体、官地梁长城墙体相接，依墙体而建的马面有 4 座，分别为窝窝庄村 1～3 号马面、官地梁马面。西有窟野河，附近以山间小路为主，附近居民状况不详。

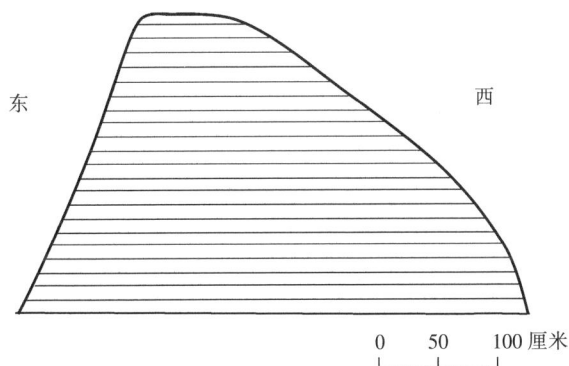

图三八八　窝窝庄村长城墙体剖面图

（二四）官地梁长城（610821382102170024）

该段墙体位于神木镇官地梁（山名）上。所处山势陡峭，周围为深沟。墙体长 199 米，其中，保存 45 米、消失 154 米，整体呈北—南走向，属于利用片石垒砌而成的石墙。（图三八九）

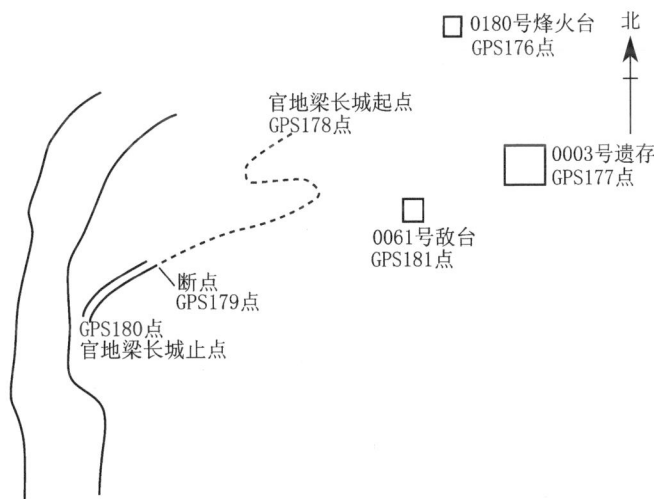

图三八九　官地梁长城位置示意图

墙体起点位于麻家塔乡窝窝庄村南约 1.4 千米，高程 1119.8 米；止点位于神木镇土城塔村北 1.05 千米，高程 1059.3 米。

墙体整体保存较差。两侧剥落严重，顶部坍塌，有 3 处塌陷，濒于消失。

墙体依沟壑断崖修建，基础为自然石块，墙体为石墙（对山坡上巨石加以修整后垒砌片石而成，方向随山沟变化，片石大小、形状不一）。墙体底宽 0.4、顶宽 1、外高 6 米，其中 2.5 米为石砌，内高与山坡持平。（图三九○）

该段墙体东 0.05 千米处有官地梁（0061 号）敌台，东有窟野河，南有芹河，因深入山地无道路，附近居民状况不详。

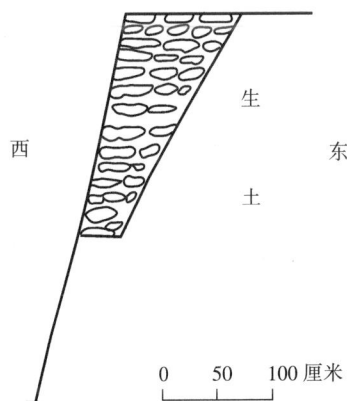

图三九○　官地梁长城墙体剖面图

（二五）官地梁山险（610821382106170025）

　　该段山险位于神木镇芹河和西沟南北两岸的山沟东边缘官地梁（山名）山坡上。山势陡峭，长有沙蒿等耐旱植物。当地为岩质悬崖，表土层较薄，部分地区为裸露的岩石。山险长2330米，整体呈北—南走向，属于利用自然峭壁而形成的山地险要来防御的山险。（图三九一）

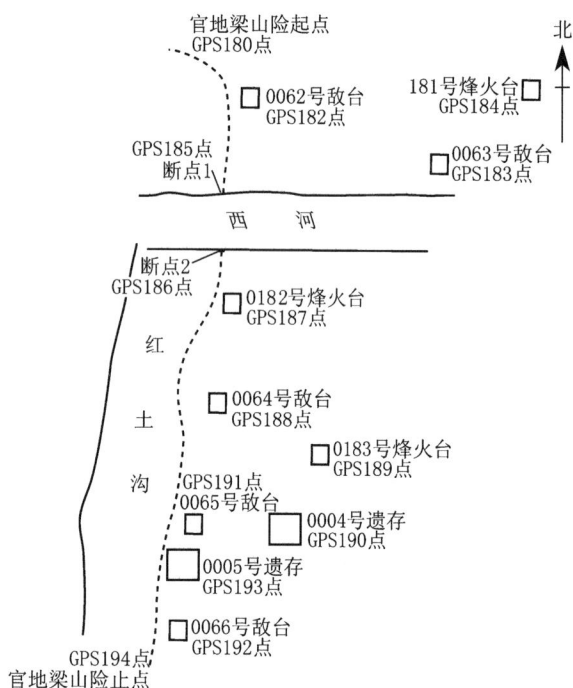

图三九一　官地梁山险位置示意图

　　山险起点位于神木镇土城塔村北1.05千米，高程1059.3米；止点位于神木镇青杨岭村西南0.32千米，高程1160米。

　　山险整体保存一般。利用当时的山沟，坡度较为陡峭，从明代至今，该山沟一直在扩张、塌陷。山险利用当地山沟的险要，宽广且险峻，坡度陡峭难以攀登，山坡时有塌陷，有杂草及灌木。山沟蜿蜒而前，不失为守卫南边农耕文明的天然长城，明代又在山坡上修筑敌台以拱卫疆土，建造烽火台以传信息，更稳固了守卫。

　　山险起点至断点1长200米，断点2至止点长1730米，两段为山体悬崖；断点1至断点2为沟壑，长400米。

　　磨镰石青杨岭村2号砖窑遗存西距山险0.01千米，墩梁峁（0063号）敌台西距山险0.4千米，墩梁峁（0183号）烽火台西距山险1.15千米，磨镰石村石墩峁（0182号）烽火台西距山险0.01千米，青杨岭村1号（0064号）敌台西距山险0.02千米，墩梁村（0181号）烽火台西距山险0.18千米，青杨岭村2号（0065号）敌台西距山险0.05千米，青杨岭村2号（0005号）砖窑遗存西距山险0.15千米，青杨岭村3号（0066号）敌台西距山险0.01千米，青杨岭村1号（0183号）烽火台西距山险0.05千米。附近有芹河，东流入窟野河，所处为陡坡，无道路相连，居民状况不详。

（二六）青杨岭村山险（610821382106170026）

　　该段山险位于神木镇青杨岭村西南山坡上。表土较厚，四周有退耕草地，比较陡峭，周围为沟壑。山险长1000米，整体呈北—南走向，属于利用自然峭壁而形成的山地险要来防御的山险。（图三九二）

　　山险起点位于神木镇青杨岭村西南0.32千米，高程1160米；止点位于神木镇青杨岭村西南1.5千米，高程980米。

　　山险整体保存一般。利用当时的山沟，坡度较为陡峭，从明代至今，山沟一直在扩

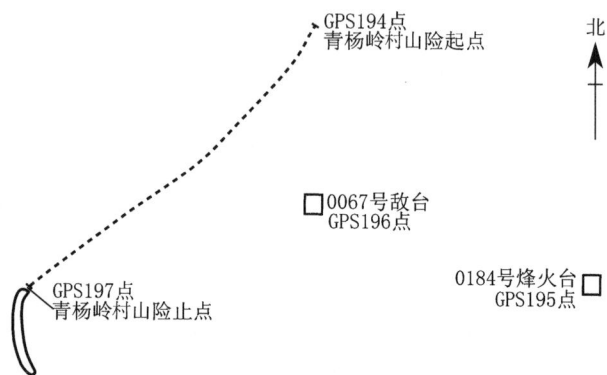

图三九二　青杨岭村山险位置示意图

张、塌陷。山险利用当地山沟的险要，宽广且险峻，坡度陡峭难以攀登，山坡时有塌陷，长有杂草及灌木，山沟蜿蜒而前，直到止点，不失为守卫南边农耕文明的天然长城，明代又在山坡上修筑敌台以拱卫疆土，建造烽火台以传信息，更稳固了守卫。

该段山险与官地梁山险、降庄则村长城墙体相接，青杨岭村 4 号（0067 号）敌台西距山险 0.1 千米。附近没有河流，因深入山区没有道路，居民状况不详。

（二七）降庄则村长城（610821382101170027）

该段墙体位于神木镇降庄则村东北的梁地北山坡上。所处地势较为平缓，北侧是沟壑，东、西侧有沟壑发育，冲断墙体。四周生长有沙蒿等耐旱植物，墙体一侧稍远处有退耕林地，种植柏树。墙体长 147.4 米，其中，保存 73.7 米、消失 73.7 米，整体呈东—西走向，属于夯筑而成的土墙。（图三九三）

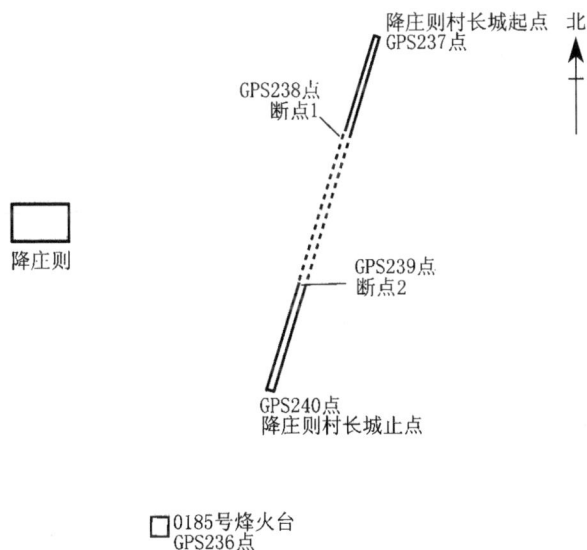

图三九三　降庄则村长城位置示意图

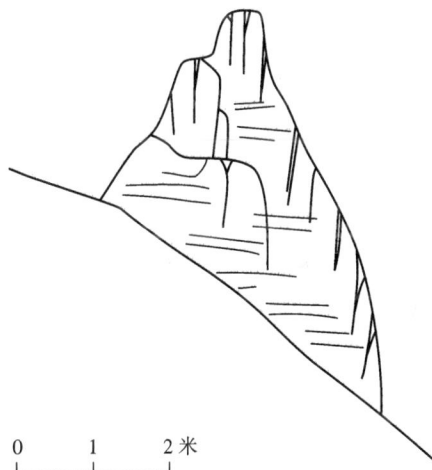

图三九四　降庄则村长城墙体剖面图

墙体起点位于神木镇降庄则村东北 0.5 千米，高程 1173.6 米；止点位于神木镇降庄则村东北 0.4 千米，高程 1193.70 米。

墙体整体保存较差。包括山险墙与夯土墙两部分，共计 73.7 米。墙体剥落严重，由于流水冲毁，或者人工挖掘消失 73.7 米；止点西有一条宽 4 米的乡间土路，再往西是沟壑。消失部分中因沟壑冲毁的有 5.5 米，因道路破坏的有 2.7 米，破坏原因不明段长 25.5 米。

墙体为自然基础上夯筑而成，夯层厚 0.15 ~ 0.2 米。墙体底宽 3.6、顶宽 0.5、内高 2.5、外高 5 米。（图三九四）起点至断点 1 为夯土墙体，长 21 米；断点 1 至断点 2 消失 73.7 米，断点 2 东 0.017 千米处有一段长 3 米的夯土墙体。断点 2 至止点为夯土墙，长 52.7 米。断点 2 西 0.026 千米处有一条小路穿过墙体，造成墙体消失 2.7 米。

该段墙体与整个大边相连，位于大边西 1.1 千米，降庄则村（0185 号）烽火台东北距墙体止点 0.18 千米。附近没有河流，因深入山地以山间小路为主，居民状况不详。

（二八）沙石岭村长城（610821382101170028）

该段墙体位于神木镇沙石岭村北的沟壑东岸（沟壑向南流入沙石岭川，南北走向）。地处黄土梁峁丘陵宽谷区，属于黄土沟壑地貌，附近沟壑较多，东侧为退耕草地，土层较厚，沟壑还在发育，多为西流沟壑。墙体长 1242.5 米，其中，保存 229 米、消失 1013.5 米，整体呈北—南走向，属于夯筑而成的土墙。（图三九五）

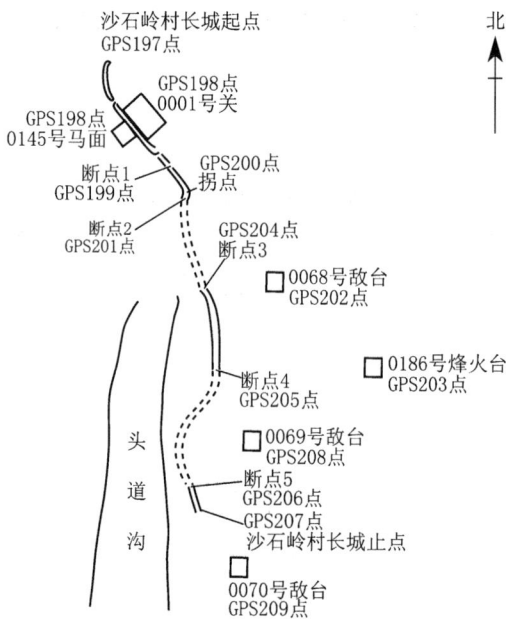

图三九五　沙石岭村长城位置示意图

墙体起点位于神木镇青杨岭村西南 1.5 千米，高程 0.98 千米；止点位于神木镇沙石岭村东北 0.3 千米，高程 1151.4 米。

墙体整体保存较差。因沟壑或者道路切断，断续存在。保存部分剥落严重，不同程度地受到沟壑发育的危害。起点南 0.1 千米处有一条乡间土路，呈东—西走向，宽 11.5 米。自起点南 0.1466 千米处拐向西南，前行 0.015 千米墙体消失，往前为连续向东延伸的沟壑。

墙体为自然基础上夯筑而成，分为 5 段。起点至断点 2 为第 1 段，长 161.5 米；沙石岭村关西南角有一条水冲沟壑，宽 6 米；墙体底宽 5.6、顶宽 0.8、内高 3.5、外高 5 米；（图三九六：1）断点 1 处有一条土路穿过墙体，消失 11.5 米。自断点 2 处拐向南行，断点 2 至断点 3 为第 2 段，由于沟壑水流冲毁墙体消失，长 500 米。断点 3 至断点 4 为第 3 段，长 55 米，起始 10 米有一条小径穿过，形成一个宽 3 米的缺口，墙体底宽 8、顶宽 1.5、高 5 米；（图三九六：2）墙体东侧有很多啮齿类动物洞穴，对长城墙体影响很大，前行有沟壑。断点 4 至断点 5 为第 4 段，由于沟壑水流冲毁消失，长 500 米。断点 5 至止点为第 5 段，长 24 米，中间有宽 2 米的缺口，一条小路从中通过，墙体内高 3、外高 5 米。（图三九六）

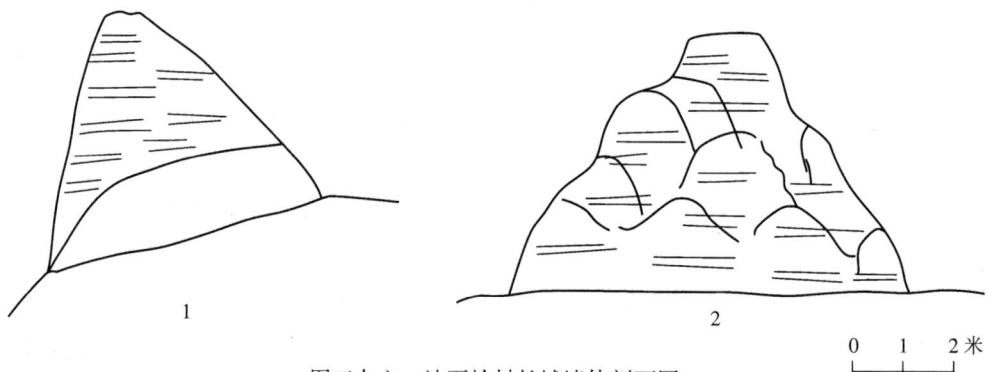

图三九六　沙石岭村长城墙体剖面图

墙体起点至拐点呈西北—东南走向，长 146.5 米，从拐点拐向西南，自断点 2 处拐向南，拐点至止点长 1096 米。

墙体起点南 0.0455 千米处有沙石岭村（0001 号）关，0.047 千米是沙石岭村（0145 号）马面。沙石岭村 1 号（0068 号）敌台西距墙体 0.12 千米，沙石岭村 2 号（0069 号）敌台西距墙体 0.1 千米。附近没有河流，沙石岭川内没有流水，道路以山区小路为主。沙石岭村原有人口 200 多人，现有常住人口 40～50 人，主要从事农业，其余人口迁居到县城或其他地方，以打工为主。

（二九）前塔村长城1段（610821382102170029）

该段墙体位于神木镇前塔村附近沙石岭川一条南流支沟的东岸山坡上。所处山势陡峭，沟底有退耕林草地。墙体建在岩质基础上，内侧为土层。墙体长1488米，其中，保存139米、消失1349米，整体呈北—南走向，属于利用片石垒砌而成的石墙。（图三九七）

墙体起点位于神木镇沙石岭村东北0.3千米，高程1151.4米；止点位于神木镇前塔村东北0.2千米，高程1080.5米。

墙体整体保存较差。保存较差段为起点至断点，长139米；消失段为断点至止点，长1349米。依托山势，根据山沟的走向在天然巨石上垒砌片石而成，山体滑坡、人为拆除等痕迹明显，墙体多毁坏。

墙体基础为自然石块，墙体用片石垒砌而成，底宽0.5、顶宽1.1、外高4~7米，（图三九八：2）片石层高1~3.2米，内高与山坡持平，顶部较平整。在一个山沟里有一段墙体像水坝一样横亘沟底，长32米，消失22米，外高7米，其中1.2~2米处利用天然巨石，底宽3、顶宽0.7米，墙体内侧坡上有高3米的片石堆筑，使得墙体形似一段0.9米高的垛墙。（图三九八：1）其余墙体修筑于山顶。

该段墙体与沙石岭村长城墙体、前塔村长城墙体相接，东0.023千米处有前塔村（0071号）敌台，附近没有河流，沙石岭川内没有流水，深入山地，无道路相连，居民状况不详。

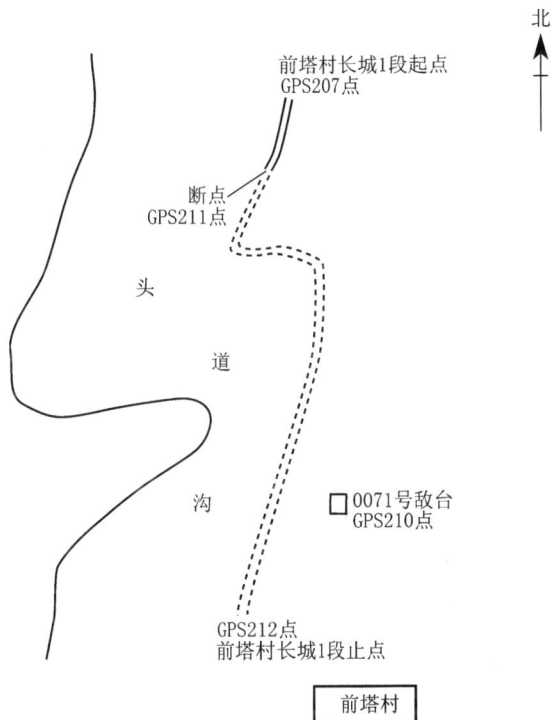

图三九七　前塔村长城1段位置示意图

（三〇）前塔村长城2段（610821382101170030）

该段墙体位于神木镇前塔村东山梁上。地处沙石岭川北岸坡上和川底，目的是阻断砂石岭川通道，所处山势较缓，长有沙蒿等耐旱植物。墙体长453米，其中，保存80米、消失373米，整体呈西北—东南走向，属于夯筑而成的土墙。（图三九九）

墙体起点位于神木镇前塔村东北0.2千米，高程1080.5米；止点位于神木镇前塔村东南0.4千米，高程1042.7米。

墙体整体保存较差。墙体残存起点处、断点1至断点2段，共计长80米，起点至断点1、断点2至止点墙体消失，共计长373米。墙体顶部呈驼峰状，内外墙面有剥落，部分段坍塌、消失。

墙体为自然基础，墙体夯筑而成，夯土以黄土为主，包含有料礓石、沙子，质地细密，没发现夯窝，夯层厚0.16~0.17米。分为3段，起点处为第1段，长3米，位于沟底小溪北岸基台上，墙体底宽2.6、顶宽1、高3米，夯层厚0.16~0.17米，基台高1.2~2米，顶部长有树木，北距山体0.096千米。起点至断点1被溪水冲断67米。断点1至折点为第2段，长67米，底宽3~6、顶宽0.5~1、内高2、外高5米，夯层厚0.11~0.2米，（图四〇〇）沿斜坡向山体延伸。折点至断点2

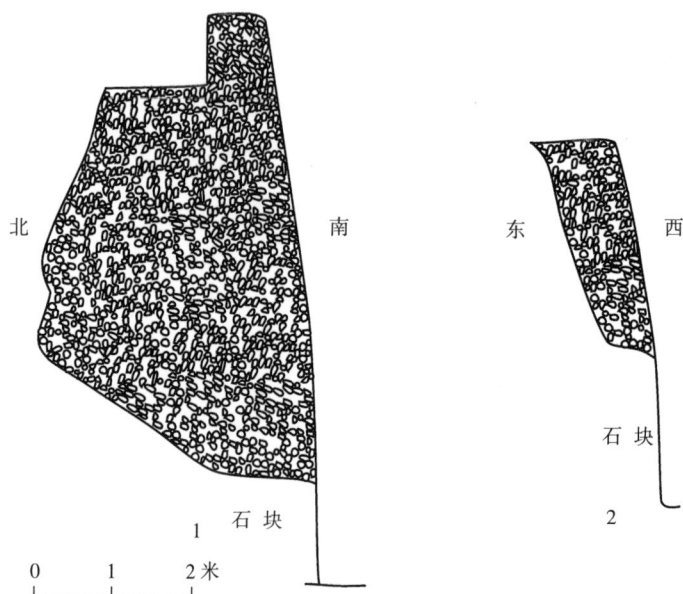

图三九八　前塔村长城 1 段墙体剖面图

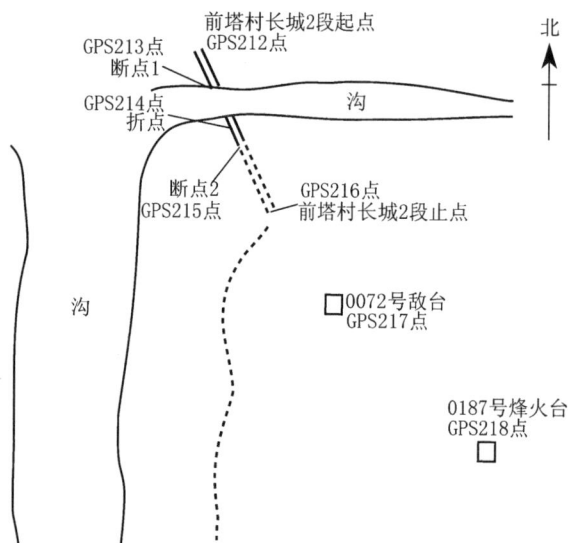

图三九九　前塔村长城 2 段位置示意图

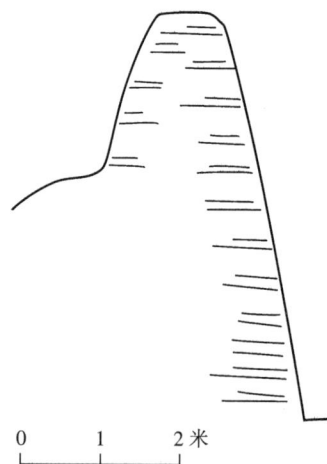

图四〇〇　前塔村长城 2 段墙体剖面图

为第 3 段，长 10 米，折向山坡，略转向东，墙体高 5 ~ 6 米，顶部有条小路。断点 2 至止点因沟壑侧向发育而消失，长 306 米。

　　该段墙体起点位于山沟底部，与前塔村长城 1 段止点、杨家山山险起点相接。墙体起点位于前塔村（0071 号）敌台西南 0.5 千米，止点位于杨家山村 1 号（0072 号）敌台西北 0.13 千米。附近沙石岭川东入窟野河，没有水流，有山间小路。

（三一）杨家山山险（610821382106170031）

　　该段山险位于神木镇前塔村杨家山附近山坡上、沙石岭川南岸一条北流支流沟壑的东岸。所处土层较厚，山势陡峭，四周为草地、沟壑。山险长 2750 米，整体呈北—南走向，属于利用自然峭壁而形成的山地险要来防御的山险。（图四〇一）

山险起点位于神木镇前塔村南 0.4 千米，高程 1042.7 米；止点位于解家堡乡山峰则南 1 千米，高程 1226 米。

山险整体保存一般。山险利用当时的山沟，坡度较为陡峭，从明代至今，山沟一直在扩张、塌陷。山险利用当地山沟的险要，宽广且险峻，坡度陡峭难以攀登，山坡时有塌陷，长有杂草及灌木。山沟蜿蜒而前，不失为守卫南边农耕文明的天然长城，明代又在山坡上修筑敌台以拱卫疆土，建造烽火台以传信息，更稳固了守卫。

杨家山村 1 号（0072 号）敌台西距山险 0.05 千米，杨家山村 1 号（0187 号）烽火台西距山险 0.1 千米，杨家山村 2 号（0073 号）敌台西距山险 0.02 千米，杨家山村 3 号（0074 号）敌台西距山险 0.02 千米，杨家山村 2 号（0188 号）烽火台西距山险 0.18 千米，杨家山村 3 号（0189 号）烽火台西距山险 0.2 千米，杨家山村 4 号（0075 号）敌台西距山险 0.03 千米，山峰则村 1 号（0118 号）敌台西距山险 0.03 千米，山峰则村 2 号（0077 号）敌台西距山险 0.05 千米。附近没有河流，沙石岭川东入窟野河，没有流水，因地处山地无道路相连，居民状况不详。

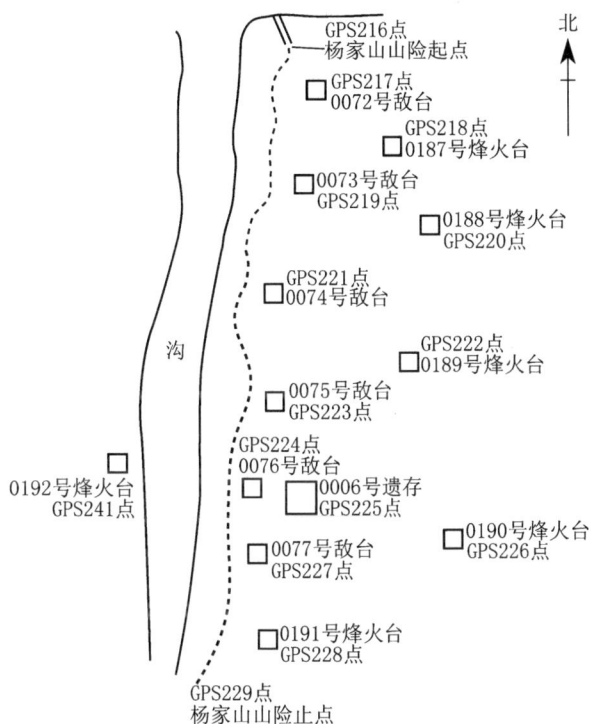

图四〇一 杨家山山险位置示意图

（三二）山峰则村长城 1 段（610821382101170032）

该段墙体位于解家堡乡山峰则村南的山坡上。所处主要为沙土地，有退耕林地，种植有柏树，地势陡峭，土层较厚，有沟壑发育。墙体长 798 米，其中，保存 70 米、消失 728 米，整体呈东北—西南走向，属于夯筑而成的土墙。（图四〇二）

墙体起点位于解家堡乡山峰则村南 1 千米，高程 1226 米；止点位于解家堡乡山峰则村西南 1.5 千米，高程 1170.9 米。

墙体整体保存较差。起点至断点保存 70 米，其余消失，长 728 米。墙体顶部呈刀刃状，内外墙面剥落不严重；两侧塌陷成缓坡，种植有柏树，长有杂草。起点西南 0.01 千米处有一条宽 6 米的路将墙体分为两段，断点东北 3 米处有一个 2 米宽的豁口，断点至止点由于沟壑发育消失。

墙体为生土基础上夯筑而成，夯土以黄土为主，包含有料礓石，质地细密，不见夯窝，夯层厚 0.1 ~ 0.15 米。墙体底宽 4.8、顶宽 0.2 ~ 0.3、内高 1.5 ~ 2、外高 2.2 米。（图四〇三）

墙体位于山峰则村 3 号（0078 号）敌台西北 0.03 千米的山梁上，中段较平直，两端沿山坡稍向下倾斜。墙体两端都是深山沟，起点西南 0.01 千米处有一条宽 6 米的路将墙体分割为两段，东北一段长 10 米，西南一段长 68 米，断点东北 3 米处有一个宽 2 米的缺口，起点西南 0.078 千米处为断点，断

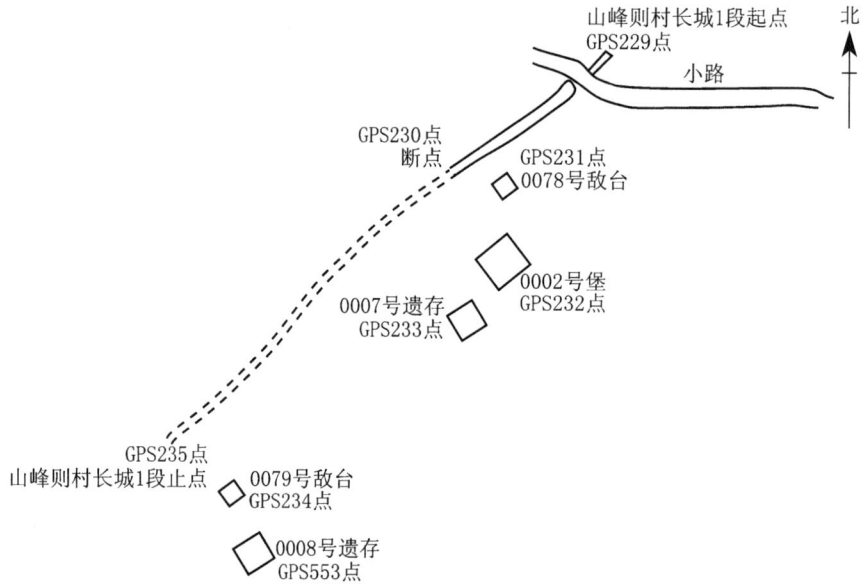

图四〇二　山峰则村长城 1 段位置示意图

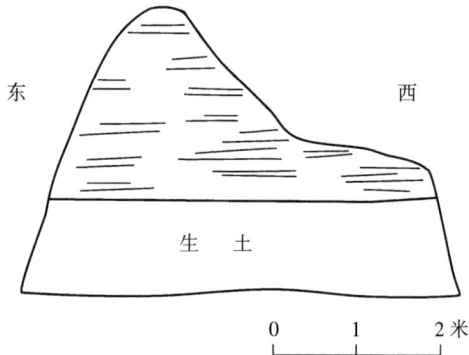

图四〇三　山峰则村长城 1 段墙体剖面图

点西南 0.72 千米处为止点，墙体消失。

该段墙体与杨家山山险、山峰则村长城 1 段墙体相接，山峰则村 3 号敌台西北距墙体 0.015 千米，山峰则村卧虎寨（0013 号）堡西北距墙体 0.05 千米。附近没有河流，有一条宽 6 米的道路穿过墙体，居民状况不详。

（三三）山峰则村长城 2 段
（6108213821011170033）

该段墙体位于解家堡乡山峰则村西南。主要分布在沟壑南、东岸。墙体长 838 米，其中，保存 646 米、消失 192 米，整体呈东北—西南走向，属于夯筑而成的土墙。（图四〇四）

墙体起点位于解家堡乡山峰则村南偏西 1.5 千米，高程 1170.9 米；止点位于解家堡乡刘家梁村东北 0.4 千米，高程 1110.8 米。

墙体整体保存较差。因风雨侵蚀以及人为破坏与沟壑发育，墙体消失 192 米。起点至拐点有水冲沟壑 3 个，分别宽 6、7、12 米；有穿墙土路一条，宽 4 米，墙体共消失 29 米。拐点至折点 1 因土路穿过墙体消失 4 段，分别长 8、19、2、2 米；一段墙体消失原因不明，长 7 米，墙体共消失 38 米。折点 2 向西有 15 米宽的水冲豁口，断点处有 10 米墙体因水冲消失，墙体共消失 25 米。断点至止点为沟壑，墙体消失 100 米。

墙体夯筑而成，底宽 4~7、顶宽 0.1~0.5、内高 0.5~1.8、外高 4 米，夯层厚 0.15~0.2 米。（图四〇五）

墙体起点至拐点为第 1 段，为夯土墙，长 184 米，呈北—南走向；起点南 0.062、0.088、0.118 千米处有水冲沟壑，分别宽 6、7、12 米；0.18 千米处有穿墙土路一条，宽 4 米，路南侧为拐点，能看

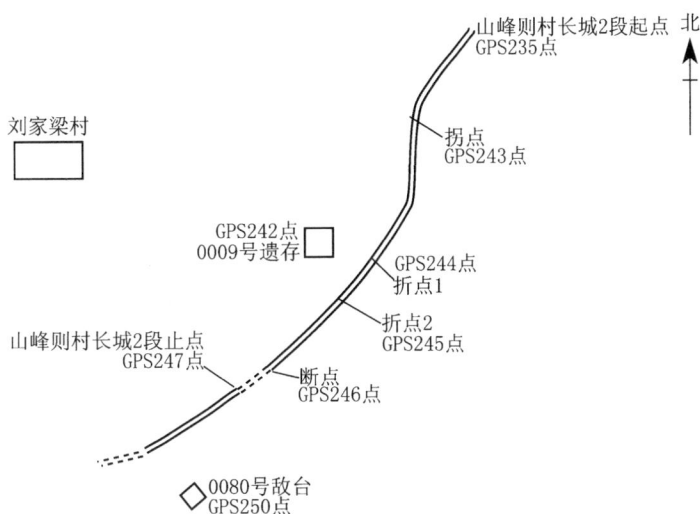

图四〇四　山峰则村长城 2 段位置示意图

出墙体痕迹。拐点至折点 1 为第 2 段，为夯土墙，长 344 米；自拐点处拐向西行，最后 75 米墙体夯层中夹杂有片石；拐点处及西 0.017、0.061、0.221、0.272 千米处因小路墙体消失 5 段，分别长 8、19、7、2、2 米。拐点西 8 米处有 9 米墙体北侧修筑土路时被铲削一半，宽 2～3 米。折点 1 至折点 2 为第 3 段，为夯土墙，长 50 米，自折点 1 处下折。折点 2 至断点为第 4 段，为夯土墙，长 160 米，自折点 2 折为与地面平行，通到沟

图四〇五　山峰则村长城 2 段墙体剖面图

岸边；折点 2 处有一个豁口，墙体消失 15 米；折点 2 西 0.1 千米处有一个 10 米宽的豁口，墙体消失。断点至止点为第 5 段，为消失段，长 100 米。

该段墙体起点北接山峰则村长城 2 段墙体止点，止点西接刘家梁村长城墙体起点。

（三四）刘家梁村长城（610821382101170034）

该段墙体位于解家堡乡刘家梁村北 0.2 千米的沟壑两侧坡上。两侧是退耕草地、林地，地势高低不平，土壤沙化严重，有沟壑发育。墙体长 463 米，其中，保存 379 米、消失 84 米，整体呈东北—西南走向，属于夯筑而成的土墙。（图四〇六）

墙体起点位于解家堡乡刘家梁村东北 0.4 千米，高程 1110.8 米；止点位于解家堡乡刘家梁村北 0.1 千米，高程 1105.8 米。

墙体整体保存较差。表面剥蚀严重，顶部坍塌。断点 2 西 0.124 千米处有 4 米宽的豁口，被封堵。

墙体为自然基础上夯筑而成，夯层厚 0.15～0.2 米。墙体底宽 0.9～4.6、顶宽 0.1～0.4、高 0.7～2 米。（图四〇七）起点至断点 1 为第 1 段，为夯土墙，呈东—西走向，长 96 米，起点西 0.02 千米处有 15 米宽的水冲沟壑，下切 3 米。断点 1 至断点 2 为第 2 段，墙体消失，呈东—西走向，长 42 米，断点 2 处有 6 米墙体因乡村沙石路穿过造成消失。断点 2 至拐点 1 为第 3 段，为夯土墙，呈东—西走向，

刘家梁村

北

刘家梁村长城起点
GPS247点

断点2

断点1
GPS248点

GPS249点
拐点1

0080号敌台
GPS250点

拐点2
GPS251点

GPS252点
刘家梁村长城止点

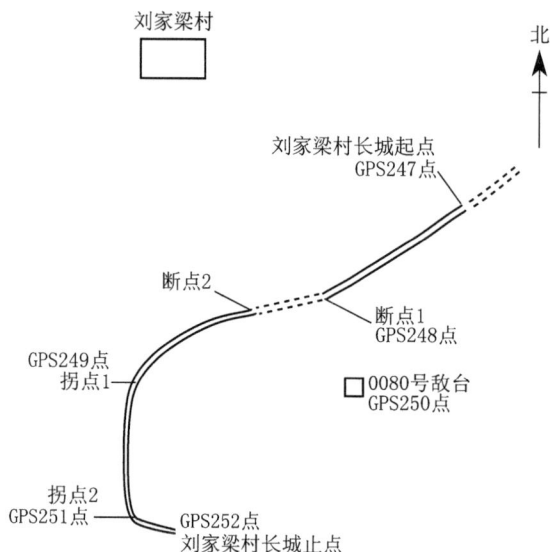

图四〇六　刘家梁村长城位置示意图

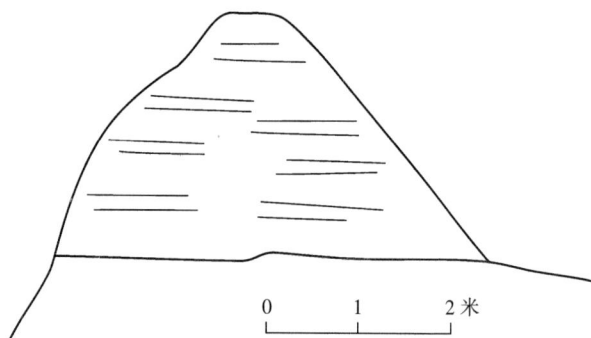

0　　1　　2 米

图四〇七　刘家梁村长城墙体剖面图

长 179 米，断点 2 西 0.076 千米处有一条宽 8 米的土路穿过造成墙体消失。拐点 1 至拐点 2 为第 4 段，为夯土墙，于拐点 1 拐向南行，长 123 米，拐点 2 北 15 米处因一条小路通过，墙体消失 13 米。拐点 2 至止点为第 5 段，为夯土墙，于拐点 2 拐向东，长 23 米。

该段墙体与山峰则村长城 2 段墙体、下瓦场村长城墙体相接，下瓦场村长城墙体从止点起南行，刘家梁村敌台北距墙体 0.01 千米。附近没有河流，南有柳沟，沟内水流较小，经常干涸，东入窟野河，因深入山地有山间小路相连，有一条乡村沙石路穿过墙体。刘家梁村常住人口 4 人，2 户居民，以农业为主。

（三五）下瓦场村长城（610821382101170035）

该段墙体位于解家堡乡大柏油堡村下瓦场村（组）东的山梁上。所处山势陡峭，三面为沟壑，土层较厚，有沟壑发育，南侧为柳沟。墙体长 2910 米，其中，保存 10 米、消失 2900 米，整体呈东北—西南走向，属于夯筑而成的土墙。（图四〇八）

墙体起点位于解家堡乡刘家梁村北 0.1 千米，高程 1105.8 米；止点位于解家堡乡大柏泊堡村西 1.63 千米，高程 1175.4 米。

墙体整体保存较差。墙体断点处保存 10 米，2900 米消失。墙体呈锯齿状，内外墙面有剥落。

墙体有自然基础，墙体夯筑而成，夯土以黄土为主，包含有料礓石，质地细密，没发现夯窝，夯层厚 0.08 ~ 0.12 米。起点至断点 1 长 800 米，因沟壑发育消失，从断点 1 起由南逐渐转向西。断点处有一段墙体，呈东—西走向，长 10 米，底宽 2.5、顶宽 0.2 ~ 0.3、内高 6、外高 3.5 米，有 1.5 米厚的生土层。（图四〇九）断点 2 至止点长 2100 米，因沟壑发育消失，从断点起逐渐转向西。

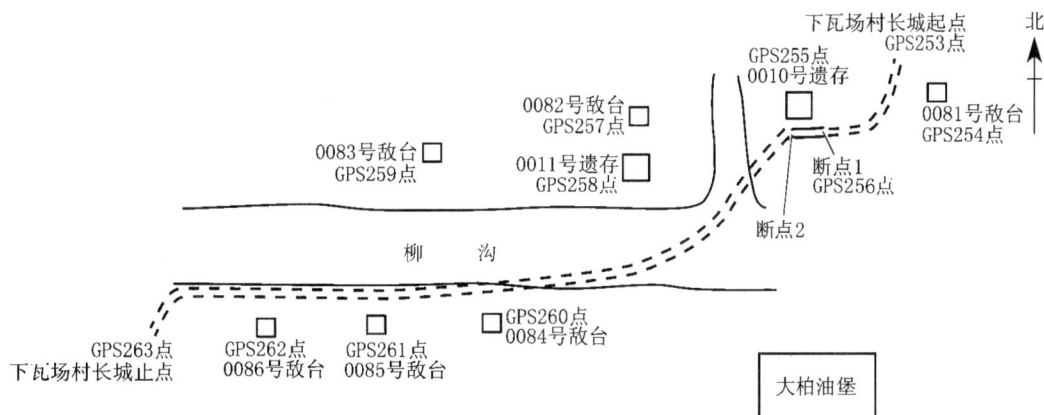

图四〇八 下瓦场村长城位置示意图

墙体与刘家梁村长城墙体、大柏油堡村长城墙体相接。潘家湾村（0081 号）敌台西 0.291 千米、大柏油堡村瓦场村砖窑（0010 号）遗存南 0.25 千米处保存 10 米长墙体。起点南 0.46 千米处有潘家湾村（0081 号）敌台，磴湾村 1 号敌台西 0.74 千米处有磴湾村 1 号（0082 号）敌台，起点西 1.45 千米处有磴湾村 2 号（0083 号）敌台，磴湾村 2 号敌台南 0.5 千米处有大柏油堡村 1 号（0084 号）敌台，大柏油堡村 1 号敌台西 0.27 米处有大柏油堡村 2 号（0085 号）敌台，大柏油堡村 2 号敌台向西 0.368 千米处有大柏油堡村 3 号（0086 号）敌台。附近有柳沟，沟内流水很少，经常干涸，东入窟野河，有山间小路。下瓦场村有 5 户居民，十几口人，以农业、养殖业为主，当地退耕还林使得农民失去部分土地，一些老人没有经济来源，靠微薄的国家低保维持生计，2007 年才实现自来水通村。

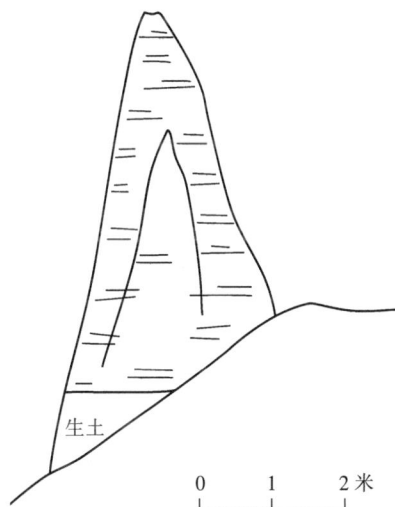

图四〇九 下瓦厂村长城墙体剖面图

（三六）大柏油堡村长城（610821382101170036）

该段墙体位于解家堡乡大柏油堡村西 1.63 千米的土质山梁上。两侧为退耕草地和柏树林地，土层有沙化迹象，有沟壑发育。墙体长 833.5 米，其中，保存 372 米、消失 461.5 米，整体呈东北—西南走向，属于夯筑而成的土墙。（图四一〇；彩图九一）

墙体起点位于解家堡乡大柏油堡村西 1.63 千米，高程 1175.4 米；止点位于解家堡乡许家沟村西 0.6 千米，高程 1233.7 米。

墙体整体保存较差。顶部呈锯齿状，内外墙面剥落严重。起点南 0.06 千米断点 1 处有一个豁口，宽 15.5 米，为耕种土地所致；断点 2 北 8 米处被一条乡村沙石路切断，路宽 8 米。墙体西侧 2～8 米处有一条与墙体并行的沟壑，上宽 3～4、深 8.5 米。断点 2 至断点 4 有两个因道路形成的断口，宽均为 7 米。

墙体为自然基础上夯筑而成，夯土以黄土为主，夹杂有沙土，包含有料礓石，夯层厚 0.15～0.18 米。墙体底宽 2～8.5、顶宽 0.3～1、高 2～4.3 米。（图四一一）起点至断点 2 为第 1 段，为夯土墙，

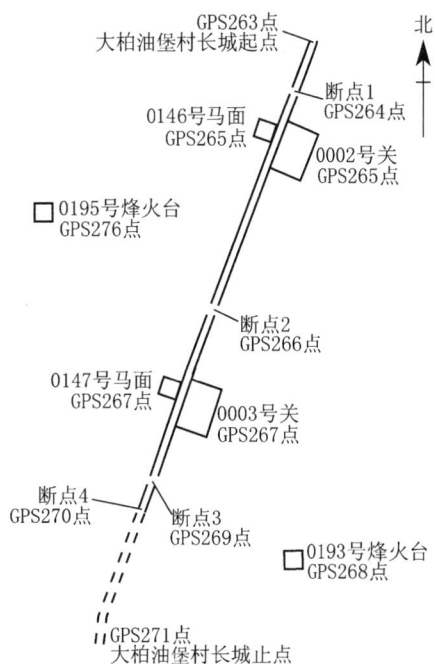

图四一〇　大柏油堡村长城位置示意图

长 267.5 米。起点南 0.06 千米断点 1 处有一个豁口，宽 15.5 米；起点南、断点 1 北 3 米处有一个宽 4 米的缺口；断点 2 北有一个 8 米宽的缺口，被沙石土路破坏。断点 2 至断点 4 为第 2 段，为夯土墙，长 146 米；断点 2 南 9 米处有一个 7 米宽缺口，被一条废弃的土路破坏，0.123 千米处有一个 7 米宽缺口，被沙石土路破坏；断点 4 至止点墙体因沟壑发育消失 420 米。

该段墙体起点南 0.0755 千米处东侧有大柏油堡村 1 号（0002 号）关，0.895 千米西侧有大柏油堡村 1 号（0146 号）马面；断点 4 北 0.016 千米处东侧有大柏油堡村 2 号（0003 号）关，断点 4 北 0.03 千米处有大柏油堡村 2 号（0147 号）马面，断点 4 东 0.07 千米处有大柏油堡 2 号（0193 号）烽火台。北侧有柳沟，沟内流水较少，有时干涸，东入窟野河，有乡间沙石路，居民状况不详。

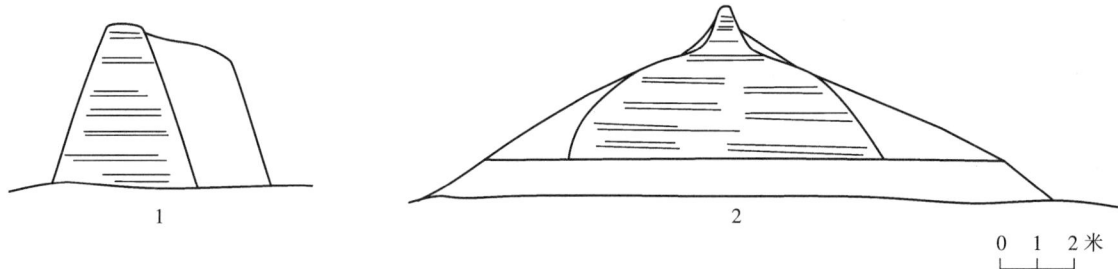

图四一一　大柏油堡村长城墙体剖面图

（三七）许家沟村长城 1 段（610821382101170037）

该段墙体位于解家堡乡许家沟村西。两侧为退耕草地和新植柏树林地，有沟壑发育。墙体长 613 米，其中，保存 188 米、消失 425 米，整体呈北—南走向，属于人工夯筑而成的土墙。（图四一二）

墙体起点位于解家堡乡许家沟村西 0.6 千米，高程 1233.7 米；止点位于解家堡乡许家沟村西南 1.25 千米，高程 1214.6 米。

墙体整体保存一般。顶部呈刃状，部分呈锯齿状，内外墙面剥落不严重，部分墙体消失，内侧靠敌台处塌陷成斜坡。

墙体为自然基础上夯筑而成，夯土质地细密，包含有料礓石、陶片，不见夯窝，夯层厚 0.1 ~ 0.15 米，以黄土为主。从起点至止点，分布于许家沟村 1 号（0087 号）敌台南北侧。分为 3 段，起点至许家沟村 1 号敌台为第一段，位于许家沟村 1 号敌台北侧，长 110 米，起点北为山沟，墙体底宽 3 ~ 3.5、顶宽 0.1 ~ 0.4、内高 1 ~ 4、外高 2 ~ 5 米。起点南 0.013 千米处有一个缺口，上宽 3、下宽 1、高 1.5 米；许家沟村 1 号敌台北 41 米处有一条宽 3 米的道路穿过墙体，使墙体消失 3 米；

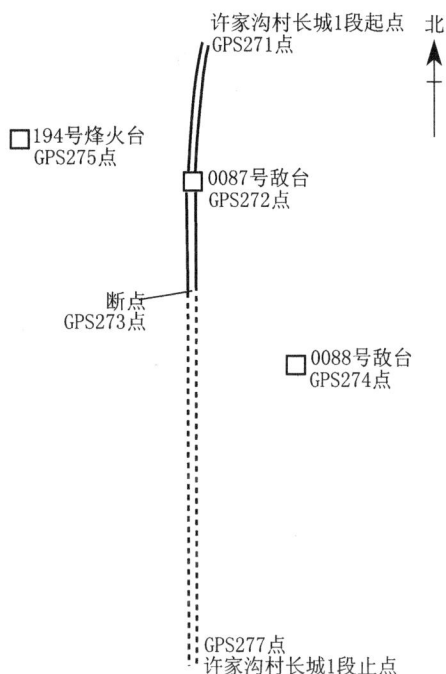

图四一二　许家沟村长城 1 段位置示意图

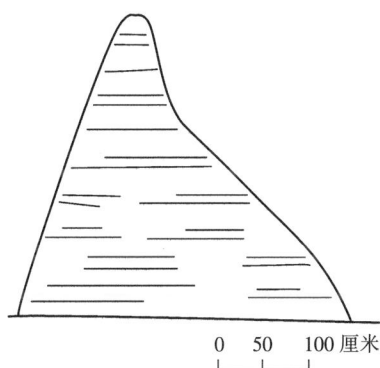

图四一三　许家沟村长城 1 段墙体剖面图

许家沟村 1 号敌台骑墙而建，底部南北 11.5 米。许家沟村 1 号敌台至断点为第二段，许家沟村 1 号敌台、断点南为山沟，长 83 米，墙体底宽 3～3.5、顶宽 0.1～0.3、内高 1～3、外高 3～5 米，（图四一三）断点北 0.01 千米处有一个缺口，底宽 1.2、顶宽 3、高 2.3 米。断点至止点为第三段，墙体消失 420 米。

该段墙体与大柏油堡村长城墙体、许家沟村长城 2 段墙体前后相接，起点南 0.11 千米处有许家沟村 1 号敌台、0.36 千米处有许家沟村 2 号（0088 号）敌台。北有柳沟，沟内水流较小，东入窟野河。附近有山间小路。许家沟村有居民 43 人，以农业和养殖业为主，年轻人多外出打工，村里仅剩老年人和儿童。附近山体被退耕还林，耕地有限且无水源，基本靠天种地，取水主要是沟底泉水。

（三八）许家沟村长城 2 段（610821382101170038）

该段墙体位于解家堡乡许家沟村西南山梁东侧坡上。周围生长有沙蒿等耐旱植物，表土较厚，有沟壑发育。墙体长 1848 米，其中，保存 195 米、消失 1653 米，整体呈东北—西南走向，属于夯筑而成的土墙。（图四一四）

墙体起点位于解家堡乡许家沟村西南 1.25 千米，高程 1214.6 米；止点位于解家堡乡阳园则村西北 1.5 千米，高程 1255.8 米。

墙体整体保存较差。由于沟壑发育、公路穿过、沟壑发育坍塌严重使部分墙体消失。

墙体为自然基础上夯土筑成，夯土内包含有料礓石，夯层厚 0.12～0.16 米。墙体底宽 4、顶宽 1.8、内高 3、外高 5 米。内侧有壕，宽 13、深 2 米。墙体分为 11 段。起点至断点 1 为夯土墙，长

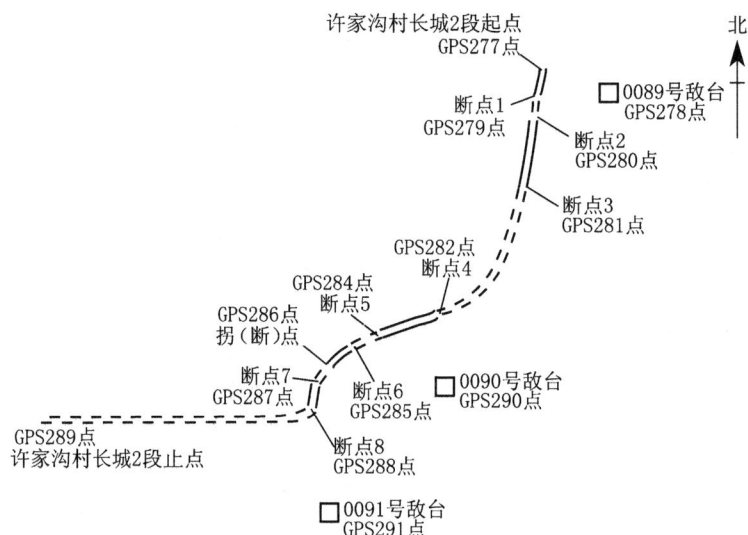

图四一四　许家沟村长城2段位置示意图

12 米，墙体底宽、顶宽 8、内高 3、外高 3.5 米。断点 1 至断点 2 墙体消失 25 米，为沟壑发育所致。断点 2 至断点 3 为夯土墙，长 60 米，墙体底宽 1、顶宽 3、内高 2、外高 4 米。断点 3 至断点 4 长 357 米，因为沟壑发育消失。断点 4 至许家沟村长城 2 段墙体特征点为夯土墙，长 28 米，墙体大部分随内侧沟壑发育坍塌，只存夯土痕迹；许家沟村长城 2 段墙体特征点至断点 5 为夯土墙，长 35 米，墙体底宽 4、顶宽 1.8、内高 3、外高 5 米。（图四一五）内侧有壕，宽 13、深 2 米。断点 5 至断点 6 长 35 米，因为沟壑发育而消失。断点 6 至拐（断）点为夯土墙，长 28 米，墙体底宽 1、顶宽 4、内高 4、外高 4.5 米。墙体在拐点转向西南，内侧有宽 9、深 3 米的壕。拐（断）点至断点 7 长 9 米，因沙石路穿过消失。断点 7 至断点 8 为夯土墙，长 32 米，大部分由于内侧沟壑发育而坍塌，只剩夯土痕迹。断点 8 至止点长 1227 米，因沟壑发育而消失。起点至拐点呈南—北走向，长 580 米，拐点至止点呈东—西走向，长 1268 米。

该段墙体与许家沟村长城 1 段墙体、阳园则村长城墙体相接，起点东北距许家沟村 3 号（0089 号）敌台 0.03 千米，阳园则村 2 号（0091 号）敌台北距阳园则村 1 号（0090 号）敌台 0.4 千米。附近没有河流，深入山地，无道路相联，山坡下有乡村沙石路，居民状况不详。

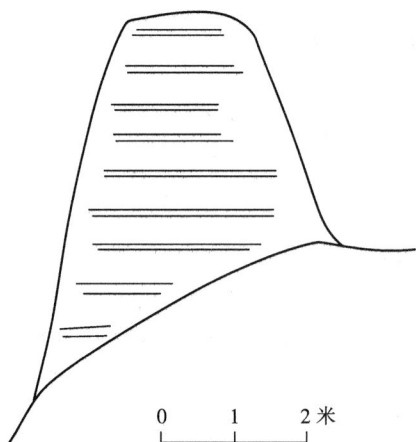

图四一五　许家沟村长城2段墙体剖面图

（三九）阳园则村长城（610821382101170039）

该段墙体位于解家堡乡阳园则村西北。所处地势较缓，一侧为深沟，四周生长耐旱植物，表土较厚。地处黄土梁峁丘陵宽谷区，有沟壑发育。墙体长 137 米，其中，保存 130.6 米、消失 6.4 米，整体呈东北—西南走向，属于夯筑而成的土墙。（图四一六）

墙体起点位于解家堡乡许家沟村西北 1.5 千米，高程 1255.8 米；止点位于解家堡乡阳园则村西北 1.64 千米，高程 1257.6 米。

墙体整体保存一般。顶部基本平整，部分外侧墙面剥落严重，西侧部分塌陷成斜坡，部分地段消失。

墙体为自然基础上夯筑而成，夯土以黄土为主，质地细密，包含有料礓石，不见夯窝，夯层厚 0.14 ~ 0.2 米。墙体主要分布于阳园则村 3 号（0092 号）敌台西侧南北，分为 4 段，第一段为起点至拐点，呈东—西走向，起点至山沟边长 49 米，墙体底宽 2.5 ~ 3、顶宽 0.4 ~ 1、内高 0.1 ~ 2、外高 3.5 ~ 4 米，外侧逐层脱落，自拐点处转向南。第二段为拐点至阳园则村 3 号敌台，呈南—北走向，长 31 米，墙体底宽 3.5、顶宽 0.2 ~ 1、内高 2 ~ 3、外高 5 米，（图四一七）靠敌台北壁有一个宽 3 米的缺口。第三段为阳园则村 3 号敌台处，长 40、高 4.5 米。第四段为阳园则村 3 号敌台至止点，呈南—北走向，长 17 米，底宽 3.3、顶宽 0.2 ~ 1、内高 1 ~ 2、外高 2 ~ 4 米，靠敌台处被一条宽 3.4 米的道路截断。

该段墙体与许家沟村长城 2 段墙体、万家沟村长城 1 段墙体相接，东侧有阳园则村 3 号（0092 号）敌台。附近没有河流，有一条山路穿过墙体，居民状况不详。

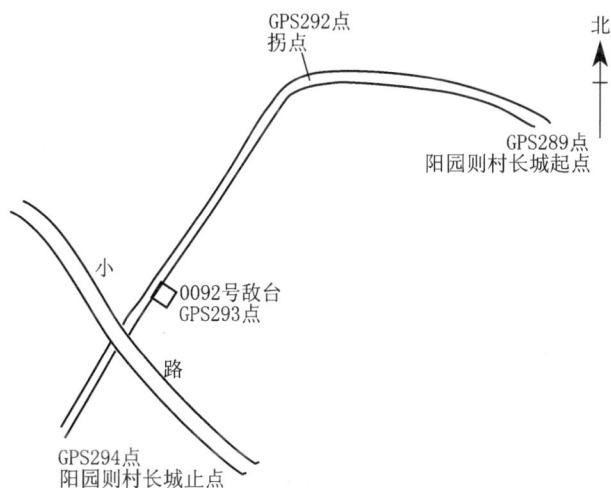

图四一六　阳园则村长城位置示意图

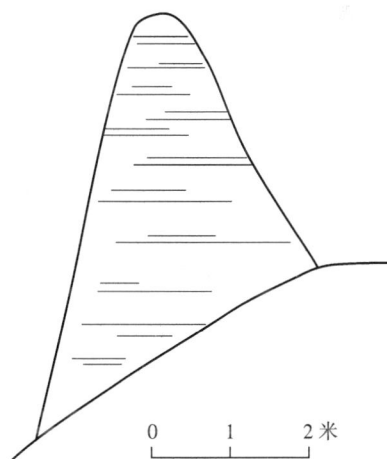

图四一七　阳园则村长城墙体剖面图

（四〇）万家沟村长城 1 段（610821382101170040）

该段墙体位于解家堡乡万家沟村东西两侧。周围种植有农作物，中间是万家沟的一条小支沟，土层较厚，多有沟壑发育。墙体长 1636 米，其中，保存 489 米、消失 1147 米，整体呈东北—西南走向，属于夯筑而成的土墙。（图四一八）

墙体起点位于解家堡乡阳园则村西北 1.64 千米，高程 1257.6 米；止点位于解家堡乡万家沟村一队西南 1 千米，高程 1237.1 米。

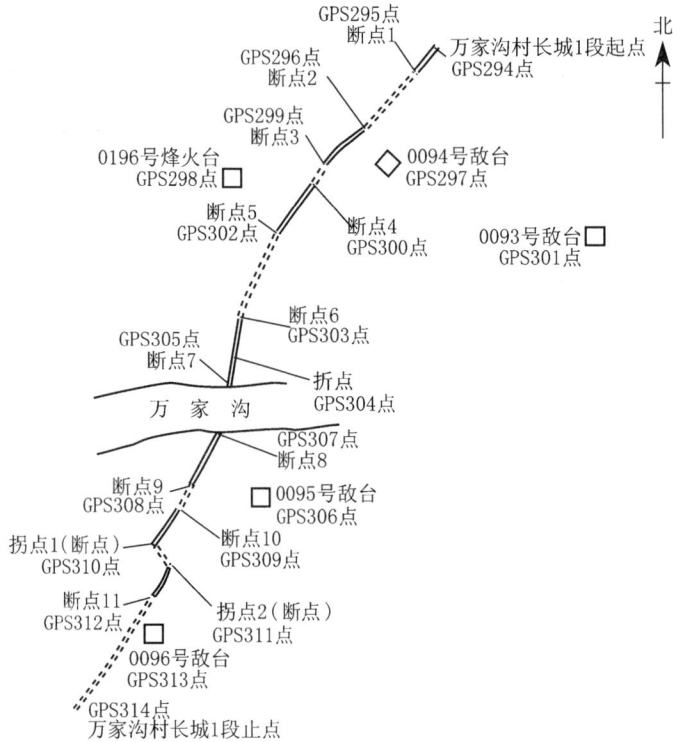

图四一八 万家沟村长城 1 段位置示意图

墙体整体保存较差。只有部分墙体保存，长 1147 米墙体由于沟壑发育消失。墙体剥蚀严重，部分段消失。

墙体为自然基础上夯土筑成，夯土以黄土为主，夹杂有红褐色土，夯层厚 0.15～0.17 米。墙体共分 15 段，有 7 段消失。起点至断点 1，为夯土墙，长 35 米。断点 1 至断点 2 长 130 米，因为沟壑发育而消失。断点 2 至断点 3 为夯土墙，长 65 米，墙体底宽 6、顶宽 1.4～1.8、内高 1.5～3、外高 4～5 米，（图四一九：1）内侧农田对墙体影响极大。断点 3 至断点 4 长 60 米，因为沟壑发育而消失。断点 4 至断点 5 为夯土墙，长 90 米，底宽 4、顶宽 1.4、内高 3、外高 5 米，夯层厚 0.07～0.16 米，包含有料礓石。（图四一九：2）断点 5 至断点 6 长 164 米，因为沟壑发育导致消失。断点 6 至折点为夯土墙，长 40 米，墙体在折点下折向沟而行。折点至断点 7 为夯土墙，长 50 米，受村民生活影响较大，保存差。断点 7 至断点 8 长 54 米，因为万家沟一条支沟而消失。断点 8 至断点 9 为夯土墙，长 94 米。断点 9 至断点 10 长 54 米，因为沟壑发育而消失。断点 10 至拐点 1 为夯土墙，长 60 米，墙体底宽 1.3、顶宽 0.2、内高 1、外高 5 米，南侧为沟壑，北侧为农田，墙体在拐点 1 处拐向东南。拐点 1 至拐点 2 长 103 米，因为沟壑发育消失，墙体在拐点 2 处拐向西南。拐点 2 至断点 11 为夯土墙，长 55 米，墙体底宽 4、顶宽 0.5、内高 2.3、外高 6 米。断点 11 至止点长 582 米，因沟壑发育而消失。

万家沟村 2 号（0094 号）敌台北距墙体 0.043 千米，万家沟村 3 号（0095 号）敌台西距墙体 0.037 千米，万家沟村 4 号（0096 号）敌台北距断点 11 约 0.27 千米，断点 8 至断点 11 墙体两侧有仰韶时期泥质绳纹红陶残片散落。

该段墙体北侧是万家沟，沟内水流量极小，西入李家洞沟，经李家洞沟西南流入秃尾河。附近以山间小路为主。万家沟村一队有 135 人，常住 14 户，50～60 人，从事农业养殖业，收入≤1000 元/人/年，

图四一九　万家沟村长城 1 段墙体剖面图

村中学校于 2001 年撤销，学生在解家堡乡和锦界上学。

（四一）万家沟村长城 2 段（610821382101170041）

该段墙体位于解家堡乡万家沟村西南山坡上。北临万家沟，两侧有退耕林、草地，种植柏树等，土层较厚，有沟壑发育。墙体长 1363 米，其中，保存 548 米、消失 815 米，整体呈东北—西南走向，属于夯筑而成的土墙。（图四二〇）

墙体起点位于解家堡乡万家沟村一队西南 1 千米，高程 1237.1 米；止点位于高家堡镇口则上村东北 1.5 千米，高程 1213.6 米。

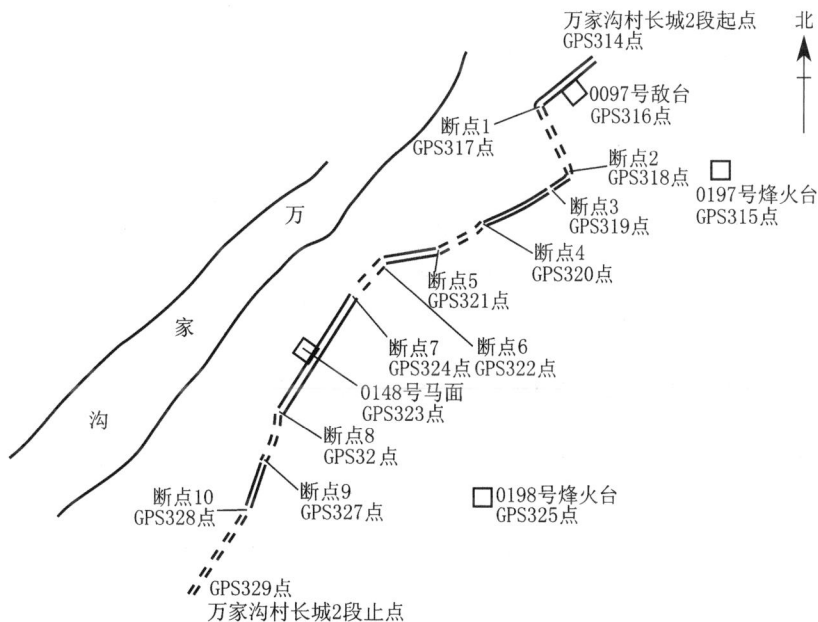

图四二〇　万家沟村长城 2 段位置示意图

墙体整体保存较差。顶部基本平整，部分呈刃状，内外墙面剥落较轻。山沟两侧墙体塌陷，墙体两侧坍塌成斜坡。

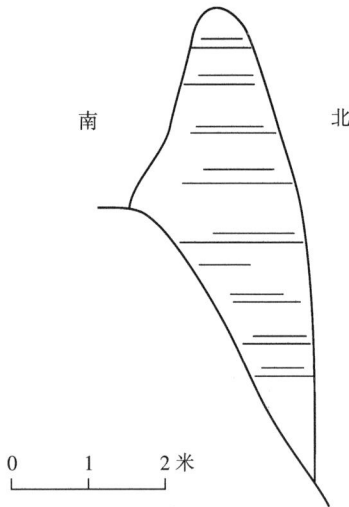

图四二一　万家沟村长城2段墙体剖面图

墙体为自然基础上夯筑而成，夯土以黄土为主，质地细密，包含有料礓石，不见夯窝，夯层厚0.14～0.17米。墙体被4个山沟分为5段，分述如下。

第1段，起点至断点1长192米，起点西南6米起消失11米。墙体底宽3、顶宽0.2～0.8、内高1～4、外高4～5.5米。起点西南0.09千米处有一座敌台，台基北侧即为墙体，长23米，敌台东侧有道路穿墙而过，豁口上宽5、下宽2米。断点1至断点2长222米，因沟壑发育而消失。

第2段，断点2至断点4长326米，呈东—西走向。墙体底宽3.5、顶宽0.2～1、内高1～6、外高2～6米。断点2西51米断点3处有一条宽3米的路。断点4至断点5长105米，因沟壑发育而消失。

第3段，断点5至断点6长125米，呈东—西走向，断点5西5米处有一个缺口，缺口上宽2、下宽0.4米。墙体底宽2.5、顶宽0.5～1.5、内高1～2、外高2～3米。（图四二一）断点6至断点7长85米，因沟壑发育而消失。

第4段，断点7至断点8长328米，呈东—西走向。墙体底宽3、顶宽0.2～0.5、内高0.5～3.5、外高1～3米。断点7前行0.115千米有万家沟村马面，台体底部边长9米；马面西侧墙体消失6米，再往西存3米墙体，再西消失3米，再西有5米墙体，再西消失18米，再西0.015千米处墙体有一条宽6米的路。断点8至断点9长143米，因沟壑发育而消失。

第五段，断点9至断点10长162米，呈东北—西南走向。墙体底宽3、顶宽0.2～0.6、内高1.5～2.5、外高2～4米。断点9前行0.01千米有一个下宽1、上宽2米的缺口。断点10至止点长210米，因沟壑发育消失。

该段墙体与万家沟村长城1段墙体、口则上村长城1段墙体相接，起点南0.09千米处有万家沟村5号（0097号）敌台，0.843千米处有马家沟村（0148号）马面。万家沟里水流量极小，西入李家洞沟，李家洞沟西南流入秃尾河，附近有一条山间小路。万家沟村原有130余人，现仅剩50余人，以农业、养殖业为主，在山沟里及附近山坡上种植玉米、谷子等农作物，所处地域较为封闭、交通不便，民风淳朴。

（四二）口则上村长城1段（610821382101170042）

该段墙体位于高家堡镇口则上村西的万家沟南岸。止点到达李家洞沟东岸，地处黄土梁峁丘陵宽谷区西边缘，土层较厚，表土沙化严重，万家沟南岸坡降较大，多有沟壑发育，沙梁地带，植被稀少。墙体长1763米，其中，保存514米、消失1249米，整体呈东—西走向，属于夯筑而成的土墙。（图四二二）

墙体起点位于高家堡镇口则上村东北1.5千米，高程1213.6米；止点位于高家堡镇口则上西0.2千米，高程1142.9米。

墙体整体保存较差。表面剥蚀严重，顶部坍塌；断点2至断点3、断点4至断点5墙体内侧严重坍塌，共计长103.5米。

墙体为自然基础上夯土筑成，夯层厚0.12～0.2米，夯土包含有料礓石。（图四二三：1）因所处不

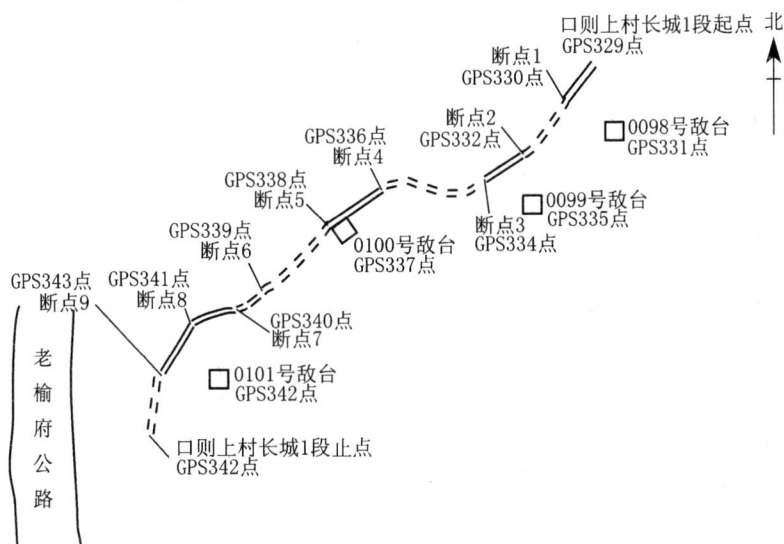

图四二二　口则上村长城 1 段位置示意图

同，墙体分为 11 段。起点处为夯土墙，长 12 米，呈北—南走向。起点至断点 1 为夯土墙，长 130 米，夯层厚 0.13～0.17 米，南侧为耕地。断点 1 至断点 2 长 160 米，因为沟壑发育而消失。断点 2 至墙体特征点为夯土墙，长 22 米，大部由于内侧沟壑发育而坍塌，只存夯土痕迹。墙体特征点至断点 3 为夯土墙，长 94 米，墙体底宽 3、顶宽 1、内高 3、外高 4 米，夯层厚 0.12～0.2 米，夯土包含有料礓石，南侧为耕地。断点 3 至断点 4 长 400 米，因沟壑发育而消失。断点 4 至断点 5 为夯土墙，长 81.5 米，内侧有沟壑发育，坍塌严重。断点 5 至断点 6 消失，长 400 米。断点 6 处为夯土墙，长 4、高 3 米。断点 6 至断点 7 长 21 米，因沟壑发育而消失。断点 7 至断点 8 为夯土墙，长 75 米，墙体底宽 2.8、顶宽 1.1、内高 2.5、外高 3.1 米，内侧有沟壑发育。断点 8 处长 8 米墙体因沟壑发育而消失。断点 8 至断点 9 为夯土墙，长 95.5 米，断点 8 处墙体底宽 4、顶宽 0.7、高 4.2 米。（图四二三:2）断点 9 至止点长 260 米，因沟壑发育而消失。

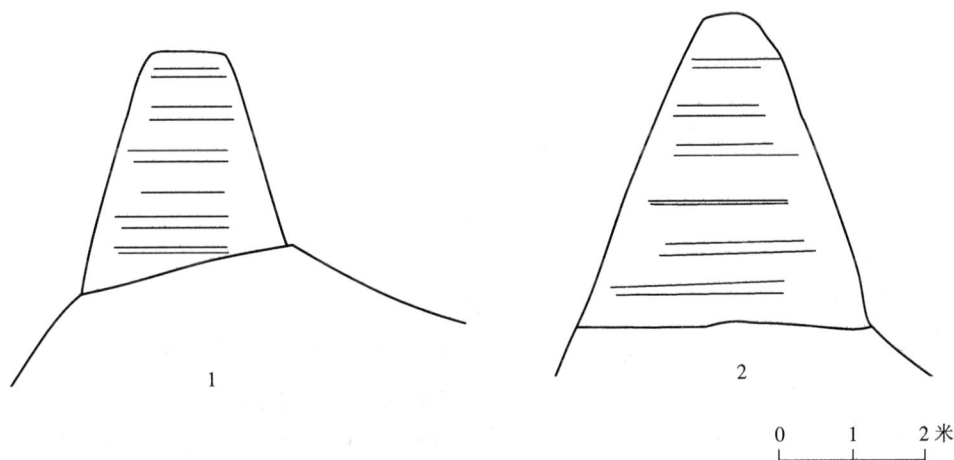

图四二三　口则上村长城 1 段墙体剖面图

　　该段墙体与万家沟村长城2段墙体、口则上村长城2段墙体相接，口则上村1号（0098号）敌台北距墙体0.014千米，口则上村2号（0099号）敌台北距墙体0.03千米，断点4至断点5最后24.5米墙体为口则上村3号（0100号）敌台西侧围墙，断点8前行0.022千米为口则上村4号（0101号）敌台西侧围墙，长33米。北临万家沟，西达李家洞沟。万家沟水量很小，经常断流，西入李家洞沟，李家洞沟西南入秃尾河。西临旧榆（林）府（谷）路，路宽10米。口则上村原有居民100多人，现有常住人口20～30人，以农业和养殖业为主，收入1000～1500元/人/年，所处地域较为封闭，交通不便。

（四三）口则上村长城2段（610821382101170043）

　　该段墙体位于高家堡镇口则上村西的山峁上。两侧为草地、沟壑，地处西部沙漠区东边缘，表土沙化严重，部分地段周围为退耕林、草地，种植有柏树等植物。墙体长1834米，其中，保存1405米、消失429米，整体呈东北—西南走向，属于夯筑而成的土墙。（图四二四）

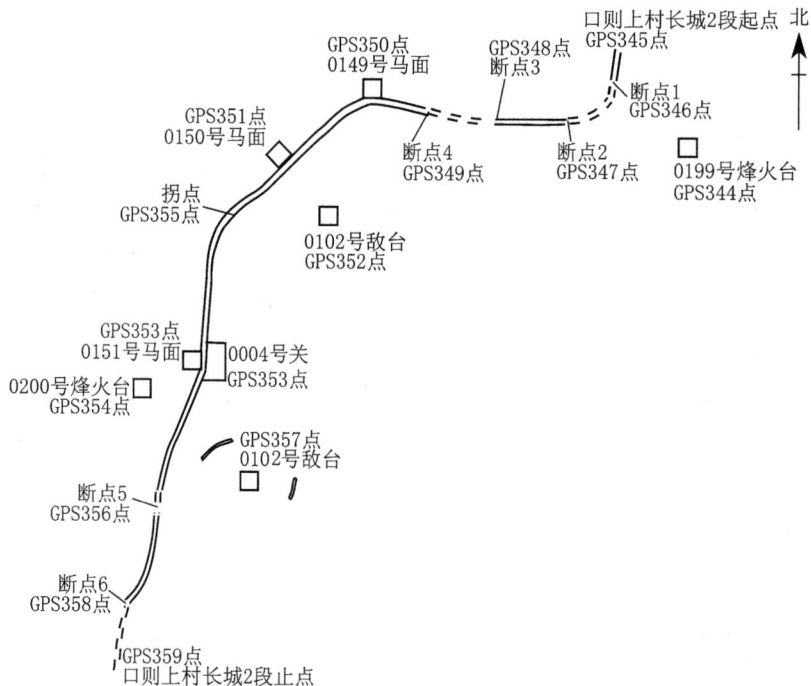

图四二四　口则上村长城2段位置示意图

　　墙体起点位于高家堡镇口则上村西0.2千米，高程1142.9米；止点位于高家堡镇口则上村西2千米，高程1194.2米。

　　墙体整体保存较差。顶部基本平整，部分呈刃状，内外墙面剥落较轻。

　　墙体为自然基础上夯筑土墙，夯土以黄土为主，包含有料礓石，质地细密，不见夯窝，夯层厚0.09～0.15米。主要分布于口则上村北、西北山上，呈东北—西南走向。

　　墙体起点至断点1长31米，位于口则上村北0.28千米的山坡上，呈北—南走向，保存较差，墙体底宽1～1.5、顶宽0.2～0.5、内高0.5～2、外高1～2米。断点1至断点2因沟壑发育而消失，长176米。断点2至断点3长74米，呈东南—西北转东—西走向，前段长14米，后段长60米，墙体底宽5、顶宽0.3～0.5、内高1.5～3、外高1～3米。断点3至断点4长148米，因沟壑发

育而消失。断点 4 至断点 5 长 552 米，保存较差，呈东—西转呈东北—西南走向，口则上村 2 号
（0150 号）马面处部分墙体走向转呈西南—东北，前行 0.157 千米为拐点，在口则上村 5 号（0102
号）敌台所在山坡下拐点处绕行向西南；断点 4 前行 0.068 千米转呈东—西走向，有口则上村 1 号
马面，口则上村 1 号（0149 号）马面西 0.271 千米处有口则上村 2 号马面，口则上村 2 号马面西南
0.157 千米处山顶上有口则上村 5 号（0102 号）敌台，距墙体 0.085 千米；口则上村 2 号马面西
0.08 千米处有一个缺口，墙体底宽 3、顶宽 6 米；该段起点至口则上村 5 号敌台西 0.074 千米有长
429 米的墙体保存，墙体底宽 2、顶宽 0.1 ~ 0.4、高 1 ~ 1.5 米，（图四二五∶2）两侧土壤沙化较严
重；其余墙体底宽 2.5、顶宽 0.2 ~ 0.6、内高 2 ~ 3、外高 2 ~ 4 米，顶部呈锯齿状。断点 5 至断点 6
长 748 米，断点 5 处有一条雨水冲沟，宽 19 米，前行 0.04 千米处有一条雨水冲沟，宽 15 米，
0.097 千米处有一条雨水冲沟，宽 15 米，0.319 千米处有口则上村（0004 号）关，关西 0.217 千米
处有一条宽 19 米的雨水冲沟，沟西 0.06 千米处略转向西北，0.069 千米后又转呈东—西走向；该
小段墙体两侧被沙漠侵蚀，部分被掩埋，基础可见，走向可辨，墙体底宽 2.5 ~ 3、顶宽 0.2 ~ 0.4、
内高 0.5 ~ 4、外高 2 ~ 4.5 米。（图四二五∶1）断点 6 至止点长 79 米，因沟壑发育而消失。

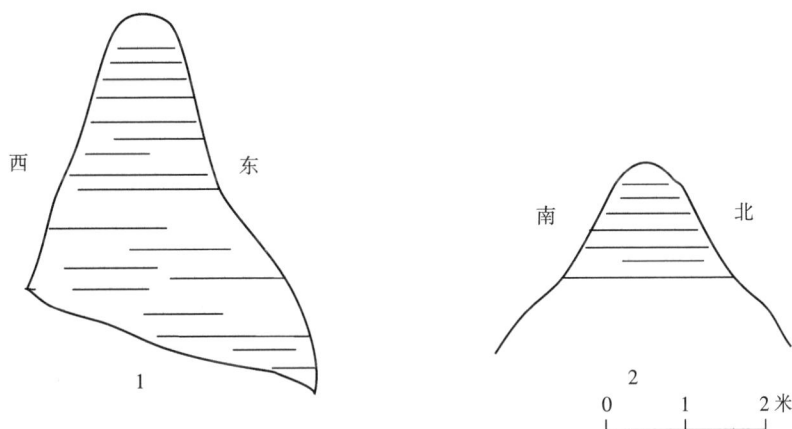

图四二五　口则上村长城 2 段墙体剖面图

该段墙体与口则上村长城 1 段、奥庄则村长城 1 段墙体前后相接，口则上村 4 号（0101 号）
敌台东北距墙体 0.09 千米，断点 6 南 0.113 千米处有奥庄则村 1 号（0103 号）敌台。东端是李
家洞沟，沟内水量很小，西南流入秃尾河。附近有山间小路，李家洞沟东岸有旧神（木）府
（谷）公路。

（四四）奥庄则村长城 1 段（610821382101170044）

该段墙体位于高家堡镇奥庄则村西北较陡峭的山坡上。两侧为草地、沟壑，地处西部沙漠区，土
层较厚，表土沙化，多有沟壑发育。墙体长 1198 米，其中，保存 474 米、消失 724 米，整体呈东北—
西南走向，属于夯筑而成的土墙。（图四二六）

墙体起点位于高家堡镇口则上村西 2 千米，高程 1204.5 米；止点位于高家堡镇奥庄则村西 0.11
千米，高程 1116.3 米。

墙体整体保存较差。顶部基本平整，部分呈刃状，内外墙面剥落严重。

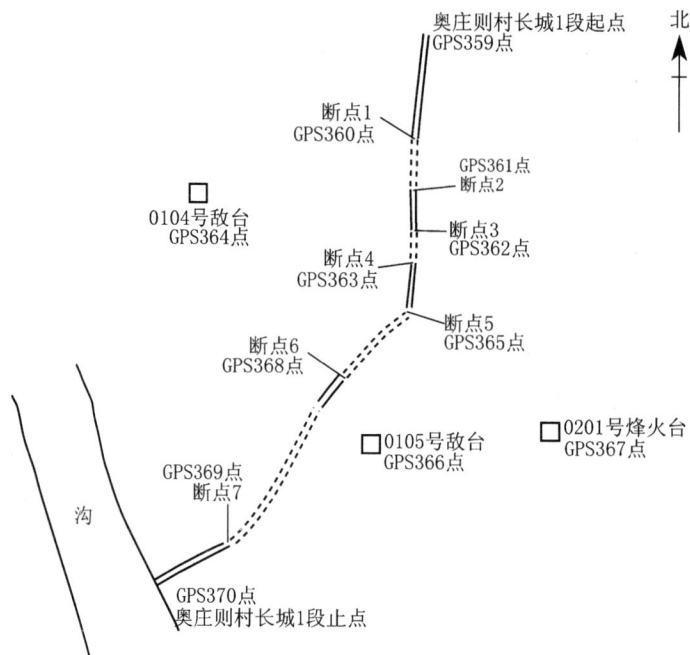

图四二六　奥庄则村长城 1 段位置示意图

墙体为自然基础上夯筑而成，夯土以黄土为主，包含有料礓石，质地细密，不见夯窝，夯层厚 0.14～0.18 米。

墙体分为 5 段。第 1 段，起点至断点 1 长 201 米，保存较差，呈北—南走向，墙体底宽 3、顶宽 0.2～0.5、内高 2～4、外高 3～5 米；（图四二七：1）断点 1 至断点 2 长 144 米，因沟壑发育而消失。第 2 段，断点 2 至断点 3 长 99 米，呈北—南走向，保存较差，墙体底宽 2、顶宽 0.2～0.4、内高 0.5 ～1、外高 1～1.5 米；断点 3 至断点 4 长 98 米，因沟壑发育而消失。第 3 段，断点 4 至断点 5 长 100 米，保存较差，呈北—南走向，断点 4 西 0.08 千米处有奥庄则村 2 号（0104 号）敌台，西距该段止点 6 米有一个豁口，豁口下宽 2、上宽 3 米，墙体底宽 2.5、顶宽 0.2～0.4、内高 2～4、外高 0.2～2 米，顶部呈刃状；（图四二七：2）断点 5 至断点 6 长 214 米，因沟壑发育而消失。第四段，断点 6 处长 41 米，保存较差，呈东—西走向，墙体底宽 3、顶宽 0.2～0.4、内高 2～4、外高 4～5 米；该段起点前行 0.03 千米有一条小路，形成的缺口下宽 1.5、上宽 2 米；南 0.04 千米处有奥庄则村 3 号（0105 号）敌台，0.081 千米处有奥庄则村 1 号（0201 号）烽火台；断点 6 至断点 7 长 265 米，因沟壑发育而消失。第五段，断点 7 至止点长 33 米，位于奥庄则村北，最近的房屋距墙体仅 4～5 米，保存较差，该段起点西 4 米处有一个缺口，缺口下宽 3、上宽 4 米，墙体底宽 3、顶宽 0.2～ 0.5、内高 0.2～2、外高 1～5 米；止点

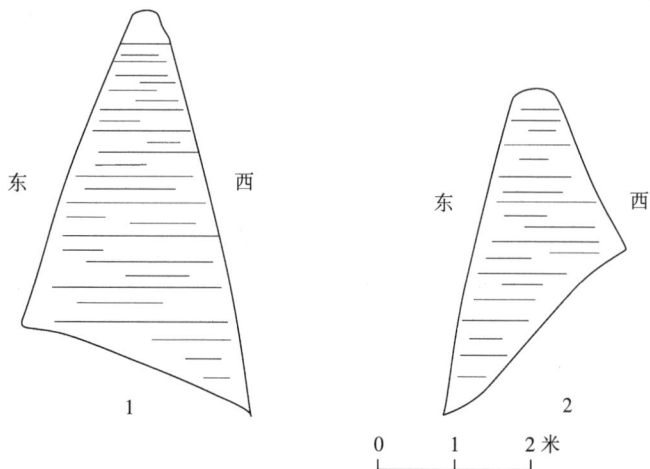

图四二七　奥庄则村长城 1 段墙体剖面图

西侧有一条宽 4 米的路。

该段墙体与口则上村长城 2 段墙体、奥庄则村长城 2 段墙体相接，第三段西 0.08 千米处有奥庄则村 2 号（0104 号）敌台。第四段南 0.081 千米处有奥庄则村 1 号（0201 号）烽火台，0.04千米处有奥庄则村 3 号（0105 号）敌台。东有李家洞沟，沟内水流很小，经常干涸，西南流入秃尾河，因深入沙漠山区没有道路。奥庄则村原有 200 多人，现有 100 多人，以老年人为主，以农业、养羊为主，在山沟里及附近山坡上种植玉米、谷子等农作物，年人均收入 500 元，所处地域较为封闭、交通不便，民风淳朴。

（四五）奥庄则村长城 2 段（610821382101170045）

该段墙体位于高家堡镇奥庄则村西的山坡上（奥庄则沟和石板沟之间）。两侧有退耕林地、草地，周围地势比较平缓，地处西部沙漠区，土层较厚，表土有沙化现象，有沟壑发育。墙体长 1083 米，其中，保存 800 米、消失 283 米，整体呈东—西走向，属于夯筑而成的土墙。（图四二八）

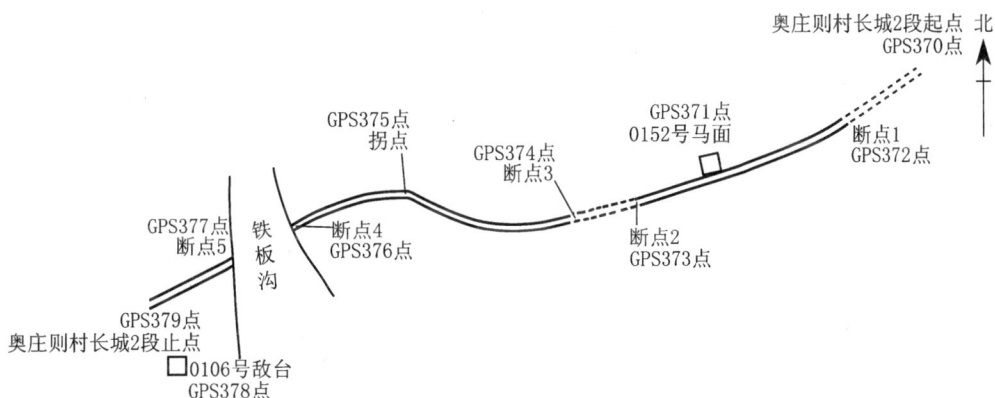

图四二八　奥庄则村长城 2 段位置示意图

墙体起点位于高家堡镇奥庄则村西 0.11 千米，高程 1116.3 米；止点位于高家堡镇奥庄则村西0.909 千米，高程 1125.6 米。

墙体整体保存差。顶部基本平整，部分呈刃状，内外墙面剥落严重。

墙体为自然基础上夯筑而成，夯土以黄土为主，包含有料礓石，质地细密，不见夯窝，夯层厚0.14～0.18 米。

墙体保存 3 段。起点至断点 1 长110 米，因沟壑发育而消失。保存第1 段，断点 1 至断点 2 间长 285 米，保存差，呈东—西走向，墙体底宽2.5、顶宽 0.2～0.4、内高 0.5～1.5、外高 0.5～2 米；（图四二九∶1）该段起点西 0.165 千米处有一座马面，两边土地沙化严重；断点 2 至

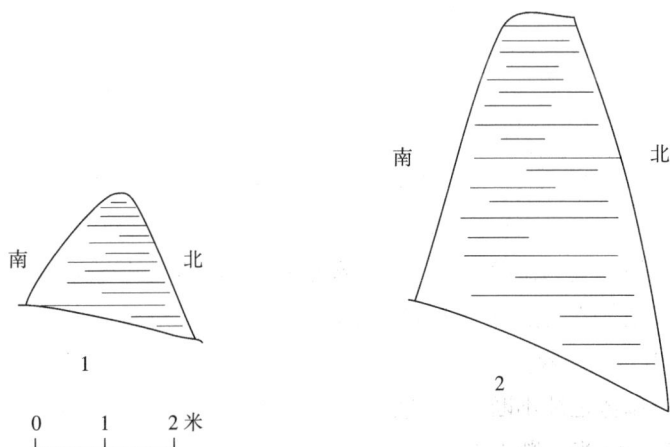

图四二九　奥庄则村长城 2 段墙体剖面图

断点 3 长 65 米，因沟壑发育而消失。保存第 2 段，断点 3 至断点 4 间长 404 米，东与第一段墙体相隔 65 米的一段被流水冲断，拐点处走向由东南—西北转呈东—西，断点 3 至拐点，长 319 米，拐点至断点 4 长 85 米，保存差；拐点西 0.032 千米处有一条路横穿墙体，路宽 14 米；墙体底宽 3、顶宽 0.2 ~ 0.4、内高 1 ~ 2、外高 1 ~ 3 米；该段止点南 0.048 千米处有奥庄则村铁板沟组；断点 4 至断点 5 长 94 米，因沟壑发育而消失。保存第 3 段，断点 5 至止点长 125 米，东与第 2 段墙体相隔 94 米的一段被流水冲断，保存差，呈东—西走向，断点 5 西 0.98 千米处有奥则庄村 4 号（0106 号）敌台；止点东 5 米处有一个下宽 1.2、上宽 3 米的豁口；墙体底宽 4、顶宽 0.4 ~ 1、内高 2 ~ 4、外高 3 ~ 5 米，顶部基本平整。（图四二九：2）

该段墙体与奥庄则村长城 1 段墙体、奥庄则村长城 3 段墙体相接，断点 1 西 0.055 千米处有奥庄则村（0152 号）马面，第三段南 0.048 千米处有奥庄则村 4 号（0106 号）敌台。墙体东端是奥庄则沟，西端是石板沟，两沟都是南流向，在前方约 2 千米处汇合为奥庄则沟。奥庄则沟水流很小，经常断流，南入李家洞沟，李家洞沟西南入秃尾河。由于深入山地，无道路。

（四六）奥庄则村长城 3 段（610821382101170046）

该段墙体位于高家堡镇奥庄则村西的山坡上。两侧为草地、沟壑，坡降较大，表土有沙化现象，有沟壑发育，南侧沟壑多于北侧。墙体长 1731 米，其中，保存 1375 米、消失 356 米，整体呈东北—西南走向，属于夯筑而成的土墙。（图四三〇）

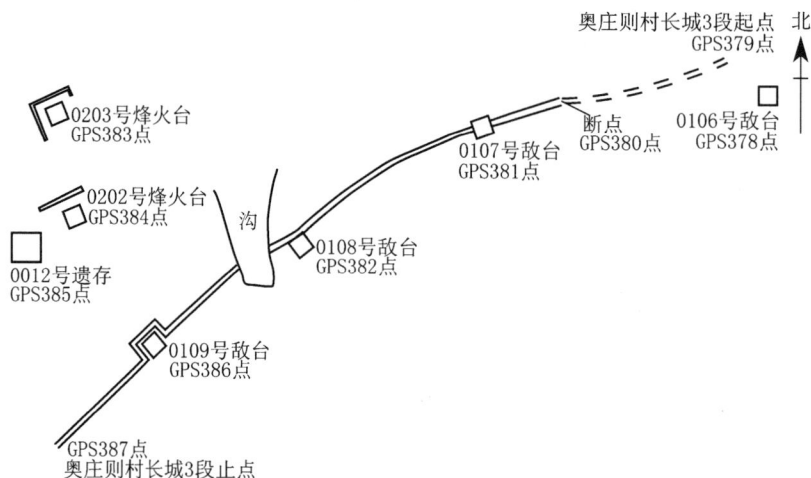

图四三〇　奥庄则村长城 3 段位置示意图

墙体起点位于高家堡镇奥庄则村西 0.909 千米，高程 1125.6 米；止点位于高家堡镇冯地峁村东北 1 千米，高程 1222.9 米。

墙体整体保存差。顶部基本平整，部分呈刃状，内外墙面剥落严重。

墙体为自然基础上夯筑土墙，夯土以黄土为主，包含有料礓石，质地细密，不见夯窝，夯层厚 0.14 ~ 0.18 米。

墙体延续不断，中间虽有沙丘侵蚀埋没墙体，大部分仍存，走向清晰。起点至断点间因沟壑发育消失 332 米；断点至止点为夯土墙体，长 1399 米，呈东北—西南走向。起点西 0.388 千米处有奥庄则 5 号（0107 号）敌台，墙体从敌台东、北、西面绕过，既为敌台围墙，也是长城墙体；敌台西 0.39 千

米有一条宽11米的冲沟，沟西5米
处墙体后有一条宽13米的冲沟，前
行0.03千米进入沙漠，沙丘起伏，
两侧长有少量灌木；墙体底宽4～5、
顶宽0.2～1、内高1～2、外高1～2
米。（图四三一：1）奥庄则村5号
（0107号）敌台西南0.727千米墙
体南侧0.01千米处有奥庄则村6号
（0108号）敌台。奥庄则村6号敌台
西0.48千米处有冯地㟆村1号
（0109号）敌台，墙体从该敌台东、
北、西侧绕过，保存差，墙体底宽

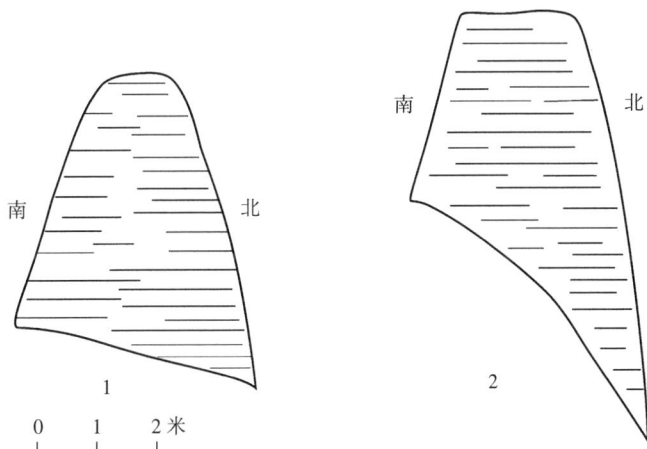

图四三一　奥庄则村长城3段墙体剖面图

4.3、顶宽1～2、内高1～6、外高2～6.8米。（图四三一：2）冯地㟆1号敌台西0.069千米处有一个缺口，下宽1、上宽3、高2米。

　　该段墙体与奥庄则村长城2段、冯地㟆村长城1段墙体相接，止点东北0.102千米处有冯地㟆村1号敌台。附近没有河流，由于深入山区沙漠没有道路。

（四七）冯地㟆村长城1段（610821382101170047）

　　该段墙体位于高家堡镇冯地㟆村西的山坡上。两侧为山梁地，地处西部沙漠区，土层较厚，表土沙化，有部分草地，有大量沟壑发育。部分地段有退耕林、草地，种植有柏树等。墙体长1091米，其中，保存744米、消失347米，整体呈东—西走向，属于夯筑而成的土墙。（图四三二）

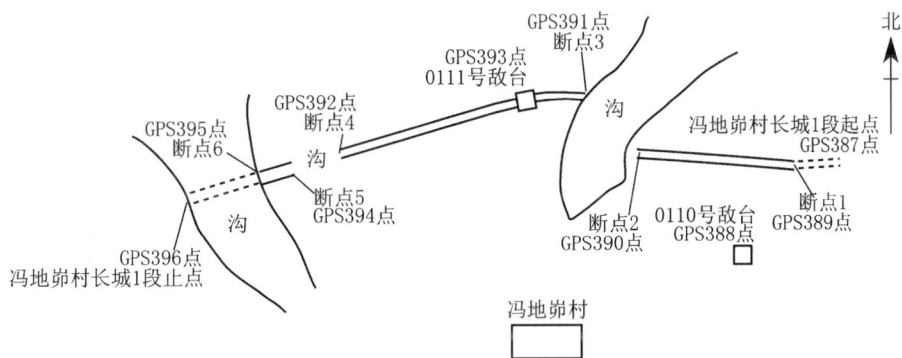

图四三二　冯地㟆村长城1段位置示意图

　　墙体起点位于高家堡镇冯地㟆村东北1千米，高程1222.9米；止点位于高家堡镇冯地㟆村西北0.2千米，高程1146米。

　　墙体整体保存差。顶部基本平整，部分呈刀状，内外墙面剥落严重，部分段消失。

　　墙体为自然基础上夯筑而成，夯土以黄土为主，包含有料礓石，质地细密，不见夯窝，夯层厚0.12～0.16米。

　　墙体分为3段。第1段，起点至断点2长279米，呈东—西走向，保存差；起点至断点1因沟壑发育而消失，长55米；断点1至断点2为夯土墙，长224米；断点1西0.07千米处有一个缺口，下宽

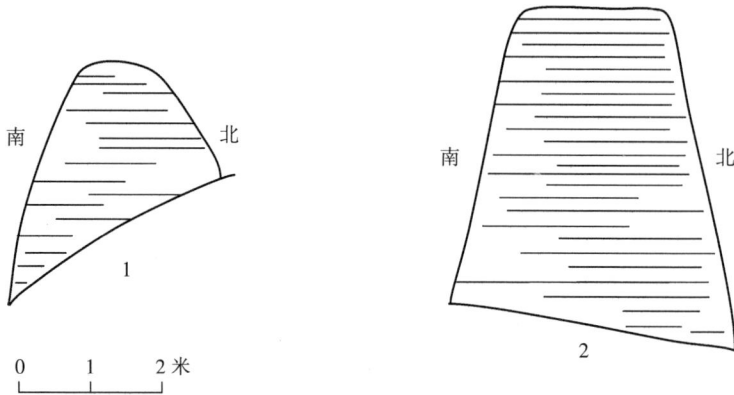

图四三三　冯地峁村长城1段墙体剖面图

7、上宽 9 米，略向西北；前行 0.03 千米后转呈东—西走向；前行 6 米后有一个缺口，下宽 1.8、上宽 3 米；南 0.026 千米处有冯地峁村 2 号（0110 号）敌台；第二个缺口西 0.043 千米处有一个缺口，下宽 0.4、上宽 3、高 1.5 米；墙体底宽 3~4、顶宽 0.4~2.1、内高 0.5~4、外高 1~5 米。（图四三三：2）第 2 段，断点 2 至断点 4 长 651 米，保存差；断点 2 至断点 3 段因沟壑发育而消失，长 142 米；断点 3 至断点 4 为夯土墙，长 509 米；断点 3 西 0.02 千米处有冯地峁村 3 号（0111 号）敌台，骑墙而建；墙体底宽 3、顶宽 0.2~0.5、内高 1~3、外高 1~2 米；（图四三三：1）墙体两侧土壤沙漠化，沙丘对墙体有破坏，墙基仍可分辨，走向清晰。第 3 段，断点 4 至断点 6 长 75 米，位于梁家沟底，呈东—西走向，墙体底宽 1~2、顶宽 0.2~0.4、高 0.5~1.5 米；断点 4 至断点 5 因沟壑发育而消失，长 57 米；断点 5 至断点 6 为夯土墙，长 18 米；断点 6 至止点因沟壑发育而消失，长 86 米。

　　该段墙体与奥庄则村长城 3 段、冯地峁村长城 2 段墙体相接，没有壕沟，附近没有河流，因深入沙漠、山地无道路。冯地峁村现有 3 户人家，以老年人为主，以农业、养羊为主，在山沟里以及附近山坡上种植玉米、谷子等农作物，所处地域较为封闭、交通不便，民风淳朴。

（四八）冯地峁村长城 2 段（610821382101170048）

　　该段墙体位于高家堡镇冯地峁村西北、东边墙村西南的喇嘛沟南岸。附近是沙梁地带，地处西部沙漠区，有沟壑发育。墙体长 1149 米，其中，保存 1050 米、消失 99 米，整体呈东—西走向，属于夯筑而成的土墙。（图四三四）

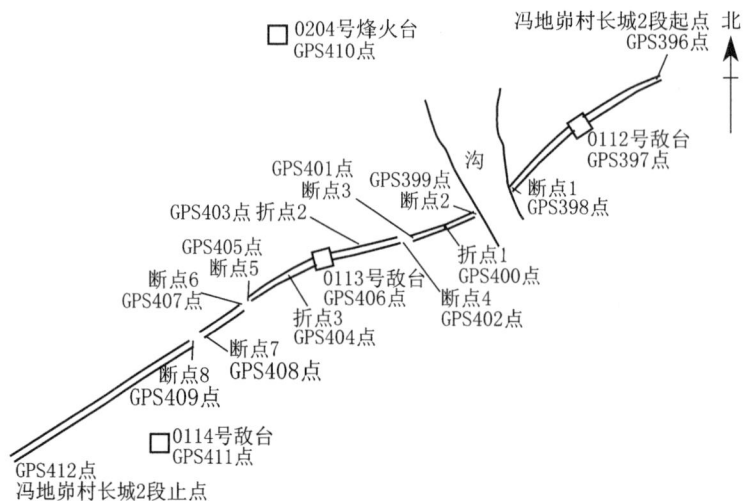

图四三四　冯地峁村长城 2 段位置示意图

墙体起点位于高家堡镇冯地峁村西北0.2千米，高程1146米；止点位于高家堡镇冯地峁村西北1.85千米，高程1226.1米。

墙体整体保存较差。保存墙体共7段，长1050米，只存夯土部分。有3段消失，长99米。墙体表面剥蚀严重，折点2至折点3北侧坍塌严重，断点6至断点7流沙掩埋较严重。

墙体为自然基础上夯筑而成，分为12段。起点至断点1为夯土墙，长84米，墙体底宽3、顶宽0.4、内高1.4、外高2米，夯层厚0.23～0.25米。断点1至断点2消失，长30米。断点2至折点1为夯土墙，长130米，墙体底宽2.4、顶宽0.2、高3米，（图四三五：1）墙体在折点1处折向沟下前行。折点1至断点3为夯土墙，长44米。断点3至断点4消失，长70米。断点4至折点2为夯土墙，长120米，墙体在折点2处折向梁上前行。折点2至折点3为夯土墙，长180米，墙体底宽2.5、顶宽1.3、内高2.3、外高2.9米，北侧坍塌严重，墙体在折点3处折向平行。折点3至断点5为夯土墙，长60米。断点5至断点6消失，长14米。断点6至断点7为夯土墙，长22米。断点7至断点8消失，长15米。断点8至止点为夯土墙，长432米，墙体底宽3、顶宽1、内高1.8、外高2.5米。（图四三五：2）

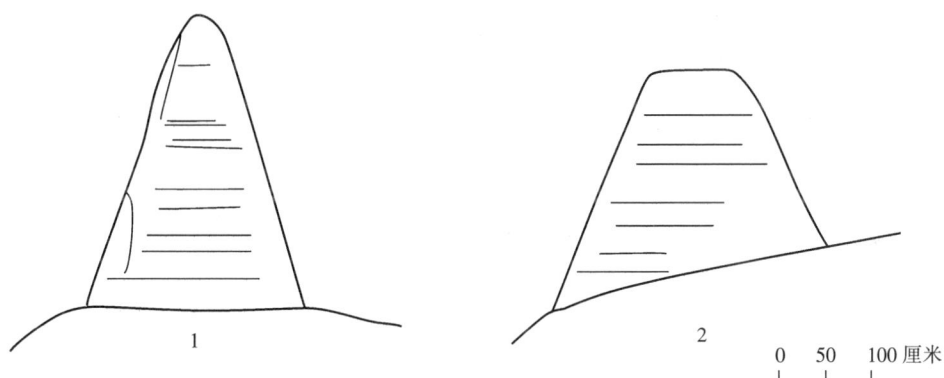

图四三五　冯地峁村长城2段墙体剖面图

该段墙体与冯地峁村长城1段、冯地峁村长城3段墙体相连接，冯地峁村4号、5号（0112、0113号）敌台位于墙体上，冯地峁村6号（0114号）敌台北距墙体0.117千米。附近没有河流，只有西端北侧有喇嘛沟上游，流水极少，西入秃尾河，因深入沙梁地带无道路。

（四九）冯地峁村长城3段（610821382101170049）

该段墙体位于高家堡镇冯地峁村西北的喇嘛沟南岸沙地上。周围是沙梁地，生长有沙蒿等耐旱植物，地处西部沙漠区，喇嘛沟岸坡上有沟壑发育。墙体长714米，其中，保存523米，消失191米，整体为东北—西南走向，属于夯筑而成的土墙。（图四三六；彩图九二）

墙体起点位于高家堡镇冯地峁村西北1.85千米，高程1226.1米；止点位于高家堡镇冯地峁村西北2.45千米，高程1194.9米。

墙体整体保存差。墙体为自然基础上夯筑而成，夯层为黄土和红褐色垆土层相间，包含有料礓石，夯层厚0.19～0.2米。

起点至断点1位于沟底，长137米，因沟壑发育而消失。墙体在断点1折向山坡上行，断点1处墙体底宽6、顶宽0.7、高4米。（图四三七：1）断点1至冯地峁村7号（0115号）敌台为夯土墙体，长280米，保存差，位于山坡上及梁顶上；断点1至断点2长55米，位于山坡上，墙体在断点2折向

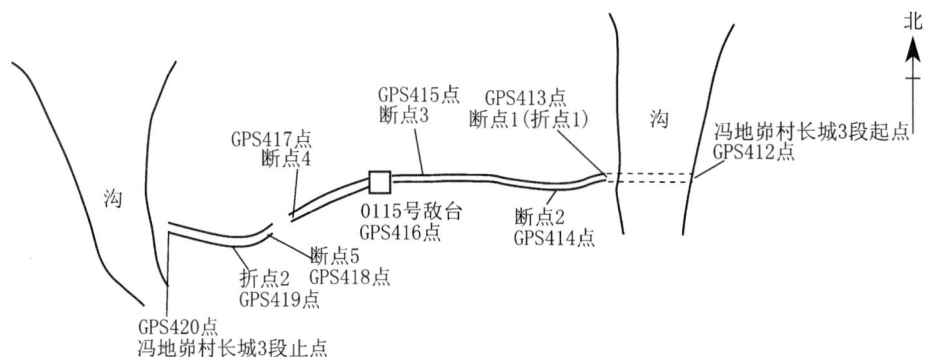

图四三六　冯地峁村长城 3 段位置示意图

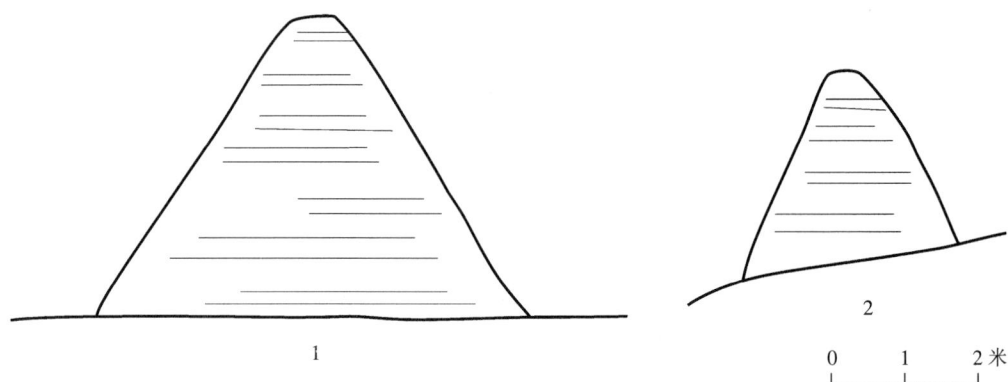

图四三七　冯地峁村长城 3 段墙体剖面图

梁顶平行，梁上部分长 200 米到断点 3；断点 3 东 0.025 千米断点 2 处有一个 5 米宽的水冲豁口，该点处夯层厚 0.21～0.27 米。断点 3 至敌台长 25 米，墙体呈驼峰状，两侧有沟壑发育，有明显沙化现象。冯地峁村 7 号敌台至断点 4 为夯土墙，长 87 米，保存差，断点 4 处墙体底宽 3、顶宽 0.5、内高 2.3、外高 3 米。（图四三七：2）断点 4 至断点 5 消失，长 49 米，为流水冲毁。断点 5 至止点为夯土墙，长 156 米，底部有羊群啃噬的洞穴，断点 5 西 0.052 千米折点 2 处折向坡下行。

　　该段墙体与冯地峁村长城 2 段、西边墙村长城 1 段墙体相连接，冯地峁村 7 号敌台位于墙体上。北侧有喇嘛沟，沟内水流很小，西入秃尾河，因深入沙地没有道路。

（五〇）西边墙村长城 1 段（610821382101170050）

　　该段墙体位于高家堡镇西边墙村东南喇嘛沟南岸的沙梁地上。两侧有退耕林、草地，种植柏树等，地处西部沙漠区，北侧喇嘛沟岸坡上多有沟壑发育。墙体长 605 米，其中，保存 386 米、消失 219 米，整体呈东北—西南走向，属于夯筑而成的土墙。（图四三八）

　　墙体起点位于高家堡镇冯地峁村西北 2.45 千米，高程 1194.9 米；止点位于高家堡镇西边墙村东南 0.3 千米，高程 1150.1 米。

　　墙体整体保存较差。墙体两侧剥落严重，上部坍塌，呈驼峰状，底部有羊群啃啮的坑穴。墙体分为 6 段。第一段，起点至断点 1 消失，长 147 米；第二段，断点 1 至断点 2 为夯土墙，长 51 米；第三段，断点 2 至断点 3 消失，长 32 米；第四段，断点 3 至断点 4 为夯土墙，长 279 米；第五段，断点 4 至断点 5 消

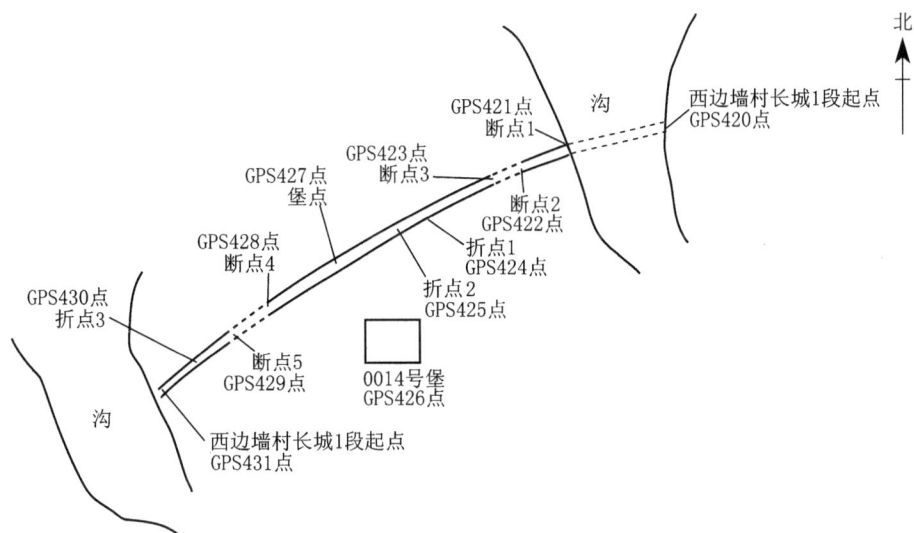

图四三八　西边墙村长城 1 段位置示意图

失，长 40 米；第六段，断点 5 至止点为夯土墙，长 56 米。第一、三段被流水冲成沟壑，第五段消失，共计长 219 米。

墙体为自然基础上夯筑而成，断点 2 处墙体底宽 3.5、上宽 0.6、高 4.2 米，（图四三九：1）止点处墙体底宽 2.5、顶宽 0.4、内高 2、外高 3 米。（图四三九：2）夯土层厚 0.17～0.19 米，夯土以黄土为主。起点至断点 1 呈东北—西南走向，断点 1 至折点 1 呈北—南走向，折点 1 至折点 3 呈东北—西南走向。

该段墙体与冯地峁村长城 3 段、西边墙村长城 2 段墙体相连接，西边墙村（0014 号）堡位于墙体南 0.02 千米。北侧有喇嘛沟，沟内水流很小，经常干涸，西入秃尾河。因深入山地没有道路，居民状况不详。

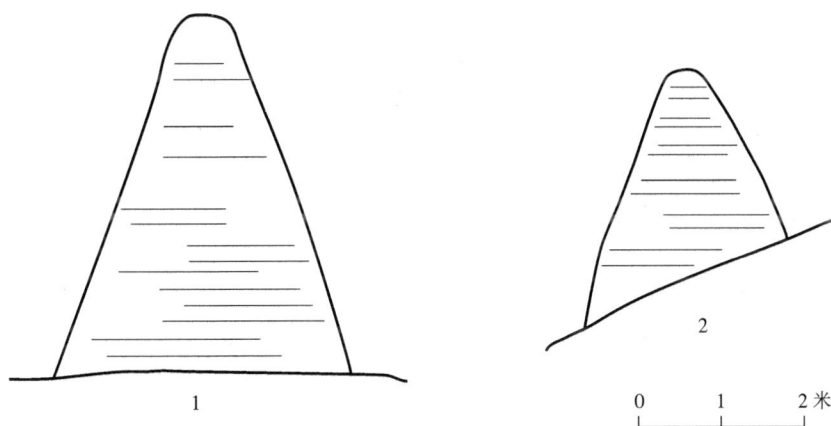

图四三九　西边墙村长城 1 段墙体剖面图

（五一）西边墙村长城 2 段（610821382101170051）

该段墙体位于高家堡镇西边墙村南的喇嘛沟南岸山坡上。周围为沙梁地，表土沙化，生长有沙蒿等耐旱植物，坡上有沟壑发育，地处西部沙漠区，附近有退耕林地，种植有柏树等。墙体长

708 米，其中，保存 197 米、消失 511 米，整体呈东北—西南走向，属于夯筑而成的土墙。（图四四〇）

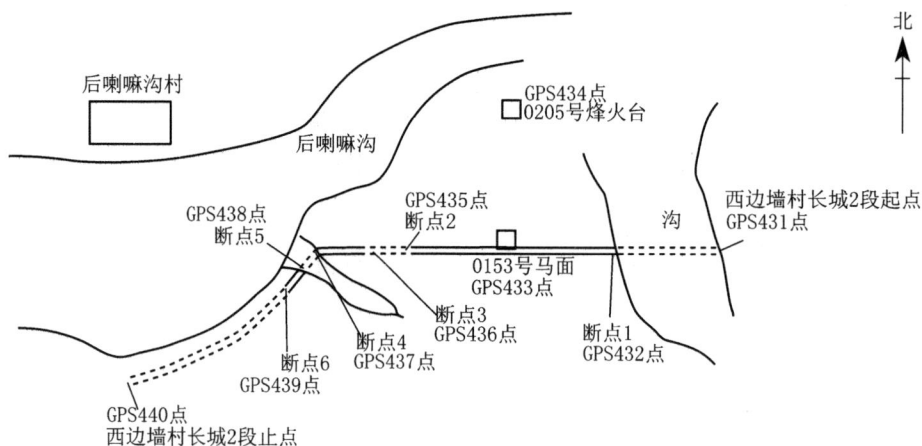

图四四〇　西边墙村长城 2 段位置示意图

墙体起点位于高家堡镇西边墙村东南 0.03 千米，高程 1150.1 米；止点高家堡镇后喇嘛沟村南 0.2 千米，高程 1097.1 米。

墙体整体保存差。保存段有断点 1 至断点 2、断点 3 至断点 4、断点 5 至断点 6 三段，共计 197 米；消失段有起点至断点 1、断点 2 至断点 3、断点 4 至断点 5、断点 6 至止点四段，共计 511 米。消失段中前 3 段因为流水冲毁形成沟壑，最后一段情况不明。保存部分墙体两侧剥落严重，上部坍塌呈驼峰状，底部有动物啃啮的坑穴。

墙体为自然基础上夯筑而成。起点至断点 1 长 153 米，因为流水冲毁而消失。断点 1 至窝窝庄村 3 号（0153 号）马面为夯土墙，长 49 米。窝窝庄村 3 号马面至断点 2 为夯土墙，长 70 米，断点 2 处墙体底宽 2.5、顶宽 0.2、高 2.4 米。（图四四一：2）断点 2 至断点 3 长 77 米，因为流水冲毁而消失，断点 3 处墙体底宽 3.7、顶宽 0.8、内高 2.7、外高 3.7 米。（图四四一：1）断点 3 至断点 4 为夯土墙，长 30 米。断点 4 至断点 5 长 69 米，因为流水冲毁而消失。断点 5 至断点 6 为夯土墙，长 48 米。断点 6 至止点消失 212 米，消失原因不明。断点 6 西 5 米处有一段石墙，片石垒砌，墙体长 3、宽 2.5、高 2.3 米；止点东 0.098 千米处有一段石墙，片石垒砌，上部与梁面齐平，墙体宽 0.6 米，北侧临沟

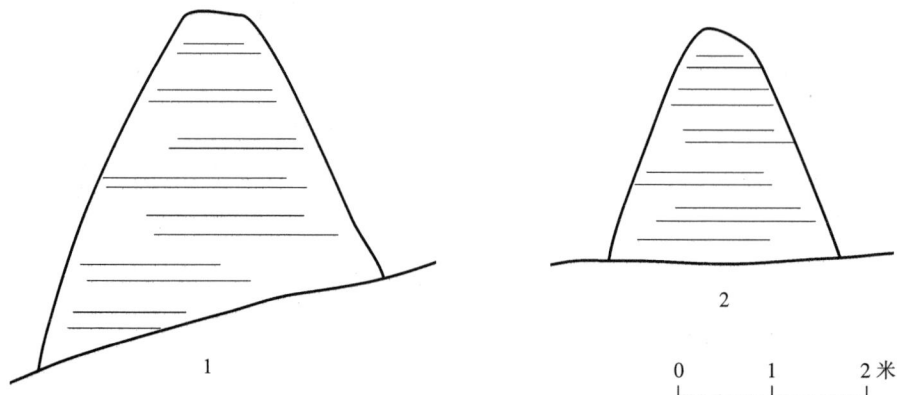

图四四一　西边墙村长城 2 段墙体剖面图

面高 0.7、长 4.5 米。

该段墙体与西边墙村长城 1 段、后喇嘛沟村长城墙体相连接，窝窝庄村 3 号（0153 号）马面位于长城墙体上，西边墙村（0205 号）烽火台位于窝窝庄村 3 号马面北 0.025 千米，后喇嘛沟村 1 号（0116 号）敌台位于墙体止点附近。北侧是喇嘛沟，沟内水流很小，有时断流，西入秃尾河，因深入山地没有道路。

（五二）后喇嘛沟村长城（610821382101170052）

该段墙体位于高家堡镇后喇嘛沟村南喇嘛沟南岸的平缓沙梁地上。所处表土沙化，生长有沙蒿、柠条等耐旱植物，地处西部沙漠区，喇嘛沟岸坡上有沟壑发育。墙体长 263 米，其中，保存 243 米、消失 20 米，整体呈东北—西南走向，属于夯筑而成的土墙。（图四四二）

墙体起点位于高家堡镇后喇嘛沟村南 0.2 千米，高程 1097.1 米；止点位于高家堡镇后喇嘛沟村南 0.5 千米，高程 1093.8 米。

墙体整体保存差。断点处有 10 米宽的断口；拐点北 0.012 千米处有长 10 米的沟壑，断口为流水冲毁，保存部分墙体剥落严重，顶部坍塌。墙体起点至拐点呈北—南走向，拐点至止点呈东北—西南走向。

墙体为自然基础上夯筑而成。起点至拐点为夯土墙，长 72 米；在起点处由呈东北—西南走向拐呈北—南走向，在拐点处拐向西南，呈东北—西南走向。拐点北 0.012 千米处有一条沟壑穿过墙体，形成一个豁口，墙体消失 10 米；拐点至断点为夯土墙，长 103 米；断点处有一个断口，墙体底宽 8.6、顶宽 0.3、内高 2.8、外高 5.6 米，（图四四三）因为流水冲毁，墙体消失 10 米；断点至止点

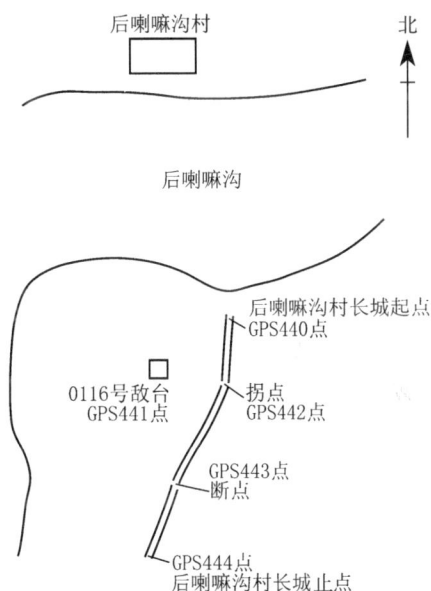

图四四二　后喇嘛沟村长城位置示意图

为夯土墙，长 88 米。断点处有片石垒砌的填补沟壑的墙体，高 4.8、宽 1.5 米，拐点北的沟壑有石墙，用后喇嘛沟村 1 号（0116 号）敌台拆下的包石垒砌，用于堵水淤地，宽 1.5 米，高 6 米，与长城墙体成为一线。

该段墙体与西边墙村长城 2 段墙体、后喇嘛沟村山险相连接，后喇嘛沟村 1 号（0116 号）敌台位于墙体起点处。北侧是喇嘛沟，沟内水流较小，时断时流，西入秃尾河。附近有山间小路，居民状况不详。

（五三）后喇嘛沟村山险（610821382106170053）

该段山险位于高家堡镇后喇嘛沟村南的喇嘛沟东南岸悬崖边沿。地处西部沙漠区，周围是沙地，西临喇嘛沟。山险长 600 米，整体呈北—南走向，属于利用山谷险要防御的山险。（图四四四；彩图九三、九四）

山险起点位于高家堡镇后喇嘛沟村南 0.5 千米，高程 1093.8 米；止点位于高家堡镇阳洼村北边，高程 1054.5 米。

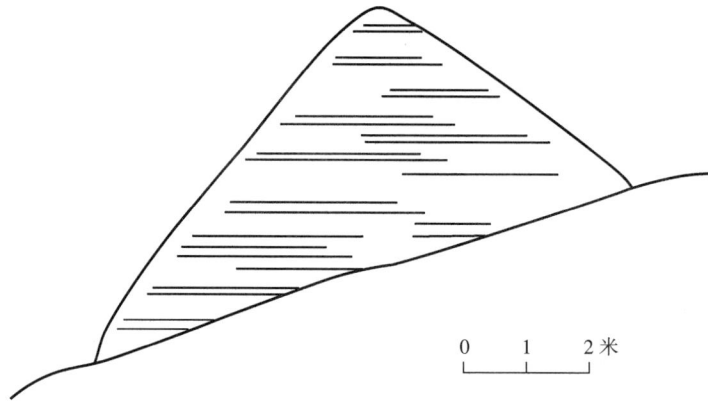

图四四三　后喇嘛沟村长城墙体剖面图

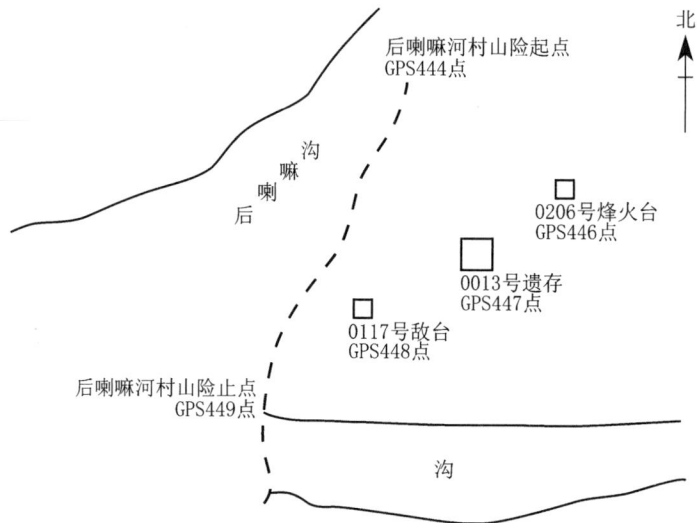

图四四四　后喇嘛沟村山险位置示意图

山险整体保存一般。西侧为喇嘛沟，深60米，坡度约85°。

该段山险上接后喇嘛村长城，起点由后喇嘛沟长城墙体东北—西南走向拐呈北—南走向，后喇嘛沟村2号（0117号）敌台位于墙体起点南0.264千米，该处还有喇嘛沟砖窑（0013号）遗存。居民状况不详，沟下有乡村小路。

（五四）阳洼村山险（610821382106170054）

该段山险位于高家堡镇阳洼村北的喇嘛沟南侧山坡上。地处西部沙漠区山险，周围是沙地，山坡上植被稀疏。山险长1466米，整体呈东—西走向，属于利用山谷险要防御的山险。（图四四五）

山险起点位于高家堡镇阳洼村北，高程1054.5米；止点位于高家堡镇前喇嘛沟南0.2千米，高程1089.4米。

山险整体保存一般。位于山谷部分长832米、山坡部分长634米。山险分为10段。起点由呈北—南走向拐呈东—西走向，起点至阳洼村1号（0118号）敌台为山谷部分，宽220米，沟里有阳洼村，土地较为平整，有小溪，阳洼村1号敌台所在山梁长10米；阳洼村1号敌台至特征点1为山谷

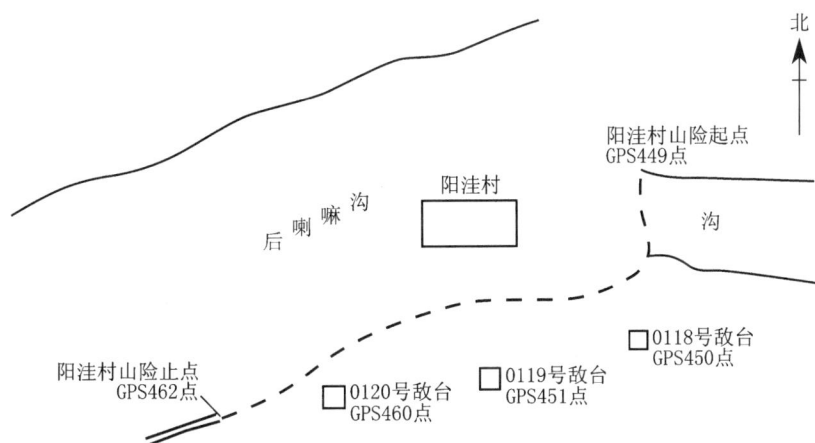

图四四五　阳洼村山险位置示意图

部分，宽300米，山沟颇深；特征点1至特征点2长250米，为阳洼村2号（0019号）敌台所在山梁，距阳洼村2号敌台0.083千米；山梁北、东侧有两层缓坡，宽30～57米，与山顶落差5～10米；特征点2至特征点3为山谷部分，宽165米；特征点3至特征点4宽40米，是一个小山坡；特征点4至特征点5为流水冲沟山谷部分，宽45米；特征点5至特征点6是一个山坡，宽40米；特征点6至特征点7为山谷部分，宽75米；特征点7至特征点8为喇嘛沟1号（0120号）敌台所在山梁，宽141米，北侧山沟为后喇嘛沟，宽204米；特征点8至特征点9为山谷部分，宽102米；特征点9至止点为稍缓的山坡，宽153米。

该段山险利用当地山谷的陡峭，未加修整。位于后喇嘛村山险西南，起点为后喇嘛村长城墙体止点，止点即为前喇嘛沟村长城墙体起点。北侧有喇嘛沟，沟内水流较小，西流入秃尾河，因深入山地无道路。阳洼村现有十几户人家，以农业、养殖业为主。

（五五）前喇嘛沟村长城

（610821382101170055）

该段墙体位于高家堡镇前喇嘛沟村南山坡上。所处坡降较大，有沟壑发育，周围是沙地，两侧生长沙蒿、龙须草等耐旱植物，地处西部沙漠区，土地沙化严重。墙体长120米，其中，保存70米、消失50米，整体呈东—西走向，属于夯筑的土墙。（图四四六）

墙体起点位于高家堡镇前喇嘛沟村南0.2千米，高程1089.4米；止点高家堡镇前喇嘛沟村南0.35千米，高程1066.5米。

墙体所在山坡因雨水冲刷，有多条雨水冲沟，沟边墙体滑坡、坍塌较为严重。

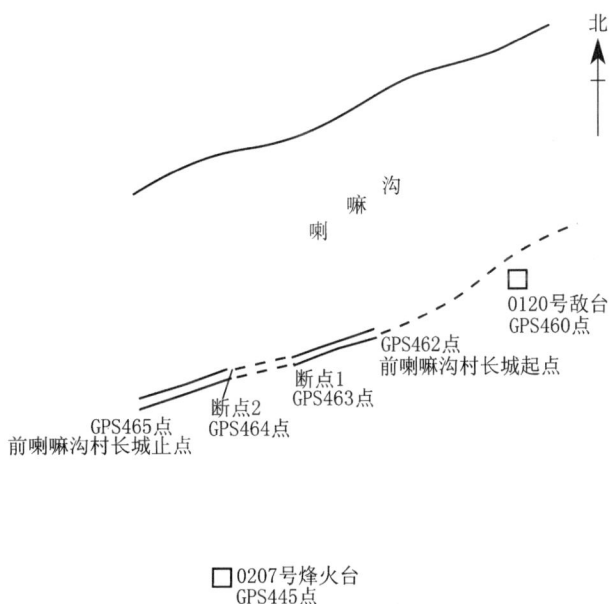

图四四六　前喇嘛沟村长城位置示意图

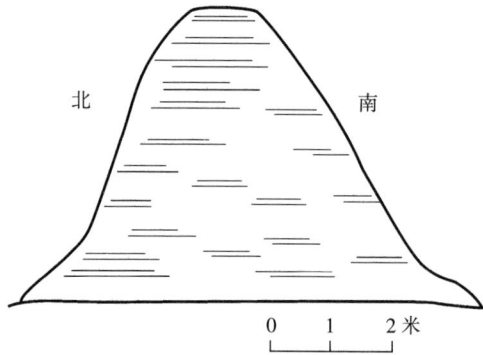

图四四七　前喇嘛沟村长城墙体剖面图

墙体用黄土夯筑而成，夯层厚0.05～0.13米。起点至断点1长27米，墙体底宽8、顶宽0.2～1、内高5、外高2～5米，夯层厚0.05～0.13米。（图四四七）断点1至断点2消失，长50米。断点2至止点长43米，墙体底宽8、顶宽0.5～1.5、高2～7米。

该段墙体位于阳洼村山险西，与阳洼村山险、喇嘛沟村山险墙相接。北侧是喇嘛沟，沟内水流较小，经常干涸，西流入秃尾河。山坡下有乡间道路。

（五六）喇嘛沟村山险墙（610821382105170056）

该段山险墙位于高家堡镇喇嘛沟村西南的喇嘛河南岸。南侧是平缓的沙梁地，北侧下临喇嘛沟，地处西部沙漠区，岸坡岩质，表土较薄，多为裸露岩石。墙体长800米，整体呈东北—西南走向，属于利用河道险要防御的山险墙。（图四四八）

山险墙起点位于高家堡镇喇嘛沟村南0.35千米，高程1066.5米；止点位于高家堡镇喇嘛沟村西南1千米，高程1073.6米。

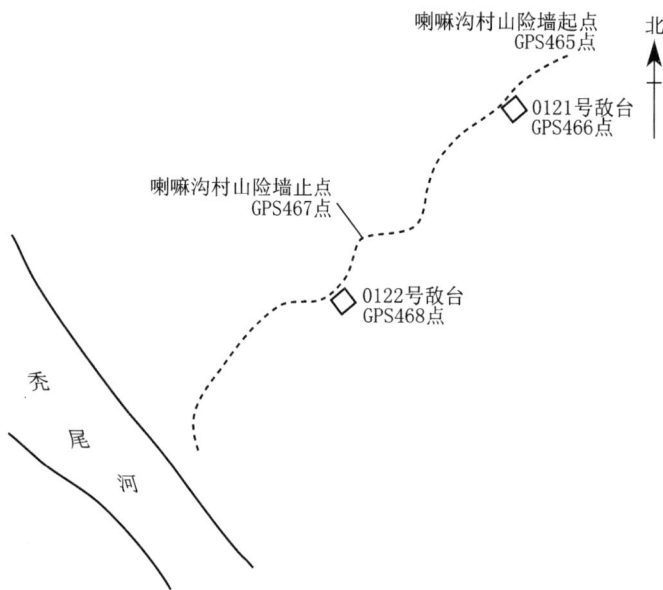

图四四八　喇嘛沟村山险墙位置示意图

山险墙整体保存差。所在悬崖上人工修葺的痕迹不明显，保存的补充石墙多被荒草、碎石湮没。

山险墙利用自然险要，在有沟壑的地方用片石垒砌修葺而成。起点至喇嘛沟村2号（0121号）敌台长150米，喇嘛沟村2号敌台至止点长650米。山险墙类似护坡的人工修葺痕迹有7处，共计长39.6米，用片石垒砌，内侧与梁平。第1段在喇嘛沟村2号敌台处，长18米，北侧高0.3～1.2、顶宽0.4米；西行0.02千米为第2段，长2、顶宽0.4、外高0.6米；再西行0.13千米为第3段，长3.7、顶宽0.6、外高0.8米；再西行0.046千米是第4段，长5、顶宽0.7、外高1米；再西行0.12千米为第5段，长3、顶宽0.6、外高0.9米；再西行0.03千米为第6段，长4.1、顶宽0.5、外高0.6米；再西行0.034千米为第7段，长3.8、顶宽0.7、外高0.8米。

该段山险墙与喇嘛沟村长城墙体、喇嘛沟村山险相接，起点处稍偏向西南。北临喇嘛沟，沟内水流较小，有时断流，西入秃尾河，因深入山区没有道路。

（五七）喇嘛沟村山险（610821382106170057）

该段山险位于高家堡镇喇嘛沟村西南的喇嘛河南岸、秃尾河东岸悬崖上。地处西部沙漠区，周围是沙地，北侧下临喇嘛沟，西临秃尾河。墙体长 1140 米，整体呈北—南走向，属于利用河道险要防御的山险。（图四四九）

山险起点位于高家堡镇喇嘛沟村西南 1.1 千米，高程 1073.6 米；止点位于高家堡镇喇嘛河村东 0.1 千米，高程 1039.3 米。

山险整体保存一般。起点至拐点呈东北—西南走向，拐点至止点呈西北—东南走向。起点至拐点长 600 米，呈东北—西南走向，于拐点处拐向东南；拐点至止点长 540 米，呈西北—东南走向。起点处有喇嘛沟村 3 号（0122 号）敌台，拐点东南 0.08 千米处有喇嘛河村 1 号（0123 号）敌台。

该段山险与喇嘛沟村山险墙、喇嘛河村山险相连接。北临喇嘛沟，西临秃尾河，喇嘛沟西流入秃尾河。该地上部深入山区，没有道路，西侧下临榆（林）佳（县）公路。

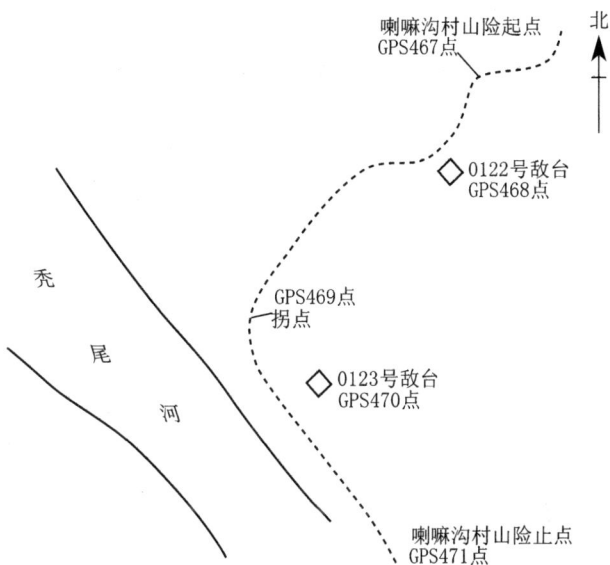

图四四九　喇嘛沟村山险位置示意图

（五八）喇嘛河村山险（610821382106170058）

该段山险位于高家堡镇喇嘛河村东秃尾河东的岩质岸上。地处西部沙漠区，周围是沙地，多为裸露的岩石，西临秃尾河。山险长 1050 米，整体呈西北—东南走向，属于利用山坡和山谷沟壑形成的险要来防御的山险。（图四五〇；彩图九五）

山险起点位于高家堡镇喇嘛河村东 0.1 千米，高程 1039.3 米；止点位于高家堡镇喇嘛河村东南 0.85 千米，高程 1008.5 米。

山险整体保存一般。起点至特征点 1 山坡部分长 400 米，特征点 1 至特征点 2 沟壑部分长 100 米，特征点 2 至止点山坡部分长 550 米。特征点 2 下方悬崖中间有民国 9 年（1920 年）开凿的防土匪的岩屋，共 2 层，2 进 8 间，按屋内碑文记载可容纳 99 人。

该段山险与喇嘛沟村山险、喇嘛河村

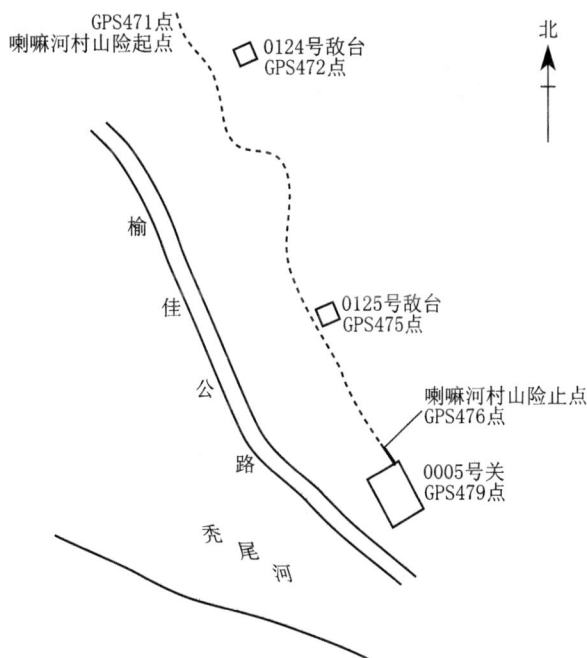

图四五〇　喇嘛河村山险位置示意图

长城墙体相连接，起点东南 0.05 千米处有喇嘛河村 2 号（0124 号）敌台，特征点 2 北 0.01 千米处有喇嘛河村 3 号（0125 号）敌台。西临秃尾河。该地上部深入山区，没有道路，西临榆（林）佳（县）高速公路。喇嘛河村原有居民 600 多人，现常住人口约 100 人，以农业为主。

（五九）喇嘛河村长城（610821382102170059）

该段墙体位于高家堡镇喇嘛河村东秃尾河东岸的岩质坡上。周围是沙地，西端抵临秃尾河，地处西部沙漠区，坡上多为裸露的岩石。墙体长 80 米，其中，保存 67 米、消失 13 米，整体呈北—南走向，属于在自然基础上用片石垒砌而成的石墙。（图四五一）

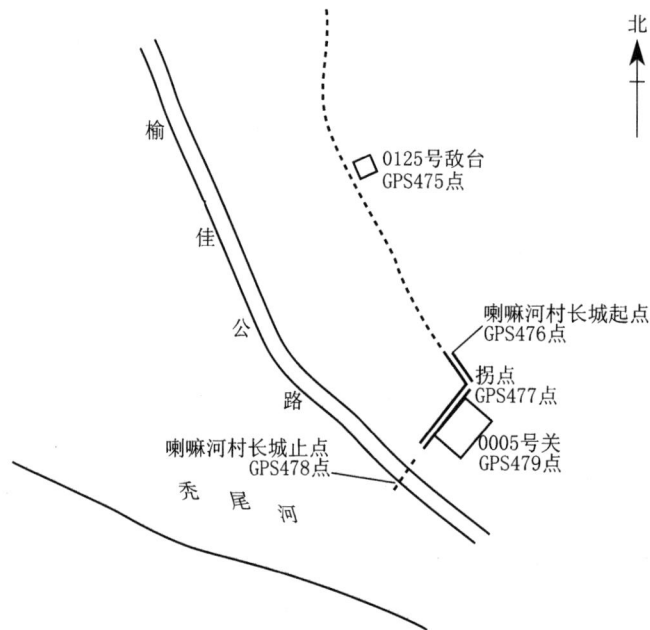

图四五一　喇嘛河村长城、玄塔河山险位置示意图

墙体起点位于高家堡镇喇嘛河村东南 0.85 千米，高程 1008.5 米；止点位于高家堡镇喇嘛河村东南 0.95 千米，高程 974.6 米。

墙体整体保存差。仅存 2 段，保存部分最高 0.6 米，有 2 段消失。因榆（林）佳（县）公路而消失段位于拐点前行 42 米处，长 8 米，距止点 7 米；因高惠渠而消失段位于榆林佳县公路西 2 米处，长 5 米，至止点。墙体底宽 2.8、两侧高 0.3、中间高 0.6 米，顶部呈弧形。（图四五二）起点至拐点为石墙，长 23 米，呈西北—东南走向，于拐点处拐向西南；拐点至止点为石墙，长 57 米，呈东北—西南走向。

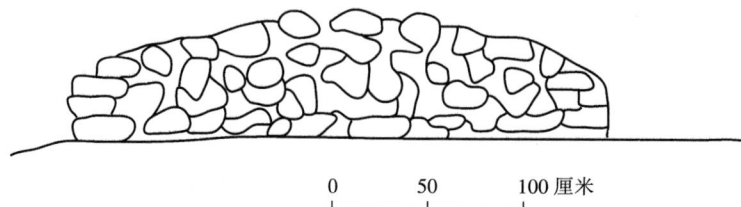

图四五二　喇嘛河村长城墙体剖面图

该段墙体起点上接喇嘛河村山险，止点与玄路塔河险起点相接，拐点至止点段南侧是喇嘛河村（0005 号）关。西临秃尾河、榆（林）佳（县）公路，秃尾河与榆（林）佳（县）公路之间为高惠渠，具体情况不详，因深入山区没有道路。喇嘛河村原有居民 600 多人，现常住人口约 100 人，以农业为主。

（六〇）玄路塔河险（610821382107170060）

该段河险地处西部沙漠区。利用秃尾河作为屏障，河两侧是岩质悬崖，西侧沙化严重。河险长290 米，整体呈东北—西南走向，属于利用当地河道险要防御的河险。（图四五三）

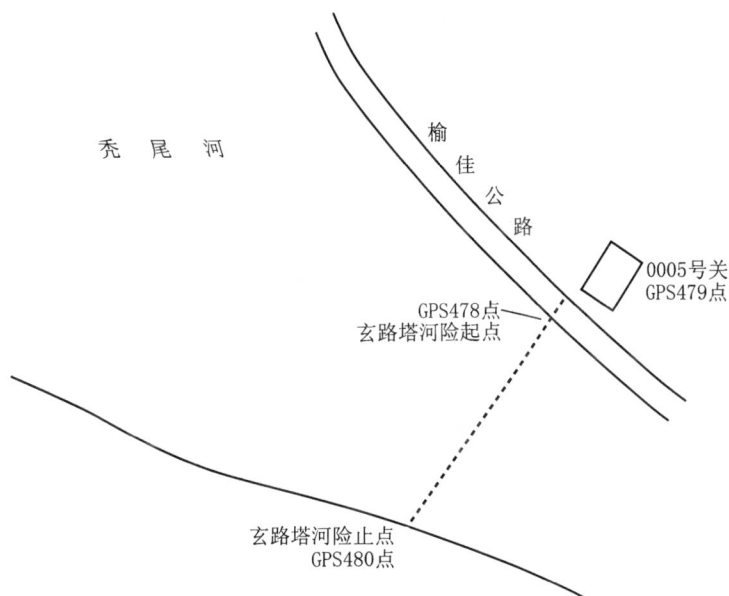

图四五三　玄路塔河险位置示意图

河险起点位于高家堡镇喇嘛河村东南 0.95 千米，高程 974.6 米；止点位于高家堡镇玄路塔北0.298 千米，高程 960.3 米。

河险整体保存一般。秃尾河是神木境内较大的河流之一，是一条季节性河流，夏秋流量较大，冬春两季流量降低或断流，河滩宽广。河面桥梁不多，夏秋两季特别是雨水后，河水暴涨，难以逾越，含沙量较大，徒步难涉，不足以行船，加上两侧有关，实为一处险要。

该段河险位于喇嘛河（0005 号）关西南，起点接喇嘛河村长城墙体止点，止点为玄路塔长城墙体起点，起点东有喇嘛河关，止点西有玄路塔（0006 号）关。秃尾河东岸有榆（林）佳（县）高速公路。

（六一）玄路塔长城（610821382102170061）

该段墙体位于高家堡镇玄路塔村北的红柳沟流入秃尾河口处。地处秃尾河西岸一级阶地上，地势较低，周围有退耕林地。墙体长 1107 米，其中，保存 127 米、消失 980 米，整体呈东北—西南走向，属于利用片石垒砌而成的石墙。（图四五四；彩图九六）

墙体起点位于高家堡镇玄路塔村北约 0.298 千米，高程 960.3 米；止点位于高家堡镇凉水井西南0.17 米，高程 992.9 米。

墙体整体保存较差。坍塌严重，大部分消失。

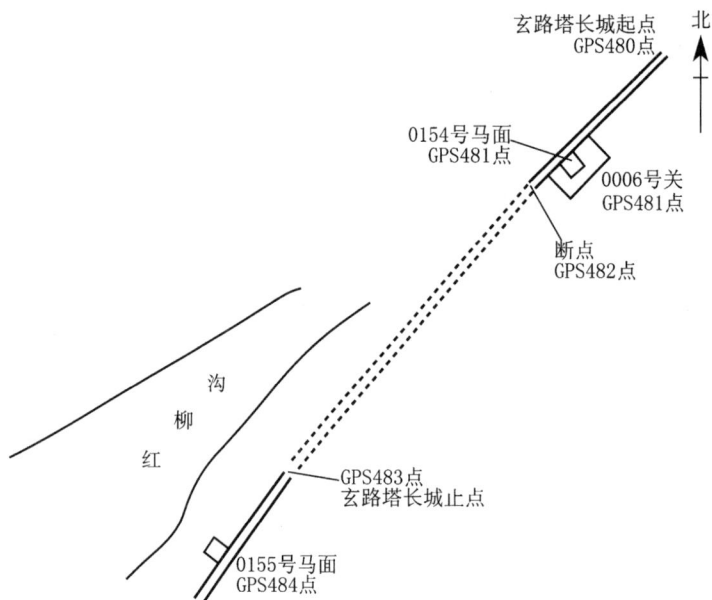

图四五四　玄路塔长城位置示意图

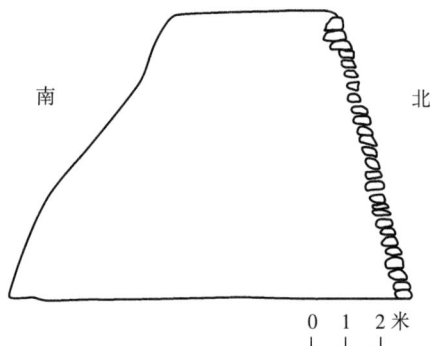

图四五五　玄路塔长城墙体剖面图

墙体外侧用片石、条石及石块垒砌而成,内侧堆土,片石、石块大小不均,条石长 50~90、宽 20~40、厚 20~35 厘米。墙体分为 4 段,起点至玄路塔(0154 号)马面长 87 米,坍塌成缓坡,离河水较近,保存较差,墙体外高 1~7.4 米,内侧塌成缓坡,底宽不详,顶宽 1~5 米;(图四五五)玄路塔马面处长 8.4 米;玄路塔马面至断点长 40 米,为玄路塔(0006 号)关的围墙,保存较差,高 1~2 米,底宽、顶宽不详;断点至止点由于沟壑侧壁坍塌而消失,长 980 米。

该段墙体位于玄路塔关西北,为玄路塔关西北墙,止点为凉水井村长城 1 段墙体起点。北临红柳沟,东端为秃尾河,有山间小路。

(六二) 凉水井村长城 1 段(610821382101170062)

该段墙体位于高家堡镇凉水井村西南的红柳沟南岸较平缓的山坡上。周围有退耕林地,是平缓的沙梁地,沟底两侧阶地是农田和村庄,地处西部沙漠区,土地沙化严重。墙体长 144 米,整体呈东北—西南走向,属于利用片石垒砌而成的石墙。(图四五六)

墙体起点位于高家堡镇凉水井村西南 0.17 千米,高程 992.9 米;止点位于高家堡镇凉水井村西南约 0.28 千米,高程 1031.3 米。

墙体整体保存较差。外侧包石多脱落或被人为拆除,墙体坍塌、滑坡。

墙体外侧用片石、石块垒砌而成,内侧夯土,夯层不明,片石、石块大小不均。墙体底宽 3、顶宽 0.2~0.5、高 0.5~1.5 米。(图四五七)

该段墙体起点与玄路塔长城相接,止点为凉水井村山险墙起点,距起点 0.23 千米外侧有凉水井村

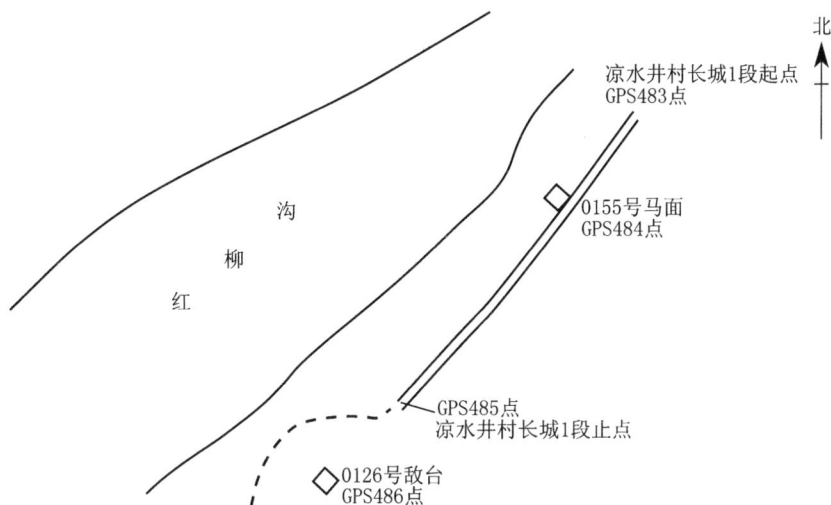

图四五六　凉水井村长城 1 段位置示意图

（0155 号）马面。红柳沟内水流较小，东入秃尾河。坡下有乡村沙石路。

（六三）凉水井村山险墙（610821382105170063）

该段山险墙位于高家堡镇凉水井村红柳沟南岸较陡峭的岩质山坡上。周围生长有沙蒿、柠条、龙须草等耐旱植物，中间有一条北流支沟，地处西部沙漠区，附近土层较薄，山坡上多为裸露的岩石，顶部是平缓的沙地。墙体长 1149 米，其中，保存 1096 米、消失 53 米，整体呈东北—西南走向，属于利用自然险要经人为加工而成的山险墙。（图四五八）

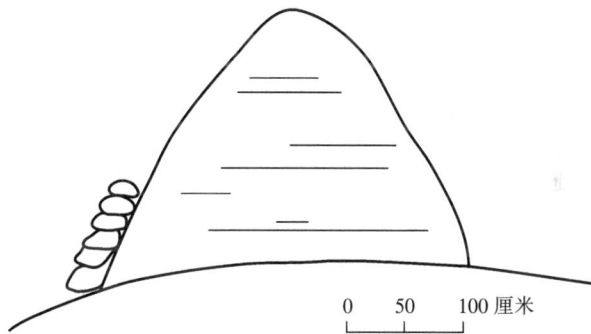

图四五七　凉水井村长城 1 段墙体剖面图

山险墙起点位于高家堡镇凉水井村西南约 0.28 千米，高程 1031.3 米；止点位于高家堡镇凉水井村南 0.628 千米，高程 1031.5 米。

山险墙整体保存一般。因山体坍塌、滑坡，山坡顶部的石墙坍塌、滑坡。山险墙分为 10 段。起点至拐点 1 长 130 米，呈北—南走向，在拐点 1 处拐向西；拐点 1 至特征点 1 长 36 米，呈东—西走向，在特征点 1 稍拐向西南；特征点 1 至特征点 2 长 24 米，呈东北—西南走向，为夯土墙，在拐点 2 拐向西；特征点 2 至特征点 3 长 48 米，呈东—西走向，在特征点 3 拐向北；特征点 3 至拐点 2 长 140 米，从凉水井村 2 号（0127 号）敌台东、北弧形绕过，在拐点 2 处拐向西南；拐点 2 至拐点 3 长 62 米，呈东北—西南走向；拐点 3 至拐点 4 长 45 米，呈东北—西南走向，在拐点 3 处偏向南；拐点 4 至特征点 4 长 130 米，呈东北—西南走向，在拐点 4 处偏向西；特征点 4 至特征点 5 长 73 米，呈东北—西南走向，为夯土墙体；特征点 5 至止点长 461 米，呈东北—西南走向，末尾距止点 53 米间为沟壑。

山险墙主要利用山体的险峻，对山坡稍缓的地方用片石、石块垒砌石墙或夯筑土墙以加强防御。墙体外侧用片石、石块垒砌而成，内侧为夯土，夯层不明，片石、石块大小不均。（图四五九：1）部

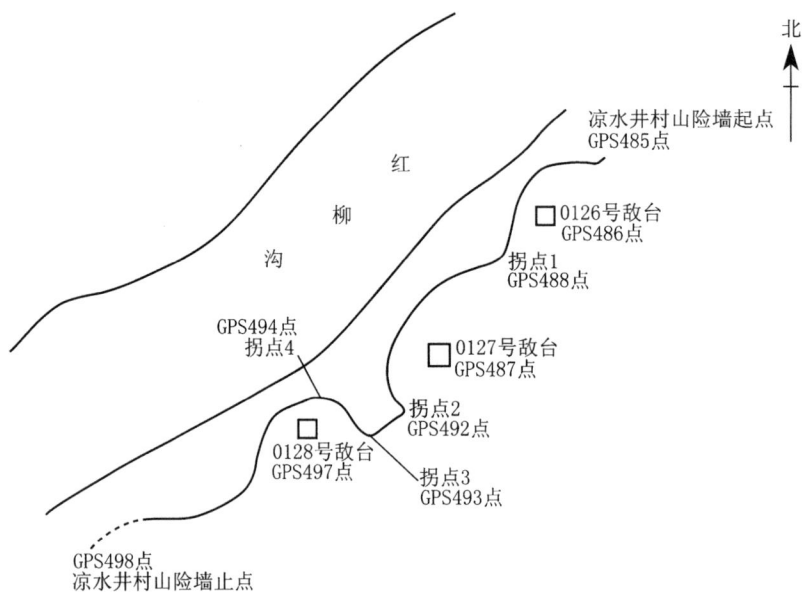

图四五八　凉水井村山险墙位置示意图

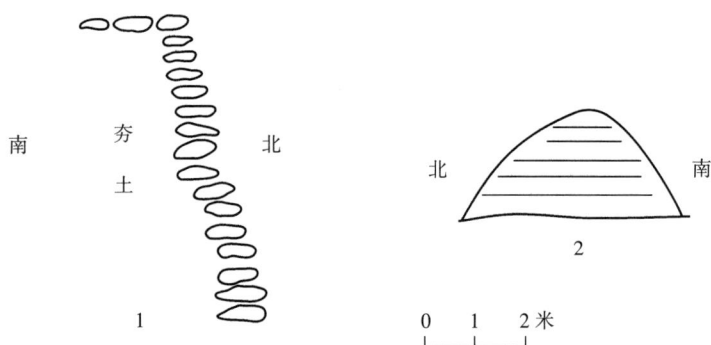

图四五九　凉水井村山险墙剖面图

分地段夯土筑墙。石墙断续有12段，总长264米，长的有70米，短的仅3米，墙体高1~2.5、宽0.5~1.3米，用片石、石块在山坡上垒砌而成，凉水井村2号（0127号）敌台西北山坡上的围墙外有两层石墙，下层长7、高3.7、厚1~1.3米，上层长6、高1.7、厚0.8~1.8米，两层间有宽0.8~1米的台阶。土墙有两段，

第一段，拐点1至凉水井村2号敌台北侧与围墙相接，凉水井村1号（0126号）敌台东南沟中缓坡上有20米土墙，墙体底宽2、顶宽0.2~0.5、高0.5~1米，该段至特征点1为山沟，宽50米；特征点1至特征点2为土墙，长20米，墙体底宽2.5、顶宽0.5~0.8、高1~2米；（图四五九:2）特征点2至特征点3土墙消失，特征点3至凉水井村1号敌台北壁长30、高1~2米，夯层不明。止点东北至53米处为沟壑，墙体消失。

该段墙体与凉水井村长城1段墙体相接，止点为凉水井村墙体长城2段起点，拐点1东南0.053千米处山顶有凉水井村1号（0126号）敌台，特征点3东南0.01千米处有凉水井村2号（0127号）敌台，特征点4至点特征5土墙东南0.094千米处有凉水井村3号（0128号）敌台。北临红柳沟，沟内流水很小，东入秃尾河，因深入山地无道路相连。

（六四）凉水井村长城2段（610821382101170064）

该段长城位于高家堡镇凉水井村南0.628千米红柳沟南岸的山坡上。北侧为陡坡，西侧是较缓的山坡，长满杂草，由于雨水冲刷，山坡时有塌陷，地处西部沙漠区。墙体长15米，整体呈东—西走

向，属于夯筑而成的土墙。（图四六〇）

墙体起点位于高家堡镇凉水井南 0.628 千米，高程 1031.5 米；止点位于高家堡镇凉水井南 0.638 千米，高程 1031.5 米。

墙体整体保存较差。起点至止点长 15 米，墙体底宽 3、顶宽 0.2～0.3、内高 2、外高 3 米，夯层不明。（图四六一）

该段墙体与凉水井村山险墙相接，止点为凉水井村山险起点。北临红柳沟，沟内流水很小，东入秃尾河，因深入山地无道路相连。

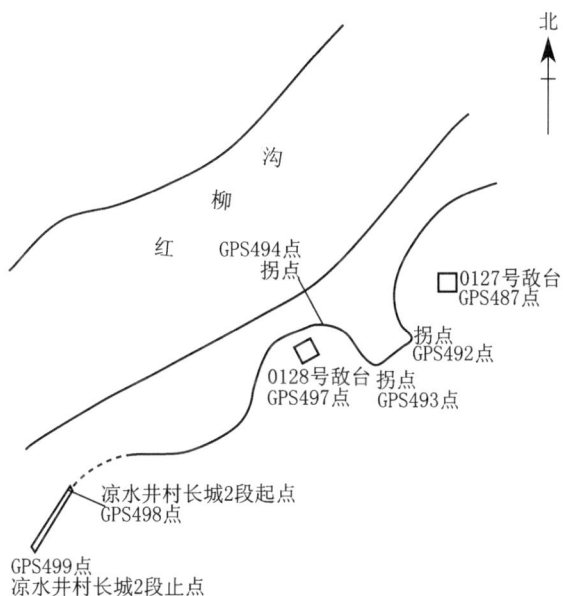

图四六〇　凉水井村长城 2 段位置示意图

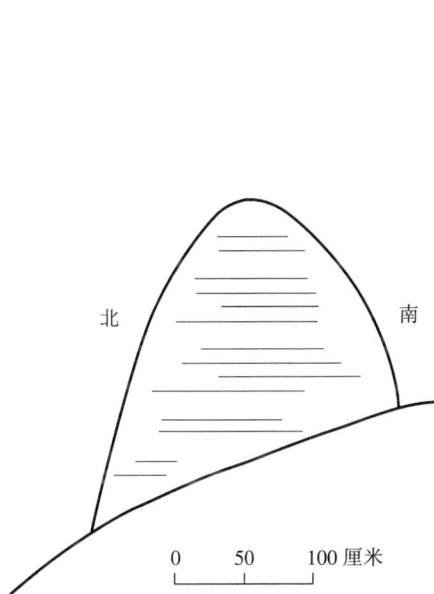

图四六一　凉水井村长城 2 段墙体剖面图

（六五）凉水井村山险（610821382106170065）

该段山险位于高家堡镇凉水井村东较陡峭的山坡上。西北为红柳沟（宽 297 米），山体为岩石，较难攀登，地处西部沙漠区。山险长 566 米，整体呈东北—西南走向，属于利用山体悬崖峭壁和沟壑所形成的险要作为防御的山险。（图四六二）

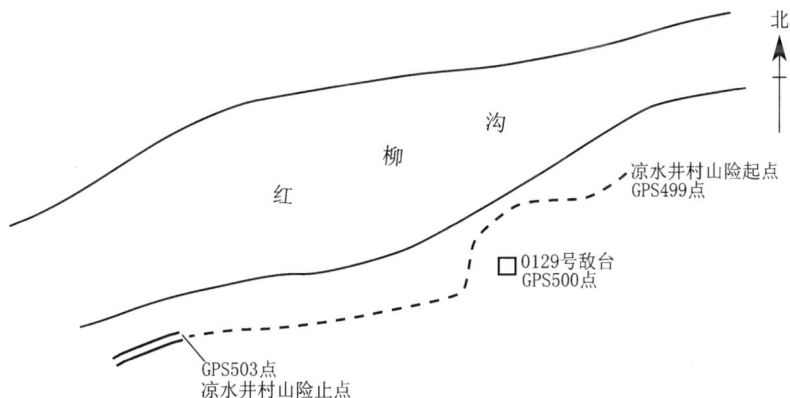

图四六二　凉水井村山险位置示意图

山险起点位于高家堡镇凉水井村南 0.628 千米，高程 1031.5 米；止点位于高家堡镇高家堡镇凉水井东北 0.728 千米，高程 1032.8 米。

山险整体保存一般。起点至特征点 1 位于山沟中，长 40 米；特征点 1 至特征点 2（0129 号敌台）位于山坡上，长 373 米；特征点 2 至止点位于山沟中，长 153 米。

该段山险位于凉水井村长城 2 段墙体西南并与之相接，止点为草湾沟村长城 1 段墙体起点，约中间位置东南 0.101 千米的山顶上有草湾沟村 1 号（0129 号）敌台。北临红柳沟，沟内水流很小，有时干涸，东入秃尾河。因深入山地无道路相连，山坡一侧沟中有公路。

（六六）草湾沟村长城 1 段（610821382101170066）

该段墙体位于高家堡镇草湾沟村东北 0.7 千米红柳沟南岸的岩质缓坡上。地处西部沙漠区，西北侧为红柳沟（宽 297 米）。墙体建在山体缓坡上，巩固了东南方的防御，山体为岩石，难以攀登。墙体长 22 米，其中，保存 17 米、消失 5 米，整体呈东北—西南走向，属于夯筑而成的土墙。（图四六三）

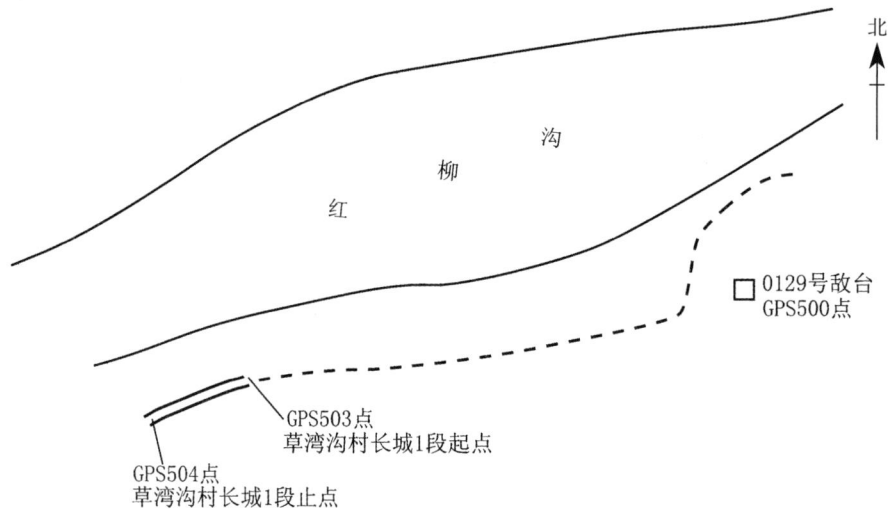

图四六三　草湾沟村长城 1 段位置示意图

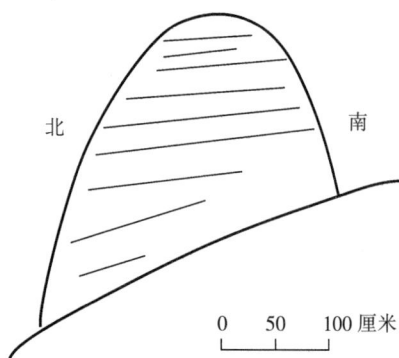

图四六四　草湾沟村长城 1 段墙体剖面图

墙体起点位于高家堡镇草湾沟村东北 0.728 千米，高程 1032.8 米；止点位于高家堡镇草湾沟村东北 0.706 千米，高程 1032.8 米。

墙体整体保存较差。起点西南残存夯土墙体 17 米，止点东北消失 5 米。

墙体用黄土夯筑而成，夯层厚 0.12 ~ 0.16 米。墙体底宽 2.5、顶宽 0.2 ~ 0.7、内高 1 ~ 1.5、外高 2 ~ 3 米。（图四六四）

该段墙体位于凉水井村山险西南并与之相接，止点为草湾沟村长城 2 段起点。北临红柳沟，沟内流水很小，经常断流，东入秃尾河，因深入山地无道路相连。草湾沟村现有 150 余人，以农业、养殖业为主，年人均收入 2000 ~ 3000 元。

（六七）草湾沟村长城 2 段（610821382102170067）

该段墙体位于高家堡镇草湾沟村东北 0.7 千米红柳沟（宽 297 米）南岸的缓坡上。地处西部沙漠区。墙体建在山体缓坡上，巩固了东南防御，山体为岩石，较难攀登。墙体长 50 米，其中，保存 42 米、消失 8 米，整体呈东北—西南走向，属于利用片石垒砌而成的石墙。（图四六五）

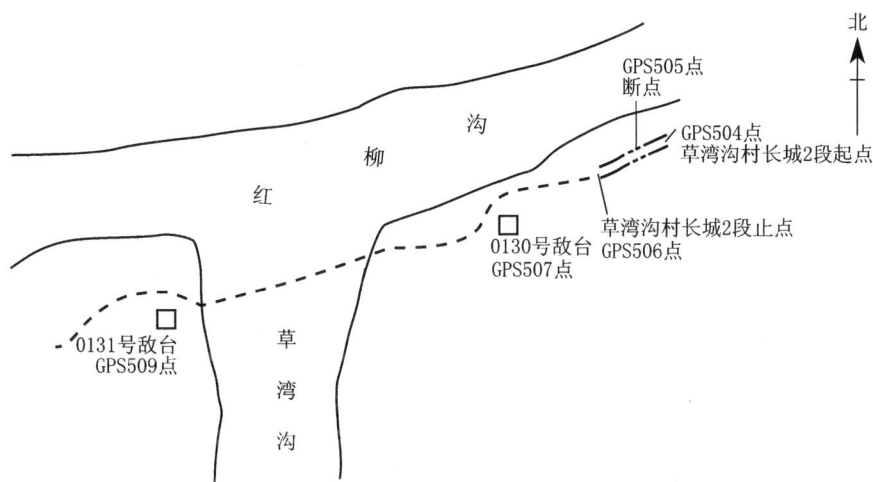

图四六五　草湾沟村长城 2 段位置示意图

墙体起点位于高家堡镇草湾沟村东北 0.706 千米，高程 1032.8 米；止点位于高家堡镇草湾沟村东北 0.656 千米，高程 1031.5 米。

墙体整体保存较差。由于滑坡、塌陷，片石脱落或被人为拆除，部分段消失。墙体起点至断点为石墙，长 20 米；断点处墙体因沟壑发育而消失 8 米；断点至止点为石墙，长 22 米。墙体为自然基础上用片石、石块垒砌而成，止点有 8 米墙体消失。底宽 1.5 ~ 2、顶宽 0.6 ~ 1.5、高 1 ~ 2 米，片石、石块大小、形状不一。（图四六六）。

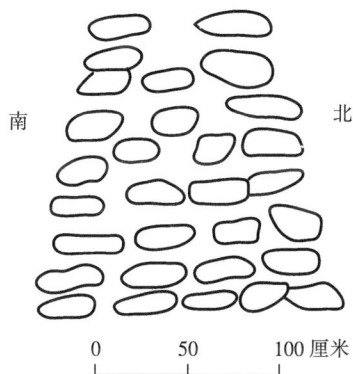

图四六六　草湾沟村长城 2 段墙体剖面图

该段墙体与草湾沟村长城 1 段墙体相接，止点为草湾沟村山险起点。北临红柳沟，沟内流水很小，经常干涸，东入秃尾河，因深入沙漠、山区没有道路，红柳沟中有一条乡村土路。

（六八）草湾沟村山险（610821382106170068）

该段山险位于高家堡镇草湾沟村东的红柳沟南岸。周围是沙地、沙梁地，北侧紧临岩质悬崖，下临红柳沟，地处西部沙漠区。山险长 1150 米，整体呈东北—西南走向，属于利用自然峭壁形成的山地险要来防御的山险。（图四六七）

山险起点位于高家堡镇草湾沟村东北 0.656 千米，高程 1031.5 米；止点位于高家堡镇草湾沟村西南，高程 1077.9 米。

山险整体保存一般。位于山坡部分共 2 段，长 950 米。折点至草湾沟村 3 号（0131 号）敌台西南

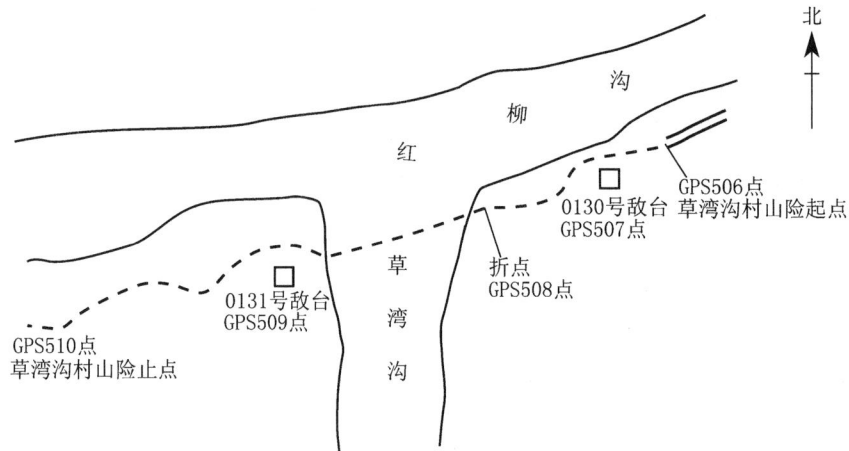

图四六七　草湾沟村山险位置示意图

端部分为草湾沟，长 200 米。起点至折点位于山坡上，长 200 米；折点至草湾沟村 3 号敌台长 550 米，其中东北段 350 米位于山坡上，西南段 200 米位于草湾沟中；草湾沟村 3 号敌台至止点位于山坡上，长 400 米。

该段墙体起点东北接草湾沟村长城 2 段墙体，止点与草湾沟村山险墙相接，起点东南 0.05 千米处有草湾沟村 2 号（0130 号）敌台。北临红柳沟，沟内流水较小，有时断流，东入秃尾河。因深入山区没有道路，红柳沟中有一条乡村土路。

（六九）草湾沟村山险墙（610821382105170069）

该段山险墙位于高家堡镇草湾沟村西南。地处西部沙漠区，西北侧为红柳沟（宽 297 米）。山险墙建在山体缓坡上，巩固了东南防御，山体为岩石，较难攀登。山险墙长 294 米，其中，保存 191 米、消失 103 米，整体呈东北—西南走向，属于利用自然险要经人为加工而成的山险墙。（图四六八）

山险墙起点位于高家堡镇草湾沟村西南，高程 1077.9 米；止点位于高家堡镇草湾沟村西南，高程 1077.5 米。

山险墙整体保存一般。目前可见山险 104 米、石墙 87 米。分为 2 段，起点至断点长 103 米，由于沟壑发育而消失；断点至止点为山险墙，长 191 米。墙体是在山险的基础上部分加以人工整修形成的山险墙，主要用石块、片石垒砌而成，封堵平缓或冲沟之处，未加工部分为山险。石墙位于草湾沟村 4 号（0132 号）敌台西北、西，在自然基础上用片石、石块垒砌而成，高 1 ~ 2 米，底宽不详，顶宽 0.8 ~ 1.2 米，片石、石块大小、形状不一。

该段山险墙位于草湾沟村山险西南并相接，止点与草湾沟村长城 3 段墙体起点相接，草湾沟村 4 号敌台西北距墙体 5 米。北临红柳沟，沟内流水较小，东流入秃尾河，因深入山地无道路相连，红柳沟中有一条乡村土路。草湾沟村现有 150 余人，以农业、养殖业为主，年人均收入 2000 ~ 3000 元。

（七〇）草湾沟村长城 3 段（610821382101170070）

该段墙体位于高家堡镇草湾沟村西南。附近是平缓的沙梁地，地处西部沙漠区，沙漠侵蚀了墙体，植被稀疏。墙体长 1024 米，其中，保存 920 米、消失 104 米，整体呈东北—西南走向，属于夯筑而成

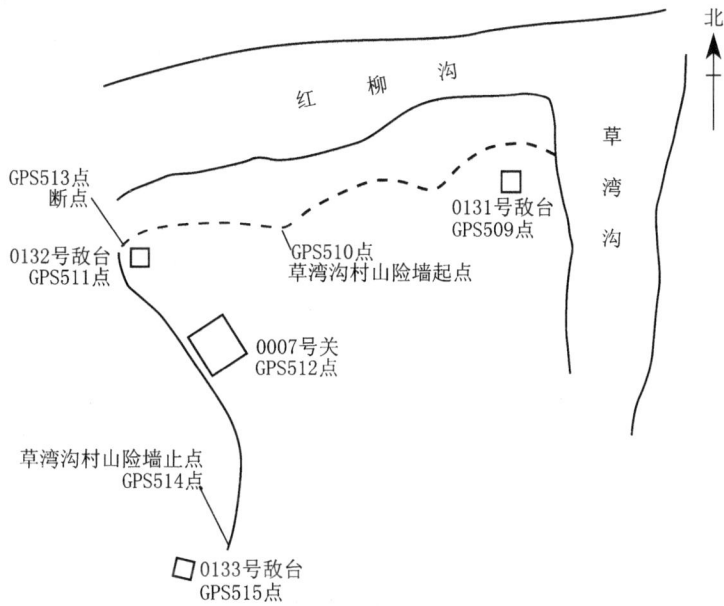

图四六八　草湾沟村山险墙位置示意图

的土墙。（图四六九）

墙体起点位于高家堡镇草湾沟村西南，高程 1077.5 米；止点位于高家堡镇草湾沟村西南 1.7 千米，高程 1155.2 米。

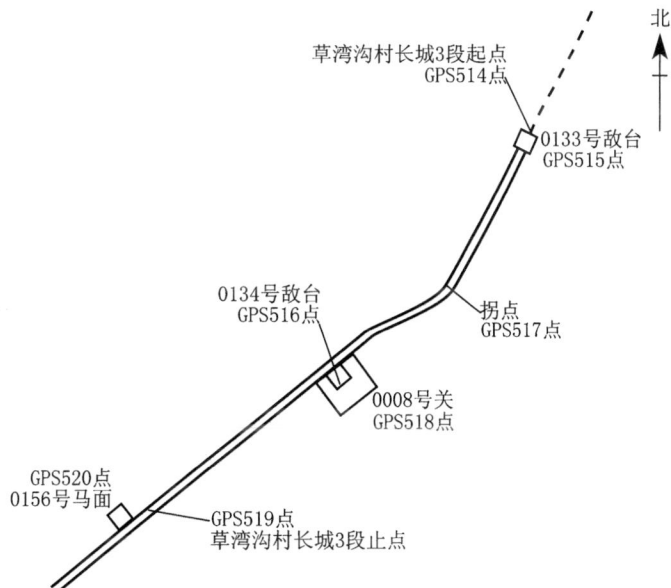

图四六九　草湾沟村长城 3 段位置示意图

墙体整体保存较差。因深入沙漠，部分墙体被沙丘掩埋，整体走势仍可辨。被沙丘掩埋长的有 210 米，短的有 32 米，时断时续；部分墙体上长满灌木、杂草。保存墙体 461 米，被沙丘掩埋 459 米。

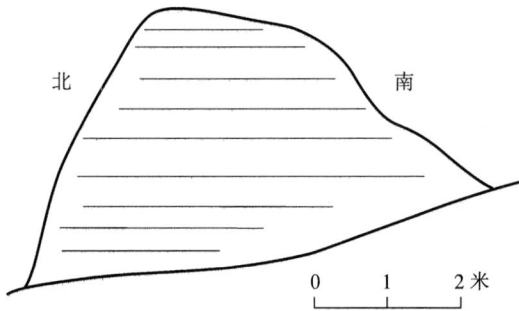

图四七〇　草湾沟村长城 3 段墙体剖面图

现存墙体为起点前行 0.033 千米处，黄土夯筑而成，底宽 5~8、顶宽 0.5~1.2、内高 1~2、外高 2~3 米；（图四七〇）再前行 0.06 千米被沙丘掩埋；再前行 0.032 千米为夯土墙；再前行 0.104 千米，因流水冲毁或流沙侵蚀而消失；再前行 0.032 千米被沙丘掩埋，只剩墙基；再前行 0.055 千米为夯土墙，为拐点，拐向西南；拐点前行 0.025 千米为夯土墙，只存基础；再前行 0.102 千米被沙丘掩埋；再前行 0.048 千米为夯土墙；再前行 0.055 千米被沙丘掩埋；再前行 0.08 千米为夯土墙；再前行 0.21 千米被沙丘掩埋；再前行 0.108 千米为夯土墙；再前行 0.08 千米只见墙体顶部一线，其余被沙丘掩埋。

该段墙体起点南侧有草湾沟村 5 号（0133 号）敌台，距起点 0.443 千米处南侧有草湾沟村 2 号（0008 号）关，止点处有草湾沟村 1 号（0156 号）马面，附近没有河流。

（七一）草湾沟村长城 4 段（610821382101170071）

该段墙体位于高家堡镇草湾沟村西南沙漠中。周围是沙地、沙梁地，地处西部沙漠区，两侧是平缓的沙梁地，生长有沙蒿等耐旱植物。墙体长 1422 米，其中，保存 1392 米、消失 30 米，整体呈东北—西南走向，属于夯筑而成的土墙。（图四七一；彩图九七）

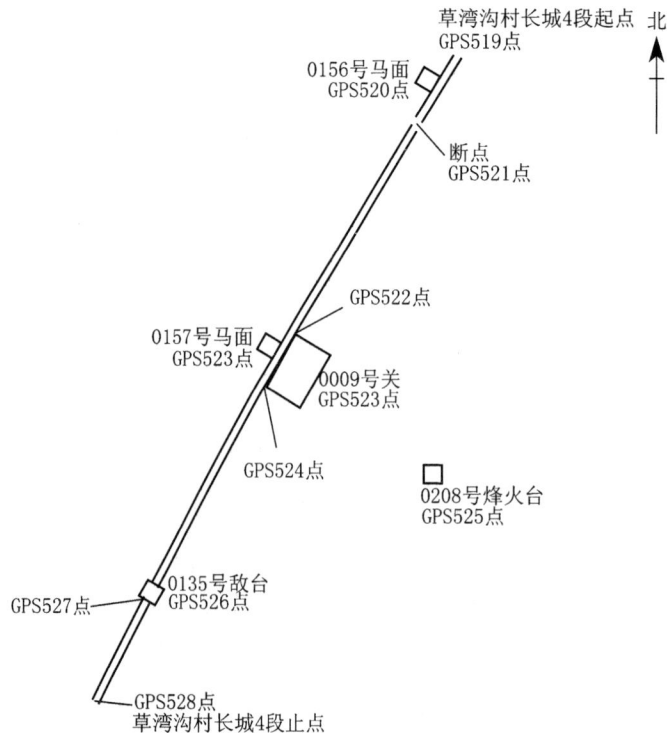

图四七一　草湾沟村长城 4 段位置示意图

墙体起点位于高家堡镇草湾沟村西南 1.7 千米，高程 1155.2 米；止点位于高家堡镇草湾沟村西南 3.1 千米，高程 1150.8 米。

墙体整体保存差。保存 3 段。第一段，起点段长 11 米；第二段，断点至草湾沟村 7 号（0135 号）敌台起点长 1219 米；第三段，草湾沟村 7 号敌台止点至墙体止点长 172 米。断点前行 0.03 千米处被洪水冲毁，成为沟壑。墙体两侧剥落严重，顶部坍塌，被流沙掩埋严重。

墙体为自然基础上夯筑而成，夯土以黄土为主，包含物有料礓石。墙体分为 6 段。起点至断点长 41 米，前 0.011 千米为

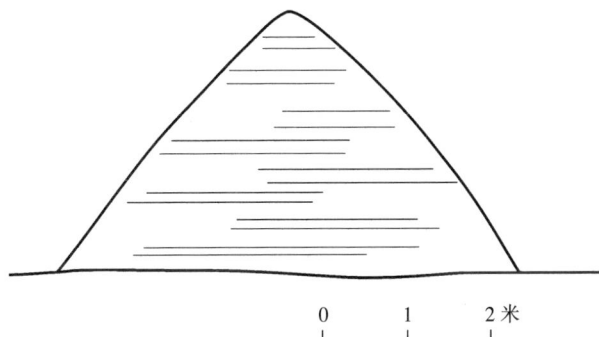

图四七二　草湾沟长城 4 段墙体剖面图

夯土墙，后 30 米消失，为水冲沟壑；断点至草湾沟村 3 号（0009 号）关起点为夯土墙，长 628 米；草湾沟村 3 号关起点至草湾沟村 3 号关止点为夯土墙，长 23 米，墙体被草湾沟村 3 号关用作北墙，关起点墙体底宽 3、上宽 0.5、高 2.5 米，关止点墙体至敌台起点为夯土墙，长 558 米，关止点底宽 5.5、顶宽 0.1、高 3 米，夯层厚 0.16～0.19 米；（图四七二）敌台起点至敌台止点为草湾沟村 7 号（0135 号）敌台，长 33 米，敌台起点处墙体底宽 1.5、上宽 0.2、高 0.7 米；敌台止点至止点为夯土墙，长 172 米，敌台止点处墙体底宽 2.2、上宽 0.3、高 3.6 米。

该段墙体与草湾沟村长城 3 段、草湾沟村长城 5 段墙体相接，走向一致。草湾沟村 1 号（0156 号）马面位于墙体起点处，草湾沟村 3 号关位于墙体南侧，北侧有草湾沟村 2 号（0157 号）马面，草湾沟村 7 号敌台位于墙体上。附近没有河流，因进入沙漠没有道路。

（七二）草湾沟村长城 5 段
（6108213821101170072）

该段墙体位于高家堡镇草湾沟村西南沙漠中。周围是沙地、沙梁地，地处西部沙漠区，周围生长有沙蒿、沙柳、柠条及龙须草等耐旱植物。墙体长 1305 米，其中，保存 831 米、消失 474 米，整体呈东北—西南走向，属于夯筑而成的土墙。（图四七三）

墙体起点位于高家堡镇草湾沟村西南 3.1 千米，高程 1150.8 米；止点位于乔岔滩乡水掌村东北，高程 1167.5 米。

墙体整体保存差。保存 2 段，分布于起点至敌台断点 9 和敌台断点 10 至止点间，长 1305 米。夯土墙存 7 段，长 831、高 1.6～3.5 米。消失 7 段，长 474 米。墙体两侧剥落严重，顶部坍塌。

墙体为自然基础上夯筑而成，只断点 13

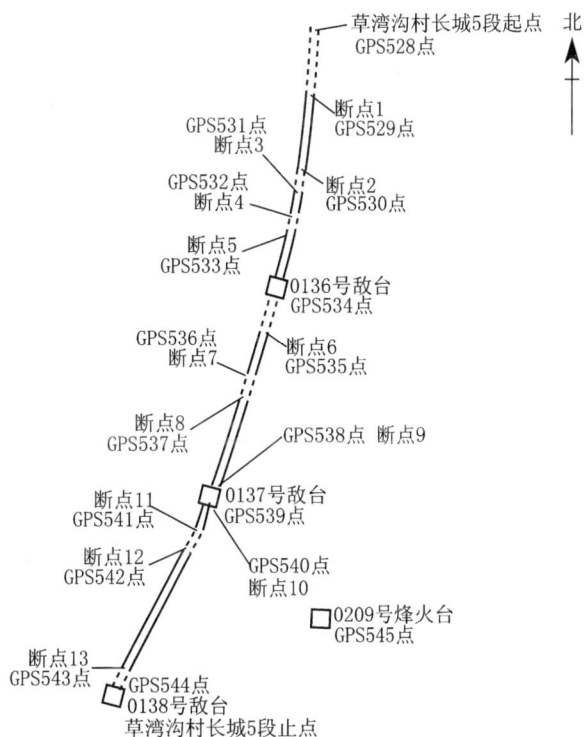

图四七三　草湾沟村长城 5 段位置示意图

有夯筑基础。墙体起点至断点 1 消失，长 176 米，断点 1 处墙体底宽 2.5、顶宽 0.4、高 2.6 米。断点

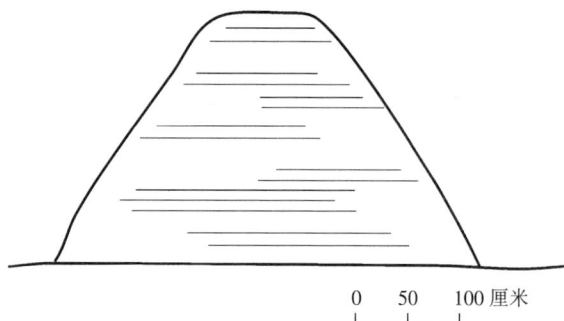

图四七四　草湾沟村长城 5 段墙体剖面图

1 至断点 2 为夯土墙，长 141 米。断点 2 至断点 3 消失，长 56 米；断点 2 处墙体底宽 3、顶宽 0.8、高 1.6 米，外侧直立；夯层厚 0.19～0.22 米，夯土以黄土为主。断点 3 至断点 4 为夯土墙，长 18 米；断点 3 处墙体底宽 3、顶宽 0.8、高 1.6 米。断点 4 至断点 5 消失，长 45 米。断点 5 至敌台为夯土墙，长 50 米，断点 5 处墙体底宽 2.5、顶宽 1.1、内高 2、外高 2.4 米。敌台至断点 6 消失，长 47 米。断点 6 至断点 7 为夯土墙，长 50 米；断点 7 至断点 8 消失，长 50 米。断点 8 至敌台断点 9 为夯土墙，长 272 米，断点 8 处墙体底宽 4.2、顶宽 1.2、高 2.4 米；（图四七四）夯层厚 0.16～0.18 米。敌台断点 9 至敌台断点 10 为草湾沟村 9 号（0137 号）敌台，长 23 米，没有墙体。敌台断点 10 至断点 11 为夯土墙，长 30 米。断点 11 至断点 12 消失，长约 60 米。断点 12 至断点 13 为夯土墙，长约 270 米；断点 13 处墙体底宽 6、顶宽 0.2、高 7.5 米，内侧下部 5 米直立，上部与外侧斜向上，地面以上高 3.5 米，地面以下高 2.5 米。断点 13 至止点消失，长 40 米。

该段墙体与草湾沟村长城 4 段、水掌村长城 1 段墙体相接，走向一致。草湾沟村 8 号（0136 号）敌台位于墙体断点 6 处，草湾沟村 9 号（0137 号）敌台位于敌台断点 9 至敌台断点 10 段上，草湾沟村 10 号（0138 号）敌台位于墙体止点。附近没有河流、道路。

（七三）水掌村长城 1 段（610821382101170073）

该段墙体位于乔岔滩乡水掌村东北。周围是平缓的新月形沙梁地，地处西部沙漠区，沙漠侵蚀墙体，周围生长有柠条、沙蒿等耐旱植物。墙体长 1708 米，整体呈东北—西南走向，属于夯筑而成的土墙。（图四七五；彩图九八）

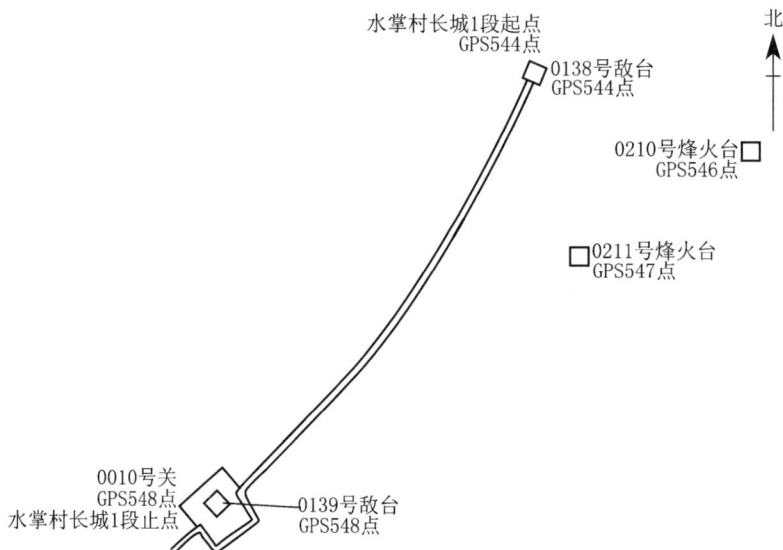

图四七五　水掌村长城 1 段位置示意图

墙体起点和止点位于乔岔滩乡水掌村东北，起点高程 1167.5 米，止点高程 1254.9 米。

墙体整体保存较差。墙体滑坡、塌陷，受到沙漠侵蚀、流沙掩埋，部分段消失，整体走势仍可辨，时隐时现，部分墙体上长满灌木、杂草。

墙体用黄土夯筑而成，夯层不明。墙体底宽 6 ~ 8、顶宽 0.2 ~ 0.6、内高 2 ~ 3、外高 2 ~ 4 米，内侧坍塌成斜坡。（图四七六）止点东北 0.574 千米处有一条小路横穿墙体，路宽 1.6 米。

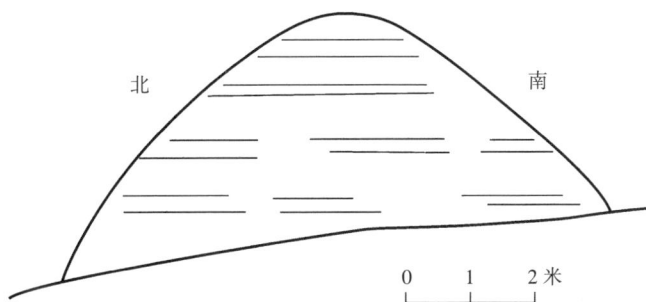

图四七六　水掌村长城 1 段墙体剖面图

该段墙体与草湾沟村长城 5 段、水掌村长城 2 段墙体相接，起点处有草湾沟村 10 号（0138 号）敌台，起点南约 0.5 千米有水掌村 1 号（0211 号）烽火台，止点处有水掌村 1 号（0010 号）关。附近没有河流，因深入山地无道路相连。

（七四）水掌村长城 2 段（6108213382101170074）

该段墙体位于乔岔滩乡水掌村东北。地处西部沙漠区，周围是平缓的沙梁地。墙体长 911 米，整体呈东北—西南走向，属于夯筑而成的土墙。（图四七七；彩图九九）

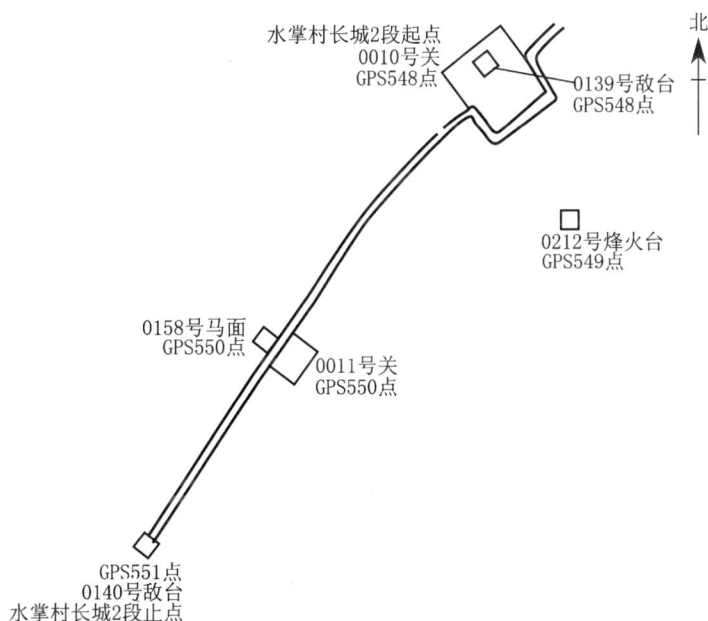

图四七七　水掌村长城 2 段位置示意图

墙体起点和止点位于乔岔滩乡水掌村东北，起点高程 1254.9 米，止点高程 1194.3 米。

墙体整体保存差。墙体滑坡、塌陷，受到沙漠侵蚀、流沙掩埋，部分段消失，整体走势仍可辨，时断时续，部分墙体上长满灌木、杂草。

墙体用黄土夯筑而成，底宽 5、顶宽 0.2 ~ 0.5、高 1 ~ 2 米，两侧坍塌成斜坡。（图四七八）

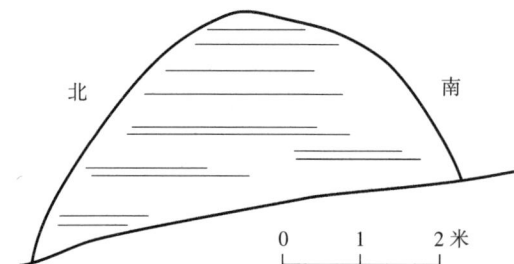

图四七八　水掌村长城 2 段墙体剖面图

该段墙体起点接水掌村长城 1 段墙体止点，走向一致，起点东北有水掌村 1 号（0010 号）关，水掌村 1 号关东北为水掌村长城 1 段，起点西南 0.425 千米处有水掌村 2 号（0011 号）关，止点处有水掌村 2 号（0140 号）敌台，止点西南连榆阳区海则沟村长城 1 段起点。附近没有河流，因深入沙地无道路相连。

二　单体建筑

神木县明长城大边单体建筑主要为敌台、马面和烽火台三大类。此次共调查单体建筑 223 座，其中，敌台 140 座、马面 18 座、烽火台 65 座。

敌台 140 座，台体皆以黄土为主夯筑而成，夯土内的包含物主要为料礓石，少数夯层内还含有沙土、瓷片、片石等；夯层厚 0.04～0.2 米，以 0.05～0.18 米为主。有台基者 16 座，约占敌台总数的 13.8%；外侧有围墙者 80 座，约占敌台总数的 6.2%；外部包砖者 19 座、包石者 20 座、包砖包石者 31 座，共约占敌台总数的 50%；有券洞者为 37 座，约占敌台总数的 26.4%。台体平面呈矩形者 123 座，占敌台总数的 87.9%；圆形者 17 座，占敌台总数的 12.1%。台体底部边长 1.2～24.8 米，以 6～13 米为主（有 12 座等于或超过 15 米，其中有 5 座超过 20 米）；顶部边长 0.3～17 米，以 1～10 米为主（有 2 座超过 10 米）；高 1.2～11.8 米，以 2～9 米为主（有 6 座超过 10 米）。

马面 18 座，台体绝大多数用黄土夹杂料礓石夯筑而成，仅有一座用片石、块石夹杂黄土、沙土垒砌而成；夯层厚 0.05～0.2 米，以 0.07～0.16 米为主。有台基者 2 座，约占马面总数的 13.8%；无围墙；外部包砖者 10 座、包石者 3 座、包砖包石者 1 座，共约占马面总数的 77.8%；有 5 座台体上有券洞。所有台体平面均呈矩形，底部边长 5.18～12 米，以 5～10 米为主（有 2 座超过 10 米）；顶部边长 2.6～9 米，以 3～7 米为主；高 2～9.5 米，以 4～7 米为主。

烽火台 65 座，台体皆以黄土为主夯筑而成，夯土内的包含物主要为料礓石，另有一些还夹杂有沙土、砖、石块、陶瓷片、红胶土、生土块等；夯层厚 0.04～0.23 米，以 0.07～0.18 米为主。有台基者 9 座，约占烽火台总数的 13.8%；外侧有围墙者 4 座，约占烽火台总数的 6.2%；外部包砖者 1 座、包石者 3 座、包砖包石者 2 座，共约占烽火台总数的 9.2%；有 2 座台体上有券洞。台体平面呈矩形的 53 座，占烽火台总数的 81.5%；呈圆形者有 10 座，占烽火台总数的 15.4%；有 2 座因台体坍塌呈不规则形，约占烽火台总数的 3.1%。台体底部边长 2.8～30 米，以 4～13 米为主（有 8 座超过 20 米，后墩梁村烽火台和阎家沟村烽火台达 30 米）；顶部边长 0.5～20 米，以 1～7 米为主（有 9 座超过 10 米，其中有 7 座超过 15 米）；高 1～12.5 米，以 2～10 米为主（有 5 座超过 10 米）。

神木县部分区域地处西部沙漠区，部分区域地处东部黄土丘陵宽谷区，风沙侵蚀及风雨侵蚀是这一区域单体建筑损毁的主要原因，人为拆除台体表面砖石及破坏台体则是加速损毁的主要原因。

各单体建筑分述如下。

（一）大墩梁 1 号敌台（610821352101170001）

该敌台位于店塔镇秦家塌村东 0.75 千米的大墩梁（山名）上。当地俗称墩，地处黄土梁峁丘陵宽谷区，三面环沟，南面通过缓坡与山体相连，四周是荒坡、沟壑。煤矿的开采造成山体下陷、地表开裂。高程 1371 米。

台体、围墙坍塌严重，围墙保存差，地表开裂是导致围墙、台体坍塌损毁严重的原因。台体被风雨侵蚀剥落、坍塌，东壁塌陷成斜坡，可能是登台土洞的位置。滑坡、塌陷、雨水冲刷、台体周围种植粮食、人为削减、采煤造成地面塌陷、人为拆除包砖等对围墙和台体造成破坏。

台体内部夯筑而成，夯土以黄土为主，包含有料礓石，质地细密，没发现夯窝，夯层厚 0.14～0.16 米。台体外部包砖保存 23 层，砖长 40、宽 20、厚 10 厘米。台体平面呈矩形，剖面呈梯形，底部东西 7.7、南北 8.5 米，顶部塌陷呈凹字形，东西 5.3、南北 6 米，高 8 米。围墙平面呈矩形，东西 25、南北 30 米，墙体无存，只存墙基。台体周围散落有大量的碎砖、碎石、瓷片。（图四七九）

该敌台北距大墩梁 1 号烽火台 0.254 千米。

（二）大墩梁 2 号敌台
（610821352101170002）

该敌台位于店塔镇秦家塔村东 0.5 千米的大墩梁（山名）上。地处黄土梁峁丘陵宽谷区，

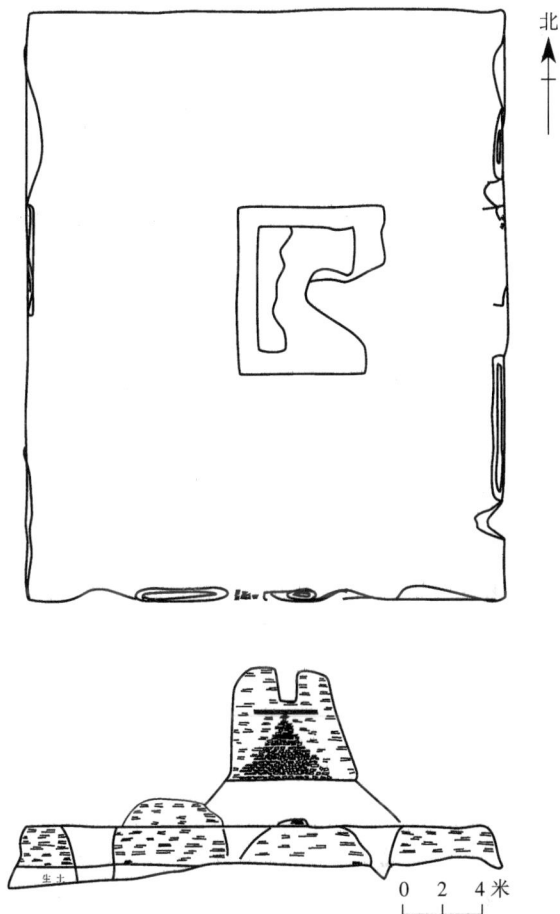

图四七九 大墩梁 1 号敌台平、立面图

三面环沟，南面通过缓坡与山体相连，四周是荒坡、沟壑，山体下陷开裂，有沟壑发育。高程 1363 米。

敌台整体保存较差。台体顶部有坍塌，四壁剥落严重，整体有开裂下陷。围墙剥落严重，顶部呈锯齿状。长年的风雨侵蚀是其损毁的主要原因。

台体为自然基础上黄土夯筑而成，夯土内包含物有料礓石，质地细密，没发现夯窝，夯层厚 0.14～0.16 米。无包砖石。台体平面呈矩形，剖面呈梯形，底部东西 16.6、南北 14.8 米，顶部边长 10.9 米，高 3.6 米。台体顶部西北、东南角有条石构件，长 30～60、宽 20～40、厚约 30 厘米，发现有碎砖、瓷片，推测台顶可能原有建筑。围墙平面呈矩形，边长 30、底宽 1.5、顶宽 0.5～1、高 3.3 米；东墙有一个豁口，上宽 4、下宽 2.1 米，应为门址。台体周围散落有碎砖石、瓷片。（图四八〇）

该敌台东北距大墩梁 2 号烽火台 0.2 千米。

（三）秦家塔村 1 号敌台（610821352101170003）

该敌台位于店塔镇秦家塔村东南 0.74 千米的山梁上。四周为退耕草地和柏树林地，北侧是沟壑，地处黄土梁峁丘陵宽谷区，附近有沟壑继续发育。高程 1328.5 米。

敌台整体保存较差。围墙断续存在，仅存西墙基，损毁严重，有许多裂缝。台体中间严重坍塌，四壁剥落严重，上部坍塌有宽 0.8 米的裂缝，外部存最下 3 层砂质条石。煤矿开采造成台体开

裂下陷，损毁严重。长年的风雨侵蚀导致的自然坍塌及煤矿开采造成的山体下陷、地表开裂是其损毁的主要原因。

　　台体建在基座中部，内部夯筑而成，夯土以黄土为主，夯土中包含物有陶片、瓷片、木炭屑，夯层厚0.1～0.17米。台体外部下层包石，包石层厚0.23米，以白灰粘合，上层有包砖痕迹。台体平面呈矩形，剖面呈梯形，底部东西6、南北8.4米，顶部东西3.5、南北6.3米，高3.7米。台体东壁有登台通道，坍塌成一个豁口，豁口底宽1、顶宽2.5、进深2.4米，斜向通到顶部，有砖砌踏步。基座平面呈矩形，边长30、高2.4米。基座西侧边缘存部分夯土围墙墙基，夯层厚0.07～0.1米，上与基座齐平，下至地面，墙基宽1.4米。台体顶部及四周散落有大量碎砖石及少量瓷片。（图四八一）

　　该敌台北临秦家塔村山险1段，东北距大墩梁2号敌台0.4千米。

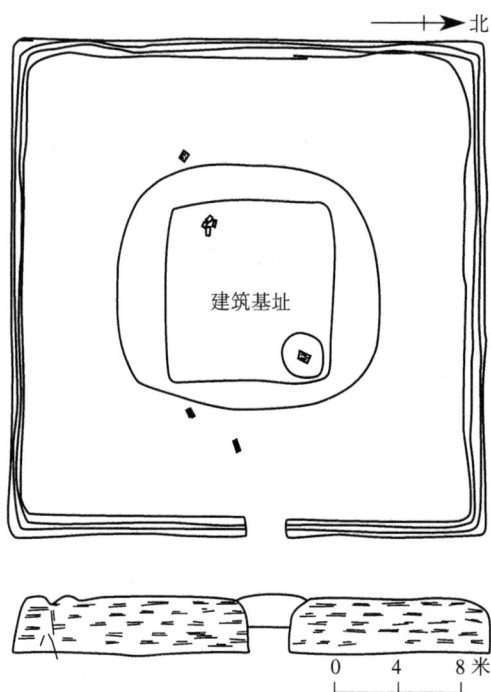

图四八〇　大墩梁2号敌台平、立面图

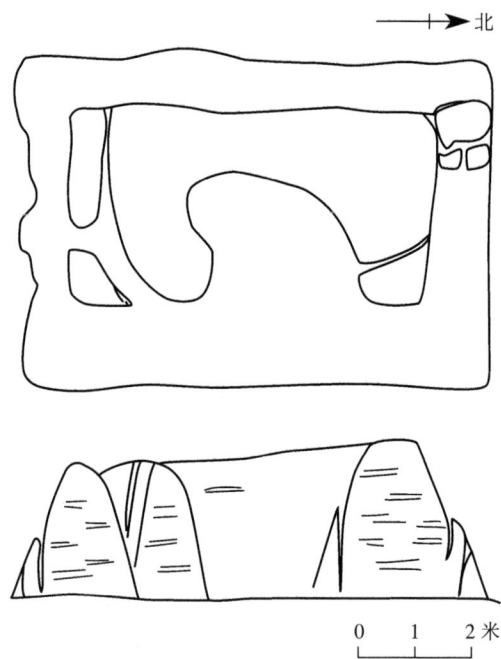

图四八一　秦家塔村1号敌台平、立面图

（四）秦家塔村2号敌台（610821352101170004）

　　该敌台位于店塔镇秦家塔村东南0.63千米的山梁上。地处黄土梁峁丘陵宽谷区，四周为退耕草地，北侧是沟壑。高程1326.3米。

　　敌台整体保存差。台体沉陷向东北倾斜，沉陷深2米，四壁剥落严重，顶部坍塌呈锯齿状，外部保存底部3层包石。台体及围墙开裂，裂缝宽0.3～1.2米。煤矿开采使台体及围墙下沉、开裂，为其损毁的主要人为原因，长年的风雨侵蚀是其损毁的主要自然原因。

　　台体位于围墙中部。台体内部夯筑而成，夯土以黄土为主，夯层厚0.2米。台体外部包砖石，保存最下三层包石，包石为砂岩，包石层厚0.26～0.3米；从断面可看出包石层下有宽0.82、厚0.08米的砖铺散水，散水最外层铺砖立砌，高0.12米。台体平面呈矩形，剖面呈矩形，底部东西8.3、南北9米，顶部东西6.3、南北7米，高7.68米。台体顶部有一层铺砖，上有0.5米的堆积层。台体原地面在现地面下0.3米。围墙夯筑而成，夯层厚0.2米；平面呈矩形，东西29.4、南北29.9、底宽1.3、顶宽0.7、高0.4~0.7米，北墙西端9米处部分坍塌。台体四周散落有砖、石块、瓷片等。台体东侧6米处断面显示有一袋状灰坑，宽1.3、深0.7米。（图四八二）

该敌台北临秦家塔村山险2段。

（五）秦家塔村3号敌台
（610821352101170005）

该敌台位于店塔镇秦家塔村南0.73千米土层较厚的山梁上。四周为退耕草地，北侧是沟壑，附近有沟壑继续发育，地处黄土梁峁丘陵宽谷区，为黄土沟壑地貌。高程1335.5米。

敌台保存较差。台体剥落坍塌严重，有开裂现象，整体向东北倾斜；穿过台体有东北—西南向塌陷带，深0.8米。围墙坍塌严重。长年的风雨侵蚀是其损毁的主要原因。

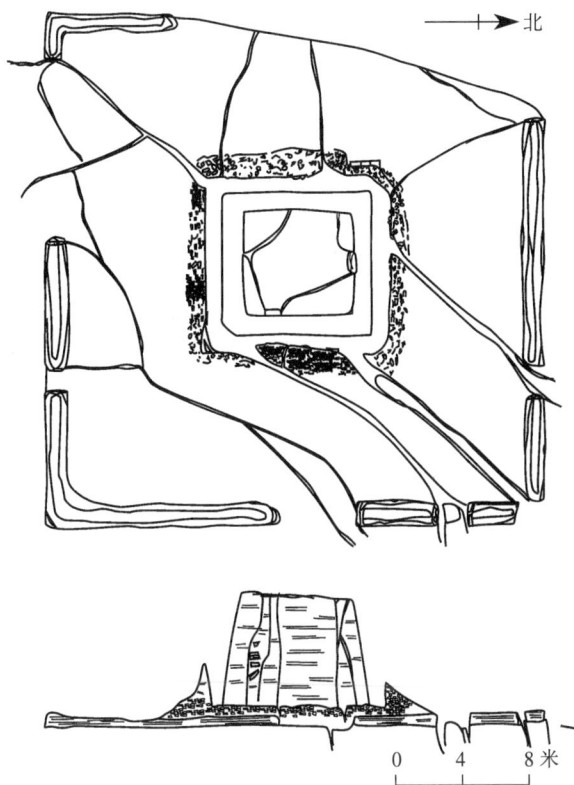

图四八二 秦家塔村2号敌台平、立面图

台体位于围墙内中部，夯筑而成，夯土以黄土为主，夯层厚0.12~0.15米。台体平面呈矩形，剖面呈梯形，底部边长7米，顶部东西3、南北3.6米，高6.3米。围墙平面呈矩形，东西25、南北23.5、底宽1.4、顶宽0.5、内高2、西墙外高5米，断续残存；东墙中部有一个3米宽的豁口，当为围墙门的位置。台体四周散落有零星砖瓦残块。（图四八三）

该敌台南距秦家塔村4号敌台0.15千米。

（六）秦家塔村4号敌台（610821352101170006）

该敌台位于店塔镇秦家塔村东南1千米的山峁上。周围群山连绵，地处黄土梁峁丘陵宽谷区，四周为退耕草地，北侧有若干较大的沟壑发育，附近有许多小的沟壑发育，由于山体下陷，地面高低不平，裂缝纵横。高程1346.2米。

敌台整体保存较差。台体坍塌呈扁平状，围墙坍塌严重几近消失。长年的风雨侵蚀及附近山体下陷是其损毁的主要原因。

台体夯筑而成，平面呈圆形，剖面呈馒头形，底部直径17.4、高1.2米。台体周围保存有砖、石、瓦片、少量瓷片等。围墙平面呈矩形，边长27、底宽1.8、顶宽0.4、内高0.6~1.2、外高1.8~2.4米。（图四八四）

该敌台北距秦家塔3号敌台0.15千米。

图四八三　秦家塌村 3 号敌台平、立面图

（七）秦家塌 5 号敌台（610821352101170007）

该敌台位于店塔镇秦家塌村西南 1.2 千米的土质山梁上。四周为退耕草地和柏树林地，南北两侧有沟壑发育，地处黄土梁峁丘陵宽谷区，为黄土沟壑地貌，附近群山连绵。高程 1342 米。

敌台整体保存较差。围墙表面剥落严重，上部坍塌严重，部分墙体消失。台体坍塌呈扁平状，表面生长有草本植物，台体及附近地表有开裂下陷的情况。长年的风雨侵蚀、植物生长、地面下陷开裂等是其损毁的主要原因。

台体位于生土基座中央，夯筑而成，夯土以黄土为主，夯层厚 0.08～0.11 米。台体平面呈近圆形，剖面呈弧拱形，底部直径 24、高 5 米。台体东南 0.09 千米处有一座夯土墩台，平面呈近圆形，底部直径 4.5、高 3 米，夯层厚 0.16～0.20 米，夯土包含有大量料礓石。基座平面呈矩形，边长 34.5、高 1.8 米。围墙平面呈矩形，建在基座边缘，墙体底宽 1.5、顶宽 0.5、高 0.3～0.55 米。台体顶部保存有砖、石、瓦片、少量瓷片等。（图四八五）

该敌台北距秦家塌村 3 号敌台 0.3 千米。

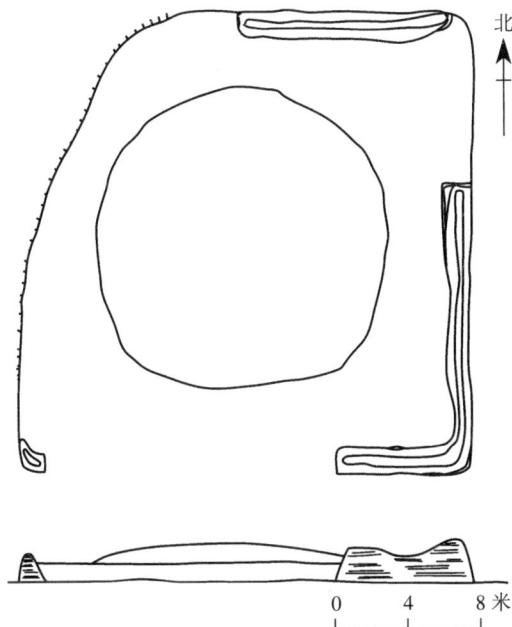

图四八四　秦家峁村4号敌台平、立面图

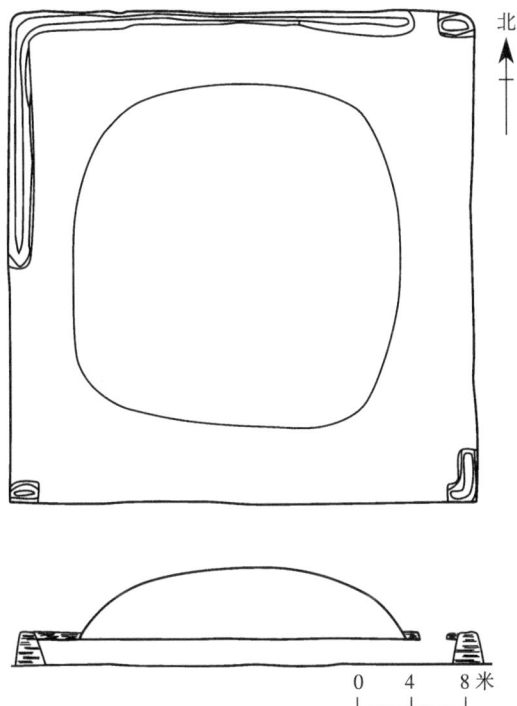

图四八五　秦家峁村5号敌台平、立面图

（八）水头沟村敌台（610821352101170008）

该敌台位于店塔镇水头沟村东南0.37千米低缓的山峁上。四周是荒草坡，有沟壑发育，地处黄土梁峁丘陵宽谷区，附近群山连绵，青草遍地。高程1314米。

敌台整体保存较好。台体保存较好，基座、围墙保存较差。围墙表面多有剥落、坍塌。台体包砖部分脱落，内部两层隔墙两侧门的拱顶有不同程度的人为拆除。台体内堆放有大量的苜蓿，内壁上有多处乱写乱画的现象。长年的风雨侵蚀是其损毁的主要自然原因，人为的不合理使用及破坏是其损毁的主要人为原因。

台体内部的夯土以黄土为主，夯层不明，夯土质地细密，没发现夯窝。台体外部包石长40、宽20、厚10厘米。台体平面呈矩形，剖面呈梯形，底部边长11、顶部边长9、高9.7米。由于山体塌陷较严重，基座数据不明。围墙建在夯土台基上，平面呈梯形，南墙长27、东墙和西墙长34、北墙长22米，墙体底宽2、顶宽0.4~0.8米，内高1~2、外高3米；北角可看出厚0.9米的夯土层上有一层砖基，上筑墙体，南墙有一个豁口，上宽2.2、下宽2米，应是门的位置。（图四八六；彩图一〇〇、一〇一）

台体东南部有附属小台以便登台，夯筑而成，包砖多脱落，只在底部略有保存，长9.8、宽1、高2.8米；小台东侧为缓坡可上，应是登台通道，仅存2阶石踏。台体的门位于正面，比小台高2.2米，门分两层，外层石质，内层砌砖，外层由2根石门柱、1块石门楣、1块石踏组成；石门柱宽0.5、厚0.15、高1.15米，石门楣高0.5、宽0.9、厚0.37米，石门踏厚0.25、宽0.5、长1.5米；门踏内侧两边各有一个门窝，圆形，直径0.12米。内层为砖砌门洞，宽1.15、高2.33、进深1.1米。中间靠门柱两侧各有一个圆形门杠洞，直径0.15、进深0.15米，是为装进木杠用以锁门。

台体内部为三横三纵结构，由东西向的2层隔墙将台内分为3层，每个隔墙有3个门，两侧门较

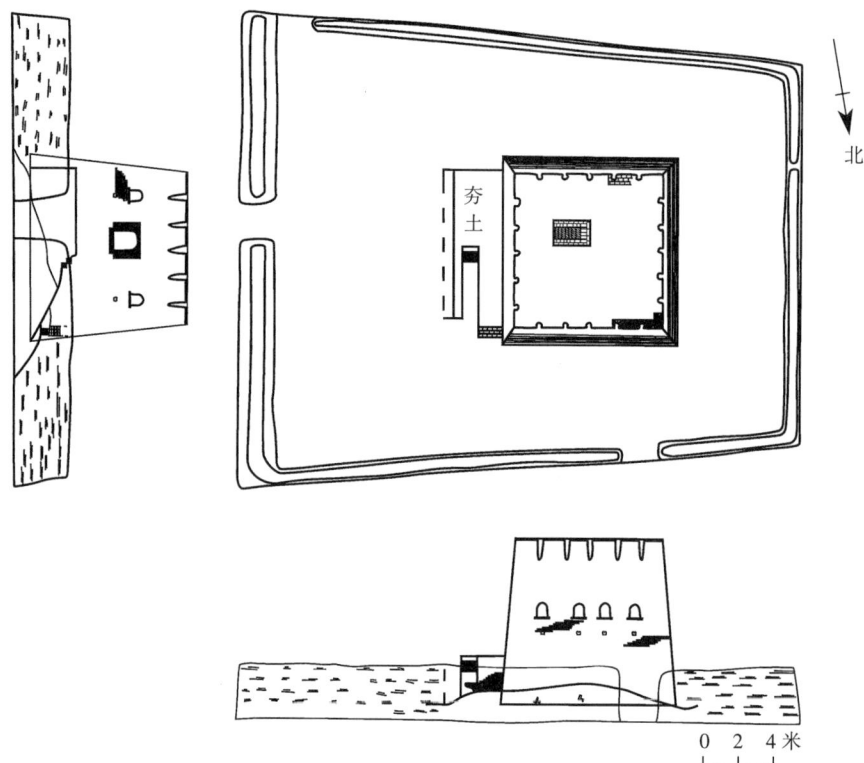

图四八六　水头沟村敌台平、立面图

宽，宽1.35米，中间门较窄，宽1.14米。除南墙外，其余三面墙体各有瞭望口4个，瞭望孔有2层，外层石料，长0.5、宽0.3、高0.8米；内层砌砖，长0.8、宽0.7、高1.14米；窗不存，每个瞭望孔下对应1个射孔，长0.22、高0.2米，每个射孔上有3个半圆形阴刻。通过这种三横三纵的结构，台体内的防守人员可以迅速观察各个走向的敌情。第一层隔墙的中间门洞和西侧门洞之间的墙上有台阶可以登顶部，台阶石制，长1.2、宽0.2、高0.3米，保存部分拱形顶。从台体顶部台阶两侧的建筑痕迹看，拱形顶一直延伸到高出顶部。台体顶部夯土上有零散的碎砖。台体顶部每面有5个镭石孔，半圆形，由专门烧制的砖垒砌，长1.2、直径0.4米，由台体顶部斜向下。

台体前壁内尚有当地政府立的文物保护碑，有一大一小2通，由碑座和碑身两部分组成。较小的碑座长55、宽44、高18厘米，碑身高90、宽47、厚10厘米，碑阴素面。较大的石座长123、宽32、高48厘米，碑身宽100、高70、厚19厘米。碑文为：墩台俗称"花墩"。始筑于明正统二年（1437年）至万历年间，占地约900平方米。台体四周为夯筑土墙围成一座矩形小城垣，墙体厚、高1米，土质较硬。台体座落于小城垣中央，先筑内土，外加青砖、白灰包砌而成。台体剖面呈梯形，东西北三壁各有箭窗4个，每个箭窗往下0.75米处正中开矩形孔；南壁正中设门，两侧各有1个箭窗，四周为石制门框，门下有包砖平台，东侧开门上平台进入台门。台体为部分空心结构，由台体门进入较宽敞的中室分3个通道可达顶部。水头沟村敌台是神木境内迄今为止规模较大、特点鲜明、保存较完整的明长城敌台之一。保护范围：A区在敌台以内，B区在A区外延50米以内，C区在B区外延150米以内。台体周围发现有碎砖、石、瓷片、碎瓦。

该敌台东北距水头沟村1号烽火台0.413千米，西北距水头沟村2号烽火台0.31千米，西距青草沟村石窑沟组敌台0.664千米。

（九）青草沟村石窑沟组敌台（610821352101170009）

该敌台位于神木镇青草沟村西北 1.3 千米的山峁上。三面环沟，南面与山体相连，地处中部黄土梁峁丘陵宽谷区，四周是荒草坡，有沟壑发育。高程 1288.5 米。

敌台整体保存一般。台体保存较好，围墙保存较差。围墙东墙距南墙 2 米有一个雨水冲刷形成的缺口，宽约 3 米。台体表面被风雨侵蚀而剥落、坍塌；南壁塌陷成斜坡，宽 1.3～3 米，应是登台土洞的位置。长年的风雨侵蚀是使其损毁的主要原因。

台体围墙夯筑而成，夯层厚 0.12～0.2 米，平面呈矩形，东西 29、南北 30 米；墙体高 2.5～5 米，1.5 米为生土层；南墙中部有一个豁口，宽 4～5 米，似门址。台体内部夯筑而成，夯土以黄土为主，包含有料礓石，夯层厚 0.12～0.22 米，夯土质地细密，没发现夯窝。台体外部上层包砖、下层包石，包砖厚 0.7、包石厚 0.9 米，包砖保存 33 层，砖长 43、宽 20、厚 10 厘米，包石有 10 层，石块长 67、宽 25、厚 20～30 厘米。台体平面呈矩形，剖面呈梯形，底部边长 10.2、顶部边长 6.3、高 8 米。台体顶部保存有碎砖、瓦片，原似有建筑。台体西北 10 余米处有一个碎石堆，性质不明；西南 0.045 千米处有一座小夯土墩，平面呈近椭圆形，底部东西 7、南北 5.3 米，高 3.5 米，似敌台附属遗存。台体附近发现有碎砖石、瓷片、碎瓦。（图四八七；彩图一〇二）

该敌台东北距水头沟村 2 号烽火台 0.48 千米。

（一〇）青草沟村 1 号敌台（610821352101170010）

该敌台位于高堡镇青草沟村西北 1.3 千米的山峁上。三面环沟，南面通过缓坡与山体相连，地处黄土梁峁丘陵宽谷区，四周是农田，附近是沟壑，表土较厚，有沟壑发育。高程 1331.1 米。

敌台整体保存差。台体保存较好，围墙保存较差。围墙和台体表面剥落、塌陷。长年的风雨侵蚀及人为破坏是其损坏的主要原因。

台体内部夯筑而成，夯土以黄土为主，包含有料礓石，夯层厚 0.12～0.14 米，夯土质地细密，没发现夯窝。台体外部下层包石，上层包砖，包石有 8 层，石块长 90、宽 22、厚 20 厘米，包石层厚 0.75 米，上部包砖脱落。台体平面呈矩形，剖面呈梯形，底部东西 9.6、南北 9.7 米，顶部塌陷呈凹形，东西 4.5、南北 4.7 米，高 6.8 米。台体南壁塌陷成斜坡，可能是登台洞口的位置。围墙平面呈矩形，墙体夯筑而成，夯层厚 0.1～0.2 米。北墙长 17.5、高 1.5 米；西墙长 17 米，保存 6 米墙体，底宽 0.6、顶宽 0.3、高 2.5 米。距北墙东端 1 米有一个雨水冲刷的豁口，距北墙西端 2 米有一个缺口，墙体多无存。台体附近发现有碎砖、碎石、瓷片。（图四八八）

该敌台东距青草沟村石窑沟组敌台 0.353 千米，西距青草沟村 4 号敌台 0.583 千米。

（一一）青草沟村 2 号敌台（610821352101170011）

该敌台位于高堡镇青草沟村西南 1.13 千米山梁上的两个山峁中间鞍部。地处黄土梁峁丘陵宽谷区，附近土层较厚，四周为退耕草地，南北两侧是沟壑断崖，附近地面有开裂下陷现象。高程 1298.4 米。

敌台整体保存较差。台体只存剥落坍塌严重的夯土部分，顶部和北壁大半部坍塌，四壁剥落严重。长年的风雨侵蚀是其损毁的主要原因。

台体夯筑而成，夯土以黄土为主，包含有料礓石，夯层厚 0.12～0.13 米。台体平面呈矩形，底部东西 5.2、南北 4.6 米，顶部东西 1.5、南北 1 米，高 6.4、台体上部高 4.1 米。（图四八九）

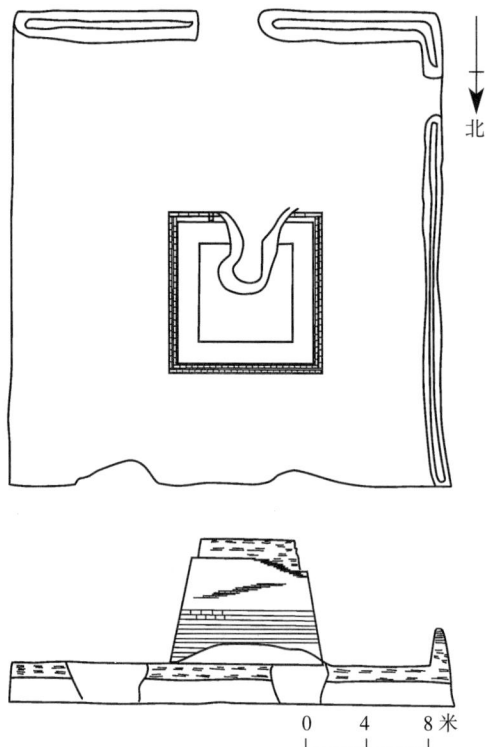

图四八七　青草沟村石窑沟组敌台平、立面图

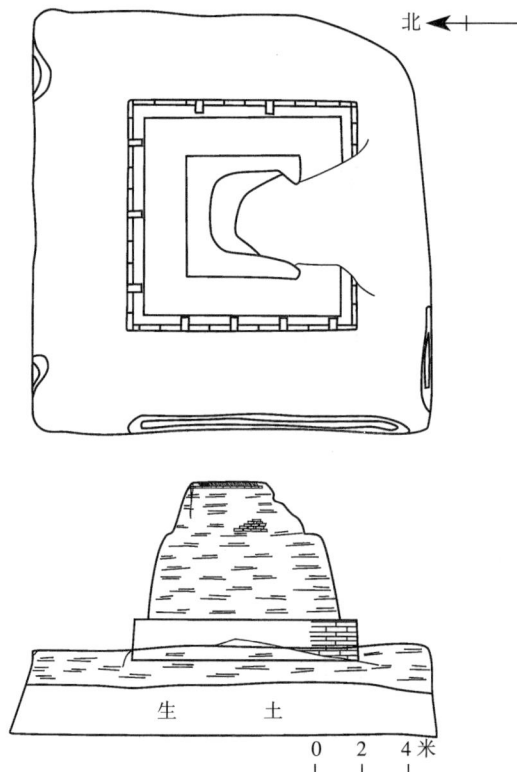

图四八八　青草沟村 1 号敌台平、立面图

该敌台位于青草沟村长城 2 段墙体中部内侧，依墙体而建，长城墙体顶宽 1.2、内高 0.4、外高 1.6 米。

（一二）青草沟村 3 号敌台（610821352101170012）

该敌台位于高堡镇青草沟村西北 1.3 千米的山梁北端。四周为退耕草地，南北两侧是沟壑，东西两侧为缓坡草地，北临草地沟，地处黄土梁峁丘陵宽谷区，为黄土沟壑地带。高程 1329.2 米。

敌台整体保存较差。围墙损毁严重，几近消失。台体包砖大部分被拆，坍塌剥落严重，有裂缝产生，附近地面有裂缝塌陷。长年的风雨侵蚀及人为破坏（拆拿包砖等）是其损毁的主要原因。

台体建在生土基座上，平面呈矩形，通高 9.4 米，中间向上 6.6 米处有一层厚 0.5 米的灰烬层。下层底部边长 8.1 米，夯土层高 6.6 米，夯层厚 0.16 ~ 0.2 米，包含有料礓石；灰烬层包含有砖、石、瓷片、炭屑，发现 2 个石夯头；上部边长 7、高 2.3 米；顶部边长 4.7 米。最上 1 米厚是砖、瓦、片石、土、瓷片混合堆积，东南部缺失。台体顶部有砖墙痕迹，北墙可见东段，外距边缘 1 米，长 1.3、高 0.4 米，共 4 层砖；南墙可见东段，外距边缘 0.7 米，长 1、高 0.4 米；墙体下部为海墁铺砖，该部分夯层厚 0.12 ~ 0.2 米，包含有砖瓦碎块。台体南壁有登台门洞，宽 1.6、进深 1.9 米，转东向登台体顶部，外侧坍塌，距台体东壁 2.6 米。基座平面呈矩形，边长 24.5、高 2 ~ 3 米。围墙建在基座边缘，平面呈矩形，墙体底宽 0.6、顶宽 0.3、高 2 米，断续存存，大部分消失。台体下层外侧有 1.7 米高的砖、石、瓦堆积。（图四九〇；彩图一〇三）

该敌台西距水头沟村山险 0.06 千米。

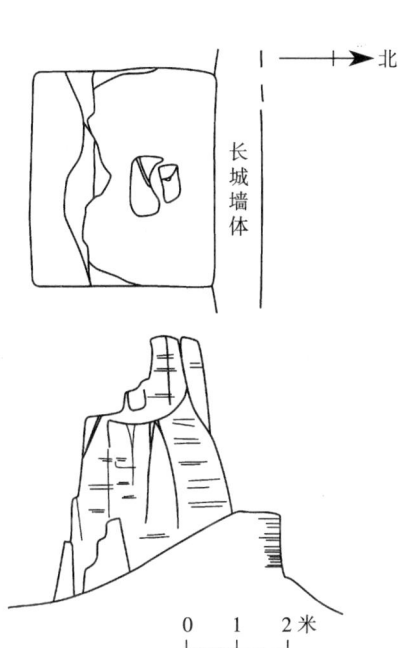

图四八九 青草沟村 2 号敌台平、立面图

图四九〇 青草沟村 3 号敌台平、立面图

（一三）青草沟村 4 号敌台（610821352101170013）

该敌台位于高堡镇青草沟村西 1.1 千米的山峁上。三面环沟，东面通过缓坡与青草沟村 3 号敌台所在山体相连，西面隔沟与青草沟村 5 号敌台相望，四周是农田，农田外是沟壑，北临草地沟，西临草地沟的一条支沟，地处黄土梁峁丘陵宽谷区，为黄土沟壑地貌。高程 1341 米。

敌台整体保存一般。台体下部保存较好，外层包石完整，上部包砖被拆，表面剥落，顶部坍塌严重。围墙保存较差，墙体坍塌严重，表面剥落。长年的风雨侵蚀及人为破坏（拆拿包砖）是其损毁的主要原因。

台体内部夯筑而成，夯土以黄土为主，包含有料礓石，夯层厚 0.12～0.22 米，夯土质地细密，没发现夯窝。台体下部包石高 3 米，有 12 层，石块长 55～85、宽 31～41、厚 25～28 厘米；上部包砖大部分脱落，仅西壁保存 2 层，砖长 40、宽 20、厚 10 厘米。台体平面呈矩形，剖面呈梯形，底部边长 9.5、顶部边长 6、高 8.6 米。台体南壁底部可见登顶土洞，宽 0.63、高 1.06 米，门楣石制，长 1.24、高 0.83、厚 0.29 米；由洞口进入斜上约 3 米转向西，为一个天井直通台体顶部，原应有登台木梯，现无存。围墙建在自然台基上，北墙保存较好，东墙保存较差，夯层厚 0.12～0.2 米，平面呈矩形，边长 24 米，墙体底宽 1.5、顶宽 0.2～0.6 米，东墙内高 0.2～1.2、外高 2.6～3.2 米，西墙内高 0.6～2.2、外高 4.8～5.2 米，南墙内高 0.4～1.8、外高 2～4 米，北墙内高 0.4～1.4、外高 4～5 米，南墙有一个上宽 5、下宽 3 米缺口，当是围墙门的位置。台体周围发现有碎砖石、瓷片。（图四九一）

该敌台东距青草沟村 3 号敌 0.246 千米，西距青草沟村 5 号敌台 0.488 千米。

（一四）青草沟村 5 号敌台（610821352101170014）

该敌台位于高堡镇青草沟村西南 1.6 千米的山峁上。三面环沟，东面通过缓坡与青草沟村 4 号敌台所在山体相连，西面隔沟与连庄村 1 号敌台相望，附近表土较厚，四周是农田，农田外是沟壑，地处黄土梁峁丘陵宽谷区，为黄土沟壑地貌。高程 1331.1 米。

敌台整体保存较差。围墙及台体被风雨侵蚀，围墙和台体表面剥落、坍塌，整体有塌陷裂缝。台体顶部塌陷成凹字形；上部包砖被拆，坍塌严重；下部保存一般。附属夯土台表面及顶部剥落坍塌严重，保存较差。长年的风雨侵蚀及人为破坏（拆拿台体包砖等）是其损毁的主要原因。

台体为自然台基，内部夯筑而成，夯土以黄土为主，包含有料礓石，夯层厚 0.1 ～ 0.14 米，夯土质地细密，没发现夯窝。台体下部包石高 1.0 米，有 5 层，石块长 80、宽 20、厚 30 厘米；上部包砖大部分脱落。台体平面呈矩形，剖面呈梯形，底部边长 13、顶部边长 7.1、高 8.7 米。台体顶部发现有碎砖瓦、瓷片等。台体南壁登台土洞部位塌陷成斜坡，宽度不详。台体西北 0.045 千米处有一座附属夯土台，黄土夯筑而成，包含有料礓石、碎砖等，平面呈圆形，底部直径 6、顶部直径 1.5、高 4 米，疑为敌台附属建筑。这是一座带有围墙、下包石上包砖的夯土敌台。围墙建在自然台基上，夯筑而成，夯层厚 0.13 ～ 0.15 米；平面呈矩形，边长 35、底宽 1.3、顶宽 0.2 米 ～ 0.5 米，高度依次为东墙内高 0.2 ～ 0.5、外高 4.4 米，西墙内高 0.2 ～ 1.4、外高 4.2 米，南墙内高 0.3 米 ～ 0.5、外高 3.7 米，北墙内高 0.4 ～ 1.4、外高 3.4 米。围墙南侧有一个缺口，上宽 3.7、下宽 3 米，应是当时围墙门的位置。（图四九二）

该敌台东距青草沟村 4 号敌台 0.488 千米，西北距连庄村 1 号敌台 0.498 千米。

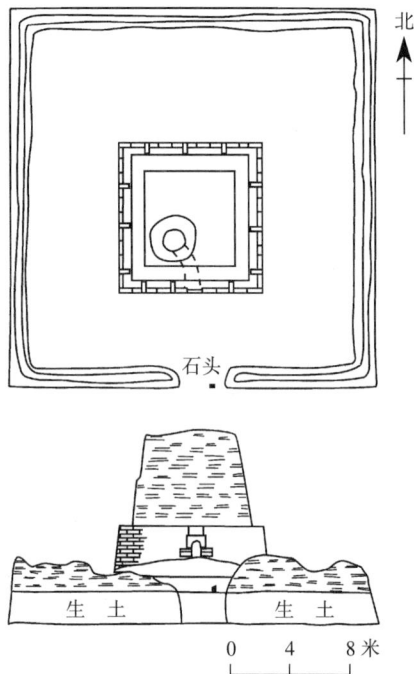

四九一　青草沟村 4 号敌台平、立面图　　　　四九二　青草沟村 5 号敌台平、立面图

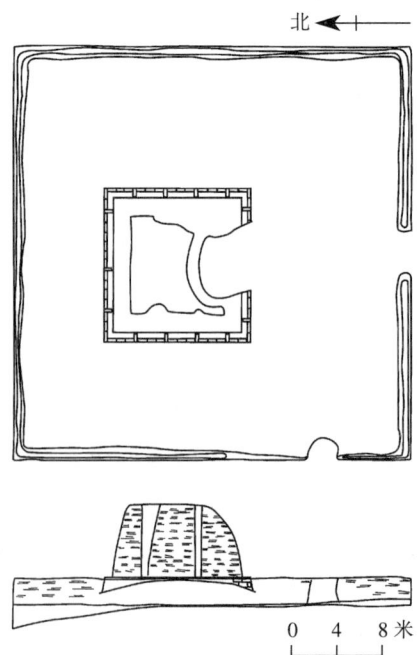

（一五）连庄村 1 号敌台（610821352101170015）

该敌台位于神木镇连庄村东南 1.19 千米的山峁上。东南与山体相连，其余三面环沟，东南、西北侧是地面塌陷形成的深约 8、宽约 6 米的小型地堑，东北侧是沟壑，附近是沟壑，地处黄土梁峁丘陵宽谷区，为黄土沟壑地貌。高程 1324 米。

敌台整体保存差。台体、围墙被风雨侵蚀，墙面及台体表面剥落、坍塌、开裂。台体周围山体塌陷严重，台体向东倾斜。长年的风雨侵蚀造成的山体坍塌等是其损毁的主要原因。

台体夯筑而成，夯土以黄土为主，包含有料礓石，夯层厚 0.1～0.15 米，夯土质地细密，夯窝直径 0.05～0.08 米。台体有包砖。台体平、剖面因塌陷呈不规则形，底部边长约 10.2、高约 4 米；顶部基本无存，数据不详。台体四周可见包砖，多破损，完整的砖长 40、宽 20、厚 10 厘米。台体顶部保存部分，可见一层白灰渣，厚 0.2～0.4 米，白灰层上有一层海墁。基座为自然台基。围墙只存南墙，长 16.7、底宽 1.2、顶宽 0.2～0.4、内高 0.1～2、外高 0.6～2.6 米。在滑落的山沟坡上发现一块条石，长 80、宽 35、厚 30 厘米。台体附近发现有碎砖、条石、瓷片。（图四九三）

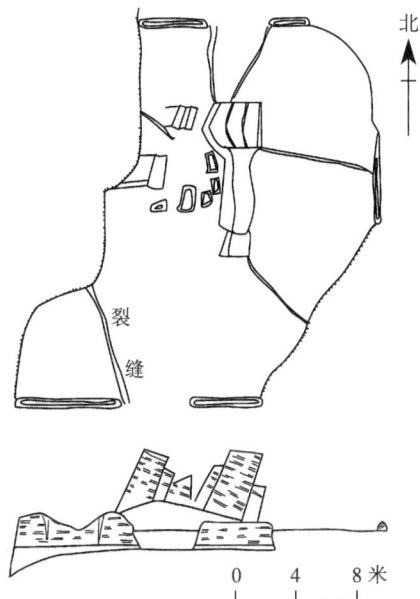

图四九三　连庄村 1 号敌台平、立面图

该敌台位于青沟村 5 号敌台西 0.498 千米，西距连庄村 2 号敌台 0.256 千米。

（一六）连庄村 2 号敌台
（610821352101170016）

该敌台位于神木镇连庄村南 0.9 千米的山梁上。四周为退耕草地和柏树林地，南北两侧是沟壑，地处黄土梁峁丘陵宽谷区，为黄土沟壑地貌，附近地表东北—西南向裂缝塌陷带分布较密。高程 1324.7 米。

敌台整体保存较差。台体坍塌严重，包石、砖被拆毁。台座及台体开裂塌陷严重，裂缝呈东北—西南走向，宽 0.1～0.6 米。台体东壁下陷 0.3～0.9 米。从裂缝可见台体外层曾有包石，上部包砖脱落。长年的风雨侵蚀、山体塌陷等自然因素及人为因素破坏（拆拿台体包砖）是其损毁的主要原因。

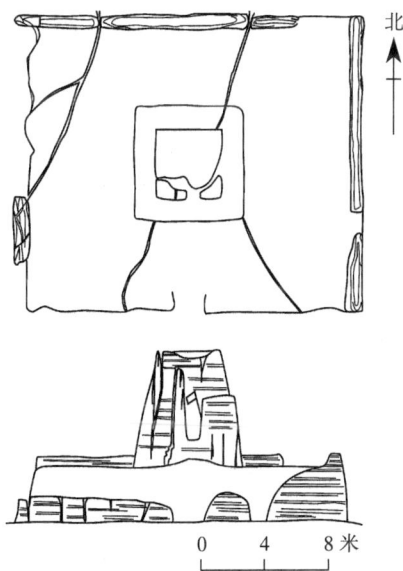

图四九四　连庄村 2 号敌台平、立面图

台体夯筑而成，夯土以黄土为主，夯层厚 0.16～0.17 米。台体位于基座中央，平面呈矩形，底部边长 7、顶部边长 4.5、高 7 米，东南角缺失。台体南壁有登台门洞，门洞距台底 1.5、宽 0.9、进深 1.3 米。生土基座平面呈矩形，东西 20、南北 18、高 3.4 米。台座外侧边缘有围墙，墙体顶宽 0.6、内高 0.8～1.3、外高 4.2～4.7 米，断续存在；南墙有一个缺口，宽 2 米，应是门的位置。台体四周堆积有大量

砖、瓦、碎石块及一些瓷片。（图四九四）

该敌台位于正则沟村山险1段西南，东北距后连庄村砖窑遗址0.23千米。

（一七）连庄村3号敌台（610821352101170017）

该敌台位于神木镇连庄村南0.92千米的山梁上。四周为退耕草地和柏树林地，南北两侧是沟壑，地处黄土梁峁丘陵宽谷区，附近群山连绵，周围分布有较多的呈东南—西北向的裂缝和塌陷带。高程1279.7米。

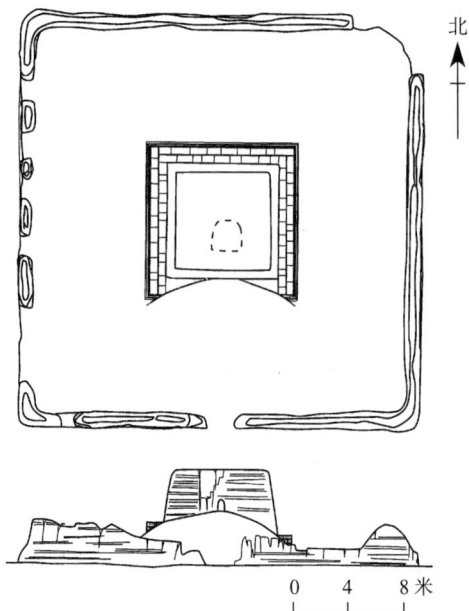

图四九五　连庄村3号敌台平、立面图

敌台整体保存较差。台体下部外包条石保存较好，有10层，东、西、南壁只剩7层；上部外层包石、砖脱落，只剩内部夯土；顶部坍塌。围墙表面剥落严重，只下部保存。围墙及台体坍塌严重，有开裂下陷，围墙顶部坍塌呈锯齿状。长年的风雨侵蚀、山体塌陷等自然因素及人为因素破坏（拆拿台体包砖等）是其损毁的主要原因。

台体位于生土基座中央，内部夯筑而成，夯土以黄土为主，夯层厚0.1～0.13米。台体下部包石为砂岩，外包条石内外2层，条石长60～160、宽55、厚27厘米。台体平面呈矩形，剖面呈梯形，底边长10.7、顶部边长6.6、高6.4米。台体南壁有登台门洞，宽0.5、高0.8米。基座平面呈矩形，东西28、南北27、高0.5～2米。基座外侧边缘有夯土围墙，墙体底宽1、顶宽0.5、内高1.5～2.2、外高2～4米；南墙中间有一个豁口，宽2米，应是门的位置。台体顶部残留有砖瓦堆积。（图四九五；彩图一〇四）

该敌台北临正则沟村山险1段。

（一八）连庄村4号敌台（610821352101170018）

该敌台位于神木镇连庄村西1千米的山峁上。四周是农田，农田外是沟壑，地处黄土梁峁丘陵宽谷区，周围地面分布有大量裂缝与塌陷带。高程1295.3米。

敌台整体保存较差。围墙保存较差，下部保存，上部坍塌呈锯齿状。台体包石、砖被拆除，顶部坍塌。台体上有裂缝，东、西壁距北端约4米各有一条裂缝，宽0.05～0.15米；南壁有3条裂缝，宽0.05～0.1米。台体北部塌陷，与南部落差约0.2～0.3米。长年的风雨侵蚀、山体塌陷等自然因素及人为因素破坏（拆拿台体包砖等）是其损毁的主要原因。

台体内部夯筑而成，夯土以黄土为主，包含有料礓石、砖，夯层厚0.1～0.14米，夯土质地细密，没发现夯窝。台体平面呈矩形，剖面呈梯形，底部边长9、顶部边长6.5、高6.7米。台体顶部原应有建筑物，仅存砖、瓦片、少量瓷片等。围墙建在自然基座上，平面呈矩形，东墙长24.5、底宽1、顶宽0.1～0.3、内高0.2～1.2、外高2米；南墙不存；西墙长26米，靠北有19米不存在，顶宽0.2～0.4、内高0.2～0.3、外高3米；北墙内高0.2～1.2、外高4米。台体四周有碎砖堆积，高约1.5米，砖上粘有白石灰。（图四九六）

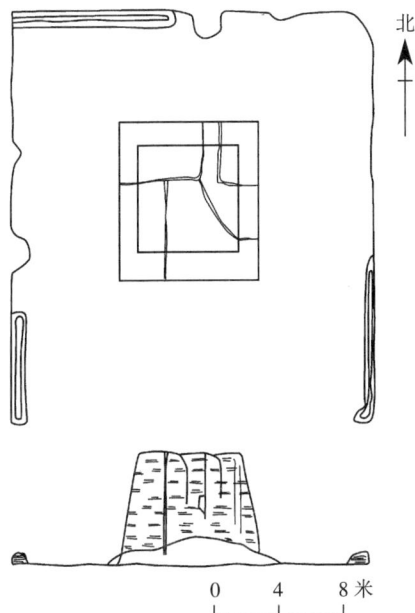

图四九六　连庄村 4 号敌台平、立面图

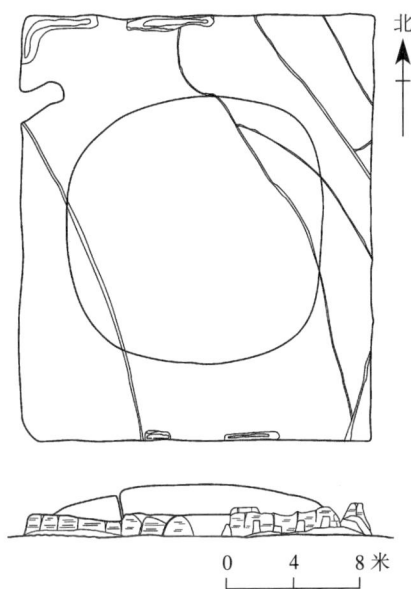

图四九七　连庄村 5 号敌台平、立面图

该敌西距连庄村 5 号敌台 0.462 千米。

（一九）连庄村 5 号敌台（6108213521011700 19）

该敌台位于神木镇连庄村西北 1.25 千米的山梁北端。四周为退耕草地和柏树林地，地处黄土梁峁丘陵宽谷区，南侧有缓坡与山体相连，东西两侧是沟壑。高程 1280.3 米。

敌台整体保存较差。台体坍塌严重呈扁平状，围墙上部坍塌。有数条裂缝穿过台体和台座，中间有 3 米宽的塌陷带。台座上有 2 条西北—东南向的塌陷裂缝带，宽 3~5、深 0.7~1 米。长年的风雨侵蚀、自然坍塌等自然因素是其损毁的主要原因。

台体建在生土基座上。台体用黄土夯筑而成，夯层厚 0.1~0.13 米。台体平面呈近圆形，剖面呈馒头形，底部直径 15、高 1.7 米。基座平面呈矩形，边缘有夯土围墙。基座东西 20.4、南北 23.8、高 1.2~3.6 米。基座南 10 米处为东西向土梁，梁上宽 1.2、北侧高 1.3、南侧高 0.2 米，两端连接沟边，可能为修台时取土所形成。围墙上宽 0.4、内高 0~0.4、外高 1.6~4 米；南墙中间有一个宽 3.2 米的豁口，应是门的位置。台体上及四周散落有大量砖瓦残块和石块，还有一些瓷片和陶片。（图四九七）

该敌台北临正则沟村山险 1 段。

（二〇）正则沟敌台（6108213521011700 20）

该敌台位于神木镇草条沟村正则沟组东北 0.1 千米梁上北端的山峁上。四周为耕地，北临草条沟，西临正则沟，地处黄土梁峁丘陵宽谷区，东、西、北侧是沟壑。高程 1240.2 米。

敌台整体保存较差。台体顶部坍塌严重，四壁剥落严重，下部有村民利用的痕迹。长年的风雨侵蚀及人为不合理利用是使其损毁的主要原因。

台体夯筑而成，夯土以黄土为主，夯层厚 0.1~0.13 米。台体平面呈矩形，剖面呈梯形，底部东西 6.7、南北 7.8 米，顶部东西 4、南北 6 米，高 6.3 米。基座平面呈矩形，边长 15.5、高 1.6~1.9

米，侧面斜向上至台体顶部。台体西壁底部有一个尖拱形洞口，宽1、高2米，洞内被土堵塞。台体西南角（南端1.2、西端1.7米部分）为后来补修，顶部1.5米部分亦如此，修补部分夯层厚0.15～0.16米，夯层中包含有许多片石。台体顶部有0.3米厚的堆积（下部灰烬厚0.1米，上部为瓦、石、土堆积），东部有石砌墙体，长3.3、高0.1米。（图四九八）

该敌台西距草条沟村1号敌台0.3千米。

（二一）草条沟村1号敌台（610821352101170021）

该敌台位于神木镇草条沟村南0.2千米的台塬上。台塬平整，有数亩大小，北面通过小山梁与其他山体相连，北临草条沟，地处黄土梁峁丘陵宽谷区，四面环沟。高程1308米。

敌台整体保存较差。台体剥落、坍塌严重，长满杂草。台座四边参差不齐，围墙坍塌。长年的风雨侵蚀、植物生长是使其损毁的主要原因。

台体夯筑而成，夯层厚0.12～0.16米，夯土内包含有料礓石，不见夯窝。基座平面呈近矩形，边长18、高3.6米。台体无包石砖。台体平面呈不规则形，底部东面8、南面8.6、西面8.8、北面8米，顶部东西3.5、南北2.5米，高7.8米。台体东壁塌陷成斜坡，底部被人为削减得较为陡直，是平整土地时所为。台体东南0.06千米处台塬上有一座木质三脚架，可能是国家地质测点。台体周围发现有碎石、瓷片。（图四九九）

该敌台南距杨家城八泵房烽火台1.35千米。

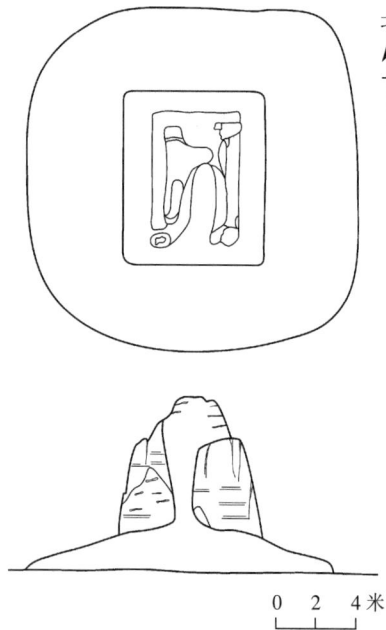

图四九八　正则沟敌台平、立面图

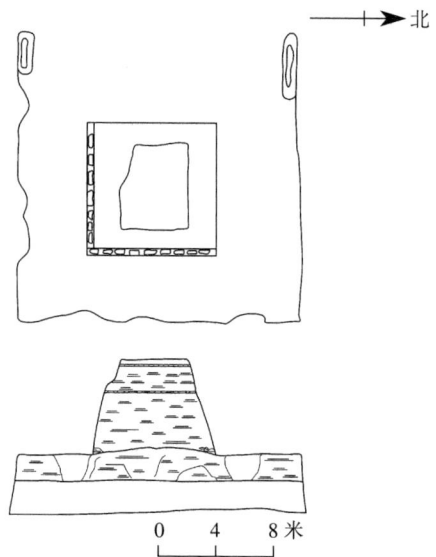

图四九九　草条沟村1号敌台平、立面图

（二二）草条沟村2号敌台（610821352101170022）

该敌台位于神木镇草条沟村草条沟南岸的山梁北端。北距草条沟村2千米，北临草条沟，地处黄土梁峁丘陵宽谷区，四周为退耕草地和柏树林地，东西两侧是沟壑。高程1232.2米。

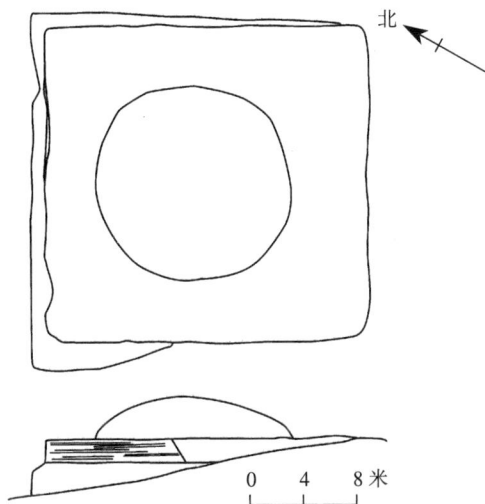

图五〇〇　草条沟村 2 号敌台平、立面图　　　　　图五〇一　草条沟村 3 号敌台平、立面图

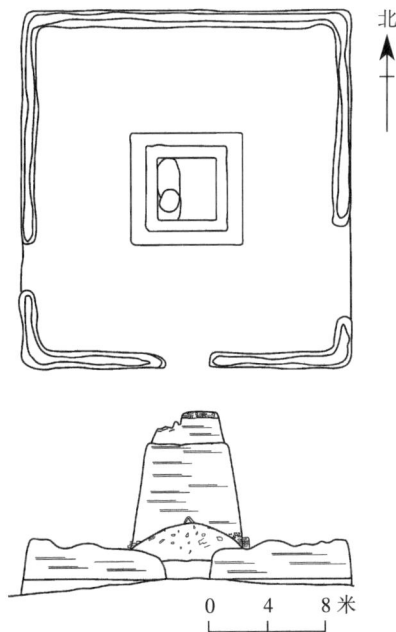

敌台整体保存较差。台体坍塌呈圆锥状，围墙坍塌只剩墙基，上面生长杂草。长年的风雨侵蚀及植物生长是其损坏的主要原因。

台体位于基座中央，夯筑而成，夯土以黄土为主，包含有料礓石和瓷片，夯层厚 0.13～0.15 米。台体平面呈圆形，底部直径 13.5、高 3 米。基座平面呈矩形，边长 23 米，东南侧上部与山梁齐平，西北侧上部高于梁面 5.4 米。基座边缘有夯土围墙，墙基夯筑而成，基座侧面上部 1.8 米是围墙基础。台体上保留有砖石残块、少量瓷片等。（图五〇〇）

该敌台北临正则沟村山险 2 段。

（二三）草条沟村 3 号敌台（610821352101170023）

该敌台位于神木镇草条沟村草条沟南岸的山梁西北端。北距草条沟村 2 千米，北临草条沟，地处黄土梁峁丘陵宽谷区，四周为退耕草地和柏树林地，东西两侧是沟壑。高程 1190.2 米。

敌台整体保存较差。围墙呈锯齿状。台体包石只存下部高 2 米的片石，包砖大部脱落，南壁登台门洞被内部塌土封堵。长年的风雨侵蚀是其损毁的主要原因。

台体内部夯筑而成，夯土以黄土为主，夯层厚 0.12～0.13 米。台体南壁下部有一层外包条石，条石厚 30 厘米；外层包石下部保存的片石高 2 米。台体平面呈矩形，剖面呈梯形，底部东西 7.2、南北 7.5 米，顶部边长 5.5 米，高 9.6 米。台体顶部上侧 2 米部分为二次建筑而成，最上为 0.4 米高的砖墙。基座平面呈矩形，东西 22、南北 23、高 1～3.5 米。基座边缘有围墙，夯筑而成，墙体底宽 0.9～1.2、顶宽 0.5、内高 0.7～1.1、外高 1.9～4.6 米；南墙正中有一个豁口，宽 3 米，为门的位置。台体周围散落许多砖、瓦、石残块，顶部有砖瓦堆积。（图五〇一）

该敌台北临正则沟村山险 2 段。

（二四）杏树梁村 1 号敌台（610821352101170024）

该敌台位于店塔镇杏树梁村东 0.6 千米的山梁上。四周为草坡地，东、西、北侧是沟壑，山梁上多有沟壑发育，长满茅草、零星灌木，北临草条沟，地处黄土梁峁丘陵宽谷区，为黄土沟壑地貌。高程 1189 米。

敌台整体保存差。台体坍塌严重，长年的风雨侵蚀是其损毁的主要原因。

台体夯筑而成，平面呈矩形，因坍塌严重尺寸不详。

该敌台西南距杏树梁村 2 号敌台 0.285 千米。

（二五）杏树梁村 2 号敌台（610821352101170025）

该敌台位于神木镇草地沟南面的山梁北端。东、西面环沟，其余两面与山体相连，西北临草地沟，地处黄土梁峁丘陵宽谷区。附近地势平缓，多为农田，有新的沟壑发育。高程 1204.1 米。

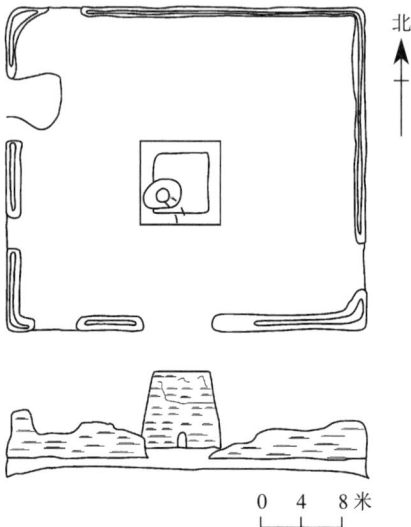

五〇二 杏树梁村 2 号敌台平、立面图

敌台整体保存差。围墙呈锯齿状。台体上部坍塌严重，四壁剥落严重。台体及围墙有裂缝。台体西壁自顶部塌陷，塌陷部位有一个裂缝，宽 0.1~0.4 米。长年的风雨侵蚀及人为破坏是其损毁的主要原因。

台体位于围墙内中部，夯筑而成，夯土以黄土为主，包含有料礓石，夯层厚 0.09~0.16 米，不见夯窝。台体无包砖石。台体平面呈近矩形，剖面呈梯形，底部边长 7.8 米，顶部东西 5.3、南北 5.6 米，高约 8.1 米。台体底部有登台土洞，宽 0.9、高 1.4 米，斜上 2.2 米后直向上，至西壁塌陷部分。围墙平面呈矩形，东墙长 30 米，南端有 7 米缺失，墙体底宽 1.1、顶宽 0.2~0.3、内高 0.3~2、外高 5 米，底部 1 米为平整土地铲削而成；西墙长 26 米，底宽 1.3、顶宽 0.2~0.3、内高 0.4~2.8、外高 5 米，缺失 3.6 米（雨水冲刷形成）；南墙长 32 米，有一条小径，底宽 1.5、顶宽 0.2~0.4、内高 0.4~3.4、外高 5 米；北墙长 35、底宽 1.2、顶宽 0.2~0.3、内高 0.6~2.3、外高 4 米，底部 1.4 米为平整土地削铲而成。台体周围发现有碎砖石、瓷片、瓦片（板瓦）。（图五〇二）

该敌台东南距杏树梁村烽火台 0.407 千米，东北距杏树梁村 1 号敌台 0.285 千米，东距草条沟村 3 号敌台 0.629 千米。

（二六）土墩梁村 1 号敌台（610821352101170026）

该敌台位于店塔镇土墩梁村东 0.15 千米的山峁上。东、西、北面环沟，南面与山体相连，西北临草地沟，地处黄土梁峁丘陵宽谷区，四周是农田，农田外是沟壑，有新的沟壑在发育。高程 1172.6 米。

敌台整体保存差。台体上部坍塌，台座消减严重，表面剥落严重。长年的风雨侵蚀及人为破坏是其损毁的主要原因。

台体夯筑而成，夯土以黄土为主，包含有料礓石、碎砖，夯层厚 0.16~0.2 米。台体无包砖石。台体平面呈矩形，剖面呈梯形，为二层台，一层高 5.8、二层高 2 米；上下层间有一层由砖、碎石组成的间隔层，厚 0.2~0.3 米，推测二层台可能是在一层台基础上改建而成。台体底部边长 7.5 米，顶部中间缺失成一个通道，宽 1.8 米。台体南壁中间塌陷成斜坡道，宽 1~1.7 米，可能是登台土洞的位置。台基上部为夯土层，下部为生土层，夯土层厚 1.5 米。台基平面呈矩形，东西 22.6、南北 23、高 4 米，无围墙。台体周围发现有碎砖石、瓷片、(瓦) 瓦片。(图五〇三；彩图一〇五)

该敌台东南距土墩梁烽火台 0.538 千米。

(二七) 土墩梁村 2 号敌台 (610821352101170027)

该敌台位于店塔镇土墩梁村南 0.15 千米的草地沟南面山梁西侧断崖上。西北临草地沟，西为小山沟，地处黄土梁峁丘陵宽谷区，外侧为沟壑。高程 1110.8 米。

敌台整体保存差。台体包石大量脱落，只存局部片石，顶部坍塌，生长有植物。长年的风雨侵蚀、植物生长及人为破坏是其损毁的主要原因。

台体建在自然石基上，无围墙。台体夯筑而成，包石层为平铺一层片石夯一层土，片石无固定形状，长 40～57、宽 32～42、厚 60～12 厘米，夹杂的夯土层厚 0.12～0.2 米，片石有 25 层，包石层厚 0.85 米。台体底部西南角包石下有 2 层条石，长 70～85、宽 30～36、厚 20～25 厘米。台体底部平面呈矩形，顶部平面呈近圆形，剖面呈梯形，底部边长 7 米，顶部东西 4.3、南北 3.8 米，高 5 米。台体东南角包石脱落，裸露圆形台体，推测现存的敌台是在圆形夯土台体的基础上包石而成。台体周围发现有碎石、瓷片。(图五〇四)

该敌台西距土墩梁村 3 号敌台 0.489 千米。

(二八) 土墩梁村 3 号敌台 (610821352101170028)

该敌台位于店塔镇土墩梁村东北 0.7 千米的山峁上。东南与山体相连，其余三面环沟，地处黄土梁峁丘陵宽谷区，四周沟壑遍布。高程 1134.5 米。

敌台整体保存较差。围墙存部分墙基。台体剥落坍塌严重，绝大部分包石不存，西北角、西南角塌陷，东南角塌落成斜坡，坡上可见片石、瓷片等。长年的风雨侵蚀及人为破坏是其损毁的主要原因。

台体围墙平面呈矩形，东墙长 29 米，有 2 米片石砌成的墙基，墙体底宽 1、顶宽 0.2～0.6、内高 0.1～1.5、外高 1～2.4 米。西墙基利用了山上的天然巨石，南端保存 4.8 米，墙体底宽 1.2、顶宽 0.2～0.4、

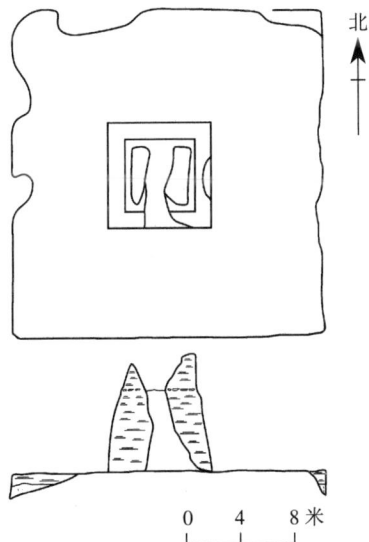

图五〇三　土墩梁村 1 号敌台平、立面图

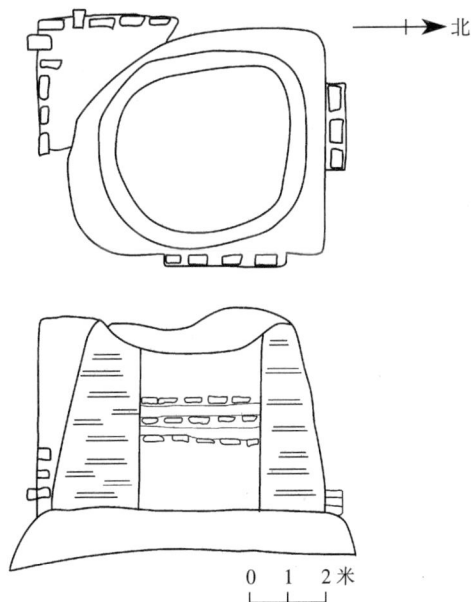

图五〇四　土墩梁村 2 号敌台平、立面图

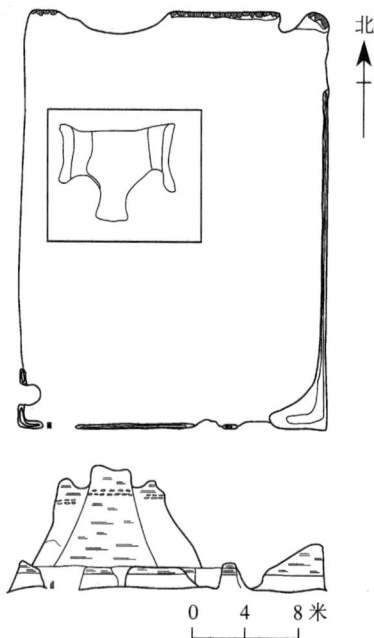

图五〇五　土墩梁村 3 号敌台平、立面图

图五〇六　石则峁村 1 号敌台平、立面图

内高 0.1～0.3、外高 1.6 米。南墙长 22 米，墙体内高 0.2～2、外高 0.5～2.4 米，距西墙 2 米有一个豁口，有门柱底部保存，应为门址。门柱石质，长 0.3、宽 0.2、高 0.4 米。北墙不存，基部为片石垒砌，存 2 段，长 2.7、高 1.2 米，片石长 20～65、宽 20～40、厚 2～20 厘米。围墙东南角保存最好，有堆土、片石，原可能有建筑。

台体位于围墙内西北部，内夯土外包石，夯层厚 0.12～0.14 米；距顶部 1.9 米处有一层片石和夯土相杂层，结构为片石斜砌，其中夹杂有 2 层夯土。片石形状不同，长 20～40、宽 20～30、厚 2～12 厘米；夯层有两层，厚 0.3 米。台体平面呈矩形，剖面呈梯形，底部东西 11、南北 9 米，顶部东西 4、南北 6.8 米，高 7 米。台体周围发现有片石、瓷片。（图五〇五）

该敌台东距土墩梁村 2 号敌台 0.489 千米，西距石则峁村 1 号敌台 0.423 千米。

（二九）石则峁村 1 号敌台（610821352101170029）

该敌台位于神木镇草地沟南岸石则峁村西北 0.6 千米的山梁北端。北临草地沟，地处黄土梁峁丘陵宽谷区，四周是抛荒耕地，耕地外是沟壑，有新的沟壑发育。高程 1135.3 米。

敌台整体保存较差。围墙存南墙西端 5 米，东、西、北墙只存夯土墙基，墙基下至地面，上与台座齐平。台座边缘坍塌，豁口呈锯齿状。台体四壁剥落严重，北壁坍塌凹进 2.2 米。长年的风雨侵蚀是其损坏的主要原因。

台体夯筑而成，夯土以黄土为主，包含有料礓石，夯层厚 0.1～0.12 米。台体平面呈矩形，底部边长 12、顶部边长 7、高 8 米。台座平面呈矩形，东西 28.5、南北 31 米，南侧高与梁齐平，北侧高 1.9～2.8 米。台座边缘有夯土围墙，墙体底宽 0.7、顶宽 0.2～0.4 米，内高 0.9 米。台体北侧坍塌堆积高 1.7 米；四周散落一些片石、瓷片，未见砖瓦；顶部有片石斜砌墙体，有片石堆积，高 0.9 米，生长有灌木。（图五〇六）

该敌台北临草地沟村山险 1 段，东距石则峁村 1 号烽火台 0.2 千米。

（三〇）石则垴村 2 号敌台（610821352101170030）

该敌台位于神木镇草地沟南岸石子垴村西 1 千米的山梁西端。北临草地沟，南有缓坡与山体相连，地处黄土梁峁丘陵宽谷区，四周是草地，草地外围是沟壑。高程 1131.1 米。

敌台整体保存较差。围墙只存墙基。台体四壁剥落严重，顶部坍塌，西壁有窑洞，东面有电线杆。长年的风雨侵蚀及人为不合理利用是其损毁的主要原因。

台体建在自然基础上，夯筑而成，夯土以黄土为主，夯层厚 0.15~0.17 米，夯窝直径 0.05、深 0.013 米，中心间距 0.2 米。台体平面呈矩形，剖面呈梯形，底部东西 11、南北 10 米，顶部东西 7、南北 6 米，高 9 米。台体顶部长有灌木，东侧有一座台状院落，有夯土围墙。围墙东西 21.5、南北 17 米。台体西壁窑洞宽 0.8、高 1.5、深 1.4 米。台院南侧距台体 10~18 米处有 4 根电线杆（废弃）。围墙南侧墙基高 3.4 米，上部 2.2 米部分为夯土；北侧墙基高 1.5 米，全为夯土；东侧墙基与梁顶齐平。台体顶部有 0.5 米厚的片石堆积。（图五〇七）

该敌台北距草地沟村山险 1 段 0.015 千米，东北距石则垴村 2 号烽火台 0.017 千米。

（三一）杨家城村 1 号敌台（610821352101170031）

该敌台位于店塔镇杨家城村西 0.65 千米的山峁上、杨家城遗址西北角。北临草地沟，与杨家城古城相连，地处黄土梁峁丘陵宽谷区，四周是农田。高程 1151 米。

敌台整体保存较差。台体塌陷、剥落呈锥状，西壁塌陷成斜坡，东壁被铲削陡直。长年的风雨侵蚀及人为破坏是其损毁的主要原因。

台体夯筑而成，夯土以黄土为主，包含有料礓石，夯层厚 0.12~0.14 米，夯土质地细密，没发现夯窝。台体平面呈矩形，剖面呈梯形，底部边长 15 米，顶部东西 5.4、南北 4.4 米，高 10.5 米。台体上有几个柱洞，说明曾有建筑，具体时代不明，据现状推测，年代不会太早。台体西壁斜坡上可看到一些片石和石块，大小不一致，形状不规整，不知是否为包石。台体周围发现有碎砖石、瓷片、陶片。（图五〇八）

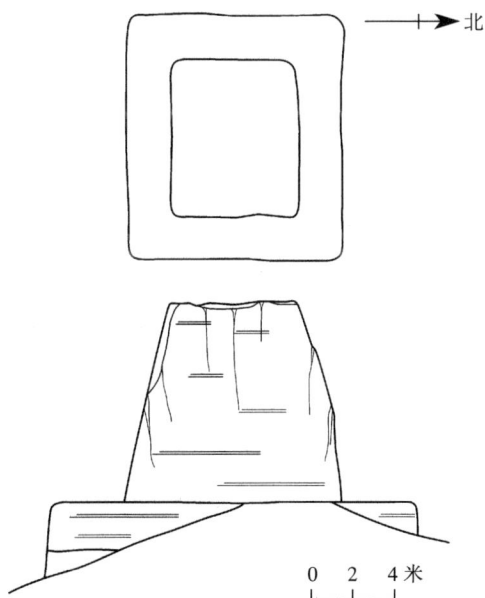

图五〇七 石则垴村 2 号敌台平、立面图

图五〇八 杨家城村 1 号敌台平、立面图

该敌台北距杨家城村 1 号烽火台 0.647 千米，西南距杨家城村 2 号敌台 0.222 千米。

（三二）杨家城村 2 号敌台 （610821352101170032）

该敌台位于店塔镇杨家城村西 0.67 千米的山梁西端。南、北、西面为沟，西面梁上为柏树林和苜蓿地，地处黄土梁峁丘陵宽谷区，附近有沟壑发育。高程 1110.7 米。

敌台整体保存较差。台体顶部坍塌严重呈锥状，四壁剥落，顶部有一面旗帜。长年的风雨侵蚀及人为利用（输电铁塔的建设，开垦耕地等）是其损毁的主要原因。

台体夯筑而成，夯土以黏黄土与黄沙土相间，夯层厚 0.13 ~ 0.16 米。台体平面呈矩形，底部东西 9.8、南北 11.6 米，顶部东西 1.2、南北 2 米，高 7.2 米。（图五〇九）

该敌台东 0.01 千米处有一座神华公司输电铁塔，东距杨家城村 2 号烽火台 0.654 千米，西南距杨家城村堡 0.405 千米，东距杨家城遗址 0.67 千米。

（三三）杨家城村 3 号敌台 （610821352101170033）

该敌台位于店塔镇杨家城村西南 1.6 千米的山峁上。三面环沟，南侧与山体相连，四围是林地，地处黄土梁峁丘陵宽谷区，周围是连绵的山地，沟壑纵横，有新沟壑发育。高程 1024.2 米。

敌台整体保存较差，台体剥落严重，北壁底部坍塌。围墙位于台体南侧，坍塌严重，只存南墙。台座边沿坍塌严重。长年的风雨侵蚀是其损毁的主要原因。

台体夯筑而成，夯土以黄土为主，夯层厚 0.13 ~ 0.2 米。台体平面呈近圆形，底部直径 16.8、顶部直径 11.6、高 9.8 米。基座平面呈圆形，直径 36.4、高 2 米。基座边缘有夯土围墙，墙体底宽 2.3、顶宽 0.2 ~ 0.7、内高 1.6、外高 3.6 米；有下宽 3、上宽 4 米的豁口，是门的位置。（图五一〇；彩图一〇六）

该敌台南距杨家城村 5 号敌台 0.514 千米，北距杨家城村堡 0.49 千米，西距杨家城村 4 号敌台 0.154 千米。

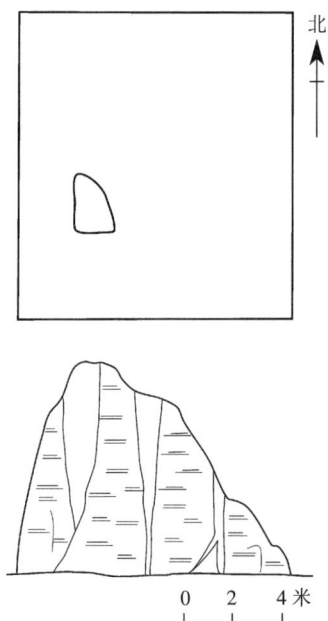

图五〇九　杨家城村 2 号敌台平、立面图　　　　图五一〇　杨家城村 3 号敌台平、立面图

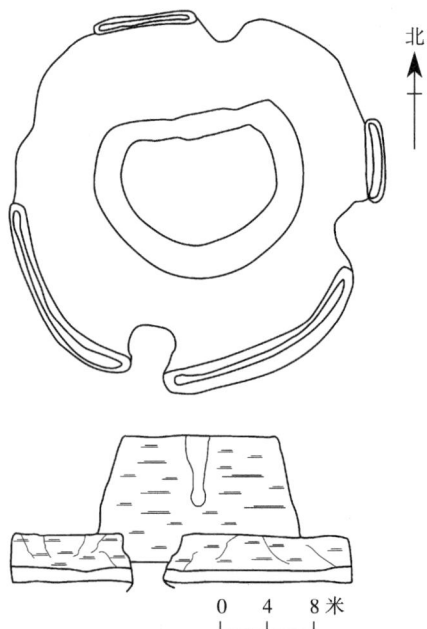

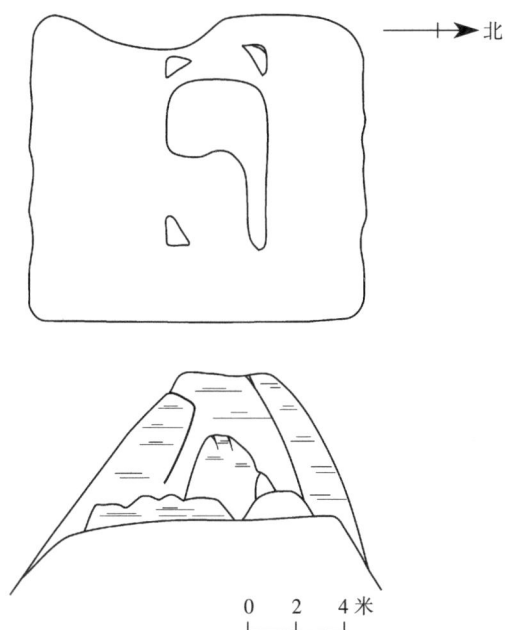

图五一一　杨家城村 4 号敌台平、立面图　　　图五一二　杨家城村 5 号敌台平、立面图

（三四）杨家城村 4 号敌台（610821352101170034）

该敌台位于店塔镇杨家城村南沟南岸的山梁西端。西临旧神（木）店（塔）公路和窟野河，地处黄土梁峁丘陵宽谷区。梁上多是裸露岩层，种植有人工林。高程 1019 米。

敌台整体保存较差。台体坍塌严重，呈锥状，包石砖被拆除。台体东侧有一座院落，墙体断断续续，东、南、北面有墙体，只存东墙。长年的风雨侵蚀是其损毁的主要原因。

台体夯筑而成，夯土以黄土为主，包含物有片石、陶片，夯层厚 0.1～0.12 米。台体平面呈矩形，剖面呈梯形，底部东西 12、南北 13.5 米，南北与梁面同宽，顶部东西 7、南北 4 米，高 5.5 米。台体南侧有石砌护坡，长 5、高 1.5 米；西侧 15.5 米处岩石上有 3 个圆柱形坑，直径 0.3、深 0.6 米；东侧有一座台状院落，东西 20、南北 11 米。院落南侧有一个灰坑，长 1.3、宽 1.1、深 1 米，南北两侧高出梁面 1.5 米，外侧边为夯土墙基。围墙底宽 1、顶宽 0.4、内高 0.8、外高 1 米；距东墙北端 3.8 米处有一个豁口，下宽 0.4、上宽 1.8 米。台体周围发现有砖、石块。（图五一一）

该敌台西距草地沟村山险 2 段 0.02 千米。

（三五）杨家城村 5 号敌台（610821352101170035）

该敌台位于店塔镇杨家城村西南 2.1 千米的山峁上。东南与山体相连，其余面环沟。山峁上基本是裸露的岩层，部分表层有覆土，岩层表层风化严重，覆土较薄，种植有树林。西临旧神（木）店（塔）公路和窟野河，地处黄土梁峁丘陵宽谷区，四周为荒坡、沟壑。高程 1068.2 米。

敌台整体保存较差。围墙只存墙基。台体呈锥状，南壁下部塌陷，北壁塌陷成斜坡。长年的风雨侵蚀及人为破坏是其损毁的主要原因。

台体夯筑而成，夯土内包含有料礓石、瓷片，夯层厚 0.13～0.22 米。台体无包砖石。台体平面呈矩形，剖面呈梯形，底部东西 9、南北 7 米，顶部东西 5.2、南北 3 米，高 6.8 米，其中有 1.7 米生土层。台体周围有半圆形植树坑，种植有小松树，西面基台上挖有一座蓄水池。围墙平面呈近矩形，东西21、南北24.8米，西北角有19米墙体消失，高与基台基本持平，外高1.7米，夯层厚0.16~0.22米。台体周围散落有片石、瓷片、陶片。（图五一二）

该敌台北距杨家城村3号敌台0.518千米，西北距杨家城村4号敌台0.321千米，南距常墩村烽火台0.8千米。

（三六）杨家城村6号敌台（610821352101170036）

该敌台位于店塔镇杨家城村西南0.9千米窟野河东岸的山梁西端。地处黄土梁峁丘陵宽谷区，南北为沟壑，西临窟野河谷。高程1019.9米。

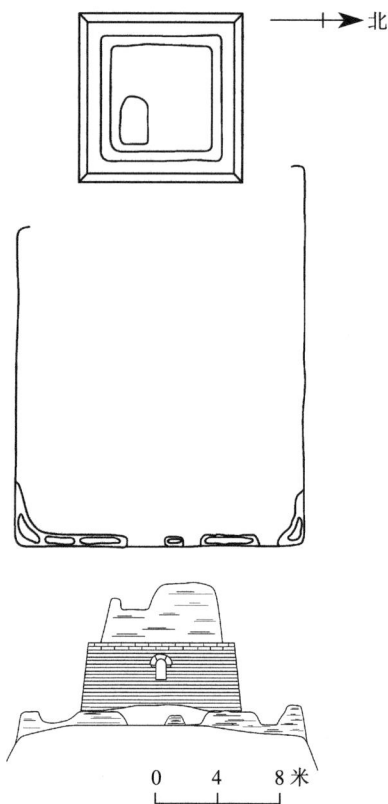

图五一三　杨家城村6号敌台平、立面图

敌台整体保存较差。台体下部包石保存完好，上部包砖脱落，只剩夯土，上部坍塌。围墙只存墙基。长年的风雨侵蚀及人为破坏是其损毁的主要原因。

台体内部夯筑而成，夯土以黄土为主，夯层厚0.16~0.19米。台体包石部分底部边长10.2米，包石层厚0.8米，共有20层，层高0.25米，共计高5米，收分0.5米，上部边长9.2米，条石宽29、厚23~25厘米，条石长有38~105和18~28厘米两种，条石以白灰黏接；包砖脱落严重，大多不存。台体平面呈矩形，底部边长10.2（包石上夯土部分底部边长7.6米）、顶部边长6.8、高3.5米，顶部有1米片石、砖堆积。台体东壁中部有登台石砌圆拱门洞，距底部3.25米，门宽0.72、高1.28、拱高0.36、进深2.05米，内部坍塌。台体基座包石共2层，层高0.25米，共计高0.5米，外放0.06米。台体东侧有一座院落，东、南、北面有墙体，东墙长18、南墙长19、北墙长23米，下宽0.7~1.6、上宽0.4、高0.8米，南北墙基高1.4米。院落东5米有输电铁塔，台体西0.01千米有电线杆。台体四周散落有部分砖、石块。（图五一三；彩图一〇七、一〇八）

该敌台西距草地沟村山险2段0.03千米。

（三七）泥河村1号敌台（610821352101170037）

该敌台位于神木镇泥河村东北1.8千米常家墩沟南岸半坡的山峁上。东侧附近是天柱水泥厂，西侧是取沙、土场地，影响到台基。地处黄土梁峁丘陵宽谷区，附近土壤沙化严重。高程993.5米。

敌台整体保存较差。台体坍塌严重，自然基础被挖掘，西北距台体7米处因取土坍塌，露出夯土层，高2.5米。基座以台体为中心外放5米。长年的风雨侵蚀及人为破坏是其损毁的主要原因。

台体夯筑而成，夯土以黄土为主，夯层厚0.1~0.16米。台体平面呈矩形，剖面呈梯形，底部东西8、南北7.4米，顶部东西4.1、南北2.7、高7.2米。台体四周散落有部分砖、石块。

该敌台西距泥河村长城1段0.04千米。（图五一四）

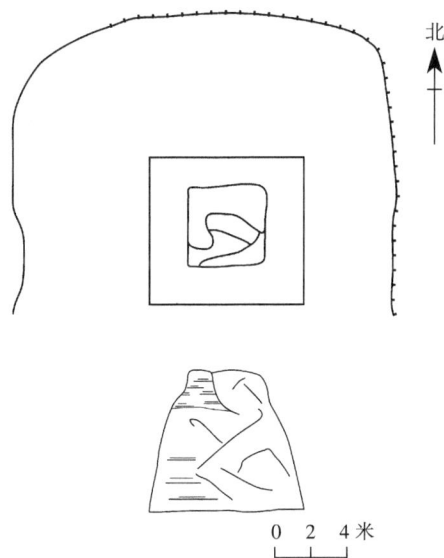

图五一四　泥河村1号敌台平、立面图

梯形，底部直径 11.5、顶部直径 3.5、高 6.2 米。围墙平面呈矩形，夯筑而成，夯土内包含有料礓石、小石块，夯层厚 0.13～0.15 米。围墙东墙长 21.6、底宽 1.3、顶宽 0.4～0.9、内高 3、外高 1.5～2.2 米；南墙只存靠东墙部分，长 8、底宽 1.3、顶宽 0.2～0.6、内高 1～1.8、外高 1～2.2 米；北墙只存与东墙相接部分，长 8.5、底宽 1.5、顶宽 0.9、内高 0.5～1.5、外高 1.1～1.9 米。围墙内东北角有斜坡状堆土，宽约 2.5、高 0.4～1.5 米，坡上有一些石块。围墙内发现有石块、瓷片。（图五一五）

该敌台北距泥河村 1 号敌台 0.209 千米，东距泥河村 3 号敌台 0.617 千米。

（三九）泥河村 3 号敌台（610821352101170039）

（三八）泥河村2号敌台（610821352101170038）

该敌台位于神木镇泥河村东北 1.8 千米的山峁上。东侧与山体相连，西临窟野河，南北两面环沟。地处黄土梁峁丘陵宽谷区，四周是农田，农田外是沟壑。高程 1024.7 米。

敌台整体保存较差。围墙只存下部。台体呈锥状，南、北两壁成斜坡，西南角塌落。围墙位于台体东侧，台体其他三侧是斜坡，山体坍塌随时可能威胁台体。长年的风雨侵蚀、山体坍塌及人为破坏是其损毁的主要原因。

台体夯筑而成，夯土包含有料礓石、石块，夯层厚 0.14～0.17 米。台体无包砖石。台体平面呈近圆形，剖面呈

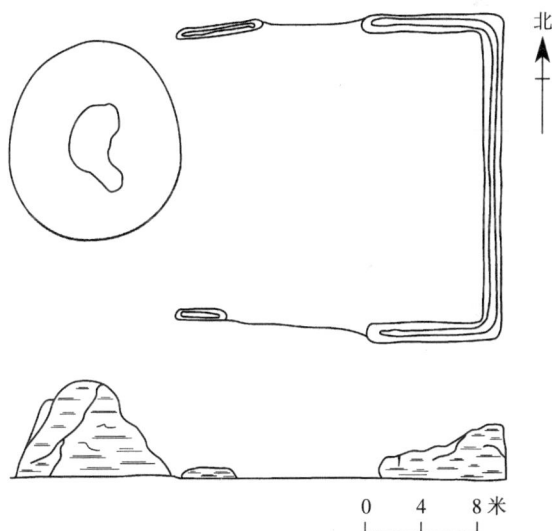

图五一五　泥河村2号敌台平、立面图

该敌台位于神木镇泥河村东北 1.6 千米的山梁上。地处黄土梁峁丘陵宽谷区。台座东侧 0.01 千米处有现代墓地，南侧 2 米处有新店 18 号输电铁塔。台座上是草地，四周是人工林。高程 1102.5 米。

敌台整体保存较差。台体顶部和西南角坍塌，四壁剥落严重，表层雨水冲刷痕迹明显。围墙消失，只存墙基。长年的风雨侵蚀是其损毁的主要原因。

台体夯筑而成，夯土以黄土为主，包含有料礓石，夯层厚 0.15～0.17 米。台体平面呈矩形，剖面呈梯形，底部东西 8.6、南北 7.5 米，顶部东西 3、南北 1 米，高 7 米。台体顶部有一层片石墁铺，片石厚 5 厘米。基座平面呈矩形，边长 26、高 1.6 米，外缘呈锯齿状，边缘有夯土围墙。台体北侧有砖、石堆积，有少量瓷片，高 2 米。（图五一六；彩图一〇九）

该敌台西距草地沟村山险 2 段 0.03 千米。

图五一六　泥河村 3 号敌台平、立面图

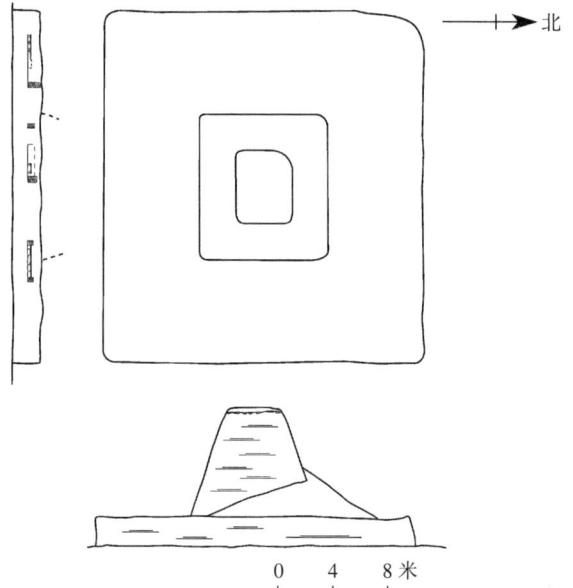

图五一七　泥河村 4 号敌台平、立面图

（四〇）泥河村 4 号敌台（610821352101170040）

该敌台位于神木镇泥河村东北 1.2 千米窟野河东岸的山梁西端。地处黄土梁峁丘陵宽谷区，附近土壤沙化严重，沟壑纵横，水土流失严重。台座东侧南 2 米处有新店 20 号高压输电铁塔。高程 1100.2米。

敌台整体保存较差。基座上的围墙消失，南、东、北有面简易道路，修建道路时侧面受到铲削。台体上部坍塌。长年的风雨侵蚀及人为不合理利用是其损毁的主要原因。

台体和基座夯筑而成，夯土以黄土为主，夯层厚 0.1~0.12 米。台体外部包以夯土夹砂岩片石，片石厚 5~7 厘米，大部分脱落。台体平面呈矩形，底部东西 10、南北 9 米，顶部东西 5、南北 4 米，高 7.5米。基座平面呈矩形，东西 24、南北 22.5、高 2 米。（图五一七）

台体顶部有一层平铺片石，有 0.3 米高的片石斜砌的墙体；西南角长有一棵小树。基座被铲削，南侧显示有房屋和火炕，其地面低于现基座 1.3 米。从西往东，1 号房屋宽 3.2 米，火炕距基座西侧1.7 米，宽 2.2、高 0.3 米；有南北向烟道，宽 0.27、高 0.2 米，隔火墙用 2 层砖立砌，宽 0.22 米，上铺石板，石板厚 2.5~4 厘米；火炕东面是过道，宽 1 米；与 2 号房屋的隔墙用石块垒砌，宽 0.3、高 1.1 米。2 号房屋宽 2.5 米，没有炕，用碎石铺地，厚 0.2 米；与 3 号房间的隔墙用碎石垒砌，宽0.3、高 0.5 米。3 号房间宽 3.3、过道宽 1.1、炕宽 2.2 米；有东西向烟道，为石片斜压立砌隔火墙，上铺石板；与 4 号房间的隔墙用碎石垒砌，宽 0.4、高 1.5 米。4 号房间宽 4 米；与 5 号房间隔墙用碎石垒砌，宽 0.3、高 0.4 米。5 号房间宽 1.7 米，有东西向烟道，隔火墙用石片相压立砌，上铺石板；东墙宽 0.3、高 0.3 米，碎石垒砌。往东原地面上有厚 0.6 米的灰土堆积；近东边有烟道的痕迹。台体东、北侧堆积有石块、砖。

该敌台西距泥河村长城 2 段墙体 0.07 千米。

（四一）泥河村 5 号敌台（610821352101170041）

该敌台位于神木镇泥河村东 0.85 千米的山峁上。南北两侧通过缓坡与山体相连，其余面环沟，西临窟野河谷。地处黄土梁峁丘陵宽谷区，四周是农田，农田外是沟壑。高程 1080.4 米。

敌台整体保存较差。围墙只存墙基与下部，台体呈锥状。围墙西墙靠北约 3 米处有一个宽 3.5 米的冲刷口，再向南 4.3 米处有一个宽 3.8 米豁口，南墙距东墙 3.2 米处有一个豁口，深入基台 3.2 米。台体西南角有一个塌陷的斜坡，宽 1～2 米，斜坡上有片石，片石大小、形状不一；北、东壁塌落成斜坡，斜坡上有一层片石。长年的风雨侵蚀是其损毁的主要原因。

台体夯筑而成，夯土以黄土为主，包含有料礓石，夯层厚 0.12～0.15 米，不见夯窝。台体平面呈矩形，剖面呈梯形，底部东西 12.3、南北 13.5 米，顶部不规则，东西 2.7、南北 4 米，高 8.7 米。台体顶部有一些片石，距顶部 1 米处有一层厚 0.6 米的片石。台体北侧距围墙 5 米处有一座矩形大蓄水池。围墙夯筑而成，夯层厚 0.16～0.2 米，平面呈近矩形，东墙长 28.7、西墙长 28.4、南墙和北墙长 30 米；墙体外高 5 米，有 0.6 米生土层，内高 0.1～0.5 米，基本与基台齐平，底宽 2.5、顶宽 0.5～1 米。从围墙断面观察，距顶部 0.3 米处有一层平铺的片石，厚 0.03～0.06 米，再往下 0.6 米处有一层片石。台体周围散落有碎石块、片石、瓷片、碎砖。（图五一八）

该敌台北距泥河村 4 号敌台 0.807 千米，东北距朱家园子村烽火台 0.749 千米，西南距泥河村 9 号敌台 0.677 千米。

（四二）泥河村 6 号敌台（610821352101170042）

该敌台位于神木镇泥河村东 0.75 千米的山峁上。北、西、南面山坡上有长城墙体，东面与山体相连，西临窟野河谷。地处黄土梁峁丘陵宽谷区，四周是农田，农田外是沟壑。高程 1099.9 米。

敌台整体保存较差。台体坍塌严重，顶部有一个圆洞，直径 1.1、深约 3.5 米，应是登台土洞，洞内塌陷部分露出石块、炭屑、石灰渣；东壁底部有人为挖开的马蹄形缺口，边长 2.1、深 3 米，有一堆石块，往西有洞与登台土洞相连，洞宽 1.4、高 1、深约 2 米。台体东侧有两座高压电线塔。长期的风雨侵蚀及人为破坏是其损毁的主要原因。

台体夯筑而成，夯土以黄土为主，包含有料礓石，夯层厚 0.13～0.15 米，夯土质地细密，没发现夯窝。台体底部平面呈近矩形，顶部呈近圆形，剖面呈梯形，底部边长 11.5、顶部直径 4、高 4 米。从南侧台基露出的大石块观察，台体建在石层上，北壁及东南角保存部分包石，长 2、高 0.6、厚 0.2～0.4 米。台体附近有碎石、瓷片、炭屑。（图五一九）

该敌台东距泥河村 5 号敌台 0.228 千米、泥河村长城 2 段墙体 0.016 千米。

（四三）泥河村 7 号敌台（610821352101170043）

该敌台位于神木镇泥河村东北 0.503 千米的松树峁沟北山坡上。四周种植有树，西侧临窟野河谷。地处黄土梁峁丘陵宽谷区，附近多有沟壑发育。高程 1039.8 米。

敌台整体保存较差。台体外层剥落坍塌严重，周围有半圆形树坑，种植有小松树，顶部生长有灌木。长期的风雨侵蚀及人为破坏是其损毁的主要原因。

台体内部夯筑而成，夯土以黄土为主，包含有料礓石，夯层厚 0.14～0.16 米，夯土质地细密，没发现夯窝。台体外部包石多脱落，底部保存部分包石，东北角北壁保存包石长 3.4、高 2.3 米，共 9 层片石；东北角东壁保存长 2.3、高 2.2 米；东壁靠南角保存长 0.8、高 1.2 米，共有 5 层片石；西壁中间部分保存长 1.3、高 1.1 米，共有 5 层片石；南壁靠西保存长 3.3、高 2.3、厚 0.43 米；西北角北壁保存长 2.2、高 1.6 米，共 8 层片石。台体为平铺一层片石夯一层土，夯层厚 0.12～0.2 米，夯土包含有料礓石；片石大小、形状不一，长 30～45、宽 25～35、厚 8～20 厘米。

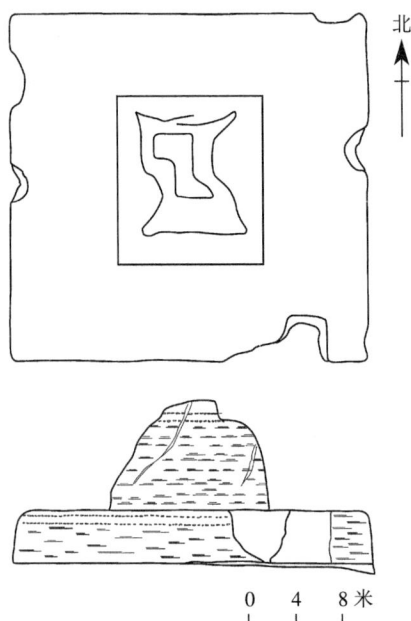

图五一八　泥河村 5 号敌台平、立面图

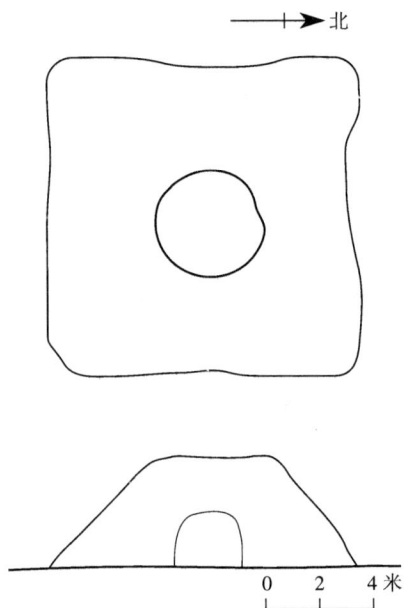

图五一九　泥河村 6 号敌台平、立面图

台体平面呈矩形，剖面呈梯形，底部东西 6.5、南北 6.8 米，顶部东西 4、南北 5 米，高 7.6 米。台体周围发现碎石、瓷片。（图五二〇）

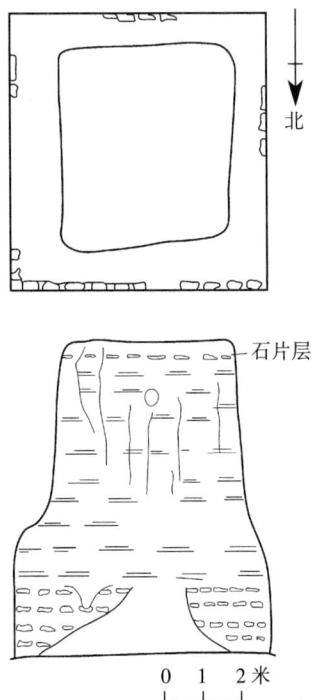

图五二〇　泥河村 7 号敌台平、立面图

该敌台东北距泥河村 5 号敌台 0.348 千米，北距泥河村 6 号敌台 0.29 千米，西距泥河村长城 2 段墙体 0.017 千米。

（四四）泥河村 8 号敌台（610821352101170044）

该敌台位于神木镇泥河村东南 1.2 千米的山峁上。四周种植有树，南北环沟，东侧与山体相连，西侧临窟野河谷。地处黄土梁峁丘陵宽谷区，附近有沟壑发育。高程 1049.9 米。

敌台整体保存较差。围墙北墙靠东 2 米处有一个豁口，宽 4.5 米，曲尺状深入基台，东西 6.9、南北 2.5 米；东墙靠南 3 米处有一个宽 2 米的缺口；南墙靠东 8 米处有一个 8 米宽的豁口，深入基台 6.1 米；西墙中部有一个缺口，宽 2 米。围墙东 10 米处有一座高压电线塔。台体表层剥落，上部坍塌，东壁距底部 0.7 米、距南壁 1.7 米处有一个塌陷缺口，高 1.4、宽 0.6～0.8、进深 0.9 米，可见内部堆土；南壁距西壁 1.3 米处有一条裂缝，宽 0.01～0.03 米。台体东、西、北壁底部紧靠台体基台上有宽 1.1、深 0.2 米的沟，顶部生长有三丛灌木。长年的风雨侵蚀、植物生长及人为破坏是其损毁的主要原因。

图五二一　泥河村 8 号敌台平、立面图

台体夯筑而成，夯土以黄土为主，包含有料礓石，夯层厚 0.11～0.16 米，夯土质地细密，没发现夯窝。台体周围发现有许多碎砖，推测原应有包砖。台体平面呈矩形，剖面呈梯形，底部边长 9.2、顶部边长 6.6、高 9.5 米。台体顶部有一层海墁。台体东壁上部有一个缺口，宽 1～1.2 米，缺口底部距台体底部 3.5 米，下有土堆，应是登台土洞；台体周围发现有碎石、瓷片。围墙夯筑而成，夯土层高 2.7 米，夯层厚 0.14～0.16 米。围墙平面呈矩形，东西 28、南北 27、底宽 3.2、顶宽 0.5～1.1、内高 0.9～1.2、外高 4.2～6 米。（图五二一）

该敌台东南距泥河村 9 号敌台 0.434 千米，北距泥河村 7 号敌台 0.312 千米，西距草地沟村长城墙体 0.03 千米。

（四五）泥河村 9 号敌台（610821352101170045）

该敌台位于神木镇泥河村东北 0.6 千米的嵝险地带。周围生长有灌木，附近是农田，农田外是沟壑。地处黄土梁峁丘陵宽谷区，附近有新沟壑发育。高程 1041.3 米。

敌台整体保存较差。台体四壁剥落严重，南壁有一孔土窑洞；东壁坍塌严重，中部凹进 2 米，下部形成堆积，高 2 米。台体上生长有灌木、茅草。长年的风雨侵蚀、植物生长是其损毁的主要原因。

台体夯筑而成，夯土以黄土为主，包含有料礓石，夯层厚 0.11～0.13 米。台体平面呈矩形，底部东西 9、南北 20.2 米，顶部东西 4.5、南北 17 米，高 11 米。台体顶部平整，没有遗物。（图五二二）

该敌台东南距泥河村 10 号敌台 0.23 千米，西北距泥河村 8 号敌台 0.4 千米。

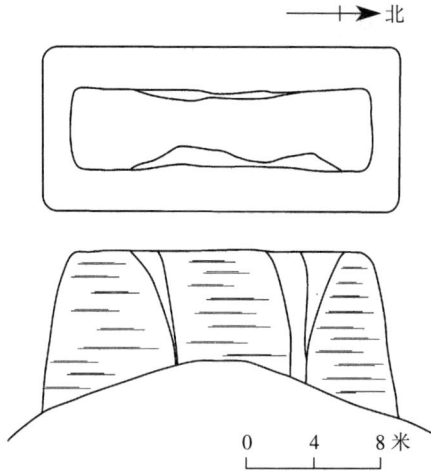

图五二二　泥河村 9 号敌台平、立面图　　　　图五二三　泥河村 10 号敌台平、立面图

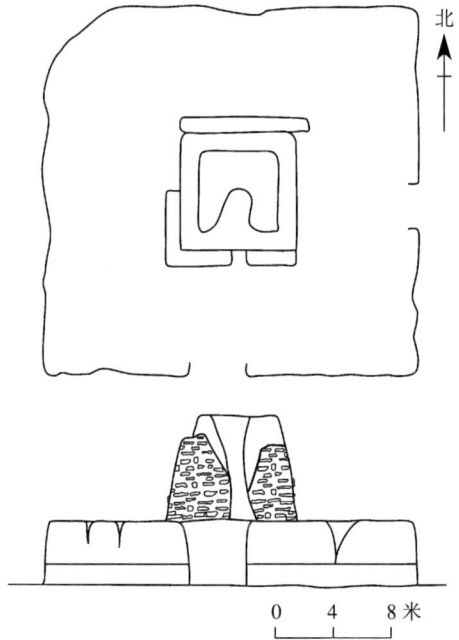

（四六）泥河村 10 号敌台（610821352101170046）

该敌台位于于神木镇泥河村东南 0.8 千米窟野河东岸 0.3 千米的山梁西端。南北两侧是沟壑，西临窟野河谷。地处黄土梁峁丘陵宽谷区，四周为退耕草地和柏树林地。高程 1091.3 米。

敌台整体保存较差。台体四周剥落严重，上面有若干啮齿类动物洞穴，外部包石被拆。台体顶部坍塌；南壁坍塌成"V"形沟壑，沟宽 3.5、深 3 米。台座周边受到雨水侵蚀呈锯齿状。围墙坍塌，仅存墙基。长年的风雨侵蚀是其损毁的主要原因。

台体夯筑而成，夯土以黄土为主，包含有料礓石，夯层厚 0.11~0.12 米。台体平面呈矩形，剖面呈梯形，底部边长 10、顶部边长 5.5、高 7.2 米。台体外部为一层夯土和石块混合层，厚 1 米，东壁大部分不存。台体顶部东、北、西侧距边缘 0.7 米处有高 0.4 米的石块垒墙痕迹，有 0.06 米厚的片石墁铺，墁铺上有 0.4 米高的堆积。基座平面呈矩形，东西 26、南北 25、高 4.3 米，下部 1.4 米是生土，上部 2.9 米是夯土围墙墙基。台体周围堆积有大量条石残块，当是包石脱落堆积；南壁"V"形沟壑上部有石块垒砌的护墙，长 2.7、高 2.2 米。（图五二三）

该敌台南距泥河村 11 号敌台 0.5 千米，西北距泥河村 9 号敌台 0.23 千米。

（四七）泥河村 11 号敌台（610821352101170047）

该敌台位于神木镇泥河村东南 0.5 千米窟野河东岸的山梁西端。梁面表土较薄，多有裸露岩石，风化严重，有人工林地。地处黄土梁峁丘陵宽谷区。高程 1008 米。

敌台整体保存较差。台体外层包石脱落，顶部坍塌严重。围墙大部分坍塌，只存东墙，整体剥落严重。长年的风雨侵蚀是其损毁的主要原因。

台体及围墙夯筑而成，夯土以黄土为主，夯层厚 0.11~0.13 米。台体平面呈矩形，剖面呈梯形，底部边长 9.2、顶部边长 5.2、高 6.4 米。基座平面呈矩形，东西 24、南北 23、高 1.5 米，东侧与梁齐

图五二四　泥河村 11 号敌台平、立面图

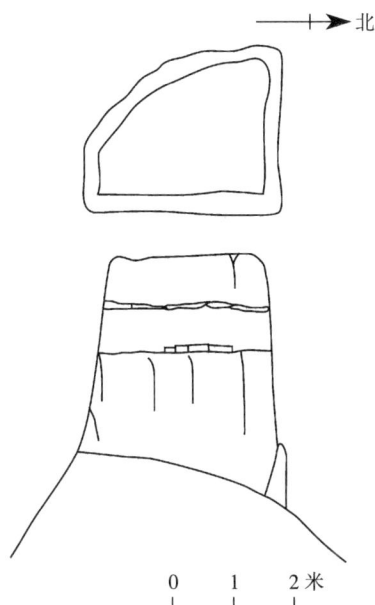

图五二五　石壑子村 1 号敌台平、立面图

平，四个角坍塌成圆形。台座边缘有夯土围墙，墙体底宽 1.1、顶宽 0.3、高 1.1 米；东墙中间有豁口，宽 1.6 米，为门的位置。台体下部包石高 3.4 米，只存内层，为不规则石块垒砌，用土粘接，厚 0.7 米；上部只有夯土。台体南壁有登台步道，距底部 2、宽 0.9 米，上方坍塌，步道用三层砖平垒，上有石块、土堆积，堆积高 0.9 米。台体四周散落有大量砖、石块。（图五二四）

该敌台东南距石壑子村 1 号敌台 0.3 千米，北距泥河村 10 号敌台 0.5 千米。

（四八）石壑子村 1 号敌台（610821352101170048）

该敌台位于神木镇泥河村东南 0.5 千米的山峁上。西临窟野河，南临永兴川。地处黄土梁峁丘陵宽谷区，山峁上土层较厚，上层为流沙覆盖，南侧崩塌。高程 1008.2 米。

敌台整体保存较差。台体保存一半，西南壁坍塌严重。长年的风雨侵蚀及山体坍塌是其损毁的主要原因。

台体夯筑而成，夯土以黄土为主，夯层厚 0.13～0.2 米，每层间夹杂的碎石层厚 0.02～0.07 米。台体平面呈矩形，底部东西 2.5、南北 3.2 米，顶部东西 0.9～2（南边长 0.9、北边长 2 米）、南北 2.6 米，高 4 米。距台体顶部 0.8 米处有一层片石，再往下 0.4 米处有一层平铺砖。断层显示，台体东侧堆积厚 2 米，下部 1 米部分为石块、砖、白灰渣，上部 1 米部分为土。（图五二五）

该敌台位于石壑子村 2 号敌台东北 0.256 千米。

（四九）石壑子村 2 号敌台（610821352101170049）

该敌台位于神木镇城北山前河边的平地上。西侧为窟野河，南侧是永兴川，四周植树，附近有道路、居民区，永兴川上架有桥梁。地处黄土梁峁丘陵宽谷区。高程 964.4 米。

敌台经过修缮，保存较好。包砖空心台体全部保存。由于重新修缮设计有部分是出于臆度，未能完全恢复原貌。常年的风雨侵蚀是其损坏的主要原因。

敌台带有围墙，兼有防御、预警功能。围墙平面矩形，边长 24.6、内高 1.14、外高 6 米。门开于东墙中间，宽 2.06 米，有 14 个垛口，其余墙体各有 16 个垛口，垛口宽 0.55、高 0.6 米。垛口底部有一个射孔（排水孔），宽 0.2、内高 0.1、外高 0.2 米。垛口间有垛墙，宽 1、高 1.14 米。垛墙中间有一个矩形瞭望孔，边长 0.22 米。

台体位于围墙中央，内夯土外包砖。台体平面呈矩形，剖面呈梯形，底部边长 11.8、顶部边长 9.5、高 11.55 米。门开于东壁上部，台体前有小台可上，小台长 11.8、宽 1.2、高 5.4 米，每侧有 21 级台阶，阶长 1.01、宽 0.19、高 0.22 米；每两级有一个护阶，长 0.4、宽 0.2、高 0.3 米；小台顶部是一个小平台，距台门 0.3 米，边长 1.2 米，外侧有 3 个护阶。小台下为一个拱顶空间，宽 3、高 3.6、深 1~1.2 米，内置 2 块碑，为政府修缮该台后所立纪念碑（碑记见备注），碑上方横石匾书"麟州要隘"。

台体为空心，门分 2 层，砖砌，外层长 1.1、宽 0.3、高 1.9 米，内层长 1.3、宽 0.42、高 2 米。两重隔墙将台内隔为 3 层，隔墙两侧开门，门宽 1.3、高 2.3 米，第一重隔墙正对门的墙体上有 1 个窗，窗宽 0.8、高 1.16 米。门所在台壁上有 2 个瞭望窗，其余台壁各有 4 个瞭望窗，门侧 2 个较大，宽 0.91、高 1.1 米，其余台壁瞭望窗宽 0.8、高 1.07 米；窗与窗间台壁底部各有一个矩形射孔（排水孔）宽 0.2、高 0.22 米。第二道隔墙西面中间有登顶台阶，共 12 级，阶长 0.6、宽 0.15、高 0.3 米，第一阶略高，高 0.4 米，第 7 级剖面上与隔墙相平，第 12 级较宽，宽 0.3 米，第 7 级上有部分拱顶，长 0.62、宽 0.6 米。

台体顶部每面有 4 个垛口，垛口间有垛墙，垛口宽 0.65、高 1.1 米，底部中间有一个矩形射孔（排水孔），边长 0.22 米；垛墙宽 1、高 1.84、高于垛口 0.8 米，垛墙中部有瞭望孔，宽 0.2、高 0.22 米，四个角两侧垛墙瞭望孔相接。台体顶部西侧距西墙 1.15 米处为登顶台阶的顶部建筑，外长 1.65、外宽 0.95、内长 1.53、内宽 0.74、内高 1.75、外高 1.89 米，拱顶。往前 1.6 米处为点烽火的小台，平面为内圆六边形，边长 0.51~0.58、宽 0.93、高 0.79 米，内圆直径 0.71 米，中间有一个直径 0.46、深 0.73 米的小圆；中间被排列为锯齿状的 8 排砖所支撑，高 0.4 米，底座六边形边长 0.51~0.58、高 0.19 米，东侧有一个矩形小孔，宽 0.17、高 0.15、深 0.63 米，应为点火孔。登顶台阶的烽顶建筑和点烽火的小台为现代青砖所建，砖长 24、宽 11、厚 5.5 厘米。围墙东、南侧有现代建筑的一层台，从东北角门进入，至东南角有长城展厅，南侧有几间房屋。围墙内侧及展厅所在基台上栽有许多柏树。台体附近发现有瓷片、砖块。（图五二六；彩图一一○~一一二）

该敌台是明代所建，1995 年陕西省长城协会组织重修。西北距石圪子村 1 号敌台 0.256 千米，南距石圪子村 3 号敌台 0.634 千米。

（五〇）石圪子村 3 号敌台（610821352101170050）

该敌台位于神木镇石圪子村、县城北的窟野河东岸。周围有村民房屋、树木、道路，地处黄土梁峁丘陵宽谷区。高程 938.4 米。

敌台整体保存差。台体表面剥落，受到人为铲削。风雨侵蚀、河水冲刷及人为破坏是其损毁的主要原因。

台体夯土筑成，夯土包含有料礓石、河沙，夯层厚 0.1~0.14 米，不见夯窝。台体无包砖石。台体平面矩形，剖面梯形，底部边长 8.2、顶部边长 7.2、高 6.8 米。台体东壁底部有一个土洞，宽 0.7、高 0.74、深 1.3 米，内呈口袋形，外有片石垒砌的类似畜栏的围栏；北壁下部有一个土洞，宽 0.6、高 0.4 米，深不详，可能是现代挖的窑穴。台体北侧有一个大土堆，可能是建筑遗留；西侧 2.5 米处

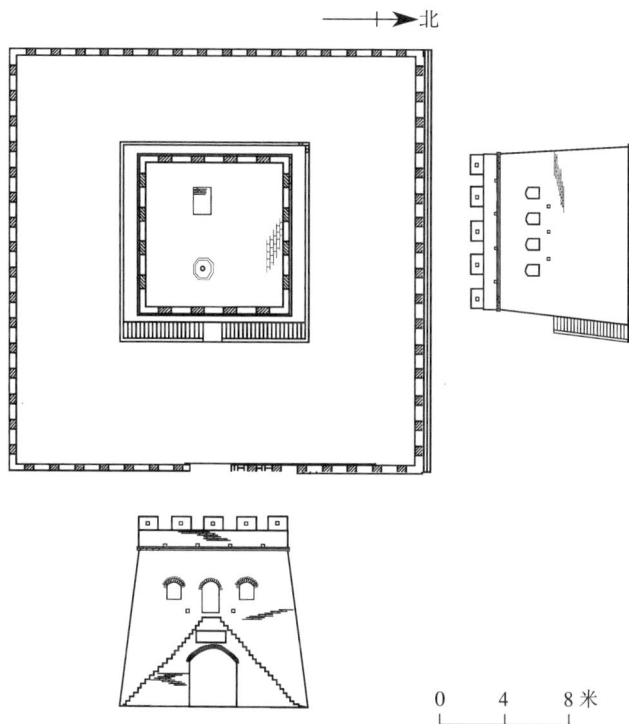

图五二六　石壑子村 2 号敌台平、立面图

是窟野河道，东侧 5 米处有一条水渠。台体周围发现有瓷片、碎砖。（图五二七）

该敌台南距石堡墕敌台 0.245 千米，北距石壑子村 2 号敌台 0.634 千米。

（五一）石堡墕敌台（610821352101170051）

该敌台位于神木县城北部边缘城区、窟野河东岸。高程 950.4 米。

敌台原状况不详。1995 年 8 月 10 日经神木县长城协会组织维修，保存完好。长年的风雨侵蚀是其损毁的主要原因。

台体建在自然基础上，经维修后外部包砖。台体平面呈矩形，底部边长 9.4、顶部边长 7.8、高 9.2 米。台体东壁中部有拱门，距底部 4.55、宽 0.82、高 1.82 米，两侧有台阶通到台体底部，内有台阶通往台体顶部。台体顶部四侧有垛墙，垛墙高 1.8、厚 0.4 米，垛口宽 1、高 0.82 米，瞭望孔和射孔宽、高均 0.22 米。台体顶部海墁铺砖，砖长 40、宽 20、厚 9 厘米。（图五二八；彩图一一三）

台体门下部有一座碑亭，宽 3、高 3.5、深 1 米，拱顶，内有石碑。碑文题头为"修复明长城石堡墕墩台捐资单位"，内容为捐资单位名称及金额。

该敌台于 1995 年 8 月 10 日由神木县长城协会组织维修过，北距石壑子村 3 号敌台 0.245 千米，南距五龙口敌台 1 千米。

（五二）五龙口敌台（610821352101170052）

该敌台位于神木县自来水公司院内。周围是开发区和住宅楼，西临窟野河，地处黄土梁峁丘陵宽谷区。高程 949.1 米。

敌台原保存状况不详。1995 年 8 月 10 日经神木县长城协会组织维修，保存完好。长年的风雨侵蚀是其损毁的主要原因。

图五二七　石壑子村3号敌台平、立面图

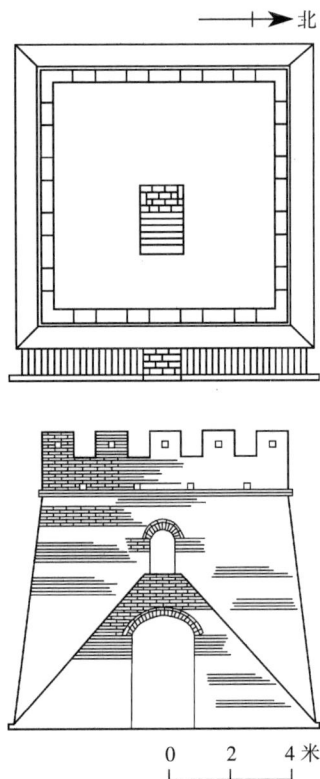

图五二八　石堡墕敌台平、立面图

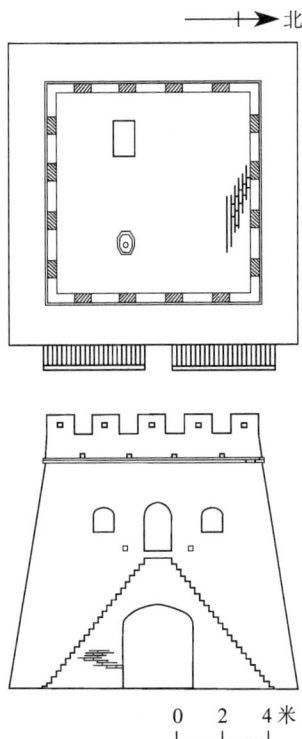

图五二九　五龙口敌台平、立面图

台体平面呈矩形，底部边长13、顶部边长9.25、高11.55米。台体分上下两层，下层实心，东壁有登台门洞，距台体底部5.8米，上层空心，两重隔墙将台体内隔为东、中、西3通，拱顶、粉壁，隔墙宽1.3米，四周回廊相通。西隔墙有门通向台体顶部，下部为铁梯，上部为砖砌台阶。台体顶部每侧有4个垛口，垛口间有垛墙，垛口宽0.65、高1.1米，底部中间有一个矩形射孔（排水孔），边长0.22米；垛墙高1.84、宽1米，垛墙中部有瞭望孔，宽0.2、高0.22米，四个角两侧垛墙瞭望孔相接。台体顶部西侧距西墙1.15米处为登顶台阶的顶部建筑，外长1.65、外宽0.95、内长1.53、内宽0.74、内高1.75、外高1.89米，拱顶。往前1.6米为点烽火小台，为维修人员设计建造，平面呈内圆六边形，边长0.51～0.58、宽0.93、高0.79、内圆直径0.71米，中间有一个直径0.46、深0.73米的小圆；中间被排列为锯齿状的8排砖所支撑，高0.4米；底座六边形边长0.51～0.58、高0.19米，东侧有一个宽0.17、高0.15、深0.63米的矩形小孔。登顶台阶的台顶建筑和点烽火的小台为现代青砖所建，砖长24、宽11、厚55厘米。（图五二九；彩图一一四、一一五）

台体门前有小台通向南北两壁底部，长1.2、宽1.2米。小台下为一个拱顶空间，宽3、高3.6、深1～1.2米，内有一块石碑，是长城协会修缮该台后所立纪念碑。碑文如下。

修复五龙口明长城空心敌楼碑记

神木境内明长城始建于明正统年间（1436～1449年），五龙口空心敌楼建于成化八年（1472年），它位于神木县城正北五千米窟野河东岸，紧靠古蒙汉人民交易市场互市土寨。

由于长时间的风雨剥蚀和人为破坏，五龙口空心敌楼的雄姿早已不复存在，仅存部分土墩台。为了保护历史文物，弘扬民族文化，神木县自来水公司在贺拖金经理的带动下，率先响应县长城协会发出的'爱我中华，修我长城'的倡议书，主动出资人民币六万元，重新修复了五龙口空心敌楼。修复工程从一九九五年九月二十六日开工，十一月一日竣工，历时三十五天。神木县自来水公司这种情系长城的爱国主义思想值得勒石为记，垂范后人。

神木县长城协会一九九六年七月一日

该敌台北距石堡墕敌台1千米，西距滴水崖1号敌台1.5千米。

（五三）滴水崖村1号敌台（610821352101170053）

该敌台位于麻家塔乡滴水崖村东的窟野河西岸。北临窟野河支流芦则湾沟，东有神（木）榆（林）铁路。地处西部沙漠区，周围是沙地与黄土地相间。高程981.6米。

敌台经过修复，整体保存较好。台体外层包砖，台座包石，周围有垛墙。维修工程未能恢复原样。台体东侧为悬崖，比较容易发育沟壑，对敌台影响较大。不按原状修缮和修复后未能加以有效管理，对敌台影响比较大。

台体位于基座中央，周围种植有白杨树。台体平面呈矩形，底部边长10.1、顶部边长8.8、高9.65米。台体西壁距南端7米处开门，宽3米，有台阶通往台下。外层下部包石（石层间水泥粘接）有3层，高0.96米；上部包砖，东壁有砖券拱门，距底部5米，门两侧有南北两面登台门踏步，宽1米；门高1.82、宽0.82米，内有台阶通往台体顶部。台体顶部中部通道出口上建有小廊，东西2.68、南北1.4、高1.9、东距顶部边缘1.2米。台体顶部海墁铺砖，四周边缘有垛墙，高1.9、厚0.4米；垛口宽0.95、高0.85、间距1米；射孔和瞭望孔宽、高均0.2米。基座平面呈矩形，边长21、高4.6米，内部夯土外部包石，边缘有砖砌围墙。围墙呈垛墙状，单砖垒砌，高1.25、厚0.25米；垛口宽0.84、高0.6、间距1米；射孔宽、高均0.2米。（图五三〇）

台体门下方为碑亭，宽2.55、高3.6、进深1米，内有石碑。碑文如下。

修复滴水崖明长城烽火台碑记

神木境内明长城始建于明朝正统年间，滴水崖烽火台始建于明成化八年（1472年）。它位于神木县城西北五千米处的窟野河西岸高山顶上，是原秦长城与

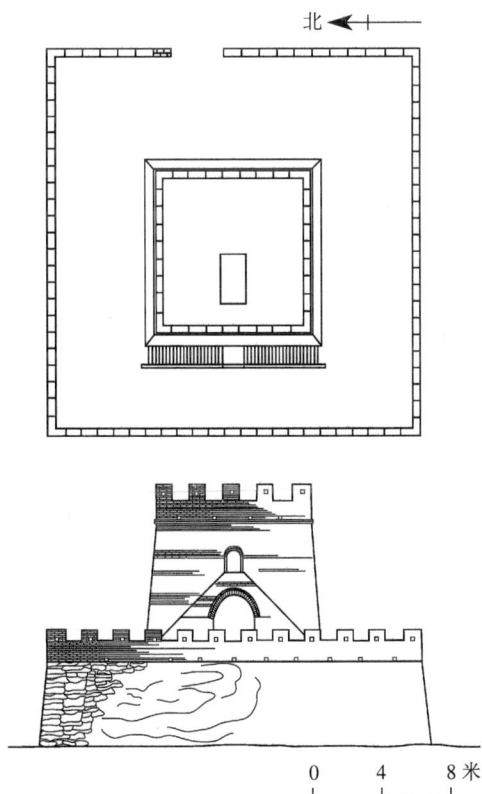

图五三〇 滴水崖村1号敌台平、立面图

明长城的交叉点，又是现在榆神府二级公路与神榆铁路的交汇点。它是历史上攻守皆宜的要冲也，是现今国家能源基地的交通枢纽。

为了保护历史文物，弘扬民族文化，神木县长城协会与一九九四年发出'爱我中华，修我长城'的倡议书。神华集团神府精煤公司积极响应，主动出资柒萬圓修复了滴水崖烽火台。修复工程从一九九五年九月八日开工，十一月六日竣工，历时六十八天。神华集团这种情系长城，慷慨解囊资助的爱国主义义举，为重点修复古长城做出了卓越的贡献，值得勒石为记。

该敌台西距滴水崖村 2 号敌台 0.2 千米。

（五四）滴水崖村 2 号敌台 （610821352101170054）

该敌台位于麻家塔乡滴水崖村。居民房屋后墙紧贴铲削后的敌台南壁，北侧有一条乡村土路，地处西部沙漠区，北临窟野河支流芦则湾沟，西临芦泽湾一条支沟岔。高程 980.8 米。

敌台整体保存极差。台体坍塌严重，四壁剥落，上部坍塌，南壁因村民修建房屋被破坏。长年的风雨侵蚀及人为破坏是其损毁的主要原因。

台体夯筑而成，夯土以黄土为主，夯层厚 0.11 ~ 0.16 米。台体平面呈矩形，底部东西 6.2、南北 4.6 米，顶部东西 4.4、南北 3.9 米，高 3 米。台体上生长有一棵榆树。（图五三一）

该敌台东距滴水崖村 1 号敌台 0.2 千米，西距滴水崖村 3 号敌台 0.2 千米。

（五五）滴水崖村 3 号敌台 （610821352101170055）

该敌台位于麻家塔乡滴水崖村西 0.1 千米的高地上。北侧有乡村土路，西侧有一座砖厂取土存煤的深 8 米的场地，周围多为沟壑，地处西部沙漠区，北临芦则湾，东临芦则湾支沟岔。高程 996.3 米。

敌台整体保存较差。围墙断续存在，台体坍塌严重。台座东北角有一根电线杆，距台体 6 米；东侧有一座输电铁塔，形成一个 10 米宽的豁口；北侧东段有 6 米宽的豁口，为水流冲刷而成，包砖被拆除，只存包砖层与台体接合拉口。长年的风雨侵蚀及人为破坏是其损毁的主要原因。

台体夯筑而成，夯土以黄土为主，夯层厚 0.1 ~ 0.15 米。台体平面呈矩形，底部边长 8.5、顶部边长 6.5、高 8.6 米。台体南壁有登台门洞，距底部 1.6 米，宽、高均 0.7 米；包砖拉口宽 0.42、高 1.6、深 0.2 米，南壁有 7 个，其他三壁各 10 个，错落均匀分布，有的拉口内还有包砖接口残存。台体顶部有一层海墁铺砖，有 0.2 米厚的砖石堆积。台座平面呈矩形，东西 25、南北 25.5、高 0.7 ~ 2 米。台座边缘有夯土围墙，墙体底宽 1.8、顶宽 0.4 ~ 0.6、内高 2、外高 3 米；南墙中间有一个豁口，宽 2.2 米，为门的位置。台体四周散落有砖、瓦片、瓷片。（图五三二；彩图一一六）

该敌台东距滴水崖村 2 号敌台 0.2 千米，西距滴水崖村 4 号敌台 0.2 千米，西北距滴水崖村长城 1 段墙体起点 0.06 千米。

（五六）滴水崖村 4 号敌台 （610821352101170056）

该敌台位于麻家塔乡滴水崖村西 0.3 千米的高地上。南侧是乡村土路，路南有一座砖厂，北临芦则湾。地处西部沙漠区，周围是黄土地和沙地。高程 1002.7 米。

敌台整体保存较差。台体坍塌严重，四壁剥落严重，顶部坍塌。长年的风雨侵蚀是其损毁的主要原因。

台体夯筑而成，夯土以黄土为主，夯层厚 0.11 ~ 0.13 米。基座平面呈矩形，为二级台体，东西 24、南北 22、高 1.8 米，东侧北端 12 米、北侧和西侧北端 3 米是夯土。一级台靠在二级台南侧西端，

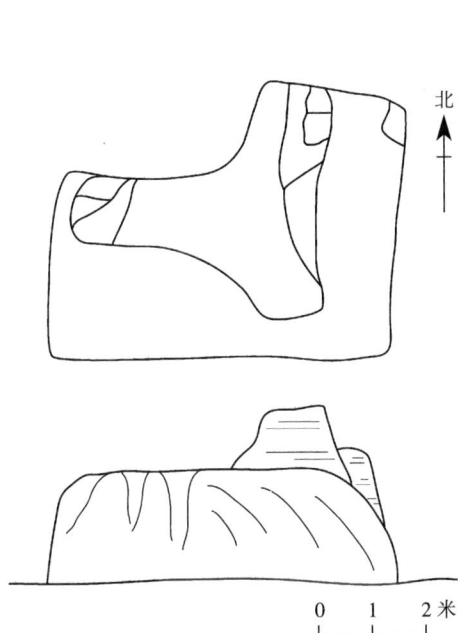

图五三一　滴水崖村 2 号敌台平、立面图

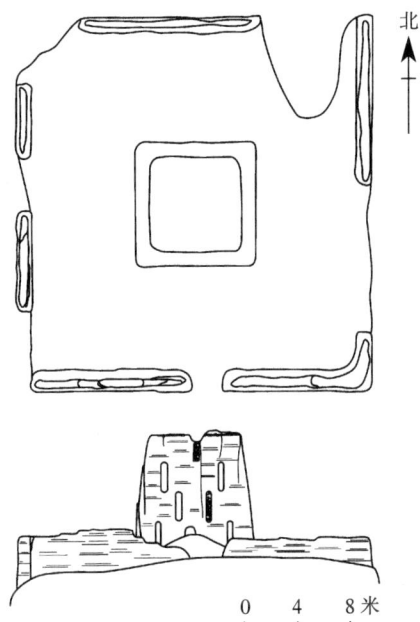

五三二　滴水崖村 3 号敌台平、立面图

西侧与二级台西侧对齐。一级台平面呈矩形，底部东西 6、南北 3.2 米，顶部东西 4.8、南北 3.2 米，高 2.9 米。二级台平面呈矩形，底部边长 8.8、顶部边长 6.8、高 5.6 米。台体顶部有 1 米厚的砖、石块、白灰面碎块、瓦片堆积。一级台南壁上部中间有宽 0.8、高 0.9、进深 0.7 米的豁口。台体四周有厚 1.4 米的砖土堆积。（图五三三）

该敌台东距滴水崖村长城 1 段墙体止点 0.07 千米，东距滴水崖村 3 号敌台 0.2 千米。

（五七）滴水崖村 5 号敌台（610821352101170057）

该敌台位于麻家塔乡滴水崖村西 0.75 千米的山峁上。山峁为黄土质，周围有小沟壑发育，四周种植有树木。地处西部沙漠区，地表沙化严重，有进一步发展的趋势。高程 1054.8 米。

敌台整体保存较差。台体塌陷，围墙上部坍塌，表面均剥落严重。台体包砖全部脱落。长年的风雨侵蚀及土壤沙化是其损毁的主要原因。

台体夯筑而成，夯土以黄土为主，包含有料礓石，夯层厚 0.13～0.16 米，夯土质地细密，没发现夯窝。台体平面矩形，剖面呈梯形，底部边长 9.7、顶部边长 7.5、高 8.3 米。台体南壁有登台土洞可达顶部，洞宽 0.8～0.9、高 1.2、高于基台 2.2 米。围墙平面呈矩形，东西 26、南北 25.5、底宽 2、顶宽 1.3、内高 1.5、外高 3.5、夯层厚 0.11～0.18 米；东墙保存较好，其余墙体保存较差。台体前基台上小庙内供有白云二仙，东北山坡上有一座砖厂。台体周围发现有碎砖石、瓷片。（图五三四）

该敌台位于滴水崖村 3 号敌台西 0.033 千米，东距滴水崖村 2 号敌台 0.54 千米。

（五八）窝窝庄村 1 号敌台（610821352101170058）

该敌台位于麻家塔乡窝窝庄村东北 0.5 千米的山峁上。四周种植有树木，东面为缓坡，其余面环沟。地处西部沙漠区，北侧是流沙坡地。高程 1091.2 米。

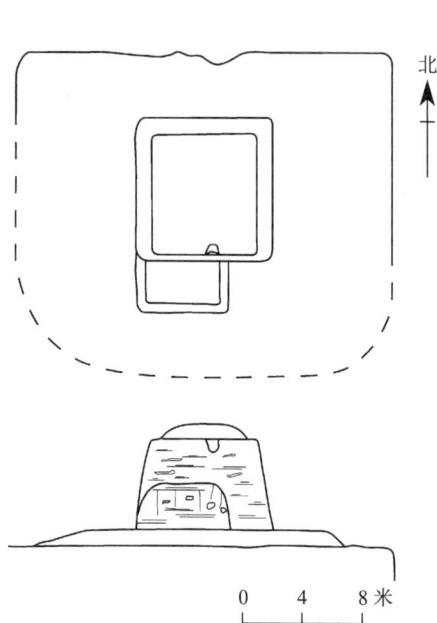

图五三三 滴水崖村 4 号敌台平、立面图

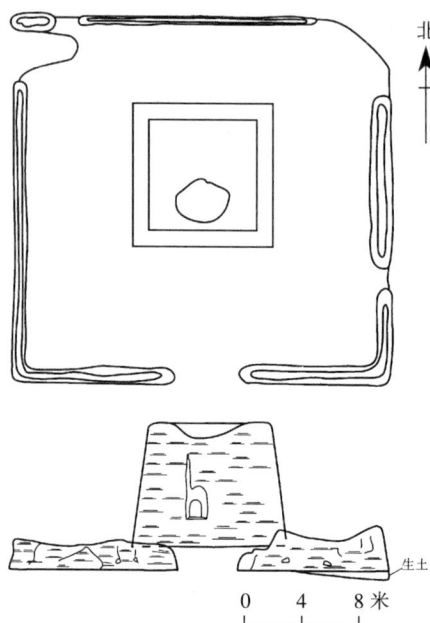

图五三四 滴水崖村 5 号敌台平、立面图

敌台整体保存较差。围墙大部分只存墙基。台体塌陷，南壁成斜坡。长年的风雨侵蚀是其损坏的主要原因。

台体夯筑而成，夯土以黄土为主，包含有料礓石，夯层厚 0.15～0.17 米，夯土质地细密，没发现夯窝。台体平面呈矩形，剖面呈梯形，底部东西 7.4、南北 8.6 米，顶部东西 4.5、南北 3 米，高 6.5 米。台体西北角有部分包石，包石层高 0.8、厚 0.35 米，为一层包石一层夯土，包石长 37～55、宽 23～30、厚 10 厘米，夯土厚 0.1～0.15 米。东壁有部分包砖，为一层包砖一层夯土，包砖层高 2.8、厚 0.8 米，为碎砖，夯土厚 0.07～0.17 米。台体西壁有登台土洞可达顶部，洞下宽 0.5、上宽 0.3、高 1.3 米，斜向上，内有片石、碎石。围墙建在夯土基座边缘，平面呈矩形，东西 33、南北 31 米，墙体底宽 2、顶宽 0.5、内高 0.3～1、外高 2 米。台体周围发现有碎砖、板瓦片、条石、瓷片。（图五三五）

该敌台西南距窝窝庄村 2 号敌台 0.36 千米，东距滴水崖村 5 号敌台 0.798 千米。

（五九）窝窝庄村 2 号敌台 （6108213521011700059）

该敌台位于麻家塔乡窝窝庄村东 0.21 千米的山峁上。四周种植有树木，地处西部沙漠区，外围是平沙地，间有若干耕地。高程 1120 米。

敌台整体保存较差。台体表面剥落，东壁底部坍塌成凹陷，凹陷宽 1.4、高约 1.8 米，东北角塌成斜坡。长期的风雨侵蚀、山体滑坡等是其损毁的主要原因。

台体内部夯筑而成，夯土以黄土为主，包含有料礓石，夯层厚 0.13～0.23 米，夯土质地细密，没发现夯窝，部分夯层间夹有一层石灰，石灰层厚 0.03～0.04 米。台体外部包石。台体平面呈矩形，剖面呈梯形，底部东西 10.3、南北 7.3 米，顶部东西 5、南北 2.5 米，高 5 米。台体南壁中部坍塌凹陷，壁上砌砖，一处长 0.7、高 0.6 米，一处长 1、高 1.3 米。台体顶部为二层台结构，第二层为铺一层片石夯一层土，片石厚 4～5 厘米，夯土厚 0.1～0.13 米。台体顶部塌陷呈凹字形，西南

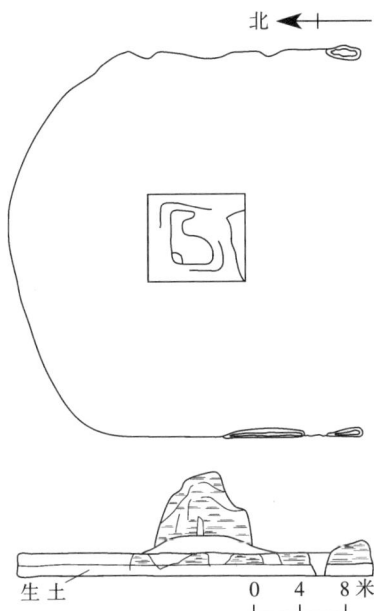

图五三五　窝窝庄村 1 号敌台平、立面图

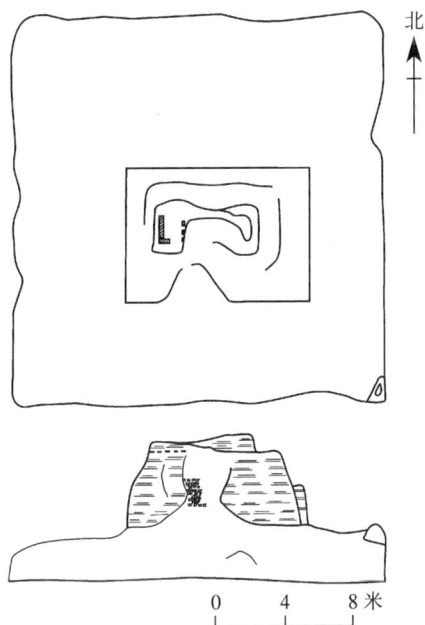

图五三六　窝窝庄村 2 号敌台平、立面图

角有一层石基，直角，石块长 56～61、宽 28～30、厚 18～20 厘米，片石层厚 0.6 米。围墙平面呈矩形，边长 21、高 3 米，内高与基台持平，顶宽、底宽不详，南墙坍塌成斜坡。台体周围发现有碎砖、石片、瓷片。（图五三六）

该敌台西北距窝窝庄村 3 号敌台 0.42 千米。

（六〇）窝窝庄村 3 号敌台（610821352101170060）

该敌台位于麻家塔乡窝窝庄村西北 0.125 千米的山峁上。四周种植有树木，地处西部沙漠区，土质以沙土为主，远处有新月形平沙地。高程 1108.4 米。

敌台整体保存较差。台体因风雨侵蚀、山体滑坡表面剥落、坍塌。

台体内部夯筑而成，夯土以黄土为主，包含有料礓石，夯层厚 0.2～0.22 米，夯土质地细密，没发现夯窝。台体外部包砖大部分脱落，只存四角。从裸露的台体看，原为圆形，后在四角包砖，将台体加筑为矩形后整体包砖，对四角的加工是铺一层片石夯一层土，片石存 5 层，片石层厚 0.02～0.05 米，夯土厚 0.2～0.23 米。台体平面呈矩形，剖面呈梯形，底部东西 8.7、南北 8.4 米，顶部东西 4、南北 2.8 米，高 6.2 米。台体顶部塌陷呈凹字形，东南角塌陷成斜坡，仅剩西、北侧。台体底部北侧靠西高 1 米处有一层石灰，厚 0.1～0.12 米，向上 0.3 米又有一层。无围墙。台体周围发现有碎砖、石块、瓷片、石灰渣。（图五三七）

该敌台西南距官地梁村敌台 0.2 千米，西南 7 米处有 2 座房屋。

（六一）官地梁敌台（610821352101170061）

该敌台位于土城塔北 1 千米官地梁的山峁上。四周种植有树木，地处西部沙漠区东部边缘，周围以沙地为主。高程 1084.4 米。

敌台整体保存较差。台体表面剥落，包砖被拆，塌陷严重，顶部生长有植物。长年的风雨侵蚀及

人为破坏是其损坏的主要原因。

台体内部夯筑而成，夯土以黄土为主，包含有料礓石，夯层厚 0.09～0.14 米，夯土质地细密，没发现夯窝。台体北壁包砖保存完整，包砖层高 5.7 米，有 55 层，长 7.4、厚 1.05 米，砖长 40、宽 21、厚 9 厘米，砖与砖之间座灰。台体平面呈矩形，剖面呈梯形，底部（不含包砖）东西 12.4、南北 9 米，顶部东西 5.6、南北 7.9 米，高 6.5 米。台体顶部呈馒头状，有砖、白灰渣。台体东壁有一座小台，长 9、宽 3、高 3.5 米，南壁底部可见 2 块条石呈台阶状，条石长 96、宽 24～35、厚 23～34 厘米，夯层厚 0.11～0.16 米，小台应为登台的附加台。台体周围发现有砖、筒瓦、条石、瓷片。（图五三八）

该敌台位于官地梁村山险东 0.5 千米、窝窝庄村 3 号敌台西南 0.2 千米，东北距官地梁村马面 0.358 千米，南距磨镰石村敌台 0.385 千米，东 0.052 千米处有一座现代墓地，东北山坡上有窑洞（已废），东距青杨岭村 1 号砖窑遗址 0.119 千米。

（六二）磨镰石村敌台 （610821352101170062）

该敌台位于神木镇磨镰石村北 0.628 千米的山峁上。四周种植有树木，地处西部沙漠区东边缘，周围是沙地和黄土地相间，间或有耕地，外围有沟壑发育。高程 1070.9 米。

敌台整体保存较差。台体表面剥落、塌陷，南壁外层存有包砖，其余包石、砖大部分被拆除。台体南壁距东端 14 米处有裂缝，宽 0.03～0.1 米，上部生长有植物。围墙剥落严重，上部坍塌，可见墙基。长年的风雨侵蚀是其损坏的主要原因。

台体内部夯筑而成，夯土以黄土为主，包含有料礓石，夯土质地细密，没发现夯窝。台体南壁包砖有 45 层，砖长 40、宽 20、厚 10 厘米，包砖底部存 3 层包石，包石宽 22～30、厚 13～20 厘米，长不详；包砖分上下两层，上层厚 0.2 米，内填 0.5 米厚的堆土；下层高 1.15、厚 0.9 米。台体平面呈近矩形，剖面呈梯形，底部东边长 10、西边长 7.3、南边长 8.9、北边长 10 米，顶部东西

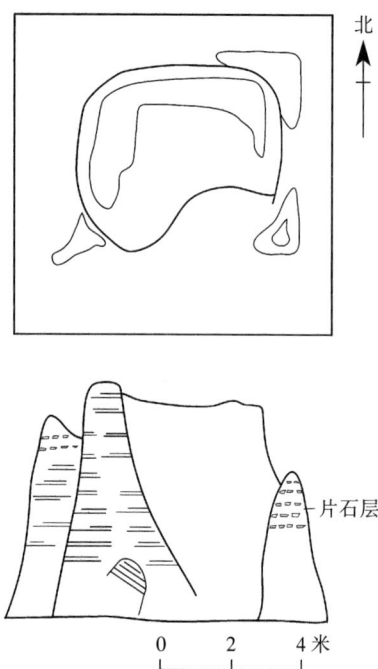

图五三七　窝窝庄村 3 号敌台平、立面图

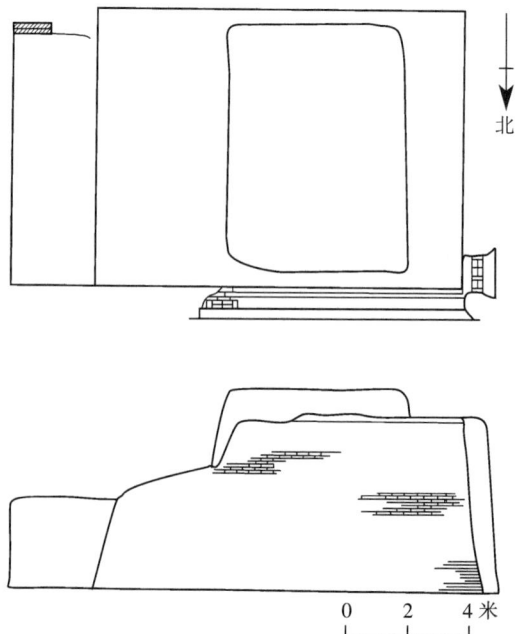

图五三八　官地梁敌台平、立面图

6.8、南北5.7米, 高7.6米。台体南壁底部有登台土洞可达顶部, 土洞砖砌, 宽0.98、高1.2米, 砌砖厚0.6米, 拱顶, 洞内被塌陷的土填满, 不能登台。台体顶部基本平整, 有一个椭圆形的洞, 长径3、短径2、深约0.2米; 西北角生长有一棵树。围墙平面呈矩形, 南、北墙不存, 西墙存8、高3米, 顶部与基台持平; 东墙长17.8、外高1.6米, 塌陷成缓坡; 夯层厚0.14~0.16米。台体周围发现有碎砖、石片、瓷片。(图五三九)

该敌台北距官地梁村敌台0.383千米, 东南距墩梁峁村烽火台0.633千米, 西面坡下0.092千米山坡上有一条进山拉煤的路, 东0.096千米处有一座近代墓地。

(六三) 墩梁峁敌台 (610821352101170063)

该敌台位于神木镇土城塔村官地梁西端的山峁上。地处西部沙漠区, 土地沙化严重, 大部分表层岩石裸露, 生长有一些沙柳、柠条、沙蒿等植物, 附近有林地。高程1054.6米。

敌台整体保存较差, 台体四壁剥落严重, 西壁底部中间有一孔土窑洞, 东壁有一排脚窝通到顶部; 顶部坍塌, 生长有一丛灌木。长年的风雨侵蚀是其损坏的主要原因。

台体夯筑而成, 夯土以黄土为主, 包含有料礓石, 夯层厚0.07~0.13米。台体平面呈矩形, 底部东西12、南北12.5米, 顶部东西8.4、南北8.9米, 高8.4米。台体顶部平铺一层板岩, 板岩上是一层海墁铺砖, 有0.5米厚的砖石堆积。台体西壁底部中间窑洞外宽0.65、外高1、内宽3、内高1.7、深3米。台体下散落有零星碎砖瓦。(图五四〇; 彩图一一七)

该敌台东距墩梁峁烽火台0.2千米, 东北0.1千米处有神(木)榆(阳)铁路, 南0.2千米处有神(木)榆(阳)公路。

(六四) 青杨岭村1号敌台 (610821352101170064)

该敌台位于神木镇青杨岭村北0.6千米的山峁上。三面环沟, 南侧与山体相连, 四周种植有树木, 外围是沟壑, 地处黄土梁峁丘陵宽谷区, 表土较厚, 多有沟壑发育。高程1110米。

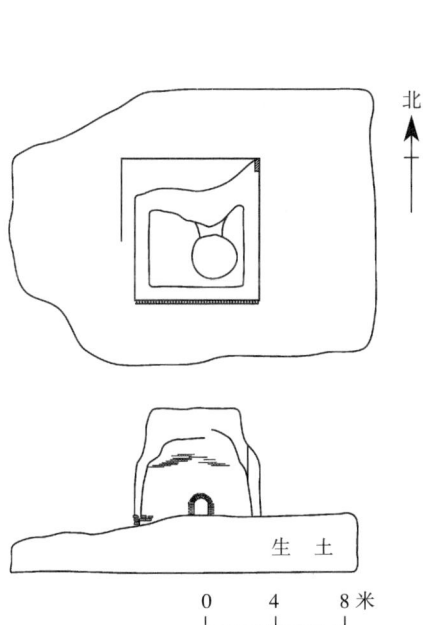

图五三九 磨镰石村敌台平、立面图

图五四〇 墩梁峁敌台平、立面图

敌台整体保存一般。台体外层包砖有裂缝，东南角下部15层包砖和包石坍塌，脱落部分高2.4米，东壁1.8米，南壁缺1.8米；北壁距东端3.1米处有一条裂缝，宽0.02~0.05米；南壁门洞下有一条轻微的裂缝；顶部长满杂草，东、西壁靠北顶部包砖脱落。围墙坍塌，仅存墙基。长年的风雨侵蚀是其损坏的主要原因。

台体内部夯筑而成，夯土以黄土为主，包含有沙土，夯层厚0.14~0.2米，夯土质地细密，未发现夯窝；外部下包石上包砖，包石层高1.6米，共5层，包石长63~140、宽30~37、厚28~32厘米；包砖70层，砖长40、宽20、厚9厘米，包砖间座灰。台体平面呈矩形，剖面呈梯形，底部边长10、顶部边长8.7、高11.6米。台体南壁上部有登台步道可达顶部，步道砖砌，宽0.8、高1.3米，高于基台5米，长不详。台体顶部南侧有3个垛口，垛口宽0.4米；每个垛口下对应一个射孔，呈矩形，边长0.25米，垛墙长1.7、高于垛口0.5米，东、西壁靠南各保留长1.7米的垛墙及第一个垛口下的射孔。围墙平面呈椭圆形，东西28.8、南北26.2、底宽3.7、顶宽0.2~1.3、内高1、外高1.2米。台体周围发现有碎砖、石块、瓷片。（图五四一）

该敌台南距青杨岭村2号烽火台0.128千米，西南距青杨岭村2号敌台0.243千米。

（六五）青杨岭村2号敌台（610821352101170065）

该敌台位于神木镇青杨岭村北0.2千米的山峁上。四周种植有树木，地处黄土梁峁丘陵宽谷区，所在山峁表土较厚，多有沟壑发育。高程1111.7米。

敌台整体保存较差。台体包砖被拆除，下部包石残存，西壁夯土脱落，外部剥落严重，顶部生长有植物。台体附近有高压输电铁塔，对敌台有较大影响。围墙可见墙基及墙体下部，东、南墙部分保存较好，东墙距北端3.8有有一个宽2.2米的豁口，西南角内侧有一座电线架，编号为前锦线42。长年的风雨侵蚀是其损坏的主要原因。

台体内部夯筑而成，夯土以黄土为主，包含有料礓石，夯层厚0.12~0.15米，夯土质地细密，没发现夯窝。台体外部包砖石大部分脱落或被拆除，底部存4层包石，包石层高1.2、厚0.8米，包石长80~110、宽28~30、厚28~34厘米；砖被拆除堆在基台上，台体东、西、北侧有7堆，包砖长39~40、宽19、厚9厘米，包砖间抹灰。台体平面呈矩形，剖面呈梯形，底部边长10.8、顶部边长7、高8.6米。台体东壁有登台土洞可达台顶，土洞宽0.55~0.7、高0.55米，土洞往上0.3米处有一个塌陷而成的洞，宽0.24~0.5、高1.1米，洞内斜向上约2米变得陡直，应有登台木梯，顶部土洞周围向内塌陷形成一个漏斗状缺口。台体北壁距顶部约0.4米处有一层海墁，有一层包含碎砖的堆积，厚约0.4米。台体西侧及北侧裸露出树根，宽0.04~0.12米，树不存。围墙平面呈矩形，边长26米，墙体内高1~1.5、外高0.2~2.9、顶宽0.3~0.5、底宽1米，夯层厚0.14~0.16米。台体周围发现有砖、板瓦、瓷片。（图五四二）

该敌台北距青杨岭村1号敌台0.246千米，西南距青杨岭村3号敌台0.697千米。

（六六）青杨岭村3号敌台（610821352101170066）

该敌台位于神木镇青杨岭村西南0.442千米的山峁上。四周种植有树木，地处中部黄土梁峁丘陵宽谷区，土壤以黄沙土为主，地势较平缓，有小沟壑发育。高程1167.1米。

敌台整体保存较差。台体保存较好，包砖基本保存，东、北壁包砖保存较好，可见窗、瞭望口、射孔。围墙保存较差，可见围墙下部和墙基，东北角有一个雨水冲刷的宽4、进深6.6米的缺口；南墙有一个豁口，下宽2.7、上宽3米，应是门所在；西墙靠北有4米缺口；北墙存23.5米，靠东有2米

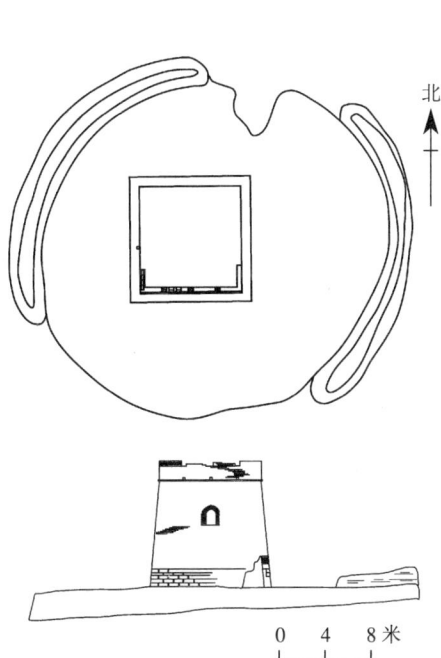

图五四一　青杨岭村 1 号敌台平、立面图　　　　图五四二　青杨岭村 2 号敌台平、立面图

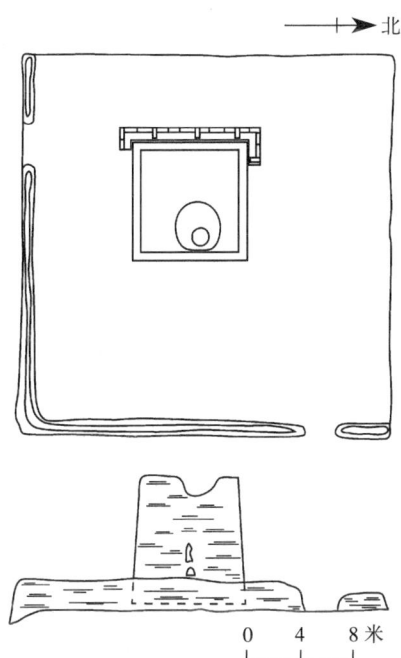

缺口。台体南壁包砖厚约 0.43 米被拆除，第一层包石被拆除，包砖、石被堆积散落于四周，无瞭望窗；西壁厚约 0.41 米的包砖被拆除，包石部分被拆除，无瞭望窗；顶部门内斜坡周围向内塌陷，形成一个半圆锥形缺口。台体顶部长满杂草和灌木，堆积中可见碎砖、板瓦，建筑不存。长年的风雨侵蚀及人为破坏是其损坏的主要原因。

台体内部夯筑，夯土以黄土为主，包含有料礓石，夯层厚 0.14～0.18 米，夯土质地细密，没发现夯窝。台体包石层高 1.9 米，共 8 层，包石长 80～140、宽 30～33、厚 21～30 厘米；砖长 40、宽 19、厚 9 厘米，包砖间座灰。台体平面呈矩形，剖面呈梯形，底部边长 11.8、顶部边长 9.5、高 9.8 米。台体东壁有登台步道可达顶部，步道下宽 1.26、上宽 2.16、高 0.8 米。台体东壁包砖石保存较好，上部有 3 个宽 0.5、高 0.8、厚约 0.4 米的瞭望窗，被 3 道横排及下面 2 或 3 块竖立的砖所堵塞，瞭望窗下各对应一个宽 0.2、高 0.22、厚约 0.4 米的射孔；北壁靠西 3.3 米宽的包砖被拆除一层，顶部高约 2.5 米的部分裸露夯土，有 2 个瞭望窗、2 个射孔。台体顶部原有建筑物，现仅存砖、石、瓦片、少量瓷片等。围墙平面呈矩形，边长 27、底宽 0.8、顶宽 0.1～0.3、内高 0.1～1.1、外高 1.5～3.6 米，其中夯土厚 2 米，夯层厚 0.14～0.17 米。台体周围发现有碎砖、板瓦、条石、瓷片。（图五四三）

该敌台东北距青杨岭村 2 号敌台 0.695 千米，西距青杨岭村 2 号烽火台 0.685 千米，东距青杨岭村 0.442 千米，南距山峰则村 2 号砖窑遗存 0.04 千米。

（六七）青杨岭村 4 号敌台（610821352101170067）

该敌台位于神木镇青杨岭村西南的山梁北端。周围是退耕苜蓿地，地处黄土梁峁丘陵宽谷区，以坡地为主，土层较厚，有一定比降缓坡，有沟壑发育。高程 1211.1 米。

敌台整体保存较差。台体剥落坍塌严重，围墙仅存根部。台体包砖被拆除，圆洞外层及下方被流水冲毁，呈槽状，宽 0.8、深 1 米。台体底部四周有 0.7 米宽的凹槽，深浅不一，为村民拆取包砖所致，凹槽外是高 1～1.5 米的砖、石、瓦、瓷片、白灰面碎片堆积；顶部生长有植物。长年的风雨侵蚀及人为破坏（拆除包砖等）是其损坏的主要原因。

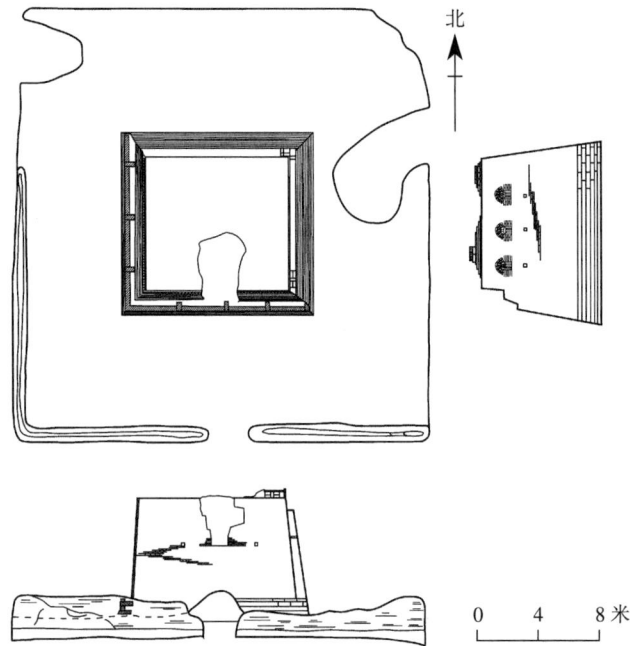

图五四三　青杨岭村 3 号敌台平、立面图

台体建在生土基座上。基座平面呈矩形，东西 25、南北 26、高 4.2 ~ 4.8 米。基座边缘有夯土围墙，墙体底宽 2、顶宽 0.2 ~ 0.6、内高 1.2、外高 5.4 ~ 6 米；南墙中部有一个豁口，下宽 1.6、上宽 2.8、距地面 2、距西墙 11.2 米。台体夯筑而成，夯土以黄土为主，夯层厚 0.11 ~ 0.15 米。台体平面呈矩形，底部边长 9.4、顶部边长 7.4、高 8 米。台体南壁有登台门洞，距底部 3.8、宽 1.1、高 1.5、进深 1.5 米，右转 1.2 米有圆洞直通顶部，圆洞直径 1.5 米。台体顶部有一层片石平铺，其上有厚约 0.7 米的砖石堆积。（图五四四）

该敌台西北距青山岭村山险 0.1 千米。

（六八）沙石岭村 1 号敌台 （610821352101170068）

该敌台位于神木镇沙石岭村北的山梁西端。周围是沟壑，有退耕林地和草地，地处黄土梁峁丘陵宽谷区，附近土层较厚，植被稀少，有一定坡降，有沟壑发育。高程 1175.6 米。

敌台整体保存较差。围墙底部断续存在，上部坍塌。台体坍塌严重，东壁和顶部尤为严重，东北角顶部缺失，夯土部分呈锥状。台体上生长有树木，根系影响台体的保存，门洞坍塌到台体底部，宽 0.6、向上高 3.6 米；南壁底部距西端 1.2 米有一孔小窑洞，宽 0.6、高 0.8、深 1 米。台体四周因村民拆取包石，东、南、西壁底部有宽 1.4、深 1 ~ 2 米的沟槽。长年的风雨侵蚀、植物生长及人为破坏（拆取包石等）是其损坏的主要原因。

台体平面呈矩形，底部边长 8.6、顶部边长 5、高 7.7 米。台体南壁有登台门洞，距东壁 5 米；顶部平铺有片石，有 0.5 米厚的堆积。台体内部夯筑，夯土以黄土为主，夯层厚 0.11 ~ 0.17 米。台体外部包石为砂岩条石。夯土基座平面呈矩形，边缘有夯土围墙，边长 27、西侧高 3 米，东侧与梁顶齐平。围墙底宽 1.2、顶宽 0.3、高 1.6 米。台体四周散落有砖、石、瓷片。西壁存包石痕迹，宽 0.8 米，北侧有 2 米厚的砖石堆积。（图五四五）

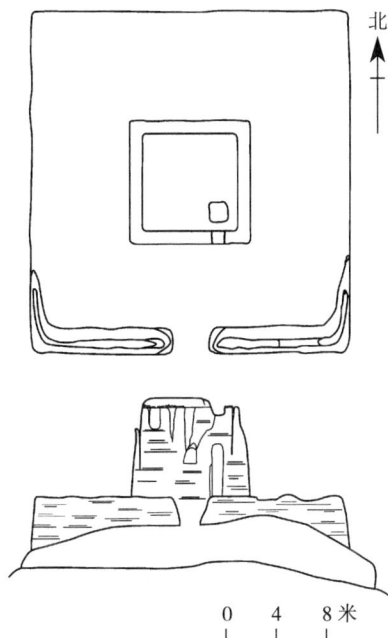

图五四四　青杨岭村 4 号敌台平、立面图

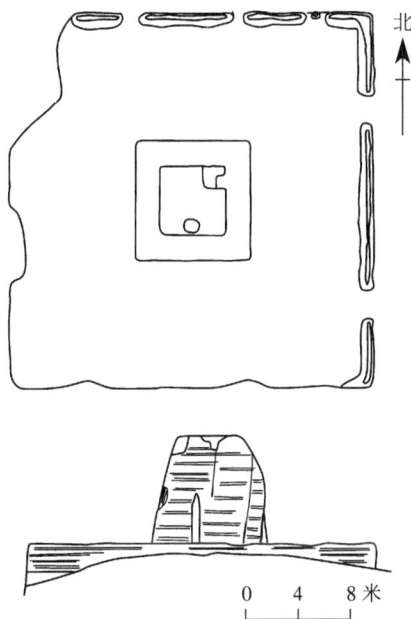

图五四五　沙石岭村 1 号敌台平、立面图

该敌台西距沙石岭村长城 0.12 千米。

（六九）沙石岭村 2 号敌台（610821352101170069）

该敌台位于神木镇沙石岭村东 0.295 千米的山峁上。三面环沟，北侧与山体相连，西侧有一道山梁可下，0.089 千米处山梁上有一段长城。四周植树种草，远处间或有耕地。地处黄土梁峁丘陵宽谷区，土层较厚，有沟壑发育。高程 1171.2 米。

敌台整体保存较差。围墙可见根部和墙基，上部坍塌，保存部分剥落严重。台体坍塌成锥状，表面剥落、坍塌，北壁塌陷成斜坡，东壁顶部有一个漏斗状塌陷。围墙东 0.01 千米处有一根电线杆，台体周围台塬上种植有柏树、杏树，杂草丛生。长年的风雨侵蚀是其损坏的主要原因。

台体夯筑而成，夯土以黄土为主，包含有料礓石，夯层厚 0.08~0.12 米，夯土质地细密，没发现夯窝。台体没有包砖石。台体平面呈矩形，剖面呈梯形，底部东西 8.5、南北 9.3 米，顶部东西 4、南北 2.4 米，高 7 米。围墙平面呈矩形，边长 25 米，墙体底宽不详，顶宽 0.3~0.6、内高 0.2~0.8、外高 4 米；东墙有一个缺口，宽 2.4 米，当是门的位置。台体周围发现有碎砖石、瓷片。（图五四六）

该敌台西距沙石岭村长城墙体 0.089 千米，北距沙石岭村 1 号敌台 0.379 千米，东北距沙石岭村烽火台 0.218 千米，南距沙石岭村 3 号敌台 0.42 千米。

（七〇）沙石岭村 3 号敌台（610821352101170070）

该敌台位于神木镇沙石岭村西北 0.56 千米的山峁上。东侧与山体相连，其余三面环沟。所处山峁表土较厚，有沟壑发育，四周植树。地处黄土梁峁丘陵宽谷区，外部是黄土沟壑区。高程 1121.4 米。

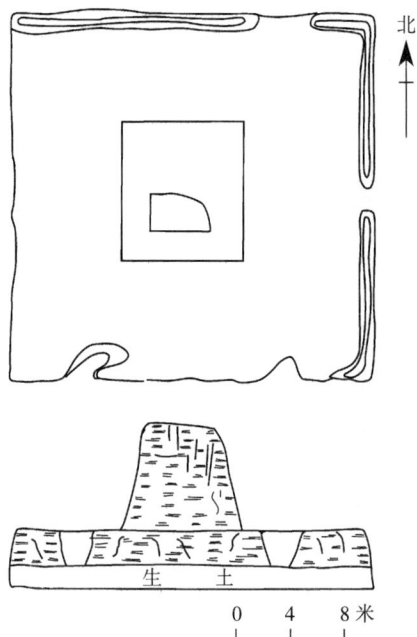

图五四六　沙石岭村 2 号敌台平、立面图　　　　图五四七　沙石岭村 3 号敌台平、立面图

敌台整体保存较差。台体存夯土部分，围墙只存根部和墙基部分。围墙上部坍塌，下部剥落严重。台体外部包石、砖被拆除，西、北、东壁有拆包石挖开的土堆，高约 1.2 米，土堆上有灰渣、碎石、砖、板瓦碎片等，夯土部分表面剥落，顶部有坍塌；北壁被雨水冲刷成许多小沟。台体顶部有一层堆积，包含有碎砖；西侧有两小块脱落，长有两棵树。长年的风雨侵蚀及人为破坏是其损坏的主要原因。

台体夯筑而成，夯土以黄土为主，包含有料礓石，夯层厚 0.12 ~ 0.16 米，夯土质地细密，没发现夯窝。台体平面呈矩形，剖面呈梯形，底部东西 9.7、南北 9.4 米，顶部边长 7.8 米，高 9.8 米。台体南壁有登台土洞可达顶部，土洞宽 1、高 0.9、高于基台 5.9 米，两侧保存 9 层包砖，土洞周围向内塌陷。围墙平面呈矩形，东西 23.2、南北 19 米，墙体内高与基台持平，外高 3 米（平整土地铲削而成），底宽不详。台体周围发现有碎砖、板瓦、石块、瓷片。（图五四七）

该敌台南距杨家山村 1 号敌台 0.794 千米。

（七一）前塔村敌台（610821352101170071）

该敌台位于神木镇前塔村北 0.05 千米的山峁上。四周是退耕林地和草地，地处黄土梁峁丘陵宽谷区，周围土层较厚，有沟壑发育。高程 1080.4 米。

敌台整体保存较差。围墙上部坍塌，保存下部和墙基部分，剥落严重。台体坍塌呈锥状，表面剥落、塌陷，南、北壁坍塌成斜坡，基本相交于顶部，使东西两壁略呈金字塔形；底部有一圈因塌陷而形成的圆锥状土堆，上有料礓石、碎砖等。基台上长满杂草、酸枣树等植物。围墙被削减，东墙保存较好，南墙保存较差，东墙缺口宽 1.8 米，北墙缺口宽 2.8 米。长年的风雨侵蚀是是其损坏的主要原因。

台体夯筑而成，夯土以黄土为主，包含有料礓石，夯层厚 0.12 ~ 0.14 米，夯土质地细密，没发现夯窝。台体无包石。台体平面呈矩形，剖面呈梯形，底部东西 6、南北 8.4 米，顶部东西 2.3、南北 0.2 ~ 0.3 米，高 7.3 米。围墙平面呈矩形，东南、东北角略圆，边长 39 米，墙体底宽 3、顶宽 0.1 ~ 0.4、内高 0.5 ~ 2.5、外高 1.7 米，夯层厚 0.14 ~ 0.16 米，南墙有一个上宽 7、下宽 6.5 米的缺口，应是门的位置。围墙西北角外侧有部分包石，包石层长7.5、宽4、厚1米，包石为片石，大小、形状不一，可能是作为长城墙体的一段使用。台体周围发现有碎砖、石块、瓷片。（图五四八）

该敌台西距前塔村长城1段墙体0.023千米，南距杨家山村1号敌台0.627千米。

（七二）杨家山村1号敌台
（610821352101170072）

该敌台位于杨家山村西北0.5千米的山峁上。南侧与山体相连，其余三面环沟。附近是草地，外围是农田。地处黄土梁峁丘陵宽谷区，附近有沟壑发育。高程1109.1米。

敌台整体保存较差。台体外层包砖被拆，夯土剥落、塌陷；北壁有两个凹进缺口，一个宽0.1、高

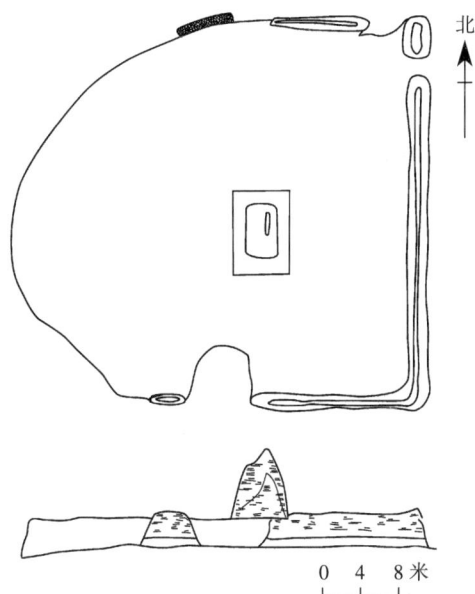

图五四八 前塔村敌台平、立面图

0.2、深0.1米，一个宽0.1、高0.05、深0.13米，顶部有一截树根裸露；东壁距北端1.4米处有一条裂缝，宽0.03~0.06米；东北角顶部略与台体分离，底部有一块夯土凸出，长2.4、上宽0.4、高1.9米；东南角顶部与台体分离0.1~0.3米，底部有一块夯土凸出，长1.2、上宽1.1、高2.3米；西南角顶部与台体分开0.1~0.15米，西壁有部分包砖，高0.8~3米；顶部南侧有一个塌陷形成的半圆锥形缺口，上宽2.5、下宽1、进深1.5米，应是登台门洞的位置，门洞下方右侧有一条轻微裂缝，下方台体上有一个雨水冲刷宽0.15~0.3、深0.1~0.4米的小沟。长年的风雨侵蚀、植物生长及人为破坏（拆拿包砖等）是其损坏的主要原因。

台体夯筑而成，夯土以黄土为主，包含有料礓石，夯层厚0.13~0.15米，夯土质地细密，没发现夯窝。台体平面呈矩形，剖面呈梯形，底部东西7.3、南北8米，顶部塌陷呈凹字形，东西5.1、南北6.2米，高7.9米。台体南壁有登台步道可达顶部，步道塌陷，下宽1、上宽2.5、高6.8、进深1.5米，周围向内塌陷形成一个圆锥形缺口。推测此敌台是二次修建，在原台体外侧包一层土，然后包砖，包砖完全剥落，包土层开始与台体分离。台体北面有一条小路，靠台体一侧被铲削出高3.1米的断面；东侧有农田，平整土地时将靠近台体一侧修整出高1~2.5米的断面。台体周围发现有砖、筒瓦、板瓦、石块、瓷片。（图五四九）

该敌台北距前塔村敌台0.627千米，西南距杨家山村2号敌台0.416千米。

（七三）杨家山村2号敌台（610821352101170073）

该敌台位于杨家山村西北0.278千米的土质山峁上。三面环沟，东与山体相连。地处黄土梁峁丘陵宽谷区，四面为陡坡，有沟壑发育。高程1109米。

敌台整体保存较差。自然台基边缘坍塌。台体外部包砖被拆，夯土表面剥落、塌陷；北壁有一个缺口，上宽2、下宽0.6、长1.5、进深约1.3米；南壁靠西有一条裂缝，宽0.02~0.03米。长年的风雨侵蚀、植物生长及人为破坏（拆拿包砖等）是其损坏的主要原因。

台体夯筑而成，夯土以黄土为主，包含有料礓石，夯层厚0.11~0.17米，夯土质地细密，没发现夯窝。台体北壁夯层间夹有5层包石，有石块也有较大的片石，大小、形状不一；顶部存有5层包砖，

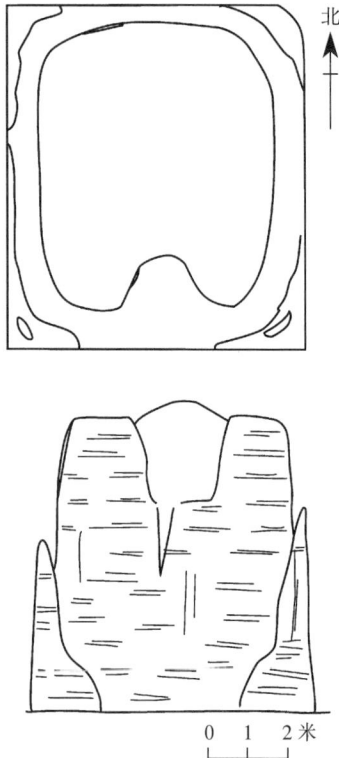

图五四九　杨家山村1号敌台平、立面图

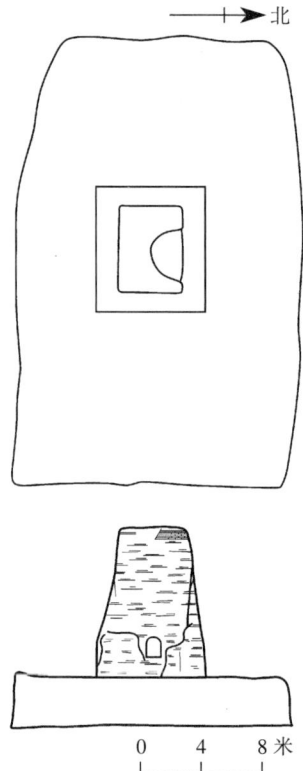

图五五〇　杨家山村2号敌台平、立面图

砖长43、宽20、厚10厘米。台体平面呈矩形，剖面呈梯形，底部东西7.7、南北6.9米，顶部东西5.2、南北4米，高8.8米。台体东壁有登台土洞可达顶部，土洞高于台基1.2米，长2、宽0.9、高1米，内部被塌陷的土回填，不能登顶；土洞外台基上有刨出的土堆积。台体周围发现有砖、板瓦、石块、瓷片。台体顶部有厚约1米的堆积，包含有砖、石块、瓷片。台体顶部原应有建筑物，现仅存砖、石、瓦片、少量瓷片等。台基平面呈不规则矩形，东西26.5、南北17.4米。（图五五〇）

该敌台东南距杨家山村2号烽火台0.635千米，东北距杨家山村1号烽火台0.416千米。

（七四）杨家山村3号敌台（610821352101170074）

该敌台位于解家堡镇杨家山村西南0.1千米。北邻沙石岭川东北流支沟塔垯湾，南0.02千米处有杨家山小学（废弃）。地处黄土梁峁丘陵宽谷区，附近沙化严重，由于塔垯湾沟季节洪水侵蚀严重，沟壑发育迅速。高程1107.1米。

敌台整体保存较差。台体南壁保存一半，外层剥落严重，顶部坍塌，北半部坍塌；南壁底部有沙土堆积，高2米，南半部基础沙化、下切严重，底部高于地表4米；门洞内被坍塌的土填满，上部坍塌；东壁有一部分与台体分离，中间宽0.4米，分离部分南北1.2米。长年的风雨侵蚀、土地沙化等是其损坏的主要原因。

台体夯筑而成，夯土以黄土为主，包含有料礓石，夯层厚0.12～0.16米。台体平面呈矩形，底部东西7.2米，南北东侧残长6.4、西侧残长3.6米；顶部东西4.8米，南北东侧残长2、西侧残长1米，高9.5米。台体南壁有一层砖、石、夯土混合层，宽2.1、高4、厚0.45米；东壁有登台门洞，距底部3、宽0.9米；顶部有海墁铺砖。台体四周散落有砖、瓦、石、瓷片，砖长40、宽20、厚9厘米。

（图五五一）

该敌台西南距杨家山村 4 号敌台 0.25 千米，东北临杨家山村山险。

（七五）杨家山村 4 号敌台（610821352101170075）

该敌台位于解家堡镇杨家山村西南 0.4 千米的沟东岸半坡上。北邻沙石岭川东北流支沟塔垯湾，周围是果树园。地处黄土梁峁丘陵宽谷区，附近有沟壑发育。高程 1101.5 米。

敌台整体保存较差。台体外层包砖被拆，四壁夯土剥落严重，台体上有干枯的树根。长年的风雨侵蚀、植物生长及人为破坏（拆拿包砖等）是其损坏的主要原因。

台体四壁因平整土地下挖裸露生土，高 2 米；生土上有一层片石，厚 0.4 ~ 0.6 米；片石上部 1.3 米部分是红褐色土与黄土混夯，夯层厚 0.1 ~ 0.11 米；以上部分为纯黄土夯筑，夯层厚 0.1 ~ 0.11 米；东壁有二次建筑附加上的一层，夯土包含有砖瓦残块和料礓石，宽 6、厚 1、高 5.2 米；顶部有砖墙，高 1 米。台体平面呈矩形，剖面呈梯形，底部东西 9、南北 7 米，顶部边长 5.4 米，高 8.8 米。台体南壁有登台步道，距西壁 3.2、底部 2 米，宽 1、深 0.8 米。台体北壁下部有一个小洞，距底部 2.3 米，洞宽 0.8、高 0.6、深 2 米。（图五五二；彩图一一八）

该敌台东北距杨家山村 3 号敌台 0.25 千米，西南距山峰则村 1 号敌台 0.26 千米，东北距杨家山村山险 0.03 千米。

（七六）山峰则村 1 号敌台（610821352101170076）

该敌台位于解家堡乡山峰则村南 0.151 千米的山峁上。四周种植有树木，地处黄土梁峁丘陵宽谷区，四周为山地沟壑。高程 1192.2 米。

图五五一　杨家山村 3 号敌台平、立面图

图五五二　杨家山村 4 号敌台平、立面图

敌台整体保存较差。台体保存一般，外部包砖被拆除，表面夯土剥落，部分塌陷。围墙保存较差，保存根部和墙基。长年的风雨侵蚀、植物生长及人为破坏（拆拿包砖等）是其损坏的主要原因。

台体内部夯筑而成，夯土以黄土为主，包含有料礓石，夯层厚0.14～0.16米，夯土质地细密，没发现夯窝。台体底部保存部分包石，为铺一层石夯一层土，包石为块石，大小、形状不一，夯土厚0.11～0.22米，西壁包石层高2米，有8层；北壁包石层高0.8米，上存2层包砖，包砖厚0.2米，下部塌陷成斜坡；东壁包石层高1.4米，有5层，包石层上还有一层高1.7米夯土，其下夹杂有2层包砖；南壁包石层高1.8米，有7层，上存夯土1.6米，其下夹杂有2层包砖。推测包石、砖是在台体完成后进行的，下部一层包石一层夯土，上部一层包砖一层夯土；人为破坏、风雨侵蚀使包砖脱落，上部只存部分夯土，部分包石不存。台体平面呈矩形，剖面呈梯形，底部东西8、南北8.5米，顶部坍塌呈凹字形，东西4.8、南北5米，高8.5米。台体西壁有登台土洞可达顶部，土洞宽1.1、深0.9米，上部塌陷呈圆锥形。基台东侧长有三棵榆树，生长有柏树。围墙平面呈矩形，边长25、底宽1、顶宽0.2～0.3、内高0.2～0.8、外高1～3.7米，西墙保存靠南8米，南墙有一个宽5.6米的豁口，西墙北角6.8米消失，北墙西角4米消失；南墙有一个缺口，上宽5.6、下宽5米，应是门的位置。台体周围发现有砖、板瓦、石块、瓷片。（图五五三）

该敌台北距杨家山村4号敌台0.26千米，南距山峰则村1号烽火台0.439千米，东6米处有山峰则村2号砖窑遗存。

（七七）山峰则村2号敌台（610821352101170077）

该敌台位于解家堡乡山峰则村南山梁西端的沙石岭川东北流支沟塔垯湾东岸半坡上。周围是退耕草地、林地，地处黄土梁峁丘陵宽谷区，附近有沟壑正在发育。高程1207.2米。

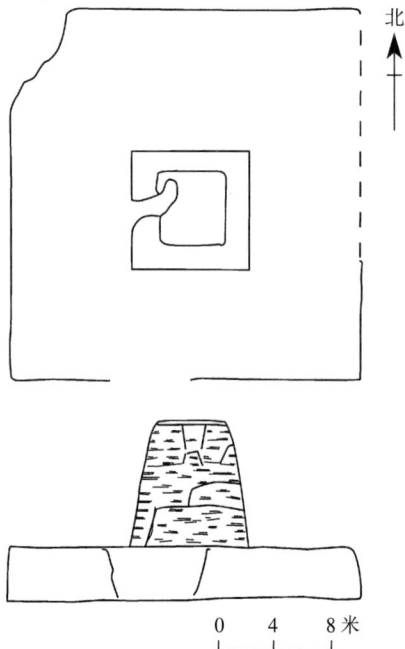

图五五三　山峰则村1号敌台平、立面图

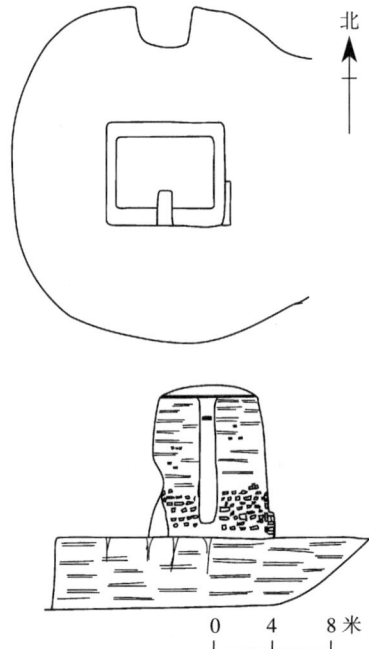

图五五四　山峰则村2号敌台平、立面图

敌台整体保存较差。台体外部包砖被拆除，四壁剥落严重，顶部坍塌，门洞外侧坍塌。夯土台座部分边沿坍塌，北侧有一个宽 4、进深 3 米的豁口。围墙大部分坍塌消失。长年的风雨侵蚀、植物生长及人为破坏（拆拿包砖等）是其损坏的主要原因。

台体夯层结构显示为二次筑成，内部夯筑而成，夯土以黄土为主，高 8 米，夯层厚 0.11 ~ 0.14 米。台体外层厚 0.7 米，下部为石、土混夯层，高 2.5 米；上部为砖、土混夯层。台体平面呈矩形，底部东西 8.2、南北 7 米，顶部东西 6.8、南北 4.8 米，高 9.5 米。台体南壁有登台的矩形门洞，距底部 1、宽 0.95、深 2.4 米，通到顶部。台体顶部有一层海墁铺砖，上有 7 层砖墙，墙内有 1 米高的堆积物。基座平面呈圆角矩形，东西 24.2、南北 23 米，西侧高 5 米，东侧与梁顶平齐。台体周围散落有砖、石、瓷片，砖长 40、宽 18、厚 9 厘米。（图五五四）

该敌台东南距山峰则村 2 号烽火台 0.15 千米。

（七八）山峰则村 3 号敌台 （610821352101170078）

该敌台位于解家堡乡山峰则村南 1 千米的山峁上。四周种植有树木，地处黄土梁峁丘陵宽谷区，附近有沟壑发育。高程 1230.8 米。

敌台整体保存较差。台体保存下部，台座边缘消失。台体表面剥落、塌陷；顶部西侧塌陷呈圆锥状，上宽 3.1、下宽 4.4、进深 2 米，塌土在台基上堆积成斜坡。其他台壁较为陡直。长年的风雨侵蚀、植物生长等是其损坏的主要原因。

台体夯筑而成，夯土以黄土为主，包含有料礓石，夯层厚 0.06 ~ 0.13 米，夯土质地细密，没发现夯窝。台体平面呈矩形，剖面呈梯形，底部东西 6.5、南北 7 米；顶部塌陷呈凹字形，东西 1.2、南北 4 米，高 5.7 米。台座夯筑而成，东西 16.7、南北 21.1、高 2.2 米，北侧 10 米没有夯土，被整理成斜坡，种植有柏树；西南角有一个堆积，有许多板瓦、砖。台体周围发现有砖、筒瓦、板瓦、石块、瓷片。（图五五五）

该敌台北距山峰则村长城 1 段墙体 0.025 千米，南距山峰则卧虎寨堡 0.035 千米。

（七九）山峰则村 4 号敌台 （610821352101170079）

该敌台位于山峰则村西南的山梁北端。周围有人工林地，西、北侧外围是沟壑，地处黄土梁峁丘陵宽谷区，附近有沟壑发育。高程 1199.9 米。

敌台整体保存较差。台体北壁塌毁严重，顶部坍塌。围墙大部分坍塌。台体东壁包砖消失，北壁包石坍塌，南壁残存 3.8 米；北壁东部包砖、包石坍塌消失，西部存 4.2 米；南壁堆积上有包砖搭建的简易神龛。长年的风雨侵蚀、植物生长及人为破坏（拆拿包砖等）是其损坏的主要原因。

台体内部夯筑而成，夯土以黄土为主，夯层厚 0.12 ~ 0.13 米。台体下部包石，上部包砖，白灰抹缝，包砖石层厚 0.65 米。基础包石外放 0.12、高 3.6 米；包砖部分高 4.5 米，以上有 0.6 米厚的灰土层，灰土层上有 0.9 米高的砖、石、瓦堆积。台体平面呈矩形，剖面呈梯形，底部边长 9.6、顶部边长 6.3、高 9.6 米。基座上部边长 27、北侧高 5、南侧高 4 米，上部 2 ~ 2.5 米为夯土，下部为生土，底边外放 1 米。基座下部周围有壕，壕宽 9、深 0.4 ~ 1.5 米，是修筑敌台取土所致。围墙底宽 0.5、顶宽 0.1、高 0.7 米，断续存在。基座南侧和围墙中部有一个豁口，上宽 6、下宽 3 米，深至壕底，内斜坡通到基座上。（图五五六；彩图一一九）台体下堆积砖、石，南侧堆积高 1 米。台体南壁中部有登台拱形门洞，门洞位于包石层上部，距底部 2.67、宽 0.665、高 1.26 米，其中直高 0.93、拱高 0.33 米；门楣为整块石雕成，宽 1.185、高 0.66 米，中间形成裂缝，宽 0.01 米；门内被塌土填堵；门楣上方有一石刻

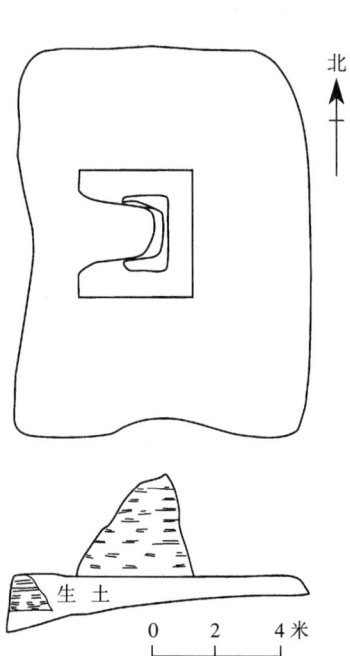

图五五五　山峰则村 3 号敌台平、立面图

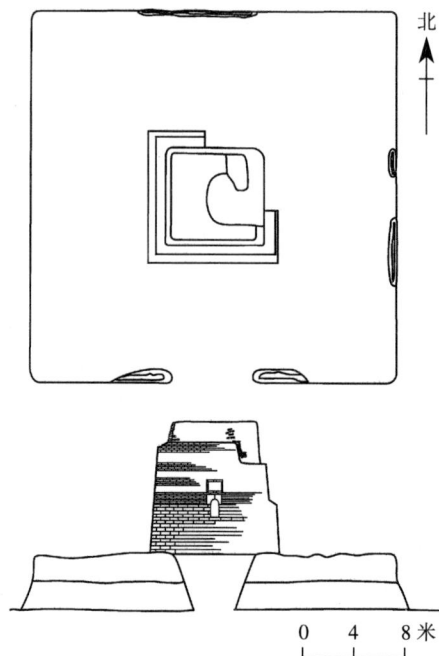

图五五六　山峰则村 4 号敌台平、立面图

匾额，匾额用一层砖包边，宽 0.1 米，包边外下距门楣一层砖（0.11 米）；匾额长 96.5、宽 66 厘米。台体下堆积砖、石，南侧堆积高 1 米。（彩图一二〇）匾文内容如下。

钦差巡抚延绥等处地……

御史金中士

钦差镇西将军镇守延绥等处……

府都督杜文□

钦差整饬榆林东□神木兵备道□□□□司

右参仪李□□

钦差协守延绥东…………………兵部指挥同知麻……

钦差分守延绥…………………将都指挥佥事孙……

延安府监□延绥东□□□……

奇兵坐营中……

神木坐营中…………平钦依守备延绥大……

挥佥事……

坐……………光印

本道门下营……

神木路……

　　　　　　　　　　　　□□□□
　　　　　　　　　　　　□□□□
万历四十六年闰四月二日立　□□□□

该敌台西距山峰则村长城2段墙体0.03千米。

（八〇）刘家梁村敌台（610821352101170080）

该敌台位于解家堡乡刘家梁村北0.3千米的山峁上。四周种植有树木，北侧外围是沟壑，地处黄土梁峁丘陵宽谷区，附近有沟壑发育。高程1152.8米。

敌台整体保存较差。台体保存一般，台座保存差，附属夯土小台呈锥状。台体表面剥落、塌陷，北壁有3道雨水冲刷的小沟，宽0.2~0.8、进深0.1~0.4米；西北角脱落，部分塌陷，露出基石；底部四周塌陷成斜坡。长年的风雨侵蚀及植物生长是其损坏的主要原因。

台体夯筑而成，夯土以黄土为主，包含有料礓石，夯层厚0.16~0.18米，夯土质地细密，没发现夯窝。台体平面呈矩形，剖面呈梯形，底部东西9.8、南北10.2米，顶部坍塌呈凹字形，东西7、南北7.6米，高7.4米。台体南壁有一个缺口，上宽4.5、下宽1.5、进深3.5米，应是登台土洞的位置。台体顶部东、西、北侧有建筑基石，厚0.9米，底部条石距顶部1.2米。台体顶部原应有建筑物，仅存有砖、石、瓦片、少量瓷片等。台体南侧0.03千米处有一座圆锥形小夯土台，平面呈圆形，底部直径4.3、顶部直径1.3、高3米，夯层厚0.13~0.16米；小台东侧3米处有一座蓄水池，长5.6、宽3.55、深2米，表面抹水泥。台座平面呈矩形，东西21.8、南北22.8、高3米，其中夯土层高2米。台体周围发现有砖、板瓦、条石、瓷片等。（图五五七）

该敌台北距山峰则村长城2段墙体0.007千米。

（八一）潘家湾村敌台（610821352101170081）

该敌台位于解家堡乡潘家湾村北0.25千米的山峁上。四周种植有树木，东侧与山体相连，其余三面环沟，地处黄土梁峁丘陵宽谷区，附近有沟壑发育。高程1097.3米。

敌台整体保存差。台体坍塌呈锥状，围墙仅存墙基。台体表面剥落、塌陷，北壁塌陷成缓坡，西壁中部塌陷。台体四壁塌陷成斜坡，高约2米；南壁较为陡直，夯土包含红胶土，因雨水分裂成很小的碎块，逐块脱落。围墙大部分塌陷成斜坡，顶部基本与台基持平，几个角依稀可辨，西墙有一个缺口，宽4.9米，东墙基本不存。围墙南侧有一排酸枣树，东南10余米处为农田，种植有马铃薯。长年的风雨侵蚀是其损坏的主要原因。

台体内部夯筑而成，夯土以黄土为主，包含有料礓石、红胶土，夯层厚0.07~0.15米，夯土质地细密，没发现夯窝。台体包砖石大部分脱落，只西北角及西壁可见3层包石，包石长84、宽35、厚23厘米；西壁中部塌陷处发现4层包砖，包砖部分被土覆盖，露出部分长0.3、宽0.2、高0.4米。台体平面呈矩形，剖面呈梯形，底部边长8.4米，顶部东西5.2、南北0.5米，高6.9米。围墙平面呈矩形，边长24.6、高0.5~1.5米。墙体保存差，东北角保存部分包石，包石层长4.1、高0.9、厚0.7米，包石为片石，大小、形状不一。台体周围发现有砖、板瓦、条石、瓷片。（图五五八）

该敌台西距碥湾村1号敌台0.7千米，东距瓦场村长城墙体0.291千米。

（八二）碥湾村1号敌台（610821352101170082）

该敌台位于解家堡乡碥湾村北0.118千米的沙化山梁东端。北、东、南为深沟，南临柳沟，地处黄土梁峁丘陵宽谷区，土层较厚，有沟壑发育，沙化严重。高程1116.1米。

敌台整体保存一般。台体保存夯土部分，外层包砖被拆除，表面剥落。围墙坍塌近于消失，仅存

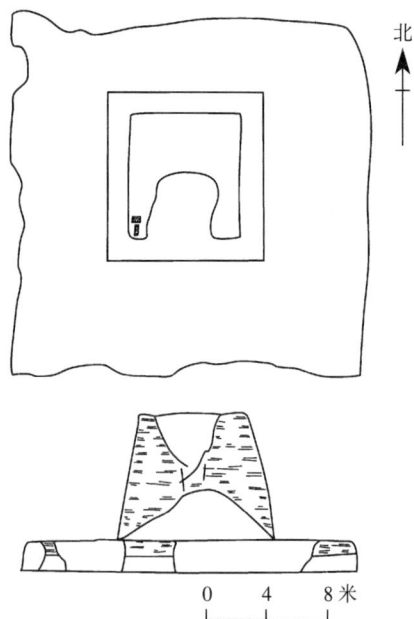

图五五七　刘家梁村敌台平、立面图　　　　图五五八　潘家湾村敌台平、立面图

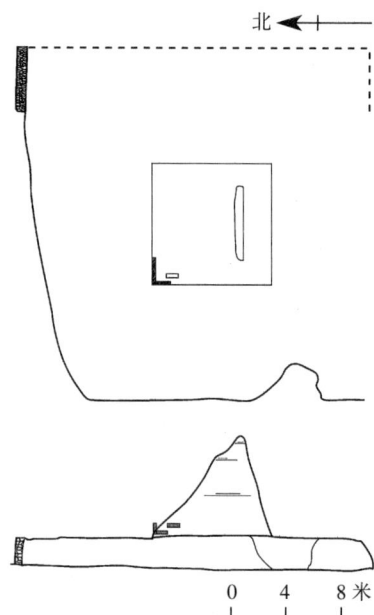

墙基，多塌陷成斜坡，坡上可见石块、砖、瓦片；西墙有一个宽5.3米的缺口，缺口外是一条南北向的冲沟；北墙塌陷成斜坡；东墙有一个宽5.5米的缺口。长年的风雨侵蚀、植物生长、土地沙化及人为破坏（拆拿包砖等）是其损坏的主要原因。

　　台体内部夯筑而成，夯土以黄土为主，包含有料礓石、生土块，夯层厚0.1~0.14米，夯土质地细密，没发现夯窝。台体平面呈矩形，剖面呈梯形，底部东西10、南北9米，顶部东西6、南北5.7米，高8.5米。围墙平面呈矩形，东西20、南北21米，墙体内高与基台持平，外高1~2米，顶宽、底宽不详，南墙中部有一个宽9.8米的缺口，进深3米，应当是门。台体南壁中部有一个槽形缺口，宽2.5、进深1.4、底部距基台2、高5米，缺口北侧包砖，砖长40、宽20、厚9厘米，共50层，宽1米，当为登台土洞，缺口西外侧尚存部分包石，包石层高2.3米，为铺一层片石夯一层土，片石大小、形状不一，夯土厚0.07~0.08米；西壁存11层包石，石间夹夯土，高2.4米，包石层上方间有4层包砖，顶部有厚0.5米的堆积，包含瓦片、砖，距南壁2.1米有一个槽形缺口，宽1、进深0.5米，底部为包石层；北壁只存5层包石，高1.8米，顶部东南角有7层包砖，长1、高0.7米，中间有一个弧形缺口，宽1.4、进深0.3米，缺口底部被雨水冲刷，距基台1米；东壁南角有9层包石，包石层高2.3、长1.3米，中间有一个槽形缺口，宽1、进深0.4米，缺口底部砌砖，高1、宽1米，东壁顶部有厚约1米的堆积，堆积底部有一层砖。台体周围堆土上发现一件石质构件，剖面呈五边形，长0.4米，两侧高0.05、中间高0.12米，是垛墙顶部石构件。台体周围发现有砖、筒瓦、板瓦、石块、瓷片、陶片。（图五五九）

　　该敌台东南距潘家湾村敌台0.7千米，东距刘家梁村长城墙体0.445千米，西距碾湾村2号敌台0.23千米。

（八三）碾湾村2号敌台　（610821352101170083）

　　该敌台位于解家堡乡碾湾村北0.1千米沙梁中部。所处地势比较平缓，为平沙地，梁南下是柳沟，

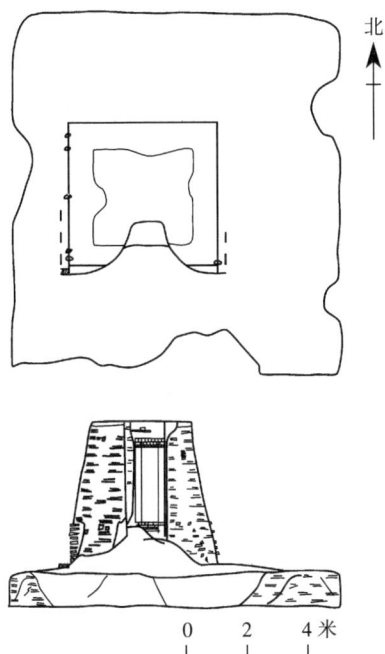

图五五九　碨湾村 1 号敌台平、立面图

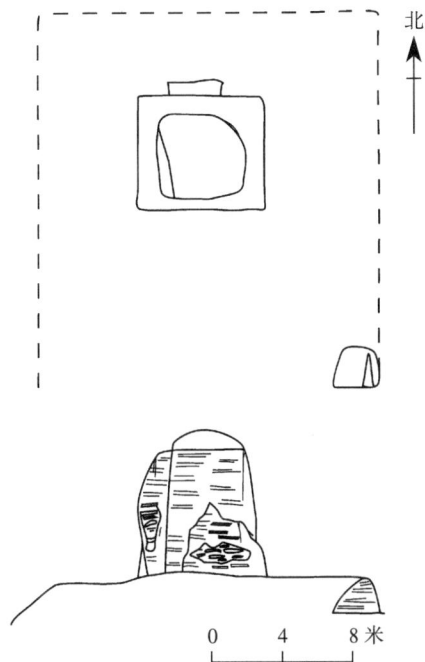

图五六〇　碨湾村 2 号敌台平、立面图

梁北是一条沟，西与山体相连，地处黄土梁峁丘陵宽谷区，土层较厚，有沟壑发育，沙化严重。高程 1125.3 米。

敌台整体保存较差。台体外层包砖被拆除，四壁剥落严重，顶部坍塌。台体上有大量蜂巢，南壁脱落，堆积厚 1.2 米，其他三壁保存。台座大部分被流沙掩埋，只存东南角，其余部分只能看出轮廓。长年的风雨侵蚀、生物破坏、土地沙化及人为破坏（拆拿包砖等）是其损坏的主要原因。

台体内部夯筑而成，夯土以黄土为主，包含有料礓石，夯层厚 0.07～0.1 米。台体外部有一层砖土混夯层，厚 0.7 米。台体平面呈矩形，底部东西 6.8、南北 5.8 米，顶部东西 4.8、南北 4.2 米，高 7 米。夯土基座平面呈矩形，边长 18 米，保存部分南侧长 2.5、东侧长 2、高 1.8 米。台体下部有包石痕迹，四面堆积有大量砖、石块，顶部有 1 米厚的砖土堆积。（图五六〇）

该敌台东距碨湾村 1 号敌台 0.23 千米。

（八四）大柏油堡村 1 号敌台（6108213521011 70084）

该敌台位于解家堡乡大柏油堡村西 0.507 千米的山梁上。北临柳沟，南 0.5 千米处有柳沟的一条支沟，附近退耕还林、还草，四周种植有树木，地处黄土梁峁丘陵宽谷区，附近土层较厚，有沟壑发育。高程 1149.6 米。

敌台整体保存差。台体呈锥状，四壁塌陷成斜坡；南壁底部有一个现代挖的洞穴，宽 1.3～1.4、高 1.7、进深 2.7 米。长年的风雨侵蚀及人为破坏（拆拿包砖等）是其损坏的主要原因。

台体夯筑而成，夯土以黄土为主，包含有料礓石，夯层厚 0.12～0.14 米，夯土质地细密，没发现夯窝，无包石砖，无围墙。台体平面呈矩形，剖面呈梯形，底部边长 12.5 米，顶部东西 4、南北 3.2 米，高 4.5 米。台体周围发现有砖、石块、瓷片。（图五六一）

该敌台北距碨湾村 1 号敌台 0.539 千米，西距大柏油堡村 2 号敌台 0.293 千米。

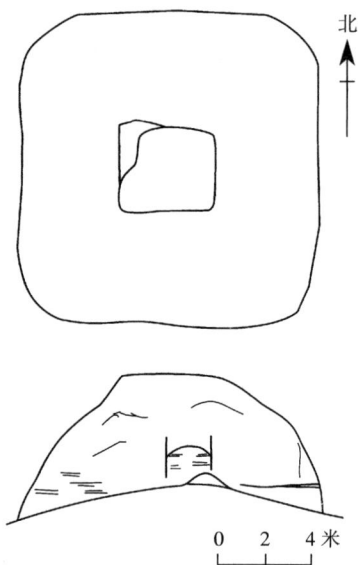

图五六一　大柏油堡村1号敌台平、立面图

（八五）大柏油堡村2号敌台（610821352101170085）

　　该敌台位于解家堡乡大柏油堡村西0.8千米的山梁北侧缓坡上。北临柳沟，山梁南侧有柳沟的一条支沟，四周植树种草，地处黄土梁峁丘陵宽谷区，山梁上土层较厚，有沟壑发育。高程1150.1米。

　　敌台整体保存一般。台体外部包砖基本完好，可见登台的二级台、门、通道；顶部建筑可见窗、射孔以及中部天井、天井边的火炕。台体包砖有裂缝，共5条，东壁距北端3米有一条，宽0.01~0.02米；南壁距西端0.8米有一条，宽0.03~0.05米，距东端1.2米有一条，宽0.03~0.04米；西壁距北端0.8米有一条，宽0.03~0.05米；北壁距东端0.6米有一条，宽0.02~0.03米。台体包砖部分脱落，顶部建筑部分坍塌。长年的风雨侵蚀是其损坏的主要原因。

　　台体内部夯筑而成，夯土以黄土为主，包含有料礓石，夯层厚0.12~0.14米，夯土质地细密，没发现夯窝。台体平面呈矩形，剖面呈梯形，底部东西10.5、南北14米，顶部平面呈回字形，边长9米，高9.4米。（图五六二）

　　台体南面有一小台，小台东侧有一个土洞，土洞包砖，小台上方2.8米处有台体门洞，门宽0.8、高1.63、进深0.7米，门上二批二拱，门踏石长134、宽80、厚20厘米。台体为空心，平面呈回字形，内部为一个矩形天井；每面由3道隔梁分为4个较为独立的拱形顶小空间，北面较具代表性，3道宽0.51~0.57米的隔梁将北面分为4个拱顶空间，最左一个宽0.98、高2.2米，第20

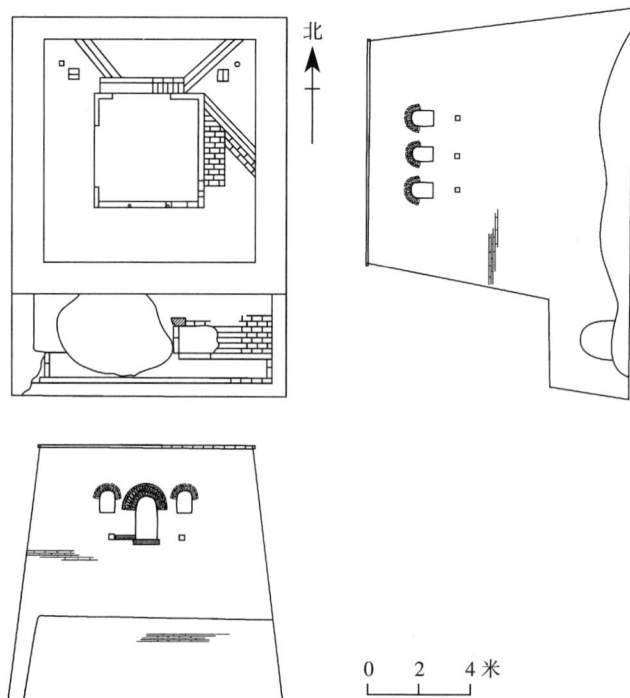

图五六二　大柏油堡村2号敌台平、立面图

层砖起拱，拱顶有 25 块砖，隔梁保存差，长 0.1 ~ 0.3 米，第 2 ~ 4 拱内各有一个瞭望窗，宽 0.65、高 0.85、进深 0.51 米，第 7 层砖起券，拱有 19 层砖，窗上一批一拱，窗两边顶部各有一个矩形窝，长 0.21、宽 0.15、进深 0.25 米，窗下两侧各有一个柱窝，直径 0.06、深 0.02 米，窗底部为片石，长 1、宽 0.66、厚 0.15 米，窗内片石上有一个宽 0.11 米、低于窗台 0.08 米的小槛，窗下 0.62 ~ 0.66 米处有一个射孔，外口边长 0.2、内宽 0.32、高 0.4 米。除东侧第一个拱形空间外其他空间各有一个瞭望窗，窗下开射孔。西侧第一个拱形空间长 1.84 米，三面墙上可见部分涂泥。底部有高 0.5 米的堆积，内砌砖，可能为火炕，此处北侧墙内还有一段宽 0.47 米的墙体。北侧两端距底部 2 米各有一个矩形烟道，边长 0.2 米。西侧两个隔梁上有 2 个上下贯通的圆孔，直径 0.08 ~ 0.1 米，仅存半边。台体内四角各有一个宽 0.97 ~ 0.99、长 1.81 ~ 1.85 米的拱形空间，当为住宿之用，南北两面各有 2 个贯穿顶部的圆孔，北侧两端有 2 个烟道，四周拱形空间高 2.2、宽 0.88 ~ 1 米，顶部厚 0.7 米。门西侧隔梁保存较好，宽 1.8、厚 0.53、高 1.61 米，四周隔梁多被拆除，存 0.1 ~ 0.3 米；门西侧隔梁靠门侧高 0.7 米有一块方石，边长 32、厚 25 厘米，中心有一个圆形石窝，直径 0.11、进深 0.25 米，石块上部 0.64 米处有一个砖窝，长 0.21、宽 0.15、进深 0.26 米，当为门柱洞。台体顶部包砖角部松脱；顶部原应有建筑物，仅存砖基、石块、瓦片等，有少量瓷片。台体前为一个矩形内夯土外包砖小台，长 10.5、宽 3.2、高 3 米，小台东侧尚存登台土洞，土洞内包砖，洞口下宽 1.2、上宽 0.8、高 0.8 米，进深 1.6 米，内口西有一个边长 2、深 2 米的塌陷。小台西侧包砖不存，裸露夯土，包砖层厚 1.1 米。台体包砖层厚 0.86 米。综合砖基及石基推测，台体顶部应有二层台建筑，可能为砖木结构。台体周围发现有砖、筒瓦、板瓦、瓷片。

该敌台东距大柏油堡村 1 号敌台 0.293 千米，西距大柏油堡村 3 号敌台 0.368 千米。

（八六）大柏油堡村 3 号敌台（610821352101170086）

该敌台位于解家堡乡大柏油堡村西 1.2 千米的山梁北侧缓坡上。往北坡降变大，北临柳沟，梁上及附近退耕被还林、还草，地处黄土梁峁丘陵宽谷区，所在梁上土层较厚，有南北向沟壑发育。高程 1119 米。

敌台整体保存较差。台体包砖被拆除，夯土剥蚀严重，顶部坍塌。长年的风雨侵蚀、植物生长及人为破坏（拆拿包砖等）是其损坏的主要原因。

台体内部夯筑而成，夯土以黄土为主，包含有料礓石，夯层厚 0.14 ~ 0.16 米，夯土质地细密，没发现夯窝，无围墙。台体平面呈矩形，剖面呈梯形，底部东西 7.8、南北 9 米，顶部东西 6.2、南北 6.5 米，高 9.6 米。台体南壁中部有一个槽形缺口，宽 1.6、进深 1.2、底部高于基台 3 米，当为登台土洞；东南角有 3 层包石，包石层长 1.5、高 0.7、厚 0.7 米；东壁上部中间有一个近三角形塌陷，上宽 2.5、高 3、进深 0.15 米，北角有 3 层包石，包石上有 9 层包砖，通高 1.8、包砖层长 0.5、厚 0.8 米；北壁底部堆积高约 3 米，可见 2 层包石，高 0.5 米，中部有一个槽形缺口，上宽 2、下宽 0.7 米，底部高于基台 3 米，进深 0.2 米；西南角底部有 3 层包石，包石层高 0.7、厚 0.9、长 1.9 米，中间槽形缺口宽 0.5 ~ 1 米，底部高于基台 3 米，进深 0.4 米。包石为条石，长 70 ~ 100、宽 29 ~ 36、厚 20 ~ 26 厘米；砖长 43、宽 19、厚 7 厘米，砖间座灰。台体顶部有厚约 1.5 米的堆积，包含有砖、石块。台体周围发现有砖、板瓦、条石、瓷片。（图五六三；彩图一五六）

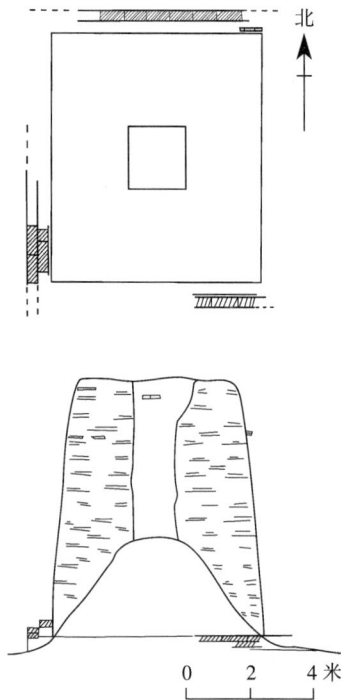

图五六三　大柏油堡村 3 号敌台平、立面图　　　图五六四　许家沟村 1 号敌台平、立面图

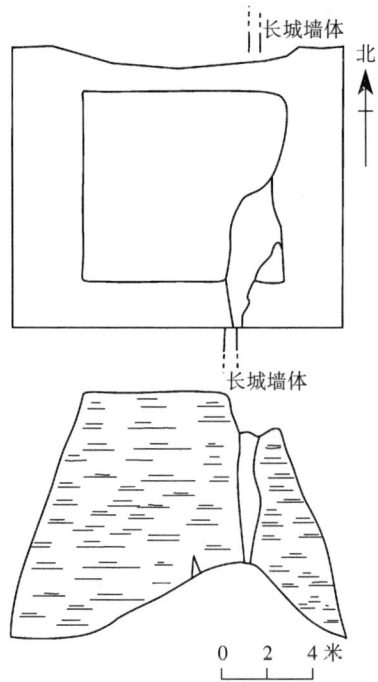

该敌台东距大柏油堡村 2 号敌台 0.368 千米。

（八七）许家沟村 1 号敌台 （610821352101170087）

该敌台位于解家堡乡许家沟村西 0.7 千米的山梁上。四周植树种草，东南为缓坡斜下，西北 0.2 千米处有深沟通入柳沟，地处黄土梁峁丘陵宽谷区，附近较为平缓，有沟壑发育。高程 1247.9 米。

敌台整体保存较差。台体表面剥落，上部塌陷，北壁部分坍塌，西壁有一条宽 1～3、进深 0.8 米的夯土，底部坍塌成斜坡；东壁有几处塌落成的凹陷；南壁距缺口西 2 米有有一个三角形洞穴，下宽 0.2、高 0.4、深 0.8 米，洞底距顶部 1 米，洞外坍塌成一个内宽 0.8、外宽 2.1、高 1.5、进深 0.25 米的缺口。长年的风雨侵蚀是其损坏的主要原因。

台体夯筑而成，夯土以黄土为主，包含有料礓石，夯层厚 0.13～0.2 米，夯土质地细密，没发现夯窝。台体无包石砖。台体平面呈矩形，剖面呈梯形，底部东西 14 米，其中长城墙体西侧长 9 米，南北 11.5 米，顶部东西 8.5、南北 7.8 米，高 8.5 米。台体南壁有登台土洞可达顶部，土洞坍塌成上宽 2、下宽 1、进深 1.3 米的缺口，底部距台体顶部 3 米；缺口下被雨水冲刷及后人修整成台阶状的小沟，宽 0.4、进深 0.5 米。台体周围发现有砖、板瓦、陶片，南、西侧周围可见碎砖、料礓石块。（图五六四）

该敌台依许家沟村长城 1 段墙体，南距许家沟村 2 号敌台 0.226 千米，北距柳沟 2 千米。柳沟内流水很小，东入窟野河。东 0.017 千米处有一条宽约 3 米的山路，梁上有一条乡村沙石路。

（八八）许家沟村 2 号敌台 （610821352101170088）

该敌台位于解家堡乡许家沟村西 0.7 千米的山梁最高处。四周为退耕草地和柏树林地，地处黄土梁峁丘陵宽谷区，西南、东北侧是缓坡，西北、东南侧坡降较大，有沟壑发育。高程 1253.5 米。

敌台整体保存较差。围墙剥落严重，上部坍塌。基座边沿有水冲豁口，上面生长有杂草。台体顶部坍塌，北壁坍塌严重，四壁剥落严重，包石被拆毁。台体下部外层存有一层石块和夯土混杂层，即内层包石，保存下部3.5米包石部分，厚0.3米。长年的风雨侵蚀及植物生长是其损坏的主要原因。

台体位于矩形基座中央，基座边缘有围墙。台体夯筑而成，夯土以黄土为主，包含物有料礓石，夯层厚0.13～0.17米。台体平面呈矩形，剖面呈梯形，底部边长9米，顶部东西3、南北5、高7米。基座东西22、南北20、高2～5米。围墙底宽0.6、顶宽0.2、高0.3米，东墙中间有一个豁口，宽2.5米。台座上及四周散落许多条石残块、砖、少量瓦片、瓷片，山梁上散落许多龙山时期至秦汉时期绳纹陶片。（图五六五）

该敌台北距许家沟村1号敌台0.226千米。

图五六五　许家沟村2号敌台平、立面图

（八九）许家沟村3号敌台（6108213521011170089）

该敌台位于解家堡乡许家沟村西1千米的山梁上。山梁呈南—北走向，四周为退耕草地和柏树林地，地处黄土梁峁丘陵宽谷区，东西两侧是黄土沟壑。高程1254.6米。

敌台整体保存较差。台体大部分包石脱落，残存南侧包石，东侧存部分包石。台体坍塌严重，北半部坍塌呈斜坡状，顶部坍塌。基座坍塌呈近圆形。长年的风雨侵蚀是其损坏的主要原因。

台体位于台座中央，内部夯筑而成，夯土以黄土为主。台体外部有砂质岩石包石，条石长45～70、宽12～20、厚30厘米。台体南壁包石高4.4米，共16层，最下层外放0.1米；东壁保存部分宽2米。台体平面呈矩形，剖面呈梯形，底部边长7米，顶部东西6.2、南北6.5、高5.9米。台体西壁向上3.5米有一个洞口，内直洞向下，深2米，洞壁显示上部0.3米为灰土、砖、石堆积层，洞顶为夯土。基座直径17、高3米。台体四面堆积有大量条石残块、砖、瓦片、瓷片。（图五六六）

该敌台西北距许家沟村长城2段墙体起点0.03千米。

（九〇）阳园则村1号敌台（6108213521011170090）

该敌台位于解家堡乡阳园则村北1千米山梁的山峁上。所处地势平缓，东西两侧有沟壑发育，梁面和侧面有退耕还林、还草种植的树木和草地，四周坡降较小，植树种草，地处黄土梁峁丘陵宽谷区，附近沟壑纵横。高程1277.2米。

敌台整体保存较差。台体包石砖被拆除，表面夯土剥落，顶部塌陷。长年风雨侵蚀及人为破坏（拆拿砖石等）是其损坏的主要原因。台体南侧0.05千米处有一个高压电线塔，编号为锦忻线051号。

台体内部夯筑而成，夯土以黄土为主，包含有料礓石，夯层厚0.1～0.16米，夯土质地细密，没发现夯窝。台体包石砖大部分脱落或人为拆除，只存一层包土层；南壁包土层有2层，一层高0.7～2.1、厚0.25米，另一层距顶部2米，厚约0.15米；西壁包土层高1.5～2.6、厚0.25米，距北壁2米存2块包石，为不规则块石，距顶部3米保存一层；北壁因雨水冲刷表面斑驳成小块，

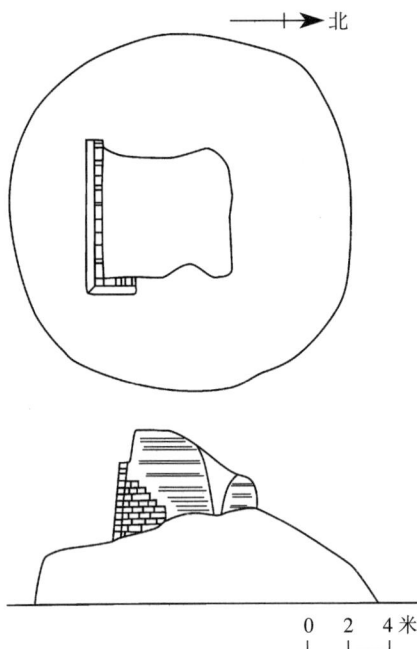

图五六六　许家沟村 3 号敌台平、立面图　　　　图五六七　阳园则村 1 号敌台平、立面图

包土有 2 层，第一层高 1.7、厚 0.25 米，第二层高约 5、厚 0.3 米；东北角存 2 层包石，为条石，部分被掩埋，包石长不详，层厚 0.65 米；东壁包土层高 0.5～1.5、厚 0.25 米，第二层高 3.5、厚 0.2 米。台体平面呈矩形，剖面呈梯形，底部边长 8 米，顶部东西 5、南北 5.6 米，高 7 米。台体底部为一个平整土地时形成的基台，高 3.5 米。台体东壁有登台土洞可达台顶，土洞塌陷，下宽 1.3、中间宽 4、上宽 3 米，底部距基台 1.8 米，进深 1～2 米。台体周围发现有砖、板瓦块、石块、瓷片、陶片。（图五六七）

该敌台西距许家沟村长城 2 段墙体 0.108 千米，南距阳园则村 2 号敌台 0.474 千米。

（九一）阳园则村 2 号敌台（610821352101170091）

该敌台位于解家堡乡阳园则村西北 0.6 千米的山梁南端。梁面较窄，生长有稀疏的杂草，两侧坡面较陡，不断有新沟壑发育，地处黄土梁峁丘陵宽谷区，东、南、西面为沟壑。高程 1214.4 米。

敌台整体保存较差。台体外部包石、砖被拆除，下部包石存 2 层。夯土剥落，四壁斑驳小块脱落，顶部塌陷。台体有裂缝，西南角裂缝上宽 0.03、下宽 0.2 米，底部距包石层 0.5 米。围墙大部分坍塌消失，上部坍塌，下部剥蚀严重，北墙东段存下部。长年的风雨侵蚀及人为破坏（拆拿砖石等）是其损坏的主要原因。

台体内部夯筑而成，夯土以黄土为主，包含有料礓石，夯层厚 0.1～0.12 米，夯土质地疏松，没发现夯窝。台体包砖不存，包石只保存西壁底部、南壁底部西侧、东北角东壁；西壁保存 8 层，部分被塌土掩埋，高 0.4～2.5、长 6.7 米；南壁包石有 5 层，长 2.7、高 1.5 米；东壁包石有 2 层，长 0.6、高 0.6 米，包石层厚 0.9 米，包石长 64～100、宽 25～31、厚 27～30 厘米，包石间座灰，西南角包石部分脱落。台体平面呈矩形，剖面呈梯形，底部东西 7.4 米，有 1.2 米包石层，南北 5.6 米，顶部东西 3.4、南北 3 米，高 7.8 米。台体底部坍塌成高约 2～3 米的堆土。台体西壁有一个槽形缺口，下宽 1.2、上宽 1、进深 1～1.5 米，底部距包石层 1 米；南壁距东端 2.5 米有一个槽形缺口，下宽 1.2、上

宽 2 米，底部距基座 2 米；东壁距北端 2 米有一个槽形缺口，下宽 1、上宽 2.5、进深 1.5 米，底部距基座 2 米，缺口内见包砖痕迹，推测原有包砖。台体顶部长有树木，有厚 1~1.2 米的堆积，可见砖、石块等。围墙只存东北角北墙，长 7.4、内高 0.2~0.4、外高 0.8~1.3 米，底宽不详，顶宽 0.3~0.6 米。台体周围有砖、条石、瓷片。（图五六八）

该敌台北距阳园则村 1 号敌台 0.474 千米，西距阳园则村 3 号敌台 0.747 千米。

（九二）阳园则村 3 号敌台（610821352101170092）

该敌台位于解家堡乡阳园则村西北 1.5 千米的山峁上。四周比较平缓，为草地和林地，林地外有沟壑发育。地处黄土梁峁丘陵宽谷区，附近有沟壑发育。高程 1287.5 米。

敌台整体保存较差。围墙存根部和墙基，东、南、北墙保存相对较好，西墙保存较差。台体坍塌呈锥状，东壁中间塌陷成斜坡，两侧保存宽 1~1.5、进深 1.8~2 米的 2 条夯土；南壁有厚 0.8~1 米的夯土脱落；西南角有宽 2~3 米的塌陷；北壁塌陷成斜坡。台体四壁斑驳成小块。长年的风雨侵蚀是其损坏的主要原因。

台体夯筑而成，夯土以黄土为主，包含有料礓石，夯层厚 0.15~0.2 米，夯土质地细密，没发现夯窝。台体无包石砖。台体平面呈矩形，剖面呈梯形，底部边长 10、顶部边长 3、高 11.8 米。围墙位于基座边缘，平面呈矩形，东西 37、南北 40 米，夯筑而成，夯层厚 0.12~0.15 米；西墙借长城墙体；东墙底宽 2.8、顶宽 0.5~1、内高 2.2~2.5、外高 3.5 米，距北墙 12 米有门，下宽 1.6、上宽 4 米，距南墙 1 米有一个缺口，下宽 1、上宽 2.5 米；塌陷的斜坡上有几块包石，包石长 55~74、宽 26~36、厚 20~26 厘米；南墙顶宽 0.2~0.4、内高 1.5~2、外高 5~6 米，西端缺失 3 米；西侧外高 4.5 米，顶部与基台持平，南端缺失 9 米，西南角坍塌成斜坡，北端有长 7 米的缺口；北墙底宽 2.5、顶宽 0.2~1、内高 2、外高 3~3.5 米，西端缺失 2 米。台体周围堆土高 2.5~3 米，坡上有条石、砖、瓷片、料礓石、板瓦片等。（图五六九）

该敌台依阳园则村长城墙体，东距阳园则村 2 号敌台 0.747 千米。

（九三）万家沟村 1 号敌台（610821352101170093）

该敌台位于解家堡乡万家沟村东 1 千米的山峁上。四周种植有树木，地处黄土梁峁丘陵宽谷区边缘，连接西部沙漠区，土层较厚，附近有沟壑发育。高程 1304.2 米。

敌台整体保存较差。台体坍塌呈锥状，西壁底部残存 3 层包石，表面斑驳成小块，多有塌陷；东壁东侧塌陷成斜坡，有一个缺口，上宽 1.7、下宽 0.7、进深 1.1 米；东北角坍塌成宽 1~1.5 米的斜坡，坡底有石块、砖等。长年的风雨侵蚀是其损坏的主要原因。

台体建在生土基座上，内部夯筑而成，夯土以黄土为主，包含有料礓石，夯层厚 0.07~0.15 米，夯土质地疏松，没发现夯窝。台体包石砖大部分脱落。台体南壁塌陷，底部存高 1~1.6、厚 0.8 米的夯土；西壁塌陷，底部存高 2~3.5、厚 1.1 米的夯土；高 2.4 米往上有 3 层包石，存几块，尚能

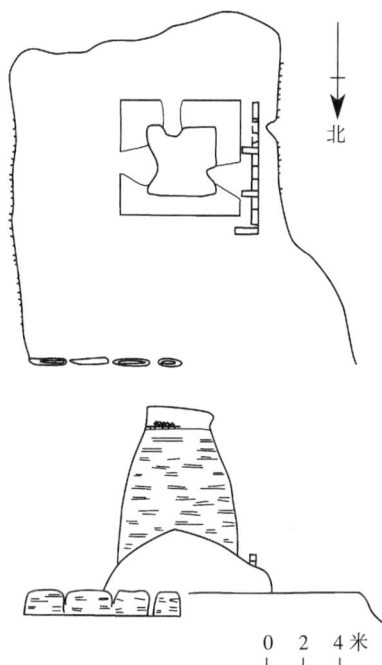

图五六八　阳园则村 2 号敌台平、立面图

0　2　4 米

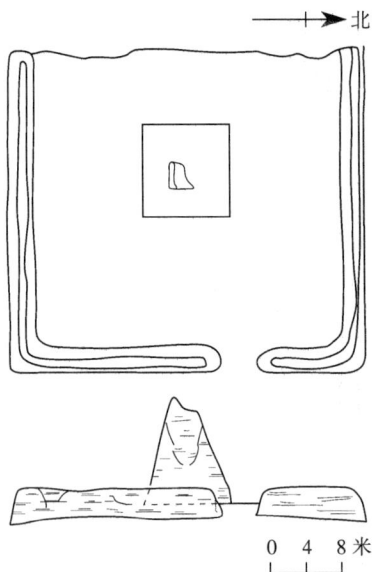

图五六九　阳园则村 3 号敌台平、立面图

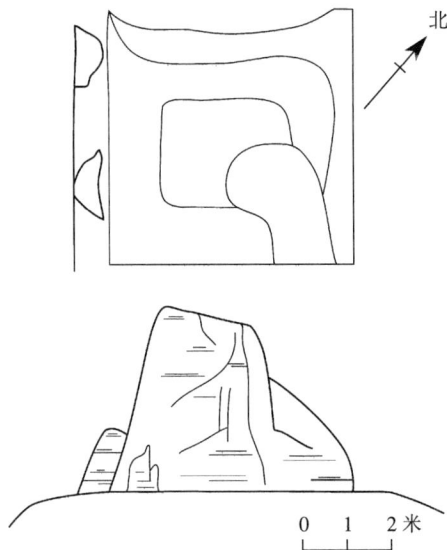

图五七〇　万家沟村 1 号敌台平、立面图

看出包石层间夹杂有夯土层，包石层厚 0.1～0.11 米，夯土厚 0.12～0.21 米。台体底部四周被修整成高 3～4 米的基座，种植有柏树，走向非正南北，四角方向为东、南、西、北。台体平面呈矩形，剖面呈梯形，底部东西 8、南北 7 米，顶部边长 2.7 米，高 5.1 米。台体西北角底部塌成斜坡，斜坡上有砖、瓷片、板瓦片、石块、陶片。台体周围有砖、瓷片、板瓦片、石块、陶片。（图五七〇）

　　该敌台西距阳园则村 3 号敌台 0.526 千米，西距万家沟村 2 号敌台 0.611 千米，西南 0.01 千米处有一条宽 2～2.5 米的道路。

（九四）万家沟村 2 号敌台　（6108213352101170094）

　　该敌台位于解家堡乡万家沟村北 0.2 千米的山梁上。西侧越过长城就是深沟，东、南、北侧梁面被新发育的沟壑切割得很严重，四周为耕地，土地有沙化迹象，地处黄土梁峁丘陵宽谷区。高程 1249.4 米。

　　敌台整体保存一般。围墙剥落严重。台体顶部坍塌，四壁剥落。围墙内外种植有农作物。长年的风雨侵蚀是其损坏的主要原因。

　　台体夯筑而成，夯土以黄土为主，夯层厚 0.08～0.13 米，夯土包含有料礓石。台体平面呈矩形，剖面呈梯形，底部边长 9.5 米，顶部东西 4.5、南北 5.5 米，高 8.3 米。基座夯筑而成，平面呈矩形，边长 27.6、高 1.5～3 米。围墙建于基座上，墙体底宽 2、顶宽 0.6～1、高 2.8 米；东墙中间有门洞，上宽 1.2、下宽 2、高 1.6 米，门洞上墙体高 1.2 米。（图五七一）

　　该敌台西距阳园则村长城墙体 0.043 千米。

（九五）万家沟村 3 号敌台　（6108213352101170095）

　　该敌台位于解家堡乡万家沟村南 0.225 千米的山峁上。西北临深沟，四周种植有树木，附近种植有庄稼，外围有沟壑发育，地处黄土梁峁丘陵宽谷区边缘，连接西部沙漠区，土地沙化较严重。高程 1155.8 米。

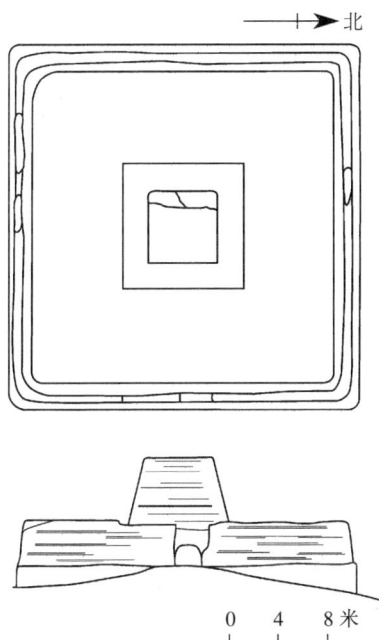

图五七一　万家沟村 2 号敌台平、立面图　　　　图五七二　万家沟村 3 号敌台平、立面图

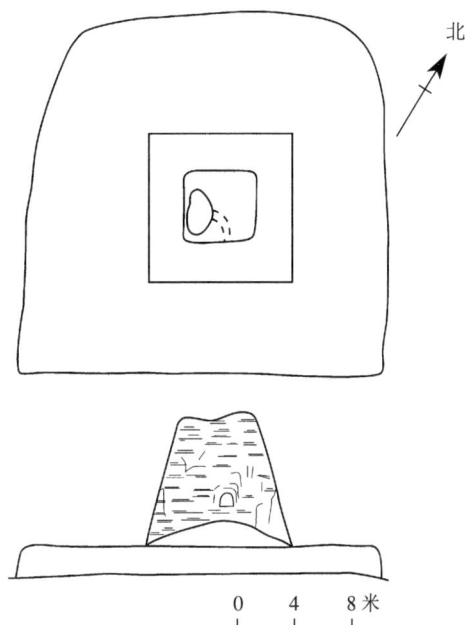

敌台整体保存差。台基保存较差，生长有植物，周边坍塌。台体保存差，包砖被拆除，夯土剥蚀严重，顶部坍塌。围墙消失。长年的风雨侵蚀、植物生长、人为破坏是其损坏的主要原因。

台体夯筑而成，夯土以黄土为主，包含有料礓石，夯层厚 0.12～0.16 米，夯土质地细密，没发现夯窝。台体平面呈矩形，剖面呈梯形，底部边长 9.5 米，顶部东西 4.3、南北 3.5 米，高 8.5 米。台体四个角方向为东、南、西、北。台体顶部堆积厚 0.8 米，包含有砖、板瓦、瓷片。台体东、南侧种植有谷子，因平整土地而抬高，四周有塌陷、生长杂草、灌木，夯层不详。台体西南壁有登台土洞可达台顶，土洞距南面 4.6、宽 0.8、高 0.9、进深 2.8 米，左转斜向内约 1 米垂直向上，垂直部分高 4 米，土洞周围塌陷，台体内部分呈近矩形，长 1.8、宽 0.4 米。台体顶部坍塌呈近椭圆形，长径 2.7、短径 2 米，塌陷距西南壁 1.2 米、东南壁 1 米。台体四壁生长有小树，壁面最多，有十几棵。台体四壁较为陡直，保存较好。基座夯筑而成，平面呈矩形，东西 23、南北 24、高 1.6～4 米。台体周围有砖、板瓦、瓷片。（图五七二）

该敌台南距万家沟村长城 1 段墙体 0.033 千米。

（九六）万家沟村 4 号敌台（610821352101170096）

该敌台位于解家堡乡万家沟村西南 0.6 千米的山峁上。南侧与山体相连，其余三面是沟壑，四周有沟壑发育，北临万家沟，东、南面坡上种植有豆类，地处黄土梁峁丘陵宽谷区边沿，连接西部沙漠区。高程 1198.9 米。

敌台整体保存差。台体仅西壁保存完整，其余三壁有不同程度的塌陷。台体上部坍塌严重，南壁距东端 1.3 米有一道裂缝，宽 0.02～0.05 米。山坡塌陷至台体边缘，使部分台体塌陷。长年的风雨侵蚀及山体坍塌是其损坏的主要原因。

台体内部夯筑而成，夯土以黄土为主，包含有料礓石、石块，夯层厚 0.12～0.14 米，夯土质地细密，没发现夯窝。台体包石大部分脱落，东、南壁底部可见包石痕迹，存一层且被掩埋，包石层厚

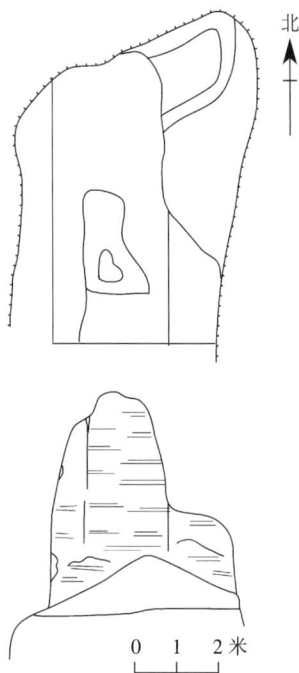

图五七三　万家沟村 4 号敌台平、立面图

0.6 米，包石长不详。台体平面呈矩形，剖面呈梯形，底部东西 4.5、南北 8 米，顶部因坍塌只存东南角，东西 3、南北 1 米，高 6 米。台体周围有砖、条石、瓷片。（图五七三）

该敌台南距万家沟村长城 2 段墙体 0.315 千米，东距万家沟村 3 号敌台 0.36 千米。

（九七）万家沟村 5 号敌台（6108213521011170097）

该敌台位于解家堡乡万家沟村西南 0.613 千米的山梁北侧。东、西面环沟，南、北面为山梁，北临万家沟，四周种植有树木，外围是农田，地处黄土梁峁丘陵宽谷区边缘，连接西部沙漠区，附近有沟壑发育。高程 1248.7 米。

敌台整体保存差。台体坍塌呈扁平状，四壁呈斜坡，斜坡上有砖、石块、瓷片、料礓石块，长有杂草及灌木。基座边缘参差不齐。长年的风雨侵蚀及植物生长是其损坏的主要原因。

台体夯筑而成，夯土以黄土为主，夯层不明，夯土质地细密，没发现夯窝。台体无包石砖。台体平面呈圆形，剖面呈馒头形，底部直径 11.5、顶部直径 3、高 2.5 米。台体顶部基本平整，有石块、砖、瓷片、料礓石等。基座平面呈矩形，东西 24、南北 31、高 1~4 米，夯土层高 2.1 米，夯层厚 0.14~0.17 米。基座南、北侧被平整后种植有高粱、豆类、向日葵等作物。台体周围有砖、石块、瓷片等。（图五七四）

该敌台位于万家沟村长城 2 段墙体南侧，台座北依长城墙体，东距万家沟村 4 号敌台 0.417 千米。

（九八）口则上村 1 号敌台（6108213521011170098）

该敌台位于高家堡镇口则上村东北的万家沟东南岸上。西北下临万家沟，东南是耕地、草地和沙地，周围有沟壑发育，地处黄土梁峁丘陵宽谷区边缘，连接西部沙漠区。高程 1215.2 米。

敌台整体保存较差。围墙剥落严重，呈锯齿形，大部分坍塌。土壕里有村民种植的庄稼。台体顶部坍塌，台体及其他夯土部分剥蚀严重，登台门洞坍塌严重。长年的风雨侵蚀及人为破坏（拆拿包砖等）是其损毁的主要原因。

台体位于基座中央，基座边缘有夯土围墙，周围有土壕。基座平面呈矩形，东西 28、南北 29、高 3.4 米。土壕宽 9~16、深 1~1.6 米。围墙底宽 1.4、顶宽 0.4、内高 1.4、外高 3 米；东墙中间有一个豁口，宽 3 米，斜坡通到台体底部，有砖石堆积。

台体内部夯筑而成，夯土以黄土为主，夯层厚 0.13~0.17 米。台体外部包砖大部分被拆毁或脱落。台体平面呈矩形，底部东西 7.8、南北 8 米，顶部东西 5.8、南北 6 米，高 8.2 米。台体东壁有登台门洞，距底部 2.2 米，宽 0.9、高 1.2、进深 2.8 米，内部直通向上，平面呈矩形，边长 1.2、高 5 米；门洞内有一个向下的圆洞，直径 1、深 2.4 米；门洞前有 1.3 米高的堆积。台体顶部有 1 米厚的土、砖、瓦堆积。台体四周散落有砖、石块、瓦片、瓷片，附近有仰韶时期泥质绳纹红陶残片。（图五七五）

该敌台西距口则上村长城 1 段墙体 0.016 米，西南距口则上村 2 号敌台 0.32 千米。

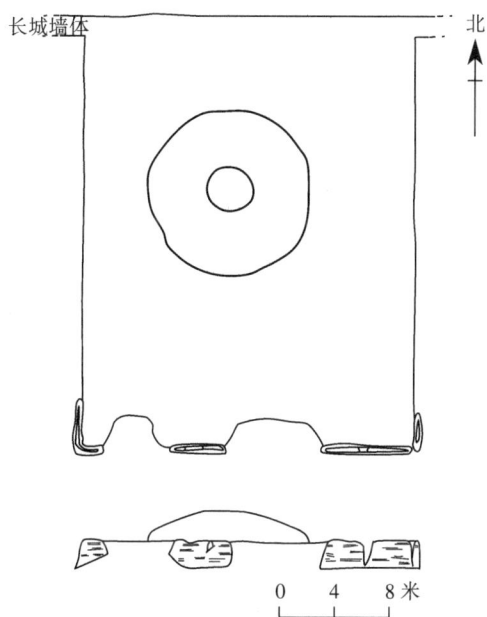

图五七四　万家沟村 5 号敌台平、立面图

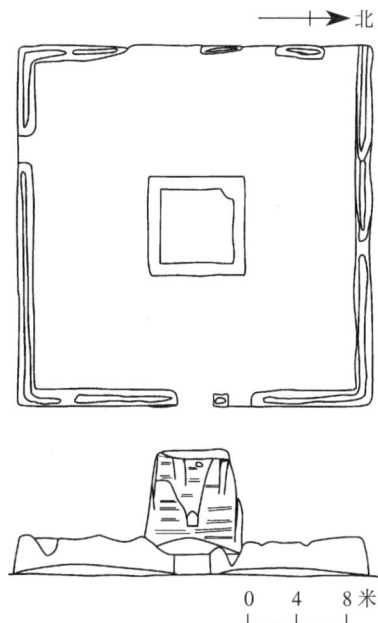

五七五　口则上村 1 号敌台平、立面图

（九九）口则上村 2 号敌台（610821352101170099）

该敌台位于高家堡镇口则上村北的万家沟东南岸上。西北下临万家沟，东南是耕地、草地和沙地，万家沟崖畔有沟壑发育，地处黄土梁峁丘陵宽谷区边缘，与西部沙漠区相连接。高程 1209.9 米。

敌台整体保存较差。台体坍塌呈锥状，包砖被拆除。基座周围有坍塌，围墙全部坍塌。长年的风雨侵蚀及人为破坏（拆拿包砖等）是其损毁的主要原因。

台体位于基座中间，夯筑而成，夯土以黄土为主。台体平面呈圆形，剖面呈梯形，底部直径 18、高 2.5 米。基座呈矩形，东西 22、南北 24、高 4～5 米。台体周围有砖、瓦片、瓷片。（图五七六）

（一〇〇）口则上村 3 号敌台（610821352101170100）

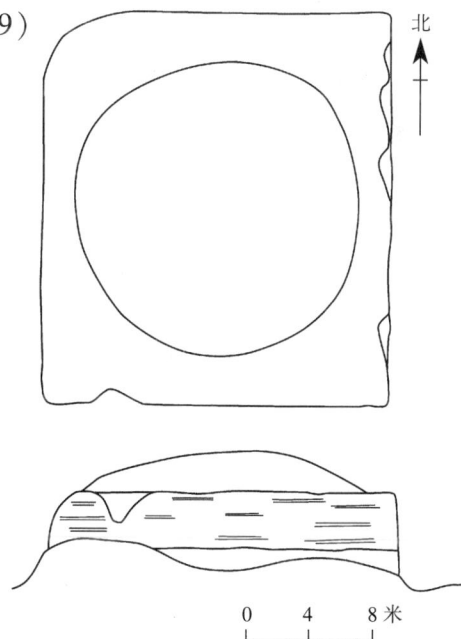

图五七六　口则上村 2 号敌台平、立面图

该敌台位于高家堡镇口则上村北的万家沟东南岸上。西北下临万家沟，东南是耕地、草地和沙地，南北两侧有沟壑发育，地处黄土梁峁丘陵宽谷区边缘，与西部沙漠趋相接。高程 1207.9 米。

敌台整体保存较差。台座外围壕沟清晰，周围长有庄稼和树木。围墙大部分坍塌，仅存根部和墙基。台体包砖被拆，夯土部分四壁剥落严重，顶部坍塌，西壁北侧坍塌严重，西北角有 0.8 米宽的裂缝。长年的风雨侵蚀、植物生长及人为破坏（拆拿包砖等）是其损毁的主要原因。

图五七七　口则上村 3 号敌台平、立面图

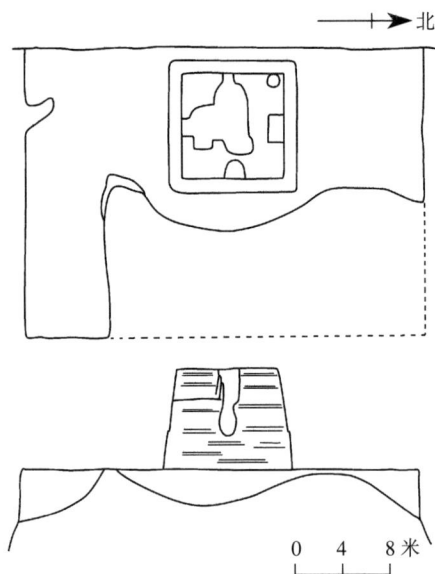

图五七八　口则上村 4 号敌台平、立面图

台体位于基座中央，夯筑而成，夯土以黄土为主，包含有料礓石、石片，夯层厚 0.14 ~ 0.19 米。台体平面呈矩形，底部东西 7、南北 6.5 米，顶部东西 5、南北 3.7 米，高 7 米。基座平面呈矩形，东西 16、南北 24.5、高 1.5 ~ 5.4 米。围墙位于基座边缘，墙体底宽 1.1、顶宽 0.4、内高 0.6、外高 3.5 米，存东墙北端 3.6 米。台体周围散落有石块、砖、瓦片、瓷片。（图五七七）

（一〇一）口则上村 4 号敌台（610821352101170101）

该敌台位于高家堡镇口则上村北的万家沟东南岸。西北下临万家沟，西临李家洞沟和旧榆（林）府（谷）公路，是万家沟和李家洞沟交汇处，东南是耕地、草地和沙地，有沟壑发育，地处黄土梁峁丘陵宽谷区边缘，连接西部沙漠区。高程 1140.4 米。

敌台整体保存较差。基座东北部坍塌，围墙大部坍塌。台体包砖被拆毁，四壁夯土剥落严重，顶部坍塌。长年的风雨侵蚀、植物生长及人为破坏（拆拿包砖等）是其毁的主要原因。

台体位于基座中间靠西部，夯筑而成，夯土以黄土为主，夯层厚 0.14 ~ 0.16 米。台体平面呈矩形，剖面呈梯形，底部边长 10.5、顶部边长 9、高 8 米。台体顶部有 4 个门洞，北门宽 1.2、高 1.3 米，上部夯土厚 0.5 米；西门宽 1、高 0.9 米，上部夯土厚 1.2 米；南门宽 0.9、高 2.9 米，上部坍塌；东门宽 1.4、高 5.5 米，上部坍塌。台体顶部东南角有直径 1 米的圆坑，深 1 米，距东、南边 0.4 米。基座紧靠长城墙体，平面呈矩形，东西 23、南北 33 米。台体周围散落有砖、石块、瓦片、瓷片。（图五七八）

（一〇二）口则上村 5 号敌台（610821352101170102）

该敌台位于高家堡镇口则上村西的李家洞沟西岸山梁上。四周为沙地、退耕草地和柏树林地，北侧是坡下低洼地，东西两侧是新发育的沟壑，南侧是山梁向南延伸，地处西部沙漠区边缘，连接东部黄土丘陵宽谷区。高程 1218 米。

敌台整体保存较差。沿东、南侧壕沟有沟壑发育，围墙部分垮塌，台座西南侧有沟壑发育导致

南侧壕沟坍塌。南侧壕沟外侧距东侧壕沟外侧 22 米处呈斜坡状，长 9 米，以西被沟壑切断。围墙内种植有苜蓿、柏树。台体坍塌严重，呈近圆锥状。台座及台体上有许多啮齿类动物的洞穴。长年的风雨侵蚀、植物生长、沟壑发育、动物破坏等是其损坏的主要原因。

台体位于基座中央，夯筑而成，夯土以黄土为主，包含有石片、砖、料礓石，夯层厚 0.16～0.18 米。台体底部平面呈圆形，顶部平面呈矩形，底部直径 15 米，顶部东西 2.3、南北 1.6 米，高 8 米。基座外侧有壕沟，边缘有夯土围墙，围墙南墙中间有门。基座平面呈矩形，东西 39.4、南北 38.4、高 3 米，壕沟宽 9～12、深 2 米。壕沟南 48 米处有一个夯土墩台，平面呈矩形，底部边长 5 米，顶部东西 1.2、南北 1 米，高 3 米。围墙底宽 2.2、顶宽 0.5～1.6、内高 3、外高 6 米；南墙有宽 7.5 米的豁口，为门的位置。台体四周堆积有砖、石、瓷片、生活用具及石器残块。（图五七九）

该敌台西北距口则上村长城 2 段墙体 0.06 千米。

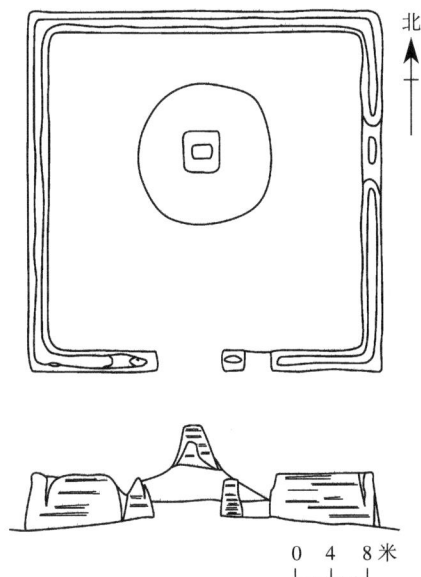

图五七九　口则上村 5 号敌台平、立面图

（一○三）奥庄则村 1 号敌台 （610821352101170103）

该敌台位于高家堡镇奥庄则村东北的最高山峁上。四面是沙地、农田，北侧下有沟壑发育，地处西部沙漠区边缘，连接东部黄土丘陵宽谷区。高程 1218 米。

敌台整体保存较差外围墙只存南北 2 段，内围墙全部坍塌。只存墙基。台体包砖被拆除，四周形成深 0.9～1.2、宽 0.9 米的沟，四壁剥落严重，顶部坍塌。长年的风雨侵蚀、植物生长、动物破坏等是其损坏的主要原因。

台体位于基座中部，夯筑而成，夯土以黄土为主，包含有瓷片，夯层间夹有砖、碎石，夯层厚 0.12～0.16 米。台体外部有包砖石。台体平面呈矩形，剖面呈梯形，底部边长 7.5、顶部边长 5.1、高 8 米。基座为一小型山峁，外围墙位于山峁根部，内围墙位于台座边缘。基座平面呈矩形，顶部东西 27、南北 19、高 7 米，距外围墙南墙 26、北墙 22 米。内围墙存高 0.1、宽 0.2 米。外围墙南北 67、底宽 3.5、顶宽 0.2～0.4、高 1.1～2.5 米，南墙长 12、北墙长 32 米。台体四周散落有砖石碎块、瓷片等。（图五八○）

该敌台西北距口则上村长城 2 段墙体 0.1 千米。

（一○四）奥庄则村 2 号敌台
（610821352101170104）

该敌台位于高家堡乡奥庄则村北 1 千米的山

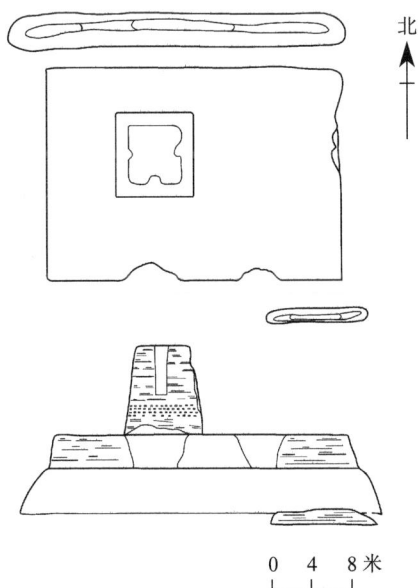

图五八○　奥庄则村 1 号敌台平、立面图

峁上。四周生长有大量草本植物，附近地形向西倾斜，有沟壑发育，土壤沙化严重，地处西部沙漠区边缘，连接东部黄土丘陵宽谷区。高程1180.6米。

敌台整体保存较差。基座保存较差，台体保存一般。基座南、北面坍塌成斜坡，西面北半部较陡直，南半部成斜坡。台体北壁被雨水冲刷，夯土成块脱落，壁面凹凸不平，距东端1.6米存一块夯土，上宽1、下宽1.8米，距顶部1米与台体分离0.15米，两侧形成宽0.02~0.05米的裂缝；西北角坍塌成宽2米的缺口；西壁距南端1.8、台座3米有一个洞穴，上宽0.7、下宽0.8米，高1.1、进深0.4，洞下方台体被冲刷成许多小凹陷及条状沟，沟长4.3、进深0.2~0.6米。台体共有4道裂缝：北壁距东端0.7米有一道裂缝，宽0.03~0.1米；南壁距东端1.6米有一道裂缝，宽0.01~0.05米；南壁距东端3.5米有一道裂缝，宽0.02~0.08米；东壁距北端3米有一道裂缝，宽0.05~0.1米。长年的风雨侵蚀、植物生长、土壤沙化是其损坏的主要原因。

台体内部夯筑而成，夯土以黄土为主，包含有料礓石，夯层厚0.15~0.2米，夯土质地细密，没发现夯窝。台体包石砖全部脱落。台体平面呈矩形，剖面呈梯形，底部边长6.3米，顶部东西4.5、南北4.2米，高5.9米。台体西北角坍塌成宽2米的缺口，底部夯土高2.1、厚0.6米，上有3层砖，长0.6、厚0.3米；砖下方0.15米夯土层下有一块片石，夯层间有厚0.02~0.1米的小片石层，似为包石痕迹，夯层厚0.08~0.15米。台体顶部有厚0.5米的堆积，有砖、石块、板瓦片。台体东壁表面较平，距北端2.5、基座2.2米存2层包砖，长0.4、高0.2、厚0.2米。基座上堆积厚0.5~2米。基座平面呈矩形，东西15、南北11、高1.5~3米，东接口则上村长城2段墙体，夯层厚0.16~0.18米。台体周围有砖、板瓦、石块、瓷片。（图五八一）

图五八一　奥庄则村2号敌台平、立面图

该敌台位于奥庄则村长城1段墙体西侧，台座与长城墙体相接，北距奥庄则村1号敌台0.562千米，南距奥庄则村1号烽火台0.23千米，奥庄则村1号敌台0.244千米。

（一〇五）奥庄则村3号敌台（610821352101170105）

该敌台位于高家堡镇奥庄则村北0.75千米的山峁上。四周长满荒草，西北侧有沟壑发育，地处西部沙漠区，连接黄土丘陵宽谷区，地势平坦，土地沙化严重。高程1185.7米。

敌台整体保存差。基座保存一般。台体保存差，仅存一小块，成扁平状的土台，直径16、高1.5米。基座南面距东端3.8米有一个宽3.4、进深1.5米的缺口，距东端13米有一个宽1.3米的缺口，距西端2.7米有一个宽3.3、进深2.7米的缺口，东面距南端2米有一个宽4.3、进深3米的缺口，北面中部略坍塌成斜坡，西面距北端12、底部2米有一个宽0.6、进深1.2米的矩形洞穴，内部被修整。台体大部分塌陷或被人为破坏，中南部有一个坑，长径7、短径6.5米。长年的风雨侵蚀、植物生长、动物破坏等是其损坏的主要原因。

台体用黄土夯筑而成，夯土包含有料礓石，夯层厚0.11~0.2米，夯土质地细密，夯窝直径0.09、间距0.07米。台体平面呈近矩形，剖面呈梯形，东西13、南北12、高2.9米，顶部可见夯窝。

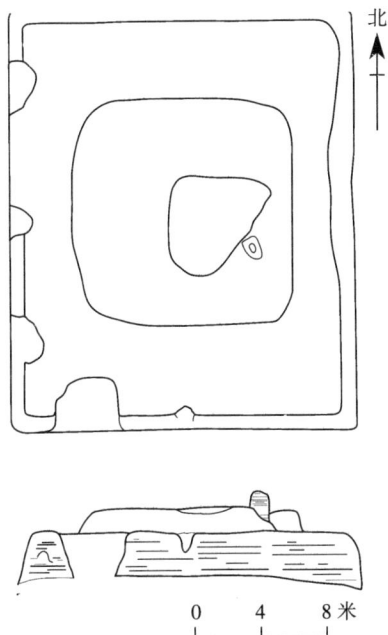

图五八二 奥庄则村3号敌台平、立面图

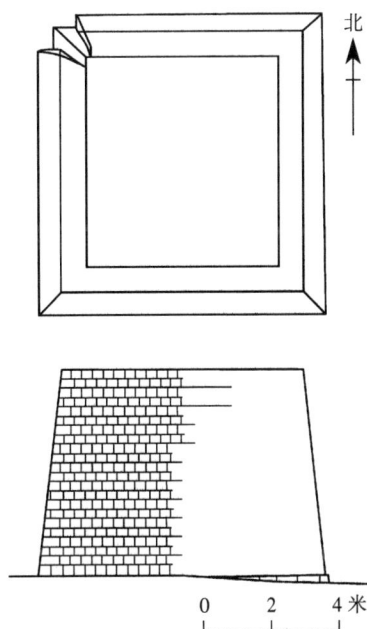

图五八三 奥庄则村4号敌台平、立面图

台体保存部分可分为17层,第1、3、5、7、9、11、13、15、17层为夯土,厚0.1~0.2米;第2、4、6、16层为石灰,厚0.03~0.1米,8、10、12、14层为细小石片,厚0.04~0.06米。基座平面呈矩形,东西23、南北28、高3~7米,夯层厚0.14~0.18米。台体周围有砖、板瓦、石块、瓷片。(图五八二)

该敌台北距奥庄则村长城1段墙体0.041千米,东南距奥庄则村1号烽火台0.03千米。

(一〇六)奥庄则村4号敌台(610821352101170106)

该敌台位于高家堡镇奥庄则村石板沟西岸坡上被沟壑切割出的山峁上。四周是沟壑,东、南侧临石板沟,北、西侧是新发育的沟壑,地处西部沙漠区边缘,附近土地沙化严重。高程1138.9米。

敌台整体保存一般。台体外部包石基本完好,西壁包石中间3米向外凸出,紧接北端2.8米坍塌;北壁西端1.6米包石坍塌,西北角露出夯土,顶部长有灌木。

台体内部夯筑而成,夯土以黄土为主。台体外部包石为砂岩条石,共27层,最下一层外放0.05米,下部18层包石厚20~30厘米;上部9层包石厚10~18厘米,长40~70、宽16~18厘米。台体平面呈矩形,剖面呈梯形,底部东西8.1、南北8.2米,顶部东西6.9、南北7米,高5.6米。(图五八三;彩图一二一)

该敌台北距奥庄则村长城2段墙体0.015千米。

(一〇七)奥庄则村5号敌台(610821352101170107)

该敌台位于高家堡镇奥庄则村西的沙梁地上。北侧是漫坡沟壑,东、西侧有新的沟壑发育,周围是沙地,地处西部沙漠区边缘,东接中部黄土梁峁丘陵宽谷区,附近土地沙化较严重。高程

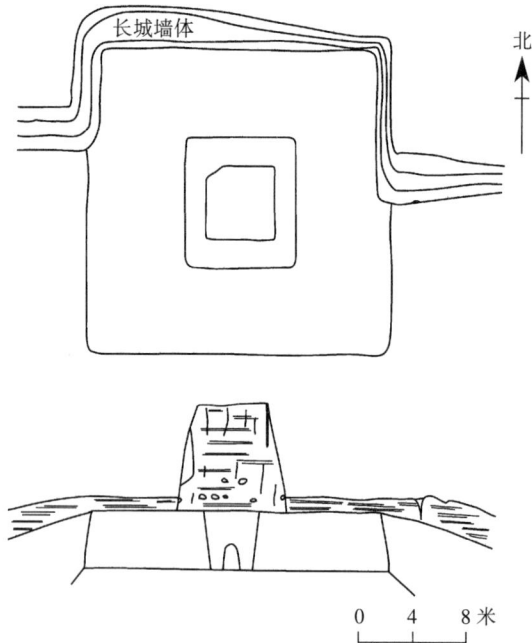

图五八四　奥庄则村 5 号敌台平、立面图

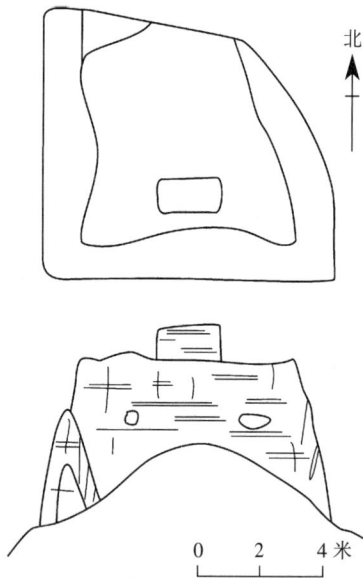

图五八五　奥庄则村 6 号敌台平、立面图

1202 米。

敌台整体保存较差。台座南侧有一孔窑洞，围墙大部坍塌。台体四壁剥落严重，顶部坍塌，周围及围墙上有许多羊群啃啮的坑，窑洞上阔 4、下阔 3、宽 1.2、高 1.8、进深 8 米。

台体位于台座中央，夯筑而成，夯土以黄土为主，夯层厚 0.2 米。台体平面呈矩形，剖面呈梯形，底部东西 8、南北 9 米，顶部边长 5 米，高 7.5 米。基座平面呈矩形，东西 22、南北 23、高 4 米。围墙东、西墙中部连接长城墙体，仅存部分北墙，墙体底宽 1~3、顶宽 0.5~2、内高 1、外高 4 米；东墙与长城墙体连接点距南墙 10.5 米，西墙与长城墙体连接点距北墙 5 米，长城墙体以南部分消失。台体顶部及周围散落砖、瓷片。（图五八四）

该敌台位于奥庄则村长城 3 段墙体上。

（一〇八）奥庄则村 6 号敌台 （610821352101170108）

该敌台位于高家堡镇奥庄则村西的沙梁地上。北侧是漫下坡，西侧有新的沟壑发育，周围是平缓的波浪形沙地，地处西部沙漠区边缘，东接中部黄土梁峁丘陵宽谷区，附近土地沙化较严重。高程 1233.6 米。

敌台整体保存较差，仅存夯土台体及北侧 6.2 米宽的台座。台体四壁剥落严重，顶部、北壁坍塌，南壁塌陷 1.5 米。基座大部分坍塌，台体及基座周围有很多羊群啃啮的坑窝，台体上长有几种植物。长年的风雨侵蚀、植物生长、动物破坏等是其损坏的主要原因。

台体连接长城墙体间为基座，宽 8 米。台体用黄土夯筑而成，夯层厚 0.08~0.12 米。台体平面呈矩形，剖面呈梯形，底部东边长 7、南边长 9、西边长 8、北边长 6.2 米，顶部东西 6.6、南北 6 米，高 6 米。台体周围有砖、石块、瓷片。（图五八五）

该敌台位于奥庄则村长城 3 段墙体南侧，台座紧依长城墙体。

（一〇九）冯地峁村 1 号敌台 （610821352101170109）

该敌台位于高家堡镇冯地峁村东北 1 千米的山峁上。东侧有沟壑发育，周围是平缓的波浪形沙地，地处西部沙漠区边缘，东接中部黄土梁峁丘陵宽谷区，附近土地沙化较严重。高程 1254.4 米。

敌台整体保存较差。台体表层剥落严重，顶部坍塌，有垂直裂缝。台体下方有沟壑发育，西壁南端3.5米夯土塌陷，厚1.5米，存西南角下宽2、上宽0.4、厚0.4~1米的一块夯土，上部与台体分离0.05~0.15米；北壁夯土坍塌，存东端下宽2、上宽1、厚1.5米的一块夯土；东壁被雨水冲刷，存北端下宽3、上宽1.5、厚1.1米的一块夯土。

台体内部用黄土夯筑而成，夯土包含有料礓石，夯层厚0.09~0.15米，夯土质地细密，没发现夯窝。台体无包砖石。台体平面呈矩形，剖面呈梯形，底部东西11、南北8.4米，顶部东西6、南北6.5米，高7.8米。台体西壁距南端2.5米、底部3米有登台土洞可达台顶，土洞坍塌成三角形，下宽0.78、高1米，土洞南侧存高2、宽1.2、厚0.5米的一块夯土。台体周围堆积高2.5~3.5米，有砖、石块、瓷片等。（图五八六）

该敌台位于奥庄则村长城3段墙体内侧，长城墙体从敌台东、北、西面环绕，东面墙体长11米，距台体12米；北面墙体长34米，距台体11米；西面墙体长26米（南端5米缺失），距台体12米。东距奥庄则村6号敌台0.48千米。

（一一〇）冯地峁村2号敌台（610821352101170110）

该敌台位于高家堡镇冯地峁村东北1千米的山峁上。四周为下斜缓坡，生长有大量杂草，有零星灌木生长，外围是平缓沙地，地处西部沙漠区边缘，东接中部黄土梁峁丘陵宽谷区，附近土地沙化较严重。高程1235.9米。

敌台整体保存差。台体呈锥状，南壁距西端2.5米有一个人工挖掘的槽形缺口，外宽1.2、内宽0.7、进深2.5米，通到顶部，其余部分坍塌成斜坡；东壁距南端2.2米有一个人工挖掘的槽形缺口，外宽3、内宽1、进深2.5米，底部有一个回填土洞，高0.2、宽0.7、进深0.8米，洞上方有一块不规则塌陷，下宽0.3、中间宽0.6、上宽0.5、进深0.5米，内壁有蜂窝；西壁距南端3米有一个人工挖掘的槽形缺口，外宽1、内宽0.6、进深1.7米，缺口北侧0.2米、高1米处有一处弧形凹陷，宽1、高1、进深0.1~0.2米；北壁坍塌成斜坡。缺口挖土堆于缺口外，高0.5~1米。长年的风雨侵蚀、植物生长等是其损坏的主要原因。

台体无包砖石，内部用黄土夯筑而成，包含有料礓石，夯层厚0.12~0.14米，夯土质地细密，没发现夯窝。台体平面呈矩形，剖面呈梯形，底部东西7、南北9米，顶部东西2.2、南北2米，高4米。台体周围有少量砖、石块、瓷片。（图五八七）

该敌台北距冯地峁村长城1段墙体0.026千米，西距冯地峁村3号敌台0.23千米。

（一一一）冯地峁村3号敌台（610821352101170111）

该敌台位于高家堡镇冯地峁村东北0.5千米的山峁上。附近是平缓的波浪形沙地，表土较薄，有新的沟壑发育，四周种植有苜蓿等植物。地处西部沙漠区边缘，东接中部黄土梁峁丘陵宽谷区，附近土地沙化较严重。高程1225米。

敌台整体保存差。围墙南墙东端1.5、西端3米消失；东墙南端7米消失；北墙距东端6米有一个缺口，下宽4、上宽6米，西端5米消失；西墙只存距北端9米的一段，长5米，其余消失；墙体内侧有许多近圆形小洞穴，直径0.1~0.2、进深0.1~0.3米，为羊群啃噬而成。台体坍塌严重，东壁被雨水冲刷，表面斑驳，凹凸不平。台体北壁坍塌严重，东北角存一块下宽1.3、上宽0.1~0.2、高3.5米的夯土；距东端2.4米有一块下宽2、上宽1.2、厚1.4米，距台顶1米的夯土与台体分离0.1~0.2米；表面有2条裂缝，宽0.1~0.3米；西角有宽2、厚1.3米距顶2米的一块夯土，上部高1.5米部分与台体分离0.8米。台体西壁坍塌严重，南端长2、厚2米的夯土不存；距南端4.5米有一条裂缝，

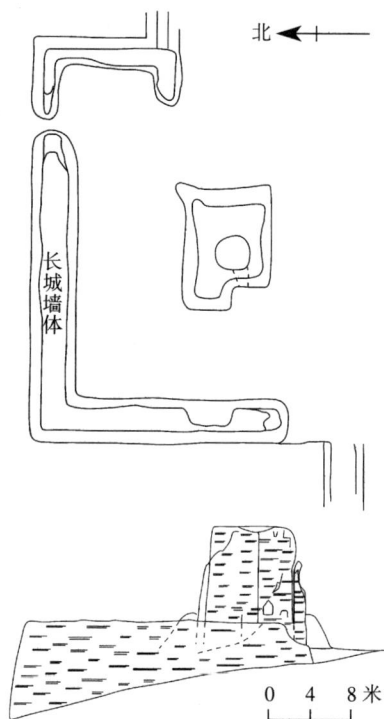

图五八六　冯地坮村1号敌台平、立面图

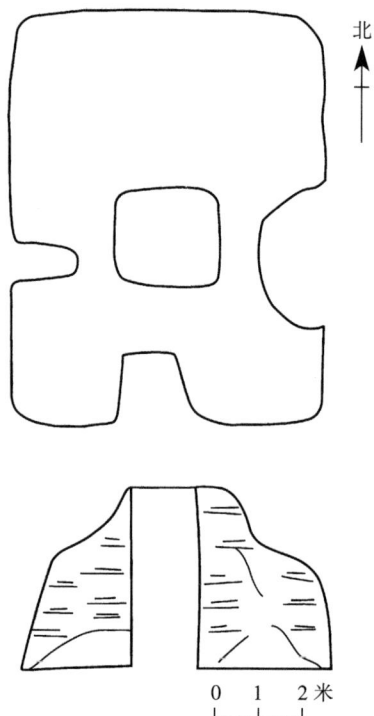

图五八七　冯地坮村2号敌台平、立面图

宽0.1~0.3、高1.4米，夯层间夹杂2层砖，砖间夯层厚0.11米，砖层厚0.08米，北端上部高1~2米的夯土与台体间0.8~1.5米夯土不存。台体南壁西端宽3米的夯土塌陷，台体有2处凹陷，一处位于台体上部中间，长约2、进深0.4~1米，一处位于距东端2.5米的台体底部，下宽3、上宽4、高2、进深0.05~0.15米。台体南壁夯层间夹杂数块砖，底部堆积高1~2米。长年的风雨侵蚀、植物生长、动物破坏等是其损坏的主要原因。

　　台体位于围墙中间，黄土夯筑而成，夯土包含有料礓石、砖、瓷片，夯层厚0.13~0.17米，夯土质地细密，没发现夯窝。台体无包砖石。台体平面呈矩形，剖面呈梯形，底部东西12、南北11米，顶部呈曲尺形，东西6、南北1~4.7米，高8米。台体顶部原有建筑，仅存砖、石、少量瓷片，堆积厚0.5米。围墙夯筑而成，夯层厚0.13~0.15米，平面呈矩形，东西30、南北32、底宽2.6、顶宽0.2~1、内高1~2.4、外高2~3米；南墙有一个缺口，上宽2.8、下宽3.8米，当是门的位置。台体附近有砖、石块、瓷片、陶片等。（图五八八）

　　该敌台骑冯地坮村长城1段墙体，东距冯地坮村1号敌台0.45千米。

（一一二）冯地坮村4号敌台（610821352101170112）

　　该敌台位于高家堡镇冯地坮村西北的喇嘛沟南岸山梁上。东侧是一条喇嘛沟的宽约100、深约50米的北流支沟，山梁上及侧面表层为流沙，周围是沙地。地处西部沙漠区边缘，东接中部黄土梁峁丘陵宽谷区，附近土地沙化较严重。高程1226.5米。

　　敌台整体保存较差。围墙断续存在，墙体呈锯齿形。台体坍塌严重呈扁平状。长年的风雨侵蚀等是其损坏的主要原因。

　　台体用黄土夯筑而成，底部平面呈圆形，顶部平面呈矩形，底部直径20米，顶部东西9、南北7

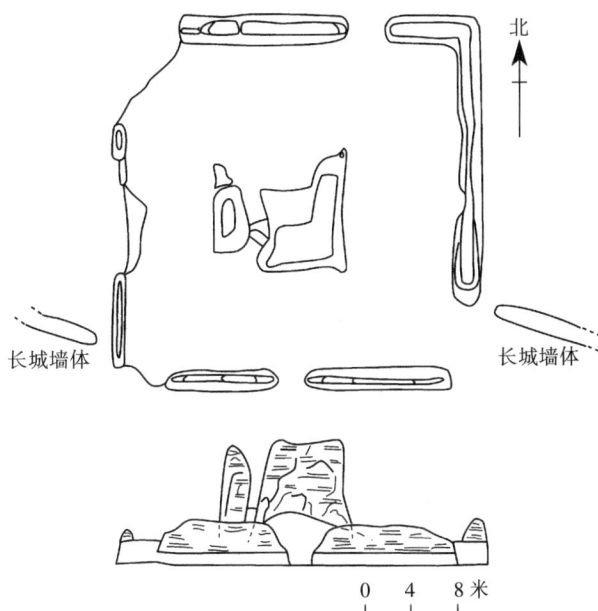

图五八八　冯地圪村3号敌台平、立面图

米，高3米。围墙平面呈矩形，东西30、南北35米，墙体底宽1.2、顶宽0.1~0.3米，内高0.8、外高2.3米，长城墙体与围墙东、西墙相接，连接点位于墙体中部，东、西墙与长城墙体连接点距南墙17.5米，南墙中间有一个10米宽的豁口，当是门的位置。台体附近散落有砖、石块等。（图五八九）

该敌台位于冯地圪村长城2段墙体上。

（一一三）冯地圪村5号敌台（610821352101170113）

该敌台位于高家堡镇冯地圪村西北0.62千米的山圪上。附近坡度较平缓，北约0.6千米处是喇嘛沟，外围是平缓的新月形沙地。地处西部沙漠区，土地沙化严重。高程1248.7米。

敌台整体保存差。台体坍塌呈扁平状，基本不存，四壁坍塌成斜坡，斜坡上遍布砖、石块、瓷片。台体上及其四周生长有大量灌木及杂草。长年的风雨侵蚀、植物生长等是其损坏的主要原因。

台体内部用黄土夯筑而成，夯土包含有料礓石，夯层不明，夯土质地细密，没发现夯窝。包石砖脱落于台体四周。台体底部平面呈矩形，顶部呈近圆形，剖面呈梯形，底部东西9、南北14米，顶部直径7.4米，高2米。台体顶部原应有建筑物，仅存有砖、石、瓦片、少量瓷片。台座平面呈矩形，边长22、高1~2米，四面塌陷成斜坡，夯层不明。台体附近散落有少量砖、石块、瓷片、陶片。（图五九〇）

该敌台骑冯地圪村长城2段墙体，东距冯地圪村4号敌台0.608千米。

（一一四）冯地圪村6号敌台（610821352101170114）

该敌台位于高家堡镇冯地圪村西沙梁上。周围是沙地，东西两侧为缓坡向下形成的浅小沟壑，向北越过长城，下临喇嘛沟。地处西部沙漠区边沿，土地沙化严重。高程1220.7米。

敌台整体保存较差。围墙只存墙基。台体四壁剥落严重，顶部坍塌。长年的风雨侵蚀、植物生长等是其损坏的主要原因。

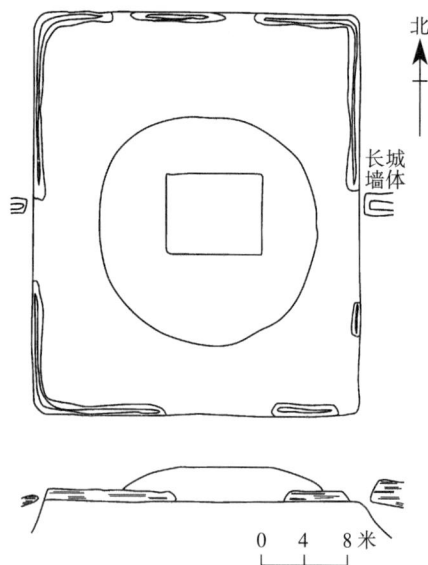

图五八九　冯地坮村 4 号敌台平、立面图

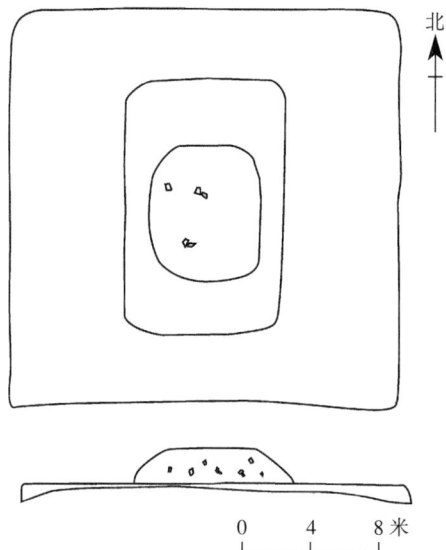

图五九〇　冯地坮村 5 号敌台平、立面图

台体位于基座中央，黄土夯筑而成，夯土包含有料礓石，部分夯层间夹杂有 0.01 米厚的木炭屑，夯层厚 0.13 ~ 0.15 米。台体平面呈矩形，剖面呈梯形，底部边长 9 米，顶部东西 5.5、南北 1 米，高 6.5 米。基座夯筑而成，平面呈矩形，东西 24、南北 23、高 2.6 米，上部夯层高 1.6 米，为原来的围墙墙基。夯土围墙位于基座边缘。（图五九一）

该敌台北距冯地坮村长城 2 段墙体 0.117 千米。

（一一五）冯地坮村 7 号敌台（610821352101170115）

该敌台位于高家堡镇冯地坮村西的沙梁上。附近覆盖表土，周围是平缓的波浪形沙地，向北越过长城，下临喇嘛沟。地处西部沙漠区边缘，土地沙化严重。高程 1189.6 米。

敌台整体保存较差。围墙只存墙基，基座坍塌呈扁平状。台体坍塌呈圆锥形，四壁剥落严重，顶部坍塌。长年的风雨侵蚀是其损坏的主要原因。

台体位于基座中央，平面呈圆形，底部直径 15、高 3.5 米。基座用生土筑成，平面呈矩形，东西 25、南北 35、高 2.5 米。夯土围墙位于基座边缘，墙体底宽 0.5、顶宽 0.2、高 0.2 米。围墙内东南角有三合土遗存，厚 0.25 米，片石铺底。（图五九二）

该敌台位于冯地坮村长城 3 段墙体上。

（一一六）后喇嘛沟村 1 号敌台（610821352101170116）

该敌台位于高家堡镇后喇嘛沟村南 0.15 千米的山顶台塬上。北、东、西面为沟，南面台塬上种植有豆类，外围是平缓的新月形沙地。地处西部沙漠区边缘，土地沙化严重。高程 1108.2 米。

敌台整体保存差。台体用片石包砌，东南角坍塌成斜坡，进深近 3 米；西南角坍塌成斜坡，东北角塌陷，西北角塌陷成斜坡。台体周围被修整成高 1.5 ~ 2.3 米的斜坡，斜坡上有砖、石块。长年的风雨侵蚀、人为破坏是其损坏的主要原因。

台体内部用黄土夯筑而成，夯土包含有料礓石，夯层厚 0.1 ~ 0.14 米，夯土质地细密，没发现夯窝。台体外部包石层厚 0.8 ~ 1 米，片石层与夯土层相间，间或有条石，片石斜砌，颇为整齐，片石厚

图五九一 冯地峁村 6 号敌台平、立面图

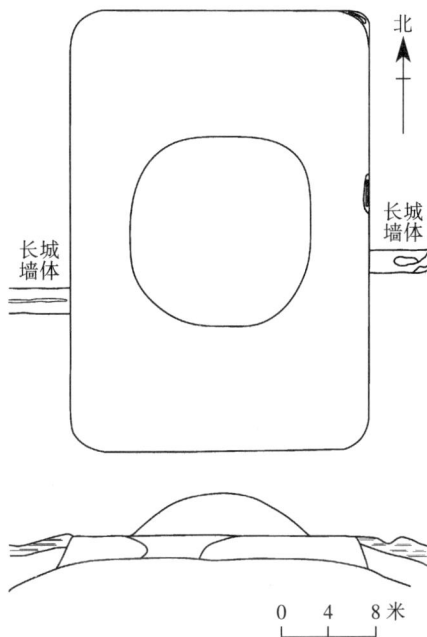

图五九二 冯地峁村 7 号敌台平、立面图

0.13～0.17 米，无围墙。台体平面呈矩形，剖面呈梯形，底部边长 10 米，顶部东西 7、南北 4.4～6.2 米，高 8.4 米。台体顶部南侧有一个宽 4.5 米的坍塌，形成 1.6～3 米的落差；底部堆积高 1～1.6 米，坡上有条石、石块，条石长 70～80、宽 20～30、厚 20～30 厘米。（图五九三；彩图一二二）

该敌台东距后喇嘛沟村长城墙体 9 米，东北距西边墙村马面 0.48 千米，南距后喇嘛沟村 2 号敌台 0.545 千米。

（一一七）后喇嘛沟村 2 号敌台（610821352101170117）

该敌台位于高家堡镇后喇嘛沟村西 0.246 千米的山顶台塬上。北、南、西面为沟，东面台塬上种植有豆类。地处西部沙漠区边缘，土地沙化严重。高程 1099.7 米。

敌台整体保存较差。台体坍塌严重，包石多剥落或被人为拆除，四个角为东南西北方向。台体北壁靠东北角 2.2 米包石层与夯土相间，包石有片石、条石，厚 0.15～0.3 米；夯土层厚 0.07～0.15 米；中间长 3.1、高 2.6 米露出内层，包石为片石、块石，为横铺、斜砌；上部露出包土层，厚 0.2 米；再靠东北角又为包石、夯土相间，厚 0.6 米。台体西壁包石、夯土相间，间或有条石，底部有修整土地时的落差，高 2.5 米。台体南壁包石、夯土相间，距西南角 3.2 米处有一个槽形缺口，外宽 1.6、内宽 1、进深 1.6 米，内壁可见几块包石。台体东壁靠东南角 3 米包石、夯土相间，中间 3.7 米宽露出包石，无夯土，包石或平铺或斜砌，高 2.5、厚 0.5 米。长年的风雨侵蚀、植物生长及人为破坏（拆拿包石等）是其损坏的主要原因。

台体内部用黄土夯筑而成，夯土包含有料礓石、石块，夯层厚 0.14～0.2 米，夯土质地细密，没发现夯窝。台体外部包石层厚 0.6 米；片石层与夯土层相间，间或有条石、片石斜砌，颇为整齐，厚 0.15～0.3 米；夯土层厚 0.07～0.15 米，无围墙。台体平面呈矩形，剖面呈梯形，底部边长 9 米，顶部东西 6.4、南北 6 米，高 8 米。从东壁中间露出的弧形包石看，台体原为圆形，后被改造为底部矩形包石敌台。台体周围有砖、条石、瓷片、石片。（图五九四）

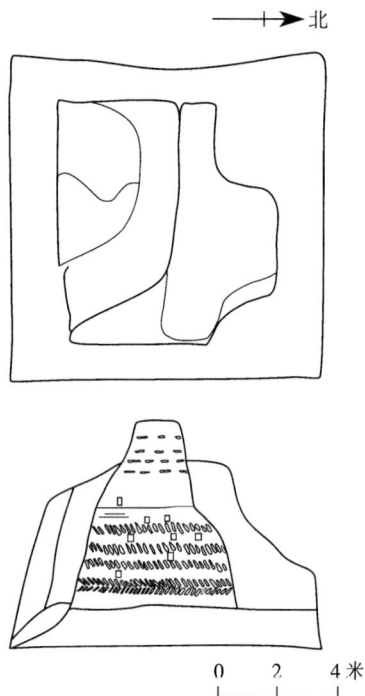

图五九三　后喇嘛沟村 1 号敌台平、立面图

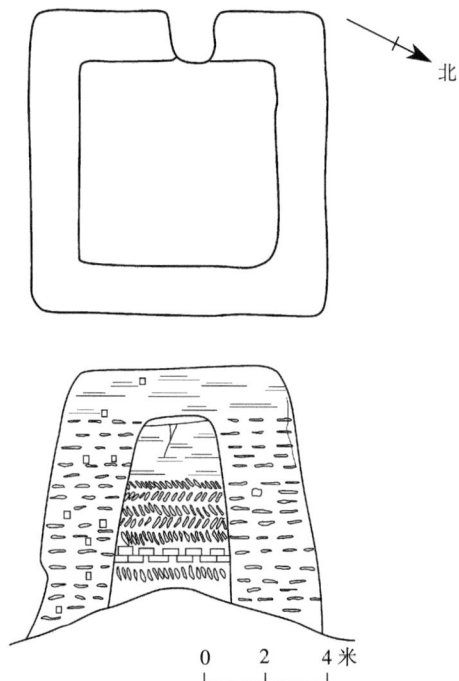

图五九四　后喇嘛沟村 2 号敌台平、立面图

该敌台东距后喇嘛沟村烽火台 0.13 千米、后喇嘛沟村砖窑遗存 0.019 千米，南距阳洼村 1 号敌台北 0.35 千米。

（一一八）阳洼村 1 号敌台（610821352101170118）

该敌台位于高家堡镇阳洼村南 0.08 千米的山顶上。北面是喇嘛沟，东、西面为干沟，南面台塬上有表土，种植有松树、柏树，有沙化迹象。地处西部沙漠区边缘，土地沙化严重。高程 1079.3 米。

敌台整体保存差。台体坍塌呈锥状，四壁塌陷成斜坡，坡上散落碎砖、石块，长有杂草；顶部长有一棵柏树。台体北壁有一个人为开挖的缺口，长 3、宽 2、深 1 米。长年的风雨侵蚀是其损坏的主要原因。

台体用黄土夯筑而成，夯土包含有料礓石，夯层不明，夯土质地细密，没发现夯窝，无围墙。台体平面呈矩形，剖面呈梯形，底部边长 6 米，顶部东西 3、南北 2.5 米，高 2.5 米。台体周围有砖、石块、瓷片。（图五九五）

该敌台东北距后喇嘛沟村 2 号敌台 0.35 千米，西南距阳洼村 2 号敌台 0.26 千米，北距阳洼村山险 5 米。

（一一九）阳洼村 2 号敌台（610821352101170119）

该敌台位于高家堡镇阳洼村西南 0.309 千米的山顶上。北临喇嘛沟，有新的沟壑发育，周围种植有杏树、豆类，再向南是沙漠，越过喇嘛沟北面也是沙漠。地处西部沙漠区，土地沙化严重。高程 1112.8 米。

敌台整体保存较差。台体坍塌，西壁上部坍塌成斜坡，1.7 米部分竖直；底部隐约可见 4 层包石；距顶部 1.6 米有一层片石，长 1.6、高 0.15、厚 0.35 米；再下方 1.8 米有一层片石，长 0.6、高 0.2 米，由小块片石平铺斜砌而成。台体东壁斑驳，底部有一层包石，长 0.7、厚 0.25 米。台体南壁底部存几块包石。台体底部有啮齿类动物洞穴数个。长年的风雨侵蚀是其损坏的主要原因。

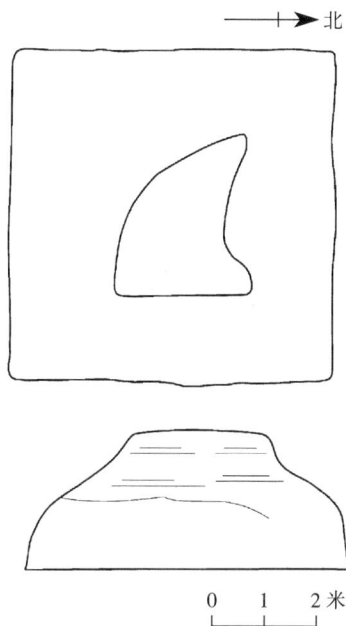

图五九五　阳洼村1号敌台平、立面图

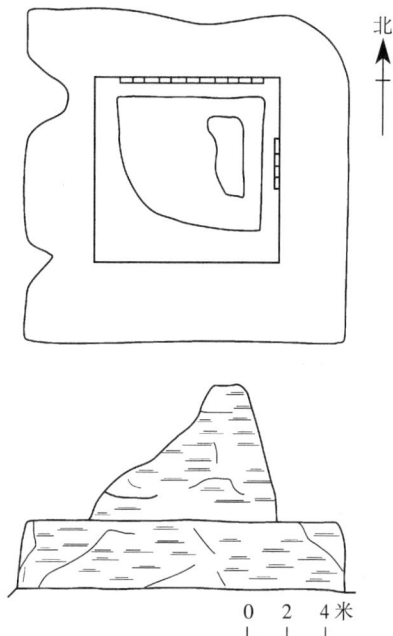

图五九六　阳洼村2号敌台平、立面图

台体内部夯筑而成，夯土以黄土为主，包含有料礓石，夯层厚0.1～0.12米，夯土质地细密，没发现夯窝。台体北壁底部存4层包石，高0.95米，包石长60～80、宽20～30、厚25～30厘米；包砖层与夯土层相间，包砖层厚0.08米，包石层厚0.8米，无围墙。台体平面呈矩形，剖面呈梯形，底部东西9.5、南北9.8米，顶部东西2、南北4米，高7米。基座用黄土夯筑而成，夯层厚0.07～0.11米，平面呈矩形，边长17、高3.5米，散落有条石、砖。台体周围有砖、石块、瓷片。（图五九六）

该敌台北距阳洼村山险0.083千米，东北距阳洼村1号敌台0.26千米，西南距喇嘛沟村1号敌台0.6千米。

（一二〇）喇嘛沟村1号敌台（610821352101170120）

该敌台位于高家堡镇阳洼村西南0.309千米的山顶上。四周是缓坡，种植有苜蓿等植物，北临喇嘛沟，其余三面地势平缓，表土不厚，有沙化，远处是平沙地。地处西部沙漠区，土地沙化严重。高程1090.9米。

敌台整体保存较差。台体包石多脱落或被人为拆除，东壁塌陷成斜坡，坡上有块石，有一张坍塌的土坑。台体西北角一块包石两侧裂缝宽0.08～0.3米，西壁距南端1.5、高3米处一条裂缝宽0.08～0.1、长1米。长年的风雨侵蚀、植物生长及人为破坏（拆拿包石等）是其损坏的主要原因。

台体内部夯筑而成，夯土以黄土为主，包含有料礓石，夯层厚0.1～0.16米，夯土质地细密，没发现夯窝。台体外部包砌片石。台体平面呈矩形，剖面呈梯形，底部东西7、南北8.3米，顶部东西1.6、南北4.7米，高4.7米。（图五九七）

台体东壁距顶部2米、南端1米有一石坑，长2.2、高0.6米，部分被掩埋，为砖、片石构架，片石平铺，片石厚0.05米，可见3排砖，推测原有4～5排，片石上下可见草木灰。台体西壁北端有长3.1、高4.2米包石，包石层厚0.7米，片石层与夯土相间，间或有条石，片石层厚0.09～0.11米，

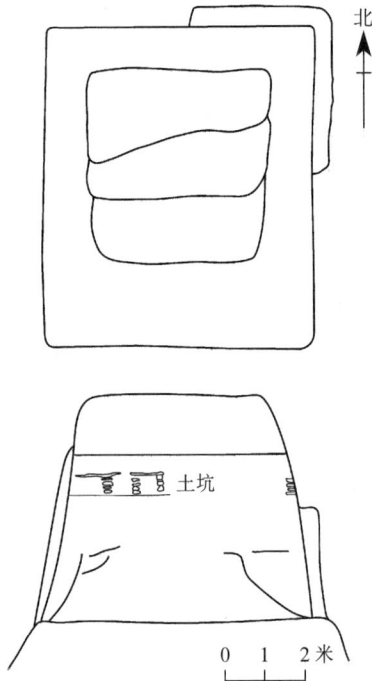

图五九七 喇嘛沟村1号敌台平、立面图

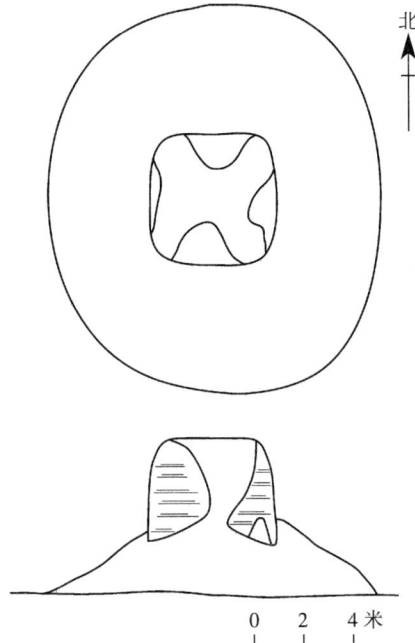

图五九八 喇嘛沟村2号敌台平、立面图

夯土层厚0.1~0.16米。台体南壁距东端2米、高3米处有包石，长2、高0.8、厚0.5米，包石为片石平铺，两侧为夯土，厚0.5米。台体北壁西端存部分包石，片石与夯土相间，长2.5、厚1、高1.7米，高1.4米处有包石，用片石垒砌，长1.8、高0.8、厚0.4米。台体底部堆积厚1.5~3米，周围有条石、瓷片、石片等。

该敌台东距阳洼村2号敌台0.6千米，北距阳洼村山险0.01千米。

（一二一）喇嘛沟村2号敌台（610821352101170121）

该敌台位于高家堡镇喇嘛沟村西南的喇嘛河南岸边沿。岩质河岸土层较薄，有沙化迹象，周围是沙地，北临喇嘛沟，其余三面比较平缓。地处西部沙漠区边缘，土地沙化严重。高程1068.2米。

敌台整体保存较差。台体坍塌呈圆台状，四壁剥落严重，顶部坍塌，有数个动物洞穴。长年的风雨侵蚀、植物生长、动物破坏是其损坏的主要原因。

台体夯筑而成，夯土以黄土为主，夯层厚0.12~0.15米。台体底部平面呈近圆形，顶部平面呈矩形，剖面呈梯形，底部直径13、顶部边长5、高6米。（图五九八）

该敌台北距喇嘛沟村山险墙3米。

（一二二）喇嘛沟村3号敌台（610821352101170122）

该敌台位于高家堡镇喇嘛沟村西南的喇嘛河南岸山梁北端。周围生长有灌木，山梁为岩石质，表土很薄，植被稀疏，东西两侧是沟壑，北侧临喇嘛沟。地处西部沙漠区，土地沙化严重。高程1073.6米。

敌台整体保存较差。台体仅剩夯土堆，四壁剥落严重，顶部坍塌。围墙坍塌，保存墙基。长年的风雨侵蚀是其损坏的主要原因。

台体位于围墙内中部偏北，夯筑而成，夯土以黄土为主，夯层厚 0.15~0.18 米。台体平面呈近圆形，底部直径 23~27、高 3 米；顶部呈球形，保存的夯土房屋建筑东墙高 2.4、长 8、厚 0.9 米，夯层中包含有碎石、碎砖瓦、瓷片等。围墙用片石垒砌而成，平面呈矩形，东西 33、南北 32 米；南墙在平地上垒砌，宽 1.9 米，只存基础；东、西、北墙类似护坡，东墙宽 1、外高 2.2 米；西墙分 2 层，下层高 1.2、外放 0.25、上层高 1.1、顶宽 1 米；北墙顶宽 0.1、外高 1 米。台体上有 1 米厚的砖石堆积。（图五九九）

该敌台北距喇嘛沟村山险起点 3 米，西距喇嘛河村 1 号敌台 0.6 千米。

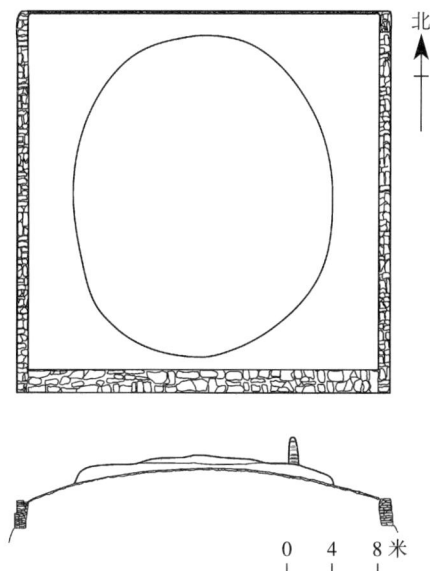

图五九九　喇嘛沟村 3 号敌台平、立面图

（一二三）喇嘛河村 1 号敌台
（610821352101170123）

该敌台位于高家堡镇喇嘛河村北的喇嘛河与秃尾河交汇处东南岸。所处为岩质地表，表土很薄，生长有稀疏的植被，比较平缓，向南、东有浅沟壑发育，外围是沙地，北侧临喇嘛沟，西侧临秃尾河。地处西部沙漠区边缘，土地沙化严重。高程 1041.4 米。

敌台整体保存较差。台体现为夯土和石块混合堆积，周围有石砌围墙。围墙上部坍塌，保存下部和墙基。台体坍塌物堆积在下部周围，呈圆台状，四壁剥落严重，顶部坍塌，表面生长有稀疏的植被。长年的风雨侵蚀是其损坏的主要原因。

台体位于围墙内中部偏北，夯筑而成，夯土以黄土为主，夯层厚 0.15~0.2 米，层间夹杂有片石、石块，外部包砖石。台体平面呈近圆形，底部直径 23 米；顶部不规则，东侧坍塌成斜坡通到底部，南边长 3、西边长 8、北边长 6、高 6 米。围墙用片石垒砌而成，平面呈矩形，东西 28、南北 36 米，墙体顶宽 1、外高 2 米，上部与地面齐平。台体周围有大量条石残块和砖堆积。（图六○○）

该敌台位于喇嘛沟村山险南侧，东距喇嘛沟村 3 号敌台 0.6 千米。

（一二四）喇嘛河村 2 号敌台（610821352101170124）

该敌台位于高家堡镇喇嘛河村东的秃尾河东岸。周围是表土层很薄的岩质梁地，生长有稀疏的植被，西侧临秃尾河，南侧有沟壑发育。地处西部沙漠区，土地沙化严重。高程 1060.2 米。

敌台整体保存较差。台体包石不存，四壁剥落严重，顶部坍塌。夯土基座四边坍塌严重。长年的风雨侵蚀、植物生长及人为破坏（拆拿包石等）是其损坏的主要原因。

台体内部夯筑而成，夯土以黄土为主，夯层厚 0.15~0.2 米，夯土中夹杂有片石，外部包石。台体底部平面呈矩形，底部东西 9.4、南北 9 米，顶部边长 7 米，高 6.8 米。台座外侧有围墙，围墙仅存墙基，类似护坡，用片石垒砌而成。基座平面呈矩形，东西 22、南北 21 米，南侧高 3.5、北侧高 1.8 米。台体周围有大量条石残块和砖堆积，附近梁上散落许多绳纹、篮纹陶片。（图六○一）

该敌台西距喇嘛河村山险 0.06 千米，附近有现代采石场。

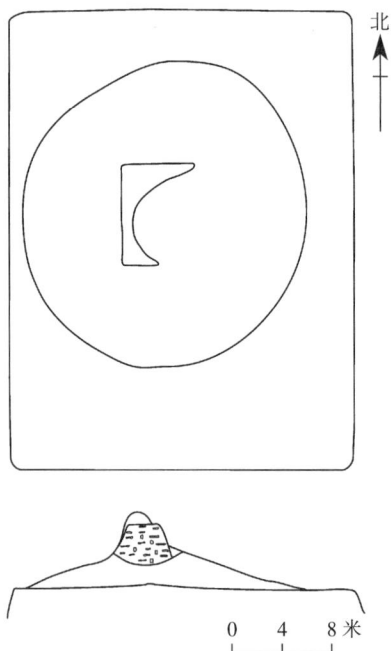

图六〇〇　喇嘛河村 1 号敌台平、立面图　　　　　图六〇一　喇嘛河村 2 号敌台平、立面图

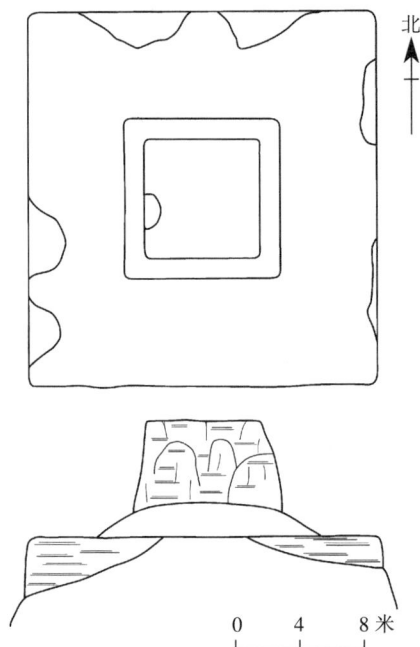

（一二五）喇嘛河村 3 号敌台（610821352101170125）

该敌台位于高家堡镇喇嘛河村东的秃尾河东岸岩质山梁上。所处表土较薄，生长有稀疏的植被，东侧是北流小沟壑，南侧 0.5 千米处有一条西流大沟壑，西侧紧临悬崖，外临秃尾河，南侧和山体相连，北约 0.3 千米处有一条西流沟壑，地处西部沙漠区，土地沙化严重。高程 1045.5 米。

敌台整体保存较差。基体仅存西南半部，南、东面有片石垒砌的围墙墙基，台体上部及北、东壁坍塌。长年的风雨侵蚀是其损坏的主要原因。

台体内部夯筑而成，夯土以黄土为主，夹杂有片石，夯层厚 0.15～0.2 米。台体外部包石，包石是砂岩。台体平面呈矩形，底部南侧长 7.5、西侧长 9.7、北侧西端长 3.7 米，顶部东西 6、南北 3.7 米，高 7 米。围墙南墙长 18.5、宽 0.7、高 0.9～1.4 米；东墙类似护坡，长 8.5、外高 2 米。（图六〇二）台体西 1.2 米、南壁底部北 2.7 米处的岩石上有一个石臼状圆坑，口径 0.4、深 0.4 米，坑壁光滑；坑南 12.7 米处一个同样的坑，用途不详。台体周围有大量条石残块和砖堆积，附近有现代采石场。台体下方悬崖中间有民国九年（1920 年）开凿的防范土匪的岩屋，共 2 层 2 进 8 间，按屋内碑文记载可容纳 99 人居住。

该敌台位于喇嘛河村山险东侧，紧邻山险。

（一二六）凉水井村 1 号敌台（610821352101170126）

该敌台位于高家堡镇凉水井村西南 0.368 千米的秃尾河西岸和其支流红柳沟交汇处南岸山梁上。东望凉水井村所在河流谷地，地处西部沙漠区，山坡土壤严重沙化，植被稀疏。高程 1055.3 米。

敌台整体保存较差。基座东面有一个缺口，下宽 4、上宽 3.3 米；南面距东端 5.3 米有一个缺口，宽 4.9 米；西面距南端 5 米有一个缺口，宽 4、进深 1.5～2 米；北面距东端 5 米有一个缺口，宽 10、进深 1～1.5 米。台体底部有一圈坍塌形成的堆积，高 1～2 米，坡上有石块、砖、条石，大小、形状

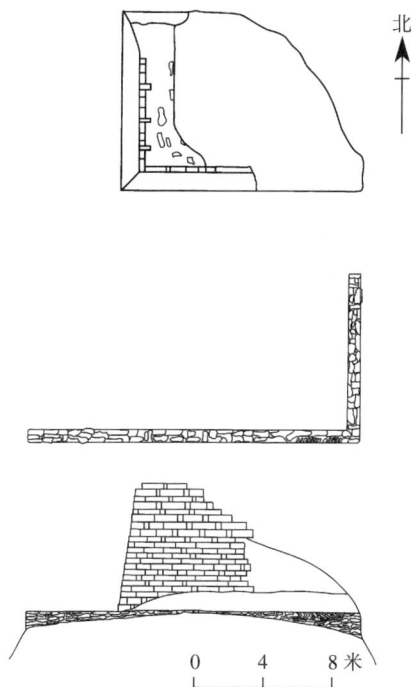

图六〇二　喇嘛河村 3 号敌台平、立面图

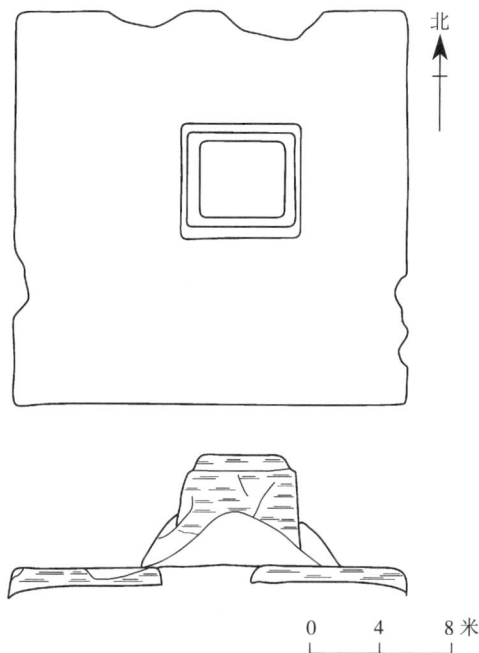

图六〇三　凉水井村 1 号敌台平、立面图

不一。台体表面斑驳、凹凸不平，顶部南侧中间有一个宽 1.5、高 1、进深 0.7 米的缺口。长年的风雨侵蚀是其损坏的主要原因。

台体用黄土夯筑而成，夯土包含有料礓石、沙土，夯层厚 0.15~0.2 米。台体平面呈矩形，剖面呈梯形，底部东西 6.6、南北 6 米，顶部边长 5.5 米，高 5 米。台体顶部堆积高 0.8 米，包含有砖、瓷片、板瓦片、石块。基座夯筑而成，平面呈矩形，东西 21.6、南北 21、高 1~2.5 米，夯层厚 0.1~0.16 米。台体附近有砖、瓷片、石片、板瓦片。（图六〇三）

该敌台位于凉水井村山险墙东南的山顶上，东北距凉水井村马面 0.187 千米，西南距凉水井村 2 号敌台 0.22 千米。

（一二七）凉水井村 2 号敌台（6108213521011701 27）

该敌台位于高家堡镇凉水井村南约 0.33 千米的秃尾河西、红柳沟南岸山坡上。附近沙化严重，植被稀疏，地处西部沙漠区，土地沙化严重。高程 1042.6 米。

敌台整体保存较差。围墙东墙距北端 6 米有一个缺口，宽 4、进深 2 米；西墙内侧有一层底砖，长 5、宽 0.4 米，不知是原砖墙还是现代所为。台体南侧小台顶部堆积有砖、白灰，中间堆积顶部有片石。台体南壁包砖部分被拆除，堆于台体前，露出夯土，夯层不明；东壁底部中间包砖被拆除一层，宽 1.2、高 0.9、进深 0.2 米；南壁顶部高 1 米的包砖不存，顶部四面包砖有拆除现象；西壁距北端 0.8 米有一条裂缝，宽 0.01~0.03 米；北壁中间有一条裂缝，宽 0.01~0.02 米；东壁距北端 0.6 米有一条裂缝，宽 0.01~0.02 米。长年的风雨侵蚀、植物生长及人为破坏（拆拿包砖等）是其损坏的主要原因。

台体内部夯筑而成，夯土包含有料礓石、沙土，夯层厚 0.08~0.1 米。台体外部包砖，砖长 40、宽 20、厚 8 厘米，砖间座灰；四角包砖较大，砖长 50、宽 40、厚 8 厘米。台体平面呈矩形，剖面呈梯形，底部东西 10.6、南北 13.3 米，顶部边长 9.4 米；南侧小台宽 3.2、高 2.6 米，通高 6.2 米。围墙平面呈矩形，东西 30、南北 27、底宽 3、顶宽 0.1~0.2、高 0.3~1.5 米。（图六〇四）

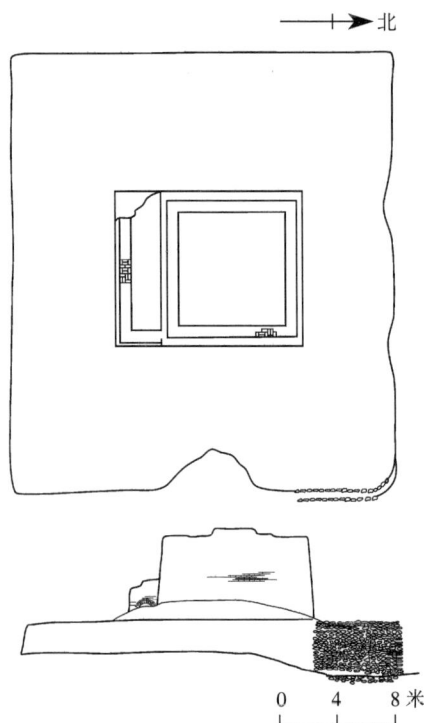

图六〇四　凉水井村2号敌台平、立面图

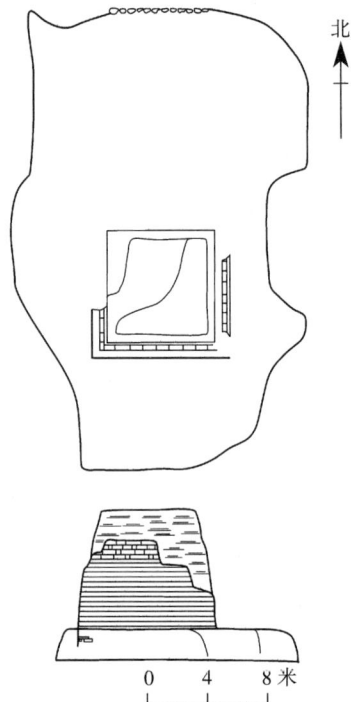

图六〇五　凉水井村3号敌台平、立面图

　　小台东侧底部可见登台土洞，大部分被堆积掩埋，拱顶一批一拱，宽0.4、高0.15米；顶部铺砖下有一层白灰层，厚0.1米。包砖层厚0.84米。台顶东侧距南端1.4米有一道隔梁，长0.3、宽0.63米，再向北2.2米又有一道，宽0.7、长0.3米；北侧距东端3.5米有一道，长0.2、宽0.6米；顶部堆积高1.3米，包含有砖、瓷片、白灰，底部堆积高1～2米。台体周围有砖、瓷片、石片、板瓦片。

　　该敌台西距凉水井村山险墙0.017千米，东北距凉水井村1号敌台0.22千米，西南距凉水井村3号敌台0.15千米。

（一二八）凉水井村3号敌台（610821352101170128）

　　该敌台位于高家堡镇凉水井村西南0.449千米的山峁上。四周是深浅不一的沟壑，北侧是红柳沟，四周长有灌木，土壤有沙化迹象。地处西部沙漠区，土地沙化严重。高程1068米。

　　敌台整体保存较差。台座东侧距北端10米有一个缺口，宽9、进深2.5米，西侧坍塌至台体底部。台体顶部西南角坍塌成缓坡，使顶部呈近三角形，顶部堆积厚1.8米，底部堆积高1～2.5米；南壁存19层包石，东壁底部存3层包石，西壁南端存长3米包石，高1米；北壁底部塌成斜坡，坡上有片石、石块、砖等。长年的风雨侵蚀是其损坏的主要原因。

　　台体内部用黄土夯筑而成，夯土包含料礓石、沙土，夯层厚0.08～0.12米。台体外部包石，包石为片石、石块，包石长60～105、宽22～34、厚25～30厘米，包石层与夯土层相间，包石层厚0.06～0.13米，夯土层厚0.12～0.22米。台体平面呈矩形，剖面呈梯形，底部边长9、顶部边长7、高7.5米。基座平面呈矩形，东西14、南北29、高1.5～2.5米，夯层不明。台体周围发现有砖、瓷片、石片、板瓦片。（图六〇五）

　　该敌台西北距凉水井村山险墙0.94千米，东北距凉水井村2号敌台0.15千米，西南距草湾沟村1号敌台0.497千米。

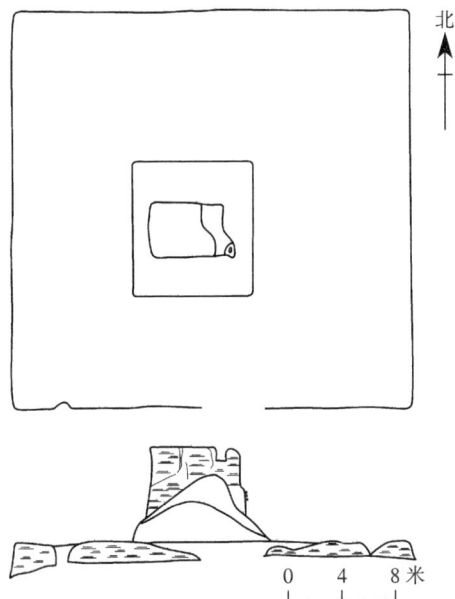

图六〇六　草湾沟村 1 号敌台平、立面图

（一二九）草湾沟村 1 号敌台

（610821352101170129）

该敌台位于高家堡镇草湾沟村东北约 1.1 千米秃尾河支流红柳沟的一条北流支流无名沟东岸汇合处的山峁上。地处西部沙漠区，土地沙化严重，植被稀疏。高程 1064.1 米。

敌台整体保存较差。台体包石脱落，坍塌严重，顶部距西端 0.8 ～ 2.4 米有 2 条裂缝，裂缝宽 0.1 ～ 0.4、深 0.4 ～ 1.2 米；北壁距西端 2.4 米有一条裂缝，宽 0.1 ～ 0.2 米，从顶部蜿蜒而下，长 2.5 米；东壁距北端 3 米有一条裂缝，宽 0.05 ～ 0.11 米；西北角塌陷，有 2 条裂缝，宽 0.08 ～ 0.15 米；东壁南端坍塌成斜坡，斜坡上有一条冲沟，宽 0.4 ～ 1、深 0.2 ～ 0.5 米。台座边缘坍塌严重，外侧下部多有风蚀窝。长年的风雨侵蚀是其损坏的主要原因。

台体内部似用一层片石、砖一层夯土筑成，片石、砖层厚 0.05 ～ 0.12 米，夯土层厚 0.13 ～ 0.2 米，夯土以黄土为主，包含有料礓石、沙土。台体外部包石脱落。台体平面呈矩形，剖面呈梯形，底部东西 9、南北 9.8 米，顶部东西 6.4、南北 3.8 米，高 7 米。台体南壁坍塌成斜坡，斜坡上有一层砖、片石；上部中间凸出，为下宽 1.8、上宽 0.4 米，高 2.5、厚 1.2 米的一块台体；顶部距东端 0.9 米有一个缺口，下宽 1.5、上宽 0.8、高 0.8 ～ 1.7 米。台体顶部东北角有内宽 1、外宽 2.5、进深 1 米的一块台体塌陷，东西 2 ～ 3、南北 2.5 米的台体塌陷成二层台，与台体顶部落差 1 米；东南角存一块夯土，东西 0.9、南北 1.7、高 0.8 米。台体北壁距西端 2 米有一处凹陷，外宽 2、内宽 1 米，顶部有一层白灰，厚 0.2 米；东壁底部有一层包石，长 1.9、厚 0.22 米，部分被掩埋；西壁南侧坍塌成斜坡，底部垂直部分高 2 米。台体底部堆积高 2 ～ 3 米。围墙平面呈矩形，东西 30、南北 29、底宽 2、顶宽 0.1 ～ 0.5、内高 0.2 ～ 1.2、外高 0.4 ～ 2 米，夯层不明；南墙有一个缺口，下宽 4.8、上宽 7.8 米，似门的位置。台体周围有砖、瓷片、石片、板瓦片等。（图六〇六）

该敌台北距凉水井村山险 0.101 千米，东北距凉水井村 3 号敌台 0.497 千米。

（一三〇）草湾沟村 2 号敌台（610821352101170130）

该敌台位于高家堡镇草湾沟村东的红柳沟南岸岩质山梁上。山梁土层较薄，周围是沙地、沙梁地，北侧紧临悬崖，下临红柳沟；西临草湾沟，向南是沙梁，西是下缓坡。地处西部沙漠区，土地沙化严重。高程 1064.1 米。

敌台整体保存较差。台体四壁剥落严重，包石上部消失，下部被坍塌堆积掩埋。围墙上部坍塌，保存有东、西、南墙墙基。台体下部及围墙下部有羊群啃啮的坑穴。长年的风雨侵蚀、植物生长及动物破坏是其损坏的主要原因。

台体位于基座中央，内部用黄土夯筑而成，夯层中夹杂有片石、砖，夯层厚 0.07 ～ 0.09 米。台体外部包石，包石为砂岩。台体平面呈矩形，底部边长 9、顶部边长 1、高 6.7 米。台体周围有坍塌形成的堆积，外围呈圆形，直径 15、高 1.7 米。基座东、南、西侧边缘有夯土围墙，北侧是片石垒起的护坡。基座平面呈矩形，东西 28、南北 26.5、高 2.2米，北侧护坡用砂岩板石垒砌而成。围墙夯层厚 0.14~0.16 米，墙体底宽 1.5、顶宽 0.5、内高 0.5~1.4、外高 3.6 米；北侧护坡高 1.1 米；南墙中部有 3.5 米宽的豁口，斜下通到墙体外地面。（图六〇七）

该敌台位于草湾沟村山险南侧，紧邻山险。

（一三一）草湾沟村 3 号敌台
（610821352101170131）

该敌台位于高家堡镇草湾沟村西的红柳沟南岸盘龙山上。周围种植有苜蓿、柏树等，北侧紧临悬崖，北下临红柳沟，东下临草湾沟，向南是低洼的沟壑状地带，向西是缓坡漫上地带。地处西部沙漠区，土地沙化严重。高程 1032.5 米。

敌台整体保存较差。台座四侧有水冲豁口，南侧豁口宽 8、进深 4.5 米；东侧北端 2 米部分坍塌，中间有宽 3、进深 4 米的豁口。围墙坍塌剥落严重，保存有墙基，断续存在。台体四壁剥落严重，东、北壁坍塌，均有宽 3 米的"V"形槽，顶部进深 4 米。基座及台体上种植有柏树，下部有羊群啃啮的坑穴。长年的风雨侵蚀、植物生长及动物破坏是其损坏的主要原因。

台体位于基座中央，夯筑而成，北壁夯层厚 0.1~0.14 米，其他三壁夯层厚 0.07~0.08 米，没有夹层。台体平面呈矩形，底部东西 8、南北 7.5 米，顶部东西 5、南北 4.5 米，高 7.5 米，顶部向下 0.6 米有一层厚 0.06米的三合土。基座边缘有夯土围墙，围墙仅存墙基，皆用黄土夯筑而成，夯土层厚 0.04~0.13 米，夯层中夹杂片石、砖。基座平面呈矩形，东西 29.5、南北 29、高 2~2.3 米。（图六〇八）

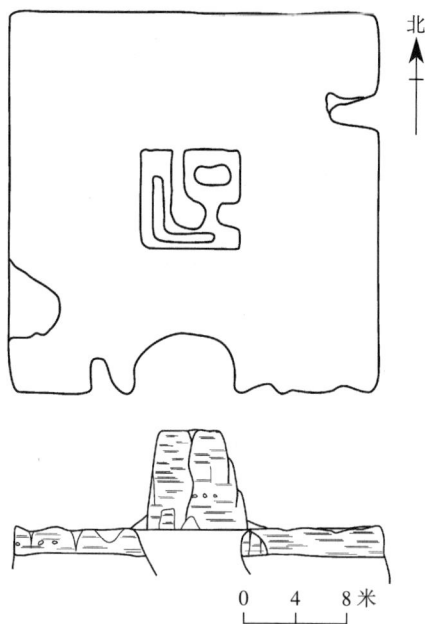

图六〇七　草湾沟村 2 号敌台平、立面图

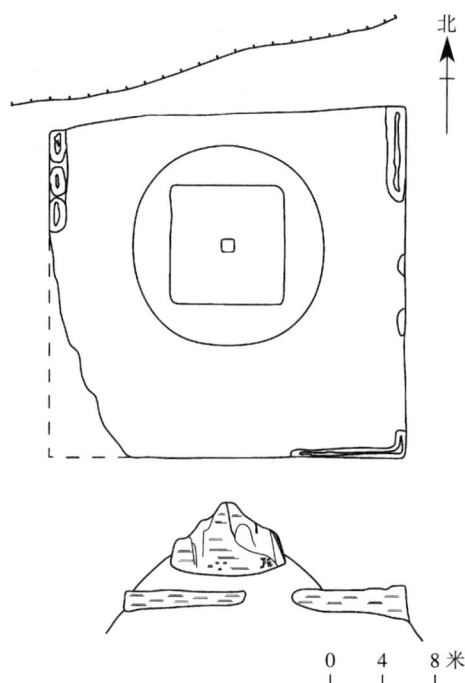

图六〇八　草湾沟村 3 号敌台平、立面图

该敌台位于草湾沟村山险南侧，紧邻山险。

（一三二）草湾沟村 4 号敌台（610821352101170132）

该敌台位于高家堡镇草湾沟村西南的山峁上。周围为平缓的新月形沙地，植被稀疏，北侧是红柳沟，东侧有一条很短的北流沟壑，西、南侧为低洼地。地处西部沙漠区，土地沙化严重。高程 1079.4 米。

敌台整体保存差。围墙仅存墙基，南墙距东端 5 米有一个宽 4.5、进深 3 米的缺口，15 米有一个下宽 0.8、上宽 2、进深 1 米缺口，17.5 米有一个宽 4、进深 1.5 米的缺口；东墙距南端 1 米有一个下宽 0.5、上宽 1、进深 1.4 米的缺口；西墙距南端 9 米有一个宽 8 米的缺口，17 米有一个下宽 1、上宽 2、进深 0.5 米的缺口；西墙距北端 2 米有一个下宽 0.4、上宽 1、进深 1 米的缺口。台体南壁被雨水冲刷表面斑驳，上部西端坍塌成斜坡。台体东壁表面斑驳、凹凸不平，底部有 3 个小凹陷，宽 0.2～0.4、高 0.2～0.3、进深 0.1～0.4 米；一层夯土剥落，底部保存高 3.6～4.6、厚 0.2～0.4 米。台体北壁坍塌成斜坡，西端长约 4 米坍塌成斜坡，东端底部塌成斜坡。台体西北角坍塌成斜坡，弯向东南顶部形成一条斜坡步道，下宽 0.6、上宽 2.5、长 2.8 米。长年的风雨侵蚀、植物生长等是其损坏的主要原因。

台体夯筑而成，夯土以黄土为主，包含料礓石、沙土，夯层厚 0.13～0.2 米。台体平面呈矩形，剖面呈梯形，底部边长 7.5 米，顶部东西 4、南北 3.5 米，高 6.8 米。围墙平面呈近三角形，东墙长 22、南墙长 33 米，西、北墙利用山险，墙体内高 0.1～0.5、外高 1～1.8 米，底宽不详，顶宽 0.2～0.3 米，夯层不明。台体附近有少量砖、瓷片、石片。（图六〇九）

该敌台北距草湾沟村山险墙 5 米，南距草湾沟村 1 号关 0.035 千米。

（一三三）草湾沟村 5 号敌台（610821352101170133）

该敌台位于高家堡镇草湾沟村西南 0.5 千米的沙漠中。周围是沙地、沙梁地，东南侧是一条呈东北—西南走向的浅缓沟壑。地处西部沙漠区，土地沙化严重。高程 1125.3 米。

敌台整体保存较差。台体四壁剥落严重，顶部坍塌，生长有麻黄等植物。台体上有大量蜂巢。长年的风雨侵蚀、植物生长及动物破坏是其损坏的主要原因。

台体夯筑而成，夯土以黄土为主，3.4 米以上厚 2.5 米的夯层中夹杂有砖。台体平面呈矩形，底部边长 7、顶部边长 4、高 6.4 米。台体顶部有 0.5 米厚的堆积。台体四周散落有碎砖。（图六一〇）

该敌台西南距草湾沟村长城 3 段墙体起点 0.104 千米，西北距草湾沟村 4 号敌台 0.35 千米。

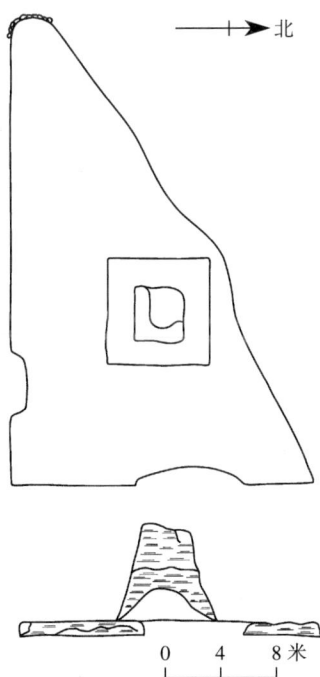

图六〇九　草湾沟村 4 号敌台平、立面图

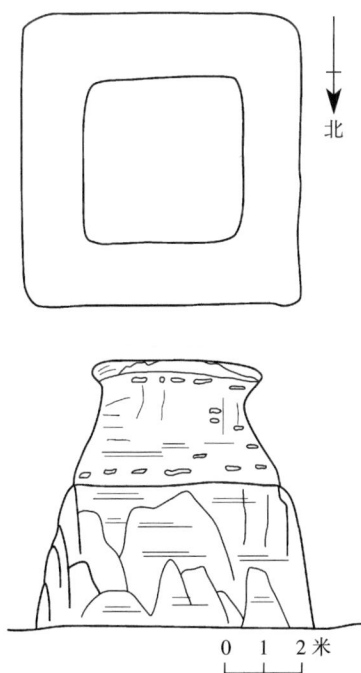

图六一〇　草湾沟村 5 号敌台平、立面图

（一三四）草湾沟村 6 号敌台（610821352101170134）

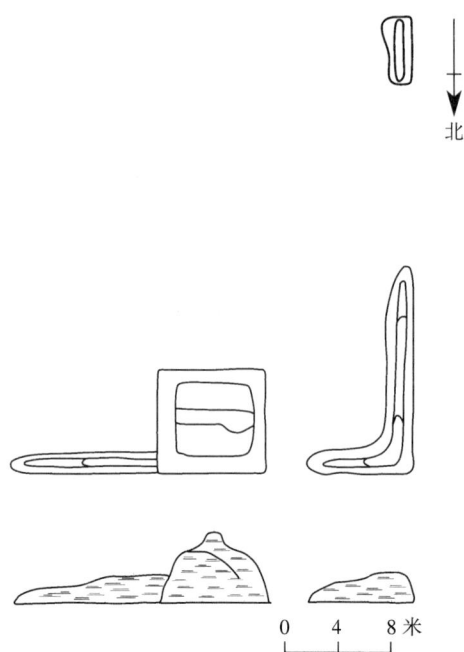

图六一一　青湾沟村 6 号敌台及草湾沟村 2 号
关平、立面图

该敌台位于高家堡镇草湾沟西南约 1 千米的沙漠中。周围是平缓的新月形沙地，有分布不均匀、大小各异的固定沙丘，植被稀疏。地处西部沙漠区，土地沙化严重。高程 1173.3 米。

敌台整体保存差。台体东、西壁坍塌成斜坡，斜坡上长满杂草、灌木。台体周围被沙漠侵蚀、覆盖。长年的风雨侵蚀、植物生长、土地沙化是其损坏的主要原因。

台体夯筑而成，夯土以黄土为主，包含有料礓石、沙土，夯层厚 0.1 ~ 0.15 米。台体平面呈矩形，剖面呈梯形，底部东西 8、南北 7 米，顶部东西 1.5 ~ 4、南北 7 米，高 5 米。台体周围有砖、瓷片、石片、板瓦片。（图六一一）

该敌台位于草湾沟村长城 3 段墙体南侧，紧靠墙体。

（一三五）草湾沟村 7 号敌台（610821352101170135）

该敌台位于高家堡镇草湾沟村西南约 3 千米的沙漠中。附近为低平的草地，表土较薄，分布有小固定沙丘，外围是平沙地、沙梁地。地处西部沙漠区，土地沙化严重。高程 1137.2 米。

敌台整体保存较差。围墙坍塌严重，仅存底部和墙基，南墙有 11 米宽的豁口，东、西墙中部与草湾沟村长城 4 段相接。台体坍塌严重，四壁剥落严重；顶部坍塌，生长有麻黄草。台体上有蜂巢，底部有羊群啃噬的坑穴。台体东壁 2 米高处有一个宽 1.4、高 1.2、深 2 米的洞口，顶部最上层 0.5 米是砖堆积。长年的风雨侵蚀、植物生长及动物破坏是其损坏的主要原因。

台体位于围墙中央，黄土夯筑而成，夯土层厚 0.15 ~ 0.18 米。台体平面呈矩形，剖面呈梯形，底部东西 8、南北 6 米，顶部东西 6、南北 4 米，高 8.1 米。围墙夯筑而成，夯土为黄土层和沙土层相间，夯层中夹杂有砖、石块，夯层厚 0.08 ~ 0.09 米。围墙平面呈矩形，东西 32、南北 33、底宽 1、顶宽 0.1 ~ 0.4、高 1.8 ~ 2.2 米。（图六一二）

该敌台位于草湾沟村长城 4 段墙体上。

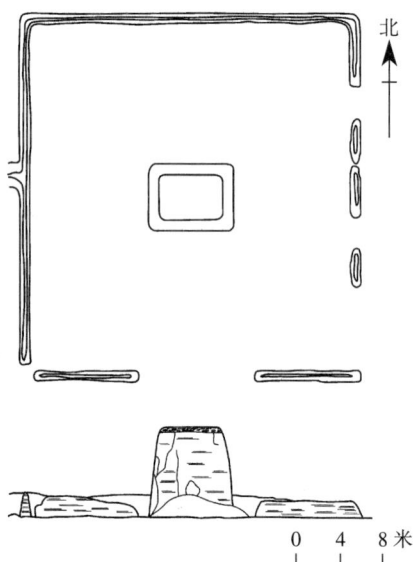

图六一二　草湾沟村 7 号敌台平、立面图

（一三六）草湾沟村 8 号敌台（610821352101170136）

该敌台位于高家堡镇草湾沟村西南约 3.6 千米的沙漠中。周围是草地，外围是平沙地、沙梁地，地处西部沙漠区，土地沙化严重。高程 1201.2 米。

敌台整体保存较差。台体四壁剥落严重，顶部坍塌严重，表面长满灌木、苜蓿、杂草。长年的风雨侵蚀及植物生长是其损坏的主要原因。

台体夯筑而成，夯土以黄土为主，夯层不明。台体平面呈近圆形，底部直径 8～11、高 3 米。台体上及周围散落有砖。（图六一三）

该敌台南距草湾沟村长城 5 段墙体起点 0.486 千米，东北距草湾沟村 7 号敌台 0.658 千米，西南距草湾沟村 9 号敌台 0.42 千米。

（一三七）草湾沟村 9 号敌台
（610821352101170137）

该敌台位于高家堡镇草湾沟村西南约 4 千米的沙漠较高处。周围是低洼沙地、沙梁地，地处西部沙漠区，土地沙化严重。高程 1196.5 米。

敌台整体保存较差。围墙坍塌严重仅下部断续存在，高 2 米，东、西墙中部与草湾沟村 2 号长城墙体相交。台体坍塌严重，四壁剥落严重，顶部坍塌，四壁有蜂巢，顶部生长有麻黄草。台体南壁 4.6 米高处有一个洞口，宽 0.8、高 1 米。台体上有动物洞穴，根部有羊群啃噬的坑穴。长年的风雨侵蚀、植物生长及动物破坏是其损坏的主要原因。

台体位于围墙中央，夯筑而成，夯土以黄土为主，夯层厚0.16～0.18 米。台体平面呈矩形，底部边长 10、顶部边长 7.2、高 7.5 米。围墙平面呈矩形，东西 23、南北 33、底宽 1、顶宽 0.1、高 2 米。（图六一四）

该敌台位于草湾沟村长城 2 段墙体上，西南距草湾沟村 2 号烽火台 0.2 千米，南约 2 千米处有一座夯土二层台结构的烽火台。

（一三八）草湾沟村 10 号敌台
（610821352101170138）

该敌台位于高家堡镇草湾沟村西南约 4.4 千米的沙漠中。东、南侧是梁地，西、北侧是低洼地，东侧约 0.02 千米处有一条后来发育的宽约 80、深约 20 米的沟壑，外围是沙地、沙梁地。地处西部沙漠区，土地沙化严重。高程 1167.5 米。

敌台整体保存较差。围墙坍塌严重，断续存在，高 0.6 米。台体坍塌严重，四壁剥落严重，顶部坍塌，四壁有蜂巢，蜂巢形成一宽、高、深各 1 米的洞穴。台体上有动物洞穴、羊群啃啮的坑穴。长年的风雨侵蚀、植物生长及动物破坏是其损坏的主要原因。

台体位于围墙中央，夯筑而成，夯土以黄土为主，夯土层厚 0.12～0.17 米。台体平面呈矩形，剖面呈梯形，底部东西 8.5、南北 10.5 米，顶部东西 3、南北 1.2 米，高 7 米。围墙平面呈矩形，东西

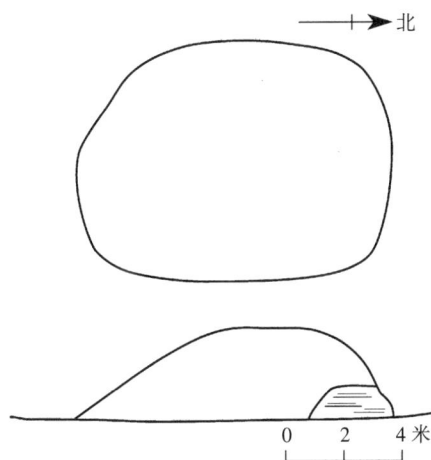
图六一三　草湾沟村 8 号敌台平、立面图

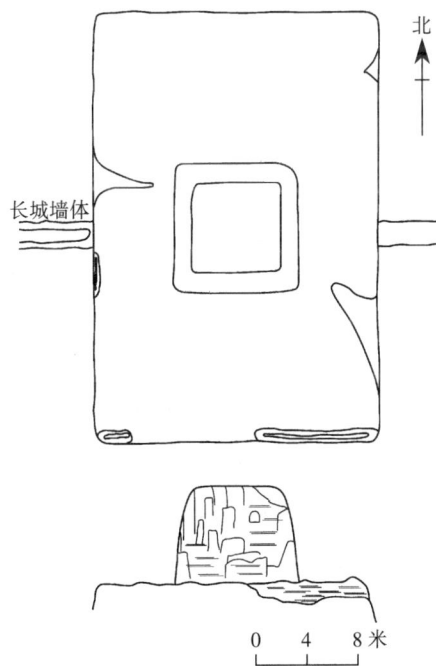
图六一四　草湾沟村 9 号敌台平、立面图

图六一五　草湾沟村 10 号敌台平、立面图

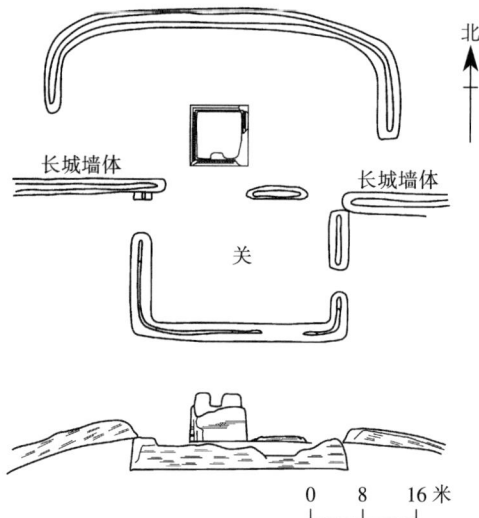

图六一六　水掌村 1 号敌台及水掌村 1 号
关平、立面图

20、南北 26 米，墙体底宽 0.8、顶宽 0.2、高 0.6 米。（图六一五）

该敌台位于草湾沟村长城 5 段止点南侧，南距草湾沟村 3 号烽火台 0.4 千米。

（一三九）水掌村 1 号敌台
（610821352101170139）

该敌台位于乔岔滩乡水掌村东北的沙梁最高山峁上。所处山顶土壤开始沙化，植被稀疏，沙梁呈南—北走向，两侧是沙地，有沟壑发育。地处西部沙漠区，土地沙化严重。高程 1254.9 米。

敌台整体保存一般。台体包砖约存一半，顶部建筑残缺不全。台体包砖脱落或被人为拆除，西壁大部分包砖被拆除一层，保存厚 0.45 米；顶部保存包砖厚 0.3～0.5 米，上部部分露出夯土；底部保存包砖完整部分高 1.5、厚 0.85 米，西南角高 4.5、宽 1.5 米的台体露出夯土，西北角塌陷，高 2.4、宽 1.8 米。台体北壁包砖由上至下倾斜脱落，步道两侧距顶部 1 米部分台体露出夯土，下 1 米部分只存一层包砖；底部西南角部分露出夯土，高 3.3、宽 2 米。台体东壁距顶部 1.6 米部分不见包砖；底部东北角凹陷，高 2.1、宽 1.5 米。北壁距顶部 1.5 米部分不见包砖；底部东北角凹陷，高 2.1、宽 1.2 米；底部西北角凹陷，高 2.4、宽 0.8 米。台体西壁包砖由上至下倾斜部分脱落。台体上有裂缝 4 条，南壁距东端 2 米有一条裂缝，宽 0.02～0.03 米；东壁距南端 0.4 米有一条宽 0.02～0.04 米的裂缝，距南端 1 米有一条宽 0.02～0.03 米的裂缝；北壁距东端 2 米有一条裂缝，宽 0.02～0.04 米。长年的风雨侵蚀、植物生长及人为破坏（拆拿包砖等）是其损坏的主要原因。

台体内部夯筑而成，夯土以黄土为主，包含有料礓石、沙土，夯层厚 0.11～0.14 米。台体外部包砖，砖长 40～41、宽 20～21、厚 8～9 厘米，砖之间座灰，南壁包砖保存 51 层，高 5.1 米，东、北壁大部分包砖保存较好，无围墙。台体平面呈矩形，剖面呈梯形，底部边长 9 米，顶部坍塌呈凹字形，边长 6 米，高 7.1 米。台体顶部中间有宽 1.8、高 1.6、进深 1.2 米的登台步道，底部堆积高 1～1.6 米。台体附近有砖、瓷片、板瓦片等。（图六一六；彩图一二三）

该敌台位于水掌村 1 号关内，西南距水掌村 2 号关 0.425 千米。

（一四○）水掌村 2 号敌台（610821352101170140）

该敌台位于乔岔滩乡水掌村东北的山峁上。所处山顶土壤开始沙化，周围是新月形平沙地，植被稀疏。地处西部沙漠区，土地沙化严重。高程 1194.3 米。

敌台整体保存较差。围墙坍塌，仅存底部，南墙距东端 5 米有一个宽 17、进深 6 米的豁口，北墙距东端 19 米有一个下宽 1、上宽 2.5 米的缺口。台体西壁底部有许多羊群啃噬的小凹陷，长 0.2 ~ 1.5、高 0.2 ~ 0.5、深 0.2 ~ 0.5 米。台体西南角塌陷；东南角底部塌陷，长 1.6、高 1.5、进深 0.5 米。台体底部存 3 层包石，厚 0.6、高 0.7、长 3 米；顶部堆积厚 1 米，包含有砖、石片。台体西壁有 3 条宽 0.05 ~ 0.15 米的裂缝，西南角有一条宽 0.2 ~ 0.3 米的裂缝，东壁距南端 2 米有一条宽 0.05 ~ 0.08 米的裂缝。长年的风雨侵蚀、植物生长及动物破坏是其损坏的主要原因。

台体位于围墙中央，内部夯筑而成，夯土以黄土为主，包含有料礓石、沙土，夯层厚 0.1 ~ 0.15 米。台体外部包砖石，东壁北端距顶部 2 米存有包砖，下宽 3、上宽 1、厚 0.7 米；底部存有包砖，长 1.5、高 0.6 米，包砖夹一层片石；距底部 4 米存有 2 层包砖，长 1.8、厚 0.2 米；顶部存部分包砖，高 0.8 米；北壁底部存有包砖，高 0.4 ~ 1.2 米，下有一层包石。台体平面呈矩形，剖面呈梯形，底部东西 7.5、南北 9.2 米；顶部基本平整，东西 4.7、南北 5 米，高 6.5 米。台体底部堆积高 1 ~ 1.5 米，顶部堆积厚 1.1 米，包含砖、石块。围墙平面呈矩形，边长 29 米，北壁凸出于水掌村长城 2 段墙体 16 米；墙体底宽 2、顶宽 0.2 ~ 0.4、内高 0.3 ~ 1、外高 1.5 ~ 2.5 米。台体周围有砖、瓷片、石片等。（图六一七；彩图一二四）

该敌台位于水掌村长城 2 段墙体止点，东北距水掌村 2 号关 0.429 千米。

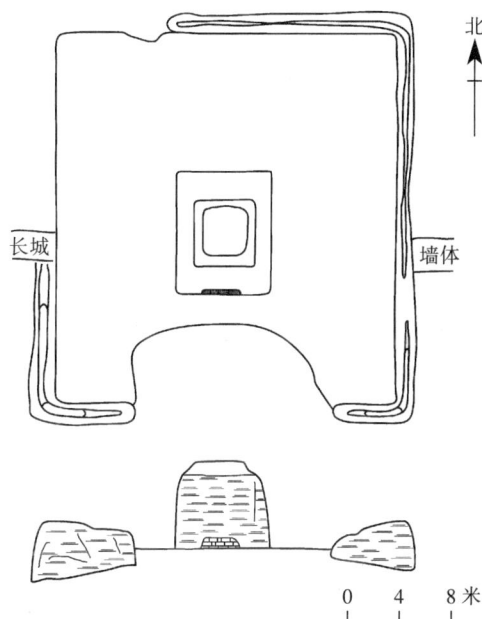

图六一七　水掌村 2 号敌台平、立面图

（一四一）窝窝庄村 1 号马面（610821352102170141）

该马面位于麻家塔镇窝窝庄村西南 0.5 千米处。周围地势较为平缓，为长满荒草的沙地。地处黄土梁峁丘陵宽谷区与沙漠区交界处，土地沙化较严重。高程 1102 米。

马面整体保存较差。台体包砖脱落或被人为拆除，北壁靠西存部分包砖，包砖层长 2.4、高 1.5、厚 0.10 米，为碎砖，表面包灰，是原包砖层的内侧部分。台体坍塌，西、南壁各有一条裂缝，宽 0.02 ~ 0.03 米。长年的风雨侵蚀、植物生长及人为破坏（拆拿包石等）是其损坏的主要原因，树木根系对台体有一定破坏。

台体内部夯筑而成，夯土以黄土为主，夯层厚 0.11 ~ 0.17 米，夯土质地细密，没发现夯窝。台体平面呈矩形，剖面呈梯形，底部东西 8.9、南北 8.4 米，顶部东西 7.3、南北 6.8 米，高 6.9 米。台体东壁有登台土洞可达顶部，土洞下宽 1、上宽 1.5、高 1.7 米；顶部有厚约 1.5 米的堆积，包含有碎砖。（图六一八）

该马面位于窝窝庄村长城墙体西侧，南距窝窝庄村 2 号马面 0.264 千米。

（一四二）窝窝庄村 2 号马面（610821352102170142）

该马面位于麻家塔镇窝窝庄村南 0.75 千米处。周围地势较为平缓，为长满荒草的沙地。地处黄土梁峁丘陵宽谷区与沙漠区交界处，土地沙化较严重。高程 1122.1 米。

图六一八　窝窝庄村1号马面平、立面图

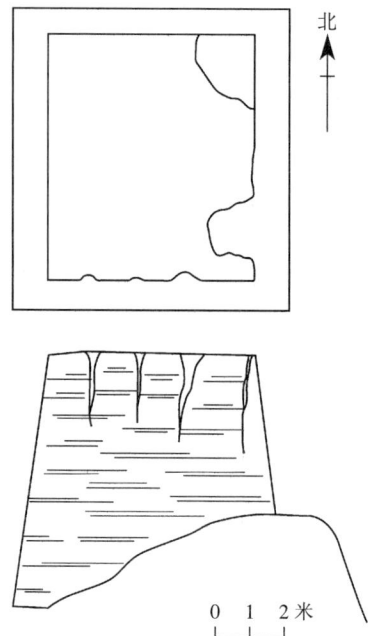

图六一九　窝窝庄村2号马面平、立面图

马面整体保存较差。台体有裂缝,四壁剥落严重,有塌陷。台体南壁距东端2米有一道裂缝,宽0.05~0.1、长2米;北壁有2道裂缝,一道距东端1.2米,宽0.2~0.4米,一道距东端2.3米,宽0.04~0.1、长1.8米;东北角塌陷,东南角部分塌陷;顶部西侧中间有一道裂缝,宽0.1~0.15、长1.5米。长年的风雨侵蚀是其损坏的主要原因。

台体内部夯筑而成,夯土以黄土为主,夯层厚0.09~0.16米,夯土质地细密,没发现夯窝。台体外部包砖脱落。台体平面呈矩形,剖面呈梯形,底部东西8、南北8.3米,顶部东西6、南北6.8米,高7米。(图六一九)

该马面位于窝窝庄村长城墙体西侧,北距窝窝庄村1号马面0.264千米,南距窝窝庄村3号马面0.311千米。

(一四三)窝窝庄村3号马面(610821352102170143)

该马面位于麻家塔镇窝窝庄村南1千米处。周围地势较平缓,为长满荒草的沙地。地处黄土梁峁丘陵宽谷区与沙漠区交界处,土地沙化较严重。高程1125米。

马面整体保存较差。台体有裂缝,坍塌严重,南壁有3条裂缝,宽0.02~0.06米;西壁夯土成块脱落;北壁底部堆土上有碎砖、瓦片;东壁塌陷成斜坡状,斜坡上长满灌木;顶部长满杂草和灌木。长年的风雨侵蚀、植物生长是其损坏的主要原因。

台体内部夯筑而成,夯土以黄土为主,夯层厚0.09~0.16米,夯土质地细密,没发现夯窝。台体外部包砖脱落。台体平面呈矩形,剖面呈梯形,底部东西5.1、南北7.5米,顶部东西4、南北6米,高2米。台体底部堆土上发现一块铺石,呈矩形,边长0.32、厚0.04米;顶部有约1米厚的堆积、一层厚0.07米的海墁。(图六二○)

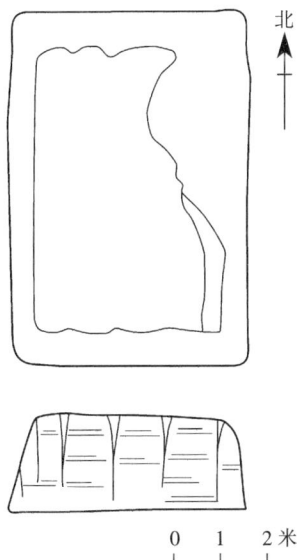

图六二〇　窝窝庄村 3 号马面平、立面图　　　图六二一　官地梁马面平、立面图

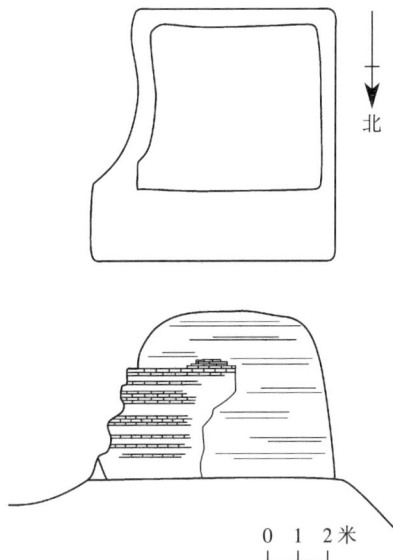

该马面紧靠窝窝庄村长城墙体西侧，北距窝窝庄村 2 号马面 0.311 千米，南距官地梁马面 0.312 千米。

（一四四）官地梁马面（610821352102170144）

该马面位于神木镇土城塔村的官地梁（山名）山梁上窝窝庄村长城墙体西侧。附近被沙漠覆盖，地势平缓，生长有柳、柠条、沙蒿等植物，有人工林地。地处黄土梁峁丘陵宽谷区与沙漠区交界处，地势平坦，土地沙化较严重。高程 1127.4 米。

马面整体保存较差。台体外层剥落严重，风沙侵蚀严重，顶部严重坍塌，外部包砖大部分脱落。台体西壁受风沙侵蚀凹凸不平，凹坑最深 0.5 米；南壁东端 5.5 米部分坍塌成斜坡；东壁整体坍塌，坍塌厚 1.4 米；顶部长有杂草。长年的风雨侵蚀、土地沙化是其损坏的主要原因。

台体依长城墙体而建，内部夯筑而成，夯土以黄土为主，夯层厚 0.07～0.14 米。台体外部包砖最外层被拆除，北壁保存一部分内层包砖，高 3.8、宽 3.8、厚 0.1 米。台体平面呈矩形，剖面呈梯形，底部边长 8 米，顶部东西 6、南北 5.2 米，高 5.3 米。台体顶部有砖、白灰面残块堆积。（图六二一）

该马面位于窝窝庄村长城墙体西侧。

（一四五）沙石岭村马面（610821352102170145）

该马面位于神木镇沙石岭村北 1.8 千米的山梁西侧。南北两侧有不同程度的沟壑发育，西侧为沟壑。地处黄土梁峁丘陵宽谷区，属于黄土沟壑地貌。高程 1218.2 米。

马面整体保存较差。台体外层坍塌严重，尤其东南角，南壁塌陷 4 米。台体上有枯树根，长有灌木。台体包砖被拆除，西侧有宽 1、深 1.2 米的土壕，为拆取包砖所致；南壁东段坍塌，进深 4.4、宽 4.5 米。长年的风雨侵蚀、植物生长及人为破坏（拆拿包砖等）是其损坏的主要原因。

台体用黄土夯筑而成，夯层厚 0.11～0.15 米。台体平面呈矩形，底部边长 9、顶部边长 6.2、西侧高 8.4、东侧长城墙体上部分高 6 米。基座建在沟东岸斜坡上，平面呈矩形，底部向南、西、北外放

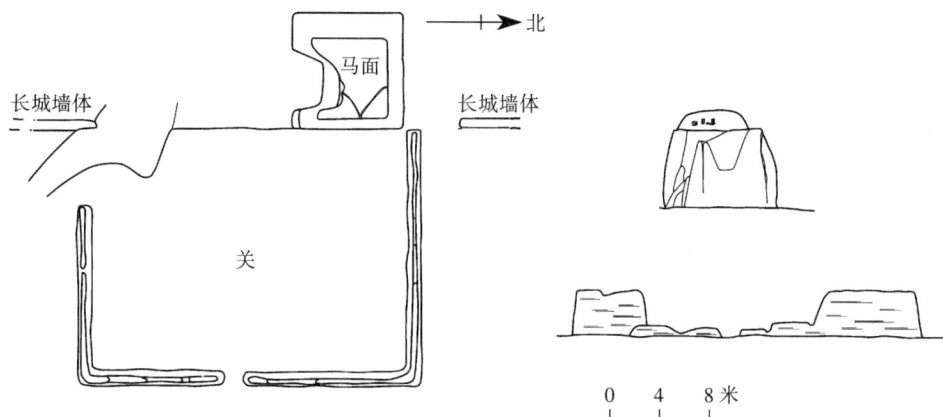

图六二二　沙石岭村马面及沙石岭村关平、立面图

2米，上部比台体底部向西外放3.2、向北外放2、向南外放2.8米，西侧高3.2米。台体顶部平铺一层片石，片石上有1.5米厚的砖、石、瓷片堆积，台体下关内存有砖、石、瓦片、少量瓷片，有人工种植的树木。（图六二二）

该马面位于沙石岭村长城墙体西侧，北距沙石岭村关北墙1.5米。

（一四六）大柏油堡村1号马面（6108213521021701460146）

该马面位于解家堡乡大柏油堡村西1.63千米的柳沟南岸。附近为平缓坡地，周围为退耕草地林地，种植有苜蓿、柏树。地处黄土梁峁丘陵宽谷区，属于黄土沟壑地貌。高程1181.2米。

马面整体保存较差。台体坍塌严重，四壁剥落严重，外层包砖被拆除，在台体下形成宽1、深1～2米的沟，沟外侧是砖、白灰面残片的堆积。台体南、北壁各3米有包砖（被拆除），长城墙体东侧有10米长的包砖被拆掉除。长年的风雨侵蚀、植物生长及人为破坏（拆拿包砖等）是其损坏的主要原因。

台体内部夯筑而成，夯土以黄土为主，夯层厚0.06～0.12米。台体平面呈矩形，剖面呈梯形，底部东西7.8、南北8.5米，顶部东西7、南北7.3米，高7米。长城墙体顶宽3、高5.5、上距台体顶部1.5米。台体顶部有一层0.07米厚的三合土，上有一层海墁铺砖。台体铺砖上有1米高的砖、石、白灰面残片堆积。（图六二三；彩图一二五）

该马面东依大柏油堡村长城墙体。

（一四七）大柏油堡村2号马面（6108213521021701470147）

该马面位于解家堡乡大柏油堡村西1.63千米的柳沟南岸。附近为平缓坡地，周围为退耕草地、林地，种植有苜蓿、柏树。地处黄土梁峁丘陵宽谷区，属于黄土沟壑地貌。高程1211.1米。

马面整体保存较差。台体坍塌严重，四壁剥落严重，包砖被拆除，在台下形成宽1.3、深1米的沟，沟外侧是砖、白灰面残片堆积。台体西南角被修路破坏，断面显示外部最下有3层包石，厚0.35米；顶部东侧有一个豁口，宽3、进深1.4米，从长城墙体斜坡顶部通到台体顶部。台体南侧地面有堆积，上面1米厚堆积是坍塌拆除的砖石碎块，下面1.3米厚是灰土层，包含有炭屑、碎砖、瓷片、陶片，东西3.7、南北1米。长年的风雨侵蚀、植物生长及人为破坏（拆除包砖等）是使其损坏的主要原因。

台体内部夯筑而成，夯土以黄土为主，夯层厚0.05～0.06米。台体平面呈矩形，剖面呈梯形，底部

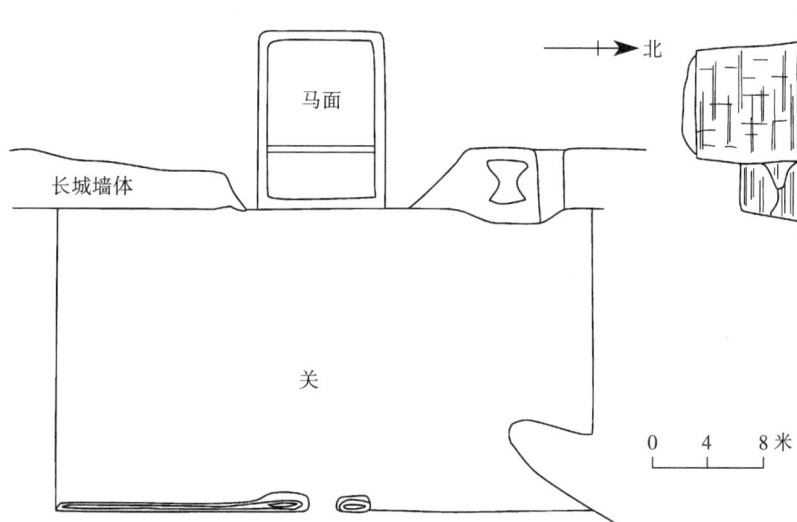

图六二三　大柏油堡村 1 号马面大柏油堡村 1 号平、立面图

东西 7.5、南北 7.8 米，顶部东西 6、南北 5.8 米，北侧高 5、南侧高 7 米。长城墙体呈斜坡状，高 2.9 米，上部距台体顶部 2.1 米。台体顶部有一层 0.4 米高的砖、石、白灰面残片堆积。（图六二四）

该马面东依大柏油堡村长城墙体，东距大柏油堡村 1 号烽火台 0.07 千米。

（一四八）万家沟村马面（610821352102170148）

该马面位于解家堡乡万家沟村南的山峁上。周围坡度较陡，生长有沙蒿等耐旱植物。地处黄土梁峁丘陵宽谷区，属于黄土沟壑地貌。高程 1248.9 米。

马面整体保存较差。台体有裂缝，四壁剥落严重，顶部南面距东端 1.5 米有一个下宽 0.1、上宽 0.5、进深 0.3 米的缺口，距东端 2.5 米有一下宽 0.3、上宽 0.1、进深 0.3 米的缺口，顶部四面高 1.5 米的面斑驳、凹凸不平。台体周围有包砖堆积，包砖有包灰。台体东壁顶部有 2 条小裂缝，北壁顶部有 4 道宽 0.01～0.03 米的裂缝，西壁顶部有 3 道宽 0.03～0.1 米的裂缝。台体顶部堆积厚 1 米，可见砖、包灰。长年的风雨侵蚀、植物生长及人为破坏（拆拿包砖等）是其损坏的主要原因。

台体夯筑而成，夯土以黄土为主，包含有料礓石，夯层厚 0.05～0.07 米，夯土质地细密，没发现夯窝。台体包砖脱落。台体平面呈矩形，剖面呈梯形，底部边长 9、顶部边长 8、高 6.5 米。台体周围有砖、石块、瓷片等。（图六二五；彩图一二六）

该马面依万家沟村长城 2 段墙体北侧，南距万家沟村 3 号烽火台 0.29 千米。

（一四九）口则上村 1 号马面（610821352102170149）

该马面位于高家堡镇口则上村西 0.714 千米。周围地势较平坦，为沙丘地，生长有沙蒿等耐旱植物。地处黄土梁峁丘陵宽谷区与沙漠区交界处，土地沙化较严重。高程 1197.1 米。

马面整体保存一般。台体东壁顶部南端有一个宽 2、高 1.3 米的缺口，东北角顶部塌落；北壁顶部东端塌落宽 2.5、高 1.5、进深 0.25 米。台体底部距东面 2.6 米有一个宽 0.7、高 0.5、深 2.4 米的洞穴，底部有水迹，洞口处坍塌宽 0.9、高 1.2、进深 0.5 米；西壁夯土成块脱落，底部存一层夯土，高 2.3、厚 0.15 米；东侧斜坡上散落包石数块，石块长 70～100、宽 30～35、厚 28～30 厘米。台体底部被平整成高 2～3.5 米的土台。长年的风雨侵蚀、植物生长是其损坏的主要原因。

图六二四　大柏油堡村 2 号马面北立面图

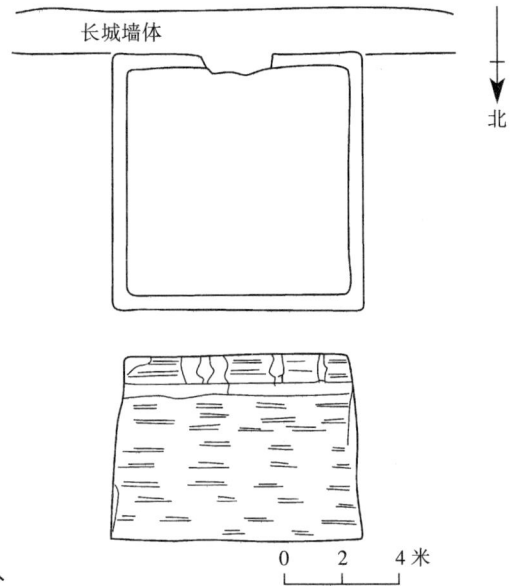

图六二五　万家沟村马面平、立面图

台体内部夯筑而成，夯土以黄土为主，包含有料礓石，夯层厚 0.07 ~ 0.16 米，夯土质地细密，没发现夯窝，外部包石脱落或被人为拆除。台体平面呈矩形，剖面呈梯形，底部边长 6.7 米，顶部呈凹字形，东西 4.3、南北 5 米，高 6 米。台体顶部堆积厚 0.5 米，可见砖、石块、板瓦；南壁距东面 2.6 米有登台土洞可达台顶，土洞塌陷，下宽 1、上宽 4、进深 1.3 ~ 2.5 米，距地面 2.4 米，下面有流水冲刷形成的沟壑，宽 0.8、进深 0.8 米。台体周围有砖、板瓦、条石、瓷片。（图六二六）

该马面紧靠口则上村长城 1 段墙体北侧。

（一五〇）口则上村 2 号马面（6108213521021 70150）

该马面位于高家堡镇口则上村西约 0.85 千米的口则上村长城 1 段墙体北侧山梁上。所处为较陡峭斜坡地，周围生长有沙蒿等耐旱植物。地处黄土梁峁丘陵宽谷区与沙漠区交界处，地势平坦，土地沙化较严重。高程 1191.3 米。

马面整体保存较差。台体有裂缝，四壁剥落严重，塌陷严重。台体东壁顶部坍塌成斜坡，下部有几道雨水冲沟，宽 0.2 ~ 1、进深 0.2 ~ 0.4 米；南壁顶部距东端 2 米有一道雨水冲沟，宽 0.15 ~ 0.3、长 2、进深 0.3 米；西壁被雨水冲刷，有数处凹陷；北壁被雨水冲刷，表面成小块，距东端 2 米有一道裂缝，宽 0.1 ~ 0.3 米；东壁部分塌陷，靠南端存 2 米，塌陷进深 3、高 6.5 米。台体底部四周有包砖堆积，包砖有包灰。长年的风雨侵蚀、植物生长及人为破坏（拆拿包砖等）是其损坏的主要原因。

台体内部夯筑而成，夯土以黄土为主，包含有料礓石，夯层厚 0.08 ~ 0.13 米，夯土质地细密，没发现夯窝。台体外部包砖脱落或被人为拆除。台体平面呈矩形，剖面呈梯形，底部东西 9.2、南北 8.5 米，顶部坍塌呈凹字形，南边长 5、西边长 6.4、东边长 4 米。台体顶部有一层海墁，堆积厚 1 米，有砖、石块。台体周围有砖、板瓦、石块、瓷片等。（图六二七）

该马面紧靠口则上村长城 2 段墙体北侧，西南距口则上村 5 号敌台 0.157 千米。

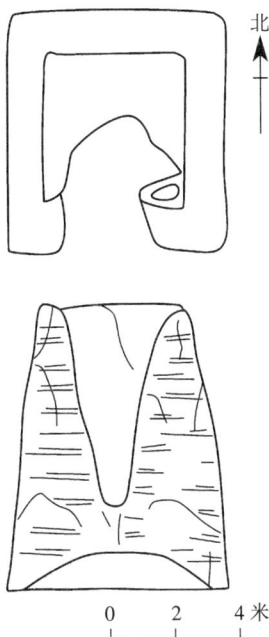

图六二六　口则上村 1 号马面平、立面图

图六二七　口则上村 2 号马面平、立面图

（一五一）口则上村 3 号马面（610821352102170151）

该马面位于高家堡镇口则上村西南 1.3 千米的沙梁地上。周围是长满荒草的沙丘，地处黄土梁峁丘陵宽谷区与沙漠区交界处，地势平坦。高程 1183 米。

马面整体保存较差。台体包砖被拆除，流沙掩埋、剥落严重，顶部坍塌，北壁剥落严重。长年的风雨侵蚀是其损坏的主要原因。

台体依长城墙体而建，内部夯筑而成，夯土以黄土为主，包含有料礓石，夯层厚 0.15～0.16 米。台体外部有包砖。台体平面呈矩形，底部东西 10.5、南北 12 米，顶部东西 7.5、南北 9 米，高 7 米。台体南壁下部有门洞，距东壁 4 米，门宽 1.1、高 0.6 米。台体周围散落有砖石。（图六二八）

该马面位于口则上村关、口则上村长城 2 段墙体西侧。

（一五二）奥庄则村马面（610821352102170152）

该马面位于高家堡镇奥庄则村西 0.2 千米的奥庄则沟和石板沟之间。周围是沙化的荒地，外围冲沟遍布。地处黄土梁峁丘陵宽谷区和沙漠区过渡地带，地势平坦。高程 1147.2 米。

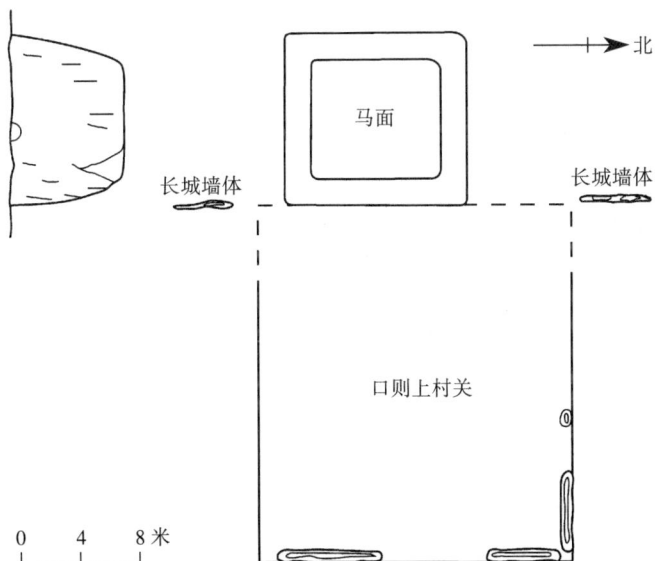

图六二八　口则上村 3 号马面平、立面图

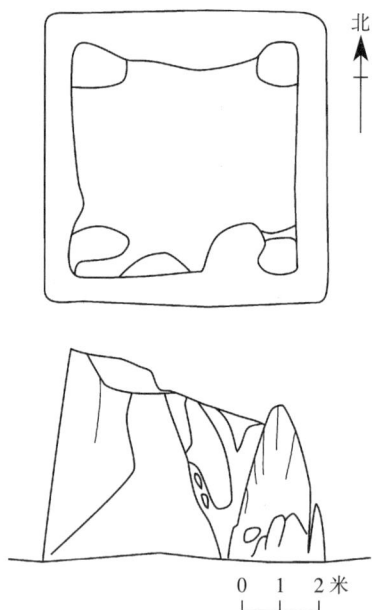

图六二九　奥庄则村马面平、立面图

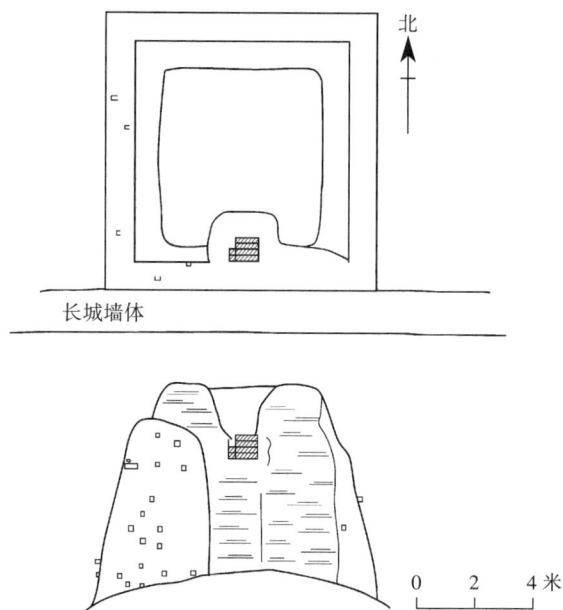

图六三〇　西边墙村马面平、立面图

马面整体保存较差。台体四壁剥落严重，顶部坍塌，下部有流沙掩埋，四壁有水冲的痕迹，包砖被拆除，台体下有挖取包砖形成的宽1～1.7、深0.6～0.9米的沟，附近长城只存隐约一线。长年的风雨侵蚀及人为破坏（拆拿包砖等）是其损坏的主要原因。

台体依长城墙体而建，内部夯土筑成，夯土以黄土为主，包含有料礓石，夯层厚0.16～0.2米。台体外部有包砖。台体平面呈矩形，剖面呈梯形，底部边长7.5、顶部边长6、高4.2米。台体顶部四角高起部分东西1.5、南北1.1米，高1.4～1.5米；中间平铺片石，有0.8米厚砖石堆积。台体四周堆积有砖。（图六二九）

该马面位于奥庄则村长城2段墙体北侧。

（一五三）西边墙村马面（610821352102170153）

该马面建在高家堡镇西边墙村南0.1千米的山顶台塬上。北、东、西面为沟，北面台塬种植有谷子、马铃薯。地处黄土梁峁丘陵宽谷区，属于黄土沟壑地貌。高程1133.3米。

马面整体保存较差。台体包石被拆除一层，露出内部填充的碎石，南壁登台步道上方塌陷，下宽1.5、上宽2.4、进深1.5米；西壁存4.4米长包石层，包石有片石、石块、砖，包石、夯土相间，夯土层厚0.08～0.16米；西壁存0.6米厚包石层，间或有条石凸出；北壁靠东端长3米包石不存，仅存厚0.55～0.7米；东壁靠南端存1.5米宽包石，包石层厚0.5米；南壁石踏下方有雨水冲刷形成的凹陷，宽0.4～0.8、高1.3、进深0.2～0.4米。长年的风雨侵蚀是其损坏的主要原因。

台体内部夯筑而成，夯土以黄土为主，包含有料礓石，夯层厚0.13～0.16米，夯土质地细密，没发现夯窝。台体外部包石有2层，内层为碎石，外层为块石，包石层厚0.8米，多剥落或被人为拆除。台体底部平面呈矩形，剖面呈梯形，底部边长9.5米，顶部东西5、南北7.5米，高7.5米。台体南壁中间高5米处有4阶石踏，石踏长0.8、宽0.3、厚0.3米，石踏西侧有4层条石，长0.6、宽0.3、厚0.2米，条石长80～100、宽20～25、厚30～35厘米。台体周围有条石、片石、石块、砖及瓷、陶、筒瓦、板瓦片等。（图六三〇；彩图一二七）

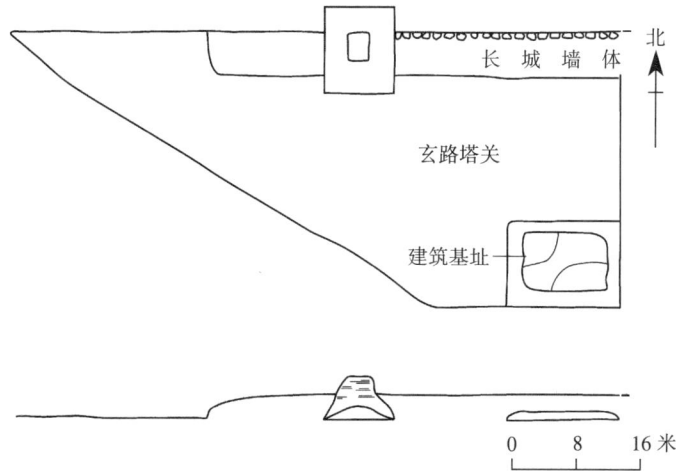

图六三一　玄路塔马面及玄路塔关平、立面图

该马面南依西边墙村长城2段墙体，北距西边墙村烽火台0.03千米。

（一五四）玄路塔马面（610821352102170154）

该马面建在高家堡镇玄路塔北0.215千米的秃尾河西南红柳沟汇入处河谷中。东侧为秃尾河，周围种植有粮食、树木。地处黄土梁峁丘陵宽谷区，属于黄土沟壑地貌。高程972.7米。

马面整体保存差。台体东壁坍塌成斜坡；南壁较为陡直，表面剥落，露出内部片石；北壁坍塌成斜坡；西壁较陡直。台体表面长满杂草。长年的风雨侵蚀是其损坏的主要原因。

台体用片石、石块堆砌而成，夹杂有黄土、沙土。台体平面呈矩形，剖面呈梯形，底部东西8.4、南北10米，顶部东西2.6、南北3.2米，高5.3米。台体周围有条石、瓷片、片石。（图六三一）

该马面东南依玄路塔长城墙体，东南侧有玄路塔关。

（一五五）凉水井村马面（610821352102170155）

该马面建在高家堡镇凉水井村西南0.19千米的山坡上。东望凉水井村所在河流谷地，山坡沙化，地势较陡峭。地处黄土梁峁丘陵宽谷区与沙漠区交界处，植被稀疏。高程992.9米。

马面整体保存较差。台体东壁距北端1米有一条宽0.05～0.1米的裂缝，距北端2.2米有一条0.03～0.06米的裂缝；表面被风雨侵蚀斑驳、凹凸不平，距南端1.4米有一处宽0.9～1.1、进深0.6～1.2米的凹陷。台体南壁被风雨侵蚀，表面斑驳，顶部东端有宽约1、高约2米的夯土坍塌，距西端1.5米有一条宽0.06～0.1、长1.5米的裂缝；西南角底部有一块塌陷，下宽0.5、上宽0.3、高1.4、进深0.4米；西壁距南端1米有一处宽1.8、高1.5、进深0.7米的凹陷。台体西北角底部略有塌陷；北壁上部坍塌，多缝隙，表面斑驳。台体包石脱落或被人为拆除，四周可见碎砖、白灰形成的堆积。长年的风雨侵蚀、植物生长及人为破坏（拆拿包石等）是其损坏的主要原因。

台体内部夯筑而成，夯土以黄土为主，包含料礓石、沙土，夯层厚0.07～0.18米。台体平面呈矩形，剖面呈梯形，底部东西6.3、南北7.5米，顶部东西4.5、南北4.8米，高6.7米。基座平面呈矩形，东西6、南北10、高1～1.7米，夯层不明。台体周围有砖、瓷片、石片、筒瓦片。（图六

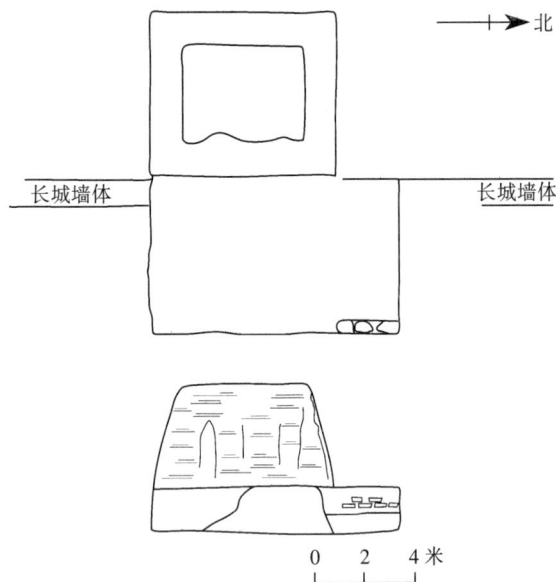

图六三二　凉水井村马面平、立面图

三二；彩图一二八）

该马面东依凉水井村长城1段墙体，东南距凉水井村1号敌台0.187千米。

（一五六）草湾沟村1号马面（610821352102170156）

该马面位于高家堡镇草湾沟村西南1.7千米。周围是新月形沙丘、沙梁，长满柠条、沙蒿等耐旱植物。地处沙漠地带，土地沙化严重。高程1161.8米。

马面整体保存较差。台体四壁剥落严重，顶部南侧有一个豁口，宽2.3、进深2.2米，斜通到台底，顶部坍塌，四壁有大量蜂巢。长年的风雨侵蚀、动物破坏等是其损坏的主要原因。

台体夯筑而成，夯土以黄土为主，包含有料礓石，夯层厚0.12～0.14米。台体平面呈矩形，剖面呈梯形，底部边长8.1米，顶部东西6.1、南北3.8米，高4.7米。台体四周散落有碎砖。（图六三三）

该马面位于草湾沟村长城3段墙体止点、草湾沟村长城4段墙体起点北侧，紧依草湾沟村长城3段墙体。

（一五七）草湾沟村2号马面（610821352102170157）

该马面位于高家堡镇草湾沟村西南2.4千米。周围是新月形沙丘和沙梁，长满柠条、沙蒿等耐寒植物。地处沙漠地带，土地沙化严重。高程1144.8米。

马面整体保存较差。台体四壁剥落严重，顶部坍塌严重，四壁有大量土蜂筑巢，下部有羊群啃啮的坑穴，顶部生长有麻黄草。长年的风雨侵蚀、植物生长及动物破坏是其损坏的主要原因。

台体夯筑而成，夯土以黄土为主，包含有料礓石，夯层厚0.15～0.18米。台体平面呈矩形，底部东西9、南北10米，顶部东西7、南北8米，高6.8米。台体南壁有一个洞口，下距地面3.8米，宽0.8、高1、进深1.8米，推测洞口底部可能是草湾沟村长城3段墙体顶部。台体东北8米处有一个石质构件，外呈长方体，长70、宽30、高30厘米；一段上有一个臼状坑，口径0.2、深0.4米，坑口一角残缺。（图六三四）

该马面南依草湾沟村长城4段墙体，东距草湾沟村3号关东墙9米、西墙5米，东南距草湾沟村1号烽火台0.09千米。

（一五八）水掌村马面（610821352102170158）

该马面位于乔岔滩乡水掌村东北山峁上的水掌村2号关内。所处山顶基本被沙土覆盖，周围是沙丘和沙梁，植被稀疏，黄沙裸露。地处沙漠地带，土地沙化严重。高程1196.5米。

马面整体保存一般。台体外部包砖脱落或被人为拆除，东西两壁坍塌成斜坡，露出夯土。台体上有砖堆积，南壁包砖部分被拆除。台体壁面包砖不存，露出夯土；西南角有一个土洞，倾斜向上可进入台体内，土洞宽0.5～1米。台体东壁顶部南端不存，南侧第一个瞭望窗北半部至第二个瞭望窗南半

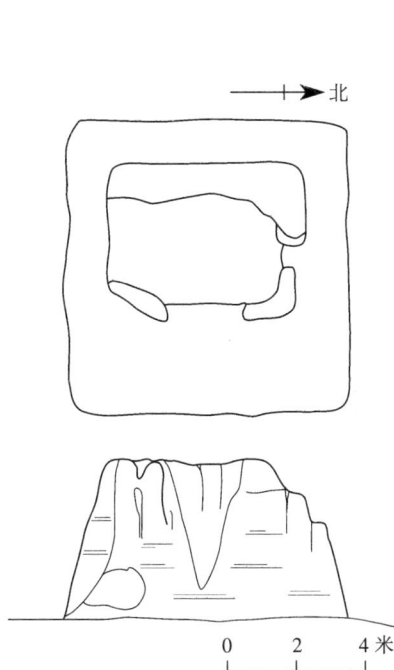

图六三三　草湾沟村 1 号马面平、立面图

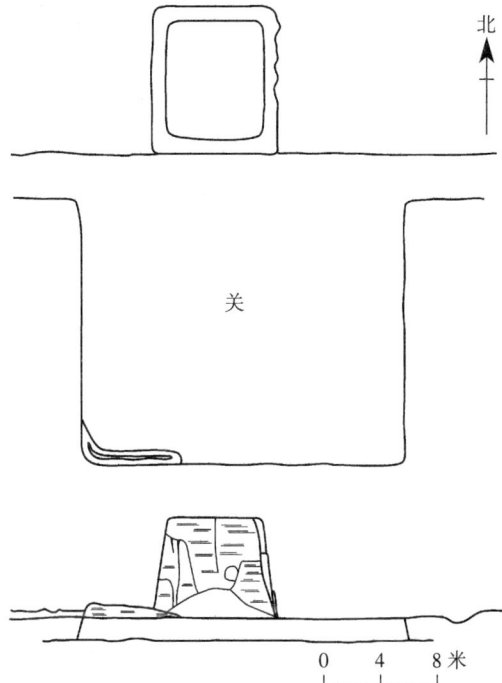

图六三四　草湾沟村 2 号马面及草湾沟村 3 号关平、立面图

部间台体及其上部不存；北壁西端宽 3.5 米包砖成块脱落，上至西侧第一个瞭望窗顶；西壁北端宽 2 米夯土成块脱落，包石不存，西缘斜上至距台顶 1 米处，北侧第一个瞭望窗南半部至第二个瞭望窗北半部间台体及其上部不存。长年的风雨侵蚀及人为破坏（拆拿包砖等）是其损坏的主要原因。

台体内部夯筑而成，夯土以黄土为主，包含有料礓石、沙土，夯层厚 0.12～0.16 米。台体外部包砖石，包砖长 40、宽 20、厚 10 厘米；北、西壁底部条石长 50～120 厘米，宽不详，厚 15～40 厘米，第一层厚 0.15 米，第二、三层厚 0.4 米；包砖层厚 0.8 米。从台体北壁顶部可看出，最上一层砖平铺，下两层砖斜铺，两层错落有致，再下为包砖。台体平面呈矩形，剖面呈梯形，底部边长 11 米，顶部基本平整，边长 7 米，高 9.5 米。台体顶部堆积厚 1 米，包含有砖石块；距顶部 0.4 米有一层石板，厚 0.1 米。台体周围有砖、瓷片、石片。（图六三五；彩图一二九）

台体东西两壁连接水掌村长城 2 段墙体处各有一段砖墙，长 3 米，据痕迹判断，墙体原高 5、现高 0.5～3、宽 0.8 米。台体南壁附属小台体长 11、宽 3.2、高 2.5 米，包砖层厚 0.8 米。不见登台土洞。台体内部中空，中间有一个天井，边长 3 米，四周被 4 个宽 0.6 米的隔梁分成 5 个拱顶小空间；四角各有一个长条空间，长 1.8、宽 1、高 0.5 米，用砖垒砌；中间 3 个空间开瞭望窗，窗下各对应一个射孔；瞭望窗一批一拱，宽 0.6、高 0.86 米，6 层砖高 0.55 米处起拱；窗下弦铺石板，石板长 100、宽 62、厚 15 厘米；射孔内宽 0.26、内高 0.4、外宽 0.2、外高 0.18 米，深 1 米。台体南壁中间开门，门高于小台体 2.9、高 1.7、宽 0.75 米，2 批 2 拱；14 层砖高 1.25 米处起拱，门下有石踏，石踏长 1.2、宽 0.8、厚 0.15 米。台体西南角有宽 0.16、深 0.11、长 1.7 米的烟道。

该马面东北距水掌村 1 号关 0.429 千米。

（一五九）大墩梁 1 号烽火台（610821353201170159）

该烽火台位于店塔镇秦家塔村东北 1 千米的转龙湾至永兴公路东北的独立山峁上。四周是荒坡、沟

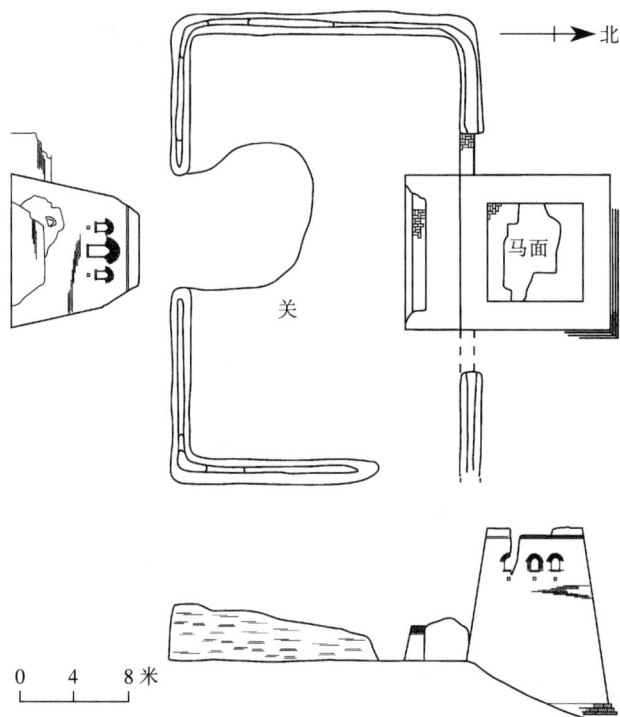

图六三五　水掌村马面及水掌村 2 号关平、立面图

壑，三面环沟，东面通过缓坡与山体相连。地处黄土梁峁丘陵宽谷区，属于黄土沟壑地貌。高程 1352 米。

烽火台整体保存差。台体剥落、坍塌严重。

台体用黄土夯筑而成，夯土包含有料礓石，夯层厚 0.14 ~ 0.16 米，夯土质地细密，没发现夯窝。台体平面呈矩形，剖面呈梯形，底部东西 11、南北 9.3 米，顶部塌陷呈凹字形，东西 4.5、南北 10 米，高 6.7 米。台体南壁塌陷成斜坡，可能是登台土洞的位置。台体周围散落有碎砖石、瓷片等。（图六三六）

该烽火台南距大墩梁 1 号敌台 0.254 千米，北距韩庄则村 2 号烽火台 0.386 千米。

（一六〇）大墩梁 2 号烽火台（610821353201170160）

该烽火台位于店塔镇秦家墕村东 0.8 千米的独立山峁上。四周是荒坡、沟壑，三面环沟，南面通过缓坡山体相连。地处黄土梁峁丘陵宽谷区，属于黄土沟壑地貌。高程 1370 米。

烽火台整体保存差。台体表层剥落严重，塌陷成斜坡。

台体用黄土夯筑而成，夯土包含有料礓石，夯层厚 0.14 ~ 0.16 米，夯土质地细密，没有发现夯窝。台体平面呈近圆形，剖面呈梯形，底部东西 5.3、南北 3.5 米，顶部东西 1.8、南北 2.1 米，高 4.4 米。基座被铲削呈近圆形，东西 9.2、南北 7.8、高 0.3 ~ 1 米。（图六三七）

该烽火台东距大墩梁 1 号敌台 0.05 千米。

（一六一）水头沟村 1 号烽火台（610821353201170161）

该烽火台位于店塔镇水头沟村东 0.41 千米的独立山峁上。四周是荒坡、沟壑，三面环沟，西南与山体相连。周围由于地下矿藏的开采导致地表裂缝很多，有大量塌陷。地处黄土梁峁丘陵宽谷区，属于黄土沟壑地貌。高程 1336.9 米。

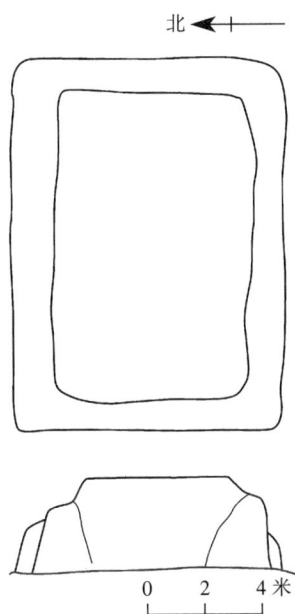

图六三六　大墩梁 1 号烽火台平、立面图

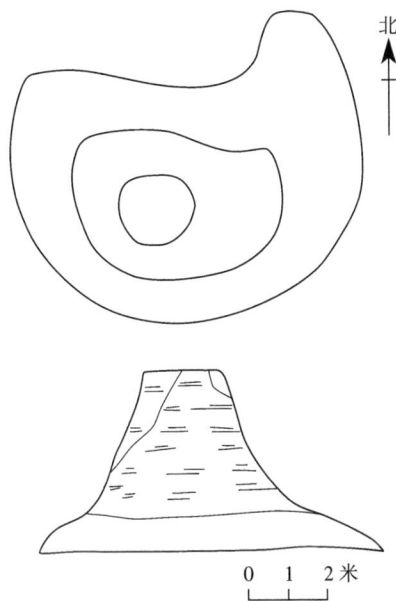

图六三七　大墩梁 2 号烽火台平、立面图

烽火台整体保存较差。台体保存较好，台座保存较差。长年的风雨侵蚀使台体坍塌，表层剥落严重，台座逐层塌陷。

台体用黄土夯筑而成，夯土包含有料礓石，夯层厚 0.1～0.12 米，夯土质地细密，没发现夯窝。台体平面呈矩形，剖面呈梯形，底部东西 9.5、南北 8.5 米，顶部东西 3.8、南北 3.9 米，高 7 米。台体登台通道位于东壁，宽 0.9 米。台座塌陷呈近圆形，直径 24 米，东面高 3.1、南面高 2.2、西面高 3.3、北面高 3.4 米；东南角有一个宽 2.6 米的豁口，可能是门的位置。（图六三八）

该烽火台北距秦家墕村 5 号敌台 0.453 千米。

（一六二）水头沟村 2 号烽火台 （610821353201170162）

该烽火台位于店塔镇水头沟村西南 0.35 千米的独立山峁上。四周是农田，表土较厚，坡降较大，多有沟壑发育，农田外围是沟壑。地处黄土丘陵沟壑区，丘陵沟壑地貌发育快。高程 1297.8 米。

烽火台整体保存较差。台体保存较好，围墙保存较差。长年的风雨侵蚀使台体表层剥落、坍塌严重，原有包砖、石无存。

台体用黄土夯筑而成，夯土包含有料礓石，夯层厚 0.12～0.14 米，夯土质地细密，没发现夯窝。台体平面呈矩形，剖面呈梯形，底部东西 8.4、南北 8.1 米，顶部边长 6.6 米，高 5.8 米。围墙平面呈矩形，东西 22.8、南北 24、高 0.5～2.2 米，墙体多不存，只剩墙基。（图六三九；彩图一三〇）

该烽火台南距青草沟村石窑沟组敌台 0.48 千米。

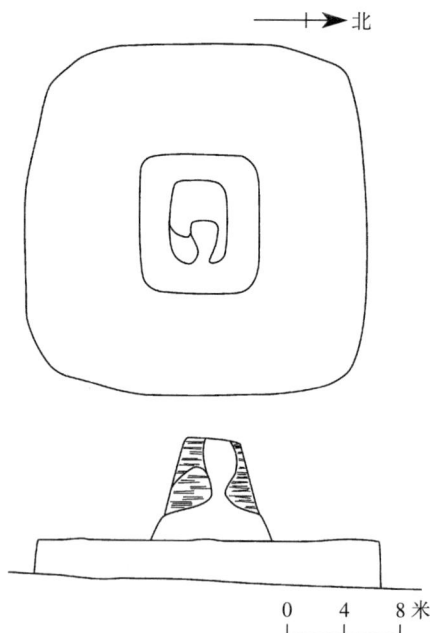

图六三八　水头沟村1号烽火台平、立面图

图六三九　水头沟村2号烽火台平、立面图

（一六三）连庄村烽火台（610821353201170163）

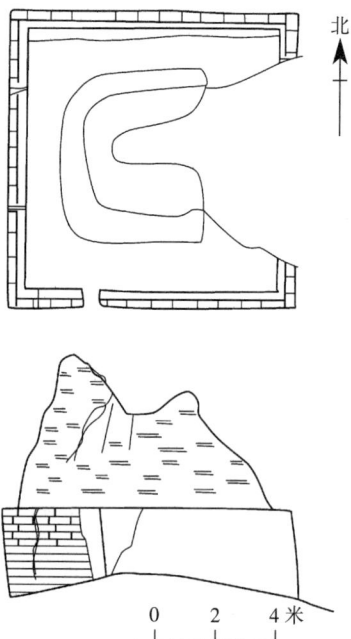

图六四〇　连庄村烽火台平、立面图

该烽火台位于神木镇连庄村西北1千米的山梁北端。四周是荒坡、沟壑，东、西、北侧是沟壑，南侧漫坡向上，附近地表多有开裂和塌陷。地处黄土丘陵宽谷区，属于黄土沟壑地貌。高程1257.1米。

烽火台整体保存较差。台体包砖脱落，坍塌严重，有裂缝。台体西南角沿南壁折向西南有一条宽0.05~0.3米的裂缝，南壁距西端1.5米有一条宽0.25~0.57米的裂缝，北壁距东壁约5米有一条自上至下基本贯穿台体宽0.25~0.35米的裂缝。

台体内部夯筑而成，夯土以黄土为主，夯土包含有料礓石，夯层厚0.1~0.12米，质地细密，没发现夯窝。台体外部有包石砖，下部存包石，包石长60~80、宽30~40、厚25~28厘米，错缝平铺垒砌，包石层厚0.8~0.85米。台体平面呈矩形，剖面呈梯形，底部边长9.8米，顶部东西4.2、南北4.3米，高8.1米。台体顶部坍塌呈凹字形，发现有碎砖、瓷片等，砖无完整。台体东壁塌陷成斜坡，可能是登台土洞的位置，具体数据不详。（图六四〇；彩图一三一）

该烽火台东北距连庄村3号敌台0.323千米，西北距连庄村4号敌台0.208千米。

（一六四）正则沟村1号烽火台（610821353201170164）

该烽火台位于神木镇正则沟村西南0.35千米的独立山峁上。四周是农田、荒坡、沟壑，东侧临正

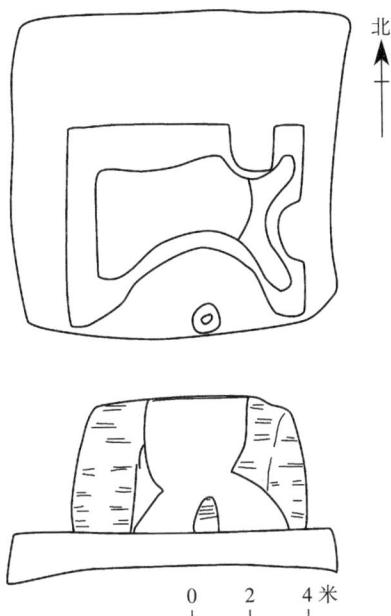

图六四一　正则沟村1号烽火台平、立面图　　　图六四二　正则沟村2号烽火台平、立面图

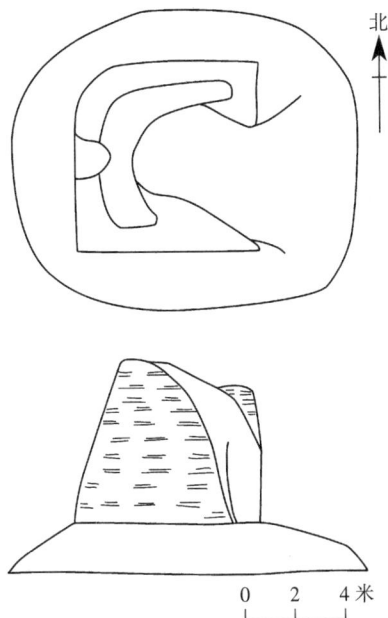

则沟，北侧有草条沟。地处黄土沟壑宽谷区，属于黄土沟壑地貌。高程1222米。

烽火台整体保存较差。台体坍塌，表层剥落严重，西南角和南壁部分塌陷成半圆形斜坡，南壁斜坡可能是登台土洞的位置；东北角部分塌陷宽1.25~1.74米，东壁距南端1.2米有一处宽2.3米的塌陷。

台体位于基座中部，黄土夯筑而成，夯土包含有料礓石，夯层厚0.1~0.2米，不见夯窝。台体无包砖石。台体平面呈矩形，剖面呈梯形，底部东西8、南北6.6米，顶部东西4.3、南北3.5米，高4.2米。基座平面呈矩形，东西11、南北9.8米，由于修整土地有所损坏，东侧高1.8~3、南侧高0.9~1.2、西侧高2.1、北侧高3.2米。（图六四一）

该烽火台东北距正则沟村敌台0.477千米。

（一六五）正则沟村2号烽火台（610821353201170165）

该烽火台位于神木镇正则沟村西0.55千米。高程1243.1米。

烽火台整体保存较差。台体塌陷严重，台座被铲削呈椭圆形，包砖脱落或被人为拆除。

台体位于台座中部，内部夯土筑成，夯土以黄土为主，包含有料礓石，夯层厚0.12~0.17米，不见夯窝。台体平面呈近矩形，剖面呈梯形，底部东侧长5、南侧长6、西侧长7、北侧长7，顶部东西4.5、南北4.6米，高5.2~6米。台体东南部塌陷成斜坡。基座平面呈椭圆形，径长9~10米，东侧高1~1.5、南侧高约1.5、西侧高2.5~3.5、北侧高2~3米；基座上遍布包有白灰的碎砖，没有围墙。台体靠近顶部东南角可见一处由片石斜立砌成的似墙的遗迹，高0.8米，片石长20~30、宽15~20、厚3~10厘米。（图六四二）

该烽火台东南距正则沟村1号烽0.379千米。

（一六六）正则沟村3号烽火台（610821353201170166）

该烽火台位于神木镇正则沟村西1.25千米的独立山峁上。四周是荒坡、沟壑，东南角与山体相连，其余面环沟。山梁为东、西走向，南北两侧是正在发育的沟壑，地面多有裂缝和塌陷。地处东部黄土沟壑宽谷区，属于黄土沟壑地貌。高程1206米。

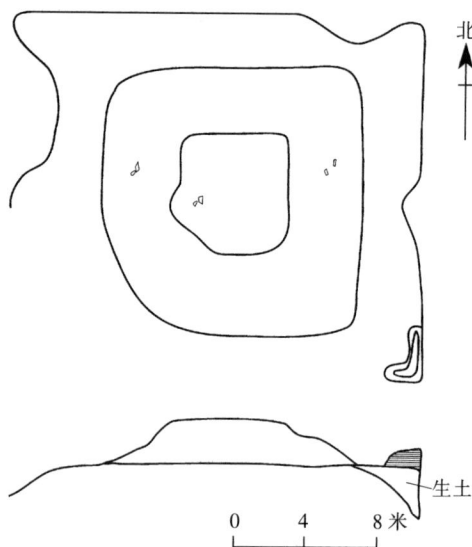

图六四三　正则沟村3号烽火台平、立面图

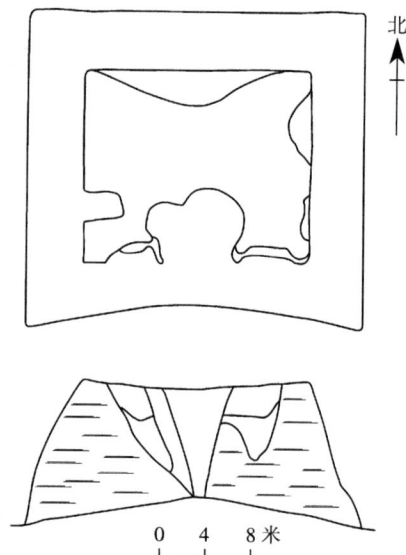

图六四四　板墩壖村烽火台平、立面图

烽火台整体保存差。台体坍塌呈扁平状，表面生长有许多野生植物。

台体位于基座中部，黄土夯筑而成，夯土包含有料礓石，夯层不明，未发现夯窝，没有围墙，无包石、砖。台体保存部分呈扇形，底部直径14、顶部直径6、高2.5米。基座平面呈矩形，因为平整土地所致，表面参差不齐，东侧长约23米，南侧靠近东侧存2米，西侧存9.7米，北侧长约23米，高4米，底宽1.2、顶宽0.2~0.4米，内高0.8、外高3米。（图六四三）

该烽火台东南距正则沟村2号烽火台0.705千米。

（一六七）板墩壖村烽火台（610821353201170167）

该烽火台位于店塔镇水头沟板墩壖村东北0.35千米的山峁上。四周是农田，农田外是沟壑，北侧是草条沟，东侧有沟壑。地处东部黄土丘陵宽谷区，属于黄土沟壑地貌。高程1318.7米。

烽火台整体保存较差。台体因长年的风雨侵蚀表层剥落严重，北壁坍塌；西壁有水冲沟壑；南壁有一豁口，距西端5.8米，宽7、进深6米，斜通台底，下部凹进1米；西壁距南端3.5米有2.5米宽雨水冲刷的豁口，进深3.5米，斜通台底；北壁中部坍塌成弧形，进深3米；东壁有坍塌。

台体夯筑而成，夯土以黄土为主，包含有料礓石，夯层厚0.1~0.15米。台体平面呈矩形，底部东西29.8、南北27米，顶部东西20、南北16.5米，高12.5米。（图六四四；彩图一三二）

台体顶部0.6米下距北端5.5、西端5.8米为一层灰烬，厚0.7米，东西4.4、南北3.8米，包含有大量骨头、烧骨、炭屑和瓷片；南壁豁口可见东壁断面露出的灰烬层，在顶部4米下，距南端5米，厚0.7、长2.1米，包含有炭屑、骨头、烧骨。

该烽火台东南距青草沟村3号敌台1.2千米。

（一六八）杨家城村八泵房烽火台（610821353201170168）

该烽火台位于店塔镇杨家城村八泵房（组）西南1.25千米。四周是荒坡、沟壑，东、北侧与山体相连，其余两面环沟。所处土层较厚，多有沟壑发育，地处黄土梁峁丘陵宽谷区，属于黄土沟壑地貌。高程1263.4米。

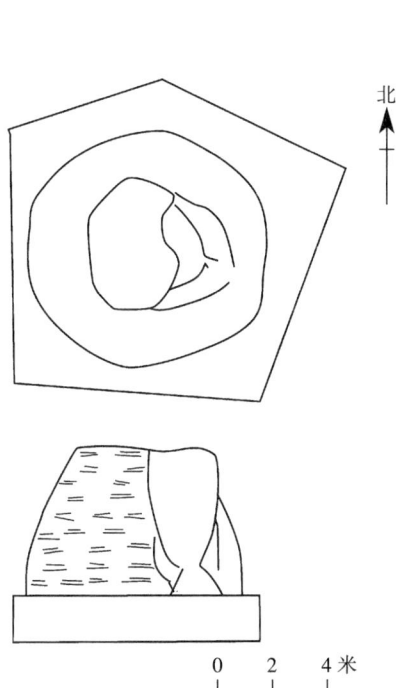

图六四五　杨家城村八泵房烽火台平、立面图

图六四六　郝城墩烽火台平、立面图

烽火台整体保存差。台体坍塌严重，东壁塌陷成斜坡。

台体位于基座中部，夯筑而成，夯土以黄土为主，包含有料礓石，夯层厚 0.12～0.14 米，不见夯窝。台体平面呈近圆形，剖面呈梯形，底部直径 8.6 米，顶部东西 3.3、南北 4.8 米，高 7 米。台体顶部较平整，无任何遗迹。基座平面呈不规则五边形，直径 13、高 1.9 米。（图六四五）

该烽火台北距郝城墩烽火台 1.7 千米。

（一六九）郝城墩烽火台（610821353201170169）

该烽火台位于店塔镇连家峁村东北 1.5 千米的独立山峁上。四周是弃荒农田，农田外是沟壑，三面环沟，南面与山体相连，土层较厚，有沟壑发育。地处东部黄土梁峁丘陵宽谷区，属于黄土沟壑地貌。高程 1204.1 米。

烽火台整体保存差。台体上部坍塌呈圆形，四壁剥落严重，外部包石大部分消失。

台体位于围墙中部，内部夯土筑成，夯土以黄土为主，包含有料礓石，夯层厚 0.12～0.14 米，不见夯窝。台体外部包石为片石，大小不一，存 4 层，高 1.6 米。台体平面呈矩形，剖面呈梯形，底部东西 7.7、南北 7.9 米，顶部东西 3.5、南北 2.5 米，高 7.8 米。台体南壁塌落，坍塌堆积上有碎砖、片石；西壁上部可见一层海墁铺砖；顶部附加 1.8 米，有一层厚约 0.3 米的碎砖。围墙夯土筑成，夯层厚度不详，西墙长 17.3 米，有 13.3 米不存；南墙存与西墙相接处 1.2 米，墙体底宽 1、顶宽 0.3、内高 0.8、外高 1.7 米；北墙长 17.3、高 2、底宽 1.2、顶宽 0.2～0.3 米。夯土层高 1.5 米。（图六四六）

该烽火台东距正则沟村 3 号烽火台 0.45 千米，南距草条沟村 2 号敌台 0.415 千米，西距草条沟村 3 号敌台 0.731 千米。

（一七〇）杏树梁村烽火台（610821353201170170）

该烽火台位于店塔镇杏树梁村东 0.45 千米的山梁最高处。四周是弃荒农田，农田外是沟壑，北侧

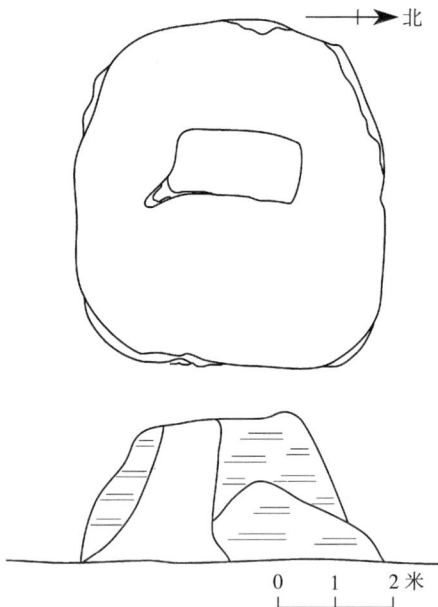

图六四七　杏树梁村烽火台平、立面图

约 0.7 千米处有草条沟，西侧有一条北流无名干沟，附近生长有数丛灌木。梁上表土较厚，坡降较大，多有沟壑发育，尤其东侧，沟壑较多。地处东部黄土梁峁丘陵宽谷区，属于黄土沟壑地貌。高程 1240.2 米。

烽火台整体保存较差。台体坍塌严重仅存夯土堆，四壁剥落，表面生长有许多植物。

台体夯筑而成，夯土以黄土为主，夯层厚 0.1~0.12 米。台体平面呈近矩形，底部东西 5.5、南北 6 米，顶部东西 1.1、南北 2.3 米，高 2.5 米。（图六四七）

该烽火台东侧 0.02 千米处有一座圣母娘娘庙，北距青草沟村 2 号敌台 0.8 千米。

（一七一）土墩梁烽火台
（610821353201170171）

该烽火台位于店塔镇土墩梁（山名）东南 0.2 千米的独立山峁上。东、西面环沟，南面与山体相连，北面缓坡，四周是抛荒农田，农田外是沟壑。地处东部黄土梁峁丘陵宽谷区，属于黄土沟壑地貌。高程 1221.8 米。

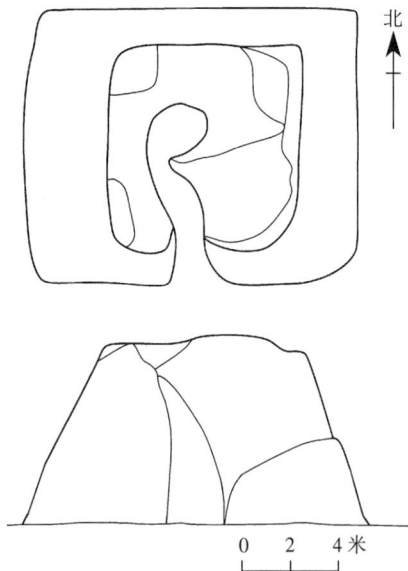

图六四八　土墩梁烽火台平、立面图

烽火台整体保存差。台体坍塌严重，东南壁塌陷成斜坡，斜坡自下部折向西壁为一条可登至台顶的窄斜道，下宽 0.7、上宽 1.5 米，可能是登台土洞的位置，西壁有一个塌陷而成的缺口。台体北侧约 2 米有平整土地时形成的一座高约 1.2 米的台基。

台体夯筑而成，夯土以黄土为主，包含有料礓石，夯层厚 0.12~0.14 米，不见夯窝。台体无包砖石，无围墙。台体平面呈矩形，剖面呈梯形，底部东西 13.4、南北 11 米，顶部东西 7.8、南北 8 米，高 7.1 米。（图六四八）

该烽火台东北距杏树梁村 2 号敌台 0.901 千米。

（一七二）石则堖村 1 号烽火台
（610821353201170172）

该烽火台位于店塔镇石则堖村西 0.3 千米的草地沟南岸山峁上。四周是农田和抛耕地，农田外是沟壑，北约 0.6 千米处有草条沟，东侧有一条北流无名沟壑。地处东部黄土梁峁丘陵宽谷区，属于黄土沟壑地貌。高程 1177.4 米。

烽火台整体保存较差。台体外层剥落严重，坍塌严重，尤其西南角，基本坍塌，底部生长有几丛灌木。

台体用黄土夯筑而成，夯土包含有料礓石，夯层厚 0.13~0.15 米，夯土质地疏松。台体平面呈矩形，底部东西 4、南北 5.5 米，顶部东西 3.4、南北 1.1 米，西侧存 0.3 米，高 4.6 米。（图六四九）

该烽火台东北距土墩梁村 3 号敌台 0.5 千米，北距石则堖村 1 号敌台 0.2 千米，西北距石则堖村 2 号烽火台 0.2 千米。

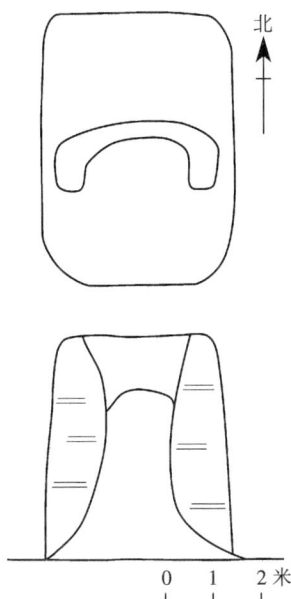

图六四九　石则塄村 1 号烽火台平、立面图　　　　图六五〇　石则塄村 2 号烽火台平、立面图

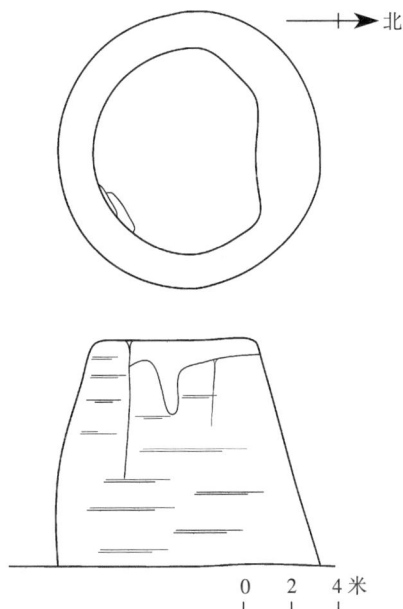

（一七三）石则塄村 2 号烽火台（610821353201170173）

该烽火台位于店塔镇草地沟南岸石则塄村西北 0.15 千米的山梁北端。四周是沙、草地，外围是沟壑，北侧有一条干沟，西侧有窟野河。地处东部黄土梁峁宽谷区，属于黄土沟壑地貌。高程1135.5 米。

烽火台整体保存较差。台体四壁有不同程度的剥落，北、西壁尤为严重；顶部坍塌，长有灌木，有枯树一棵。

台体用黄土夯筑而成，夯土包含有料礓石，夯层厚 0.13～0.17 米。台体平面呈圆形，底部直径11 米，南北存 10 米，顶部直径 8.2 米，南北存 6.7 米，高 9 米。台体顶部有 0.3 米厚的片石堆积。（图六五〇；彩图一三三）

该烽火台东南距石则塄村 1 号烽火台 0.2 千米。

（一七四）草地沟村 1 号烽火台（610821353201170174）

该烽火台位于店塔镇草地沟村东南 0.5 千米的独立山峁上。四周是荒坡、沟壑，南侧与山体相连，其余面环沟，北约 0.4 千米处有草地沟。地处东部黄土丘陵宽谷区，属于黄土沟壑地貌。高程1131.8 米。

烽火台整体保存较差。台体坍塌严重，外层包石大部分消失；顶部坍塌，生长有灌木。

台体内部夯筑而成，夯土以黄土为主，包含有料礓石，夯层厚 0.12～0.18 米。台体外部包石多脱落，只东南角存长 3.2、高 0.7、厚 0.6 米，包石一般为片石，大小、形状不一，片石长 25～44、宽 17～38、厚 50～11 厘米。无围墙。台体平面呈近圆形，剖面呈梯形，底部直径 13.3 米，顶部东西 5.5、南北 7.1 米，高 9 米。台体顶部有一层片石，厚约 1 米；东壁塌陷成斜坡，斜坡上可见片石、瓷片。台基东侧利用了山峁上的大石块，石块掩埋在台基内，数据不详。（图六五一）

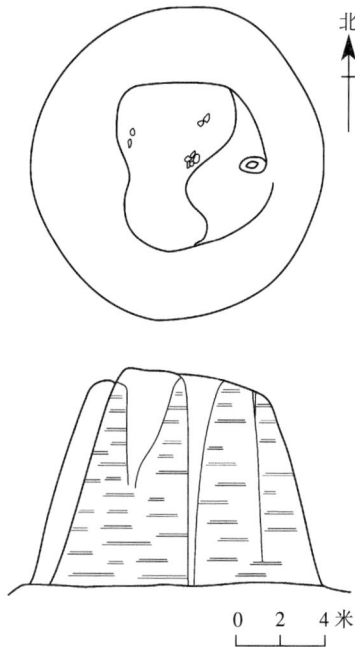

图六五一　草地沟村 1 号烽火台平、立面图

图六五二　草地沟村 2 号烽火台平、立面图

该烽火台东距石则塔村 1 号敌台 0.441 千米，西距草地沟村 2 号烽火台 0.498 千米。

（一七五）草地沟村 2 号烽火台（610821353201170175）

该烽火台位于店塔镇草地沟村南 0.5 千米的独立山峁上。四周是农田，农田外是沟壑，南侧与山体相连，其余面环沟，北临草条沟，西约 1 千米处有窟野河。地处东部黄土梁峁丘陵宽谷区，属于黄土沟壑地貌。高程 1133 米。

烽火台整体保存较差。台体坍塌呈锥状，表面被风雨侵蚀斑驳、脱落，北壁塌陷略成斜坡。台体上生长有植物。

台体内部夯筑而成，夯土以黄土为主，包含有料礓石、瓷片，夯层厚 0.14 ~ 0.2 米，不见夯窝。台体外部包石脱落，包石为片石，大小、形状不一，片石长 25 ~ 44、宽 17 ~ 38、厚 5 ~ 11 厘米。无围墙。台体平面呈矩形，剖面呈梯形，底部东西 9、南北 8.3 米，顶部东西 2、南北 0.5 米。台体为二层台，通高 8 米，第一层高 6.2、第二层高 1.8 米，两层间有一层厚约 0.05 ~ 0.1 米的片石。（图六五二）

该烽火台东距草地沟村 1 号烽火台 0.498 千米，西距杨家城村 1 号烽火台 0.685 千米。

（一七六）杨家城村 1 号烽火台（610821353201170176）

该烽火台位于店塔镇杨家城村北 1.2 千米的草地沟南岸山梁北端。东、北、西面为沟，南面梁上为农田。地处东部黄土梁峁丘陵宽谷区，属于黄土沟壑地貌。高程 1126.9 米。

烽火台整体保存较差。台体坍塌严重，尤其顶部东南角；二次建筑上部坍塌严重，东南角缺失。

台体经二次建筑而成，一次建筑下部高 4.2 米，夯筑而成，土质比较纯净，夯土以黄土为主，没有杂夹物，上部分又可分为两堆积层，下层为 0.15 米厚的炭屑、灰土堆积，上层为 0.3 米厚的

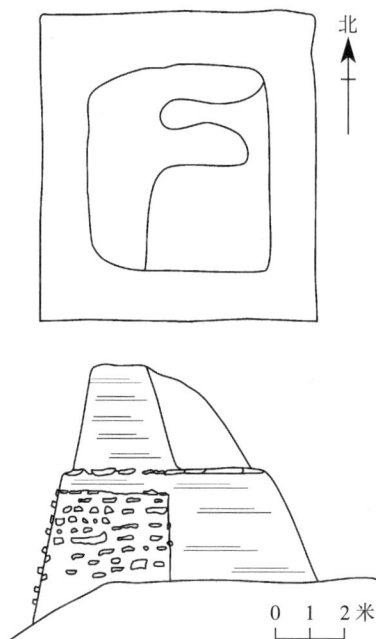

图六五三　杨家城村 1 号烽火台平、立面图

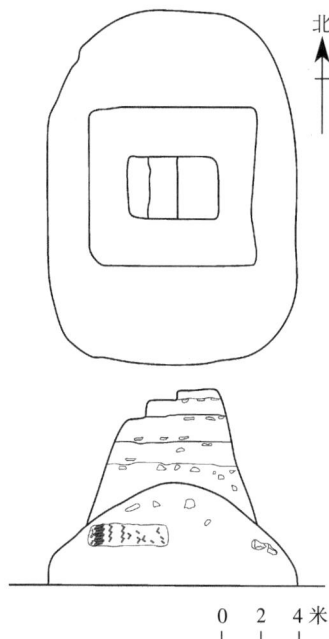

图六五四　杨家城村 2 号烽火台平、立面图

砖、瓦片、石片堆积；二次建筑是夯土与石块相间的混合层，在一次建筑外包 1 米厚混合层，上部加 3 米高混合层，夯土层中包含有料礓石、石片、瓷片，夯层厚约 0.1 米。台体平面呈矩形，底部东西 8、南北 8.6 米，每壁收分 1.4 米；顶部东西 5.8、南北 5.2 米，东南角南边缘长 1.6 米，高 7.2 米。（图六五三；彩图一三四、一五五）

该烽火台西距草地沟村长城墙体止点 0.3 千米。

（一七七）杨家城村 2 号烽火台（610821353201170177）

该烽火台位于店塔镇杨家城村西 0.8 千米的独立山峁上。四周是农田，农田外是新发育的西流沟壑，附近表土较薄，西侧坡降较大。地处东部黄土丘陵宽谷区，属于黄土沟壑地貌。高程 1127 米。

烽火台整体保存较差。台体表面被风雨侵蚀斑驳、脱落，北壁略塌陷成斜坡，西壁有很多风蚀窝，外部包石脱落或被人为拆除。

台体内部用黄土夯筑而成，夯土包含有料礓石、瓷片，夯层厚 0.14～0.17 米。台体无围墙。台体平面呈矩形，剖面呈梯形，底部东西 8.4、南北 7.6 米，顶部基本平整，东西 3.6、南北 3 米，高 9.3 米。基座平面呈矩形，东西 12.5、南北 17、高 2～3 米；南面西侧高 2 米有一处石砌部分，长 4、高 4 米，人字形斜砌。台体东壁底部坍塌成斜坡；西壁顶部呈两级台阶状，上部一阶高 0.4、宽 1.6 米，下部一阶高 0.9、宽 1 米。（图六五四）

该烽火台东距古麟州城 0.041 千米。

（一七八）常墩村烽火台（610821353201170178）

该烽火台位于神木镇常墩村东 1.2 千米的独立山峁上。所处土层较薄，四周是荒坡、沟壑，南侧与山体相连，三面环沟，西侧梁下是窟野河。地处东部黄土梁峁丘陵宽谷区，属于黄土沟壑地貌。高程 1024.3 米。

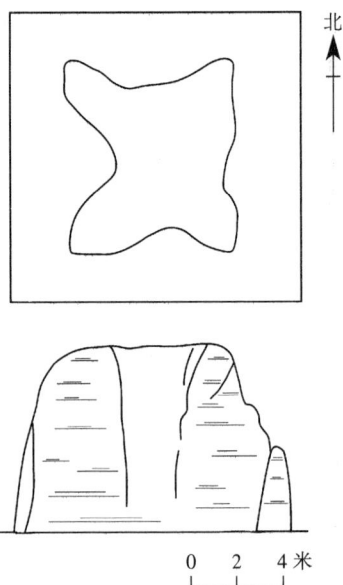

图六五五　常墩村烽火台平、立面图

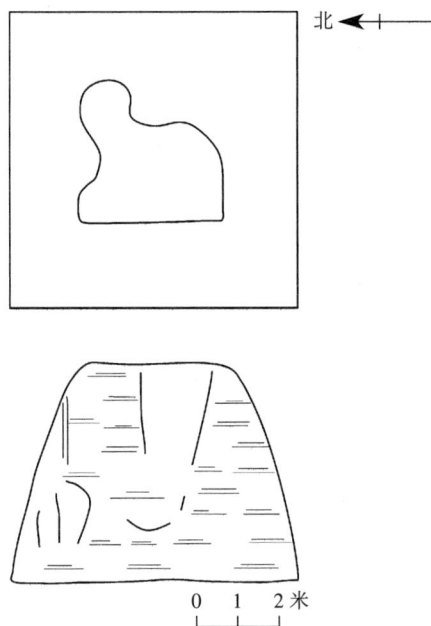

图六五六　朱家园子村烽火台平、立面图

烽火台整体保存差。台体坍塌严重，西壁中部塌陷成斜坡，南北两侧山体坍塌、滑坡接近台体底部。台体上植物生长较茂密。

台体夯筑而成，夯土内包含有料礓石、石片，夯层厚 0.12~0.17 米。台体无包砖石，无围墙。台体平面呈矩形，剖面呈梯形，底部东西 12、南北 12.6 米，顶部东西 7、南北 8 米，高 7.5 米。从裸露的台基观察，台体建于石层上。台体西北角有塌陷，宽 2~2.6 米。（图六五五）

该烽火台北距杨家城村 5 号敌台 0.8 千米，南距杨家城村 6 号敌台 0.808 千米，东面有一个矩形蓄水池。

（一七九）朱家园子村烽火台（610821353201170179）

该烽火台位于神木镇朱家园子村泥河东北 0.7 千米的山峁上。四周是农田，南北两侧与山体相连，其余面环沟；西侧是新发育的沟壑，沟壑呈东南—西北走向，东侧漫坡向上为农田，周围长满灌木，只西侧有 2 米空隙。周围台塬上种植有马铃薯、豆类、谷子等作物，附近土层较厚。地处东部黄土梁峁丘陵宽谷区，属于黄土沟壑地貌。高程 1167.2 米。

烽火台整体保存差。台体坍塌严重，基本呈圆锥状，西、南壁较陡直，东北角塌陷成斜坡。

台体夯筑而成，夯土内包含有料礓石，夯层厚 0.14~0.16 米。台体无包石、砖，无围墙。台体平面呈矩形，剖面呈梯形，底部边长 7、顶部边长 3.5、高 5 米。（图六五六）

该烽火台西北距泥河村 4 号敌台 0.775 千米，西距泥河村 5 号敌台 0.75 千米，北 0.32 千米处山坡上有一座砖厂。

（一八〇）官地梁烽火台（610821353201170180）

该烽火台位于神木镇土城塔村官地梁山西侧的官地梁长城墙体东 0.1 千米。地处西部沙漠区东部边缘，附近土地沙化严重，是平沙地，生长有一些沙柳、柠条、沙蒿、臭柏等植物，有人工林地。高程 1126.4 米。

烽火台整体保存较差。台体坍塌呈锥状，存二层夯土台，一层台坍塌呈圆角矩形，二层台东西两壁受风雨侵蚀呈槽形。

台体夯筑而成，夯土内包含有料礓石，夯层厚 0.13～0.17 米。台体一层台底部边长 9.2、顶部边长 7、高 3.8 米；二层台呈矩形，底部东西 5.2、南北 5 米，顶部东西 3、南北 1 米，高 3.4 米。（图六五七）

该烽火台西距官地梁长城墙体 0.1 千米。

（一八一）墩梁烽火台（610821353201170181）

该烽火台位于神木镇土城塔村的墩梁西端。西 0.05 千米处有一座砖厂，南 0.5 千米处有神（木）榆（林）铁路，东南 0.02 千米处有一条简易土路，北 0.01 千米处有砖厂的水窖，周围是农田、草滩地，南侧是芹河。地处西部沙漠区东边缘，附近表土较薄，多为裸露岩石。高程 1092.5 米。

烽火台整体保存较差。台体坍塌呈锥体状，因长年的风雨侵蚀四壁剥落严重，顶部坍塌严重。台座坍塌，台体南壁坍塌部分进深 1.4 米。

台体位于基座中央，夯筑而成，夯土以黄土为主，包含有料礓石，夯层厚 0.11～0.13 米。台体平面呈矩形，底部东西 8、南北 7 米，顶部东西 1.3、南北 1.8 米，高 6.5 米。基座平面呈近圆形，直径 16、高 2.2 米，斜坡向上至台体底部。台体周围有高 2.7 米的砖、石堆积，散落有一些碎砖瓦、石块、瓷片。（图六五八）

该烽火台西距墩梁峁村敌台 0.2 千米。

图六五七　官地梁烽火台平、立面图　　　　图六五八　墩梁烽火台平、立面图

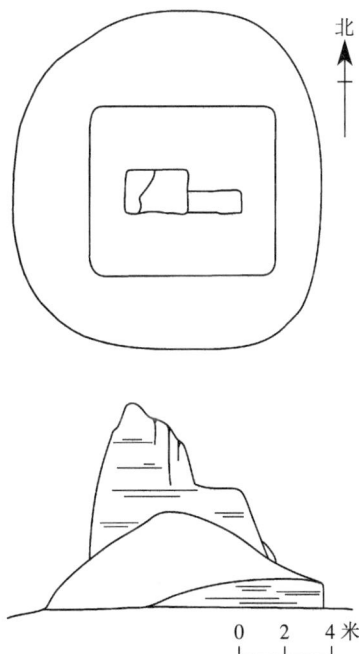

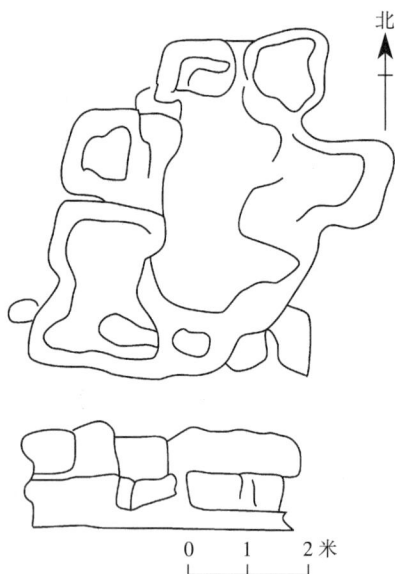

图六五九　磨镰石村石墩峁烽火台平、立面图　　　　图六六〇　青杨岭村 1 号烽火台平、立面图

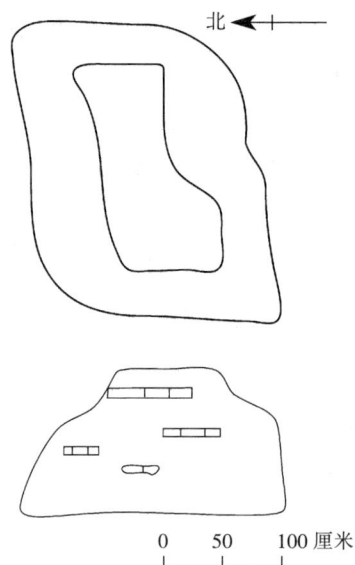

（一八二）磨镰石村石墩峁烽火台（610821353201170182）

该烽火台位于神木镇磨镰石村南 0.234 千米的芹河南岸山峁上。四周是岩质荒坡、沟壑，地处东部黄土梁峁宽谷区，附近为岩质梁面，表土较薄，多为裸露的岩石。高程 1070.5 米。

烽火台整体保存一般。台体因长年受风雨侵蚀表面剥落严重。

烽火台位于山峁天然巨石上，三面环沟，只在南侧通过一道宽约 3 米的山梁与山体相连，山峁海拔较高，四周山坡颇为陡峭，巨石位于山峁东北部，是一块高出山峁的天然巨石，在必要时可以充当烽火台的作用。台体平面呈近菱形，剖面呈梯形，东西 4.3、南北 6、高 2~3.1 米。（图六五九）

该烽火台北距磨镰石村敌台 0.754 千米，南距青杨岭村 1 号敌台 0.46 千米。

（一八三）青杨岭村 1 号烽火台（610821353201170183）

该烽火台位于神木镇青杨岭村北 0.3 千米的山峁上。四周生长有植物，地处东部黄土丘陵宽谷区，四周有新发育的沟壑，尤以东西两侧为多，南侧为缓坡与塬面相连。高程 1122.7 米。

烽火台整体保存较差。台体表面被风雨侵蚀剥落，整体塌陷成斜坡，斜坡上发现有碎砖、瓷片。

台体夯筑而成，夯土以黄土为主，包含有料礓石，夯层厚 0.14~0.16 米，夯土质地细密，有夯窝。台体无包砖石，无围墙。台体平面呈不规则形，剖面呈梯形，底部东西 3、南北 2.8 米，顶部东西 2.3、南北 1.2 米，高 1.5 米。距台体顶部 0.2 米、再向下 0.3 米处夯层中各有一层青砖，青砖长 40、宽 20、厚 9 厘米。（图六六〇）

该烽火台北距青杨岭村 1 号敌台 0.128 千米，西南距青杨岭村 2 号敌台 0.224 千米。

（一八四）青杨岭村 2 号烽火台（610821353201170184）

该烽火台位于神木镇青杨岭村西南 1.05 千米的梁上北部。四周长满植物，东、西、南面是沟壑。地处东部黄丘陵宽谷区，属于黄土沟壑地貌。高程 1217.4 米。

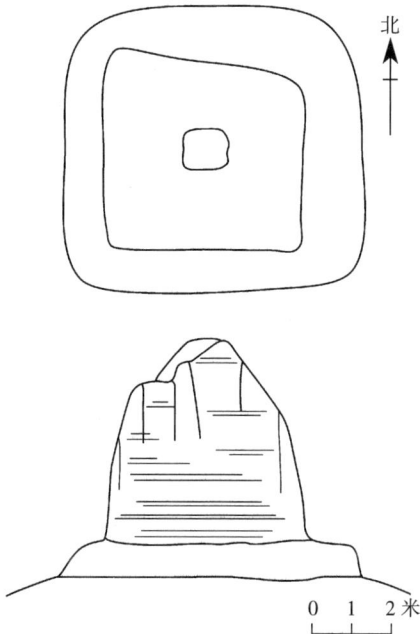

图六六一 青杨岭村 2 号烽火台平、立面图

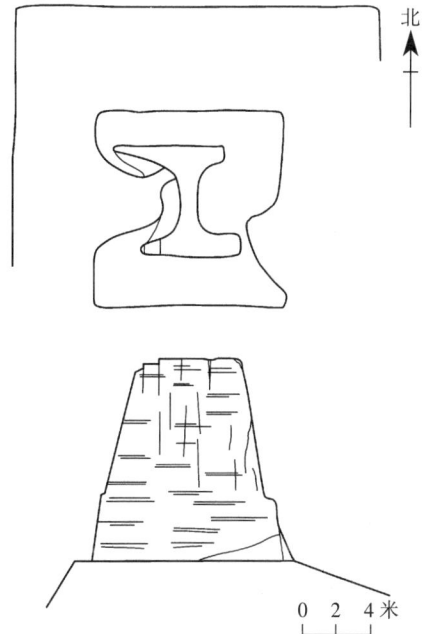

图六六二 降庄则村烽火台平、立面图

烽火台整体保存较差。台体坍塌呈四棱锥状,四壁剥落严重,顶部坍塌,有树木的枯根。

台体用黄土夯筑而成,夯土包含有料礓石,夯层厚 0.15～0.17 米。台体平面呈矩形,底部边长 5、顶部边长 1、高 5 米。基座平面呈矩形,东西 7.5、南北 7、高 0.8 米。(图六六一;彩图一三五)

该烽火台西北距青杨岭村 3 号敌台 0.1 千米。

(一八五)降庄则村烽火台 (610821353201170185)

该烽火台位于神木镇降庄则村东的山梁北端。周围是退耕苜蓿地、农田,西北侧是向下的陡坡,东侧为新发育的沟壑,南侧向上漫坡与塬面相连。地处东部黄土梁峁丘陵沟壑宽谷区,属于黄土沟壑地貌。高程 1183.8 米。

烽火台整体保存较差。台体因长年的风雨侵蚀表面剥落严重,东壁被水冲出一条沟壑,下宽 1.84、上宽 5.8 米;顶部呈葫芦形,南侧比北侧低 0.6 米。基座边缘被流水冲毁,呈锯齿状,西南角被一条乡村土路切割,西侧距北端 9 米有 2 米宽的水冲豁口。

台体用黄土夯筑而成,夯土包含有料礓石,夯层厚 0.14～0.16 米。台体平面呈矩形,底部边长 11 米,顶部南北 6.1 米,东西南侧长 6.5、北侧长 6.2 米,中间部分长 1 米,北侧高 8.4、南侧高 7.8 米。基座平面呈矩形,生土筑成,东侧存北端 3 米,南侧与梁顶齐平,长不详,西侧长 14.5、北侧长 21 米。台体西南角断面显示有一个灰坑,距西南角 1 米,宽 0.76、深 0.76 米,填充物为灰黄色土和炭屑。(图六六二)

该烽火台东距降庄则村长城墙体 0.18 千米。

(一八六)沙石岭村烽火台 (610821353201170186)

该烽火台位于神木镇沙石岭村东北 0.5 千米的山峁上。东西两侧是沟壑,地处东部黄土梁峁丘陵沟壑宽谷区,属于黄土沟壑地貌。高程 1179 米。

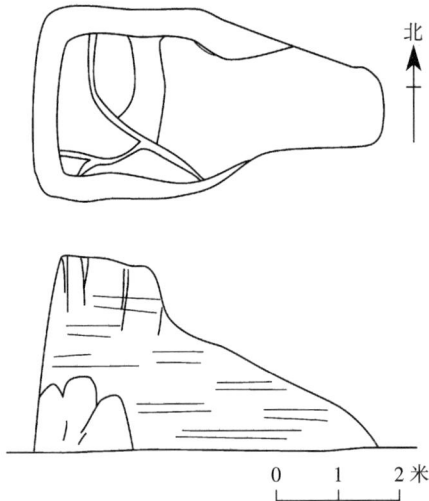

图六六三　沙石岭烽火台平、立面图　　　　　图六六四　杨家山村 1 号烽火台平、立面图

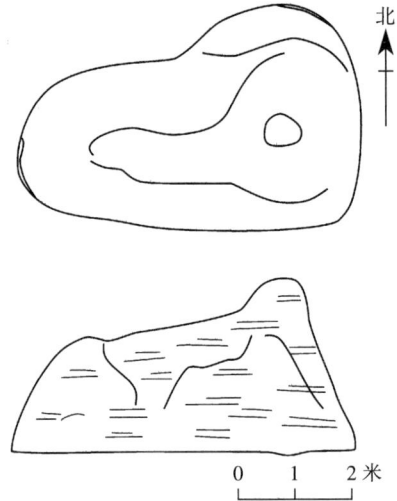

烽火台整体保存较差。台体坍塌成不规则锥体，周围生长有灌木，对台体有很大威协。

台体夯筑而成，夯土以黄土为主，包含有料礓石，夯层厚 0.11～0.13 米。台体平面呈近矩形，底部东西 5.6、南北 3 米，顶部东西 1.6、南北 2.2 米，高 3.2 米。（图六六三）

该烽火台西距沙石岭村长城墙体 0.5 千米。

（一八七）杨家山村 1 号烽火台（610821353201170187）

该烽火台位于解家堡镇杨家山村西 0.142 千米的山峁上。四周是农田，附近坡度较为平缓，农田外是沟壑。地处东部黄土梁峁丘陵宽谷区，属于黄土沟壑地貌。高程 1131 米。

烽火台整体保存差。台体因长年的风雨侵蚀剥落、坍塌严重，生长有灌木，周围紧挨农田。

台体夯筑而成，夯土以黄土为主，夯层不明，没发现夯窝。台体无包砖石，无围墙。台体底部平面呈近椭圆形，剖面呈梯形，底部东西 6、南北 4 米，顶部平面呈近圆形，直径 0.5 米，高 3 米。（图六六四）

烽火台所在台塬距附近村子较近，较平整，居民在此种植粮食、经济作物较多，农田靠近台体 1 米范围，台体很容易受到破坏。台体塌陷成斜坡，斜坡上可见碎砖、石块等，顶部生长有灌木、杂草。

该烽火台西北距杨家山村 2 号敌台 0.243 千米。

（一八八）杨家山村 2 号烽火台（610821353201170188）

该烽火台位于解家堡镇杨家山村南 0.1 千米。北 0.2 千米处有沙石岭川，东侧是一条北流干沟。地处东部黄土梁峁丘陵宽谷区，属于黄土沟壑地貌。高程 1168 米。

烽火台整体保存较差。台体周围因平整土地被挖形成生土基座，基座上长满酸枣和野藤。台体北壁有坍塌，东南壁坍塌比较严重，塌落部分进深 2.5 米，长有野藤。台体东、南、西侧长有大量酸枣。

台体以黄土为主夯筑而成，夯层厚 0.11～0.14 米。台体平面呈圆形，底部直径 8、顶部直径 5、高 6.4 米。台体顶部有一层平铺片石。基座平面呈圆形，直径 13、高 2～3 米。从台座断面观察，台体底部往下 1 米有一层片石堆积，厚 0.5 米。台体周围是耕地。（图六六五）

图六六五　杨家山村 2 号烽火台平、立面图

图六六六　杨家山村 3 号烽火台平、立面图

该烽火台西距杨家山村 2 号敌台 0.2 千米。

（一八九）杨家山村 3 号烽火台（610821353201170189）

该烽火台位于解家堡镇杨家山村东南 0.2 千米的山峁上。四周长满灌木，山峁西北是沙石岭川，西侧是一条因道路新发育成的西流小沟壑。地处东部黄土丘陵宽谷区，属于黄土沟壑地貌。高程 1163.1 米。

烽火台整体保存较差。台体四壁剥落、坍塌严重，为夯土二层台，坍塌成近锥体，表面生长有大量植物。

台体用黄土夯筑而成，夯土包含有料礓石，夯层厚 0.11～0.14 米，夯土质地疏松。台体分为两层，平面呈矩形，一层台底部东西 10、南北 12 米，顶部东西 9、南北 10 米，东侧高 1.4、西侧高 2.8 米；二层台底部东西 5.6、南北 6.2 米，顶部东西 2.4、南北 3 米，东侧高 5.4、西侧高 4 米。基座平面呈矩形，一层台底部东西 15、南北 18、高 3 米，二层台相对于一层收分 2.5～3 米。基座四周有 9 米宽的沟，是当年修筑烽火台时取土形成，外深 1、内深 3 米，是基座的高度。（图六六六）

该烽火台西北距杨家山村 3 号敌台 0.4 千米。

（一九〇）山峰则村 1 号烽火台（610821353201170190）

该烽火台位于解家堡乡山峰则村东南 0.75 千米的山峁上。四周地面凹凸不平，生长有大量杂草。地处东部黄土梁峁丘陵宽谷区，属于黄土沟壑地貌。高程 1259.8 米。

烽火台整体保存较差。台体表面被风雨侵蚀剥落严重，南壁有 3 个缺口，分别宽 4、3.9、2.7 米，进深 1～3 米；西壁距顶部 2 米有一个人工挖掘的洞穴，下宽 0.9、上宽 1.14、高 1.5、进深 1.8 米，洞内有一个小土堆，顶部部分塌陷。台体顶部与二层台间斜坡上有一个壁龛，宽 1、高 1.3、进深 0.6 米，龛内有山神牌位。台体周围因平整土地与台体形成高约 2 米的落差。台体底部塌陷成斜坡，斜坡上长满杂草、灌木、柏树。

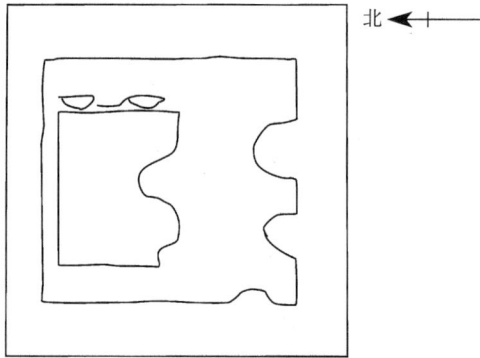

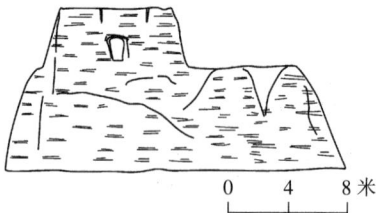

图六六七　山峰则村 1 号烽火台平、立面图

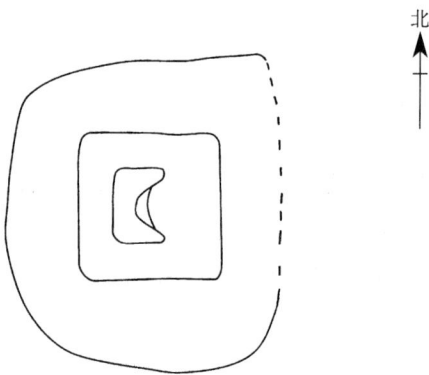

台体用黄土夯筑而成，夯土包含有料礓石，夯层厚 0.13 ~ 0.2 米，夯土质地细密，没发现夯窝。台体无包砖石。台体平面呈矩形，剖面呈梯形，底部边长 23 米，顶部东西 11、南北 7.5 米，高 10.7 米。台体南壁有二层台，东西 16、南北 8、高 6.9 米，顶部平整，有飞机航标三角铁架。台体顶部及台体斜坡上种植有柏树。（图六六七）

该烽火台西北距山峰则村 1 号烽火台 0.552 千米。

（一九一）山峰则村 2 号烽火台

（610821353201170191）

该烽火台位于解家堡乡山峰则村南的山梁上。周围是退耕苜蓿地、林地，南北两侧是沟壑，向北是漫坡向下，向南上达塬顶。地处东部黄土梁峁丘陵宽谷区，属于黄土沟壑地貌。高程 1234.7 米。

烽火台整体保存较差。台体剥落严重呈锥形，东壁坍塌，进深 1 米；北壁有一孔小窑洞，北壁被削齐，底部进深 0.6 米，洞宽 0.7、高 0.6、深 1 米。

台体用黄土夯筑而成，夯土包含有料礓石，夯层厚 0.11 ~ 0.14 米。台体平面呈圆角矩形，剖面呈梯形，底部边长 4 米，顶部东西 1.4、南北 2 米，高 2.5 米。台体底部外侧因平整土地、修便道形成台座，比台体外放 2 米，东侧与梁顶平齐，西侧高 2 米。（图六六八）

该烽火台西距山峰则村 2 号敌台 0.15 千米。

（一九二）红井畔村烽火台

（610821353201170192）

该烽火台位于解家堡乡红井畔村东北的山峁上。四周是退耕林地，间有沟壑，东、西、北侧有沟壑，一条乡间土路从台体东侧绕北侧西向通过。地处黄土梁峁丘陵宽谷区，属于黄土沟壑地貌。高程 1267.5 米。

图六六八　山峰则村 2 号烽火台平、立面图

烽火台整体保存较差。台体四壁剥落、水流冲刷严重，顶部东南角进门处坍塌。台体东北壁登台出口塌陷呈圆漏斗状，东西 8、南北 9.5 米；距东、北壁各 2 米，距南、西壁各 7 米。台体内部东、南壁直下，西、北壁斜下；东壁显示门洞南 3 米、顶部下 3 米有一层片石，厚 0.04 ~ 0.08、长 3.2 米，片石上为淤土。台体四壁因流水冲刷成深、宽约 2 米的 "V" 形沟壑，东壁有 4 条；南壁有 3 条；西壁没有沟壑，顶部冲刷严重，北壁有 2 条；东壁最北的一条和顶部坍塌部分相连，形成下宽 1、上宽 3、深 4 米的豁口，距北壁 5 米。

台体用黄土夯筑而成，夯土包含有料礓石，夯层厚 0.08 ~ 0.13 米。台体平面呈矩形，底部东西

26、南北 28 米,顶部平整,东西 17、南北 18.5 米,高 10 米。台体东壁北部有登台拱形门洞,距底部 3 米,距南壁 17.5 米,宽 1.2、高 1.4 米,进 4 米左转上台体。(图六六九)

(一九三) 大柏油堡村 1 号烽火台
(610821353201170193)

该烽火台位于解家堡乡大柏油堡村西 1.58 千米柳沟南岸的平缓坡地上。周围为退耕草地林地,种植有苜蓿、柏树,西侧有沟壑发育。地处东部黄土梁峁丘陵宽谷区,属于黄土沟壑地貌。高程 1208.9 米。

烽火台整体保存较差。台体四壁坍塌严重,顶部坍塌;步道外侧垮塌,下宽 1、高 2.7、上宽 0.7 米,再上呈漏斗状,高 1.3 米,上部直径 1.6 米;西、北壁有许多风蚀窝。

台体以黄土为主夯筑而成,夯层厚 0.13 ~ 0.15 米。台体平面呈近圆形,剖面呈梯形,底部直径 6.6、顶部直径 3.3、高 5.2 米。台体南壁有登台步道可达台顶,步道距底部 1.3 米。(图六七○)

该烽火台西距大柏油堡村长城墙体、大柏油堡村 2 号关、大柏油堡村 2 号马面 0.07 千米。

(一九四) 许家沟村烽火台
(610821353201170194)

该烽火台位于解家堡乡许家沟村西约 0.75 千米的山峁上。附近地势比较平缓,周围是退耕草、林地,东南、西北两侧有许多沟壑发育,地处东部黄土梁峁丘陵宽谷区。高程 1233 米。

烽火台整体保存较差。台体底部为生土,平整土地时修整呈高 1.5 米的椭圆形;东南角塌陷成斜坡,南面 7 米处有一条小路,四周台塬上有退耕还林种植的柏树。

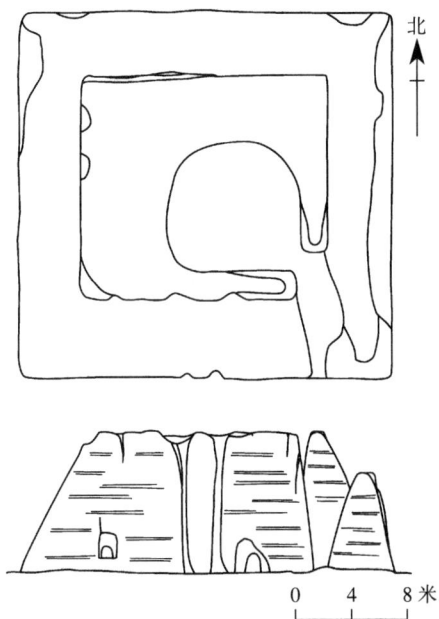

图六六九 红井畔村烽火台平、立面图

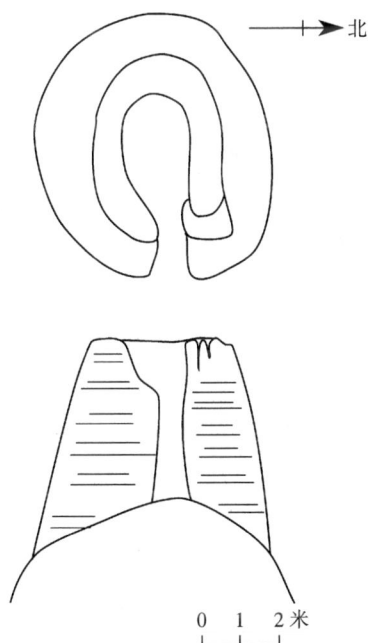

图六七○ 大柏油堡村 1 号烽火台平、立面图

台体用黄土夯筑而成,夯土包含有料礓石,夯层厚 0.08 ~ 0.1 米,夯土质地细密,没发现夯窝。台体无包砖石。台体平面呈近椭圆形,剖面呈梯形,底部生土部分东西 7.5、南北 8.6 米,夯土部分呈矩形,边长 4.5 米,顶部坍塌呈曲尺形,北侧长 1.6、宽 0.3 米,西侧长 1.8、宽 0.4 米,高 3.9 米。(图六七一)

该烽火台东南距许家沟村长城 1 段墙体 0.15 千米、距许家沟村 1 号敌台 0.175 千米。

图六七一　许家沟村烽火台平、立面图

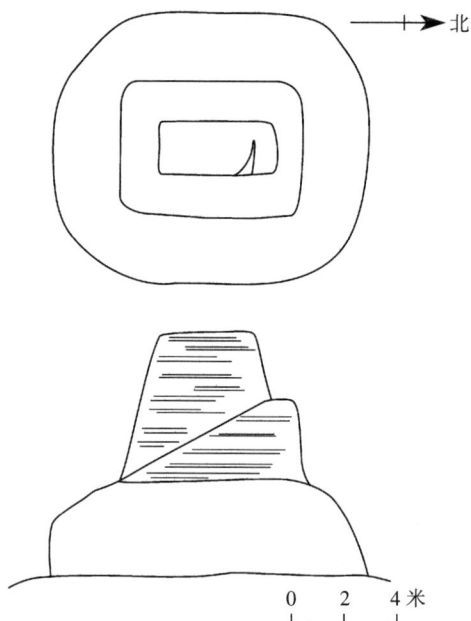

图六七二　大柏油堡村 2 号烽火台平、立面图

（一九五）大柏油堡村 2 号烽火台（610821353201170195）

该烽火台位于解家堡乡大柏油堡村西的山梁上。四周是退耕还林、草地，再往西是沟壑。地处东部黄土梁峁丘陵宽谷区，属于黄土沟壑地貌。高程 1204.9 米。

烽火台整体保存较差。台体一层台坍塌呈圆角矩形，四壁剥落严重，顶部坍塌。台体上生长有植物。

台体夯筑而成，夯土以黄土为主，包含有料礓石，夯层厚 0.17～0.2 米。台体分为两层，平面呈矩形，一层台底部东西 10、南北 12 米，高 3.5 米，其中 2 米部分直上，上部 1.5 米部分斜上至二层台；二层台底部东西 5、南北 7 米，顶部东西 2.2、南北 3.6 米，高 5.5 米。（图六七二）

该烽火台东距大柏油堡村长城墙体 0.15 千米。

（一九六）万家沟村 1 号烽火台（610821353201170196）

该烽火台位于解家堡乡万家沟村南约 0.15 千米的山峁上。四周是农田，东、西、北侧外是沟壑，南侧漫坡向上至长城墙体，西侧是沟壑。地处黄土梁峁丘陵宽谷区，属于黄土沟壑地貌。高程 1202.4 米。

烽火台整体保存较差。台体南壁有登台土洞可达台顶，土洞坍陷，下部遭雨水冲刷形成小沟壑；西壁距南端 3 米有一个缺口，上宽 1.5～2、下宽 0.8、进深 1 米；北壁坍塌成斜坡。台体顶部坍塌成东西二层台，东侧顶高 4.5 米，上有长 2.7、宽 1.8、深 0.6 米的矩形槽，东、北、南面分别有宽 0.5、0.4、0.7 米的沿；西侧高 5.5 米，顶部较平整，北部坍塌成斜坡。台体南侧台塬上种植有谷子，周围长满杂草、山枣树。

台体夯筑而成，夯土以黄土为主，包含有料礓石，夯层厚 0.12～0.16 米，夯土质地疏松，没发现夯窝。台体无包砖石，无围墙。台体平面呈矩形，剖面呈梯形，底部东西 7、南北 8 米，顶部东西 4、

图六七三　万家沟村1号烽火台平、立面图

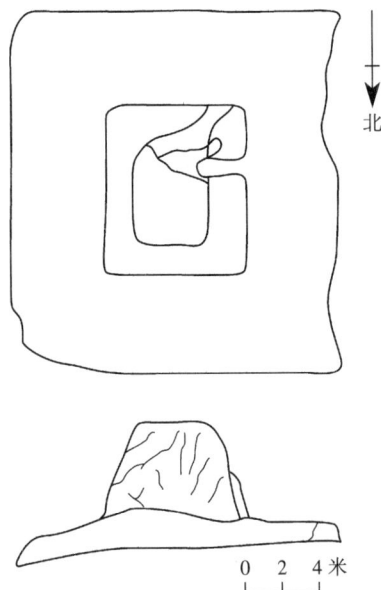

图六七四　万家沟村2号烽火台平、立面图

南北3米，高5.5米。台体南壁有登台土洞可达台顶，土洞塌陷，下宽0.4、上宽1.2米，距地面1.5、进深0.7米，缺口下部被雨水冲刷成小沟壑。（图六七三）

该烽火台南距万家沟村长城1段墙体0.038千米，北距万家沟村约0.15千米。

（一九七）万家沟村2号烽火台（610821353201170197）

该烽火台位于解家堡乡万家沟村南1.1千米的山峁上。东、西侧环沟，南、北侧为山梁，周围退耕草、林地外为沟壑，东侧是一条北流沟壑，北侧有万家沟，地处黄土梁峁丘陵宽谷区，属于黄土沟壑地貌。高程1247米。

烽火台整体保存较差。台基保存较差，台体保存一般。台体北壁底部坍塌成斜坡；西、南壁长有山枣树，西壁底部有一层夯土，高1.5~2.5、厚0.45米；东南角塌陷，距南壁1.2米有一个缺口，下宽1.2、中间宽2.2、上宽1米，底部距台基2.5米，进深0.9米，缺口斜坡上长有山枣树；南壁底部坍塌成斜坡。台体底部堆积高2~3.5米。

台体用黄土夯筑而成，夯土包含有料礓石，夯层厚0.14~0.2米，质地细密，没发现夯窝，无包石、砖，无围墙。台体平面呈矩形，剖面呈梯形，底部东西7.6、南北8.6米，顶部坍塌呈凹字形，东西4.4、南北4米，高5.5米。基座平面呈矩形，东西17.4、南北18.4、高1~2米，其中夯土高1.6米，夯土层厚0.12~0.14米，大部分坍塌成斜坡。（图六七四）

该烽火台位于万家沟村5号敌台南0.416千米。

（一九八）万家沟村3号烽火台（610821353201170198）

该烽火台位于解家堡乡万家沟村西南1.75千米的山峁上。四周是荒坡、沟壑，地处东部黄土梁峁丘陵宽谷区，属于黄土沟壑地貌。高程1241.4米。

烽火台整体保存差。台体表面有缺口、塌陷，有窑洞；南壁有一个缺口，下宽1、上宽2、进深0.5米，距台基2.5米，顶部进深1.5米；南壁底部窑洞被回填，只能从缝隙窥到窑洞口。台体四壁成斜坡，斜坡上长有杂草，周围种植有苜蓿、柏树。

　　台体用黄土夯筑而成，夯土以黄土为主，包含有料礓石，夯层厚 0.1～0.14 米，夯土质地细密，没发现夯窝，无包砖石。台体平面呈矩形，剖面呈梯形，底部东西 9、南北 9.5 米，顶部坍塌呈凹字形，东西 3、南北 4 米，高 3 米。（图六七五）

　　该烽火台北距万家沟村长城 2 段墙体 0.29 千米、万家沟村马面 0.29 千米，西距口则上村 1 号敌台 0.464 千米。

（一九九）口则上村 1 号烽火台（610821353201170199）

　　该烽火台位于高家堡镇口则上村西李家洞沟西岸的山峁上。四周坍塌严重，东侧临李家洞沟，南北侧是李家洞沟西岸坡上新发育的东流沟壑。地处东部黄土梁峁丘陵宽谷区，属于黄土沟壑地貌。高程 1142 米。

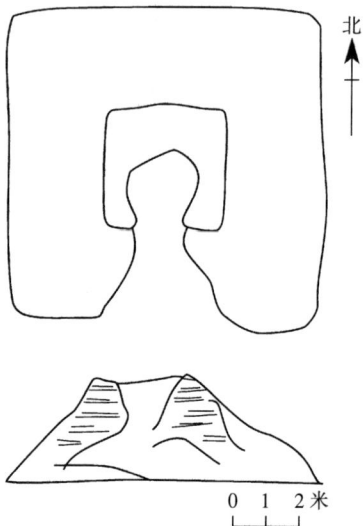

图六七五　万家沟村 3 号烽火台平、立面图

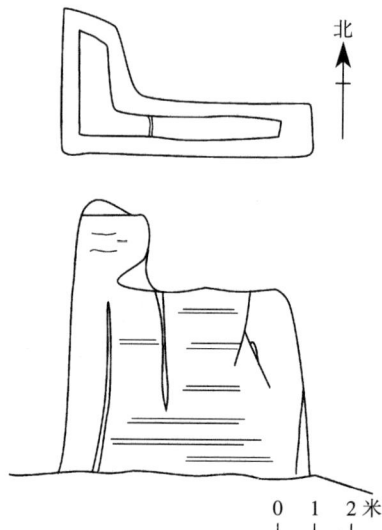

图六七六　口则上村 1 号烽火台平、立面图

　　烽火台整体保存较差。台体四壁底部由于流水侵蚀坍塌严重，北半部及顶部坍塌。

　　台体以黄土为主夯筑而成，夯层厚 0.16～0.18 米。台体平面呈矩形，剖面呈梯形，底部东西 7、南北 4～4.4 米，顶部东西 6、南北 3.5～4 米，高 7.5 米。（图六七六；彩图一三六）

　　该烽火台西北距口则上村长城墙体 0.09 千米。

（二〇〇）口则上村 2 号烽火台
（610821353201170200）

　　该烽火台位于高家堡镇口则上村西的沙梁地北端。周围是沙地，生长有柠条等植物。地处西部沙漠区东部边缘，土地沙化严重。高程 1180 米。

　　烽火台整体保存较差。台体四壁剥落严重，顶部坍塌。台体上长满杂草。

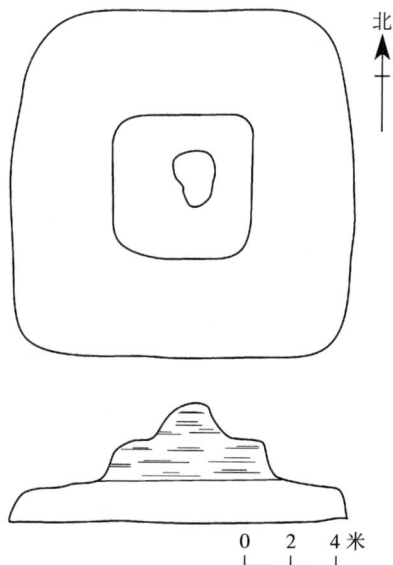

图六七七　口则上村 2 号烽火台平、立面图

台体以黄土为主夯筑而成，夯土包含有料礓石，夯层厚 0.17~0.19 米。台体平面呈近圆角矩形，底部边长 15 米，顶部东西 1.2、南北 2 米，高 5.2 米。（图六七七）

该烽火台东距口则上村关 0.24 千米，东约 1.5 千米处有李家洞沟。

（二〇一）奥庄则村 1 号烽火台（610821353201170201）

该烽火台位于高家堡镇奥庄则村东 0.495 千米的山峁上。四周是荒坡、沟壑，地处西部沙漠区东部边缘，土地沙化严重。高程 1182.8 米。

烽火台整体保存差。台座保存较好，台体保存差。台体东壁顶部坍塌成斜坡，长满杂草，西侧紧靠台座有宽 1.5 米的小路；南壁距东端 2 米、底部 1.5 米处有一个宽 0.6、高 1.5、进深 0.2~0.5 米的凹陷，呈中间深两端浅的弧形；西壁被雨水冲刷凹凸不平。

台体用黄土夯筑而成，夯土包含有料礓石，夯层厚 0.12~0.16 米，夯土质地细密，没发现夯窝。台体无包石砖，无围墙。台体平面呈矩形，剖面呈梯形，底部东西 6.3、南北 6.7 米，顶部东西 1.7、南北 2.3 米，高 6.3 米。基座平面呈矩形，底部东西 9.3、南北 11、高 1.2~2.3 米。（图六七八；彩图一三七）

该烽火台北距奥庄则村长城 1 段墙体 0.081 千米，西北距奥庄则村 3 号敌台 0.03 千米。

（二〇二）奥庄则村 2 号烽火台（610821353201170202）

该烽火台位于高家堡镇奥庄则村西的沙梁地西北端。南北两侧是沟壑，周围是沙地，地势较平缓，北侧漫坡向下，东西两侧有新发育的沟壑。地处西部沙漠带东部边缘，土地沙化严重。高程 1266.2 米。

烽火台整体保存较差。台体四壁剥落严重，流水冲刷严重，顶部部分坍塌。夯土围墙保存一段，墙体呈锯齿形。

台体以黄土为主夯筑而成，夯层厚 0.11~0.13 米。台体平面呈矩形，剖面呈梯形，底部边长 28 米，顶部东西 17、南北 20 米，高 15 米。台体北侧围墙距台体 28 米，墙体上宽 0.5、下宽 2.5、高 2 米。（图六七九）

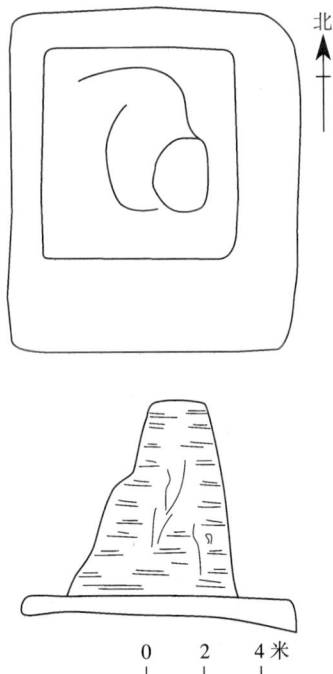

图六七八　奥庄则村 1 号烽火台平、立面图　　　图六七九　奥庄则村 2 号烽火台平、立面图

该烽火台南距冯地峁村 1 号敌台 0.722 千米。

（二○三）奥庄则村 3 号烽火台（610821353201170203）

该烽火台位于高家堡镇奥庄则村西的沙梁西北端。周围是沙地，南北两侧为沟壑，北侧漫坡向下，南侧漫坡向上，有东南向的沟壑发育，西侧有南北向新发育的沟壑，东侧为陡坡向下。地处西部沙漠区东边缘，土地沙化严重。高程 1282.9 米。

烽火台整体保存较差。围墙东墙坍塌，北端 39 米消失；北墙东端 7 米消失，墙体两面剥落严重。台体四壁剥落严重，顶部坍塌，南侧沟壑延伸到台体底部。

台体以黄土为主夯筑而成，夯层厚 0.16 ~ 0.2 米。台体平面呈矩形，剖面呈梯形，底部边长 15 米，顶部东西 6.6、南北 6 米，高 11 米。围墙夯筑而成，平面呈矩形，边长 50、底宽 6、顶宽 1 ~ 2.6、内高 2 ~ 3、外高 3 ~ 4 米；北墙存西端 5.5 米墙体，顶宽 3.8、内高 7.5、外高 6 米，夯层从中间向两侧下斜 20°。（图六八○）

该烽火台西南距奥庄则村 2 号烽火台 0.1 千米。

（二○四）冯地峁村烽火台（610821353201170204）

该烽火台位于高家堡镇冯地峁村西 1 千米的山峁上。周围是沙地，沙地外侧为沟壑。地处西部沙漠区，土地沙化严重。高程 1220.9 米。

烽火台整体保存差。台体坍塌、滑坡严重，东壁呈梯形，南端长 4 米高出北端 3 米，北端略呈斜坡，壁面上有数条流水冲沟；南壁夯土成块坍塌，中间凸出宽 3 米一块；西壁夯土成块坍塌，顶部北端塌陷，略呈梯形，存两块弧形夯土凸出；北壁坍塌成斜坡，距底部 2 ~ 3 米较陡直，壁面夯土成块坍塌，凹凸不平。

台体用黄土夯筑而成，夯土包含有料礓石，夯层厚 0.12 ~ 0.16 米，质地细密，没发现夯窝，无包石、砖，无围墙。台体平面呈矩形，剖面呈梯形，底部东西 6、南北 9 米，顶部东西 4、南北 3 米，高 6.2 米。台体底部堆积高 3 ~ 4 米。（图六八一）

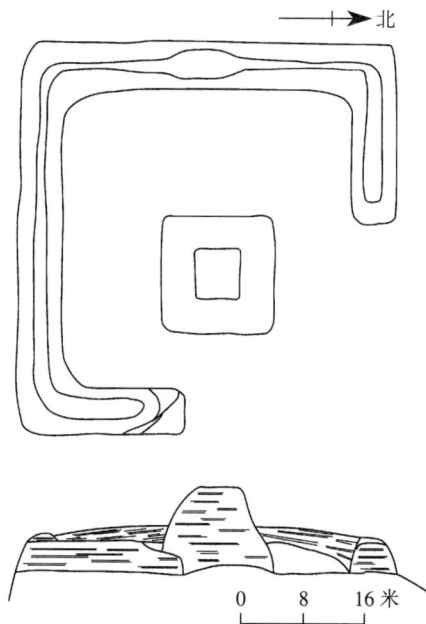

图六八○　奥庄则村 3 号烽火台平、立面图

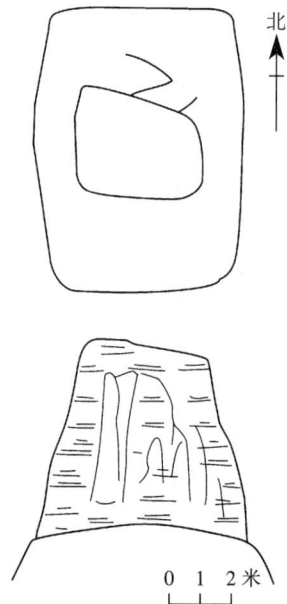

图六八一　冯地峁村烽火台平、立面图

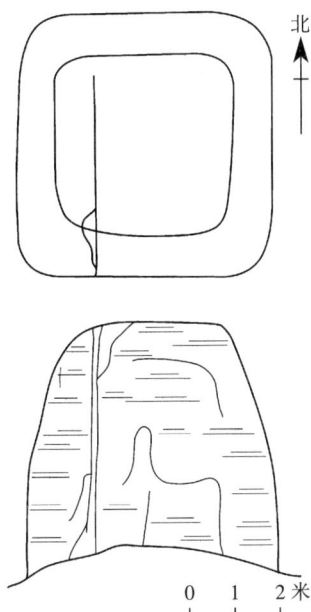

图六八二　西边墙村烽火台平、立面图

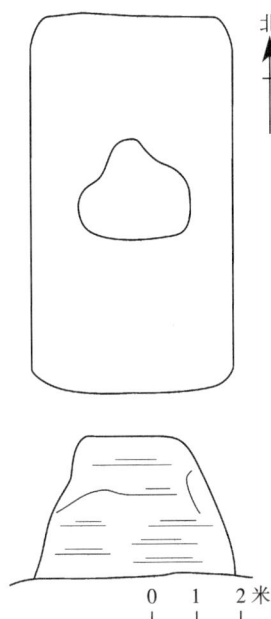

图六八三　后喇嘛沟村烽火台平、立面图

该烽火台南距冯地峁村长城 2 段墙体 0.434 千米、距冯地峁村 5 号敌台 0.434 千米。

（二〇五）西边墙村烽火台（610821353201170205）

该烽火台位于高家堡镇后喇嘛沟村南 0.15 千米的山顶台塬上。北、东、西侧为沟，南侧台塬上种植有豆类和西瓜。地处西部沙漠区，土地沙化严重。高程 1158.6 米。

烽火台整体保存差。台体南壁距西端 1.5 米有一条宽 0.1～0.2 米的裂缝，下方有下宽 1、上宽 0.4、厚 0.4～0.7 米一块夯土即将坍塌；西壁中间有一条宽 0.05～0.1 米的裂缝；西北角底部坍塌，进深 1～1.5、高 1 米；北壁距西端 1.5 米有一条宽 0.05～0.1 米的裂缝。台体四周被修整成高 1～1.5 米的土台，东壁被雨水冲刷表面斑驳，东南角、东北角坍塌成圆角。台体周围种植有农作物。

台体黄土夯筑而成，夯土包含有料礓石，夯土质地细密，夯层厚 0.1～0.13 米，不见夯窝。台体平面呈矩形，剖面呈梯形，底部边长 5.5 米，顶部东西 3.8、南北 3.7 米，高 5.5 米。（图六八二）

该烽火台南距西边墙村长城 2 段墙体 0.036 千米，东南距窝窝庄村 3 号马面 0.03 千米。

（二〇六）后喇嘛沟村烽火台（610821353201170206）

该烽火台建在高家堡镇后喇嘛沟村东约 0.2 千米的山顶台塬上。周围是沙地，坡势较缓，北、西南侧漫坡向下，东南侧漫坡向上通到塬上。地处西部沙漠区，土地沙化严重。高程 1111.5 米。

烽火台整体保存差。台体四壁坍塌成斜坡，斜坡上长有杂草，顶部东北角塌陷。

台体用黄土夯筑而成，夯土质地细密，包含有料礓石，夯层不明，不见夯窝。台体无围墙。台体平面呈矩形，剖面呈梯形，底部东西 4.5、南北 8 米，顶部东西 2.5、南北 2.3 米，高 3 米。（图六八三）

该烽火台西南距后喇嘛沟村 2 号敌台 0.08 千米。

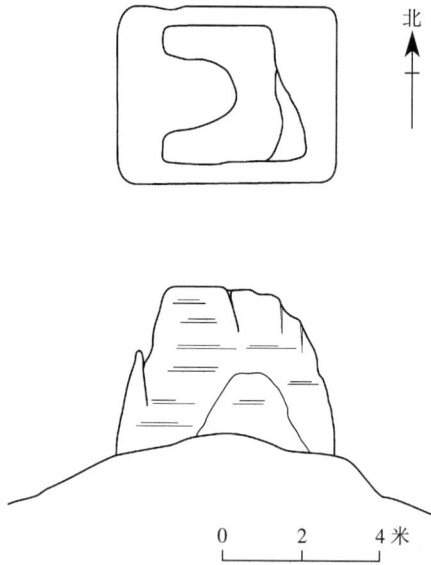

北

0　　2　　4 米

图六八四　喇嘛沟村烽火台平、立面图

（二〇七）喇嘛沟村烽火台
（610821353201170207）

该烽火台位于高家堡镇喇嘛沟村南的喇嘛沟南岸高地上。周围是沙地，种植有桃、杏树，地处西部沙漠地带，土地沙化严重。高程1144.6米。

烽火台整体保存较差。台体坍塌呈近圆台状，四壁剥落严重，顶部坍塌。台体西壁坍塌部分宽2.4、进深2.4米，斜坡通向底部。

台体用黄土夯筑而成，夯土包含有料礓石，夯层厚0.12～0.16米。台体平面呈圆角矩形，剖面呈梯形，底部东西11、南北9米，顶部东西4.2、南北3.6米，高6.5米。（图六八四）

该烽火台北距喇嘛沟村山险墙、喇嘛沟村2号敌台0.8千米。

（二〇八）草湾沟村1号烽火台（610821353201170208）

该烽火台位于高家堡镇草湾沟村西南约2.45千米的沙漠中。周围是沙地、沙梁地，地处西部沙漠地带，土地沙化严重。高程1156.9米。

烽火台整体保存较差。台体四壁剥落严重，有大量土蜂筑巢，顶部坍塌严重，底部有羊群啃啮的坑穴。台体南壁有雨水冲刷的沟槽，宽2.5、深3米，斜坡通到底部。

台体以黄土为主夯筑而成，夯层厚0.15～0.18米。台体平面呈矩形，剖面呈梯形，底部东西9.5、南北8米，顶部东西6.5、南北4.5米，高6米。（图六八五）

该烽火台西北距草湾沟村长城4段墙体、草湾沟村3号关、草湾沟村3号马面0.09千米。

（二〇九）草湾沟村2号烽火台（610821353201170209）

该烽火台位于高家堡镇草湾沟村西南的沙漠中。周围是沙地、沙梁地，有沟壑发育。地处西部沙漠地带，土地沙化严重。高程1206.7米。

烽火台整体保存较差。台体四壁剥落严重，顶部坍塌严重，东壁有大量土蜂筑巢，下部有羊群啃啮的坑穴；南壁有雨水冲涮的沟槽，宽3.2、深2.8米，斜坡通到底部。夯土基座西侧消失，北侧外侧0.5米部分坍塌。

台体以黄土为主夯筑而成，夯层厚0.13～0.18米。台体平面呈矩形，剖面呈梯形，底部东西7、南北6.5米，顶部东西4.2、南北3.7米，高5米。基座延伸出台体1.8、高0.5米。（图六八六）

该烽火台北距草湾沟村长城5段墙体0.15千米，东北距草湾沟村9号敌台0.2千米。

（二一〇）草湾沟村3号烽火台（610821353201170210）

该烽火台位于高家堡镇草湾沟村西南的山坡上。周围土壤沙化，为地势较平缓低矮的沙梁地，地处西部沙漠地带，土地沙化严重。高程1213.3米。

烽火台整体保存差。台体南壁上部坍塌成斜坡，西端整体塌陷成斜坡；东壁两端坍塌成斜坡，中

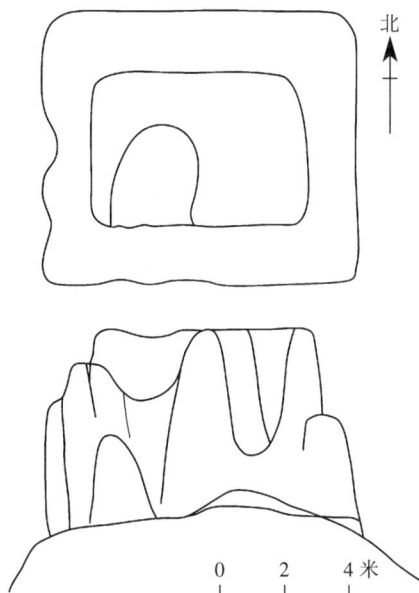

图六八五　草湾沟村 1 号烽火台平、立面图　　图六八六　草湾沟村 2 号烽火台平、立面图

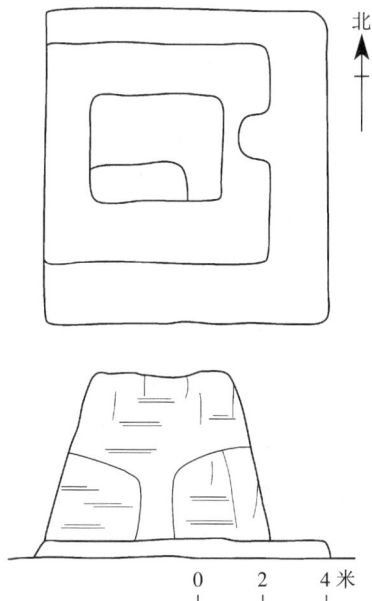

间存下宽 1.6、上宽 0.5、厚 0.5~1.4 米的一块夯土；北壁两端坍塌，底部成斜坡；西壁坍塌，底部成斜坡。台体底部有许多直径 0.15~0.5 米的洞穴，为羊群啃噬所致。

台体用黄土夯筑而成，夯土包含有料礓石、沙土，夯层厚 0.1~0.16 米。台体无围墙。台体平面呈矩形，剖面呈梯形，底部东西 13、南北 10.5 米，顶部呈凹字形，边长 3.5 米，高 5 米。（图六八七）

该烽火台距长城墙体较远，位置关系不详。

（二一一）水掌村 1 号烽火台（610821353201170211）

该烽火台位于乔岔滩乡水掌村东北 2.5 千米的山峁上。所处山顶土壤沙化，植被稀疏。地处西部沙漠地带，土地沙化严重。高程 1232.2 米。

烽火台整体保存差。台体表面被风雨侵蚀严重，斑驳、凹凸不平；底部东、西、北面被修整成高 1.5~2 米的土台；南壁中间坍塌成斜坡，可能是登台土道，下宽 3、中间宽 2.2、上宽 3.7 米；北壁上部、西面北端坍塌成斜坡。

台体用黄土夯筑而成，夯土包含有料礓石、沙土，夯层厚 0.14~0.2 米。台体无围墙。台体平面呈矩形，剖面呈梯形，底部东西 7.8、南北 9 米，顶部呈凹字形，东西 5.5、南北 5 米，高 5 米。台体底部堆积高 1~2.5 米。（图六八八）

该烽火台北距水掌村长城 1 段墙体 0.505 千米。

（二一二）水掌村 2 号烽火台（610821353201170212）

该烽火台位于乔岔滩乡水掌村东北的山峁上。所处山顶土壤沙化，植被稀疏，周围地势较为平缓。地处西部沙漠地带，土地沙化严重。高程 1290.4 米。

烽火台整体保存差。台体北壁塌陷成斜坡；东壁大部分坍塌成斜坡；南壁塌成几块底部坍塌成斜坡；西壁南端塌陷，存西南角一块夯土，底部东西 2、南北 4 米，顶部东西 1.2、南北 2 米，高 2~2.5 米；西壁距北端 3 米有一个缺口，下宽 1、上宽 2.5、深 2 米，缺口外侧大面积坍塌。台体顶部坍塌不

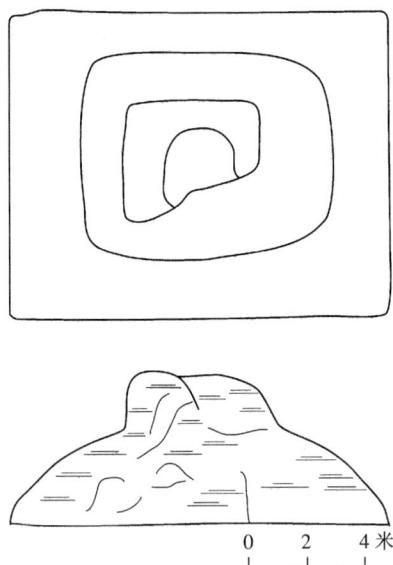

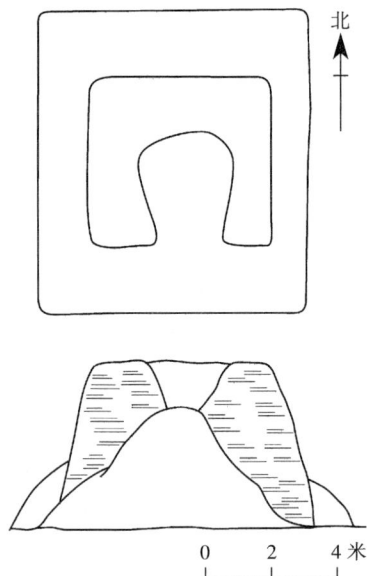

图六八七　草湾沟村 3 号烽火台平、立面图　　　　图六八八　水掌村 1 号烽火台平、立面图

规则，北端有东西约 12、南北 6 米的一块坍塌成二层台，落差 1.2～3 米，顶部有几个直径 0.3～0.4 米的洞穴；北壁有一个宽 5.5 米的缺口，壁侧有一个宽 4 米的缺口；西南角塌陷；南壁有一个缺口，长 7.6、进深 1 米，有动物洞穴数个。

台体用黄土夯筑而成，夯土包含有料礓石、沙土，夯层厚 0.14～0.18 米。台体无围墙。台体平面呈矩形，剖面呈梯形，底部东西 28、南北 21 米，顶部坍塌不规则，东西 16、南北 14 米，高 10.5 米。台体底部堆积高 3～5 米。（图六八九）

该烽火台北距水掌村 1 号关 0.032 千米、距水掌村 1 号敌台 0.049 千米。

（二一三）柳沟村烽火台（610821353201170213）

该烽火台位于神木镇柳沟村东 0.3 千米。四周杂草丛生，主要为茅草、蒿草。东侧为山峁，东南 2 米处为沟，南侧 5 米处为沟，0.277 千米处为山梁，山梁顶部有小面积农田；西南 7 米处为沟，宽 22～180 米，环绕台体南部；北侧为山峁；东 0.01 千米处有直径 3 米塌陷坑；东北 1 米处有一个直径 2 米的塌陷坑，似为盗洞；东 0.097 千米处有一座龙王庙；东南 0.24 千米处有正在建设的炼镁厂，为前店工业区的一部分；西 0.465 千米处有一座选煤厂。地处黄土梁峁丘陵宽谷地带的平坦山峁上，属于黄土沟壑地貌。高程 1242.9 米。

烽火台整体保存较差。台体东壁中部有"U"形缓坡坍塌直通顶部，将台体分为两部分，坍塌部分底宽 2.6、顶宽 2.5、进深 3.8 米；南壁剥离，上部中间有一个较深的水冲痕和一个虫洞；西壁下部中间有登台通道直通台顶，洞口右侧有一条大裂缝，宽 0.1 米，左侧有一条裂缝由顶部至底部，小裂缝较多；北壁夯土剥离；顶部中部有一根木制测量桩。台体四周杂草丛生。

台体以黄土为主夯筑而成，夯土层厚 0.05～0.12 米。台体平面呈近矩形，剖面呈梯形，底部东西 6.1、南北 6.7 米，顶部东西 3、南北 4.8 米，高 5 米。台体西壁登台通道口下部底宽 0.9、顶宽 0.55、高 0.8 米；上部呈近圆形，直径 1.1 米。（图六九〇）

该烽火台北侧为大边，东 0.08 千米处有简易公路通往前店工业区，西 0.47 千米处有南北向公路。

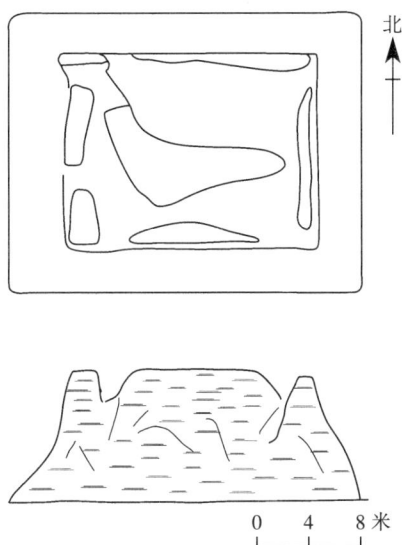

图六八九　水掌村 2 号烽火台平、立面图

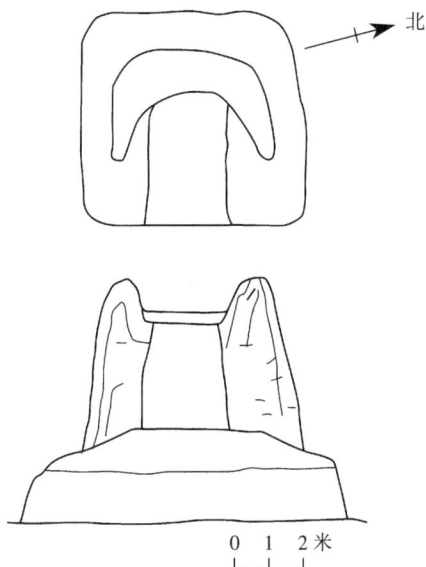

图六九〇　柳沟村烽火台平、立面图

（二一四）界口墩村烽火台（610821353201170214）

该烽火台位于高家堡镇界口墩村西南 0.575 千米。四周杂草丛生，主要为茅草、蒿草。东侧为缓坡，东 0.071 千米处有东西向水冲沟，沟东为沙地，杂草丛生；东 0.186 千米处有南北向大沟，宽 64 米，沟北为山坡，生长有杂草，有小块农田，种植有大豆。南侧为缓坡，有小面积农田种植大豆、谷子等；南 0.165 千米处有一座现代砖坟，旁边有 2 通石碑，为清乾隆年立；东南 0.11 千米外为沙地，杂草丛生。西 0.03 千米处为南北向小沟，0.335 千米处有东西向的较大水冲沟，南北交错分布大小沟壑。北侧为平缓山顶。地处黄土梁峁丘陵宽谷地带的平坦山梁上，属于黄土沟壑地貌。高程 1222.3 米。

烽火台整体保存较差。长年的风雨侵蚀使台体东壁损毁严重；南壁右下角有一条 "U" 形水冲沟直通顶部，下口宽 1.2、上宽 1.5 米；西壁右侧坍塌 2、进深 0.5 米，右下角有边长 0.3、深 0.2 米的矩形虫洞，洞内为土蜂窝，左侧中部有 2 个直径 0.13 米的虫洞；北壁右下角有 2 个凹洞，上部大凹洞高 0.7、宽 0.4、进深 0.3 米，洞内有土蜂窝。台体上生长有大量酸枣树和杂草，四周杂草丛生。

台体用黄土夯筑而成，夯层厚 0.05～0.12 米。台体平面呈矩形，剖面呈梯形，底部东西 5.8、南北 6.4 米，顶部东西 3.2、南北 3.3 米，高 3.4 米。生土基座平面呈矩形，东西 17.3、南北 15、高 2.7 米。（图六九一）

该烽火台东 1 米处有南北向沙土路，通往南 0.22 千米处的东西向乡村公路。

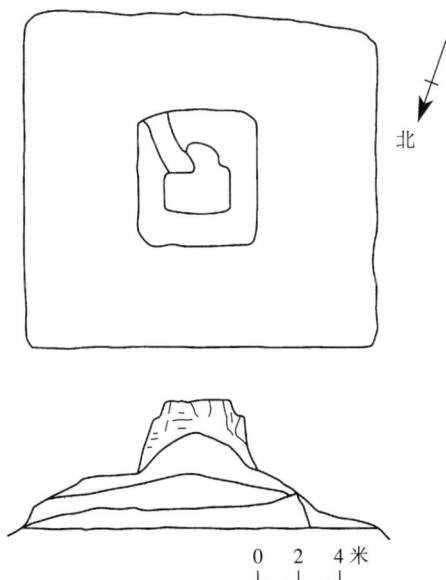

图六九一　界口墩村烽火台平、立面图

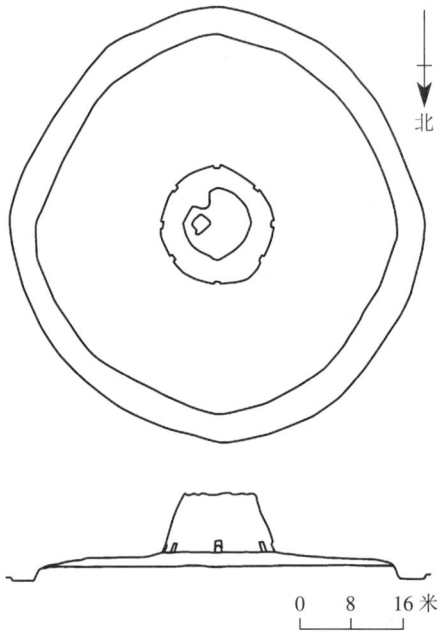

图六九二　前墩梁村烽火台平、立面图

（二一五）前墩梁村烽火台
（610821353201170215）

该烽火台位于高家堡镇前墩梁村西北0.6千米。四周杂草丛生，主要为茅草、蒿草。东侧为缓坡，壕沟外有大片农田，种植有大豆，东0.112千米处有一片现代坟地，有水泥围墙。南0.06千米处有一座现代坟墓、石碑一通，0.095千米处有一片现代坟地、一棵大树、水泥围墙。西0.1千米处有一条西北向沟；西北0.107千米处为山梁，上有小片农田，种植有马铃薯、蔬菜等。北侧为缓坡，北0.09千米处有一条大沟。地处黄土梁峁丘陵宽谷地带的平坦山梁上，属于黄土沟壑地貌。高程1114.3米。

烽火台整体保存较差。台体有东、南、西、北及东南、西南、西北、东北8个走向对称分布的门洞，内有环形通道相连，通道内多土蜂窝；南壁中间有豁口由顶部至底部，底宽0.3米，顶部内宽2.5、外宽3.8米，进深1.9米；其余台壁夯土剥离严重。台体顶部东南侧有长2.5、宽2.2米的通道至底部。台体四周杂草丛生。

台体用黄土夯筑而成，夯层厚0.05～0.12米。台体平面呈圆形，剖面呈梯形，底部直径17.4、顶部直径10.5、高8.6米。基座平面呈圆形，直径65米。壕沟位于台体四周，宽4、深2米。台体底部门洞宽0.8～1、高1.2、进深2.6米，内有宽1、高1.3米的环形通道相连。（图六九二）

烽火台位于大边东侧，北距后墩梁村烽火台1.9千米。西1.8千米处为秃尾河，0.07千米处有南北向乡村土路。

（二一六）后墩梁村烽火台（610821353201170216）

该烽火台位于高家堡镇后墩梁村东北1千米。四周生长有杂草，主要为茅草、蒿草，南侧生长大量沙柳、柠条等沙生灌木。东侧为缓坡，东0.037千米处有南北向小沟，0.33千米处有南北向大沟。南侧为缓坡，西南0.019千米处有2个1.4～3米见方人为挖掘的土坑，南0.23千米处有东南向大沟，西南0.035千米处有南北向水冲沟。西侧为缓坡，西0.03千米处有南北向小水冲沟，0.102千米、0.412千米处有南北向大沟；大沟外为沙地，生长有杂草。北侧为平缓山梁，北0.086千米处有东北向水冲沟，东北0.074千米处有小面积沙地，种植有大豆。地处黄土梁峁丘陵宽谷地带的平坦山梁上，属于黄土沟壑地貌。高程1193米。

烽火台整体保存较差。台体东壁中间坍塌，在底部形成缓坡；右下部有水冲豁口，宽1.3、高1.4、进深1.2米；左下角部分坍塌。台体南壁中部坍塌，形成高4.8米的堆土；中部左侧有一个凹洞，宽1.4、高0.6、进深1.2米；中部右侧有一个水冲豁口，宽1.3、高2.5、进深3.6米；其他部分夯土剥离严重，有大小虫洞。台体西壁中部有2个豁口，右边较大豁口由顶部至底部，下宽1.5、上宽7.6、进深5.6米；左边"V"形小豁口由顶部至中部，豁口顶部内宽1.8、外宽3.4、进深1.5、高3米。台体北壁剥离坍塌呈缓坡状，右侧中有大洞，宽2、高1.1、进深2米，洞内有大量土蜂窝；其他部分分布有大量直径0.1～0.6米的虫洞。台体上生长有大量酸枣及杂草，四周杂草丛生，顶部有人为挖掘的痕迹。

台体用黄土夯筑而成，夯层厚0.05～0.1米。台体平面呈近矩形，剖面呈梯形，底部东西30、南北29

米，顶部东西 17.8、南北 16 米，高 8.8 米。（图六九三）

　　该烽火台位于大边长城东侧，南距前墩梁村烽火台 1.9 千米。

（二一七）后喇嘛沟村烽火台

（610821353201170217）

　　该烽火台位于高家堡镇后喇嘛沟村东 2.5 千米。四周为缓坡，杂草丛生，缓坡下为沙地，有大量沙生灌木丛。东 0.058 千米处有南北向大沟；南 0.033 千米处有东西向小沟，0.173 千米处有东西向大沟，0.927 千米处有大沟通喇嘛沟；西 0.05 千米处有东西向小水冲沟；北 0.093 千米处有东西向水冲沟。地处黄土梁峁丘陵宽谷地带的平坦山梁上，属于黄土沟壑地貌，四周荒无人烟。高程 1243.6 米。

　　烽火台整体保存较差。台体东壁坍塌严重，左侧有一个豁口呈斜坡状由顶部至底部，上宽 4.8、下宽 2.1、进深 6.5 米，豁口内有大量羊啃洞；中间底部有大小两个羊啃洞，大洞直径 0.6、进深 0.5 米，小洞直径 0.15、进深 0.3 米；右侧整体坍塌，由北向南宽 8.5、进深 2.9 米。台体南壁夯土剥离、水冲痕迹明显，有 20 多个直径 0.1～0.45 米的羊啃洞和虫洞；右侧夯土剥离严重，有大面积夯土即将坍塌；中部坍塌为豁口，有水冲痕迹及堆土，豁口下宽 5.3、上宽 1.6、进深 6.6 米，堆土高 3.2 米。台体西壁夯土剥离，中部以上呈坡状，以下竖直坍塌；右下部有一个直径 1 米的洞穴，向内至台体中心；中部有较多直径 0.3 米的虫洞；左下角有 2 米见方羊啃痕迹。台体北壁呈缓坡状。台体顶部中部有大小 2 个塌陷坑，大坑直径 1.4、深 0.8 米，小坑直径 0.5、深 2 米。台体四周杂草丛生。

　　台体用黄土夯筑而成，夯层厚 0～0.08 米。台体平面呈矩形，剖面呈梯形，底部东西 19.2、南北 21.6 米，顶部东西 14.3、南北 16.3 米，高 8.4 米。（图六九四）

　　该烽火台西北距大边 1.8 千米。

（二一八）阎家沟村烽火台（610821353201170218）

　　该烽火台位于高家堡镇后墩梁村阎家沟村（组）东北 1 千米。四周生长杂草，主要为茅草、蒿草，南侧生长有大量沙柳、柠条等沙生灌木。东侧为缓坡，东 0.037 千米处有南北向小沟，0.33 千米处有南北向大沟。南侧为缓坡，西南 0.019 千米处有 2 个 1.4～3 米见方人为挖掘的土坑，南 0.23 千米处有东南向大沟，西南 0.035 千米处有南北向水冲沟。西侧为缓坡，西 0.03 千米处有南北向小水冲沟，0.102 千米处有南北向大沟，0.412 千米处有南北向大沟；大沟外为沙地，生长有杂草。北侧为平缓山梁，北 0.086 千米处有东北向水冲沟，东北 0.074 千米处有小面积沙地，种植有大豆。地处黄土梁峁丘陵宽谷地带的平坦山梁上，属于黄土沟壑地貌。高程 1138.6 米。

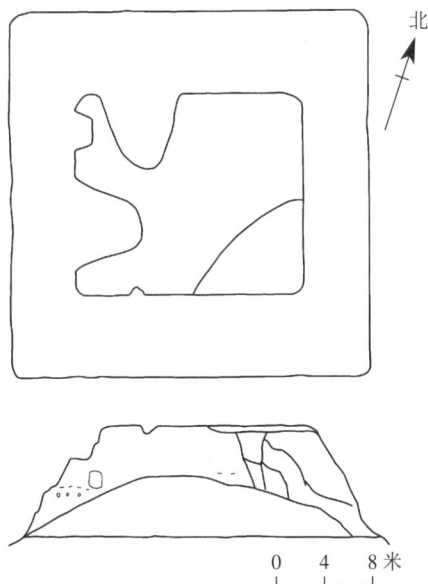

图六九三　后墩梁村烽火台平、立面图

图六九四　后喇嘛沟村烽火台平、立面图

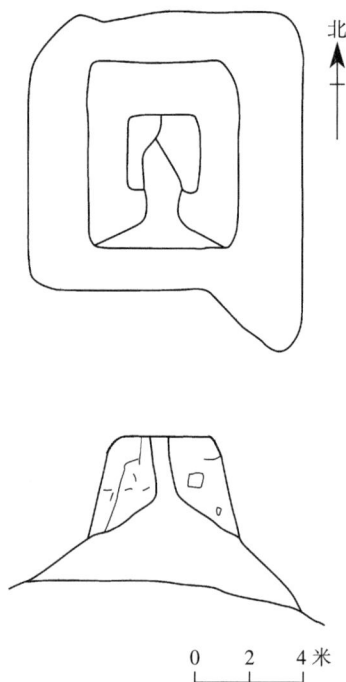

图六九五　阎家沟村烽火台平、立面图

烽火台整体保存较差。台体因长年风雨侵蚀表层剥落严重，仅存台芯。台体东壁中间坍塌，在底部形成缓坡；右下部有水冲豁口，宽1.3、高1.4、进深1.2米；左下角部分坍塌，北部剥离坍塌成缓坡。台体南壁中部坍塌，形成高4.8米堆土；中部左侧有一个凹洞，宽1.4、高0.6、进深1.2米；右侧有一个宽1.3、高2.5、进深3.6米的水冲豁口；其他部分夯土剥离严重，有大小虫洞。台体西壁中部有两个豁口，右边较大豁口由顶部至底部，下宽1.5、上宽7.6、进深5.6米；左边"V"形小豁口由顶部至中部，豁口顶部内宽1.8、外宽3.4、进深1.6、高3米。台体北壁右侧中部有大洞，宽2、高1.1、进深2米，洞内有大量土蜂窝；其他部分分布有大量直径0.1~0.6米的虫洞。台体上生长有大量酸枣树及杂草，四周杂草丛生，顶部有人为挖掘的痕迹。

台体用黄土夯筑而成，夯层厚0.05~0.1米。台体平面呈近矩形，剖面呈梯形，底部东西30、南北29米，顶部东西17.8、南北15米，高8.8米。（图六九五）

该烽火台位于大边东侧，南距前墩梁村烽火台1.9千米。

（二一九）水洞村烽火台（610821353201170219）

该烽火台位于高家堡镇水洞村南0.243千米。四周杂草丛生，周围为缓坡，南侧为农田，其他三面杂草丛生。东0.034千米处有南北向大沟，0.193千米处为山梁，有大片农田。南0.477千米处为山梁；西0.03千米处有南北向大沟，宽90米，通往河谷。北侧为缓坡，0.045千米外为陡坡至沟底河

谷。地处黄土梁峁丘陵地带的平坦山梁上，属于黄土沟壑地貌。高程1199.7米。

烽火台整体保存较差。台体东壁夯土剥离；南壁中部夯土剥离，形成直径0.3、进深0.2米凹洞，壁面有少量小虫洞。台体西壁受雨水冲刷严重，下部有较多水冲痕；中间坍塌呈斧凿状，宽0.5、进深0.3、高1.8米，内侧有细裂缝。台体北壁受雨水冲刷痕迹明显，中部2.1米以上坍塌成豁口，宽1、进深0.9米；塌土在底部堆积成斜坡，堆积高2.1米，内夹杂片石。台体上长有少量杂草。

台体用黄土夯筑而成，夯层厚0.04~0.18米。台体平面呈矩形，剖面呈梯形，底部东西6、南北5.8米，顶部边长3.5米，高7.5米。基座平面呈矩形，底部东西16.7、

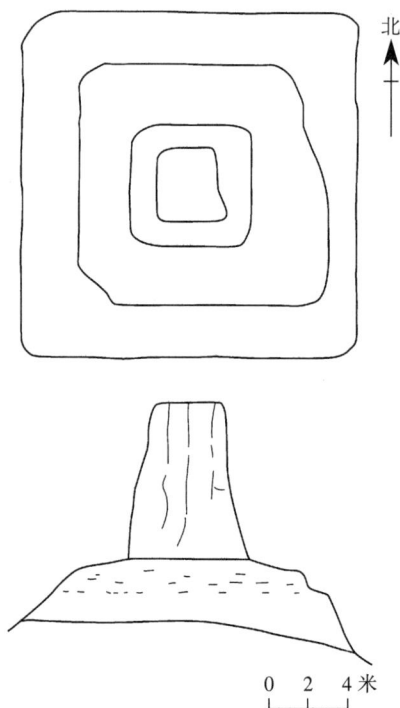

图六九六　水洞村烽火台平、立面图

南北16.5米，顶部东西11.2、南北11.5米，高3米，基座上部为夯土层，下部为生土，夯土层厚1.6米。台体顶部有片石、包砖，似为顶部建筑遗存。（图六九六）

该烽火台东北距郝家岔村 1 号烽火台 2.05 千米，北 0.243 千米处有东西向乡村土路，西 0.15 千米处有羊肠小道通山下。

（二二○）郝家岔村 1 号烽火台（610821353201170220）

该烽火台位于高家堡镇郝家岔村南 0.25 千米。四周为缓坡，为农田，种植有谷子、大豆等。东 0.04 千米处有南北向大沟，0.046 千米处有大面积梯田，0.317 千米处为山梁，杂草丛生。西南 0.04 千米处有西南向小沟，西 0.07 千米处有南北向大沟连通郝家岔沟。北侧坡度较陡，坡下为东西向郝家岔沟，北 0.28 千米处为沙梁，东北 0.315 千米处为南北向大沟，与郝家岔沟汇合，沟内有大片农田、村舍，种植有杨树、柳树、枣树等。郝家岔沟位于烽火台北侧山梁下，呈东—西走向，农舍、农田等多分布在沟内郝家岔河北侧。地处黄土梁峁和沙地交界地带河谷上的平坦山梁上，属于黄土沟壑地貌。高程 1205.4 米。

烽火台整体保存较差。台体仅存台芯，东壁中部由底部向上 0.55 米有豁口至顶部，宽 0.9、进深 0.4 米。台体南壁距底部 1.5 米以上坍塌成陡坡；左侧有豁口，下宽 0.4、上宽 1.6、进深 0.5 米。台体西壁中部 0.75 米以上坍塌成豁口，宽 1.4、进深 0.4 米；中部偏左距底部 0.75 米有一个半圆形水冲洞，直径 0.4 米。台体北壁夯土剥离、冲刷严重，右上部有水冲形成的 2 个洞，上洞宽 0.15、高 0.4 米，下洞宽 0.17、高 0.2 米，与西面一个洞相通，西北角 0.75 米以上夯土濒临坍塌。台体上生长有少量杂草。

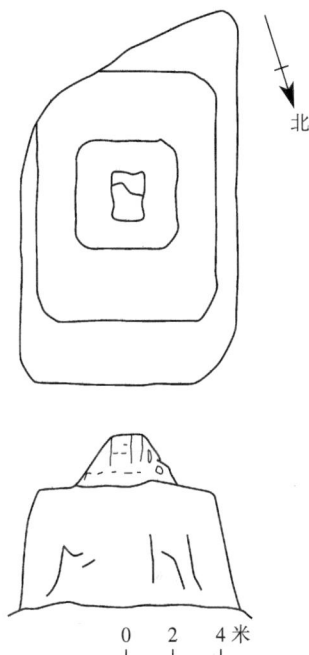

图六九七　郝家岔村 1 号烽火台
平、立面图

台体用黄土夯筑而成，夯土包含有白色料礓石，夯层厚 0.07 ~ 0.12 米。台体平面呈矩形，剖面呈梯形，底部边长 4.3 米，顶部东西 1.4、南北 2 米，高 2 米。基座平面呈矩形，底部东西 9.1、南北 15 米，顶部东西 7.5、南北 19 米，高 5 米。（图六九七）

该烽火台东南距阎家沟村烽火台 2.05 千米，北距郝家岔村 2 号烽火台 1.6 千米，北 0.245 千米处有呈东—西走向的郝家岔河。

（二二一）郝家岔村 2 号烽火台（610821353201170221）

该烽火台位于高家堡镇郝家岔村西北 1.1 千米。四周为缓坡，坡下被灌木丛沙地包围。东 0.01 千米处有南北向宽 14 米的沟，0.15 千米处为沙地，东南 0.052 千米处有两条西南向平行沟。南 0.05 千米处有小块农田，种植有向日葵；西 0.31 千米处为沙地。西侧缓坡 0.058 千米以下为陡坡；西北 0.045 千米处有西南向小沟，0.45 千米处有大沟，为泥则沟一部分。北侧较平，北 0.045 千米处有大沟，0.2 千米处为沙地，0.293 千米处有一条东西向大沟。地处黄土梁峁丘陵宽谷地带的平坦山梁上，属于黄土沟壑地貌。高程 1262.7 米。

烽火台整体保存较差。台体因长年的风雨侵蚀剥落、坍塌严重。台体东壁右侧 1.6 米以上坍塌成大豁口，宽 3.3、进深 2.6 米，塌土在底部堆积成 0.8 米的缓坡；左侧夯土剥离，中部有一个直径 0.25、进深 0.15 米的虫洞，左下角有直径 0.1、深 0.5 米的小洞。台体南壁夯土剥离，水冲痕迹、虫洞较多，有 3 个大豁口；中部豁口由底部至顶部，宽 1、进深 0.8 米；右侧豁口高 0.6、宽 0.6、进深 0.5 米，有人为铲削痕迹；左侧豁口由底部至顶部，宽 1.05、进深 0.4 米。台体西壁坍塌严重，由底部向上 1.6 米分为上下两部分；上部坍塌宽 4、进深 2.8 米；下部坍塌，在中部堆积成缓坡，由中间向左、右两角成斜坡；右上角有较多风蚀窝；左下角有 3 个较大风蚀窝，宽 0.5 ~ 0.8 米。台体北壁右侧密布大小风蚀窝；左侧夯土剥离，有少量竖裂缝。台体四周杂草丛生，有大量沙生灌木丛。

台体用黄土夯筑而成，夯层厚 0.06 ~ 0.12 米。台体平面呈矩形，剖面呈梯形，底部东西 7.2、南北 7.5 米，顶部东西 5、南北 3.7 米，高 4 米。基座平面呈矩形，底部东西 19、南北 17.6 米，顶部东西 17.5、南北 17.6 米，高 1.3 米。（图六九八）

该烽火台南距水洞村烽火台 1.6 千米，东北距柏林堡 2.3 千米。

（二二二）黄虫塔村烽火台（610821353201170222）

该烽火台位于乔岔滩乡黄虫塔村西北 1 千米。四周为缓坡，杂草丛生，长有大量沙生灌木丛，东面种植有苜蓿、谷子、枣树等。南侧坡度较大，南 0.08 千米处有较低的山峁、大块农田，种植有谷子。西侧为缓坡，西 0.058 千米以下为陡坡；西北 0.045 千米处有西南向小沟，0.45 千米处有大沟，为泥则沟一部分。北侧 0.025 千米处有土丘，疑似为现代坟墓；北 0.027 千米处为斜坡，0.157 千米处有两个南北向水冲沟，0.474 千米处为山梁，有航标塔一座，东北为大沟。地处黄土梁峁丘陵宽谷地带的平坦山梁上，属于黄土沟壑地貌。高程 1072.4 米。

烽火台整体保存差。台体因为农业生产被改造成农田，只剩 1 米高的土丘，种植有黑豆、马铃薯等农作物。

台体平面呈矩形，东西 7.6、南北 11 米。（图六九九）

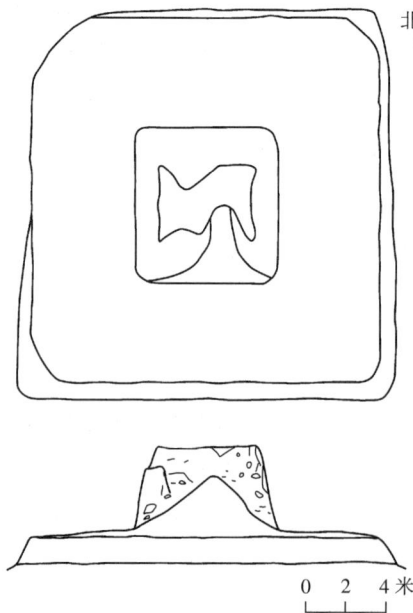

图六九八　郝家岔村 2 号烽火台平、立面图

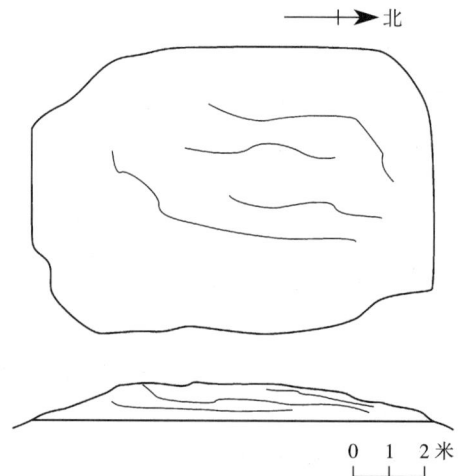

图六九九　黄虫塔村烽火台平、立面图

此土丘当为烽火台遗址，原因有三。首先，观察附近地形，此处为最高山梁顶部，附近再无墩台遗迹；其次，据地图显示，此处为烽火台，且在地图中航标点南约 0.5 千米，相对位置符合；最后，

此处庄稼长势不旺，与旁边农田明显不同，似为遗址夯土影响。

该烽火台南1千米处为黄虫塔沟，东0.023千米处山梁中间横穿南北向乡村土路，山梁顶部有东西向羊肠小道通往黄虫塔村，南1千米处有乡村柏油路。

（二二三）高庙沟村烽火台（610821353201170223）

该烽火台位于乔岔滩乡高庙沟村西北2.5千米。四周为缓坡，坡下被灌木丛沙地包围。东侧0.025千米处有南北小沟，0.096千米处有南北向小沟，0.133千米处有南北向大沟，1.01千米处为山梁。南侧0.045千米处有西北向、西南向的小沟相汇，0.196千米处有西南向大沟，0.245千米处有东西向大沟，沟底至沙地。西侧0.034千米处有南北向小沟，缓坡0.08千米以下为陡坡，至0.24千米处为沙地。北侧较平坦，西北0.068千米处有南北向大沟，东北角有南北向大沟。地处黄土梁峁丘陵宽谷地带的平坦山梁上，属于黄土沟壑地貌。高程1270.4米。

烽火台整体保存较差。基座东、南面坍塌呈坡状，西、北面保存。台体为二层台，上层四壁夯土坍塌严重；东壁右下角坍塌斜入台体内，东西1.6、南北3.8米；南壁坍塌由顶部至底部；西壁有较多小昆虫洞，中部有一条较大竖裂缝，宽0.1米；北壁夯土剥离严重。台体下层东壁坍塌至基座底部，堆土成缓坡，左下角有一个宽1.3、高1.4、进深1.7米的豁口；南壁坍塌严重，有较多虫洞和动物洞穴，右下角大洞宽0.6、高0.7米，深入台体内部，中部大洞宽1.8、高1.5米，深入台体内部，左下角有较多虫洞和羊啃洞；西壁中间上部有一个宽1.9、高1.8、进深1.8米的豁口，豁口左下部坍塌宽1.7、进深1、高2.8米，左下角有直径0.55米的大洞深入台体内部，其他部分有较多大小不等的虫洞；北壁部分坍塌，右侧有一个水冲沟，宽0.6米，由顶部至底部；中部有一个豁口宽1.7、高1.5、进深1.3米，豁口壁有大小洞穴3个，深入台体内部。台体上杂草丛生。（图七〇〇）

图七〇〇　高庙沟村烽火台平、立面图

台体用黄土夯筑而成，夯层厚0.06～0.11米。台体平面呈矩形，剖面呈梯形。台体一层台底部东西14.5、南北11.8米，顶部东西11.4、南北7.4米，高4.6米。台体二层台底部东西10.2、南北5.8米；顶部呈不规则新月形，东西5、南北1.5～1.8米，高3.4米。基座平面呈矩形，底部东西23.2、南北20米，顶部东西17.8、南北15.2米，高2米。

该烽火台东北距大边0.7千米。

三　关堡

神木县此次调查关、堡共计14座，其中，关11座、堡3座。

关11座，有8座平面呈矩形，呈近梯形、三角形、吕字形的各1座，边长10～36米居多，少数达48～84米，周长72～276米，面积360～4712平方米。关墙皆为夯筑土墙，有些夯土中包含有料礓石，大部分夯层厚度不详，清晰的范围在0.1～0.2米；墙体底宽0.5～6、顶宽0.1～1.6、高0.3～5.2米。其中，3座关内有1个城门、8座关内荒废、3座关内为荒漠。

堡3座，平面呈矩形的有2座，呈近矩形的有1座，边长33～55米，周长144～197米，面积1200～2530平方米。堡墙皆为夯筑土墙，夯层厚0.1～0.18米；墙体底宽2.7～3、顶宽0.2～1.6、高0.8～10米。堡内多有城门、敌台、马面等设施，其中，2座堡有1个堡门1座敌台、1座堡有1座马面。堡内荒芜或用于耕种、植树等。

长年的风雨侵蚀、动物破坏、植物生长、土地沙化及当地居民不合理利用、破坏，如开挖窑洞、开垦耕地等是其损毁的主要原因。

关、堡分述如下。

（一）沙石岭村关（610821353101170001）

该关位于神木镇沙石岭村东北1.5千米的山梁上。东侧为耕地，南北两侧有不同程度的沟壑发育，南侧有一条乡间土路穿长城墙体而过，地处黄土梁峁丘陵宽谷地带，属于黄土沟壑地貌。高程1218.2米。

关整体保存差。仅存夯土关墙，断续存在，高低不齐，坍塌呈锯齿状，关内没有任何遗迹。

关坐西朝东，平面呈矩形，东西20、南北28米，周长96米，占地面积560平方米。关墙夯筑而成，夯层厚0.15～0.2米，保存最高8.4、最低3.5米；墙体底宽1.2、顶宽0.4、内高3、外高3.5米。东墙中间距南端12米有一个1.5米宽的豁口，当为门的位置。（彩图一三八）

该关位于沙石岭村长城墙体、沙石岭村马面东侧，附近无河流，关西侧紧靠长城墙体为通往高家堡的沙石公路，居民状况不详。

（二）大柏油堡村1号关（610821353101170002）

该关位于解家堡乡大柏油堡村西1.63千米的柳沟南岸。附近为平缓坡地，周围是退耕草地林地，种植有苜蓿、柏树，地处黄土梁峁丘陵宽谷地带，属于黄土沟壑地貌。高程1181.2米。

关整体保存差。保存部分关墙，大部分消失，关内平整。

关坐西朝东，平面呈矩形，东西20、南北36米，周长112米，占地面积720平方米。关墙夯筑而成，夯层厚0.1～0.13米，夯土包含有料礓石；大部分关墙坍塌，保存最高1.2、最低0.3米，仅存东墙一段和借用的长城墙体，东墙保存部分位于中部关门两侧，门南侧长3、北侧长2米；墙体底宽0.5～1.3、顶宽0.2～0.4、内高0.3～1.2、外高0.8～1.6米；西墙借用长城墙体，北端7米位置偏东，比其他长城墙体偏东2.5米，墙体底宽5、顶宽2.5米；东墙上有一个豁口，距北侧17米，宽2米，为关门的位置。（图七〇一）

该关位于大柏油堡村长城墙体东侧，西墙距北端14.5米是大柏油堡村1号马面。北侧柳沟由西向东流，为窟野河支流，关西侧紧靠长城墙体有通往高家堡的沙石公路，居民状况不详。

0　1　2米

图七〇一　大柏油堡村1号关北立面图

（三）大柏油堡村 2 号关（610821353101170003）

该关位于解家堡乡大柏油堡村西 1.63 千米的柳沟南岸。附近为平缓坡地，周围是退耕草地林地，种植有苜蓿、柏树。地处黄土梁峁丘陵宽谷地带，属于黄土沟壑地貌。高程 1211.1 米。

关整体保存差。保存部分关墙。关内平整，种植有苜蓿、柏树，南墙高于梁面 1.2 米，北墙高于梁面 3 米。南墙内侧 2 米有一条乡村沙石路，顺墙而过，路宽 7 米；外侧有南北长 3 米的三合土层，厚 0.05～0.4 米。

关坐西朝东，平面呈矩形，东西 20、南北 36 米，周长 112 米，占地面积 720 平方米。关墙夯筑而成，夯层厚 0.1～0.13 米，夯土包含有料礓石。大部分关墙坍塌，保存最高 1.2 米，最低与地表齐平；西墙中部距北侧 17 米有一个豁口，宽 3 米，为关门的位置，东墙有保存，墙体底宽 1.4、顶宽 0.3、高 1.2 米。（图七○二）

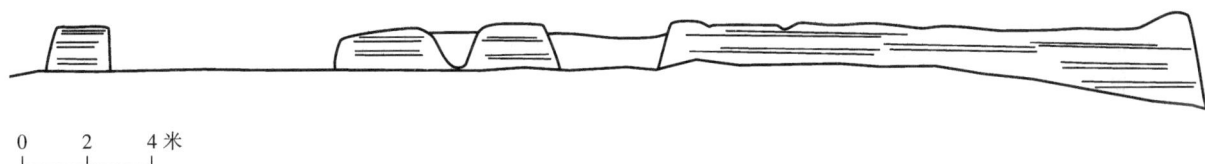

0　　2　　4 米

图七○二　大柏油堡村 2 号关东立面图

该关位于大柏油堡村长城墙体东侧，西墙借用长城墙体，距北墙 13.5 米西墙西侧是大柏油堡村 2 号马面，关东侧 0.05 千米处有大柏油堡村 1 号烽火台。北侧为柳沟，由西向东流，为窟野河支流，西则紧靠长城墙体为通往高家堡的沙石公路，从南部穿关而过。

（四）口则上村关（610821353101170004）

该关位于高堡镇口则上村西南 1.3 千米的沙梁地上。周围是长满荒草的沙丘，地处黄土梁峁丘陵宽谷地带与沙漠地带交界处，地势较平缓。高程 1183 米。

关整体保存差。仅存关墙，大部分被流沙掩埋。

关坐西朝东，平面呈矩形，东西 18、南北 20 米，周长 72 米，占地面积 360 平方米。关墙夯筑而成，保存最高 0.9、最低 0.2 米，墙体底宽 0.7～1、顶宽 0.2 米。（参见图六二八）

该关位于口则上村长城 2 段墙体东南侧，依长城墙体而建，西墙北端外侧是口则上村 3 号马面，东北距口则上村 5 号敌台 0.33 千米。东侧为李家洞沟，由北向南流，为季节性补给型河流。附近有山区小道，口则上村居民年人均收入 1000～1500 元。

（五）喇嘛河村关（610821353101170005）

该关又名圐圙，位于高家堡镇喇嘛河村东秃尾河东岸坡上。周围是荒坡地，坡势陡峭，西临秃尾河，榆（林）佳（县）公路和高惠渠从关西部穿过。地处黄土梁峁丘陵宽谷地带，属于黄土沟壑地貌。高程 984.6 米。

关整体保存差。保存东墙、南墙东段和西段部分、北墙东段，东墙只存外侧 2～3 米和墙基，东南角有一个坍塌豁口。墙体两侧剥落严重，尤其东墙内侧 3～4 米坍塌，上部坍塌严重。

关坐北朝南，平面呈矩形，东西约 62、南北 76 米，周长 276 米，占地面积 4712 平方米。关内东西呈陡坡状。关墙为土墙，保存最高 5.2、最低 1 米，墙体底宽 6、顶宽 0.5～1.6 米。东墙长 76、高

3.5~5.2 米，墙基内侧有片石垒砌的护坡，高
0.3~1.5 米；南墙东段长 29 米，西为榆（林）
佳（县）公路，再西有 17 米保存，再西 5 米
为高惠渠，再西保存 3 米夯土墙，高 1~5 米；
西墙消失；北墙东段长 8.5 米，只东端 7.5 米
保存，高 5 米，西段借用喇嘛河村长城墙体。
（图七○三）

该关位于喇嘛河村长城墙体南侧，依长城
墙体而建，北距喇嘛河村山险止点 0.023 千米。
由北向南流的秃尾河，为黄河支流，秃尾河与
榆佳公路之间为高惠渠。该关上部深入山区，
没有道路。喇嘛河村原有居民 600 余人，现常
住居民约 100 人，以农业为主。

（六）玄路塔村关

（610821353101170006）

该关位于高家堡镇玄路塔村北 0.205 千米的
河谷上。周围种植有粮食、树木，西侧为秃尾
河，与喇嘛河村关隔河相望。地处黄土梁峁丘
陵宽谷地带，属于黄土沟壑地貌。高程
972.7 米。

关整体保存差。关墙绝大部分坍塌，关内
破坏严重，无遗存。

关坐北朝南，平面呈近梯形，西北墙借用
玄路塔村长城墙体和玄路塔村马面，长 72 米，

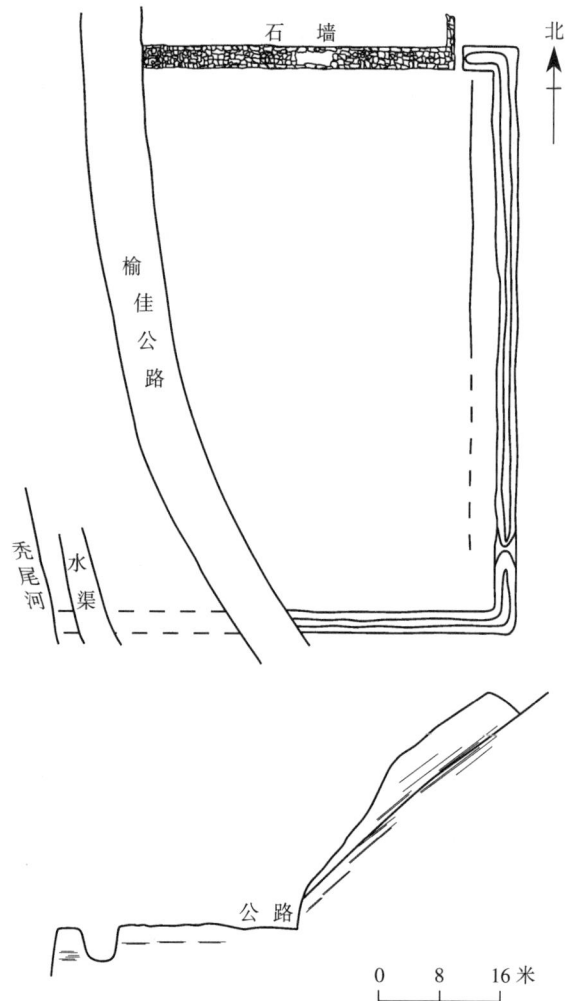

图七○三　喇嘛河村关平、立面图

北墙长 27、东墙长 23、南墙长 56 米，周长 178 米，占地面积 1282.5 平方米。关墙为土墙，墙体高
0.5~1.5 米。东南角有一处高出地面 1~1.5 米的高地，较平整，上面散落有石块、瓷片等，似为建筑
遗存。关内发现有石片、瓷片等。（参见图六三一）

该关西北紧靠玄路塔村长城墙体，长城墙体外有玄路塔村马面。西侧为秃尾河，由北向南流，为
黄河支流，附近有乡村土路。

（七）草湾沟村 1 号关（610821353101170007）

该关位于高家堡镇草湾沟村西南。所处台塬被杂草覆盖，南侧 3 米处有一个小采沙场。地处黄土
梁峁丘陵宽谷地带与沙漠地带交界处，地势平坦。高程 1082.4 米。

关整体保存差。关墙大部分消失，关内破坏严重。

关朝向不明，平面呈近三角形。关墙为土墙，高 1~2.5 米。北墙西端与草湾沟村山险墙相接，北
墙存东端 6 米、东端残存北端 18 米，南墙、西墙不详，总体消失约 29 米，因此关内格局不明。关内
发现有石片、瓷片等。（图七○四）

该关北 0.035 千米处有草湾沟村 4 号敌台。北侧为红柳沟，由西向东，为秃尾河支流。该地深入

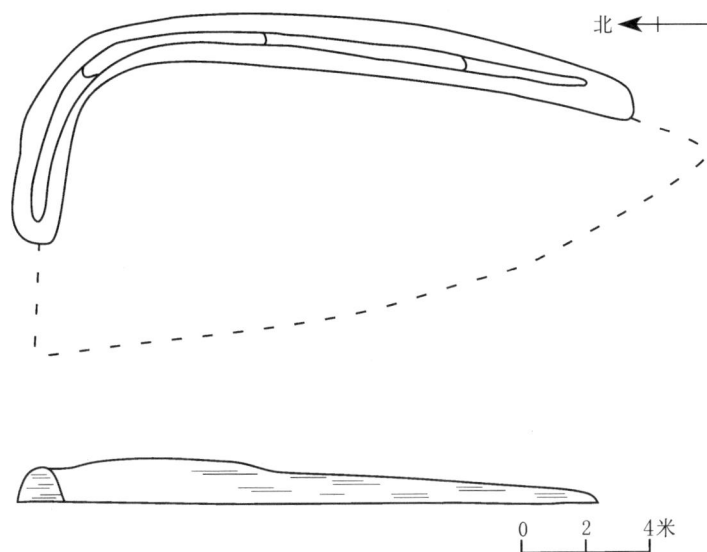

图七〇四 草湾沟村1号关平、立面图

山区，只有山间小路。草湾沟村现有居民 150 余人，以农业、养殖业为主，年人均收入 2000 ~ 3000 元。

（八）草湾沟村2号关（610821353101170008）

该关位于高家堡镇草湾沟村西南。地处沙漠地带，大部分被沙漠覆盖。周围地势较为平坦，为裸露的沙丘和沙梁。高程 1173.3 米。

关整体保存差。关墙大部分消失，关内破坏严重。

关坐北朝南，平面呈矩形，周长 202 米，占地面积 2544 平方米。关墙为土墙，存北、西墙，南、东墙消失，高 1 ~ 2 米。北墙东角与草湾沟村长城 3 段墙体相接，长 48 米，距东端 11 米有草湾沟村 6 号敌台；西墙长 53 米，距北端 15 米有 33 米墙体消失。墙体底宽 2、顶宽 0.2 ~ 0.5 米，夯层不明。关内发现有石片、瓷片等。

该关地处山区，只有山间小路。

（九）草湾沟村3号关（610821353101170009）

该关又称圈圙，位于高家堡镇草湾沟村西南 2.4 千米的沙漠中。周围地势平缓，地处沙漠地带，沙丘和沙梁发育完全。高程 1144.8 米。

关整体保存差。关墙断续存在，高 0 ~ 1.5 米，大部分坍塌或被流沙掩埋。近几年的沙漠绿化使关周围植被有所增加。

关坐北朝南，平面呈矩形，东西 23、南北 21 米，周长 88 米，占地面积 483 平方米。关墙为土墙，墙体底宽 1、顶宽 0.1、内高 1、外高 1.5 米。（参见图六三四）

该关借用草湾沟村长城 4 段墙体，长城墙体北侧有草湾沟村 2 号马面，东南距草湾沟村 1 号烽火台 0.09 千米。

该关地处沙漠，没有道路，水文不详。

（一○）水掌村 1 号关（610821353101170010）

该关位于乔岔滩乡水掌村东北。周围是连绵起伏的沙丘和沙梁，地处沙漠地带，所在地区绝大部分被沙漠覆盖。高程 1254.9 米。

关整体保存差。关墙坍塌、消失，关内破坏较严重。墙体两侧有许多小洞穴，直径 0.1~0.3、进深 0.15~0.3 米，为羊群啃噬造成。

关坐北朝南，平面呈吕字形，北半部面积较大，南半部面积较小，周长 181 米，占地面积 1305.5 平方米。关墙夯筑而成，夯层厚 0.13~0.17 米，高 2~3 米。关北半部东墙长 18 米，南端 8 米消失；北墙长 49 米，墙体外有一座土台，南北 4、高 3~4 米；西墙长 17 米，南端 10 米消失。关南半部西墙长 17 米，距北端 1 米有一个宽 5 米的缺口；南墙长 28 米；东墙长 15 米，距南端 4 米有一个宽 3 米的缺口。两部分间有墙体，西侧长 17、东侧长 20 米，距东端 5 米有一个宽 6 米的缺口。墙体顶部呈锯齿状，底宽 3~4、顶宽 0.2~1、内高 1~2、外高 2~3 米。关内有砖、石片、瓷片等。（参见图六一六；彩图一三九、一四○）

该关东墙与水掌村长城 1 段墙体相接，西墙与水掌村长城 2 段墙体相接，关内有水掌村 1 号敌台，关南侧 0.02 千米处有水掌村 2 号烽火台。附近无河流，该地深入山区，只有山间小路。

（一一）水掌村 2 号关（610821353101170011）

该关位于乔岔滩乡水掌村东北。周围地势较为平坦，为连绵起伏的沙丘和沙梁，地处沙漠地带，所在地区绝大部分被沙漠覆盖。高程 1196.5 米。

关整体保存差。关墙坍塌、消失，关内破坏较严重。东墙北端有一个宽 6 米的缺口；南墙距东端 12 米有一个豁口，宽 8、进深 9 米，可能是门的位置。

关坐北朝南，平面呈矩形，东西 30、南北 20 米，周长 100 米，占地面积 600 平方米。关墙为土墙，墙体底宽 5~6、顶宽 0.1~0.4、内高 1~1.7、外高 2~3.1 米。北墙中间有水掌村马面，马面两侧各有一段砖墙，长 3、高分别为 5 和 0.5~3、宽 0.8 米。关内有砖、石片、瓷片等。（参见图六三五；彩图一四一、一四二）

该关位于水掌村长城 2 段墙体南侧，西距水掌村 2 号敌台 0.419 千米，东距水掌村 1 号关 0.415 千米。该地深入沙漠，只有山间小路。

（一二）杨家城村堡（610821353102170012）

该堡建在店塔镇杨家城村西南 1.25 千米的石质山梁西端。所处山梁表土较薄，部分没有表土，裸露岩石风化严重，南、北、西三面为沟，西面山梁上及堡内有人工林，山梁表面由于雨水冲刷有许多水流痕迹，有细小的沟壑发育。地处黄土沟壑地带，丘陵沟壑地貌发育充分。高程 1067.1 米。

堡整体保存差。保存四面堡墙和西墙北段外侧敌台，堡内平整，有人工林和荒草地。堡墙顶部呈锯齿状，墙体及敌台表面有剥落。

堡坐北朝南，平面呈近菱形，东墙长 33、南墙长 31、西墙长 44、北墙长 36 米，周长 144 米，占地面积 1200 平方米。堡墙为土墙，夯筑而成，夯层厚 0.1~0.11 米，夯土包含有料礓石，高 3~6 米。墙体底宽 3、顶宽 0.5~1.4、内高 4、外高 5 米；南墙中间有门，现为豁口，宽 5 米，距东端 14 米。

堡西北角有一座敌台，夯筑而成，夯层厚 0.08~0.12 米，外为夯土、石块混合层，剥落严重。台体平面呈矩形，底部东西 6.4、南北 7 米，顶部东西 5.4、南北 6 米，高 6 米，外层夯土、石块混合层宽 0.9、厚 0.26～0.28 米。台体东壁有登台门洞，门洞外层坍塌，宽 0.9、进深 1.55 米，折北通向台体顶部；顶部 1.5 米是二次建筑，为夯土、石块混合层，其下为 0.3 米厚的片石层。（图七〇五；彩图一四三、一四四）

该堡西距杨家城村长城 1 段墙体 0.12 千米，南距杨家城村 3 号敌台 0.49 千米，西约 3 千米为窟野河。该地深入山地，只有山间小路。杨家城村部分人口迁徙，有常住居民约 100 人，以农业为主。

（一三）山峰则村卧虎寨堡
（610821353102170013）

该堡位于解家堡乡山峰则村南 1 千米的山梁上。依地势而建，四周为退耕草地

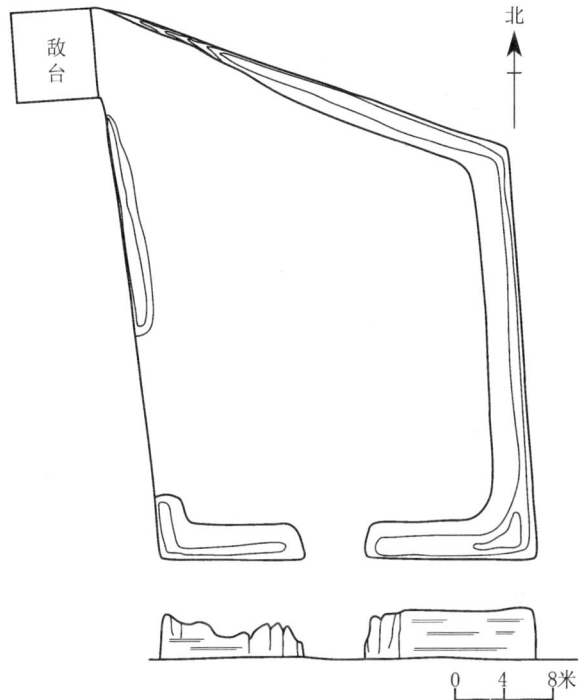

图七〇五　杨家城村堡平、立面图

和柏树林地，堡内地势较高，西侧 0.03 千米处为悬崖，北侧 0.05 千米处有石壑子河险，西侧由于流水冲刷有小的沟壑发育，西侧悬崖和北侧山险外的悬崖比较陡峭，东、南侧比较平缓。地处黄土梁峁丘陵宽谷地带，属丘陵沟壑地貌。高程 1232 米。

堡整体保存差。存堡墙、门、敌台和暗道。堡墙剥落严重，有几处缺口，墙体顶部呈刃状，有坍塌，底部有人为挖掘痕迹；堡门包石风化严重，门上部有坍塌，只存砂岩条石券门洞；敌台包砖被拆除，顶部坍塌，四壁风化剥落严重；暗道被流水冲毁，仅存内端道口，顶部坍塌，底部有淤泥。该堡被废弃，堡内长满杂草，有当地退耕还林种植的柏树。

堡墙北 10 米有一个坑，深约 3 米，半圆形，直径约 3.5 米，坑内可见一条水道从堡内通出，下宽 1.3、上宽 0.5、高 1.5 米，向内逐渐缩小，坑西壁有洞穴通向西侧斜坡，洞下宽 1.7 米，拱顶，高 2、深 10 米，洞底有流水冲刷的痕迹，推测水道为暗道，在坑处折向西，直通堡西沟边斜坡。

堡坐北朝南，平面呈近矩形，东墙长 55、南墙长 46、西墙长 52、北墙长 44 米，周长 197 米，占地面积 2530 平方米。堡墙为土墙，存南堡门两侧及堡东、西侧和敌台东、西侧墙体。堡门部分包石，其余为土墙，夯筑而成，夯层厚 0.14～0.18 米，夯土包含有料礓石。墙体表面坍塌、剥落，部分墙体外侧长有山枣树；墙体高 6.7～8.3、底宽 3、顶宽 1～1.6、内高 5.2、外高 6.7 米。堡墙有缺口，西墙底部有一个土洞，下宽 1.3、上宽 0.5、中间宽 2、高 3.5 米；洞东侧堡内有雨水冲沟，宽 2～9、进深 16、深 1～2 米。南墙中间有门，门四周包石，包石层宽 5.8、高 4.9、厚 0.3 米，包石长 66～126、宽 30～49、厚 15～33 厘米，门上方有石刻匾额。堡内向中心凹陷，为人工林和荒草地。堡墙东北角消失 6 米，门东侧墙体顶部 1.5 米有一个缺口，宽 1.5、深 1.5 米。（彩图一四五～一四七）

堡北侧有山峰则村长城 1 段墙体；有南城门，为正门；北墙西端有 1 座敌台、1 条暗道；堡内其他遗迹不详。

北墙敌台内夯土外包石、砖，包石有 12 层，包石长 55～87、宽 28～40、厚 19～27 厘米，包砖有

54层，包砖长41、宽19、厚8厘米，包砖大部分被拆除。台体平面呈矩形，底部边长9米，伸出北墙1米，顶部东西5、南北6米，高8.3米。台体南壁有一个矩形豁口，宽1.9、进深1.8米，高于地面2米，应是登台土洞的位置；包砖多被拆除，存靠西端2.1米宽，有48层；西壁包砖大部分被拆除一层，只西北角存长0.73、高1、厚0.36米，中间包砖脱落，上宽0.4、下宽2.2、高3米，露出夯土；北壁包砖保存较好，只顶部东北角有部分塌陷；东壁包砖大部分不存，靠北端存0.6米宽，底部包石只存东北角部分；顶部有厚1米的堆积，包含有砖、板瓦，夯层厚0.09~0.17米。堡内发现有砖、条石、瓷片。

该堡北距山峰则村3号敌台0.035千米。附近没有河流，南有解家堡沟，沟里水流很小，经常干涸，向东流入窟野河。堡东墙外有道路，周围方圆3千米范围内无固定居民点。

（一四）西边墙村堡（6108213531021700l4）

该堡位于高家堡镇西边墙东南0.3千米的山顶台塬上。北、西侧为沟，西侧沟壑冲断长城墙体，继续向南发育延伸，附近东、南侧地形平缓，南、北侧台塬上种植有杏树、苜蓿及马铃薯等。地处沙漠地带，以沙地为主，生长有稀疏的草皮植被。高程1187.6米。

堡整体保存差。保存堡墙和一座马面。堡墙和马面剥落严重，顶部坍塌。堡墙顶部呈锯齿状；马面夯土成块坍塌，底部坍塌成斜坡。堡内平整，长满杂草，中间种植有一片向日葵。

堡坐北朝南，平面呈矩形，东西33、南北40米，周长146米，占地面积1320平方米。堡墙为土墙，夯筑而成，夯层厚0.12~0.17米。墙体内高0.8~6、外高9~10米，其中有1.5~2.5米为生土层，底宽2.7、顶宽0.2~1米；南墙距东端14.5米有一个缺口，下宽4.5、上宽5米，当为堡门的位置。

堡墙北墙距西端9米有一座马面，有台座，夯筑而成，夯层厚0.1~0.21米。台座平面呈矩形，东西13.5、南北11米，南壁向堡内延伸2米，高2米，夯层厚0.15~0.21米。台体平面呈矩形，剖面呈梯形，底部东西6、南北9米，顶部基本平整，东西2.8、南北3.2米，高5米。台体南壁坍塌成斜坡，斜坡上有砖、片石、瓷片、陶片等。堡内发现有砖、石块、瓷片、陶片等。（图七〇六）

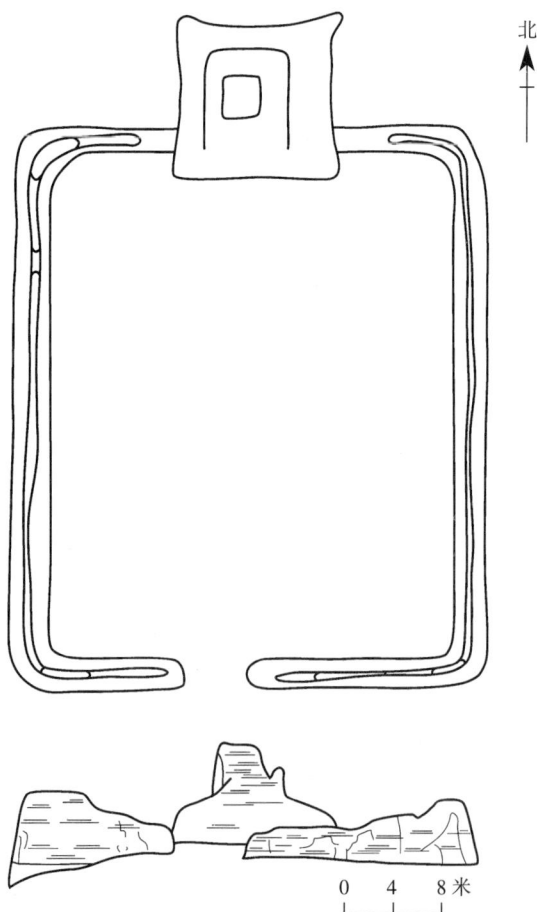

图七〇六　西边墙村堡平、立面图

该堡北距西边墙村长城1段墙体0.011千米，西南距西边墙村马面0.4千米。附近没有河流，西北数千米是喇嘛沟，沟里水流较小，西流约15千米入秃尾河。该地深入山区，只有山间小路。西边墙村属后喇嘛沟村，原有60余人，现有20~30人，以农业、养殖业为主，年人均收入1000~2000元。

四　相关遗存

此次在神木县发现有关长城的遗存共13处，占相关遗存总数的37.1%，其中，明代砖瓦窑遗址10处、石窟寺遗址2处、夯土建筑遗址1处，分述如下。

（一）连庄村砖窑遗存（610821354102170001）

该遗存位于神木镇连庄村东南1.1千米处。地处黄土沟壑地带，属丘陵沟壑地貌。高程1322.3米。遗存整体保存较差。窑体多塌陷破损，窑内被土回填，被植物根系破坏。

窑址为一组6座砖窑，沿山沟呈东北—西南走向分布，依次编为1~6号，分述如下。

1号窑由于山体滑坡、塌陷，顶、底不存，只存西北面部分窑壁，高、宽3米，青色烧土厚约0.3米。

2号窑保存较好。平面呈马蹄形，口部内收，底宽2.6、上口直径1.2、高3.5米，距1号窑20米。（图七〇七）

3号窑保存一般。窑壁直径3.5、深4米，口向南，宽0.8、高1.2米，窑内被雨水冲刷的杂土回填，直筒形，上口直径2.6米，底部直径不详，窑高3.2~3.4米，距2号窑15米。

4号窑保存差，大部分消失，只存少部分窑壁，具体数据不详，距3号窑7米。

5号窑因山坡塌陷只存半部，直径3.5、深约3米，底、口不存，青色烧土厚约0.13米，距4号窑6米。

6号窑保存差，存部分窑壁，直径3、深约3.5米，红烧土厚约0.05米，距5号窑6米。除2号窑窑口向南外，其他窑口向西南。

该遗存位于连庄村1号敌台西南0.3千米的悬崖旁，可能专为敌台烧砖之用，年代当为明代。附近没有河流、道路，向南有永兴川，西入窟野河。

（二）滴水崖村砖窑遗存
（610821354102170002）

该遗存位于麻家塔乡滴水崖西0.75千米处。周围是平缓的沙地，北侧有一条西流沟壑，通到窟野河。地处西部沙漠地带，地势平坦，土地沙化严重。高程1008.2米。

遗存整体保存较差。窑体多塌陷破损，窑内被土回填，被植物根系破坏。

窑址为一组8座砖窑，分布于滴水崖村5号敌台西10米的山坡上，呈东北—西南向分布，依次编为1~8号，分述如下。

1号窑位于滴水崖村5号敌台西0.01千米的

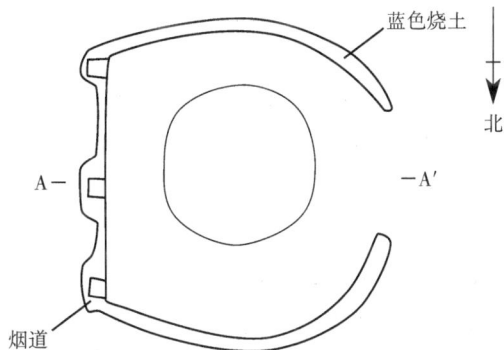

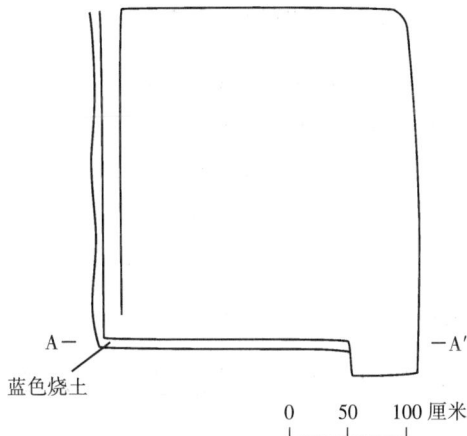

图七〇七　连庄村砖窑遗存2号窑平、剖面图

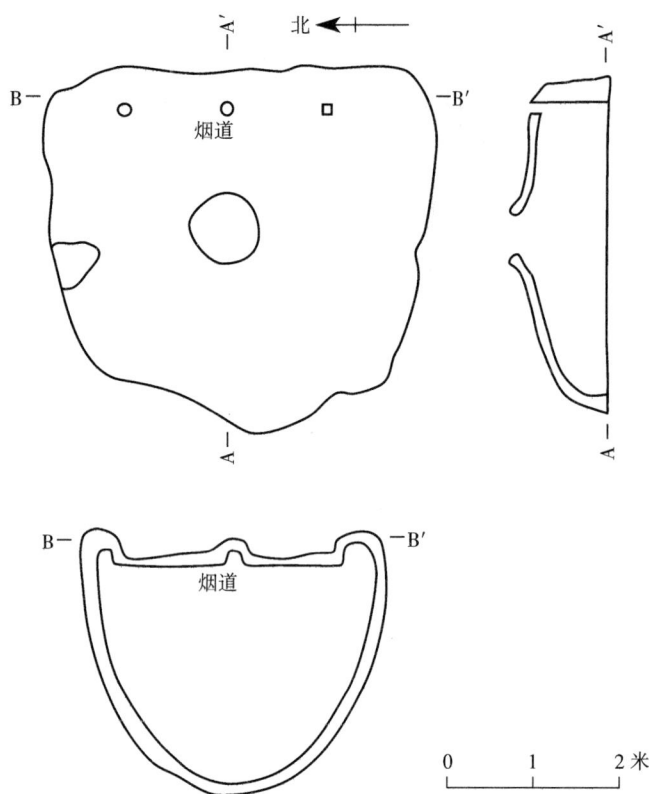

图七〇八　滴水崖村砖窑遗存 1 号窑平、剖面图

斜坡上，保存较好。火口朝西北。平面呈马蹄形，后壁长 4.6 米，至窑口 3.5 米，高 1.3、上口直径 1.4 米，有 3 个烟道，烧土厚 0.25 米，窑内有废砖。（图七〇八）

2 号窑位于 1 号窑西南 26 米处，保存差，内部塌陷，保存部分底部直径 2.1、上口直径 1.7、高 0.8 米，烧土厚 0.3 米，有 3 个烟道。

3 号窑位于 2 号窑西南 21 米处，保存差，底部塌陷将窑填满，窑口朝西，保存部分高 1.2 米，平面呈马蹄形，后壁长 2.2 米，至窑口 3 米，操作间口部窑壁为砖砌，烧土厚 0.2~0.4 米。

4 号窑位于 3 号窑西南 1 米处，保存差，窑体塌陷，高 0.2 米，烧土厚 0.2~3 米。

5 号窑位于 4 号窑东南 8 米处，保存差，平面呈马蹄形，有 3 个烟道，后壁长 3.5 米，至窑口部 3.6 米，窑口朝西，高 0.9 米，烧土厚 0.3 米。

6 号窑位于 5 号窑东 5 米处，保存差，顶部塌陷将窑填充。平面呈不规则形，底部东西 4、南北 3、高 0.7、烧土厚 0.2 米。

7 号窑位于 6 号窑南 4 米处，保存差，内部塌陷，直径 2.7 米，无顶，高 0.8、烧土厚 0.25 米，窑内长满杂草。

8 号窑位于 7 号窑南 5 米处，保存差，有 3 个烟道，东西 3.2、南北 4.7、高 0.8 米，烧土厚 0.2 米，顶部塌陷，上口直径不明，窑口朝西。

该砖瓦窑址可能专为敌台烧砖之用，年代可能为明代，东约 1 千米处有窟野河，附近有山路相连。

（三）官地梁遗存（610821354199170003）

该遗存位于神木镇土城塔村北 1 千米的山梁西侧。附近生长有沙柳、柠条、沙蒿等植物，有人工林地，地处西部沙漠地带，地势平坦，土地沙化严重。高程 1110.9 米。

遗存整体保存差。只存 2 个夯土堆，夯土堆上有一些砖和石质建筑构件，杂草丛生。

遗存夯筑而成，平面呈矩形，东西 8、南北 23、高 1.5 米，面积 184 平方米。（图七〇九）

该遗存是一处建筑基址，西距官地梁敌台 0.1 千米，东有窟野河，南有芹河，芹河流入窟野河，附近没有道路。

（四）青杨岭村 1 号砖窑遗存（610821354102170004）

该遗存位于神木镇青杨岭村北 0.3 千米处。四周生长大量灌木，地面不平坦。地处东部黄土梁峁宽谷地带，属丘陵沟壑地貌。高程 1126.4 米。

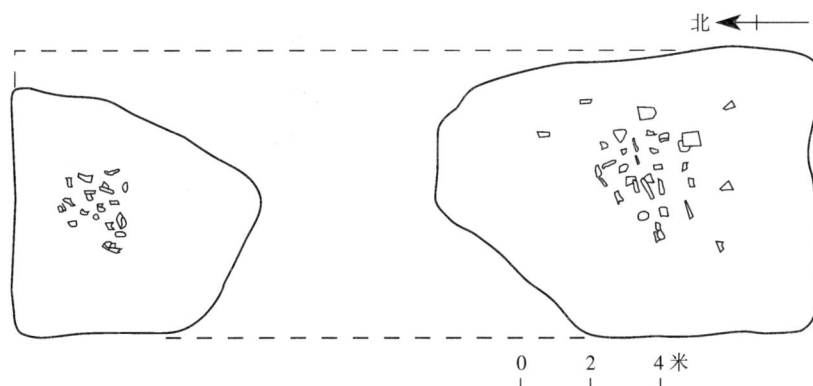

图七〇九　官地梁遗存平面图

遗存整体保存较差。窑体多塌陷破损，窑内被土回填，被植物根系破坏，周围生长有大量酸枣树。

遗存位于青杨岭村 2 号敌台东南 0.03 千米的山坡上，为一组 2 座砖窑，编为 1、2 号，分述如下。

1 号窑保存较差，火口朝西，有 3 个烟道。后壁长 3、距窑口 2.6、上口直径 1.2、高 2.2、烧土厚 0.35 米，火口被码起的碎砖堵塞，窑口顶部塌陷，窑周围长满植物。（图七一〇；彩图一四八）

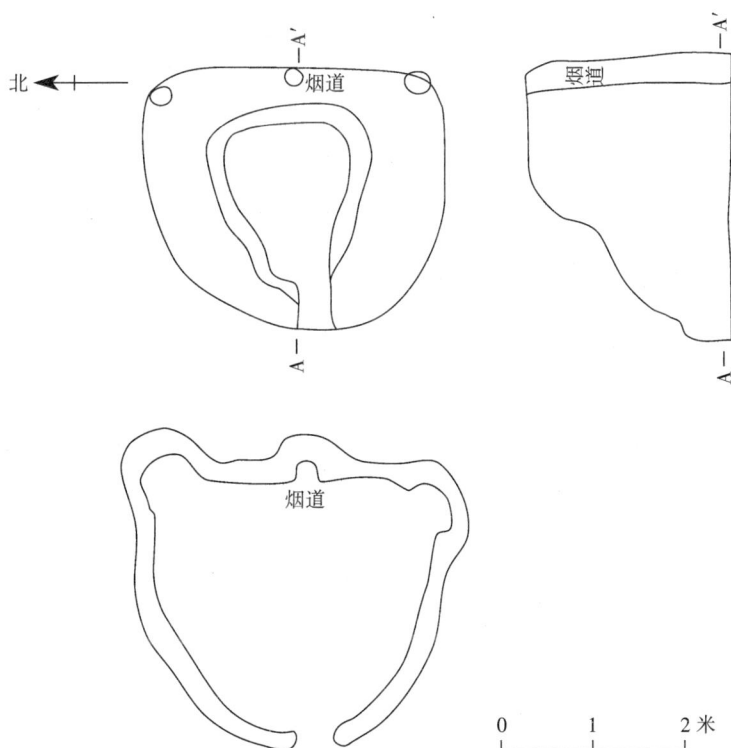

图七一〇　青杨岭村 1 号砖窑遗存 1 号窑平、剖面图

2 号窑位于 1 号窑南 40 米处，保存差，窑顶塌陷将内部填充，只存上壁部分，保存部分北壁长 2、西壁长 0.8、高 0.8、烧土厚 0.3 米，可见窑壁砌砖。

该遗存可能专为敌台烧砖之用，年代可能为明代，周围发现有碎砖、烧土块，附近有小路相连，没有河流。

（五）青杨岭村2号砖窑遗存（610821354102170005）

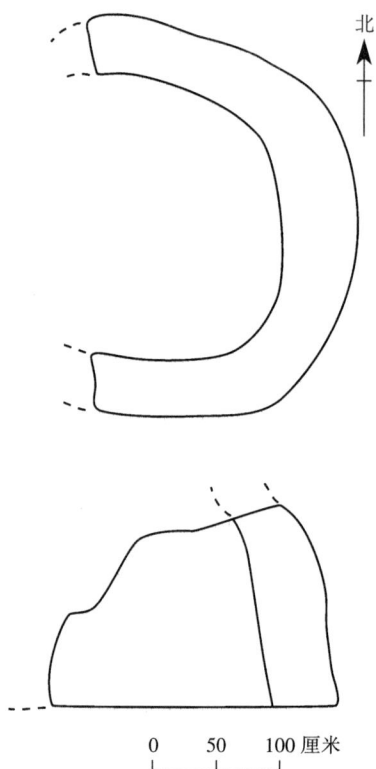

图七一一　青杨岭村2号砖窑遗存2号窑平、剖面图

该遗存位于神木镇青杨岭村西南0.3千米。四周生长有沙蒿等植物，土壤以黄沙土为主，地势较平缓，有浅小沟壑发育，地处黄土梁峁丘陵宽谷地带，属丘陵沟壑地貌。高程1167.6米。

遗存整体保存差。窑体多塌陷破损，只存顶部及部分窑壁，窑内被土回填，被植物根系破坏，窑体上长有大量野草、灌木。

遗存位于青杨岭村3号敌台南0.049千米的山坡上，为一组2座砖窑，编为1、2号，分述如下。

1号窑保存差，火口朝东北，大部分塌陷，只存后半部。底部长2.8、高2、窑壁厚0.87米。

2号窑南距1号窑5米，保存差，只存窑后小半部分。宽2.9、高1.7米，内部填土，内高0.6米，烧土厚0.3米。（图七一一）

该遗存为砖瓦窑遗址，可能专为敌台烧砖之用，年代可能为明代，周围发现有碎砖、烧土块，附近没有河流，向东有窟野河，该地深入山地，道路主要为山间小路。

（六）山峰则村1号砖窑遗存（610821354102170006）

该遗存位于解家堡乡山峰则村南0.15千米。四周地表不平，内外生长有大量的杂草及沙蒿，外围是沟壑，地处黄土梁峁丘陵宽谷地带，属丘陵沟壑地貌。高程1178.2米。

遗存整体保存较差。窑体多塌陷破损，窑内被土回填，被植物根系破坏。

遗存分布于山峰则村1号敌台东侧的山坡上，为一组3座砖窑，编为1~3号，分述如下。

1号窑保存较差，存后半部。直径4、高1.8米。窑内基本被土填满，覆盖杂草。有2个烟道，一个烟道长0.4、宽0.3米，一个烟道长、宽0.3米，窑壁厚0.3米。

2号窑位于1号窑南1米处，保存一般。平面呈圆形，顶部不存，直径3、高0.9米，火口朝西，下宽0.4、上宽0.7米，窑壁厚0.3米。（图七一二）

3号窑位于2号窑南1.5米处，保存较差。平面呈圆形，直径2.8米，口部宽1.8米，窑壁消失，高1、窑壁厚0.3米，窑内被填了土。

该遗存可能专为敌台烧砖之用，年代可能为明代，周围发现有砖、烧土块，附近没有河流，向东有窟野河，有村间土路相连。

（七）山峰则村2号砖窑遗存（610821354102170007）

该遗存位于解家堡乡山峰则村南1.02千米的梁塬西侧。附近多有西流沟壑发育，三面为沟壑。地处黄土梁峁丘陵宽谷地带，属丘陵沟壑地貌。高程1222.6米。

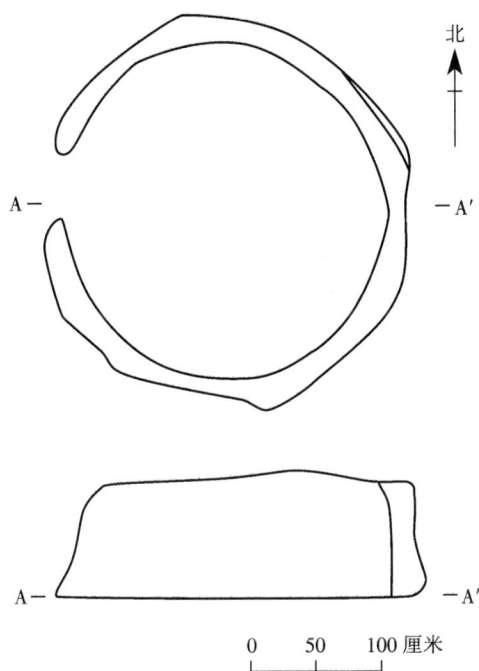

图七一二　山峰则村 1 号砖窑遗存 2 号窑平、剖面图

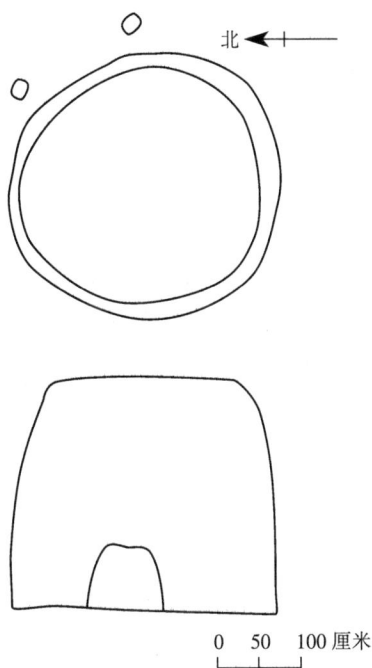

图七一三　山峰则村 2 号砖窑遗存 2 号窑平、立面图

遗存整体保存差。窑体多塌陷破损，窑内被淤泥回填，被植物根系破坏。

遗存为一组 3 座砖窑，编为 1～3 号，分述如下。

1 号窑位于山峰则村卧虎寨堡西侧 2 米的斜坡上，保存差，窑顶不存，内部被填了土。火门朝西，下宽 0.77、上宽 0.5、高 0.42 米，保存部分直径 2.2、高 2.4 米，上部露出的窑壁高 0.2、厚 0.4 米。

2 号窑位于 1 号窑西南 21 米处，保存一般，顶部不存。底部直径 3、高 3.3 米，有 2 个烟道，边长 0.3 米，火门朝西，下宽 1、上宽 0.6、高 0.6 米，窑壁厚 0.2 米。（图七一三；彩图一四九）

3 号窑位于 2 号窑南 10 米处，保存差，只存窑壁前上部。平面呈近圆形，直径 2 米，窑内被填了土，壁高 0.3、烧土厚 0.3 米。

该遗存可能专为敌台烧砖之用，年代可能为明代，周围发现有碎砖、烧土块，附近无河流，道路以山间小路为主。

（八）山峰则村 3 号砖窑遗存（610821354102170008）

该遗存位于解家堡乡山峰则村西南的山梁北端。周围生长有灌木植物，地势平坦，西、北侧有沟壑发育。地处黄土梁峁丘陵宽谷地带，属丘陵沟壑地貌。高程 1192.1 米。

遗存整体保存差。窑内都被土填满，只能观察到上部平面，1 号窑上部有一条便道，使窑体破坏严重，内部与路面平，窑壁存东侧 0.3、西侧 1.5 米。

遗存包括 2 座砖窑，编为 1、2 号，东西向排列，面积约 30 平方米。1 号窑平面呈圆形，直径 2.4、窑壁厚 0.2 米，与地面平，内部被填了土，距上部边缘 0.4 米，与山峰则村 4 号敌台外部壕底齐平。2 号窑位于 1 号窑西 3.7 米，平面呈圆形，直径 2.5 米，窑壁保存较完整，厚 0.2 米，窑壁上部与地面齐平，窑内被填了土，距窑壁上部 0.4 米，从北侧山峰则村 4 号敌台外部壕可见窑体外壁。窑壁发现有红烧土。（图七一四）

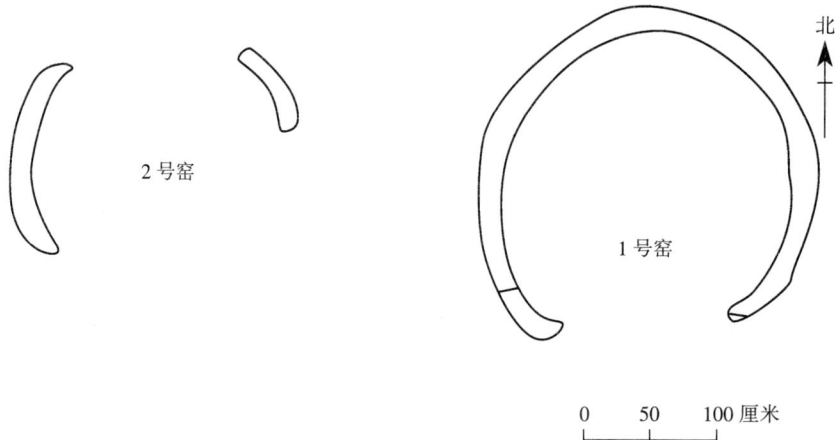

图七一四　山峰则村 3 号砖窑遗存 1、2 号窑平面图

该遗址附近没有河流，有山路。

（九）黑家圪垯村遗存（610821354199190009）

该遗存位于解家堡镇黑家圪垯村东南 0.45 千米的山峁上。所处岩质山峁上表土较薄，沙化较严重，南临深沟，东、西侧是沟壑，隔沟相对是山峰则村长城 2 段墙体。地处黄土梁峁丘陵宽谷地带，属丘陵沟壑地貌。高程 1052.86 米。

遗存整体保存较差。窟内塑像缺损不全，壁画大部分脱落，窟顶因风沙侵蚀，浮雕大部分消失，窟顶浮雕有人物、动物、植物及多种几何图案，由于风沙侵蚀多毁坏。地面周边落满灰土，中间沉积。

遗存为一处石窟寺遗址，面积约 25 平方米。石窟门面为石雕卷棚顶，面阔一间，宽 3.5、高 4、檐高 2.4、缩进 0.95 米。中间开门，宽 1.55、高 1.8 米；窟内宽 4.65、进深 4.6、高 2.4 米；正面中间神台高 0.6、南北 1.75 米，上塑泥胎神像（头部掉落）；四壁抹有 0.01 米厚的草筋泥，表层粉刷，彩绘大部分脱落。石窟年久废弃，门两侧为石碑，记载了石窟修建及重修的情况，碑文漫漶不清，多难辨认。（彩图一五〇、一五一）

该石窟南距山峰则村长城 2 段墙体 0.07 千米，附近没有河流、道路。

（一〇）大柏油堡村瓦场村砖窑遗存（610821354102170010）

该遗存位于解家堡乡大柏油堡村瓦场村东 0.2 千米。周围种植有农作物，外侧为深沟。地处黄土梁峁丘陵宽谷地带，属丘陵沟壑地貌。高程 1089.4 米。

遗存整体保存差。窑体多塌陷破损，大部分只存顶部及部分窑壁，窑内被泥土淤积回填，周围生长有大量植物，根系对窑体造成破坏。遗存中有沟壑发育，附近有耕地。

遗存为一组 7 座砖窑，编为 1～7 号，分述如下。

1 号窑保存较差，部分窑壁不存。高 2.2、上口直径 1、西壁缺失 1.6 米宽，窑内被填了土，窑壁厚 0.3 米，操作间位于窑体底部南侧。

2 号窑位于 1 号窑南 6 米处，保存较差。顶部西北角有 1 个圆形烟道，直径 0.15 米，平面呈马蹄

形，西侧直壁宽2.2米，后壁至火口2.2、高
1.7米，顶部平整，窑内被填了土。

3号窑位于2号窑南6米处，保存较差。
东南侧底部塌陷，呈近圆形，外径2.8、高2.8
米；顶部西、北侧有2个圆形烟道，直径0.15
米，上口不规则，长1.1、宽0.9米。

4号窑位于3号窑西南7米处，保存一般。
上口直径0.8、外径2.5、高2.2米，窑内被填
了土；顶部东北、北、西北侧有3个圆形烟
道，直径0.2、间距0.6米，窑壁厚0.2米。
（图七一五）

5号窑位于4号窑西南37米处，保存差，
存部分窑壁。长1.7、高0.8米。窑内被填了
土，有一个直径0.15米的烟道，窑壁厚
0.13米。

6号窑位于5号窑西南4米处，保存差，
存部分窑壁。外径4.3、内径3.1、高0.5米，
窑内被填了土，窑壁厚0.4米。

7号窑位于6号窑西南26米的斜坡上，
部分露出山坡，因山坡塌陷和树木根系破坏

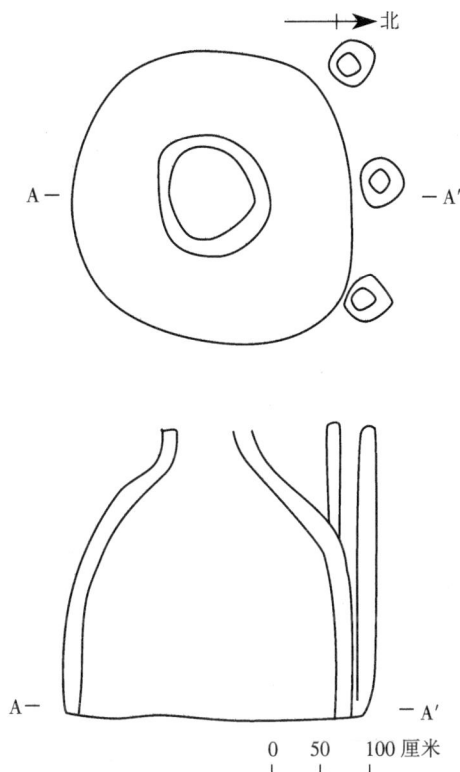

图七一五　大柏油堡村瓦场村砖窑遗存4号窑平、剖面图

保存较差，底部直径3.5、高3.5米，南侧有一个下宽1、上宽0.5、高2米的缺口，窑壁厚
0.25米。

1～4号窑位于宽约2.5、深约3米的山沟边缘，1号窑位于山沟北侧，2号窑位于山沟东侧，
3、4号窑位于山沟西侧，5～7号窑位于4号窑西南的山坡上。附近有农田和窑洞。

该遗存分布于下瓦场村长城墙体北0.025千米，可能是当时专门烧砖之用，年代为明代，窑
体周围发现有碎砖、烧土块。附近没有河流。南有柳沟，沟内流水很小，经常干涸，东入窟野
河，有山路相连。瓦场村现有5户人家，十几口人，以农业、养殖业为主，当地退耕还林使得农
民失去部分土地，一些老人没有经济来源，靠微薄的国家低保维持生计，最近才通自来水。

（一一）窑湾村石窟遗存（610821354199170011）

该遗存位于解家堡乡窑湾村北0.05千米的悬崖东端南侧。南临柳沟，地处黄土梁峁丘陵宽谷地
带，属丘陵沟壑地貌。高程1090.2米。

遗存整体保存较差。保存2座窟，窟内壁面剥落严重，被乱写乱画，内部泥皮彩绘大部分脱落，
外部石刻多因风沙侵蚀损毁严重。

遗存为石窟寺遗址，面积约14平方米。

1号窟保存一般，有一条宽0.1～0.15米的小路蜿蜒而上，窟前有一个宽1.1、长2.4米的
小平台，石窟门朝南，门宽1、高2、进深1米，门槛高0.25、进深0.8米，窟内长2.8、宽
2.5、高2.57米，四壁底部有2层台，第一层高0.55、宽0.45米，第二层高、宽均0.35米；窟
内南门西侧有文字，可辨出"大清乾隆三十六年四月二十日辰时开光大吉　督工施金修理弟子国

生姜国琳　重修罗汉洞碑记"等字样；西壁存部分彩绘，内容为童子嬉戏；窟内北侧有一张供桌，桌上牌位为"供奉观音菩萨之神位"，桌后 3 尊泥塑只剩下半身，上部有 9 个圆形石窝（固定神像）；东壁草拌泥脱落，露出石壁，一层台上有部分字迹依稀可辨出"正德四年岁次……"，八卦凿顶呈圆形，直径 2.4、深 0.1 米，形象有二龙、二凤及牡丹等花与缠枝。（彩图一五二～一五四）

2 号窟位于 1 号窟西约 20 米处，门朝东，门宽 0.9、高 1.5、进深 1.2 米，窟内长 2.5、宽 2.4、高 1.85 米，南壁底部有一层台，宽 0.3、高 0.3 米，窟内北壁距底部 0.8、东壁 0.9 米有一块高 60、宽 74、深 4 厘米的凿匾，缺损近半，上面字体为草书，表面脱落，遭乱画，不可辨；西壁底部有一层台，宽 0.47、高 0.3 米，距底部 0.8、南壁 0.71 米有一块宽 115、高 70、深 3 厘米的凿匾，字迹不清，署名为"王治功"；北壁距底部 0.8、东壁 0.9 米有一块宽 75、高 60、深 3 厘米的凿匾，表面大部分脱落，只存上部宽约 0.1 米的一条，可辨出"万历"字样。

该遗存原为明代道教石窟，于清代改为佛教石窟，北距磁湾村 1 号敌台 0.03 千米，西距磁湾村 2 号敌台 0.2 千米。南临柳沟，沟内水流较小，东入窟野河。石窟下方是解家堡乡村土路。

（一二）奥庄则村砖窑遗存（610821354102170012）

该遗存位于高家堡镇奥庄则村西 2.25 千米的沙梁西北端。南北两侧是沟壑，东南和主梁面相连，周围是沙地，地处西部沙漠地带东边缘，地势平坦。高程 1276.8 米。

遗存整体保存较差。保存下部窑壁和 3 个烟道。顶部坍塌，内部有泥土淤积；烟道内层坍塌。

遗存东西 3.8、南北 2.4 米，面积 7.2 平方米，上部拱顶，北壁有 3 个烟道，烟道截面边长 0.5 米，窑壁红烧土厚 0.4 米。（图七一六）

该遗存东距奥庄则村 2 号烽火台 0.034 千米。附近没有河流，该地深入山区，没有道路。奥庄则村原有居民 200 多人，常住人口 100 多人，以农业、养殖业为主，人均年收入 500 元。

（一三）后喇嘛沟村砖窑遗存（610821354102170013）

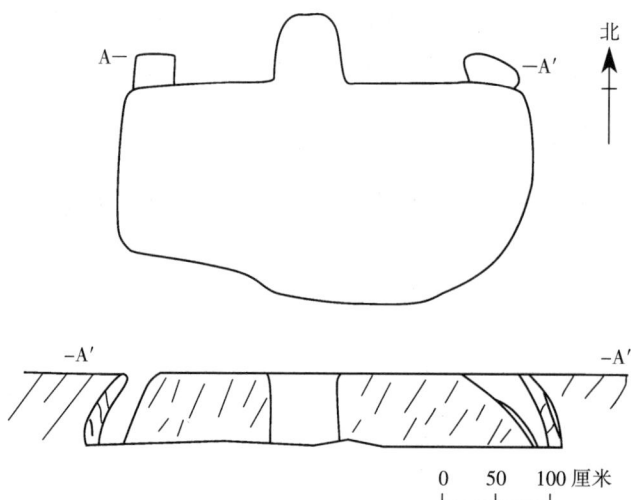

图七一六　奥庄则村砖窑遗存平、剖面图

该砖窑位于高家堡镇后喇嘛沟村南喇嘛沟东岸的悬崖上。西临喇嘛沟，地处黄土沟壑地带，丘陵沟壑地貌发育较好。高程 1092.3 米。

遗存整体保存较差，窑体多塌陷破损，存 4 个砖窑，呈"L"形分布，1 号窑存窑底，窑内被土回填，被植物根系破坏。

遗存为一组 4 座砖窑，面积 390 平方米。编为 1～4 号，分述如下。

1 号窑保存较差，存底部。直径 2.6、高 0.5 米，窑壁厚 0.4 米，基本被土填满。

2 号窑位于 1 号窑东 9 米处，保存一般。平面呈圆形，顶部不存，顶部内直径 3、外直径 3.8、高 1.6 米。窑口朝西，宽 1.2、高

0.8 米，窑壁厚 0.4、底部内径 5 米。东壁有 3 个烟道，宽 0.25、深 0.35 米，相距 1.3 米。（图七一七）

3 号窑位于 2 号窑南 8 米处，保存较差。平面呈圆形，直径 3.8 米，只见顶部和西壁。

4 号窑位于 3 号窑南 7 米处，保存情况同 3 号窑。

该遗存西 0.019 千米处为后喇嘛沟村 2 号敌台，0.03 千米处为后喇嘛沟村山险。西 0.25 千米处有喇嘛沟，沟内水流量较小，有时断流，向西流入秃尾河。该地深入山区，无道路，只有羊肠小路沿喇嘛沟南岸向西通往外部，居民状况不详。

五 征集文物

此次在神木县共征集文物 3 件，其中，礌石 1 件、明代石碑 2 通，单体文物分述如下。

（一）礌石（610821383103170001）

该礌石发现于解家堡乡山峰则村南 1 千米处。直径 14 厘米，砂岩质，圆球状，凿镂而成。

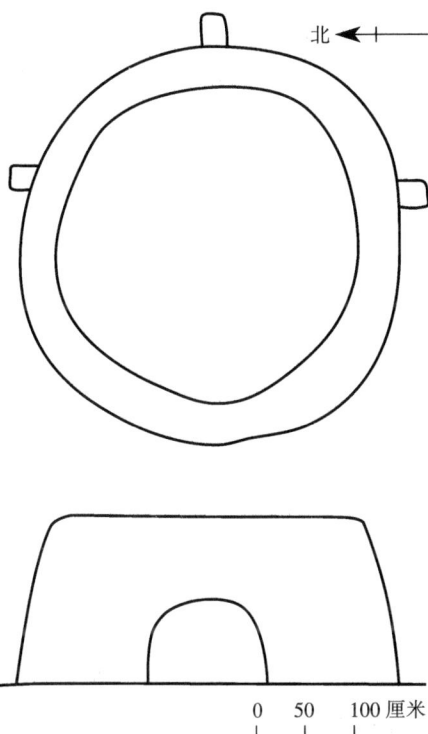

图七一七 后喇嘛沟村砖窑遗存 2 号窑平、立面图

（二）大柏油堡村 3 号敌台南侧石碑（610821383105170002）

该石碑发现于解家堡乡大柏油堡村西 1.2 千米处。原镶嵌于大柏油堡村 3 号敌台登台入口处上方，由于敌台外包砖被拆除，石碑亦被拆下置于台体下。

石碑高 94、宽 57、厚 14 厘米，颜色发青；右上角有缺损，宽 15、高 13 厘米；左下角有缺损，高 16、宽 13 厘米。碑文如下。

大明万历四十三年岁次丁巳□□□□□……
钦差总督陕西□边军务总理□□兵……
□□□□右□都御□□……
钦差巡抚延绥□□处地方质□□□□□□……
察院右金□御史□□□□□……

巡按陕西监察御史□□□□□□……
钦差总理延宁□□□□……
兵马事务□□□□□……
钦差镇西将军镇守陕西□□……
官右军都督府□□□事□□……
钦差整饬榆林东路□□□□……
布政司右□□□□□□……

钦差协守东路□□都督□□□……

钦差分守延绥等处□右大将军□□……

延安府分管监察延绥东路□□□……

神木营□□□□□□……

钦差守备延绥大柏油堡□□□□……

坐堡□□□□……

总理各堡边□总兵□□□□……

本道门下总理督处□□□□……

（三）龙泉寺石碑（610821383105170003）

该石碑发现于高家堡镇西北 0.68 千米处。高程 980.1 米。

该碑朝向西南，碑身高 237、宽 96、厚 16 厘米，螭首须弥座宽 117、高 55、厚 60 厘米，碑座、碑首、碑身为不同时代，碑身可能刚从地下挖出，碑座、碑首可能是清代遗物，为现代拼装在碑身上。

石碑阳面碑文如下。

陕右三边其一延绥北塞有堡曰高家在双山之突右柏林之远寺宇不以一二数而其成乾山之上龙泉寺者守备斯堡郑公泰许公珍等相继协谋而创建之也相继协谋以抚士卒则锐气不衰相继协谋以严边备则菌房不侵相继协谋以协谋以创建寺宇倏然而成宛然而新殊有可观而捐财输木以资成者源乎其多浩乎其大繁繁乎其不可记者寔由深谋远虑王姓□名者举意鸠工勒石揄杨为千万载不朽之计有征于余也窃谓佛者西方圣人汉明帝梦金人飞花园名山异境梵刹相望晨暮钟鼓远近相闻鸣乎盛哉然其前三而后三大乘而小乘觉悟群生慈悲不杀有恶者抑之不治而不寀不言而自信不化而自行教宗乎寂灭务劝诱愚俗俾人咸超苦海登彼道岸锱铢不差矧今之建立寺宇绘塑容像诚心寔意以崇奉之可谓有阴德者也阴德如此则阳报之来恶庸卜指日崇阶盛烈光朕青史辉煌竹帛是不云乎积善之家必有余庆书不云乎积善降之百祥毋或自怠相继勉旃尝成化七年岁次辛卯三月甲戌朔丁丑日乙巳时立……同知　隋能……使　许珍……王进　马□盈书陕西都司把总高家堡都指挥……绥德卫指挥……千户　金事　夏鼎……金事郑泰……高鑑　徐鑑胡源……申安……百户……王钦　李刚　万英……南阳卫指挥金事……黑显　毛俊　易琮……千百户……周清　赵通金塑佛像功德主舍人　夏献　隋升……郑端善人　景浩　闫荣……李勣　胡耺　田滋　焦雄　程英……塑诸　造石像功德主高秀　张洪　闫文有　孙演　孙泰延安府同知张宗　绥德州州判　李达　阜益仓（高家堡）管　宋祥施财舍人　许宝施财功德主　高俊本寺长老　庹□峰　门徒原亮　原锦　原戒　悟福　门徒延……造石碑功德主　王祥　陈□　王雷　木匠　李能　塑匠　铁匠石匠

背阴刻有众捐赠人的姓名等。

第三节　神木县明长城二边

神木县明长城二边东北接府谷县明长城二边，沿永兴川、窟野河、柳沟、柏林沟、李家洞川、秃尾河、扎林川分布，西接榆阳区明长城二边，全长99801米，包括墙体99801米、单体建筑47座、关堡2座。

一　墙体

神木县明长城二边墙体分为山险和山险墙两类，共7段计99801米，占陕西省明长城二边总长的16.8%，整体呈东北—西南走向。

山险6段计99705米，占神木县明长城墙体总长的99.9%，占全部二边山险长度的16.9%。因地处黄土梁峁丘陵宽谷区，长年的风雨侵蚀及流水冲刷是使其损毁的主要原因。

山险墙相对较少，保存一段96米，被流水冲毁5米，是在岩质山险的基础上用片石垒砌而成，墙体顶宽0.5~2、高4~6米，损毁原因同山险。

各段墙体分述如下。

（一）曹庄村山险（610821382106170075）

该段山险位于神木镇曹庄村北的永兴沟（沟深60米）南岸边缘。落差60米，长3200米，整体呈东北—西南走向，属于利用自然峭壁形成的山地险要来防御的山险。（图七一八）

山险起点位于神木镇曹庄村北4千米，高程1312.1米；止点位于神木镇曹庄村东北0.33千米，高程1258.8米。

山险地处黄土梁峁丘陵宽谷区。整体保存一般，长年的风雨侵蚀及流水冲刷是其损毁的主要原因。

该段山险东北连府谷县明长城二边清水村水口村山险，止点位于曹庄村敌台，西南接曹庄村~杨石畔村山险。

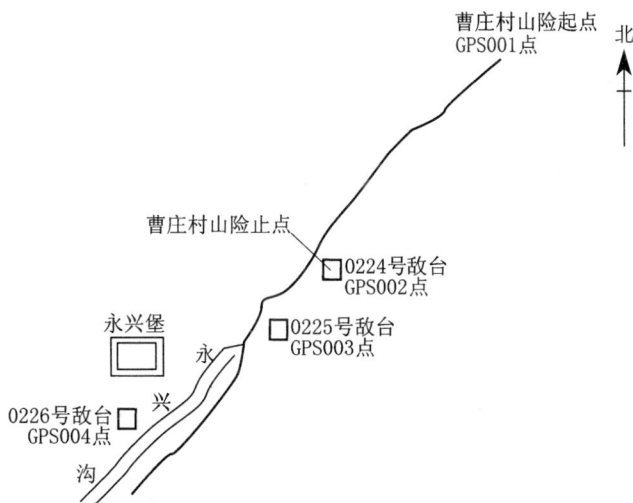

图七一八　曹庄村山险位置示意图

（二）曹庄村～杨石畔村山险（610821382106170076）

该段山险位于神木镇曹庄村北的永兴沟（沟深60米）南岸边缘。落差60米，长8200米，整体呈东北—西南走向，属于利用自然峭壁形成的山地险要来防御的山险。（图七一九；彩图一五七）

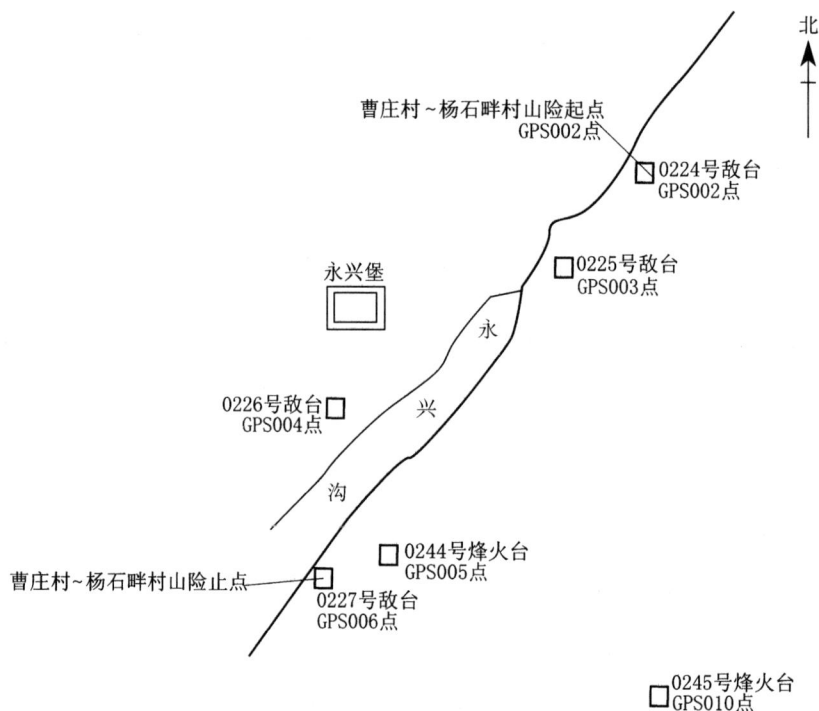

图七一九　曹庄村～杨石畔村山险位置示意图

山险起点位于神木镇曹庄村东北0.33千米，高程1258.8米；止点位于神木镇杨石畔村北1.3千米，高程1126.3米。

山险地处黄土梁峁丘陵宽谷区。整体保存一般，长年的风雨侵蚀及流水冲刷是其损毁的主要原因。

该段山险位于白家庙村敌台、店房沟村敌台西北，止点为杨石畔村1号敌台，东北连曹庄村山险，西南接杨石畔村山险墙。

（三）杨石畔村山险墙（610821382105170077）

该段山险墙位于神木镇杨石畔村北的永兴沟东南岸边缘。所处山坡陡峭，沟壑遍布。长101米，其中消失5米，整体呈北—南走向，属于在自然岩石峭壁基础上加以人工用片石垒砌的石墙。（图七二〇；彩图一五八、一五九）

山险墙起点位于神木镇杨石畔村北1.3千米，高程1126.3米；止点位于神木镇杨石畔村北1.2千米，高程1128.7米。

山险墙整体保存一般。个别段出现倒塌、开裂，拐点1北9米处有一个宽5米的水冲豁口。长年的风雨侵蚀、流水冲毁及雨水冲刷是其损毁的主要原因。

山险墙起点至拐点1长73米，呈北—南走向，位于永兴沟东岸的悬崖上，墙体在拐点1处拐向东，拐点1处、永兴沟东侧有一条沟汇入永兴沟。拐点1至拐点2长20米，呈西—东走向，位于永

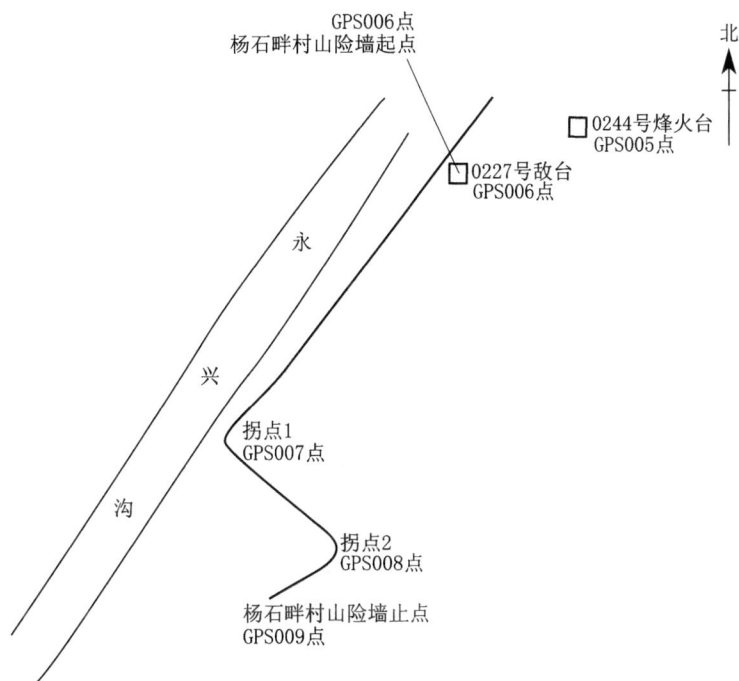

图七二〇 杨石畔村山险墙位置示意图

兴沟东侧支沟北岸的悬崖上，向东至拐点 2 处，墙体在拐点 2 处拐向南。拐点 2 至止点长 8 米，呈北—南走向，在永兴沟东侧支沟北岸的坡上，行至止点。墙体高 4~6 米，上部片石墙体上宽 0.5 ~ 2、外高 0.8 ~ 3 米。

该段山险墙起点有杨石畔村 1 号敌台，东北连曹庄村 ~ 杨石畔村山险，西南接杨石畔村 ~ 前南梁村山险。

（四）杨石畔村 ~ 前南梁村山险 （610821382106170078）

该段山险位于神木镇杨石畔村北至神木镇前南梁村西的永兴沟东岸边缘。落差 60 米，长 7800 米，整体呈东北—西南走向，属于利用自然峭壁形成的山地险要来防御的山险。（图七二一）

山险起点位于神木镇杨石畔村北 1.2 千米，高程 1128.7 米；止点位于神木镇前南梁村西南 1 千米，高程 1138.3 米。

山险地处黄土梁峁丘陵宽谷区。整体保存一般，长年风雨侵蚀及流水冲毁、山体滑坡是其损毁的主要原因。

该段山险东南侧边缘有杨石畔村 2 号敌台、五堂村敌台、宋家峁村敌台，东南侧有三堂村关、前南梁村关，止点有前南梁村敌台，东北连杨石畔村山险墙，西南接前南梁村 ~ 庄则梁村山险。

（五）前南梁村 ~ 庄则梁村山险 （610821382106170079）

该段山险位于永兴沟东南岸、窟野河东岸、柳沟南岸、柏林沟东南岸边缘。长 45500 米，整体呈东北—西南走向，属于利用自然峭壁形成的山地险要来防御的山险。（图七二二）

山险起点位于神木镇前南梁西南 1 千米处，高程 1138.3 米；止点位于解家堡乡庄则梁西南 0.8 千米处，高程 1219.1 米。山险整体保存一般。长年的风雨侵蚀、流水冲刷是其损毁的主要原因。

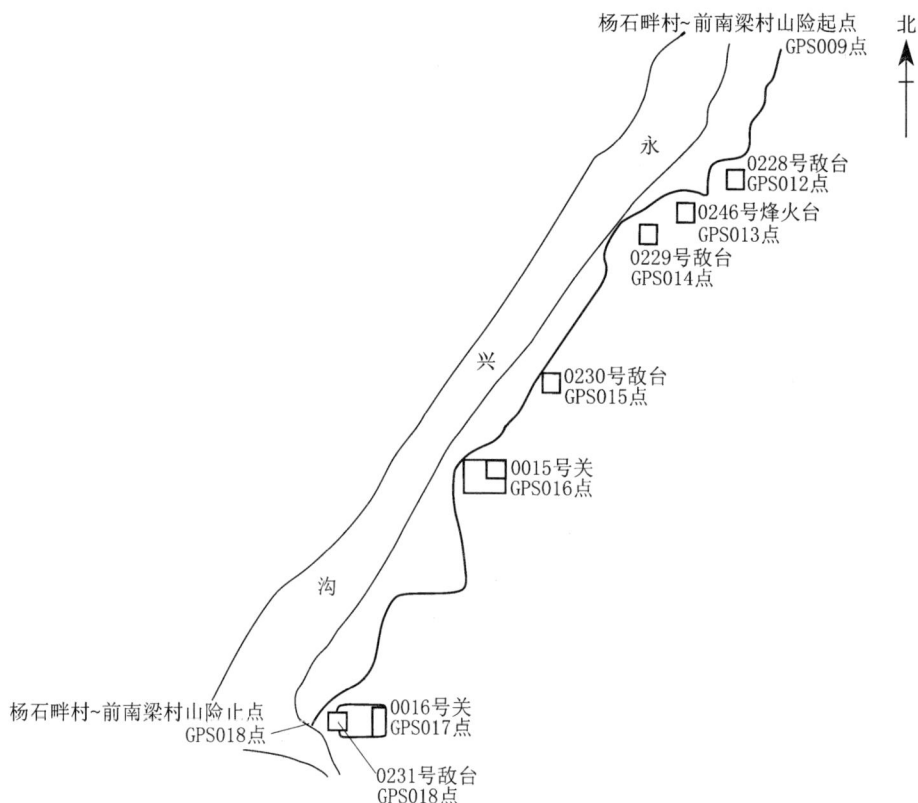

图七二一　杨石畔村～前南梁村山险位置示意图

　　山险起点至拐点 1 呈东北—西南走向，长 4500 米，位于永兴沟南岸，永兴沟在拐点 1 处汇入窟野河，山险在拐点 1 处拐向东南。拐点 1 至拐点 2 长 20000 米，呈西北—东南走向，位于窟野河东岸悬崖上，拐点 2、窟野河西侧有柳沟汇入，山险在拐点 2 处拐向西北。拐点 2 至拐点 3 呈东南—西北走向，长 14000 米，山险在拐点 2 处过窟野河，沿柳沟南岸悬崖前行至拐点 3，山险在拐点 3 拐向西南，拐点 3、柳沟南侧有柏林沟汇入，西 1 千米处为大柏油堡。拐点 3 至止点呈东北—西南走向，长 7000米，位于柏林沟东南岸，山险自拐点 3 起沿柏林沟东南岸前行到止点。

　　该段山险经过神木县城、大柏油堡东侧、柏林堡西北，起点有前南梁村敌台，止点有庄则梁村敌台，与杨石畔村～前南梁村山险、庄则梁村～斜马沟村山险前后相接。

（六）庄则梁村～斜马沟村山险（610821382106170080）

　　该段山险位于李家洞沟东南岸上。落差 40 多米，山势陡峭，长 14200 米，整体呈东北—西南走向，属于利用自然峭壁形成的山地险要来防御的山险。（图七二三；彩图一六〇）

　　山险起点位于解家堡乡庄则梁西南 0.8 千米处，高程 1219.1 米；止点位于高家堡镇斜马沟村东 0.4 千米处，高程 1057.3 米。

　　山险地处黄土梁峁丘陵宽谷区。整体保存一般，长年的风雨侵蚀、流水冲刷是其损毁的主要原因。

　　山险起点至拐点段呈东—西走向，长 2600 米，位于庄则梁沟南岸悬崖上。拐点至止点段呈东北—西南走向，长 11600 米，位于东南岸悬崖上。

　　该段山险与前南梁村～庄则梁村山险、斜马沟村～蔡小沟村山险前后相连接，起点有庄则梁村敌台，东南侧有瓦支塔村敌台、邱家园村 1 号敌台、邱家园村 2 号敌台、中沙峁村敌台、青阳

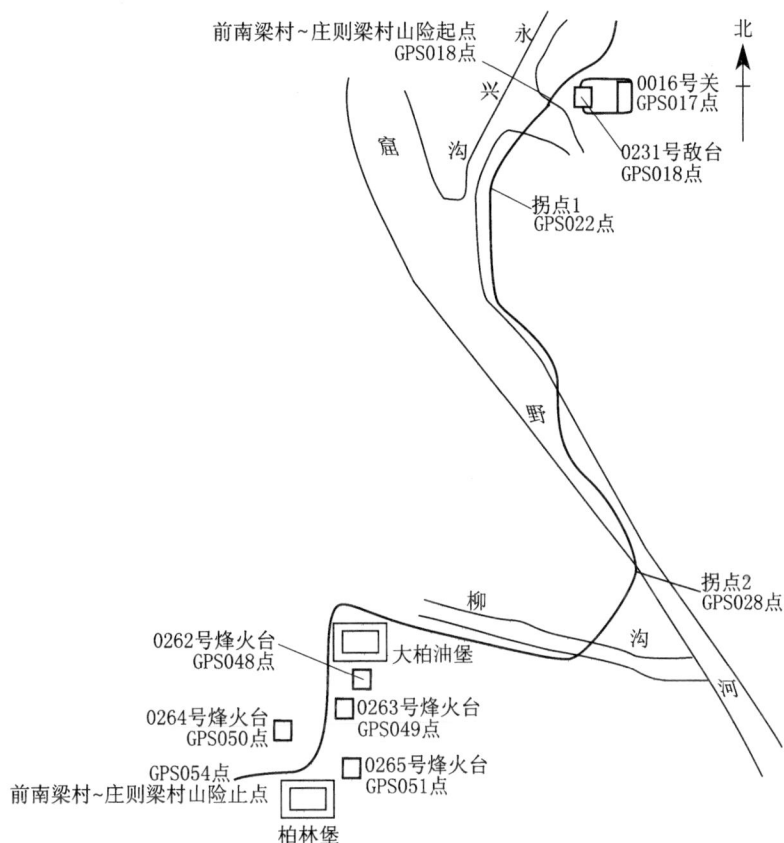

图七二二　前南梁村～庄则梁村山险位置示意图

岔村敌台、康石畔村敌台、李家洞村敌台、康家圪村1号敌台、康家圪村2号敌台，止点有斜马沟村敌台。

（七）斜马沟村～蔡小沟村山险（610821382106170081）

该段山险位于李家洞沟东南岸上。落差40多米，山坡陡峭，长20800米，整体呈东北—西南走向，属于利用自然峭壁形成的山地险要来防御的墙体类型。（图七二四）

山险起点位于高家堡镇斜马沟村东0.4千米处，高程1057.3米；止点位于乔岔滩乡蔡小沟村西1千米处，高程1079.36米。

山险地处黄土梁峁丘陵宽谷区。整体保存一般，长年的风雨侵蚀、流水冲毁是其损毁的主要因素山险。

山险起点至拐点1呈东北—西南走向，长3000米，位于李家洞沟东岸悬崖上，在高家堡东南拐点1处拐向东南。拐点1至拐点2呈西北—东南走向，长5000米，位于秃尾河东岸悬崖上，在拐点2处拐向西。拐点2至止点呈东—西走向，长12800米，在拐点2西过秃尾河，位于扎林川南岸悬崖上。

该段山险起点有斜马沟村敌台，东北连庄则梁村～斜马沟村山险，西接榆阳区明长城二边山险。

拐点
GPS056点

庄则梁村~斜马沟村山险起点
GPS0054点

北

柏林堡

0236号敌台
GPS058点

李

0237号敌台
GPS060点

0238号敌台
GPS061点

家

0240号敌台
GPS063点

洞

庄则梁村~斜马沟村山险止点

0243号敌台
GPS066点

沟

秃

尾

高家堡

河

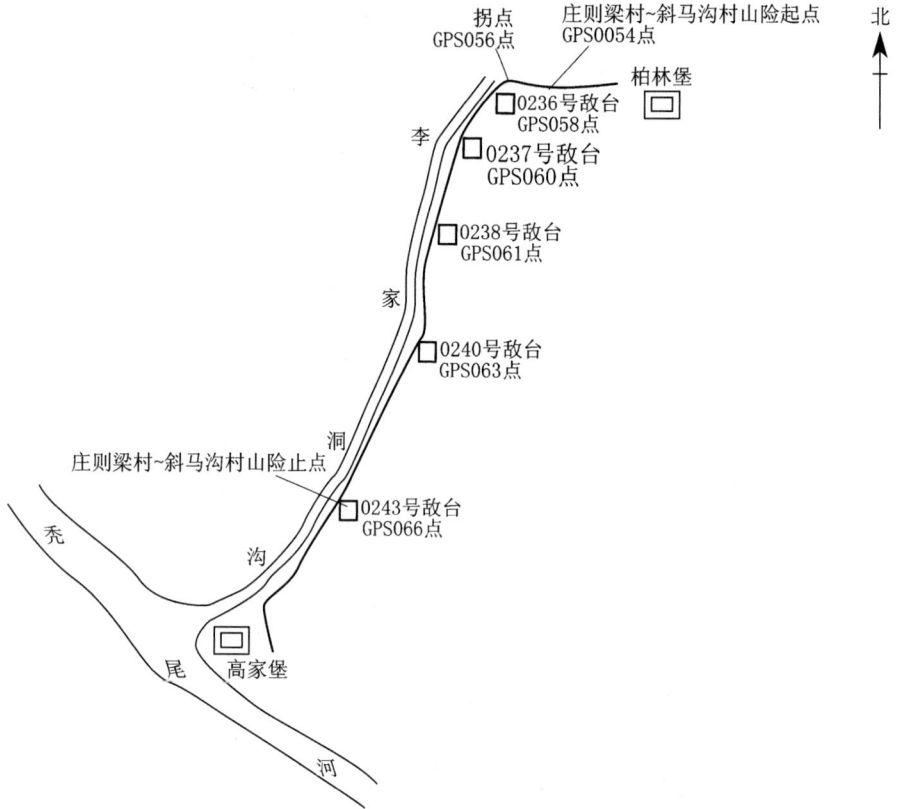

图七二三　庄则梁村～斜马沟村山险位置示意图

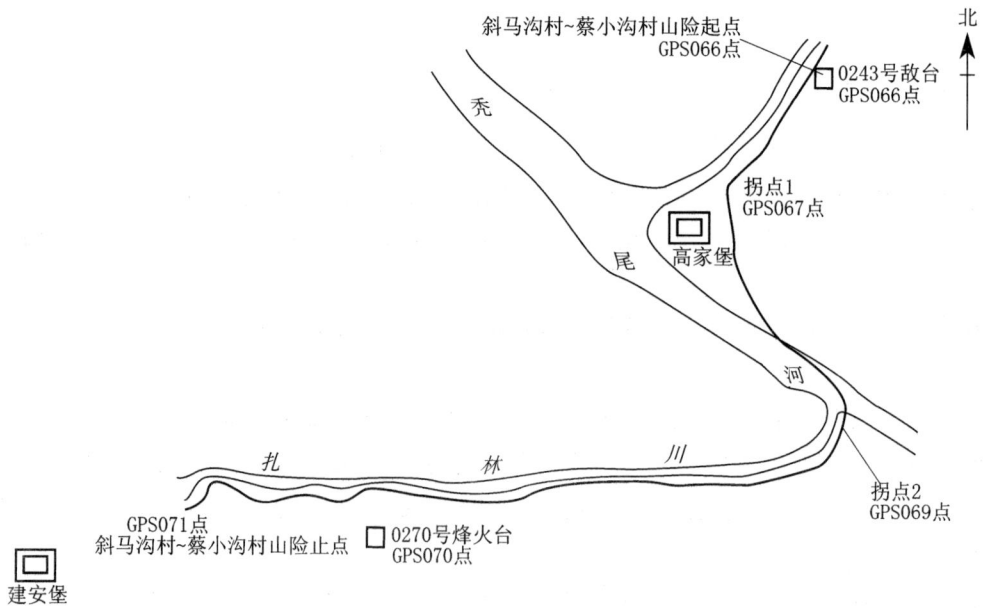

斜马沟村~蔡小沟村山险起点
GPS066点

北

秃

0243号敌台
GPS066点

拐点1
GPS067点

尾

高家堡

河

扎　林　川

拐点2
GPS069点

GPS071点
斜马沟村~蔡小沟村山险止点

0270号烽火台
GPS070点

建安堡

图七二四　斜马沟村～蔡小沟村山险位置示意图

二　单体建筑

神木县明长城二边单体建筑分为敌台和烽火台两大类。此次共调查单体建筑 47 座，其中，敌台 20 座、烽火台 27 座。

敌台 20 座，有 19 座台体以黄土为主夯筑而成，包含物有料礓石、沙土等，夯层厚 0.09 ~ 0.2 米，以 0.1 ~ 0.16 米为主；有 1 座用砂岩片石垒砌而成。外侧有围墙者 4 座，约占敌台总数的 20%，或夯筑或石砌，外部包砌片石者 1 座，占敌台总数的 0.05%。平面呈矩形者有 11 座，占敌台总数的 55%；呈圆形者有 6 座，占敌台总数的 30%；有 1 座呈椭圆形、1 座呈圆三角形、1 座呈圆环形。底部边长 2.3 ~ 24 米，以 4.5 ~ 7.5 米为主（5 座超过 9 米）；顶部边长 0.5 ~ 18 米，以 3 ~ 6 米为主（1 座超过 7 米）；高 2.8 ~ 10 米，以 3 ~ 8 米为主（1 座超过 8 米）。瓦支塔村敌台尺寸远远超过上述范围，底部东西 23、南北 24 米，顶部东西 18、南北 17 米，高 10 米。

烽火台 27 座，台体皆以黄土为主夯筑而成，包含物有料礓石、沙土、碎石等，夯层厚 0.04 ~ 0.2 米，以 0.06 ~ 0.16 米为主。有台基者 6 座，约占烽火台总数的 22.2%；外侧有围墙者 2 座，约占烽火台总数的 0.07%；外部包石者 5 座，约占烽火台总数的 18.5%；有 1 座台体上保存券洞。平面呈矩形者有 15 座，占烽火台总数的 55.6%；呈圆形者有 11 座，占烽火台总数的 40.7%；1 座为圆角矩形，占烽火台总数的 0.04%。底部边长 4 ~ 31 米，以 6 ~ 11 米为主（7 座超过 14 米、3 座超过 20 米）；顶部边长 1 ~ 20.3 米，以 2 ~ 7 米为主（3 座超过 10 米）；高 2 ~ 12 米，以 4 ~ 7 米为主（4 座超过 10 米）。2 座烽火台尺寸远远超过以上范围，黄草沟村 2 号烽火台底部东西 28、南北 31 米，顶部东西 18、南北 14 米，高 12 米；党家石圈村烽火台底部东西 28、南北 25 米，顶部东西 20.3、南北 14 米，高 11 米。

长年的风雨侵蚀造成的自然坍塌、台体开裂、植物生长及动物破坏、人为不合理利用如开挖、铲削台体、拆除包石及在附近的耕作活动等是神木县长城二边单体建筑损毁的主要原因。在神木县东部，单体建筑受到最大的威胁是地下矿藏的开采导致地表的开裂和塌陷引起的单体建筑的开裂塌陷。

各座单体建筑分述如下。

（一）曹庄村敌台（610821352101170224）

该敌台位于神木镇曹庄村东北 0.33 千米的永兴沟支沟至曹庄沟南岸。地处黄土梁峁丘陵宽谷地带，东侧为耕地，西侧滑坡成断崖。高程 1258.8 米。

敌台整体保存较差。台体外壁剥落严重，北壁和顶部坍塌。风雨侵蚀，自然坍塌，沟壑发育是其损毁的主要自然因素，在台体周围耕种土地是其损毁的主要人为因素，目前存在的危害有山体滑坡，雨水冲刷。

台体夯筑而成，夯土以黄土为主，夯层厚 0.13 ~ 0.15 米。台体平面呈圆形，剖面呈近梯形，底部直径 7、顶部直径 5.6、高 6 米。台体东北 0.03 千米处有一个小圆锥形土堆，底部直径 2、高 1.3 米，夯层厚 0.15 米，西北侧坍塌，下为沟壑。（图七二五）

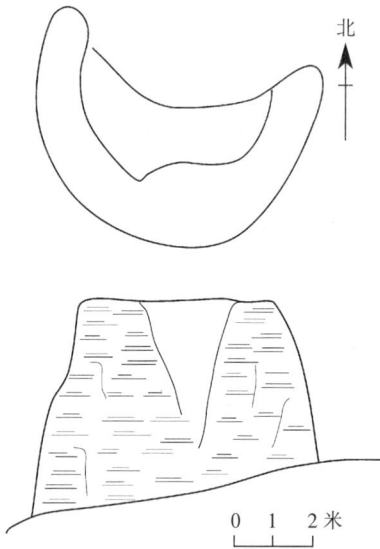

图七二五　曹庄村敌台平、立面图　　　　　图七二六　白家庙村敌台平、立面图

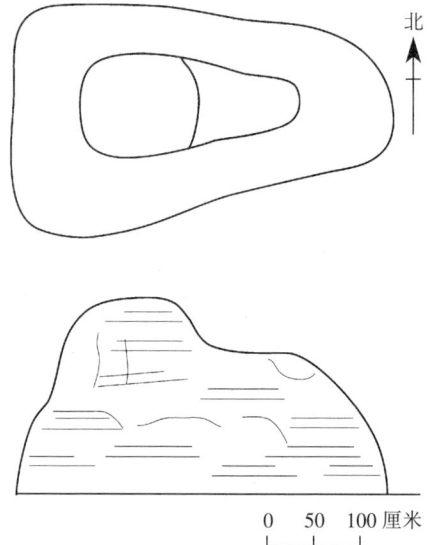

该敌台位于曹庄村长城墙体起点，西南距白家庙村敌台 0.776 千米。

（二）白家庙村敌台（610821352101170225）

该敌台位于神木镇白家庙村东。地处黄土梁峁丘陵宽谷地带，所在山顶植被稀疏，北、东面环沟，周围是耕地。高程 1246 米。

敌台为明代修建，无修缮情况，保存较差。台体因雨水冲刷表面斑驳、凹凸不平，东壁上部坍塌成斜坡。风雨侵蚀、植物生长、昆虫破坏、啮齿动物破坏等是其损毁的主要自然原因，人为铲削、台体附近种植粮食是其损毁的主要人为原因。

台体夯筑而成，夯土以黄土为主，包含有料礓石、沙土，夯层厚 0.12～0.16 米。台体平面呈矩形，剖面呈梯形，底部东西 4、南北 2.3 米，顶部东西 2.5、南北 1 米，高 2 米。（图七二六）

该敌台距曹庄村 0.563 千米，东北距曹庄村敌台 0.776 千米。

（三）店房沟村敌台（610821352101170226）

该敌台位于神木镇店房沟村西南的山峁上。地处黄土梁峁丘陵宽谷地带，北、东、西三面环沟，四周为长满荒草的坡地，地势较平缓。高程 1242 米。

敌台为明代修建，无修缮情况，保存差。台体因雨水冲刷表面斑驳、凹凸不平，四壁坍塌呈圆丘状。使其损毁的自然因素有风雨侵蚀、植物生长，人为因素有铲削、农业耕种、不合理利用等。

台体夯筑而成，夯土以黄土为主，包含有料礓石、沙土，夯层不明。台体平面呈圆形，剖面呈梯形，底部直径 7、顶部直径 3、高 5 米。台体北侧 3 米处有围墙围起的中国联通信号发射塔。（图七二七）

该敌台位于曹庄村～杨石畔村山险东南侧边缘。

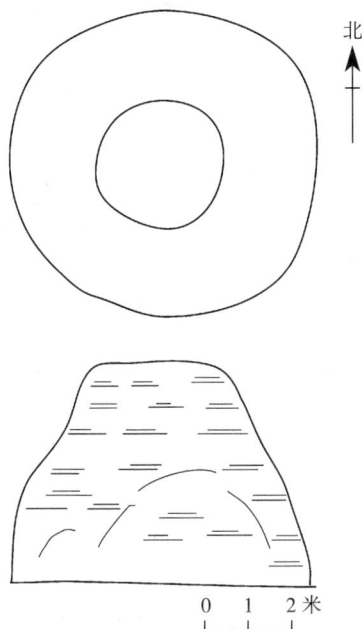

图七二七　店房沟村敌台平、立面图　　　　图七二八　杨石畔村 1 号敌台平、立面图

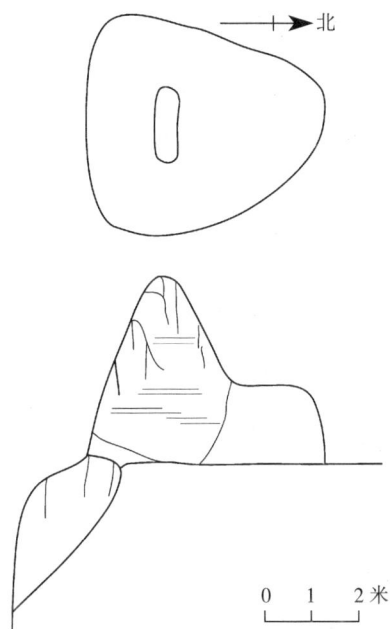

（四）杨石畔村 1 号敌台（610821352101170227）

该敌台位于神木镇杨石畔村北 1.3 千米的永兴沟南岸悬崖上。地处黄土梁峁丘陵宽谷地带，南侧为荒坡地。高程 1130.8 米。

敌台整体保存差。台体坍塌严重，呈不规则形。自然破坏因素包含自然坍塌、风雨侵蚀、植物生长等，存在的病害为水土流失。

台体夯筑而成，夯土以黄土为主，夯层厚 0.1~0.11 米。台体平面呈圆角三角形，底部东西 4.5、南北 5 米，顶部东西 0.5、南北 1.5 米，高 3.8 米。（图七二八）

该敌台东南距杨石畔村烽火台 0.125 千米，连曹庄村~杨石畔村山险止点，接杨石畔村山险墙起点，北面正对柳沟口。

（五）杨石畔村 2 号敌台（610821352101190228）

该敌台位于神木镇杨石畔村西北 0.5 千米的永兴沟南岸悬崖边。地处黄土梁峁丘陵宽谷地带。高程 1159.5 米。

敌台整体保存较差。使其损毁的自然因素主要有雨水冲刷，水土流失造成基础坍塌，存在的病害有北侧基础坍塌、自然风化。

台体用砂岩片石垒砌而成，平面呈圆环形，底部外径 6 米，内径不详，顶部外径 5.4、内径 2.6 米，高 2.8 米，环壁宽 1.4 米，北壁下部有一个通向外部高 0.5、宽 0.5 米的矩形洞孔，上有一块较大的棚石。（图七二九；彩图一六一、一六二）

该敌台位于石畔村山险墙东侧，东北距杨石畔村烽火台、杨石畔村 1 号敌台、杨石畔村山险墙 1 千米。

（六）五堂村敌台（610821352101170229）

该敌台位于神木镇五堂村东 0.27 千米的永兴沟南岸山坡上。地处黄土梁峁丘陵宽谷地带，西北面环沟。高程1149.9 米。

敌台为明代修建，无修缮情况。围墙保存差，台体保存较差，围墙绝大部分消失，台体因雨水冲刷表面斑驳、凹凸不平。台体南壁坍塌，存中间宽 0.5、高 1.8 米的凸出；东南、西南部塌陷，上部坍塌成斜坡。使其损毁的自然因素有风雨侵蚀、植物生长及昆虫、动物构筑洞穴等，存在的病害有雨水冲刷、植物根系生长。

台体夯筑而成，夯土以黄土为主，包含有料礓石、沙土，夯层厚 0.12～0.16 米。台体平面呈圆形，剖面呈梯形，底部直径 4.1、顶部直径 1.6、高 4 米。围墙夯筑而成，夯层厚 0.15～0.16 米，平面形状不明。围墙存西墙一段，长 11、底宽 1.5、顶宽 0.2～0.4、内高 0.6、外高 3 米。（图七三〇）

该敌台东北距杨石畔村～前南梁村山险 4 米。

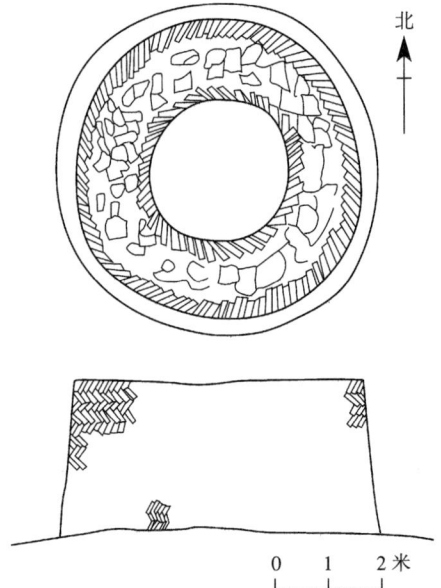

图七二九　杨石畔村 2 号敌台平、立面图

（七）宋家峁村敌台（610821352101170230）

该敌台位于神木镇宋家峁村西南的山峁上。地处黄土岭峁丘陵宽谷地带，北、东面环沟，山顶植被稀疏，四周地势较陡。高程 1149.9 米。

敌台为明代修建，无修缮情况，保存差。台体东壁塌陷成斜坡，斜坡上有片石；底部西南有一个洞穴，洞宽 0.8、高 0.7、进深 1.9 米；西壁有一个洞穴，洞宽 1、高 0.8、进深 1.2 米；北壁坍塌成三角形。使其损毁的自然因素有风雨、植物生长等，存在病害有动物构筑洞穴、雨水冲刷。

台体夯筑而成，夯土以黄土为主，包含料有礓石、沙土，夯层厚 0.12～0.16 米。台体平面呈椭圆形，剖面呈三角形，底部东西 7、南北 6 米，顶部攒尖，高 3 米。无围墙。台体周围有片石、瓷片。（图七三一）

该敌台西北距曹庄村～杨石畔村山险 6 米。

（八）前南梁村敌台（610821352101170231）

该敌台位于神木镇前南梁村西南 1 千米的山峁上。地处黄土梁峁丘陵宽谷地带，北、西、南面环沟，地势陡峭。高程 1138.3 米。

敌台为明代修建，无修缮情况，保存较差。台体因雨水冲刷表面斑驳、凹凸不平，南壁底部有一个宽 1.2、高 1.2、进深 1.5 米的洞穴，西南壁、西壁底部因风蚀形成高 0.3～0.6、进深 0.8～1 米的凹陷，北壁凹陷内宽 1.5、外宽 3、高 0.6、进深 0.8 米，顶部内收。使其损毁的自然因素有风雨侵蚀、植物生长、昆虫动物构筑洞穴等，存在的病害有雨水冲刷形成裂缝（北壁 1 条、东北部 2 条，宽 0.02～0.15 米）、底部风化。

台体夯筑而成，夯土以黄土为主，包含有料礓石、沙土，夯层厚 0.09～0.2 米。台体平面呈圆形，

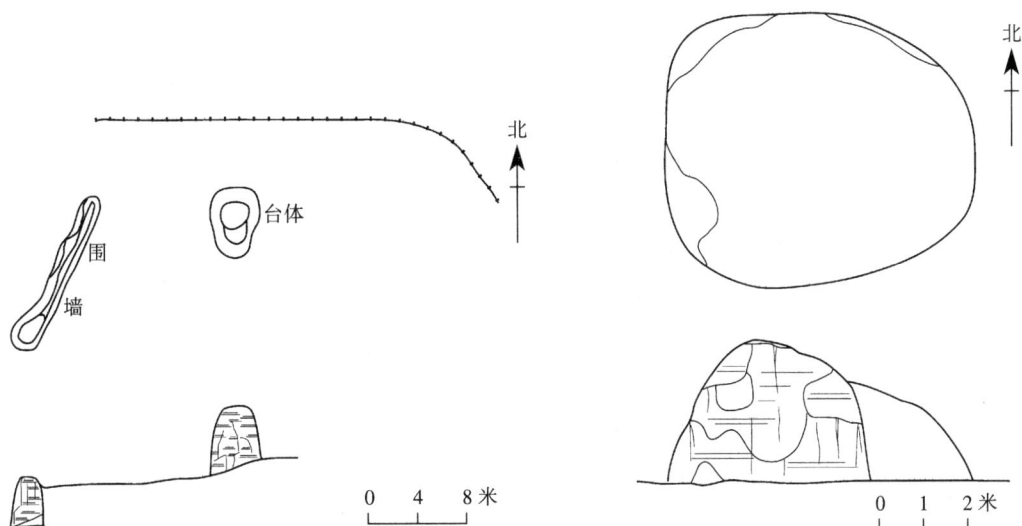

图七三〇　五堂村敌台平、立面图

图七三一　宋家峁村敌台平、立面图

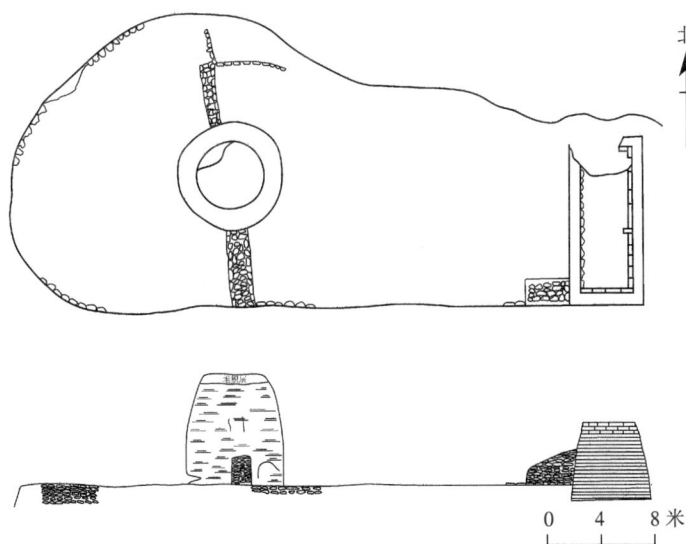

图七三二　前南梁村敌台及前南梁村关平、立面图

剖面呈梯形，底部直径7.5、顶部直径4.5、高7.3米。台体底部堆积高1～1.5米，距顶部0.4～0.5米有一层厚0.08米的片石。围墙平面形状不明。（图七三二；彩图一六三）

　　该敌台位于前南梁村关内、杨石畔村山险止点，北距宋家峁村敌1.1千米。

（九）铧山敌台（610821352101170232）

　　该敌台位于神木县城西窟野河西岸的铧山小区东。地处黄土梁峁丘陵宽谷地带，东侧紧邻窟野河，周围是建筑工地。高程976.7米。

　　敌台整体保存差。台体剥落严重，顶部坍塌，长有麻黄草。台体南壁有水冲坍塌形成的凹槽，下宽0.6、上宽3、上部进深4米，斜通到底部。台体上遍布宽0.15米的裂缝。使其损毁的自然因素

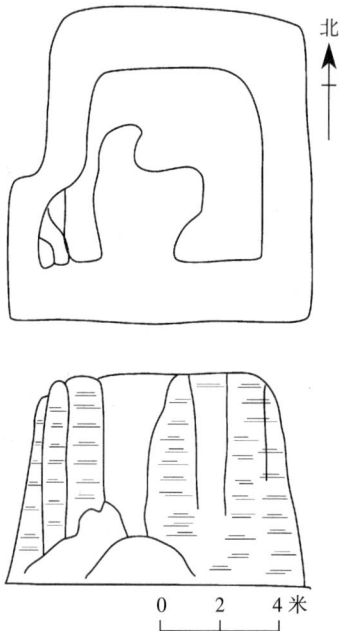

图七三三　铧山敌台平、立面图

图七三四　庄则梁村敌台平、立面图

有风雨侵蚀、自然坍塌、流水冲刷、植物生长、流沙侵蚀、土蜂筑巢，人为因素有在台体附近搞建设、人为开挖，存在的病害有土蜂筑巢、雨水冲刷。

台体夯筑而成，夯土以黄土为主，夯层厚 0.17~0.18 米。台体平面呈矩形，剖面呈梯形，底部边长 10 米，顶部东西 5.7、南北 5.8 米，高 6.3 米。（图七三三）

该敌台与窟野河东岸的东山神木营堡遥相对应，相距 2.3 千米。

（一〇）庄则梁村敌台（610821352101170233）

该敌台位于解家堡乡庄则梁村西南 0.8 千米的山顶上。地处黄土梁峁丘陵宽谷地带，四周地势较平缓，为耕地和荒坡地，周边沟壑遍布。高程 1219.1 米。

敌台为明代修建，无修缮情况，保存较差。台体因雨水冲刷表面斑驳、凹凸不平，东北角有一个下宽 0.4、上宽 1.5 米的豁口。使其损毁的自然因素主要有风雨侵蚀、植物生长、昆虫破坏、啮齿动物破坏等，人为因素破坏主要有人为铲削、在台体四周开垦耕地、种植粮食，存在的病害有雨水冲刷、台体坍塌、植物根系生长。

台体夯筑而成，夯土以黄土为主，包含有料礓石、沙土，夯层厚 0.11~0.15 米。台体平面呈矩形，剖面呈梯形，底部东西 5、南北 4 米，顶部东西 3、南北 2 米，高 3 米。台体底部被修整成高 2~3 米的土台，边长 9 米。台体无围墙。（图七三四）

该敌台位于庄则梁村~斜马沟村山险起点。

（一一）瓦支塔村敌台（610821352101170234）

该敌台位于高家堡镇瓦支塔村北 0.936 千米的山顶上。四周地势较平缓，为荒坡地。地处黄土梁峁丘陵宽谷地带，属黄土沟壑地貌。高程 1041.3 米。

敌台为明代修建，无修缮情况，保存差。台体因雨水冲刷表面斑驳、凹凸不平。台体东壁底部塌

图七三五　瓦支塔村敌台平、立面图

图七三六　邱家园则村 1 号敌台平、立面图

陷成斜坡；北壁底部塌陷成斜坡，中间有一个外宽 3.6、内宽 1.7 米的豁口，内部成斜坡直通台顶，台顶上豁口外宽 6、内宽 7、进深 9 米；东壁顶部距北端 2 米有一个宽 3 米的缺口，缺口南部有一个宽 9.5、进深 4 米的缺口；南壁东端有一个上宽 4、进深 0.8 米的缺口。使其损毁的自然因素有雨水侵蚀、植物生长、昆虫、啮齿动物破坏等，存在的病害有雨水冲刷、昆虫动物筑洞。

台体夯筑而成，夯土以黄土为主，包含有料礓石、沙土，夯层厚 0.1 ~ 0.16 米。台体平面呈矩形，剖面呈梯形，底部东西 23、南北 24 米，顶部东西 18、南北 17 米，高 10 米。无围墙。台体周围有瓷片、石片、陶片。（图七三五）

该敌台位于庄则梁 ~ 斜马沟村山险东南侧，南距邱家园则村 1 号敌台 0.891 千米。

（一二）邱家园则村 1 号敌台（6108213521011 70235）

该敌台位于高家堡镇邱家园则村东 0.4 千米的山顶上。地处黄土梁峁丘陵宽谷地带，四周地势较平缓，为荒坡地，西侧为李家洞沟。高程 1195.7 米。

敌台为明代修建，无修缮情况，保存差。台体受雨水冲刷表面斑驳、凹凸不平，东、西、北壁塌成斜坡，顶部向东倾斜。使其损毁的自然因素有风雨侵蚀、植物生长、昆虫破坏、啮齿动物破坏等；人为因素有在周围开垦耕地、攀爬台体，存在的病害有雨水冲刷使台体坍塌、滑坡，昆虫、动物构筑洞穴。

台体夯筑而成，夯土以黄土为主，包含有料礓石、沙土，夯层厚 0.12 ~ 0.14 米。台体平面呈矩形，剖面呈梯形，底部东西 13、南北 14 米，顶部东西 5.8、南北 6.5 米，高 6 米。无围墙。台体周围有瓷片、石片、陶片。（图七三六）

该敌台位于庄则梁村 ~ 斜马沟村山险东南侧边缘，南距邱家园则村 2 号敌台 0.727 千米。

（一三）邱家园则村 2 号敌台（6108213521011 70236）

该敌台位于高家堡镇邱家园则村南 0.3 千米的邱家园则沟南岸、李家洞沟东岸山峁上。地处黄土梁峁丘陵宽谷地带，周围沟壑遍布，为耕地和荒草地，北侧 0.03 千米处有一座输电铁塔。高程 1180 米。

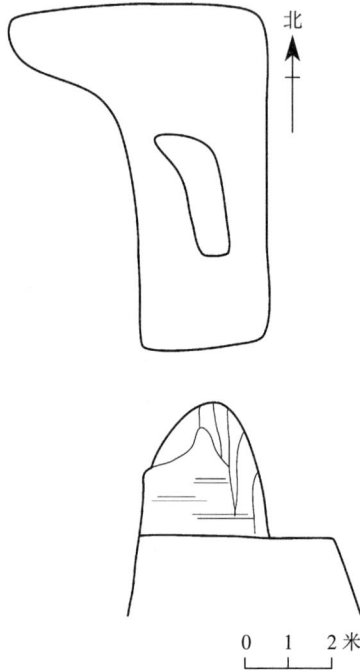

图七三七　邱家园则村 2 号敌台平、立面图　　　　图七三八　中沙峁村敌台平、立面图

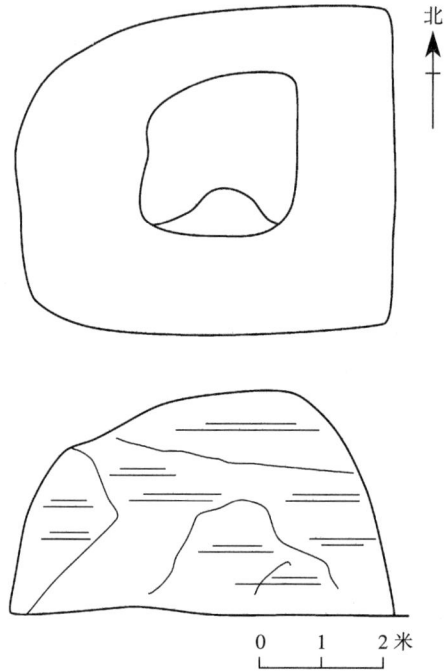

敌台整体保存差。台体仅存东半部分，底部有片石堆积，顶部和西半部坍塌。使其损毁的自然因素有风雨侵蚀、自然坍塌、流水冲毁等，人为因素有在台体附近树立输电铁塔，存在的病害有水土流失、山体滑坡。

台体夯筑而成，夯土以黄土为主，夯层厚 0.09～0.1 米。台体平面呈矩形，底部东西 3、南北 7.6 米，顶部东西 0.6、南北 2.6 米，高 6（南侧高 3）米。台体周围散落有砖瓦残块和瓷片。（图七三七）

该敌台位于庄则梁村～斜马沟村山险东南侧边沿，东北距蔡小沟村烽火台 0.727 千米。

（一四）中沙峁村敌台（6108213521011170237）

该敌台位于高家堡镇中沙峁村东 0.28 千米的山顶上。地处黄土梁峁丘陵宽谷地带，西、北、南面环沟，地势较陡峭。高程 1161.7 米。

敌台为明代修建，无修缮情况，保存差。台体因雨水冲刷表面斑驳、凹凸不平。台体东、北、西壁坍塌成斜坡；南壁坍塌，下部堆积成斜坡。使其损毁的自然因素主要有风雨侵蚀、植物生长等，人为因素主要有开垦土地，存在的病害有雨水冲刷、水土流失。

台体夯筑而成，夯土以黄土为主，包含有料礓石、沙土，夯层厚 0.1～0.16 米。台体平面呈矩形，剖面呈梯形，底部东西 6、南北 5 米，顶部东西 3、南北 5 米，高 3.5 米。无围墙。（图七三八）

该敌台位于庄则梁村～斜马沟村山险东南侧。

（一五）青杨岔村敌台（6108213521011170238）

该敌台位于高家堡镇青杨岔村北 0.28 千米的山顶上。地处黄土梁峁丘陵宽谷地带，西、南面环沟，北面为缓坡，东面与山体相连，山顶上沟壑纵横，植被稀疏。高程 1112 米。

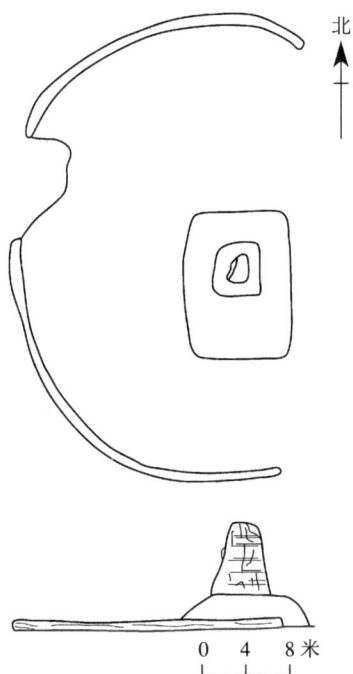

图七三九　青杨岔村敌台平、立面图

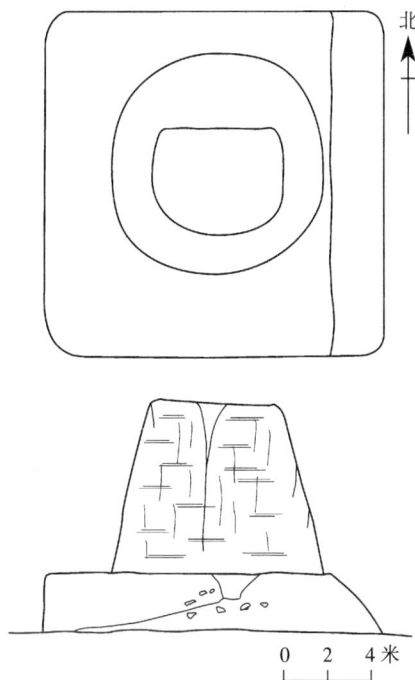

图七四〇　康石畔村敌台平、立面图

敌台为明代修建，无修缮情况。围墙保存差，台体保存较差。台体因雨水冲刷表面斑驳、凹凸不平。台体东南 35 米不见围墙；西壁底部塌陷，夯土成块塌陷。围墙西墙有一个豁口，外宽 1.5、内宽 6、进深 4 米。使其损毁的自然因素为风雨侵蚀、植物生长、昆虫、动物构筑洞穴等，人为因素有铲削、在台体附近开垦耕地种植粮食、树木，存在的病害有雨水冲刷、开垦耕地。

台体夯筑而成，夯土以黄土为主，包含有料礓石、沙土，夯层厚 0.12～0.14 米。台体底部被修整成土台，东西 11、南北 13、高 3 米。台体平面呈矩形，剖面呈梯形，底部东西 4.5、南北 5 米，顶部东西 2、南北 3 米，高 7.2 米。围墙平面呈圆形，直径 42、底宽 2、顶宽 0.2～0.4、内高 1～1.5、外高 2 米。（图七三九；彩图一六四）

该敌台位于庄则梁村～斜马沟村山险东南侧，南距李家洞村敌台 0.56 千米。

（一六）康石畔村敌台（610821352101170239）

该敌台位于高家堡镇康石畔村北 0.4 千米的青杨岔沟南岸、李家洞沟东岸的高地上。四周是草地、耕地。地处黄土梁峁丘陵宽谷地带，属黄土沟壑地貌。高程 1114.3 米。

敌台为明代修建，无修缮情况，保存差。台座上及四周散落有石块、砖，边缘坍塌。台体四壁坍塌严重，顶部北侧 2 米坍塌。使其损毁的主要自然因素是风雨侵蚀、自然坍塌、流水冲毁，存在的病害有雨水冲刷、植被根系生长。

台体夯筑而成，夯土以黄土为主，夯层厚 0.09～0.12 米。台体平面呈圆形，剖面呈梯形，底部直径长 9.6、顶部直径 6、高 7.6 米。基座平面呈矩形，东西 13、南北 15、高 2.4～2.6 米。（图七四〇；彩图一六五）

该敌台位于庄则梁村～斜马沟村山险东南侧。

（一七）李家洞村敌台（610821352101170240）

该敌台位于高家堡镇李家洞村东 0.15 千米的山顶上。地处黄土梁峁丘陵宽谷地带，西、北面环沟，南面为缓坡，东面与山体相连，山顶上沟壑纵横，植被稀疏。高程 1062.2 米。

敌台为明代修建，无修缮情况，保存较差。台体因雨水冲刷表面斑驳、凹凸不平，西南角一块宽 2、厚 0.7 米的夯土脱落，顶部向西倾斜。使其损毁的自然因素有风雨侵蚀、植物生长、昆虫、动物破坏等，存在的病害有雨水冲刷、植物根系生长。

台体夯筑而成，夯土以黄土为主，包含有料礓石、沙土，夯层厚 0.15～0.17 米。台体平面呈矩形，剖面呈梯形，底部边长 5、顶部边长 3、高 5 米。台体底部堆积高 0.5～1 米。无围墙。台体四周有瓷片、石片、陶片。（图七四一）

该敌台位于庄则梁村～斜马沟村山险东南侧。

（一八）康家坬村 1 号敌台（610821352101170241）

该敌台位于高家堡镇康家坬村西南 0.2 千米的阳坬沟南岸、李家洞沟东岸悬崖上。地处黄土梁峁丘陵宽谷地带，周围是草地，沟壑遍布。高程 1044.7 米。

敌台整体保存差。台体顶部和东壁通道外层坍塌，四壁剥落严重。使其损毁的自然因素有风雨侵蚀、自然坍塌，存在的病害有雨水冲刷、植物生长。

台体夯筑而成，夯土以黄土为主，夯层厚 0.18～0.2 米。台体平面呈矩形，剖面呈梯形，底部东西 7.4、南北 7.2 米，顶部东西 5、南北 4.8 米，高 7.8 米。台体东壁由于筑台取土形成一个台院性质的平地，东西 18、南北 21、东侧深 1.7 米，两侧为沟壑，上面长满杂草。台体东壁中部有从底部通到顶部的矩形凹槽，宽 1.7、进深 1.2 米。（图七四二）

该敌台位于庄则梁村～斜马沟村山险东南侧，西南距康家坬村 2 号敌台 0.5 千米。

图七四一　李家洞村敌台平、立面图

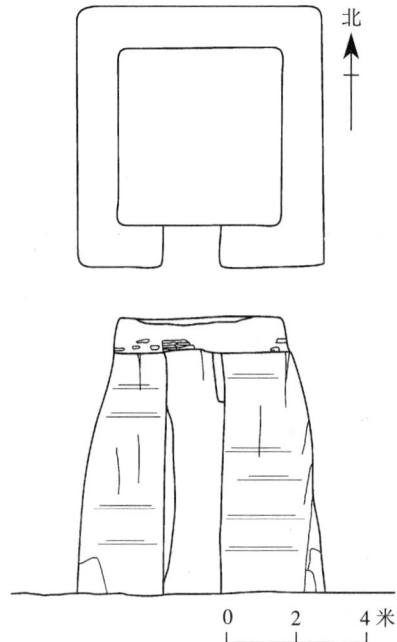

图七四二　康家坬村 1 号敌台平、立面图

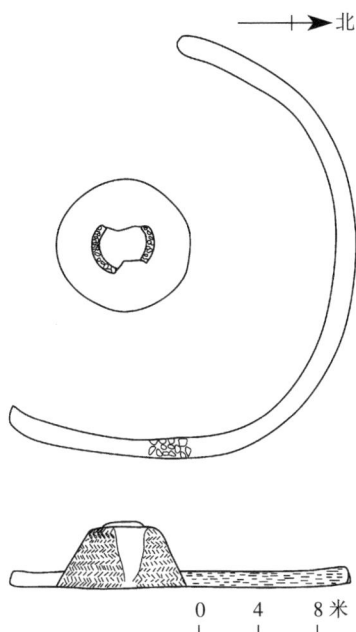

图七四三　康家圢村 2 号敌台平、立面图

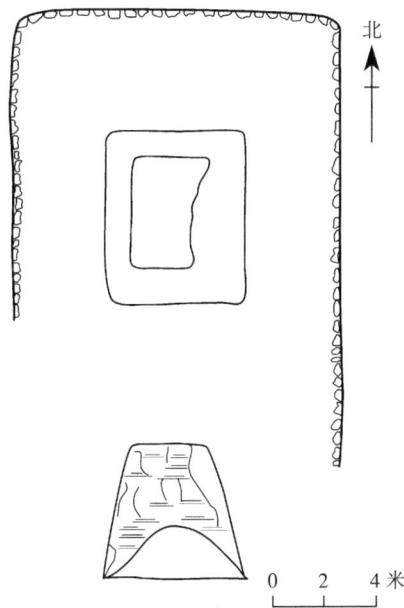

图七四四　斜马沟村敌台平、立面图

（一九）康家圢村 2 号敌台（610821352101170242）

该敌台位于高家堡镇康家圢村西南 1 千米的李家洞沟东岸。正对西岸的七里庙沟，地处黄土梁峁丘陵宽谷地带，周围是荒坡草地。高程 1071.7 米。

敌台整体保存差。围墙断续存在，有部分坍塌。台体顶部坍塌，东壁有宽 2.5 米的缺口，西壁有宽 3.6 米的缺口，露出夯土。使其损毁的自然破坏因素有风雨侵蚀、自然坍塌、流水冲毁，存在的病害有雨水冲刷、植被生长。

台体内部用黄土夯筑而成，外部包石，包石厚 0.7 米。台体平面呈圆形，底部直径 9、顶部直径 4.2、高 4 米。围墙或利用片石垒砌，或利用山险。围墙平面呈近矩形，东、北墙宽 1.2、内高 0.5、外高 1.3～0.5、距台体 8 米；南墙存地面上一线，长 18、上宽 0.3、外高 0.2 米，上与地面平，距台体 10 米；南、东墙不相连，东墙南端拐向西，距台体 2 米，外距南墙 8 米；西墙利用山险，长 27、距台体 9 米。（图七四三；彩图一六六）

该敌台位于庄则梁村～斜马沟村山险东南侧，东北距康家圢村 1 号敌台 0.5 千米。

（二〇）斜马沟村敌台（610821352101170243）

该敌台位于高家堡镇斜马沟村东 0.4 千米的李家洞沟东岸悬崖上。地处黄土梁峁丘陵宽谷地带，属黄土沟壑地貌，周围为荒坡地，地势较陡峭。高程 1057.3 米。

敌台整体保存差。台体顶部坍塌，四壁剥落严重。使其损毁的自然因素有风雨侵蚀、植物生长、昆虫、动物洞穴，存在的病害有雨水冲刷及昆虫、动物构筑洞穴等。

台体用黄土夯筑而成，夯层厚 0.13～0.15 米，夯土包含有骨头、石块、陶片。台体平面呈矩形，剖面呈梯形，底部东西 5.5、南北 6.5 米，顶部东西 3.1、南北 5.1 米，高 5 米。台座平面呈矩形，西侧长 11.5、东侧长 17、北侧 12.7、南侧高 0.6、北侧高 1.3、西侧高 1 米，东侧与梁顶齐平。台体位

于石峁遗址西北，周围有大量旧石器、新石器、陶器残片。（图七四四）

该敌台位于庄则梁村~斜马沟村山险止点，东北距康家圪村2号敌台1.3千米。

（二一）杨石畔村烽火台（610821353201170244）

该烽火台位于神木镇杨石畔村北1.4千米的永兴沟南岸梁上北端高地上。北隔永兴沟相对柳沟，地处黄土梁峁沟壑丘陵宽谷地带，周围地势较陡峭，为长满荒草的坡地。高程1170米。

烽火台整体保存较差。台体外层包石消失，剥落严重。台体南壁上部有一个上宽2.4、下宽1、高3、进深2米的"V"形豁口，顶部有0.3米厚的砖石堆积，周围散落零星砖瓦残块。使其损毁的原因主要为风雨侵蚀、自然坍塌、植物根系的破坏，存在的病害有雨水冲刷、植物生长。（图七四五）

台体夯筑而成，夯土分内外两部分，内部夯土以黄土为主，夯层厚0.2~0.22米，外部夯层厚0.45米。台体平面呈矩形，剖面呈梯形，底部边长5.8、顶部边长3.8、高7.2米。台体顶部往下0.6米有一层三合土，包含有石块，层间或有碎石，夯层厚0.22米。

该烽火台西北距杨石畔村1号敌台0.125千米。

（二二）瓷窑峁村烽火台（610821353201190245）

该烽火台位于神木镇瓷窑峁村南0.2千米的山梁上。地处黄土梁峁丘陵宽谷地带，属黄土沟壑地貌，周围沟壑遍布。

烽火台保存较差。台体顶部坍塌，南壁偏西有坍塌。使其损毁的自然因素主要有风雨侵蚀、自然坍塌，存在的病害有雨水冲刷。

台体夯筑而成，夯土以黄土为主。台体平面呈圆形，剖面呈梯形。

该烽火台周围都是沟壑，无法接近，尺寸不详。

（二三）五堂村烽火台（610821353201170246）

该烽火台位于神木镇五堂村东0.581千米的山峁上。地处黄土梁峁丘陵宽谷地带，东南0.02千米处有一座发射塔，北1.5米处有一根电线杆，周围是长满荒草的荒坡地。高程1133.6米。

烽火台为明代修建，无修缮情况，保存较差。台体受雨水冲刷表面斑驳、凹凸不平。台体东南部有一个下宽0.2、上宽2米的缺口，往上向西倾斜，进深0.2~0.5米；东壁有一个槽形缺口，宽0.1、高2、进深0.2米；西北部上部有一棵树。使其损毁的自然因素主要有风雨侵蚀、植物生长、昆虫及动物破坏等，人为因素主要有对台体、台座开挖，存在的病害有雨水冲刷、植物根系生长。

台体夯筑而成，夯土以黄土为主，包含有料礓石、沙土，夯层厚0.07~0.1米。台体平面呈圆形，剖面呈梯形，底部直径8.5、顶部基本平整，直径5米，高6米。台体四周被修整成高1~2米的土台，无围墙。台体周围有少量瓷片、石片、陶片。（图七四六）

该烽火台东北距杨石畔村2号敌台0.68千米，西北距五堂村敌台0.134千米。

（二四）王龙沟村烽火台（610821353201170247）

该烽火台位于神木镇王龙沟村东南0.9千米的山梁上。地处黄土梁峁丘陵宽谷地带，周围地势较平缓，为退耕草地。高程1269.7米。

烽火台整体保存差。台体四壁剥落严重，顶部坍塌。台体南壁有坍塌、水冲而成的凹槽，上宽2、下宽1、进深0.8米；东南部底部有后挖的洞，宽1.5、高0.8、进深0.9米，洞口上方坍塌，宽1.8、

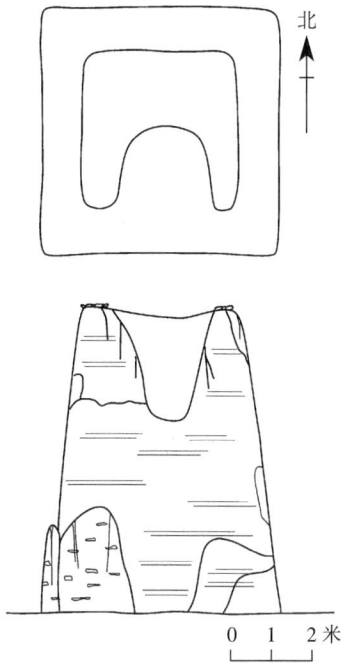

图七四五　杨石畔村烽火台平、立面图

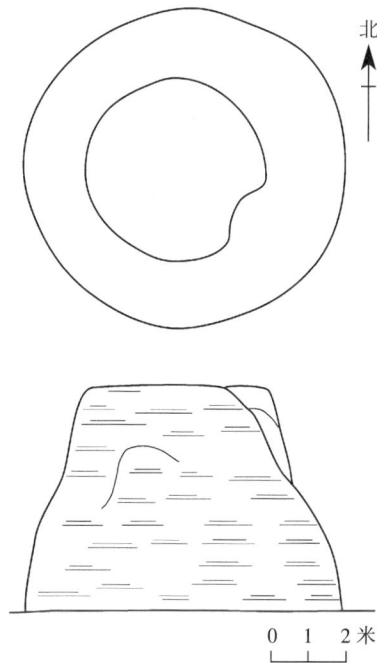

图七四六　五堂村烽火台平、立面图

进深 0.8 米。使其损毁的自然因素主要有风雨侵蚀、自然坍塌、动物洞穴，人为因素主要有在台上开挖窑洞，存在的病害有雨水冲刷、自然风化。

台体夯筑而成，夯土以黄土为主，夯层厚 0.13 ~ 0.17 米。台体平面呈圆形，剖面呈梯形，底部直径 6.4、顶部直径 4.6、高 5.5 米。（图七四七；彩图一六七）

该烽火台西北距五堂村敌台 3.7 千米，西南距宋家峁村敌台 3 千米。

（二五）西圪村烽火台（610821353201170248）

该烽火台位于神木镇西圪村东南 0.3 千米的梁上高地。地处黄土梁峁丘陵宽谷地带，周围是退耕草地，地势较平缓，水冲沟遍布。高程 1253.1 米。

烽火台整体保存差。台体剥落严重，顶部坍塌。台体南壁有坍塌凹陷，坍塌部分厚 0.6 米，呈倒直角三角形，上宽 2.8 米，通至西壁底部。台体下部有羊群啃啮的坑穴。基座上散落一些残砖，砖宽 17、厚 5 厘米，一面有斜平行条纹，条纹宽 0.3、深 0.2 厘米，间距 1.2 厘米。基座边缘有 3 个水冲豁口，南侧豁口外宽 2、进深 1.7 米，斜通底部；东南侧豁口外宽 3、进深 2.4 米，斜通底部；东侧豁口宽 3.4、进深 2.2 米，斜通底部。使其损毁的自然原因主要为风雨侵蚀、自然坍塌，人为原因主要为羊群啃啮，存在的病害有雨水冲刷、植被生长。

台体位于台座中央，夯筑而成，夯土以黄土为主，夯层厚 0.1 ~ 0.13 米。台体平面呈圆形，剖面呈梯形，底部直径 8、顶部直径 4、高 5.5 米。基座平面呈圆形，直径 17、高 2.8 米，上部夯土高 1.2 米。（图七四八）

该烽火台南距院寨子村烽火台 2 千米。

（二六）院寨子村烽火台（610821353201170249）

该烽火台位于神木镇院寨子村南 1.11 千米的山峁上。地处黄土梁峁丘陵宽谷地带，四周地势较平

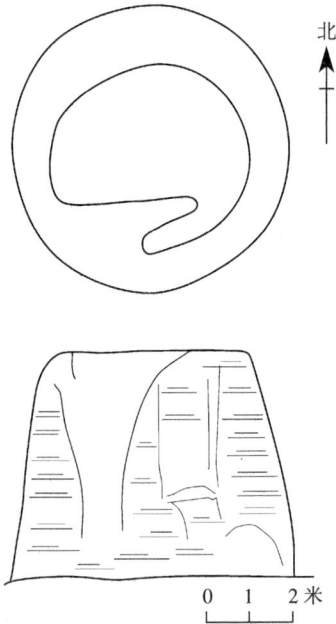

图七四七 王龙沟村烽火台平、立面图

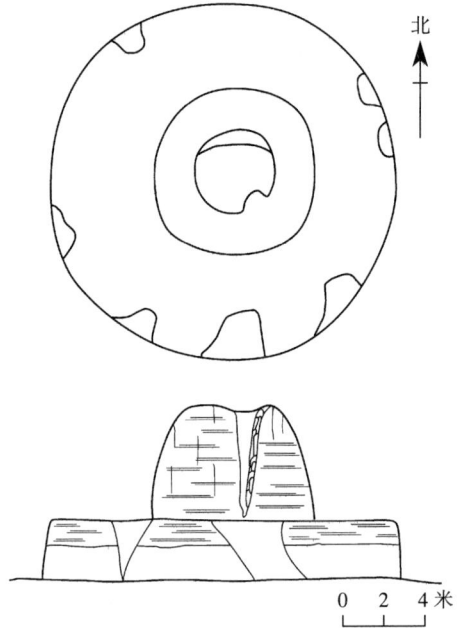

图七四八 西圪村烽火台平、立面图

缓，水冲沟遍布。高程1254.5米。

烽火台为明代修建，无修缮情况，保存较差。基座被人为挖掘有弧形缺口，西北侧有一个缺口，宽3、进深1米；西南侧距台座边缘0.4米有一个人为挖掘的坑，长2、宽0.6、深1米；南侧缺口上宽3.5、下宽1.5米，内部坍塌成斜坡；东南侧有一个坑，长2、宽1、深1米，坑至基座边缘被挖除，有3个缺口，从南至北依次为长1.5、进深0.4米，长5、进深1米，长3、进深1.5米。台体东壁有一块夯土剥落，上宽2、下宽1、高3、进深0.4~0.5米，底部堆积成斜坡。使其损毁的自然原因主要为风雨侵蚀，昆虫、啮齿动物破坏等，人为原因主要是开挖树坑，存在的病害为雨水冲刷，昆虫、动物筑洞穴。

台体夯筑而成，夯土以黄土为主，包含有料礓石、沙土，夯层厚0.07~0.12米。台体平面呈圆形，剖面呈梯形，底部直径7.5米，顶部基本平整，直径4.6米，高5.8米。基座平面呈圆形，直径17.6、高1~3米，夯土厚0.7米，夯层不明。台体周围有瓷片、石片、陶片、板瓦片等。（图七四九）

该烽火台东北距西圪村烽火台2千米。

（二七）党家石圈村烽火台（610821353201170250）

该烽火台位于神木镇党家石圈村南约0.2千米的山峁上。地处黄土梁峁丘陵宽谷地带，东、北面环沟，四周地势平缓，为耕地和荒坡地。高程1200.8米。

烽火台为明代修建，无修缮情况，保存较差。台体因雨水冲刷表面斑驳、凹凸不平。台体东南角塌陷，坡上有一个洞穴，外宽0.8、高1.2、进深2米；内部东西1.5、南北1.3、高1.3米，西端有一个二层台，高0.4、宽0.3米，放置有一个牌位书"供奉西方五道之神位"；西南部高4米有一个洞穴，外宽1.4、高1.2、进深2.5米，里端有一个二层台，高0.4、宽0.3米，原应有牌位。台体南壁高2米距西端6.7米有一个缺口，上宽4.3、下宽1、进深6.7米。台体顶部西北角塌陷，有一个坟头；东北角有一个豁口，上宽5.7、下宽1、进深6.7米。使其损毁的自然因素主要有风雨侵蚀、植物生长及

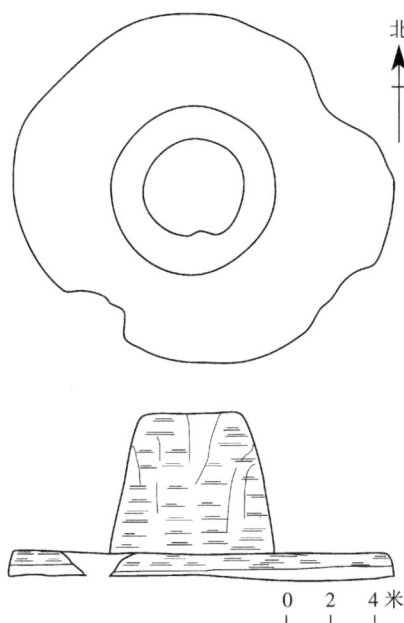

图七四九　院寨子村烽火台平、立面图

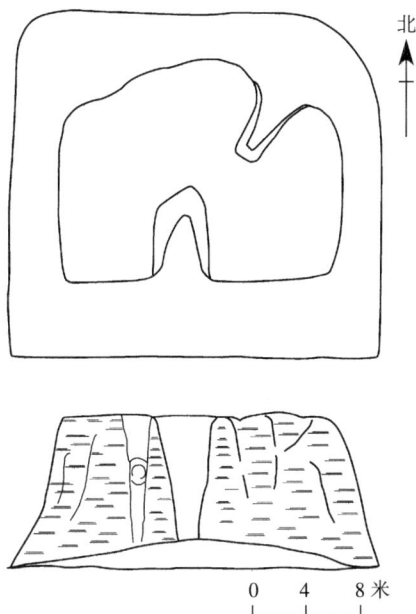

图七五〇　党家石圈村烽火台平、立面图

昆虫、动物破坏等，人为因素有在台壁挖掘洞穴、台体上建坟、开垦耕地，存在的病害有开垦耕地、雨水冲刷。

台体夯筑而成，夯土以黄土为主，包含有料礓石、沙土，夯层厚 0.16~0.2 米。台体平面呈矩形，剖面呈梯形，底部东西 28、南北 25 米，顶部基本平整，东西 20.3、南北 14 米，高 11 米。台体底部堆积高 2~3 米，无围墙。台体周围散落有少量的瓷片、石片、陶片等。（图七五〇）

（二八）墩梁村烽火台（610821353201170251）

该烽火台位于神木镇墩梁村西 1 千米的山峁上。地处黄土梁峁丘陵宽谷地带，四周地势较平缓，是荒坡地，外围沟壑遍布。高程 1194.3 米。

烽火台保存差。台体北侧散落有砖，砖宽 18.8、厚 6.5 厘米，一面有绳纹；西侧散落有素面砖，砖宽 23、厚 5 厘米；南、东侧散落有布纹瓦片；四周零星散落有汉代陶片、篮纹红陶片。台体顶部坍塌，破坏严重，西侧有人工挖开的南北向槽壕，北段宽 1.2、深 4.8 米，南段宽 3.5、深 2 米，两端通出台体；槽西侧有东西槽相接，宽 1.2、深 2 米，向西通出台体。自然破坏因素有风雨侵蚀、自然坍塌，人为破坏因素有人工开挖槽壕，存在的病害有雨水冲刷、植被生长。

台体夯筑而成，夯土以黄土为主，夯层厚 0.1~0.14 米。台体平面呈圆角矩形，底部东西 12、南北 18 米，顶部东西 7、南北 6 米，高 6.8 米。（图七五一）

（二九）大墩梁村烽火台（610821353201170252）

该烽火台位于解家堡乡大墩梁村北 0.337 千米的高地上。地处黄土梁峁丘陵宽谷地带，东西临沟，周围是梯田。高程 1152.2 米。

烽火台保存较差台体。台体顶部中间坍塌呈漏斗形，上部东西 13.8、南北 12.5、深 5.6 米。台体表面剥落严重，上有裂缝，宽达 0.15 米，有数个动物洞穴，断层显示内部有植物根系。台体南壁上部有豁口，上宽 3、下宽 1.8、深 5.6 米。台体周围生土层下切 1.5 米，散落有瓦片、石块等。使其损毁

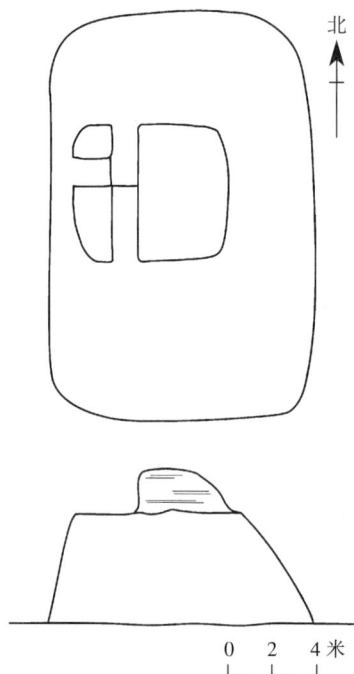

图七五一　墩梁村烽火台平、立面图

图七五二　大墩梁村烽火台平、立面图

的自然因素主要有风雨侵蚀、动物挖掘洞穴、植物根系的破坏，人为因素主要有开垦耕地，存在的病害有雨水冲刷、动物筑洞穴。

台体夯筑而成，夯土以黄土为主，夯层厚 0.11～0.12 米。台体平面呈矩形，剖面呈梯形，底部东西 22、南北 24 米，顶部东西 15.7、南北 19.2 米，高 10.5 米。台体顶部西侧中间有一个夯土堆，底部东西 3、南北 3.5 米，顶部东西 1、南北 2 米，高 1.5 米。（图七五二）

该烽火台东距韩家窑圪村烽火台 3.7 千米。

（三〇）李家阴湾村烽火台（610821353201170253）

该烽火台位于神木镇李家阴湾村西南的山峁上。地处黄土梁峁丘陵宽谷地带，四周为耕地，地势较平缓。高程 1092.1 米。

烽火台为明代修建，无修缮情况，保存较差。台体因雨水冲刷表面斑驳、凹凸不平。台体北壁有一个豁口，宽 0.9～1、高 4、进深 0.1～1.2 米；西壁顶部坍塌成斜坡；南壁底部有一个洞穴，宽 0.8～1.1、高 1.2～1.7、进深 2 米；东壁底部有一个洞穴，宽 1.5、高 1.2、进深 4 米。使其损毁的自然因素主要有风雨侵蚀、植物生长、昆虫破坏、啮齿动物破坏等，人为因素主要有在台体周围种植粮食、台壁挖掘洞穴等，存在病害有雨水冲刷、植物根系生长、人为挖掘洞穴。

台体夯筑而成，夯土以黄土为主，包含有料礓石、沙土，夯层厚 0.06～0.12 米。台体平面呈圆形，剖面呈梯形，底部直径 8 米，顶部基本平整，直径 4.3 米，高 6.5 米。台体四周被修整成高 2～3 米的土台；顶部堆积高 0.4 米，包含有片石、瓷片。台体无围墙。台体周围有瓷片、石片、陶片、筒瓦片等。（图七五三）

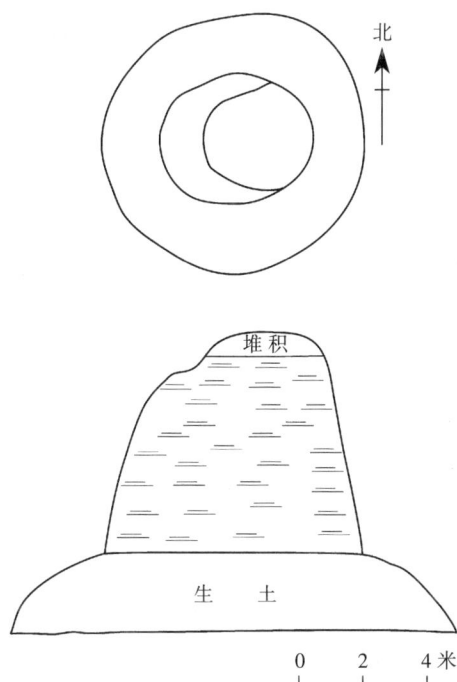

图七五三　李家阴湾村烽火台平、立面图

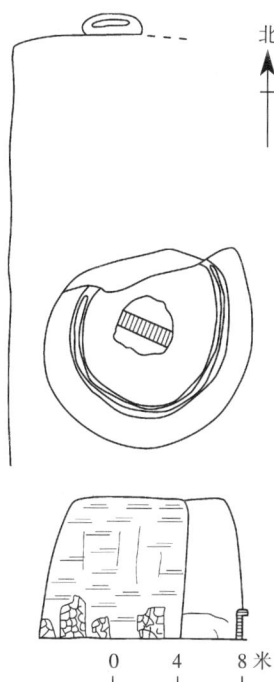

图七五四　二十里墩村烽火台平、立面图

（三一）二十里墩村烽火台（610821353201170254）

该烽火台位于神木镇二十里墩村东的平地上。地处黄土梁峁丘陵宽谷地带，位于窟野河西岸的神（木）盘（塘村）公路东侧。高程926.3米。

烽火台为明代修建，无修缮情况，保存较差。围墙大部分不存，台体因雨水冲刷表面斑驳、凹凸不平。台体底部部分塌陷被用水泥填补；西壁底部有一个拱形洞穴，外宽1、高1.5米，内宽1.8、高1.5、进深2.5米，内壁夯层清晰，夯层厚0.14~0.2米；南壁高3米有一个小洞，边长0.3、进深0.5米。台体顶部北端有一座小庙，庙后有一棵枯树；东南角、东北角塌陷；北壁上部坍塌呈弧形，上宽5、进深0.5~2米。登台土洞被改造，内部被修成斜坡直通台顶，斜坡上砌砖阶，共37级，长0.2、外宽1.5、内宽0.5、高0.2米；洞口砌砖，外宽1.75、高1.8、厚0.6米，剖面呈矩形，内拱形，（彩图一六九）宽0.75、高1.5米。台体顶部中央陷塌成圆洞，直径3.6米，洞西缘距台体西壁1.7米。使其损毁的自然因素主要有风雨侵蚀、植物生长等，人为因素主要有人为铲削、不按原状修缮、在台体周围修路（西侧1米为神盘公路）、台壁上挖掘洞穴，存在的病害有人为挖掘洞穴、裂缝（西南部有一条裂缝，宽0.02~0.08米）、雨水冲刷。

台体夯筑而成，夯土以黄土为主，包含有料礓石、沙土，夯层厚0.04~0.2米。台体平面呈圆形，剖面呈梯形，底部直径13.5、顶部直径10.3、高8.5米。围墙位于台体外侧，存北墙8米，其中5米仅存基础，底宽1.3、顶宽0.5、高2.5米，夯层厚0.14~0.2米。台体周围被修整成高2~4米的土台。（图七五四；彩图一六八）

（三二）韩家窑圪村烽火台（610821353201170255）

该烽火台位于神木镇韩家窑圪村西0.151千米的柳沟与窟野河交汇处西北角山峁上。地处黄土梁峁丘陵宽谷地带,四周地势陡峭,沟壑遍布。高程965.5米。

烽火台保存较差。台体顶部坍塌,生长有灌木;东南部有坍塌,坍塌部分下距底部4.1米,底宽1、进深0.7米,斜上,上部宽约3、进深约2米。台座南侧被流水冲毁,宽、长9米。围墙南墙约9米消失,东部5米有人工铲削、破坏的痕迹。使其损毁的自然因素主要有风雨侵蚀、自然坍塌、流水冲毁、植物生长,人为因素主要有铲削破坏,存在的病害有植物生长、雨水冲刷。

台体夯筑而成,夯土以黄土为主,夯层厚0.09~0.16米。台体平面呈圆形,剖面呈梯形,底部直径长11、顶部直径长7.3、高11米。基座平面呈圆形,直径长33、高1.3~3米。基座边缘有夯土围墙,墙体底宽2、顶宽0.6米,内高0.5~1.7、外高3米。(图七五五)

该烽火台南距二十里墩村烽火台1.7千米。

(三三)乔家峁村烽火台(610821353201170256)

该烽火台位于解家堡乡乔家峁村南1千米的山峁上。地处黄土梁峁丘陵宽谷地带,南临柳沟,山顶沙化,植被稀疏。高程999.5米。

烽火台为明代修建,无修缮情况,保存差。台体受雨水冲刷表面斑驳、凹凸不平。台体底部四周因坍塌形成斜坡,斜坡高1~2米,西壁上部和北壁底部坍塌成斜坡,顶部南面塌陷宽1.5、进深0.4米。自然破坏因素主要有风雨侵蚀、植物生长等,人为破坏因素主要有人为铲削台体、拆除包石等,存在的病害有山坡沙化、雨水冲刷。

台体夯筑而成,夯土以黄土为主,包含有料礓石、沙土,夯层厚0.12~0.16米。台体平面呈矩形,剖面呈梯形,底部边长14米,顶部基本平整,东西2、南北3米,高6.5米。台体北壁包石保存长2、高0.8米,片石平铺、斜砌而成。台体上部及北壁坍塌成斜坡,斜坡上有一层片石,片石大小、形状不一。无围墙。台体周围有瓷片、石片、陶片等。(图七五六)

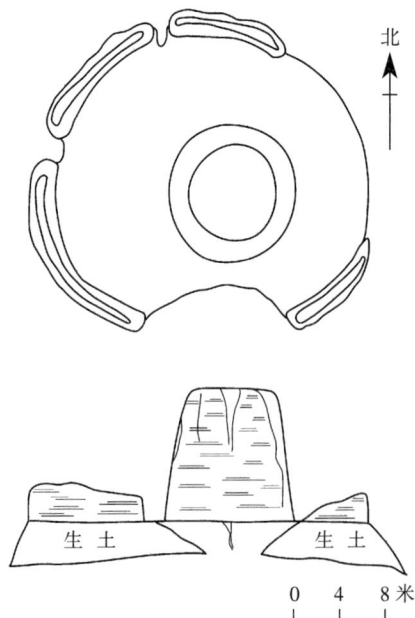

图七五五 韩家窑圸村烽火台平、立面图

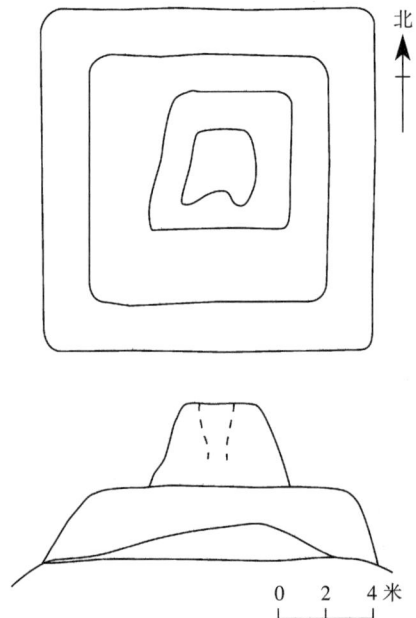

图七五六 乔家峁村烽火台平、立面图

（三四）解家堡村烽火台（610821353201170257）

该烽火台位于解家堡乡解家堡村南 0.354 千米的麻地愣沟与柳沟交点东南山梁北端的山峁上。高程 1047.8 米。地处黄土梁峁丘陵宽谷地带，北、西、南面环沟，地势陡峭。

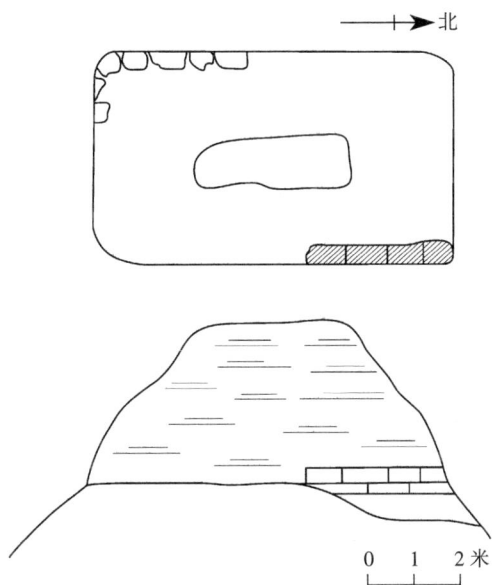

图七五七　解家堡村烽火台平、立面图

烽火台为明代修建，无修缮情况，保存差。台体受雨水冲刷表面斑驳、凹凸不平。台体南壁西端底部存包石长 1.5、高 0.7～1.6、厚 0.6 米，东端下部坍塌成斜坡；西壁底部南端包石长 3.7、高 0.8～1.7、厚 0.7 米，北端下部坍塌成斜坡，西北角坍塌成斜坡，斜坡上有片石堆积；北壁坍塌，露出夯土，下部为小碎石、白灰、黄土、沙子堆积，上部为黄土堆砌；东壁北端包石长 1.5、高 0.3～1 米，南端下部坍塌成斜坡。使其损毁的自然因素主要有风雨侵蚀、植物生长、昆虫破坏、啮齿动物破坏等，人为因素主要有铲削台体、拆除包石等，存在的病害有水土流失、雨水冲刷。

台体内部用黄土夯筑而成，夯土包含有料礓石、沙土，夯层不明。台体外部包石为片石，大小、形状不一。台体平面呈矩形，剖面呈梯形，底部东西 4、南北 7.5 米，顶部东西 1、南北 3 米，高 3 米。台体无围墙。台体周围有瓷片、石片、陶片等。（图七五七）

（三五）高家墕村烽火台（610821353201170258）

该烽火台位于解家堡乡高家墕村西南的台塬上。地处黄土梁峁丘陵宽谷地带，四周地势平缓，为耕地。高程 1156.2 米。

烽火台为明代修建，无修缮情况，保存差。台体因雨水冲刷表面斑驳、凹凸不平，东壁坍塌成斜坡。使其损毁的自然因素主要有风雨侵蚀、植物生长、昆虫破坏、啮齿动物破坏等，人为因素主要有在台体附近种植粮食、台体顶部建庙宇（有一座用 3 片石片搭建的小庙），存在的病害有雨水冲刷、植被生长。

台体夯筑而成，夯土以黄土为主，包含有料礓石、沙土，夯层不明。台体平面呈矩形，剖面呈梯形，底部东西 6、南北 7 米，顶部东西 4、南北 3 米，高 4 米。台体无围墙。台体周围散落少量瓷片、石片、陶片。（图七五八）

（三六）胡家畔村烽火台（610821353201170259）

该烽火台位于解家堡乡胡家畔村东北 0.53 千米的西沟流入麻地塄沟的山峁上。地处黄土梁峁丘陵宽谷地带，四周地势较平缓，布满黄土沟壑。高程 1166.3 米。

烽火台保存差。台体坍塌呈圆丘状，周围堆积有片石。使其损毁的自然因素主要有风雨侵蚀、自然坍塌、植物生长，存在的病害有植物生长、雨水冲刷。

台体夯筑而成，夯土以黄土为主，夯层不清晰。台体平面呈近圆形，底部直径 10.2、顶部直径 1.5、高 6 米。（图七五九）

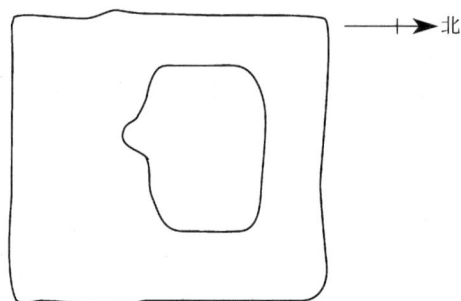

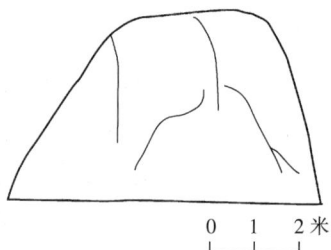

图七五八　高家塬村烽火台平、立面图

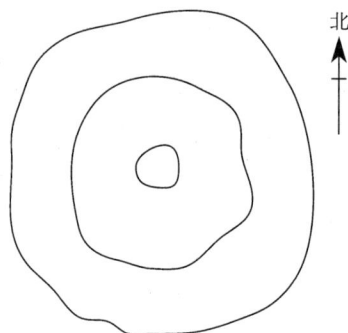

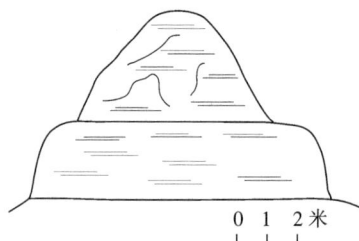

图七五九　胡家畔村烽火台平、立面图

（三七）墩梁村烽火台（610821353201170260）

该烽火台位于太和寨乡墩梁村南 0.1 千米的台塬上。地处黄土梁峁丘陵宽谷地带，周围地势平缓，为耕地。高程 1331.6 米。

烽火台为明代修建，无修缮情况，保存差。台体东壁坍塌成斜坡，南壁西侧底部坍塌成斜坡，北壁中间坍塌成下宽 2.5、上宽 4 米的斜坡，顶部中间有一个上宽 1.5、下宽 0.4、深 1 米的豁口。使其损毁的自然因素主要有风雨侵蚀、植物生长、昆虫破坏、啮齿动物破坏等，人为因素主要有铲削台体、在台体附近种植粮食，存在的病害有雨水冲刷和人为踩踏。

台体夯筑而成，夯土以黄土为主，包含有料礓石、沙土，夯层不明。台体平面呈圆形，剖面呈梯形，底部直径 15、顶部直径 11.2 米，高 4 米。台体顶部中间堆积直径 7、高出周围 0.8 米。台体无围墙。台体周围散落少量瓷片、石片、陶片。（图七六〇）

（三八）柳巷村烽火台（610821353201170261）

该烽火台位于乔岔滩乡柳巷村北 0.1 千米的山梁上。地处黄土梁峁丘陵宽谷地带，东、西面为山坡，南、北面是山梁，山顶植被稀疏，周边沟壑遍布。高程 972 米。

烽火台为明代修建，无修缮情况，保存差。台体受雨水冲刷表面斑驳、凹凸不平。台体大部分坍塌，只存南壁和东壁南端部分；北壁坍塌；东壁大部分坍塌，底部堆积成斜坡；西壁坍塌严重。使其损毁的自然因素主要是风雨侵蚀、山体滑坡、植物生长、昆虫破坏、啮齿动物破坏等，人为因素主要是在台体周围开垦耕地，存在的病害有山体滑坡、植物根系生长。

台体夯筑而成，夯土以黄土为主，包含有料礓石、沙土，夯层厚 0.06 ~ 0.15 米。台体平面呈矩形，剖面呈梯形，底部东西 7、南北 5 米，顶部只存西南角曲尺形一部分，东西 2.5、南北 1 米，高 5.5 米。台体无围墙。台体周围有少量瓷片、石片、陶片。（图七六一）

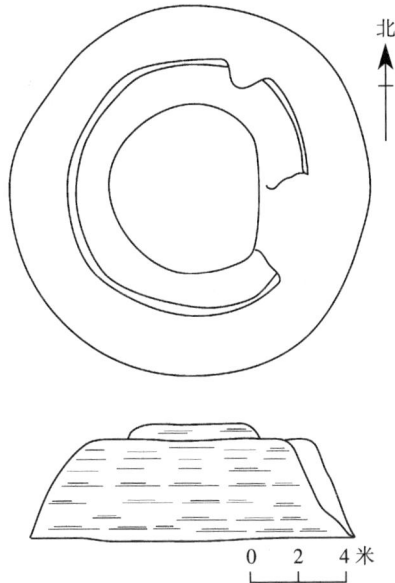

图七六〇　墩梁村烽火台平、立面图

图七六一　柳巷村烽火台平、立面图

（三九）万义墩村烽火台（610821353201170262）

该烽火台位于解家堡乡万义墩村西的山顶上。地处黄土梁峁丘陵宽谷地带，所处山顶沟壑纵横，植被稀疏，地势较陡峭。高程1259米。

烽火台为明代修建，无修缮情况，保存较差。台体受雨水冲刷表面斑驳、凹凸不平。台体南壁底部有一个土洞，长0.8、宽0.6、深1.7米；西南壁土洞长0.8、宽0.6、深2.4米；西北壁长有2棵枯树。使其损毁的自然因素主要有风雨侵蚀、植物生长，昆虫、啮齿动物破坏等，存在的病害有雨水冲刷、树木根系生长。

台体夯筑而成，夯土以黄土为主，包含有料礓石、沙土，夯层厚0.11～0.15米。台体平面呈圆形，剖面呈梯形，底部直径6、顶部直径3、高4米。台体无围墙，底部被修整成高1.5～2米的土台。台体周围有瓷片、石片、陶片等。（图七六二）

该烽火台西南距黄草村1号烽火台1.3千米。

（四〇）黄草沟村1号烽火台（610821353201170263）

该烽火台位于解家堡乡黄草沟村东北的山顶上。地处黄土梁峁丘陵宽谷地带，属黄土沟壑地貌，周边沟壑遍布。高程1280.5米。

烽火台为明代修建，无修缮情况，保存较差。台体因雨水冲刷表面斑驳、凹凸不平。台体南壁距东端2.3米、高1米处有一个凹陷，下宽1.2、上宽0.9、进深0.6～0.7、高1.5米；东壁高2米处有一个小洞，宽0.3～0.4、高0.3、进深0.3米；北壁底部坍塌成斜坡；顶部中间有一个豁口，下宽2、上宽1米，有一道宽1、深0.6米的沟。使其损毁的自然因素主要有风雨侵蚀、山体滑坡、植物生长、昆虫及动物破坏等，人为因素主要有开垦耕地，存在的病害有昆虫、动物筑洞穴、雨水冲刷、植物根系生长。

台体夯筑而成，夯土以黄土为主，包含料礓石、沙土，夯层厚0.09～0.14米。台体平面呈矩形，

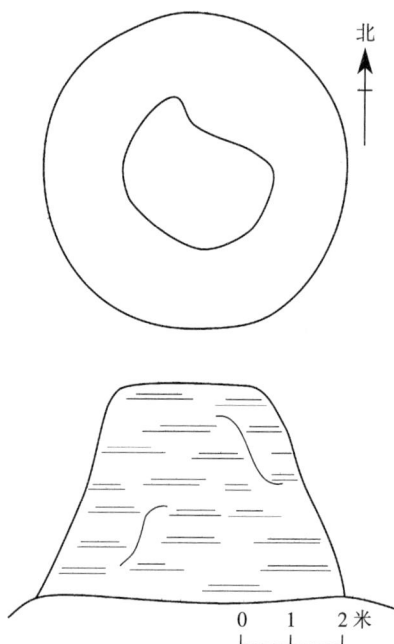

图七六二　万义墩村烽火台平、立面图

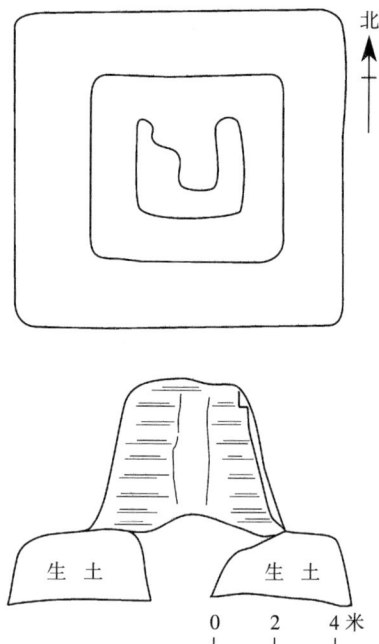

图七六三　黄草沟村 1 号烽火台平、立面图

剖面呈梯形，底部边长 6 米，顶部东西 3.7、南北 3 米，高 4.6 米。台体底部被修整成东西 10.8、南北 10、高 1.5～2.5 米的土台，无围墙。台体周围有瓷片、石片、陶片。（图七六三）

该烽火台东北距万义墩村烽火台 1.3 千米，西南距黄草沟村 2 号烽火台 2.7 千米。

（四一）黄草沟村 2 号烽火台（610821353201170264）

该烽火台位于解家堡乡黄草沟村西北 1.6 千米的山梁上。地处黄土梁峁丘陵宽谷地带，周围是荒漠地，地势平缓，生长有柠条、杂草。

烽火台整体保存差。台体顶部坍塌，生长有杂草，四壁剥落严重。台体南壁上部有一个豁口，上宽 10.5、进深 9 米，内部斜下，下宽 2、深 10 米。台体南北两侧由于筑台取土形成壕沟，宽 24、外侧高 1.7 米。自然破坏因素主要有风雨侵蚀、自然坍塌、植物生长等，存在的病害有植物生长、雨水冲刷、动物洞穴。

台体夯筑而成，夯土以黄土为主，夯层厚 0.1～0.16 米。台体平面呈矩形，底部东西 28、南北 31 米，顶部东西 18、南北 14 米，高 12 米。（图七六四）

该烽火台东南距柏林堡 2.5 千米，东北距黄草沟村 1 号烽火台 2.7 千米。

（四二）黄草沟村 3 号烽火台（610821353201190265）

该烽火台位于解家堡乡黄草沟村东南 1 千米的山梁东端。地处黄土梁峁丘陵宽谷地带，周围是荒草地，地势平缓。高程 1182.3 米。

烽火台整体保存差。台体坍塌，四壁剥落严重。自然破坏因素主要有风雨侵蚀、自然坍塌、植物生长，存在的病害有植物生长、雨水冲刷。

台体平面呈矩形，下部为生土，上部为夯土，夯土以黄土为主，夯层厚 0.1～0.12 米。台体生土

图七六四　黄草沟村 2 号烽火台平、立面图

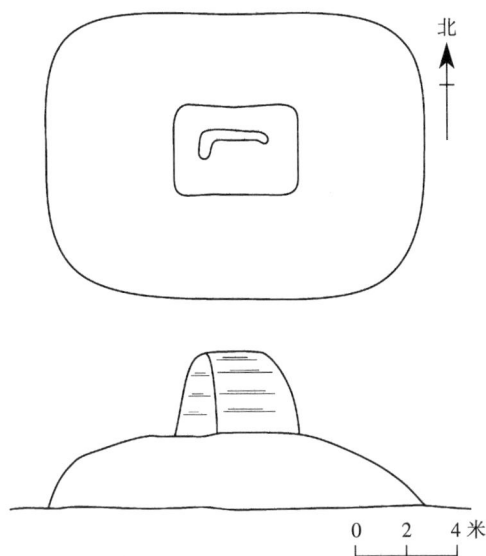

图七六五　黄草沟村 3 号烽火台平、立面图

部分底部东西 15、南北 11 米，顶部东西 5、南北 4 米，高 2.8 米；夯土部分上部东西 2.8、南北 1.1 米，高 3.2 米。（图七六五）

该烽火台西北距黄草沟村 2 号烽火台 3.5 千米，西南距柏林堡 1.8 千米，西 0.1 千米处有一处古庙遗址。

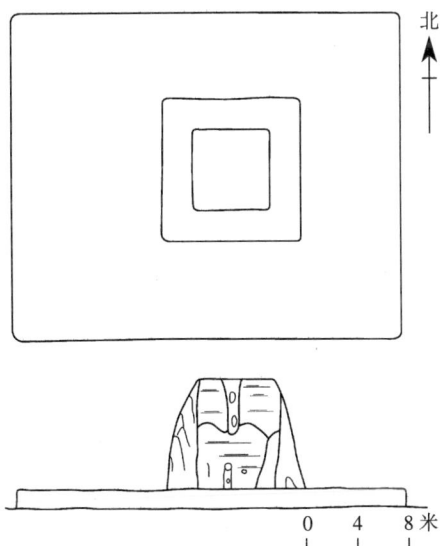

图七六六　柏林堡村 1 号烽火台平、立面图

该烽火台东北距柏林堡 0.6 千米。

（四三）柏林堡村 1 号烽火台 （610821353201170266）

该烽火台位于解家堡乡柏林堡村西南 0.6 千米处。地处黄土梁峁丘陵宽谷地带，四周地势平缓，东北侧有雨水冲刷形成的沟壑。高程 1276.4 米。

烽火台整体保存差。基座边缘有坍塌，底部有羊群啃啮的坑穴，西侧有风蚀窝。自然破坏因素主要有风雨侵蚀、自然坍塌、自然风化，人为破坏因素主要有羊群啃食等，存在的病害有雨水冲刷、动物洞穴。

台体夯筑而成，夯土以黄土为主，包含有料礓石，夯层厚 0.12～0.14 米。台体平面呈矩形，剖面呈梯形，底部边长 11、顶部边长 6.2、高 8.4 米。基座平面呈矩形，东西 31、南北 25、高 4 米。（图七六六）

（四四）柏林堡村 2 号烽火台（610821353201170267）

该烽火台位于解家堡乡柏林堡村西南 0.6 千米的沙漠中。地处黄土梁峁丘陵宽谷地带和沙漠地带交界处，周围为平沙地，生长有沙蒿、臭柏。高程 1243 米。

北

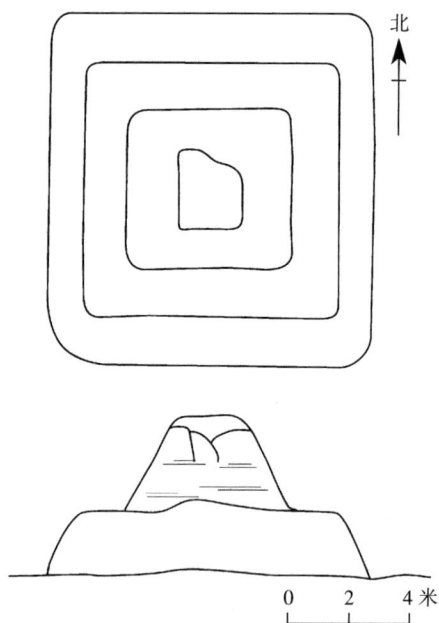

0　2　4米

图七六七　柏林堡村 2 号烽火台平、立面图

烽火台整体保存差。台体坍塌，生长有沙蒿，四壁剥落严重。使其损毁的自然因素主要有风雨侵蚀、自然坍塌、流水冲毁、植物生长，存在的病害有植物生长、雨水冲刷。

台体建在基座上，夯筑而成，夯土以黄土为主，包含有料礓石，夯层厚 0.14～0.15 米。台体平面呈矩形，剖面呈梯形，底部东西 5.4、南北 5 米，顶部东西 1.8、南北 2 米，高 3 米。基座平面呈矩形，底部东西 10.5、南北 11 米，顶部东西 8.3、南北 8 米，高 2 米。台体周围散落有砖瓦、瓷片。（图七六七）

该烽火台北距柏林堡 0.6 千米。

（四五）瓦子墕村烽火台 （610821353201170268）

该烽火台位于解家堡乡瓦子墕村北 0.825 千米的山峁上。地处黄土梁峁丘陵宽谷地带与沙漠地带交界处，四周是沙漠草地，外围沟壑遍布。高程 1287.6 米。

烽火台整体保存差。台体坍塌呈土丘状，四壁成斜坡。自然破坏因素主要有风雨侵蚀、自然坍塌、流水冲毁，人为破坏因素主要有在台体顶部竖立导航标，存在的病害有雨水冲刷。

台体夯筑而成，夯土以黄土为主，夯层厚 0.1～0.13 米。台体平面呈矩形，底部边长 5 米，顶部东西 3.3、南北 3.4 米，高 2 米。基座平面呈矩形，东西 9.5、南北 12.5、高 2 米。台体四周散落有碎砖瓦和瓷片。（图七六八）

（四六）西寺圪村烽火台 （610821353201170269）

该烽火台位于高家堡镇西寺圪村西 0.15 千米的山顶上。地处黄土梁峁丘陵宽谷地带，东望高家堡，山下是秃尾河，周围是耕地和荒坡地。高程 1098.5 米。

烽火台整体保存较差。台体受雨水冲刷表面斑驳、凹凸不平。台体东壁下部坍塌成斜坡，距顶部 1、南端 1.5 米有长 1.8、高 0.5、厚 0.2 米的包石，石块长 100 厘米。台体南壁底部坍塌成斜坡；东端距顶部 1 米有长 2、高 1、厚 0.3 米的包石；下部有长 1.2、高 1.5 米的包石，2 层间二层台宽 0.8 米，包石西侧有一处宽 2、进深 0.4～0.5 米的凹陷。台体北壁底部坍塌成斜坡，南端略成斜坡。台体西壁底部坍塌成斜坡。使其损毁的自然因素主要有风雨侵蚀、植物生长，昆虫、啮齿动物破坏等，人为因素主要有拆除包石、建发射塔（台体东南 5 米处一座围墙围起的中国移动发射塔），存在病害为雨水冲刷。

台体夯筑而成，夯土以黄土为主，包含有礓石、沙土，夯层厚 0.1～0.14 米。台体平面呈矩形，剖面呈梯形，底部东西 11、南北 10 米，顶部边长 4 米，高 4.5 米。台体底部被修整成高 2～3 米的土台，无围墙。台体周围有瓷片、石片、陶片。（图七六九）

由于国民党时期曾在高家堡驻扎 1000 余人，该烽火台又处于高家堡西地势较高的山顶上，据当地人叙述，曾在此处驻防，对烽火台进行过修复、利用，包石可能为当时包砌。

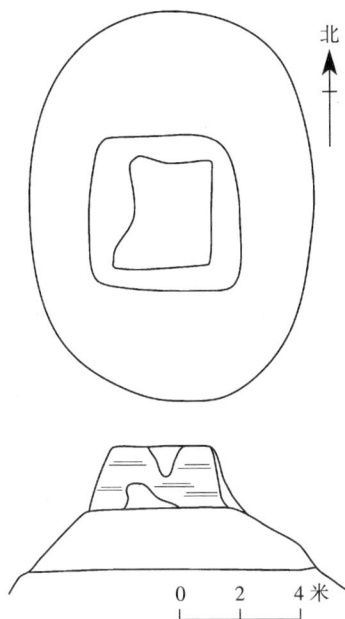

图七六八　瓦子墕村烽火台平、立面图

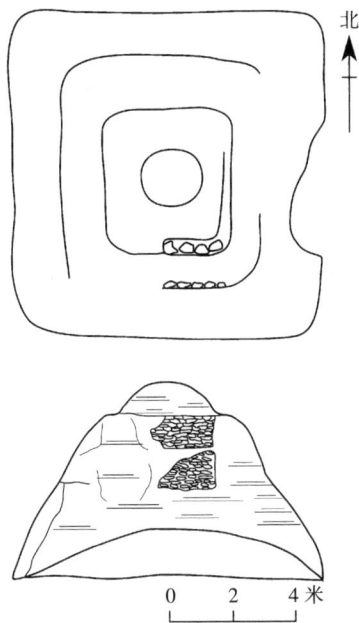

图七六九　西寺圪村烽火台平、立面图

（四七）蔡小沟村烽火台（610821353201170270）

该烽火台位于乔岔滩乡蔡小沟村东的山顶上。西、北面环沟，南面为缓坡，东面与山体相连。所处山顶沟壑纵横，植被稀疏。高程1100.5米。

烽火台为明代修建，无修缮情况，保存较差。台体东壁高2米处有一个豁口，上宽2、下宽0.4、进深0.5～1.2米；西壁底部有包石，高0.6、厚0.5米，为石片垒砌；北壁底部中间被雨水冲刷成一处凹陷，外宽1.4、内宽0.9、高1.5、进深0.1～1.3米。使其损毁的自然因素主要有风雨侵蚀、植物生长，昆虫、啮齿动物破坏等，存在的病害有动物构筑洞穴、雨水冲刷。

台体夯筑而成，夯土以黄土为主，包含有料礓石、沙土，夯层厚0.1～0.14米。台体外部包石无存。台体平面呈矩形，剖面呈梯形，底部边长6米，顶部东西2.3、南北3.5米，高5米。台体无围墙。台体除东壁底部坍塌成斜坡外，其余三面被修整成高1～1.5米的

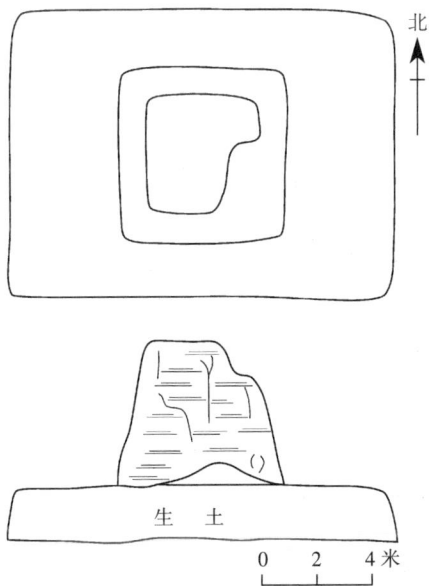

图七七〇　蔡小沟村烽火台平、立面图

土台。台体周围散落有瓷片、石片、陶片等。（图七七〇）

三　关堡

神木县明长城二边此次调查关2座，分述如下。

（一）三堂村关（610821353101170015）

该关位于神木镇三堂村东0.2千米。地处黄土梁峁丘陵宽谷地带，土壤为黄沙土，植被以柠条、沙柳等为主，周围多生长有沙生草本植物。高程1070.6米。

关整体保存差。墙体坍塌严重，仅存角楼及东墙南段1.8米和北段0.8米、南墙东段2.6米和西段3米、西墙南段2.6米、北墙东段3.6米。长年的风雨侵蚀、雨水冲刷、动物筑穴、自然坍塌及人为破坏等是其损毁的主要原因，关附近建有信号发射铁塔。

关坐西北朝东南，平面呈近矩形，东西12.2、南北9.5米，周长41米，面积132平方米。关墙夯筑，夯土以黄土为主，夹杂有石片和石末，夯层厚0.11～0.15米，关墙整体保存差，东墙存8.3、底宽0.9～1.2、顶宽0.6～0.8、内高0.3～0.9、外高0.3～1.1米；中部消失，有石块堆积，为门的位置；南墙长11、内高0.1、外高1米；西墙长9.5、内高0.4、外高2.6米；北墙长12.2、底宽1.1、顶宽0.4、内高0.4、外高1.2米。关东北角有一座夯土敌台，平面呈矩形，底部东西3、南北2.9米，顶部东西2.4、南北2.3米，高2.8米。（图七七一）

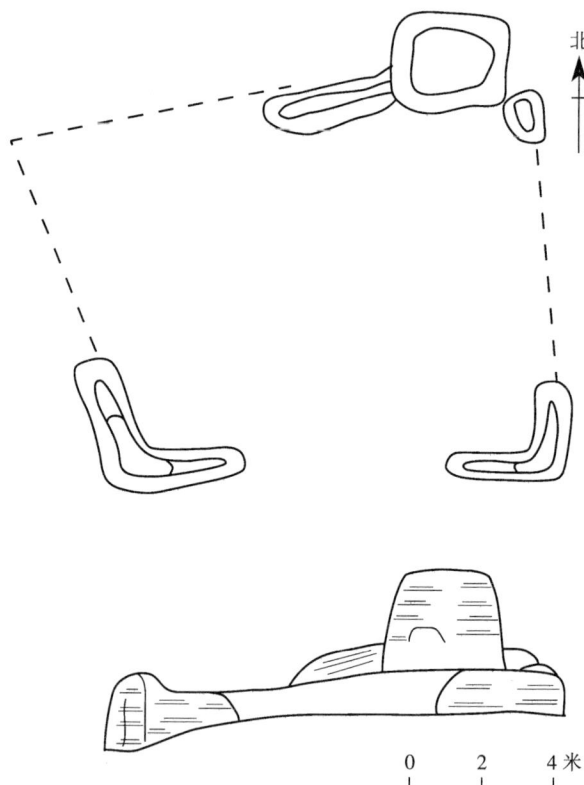

图七七一　三堂村关平、立面图

该关南距前南梁村关1千米。西侧为永兴沟，东西流向，为季节性补给型河流，永兴沟内有一条县乡级公路。

（二）前南梁村关（610821353101170016）

该关位于神木镇前南梁村西南1千米。高程1138.3米。

关整体保存较差。墙体为片石垒砌，多有坍塌。山体塌陷、滑坡及长年的风雨侵蚀、植物生长、动物破坏、人为拆除等是其损毁的主要原因。

关坐西朝东，平面略呈梯形，东西 41、南北 38 米，周长 131 米，面积 1004.5 平方米。关墙为片石垒砌而成，中间夹土，墙体高 0.5~5 米，片石长 70~105、宽 25~40、厚 22~35 厘米。东墙长 11.2 米，外侧用条石垒砌而成，内侧用片石堆砌而成；墙体底宽 5、顶长 7、顶宽 3.5、内高 4、外高 5 米。东墙北端封口，与山边有宽 1.3 米的空间，可能为门的位置。北墙西端存 12 米，是利用山坡坡度，在山坡底部用片石堆砌而成，墙体底宽不明，顶宽 1~1.7、高 0.5~2.5 米。西墙在山坡上用片石堆砌，长 38 米，其中片石墙体长 23、高 1~1.5、宽 0.6 米。南墙存 3 段，一段距西端 3 米，长 5、高 0.4~1 米；一段距西端 18、长 20、高 0.5~1 米，保存差；一段在西端，长 3 米，保存一般，墙体底宽 1.8、顶宽 1.4~1.5、内高 1~1.5、外高 3~3.2 米，由西至东倾斜向上，与东墙落差 1.5 米。关墙西南距西端 11、南端 5 米有前南梁村敌台，南北两侧有长城墙体与关墙相连，其中南侧部分长 5、高 0.5~1.8、宽 1.1 米；北侧部分为"T"形，南北段长 10.7 米，北端 3 米消失，距台体 5 米处东 12 米略呈弧形，偏向东南，上宽 0.8~1.6、高 0.6~1 米，下宽不详。台体底部直径 7.5、顶部直径 4.5、高 7.3 米，底部堆积高 1~1.5 米，距顶部 0.4~0.5 米有一层片石，厚 0.08 米。（参见图七三二）

该关北侧有永兴沟，为东西流向季节性补给型河流，永兴沟北侧有一条县乡级公路。